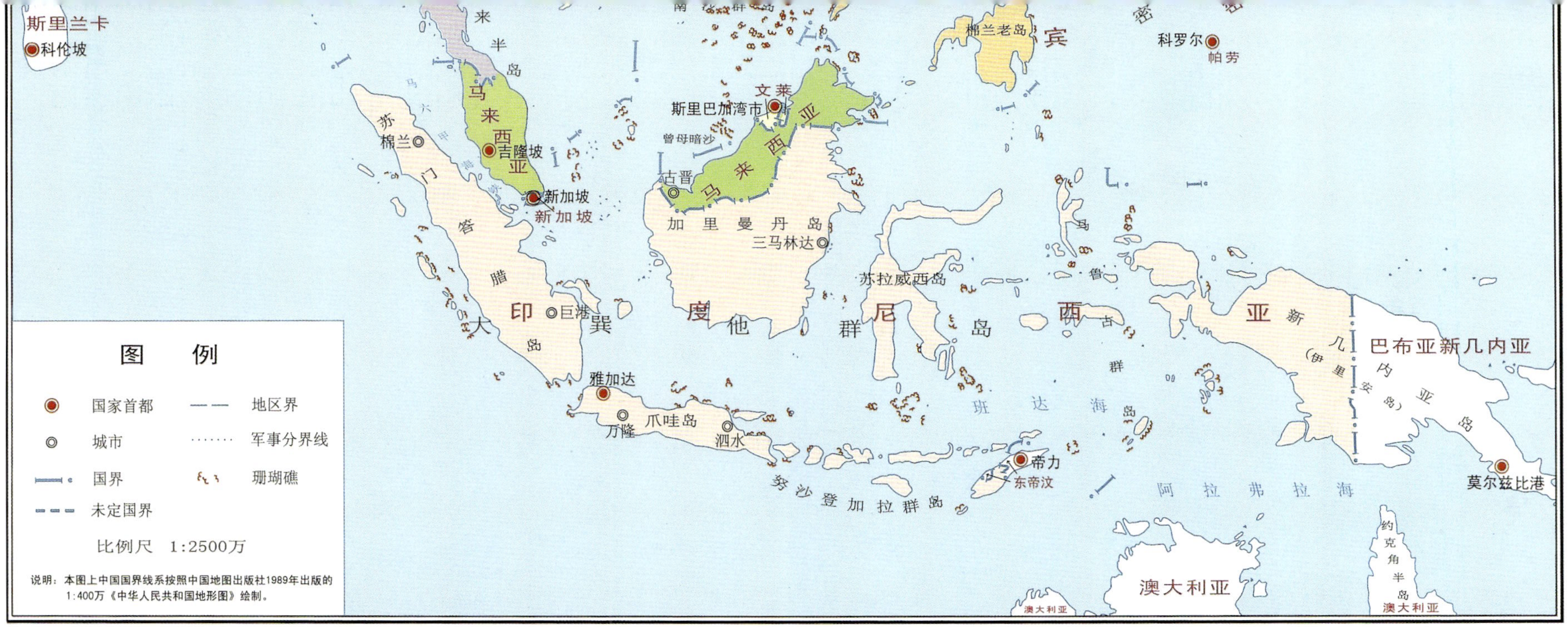

图例

国家首都
城市
国界
未定国界
地区界
军事分界线
珊瑚礁

比例尺 1:2500万

说明：本图上中国国界线系按照中国地图出版社1989年出版的1:400万《中华人民共和国地形图》绘制。

斯里兰卡
科伦坡
马来半岛
马来西亚
吉隆坡
新加坡
苏门答腊岛
棉兰
巨港
印度尼西亚
雅加达
万隆
爪哇岛
泗水
加里曼丹岛
古晋
斯里巴加湾市
文莱
三马林达
苏拉威西岛
菲律宾
棉兰老岛
科罗尔
帕劳
新几内亚岛
巴布亚新几内亚
莫尔兹比港
帝力
东帝汶
努沙登加拉群岛
班达海
阿拉弗拉海
澳大利亚
约克角半岛

广西壮族自治区测绘局
国家测绘局地图图形审核批准号：（2004）325号
2004年5月

中国和东盟各国国旗及东盟旗

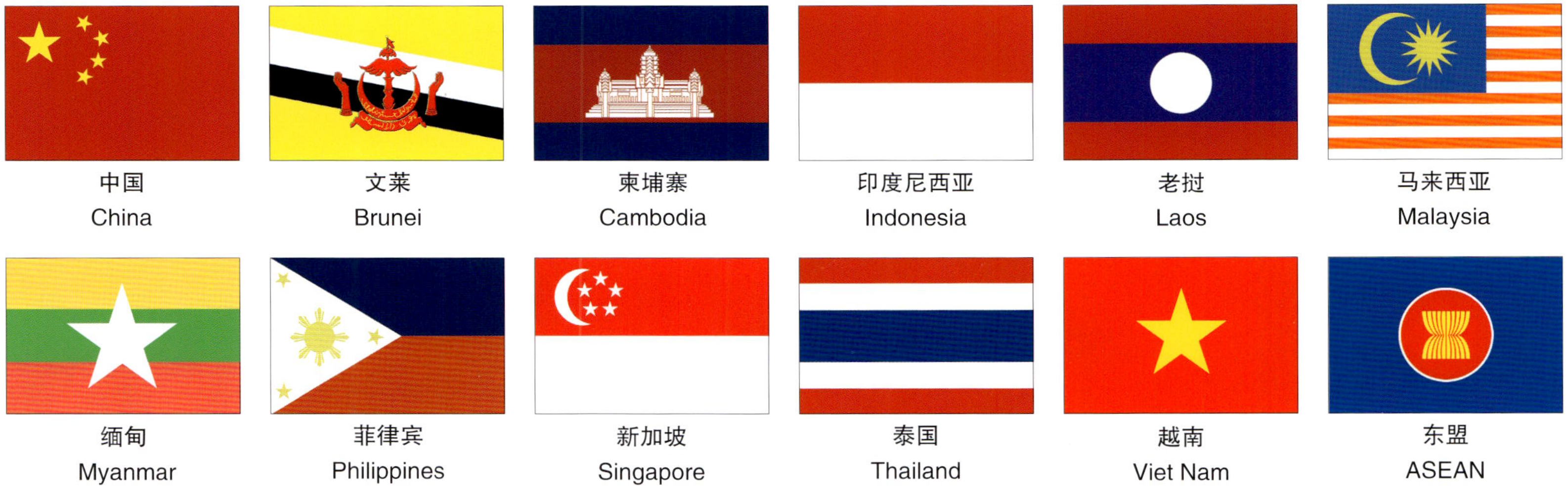

中国 China

文莱 Brunei

柬埔寨 Cambodia

印度尼西亚 Indonesia

老挝 Laos

马来西亚 Malaysia

缅甸 Myanmar

菲律宾 Philippines

新加坡 Singapore

泰国 Thailand

越南 Viet Nam

东盟 ASEAN

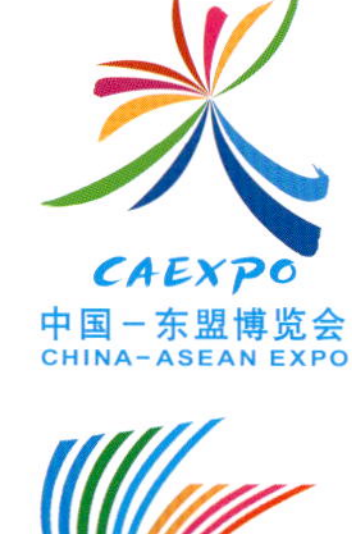

第15届中国—

第15届中国—

2018年9月12日上午，第15届中国—东盟博览会、中国—东盟商务与投资峰会在中国广西南宁国际会展中心隆重开幕。本届盛会以“共建21世纪海上丝绸之路，构建中国—东盟创新共同体”为主题，受到中国和东盟各国以及区域外国家的高度重视和关注。

中共中央政治局常委、国务院副总理韩正，第15届中国—东盟博览会主题国柬埔寨首相洪森、副首相贺南洪，缅甸副总统敏瑞，越南副总理王庭惠，老挝副总理宋迪，特邀合作伙伴坦桑尼亚桑给巴尔副总统塞义夫·伊迪，泰国科技部部长素威，文莱外交与贸易部第二部长艾瑞万，新加坡贸工部兼国家发展部高级政务部长许宝琨，马来西亚国际贸易工业部副部长王建民，菲律宾贸工部副部长诺拉·特拉多，印度尼西亚贸易部国家出口发展总司长阿琳达，东盟副秘书长阿拉丁，中共广西壮族自治区委员会书记鹿心社，中国商务部副部长王炳南，中国国际贸易促进委员会副会长陈洲等共同为第15届中国—东盟博览会和中国—东盟商务与投资峰会启幕。中国与东盟各国多个部委的部长、地方行政长官、金融机构负责人、商协会会长、有关国际组织负责人、企业家、专家学者以及各界人士代表出席开幕大会。

开幕大会在南宁国际会展中心金桂花厅举办。主题国柬埔寨、特邀合作伙伴坦桑尼亚的艺术家分别带来了独具特色的暖场表演。主舞台两侧是金色的“15”字样，象征着15周年的丰收与硕果。会场四周悬挂着第15届中国—东盟博览会中国和东盟10国魅力之城以及坦桑尼亚的城市风光图片，展现12个国家城市不同的美丽。

上午8时30分，开幕大会正式开始。开幕大会由中国—东盟博览会和中国—东盟商务与投资峰会举办地广西壮族自治区主席陈武和本届主题国柬埔寨商务部部长潘索萨共同主持。中共广西壮族自治区委员会书记鹿心社，中国商务部副部长王炳南，中国国际贸易促进委员会副会长陈洲分别代表中国—东盟博览会举办地、中国—东盟博览会共办方、中国—东盟商务与投资峰会先后致辞。

韩正发表主旨演讲。洪森、吴敏瑞、宋迪、王庭惠、塞义夫·伊迪发表演讲。

开幕大会以“吐丝织锦，化茧成蝶”为主题。以丝绸为主要载体的丝绸之路，成为不同民族、不同文化交流合作的象征。而丝绸的缘起——桑蚕，一生辛勤，吐丝奉献，演绎着“春蚕到死丝方尽”、最终羽化成蝶、生生不息的动人故事。育桑、养蚕、织造、丝绸，凝聚5000年的智慧，开启灿烂的丝路文明，互通有无、文明互鉴、共享美好、编织锦程，穿越历史与未来。15年来，中国—东盟博览会和中国—东盟商务与投资峰会如春蚕吐丝，为中国与东盟的友好合作贡献智

1

东盟博览会
东盟商务与投资峰会

慧和力量，造福各国人民。

随着韩正宣布第15届中国—东盟博览会、中国—东盟商务与投资峰会开幕，启幕贵宾转动启幕道具“缫丝机”把手，台前“长”出一片生机勃勃的桑树苗，上面是白色蚕茧。随着启幕贵宾面前“蚕茧”上的“蚕丝”卷入“纺锤”，蚕茧缓缓打开，16只美丽的蝴蝶振翅飞出。与此同时，主舞台两侧及会场后方雾森弥漫，激光投射的五彩蝴蝶翩翩飞舞，场下60名儿童扮演的“蝴蝶精灵”欢呼出场，舞台两侧台阶上60名儿童共唱“和睦吉祥”。金桂花厅变成了欢乐的海洋。在现场热烈的掌声中，第15届中国—东盟博览会和中国—东盟商务与投资峰会拉开帷幕。

开幕大会上，还进行“东盟青年科学家创新中国行”成果展示。这个环节由中国和东盟国家的科技部长共同启动，该项目是贯彻中共中央总书记、国家主席习近平在“一带一路”国际合作高峰论坛上提出的科技创新倡议、落实“一带一路”科技创新行动计划、促进中国与东盟国家青年科学家人文交流与合作的具体行动。

第15届中国—东盟博览会举办中国—东盟文化论坛、中国—东盟环境合作论坛、中国—东盟农业合作论坛等高层论坛35个；第15届中国—东盟商务与投资峰会举办柬埔寨领导人与中国企业CEO圆桌对话会、中国—东盟商界领袖论坛、首届“一带一路”新经济发展论坛等系列论坛，还举办“对话：15年峰会铸就辉煌”访谈节目、峰会15周年杰出贡献人物颁奖仪式等纪念活动。

本届博览会展区面积1.24万平方米，设展位6600个，其中东盟国家展位1446个，柬埔寨、印度尼西亚、老挝、马来西亚、缅甸、菲律宾、泰国、越南8个东盟国家包馆。本届博览会参展企业2780家，比上年增长2.6%；采购商团组112个，增长15%；有组织的专业观众超过1.1万人，增长10%；贸易投资促进活动91场；签订经济合作项目530个，其中国际项目76个，国内项目454个。

① 第15届中国—东盟博览会、中国—东盟商务与投资峰会开幕大会主席台

② 第15届中国—东盟博览会、中国—东盟商务与投资峰会开幕大会会场

②

D12137
LIGAPRO CO., LTD
D12136
ACCESSORIES & JEWELRY
C-20
TOURISM MALAYSIA
砂拉越
③
④
⑤
⑥
⑦

③ 文莱领导人巡馆

④ 柬埔寨领导人巡馆

⑤ 印度尼西亚领导人巡馆

⑥ 老挝领导人巡馆

⑦ 马来西亚领导人巡馆

⑧ 缅甸领导人巡馆

⑨ 新加坡领导人巡馆

⑩ 泰国领导人巡馆

⑪ 越南领导人巡馆

⑫ 广西壮族自治区主席陈武巡视第15届中国—东盟博览会展馆

⑬ 坦桑尼亚领导人巡馆

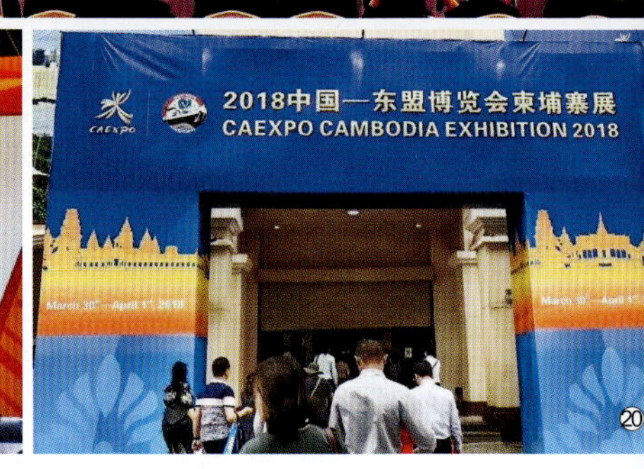

⑭ 南宁国际会展中心外景

⑮ 第15届中国—东盟博览会轻工展开展仪式

⑯ 第15届中国—东盟博览会农业展展厅

⑰ 2018中国—东盟博览会旅游展开幕式

⑱ 2018中国—东盟博览会林产品及木制品展开幕式

⑲ 2018中国—东盟博览会动漫游戏展开幕

⑳ 2018中国—东盟博览会柬埔寨展展厅

㉑ 主题国柬埔寨馆开馆仪式

㉒ 马来西亚馆开馆仪式

㉓ 文莱投资商机推介会

㉔ 柬埔寨贸易投资旅游推介会

㉕ 印度尼西亚国家推介会

㉖ 老挝—中国投资对话会

㉗ 马来西亚投资推介会

㉘ 自然缅甸—国家推介会

㉙ 菲律宾商机推介会

㉚ 泰国投资机遇推介会

㉛ 坦桑尼亚国家推介会

㉜ 东盟秘书处领导人参观展馆

21

Padang
Indonesia
22

23

柬埔寨贸易投资旅游推介会
24

WEST SUMATRA PROVINCE
印度尼西亚国家推介会
25

26

马来西亚投资推介会
Malaysian Investment Promotion Seminar
2018年9月13日，南宁
13 September 2018, Nanning
Organized by
MIDA
27

自然缅甸—国家推介会
Natural Myanmar – National Promotion Conference
28

Philippines
PHILIPPINE PROMOTION CONFERENCE
菲律宾商机推介会
Meeting Room D105, Nanning International Convention and Exhibition Center
13 September 2018 / 2:00 - 5:00 PM
Organized by:
Philippine Department of Trade and Industry (DTI)
and Board of Investments (BOI)
李康
Hon. Nora K.Terrado
29

泰国投资机遇推介会
Thailand Investment Opportunities Seminar
30

第15届中国—东盟博览会
THE 15th CHINA-ASEAN EXPO
坦桑尼亚国家推介会
Tanzania Promotion Conference
31

32

Vietnam
APROM SILK
MALAYSIA
Singapore
新加坡
泰国
THAILAND
Vietnam
中国·北海
BEIHAI CHINA
BANDAR SERI BEGAWAN
斯里巴加湾市
BRUNEI
DARUSSALAM
文莱
33
34
35
36
37
38
39
40
41
42
43
44
45
46

㉝ 文莱展馆

㉞ 柬埔寨展馆

㉟ 印度尼西亚展馆

㊱ 老挝展馆

㊲ 马来西亚展馆

㊳ 缅甸展馆

㊴ 菲律宾展馆

㊵ 新加坡展馆

㊶ 泰国展馆

㊷ 越南展馆

㊸ 柬埔寨商品展位

㊹ 魅力之城・中国北海市展厅

㊺ 魅力之城・文莱斯里巴加湾市展厅

㊻ 魅力之城・柬埔寨磅同省展厅

㊼ 魅力之城・印度尼西亚苏门答腊省展厅

㊽ 魅力之城・老挝万象省展厅

㊾ 魅力之城・马来西亚砂拉越州展厅

㊿ 魅力之城・缅甸巴安市展厅

51 魅力之城・菲律宾打拉省展厅

52 魅力之城・新加坡展厅

53 魅力之城・泰国春蓬府展厅

54 魅力之城・越南槟椥省展厅

55 坦桑尼亚展厅

56

57

58

59

60

61

56 第15届中国—东盟博览会投资合作圆桌会

57 第八届东盟与中日韩粮食安全合作战略圆桌会

58 中国—东盟特色小城镇投资建设论坛签约仪式

59 第六届中国—东盟物流合作论坛

60 第10届中国—东盟金融合作与发展领袖论坛

61 中缅经济走廊论坛

62 柬埔寨国家领导人与中国企业CEO圆桌对话会

63 第三届中国—东盟信息港论坛

64 中国—东盟信息港5G技术与应用论坛

65 第三届中国—东盟商会领袖高峰论坛

66 中国—东盟信息港数字丝路产业合作论坛

67 中新互联互通项目南向通道国际供应链合作圆桌会·冷链物流专场

68 第三届中越跨境经济合作论坛暨中国东兴—越南芒街跨境经济合作区专场推介会

69 老挝—中国投资对话会

62

63

64

65

66

67

68

69

第20届南宁

南宁国际民歌艺术节开幕晚会

2018年9月12日晚，第20届南宁国际民歌艺术节暨第15届中国—东盟博览会和中国—东盟商务与投资峰会开幕晚会“大地飞歌·2018”在广西文化艺术中心大剧院举行。晚会以“唱响新时代·民歌咏芳华”为主题，共分为三大篇章：“大美壮乡”“丝路情缘”“新时代颂”。戴玉强、张英席、喻越越、李思宇、陈春燕、韦晴晴等中国优秀艺人，以及来自越南、老挝、泰国、菲律宾、柬埔寨、法国等国家的歌手参与演出。

开场歌舞《广西尼的呀》拉开晚会的序幕。广西歌手陈春燕演唱的广西民歌《山歌年年唱春光》《壮乡春早》唱出了八桂大地的浪漫多情。南宁越人合唱团演绎的《绿水青山都是歌》，用全新的创意合唱方式，向世人展现如诗如画的南宁美景，勾勒出南宁山美、水美、歌美、人更美的迷人画卷。

晚会第二篇章“丝路情缘”，既有民族乐器与西洋乐器的水乳交融，也有古典舞蹈和现代流行的激烈碰撞；既有美声演唱也有中国戏曲，充分表现了中外文化之美与合作共赢的丝路精神。老挝的《一带一路》、越南的《过桥风吹》、柬埔寨的《丝路同行》、俄罗斯的《山楂树》《纺织姑娘》等歌曲用不同的语言共谱美妙和弦。中国著名歌唱家张英席和法国歌手金小鱼一起演唱的跨界之作《梨花颂》，将歌剧《图兰朵》中最著名的咏叹调《今夜无人入眠》融合在京剧中，进行一次跨界演出，让人耳目一新。

第三篇章“新时代颂”，通过情景交融的艺术形式，歌颂在习近平新时代中国特色社会主义思想指引下，中国人民敞开胸襟、拥抱世界、努力奋斗的情怀。《不忘初心》《世界知道》《我爱你中国》等歌曲让人激情澎湃、热血沸腾，奏响振奋人心的主旋律。第12届中国（南宁）国际园林博览会主题曲——《世界知道》，寓意南宁越来越为世人瞩目，并通过歌声向世界发出真诚邀请——2018年冬季到南宁看园博。由古诗词改编的歌曲《牧童》清新典雅，韵味十足，让人耳目一新；《沂蒙山小调》《山丹丹花开红艳艳》《山歌好比春江水》等岁月的歌声，带领观众回望过去，重温时代的变迁。2018年的民歌节期间也恰逢中国的第34个教师节，歌曲联唱《每当我走过老师窗前》《苔》讴歌教师呕心沥血，教书育人，默默奉献的优秀品德，歌曲《少年中国说》则唱出少年自强自立的昂扬志气。著名歌唱家戴玉强演唱的意大利歌曲《我的太阳》及《我爱你中国》，掀起晚会高潮。

结束歌舞《二十年后再相会》将全场气氛推向最高潮，舞台大屏幕上绽放出绚丽的牡丹花，寓意着祖国繁荣昌盛，现场观众纷纷和声，与舞台上的歌手互动。在《二十年后再相会》的优美旋律中，第20届南宁国际民歌艺术节“大地飞歌·2018”晚会落下帷幕。

“绿城歌台”群众文化活动

2018年南宁国际民歌艺术节“绿城歌台”群众文化活动主题为“欢歌新时代·扬帆海丝路”，共设置14个歌台：民歌湖歌台1个，各县区分歌台12个，校园分歌台1个。民歌湖歌台连演4场，每天有不一样的主题晚会；各县区分歌台、校园分歌台各演一场，共17场演出。

民歌湖歌台 9月13～17日在南宁民歌湖广场举办。主要活动包括：“欢歌新时代·扬帆新征程”2018年南宁国际民歌艺术节“绿城歌台”群众文化活动开幕式晚会，第10届广西“魅力北部湾”群众文化活动开幕式晚会，2018年南宁国际民歌艺术节“绿城歌台”群众文化活动——“相约民歌湖畔·共眷天下民歌”中外大型民歌专场，第10届广西“魅力北部湾”群众文化活动闭幕式晚会，2018年南宁国际民歌艺术节“绿城歌台”大型戏曲专场晚会。

2018年南宁国际民歌艺术节“绿城歌台”群众文化活动开幕式晚会于9月13日晚在南宁民歌湖大舞台举行。开幕晚会分为“歌坡相会”“醉美民

1

国际民歌艺术节

歌”“欢歌新时代”3个篇章：“歌坡相会”篇章展现少数民族以歌会友场景，原汁原味的山歌，体现广西少数民族民歌的多样性，让观众领略广西少数民族文化的独特魅力和地域特色。“醉美民歌”篇章展示世界著名的民歌民乐，《梦壮乡》《蝴蝶吻花山》《山歌牵出月亮来》等几首原创新民歌点燃了现场的气氛。在“欢歌新时代”篇章，《高铁开进壮乡来》《绿水青山都是歌》等原创歌曲体现了壮乡的新风貌。晚会在歌舞《大地之约》中结束。

第10届广西“魅力北部湾”群众文化活动暨“春雨工程”——2018年全国文化志愿者广西行开幕式晚会于9月14日晚在南宁民歌湖大舞台举行。以“十年征程路，扬帆北部湾”为主题。晚会分为“序：梦起北部湾”“春华秋实”“雨润万物”“唱响丝路”“尾声：乘风远航”五大篇章，将广西各地的独特民俗和民族风情节目巧妙融合在一起，充分展示广西公共文化事业站在新时代新起点上展现的新气象、新作为。舞蹈《硕果》、女声独唱《壮乡春早》、歌舞《相聚北部湾》、配乐舞蹈诗朗诵《新的征程》等节目，让观众领略文化志愿者帮助他人、服务社会、无私奉献、传播文化的动人风采。

兴宁区歌台 9月15日上午在广西金桥国际农产品批发市场举办。歌台演出吸引众多市民驻足观看。歌台分“情怀篇”“活力篇”“收获篇”等，浓郁的乡土气息与现代音乐新元素相结合，将《忆山歌》《古巷探戈》《挑货郎》等历届民歌节经典歌曲精彩演绎，并融入东盟国家及自治区内外优秀歌舞节目中。兴宁区在举办歌台演出的同时，还举办城区文化旅游购物节和金桥农特丰收节，突出“兴宁百年商埠，食在金桥”丰收、喜庆、和谐的氛围。

青秀区歌台 9月14日晚在南宁南湖公园三月三欢歌广场举办，近3000多名市民到场观看。晚会分为“声脆古岳”“踏歌青秀”“歌海广西”“民歌中国”4个篇章，《漓江谣》《赶圩归来阿哩哩》《绿水青山都是歌》《三月三九月九》《走西口》《映山红》《康定情歌》等节目相继上演。有广西著名歌唱家陈春燕、广东星海音乐学院男高音歌唱家贾双辉、广东歌舞剧院李思音、广东南方歌舞团马金蕊、刘广生等有影响力的歌手加盟当晚的活动。演员阵容强大，亮点突出，舞美设计华丽，充分展示青秀区现代时尚、多元的都市文化内涵。

江南区歌台 9月14日在南宁沙井大道融晟天河・海悦城举办。活动在鼓舞《活动・江南》中拉开序幕，以平话师公岳豉为原型，辅以中国红龙豉、立豉等元素，场面热闹、喜庆。情景剧《平话・源》以平南村的起源作为时代背景，通过情景剧展现平话的起源、变化、发展。平话童谣《邕江水边欢乐多》，描述当下平话儿童在邕江边幸福生活的快乐场景。小品《八姑治病》讲述江南区扶贫领域优秀代表、典型人物梁彩丽（扬美人称“八姑”）勤劳善良、诚实守信、乐于助人的良好形象。舞蹈《扬美酒歌》表现扬美码头人的洒脱、豪迈与柔情。舞蹈《水墨・江南》展现江南区的大美风光。活动在歌舞平话文化旅游节的主题曲《平话声屏》中圆满结束，寓意着一代代人平话传承，筑造了江南文化魅力，抒发江南区人民群众的自豪感、幸福感。

西乡塘区歌台 9月13日，开幕式在石埠街道办忠良村美丽南方文化广场举办。震撼的《盛世大鼓》拉开文艺演出帷幕，舞蹈《丝路霓裳》和杂技《肩上芭蕾》等多元素节目先后登场。西乡塘区美丽南方休闲农业嘉年华乡村民俗大巡游活动向现场、嘉宾和观众展示牛身彩绘、“农”妆艳抹、民俗文化、知青文化、东盟十国文化、青瓦房马战、花车等7个方阵表演，体现了西乡塘区美丽南方的民俗风情。

①～② 第20届南宁国际民歌艺术节暨第15届中国—东盟博览会和商务与投资峰会开幕晚会演出场景

②

良庆区歌台 9月14日在良庆区大沙田滨江广场举办。歌台以“壮韵嘹山水良庆”为主题。通过具有浓郁民族特色的歌舞节目展现城区颇具韵味的民族特色文化和多姿多彩的民间艺术，让原生态嘹山歌文化魅力再次得到充分展现。当晚，歌台上除了本地嘹山歌大放异彩之外，泰国和巴西艺术家表演的舞蹈《泰魅力》和《火热的桑巴》，也给观众带来别开生面的歌舞节目。

邕宁区歌台 9月15日在万达茂广场举办。以“激情八音，魅力园博”为主题。节目精彩纷呈，元素丰富。本次活动不仅有壮族传统山歌、八音艺术表演，还有魔术、戏曲以及国际民间艺术家团队带来的异域风情，现代与传统融合，为现场嘉宾、观众带来一台高质量、高水平、中西合璧的文化视听盛宴。其中，舞蹈《点米成画》是根据邕宁区的自治区非物质文化遗产“点米成画”所改编，艺术家们用优美的舞姿、精彩的编排展现非物质文化遗产的魅力，以及对非物质文化遗产的传承，赢得观众阵阵掌声和喝彩。

武鸣区歌台 9月14日在富鸣城投一号综合楼举办，以“歌海壮乡魅力武鸣”为主题。来自巴西、西班牙的艺术家与武鸣区、宾阳县的文艺表演者欢聚一堂，载歌载舞，同台献艺，为现场观众奉献一台中外文化和谐交融的歌舞联欢盛会。歌台演出的节目主要从第9届乡村社区和谐文艺大展演中选出，表达武鸣壮乡人民为加快推进“一带一路”建设，开拓创新、诚信务实、热情豪迈的情怀。歌台节目共11个，其中由外国艺术团体表演的节目有3个。

横县歌台 9月14日在横县横州公园举办。演出活动在欢快热烈的舞蹈《相约花乡》中拉开帷幕。身穿艳丽民族服装的群众演员在台上跳起富有地方特色的舞蹈，展现花乡富饶美丽的喜人景象以及花乡人民乐观向上、热情好客的精神风貌。横县文艺工作者和青少年演绎的《美乐花乡》《山灵》《茉莉花开幸福来》等富有本土特色文艺节目，也受到观众热烈欢迎。

宾阳歌台 9月14日在宾阳县文化广场举办。宾州镇炮龙协会歌舞《龙腾宾州》一开场就把整个歌台闹个沸腾，酣畅淋漓地述说着宾阳炮龙文化的悠远历史和发展振兴。舞蹈《八桂欢歌》展示出一幅“八桂青山连绿水，壮汉融合报春晖”的优美画卷。广西青年歌手韦辉洪深情演唱《清水河恋歌》，优美的歌声情浓似水，让观众感受到深切的乡愁。北非布尔鼓打击乐团的《木鼓舞》热情而奔放，展示着非洲民族文化的古老和纯朴。戏曲《梨园春色》《稻花乡里》、歌舞《昆仑古道》、柬埔寨特色舞蹈、舞蹈《五彩梦》、小组唱《牛背上的达尼》、独唱《千年之约》、舞蹈《再唱山歌给党听》、民歌《广西尼的呀》等优秀节目逐一登场，载歌载舞欢唱新时代。

上林歌台 9月14日在上林县人民会堂举办。来自斯里兰卡、俄罗斯、广西隆安各族自治县的艺术家同台献艺，载歌载舞，为观众带来美的享受。舞蹈《鼓韵中国》拉开歌台帷幕。歌舞《梦中的布泉河》表达对家乡的热爱，舞蹈《红良打铁·铸》谱写打铁人的生存状态和对未来美好生活的憧憬，展现壮乡人不屈不挠的奋进。舞蹈《祈》把上林县壮族师公祈福舞的踩莲祈福以艺术形式表现出来，祈求风调雨顺、国泰民安。斯里兰卡科伦坡舞蹈团的舞蹈《僧伽罗族传统舞蹈》充满异域风情。由俄罗斯两位知名艺术家带来的双人舞蹈《力量之美》，将力量与柔美完美结合，展现出不一样的形体之美，力量之美。现场还上演舞蹈《播》、歌曲《老家》、三声部民歌《上林欢迎你》等节目。

隆安歌台 9月14日以“决胜小康宜居‘那’乡”为主题的隆安县歌台开唱，节目精彩，引人入胜。一场欢快的歌舞《“那”乡欢歌》拉开演出序幕，歌的旋律、舞的多姿彰显隆安人民对幸福生活的向往。六娅组合的山歌表演《日夜相守》、上林县春燕艺术团的壮族歌舞《冉壮嫁女》、广东化州

③

④

⑥

⑦

⑨

⑩

特色舞蹈表演《化橘红之歌》等精彩节目带着观众领略了不同的风情。歌台上还有澳大利亚班达伯格市的弦乐团带来的《迷幻》《松河的土风舞会》，充满异国情调的表演让观众深深陶醉其中。演出在歌伴舞《我们的新时代》中结束。

马山歌台 9月14日在马山县人民大会堂举办。鼓舞《广西尼的呀》拉开晚会序幕，舞蹈《陪你一起走过》、三声部民歌《了蝈蝈》、扁担舞《壮家的扁担会唱歌》，歌曲《父老乡亲》和《壮族敬酒歌》、舞蹈《瑶酒祭天》、四重唱《我们共同的家》、舞蹈《俏妹牧羊趣》等相继上演。马山歌台得到来自斯里兰卡、俄罗斯等远道而来的国际友人助阵，俄罗斯杂技表演《力量之美》、斯里兰卡科伦坡舞蹈队的舞蹈《僧伽罗族传统舞蹈》让观众体验到异域风情。晚会在歌伴舞《走进美丽时光》中落下帷幕。

校园歌台 9月15日在广西外国语学院大智广场举办。以"青春为名与梦想同行"为主题，来自菲律宾、乌克兰的艺术家和全国各地的演员齐聚邕城，载歌载舞，为观众献上一场极具东盟风情和浓厚壮乡古韵的文艺盛会。在现场，《呗侬情深》《广西尼的呀》《山海欢歌》等传统壮乡特色的歌舞轮番上演，其中，开场歌舞《采茶欢歌》令人印象深刻。精彩节目一个接着一个，乌克兰摇滚歌手的一曲《喜欢你》将现场气氛推向高潮，标准的粤语发音、动情的演唱，赢得观众阵阵掌声。

2018年中国—东盟（南宁）戏剧周

2018年9月7～12日在南宁举办。由南宁市人民政府、广西壮族自治区文化厅联合主办，中国文化和旅游部对外文化联络局、中国—东盟中心指导，南宁市文化新闻出版广电局、南宁市外事侨务办公室共同承办，广西戏剧家协会、南宁市文学艺术界联合会、红线女艺术中心协办，南宁市民族文化艺术研究院具体执行。本届戏剧周以"丝路起航新时代，戏海扬帆新征程"为主题。中国、新加坡、马来西亚、印度尼西亚、文莱、越南、泰国、柬埔寨、缅甸、菲律宾、老挝等11个国家的26个优秀院团聚集南宁，共演出40场精品剧目。越南派出越南国家话剧院、越南国家木偶剧团、越南国家丛剧院、越南丽玉剧团4个国家级的文艺院团。泰国孔剧融合舞蹈、音乐、诗歌、武术等艺术形式于一身，是世界级非遗项目。泰国艺术发展大学演员演绎的《罗摩衍那·筑路篇》，讲述罗摩王子如何在聪明智慧的神猴哈奴曼帮助下跨越大洋与龙卡王托萨卡交战的故事。菲律宾新萌芽戏剧舞蹈团带来的舞剧《塔波邦》，展示马拉邦市不同的历史事件、民生、文化传统，表达人们追求自由解放、主权完整和城市发展的愿望。此外，还有越南国家木偶剧院的木偶剧《绣球花舞》、广东省木偶艺术剧院儿童剧《垃圾大战》、漳州市布袋木偶传承保护中心《布袋木偶戏传承展演》、云南艺术学院戏剧学院演出的《星际奇遇记》等多场适合少年儿童观看的精彩剧目。

9月12日晚，2018年中国—东盟（南宁）戏剧周闭幕大联欢晚会在南宁民歌湖水上大舞台举行。晚会分为《有朋远来》《百越风情》《朱槿花开》《梨园春秋》《万紫千红》等五大篇章。晚会邀请参加本届戏剧周活动的中国与东盟11国艺术家及相关文化机构、东盟各国文化官员、文化名人等互动联欢，共享中国—东盟戏剧合作交流机制结出的丰硕成果。

③～⑱ 第20届南宁国际民歌艺术节暨第15届中国—东盟博览会和商务与投资峰会开幕晚会演出场景

百年商埠 食在金橘
兴宁旅游文化

⑲ ~ ㉕ 民歌湖歌台演出场景

㉖ 兴宁区歌台演出场景

㉗ 青秀区歌台演出场景

㉘ 江南区歌台演出场景

㉙ 邕宁区歌台演出场景

㉚ 武鸣区歌台演出场景

㉛ 横县歌台演出场景

㉜ ~㉞ 宾阳歌台演出场景

㉟ ㊱ 上林歌台演出场景

㊲ ㊳ 校园歌台演出场景

㊴～㊾ 中国—东盟（南宁）戏剧周晚会演出场景

中国—东盟年鉴

ZHONGGUO－DONGMENG NIANJIAN

2019

陈立生　洪　波　主编

线装書局

图书在版编目(CIP)数据

中国—东盟年鉴. 2019 / 陈立生，洪波主编. －－北京：线装书局，2019.12
ISBN 978－7－5120－3956－8

Ⅰ. ①中… Ⅱ. ①陈… ②洪… Ⅲ. ①自由贸易区－中国、东南亚国家联盟－2019－年鉴 Ⅳ. ①F752.733－54

中国版本图书馆 CIP 数据核字(2019)第 295256 号

中国—东盟年鉴
ZHONGGUO－DONGMENG NIANJIAN
2019

主　　编：陈立生　洪　波
责任编辑：程俊蓉
出版发行：线装書局
地　　址：北京市丰台区方庄日月天地大厦 B 座 17 层(100078)
电　　话：010－58077126(发行部)　58076938(总编室)
网　　址：www.zgxzsj.com
经　　销：新华书店
印　　制：广西民族印刷包装集团有限公司
开　　本：890mm×1240mm　1/16
印　　张：28
字　　数：1020 千字
版　　次：2019 年 12 月第 1 版　2019 年 12 月第 1 次印刷
印　　数：0001—2000 册
定　　价：260.00 元

线装书局官方微信

编 辑 说 明

一、《中国—东盟年鉴》是一部国际综合性年鉴，着重收载中国和东盟各国的基本资料及区域内各国政治、外交、经济、文化、社会等方面的重要信息，旨在为海内外各界人士了解中国和东盟各国（包括国际组织）的基本情况及中国—东盟自由贸易区的建设进程提供一个窗口，以促进中国和东盟各国的相互了解和交流合作。《中国—东盟年鉴》面向国内外广大读者，面向中国—东盟博览会，为国内外读者和中国—东盟博览会与会人士提供相关资讯。

二、《中国—东盟年鉴》的编辑，坚持实事求是的科学精神，客观地反映有关各国情况，追求年鉴的科学性、权威性和实用性。

三、本年鉴从2004年起逐年编纂出版，2019年卷为第16卷。本卷年鉴着重记述2018年发生的事情并收入相关资料，其中部分内容为保持资料的完整性适当追溯历史，并收录一些历时性资料。为提高年鉴的时效，卷中大事记除记述2018年大事外，还记述2019年1～6月的大事。

四、本卷年鉴的主要栏目有：概况、动态、专题、新闻人物、大事记、文献、投资贸易指南、统计资料、附录等。专题栏目下设发展报告、东南亚国家联盟、中国—东盟自由贸易区、区域经济合作、中国和东盟及各成员国交往与合作、重要节会展会6个分目。年鉴中的概况和动态信息一般作条目化处理，专题栏目中的发展报告、中国和东盟及各成员国交往与合作以及某些附属资料则采用文章体。东盟各国资料的编排，依国际惯例按国名的英文字母顺序排列；一国之内发生的事情，在同一栏目中一般按时序编排。

五、本年鉴由广西社会科学院、广西壮族自治区社会科学界联合会主办，广西东南亚研究会、广西东南亚经济与政治研究院承办。供稿者均为专事东南亚研究的社会科学工作者，文献资料主要来自国内权威机关、传媒或网站，具有一定的权威性和较高的参考价值。

六、作为资料性工具书，本年鉴内容资料的选题选材和编排、条目的内容要素和记述程序等，都依年鉴的体例予以规范。为方便读者阅读、检索，本年鉴配备双重检索系统：书前刊有详细目录，书后备有索引。

七、由于资料采集艰辛和成书时间仓促，本卷年鉴难免有所疏漏和不足，欢迎国内外各界读者批评指正，我们将在今后的编纂工作中努力改进。

本年鉴在策划和编纂过程中，得到有关领导机关和社会各界人士的大力支持和帮助，谨表示衷心感谢！

《中国—东盟年鉴·2019》主创单位及人员

主 办 单 位　广西社会科学院　广西壮族自治区社会科学界联合会

承 办 单 位　广西东南亚研究会　广西壮族自治区东南亚经济与政治研究院

编委会主任　陈立生　洪　波

编委会副主任　谢林城　刘家凯

编委会委员（以姓氏笔画为序）

刘建军　黄天贵

顾　　问　许家康　于向东　王士录　庄国土　孙璟涛　汪新生　陈乔之　张汉龙　张锡镇　高伟浓　曹云华　杨保筠　韩　锋　廖少廉

主　　编　陈立生　洪　波

执 行 主 编　谢林城　刘家凯

副　主　编　陈红升　李冬青　蔡志郁　张　磊　颜　洁

特 邀 编 审　许家康　徐远征　罗　梅

发 稿 编 辑　徐远征　罗　梅　叶建维　张　磊　颜　洁　姚　婕

主要撰稿人（以姓氏笔画为序）

马　静　马金案　韦朝晖　王　芳　王翕哲　云　倩　叶建维　冯海英　农立夫　李碧华　刘明明　乔　蕊　朱莹莹　杨　超　杨晓强　杨梦平　何　战　陈　文　陈红升　陈定辉　罗　梅　周明钧　陈建男　林智荣　张　磊　祝湘辉　申　韬　唐　卉　唐威迪　聂润庆　黄幼霞　黄谟媛　黄德雪　黄耀东　梁　薇　雷小华　廖亚辉　颜　洁　黄中显　丁裕森

目 录 翻 译　乔　蕊

工 作 人 员　梁秋敏　乔　蕊　朱莹莹　唐　卉　蒋　丽

目　　录

概　　况

动　态

专 题

新闻人物

大 事 记

文 献

投资贸易指南

统 计 资 料

附 录

索 引

China – ASEAN Yearbook · 2019
Contents

概　　况

中　　国

国　名

中华人民共和国(The People's Republic of China),简称中国、中或华。

国　旗

中华人民共和国国旗为五星红旗。长方形,长宽比为3:2。旗面为红色,象征革命。旗面左上方的五颗黄色五角星,象征中国共产党领导下的革命人民大团结。五角星用黄色表示红色大地上呈现光明。四颗小五角星各有一个尖角正对大五角星的中心点,表示围绕着一个中心而团结,在形式上也显得紧凑美观。

地　理

位　置　中国位于亚洲东部。地处东经73°~135°、北纬4°~53°之间。东部和南部濒临太平洋,西靠中亚大陆,西南与中南半岛和南亚次大陆相接,北面紧邻蒙古高原和西伯利亚。疆域东起黑龙江和乌苏里江交汇处,西到帕米尔高原,北起漠河附近的黑龙江上,南至南海的曾母暗沙。

面　积　中国陆地面积960万平方千米,约占全球陆地面积的1/15;海洋面积299.7万平方千米。

疆界和邻国　陆上边界漫长,从东北与朝鲜交界的鸭绿江口起,经北面、西面,到西南与越南交界的北仑河口,全长2.28万千米,依次与朝鲜、俄罗斯、蒙古、哈萨克斯坦、吉尔吉斯斯坦、塔吉克斯坦、阿富汗、巴基斯坦、印度、尼泊尔、不丹、缅甸、老挝、越南等14个国家毗邻。大陆海岸线长1.8万余千米,领海宽广,东面与韩国、日本隔黄海、东海相望,东南面和南面隔南海与菲律宾、马来西亚、新加坡、文莱、印度尼西亚等国相望。

地形地貌　地形复杂多样,地球陆地上的山地、丘陵、高原、平原和盆地等5种基本类型都有分布。山地、丘陵和比较崎岖的高原约占陆地面积的2/3。地势东低西高,呈阶梯状分布:第一级是东部的平原、低山和丘陵,海拔一般在500米以下;第二级是中部、西部的高原和盆地,海拔大多在1000~2000米之间;第三级是青藏高原,平均海拔超过4000米。第一级阶梯的东面和东南面是浅海大陆架,坡度平缓。主要山脉和山系有:东西走向的南岭山脉、昆仑山脉、秦岭山脉、天山山脉和阴山山脉,东北—西南走向的台湾山脉、长白山脉、武夷山脉、大兴安岭山脉、太行山脉、巫山山脉和雪峰山脉,西南—东南走向的祁连山脉和阿尔泰山脉,南北走向的贺兰山脉和横断山脉,以及唐古拉山、图库斯山和喜马拉雅山等弧形山系。弧形山系中的喜马拉雅山脉是全球最高大、最雄伟的山脉,高峰林立,其中中国与尼泊尔边界上的珠穆朗玛峰海拔8844.43米,为世界第一高峰。丘陵主要分布于华东、华南和东北,有东南丘陵、两广丘陵、山东丘陵和辽东丘陵等。高原分布于华北、西北和西南,主要有黄土高原、内蒙古高原、云贵高原和青藏高原,其中面积最大的是青藏高原,约占全国面积的1/4。平原主要分布于东部和中部,有东北平原、华北平原、长江中下游平原三大平原以及珠江三角洲平原、成都平原、汾渭平原、台湾西部平原等,是主要农耕区。盆地主要分布于西北部和中部,主要有四川盆地、塔里木盆地、准噶尔盆地、柴达木盆地和吐鲁番盆地。其中塔里木盆地面积最大,该盆地中的塔克拉玛干沙漠是中国面积最大的沙漠;吐鲁番盆地地势最低，最低点低于海平面155米，是中国陆地上最低的地方。

江河湖泊　江河众多，其中流域面积超过1000平方千米的河流有1500多条。属太平洋水系的河流主要有黑龙江、辽河、海河、黄河、长江、钱塘江、闽江、珠江、澜沧江等，其中长江是中国第一大河、世界第三大河，干流长6300千米。属印度洋水系的河流有怒江和雅鲁藏布江。属北冰洋水系的有额尔齐斯河。此外，还有一些内流河，其中最长的是新疆南部的塔里木河，全长2179千米。湖泊有2.48万个，其中面积超过1平方千米的天然湖泊2800多个。主要湖泊有青海湖、洞庭湖、鄱阳湖、太湖、洪泽湖等。青海湖是中国第一大湖和最大的咸水湖。

海岸海岛　大陆东部和南部濒临渤海、黄海、东海和南海，其中渤海是内海，黄海、东海和南海是边海。大陆海岸线长1.8万余千米。海域分布有大小岛屿7600多个，其中面积超过700平方千米的有台湾岛、海南岛和崇明岛，台湾岛和海南岛分别是中国第一、第二大岛；其他较大的岛屿有舟山岛、东山岛、海坛岛（平潭岛）、长兴岛等。较大的群岛有舟山群岛、东沙群岛、南沙群岛、西沙群岛和中沙群岛。较大的半岛有辽东半岛、山东半岛和雷州半岛。

气　候　大部分地区属东亚季风气候区。全国冬季寒冷干燥，南北温差大；夏季普遍高温，降水较多。各地年平均降水量差异较大，东南沿海可多达1500毫米以上，而西北部一些地方则少于50毫米。

风景名胜　重要的风景名胜有：长城，北京故宫、颐和园、天坛、明清皇室陵寝、周口店猿人遗址，河北北戴河、承德避暑山庄和外八庙，辽宁沈阳故宫，山东曲阜孔庙、孔府、孔林和泰山风景名胜区，陕西秦始皇陵、兵马俑，甘肃敦煌莫高窟，河南洛阳龙门石窟和白马寺、登封少林寺，江苏苏州古典园林，安徽黄山风景名胜区，江西庐山风景名胜区，广西桂林漓江风景名胜区，四川九寨沟风景名胜区和峨眉山—乐山风景名胜区，西藏布达拉宫，台湾日月潭，等等。

国　民

人　口　2018年年末中国全国人口139008万（不含香港、澳门两个特别行政区和台湾省人口）。按性别分，男性71137万人，女性67871万人；按城乡分，城镇81347万人，乡村57661万人。东部人口稠密，西部人口稀少。

民　族　有56个民族，即汉、蒙古、回、藏、维吾尔、苗、彝、壮、布衣、朝鲜、满、侗、瑶、白、土家、哈尼、哈萨克、傣、黎、傈僳、佤、畲、高山、拉祜、水、东乡、纳西、景颇、柯尔克孜、土、达斡尔、仫佬、羌、布朗、撒拉、毛南、仡佬、锡伯、阿昌、普米、塔吉克、怒、乌兹别克、俄罗斯、鄂温克、德昂、保安、裕固、京、塔塔尔、独龙、鄂伦春、赫哲、门巴、珞巴、基诺等族。

语　言　汉语是主要语言，少数民族也有本民族语言。现代汉民族的共同语言是以北京语音为标准音、以北方话为基础方言、以典范的现代白话文著作为语法规范的普通话。

中国四川九寨沟风景名胜区组图　（百度网）

宗　教　宪法规定公民享有宗教信仰自由。国民信仰的宗教有佛教、道教、伊斯兰教、基督教、天主教。

资源物产

土地资源　中国耕地面积13499.87万公顷(《2016中国国土资源公报》数据),区域分布不匀,人均土地资源占有量较少。

水资源　水能资源蕴藏量6.8亿千瓦,居世界首位。人均径流量约2200立方米,仅为世界人均径流量的24.7%。在各流域中,珠江流域人均水资源最丰富。水资源分布南方多北方少,水土资源配合欠佳。

生物资源　种类多、数量大。几乎拥有北半球的全部植被类型,有种子植物300科、2980属、2.4万种,其中被子植物2946属,占全球被子植物总属数的23.6%。有陆栖脊椎动物2070种,占全球陆栖脊椎动物种类的9.8%,其中兽类420种,鸟类约1170种,两栖类184种。海鱼约有1500种,淡水鱼约500种。

矿产资源　已发现矿种171种,其中探明储量的158种,包括能源矿产10种,金属矿产54种,非金属矿产91种,水气矿产3种。重要矿产资源有煤、石油、油页岩、天然气、铁、锰、钼、钒、钛、汞、磷、铜、钨、锑、锡、铬、铅锌、铝土、镍、稀土、银、金、菱镁、普通萤石、硫铁、钾、盐、芒硝、重晶石、石墨、玻璃硅原料、清石、高岭土等。其中钨、锑、稀土、钼、钒、钛的探明储量在世界各国中居首位,煤、铁、铅锌、铜、银、汞、锡、镍、磷灰石、石棉等位居前列。

物　产　有谷物(小麦、稻谷)、棉花、油料(油菜籽、花生、油茶籽、芝麻)、麻类、糖料(甘蔗、甜菜)、大豆、茶叶、烟叶、水果(苹果、柑橘、香蕉、葡萄、西瓜)、大牲畜、肉类(猪、牛、羊肉)、奶类、羊毛(绵羊毛、山羊毛)、水产品(海水产品、淡水产品)等。其中谷物、棉花、花生、油菜籽、水果、肉类产量在世界各国中居首位,大豆、甘蔗、茶叶产量位居前列。还有松脂、中药材、桐油、生丝、漆、灵香草、八角、茴油、肉桂、荔枝、龙眼等特产。

国体政体

国　体　中华人民共和国是工人阶级领导的、以工农联盟为基础的人民民主专政的社会主义国家。社会主义是国家的根本制度。国家的一切权力属于人民,实行人民代表大会制度。

全国人民代表大会　国家的最高权力机关。常设机构是全国人民代表大会常务委员会。全国人民代表大会和全国人民代表大会常务委员会行使国家立法权。

国务院　即中央人民政府,最高权力机关的执行机关,最高国家行政机关。

中央军事委员会　全国武装力量领导机关。实行主席负责制度,对全国人民代表大会及其常务委员会负责。

最高人民法院　国家的最高审判机关。

最高人民检察院　国家的最高检察机关。

中国人民政治协商会议　由各党派、各阶层组成。宪法规定,中国共产党领导的多党合作和政治协商制度将长期存在和发展。

党　派　中国内地有9个党派:中国共产党、中国国民党革命委员会、中国民主同盟、中国民主建国会、中国民主促进会、中国农工民主党、中国致公党、九三学社和台湾民主自治同盟。其中,中国共产党是执政党,其他8个民主党派是参政党。

国家领导人

国家主席　习近平,2018年3月当选连任。

全国人民代表大会常务委员会委员长　栗战书,2018年3月当选。

国务院总理　李克强,2013年3月连任。

中国人民政治协商会议全国委员会主席　汪洋,2018年3月当选。

国家中央军事委员会主席　习近平,2018年3月当选连任。

行政区划

一级行政区划　中国分为34个省、自治区、直辖市和特别行政区。即黑龙江、吉林、辽宁、河北、山西、山东、江苏、浙江、安徽、江西、福建、台湾、河南、湖北、湖南、广东、海南、云南、贵州、四川、陕西、甘肃、青海等23个省,广西、西藏、新疆、内蒙古、宁夏等5个自治区,北京、天津、上海、重庆等4个直辖市,香港、澳门2个特别行政区。

主要城市　首都北京市,位于华北平原西北端,周围被河北省和天津市所包围,是中国政治、经济、文化和国际交流中心,综合性产业城市,著名古都,重要航空港。2017年年末全市常住人口2170.7万。其他重要城市有上海、天津、重庆、哈尔滨、长春、沈阳、大连、呼和浩特、太原、石家庄、济南、青岛、南京、苏州、杭州、合肥、福州、厦门、南昌、郑州、武汉、长沙、广州、深圳、南宁、桂林、海口、昆明、贵阳、成都、拉萨、乌鲁木齐、兰州、西安、西宁、银川、香港、澳门、台北、高雄等。

经　济

国内生产总值　2018年中国国内生产总值90万亿元,比上年增长6.6%。

产　业　第一产业包括农业、林业、畜牧业和渔业。种植业是农业的支柱,主要包括粮食作物种植业和经济作物种植业。粮食种植业主要种植小麦、水稻、玉米、薯类等作物,2017年粮食产量61791万吨,比上年增加166万吨,增长0.3%。经济作物种植业主要种植棉花、油料(花生、油菜、芝麻、油茶)、麻类、糖料(甘蔗、甜菜)、豆类、茶叶、水果等作物。2018年第一产业增加值6.47万亿元。第二产业包括工业和建筑业。工业门类齐全,主要有矿产采选、金属冶炼及压延加工、金属制品、机械制造、化学原料及制品、医药、纺织及服装制造、家具制造、食品加工和制造等行业。第二产业在国民经济中占主导地位，2018 年第二产业增加值 36.6 万亿元。第三产业包括地质勘查和水利管理、交通运输仓储邮电通信、批发和零售贸易、金融保险、房地产、社会财务、卫生体育和社会福利、教育文化艺术、广播电影电视、科学研究和综合技术服务等行业。第三产业在国民经济中地位不断上升，2018 年第三产业增加值占国内生产总值的 52.2%。

财　政　2017 年全国一般公共预算收入 172567 亿元，比上年增加 13015 亿元，增长 7.4%。

金　融　主要银行有中国人民银行、中国建设银行、中国工商银行、中国农业银行、中国银行、中国农业发展银行、中国进出口银行、国家开发银行、交通银行、中国光大银行等，其中中国人民银行是国家中央银行。主要保险公司有中国人民财产保险股份有限公司、中国人寿保险股份有限公司、中国太平洋财产保险股份有限公司、中国太平洋人寿保险股份有限公司、中国平安财产保险股份有限公司、中国平安人寿保险股份有限公司、新华人寿保险股份有限公司等。证券交易所有上海证券交易所和深圳证券交易所。货币名称为人民币，单位为元。2017 年年末国家外汇储备 31399 亿美元，比上年末增加 1294 亿美元。年末人民币汇率为 1 美元兑 6.7518 元人民币，比上年末贬值 1.6%。

进出口贸易　2017 年货物进出口总额 277923 亿元，比上年增长 14.2%。其中：出口 153321 亿元，增长 10.8%；进口 124602 亿元，增长 18.7%。货物进出口差额（出口减进口）28718 亿元，比上年减少 4734 亿元。对“一带一路”沿线国家进出口总额 73745 亿元，比上年增长 17.8%。其中，出口 43045 亿元，增长 12.1%；进口 30700 亿元，增长 26.8%。

交通通信

截至 2017 年底，全国铁路运营里程 12.7 万千米，比上年增长 2.4%，其中高速铁路运营里程达 2.5 万千米；公路总里程 477.35 万千米，其中高速公路 13.65 万千米。全年货物运输总量 479 亿吨，比上年增长 9.3%；旅客运输总量 185 亿人次，比上年下降 2.6%。年末全国民用汽车保有量 21743 万辆（包括三轮汽车和低速货车 820 万辆），比上年末增长 11.8%，其中私人汽车保有量 18695 万辆，增长 12.9%。民用轿车保有量 12185 万辆，增长 12.0%，其中私人轿车 11416 万辆，增长 12.5%。

沿海港口主要有大连港、营口港、秦皇岛港、天津新港、烟台港、威海港、连云港、上海港、宁波港、温州港、马尾港、厦门港、汕头港、黄埔港、湛江港、北海港、钦州港、防城港、海口港、香港、基隆港、高雄港等。内河港口主要有宜宾港、重庆港、万州港、宜昌港、武汉港、九江港、芜湖港、南京港、镇江港、张家港、南通港、上海港、广州港、梧州港、贵港等。

主要机场有北京首都机场、广州花都机场、上海浦东机场、上海虹桥机场、深圳宝安机场、昆明长水机场、成都双流机场、西安咸阳机场、厦门高崎机场、桂林两江机场、重庆江北机场、大连周水子机场、天津滨海机场、杭州萧山机场、青岛流亭机场、南京禄口机场、武汉天河机场、南宁吴圩机场、长沙黄花机场、乌鲁木齐地窝铺机场、拉萨贡嘎机场、香港机场、台北桃园机场等。

2017 年年末全国电话用户总数 161125 万户，其中移动电话用户 141749 万户。移动电话普及率上升至 102.5 部/百人。固定互联网宽带接入用户 34854 万户，比上年增加 5133 万户。其中：固定互联网光纤宽带接入用户 29392 万户，增加 6627 万户；移动宽带用户 113152 万户，增加 19077 万户。移动互联网接入流量 246 亿 G，比上年增长 162.7%。互联网上网人数 7.72 亿人，增加 4074 万人。其中手机上网人数 7.53 亿人，增加 5734 万人。互联网普及率达到 55.8%，其中农村地区互联网普及率 35.4%。

教　育

中国实行 9 年义务教育制度。现行学制为小学 6 年；初中 3 年，高中 3 年；高等专科教育 2～3 年，本科教育 4～6 年。

2017 年全国在校学生人数：普通小学 10093.7 万人，初中 4442.1 万人，普通高中 2374.5 万人，中等职业教育 1592.5 万人，普通高等教育专科、本科 2753.6 万人，在学研究生 263.9 万人。著名大学有北京大学、清华大学、复旦大学、浙江大学、南京大学、南开大学、中国科技大学、华中科技大学、上海交通大学、武汉大学、吉林大学、中山大学等。

传　媒

中国官方新闻社为新华社。主要报纸有《人民日报》《光明日报》《解放军报》《中国日报》《参考消息》

华中科技大学图书馆外景　（百度网）

《经济日报》《中国青年报》《工人日报》《中国文化报》《中国体育报》《中国妇女报》《经济参考报》《中国政协报》《科学时报》《健康报》《中国商报》等。主要电视台有中央电视台、中国教育台等。主要广播电台有中央人民广播电台、中国对外广播电台等。

文化体育

2017 年年末全国文化系统共有艺术表演团体 2054 个;有文化馆 3327 个,公共图书馆 3126 个,博物馆 3217 个,档案馆 4237 个。有线电视实际用户 2.20 亿户,其中有线数字电视实际用户 1.98 亿户。年末广播节目综合人口覆盖率 98.7%,电视节目综合人口覆盖率 99.1%。出版各类报纸 368 亿份,各类期刊 26 亿册,图书 90 亿册(张)。

2017 年全国运动员在 24 个运动大项中获得 106 个世界冠军,创造 6 项世界纪录。全国残疾人运动员在 11 项国际赛事中获得 160 个世界冠军。

医疗卫生

2017 年年末中国有医疗卫生机构 99.5 万个,其中医院 3.0 万个;基层医疗卫生机构 94.0 万个,其中乡镇卫生院 3.7 万个,社区卫生服务中心(站)3.5 万个,门诊部(所)23.0 万个,村卫生室 63.8 万个;专业公共卫生机构 2.2 万个,其中疾病预防控制中心 3482 个,卫生监督所(中心)3133 个。全国有卫生技术人员 891 万人,其中执业医师和执业助理医师 335 万人,注册护士 379 万人。医疗卫生机构床位 785 万张,其中医院 609 万张,乡镇卫生院 125 万张。全国参加城镇基本医疗保险人数 117664 万人,比上年增加 43272 万人。其中:参加职工基本医疗保险人数 30320 万人,增加 789 万人;参加城乡居民基本医疗保险人数 87343 万人,增加 42483 万人。全年资助 5203 万人参加基本医疗保险。

科　技

中国主要科学研究机构有中国科学院和中国社会科学院。2017 年全国研究与试验发展(R&D)经费支出 17500 亿元,比上年增长 11.6%,与国内生产总值之比为 2.12%,其中基础研究经费 920 亿元。全年国家重点研发计划共安排 42 个重点专项 1115 个科技项目,国家科技重大专项共安排 454 个课题,国家自然科学基金共资助 43935 个项目。截至年底,累计建设国家重点实验室 503 个,国家工程研究中心 131 个,国家工程实验室 217 个,国家企业技术中心 1276 个。全年受理境内外专利申请 369.8 万件,授予专利权 183.6 万件;PCT 专利申请 5.1 万件。截至年底,有效专利 714.8 万件,其中境内有效发明专利 135.6 万件,每万人口发明专利拥有量 9.8 件。

2017 年年末全国有产品检测实验室 35000 个,其中国家检测中心 739 个。有产品质量、体系认证机构 401 个,累计完成对 14.025 万家企业的产品认证。有法定计量技术机构 4037 个。全年制定、修订国家标准 3811 项,其中新制定 2684 项。

历　史

中国是世界文明古国,有 5000 年文字记载的历史。

原始社会晚期,中原一带出现部落,其中黄河流域以黄帝、炎帝和蚩尤为首的 3 个部落比较强大。后来华夏民族尊黄帝和炎帝为共同祖先。

公元前 2070 年,夏王朝建立,是为中国奴隶社会的开端。

公元前 1600 年左右,商王朝取代夏王朝。商代,青铜冶炼和青铜器铸造技术水平较高,还出现甲骨文。

公元前 1046 年,周王朝取代商王朝。自此到公元前 476 年,中国经历了西周(公元前 1046 年至公元前 771 年)、春秋(公元前 770 年至公元前 476 年)两个时期。

公元前 475 年,进入战国时期,封建社会逐步确立。此时诸侯争霸,社会不安;在思想领域出现百家争鸣的繁荣局面,形成儒、法、道、墨、名、农、杂等以后长期影响中国社会的学派。

公元前 221 年,秦始皇嬴政统一中原,建立秦王朝。后又统一西南、东南地区,形成统一的多民族的中央集权国家。秦始皇实行统一文字和度量衡等措施,对后世影响极大。

公元前 206 年,刘邦建立汉王朝取代秦王朝。汉代社会经济发展较快,科学文化事业繁荣,特别是汉武帝时进入鼎盛阶段,所开辟通往西域的丝绸之路,促进了中西经济文化交流。

公元 220 ~ 589 年,历经三国、两晋和十六国、南北朝 3 个时期。这 3 个时期的特点是国家分裂和中华民族大融合。

581 年,隋王朝建立。当时,大运河凿通,促进了南北交通和经济文化交流;设立六部官制,实行科举考试制度,对此后中国政治、教育产生深远影响。

618 年,唐王朝取代隋王朝。唐代经济社会全面发展。商业繁荣,形成长安、扬州、广州等商业中心。文化发达,出现李白、杜甫等一批伟大诗人。科学进步,发明火药、雕版印刷术、天文钟等,对世界文化和科学技术的发展有卓越贡献。

907 年,唐王朝灭亡,中国出现封建割据局面,从 907 到 960 年,史称五代十国时期。

960 年,宋王朝建立。宋代(分北宋、南宋两个时期),农业和工业技术都有所发展,尤其是造船技术和指南针的发明与应用,促进了海外贸易事业的繁荣。同时,中国北方先后建立辽、金、西夏、元等政权。

1279 年,统一了北方的元消灭南宋,统一中国。元代,经济、文化继续发展。当时实行的行省制度一直沿袭至今。

1368 年,明王朝建立。明代,江南出现资本主义萌芽,朝廷派郑和率船队七下西洋,西方传教士开始进入中国传教并传播西方科学技术。

1644 年，清王朝取代明王朝。清代前期，国家强盛，经济、文化、科学技术发展；后期，朝廷腐败，国力衰弱。

1840 年，英国发动侵略中国的鸦片战争，清王朝屈服，中国开始沦为半封建半殖民地社会。

1911 年，辛亥革命爆发，清王朝被推翻。1912 年，中华民国建立。

1921 年，中国共产党在上海成立。中国共产党领导中国人民开展土地革命战争、抗日战争和解放战争，推翻压在中国人民头上的“三座大山”，取得新民主主义革命的胜利。1949 年 10 月 1 日，中华人民共和国建立。

中华人民共和国建立后，历经清匪反霸，土地改革，抗美援朝，镇压反革命，“三反”“五反”，农业、手工业和资本主义工商业的社会主义改造，“大跃进”，人民公社化，社会主义教育（“四清”），“文化大革命”等运动。1978 年中共十一届三中全会后，实行改革开放，致力于经济建设，经济快速发展，国力不断加强，社会稳定，人民生活水平不断提高。2017 年 10 月召开的中国共产党第十九次全国代表大会郑重宣示：经过长期努力，中国特色社会主义进入了新时代，这是中国发展新的历史方位。（林智荣）

文　莱

国　名

文莱达鲁萨兰国（Negara Brunei Darussalam），简称文莱。

国　旗

文莱国旗呈横长方形，长宽比为2∶1。由黄、白、黑、红四色组成。黄色的旗地上横斜着黑、白宽条。黄色是该国传统颜色，代表苏丹至高无上，黑、白斜条是纪念两位有功的亲王。国旗中央绘有国徽。国徽呈红色，一弯新月环抱着一根棕榈树干，其上为展开的双翼，双翼之上为一顶华盖和一面旗帜，象征文莱信奉伊斯兰教和苏丹至高无上。在新月中央用马来文写着“遵照真主的旨意行事”。中心图案两侧有两只手臂，

表示人民向真主祈求，人民对苏丹和政府的拥护。国徽底部的饰带上写着“和平之邦——文莱”。

地　理

位　置　文莱位于亚洲东南部的加里曼丹岛（旧称婆罗洲）的西北部。地处北纬 4°2′～5°3′、东经 114°4′～115°22′之间。北面濒临南中国海和文莱湾。

面　积　陆地面积5765 平方千米。

疆界和邻国　东、南、西三面与马来西亚的沙捞越州接壤，并被沙捞越州的林梦分隔为不相连的东、西两部分。北面隔海与菲律宾、中国和越南相望。

地形地貌　陆地海拔在300～500 米之间，地势东高西低。北部是平原，南部是丘陵，东部多为沼泽地，西部沿海为狭长平原。东南部与马来西亚沙捞越交界的阿干山海拔 1808 米，为全国最高峰。

江　河　主要河流有马来奕河、都东河、淡布隆河和文莱河。这些河流发源于南部山区，由南向北流入大海。马来奕河为全国最大河流，全长 32 千米。

海岸海岛　海岸线长约 161 千米。有 33 个岛屿，总面积 79.39 平方千米。大部分岛屿分布在文莱河下游或河口地区。靠近海边的地带是遍布红树林的淡水沼泽，约占陆地总面积的 10%。近海海底平缓，海水较浅，海面平静，素有“少女海”之称。

气　候　属热带雨林气候区。终年炎热多雨，没有明显的干旱季节。各地年平均降雨量在 2500 毫米以上。年平均气温 28℃，各月温差不大。空气湿度较大，达到 67%～91%。

风景名胜　首都斯里巴加湾市有历史悠久的水村——Kam Pong Ayer，东南亚最堂皇的清真寺——奥玛尔·阿里赛夫丁和苏丹文物纪念馆、文莱博物馆、苏丹皇宫、水晶公园等，马来奕区有陆上油井石油生产纪念碑和其他与石油生产有关的景观。

国　民

人　口　据文莱立法会 2016 年 3 月提供的数据，2016 年文莱人口 42.27 万。69.3% 的人口居住在文莱—摩阿拉区，16.6% 在马来奕区，11.7% 在都东区，2.5% 在淡布隆区。

民　族　主要民族有 20 个。2011 年，马来人（七大土著合称，包括文莱马来人、都东人、克达岩人、马来奕人、比沙雅人、姆鲁人和杜顺人）占总人口的 65.7%，华人约占 10.3%，其他种族约占 24%。

语　言　主要语言是马来语，为国语。英语使用广泛。华语主要在华人中使用（多数讲闽南话，少数讲粤语）。

宗　教　宪法规定伊斯兰教为国教。大部分居民信奉伊斯兰教，少数信奉佛教、基督教、道教等。

资源物产

文莱的矿产资源主要有石油和天然气。据官方 2010 年公布的数据，石油蕴藏量 11 亿桶，天然气储量

约3500亿立方米，是东南亚第三大产油国和世界第四大液化天然气生产国，产油量在东南亚仅次于印度尼西亚和马来西亚。除陆地油田外，还有7个海上油田，90%石油和全部天然气出自海上油田。探明储量较大、具有经济价值的矿产资源还有金、煤、汞、锑、铅、矾土和硅。

耕地面积占国土面积的5%，土壤较贫瘠。主要农产品有稻谷、咖啡、橡胶、椰子、西谷米、胡椒、甘蔗、花生、玉米、日罗东胶（口香糖的主要原料）、蔬菜、香蕉、菠萝等。森林面积46.9万公顷，有11个森林保护区，总面积2355平方千米，占陆地面积的41%，多数森林保护区为原始森林。植物资源丰富，其中以木本植物居多，有5000多种。领海有丰富的海洋生物资源，主要河流盛产鱼、虾等水产品。陆栖野生动物有象、犀牛、野牛、猿、猴、野猪、鹿、鳄鱼、巨蟒、眼镜蛇、狐蝠、松鼠、蜥蜴、犀鸟、雨燕等。

国体政体

国　体　文莱是伊斯兰教绝对君主制国家。君主（苏丹）拥有行政、立法、司法全部权力，同时也是宗教领袖。设宗教、枢密、内阁、立法、世袭等5个委员会协助苏丹理政。

议　会　称立法委员会。1962年曾举行选举。1970年取消选举，议员改由苏丹任命。1984年2月，现任苏丹宣布终止立法会，法律以苏丹圣训方式颁布。2004年7月，苏丹宣布重开立法会；9月，立法会恢复运作，由议长卡马鲁丁和21名议员（其中当然议员6人，高官议员5人，委任议员10人）组成，均由苏丹任命。2005年9月，苏丹解散立法会，重新任命30名新议员，卡马鲁丁仍为议长。2015年2月11日，苏丹任命拉赫曼为文莱立法会新议长。

政　府　本届政府于2015年10月由苏丹宣布改组。设首相署，国防部，财政部，外交与贸易部，司法部，教育部，交通部，宗教事务部，文化、青年和体育部，内政部，发展部，卫生部，首相署能源部，工业与初级资源部等机构。苏丹兼任首相、国防部部长、财政部部长及外交与贸易部部长。

司　法　司法体制以英国习惯法为基础。一般刑事案件在推事庭或中级法院审理，较严重的案件由高级法院审理，文莱民事案件最终可上诉至英国枢密院。最高法院由上诉法院和高级法院组成，中央设有司法会议，其主要职能是代表苏丹执行司法权力，各级法院的法官都由苏丹任命。审判机关实行审判独立原则，由最高法院、高等法院、上诉法院及地方法院组成。另设宗教法院，负责审理有关伊斯兰教的案件。

党　派　1985年5月30日，文莱苏丹宣布允许政党注册，随后出现文莱国家民主党和文莱国家团结党。1988年文莱政府取缔国家民主党，现仅存文莱国家团结党；另有国民觉醒党和国民进步党两个党派，均不参政。

国家元首和政府首脑

文莱国家元首是苏丹·哈吉·哈桑纳尔·博尔基亚·穆伊扎丁·瓦达乌拉，1967年10月5日继位。兼任首相、国防部部长、财政部部长、外交与贸易部部长、皇家武装部队最高统帅、五星级上将和皇家警察部队总督察。

行政区划

一级行政区划　文莱行政建置分区、乡和村三级。全国划分为文莱—摩阿拉、马来奕、都东、淡布隆等4个区。区长和乡长由政府任命，村长由村民民主选举产生。

主要城市　首都斯里巴加湾市，位于文莱—摩阿拉区文莱河畔，是文莱的政治、经济、文化、交通中心，面积100.36平方千米，人口约14万（2011年），从17世纪起即为文莱首都，曾被列为亚洲十佳生活城市之一。其他重要城市有马来奕、诗里亚、都东和邦加。

经　济

国内生产总值　2017年文莱国内生产总值183.8亿文莱元（约合141.3亿美元），人均国内生产总值28271美元。

产　业　主要产业是石油和天然气开采业，2016年石油和天然气开采业增加值约占国内生产总值的65%和财政收入的90%，出口额占出口总额的95%。日均原油产量13.4万桶，天然气日产量3440.52万立方米。文莱实行经济多元化战略，以减少对油气产业的依赖，2017年继续重点发展非油气产业和中小微企业，实施重工业和轻工业、制造业、科技、电子、运输通信、餐饮业、旅游业、游乐设施、社会福利等9大项目。截至2013年3月31日，全国有中小企业

文莱首都斯里巴加湾市　（百度网）

5486家。其中:中型企业1787家,占33%;小型企业3560家,占65%。农业基础薄弱,2011年农业产值为1.05亿美元,仅占国民生产总值的0.5%,国内稻米自给率不足3%。

财　政　财政收入主要依赖石油和天然气出口及公司税与政府财政收益(即政府在国内和国外投资所获得的收益),这两项财源历年均占财政总收入的96%以上。财政支出主要有固定支出、一般性项目支出、开发基金3项。2017/2018财年(2017年4月1日至2018年3月31日)财政预算支出53亿文莱元,比上财年减少3亿文莱元。

金　融　不设国家中央银行,在财政部设货币局和金融局负责金融管理。全国有8家银行、5家金融公司、26家保险公司和1家证券交易公司(2006年)。货币名称为文莱元,与新加坡元实行1:1汇率挂钩。2017年12月文莱元与美元平均汇率为1文莱元兑0.7423美元。2017年12月外汇储备29.4亿美元。

进出口贸易　2017年进出口贸易总额119.66亿文莱元,较2016年增长14.2%,出口额77.09亿文莱元,增长13.5%,进口额42.57亿文莱元,增长15.4%,贸易顺差34.53亿文莱元,增长11.3%。主要出口原油、石油产品和液化天然气,进口机器、运输设备、食物、药品等。主要贸易对象是日本、英国、新加坡、泰国、马来西亚和美国。

对外投资　长期以来,文莱依靠出口石油和天然气积累大量外汇,逐年增加对外直接投资。至2004年年底,文莱在海外的直接投资累计达到500亿美元,年盈利约20亿美元。2015年文莱对外直接投资0.6亿美元。

交通通信

公路交通　文莱公路总长3234.6千米。2017年汽车销售16836辆。有注册车辆14.82万辆(2015年)。

水　运　水运是重要的运输方式。主要港口有摩阿拉深水港,此外还有斯里巴加湾港、马来奕港、诗里亚港、丹戎沙利隆港等,主要供外运石油和液化天然气使用。各港口与新加坡、马来西亚、中国香港、泰国、菲律宾、印度尼西亚和中国台湾有定期货运航班。2011年有各类注册船舶273艘,各港口共装卸货物101.8万吨。2014年文莱港口集装箱吞吐量12.8万标准箱。

民用航空　首都斯里巴加湾市有国际机场。2017年,文莱皇家航空公司拥有10架客机,开辟有26条国际航线。2015年航空客运量115万人次,货运周转量11514.7万吨千米。

电　信　邮电通信业比较发达。建有卫星地面站3个,拥有全国性的数字交换网络。2011年固定电话用户7.98万户,互联网用户5.05万户,移动电话用户44.32万户。全国设有6个邮政局和1个邮电代理处。

教　育

文莱实行免费教育,国民享有11年(小学至高中)免费教育待遇。政府还资助出国留学。大多数学校由政府设立,另有少数教会学校和私立学校。文莱实行马来文和英文双语教育政策。2015年有各级各类学校254所,其中公立学校176所,私立学校78所,幼儿园、小学及普通中学235所,技术和职业专科学校12所,大学(含大专院校)7所。在校学生113987人。各级各类学校有教师10979人。全国9岁以上人口识字率女性为97.4%,男性为98.6%。

教育制度主要按英国模式建立,并使用英国的教学大纲进行教学。小学学制6年,初级中学3年,中级中学2年,高级中学或大学预科2年。只有修完13年学业的青年,才有资格进入高等学校继续深造。

传　媒

文莱新闻社是官方新闻机构,创建于1959年。主要报纸:《婆罗洲公报》,日报(英文、马来文),创办于1953年,日发行量7万份;《文莱灯塔》,周报(马来文),创办于1956年,由政府的文化、青年和体育部新闻局主办,每周三出版,期发行量4.5万份;《文莱时报》,2006年7月1日创刊;马来西亚中文日报《美里日报》《诗华日报》《国际时报》和《星洲日报》设有文莱新闻版,在文莱发行。

文莱广播电视台由政府主办,创建于1957年5月,是全国唯一的广播电视台。文莱电台拥有两个广播网,一个用马来语和方言广播,一个用英语、华语和廓尔喀语广播,每天播音超过30小时。电视台从1975年起开设彩色电视频道,播放马来语和英语节目。

医疗卫生

文莱国家财政每年拨出巨额资金用于医疗卫生事业,公民享受免费医疗保健服务。医疗体系分为三级:卫生诊所、卫生中心和医院。2017年全国有12所医院,46个医疗中心和诊所,共有1134张病床。医疗机构有医生393人,牙医81人,药剂师42人,护士1915人。人口平均寿命为76.7岁,其中女性78岁,男性76.5岁。

科　技

文莱约有科技人员7000名(2008年)。由于科技人才有限,国内没有独立的研究机构,主要是通过与发达国家合作研究取得科技成果。

历　史

文莱建国于公元4世纪,有着悠久的历史。

从4世纪到9世纪,为独立王国时期,历400余年。这一时期,文莱国土辽阔,国力强盛,物产丰富,民众殷实。与中国的封建王朝常有往来,中国史籍称其为“婆罗国”或“浡泥”。

从9世纪中叶到10世纪后期,为室利佛逝王朝占领时期,约150年。文莱经济和社会遭到严重破坏,对外交往受到影响。

从 10 世纪到 14 世纪 30 年代，为恢复时期，有 300 多年。当时的文莱幅员宽广，人口众多，重视商业，崇尚佛教，国际贸易和交往频繁。

从 14 世纪中叶到 15 世纪初，为麻诺巴歇（又译满者伯夷）帝国占领时期，50 年左右。这一时期，文莱丧失大部分领土，成为麻诺巴歇的附属国。

15 世纪初，文莱国王遐旺・阿拉克・贝塔塔尔投向马来半岛南端信奉伊斯兰教的满剌加国；1414 年，他娶满剌加国苏丹的女儿为妻，被该国苏丹授予穆罕默德称号，因而皈依伊斯兰教，并将文莱改为苏丹国，从而成为文莱的第一世苏丹。以后的文莱君主都使用“苏丹”这一头衔。伊斯兰教从此传入文莱。

从 15 世纪末到 17 世纪初，即第五世苏丹博尔基亚到第九世苏丹哈桑在位的 100 多年，文莱国力强盛，成为当时东南亚较有影响的国家。

17 世纪后半期，文莱苏丹国开始进入长期衰弱时期，相继被葡萄牙、西班牙、荷兰、英国侵占，文莱苏丹对边远地区的统治名存实亡。

1847 年 5 月，英国迫使文莱签订不平等的《英国和文莱友好通商条约》，文莱由一个独立的主权国家沦为受英国支配的半殖民地。

1888 年 9 月，文莱沦为英国的保护国。

1941 年 12 月至 1945 年 6 月，文莱被日本占领。

1946 年，英国恢复对文莱的控制。1959 年，英国同意文莱自治。

1984 年 1 月 1 日，英国放弃其掌管的文莱外交和国防权力，文莱完全独立。

1984 年 1 月 7 日，文莱加入东南亚国家联盟。

1993 年 12 月 9 日，文莱加入关贸总协定。

1994 年 4 月 15 日，文莱成为世界贸易组织成员方。

文莱独立以后，政治社会稳定，经济持续发展，人民生活富裕。　（马金案）

柬　埔　寨

国　名

柬埔寨王国（The Kingdom of Cambodia），简称柬埔寨。

国　旗

柬埔寨国旗呈长方形，长宽比为3∶2。由 3 个平行的横长方形相连构成，中间是红色宽面，上下均为蓝色长条。红色象征吉祥和喜庆，蓝色象征光明和自由。红色宽面中间有白底深红线条构绘的吴哥图案；吴哥是著名的婆罗门教建筑，象征柬埔寨悠久的历史和古老的文化。

地　理

位　置　柬埔寨位于中南半岛南部。地处北纬 10°20′～14°32′、东经 102°18′～107°37′之间。西南濒临暹罗湾。

面　积　陆地面积 18.10 万平方千米。

疆界和邻国　东部、东南部与越南接壤，东部和东北部与老挝相邻，西北部与泰国交界。陆地边界线长约 2050 千米。

地形地貌　东、北、西三面地势高，中部和南部低缓。东部、北部、西部为高原，山地环绕。中部和南部是湄公河及其支流的冲积平原。平原、高原、山地分别占陆地面积的 46%、29% 和 25%。西南地区的豆蔻山山脉有全国最高峰奥拉山，海拔 1813 米。

江河湖泊　河流纵横密布。东南亚最大河流湄公河在境内流长约 500 千米，接纳境内绝大多数河流。连接洞里萨湖的洞里萨河是第二大河流，长 155 千米。洞里萨湖（又称大湖、金边湖）是中南半岛第一大湖，也是东南亚地区最大的天然淡水湖，湖面在旱季时约 2500 平方千米，雨季时约 1 万平方千米。

海岸海岛　海岸线长约 460 千米，岸线曲折、多岬角。沿海有不少岛屿和海港。

气　候　属热带季风气候区。各地年平均降雨量在 1000～1800 毫米之间，年平均气温 27℃。每年5～11 月是雨季，降雨量约占全年的 80% 以上；12 月至次年 4 月是旱季，旱季又分凉、热两季。

名胜古迹　首都金边市有王城、塔仔山、国家博物馆等。暹粒市有列入世界文化遗产名录的吴哥古迹群。西哈努克市是著名的旅游、避暑胜地。

国　民

人　口　2018 年柬埔寨人口约1624.98 万。人口密度 89.7 人/平方千米。城市人口 355.5 万，农村人口 1269.48 万。

民　族　有 20 多个民族。高棉族人口最多，约占总人口的 85%。人口较多的民族还有华族、占族、卜农族、老族、泰族、马来族、斯丁族、越族等。

语　言　高棉语和法语是柬埔寨的官方语言。

宗　教　小乘佛教是国教。高棉族人绝大部分信奉小乘佛教。占族人大多数信奉伊斯兰教。

资源物产

柬埔寨矿产资源主要有金、磷酸盐、宝石和石油。土地肥沃，盛产稻谷、橡胶、胡椒、糖棕、腰果、烟草及各种热带水果。橡胶是主要出口产品。所产林木200余种，柚木、铁木、紫檀、黑檀、白卯、观丹木等热带林木较为有名。渔业资源丰富，洞里萨湖是东南亚最大的天然淡水渔场。西南沿海渔场经济鱼类也较多。近年来，因生态环境失衡和过度捕捞，水产资源减少。

国体政体

国　体　柬埔寨是君主立宪制国家。实行民主多党制。立法、行政、司法三权分立。国王是终身国家元首、国家军队最高司令、国家统一和延续的象征，有权宣布大赦，根据首相的提议并征得国民议会主席同意后宣布解散国民议会。

议　会　由国民议会和参议院组成。国民议会是国家最高权力机关和立法机关，每届任期5年。2018年7月29日，柬埔寨举行第六届国民议会选举。8月15日，柬埔寨国家选举委员会宣布，柬埔寨第六届国会的全部125个议席由柬埔寨人民党独获。8月17日，柬埔寨国王诺罗敦·西哈莫尼签发《王令》，委任洪森为柬埔寨新一届王国政府首相。9月15日，新一届国会召开首次会议，会议由韩桑林主持，会上宣读柬埔寨第六届国会125名当选议员名单及审批新一届国会章程，至此，柬埔寨新一届国会正式成立。参议院是国家立法机关，有权审议国会通过的法案，每届任期6年。2018年2月25日，柬埔寨举行第四届参议院选举，柬埔寨人民党获得62个议席中的58席，其余4席中的2席由国王委任，2席由国会委任。4月23日，柬埔寨举行第四届参议院首次会议，赛冲蝉联参议院议长，这标志着柬埔寨新一届参议院正式成立。

政　府　设有首相府、农业部、商业部、工业部、文化部、内政部、国防部、教育部、外交部、财经部、计划部、旅游部等28个部和1个国务秘书处。本届政府于2018年9月6日成立。

司　法　法院为司法机关，分初级法院、中级法院和最高法院三级。各级法院设检察官，行使检察职能。

党　派　主要为柬埔寨人民党。2018年大选时有19个政党参选。

国家元首和政府首脑

国　王　诺罗敦·西哈莫尼，2004年10月29日登基。

首　相　洪森，2018年8月17日连任。

行政区划

一级行政区划　柬埔寨从2014年起分为24个省和1个直辖市。各省分别是：马德望省、贡布省、干丹省、磅湛省、磅清扬省、磅士卑省、磅同省、桔井省、波罗勉省、班迭棉芷省、暹粒省、上丁省、茶胶省、柴桢省、蒙多基里省、柏威夏省、国公省、奥多棉芷省、菩萨省、腊塔纳基里、西哈努克省、白马省、拜林省和特本克蒙省。直辖市为金边。

主要城市　首都金边市，位于柬埔寨南部，湄公河西岸，面积290平方千米，人口150万，是全国政治、经济、文化中心。其他重要城市有暹粒、西哈努克、白马、马德望等。

经　济

国内生产总值　2018年柬埔寨国内生产总值995085亿瑞尔，约合245.7亿美元，比上年增长7.3%；人均国内生产总值1512美元，增长9.16%。

产　业　2018年柬埔寨农林渔牧业增长2%，主要农产品有稻米、橡胶、玉米、木薯等。工业增长10.2%，主要行业是出口导向的成衣服装业及建筑业。服务业增长6.5%，旅游相关产业为主导产业。

财　政　2018年预算执行收入234090亿瑞尔，约合57.8亿美元，比上年增长10.6%，占国内生产总值的23.5%；预算执行支出244336.5亿瑞尔，约合60.33亿美元，增长15.2%，占国内生产总值的24.6%；财政赤字10246.5亿瑞尔，约合2.53亿美元，占国内生产总值的1.03%。

金　融　柬埔寨货币名称为瑞尔。2018年瑞尔与美元的汇率继续保持稳定，年平均汇率为4050:1。年末官方外汇储备100亿美元，比上年增长14.94%。通货膨胀率为2.5%。

进出口贸易　2018年柬埔寨进出口贸易总额249.9亿美元，比上年增长5%。其中：出口112.2亿美元，增长4.08%；进口137.7亿美元，增长5.8%。主要出口产品为服装、鞋类、大米、橡胶和木薯、电器零件、脚踏车、鱼产品、胡椒等。主要进口产品为服装原材料、建材、汽车、燃油、机械、食品、饮料、药品和化妆品等。主要贸易伙伴为美国、欧盟、中国、日本、英国、韩国、泰国、越南和马来西亚等。2018年中柬双边贸易额为73.9亿美元，比上年增长27.6%。其中：柬埔寨向中国大陆出口13.8亿美元，增长36.7%；自中国大陆进口60.1亿美元，增长25.7%。

投　资　2018年投资总额68亿美元，比上年增长30.8%。其中：国内投资37.17亿美元，占投资总额的54.7%；外国投资30.83亿美元，占45.3%。排名首位的外资来源国是中国，占投资总额的52.9%。

交通通信

铁路交通　柬埔寨有南北两条单线米轨铁路，总长约649千米。一条为南线，从金边市往西南，经过茶胶省、贡不省到西哈努克港，全长264千米，建于1960年。金边市—西哈努克港的铁路运输服务在停运10多年后于2016年4月30日恢复客运。另一条是北线，由金边市经磅清扬省、菩萨省、马德望省、班迭棉芷省通往西北柬泰边境的波贝，与泰国铁路连接，全长385千米，建于1931年。

公路交通　截至2016年底，柬埔寨已建成道路56.26万千米，其中国道、省道1.5万千米，农村公路4.35万千米，无高速公路。公路网以首都金边为中心向四面辐射。通往柬越边界的国道为1号、2号、3号、8号、21号、72号、74号和78号，通往泰国的国道为5号、48号、57号、62号、67号和68号，通往老挝的国道为7号，4号公路通往西哈努克港。公路网上有14座跨河及跨海大桥。全国拥有汽车30多万辆。

水　运　以湄公河、洞里萨湖的航运为主。流经金边的湄公河，向北可通航老挝、泰国，向南经越南出海。有西哈努克港、金边港两个国际港口。西哈努克港是主要对外海港，可以停靠万吨级远洋货轮。金边港是最大的内河港口。2018年，西哈努克港货物吞吐量达520万吨，总收入6887.5万美元。金边港货物吞吐量290万吨，总收入1967万美元。

民用航空　柬埔寨主要航空公司有暹粒航空公司和吴哥航空公司。主要民用机场有金边国际机场(原名波成东机场)和吴哥机场(原名暹粒机场)。此外，西哈努克市、马德望省、腊塔那基里省、蒙多基里省、上丁省和国公省也建有简易机场。2015年空运货物周转量230.1万吨千米，航空客运量110.4万人次。

电　信　通信企业共铺设37441千米陆路光缆连接越南、老挝和泰国。其中，柬埔寨通信公司铺设2410千米，柬埔寨光纤通信网络公司铺设13031千米，VIETTEL公司铺设22000千米。至2018年年底，全国手机用户达1930.2万人，手机通讯覆盖100%的城市，互联网用户多达1070万人。4G/LTE移动通信技术覆盖全国25个省市的60%地区。

教　育

2017年，柬埔寨有学校14000余所，其中幼儿园4632所，小学7621所，初中1303所，高中633所。另有121个高等教育机构，其中国立高等教育机构44所，私营高等教育机构73所。从幼儿园至高中的学生人数为334.63万人(女生165.20万人，占49.37%)。全国5岁儿童入学率69.7%。小学学龄儿童入学率97.8%(女童入学率98.1%)。高等院校学生20.74万人，其中女生9.42万人，占44.43%。全国有11.94万名教师，其中女教师5.43万人。

传　媒

柬埔寨约有274种报纸，27种刊物，74种杂志。发行量较大的报纸有：《柬埔寨之光报》(柬文，日报)，《人民报》(人民党党报，柬文)，《和平岛报》(柬文，日报)，《金边邮报》(英文，双周报)，《柬埔寨时报》(英文、柬文，周报)等。影响较大的中文报纸有《华商日报》《柬华日报》和《星洲日报》。

柬新社(AKP)为官方通讯社，成立于1980年。全国有10家电视台，28家电台，其中FM96台属国家广播电台，每天播音19小时。国家电视台(TVK)建于1984年，以播出柬语节目为主。

医疗卫生

自20世纪80年代以来，柬埔寨政府采取措施逐步建立医疗体系，城镇医疗条件略有改善。各类流行疾病的防治工作，尤其是艾滋病和疟疾的防治工作均取得成效。

历　史

柬埔寨是历史悠久的文明古国。始建于公元1世纪。在古代，历经扶南、真腊两个时期，其中9世纪至15世纪初叶的吴哥王朝国力强盛，创造了举世闻名的吴哥文明。从16世纪末叶开始，真腊走向衰落。至18世纪末，基本处于强邻暹罗的控制之下，成为暹罗的属国。

1863年8月，法国采取炮舰政策，强迫柬埔寨签订不平等的《法柬条约》，柬埔寨沦为法国的保护国。1884年6月，法国以逼宫方式获得柬埔寨的全部政治权利，柬埔寨沦为法国的殖民地。1940～1945年，柬埔寨被日本占领。日本战败后，法国重新控制柬埔寨。

1953年11月9日，柬埔寨获得独立。独立后的柬埔寨奉行积极的中立政策，经济发展迅速，成为当时东南亚较富庶的国家。

1970年3月18日，朗诺—施里玛达集团在美国支持下发动政变，推翻西哈努克亲王领导的王国政府，建立高棉共和国。同年3月23日，西哈努克亲王在中国北京宣布成立柬埔寨民族统一阵线；5月5日，成立以宾努亲王为首相、乔森潘为副首相的柬埔寨王国民族团结政府，致力于打倒朗诺政权。1975年4月17日，红色高棉攻占金边，高棉共和国垮台。

柬埔寨吴哥机场航站楼　　（百度网）

1976 年 1 月，柬埔寨王国民族团结政府颁布新宪法，改国名为民主柬埔寨。民主柬埔寨政府大力推行合作社，取消货币，禁止商品交换，在对外事务方面也执行一系列不适合国情的路线、政策。

1978 年 12 月 25 日，越南出兵柬埔寨，扶持以韩桑林为首的金边政权。1982 年 7 月，西哈努克亲王、乔森潘、宋双三派抵抗力量实现联合，组成民主柬埔寨联合政府。柬埔寨境内出现两个政权并立的局面。

1990 年 9 月，柬埔寨抵抗力量三方同金边政权的代表在印度尼西亚雅加达会晤，宣布组成柬埔寨全国最高委员会。1991 年 10 月 23 日，柬埔寨问题国际会议在法国巴黎举行，与会各方签署《柬埔寨冲突全面政治解决协定》。1993 年 5 月 23 ~ 28 日，柬埔寨在联合国的监督下举行制宪会议大选。大选后，组成柬埔寨王国联合政府，恢复柬埔寨国名、国旗和国歌，恢复君主立宪制度，建立民主多党的政治制度和开放的市场经济制度，诺罗敦·西哈努克重新登上王位。

2004 年 10 月 29 日，诺罗敦·西哈莫尼登基，接替诺罗敦·西哈努克成为柬埔寨国王。（梁薇）

印度尼西亚

国　名

印度尼西亚共和国(The Republic of Indonesia)，简称印度尼西亚或印尼。素有万岛之国、千岛之国、水中岛国、赤道翡翠、火山之国等别称。

国　旗

印度尼西亚国旗旗面由上红下白两个相等的横长方形构成，长宽比为3∶2。红色象征勇敢和正义，还象征印度尼西亚独立以后的繁荣昌盛；白色象征自由、公正、纯洁，还表达印度尼西亚人民反对侵略、爱好和平的美好愿望。

地　理

位　置　印度尼西亚位于亚洲东南部。国土横跨赤道。地处北纬 6°至南纬 11°、东经 141° ~ 95°之间。

面　积　陆地国土面积 191.36 万平方千米，居东南亚各国首位。

疆界和邻国　疆域辽阔，东西跨度 5300 千米，南北跨度 2100 千米。与其接壤的国家有巴布亚新几内亚、东帝汶、马来西亚，陆地边界线总长 2830 千米。隔海相望的国家有澳大利亚、新加坡、泰国、中国、菲律宾等。

地形地貌　国土由 17508 个岛屿组成。岛屿较为分散，主要有加里曼丹岛、苏门答腊岛、伊里安岛、苏拉威西岛和爪哇岛。各岛内多崎岖山地和丘陵，沿海有狭长的平原和沼泽，并有浅海和珊瑚礁环绕。加里曼丹岛，山地从中部向四面伸展，沿海平原广阔，南部多沼泽。苏门答腊岛，山脉自西北向东南斜贯，山脉东北侧为丘陵和较宽阔的沿海冲积平原，平原东部多沼泽。苏拉威西岛，大多为山地，沿海有狭窄平原。爪哇岛，北部是平原，南部是熔岩高原和山地，山间有宽广的盆地。伊里安岛，西部高山横亘，有全国最高峰查亚峰，海拔 5030 米；南部平原较宽广。由于地处亚欧大陆与太平洋板块的接触带，火山活跃，地震频繁。境内有火山 400 多座，其中活火山 120 多座，约占世界活火山总数的 1/6。爪哇岛火山最多，地震最为频繁。

江河湖泊　河流众多，水量丰沛，但都比较短小。较大的河流有爪哇岛的梭罗河和加里曼丹岛的巴里托河、卡普阿斯河、马哈坎河，其中卡普阿斯河全长 998 千米。较大的湖泊有多巴湖、马宁焦湖、车卡拉湖、坦佩湖、托武帝湖、帕尼艾湖等，其中苏门答腊岛的多巴湖为全国第一大湖。

海岸海岛　海岸线约 8.1 万千米。岛屿之间构成许多海峡与内海，主要有巽他海峡、马六甲海峡、龙目海峡和爪哇海、苏拉威西海、弗洛勒斯海、阿拉弗拉海、班达海等。内海中，除爪哇海、阿拉弗拉海为浅海外，其余多为深海，其中班达海最深处达 7000 多米。海中珊瑚礁分布甚广，总面积约 2 万平方千米。主要群岛有大巽他群岛、努沙登加拉群岛（又称小巽他群岛）、马鲁古群岛和伊里安查雅群岛。

气　候　大部分地区属热带雨林气候（努沙登加拉群岛上的平原、谷地属热带草原气候），终年高温多雨，湿度大。年平均气温25℃ ~ 27℃，温差很小，无寒暑季节变化。年平均降水量在 2000 毫米以上。爪哇岛是世界上雷雨最多的地区，有“雷都”之称。每年分旱、雨两季，一般4 ~ 9月为旱季，10 月至次年 3 月为雨季，但各地不完全一致。

风景名胜　首都雅加达有雅加达博物馆、印度尼西亚缩影公园、茂物大植物园、查雅安佐尔寻梦公园、拉古南动物园、波格尔植物园、独立纪念碑、独立广场等景区景点。日惹有婆罗浮屠佛塔、普兰班南寺庙群、日惹苏丹王宫、恩藏高原等景区景点。巴厘岛有古打海滩、海神庙、金巴兰海滩、努瓦角海滩、爬行动物公园等景区景点。此外,还有北苏门答腊的多巴湖及湖心岛,西伊里安的查业维查亚山、小班他群岛,爪哇的苏腊卡尔塔、喀拉喀托火山、乌绒库伦自然保护区、三宝垄、巴淡岛等景区景点。

国　民

人　口　2017 年印度尼西亚人口 2.63 亿,较上年增长 1.28%,是世界第四人口大国。人口分布极不均衡,绝大多数居住在 5 个主要岛屿和 30 个较小的群岛上。全国人口密度 146.88 人/平方千米。

民　族　有 100 多个民族。人口较多的民族是爪哇族、巽他族、马都拉族和马来族,其中爪哇族、巽他族分别占总人口的 45% 和 14%,马都拉族和马来族各占 7.5%,其他民族占 26%。

语　言　各民族语言有 200 多种。官方语言为印尼语。通用英语。

宗　教　国民中,约 87% 信奉伊斯兰教,是世界上穆斯林人口最多的国家;6.1% 信奉基督教新教;3.6% 信奉天主教;2% 信奉印度教;1% 信奉佛教。

资源物产

印度尼西亚的石油和锡在世界上占有重要地位,是东南亚石油储量和产量最大的国家。石油储量 97 亿桶,已探明的天然气储量为 4.8 万亿～5.1 万亿立方米。非油气资源锡、煤、镍、金、银等矿产产量居世界各国前列。其中:煤炭资源潜在储量 900 亿吨,探明储量 193 亿吨;镍矿资源储量 13 亿吨,探明储量 6 亿吨;铜矿资源储量 6600 万吨,探明储量 4100 万吨;锡矿资源储量 146 万吨,探明储量 46 万吨。

森林面积 1.2 亿公顷,其中永久林区 1.12 亿公顷,可转换林区 80 万公顷。森林覆盖率 67.8%。动植物种类繁多,其中包括苏门答腊虎、象、犀牛、巨蜥、黑猴、人猿、天堂鸟、袋貂、袋鼠、食火鸡、鹦鹉、鹿、倭水牛等珍稀物种。盛产各种香料、热带林木及热带经济作物。胡椒、木棉、金鸡纳霜产量居世界各国首位,天然橡胶、棕榈油产量居世界第二位,丁香、椰子、咖啡等产量居世界前列。加里曼丹和苏门答腊的铁木,努沙登加拉的檀木,爪哇和苏拉威西的乌木、柚木驰名于世。海域、江河、湖泊盛产鱼类、贝类、海参、珍珠等。

国体政体

国　体　印度尼西亚是单一共和制国家。立法、行政、司法三权分立。实行总统内阁制。总统任期 5 年。自 2004 年起,总统和副总统由人民直选产生。总统任命内阁,但需征得国会同意。

人民协商会议　国家最高权力机构。由人民代表会议和地方代表理事会共同组成。负责制定、修改和颁布宪法及国家大政方针,并对总统进行监督。本届人民协商会议于 2014 年 7 月 9 日产生,成员 692 名(国会议员 560 名,地方代表理事会议员 132 名)。

人民代表会议　即国会。国家立法机构。行使除修宪和制定国家大政方针之外的一般立法权。人民代表会议无权解除总统职务,总统也不能宣布解散人民代表会议;但如总统违反宪法,人民代表会议有权建议人民协商会议追究总统责任。本届人民代表会议于 2014 年 10 月 20 日选举产生,560 名新国会议员兼任人协成员,任期 5 年。设议长 1 名,副议长 4 名。

政　府　设有政治法律安全统筹部、经济统筹部、人民福利统筹部、内政部、外交部、国防部、司法与人权部、财政部、能源和矿产资源部、工业部、贸易部、农业部、林业部、交通部、海洋和渔业部、劳工和移民部、公共工程部、卫生部、国民教育部、社会部、宗教部、文化旅游国务部、研究技术国务部、合作社与中小企业国务部、环境国务部、妇女事务国务部、提高国家机构效率国务部、落后地区发展国务部、国家建设规划国务部、国有企业国务部、通信和信息国务部、人民住房国务部、青年和体育国务部等部门。本届内阁于 2014 年 10 月 20 日组成,有阁员 34 人。

司　法　司法机关为最高法院和最高检察院,均独立于立法和行政机关之外。最高法院正副院长由人民代表会议提名,总统任命。最高检察长由总统任免。

党　派　党派众多,主要有民族民主党、专业集团党、斗争民主党、建设团结党、民主党、民族觉醒党、国民使命党、福利公正党等。

国家元首和政府首脑

总　统　佐科·维多多,2014 年 7 月当选,任期至 2019 年。

人民协商会议主席　西达尔托,2014 年 10 月当选。

人民代表会议议长　塞特亚·诺凡多,2014 年 10 月当选。

地方代表理事会主席　艾迪勒·费特里夏赫,2014 年 10 月当选。

行政区划

一级行政区　印度尼西亚划分为 2 个地方特区、30 个省和一个首都特区,分别是雅加达首都特区和日惹、亚齐达鲁萨兰地方特区,以及北苏门答腊、西苏门答腊、廖内、占碑、南苏门答腊、朋古鲁、楠榜、西爪哇、中爪哇、东爪哇、巴厘、西努沙登加拉、东努沙登加拉、北马鲁古、南马鲁古、巴布亚、北苏拉威西、中苏拉威西、东南苏拉威西、南苏拉威西、东伊里安查亚、中伊里安查亚、西伊里安查亚、邦加—勿里洞、万丹、哥伦打洛、东加里曼丹、中加里曼丹、南加里曼丹、西加里曼丹等省。

主要城市　首都雅加达,别称“椰城”,位于爪哇岛西部,面积 650.4 平方千米,人口 958.8 万,是全国政治、经济、文化中心。其他重要城市有泗水、万隆、棉兰、三宝垄、日惹等。

经　济

国内生产总值　2017 年印度尼西亚国内生产总值(GDP)10152.58 亿美元,比上年增长 5.07%;人均国内生产总值 3877 美元,增长 7.5%。

产　业　农业以种植业为主,是世界主要热带经济作物生产国。全国耕地面积 8000 万公顷。2015 年稻谷产量 7490 万吨,玉米产量 1300 万吨,大豆产量 98 万吨;2016 年棕榈油产量 2570 万吨,橡胶产量 310 万吨,咖啡产量 5.4 万吨,可可产量 150 万吨。

采矿业为工业支柱产业。2011 年全国采矿业创收 108.22 兆印尼盾(约合 117.9 亿美元),其中石油、天然气开采占主导地位。

服务业在国民经济中的比重逐年提高。全国约有 1.2 万家小型超市。旅游业是印度尼西亚第三大外汇来源。2017 年全国接待外国游客 1040.7 万人次,国际旅游收入 120.5 亿美元。

外国投资　2016 年印度尼西亚实际利用外资 396.6 万亿印尼盾。主要投资来源国为中国、新加坡、日本、美国、韩国等。

财　政　2014 年财政收入 1537.6 万亿印尼盾,支出 1764.6 万亿印尼盾。2016 年印度尼西亚收支预算(NPI)出现顺差 120 亿美元。

金　融　货币名称为印尼盾,2016 年印尼盾对美元年平均汇率为 13308.3∶1。2016 年末印尼外汇储备 1109.3 亿美元。

进出口贸易　2017 年外贸进出口总额 3256.3 亿美元。其中,出口额 1687.3 亿美元,进口额 1569 亿美元,贸易顺差 118.3 亿美元。主要进口贸易伙伴是日本、中国、美国、新加坡、马来西亚等,主要出口贸易伙伴是中国、日本、新加坡、美国、泰国等。

交通通信

铁路交通　印度尼西亚铁路总长 6458 千米,75% 在爪哇岛。其中,1～1.067 米轨道 5961 千米(电气化线路 125 千米,复线 250 千米),0.75～1 米轨道 497 千米。2014 年铁路客运周转量 202.8 亿人千米,货运周转量 71.7 亿吨千米。

公路交通　全国公路总长 43.78 万千米(2009 年)。截至 2014 年初,高速公路里程近 1000 千米。公路客运量和货运量分别占全国运输总量的 90% 和 50%。公路交通网集中在爪哇岛和苏门答腊岛。

水　运　全国水运航道 21579 千米,有各类港口 670 个,其中主要港口 25 个。雅加达丹绒不碌港是全国最大的国际港,年吞吐量约 250 万标准箱,泗水的丹绒佩拉港为第二大港,年吞吐量 204 万标准箱。

民用航空　有民用机场 196 个,其中国际机场 29 个。雅加达附近的苏加诺—哈达国际机场为国内最大机场。主要航空公司有鹰记、鸽记、狮航、曼达拉、辛巴迪等。2015 年空运货物周转量 74747.3 万吨千米,旅客空运量 8868.6 万人次。

电　信　2014 年全国有移动电话用户 2.1 亿户。

教　育

印度尼西亚实行九年义务教育制度。学制为小学 6 年,初中、高中各 3 年,大学 3～7 年。2009 年全国有小学 165752 所,在校学生 2990.1 万人;中学 50423 所,在校学生 1800 多万人;大学 3533 所,在校学生 479.2 万人。著名大学有雅加达的印度尼西亚大学,日惹的加查马达大学,泗水的艾尔朗卡大学、泗水工学院、阿伊兰卡大学,万隆的班查查兰大学等。2012 年教育预算开支 286 万亿印尼盾,占财政总预算的 20.2%。2011 年小学入学率 97.58%,初中入学率 87.78%,高中入学率 57.85%,15 岁以上人口文盲率 7.19%。

传　媒

印度尼西亚有各类报刊 3000 多种。主要印尼文报纸有《罗盘报》《专业之声报》《印尼媒体报》《共和国日报》《革新之声报》《印尼商报》等,英文报纸有《雅加达邮报》《印尼观察家报》等,中文报纸有《星洲日报》、《国际日报》、《世界日报》、《华文邮报》(中文和印尼文互译)、《商报》、《新生日报》、《千岛日报》等。

通讯社有国营的安塔拉通讯社和私营的印尼民族通讯社。有地方电视台 54 家,国家电视网络 11 个。其中影响较大的有印度尼西亚共和国电视台、教育电视台、美都电视台等。官办的印度尼西亚共和国电视台有 13 个分台,395 个转播器覆盖印尼全境。主要广播电台有印度尼西亚共和国广播电台,地方电台多达 1800 多家。

印度尼西亚雅加达丹绒不碌港　　(百度网)

医疗卫生

2012 年印度尼西亚卫生预算开支 48 万亿印尼盾。全国有医院 1156 所，妇产医院 3426 所，公共卫生中心 8570 个，卫生所 23163 个。2015 年末，印度尼西亚婴儿出生率为 19.3%，人口死亡率 7.09%，人口平均预期寿命 69.03 岁。

科　技

印度尼西亚从事科技活动的主要是国家各部委的直属研究机构、非部级中央直属研究机构、各大学和国有企业以及私营企业的研究开发机构等。中央直属研究机构由总统直接领导，从事战略性、交叉和多学科的研究与开发，科技活动由研究与技术国务部部长统筹与协调；非部级中央直属研究机构有印度尼西亚科学院、国家核能机构、技术评价与应用署、国家航空航天研究机构等。全国拥有科技人员约 5 万。科技经费主要来自财政拨款。

历　史

印度尼西亚历史悠久。在古代长期处于封建割据状态，先后分为印度教王国、佛教王国两个时期。公元 1 世纪，佛教传入，印度尼西亚进入印度宗教文化影响时期。5 世纪，出现最早的王国——加里曼丹东部的古戴王国和西爪哇的达鲁玛王国。7 世纪，在苏门答腊的巨港出现强大的海上王国室利佛逝。13 世纪末，拉登威查雅在爪哇建立强大的麻喏巴歇王国，统一印度尼西亚。自 13 世纪起，伊斯兰教逐步传入印度尼西亚。16 世纪，伊斯兰教王国淡目灭掉麻喏巴歇，印度尼西亚进入伊斯兰王国鼎盛时期。

1511 年，葡萄牙人为掠夺香料侵入印度尼西亚东部的马鲁古群岛。西班牙人也接踵而来。1596 年，荷兰侵入。1602 年，荷兰在印度尼西亚建立具有政府职能的东印度公司。1799 年 12 月，荷属东印度公司宣告破产。1800 年，殖民政府取而代之，通称“荷印政府”。1811 年，英国取代荷兰在印度尼西亚建立殖民政府。1816 年后，荷兰逐渐恢复对印度尼西亚的殖民统治，至 1903 年征服亚齐，完全占有整个印度尼西亚。其间，印度尼西亚各地从未间断反抗荷兰的斗争，其中最著名的有1816～1818 年马鲁古反荷起义、1825～1830 年爪哇人民大起义、西苏门答腊反荷战争、1873～1903 年亚齐战争等。

20 世纪初，印度尼西亚出现民族觉醒运动。1927 年，苏加诺等组建印度尼西亚民族联盟（1928 年 3 月改名为印度尼西亚民族党），采取与荷兰不合作政策，争取民族独立。1942 年，日本侵占印度尼西亚。1945 年日本投降后，印度尼西亚爆发“八月革命”。

1945 年 8 月 17 日，印度尼西亚共和国建立。1947 年 7 月和 1948 年 12 月，荷军先后两次在印度尼西亚发动殖民战争。1949 年 11 月，印荷双方签订《圆桌会议协定》，印度尼西亚成为联邦共和国，加入荷印联邦。1950 年 8 月，统一的印度尼西亚共和国成立。1954 年 8 月，印度尼西亚宣布脱离荷印联邦。

（云倩）

老　挝

国　名

老挝人民民主共和国（The Lao People’s Democratic Republic），简称老挝。

国　旗

老挝国旗旗面中间平行长方形为蓝色，占旗地一半，上下为红色长方形，各占旗地的 1/4。蓝色部分中间为白色圆轮，轮的直径为蓝色部分宽度的 4/5。蓝色象征老挝各族人民热爱和平、康宁和独立的精神，红色象征革命烈士的鲜血，白色圆轮代表满月，象征老挝人民纯洁的爱国之心。

地　理

位　置　老挝地处中南半岛北部，北回归线以南，北纬 13°54′～22°30′、东经 100°05′～106°38′之间。

面　积　国土面积 23.68 万平方千米。

疆界和邻国　东邻越南，南接柬埔寨，西与泰国、缅甸交界，北同中国云南省接壤。边界线长 5451 千米。

地形地貌　东南亚唯一的内陆国。疆域南北长、东西窄，南北最长处 1050 千米，东西最宽处 500 千米，最窄处 105 千米。国土面积 6000 平方千米为江河湖泊，23.08 万平方千米为陆地，其中 70% 为山地和高原。平原主要分布在万象以南的湄公河沿岸。地势北高南低，由西北向东南倾斜。北部海拔500～1500 米，局部地区超过 2000 米，号称“印度支那屋脊”；大多为山地且起伏大，湄公河沿岸峡谷陡峻。有会芬高原、川圹高原、查尔平原、班班平原、康开谷地等，其中川圹高原海拔2000～2800 米，为老挝最高地区。全国最高峰普比亚山，海拔 2820 米，屹立于川圹高原南部。最低点只有海拔 70 米，位于湄公河。国内平均海拔 710 米。中部、南部地区的东半部是长山山脉西坡的一系列中山和低山，地势和缓。山脉拥有一系列东西走向的山口和隘道，如骄诺山口、穆嘉关山口、老保山口等，为老挝与越南之间的交通要冲。山脉西侧南、北各有一片高原，北为甘蒙高原，海拔1000米，南为波罗芬高原，海拔在300～1000米之间。中部、南部地区的西半部，即万象以南的湄公河沿岸，主要有万象平原、沙湾拿吉平原和巴色低地。

江　河　有流程在100千米以上的河流10多条。湄公河干流纵贯国境，在境内流长1898千米（其中老挝与缅甸界河段长234千米，老挝与泰国界河段长919千米），水流湍急，多险滩；南塔河、南乌江、南俄河、南宾河、宾非河、色公河、宾汉河、色顿河、南卡定河、南坎河等13条支流，大多由东向西汇入干流。全国93%以上的地域属湄公河流域。

气　候　属热带亚热带季风气候区。2018年平均气温约为30℃，最凉月（1月）平均气温27.5℃，最热月（4月）平均气温32.1℃。2014～2018年，最高温为38.7℃（阿速坡省），最低温为8.1℃（赛宋奔省）。分旱季（11月至次年4月）和雨季（5～10月）。2014～2018年，年平均降雨量最少年份是2015年的1030毫米（沙湾拿吉省），最多年份是2015年的3623.5毫米（波里坎赛省）。高原和高山地区降水较多，季节差别大。

风景名胜　首都万象市有塔銮、凯旋门、玉佛寺、西萨格寺、香昆寺，琅勃拉邦省有皇宫博物馆、香通寺、普西山、光西瀑布，占巴塞省有孔阳萍瀑布和以瓦普神庙建筑群为主体的占巴塞文化景区。琅勃拉邦古城、占巴塞文化景区分别在1995年和2001年被联合国教科文组织列入世界文化遗产名录。2017年，琅勃拉邦被知名旅游杂志《旅游+休闲》评为世界最佳15大旅游城市之一。

国　民

人　口　据老挝国家统计局公布的老挝第四次人口普查结果，2015年老挝全国总人口6492228人。人口平均密度27人/平方千米。人口自然增长率1.45%。2018年老挝人口约为701.3万人，人口平均密度29.6人/平方千米，人口自然增长率1.6%。人口平均预期寿命男性64岁，女性68岁。

民　族　2000年12月18日，老挝人民革命党中央政治局批复老挝建国阵线2000年11月7日第205号申请，同意消除国内老龙族、老听族、老松族三大民族的称呼，正式统称老挝民族，其中包括49个民族，分属四个语族，分别为老泰语族（8个民族）、孟—高棉语族（32个民族）、汉藏语族（7个民族）、苗瑶语族（2个民族）。实行民族平等政策，将“少数民族”等称呼改为“人口较少民族”。老挝现有华人接近30万，约占老挝人口的4.4%。

语　言　官方语言是老挝语。部分国民也使用泰语、华语。各民族均有自己的民族语言。老挝语和泰语大致可以交流。

宗　教　佛教是老挝的国教。佛教徒有440多万人，约占全国总人口的65%。寺庙5000多座，其中大乘佛教寺庙8座。信仰原始宗教的约120万人。基督教、天主教徒约12万人，教堂550多座。此外，还有部分穆斯林和巴莱教信徒。

资源物产

老挝的矿产资源主要有锡、铅、钾盐、铜、铁、金、石膏、煤、稀土等，迄今得到开采的有金、铜、煤、钾盐等。水力资源丰富，湄公河全长的44.4%流经老挝境内，该河60%以上的水力资源蕴藏在老挝，理论蕴藏总量约为3000万千瓦。老挝森林面积约为18.76万平方千米，森林覆盖率约为81.21%。农业用地2.37万平方千米，可耕地面积1.53万平方千米。主要农产品有稻谷、玉米、薯类、咖啡、烟叶、花生、棉花等。

国体政体

国　体　老挝宪法规定：老挝人民民主共和国是人民民主国家，全部权力属于人民，各族人民在老挝人民革命党领导下行使当家做主的权力。

国　会　国家最高权力机构和立法机构，负责制定宪法和法律。本届（第8届）国会于2016年4月选举产生，国会议员149名。

政　府　国家最高行政机关。本届政府于2016年4月组成。设有18个部和3个直属机构，分别是计划投资部、外交部、公安部、国防部、教育体育部、劳动与社会福利部、公共工程与交通运输部、财政部、工业贸易部、新闻文化与旅游部、农林部、能源矿产部、卫生部、司法部、内政部、科技部、自然资源与环境部、邮电与通信部，以及央行、国家主席府、国家总理府。

司　法　最高人民法院是国家最高司法权力机关。最高人民检察院是国家最高检察机关。

老挝琅勃拉邦光西瀑布　（百度网）

党 派 老挝人民革命党是老挝人民民主共和国的执政党，也是老挝唯一的政党，成立于1955年，原名为老挝人民党，1972年在第二次代表大会上改为现名。截至2016年8月，党员人数302537人。本届（第十届）中央委员会于2016年1月产生，由69名中央委员和8名中央候补委员组成，其中政治局委员11名。中央委员会总书记本扬·沃拉吉。老挝建国阵线是老挝人民革命党领导下的民族统一战线组织，1956年1月成立，原名“老挝爱国战线”。现任主席赛宋蓬·丰威汉。

国家领导人

国家主席 本扬·沃拉吉。2016年4月20日当选。

国会主席 巴妮·雅陶都（女）。2016年4月20日当选连任。

政府总理 通伦·西苏里。2016年4月20日当选。

行政区划

一级行政区划 老挝划分为17个省、1个直辖市，分别是：丰沙里省、琅南塔省、波乔省、乌多姆塞省、琅勃拉邦省、华潘（桑怒）省、沙耶武里省、川圹省、万象省、波里坎赛省、甘蒙省、沙湾拿吉省、沙拉湾省、色公（公河）省、占巴塞省、阿速坡省、赛宋奔省，万象直辖市。

主要城市 首都万象市，位于中部万象平原南端、湄公河左岸，北纬17°57′、东经102°36′之间，面积3920平方千米。2018年总人口90.7万。是全国政治、经济、文化中心，也是历史名城和佛教圣地。其他重要城市有琅勃拉邦、沙湾拿吉和巴色。

经 济

国内生产总值 2018年老挝国内生产总值（GDP）152.41万亿基普（约181.3亿美元），比上年增长6.29%。在经济结构中，农林业增长1.27%，占GDP的16.71%；工业增长7.81%，占GDP的31.53%；服务业增长6.89%，占GDP的41.61%。经济增长主要依靠水电、服务业和建筑业驱动。2018年老挝人均GDP为2585美元。

产 业 农作物主要有水稻、玉米、薯类、豆类、蔬菜、甘蔗、咖啡等。2018年水稻种植面积78.03万公顷，稻谷产量273.25万吨；玉米种植面积14.82万公顷，产量76.80万吨；薯类种植面积11.60万公顷，产量351.16万吨；豆类种植面积1.70万公顷，产量4.17万吨；蔬菜种植面积16.21万公顷，产量133.74万吨；甘蔗种植面积2.22万公顷，产量110.94万吨；咖啡种植面积9.41万公顷，产量15.60万吨。

工业主要有电力、采矿、有色金属冶炼、水泥、木材加工、服装、食品、啤酒、制药等行业。2017年头9个月，矿产贸易额9.29亿美元，其中出口9.06亿美元。年内，建成发电站60座，总装机容量6760兆瓦，年发电量356.25亿千瓦时。2018年发电量344.10亿千瓦时，供电覆盖区域包括148个县，7766个村，1132019户家庭。县域覆盖率达到100%，农村覆盖率91.58%，家庭覆盖率93.79%。

2018年接待入境旅游者418.7万人次，旅游总收入7.55亿基普（约8.38万美元），排名前三位游客来源国为泰国、越南和中国。2018年全国有旅游景点2208处，其中自然风光景点1318处，文化旅游景点589处，历史名胜景点294处。

财 政 2017年，老挝经济增长率为6.9%，财政收入为22.6万亿基普（约27.2亿美元），财政支出为30.6万亿基普（约36.9亿美元）。财政赤字率达到GDP总额的6.52%。2017年通货膨胀率为2.3%。外债136.4亿美元。

金 融 货币名称为基普。2018年基普与美元汇率为8407∶1。主要银行有老挝外贸银行、老挝发展银行、农业促进银行、老越银行等。2017年外汇储备9.898亿美元。

进出口贸易 2018年进出口总额113.89亿美元，比上年增长21.81%。其中，出口55.41亿美元，进口58.48亿美元。对外贸易顺差3.01亿美元。老挝与全球范围内50多个国家和地区有贸易往来，与19个国家签署贸易协定。中国、日本、俄罗斯等35个国家（地区）向老挝提供优惠关税待遇。

外国投资 2017年，国外对老挝投资中排名前三的行业分别是能源、信息通讯和农林业。其中：能源投资项目2个，投资额7118亿美元；信息通讯投资项目2个，投资额5224.72亿美元；农林业投资包括8个项目，共3816.83亿美元。中国的合作和援助项目包括湄公河桥梁、琅勃拉邦国际机场、老挝国家体育馆、国家会议中心、党中央办公楼、灌溉系统、水电站和公路、铁路、卫星等，2011～2016年共投资160多个项目，投资总额超过27.5亿美元。

交通通信

公路交通 老挝交通运输以公路运输为主，承载80%的客货运量。2017年全国公路总里程为59967.12千米，其中水泥路518.52千米，沥青路9400.79千米，砂石路23059.33千米，土路25922.36千米。

铁路交通 老挝第一条铁路全长3.5千米，于2008年2月20日同泰国铁路接轨，同年7月开始营运。2013年开始进行老泰铁路扩建项目一段，于2015年9月竣工，2017年3月23日投入运营。该扩建项目二段于2017年底开工。2015年12月2日，老中铁路在万象市举行开工奠基仪式。2016年12月25日，老中铁路全线开工仪式在琅勃拉邦举行。2017年12月12日，旺门村隧道顺利贯通，成为中老铁路首个贯通的隧道。该铁路北起中老边境磨憨—磨丁口岸，南至万象，全长417千米，投资总额近400亿元人民币，由中老双方按70%和30%的股份合资建设，建设期为5年。

水 运 内河航道总长4600千米，其中湄公河老挝境内河段通航里程1600千米，是全国水运干道；除万象到沙湾拿吉河段可全年通航外，其余河段因水流湍急、多瀑布险滩，须分段航行，可以分段通航载重20～200吨船只。

民用航空　国际机场有万象瓦岱机场、琅勃拉邦机场、沙湾那吉省色诺机场和巴色机场。瓦岱国际机场和琅勃拉邦机场改扩建已完成，可起降和停靠波音747和空客320等大型飞机。截至2017年，老挝开辟的国际航线有：万象市往返中国的昆明、广州、南宁、海口、长沙，泰国的曼谷、清迈，柬埔寨的金边、暹粒，越南的河内，马来西亚的吉隆坡，新加坡，韩国的首尔；琅勃拉邦往返中国的海口、成都、昆明，泰国的曼谷、清迈、乌隆，越南的河内、胡志明，柬埔寨的暹粒；巴色往返泰国的曼谷，柬埔寨的暹粒；沙湾拿吉往返泰国的曼谷等。

电　信　电信产业运营商主要有LTC电信、ETL电信、STAR电信、Milicon电信、SKY电信、Beeline。LTC电信是老挝与泰国合资企业，主要从事移动和固网宽带数据通信业务的运营；ETL电信是老挝国内唯一全资国有运营商，从事移动宽带和国家光纤专网的通信业务运营；STAR电信是老挝与越南的合资企业，从事移动通信业务；Milicon电信是私营企业，从事移动通信业务；SKY电信也是私营企业，从事移动通信和固网业务。Beeline前身是老挝Tigo公司，2011年俄罗斯Vimple Com电信公司完成对Tigo部分股权的收购。

教　育

老挝普通国民教育为12年制，其中小学5年，初中3年，高中4年。2018年全国有幼儿园3211所，小学8857所，中学1758所，大学5所。老挝国立大学是老挝最高学府，此外还有占巴塞大学、苏发努冯大学、沙湾拿吉大学和直属卫生部的医学院，另有专科院校159所。

传　媒

2018年，老挝有报纸杂志社33家，其中中央26家，地方7家。主要老挝文报纸有《人民报》（老挝人民革命党中央机关报）、《新万象报》《人民军报》《青年报》等。外文报刊有英文报《万象时报》《KPL新闻》和法文刊物《革新周刊》。巴特寮通讯社是官方通讯社，出版老挝文《巴特寮》日报以及英、法文《KPL新闻》。这些报纸的电子媒体发展迅速。大部分传媒由政府资金赞助。2000年开始出现私人刊物，现有62家双周刊、周刊和月刊，其内容主要集中在文化和娱乐方面，如《老挝文化》《老挝探索者》《目标》等。2018年2月，由老挝中华总商会会长姚宾牵头，与老挝巴特寮通讯社和中国《人民日报》等签订合作协议，创办老挝第一份真正意义上的华文报纸《中华日报》。报纸前身为2013年姚宾创办的《老挝中文报》，该报未在老挝新闻文化与旅游部备案，属于非正式的华文报纸。

2018年老挝有广播电台76家，其中中央3家，地方73家。老挝国家广播电台对内用老挝语广播，对外用越、柬、法、英、泰等5种语言广播。电视台有42家，其中中央6家，地方36家。2008年4月，老挝成立第一家民营电视台——老挝之星频道，主要介绍老挝文化和教育，属老挝民族艺术和文化促进俱乐部所有。

老挝数字电视有限公司是老挝最大，也是老挝目前唯一一家DTMB无线数字运营商。截至2018年，已在老挝建设覆盖万象以及古巴色、琅勃拉邦、沙湾拿吉3个省的地面数字电视传播网络，播出包括中国中央电视台国际频道和英语新闻频道、云南广播电视台卫视频道和国际频道、三沙卫视等在内的数十套数字电视节目。2018年2月，中国与老挝两国首部合作的电影《占芭花开》在老挝万象首映，标志着两国在影视合作上有了新突破。越南、法国和中国在老挝设有广播电台转播站。

医疗卫生

2018年，老挝有公立医院164所，其中中央公立医院8所，省级医院13所，区域医院4所，县级医院136所和医疗中心3所。卫生所1055所，私人诊所10429所。全国有病床8340张。2017年2月，一家老挝和泰国的合资公司开始建造一座拥有8层高建筑的豪华医院。2018年4月，中国援建老挝琅勃拉邦医院升级改造项目可行性研究会谈纪要在老挝首都万象签署。该项目以原中国援建的琅勃拉邦医院为基础，新建外科和心血管科楼，包括门急诊、住院部、ICU病床、外科手术室、DSA区域、远程医疗中心、培训教室等。

科　技

老挝一号通信卫星项目于2012年12月1日正式启动，由中国亚太移动通信卫星有限责任公司总承包。这颗卫星于2015年11月21日0时7分在中国西昌卫星发射中心用长征三号乙运载火箭成功发射。2016年3月9日在轨交付，中老合资的老挝亚太卫星有限公司同时成立。2016年9月2日经老挝总理府批准，该公司和老挝计划投资部签署《特许经营协议》，开始提供SD及HD的54套卫星电视服务。2017年，利用卫星KU转发器已经引入几十套中国、欧美、日韩的体育、少儿、综艺等电视节目，同时开展卫星通信、卫星电视直播、无线宽带接入和国际通信等服务，业务范围覆盖中国香港、老挝、缅甸、印度尼西亚等国家和地区。

历　史

老挝有悠久的历史。从公元1世纪到14世纪中叶，在今老挝疆域内曾先后出现过3个古国，即科达蒙、文单（或称陆真腊）和澜沧（亦译南掌，意为万象之邦）。1353年，孟骚（今琅勃拉邦，澜沧的政治中心）的统治者法昂统一今老挝全境，建立澜沧王国，形成老挝历史上第一个多民族的封建国家。

18世纪初叶，澜沧王国解体，分裂成为琅勃拉邦、万象、川圹、占巴塞等4个王国。从18世纪末叶到19世纪中叶，这些王国相继为暹罗所统治。1893年，老挝成为法国保护国,法国取代暹罗的统治。1907年,法国、暹罗签订《法暹条约》,规定老挝边界。1940年9月,老挝被日本占领。

1945年8月日本投降后,老挝开展独立运动,建立以佩差拉亲王为首的政府,并于10月12日宣布独立。

1946年,法国再次入侵。1954年7月,根据关于恢复印度支那和平的日内瓦协议,法国开始从老挝撤军。不久,美国入侵。1962年,老挝成立以富马亲王为首相、苏发努冯亲王为副首相的联合政府。1964年,美国支持亲美势力破坏联合政府,进攻解放区。

1973年2月,老挝各方签署关于在老挝恢复和平与民族和睦的协定。1974年4月,成立以富马为首相的新联合政府和以苏发努冯为主席的政治联合委员会。

1975年12月,老挝人民民主共和国成立,宣布废除君主制。 (杨梦平)

马 来 西 亚

国 名

马来西亚联邦(Union of Malaysia),简称马来西亚。

国 旗

马来西亚国旗呈横长方形,长宽比为2∶1。主体部分由14道红白相间、宽度相等的横条组成。左上方有一深蓝色的长方形,上有一弯黄色新月和一颗14个尖角的黄色星。14道红白横条和14角星象征马来西亚的13个州和联邦政府。蓝色象征人民的团结,黄色象征王室,新月象征马来西亚的国教伊斯兰教。

地 理

位 置 马来西亚位于北纬1°~7°、东经97°~120°之间。国土被南中国海分隔成东、西两部分。西马位于马来半岛南部,东临南中国海,西濒马六甲海峡;东马位于加里曼丹岛北部。

面 积 陆地国土面积33.03万平方千米。

疆界和邻国 陆上疆界2669千米。西马北与泰国接壤,南与新加坡隔柔佛海峡相望。东马则与印度尼西亚、菲律宾、文莱相邻。

地形地貌 西马地势南低北高,东西两侧沿岸为冲积平原,中部为山地。大汉山海拔2185米,为西马最高峰。东马沙巴州西部为沿海平原,内部为山地,克罗克山脉纵贯南北,其主峰基纳巴卢山海拔4101米,为全国最高峰,也是东南亚地区最高峰。沙捞越州沿海为冲积平原,内地为丘陵和山地。

江 河 境内河流密布,但大河很少。位于东马的拉让河是全国第一大河,卢帕河是全国最宽的河流。

海岸海岛 海岸线曲折,总长4192千米。西马西南部是著名的马六甲海峡,水道狭长,是连接太平洋与印度洋之间的重要海上通道。岛屿众多,有1007个岛屿,但大部分面积较小。著名岛屿有兰卡威岛、刁曼岛、乐浪岛、邦喀岛等。

气 候 属热带海洋性气候。内地山区年均气温22℃~28℃,沿海平原25℃~30℃。马来半岛西岸每年9~12月为雨季,西马东岸、沙巴、沙捞越等地雨季为每年10月至翌年2月。

风景名胜 吉隆坡市内主要景点有世界著名的高楼——双峰塔、苏丹亚都沙末大厦、独立广场、苏丹王宫、国家清真寺、杰姆清真寺、湖滨公园、胡姬花公园、国家博物馆、国家动物馆、天后宫、黑风洞等。槟城有圣乔治教堂、康华利斯堡、大会堂、钟楼、龙山堂、极乐寺、蛇庙、郑和庙、卧佛寺、马里安曼寺、雅哲清真寺、甲必丹武吉清真寺等。马六甲有荷兰红屋、三保山、三保庙、三保井、圣保罗教堂、古城门、葡萄牙村、马六甲文化博物馆等。沙捞越姆禄国家公园、沙巴京那巴鲁国家公园被列为世界自然遗产;马六甲、乔治等马六甲海峡的历史名城,玲珑谷地的考古遗址被列为世界文化遗产。此外,还有兰卡威岛、刁曼岛、乐浪岛、邦喀岛、大汉山国家公园、京那巴鲁公园、尼亚国家公园、姆鲁国家公园、金马伦高原、云顶高原等旅游景区。

国 民

人 口 2017年马来西亚人口3178.9万,其中城市人口2403.6万。人口平均密度94.9人/平方千米。

民 族 有30多个民族。马来人、华人、印度人人口较多,分别占总人口的68.8%、23.2%和7%,其他人口占1%。少数民族主要有尼格列多族(又称矮黑人)、塞诺伊族、原古马来族、海达雅克族(又称伊班族)、陆达雅克族(又称比达育族)、米兰诺族、卡达山族、穆鲁特族、巴查乌族、印度尼西亚族等。

语 言 马来语为国语,通用英语,华语使用也较广泛。

宗 教 国民信奉的宗教主要有伊斯兰教、佛教、印度教和基督教等。伊斯兰教为国教。

资源物产

马来西亚自然资源丰富。锡矿品位高,储藏量居世界各国第二位。沿海蕴藏着丰富的石油和天然气,石油储藏量5.45亿吨,天然气储量2.35万亿立方米(截至2012年1月探明)。铁矿品位较高,含铁量超过

50%，储藏量1亿多吨。此外，还有铜、金、钨、煤、铝土、锰等矿产。

动植物种类繁多，被列为世界12个最大生物多样化国家之一。森林覆盖率在75%以上，盛产热带硬木。是橡胶、油棕、胡椒、可可、椰子等热带经济作物的重要产地，橡胶、棕油、胡椒的产量和出口量居世界前列，其中棕油产量居世界首位。

国体政体

政　体　马来西亚政体为君主立宪联邦制。最高元首和州的苏丹分别是国家和州的立宪君主。宪法规定，马来西亚设最高元首作为国家权力即君主的象征。最高元首还是伊斯兰教领袖兼武装部队统帅。正、副最高元首由统治者会议从9个世袭苏丹中选举产生，任期5年，轮流执政，不能连任。

统治者会议　由柔佛、彭亨、雪兰莪、森美兰、霹雳、丁加奴、吉兰丹、吉打、玻璃市9个州的世袭苏丹和马六甲、槟州、沙捞越、沙巴4个州的州长组成，其职能是在9个世袭苏丹中轮流选举产生最高元首和副最高元首(4个州的州长没有选举权和被选举权)，并对国家的政策、法律和宗教问题进行审议。

联邦议会　也称国会，是国家最高立法机构。由上议院(参议院)和下议院(众议院)组成。上议院议员任期3年，有70个议席；下议院议员任期5年，有222个议席。本届国会于2013年5月全国大选后组成。

内　阁　联邦政府采用责任内阁制，内阁是马来西亚最高行政机关，由选举中得票占半数以上的政党组成。政府首脑为总理，由最高元首任命。本届内阁于2016年6月27日进行改组，设有24个部门。

各州国家机关　各州设有州政府，享有内政独立的自主权。君主立宪制原则适用于9个有世袭苏丹的州。槟榔屿州、马六甲州、沙巴州、沙捞越州等4州州长由联邦政府任命。

司法机关　最高司法机关为联邦法院。西马、东马分别设有马来亚高级法院和婆罗洲高级法院。各州设有地方法院和推事庭。此外，还有特别军事法庭、伊斯兰教法庭和审理苏丹刑事、民事案件的特别法庭。

党　派　马来西亚注册政党有40多个，多党联盟执政一直是马来西亚政党政治的特点。2013年至2018年5月执政的国民阵线由马来民族统一机构(又称巫统)、马来西亚华人公会、马来西亚印度人国大党、人民运动党、马来西亚人民进步党、沙捞越土著保守统一党、沙捞越人民联合党、沙捞越国民党、沙捞越达雅克族党、沙巴自由民主党、沙巴人民团结党、沙巴民主党、沙巴团结党等13个政党组成。其他政党均为反对党，主要有人民公正党、伊斯兰教党、民主行动党等。2008年4月，反对党人民公正党、民主行动党和伊斯兰教党联合组成人民联盟。2015年6月16日，伊斯兰党和民主行动党断交，人民联盟分裂。2015年9月22日，反对党人民公正党、民主行动党和国家诚信党组成新联盟——希望联盟。2016年9月9日，马来西亚土著团结党正式成立。2016年12月13日，希望联盟与土著团结党签署政党合作协议。2017年3月20日，土著团结党加入希望联盟。2018年5月9日，马来西亚举行第14届选举，希望联盟赢得大选，成为执政党。

国家元首和政府首脑

最高元首　端姑·穆罕默德·法里斯·佩特拉，2016年10月14日当选，2016年12月13日宣誓就任。

政府总理　达图·斯里·纳吉布·敦·拉扎克，2013年5月6日至2018年5月9日在任，为马来西亚第七任总理。是国民阵线主席、巫统主席。2018年5月10日，马哈蒂尔当选马来西亚第八任总理，是希望联盟成员党土著团结党名誉主席。

行政区划

一级行政区　马来西亚行政区划为13个州和3个直辖区。其中包括西马的柔佛州、吉打州、吉兰丹州、马六甲州、森美兰州、彭亨州、槟榔屿州、霹雳州、玻璃市州、雪兰莪州、丁加奴州、吉隆坡直辖区和布特拉加亚直辖区，东马的沙巴州、沙捞越州和纳闽联邦直辖区。

主要城市　首都吉隆坡，位于马来半岛南部，西濒马六甲海峡，面积243.65平方千米，人口约172.5万，是全国政治、经济、文化、交通中心。其他重要城市有马六甲、槟城、古晋、怡保、新山、巴生、山打根等。

经　济

国内生产总值　2017年马来西亚国内生产总值3145亿美元，比上年增长5.9%。人均国内生产总值9650美元。

产　业　农业以种植业为主，渔业也有一定规模。2017年农业从业人员167.7万，产值662.97亿林吉特。工业主要有电子、汽车、钢铁、石油化工、纺织和采矿等行业，从业人员912万，产值4749.03亿林吉特。制造业发展较快，在国民经济中占有重要地位。服务业发达，从业人员535.36万，产值8118亿林吉特。其中，旅游业是国民经济的重要支柱。2017年外国入境游客2594.85万人次，比上年减少3%。旅游业收入约733亿林吉特。

财　政　2017年财政收入2204亿林吉特，财政支出约2607亿林吉特。

金　融　有商业银行35家，外资银行办事处36个，证券银行12家，伊斯兰银行20家，金融公司25家。中央银行是Bank Negara Malaysia。货币名称为林吉特。2017年年底，林吉特兑美元汇率为4.05:1。2017年年底国家外汇储备1095亿美元。

进出口贸易　2017年进出口总额4376.78亿美元，其中出口额2308.64亿美元，进口额2068.14亿美元。主要贸易对象是中国、新加坡、日本、美国、泰国，主要出口产品有电子电器产品、棕油、石油、橡胶及制品、液化天然气等，进口产品有机电产品、矿物燃料、机械设备、运输设备、塑料及制品等。

交通通信

铁路运输 马来西亚铁路干线纵贯马来半岛南北,主要铁路线有国际线和东海岸铁路线。铁路总长2418千米。2013年全国铁路客运量270.3万人次,货运量662.2万吨。

公路运输 拥有良好的公路网。连接马来半岛南北的高速公路(亦称南北大道)和穿越中央山脉的东西高速公路是马来半岛交通的主动脉。2012年公路总长18.3万千米。2014年,马来西亚每千人汽车拥有量为395辆,其中绝大部分为私人拥有;2013年全国注册机动车2381.9万辆。2017年汽车总销售量为64.5万辆。

水 运 有商务航运船4700艘,其中1000艘为国际贸易用途。2016年全国船只注册容积总吨位800万吨,载重吨位900万吨。有港口33个,主要有巴生港、丹绒柏勒巴斯港、槟城港、关丹港、新山港、马六甲港、古晋港、纳闽港等,其中巴生港和丹绒柏勒巴斯港是最繁忙的港口。内河运输主要集中在东马地区。2015年,马来西亚港口集装箱吞吐量2457万标箱。

民用航空 有机场118个,其中国际机场8个,包括吉隆坡国际机场、槟城机场、兰卡威机场、哥打基那巴鲁机场和古晋机场。民航主要由马来西亚航空公司和亚洲航空公司经营。马来西亚航空公司拥有飞机89架,辟有113条国际航线。亚洲航空公司拥有飞机188架,辟有航线83条。2017年民航客运量9910万人次,空运货物周转量200597.9万吨千米。

电 信 2017年,马来西亚固定电话用户657.82万户;移动电话用户4233.85万户,普及率133.18%;有互联网用户2200万户,普及率71%。

教 育

马来西亚教育法令规定政府中小学实行9年义务教育,不分种族,提供免费教育。小学学制6年,初中学制3年;高中学制4年,其中含2年大学预科;大学学制4~5年。全国有小学7084所,在校学生283万人,每18名小学生配备1名教师,小学适龄儿童入学率98.5%;中学1538所,在校生172万人,每16名中学生配备1名教师;公立高等院校20所,私立学院662所。著名大学有马来亚大学、马来西亚理工大学、马来西亚博特拉大学(原农业大学)、国际伊斯兰大学、马来西亚北方大学、国民大学等。

国家财政教育经费支出占国民生产总值的6.2%。15岁以上成人识字率99%。

截至2017年,马来西亚有国家图书馆1个,乡镇图书馆1107个,州级或市级公共图书馆336个,专业图书馆542个,学校图书馆10697个,学术图书馆472个。藏书总量1130万册。

传 媒

马来西亚国家新闻社(简称马新社)是半官方性质的新闻机构,成立于1968年,在亚太地区设有32家分社。

全国约有50种报纸和杂志,用8种文字出版。主要马来文报纸有《马来前锋报》《马来西亚使者报》《每日新闻》和《祖国报》,主要英文报纸有《新海峡时报》《太阳报》《星报》和《马来邮报》,主要华文报纸有《南洋商报》《星洲日报》和《中国报》。

主要广播电台有马来西亚广播电台和马来西亚之声。其中:马来西亚广播电台为官办,建于1946年,拥有6个广播网,用马来语、英语、华语和泰米尔语广播;马来西亚之声建于1963年,用马来语、阿拉伯语、英语、印尼语、缅甸语、他加禄语、泰语等8种语言对外广播。主要电视台有马来西亚电视台、第三电视台、城市电视、国民电视、第七电视台、美佳电视台、寰宇电视台,有169个电视频道可供选择。其中马来西亚电视台(包括第一电视台和第二电视台)为官办,建于1963年,播放马来语、英语、华语和泰米尔语节目。

医疗卫生

2016年,马来西亚有369所医院,其中政府医院153所,私人医院216所;共有50087名医务工作者。马来西亚实行半公费医疗制,政府自1970年起补贴公共医疗服务。2012年,每1000人拥有病床1.9张。2015年,马来西亚医疗卫生总支出占GDP的比重为4%。人口平均预期寿命男性72.7岁,女性77.3岁;婴儿死亡率3‰;人口自然增长率1.51%。

科 技

马来西亚科技体系分政府机构、高等教育研究机构和私人机构3种。内阁科学技术委员会为马来西亚科学技术政策的最高决策机构,由总理兼任主席,成员包括科学技术与环境部、国

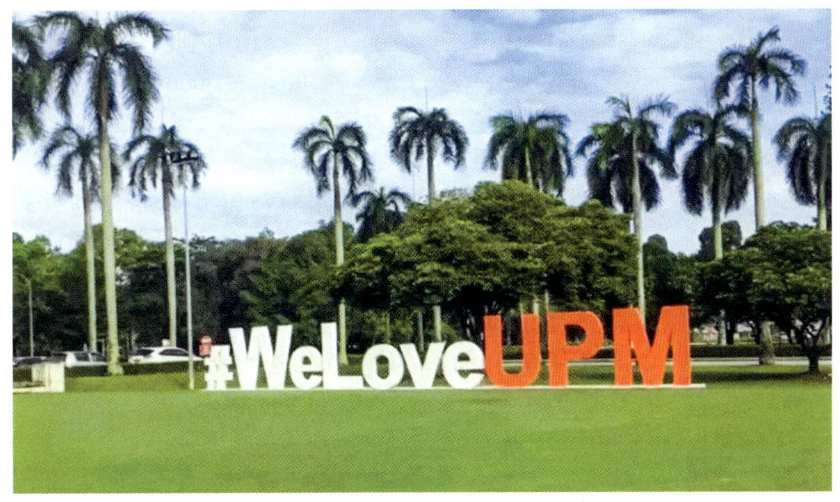

马来西亚博特拉大学 (百度网)

际贸易与工业部、教育部、财政部和人力资源部的部长。科学技术与环境部下属科研机构主要有环境局、化工局、气象局、野生动物和国家公园局、核技术研究所、微电子系统研究所、原子能许可委员会、马来西亚标准研究所、太空研究局和国家生物工艺学委员会。高等教育研究机构设在各大学中，博特拉大学（原农业大学）、科学大学、技术大学、马来亚大学、国民大学等高等院校均设有科研机构。马来西亚国家科学研究与开发理事会为协调机构，也是马来西亚政府科学技术方面的全国性顾问组织。2015 年，研究和开发开支占国民生产总值的比重为 1.3%，每百万人中有科研人员 2261.4 人。

历　史

距今 1 万年前的旧石器时代，马来半岛已有人类居住。

公元之初，马来半岛出现羯荼、狼牙修等古国。15 世纪初以马六甲为中心的满剌加王国统一马来半岛的大部分，伊斯兰教也因此传播开来。

16 世纪开始先后被葡萄牙、荷兰、英国占领。20 世纪初完全沦为英国殖民地。沙捞越、沙巴历史上属文莱，1888 年两地沦为英国保护地。第二次世界大战中，马来亚、沙捞越、沙巴被日本占领。战后英国恢复殖民统治。

1957 年 8 月 31 日，马来亚联合邦宣布独立。1963 年 9 月 16 日，马来亚联合邦同新加坡、沙捞越、沙巴合并组成马来西亚联邦（新加坡于 1965 年 8 月 9 日退出）。（韦朝晖）

缅　甸

国　名

缅甸联邦共和国（Republic of the Union of Myanmar），简称缅甸。

国　旗

2010 年缅甸政府根据 2008 年通过的《缅甸联邦共和国宪法》有关国家标志的规定，修改国旗图案。

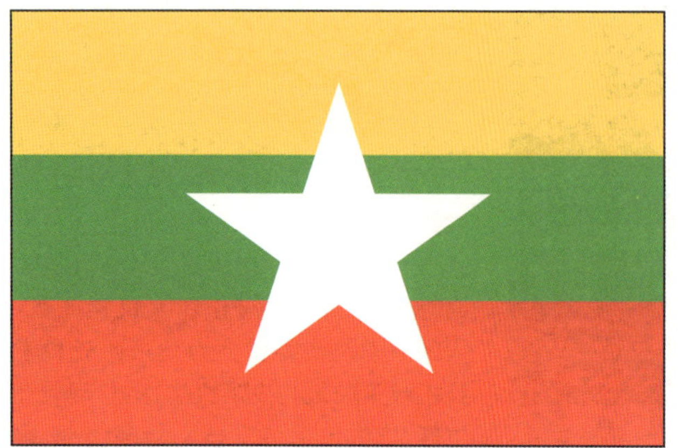

2010 年 10 月 21 日正式启用新国旗。国旗样式为长方形，比例为16:9。由自上而下宽度相同的黄、绿、红三色横条组成，正中是一颗白色大五角星，覆盖三色横带并指向上方。黄色代表统一、智慧、欢乐和各民族亲密团结，绿色代表土地肥沃、和谐、安宁、苍翠的国家，红色代表勇敢、果决，白色代表纯洁、正直、友善和力量。白色五角星代表联邦永久长存。

地　理

位　置　缅甸位于中南半岛西部。地处东经 92°20′～101°11′、北纬 9°58′～28°31′之间。西南濒临孟加拉湾和安达曼海。

面　积　陆地国土面积 67.66 万平方千米。

疆界和邻国　东北与中国接壤，西北与印度、孟加拉国相邻，东南与老挝、泰国接壤。陆地边界线长 5876 千米。有木姐（对中国瑞丽）、九谷镇（对中国畹町）、八莫（对中国章凤）等口岸与中国对接。

地形地貌　地势大体上是两边高，中间低，北边高，南边低。东面是掸邦高原，西面为西部山地，中部是伊洛瓦底江谷地。伊洛瓦底江的中下游地区为平原，称为中央大平原，是缅甸经济较发达的地区。大部分国土是山地和高原。

江　河　大多为南北走向。主要河流有伊洛瓦底江和萨尔温江。伊洛瓦底江发源于中国的青藏高原，纵贯缅甸南北，全长 2200 千米，注入印度洋的安达曼海，流域面积 43 万平方千米。东部的萨尔温江与伊洛瓦底江大致平行，发源于中国的唐古拉山脉，它的上游是中国的怒江。萨尔温江在缅甸境内流长 1660 千米，是缅甸第二大河，流域面积 20.5 万平方千米。钦敦江是缅甸第三大河。茵都基湖是最大的天然湖泊。

海岸海岛　海岸线长 3200 千米，均在南部。可划分为 3 段：北段是阿尔干海湾，中段是伊洛瓦底江三角洲，南段是丹那沙林海岸。面积最大的岛屿为兰里岛。

气　候　属热带季风气候区。分热、雨、凉三季。3～5 月为热季，6～9 月为雨季，10 月到次年 2 月为凉季。年平均气温 27℃，年平均降雨量 3000～5000 毫米。平原和丘陵地区炎热潮湿，山区比较凉爽。

风景名胜　主要有仰光大金塔、文化古都曼德勒、蒲甘佛塔群（有 4000 座佛塔）、波巴山、茵都基湖风景区、茵莱湖风景区、额不里海滩、昌达海滨、避暑胜地彬乌伦等。还有世界第一大石书——曼德勒碑林，世界第一大的“敏贡”大钟，古若开王朝的首都妙乌城等。2014 年 6 月，缅甸骠国 3 个古遗址列入联合国世界文化遗产名录。

国　民

人　口　截至 2018 年 6 月 30 日，缅甸人口为 5370.8 万。人口密度 82.2 人/平方千米。劳动力约占人口总数的67.8%。

民　族　有135个民族。缅族是主体民族，约占全国人口的65%。人口较多的民族还有掸族、克钦族、钦族、克伦族、孟族、若开族、勃欧族、佤族、克耶族等。华侨华人约164万，占全国人口总数的3%。印度人后裔也比较多。缅族大多居住在平原，华人主要居住在仰光一带，其他民族大多居住在山区。

语　言　各民族都有自己的语言，缅甸语为国语。缅族、克钦族、克伦族、掸族、孟族等民族有自己的文字。英语在城市常用。

宗　教　85%以上的国民信仰佛教（小乘佛教）。男性青少年都要出家为僧一段时间。各地佛塔林立，号称“万塔之国”。佛教文化是缅甸文化的重要组成部分，佛教教义规范着缅甸人民的社会生活。8%的国民信奉伊斯兰教，约5%的人信奉基督教，约0.5%的人信奉印度教，1.21%的人信仰泛灵论。

资源物产

缅甸是著名的“稻米之国”和“森林之国”。稻谷盛产于伊洛瓦底江三角洲和锡唐河河谷一带。2016年，全国森林覆盖率43.6%，拥有林地3412万公顷，出产柚木、花梨木、丁纹木、鸡翅木、黑檀木、铁木等名贵木材和竹子、藤类。矿产资源主要有石油（2018年探明储量1.4亿桶）、天然气、宝石、玉石、锡、钨、锌、铝、铜、锑、锰、金、银等，宝石和玉石享誉世界，煤炭储量2.7亿吨。最好的翡翠产于克钦邦的帕敢地区。水力资源蕴藏量1800万千瓦。近年不断发现新的石油和天然气资源，在果敢地区发现金矿，在东北部发现铅锌矿。已耕种土地只占可耕种土地的1/3强。生物物种资源十分丰富。自然保护区占全国面积的7%。

国体政体

国　体　缅甸是联邦制国家。

联邦议院　分为人民院和民族院。

联邦政府　国家最高行政机关。设有国防部、内务部、外交部、商务部等部门。

司法机关　法院、检察院均分为四级，第一级是最高法院和最高检察院，第二至四级分别是省邦、县、镇法院或检察院。

党　派　主要有联邦巩固与发展党、全国民主联盟、若开民族发展党、民族团结党、掸族民主党、勃欧民族组织、谬族（克密族）团结协会、拉祜族发展党、克伦族人民党、全国民主力量党、果敢民主团结党等。最大政党是联邦巩固与发展党，党员1800万。

国家元首和政府首脑

国家元首　2011年缅甸大选后实行总统制，总统为国家元首和政府首脑。现任总统温敏，2018年3月30日就职。2018年3月28日，缅甸举行总统选举，温敏赢得选举胜利。2018年3月21日，廷觉辞职，同日温敏辞去人民院议长职务。

行政区划

一级行政区划　缅甸划分为7个省、7个少数民族邦和联邦区、2个中央直辖市。7个省和7个少数民族邦分别是：德林达依省、仰光省、勃固省、曼德勒省、实皆省、马圭省、伊洛瓦底省，克伦邦、克钦邦、克耶邦、掸邦、孟邦、钦邦和若开邦；2个直辖市为内比都、仰光。

主要城市　首都内比都，面积725平方千米，人口92.36万。仰光市位于缅甸南部，面积696.71平方千米，人口约600万，是全国经济、文化中心。其他重要城市有曼德勒（缅甸古都，市区人口逾百万）、毛淡棉、勃生、蒲甘等。仰光、曼德勒、蒲甘、茵莱湖是四大古城。

经　济

国内生产总值　2018年缅甸国内生产总值712.1亿美元，比上年增长6.2%。人均国内生产总值1326美元。

产　业　农业在国民经济中占较大比重，2018年农业增加值占国内生产总值的24.6%。农业劳动力1890多万人，约占全国劳动力总数的70%。以种植业为主，除水稻外，还种植小麦、甘蔗、玉米、花生、芝麻、棉花、豆类、油棕、烟草、黄麻等。2016年，耕地面积为1090.8万公顷，2017年水稻收获面积778.14万公顷，稻谷产量2562.5万吨。渔业较发达，水产品出口数十个国家和地区，2016年鱼类产量298.8万吨。热带水果品种较多。畜牧业有牛、羊、猪、鸡、鸭养殖等，2016年肉类产量301.81万吨。

工业主要行业有油气开采、小型机械制造、纺织、印染、碾米、木材加工、制糖、造纸、化肥、制药等。2018年工业增加值占国内生产总值的32.3%，企业超过10万家，职工约500万人。全国有18个工业区，职工170多万人；仰光莱达雅工业区是最大的工业园区，也是缅外合资的工业区。国有工业企业将逐步转交给私人经营。陆地油田有18个（其中蒲甘、宫达臣、坦德宾为三大油田），海上、陆地天然气田3个。年发电量60亿千瓦时，65%为天然气发电。与中国云南电网实现互联互通。

服务业发展较快，2018年服务业增加值占国内生产总值的43.2%。旅游资源丰富，2017年接待外国旅客约344万人次，比上年增长18.2%，旅游收入22.8亿美元。排名前三位的旅游客源国是泰国、中国和日本。缅甸旅游公司是国有企业。截至2018年3月，缅甸共有旅游公司2676家，酒店1628家。

金　融　国有银行5家，分别为：缅甸中央银行、缅甸农业银行、缅甸经济银行、缅甸外贸银行、缅甸投资与商业银行；较大的私人银行19家。货币名称为缅甸币，单位为元。2018年缅元对美元平均汇率为1429.8∶1。允许私营企业和外资进入金融领域，目前有20余家外资银行在缅甸开设分行。2018年，外汇储备约53.5亿美元，缅甸东乡等6家银行可经营外汇业务。中国工商银行、越南投资与发展银行等20多家外资银行在缅甸有代表处。2015年1月，缅甸议会通过《缅甸银行和金融机构法》，该法案规定银行存款准备金率为5%，资本金不低于200亿缅币，对银行资本金和存款准备金等提出更高要求。

进出口贸易　2018年外贸进出口总额363亿美元，其中出口168亿美元，进口195亿美元，贸易逆差27亿美元。2017/2018财年，缅甸边境贸易总额为79.42亿美元，中缅边境的木姐口岸为缅甸最大边境贸易点，2017/2018财年木姐边境贸易额为54.8亿美元，比上财年增加5.74亿美元，其中进口16.11亿美元，出口38.68亿美元。2016/2017财年，泰缅边境贸易额为13.69亿美元。主要贸易伙伴是中国、泰国、新加坡、印度、日本和马来西亚。主要出口商品有天然气、服装、水产品、橡胶、皮革、虾类、柚木、硬木、矿产品、粮食、宝石、珍珠、水果等。2015/2016财年大米出口150多万吨，80%销往中国；2016/2017财年出口170万吨；2017/2018财年头10个月出口282万吨。进口商品有燃油、工业原料、化工产品、机械及运输设备、精炼矿物油、纺织品、一般金属及金属制品、棕榈油、电子设备及电器、塑料、药品、消费品等。2017年，中缅贸易额135.4亿美元，比上年增长10.2%，其中缅甸出口45.3亿美元，进口90.1亿美元。2014年4月起，禁止原木出口。

外国投资　2016年10月，缅甸颁布新的《投资法》，并于2017年4月1日正式生效。2017/2018财年，缅甸投资委员会共批准222个外资项目，吸引外资57.18亿美元。其中，制造业有136个外资项目进入，吸引外资17.6亿美元，位居第一，吸引外资额占缅甸吸引外资总额的30%。房地产行业紧随其后，吸引外资12.6亿美元，交通与通讯业9.02亿美元，能源业4.06亿美元，饭店与旅游业1.77亿美元，农业1.35亿美元，其他服务业10.05亿美元。2017/2018财年，新加坡对缅甸投资额最高，达21.63亿美元，中国位居第二，投资额13.95亿美元。2018/2019财年，缅甸外商直接投资额35.5亿美元。

交通通信

公路交通　缅甸有公路515条，总里程22.21万千米。毛淡棉—仰光—南坎公路为主干道，路况较好。2011～2014年进口汽车近30万辆（多为二手车）。仰光—内比都—曼德勒之间正在建设高速公路。主要出境公路联通中国的瑞丽、泰国的湄赛和仁廊。3.1%的人口拥有汽车，38.7%的人有摩托车。

铁路交通　铁路总里程5800多千米，在建铁路近3000千米，主要是窄轨铁路。拥有内燃机车270台。纵贯南北的仰光—密支那线是铁路主干线，但火车速度较慢；仰光至曼德勒有客运特快列车。新建的内比都火车站达现代化标准。2016/2017财年载客量达到4400万人次，2017/2018财年载客量约4700万人次。缅甸铁路公司年均收入600亿缅元（约合4500万美元）。缅甸铁路公司正在升级仰光—曼德勒—密支那段、仰光—毛淡棉段和仰光—卑谬段，这些路线载客量约占全国的75%。

水　运　内河航道总里程1.47万千米，其中正常通航的8000千米。主要航线在伊洛瓦底江。沿江各大城市都有班轮运输。拥有各种船只500多艘，其中远洋货轮25艘。可供远洋货轮停靠的港口主要有仰光港、勃生港、实兑港、若开港、毛淡棉港等28个港口，其中仰光港是最大的海港。2015年2月，中缅开通上海至仰光货轮直航。

民用航空　有机场73个，其中主要的是仰光机场、内比都机场、曼德勒机场、黑河机场、蒲甘机场和丹兑机场。仰光机场、内比都机场和曼德勒机场为国际机场。主要航空公司有缅甸航空公司、缅甸国际航空公司、仰光航空公司、曼德勒航空公司和蒲甘航空公司（后3家航空公司为私营）。国际直达航线联系20多个国家和地区，有航班通往中国的北京、昆明、广州、南宁和香港等地。国内航线有17条，大城市和主要旅游景点均已通航。2017年空运货物周转量549万吨千米，航空客运量285万人次。

管道运输　石油管道110多千米，天然气管道2200多千米。2015年1月30日，中缅油气管道全线贯通并运营。

电　信　缅甸有4家电信运营商：缅甸电信公司、卡塔尔电信公司、挪威电信公司和缅甸电信国际有限公司。缅甸电信国际有限公司于2017年1月12日取得营业执照，是缅甸与越南合作开设，其中缅甸持股51%。2015年固定电话用户逾400万户。2008年开通3G网络，国内电信网络快速发展。仰光的中央电话和电报局及邮政总局是办理国际通信的主要机构。

缅甸曼德勒机场　（百度网）

2013年4月，政府以摇号方式向民众出售SIM卡。至2017年7月，近5552万人拥有手机。3.5%的人有电脑。上网人数约290万。

教　育

缅甸教育分学前教育、基础教育和高等教育。基础教育学制为10年，实行小学义务教育制度。现有基础教育学校40876所，大学与学院108所，其中师范学院20所，科学与技术大学63所，部属大学和学院22所。2012年以来普通高校本科由3年制改为4年制。主要大学有仰光大学、曼德勒大学和毛淡棉大学。全民识字率94.75%。除学校教育外，还有寺庙教育，并逐步开展远程教育。仰光大学与中国多所高校建立关系，并建有中国馆。

传　媒

缅甸国家通讯社是缅甸通讯社。缅甸之声是唯一广播电台，建于1937年，用缅甸语、英语和8种少数民族语言广播。

缅甸官方报纸有《缅甸新光报》《缅甸镜报》；私营报刊主要有《缅甸时报》《七日周刊》《声音周刊》《新闻周刊》等。《首都报》《曼德勒日报》《雅德那榜》报是地方报纸。杂志和期刊约有180种。较著名的杂志是《妙瓦底》（缅文）、《保卫》（英文）、《视野》《财富》《威达意》等。《金凤凰》是唯一的中文期刊。中国缅文杂志《吉祥》在缅甸仰光设有分社。

全国有6家电视台，109个电视转播台。境内大部分地区都能收看到电视节目，比较著名的为缅甸电视台、妙瓦底电视台。2013年，中国广西人民广播电台与缅甸国家广播电视台签署合作协议。2014年4月1日，中缅签署中国向缅甸提供电视片协议。4月3日，中缅合拍电视剧《舞乐传奇》在缅甸首播。

医疗卫生

缅甸有医院839所（不含14所中医医院），其中拥有300张以上病床的医院114所。最好的医院是仰光的亚洲皇家医院和仰光市总医院。此外，还有农村卫生所1468所。全国有医生2万多人。药品高度依赖进口。

缅甸传统的民族医药是缅医和缅药。政府提倡缅医与西医相结合。

科　技

缅甸有科研机构12个。另有科技大学3所、技术学院26所、计算机学院2所、航空工程和海事学院2所，这些高等学院也从事科学研究。

联邦政府科技部负责管理全国的科学技术工作。

农业科学和应用科学在国家科技事业中占有重要地位，各地重视推广先进的种植技术。工业领域不断改进技术，开发新产品。

历　史

缅甸于公元1044年形成统一的多民族国家。历经蒲甘、东吁、贡榜3个封建王朝。

19世纪，英国殖民主义者以武力占领缅甸，并将缅甸划为英属印度的一个省。1937年，实行印缅分治，由英国直接统辖缅甸。缅甸人民从1920年开始争取民族解放斗争。1932年，我缅人党成立，开展大规模的反英运动。1942年5月，日军占领缅甸，缅甸人民开展抗日斗争。1945年3月举行全国总起义，缅甸光复。不久，仍被英国控制。缅甸人民继续开展民族独立运动。

1948年1月4日，缅甸脱离英联邦而独立，成立缅甸联邦，组成以吴努为首的政府，实行多党议会制。

1962年，奈温将军发动政变，推翻吴努政府，成立革命委员会执政。1974年1月，将国名改为缅甸联邦社会主义共和国，并颁布新宪法，成立人民议会，组建以奈温为主席的社会主义纲领党。1988年7月，因经济形势恶化，爆发全国性游行示威，奈温和吴山友（总统）辞职。

1988年9月18日，时任国防部部长的苏貌将军率军队接管政权，成立国家恢复法律和秩序委员会，宣布废除宪法，解散人民议会和政府机构。同年9月23日，军政府将国名改为缅甸联邦。1990年5月在全国举行大选。1993年1月，缅甸政府召开制宪国民大会。

1997年11月15日，国家恢复法律和秩序委员会改名为国家和平与发展委员会。此后10多年来，缅甸政府奉行民族和解与合作政策，实行民族自治，国内民族矛盾逐渐缓和。2008年5月，全国举行宪法公投通过新宪法。2010年举行大选。2011年3月，国家和平与发展委员会将权力移交给新的国家机构，并更改国名为缅甸联邦共和国。2012年举行议会补选，民盟成为最大反对党。此后，改革步伐加快。　　（张磊）

菲　律　宾

国　名

菲律宾共和国（The Republic of the Philippines），简称菲律宾。

国　旗

菲律宾国旗呈横长方形，长宽比为2∶1。靠旗杆一侧为白色等边三角形，中间是放射着8束光芒的黄色太阳，3颗黄色的五角星分别在三角形的3个角上。旗面右边是红蓝两色的直角梯形，两色的上下位置可以调换。平时蓝色在上，战时红色在上。太阳和光芒图案象征自由；8道较长的光束代表最初起义争取民族解放和独立的8个省，其余光芒表示其他省。3颗五角星代表菲律宾的三大地区：吕宋、萨马和棉兰老。

蓝色象征忠诚、正直,红色象征英勇、胆量,白色象征和平、纯洁。

地　理

位　置　菲律宾位于亚洲东南部。地处北纬4°35′~21°08′、东经116°55′~126°37′之间。西濒南中国海,东临太平洋。

面　积　陆地国土面积29.97万平方千米。

疆界和邻国　疆域从北到南跨度达1000千米。北面、西面与中国隔海相望,南面与印度尼西亚、马来西亚隔海相望。

地形地貌　陆地国土由7107个岛屿组成,素有“千岛之国”之称。按照地形和岛屿排列情况,菲律宾群岛通常分为吕宋岛(第一大岛,面积4.08万平方千米)、维萨亚群岛、棉兰老岛(第二大岛,面积3.69万平方千米)、巴拉湾群岛、苏禄群岛五大部分。地貌复杂多样,山地面积占陆地总面积的2/3。群岛上横亘7座山脉,其中谢拉马德雷山脉最长,从北到南纵贯吕宋岛东部。最高峰是锕阜山(休眠火山),海拔2955米,位于棉兰老岛。最有名的平原是吕宋平原,有“菲律宾粮仓”之称。海拔最高的地区是吕宋岛北部的奔贵高原。海岸线蜿蜒曲折,总长1.85万千米,颇多天然良港。马尼拉湾是世界上最好的港湾之一,水域达770平方千米。位于棉兰老岛东面海域的菲律宾海沟深达10540米,为世界最深的海沟。由于地处太平洋边缘的火山地震带,常发生地震。境内有火山50多座,其中活火山11座。吕宋岛上的活火山马荣火山在1616~1968年间共喷发30余次。

江河湖泊　群岛河流遍布,最长的河流是卡拉延河。吕宋岛的内湖是最大的淡水湖。

气　候　属热带海洋性气候区。分干、湿两季:5~10月为湿季,高温多雨;11月至次年4月为干季,炎热干燥。由于国土南北跨度大和东西有山脉分隔,南部与北部、东海岸与西海岸的气候有较大差别。全国年平均气温26.6℃。年降水量2000~3000毫米。东面海域是台风发源地,境内常受台风影响。

风景名胜　主要旅游景点有百胜滩、蓝色港湾、碧瑶市、马荣火山、伊富高省原始梯田等。

国　民

人　口　2016年菲律宾人口1.02亿,其中城市人口4576万。人口密度346.5人/平方千米。

民　族　有80多个民族。其中,马来族(包括他加禄人、伊洛戈人、邦班牙人、比萨亚人、比戈尔人等)约占全国人口的85%,华人(约150万)、印度尼西亚人、阿拉伯人、印度人、西班牙人、美国人等族群约占5%。还有为数不多的原住民。

语　言　有75种语言。通用语是以他加禄语为基础的菲律宾语。官方语言为英语。西班牙语也较流行。

宗　教　约85%的国民信奉天主教,49%的国民信奉伊斯兰教,少数人信奉独立教和基督教新教。华人多信奉佛教。原住民多信奉原始宗教。

资源物产

菲律宾探明储量的金属矿有13种,非金属矿29种。储量较大的金属矿有铜、金、银、铁、铬、镍和铝土,其中铜矿储量37.16亿吨,镍矿1.27亿吨,金矿1.36亿吨。非金属矿主要有石灰石、大理石等。地热资源丰富,估计有相当于20.9亿桶原油的热能资源。巴拉望岛西北部海域石油储量约3.5亿桶。

有可耕地1400万公顷,占土地总面积的46.9%。粮食作物主要是水稻和玉米。经济作物主要有椰子、甘蔗、蕉麻、烟草、香蕉、菠萝、橡胶、咖啡、杧果、木薯等,其中椰子产量和出口量均占世界总量的60%以上。森林面积1581万公顷,森林覆盖率41%,有红木、樟木等名贵木材。经济鱼类有2400多种,金枪鱼资源量居世界各国前列。开发的海水、淡水鱼场面积2080平方千米。

国体政体

国　体　菲律宾是共和制国家。立法、行政、司法三权分立。实行总统内阁制。总统由人民直接选举产生,任期6年。

国　会　国家最高立法机构。由参、众两院组成。参议院议员24名,由全国直接选举产生,任期6年,每3年改选1/2,可连任2届。众议院议员295名,其中238名由各省、市按人口比例分配,从全国各选区选出;其余57名个别少数民族的政党代表,按每个政党总选票的2%为一个席位选举产生,但每个政党代表最多不得超过3个席位。众议员任期3年,可连任3届;现众议员人数已超过菲律宾宪法规定的250名。本届国会于2016年7月选举产生。

政　府　由总统、副总统和内阁成员组成。设住房和城市发展协调委员会、执行部、外交部、财政部、司法部、农业部、国防部、贸易与工业部、公共工程与公路部、教育文化与体育部、劳工与就业部、社会经济计划部、卫生部、土地改革部、警察总监、内务与地方政务部、环境与自然资源部、交通与运输部、社会福利部、预算与管理部、科技部、旅游部、能源部等部门。现任总统、副总统于2016年5月当选,内阁于同月组成。

司法机构　司法权属最高法院和各级法院。最高法院拥有最高司法权，有1名首席法官和14名陪审法官，均由总统任命；下设上诉法院、地方法院和市镇法院。检察工作由司法部检察长办公室负责。

党　派　有政党100余个，大多数为地方性小党。主要政党有自由党（执政党）、基督教穆斯林民主力量党（简称拉卡斯，最大政党）、民族主义人民联盟、摩洛民族解放阵线、摩洛伊斯兰解放阵线、共产党、民主行动党、地方发展优先党、改革党、民主战斗党、民族党等。

国家元首和政府首脑

菲律宾总统是国家元首、政府首脑兼武装部队总司令。现任总统罗德里戈·杜特尔特，2016年5月当选。

行政区划

一级行政区划　菲律宾划分为吕宋、维萨亚、棉兰老三大部分，行政区划为首都地区、科迪勒拉行政区和棉兰老穆斯林自治区，以及伊罗戈区、卡加延谷区、中吕宋区、南塔加罗格区、比克尔区、西维萨亚区、中维萨亚区、东维萨亚区、西棉兰老区、北棉兰老区、南棉兰老区、中棉兰老区、卡拉加区等18个地区。下设81个省和117个市。

主要城市　首都大马尼拉市，位于吕宋岛南部，人口1288万（2015年），是全国政治、经济、文化、交通中心。其他重要城市有马尼拉、奎松、达澳、宿务、卡洛奥坎、三宝颜、帕萨伊、巴戈洛德、伊洛伊洛、卡加延德奥罗等。

经　济

国内生产总值　2018年菲律宾国内生产总值3349亿美元，比上年增长6.2%。人均国内生产总值3198美元。

产　业　2018年，菲律宾农业增加值占国内生产总值的9.66%，农业以种植业为主。工业增加值占国内生产总值的30.45%，工业以农、林产品加工业为主，制造业发展迅速。服务业增加值占国内生产总值的59.89%，从业人员约1970.3万（2014年），约占全国就业人数的54.1%。

财　政　2017年财政收入490亿美元，财政支出57734亿美元。

金　融　主要银行有首都银行、商业银行等。货币名称为比索。2018年比索与美元平均比价约为52:1。国家外汇及黄金储备814亿美元，2017年末外债总额730.98亿美元。

对外贸易　菲律宾与150个国家和地区有贸易往来。2018年外贸进出口总额1764.16亿美元，其中出口额674.88亿美元，进口额1089.28亿美元。出口商品主要有半导体、电子产品、运输设备、服装、椰子油、铜制品、金属配件、石油产品、水果，进口商品主要有电子产品、矿物燃料、运输设备、机械设备、化工产品、塑料制品、谷物、钢铁、纺织品。

交通通信

民用航空　菲律宾航空业比较发达。全国有机场163个，在用民用机场86个。主要机场有尼诺·阿基诺国际机场、宿务麦克坦国际机场、达澳国际机场、苏比克国际机场、克拉克国际机场和拉瓦格国际机场，其中马尼拉的尼诺·阿基诺国际机场是全国最大的航空港。国内航线通达40多个城市。国际航线较多，与30多个国家签有国际航运协定。2017年空运货物周转量7.57亿吨千米，航空客运量4408.7万人次。

铁路交通　铁路总里程1200千米，集中在吕宋岛。铁路网以马尼拉为中心，北达圣费尔南多，南到黎牙实比。

公路交通　公路总里程32.8万千米（2016年）。注册机动车辆808.12万辆（2014年）。

水　运　航道总长3219千米。全国有港口数百个，商船千余艘。主要港口有马尼拉、宿务、怡朗、达沃、卡加延、三宝颜等。2014年港口集装箱吞吐量586.9万标准箱。

教　育

菲律宾的学前教育可自由选择。初等教育（即小学教育）为义务教育，学制6年（一些私立学校为7年）。中等教育（即中学教育）学制4年，免费教育但非义务教育。学位制高等教育学制一般为4年（工程学、法律、医学等专业需要至少5年的在校教育）。鼓励私人办学。全国成人识字率96.6%（2015年）。

全国有中、小学64700所（2016～2017学年），适龄儿童入学率116.8%（2013年）；中学入学率88.4%（2013年）。高等教育主要由私人举办；有高等院校2180所，其中公立537所，私立1523所（2010学年）；在校生总数243万人，年毕业生60多万人。著

菲律宾宿雾市鸟瞰图　（百度网）

名高等院校有菲律宾大学、阿特尼奥大学、东方大学、远东大学、圣托玛斯大学等。

传　媒

菲律宾通讯社为官方通讯社。新闻出版组织有菲律宾全国新闻记者俱乐部、菲律宾新闻摄影家协会、菲律宾出版者协会等。全国有出版机构257家。广播电台1342家，电视台3010家（2014年）。在菲律宾广播电台、电视台中，除人民电视台为官办外，其余均为私人举办；所播节目主要是英语、他加禄语、华语节目。主要英文报纸有《马尼拉公报》《菲律宾星报》《菲律宾询问日报》《自由报》《马尼拉时报》和《马尼拉纪事报》，主要菲文（他加禄语）报纸有《消息报》和《菲律宾快报》，主要华文报纸有《世界日报》《商报》《菲华时报》《联合日报》和《环球日报》。

医疗卫生

菲律宾有医院1195所（2015年），医师3002人，牙医1788人，护士6061人，助产士3002人（2014年）。2016年人均预期寿命69.1岁。人口出生率23.2‰，死亡率6.5‰。

历　史

菲律宾历史悠久。最早生活在菲律宾群岛上的居民是尼格列多人。西班牙入侵之前，菲律宾存在许多土著部落和马来族移民建立的割据王国，其中最著名的是14世纪70年代兴起的海上强国苏禄王国。

1521年，麦哲伦率领西班牙远征队到达菲律宾群岛。1531年，西班牙远征队在比萨亚群岛（今宿务港）登陆，宣布占领该群岛。1543年，入侵的西班牙军队以其国王菲律普二世名字命名该群岛，这是“菲律宾”称呼的由来。

1565年，西班牙占领菲律宾全境，并开始对其实行长达300多年的殖民统治。

1898年6月12日，菲律宾起义者借美（国）西（班牙）战争之机，宣告独立，成立菲律宾历史上第一个共和国。同年12月，美国通过美西战争后签订的《巴黎条约》占领菲律宾，菲律宾又沦为美国的殖民地。

1935年11月，菲律宾成立自治政府。

1941年12月8日，日本入侵菲律宾。

1945年，美国恢复对菲律宾的殖民统治。

1946年7月4日，菲律宾宣告独立。菲律宾独立后，自由党和国民党轮流执政。

1965年，马科斯就任第六任总统，并3次连任。

1983年8月，反对党领导人贝尼格诺·阿基诺被谋杀，导致政局动荡。1986年2月7日，提前举行总统选举，贝尼格诺·阿基诺的夫人科拉松·阿基诺在民众、天主教会和军队的支持下出任总统。

1992年6月，拉莫斯按宪制当选为菲律宾总统。

1994年6月，埃斯特拉达当选菲律宾总统。

1996年9月2日，菲律宾政府与最大的反政府组织摩洛民族解放阵线签署和平协议，其南部长达24年的战乱局面结束。

2001年1月，埃斯特拉达因受贿丑闻被迫下台，副总统阿罗约继任总统。

2004年6月，阿罗约总统获得连任。

2010年5月，菲律宾举行大选，贝尼尼奥·阿基诺三世当选菲律宾总统。

2016年5月，罗德里戈·杜特尔特当选菲律宾第16任总统。　（陈红升）

新　加　坡

国　名

新加坡共和国（The Republic of Singapore），简称新加坡。

国　旗

新加坡国旗由上红下白两个相等的横长方形组成，长与宽之比为3∶2。左上角有一弯白色新月和五颗白色五角星。红色代表人类的平等，白色象征纯洁和美德；新月象征国家，五颗星代表国家建立民主、和平、进步、公正和平等的思想。新月和五颗星的组合紧密而有序，象征着新加坡人民的团结和互助的精神。

地　理

位　置　新加坡位于亚洲东南部的马来半岛南端。地处北纬1°09′～1°29′、东经103°36′～104°25′之间。南面为太平洋与印度洋之间的航运重要通道——马六甲海峡的东部出入口。

面　积　陆地国土面积719.9平方千米（2017年）。

邻　国　北隔柔佛海峡与马来西亚为邻，南隔新加坡海峡与印度尼西亚相望。

地形地貌　陆地国土由新加坡岛和63个小岛组成。大部分土地为低地，这些低地已开发为市区和工业区。海岸平缓，岸线大多经过人工改造。新加坡岛占全国陆地面积的88.5%。新加坡本岛以外的其他岛屿，较大的有大德光岛（24.4平方千米）、乌敏岛

(10.2平方千米)和圣陶沙岛(3.5平方千米),其中圣陶沙岛和乌敏岛是旅游景点,大德光岛是工业基地。

气　候　属热带海洋性气候。常年高温潮湿多雨。年平均气温24℃~32℃,日平均气温26.8℃。年平均降水量2345毫米。年平均湿度84.3%。

风景名胜　主要有牛车水、小印度、鱼尾狮公园、裕廊飞禽公园、新加坡植物园、花柏山、圣淘沙岛、乌敏岛等。

国　民

人　口　总人口564万(2018年12月),其中公民和永久居民399万。人口密度7908.7人/平方千米。

民　族　种族多元。华人占74%左右,其余为马来人、印度人和其他种族。

语　言　马来语是国语。英语、华语、马来语和泰米尔语为官方语言。英语是行政语言,使用最为广泛。大多数新加坡人都会讲母语、英语两种语言。

宗　教　佛教、道教、基督教、伊斯兰教在新加坡均有较大影响。各类宗教信徒约占全国10岁以上人口的86%。华人大多信奉佛教,马来人多信奉伊斯兰教,印度人多信奉印度教。

资源物产

新加坡自然资源匮乏。除在本岛中部、北部及大、小德光岛等几个岛屿有花岗石外,至今尚未发现其他矿藏。虽然四面环海,但渔业并不发达,海产品年产量仅1万余吨。

植物资源比较丰富,品种有2000多种,多属热带低地常绿植物。普遍种植热带观赏花卉胡姬花(即兰花),品种繁多,娇美艳丽,四季盛放。所产胡姬花大量出口欧洲各国及美国、日本等国家和地区。

国体政体

国　体　新加坡是议会制国家。宪法规定,总统为国家元首,原经议会选举产生,1992年国会颁布民选总统法案,规定从1993年起总统由全民选举产生,任期由4年改为6年。

国　会　国家立法机构。由议会和总统组成。实行一院制,任期5年。国会可提前解散,大选须在国会解散后3个月内举行。年满21岁的新加坡公民都有投票权。国会议员分为民选议员、非选区议员和官委议员。其中民选议员从全国13个单选区和16个集选区(2015年大选)中由公民选举产生。集选区候选人以4~6人一组参选,其中至少1人是马来族、印度族或其他少数种族。同组候选人必须同属一个政党,或均为无党派人士,并作为一个整体竞选。非选区议员从得票率最高的反对党未当选候选人中任命,最多不超过6名,从而确保国会中有非执政党的代表。官委议员由总统根据国会特别遴选委员会的推荐任命,任期两年半,以反映独立和无党派人士意见。本届国会2015年9月11日选举产生,共有议员92人。其中民选议员89人(人民行动党83人,工人党6人),非选区议员3人。

政　府　内阁是国家行政权力机关。由总理、副总理、各部部长组成。总统委任国会中多数党领袖为总理。根据总理提名,总统任命内阁部长。总理、部长都必须是国会议员。设有国防及安全统筹部、律政部、内政部、外交部、国防部、交通部、贸工部、新闻通讯及艺术部、教育部、卫生部等。本届内阁于2015年9月28日组成,至今已进行两次小幅改组,委任多位年轻部长担任要职。

司　法　设最高法院和总检察署。最高法院由最高法庭和上诉庭组成。最高法院大法官由总理推荐、总统委任。总检察长公署下设立法处、刑事处、民事处3个部门。总统根据总理建议任命总检察长。

党　派　注册的政党有30多个。主要有人民行动党、工人党、新加坡民主党等。人民行动党从1959年至今一直保持执政地位。李光耀长期任该党秘书长,1991年吴作栋接任;2004年12月,李显龙接替吴作栋出任该党秘书长。

国家元首和政府首脑

总　统　哈莉玛·雅各布,2017年9月14日就职。

政府总理　李显龙,2004年8月12日任职。2006年5月、2011年5月、2015年9月分别连任。

行政区划

新加坡是一个城市国家。在地理上分为中央区、内市区、外市区、新镇、内郊区、外郊区等6个地区。选举时分为75个选区。不设区政权机构,由中央各部直接管理各项事务。设有公民咨询委员会、民众联络所、人民协会等社区组织,担负起准地方政府的任务,作为沟通政府与居民之间的桥梁。

首　都　新加坡市,位于新加坡岛东南部,南临新加坡海峡。是东南亚最大的海港、重要商业城市和转口贸易中心,也是国际金融中心、航空中心。市容整洁美观,到处树木葱茏,绿草如茵,百花娇艳,被誉为"世界花园城市"。

经　济

国内生产总值　2018年新加坡国内生产总值3610亿美元,比上年增长3.2%。人均国内生产总值64000美元。

产　业　农业在经济中所占比重很小,产值不足经济总量的0.1%。主要由园艺种植、家禽饲养、水产养殖和蔬菜种植等构成。工业化程度较高,主要行业是制造业和建筑业,2015年产值980亿新元,占国内生产总值的25%。制造业产品包括电子产品、化学与化工产品,以及生物医药、精密机械、交通设备、石油产品等,是世界第三大炼油中心。服务业发达。2015年服务业产值2619.5亿新元,占国内生产总值的70.4%。包括零售与批发贸易、旅游、交通与电信、金融服务、商业服务等行业。旅游业兴旺,被誉为"亚洲旅游王国”。2017 年接待外国游客 1740 万人次，比上年增长 6.2%；旅游业收入 268 亿新元。

对外贸易　2018 年进出口贸易总额 7736 亿美元，比上年增长 9.2%。其中：进口额 3665 亿美元，增长 10.6%；出口额 4071 亿美元，增长 7.9%。主要贸易伙伴是中国、马来西亚、欧盟、印度尼西亚和美国。主要出口商品为成品油、电子元器件、化工品和工业机器等。主要进口商品为电子真空管、原油、加工石油产品、办公及数据处理机零件等。

财　政　2017 年财政收入 751 亿新元，支出 739 亿新元，财政盈余 12 亿新元。

金　融　由金融管理局负责制定和实施各项金融政策，负责监督与管理商业银行及其他金融机构的经营活动，实际上执行着中央银行的职能，但不发行货币。拥有 1000 多家金融机构。货币名称为新加坡元。2016 年新加坡元与美元平均比价为 1.3807∶1。2016 年，国家外汇储备 2443.7 亿美元。

外国投资　截至 2018 年年底，新加坡共吸引外国直接投资 2.02 万亿新元，多集中在金融服务业和制造业。美国、日本、英国、荷兰、中国是新加坡投资的主要来源地。

对外投资　截至 2018 年年底，新加坡对外直接投资累计达 1.39 万亿新元，主要集中在金融服务业和制造业。主要直接投资对象国是中国、印度尼西亚、马来西亚、澳大利亚、英国。

交　通

铁路交通　新加坡的铁路交通以地铁为主，全长 129.8 千米，有地铁站 84 个。1999 年 11 月建成轻轨铁路，全长 28.8 千米，与地铁相连，设 31 个站。

公路交通　形成以 8 条快速公路为主线，众多普通道路为支线的公路网络，覆盖全岛每个角落。新加坡公路总长 3297 千米，其中高速公路 153 千米，一级公路 613 千米。2010 年底，车辆总数 94.6 万辆，其中私人轿车 58.4 万辆，货车 15.8 万辆。

水　运　新加坡港是世界最繁忙的港口和亚洲主要转口枢纽，也是世界最大燃油供应港口。有 200 多条航线连接世界 600 多个港口。有 4 个集装箱处理码头，集装箱船泊位 54 个，年集装箱处理能力 3500 万标准箱。2018 年港口处理货运总量 6.3 亿吨，集装箱吞吐量 3660 万标准箱。

民用航空　新加坡是亚洲地区重要的航空运输枢纽。主要有新加坡航空公司及其子公司胜安航空公司。新加坡樟宜机场连续多年被评为世界最佳机场，已开通至 60 个国家 188 个城市的航线，各国 81 家航空公司平均每周提供约 4400 班次的定期飞行服务。2018 年航班起降 38.6 万架次，客运量 6563 万人次，货运量 215.5 万吨。

通　信

电　话　新加坡固定电话用户 185.9 万户，固定电话普及率 40.7%。移动电话用户 561.9 万户，移动电话普及率 123%。

互联网　政府高度重视网络基础设施建设，并将其纳入提升国家知识型经济层次和国际竞争力的发展战略。全国宽带用户 326.5 万户，宽带互联网普及率 52%。

邮　政　邮政网络有 66 处邮局，26 处投递站，32 处邮务代办所，分布在国内各主要区域。

教　育

新加坡教育发展经历两个阶段。第一阶段从 1959 年到 1979 年，偏重于普及性和职业教育，为工业化初级阶段的经济发展培养熟练劳动力。第二阶段从 1979 年至今，重点发展高等普通教育和高等职业技术教育，培养高层次专业技术人才。

实行精英教育。青少年一般必须接受 10 年正规教育，其中小学 6 年，中学 4 年。强调双语、体育、道德教育，创新和独立思考能力并重。双语政策要求学生除学习英文外，还要通晓母语。政府推行资讯科技教育，促使学生掌握电脑知识。全国有小学 170 所，中学 154 所，初级学院 14 所。大学主要有新加坡国立大学、南洋理工大学、新加坡管理大学和新加坡科技大学。此外，还有 4 所理工学院和 33 所技术/商业训练学院。

传　媒

新加坡主要有两大媒体集团：新加坡报业控股和新传媒。报业控股是私营上市公司，旗下有用 4 种语言出版的 15 家报纸，其中英文的《海峡时报》和中文的《联合早报》在新加坡颇具影响力。新传媒是一家官营公司，旗下有新传媒电视、新传媒电台、新传媒新闻网、新传媒报业、新传媒出版、新传媒制作、新传媒互

新加坡城市夜景一瞥　（百度网）

动等7个集团。新加坡电视台有6个频道，并开通有线电视网和卫星电视。

医疗卫生

新加坡政府通过财政投入建立完善的社区医疗卫生中心，社区医疗服务覆盖所有居民。医疗机构分两种：一种是个人出资兴办的营利性综合全科医院，一种是政府和慈善机构建立的非营利性医院。政府推行"三重安全保健网"（即保健储蓄计划、保健双全计划、保健基金），以确保国民都有求医受诊的能力和机会。

2007年底，新加坡有7所医院、6个专业中心、18个医疗中心和3个特殊医疗研究机构，每万人拥有23名医务工作者。国民平均预期寿命82岁。

科　技

新加坡在重要领域具备科研能力的机构有13个。这13个研究机构由两个研究理事会直接管理，其中生物医药研究理事会管理5个从事生物和医药研究领域的研究所，科学与工程研究理事会管理其他8个研究所。科学技术研究局、经济发展局、资讯通信管理局、国际企业发展局、标准及生产力与创新局等政府机构在科研体系中发挥重要作用。科学技术研究局以科研院（中心）、大学、医院等公共科研机构为工作对象，着眼发展公共科研机构的科研人力资源，并为他们提供科研资金；经济发展局以公司为工作对象，负责支援公司的研究和创新项目，并为新的起步公司提供资金。国家财政科研经费支出约占国内生产总值的2%。

历　史

新加坡古称淡马锡，公元8世纪建国，属印度尼西亚的室利佛逝王朝。10世纪前后，成为繁荣的港口。13世纪中叶，随着室利佛逝王朝的衰落，淡马锡改称信诃补罗。到14世纪中期，信诃补罗成为连接东西方的一个著名国际贸易港口。1350年后，屡遭爪哇的麻喏巴歇王朝和暹罗的大城王朝侵略，于14世纪末灭亡并变成暹罗的属地。18～19世纪，是马来西亚柔佛王国的一部分。

1819年，英国殖民地开拓者莱佛士登陆新加坡。1826年新加坡沦为英国殖民地。英国一直把新加坡作为远东转口贸易的重要商埠和在东南亚的主要军事基地。第二次世界大战期间，新加坡被日本占领。1945年日本投降后，英国恢复其在新加坡的殖民统治。随后，新加坡人民展开各种形式的斗争，迫使英国殖民当局改变统治方式。1954年2月，英国发表《伦德尔宪调查报告书》，提出在新加坡成立一个有32个席位的立法议会（7席由官方委任，25席由民众选举产生），并在此基础上成立民选政府。1955年，内阁式的政府成立，但重要的部长职位仍属于殖民当局。1956年3月12～18日，在要求结束殖民统治的"独立运动周"中，20多万新加坡居民在独立意见书上签字。在此形势下，英国政府3次邀请新加坡各派政治力量到伦敦谈判，讨论新加坡政治地位问题。

1958年4月18日，英、新代表签订《关于新加坡自治宪法草案》，英国同意新加坡成立自治邦，实行内部自治，但保留国防、外交、修宪和颁布紧急法令权，并驻有军队。1959年5月30日，举行新立法议会选举，人民行动党获胜。1959年6月，新加坡成立自治邦，实行内部自治，英国保留国防、外交权利。

1963年，新加坡与马来西亚、沙捞越和沙巴组成马来西亚联邦。1965年8月9日退出联邦，成立新加坡共和国。（罗梅）

泰　国

国　名

泰王国（The Kingdom of Thailand），简称泰国。

国　旗

泰国国旗呈长方形，长宽比为3:2，由红、白、蓝三色的五个横长方形平行排列构成，上下方为红色，蓝色居中，蓝色上下方为白色，蓝色宽度相等于两个红色或两个白色长方形的宽度，红色代表民族和象征各族人民的力量与献身精神。泰国90%以上人口信奉佛教，白色代表宗教，象征宗教的纯洁。泰国是君主立宪制国家，国王至高无上，蓝色代表王室。蓝色居中象征王室在各族人民和纯洁的宗教之中。

地　理

位　置　泰国位于中南半岛中南部。地处北纬5°37′～20°27′、东经97°22′～105°37′之间。东南濒临泰国湾，西南面向印度洋的安达曼海。

面　积　陆地国土面积51.31万平方千米。

疆界和邻国　东与柬埔寨毗连，东北与老挝交界，西面和北面与缅甸为邻，南与马来西亚联邦接壤。陆地边界线长3400千米。

地形地貌　地势北高南低，由西北向东南倾斜。地形复杂，全国大体分为5个地形区：(1)北部和西部

内陆山区。北部山区山脉、河流众多,是湄南河的发源地。主要山脉有登劳山、坤丹山、匹邦南山和琅勃拉邦山,平均海拔1600米,是全国地势最高的地区。清迈的因他暖峰海拔2576米,是全国最高峰。西部山区多为山岭、峡谷。(2)东北部高原。也称柯叻高原,包括东北部17个府的广大地区。整个高原由西向东南方向倾斜,构成柯叻、沙功那空两个盆地。(3)中部流域平原。包括湄南河流域以及夜功河、他真河和挽巴功河流域的中、下游地区,是泰国最大的冲积平原和水稻主产区,素有"泰国粮仓"之称。(4)东南沿海地区。包括巴真武里、差春骚、春武里、罗勇、占他武里和达叻6个府的狭小地区。(5)南部半岛。包括马来半岛的一部分以及连接半岛和大陆的克拉地峡。

海岸海岛　海岸线长2616.4千米。东南沿海海岸线曲折,近海有阁昌、阁谷、阁锡昌等岛屿。南部半岛地区西海岸为下沉海岸,大陆架狭窄,海岸线曲折破碎且多为岩岸,主要岛屿有普吉岛(全国最大岛屿,面积500多平方千米)、象岛、苏梅岛、PP岛、沙美岛、道岛和希美兰岛等;东海岸平坦开阔,多沙滩,少海湾。

江河湖泊　境内河流纵横。主要河流有湄南河和湄公河。湄南河注入泰国湾,河谷宽阔,倾斜度很小,雨季常形成水患。湄公河在境内流长930千米,部分河段水深流急,礁石起伏,交通不便。南部半岛的宋卡湖是全国最大湖泊。其他湖泊有波拉碧湖、农汉湖、公博哇丕湖、农雅湖等。

气　候　大部分地区属于热带季风气候区,全年分为热、雨、凉三季。2月中旬到5月中旬为热季,5月到10月中旬为雨季,11月、12月和次年1月、2月中旬为凉季。凉季和热季少雨,因此也合称干季或旱季。南部半岛地区属热带雨林气候区,终年炎热多雨。全国年平均降水量约1550毫米,年平均气温24℃~30℃。由于地形不同,各地的降水、气温有较大差别。

风景名胜　主要风景名胜区有曼谷、清迈、芭堤雅、普吉岛、象岛、苏梅岛、沙美岛、道岛和希美兰岛等。

国　民

人　口　2018年泰国人口6942.85万,其中城市人口3549.2万。人口密度135.1人/平方千米。

民　族　有30多个民族。泰族是主体民族,占总人口的75%。人口较多的民族还有华族、马来族和高棉族,分别占总人口的14%、3.5%和2%。

语　言　泰语为国语。分为中部方言、南部方言、北部方言、东北部方言4种方言,其中中部方言为全国通用的标准泰语。

宗　教　90%以上的国民信仰佛教,少数信奉伊斯兰教(马来族)、基督教新教、天主教和印度教。佛教为国教,对泰国的文化影响甚深。按照传统,上至国王下至百姓,男子一生中皆得出家一次,时间不等,以获得社会尊重。

资源物产

泰国主要矿产资源有钾盐、锡、褐煤、油页岩、天然气、铅锌、钨、铁、锑、铬、重晶石、宝石、石油等。其中:钾盐储量4367万吨,居世界各国首位;锡矿储量150万吨,占全世界的12%。

全国可耕地面积约占国土总面积的41%。主要农产品有稻谷、玉米、木薯、橡胶、甘蔗、绿豆、亚麻、烟叶、咖啡豆、棉花、棕榈油等,是世界大米主产国和第一出口大国。水产品产量大,虾产量居世界各国首位。盛产各类热带水果,主要有榴梿、山竹、荔枝、龙眼、椰子等。

国体政体

国　体　泰国是君主立宪制国家。宪法规定:实行以国王为元首的民主政治制度;国王为国家元首和王家武装部队最高统帅,神圣不可冒犯,任何人不得指责或控告国王。国王通过国会、内阁和法院分别行使立法、行政和司法权。

国　会　由上议院、下议院组成。具有立法、审议政府施政方针和国家预算、对政府工作进行监督等职能。议员均直接来自民选。上议院议员不得隶属任何政党,不得担任阁员。下议院议员担任内阁职务须辞去议员职务。

内　阁　国家最高行政机关。政府总理来自下议院,由国会主席兼下议院院长提名,经下议院表决并获半数以上票数通过,由国会主席呈报国王任命。总理

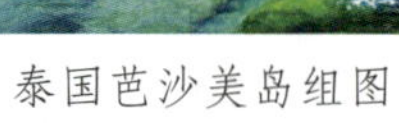

泰国芭沙美岛组图　(百度网)

在解散议会前须得到内阁同意并报国王审批，在不信任案期间不得解散议会。设有总理府、国防部、财政部、外交部、旅游与体育部、社会发展和人类安全部、农业和合作社部、交通部、自然资源与环境部、信息技术和通讯部、能源部、商业部、内政部、司法部、劳工部、文化部、科技部、教育部、卫生部等部门。

司　法　司法系统由宪法法院、司法法院、行政法院和军事法院构成。检察机关实行垂直领导，分为最高检察院、区域检察院、府级检察院。

党　派　政党众多，但是很大一部分是为了大选而临时新成立的政党或是一些规模较小的政党。参加2014年泰国大选的政党共有50多个。较有影响力的有：为泰党、民主党、自豪泰党、泰国发展党、为国发展党。

国家元首和政府首脑

国　王　泰国国王玛哈・哇集拉隆功。2016年10月13日即位。2016年12月1日举行登基仪式，正式成为泰国拉玛十世国王。

政府总理　巴育・占奥差。2014年5月22日，泰国皇家陆军总司令巴育・占奥差宣布发动军事政变，组建国家维持和平秩序委员会接管国家权力。泰国军方随即宣布由陆军司令巴育兼任代理总理。2014年8月21日，泰国国家立法议会召开会议选举临时总理，巴育以全票当选。8月25日，泰国国王普密蓬签署御令，任命国家维持和平秩序委员会主席、陆军司令巴育・占奥差为泰国第29任总理。

行政区划

一级行政区划　泰国划分为76个府（府级直辖市是曼谷）。各府分别是：素可泰、彭世洛、甘烹碧、披集、碧差汶、那空沙旺、素攀、北榄、龙仔厝、夜功、那空那育、曼谷、暖武里、巴吞他尼、阿育陀耶、北标、华富里、红统、信武里、猜纳、乌泰他尼、佛统、清迈、清莱、夜丰颂、程逸、帕夭、喃邦、喃奔、难、帕、孔敬、那空帕农、乌汶、也梭吞、庵纳乍仑、呵叻、廊开、莫拉限、吗哈沙拉堪、沙功那空、莱、黎逸、廊磨喃普、胶拉信、四色菊、素辇、猜也奔、武里喃、乌隆、春武里、罗勇、哒叻、尖竹汶、巴真武里、北柳、沙缴、来兴、北碧、佛丕、叻丕、巴蜀、惹拉、沙敦、普吉、甲米、攀牙、拉农、董里、宋卡、陶公、素叻他尼、洛坤、春蓬、博他仑、北大年。

主要城市　首都曼谷市，位于泰国中部，是全国政治、经济、文化、交通中心，人口约1370万，市区面积1568平方千米。其他重要城市有清迈、清莱、大城、普吉等。

经　济

国内生产总值　2018年泰国国内生产总值5049.93亿美元，比上年增长4.1%，人均国内生产总值7274美元。

产　业　农业较发达，农产品出口是外汇收入的重要来源。制造业在国民经济中占较大比重，主要工业行业有采矿、纺织、电子、塑料、食品加工、玩具、汽车装配、建材、石油化工等。旅游业发展较快，设施完善，服务质量较高。2018年泰国接待外国游客3800万人次，比上年增长6.9%，其中中国游客超1054万人次，增长7.4%。

财政金融　货币名称为泰铢，2018年平均汇率为31.6泰铢兑1美元。主要银行有：盘谷银行、泰京银行、开泰银行、暹罗商业银行、泰华农民银行、大城银行。2018年国家外汇储备2056.4亿美元，全年泰铢升值约3.5%。财政收入2.35万亿泰铢，盈余76亿泰铢。

进出口贸易　据泰国海关统计，2018年泰国货物进出口总额5008.9亿美元，比上年增长8.8%。其中：出口2498.9亿美元，增长5.9%；进口2510亿美元，增长11.8%。贸易逆差11.2亿美元。

中国、日本和美国是泰国前三大贸易伙伴。2018年泰国对中、日、美3国分别出口297亿美元、247.2亿美元和277.7亿美元，分别比上年增长1%、12%和4.7%。泰国自上述3国分别进口502.3亿美元、354.4亿美元和152亿美元，分别增长12.3%、9.4%和1.2%。美国是泰国最大的贸易顺差来源地，2018年顺差额为125.7亿美元，比上年增长9.3%。对中国香港地区的贸易顺差额为94.6亿美元，增长1.4%。贸易逆差主要来自中国和日本，2018年逆差额分别为205.3亿美元和107.2亿美元。

交　通

铁路交通　泰国铁路总长4451千米，主要是窄轨铁路。2014年铁路货运周转量24.6亿吨千米，铁路客运周转量75亿人千米。

公路交通　公路总长16万千米，其中国道1.79万千米。公路四通八达，各府、县都有公路相连。

水　运　湄公河、湄南河为泰国两大水路运输干线。曼谷是最重要的港口，全国95%的出口和几乎全部进口商品都在此吞吐。此外，还有廉差邦港、梭桃邑港、宋卡港和普吉港等。海运航线可达中国、日本、美国、欧洲和新加坡。2014年港口集装箱吞吐量828.4万标准箱。

民用航空　2006年下半年投入使用的曼谷素万那普国际机场每天进出旅客超过10万人次，是东南亚地区重要的航空枢纽，国际航线可通达欧洲、美洲、亚洲和大洋洲的40多个城市。其他国际机场还有清迈机场、普吉机场和合艾机场。2015年空运货物周转量21.4亿吨千米，航空客运量5426万人次。

教　育

泰国中小学教育学制为12年，即小学6年、初中3年、高中3年。中等专科职业学校为3年制。大学一般为4年制，医科大学为5年制。

2014年全国各级各类在校学生共1315.88万人。其中，学前教育167.85万人，小学教育486.55万人，中学教育376.80万人(初中235.44万人,高中141.45万人),高等教育271.45万人(学士及大专248.47万人,大学课程班5451人,硕士19.75万人,硕士课程班1442人,博士2.54万人)。

2014年全国各类高等院校166所,其中公立院校94所(综合性大学28所、皇家师范大学40所、理工大学9所、专业性院校7所、军事院校10所),私立院校72所(其中综合性大学41所)。著名的学府有朱拉隆功大学、法政大学、农业大学、玛希顿大学、清迈大学、孔敬大学、宋卡王子大学、易三仓大学、亚洲理工学院等。

传　媒

泰国主要泰文报纸有《泰叻报》《民意报》《每日新闻》《国家报》《沙炎叻报》《经理报》等,主要华文报纸有《新中原报》《中华日报》《星暹日报》《亚洲日报》《世界日报》和《京华中原日报》等,主要英文报纸有《曼谷邮报》《民族报》等。广播电台有230多家,其中由政府民众联络厅掌管的59家。泰国国家广播电台为官方电台,设有国际部,用泰、英、法、华、马来、越、老、柬、缅、日等语言广播。电视台主要有6家,都设在曼谷。

历　史

泰国史称“暹罗”。公元1238年建立素可泰王朝,是泰国历史上第一个王朝。之后,经历泰国历史上持续时间最长的王朝——阿瑜陀耶王朝和短暂的吞武里王朝以及延续至今的曼谷王朝。

从16世纪起,泰国先后遭到葡萄牙、荷兰、英国、法国的入侵。19世纪末,曼谷王朝五世王大量吸收西方经验进行社会改革。1896年,英国、法国签订条约,规定暹罗为英属缅甸和法属印度支那之间的缓冲国,暹罗成为东南亚唯一没有沦为殖民地的国家。

1932年6月,民党发动政变,建立君主立宪政体。1938年,銮披汶执政,1939年6月改称泰国,意为“自由之地”。1941年泰国被日本占领,泰国宣布加入轴心国。

1945年,日本投降后恢复暹罗国名。1949年5月又改称泰国。　(唐卉)

越　南

国　名

越南社会主义共和国(The Socialist Republic of Viet Nam),简称越南。

国　旗

越南国旗为长方形,长与宽之比为3∶2。国旗旗底为红色,旗中心有一枚五角金星。红色象征革命和胜利,五角金星象征越南共产党对国家的领导,五星的五个角分别代表工人、农民、士兵、知识分子和青年。

地　理

位　置　越南位于中南半岛东部。地处北纬8°30′~23°22′、东经102°~109°29′之间。东和东南濒临南中国海。

面　积　陆地国土面积32.9万平方千米。

疆界和邻国　北、东、东南与中国为邻,西与老挝交界,西南与柬埔寨接壤,南面与马来西亚隔海相望。陆地边界线长3927千米。

地形地貌　地形狭长,呈S形。南北最长处约1640千米;东西最宽处约600千米,最窄处仅48千米。地势是西北高、东南低。山地和高原占全国陆地面积的3/4。有红河三角洲、湄公河三角洲两大平原,面积分别为2万平方千米和5万平方千米,是主要农业区。

江　河　河流密布,其中长度在10千米以上的有2860条。较大的河流有红河、湄公河(九龙江)、沱江(黑水河)、泸江、太平河等。

海岸海岛　海岸线长3260千米。沿海有岛屿2000多个,其中面积在10平方千米以上的20多个。较大的岛屿有盖宝岛、吉婆岛、昆仑岛、富国岛等。

气　候　属热带季风气候区。北部四季分明,多数地区年平均气温23℃~25℃。南部分为旱季(10月至次年3月)和雨季(4~9月),多数地区年平均气温26℃~27℃。空气湿润,雨量充沛,全国年平均降雨量1500~2000毫米。

风景名胜　在北方,首都河内有还剑湖、西湖、巴亭广场、胡志明陵、文庙、二征夫人庙、三岛山等景点,海防有涂山海滨风景区,广宁省有被称为“海上桂林”、列入世界自然遗产名录的下龙湾,老街省有避暑胜地沙巴。在中部,有被列入世界文化遗产名录的古都顺化,列入世界自然遗产名录的风雅洞,以及会安古城、美山占婆文化遗址等。在南方,胡志明市有旧总统府、古芝地道等景点。其他地区有芽庄海滩、大叻避暑风景区、滨海旅游胜地头顿、天涯海角名城河仙等。

国　民

人　口　2017年越南人口9467万,其中,城市人口3383万,占35.7%,农村人口6084万,占64.3%。人口平均预期寿命73.5岁。

越南芽庄海滩组图　（百度网）

民　族　有54个民族，其中人口在50万以上的有京族（也称越族）、岱依族、傣族、华族（即华人）、高棉族、芒族和侬族。主体民族京族占总人口的80%以上。

语　言　各民族的通用语言是越南语。英语和华语广泛使用。

宗　教　国民受儒家思想影响较深。部分人信奉佛教、天主教、和好教、高台教等。祖先神灵崇拜在国民生活中占有重要地位。每年中国农历三月初十是祭雄王日。民间传说，雄王是越南的国祖。许多家庭都立有祖先的牌位，每逢初一、十五进香祭拜。

资源物产

矿产资源　越南已发现矿种90多种，其中探明储量40多种。重要矿产资源有煤、石油、天然气、铁、锰、铬、钛、锆、铝、铜、镍、铅锌、锡、铍、金、稀土、磷灰石、石墨、瓷土、膨润土、重晶石、宝石等，其中煤储量65亿吨，铝土储量4.5亿吨。

生物资源　动植物种类繁多。有爬行动物约300种，禽类1000多种，鱼类1000多种。陆栖野生动物主要有象、犀牛、虎、豹、熊、鹿、猴、白眉猿、孔雀、翡翠鸟、金丝鸟等。2018年，集中造林面积23.86万公顷，分散植树8580万株，木材开采量1280万立方米。

物　产　主要粮食作物有水稻、小麦、玉米、高粱、薯类等。经济作物有茶叶、橡胶、咖啡、腰果、可可、槟榔、油桐、胡椒、八角、烟草、棉花、花生、甘蔗、麻类等。药材有党参、何首乌、通草、苍耳、砂仁、桂皮、三七、巴戟、黄连等。盛产菠萝、香蕉、椰子、杧果、菠萝蜜、柚子、荔枝等热带水果和格木、柚木、楠木等名贵木材。

国体政体

国　体　越南社会主义共和国宪法规定：越南是社会主义国家，越南共产党是领导国家和社会的力量，国家一切权力属于人民，实行人民代表大会制度。

国　会　国家最高权力机关，行使国家立法权。国会代表以普选制投票产生。

政　府　国家最高行政机关。由总理、若干名副总理和有关部门组成。设有国防部、公安部、文化体育旅游部、内务部、国家银行、劳动荣军和社会部、司法部、建设部、政府办公厅、工贸部、财政部、教育培训部、外交部、农业与农村发展部、国家民族委员会、资源环境部、科学技术部、信息传媒部、交通运输部、卫生部、政府监察总署、计划投资部等机构。

最高人民法院　国家最高审判机关。

最高人民检察院　国家最高检察机关。

党　派　越南共产党是越南社会主义共和国的执政党，也是越南唯一的政党。中央委员会总书记阮富仲，2016年1月当选。越南祖国阵线是由各阶层组成，参政议政。

国家领导人

国会主席　阮氏金银，2016年7月当选。

国家主席　国家元首，统帅武装力量，由国会选举产生。现任国家主席阮富仲，2018年10月当选。

政府总理　阮春福，2016年7月当选。

越南祖国阵线中央委员会主席　陈青敏，2017年6月当选。

行政区划

一级行政区划　越南设5个直辖市和58个省，并按地域划分为6个大区：（1）红河平原11省（市），分

别是河内、海防、永福、北宁、广宁、海阳、兴安、河南、南定、太平和宁平，面积21259.6平方千米，人口2134.21万（2017年，下同），人口密度1004人/平方千米。（2）北部丘陵和山区14省，分别是河江、高平、老街、北浒、谅山、宣光、安沛、太原、富寿、北江、莱州、奠边、山罗、和平，面积95222.1平方千米，人口1214.89万，人口密度128人/平方千米。（3）中部14省（市），分别是清化、义安、河静、广平、广治、承天—顺化、岘港、广南、广义、平定、富安、庆和、宁顺和平顺，面积95871.9平方千米，人口1992.45万，人口密度208人/平方千米。（4）西原5省，分别是昆嵩、嘉莱、多乐、多农和林同，面积54508.3平方千米，人口577.85万，人口密度106人/平方千米。（5）南部东区6省（市），分别是胡志明市、平福、西宁、平阳、同奈和巴地—头顿，面积23552.6平方千米，人口1673.96万，人口密度711人/平方千米。（6）湄公河平原13省（市），分别是隆安、同塔、安江、前江、永隆、槟椥、坚江、芹苴、后江、茶荣、朔庄、薄寮和金瓯，面积40816.3平方千米，人口1773.8万，人口密度435人/平方千米。

主要城市 首都河内市，中央直辖市，位于红河三角洲平原中部，2017年面积3358.6平方千米，人口742.01万，是全国政治、文化中心，面积第一大城市。中央直辖市还有胡志明市、海防市、岘港市、芹苴市。其他重要城市有下龙、太原、越池、南定、顺化、头顿、大叻、芽庄、河仙等。2017年胡志明市面积2061.2平方千米，人口844.46万，是全国人口最多的城市，也是最大的工商业中心；海防市是北方重要工业、港口城市，全国第三大城市；岘港市是中部港口、工业城市；下龙市是重要煤炭基地和著名旅游胜地。

经　济

国内生产总值 2018年越南国内生产总值5535.3万亿越南盾，约合2440亿美元，比上年增长7.08%，人均国内生产总值2587美元。

产　业 农业以种植业为主。2018年谷类粮食总产量4888万吨，比上年增长2.2%，其中稻谷产量4398万吨，增加124吨；水产品总产量775.65万吨，增长6.1%。工业生产主要有原油及天然气开采、煤炭生产、其他矿产开采、纺织、鞋类、饮品、香烟、钢铁、化工原料及肥料、发电与配送电等行业。旅游业保持增长势头，全年接待国际游客1550万人次，比上年增长19.9%；接待国内游客8000万人次，增长9.3%。旅游业总收入620万亿越南盾，增长17.6%。

财　政 2018年国家预算总收入1420万亿越南盾，通过国库的经常性支出857.677万亿越南盾，发展投资支出276.646万亿越南盾。

金　融 货币名称为越南盾。2018年年末越南盾与美元中心比价为22825:1。主要银行有越南国家银行（亦称中央银行）、越南工商银行、越南农业和农村发展银行、越南投资发展银行、越南外贸银行、越南国际贸易股份银行等。

进出口贸易 根据越南统计总局数据，2018年越南货物贸易进出口总额4822.3亿美元，比上年增长198%。出口额2447.2亿美元，比上年增长13.8%，其中外资企业（包括原油投资领域）出口1755.2亿美元，增长12.9%，内资企业出口692亿美元，增长15.9%。进口额2375.1亿美元，增长11.5%，其中外资企业进口1427.1亿美元，增长11.6%，内资企业进口948亿美元，增长11.3%。贸易顺差72亿美元，其中外资企业（包括原油投资领域）贸易顺差328亿美元，内资企业贸易逆差256亿美元。主要出口商品为电话及零件，纺织品服装，计算机、电子产品及零件，鞋类，农林水产品等。进口商品结构以生产资料商品类占最大比重，为91.4%，其中机械设备、仪器、配件占42.5%，原料、燃料物资占48.9%；消费性商品占8.6%。越南的主要贸易伙伴为中国、韩国、美国、东盟、欧盟、日本。

外国投资 2018年越南新批外资项目协议金额和已投外资项目增资金额比2017年均有所下降，但外资收购股权协议金额大幅上升，三项合计354.6亿美元。截至12月20日，2018年越南新批外资项目3046个，协议金额180亿美元，比上年下降15.5%；1169个已投外资项目增资75.9亿美元，下降9.7%；外资收购股权6496起，协议金额98.9亿美元，增长59.8%。全年外国直接投资实际到位资金191亿美元，增长9.1%。2018年，日本是越南最大的外国直接投资来源国，其次是韩国、新加坡。外商直接投资领域主要为加工制造业、房地产业、批发零售业。

交通通信

铁路交通 2018年越南国家铁路网络有7条干线，总长3160千米。其中，正线2646千米，站线和岔线514千米。铁轨类型主要有米轨、准轨和混合轨。2017年，铁路货运量560万吨，货物周转量36亿吨千米；铁路客运量940万人次，旅客周转量36亿人千米。

公路交通 2018年公路总长570448千米，其中国道24136千米，高速公路816千米，省道25741千米。2017年公路货运量11.178亿吨，货物周转量721亿吨千米；公路客运量38.461亿人次，旅客周转量1246亿人千米。

水　运 2017年，内河运输有国家内河航道45条，总长7075千米。其中北部17条，总长2715.4千米；中部10条；南部18条，总长3186.3千米。有277个内河港口。南部平原地区的内河航运十分发达，每年承载该地区60%～70%的货运量和70%～75%的货物周转量。

2017年内河航运货运量2.496亿吨，货物周转量531亿吨千米。内河客运量1.729亿人次，旅客周转量32亿人千米；海运货运量6960万吨，货物周转量

1392亿吨千米。海运客运量680万人次，旅客周转量3.662亿人千米。

民用航空　有22个航空港。其中，国际航空港9个，分别为内牌、吉碑、岘港、金兰、富牌、新山一、芹苴、富国、云屯；国内航空港13个。内牌、岘港、金兰、新山一等4个航空港设有专用货运站。2017年空运货运量31.78万吨，货物周转量8.216亿吨千米；空运客运量4640万人次，旅客周转量509亿人千米。

电　信　2017年全国电话用户1.27亿户，比上年下降2.1%，其中移动电话用户1.2亿户，下降1.3%。互联网宽带用户1080万户，比上年增长18.7%。

教　育

越南拥有完善的教育体系。基础教育学制12年，其中小学5年，初中4年，高中3年。大学教育学制3～6年。大学后教育，分为硕士研究生、博士研究生两个阶段。2000年宣布完成扫盲和普及小学义务教育，2001年开始普及9年义务教育。

2017～2018学年，全国有幼儿园15241所，共15.58万个班，在园幼儿459.98万人，教师26.63万人。小学14937所，共27.99万个班，在校生804.18万人，教师39.66万人。初中10939所，共15.36万个班，在校生537.33万人，教师30.61万人。高中2834所，共6.58万个班，在校生250.86万人，教师15.03万人。公立高等院校170所，在校生143.26万人，毕业生28.2万人，教师5.93万人；非公立高等院校65所，在校生26.33万人，毕业生3.75万人，教师1.57万人。

传　媒

越南有定期出版物563种，报社约150家。主要报刊有《人民报》（越共中央机关报）、《人民军队报》（越南人民军总政治局机关报）、《大团结报》（祖国阵线中央机关报）、《西贡解放报》（越共胡志明市委机关报）、《共产主义》（越共中央政治理论月刊）、《全民国防》（越南人民军理论月刊）等。2017年出版书籍2.87万种，总印数3.139亿册。

国家通讯社为越南通讯社，1945年创立，在全国各省、直辖市均设有分社，国外分社有27个。国家广播电台为越南之声广播电台，成立于1954年，对内广播用越南语及多种少数民族语言播音，对外广播用中国普通话、中国广东话、俄语、英语、法语、西班牙语、日语、泰语、老挝语、柬埔寨语、印尼语、马来语等播音。越南中央电视台成立于1970年，有6个全国频道和5个地方频道，上百个付费电视频道。

医疗卫生

2017年越南国家管理的医疗卫生机构1.36万家，其中医院1085家，疗养和康复医院60家，麻风病院20家，助产院9家，区域性综合诊所579家，乡、坊医疗站11120家，机关、企业单位医疗站710家。病床总数30.84万张，其中医院23.96万张，疗养和康复医院6500张，麻风病院1300张，助产院40张，区域性综合诊所6700张，乡、坊医疗站4.93万张，机关、企业单位医疗站5000张。国家医务工作人员29.77万人，其中医师7.44万人，医士5.36万人，护士10.76万人，助产士2.93万人，高级药剂师1.03万人，中级药剂师2.15万人，司药员1100人。

科　技

越南对科技的投入占国家财政总支出2%。建设一些高新技术园区，比较有名的有河内的和乐高技术园区、胡志明市的光中软件园和西贡高科技园、岘港市的高科技园区。

2017年越南有国家图书馆1家，藏书丰富；地方图书馆727家，共有藏书2730万册。

历　史

越南境内发现多处旧石器时代、新石器时代文化遗址。主体民族越族的直接祖先，是起源于古代居住在从中国南方一直到红河三角洲地区的百越族群的一个分支——雒越。雒越人在公元前3世纪之前的很长时间里，就居住在今越南北部红河流域的中下游地区。有关越南的古籍中有“文郎国”“瓯雒国”的记载，反映古代雒越人原始部落社会的一些情况。

从公元前214年至公元10世纪初，今越南北部一直在中国封建王朝的管辖之下。939年，安南人（当时中国人对越南居民的泛称）吴权赶走中国官吏，自立为王。吴权死后，安南地区出现“十二使君”（即12个封建主）割据纷争局面。968年，安南人丁部领削平“十二使君”，统一安南，建立大瞿越国，随后派遣使者向中国北宋王朝请封，宋太祖封丁部领为检校太尉、交趾郡王。学术界一般将丁部领建大瞿越国作为越南建立自主封建国家的开始。

此后，越南先后经历前黎朝（980～1009）、李朝（1010～1225）、陈朝（1225～1400）、胡朝（1400～1407）、后黎朝（1428～1784）、西山朝（1788～1802）、阮朝（1802～1945）等封建朝代。1802年，越南最后一个封建王朝的开国皇帝阮福映依惯例向中国清王朝请封。清王朝于次年封阮福映为越南国王。这是“越南”作为国名的开始。

19世纪下半叶，越南沦为法国的殖民地。

1945年，越南人民取得“八月革命”胜利，同年9月2日，越南宣告独立，越南民主共和国诞生。

越南独立不久，法国人卷土重来，重新占领越南，越南人民再次进行抗法战争。1954年5月7日，越南人民赢得奠边府战役胜利，法国军队撤离越南，越南开始南北分治。20世纪50～60年代，美国人支持南越政权，越南人民展开抗美战争。1973年美国军队撤离越南。1975年，越南南北统一。

1976年，越南民主共和国改称越南社会主义共和国。

（李碧华）

动　　态

政　　治

中国举行国家科学技术奖励大会

2018 年 1 月 8 日，中共中央、中国国务院在北京举行中国国家科学技术奖励大会。2017 年度中国国家科学技术奖共评选出 271 个项目和 9 名科技专家。其中：国家最高科学技术奖 2 人；国家自然科学奖 35 项，其中一等奖 2 项、二等奖 33 项；国家技术发明奖 66 项，其中一等奖 4 项、二等奖 62 项；国家科学技术进步奖 170 项，其中特等奖 3 项、一等奖 21 项（含创新团队 3 项）、二等奖 146 项；授予 7 名外籍科技专家中华人民共和国国际科学技术合作奖。2017 年度中国国家最高科学技术奖获得者分别是：南京理工大学王泽山院士和中国疾病预防控制中心病毒病预防控制所侯云德院士。

林郑月娥当选香港特别行政区第五任行政长官

2018 年 3 月 26 日，在中国香港特别行政区第五任行政长官选举中，林郑月娥获得 777 张有效选票，当选为香港特区第五任行政长官人选。

中国举行纪念马克思诞辰 200 周年大会

2018 年 5 月 4 日，中国纪念马克思诞辰 200 周年大会在北京人民大会堂举行，中央党政军群各部门和北京市主要负责人，各民主党派中央、全国工商联负责人和无党派人士等各界代表约 3000 人参加大会。中共中央总书记、中国国家主席习近平发表重要讲话强调，“我们纪念马克思，是为了向人类历史上最伟大的思想家致敬，也是为了宣示我们对马克思主义科学真理的坚定信念。马克思主义始终是我们党和国家的指导思想，是我们认识世界、把握规律、追求真理、改造世界的强大思想武器。新时代，中国共产党人仍然要学习马克思，学习和实践马克思主义，高扬马克思主义伟大旗帜，不断从中汲取科学智慧和理论力量，更有定力、更有自信、更有智慧地坚持和发展新时代中国特色社会主义，让马克思、恩格斯设想的人类社会美好前景不断在中国大地上生动展现出来。”

中共中央总书记习近平会见中国国民党前主席连战一行

2018 年 7 月 13 日，中共中央总书记习近平在北京人民大会堂会见中国国民党前主席连战率领的台湾各界人士参访团。习近平指出：“我们有充分的信心和足够的能力，牢牢把握正确方向，坚定不移推动两岸关系和平发展、推进祖国和平统一进程。希望两岸同胞共同努力，坚持体现一个中国原则的‘九二共识’，坚决反对和遏制‘台独’，扩大深化两岸各领域交流合作，增进同胞亲情福祉，在新时代携手同心书写中华民族伟大复兴新篇章。”连战提出一个中国、两岸和平、

5 月 4 日，中国纪念马克思诞辰 200 周年大会在北京人民大会堂举行

（百度网）

互利融合、振兴中华四点主张，表示两岸应在“九二共识”基础上巩固政治互信、重启对话，循序渐进处理历史所遗留的政治分歧。同时通过经济合作、文化交流、民间往来，不断扩大互利，存植两岸人民的同胞情谊、兄弟情怀、持续增进融合，共同促成振兴中华、民族复兴的美好未来。

中国举行纪念《世界人权宣言》发表 70 周年座谈会

2018 年 12 月 10 日，纪念《世界人权宣言》发表 70 周年座谈会在北京举行。中共中央总书记、中国国家主席习近平发来贺信，强调《世界人权宣言》是人类文明发展史上具有重大意义的文献，对世界人权事业发展产生了深刻影响。中国人民愿同各国人民一道，秉持和平、发展、公平、正义、民主、自由的人类共同价值，维护人的尊严和权利，推动形成更加公正、合理、包容的全球人权治理，共同构建人类命运共同体，开创世界美好未来。

中国广西壮族自治区成立 60 周年庆祝大会举办

2018 年 12 月 10 日，中国广西壮族自治区成立 60 周年庆祝大会在广西南宁举行。中共中央、全国人大常委会、国务院、全国政协、中央军委发来贺电。中共中央政治局常委、全国政协主席、中央代表团团长汪洋出席庆祝大会并讲话。以“奋进新时代 壮美新广西”为主题的群众文艺表演将庆祝大会推向高潮。中国广播电视台使用英语、越南语对庆祝大会进行现场直播，通过英语环球广播、越南语广播、国际在线英文网、越南文网以及 China Plus 客户端等平台播出。

文莱苏丹宣布重组政府内阁

2018 年 1 月 31 日，文莱苏丹哈吉・哈桑纳尔・博尔基亚宣布新的 5 年政府内阁成员名单，对内阁进行部分调整。苏丹哈吉・哈桑纳尔・博尔基亚在新内阁中继续担任首相、国防部部长、财政经济部部长及外交部部长 4 要职；9 名原任正副部长再度获得任命为新内阁成员。新的变动是：将国家宗教司与国家大法官 2 职位提升至与部长同等级别。新内阁中的正副部长包括：原任文化青年体育部部长的丕显哈尔毕出任第二国防部长；原任财政部副部长的拿督阿敏刘光明晋升为财政经济部第二部长；发展部原副部长拿督苏海米晋升为发展部部长；外交与贸易部原副部长拿督伊鲁万晋升为外交部第二部长；教育部原副部长拿督巴伦出任宗教部副部长；卫生部部长拿督伊桑；首相署部部长拿督比拉、副部长拿汀艾琳达；财政部副部长拿督阿玛汀；能源与工业部部长拿督玛苏尼、副部长迈沙杜朱；教育部部长拿督韩查、副部长拿汀罗麦查；交通部部长阿旺穆达里；文化青年体育部部长拿督阿米奴汀；巴拉旺阿米南为新任文莱皇家武装部队的指挥官；丕显伊沙为新内阁中新增加的苏丹特别顾问。年内，文莱苏丹更改了几个部门名称。苏丹哈吉・哈桑纳尔・博尔基亚于 2018 年 7 月 31 日宣布，将文莱能源及工业部更名为文莱能源人力资源及工业部。9 月 19 日，文莱苏丹哈吉・哈桑纳尔・博尔基亚同意将财政部改为财政经济部；外交和贸易部改为外交部。9 月 27 日，苏丹哈吉・哈桑纳尔・博尔基亚委任文莱财政经济部第二部长刘光明博士为首相署办公室主任兼财政经济部第二部长。

文莱在最不腐败国家排名中位次提升

文莱《婆罗洲公报》2018 年 2 月 24 日报道，透明国际（TI）于 2018 年 2 月 21 日公布腐败认知指数，在最不腐败的国家排名中，文莱的全球地位再次得到提升，从 2016 年的第 41 位上升至 2017 年的第 32 位，得分从 54 分提高到 62 分。在亚太地区，文莱排名第 8，新西兰以 89 分位居榜首，其次是新加坡。在东南亚地区，文莱排名第 2。

12 月 10 日，主题为“奋进新时代 壮美新广西”的庆祝广西壮族自治区成立 60 周年群众文艺表演在广西体育中心举行（百度网）

文莱第 14 届立法会第 1 次会议召开

2018 年 3 月 5 日，文莱第 14 届立法会第 1 次会议在立法会大厦召开，文莱苏丹哈吉・哈桑纳尔・博尔基亚致开幕辞，强调有必要采取关键步骤加强文莱的经济多元化，同时确保谨慎支出和支出的优先顺序。他指出国家重点关注的领域之一应是农业部门。本次立法会会议财政预算案的主题为“保持国家繁荣的生产性和创新性支出”。配合文莱苏丹哈吉・哈桑纳尔・博尔基亚在开幕致辞中提到的“实现粮食的自给自足”,初级资源与旅游部部长拿督阿里阿蓬在立法会会议上指出,文莱国内生产总值连续5年下降,促使该部门必须想办法提升国家的生产力,而最主要的方法就是通过使用高科技及现代技术来提高产量。

文莱苏丹呼吁各界维护奉献理念

2018年8月21日晚,文莱苏丹哈吉·哈桑纳尔·博尔基亚丹在发表哈芝节御赐时,呼吁各阶层国民与民众共同维护在各个领域奉献的理念。并强调团结的重要性。他表示,无论是国家发展还是要做好任何事务都需要一定的牺牲与奉献来达成。在国家发展上,政府需要确保财务的充裕、进行必要的人力培训。

文莱在联合国电子政府调查中跃居第59位

文莱《联合在线》2018年12月24日报道,根据2018年联合国电子政府普查,文莱在电子政府发展上全球名列第59,较往年攀升24位。文莱电子政府在线服务指数及电子政府服务运用指标得分较高,从0.50分提高到0.75分。

柬埔寨人民党赢得第四届参议院所有议席

2018年3月3日,柬埔寨国家选举委员会对外发布第四届参议院选举结果,柬埔寨人民党获得本届选举的全部58个议席。据悉,本届选举于2月25日开始,参选政党有柬埔寨人民党、奉辛比克党、柬埔寨国籍党和柬埔寨青年党。本届选举分为8个选区,共有58个议席。其中,第一选区(金边市)有6个议席,第二选区(磅湛省、特本克蒙省)有8个议席,第三选区(干拉省)有5个议席,第四选区(马德望省、班迭棉芷省、暹粒省、奥多棉芷省、拜林市)有10个议席,第五选区(茶胶省、贡布省、白马市)有7个议席,第六选区(波罗勉省、柴桢省)有7个议席,第七选区(实居省、磅清扬省、菩萨省、国公省、西哈努克市)有9个议席,第八选区(磅同省、柏威夏省、桔井省、上丁省、拉达那基里省、蒙多基里省)有6个议席。

柬埔寨人民党获得第六届国会全部议席

2018年7月29日,柬埔寨完成第六届全国大选,柬埔寨人民党以76.84%的得票率赢得本届大选胜利,获得全部议席。本次大选共有包括柬埔寨人民党、民主联盟党、奉辛比克党、基层民主党等20个政党参选,角逐125个国会议席;柬埔寨救国党于2017年11月16日被柬埔寨最高法院裁决依法解散,无缘本届大选。此次大选全国合格选民共838万名,参加投票选民688.57万名,投票率为82.17%,比第五届大选高出12.56个百分点。

柬埔寨“单一窗口”制度获民众好评

2018年8月,柬埔寨首都金边市政府在“单一窗口”办事处推出新的证件申办业务,将服务内容增至14项,涉及内政、卫生、旅游、运输等多个民生领域,进一步简化居民办理业务的手续。柬埔寨全国共开设46家“单一窗口”办事处,提高了政府行政效率和透明度。没有施行该制度前,商户需要前往3个不同部门才能完成公司注册登记手续,整个流程耗时至少30天。采用“单一窗口”制度后,只需要在商务部窗口办理即可,大大降低了时间和人力成本,该制度获得柬埔寨民众的广泛支持。“单一窗口”制度由柬埔寨内政部牵头实施,柬埔寨旅游部、国土部、劳工部、教育部、商务部、卫生部、文化部等部门共同参与,旨在整合政府各职能部门资源,联合办公,解决一项业务牵扯多个部门的问题,方便民众办理和申请各类文件、证件,同时遏制办事人员索取“台底钱”、小费等不良行为。

柬埔寨政府大规模提拔官员

2018年9月6日,柬埔寨第六届政府成立以后,陆续向国王申请委任300多位国务秘书、副国务秘书、顾问及助理。新政府的几次人事调整分别为:2018年9月14日,柬埔寨首相洪森签发《政府令》,任命82位首相办公厅秘书;9月18日,由当时的代国家元首赛冲(参议院议长)代国王签发《王令》,委任46位官员为洪森首相顾问,55人为洪森首相助理;10月5日,由代国家元首赛冲代国王签发《王令》,委任46位官员为首相府顾问,委任36位官员为首相府助理;10月18日,由代国家元首赛冲代国王签发《王令》,委任32位官员为国会主席韩桑林顾问,15位官员为韩桑林助理;11月10日,柬埔寨国王诺罗敦·西哈莫尼分别签发2道《王令》,提拔委任柬埔寨内政部9位国务秘书、副国务秘书以及17位柬埔寨新闻部国务秘书、副国务秘书。柬埔寨政府发言人派西潘表示,委任上述官员为政府部门国务秘书、副国务秘书、领导顾问和助理等,是为了满足这些部门的工作需要,进而提高这些单位的工作效率,以及让即将接班的年轻人有机会为国家效劳。

柬埔寨人民党常委组建新班组

2018年12月20日,柬埔寨人民党中央委员会投票选出7位新增常委,分别为:副首相兼国土规划和建设部部长谢速帕拉,副首相兼外交与国际合作部部长巴速坤,副首相兼财经部部长翁本莫尼洛,柬埔寨王家军总司令旺比盛,柬埔寨王家军副总司令兼国家宪兵总司令邵索卡,柬埔寨王家军总参谋长恩沙蓝和柬埔寨王家军陆军司令洪玛内。柬埔寨人民党中央委员会办公厅主任蒙沙林表示，此前，柬埔寨人民党共设常委35位，但其中5人已病逝，如今新增以上7位常委后，共设常委37人。人民党中央委员会委员有865人。

柬埔寨通过《政党法》修正案

2018年12月13日，87名柬埔寨人民党议员联合签署的一份要求修改《政党法》第45条文（新）的申请函，获出席会议的115位议员全票通过。该草案主要内容为被禁止参政的政客可以在最高法院禁令期限结束后，或在内政部大臣申请及首相的建议下，获得国王的特赦，重获参政权。12月25日，柬埔寨参议院审议并全票通过该《政党法》第45条文（新）修正案。12月28日，此修正案获柬埔寨宪法理事会通过。至此，该《修正案》已获全部相关部门的通过，待国王最后签发《王令》即可生效。柬埔寨《政党法》在1997年制定，2017年年初进行首次修改，禁止"罪犯"担任政党正副主席，若政党正副主席犯有严重罪行，有关政党将被解散，时任执行委员也将被禁止参政5年。依据2017年年初通过的《修正案》，2017年11月16日柬埔寨最高法院裁定，解散救国党，禁止包括桑兰西和金索卡等118名有影响的该党成员参政5年。但2018年12月底通过的《政党法》修正案，为被禁止参政的118名政客重返政坛亮起了绿灯。

印尼总统佐科任命新内阁成员

2018年1月17日，印尼总统佐科任命两名新内阁成员。专业集团党前秘书长伊德鲁斯被任命为社会部长，前印尼国民军司令穆尔多科被任命为总统办公厅主任。在伊德鲁斯被任命后，专业集团党在内阁中有3名代表，另外两人是海洋统筹部长卢胡特和工业部长艾朗卡。穆尔多科的任命也增加了内阁中的退役军人人数。内阁中已有3名退役的将军：政治、法律和安全统筹部长维兰托、国防部长里亚米扎德和海洋统筹部长卢胡特。

印尼政府与国会一致同意有关侮辱总统条文仍列入刑事法典草案

2018年2月7日，政府与国会一致同意，有关侮辱总统或副总统的条文列入刑事法典草案。其刑事处罚则予以减轻。政府刑事法典草案讨论小组组长恩妮在雅加达国会第三委员会会议室举行由政府与国会刑事法典起草小组的会议上称，政府把对侮辱总统或副总统罪行的处罚由原先的5年监禁降至2年，判刑仅6个月的监禁可能改成监督或社会缓刑。政府方面强调，侮辱总统或副总统属于普通刑事案件，非投诉性刑事案件。国会方面同意政府的修正建议。国会刑事法典草案工作委员会主席本尼敲锤以示通过侮辱总统或副总统条文在减刑的情况下列入刑事法典草案。至于具体处罚将进一步由国会刑事法典草案工作委员会决定。

印尼前国会议长塞特亚·诺凡多被判15年监禁

2018年4月24日，雅加达腐败法庭法官宣判前国会议长塞特亚·诺凡多15年监禁。首席法官延托宣读法庭判决，前专业集团党主席犯有操纵5.9万亿卢比（4.24亿美元）的电子身份证项目的罪名。据报道，此举造成2.3万亿卢比的国家损失。法院还判处塞特亚·诺凡多支付5亿卢比的罚款，并退赔其在此案中获得的730万美元。

印尼政府设立国家工业委员会

2018年4月，为加强有关部委、机构及相关产业间协调，共促民族工业迈向第四次工业革命，印尼政府设立国家工业委员会，具体落实持续发展新兴科技工业。该委员会目标是根据国家产业政策和"印尼工业4.0"路线图，着重并优先推进电子、汽车、食品饮料、纺织服装和石化五大产业现代化建设，使之成为制造业发展的引领产业。工业部长哈达托称，上述五大产业为全球市场需求量最大产业，产品为约80%人口所需，在国内市占率也很高，因而成为印尼优先升级发展产业。该部门已完成"印尼工业4.0"路线图，下一步将进行试点。

印尼国会通过反恐法修订

2018年5月25日，印尼国会全体会议召开，会议通过对2003年"反恐怖主义法"的修订，该法授予执法人员和军队更大的权力来打击恐怖主义组织。新立法包含了许多关于预防恐怖主义措施的规定，其中包括指控伊斯兰国（ISIS）武装分子在伊拉克和叙利亚失败后返回印度尼西亚的法律依据。

印尼举行全国性地方选举

2018年6月27日，印尼开始举行全国性地方选举，全国171个选区1.52亿选民参加投票。根据印尼地方选举委员的计划，此次地方选举的初步结果于7月9日公布，届时选出17对省长副省长、115对县长副县长和39对市长副市长。

印尼最高法院最终判决普选委员会2018年第20号条例无效

2018年9月14日，印尼最高法院宣布最终判决：普委会的2018年第20号条例违反国家宪法，因此普委会条例无效。经过普选委员会和选举监督委员会及印尼社会各界就2018年第20号条例禁止有贪污前科的人参与国会选举问题的长达数月的争议后最后尘埃落定，印尼最高法院宣布最终判决该条例违反国家宪法而无效，这表明有贪污前科的人可以参与国会选举。

印尼普选委员会正式确定2019年大选正副总统参选人

2018年9月20日，印尼普委会领导人在雅京中区门腾普委会总部举行闭门全体会议并正式公布佐科·马鲁夫和普拉博沃·善迪亚卡为2019年大选正副总统参选人。9月21日晚上，普选委员会抽取总统、副总统候选人的竞选序号，佐科·马鲁夫成为1号组合候选人，普拉博沃·善迪亚卡成为2号组合候选人。

在印尼肃贪委2018年展开的现场抓捕行动中有19名地方首长被逮捕

2018年10月24日，肃贪委在现场抓捕行动中，逮捕了涉嫌贪污的西爪省井里汶市长孙查雅。根据肃贪委作出的公告，肃贪委在年内展开的现场抓捕行动中，共逮捕了19名地方首长。

印尼总统大选候选人发布竞选施政纲领

2018年12月5日，印尼总统候选人佐科发布2019年总统大选的竞选纲领，其标题为“印度尼西亚的前进”。计划创建一个发达的印度尼西亚，佐科的竞选纲领有9项任务，包括人类发展、经济竞争力、可持续发展、艺术文化和民族特色、法治、安全与防御、行政改革以及中部地区政府关系。总统候选人普拉博沃发布题为“印度尼西亚的公平繁荣”的2019年大选纲领。该纲领详细介绍未来五年的施政任务，分为经济、人类发展、粮食和能源主权、社会计划、基础设施发展、环境保护、政府等7个部分。

老挝举行第八届国会第五次会议

2018年6月5日，老挝第八届国会第五次会议在万象召开。老挝人民革命党中央总书记、国家主席本扬·沃拉吉、老挝总理通伦·西苏里和国会代表出席，老挝国会主席巴妮·雅陶都主持会议。会议为期18天，听取重要报告并讨论一些与国家发展相关的重要问题。如讨论国会修订和起草的13部法律，主要是解决经济、民生问题。政府工作重点放在改善“一站式服务”相关政策，促进企业投资改善民生状况。改善投资环境，改革国有企业，加大对农村发展的投入，腐败、财政收入漏洞、贫困、毒品问题，土地管理问题也是本次会议的重点议题。

老挝总理通伦·西苏里参加伊洛瓦底江—湄南河—湄公河三河流域经济合作战略第8届峰会和第9届柬老缅越峰会

2018年6月15～16日，老挝总理通伦·西苏里出席伊洛瓦底江—湄南河—湄公河三河流域经济合作战略第8届峰会（ACMECS）和第9届柬老缅越峰会（CLMV）。会议在泰国曼谷举行。第8届ACMECS通过曼谷宣言强调成员国实现可持续合作，取得实实在在成果的承诺和ACMECS总体规划（2019～2023）。第9届CLMV峰会以“加强经济融合和互联互通”为主题，CLMV领导人审议第8届CLMV峰会成果的实施情况，并讨论在未来两年努力缩小CLMV与东盟老成员国间发展差距的计划，以促进东盟共同体建设。ACMECS是柬埔寨、老挝、缅甸、泰国和越南之间的合作框架，旨在利用成员国的不同优势，促进次区域的平衡发展。

老挝新法律设定公共债务不得超过财政收入的25%

老挝《万象时报》2018年6月19日报道，老挝政府决定公共债务规模不得超过国家年度财政收入的25%。老挝副总理兼财政部部长宋迪向国会提交关于公共债务的法律草案。该草案强调公共债务的集中化管理，省级部门借款需按法律程序向计划投资部及财政部提交申请。该草案规定公共债务总额不得超过年收入的25%，约等于3.3万亿基普或4亿美元。

老挝召开第八届国会第六届常会

2018年11月20～21日，老挝第八届国会第六届常会在万象会议中心举行，出席会议的有国会主席巴妮·雅陶都、国家主席本扬·沃拉吉和总理通伦·西苏里、人民代表以及其他高级政府官员。会议就发展面临的挑战和取得的成就展开讨论。国会强调老挝在第八个五年社会经济发展计划（2016～2020年）中期所取得的进展和面临的挑战，指出人民生活质量提高的同时，经济和金融困难是当前面临的重大挑战，并且长期预算赤字造成财政预算紧张。会议提出一系列措施，对重要经济指标进行预测，并在公务员招聘消减、拨款减贫、降低电价、批准Brou作为新少数民族群体、颁布新法律等方面取得成果。

马来西亚第14届大选结果出炉

2018年4月7日，马来西亚宣布解散国会，于5月9日举行全国大选。此次大选是马来西亚迄今为止最为激烈的一次选举，共有2333名候选人参选727个国会议席和州议席。选举结果于5月10日上午11时公布，马哈蒂尔领导的反对党联盟——希望联盟在国会下议院222个席位中赢得113席，以简单多数优势战胜马来西亚独立后执政60年的执政党联盟——国民阵线，实现马来西亚首次政党轮替。93岁高龄的马哈蒂尔再次担任马来西亚总理，成为全球最年长的国家领导人。希盟联盟赢得槟城、雪兰莪、柔佛、马六甲、森美兰、霹雳6个州的执政权。国民阵线赢得国会79个席位,获得沙捞越、彭亨、玻璃市3个州的执政权;伊斯兰教党赢得国会18个议席,获得吉兰丹、丁加奴2个州的执政权;国家团结党获得1个国会议席,另加3名独立人士各获得1个国会议席。5月10日晚上,马哈蒂尔宣誓就职。

安瓦尔获释重返马来西亚政坛

2018年5月16日,马来西亚人民公正党实权领袖安瓦尔获得马来西亚最高元首的完全特赦,获释出狱。9月,安瓦尔宣布竞选人民公正党党主席,由于党内署理主席阿兹敏以专注公务为由,没有参加竞选,11月18日安瓦尔不战而胜成为公正党新主席。

马来西亚新内阁成立

2018年5月21日,马来西亚新内阁在首都吉隆坡国家皇宫宣誓就职,最高元首穆罕默德五世和已经就职的总理马哈蒂尔出席仪式。此次宣誓就职的新内阁人员并非全部,只有总理、副总理、内政部长、教育部长、乡村发展部长、妇女和家庭发展部长、经济事务部长、住房和地方政府部长、财政部长、交通部长、通讯和多媒体部长、人力资源部长、国防部长、农业部长和卫生部长等15个职位,由14人担任。内阁人选基本按照利益均沾原则在希望联盟的4个成员党中分配,其中人民公正党主席拿督斯里旺阿兹莎为副首相兼任妇女和家庭发展部长,民主行动党秘书长林冠英出任财政部长、诚信党主席莫哈末沙布出任国防部长,土著团结党主席丹斯里穆希丁出任内政部长。这也是马来西亚时隔44年后,再度由华人出任财政部长一职。新内阁班底在第一时间明确涉及内政与经济的主要长官,充分显现马哈蒂尔主攻内政、主打经济的愿望。2018年7月3日,马来西亚新内阁第二批部长和副部长宣誓就任,其中内阁部长13人,副部长23人,另有3人会在宣誓为上议员后受委入阁,完整的新内阁阵容会有29名部长。

马来西亚成立国家元老理事会

2018年5月21日,马来西亚总理马哈蒂尔宣布成立国家元老理事会,成员由5位德高望重的元老组成,包括马来西亚前财政部长达耶姆·达因、前国家银行总裁洁蒂、前马来西亚石油公司主席哈桑·梅里肯、马来西亚首富郭鹤年,以及经济学家佐摩。另由经济学者莫哈末阿都卡立担任元老理事会总秘书,前资深媒体人卡迪加欣担任媒体及通讯主任。成立国家元老理事会,旨在辅助新政府治理国家,因为5位元老具有多年在政府工作经验,并且能够在希望联盟新政府成立的过渡期,协助调查前政府各部门的问题。该元老理事会只成立100天,协助希望联盟政府制订新政策,帮助希望联盟实现对人民许下的百日新政承诺。

马来西亚新政府实施百日新政

在马来西亚第14届大选前,希望联盟宣布的竞选宣言中,执政5年内将落实60项长期目标,并提出百日十大新政,即执政100天内落实10项承诺。希望联盟在2018年5月9日的大选中获胜,组成的新政府履行承诺实施“百日新政”。根据《希盟宣言》,百日十大新政分别为:(1)废除消费税,推出各项惠民福利以减轻人民的生活负担;(2)稳定油价,推行援助特定目标群体的汽油津贴机制;(3)废除所有施加于联土局垦殖民的不合理债务;(4)为家庭主妇缴交公积金;(5)统一全国各地的最低薪金,并渐进提高最低薪金;(6)收入未达4000林吉特的高等教育基金借贷者可暂缓偿还,并废除黑名单措施;(7)成立皇委会,彻查一马发展公司、联邦土地发展局、玛拉人民信托局和朝圣基金局的金融丑闻,并重组这些机构的领导结构;(8)成立内阁特别委员会,立即检讨和落实《1963年马来西亚协议》;(9)推行健康关怀计划,为低收入群体提供500林吉特的基本医疗津贴;(10)重新检讨各项外国大型计划。100天过去后,从希盟政府的表现来看,除了废除消费税、稳定油价、提控前总理纳吉布和委任华裔财政部长之外,大部分的承诺处于进行时,没有完全达到预期。

马来西亚希望联盟新政府进行体制改革

2018年5月9日,马来西亚希盟新政府执政后,逐步落实竞选诺言,推动体制改革,希望通过改革以削弱总理的权力,避免类似前政府的总理独揽大权,造成种种弊端和丑闻发生。改革的内容主要包括四方面:第一,9个政府机构,包括反贪会、选委会、人权委员会、总检察司办公室、国家总稽查署成为独立机构,直接向国会负责,另外3个服务委员会,包括公共服务委员会、教育服务委员会及司法委任委员会也直接向国会报告工作;第二,希盟新政府承认反对党领袖的地位,拨款给反对党,而国阵执政的年代,政府未向反对党拨款;第三,强制所有部长、副部长和国会议员呈报详细财产,让资料透明化及公众可审视他们的财产;第四,改善选举制度,让更多年轻人参与选举,政府准备修宪在下届大选18岁的青年即可投票。

马来西亚马来民族统一机构(巫统)改选

2018年5月12日,马来西亚前总理纳吉布在选举失败两天后宣布辞去巫统与国阵主席职位,由巫统署理主席阿末扎希接替成为巫统与国阵代主席,副主席希山慕丁则顶替阿末扎希成为巫统与国阵的代署理主席。6月30日,巫统举行区部代表大会进行最高理事会改选,全马191个巫统区部超过10万名中央代表将选出新领导层。巫统党选采纳“一区部一票”制,类似美国总统选举人票制度。最终阿末扎希当选新一任主席,穆罕默德·哈桑当选巫统新一任署理主席。此外还选举产生3名巫统副主席以及25名巫统最高理事会成员。

马来西亚国民阵线成员党和议员退出国阵

由于国阵在全国大选中失败,引发联盟成员党和议员纷纷退出国阵。2018年5月10日,沙巴民族统一党宣布退出国阵。随后,沙巴州自由民主党以大选成绩差劲为由,宣布退出国阵。5月12日,又有两个沙巴州政党——沙巴人民团结党和沙巴团结党退出国阵。5月19日,人民进步党主席卡维斯宣布该党退出国阵。6月,沙捞越土保党、沙捞越人民党、沙捞越人联党、民进党宣布共同退出国阵,组建一个新的沙捞越政党联盟。6月24日,马来西亚民政党成为最近一个退出国阵的政党。国阵的国会议员也纷纷跳槽,2018年5月12日,3名国阵柔佛州议员宣布退出国阵并加入土团党。7月1日,前马来西亚旅游与文化部副部长兼前巫统女青团团长、国会议员玛士艾米瓦蒂宣布退出国阵。9月18日,国会议员、前马来西亚国际贸易与工业部部长慕斯达法莫哈末发表文告宣布退出巫统。一天后,国会议员、前马来西亚外交部部长阿尼法阿曼也宣布退出巫统,10月14日,原巫统党员、国会议员罗兹曼宣布退党并加入现执政的民兴党。在多党退出与多名议员跳槽之下,国阵仅剩3个成员党,与选前的13个成员党相比减少10个。国会议席人数则减至48席,原本是国会最大党的巫统被人民公正党取代。至12月底,国阵只剩下37名国会议员,落后于人民公正党和人民行动党,成为国会第三大党。由于巫统爆发退党潮等压力,巫统主席阿末扎希于12月18日宣布休假,并将巫统主席职务交给署理主席莫哈末哈山。

马来西亚前总理纳吉布被提控

马来西亚大选过后,对前总理纳吉布的调查工作逐步展开。2018年5月12日,前总理纳吉布被限制离境,5月13日,警方封锁纳吉布位于吉隆坡的私人住宅,并于16日展开对其住宅的搜查。6月27日,马来西亚警方公布对马来西亚前总理纳吉布及其亲属住宅的搜查结果,搜查出的现金、珠宝等物品价值合计约为11亿林吉特(约合人民币18亿元)。这些物品包括此前清点出的价值1.14亿林吉特的26个国家现金,1.2万件珠宝首饰、567个手提包、423块手表、234副太阳镜等。在这些物品中,价值最昂贵的是一条镶钻的金项链,市价估值为640万林吉特。警方表示,这是目前马来西亚史上最大的查抄案,近期将传召纳吉布夫妇,对他们进行调查。7月3日,马来西亚前总理纳吉布被“一个马来西亚发展有限公司”特别行动队扣留,并在次日出庭受审。7月4日,马来西亚前总理纳吉布在庭审中对4项指控拒绝认罪。马来西亚高级法院法官裁定,纳吉布最终获准以100万林吉特(约164万人民币),外加两名担保人担保的情况下保外候审。同时,法院也要求其上交国际护照。纳吉布因涉及一个马来西亚发展有限公司前子公司SRC国际有限公司案,而被控失信、贪污、洗钱等7项罪状。虽然法庭同意纳吉布保释,但有关纳吉布的审判将于2019年2月开始,这是马来西亚史上第一次对前总理公开审判,将对马来西亚政局带来深远影响。

马来西亚华人公会改选

2018年11月4日,马来西亚华人公会(简称马华公会)举行2018年大选落败后首次领导层选举。原马华公会党主席廖中莱以为大选惨败负责为由,不寻求蝉联党主席职位。马华公会这次党选首次采用扩大代表制,有权投票者从往年的2000多名中央代表,扩大到全国188个区会的约32400名区会代表。这些区会共设160个投票站,总计票中心设在马华公会总部。根据计票结果,原任署理总会长、马华公会唯一的国会议员魏家祥当选新任总会长,马汉顺当选署理总会长。12月2日,马华公会举行第65届中央代表大会。作为马来西亚最大华基政党的马华公会在大选中遭遇重挫,仅获得1个国会下议院议席。此次也是马华公会首度以反对党身份举行代表大会。马华公会此次代表大会并未邀请国阵其余成员党和马来西亚其他政党代表出席,仅邀请华人社团和非政府组织代表出席开幕式观礼。大会并未对“是否退出国民阵线”议题作出最终回答,仅授权该党中央委员会推动解散国阵,筹组新联盟。

马来西亚民政党改选

2018年11月16~17日,马来西亚民政党在民政大厦举行中央代表大会并进行改选。这是该党退出国阵后的第一次代表大会,会议的主题是“民政——新的起点”。民政党现有30万名党员,2099名中央代表,其中1174名中央代表出席大会。大会没有邀请其他政党代表出席,只邀请非政府组织、外资企业和相关团体的代表出席。由于原任党主席马袖强宣布不参加党主席竞选,因此他最后一次以党主席的身份主持会议并发表大会演讲。经过选举,原任副主席刘华才当选为新任党主席,胡栋强当选署理主席。

马来西亚政府决定不批准《消除一切形式种族歧视国际公约》

在马来穆斯林党团连日抗议下,马来西亚希盟政府在 2018 年 11 月 23 日宣布，不会签署联合国《消除一切形式种族歧视国际公约》（简称 ICERD）。联合国在 1965 年开始推动拟定《ICERD》，以回应全球的种族歧视问题。全球有 175 个国家已签署上述联合国公约，马来西亚是世界上 15 个未签署的国家之一。2018 年 9 月 28 日，马哈蒂尔总理在联合国大会上表示："新的马来西亚政府誓言，签署余下所有维护人权的联合国公约"，表明马来西亚新政府有意签署《消除一切形式种族歧视国际公约》。但却遭到国内穆斯林社会和部分政府代表的反对。

第 2 届马来西亚土著团结党代表大会举行

2018 年 12 月 29～30 日，第 2 届土著团结党代表大会在布城国际会展中心举行，3000 名来自马来西亚全国各地的代表出席大会。大会主要讨论第 14 届全国大选结束后的国家状况与改善国家议程、是否接收从巫统退党的国会议员或党员等议题，并向希盟主席理事会建议全新的土著政策，新政策强调"公平共享繁荣"，以确保全民共享国家繁荣而没有任何社群落在后头。马来西亚总理、土著团结党总主席马哈蒂尔在会上发表开幕演讲，他在演讲中表明，土著团结党必须是马来人政党，该党的成立就是为了取代巫统而成为保护马来人的政党。土著团结党接受跳槽者是有条件的，包括他们必须退出原有政党成为独立人士，以及宣誓效忠土团党。土著团结党将与警方一起仔细审核这些跳槽者的背景，以确保他们没有犯罪记录或涉及任何违法事件。大会还通过要马哈蒂尔担任总理满 5 年的提案。

缅甸颁布《毒品法修正案》和《国家毒品管控政策》

2018 年 1 月 31 日，缅甸颁布《毒品法修正案》，该法案进一步明确规定毒品犯罪的相应惩罚措施。2 月 20 日，缅甸毒品管控中央委员会发布首个毒品管控政策——《国家毒品管控政策》。该政策改变以往以惩罚性措施和源头禁毒为主的单一禁毒模式，推出结合需求端禁毒和减轻毒品危害的全面禁毒策略。该策略主张保护吸毒者的人权，帮助吸毒者戒毒和重返社会，并在禁毒策略和行动上寻求国际合作。

缅甸两支民地武组织签署全国停火协议

2018 年 2 月 13 日，缅甸政府、军方领导人与缅甸民族地方武装组织新孟邦党和拉祜民主联盟代表在内比都签署全国停火协议。来自联合国、中国、欧盟、日本、印度等国家和组织的代表作为国际见证人也在协议上签字。这是缅甸民盟政府执政以来首次与民族地方武装组织签署全国停火协议。至此，缅甸签署全国停火协议的民族地方武装组织增至 10 支。

缅甸联邦议会通过《2018 年联邦税法》

2018 年 3 月 20 日，缅甸联邦议会正式通过《2018 年联邦税法》，4 月 1 生效。法案将享受商业税免税待遇的商品种类由 87 种减至 86 种，将享受商业税免税待遇的服务种类由 29 种增至 30 种。同时，法案还对原可享受商业税免税待遇的商品及服务种类进行细化，并对部分特殊商品的税率进行调整。该税法还明确规定，"任何公民若购买基础设施、兴建基础设施或创办新业务、扩展业务，若能证明收入来源，将不用缴纳收入税；若不能证明收入来源，须按照规定缴纳收入税"。

温敏当选缅甸总统

2018 年 3 月 21 日，廷觉宣布因身体原因辞去总统职位。3 月 28 日，联邦议会举行总统选举，联邦议会人民院原议长温敏高票当选缅甸总统，军方议员团推举的敏瑞与民族院推举的亨利班提育再次当选为第一、第二副总统。3 月 30 日，温敏总统和两位副总统宣誓就职。

缅甸召开第三届 21 世纪彬龙会议

2018 年 7 月 11～16 日，缅甸第三届 21 世纪彬龙会议暨联邦和平大会在内比都召开，来自各方的代表共 1100 多人参会。本届和平大会达成 14 项共识，其中政治领域 4 项、经济领域 1 项、社会领域 7 项、土地领域 2 项，在安全领域未达成任何协议。会后，缅甸国务资政府部发言人吴佐泰透露，此次与会的缅北 7 支民地武组织中，有佤联军等 3 支民地武组织在与政府的会谈中谈及如何签署全国停火协议的议题，缅甸政府将与他们进行进一步磋商。

缅甸罗兴亚人遣返工作困难重重

2018 年 8 月 10 日，缅甸国务资政府部发布报告称，孟缅双方就加快遣返孟加拉国境内的缅甸若开邦流离失所人员达成 8 项共识，其中包括双方同意应提前遣返逃至孟加拉南部考克斯巴扎尔难民营的难民，并将滞孟罗兴亚人的返乡日期初步定在 11 月 15 日。截至 10 月 30 日，约 5000 名难民被确认获遣返。11 月 15 日，罗兴亚人遣返行动正式启动。首批被点名返缅的共 150 人，但当日完全没有人到指定地点报道，遣返行动被迫取消。对于这一结果，缅甸方面指责孟加拉政府在收集罗兴亚难民名单和通知难民返回方面做得不够，阻碍了难民遣返进程。西方媒体则表示，孟缅两国在制定遣返人员名单时，并未征询难民本人的返回意向，并且对于难民返回缅甸后的生活安置和公民身份等重要事宜尚未做妥善安排，导致难民的返缅意向不高。

缅甸举行联邦议会补选

2018年11月3日，缅甸联邦议会就空缺的13个席位进行补选，其中人民院4席、民族院1席、省邦议会8席，共69名候选人参选。11月4日晚，缅甸联邦选举委员会公布议会补选结果：全国民主联盟（民盟）在全部参选的情况下，赢得7个席位；联邦巩固与发展党（巩发党）在参选10个议席的情况赢得3个席位；少数民族政党和独立候选人赢得3席。经过此次补选，民盟失去了4个议席。

缅北3支民地武组织表达和平意向

2018年12月12日，位于缅甸北部的3支民地武组织——果敢同盟军、德昂民族解放军及若开军发表联合声明，表示支持缅甸政府为实现民族和解以及全国和平所做的努力。12月21日，缅甸国防军总司令部发表有关声明称，注意到上述声明并宣布军方将在一定范围和时间内停止所有军事行动。

缅甸若开军与政府军交火

2018年12月18日，在若开邦北部地区，缅甸政府军与若开军发生交火，截至20日已有700多位村民为躲避战火而逃离家乡。2019年1月4日，若开邦北部布迪当镇区的4个警察哨所同时遭大约350名若开军武装分子袭击，造成13名警察死亡，9人受伤。

菲律宾官方拆除“慰安妇”铜像引民众强烈抗议

2018年4月27日晚间，菲律宾政府拆除2017年12月设立于首都马尼拉市区的二战“慰安妇”铜像。菲律宾“慰安妇”权益保护组织强烈抗议，认为此举是对受害妇女尊严的亵渎。二战“慰安妇”铜像位于马尼拉湾旁的罗哈斯大道。2017年12月8日，菲律宾国家历史委员会与马尼拉市政府为铜像揭幕。马尼拉市政厅行政官埃里克松表28日对媒体说，拆除工作由菲律宾公共工程与公路部负责进行，为建设城市防洪系统，罗哈斯大道上有3座建筑物需拆除，其中包括这座“慰安妇”铜像。“慰安妇”铜像设立以来，日本方面频频表达强烈反对。日本外务省和驻菲律宾大使馆多次与菲方官员交涉，以“菲律宾二战‘慰安妇’已在1956年得到补偿，该历史问题已得到解决”为由，要求菲方拆除铜像。

民调显示扫毒运动是杜特尔特政府最重要政绩

《马尼拉公报》2018年7月24日报道，民意调查机构Pulse · Asia的最新调查结果显示，70%的菲律宾人认为根除毒品运动是过去两年杜特尔特政府最重要的政绩。这一结果是菲律宾所有地区的多数意见，从吕宋岛其他地区的64%到大马尼拉地区的77%。这一全国范围的调查在2018年6月15～21日的1800名随机受访者中进行。

菲律宾宣布设立二战纪念日

2018年11月15日，菲律宾总统府宣布，总统杜特尔特已签署一项法案，宣布将每年的9月2日设立为二战纪念日，以纪念在第二次世界大战中为将菲律宾从日本军队手中解放出来做出贡献的英烈。根据这一法案，今后每年9月2日，日本军队在菲律宾宣布投降之地吕宋岛北部的伊富高省将放假一天。法案还要求，伊富高省政府要与菲律宾国家历史委员会、退伍军人事务办公室及有关市政府合作，在当天举行纪念活动，并组织各级政府官员、民众、宗教人士、非政府组织人士、企业人员和公民团体成员参加。在第二次世界大战中，日军于1941年12月起开始进攻菲律宾吕宋岛并于1942年占领菲律宾。据菲律宾政府文件记载，1945年9月2日，日军驻菲占领军指挥官山下奉文在伊富高省宣布日军投降。

2018年新加坡部长级官员不加薪

2018年3月1日，新加坡部长级官员当天被告知，虽然审查委员会建议薪资调涨9%，但政府决定他们今年的薪资将冻结。在新加坡，层级最低的部长年薪新加坡币110万元；总理李显龙年薪新加坡币220万元。新加坡政府表示，为吸引一流人才、避免产生困扰其他亚洲国家的贪腐问题，高薪是必要的。但这个议题已长期引来舆论怒火，2012年审核官员薪资后，政府削减薪资作为回应。2012年采取减薪措施后，9名成员组成的委员会于2017年首度审核部长级官员薪资，建议调升9%。但新加坡政府副总理张志贤在国会宣布不会调涨部长级官员薪资。

新加坡内阁改组

2018年4月24日，新加坡总理李显龙对内阁进行大规模的职务调整，3名从政逾20年的资深部长卸下部长职务退居后座议员，多名第四代领导班子成员则被赋予重要领导职务。随着新任命于2018年5月生效，新加坡政府内阁部长平均年龄从原来的56岁降低至55岁。第四代领导班子成员掌管大部分政府部门，在19个内阁部长中占11个，人数首次过半，显示李显龙总理近年来积极推动的领导班子稳定过渡，已进入以新一代领导团队为主的阶段。

新加坡新反恐法规生效

2018年5月16日，新加坡反恐新法规正式生效，允许警方在恐怖袭击事件中禁止媒体记者和民众进行现场报道。依照新法规，如果认定反恐行动可能受影响，警方有权屏蔽恐袭现场全部通信，包括照片、视频、文字和语音信息，屏蔽时间最长一个月。违反新法规的个人面临最高2年监禁和近1.5万美元罚款处罚。

新加坡人民行动党第四代领导人出炉

2018年11月23日，新加坡执政党人民行动党公布新一届中央执行委员会18名成员名单，现任财政部部长王瑞杰担任第一助理秘书长，有望将在未来接李显龙成为下一任总理；现任贸工部部长陈振声接受王瑞杰邀请，担任第二助理秘书长，有望未来在内阁中担任重要职务。总理李显龙、副总理张志贤等新加坡政界高层均对两人当选公开表示支持，并表达了对第四代领导团队的信心。王瑞杰、陈振声也表示将通力合作，团结带领人民行动党备战最迟于2021年举行的大选。按照人民行动党工作程序，王瑞杰是由16名第四代领导团队成员通过推选方式产生的。

泰国人民国家力量党成立

2018年3月，亲军方的人民国家力量党成立，领导人是乌达玛，秘书长颂提叻。该党是泰国现总理巴育的支持者新组建的政党，希望与中型地方政党结盟，力图在来年大选中保住巴育的总理位置，延续军政府的政策，让反对势力成为国会少数党。

泰国政府推进国民主义计划

2018年3月底，泰国内阁在例会上讨论并通过向泰国国民主义可持续发展计划（即国民主义计划）注资200亿泰铢的决定，作为2018年年中1500亿泰铢增补预算的一部分，该计划将为全国83271个社区中的每个社区提供20万泰铢的资金，用于改善和发展社区民生。项目计划于4月正式启动，20万泰铢的扶持资金将直接转入社区基金账户。同时对资金使用提出要求：用于改善社区经济活动、提升社区民生水平、将普密蓬先王“知足经济理念”运用到解决社区热点民生问题等。总理巴育曾就“泰国国民主义”给出诠释：既没有丧失国际民主主义的特点，又拥有泰国国家特色的国民主义。

泰国东部经济走廊法案获御准颁布实施

2018年5月14日，泰国政府《2018年东部经济走廊法案》经第十世王玛哈·哇集拉隆功御准颁布实施。该法案旨在对具有高经济潜力的东部地区进行持续系统开发，以进一步提升国家综合竞争力，在强调高科技和创新产业发展的同时加强与东部环境、传统农业和地方社区的传统方式的融合。法案共73项条款，其中包括取消维稳团之前颁布的东部经济走廊开发法，提高东部经济走廊开发效率法和东部经济走廊土地使用法等内容。此外，法案还对“东部特别开发区”“经济特别促进区经营者”等名词予以明确定义。

泰国国王批准新政府军职人员调整名单

2018年9月1日，泰国总理府发布政府公报，泰国十世王玛哈·哇集拉隆功国王陛下御准巴育总理呈报的新政府军职人员调整名单，御赐任命包括海陆空三军部队司令在内的935名军官调动升迁，并调整646名军官的军衔。阿披拉上将任泰国陆军司令，猜帕叻上将任空军司令，叻猜上将任海军司令。

泰国军政府解除政治活动禁令

自2018年9月起，泰国军政府逐步放宽对政治活动的某些限制，如举行内部领导选举、招募党员，同时也允许注册新政党，但是仍禁止举行政治集会、进行政治筹款和进行宣传造势等。12月11日，军政府宣布解除4年前上台时颁布的政治活动禁令，所有政党可以进行竞选活动宣传政纲，并于2019年2月24日举行大选。政党在政治活动禁令解除后举行的任何政治集会，还需事先通知警方有关细节。泰国军方自2014年5月发动政变，推翻时任总理英拉领导的民选政府上台执政后，就下令禁止超过5人的集会，同时也禁止政党举办政治集会或示威抗议活动，理由是要终止街头示威，恢复社会秩序与安宁。

泰国国王批准《选举法》生效

2018年9月12日，泰国发表政府公报称，泰国国王玛哈·哇集拉隆功御准佛历2561（公历2018）年《上议员产生法》和《下议员选举法》，这是泰国新宪法的最后两部子法。至此，举行大选所需的四部宪法附属法包括《政党法》《选举委员会法》《上议员产生法》和《下议员选举法》均已完成立法程序。《上议员产生法》共99条，自公布次日起生效；《下议员选举法》共178条，自公布之日起满90天后生效。御准的《上议员产生法》规定，泰国上议院由250名议员组成，由泰国国王根据泰国维持和平秩序委员会呈递的名单任命。根据《上议员产生法》第90条的规定，泰国选举委员会在下议员选举15天前通过国家及各府层面的上议员投票确定200名候选人，并将候选人名单提交给泰国维持和平秩序委员会选出50人；泰国上议员遴选委员会在下议员选举15天前从全国遴选出400名有能力在上议院履职并为国家改革效力的人选，并将候选人名单提交给泰国维持和平秩序委员会选出194人。此外，泰国国防部次长、武装部队最高司令、陆军司令、海军司令、空军司令、国家警察总署署长等6人凭借身份自动获得上议员资格。

泰国《国家20年发展战略规划》颁布实施

2018年10月13日，泰国首部《国家20年发展战略规划》（2018～2037年）已获哇集拉隆功国王签署批准，即日起正式颁布实施。该规划方案于2018年6月和7月分别获得泰国内阁和泰国立法议会批准通过后，由泰国总理巴育提交国王签署。根据该规划，泰国将力争到2037年跻身发达国家行列，主要发展理念是围绕自足经济将泰国建设成为稳定、富裕、可持续发展的国家。规划主要涵盖6方面发展目标：政治社会稳定，有能力应对外部威胁；增强国际竞争力，提高国民收入；发展国民权益，完善教育、医疗健康保障；创造社会公平，缩小贫富差距；在保护环境前提下提高人民生活水平；提升政府执政效率，杜绝贪污腐败，司法系统更加透明、完善和公平等。根据泰国2017年颁布的宪法规定，所有政府机构和公共组织必须遵守国家总体规划，预算分配也必须符合总体规划的要求。

越南国会决定推迟通过《云屯、北云峰和富国特别经济行政单位法草案》

2018年5月21日至6月15日，越南第十四届国会第五次会议召开，会议拟审议通过《云屯、北云峰和富国特别经济行政单位法草案》（简称"特区法"），该草案计划在越南北部、中部和南部划设云屯、北云峰和富国三个特别经济区以吸引外资，并提出"经济特区生产和经营用地的租地期限可延长达99年"（现行规定为70年），引起越南部分人强烈反对。6月9日，越南政府建议国会推迟通过"特区法"。6月10日，为反对"特区法"，越南胡志明市、芽庄、河内、岘港等地发生抗议示威活动。越南南部的平顺省藩切市是受此次抗议活动影响最严重的地区，省政府受到围攻冲击，省政府一些外围建筑遭到损坏，还有房间被自制的汽油燃烧弹击中而失火，一些政府车辆被砸毁，上百人被拘留和起诉。6月11日，越南国会决定推迟通过"特区法"。对于"特区法"引发抗议示威活动一事，越南国会主席阮氏金银认为闹事群众不了解事件的本质，在误解之下采取极端的行动，也不排除群众的爱国情怀被少数人利用危害社会安全。越共中央总书记阮富仲也称"事实被歪曲，爱国情怀被利用"。

越共中央总书记阮富仲当选越南国家主席

2018年9月21日，越南国家主席陈大光在河内病逝。9月23日，越南国会常务委员会宣布由国家副主席邓氏玉盛出任国家代主席，直至国会选出新的国家主席。10月3日，越南共产党中央委员会在越共十二届八中全会上全票通过提名越共中央总书记阮富仲为越南国家主席人选。10月23日，在越南第十四届国会第六次会议上，阮富仲以99.79%的赞成率当选2016～2021年任期越南国家主席，成为自1945年以来继胡志明和长征之后再次同时担任越南党和国家两个最高职务的领导人。

越南大力精简行政机构

2018年，越南多个机关实行精简机构、精简编制。公安部门精简机构工作尤显突出。在部一级，公安部取消6个总局，机关减掉近60个局、近300个处。在地方公安部门，把原直属中央的20个省、直辖市消防警察机构并入省、直辖市公安机构；省级公安机构减掉500多个处，县级公安机构减掉近1000个队。在各地，很多局级机构、部门合并。与此同时，组织实行把省级国会代表团办公室、人民议会办公厅和人民委员会办公厅合并为一试点，试点时间为2019年1月1日到12月31日。根据越南内务部2018年的总结报告，截至2018年10月15日，越南全国编制总数精简40500人，其中，减掉党、团体机关1698人，行政机关4826人，公立事业单位27547人，乡级干部、公职人员6213人，国有企业200人。

越南出台《关于展望到2030年、2045年海洋经济可持续发展战略的决议》

2018年10月22日，越共十二届八中全会颁行《关于展望到2030年、2045年越南海洋经济可持续发展战略的决议》。该决议总结"到2020年越南海洋战略规划"执行情况，提出要在2045年把越南发展成为安全、繁荣、可持续发展的海洋强国。提出到2030年，纯海洋经济行业对全国GDP的贡献率为10%左右，28个沿海省、直辖市经济对全国GDP的贡献率为65%～70%；各海洋经济行业按照国际标准可持续发展；控制海洋资源开发在海洋生态系统的恢复能力之内；沿海省、直辖市的人类发展指数高于全国平均值，人均收入为全国平均值1.2倍以上，有居民的岛屿的基础设施尤其是电力、淡水、通信、医疗、教育等设施基本完备等目标。

越南查处审判多起重大经济犯罪案件

越共十二大以来，越南加大反腐败工作力度，油气、银行、土地管理、公共财产等领域的多起重大腐败案件以及一些部门和地方发生的消极腐败案件被调查、起诉、审判和曝光。2018年，包括越南国家油气集团及其下属的越南油气建筑安装股份总公司、大洋股份商业银行、东亚银行、越南建设股份商业银行、越南国防部泰山总公司、涉案数万亿越南盾的网络赌博大案等多起重大经济犯罪案件被查处审判。涉案人员无论是越共中央政治局委员、越共中央委员、省委书记、省人民委员会主席、部长、原部长、武装力量将领还是各级管理干部都被严厉处置，体现越南进行反腐败斗争以营造健康、透明的营商环境、巩固人民信心的决心。

2018年，越南各级人民法院受理腐败案340件，被告827人,加上2017年遗留的腐败案件,2018年要处理的腐败案368件,被告906人。

越南国会审议通过多部重要法律

2018年,越南国会通过《规划相关法若干条款修改补充法》《反腐败法(修正案)》《大学教育法若干条款修改补充法》《人民公安法》《越南海警法》《国家机密保护法》《网络安全法》《国防法》等16部法律。

外　　交

法国总统马克龙访问中国

2018年1月8~10日,法国总统马克龙访问中国。此次访问是马克龙2017年5月当选法国总统后首次访问中国。8日上午,马克龙首站到访陕西西安,参观了秦始皇帝陵博物馆、大雁塔、化觉巷大清真寺。8日下午,马克龙抵达北京,中国国家主席习近平会见马克龙。马克龙表示,法国愿积极参与"一带一路"倡议,也愿同中方一道,为应对气候变化等国际社会面临的共同挑战作出贡献。9日上午,马克龙参访北京故宫博物院,参加中法人工智能论坛和经贸签约仪式;下午,中国国家主席习近平与马克龙举行会谈,会谈后,两国元首共同出席中法企业家委员会首次会议并分别致辞,共同出席台山核电站欧洲先进压水堆全球首堆工程命名揭牌仪式,见证两国多个双边合作文件签署。

朝鲜劳动党委员长、国务委员会委员长金正恩三次访华

2018年3月25~28日,应中共中央总书记、中国国家主席习近平邀请,朝鲜劳动党委员长、国务委员会委员长金正恩对中国进行正式访问。访问期间,习近平与金正恩举行会谈,共同观看文艺演出。金正恩参观"率先行动、砥砺奋进——十八大以来中国科学院创新成果展"。5月7~8日,金正恩再次访华。习近平与金正恩在中国大连举行会晤,就朝鲜半岛形势交换意见。6月19~20日,金正恩第三次访华。6月19日,习近平在北京同金正恩举行会谈。中朝两国领导人就当前中朝关系发展和朝鲜半岛局势坦诚深入交换意见,一致表示要维护好、巩固好、发展好中朝关系,共同推动朝鲜半岛和平稳定的良好势头向前发展,为维护世界和地区和平稳定、繁荣发展作出积极贡献。

中国举行博鳌亚洲论坛2018年年会

2018年4月8~11日,博鳌亚洲论坛2018年年会在中国海南博鳌举行。本届年会以"开放创新的亚洲,繁荣发展的世界"为主题,共举办60余场各种形式的分论坛和圆桌会议。来自63个国家的2000多位代表与会。4月10日,中国国家主席习近平出席开幕式并发表题为《开放共创繁荣 创新引领未来》的主旨演讲,强调各国要顺应时代潮流,坚持开放共赢,勇于变革创新,向着构建人类命运共同体的目标不断迈进;中国将坚持改革开放不动摇,继续推出扩大开放新的重大举措,同亚洲和世界各国一道,共创亚洲和世界的美好未来。习近平指出,实践证明,过去40年中国经济发展是在开放条件下取得的,未来中国经济实现高质量发展也必须在更加开放条件下进行。中国开放的大门不会关闭,只会越开越大。这是中国基于发展需要作出的战略抉择,也是在以实际行动推动经济全球化造福世界各国人民。4月11日,习近平与出席论坛的中外企业家代表座谈。本届论坛发布《亚洲经济一体化报告》《新兴经济体报告》《亚洲竞争力报告》。

德国总理默克尔访问中国

2018年5月24~25日,德国总理默克尔访问中国。5月24日,中国国家主席习近平与德国总理默克尔举行会晤。习近平欢迎默克尔第11次访华,赞赏默克尔对中德关系的高度重视。习近平指出,2014年中德建立全方位战略伙伴关系以来,两国关系得到长足发展,合作广度和深度达到前所未有的水平。中方愿同德方共同努力,推动双边关系不断迈上新高度。同日,中国国务院总理李克强与默克尔举行会谈,并共同会见记者。两国总理共同出席中德经济顾问委员会座谈会。

俄罗斯总统普京访问中国

2018年6月8~10日,俄罗斯总统普京访问中国并出席上海合作组织成员国元首理事会第18次会议。6月8日,中国国家主席习近平在北京人民大会堂同俄罗斯总统普京举行会谈。中俄两国元首一致同意,秉持世代友好理念和战略协作精神,拓展和深化各领域合作,推动新时代中俄关系在高水平上实现更大发展。会谈后两国发表《中华人民共和国和俄罗斯联邦联合声明》,两国元首见证多项双边合作文件签署,并共同会见中外记者。当日,普京访问天津。9~16日,普就在青岛出席上海合作组织成员国元首理事会第18次会议。

中国举办上海合作组织成员国元首理事会第18次会议

2018年6月9~10日,上海合作组织成员国元首理事会第18次会议在中国山东青岛国际会议中心举行。来自12个国家的国家元首或政府首脑、10个国际组织或机构的负责人参加会议。中国国家主席习近平

主持会议。这是该组织扩员后的首次会议，会议发布《上海合作组织成员国元首理事会会议新闻公报》及《上合成员国打击恐怖主义、分裂主义和极端主义2019至2021年合作纲要》《上海合作组织成员国元首关于贸易便利化的联合声明》等23份合作文件。

6月9~10日，上海合作组织成员国元首理事会第18次会议在中国山东青岛国际会议中心举行 （百度网）

中国国务院总理李克强访问保加利亚和德国

2018年7月5~10日，中国国务院总理李克强对保加利亚进行正式访问并出席在索非亚举行的第7次中国—中东欧国家领导人会晤，赴德国主持中德政府磋商并对德国进行正式访问。6~7日，李克强访问保加利亚，两国共同发表《中华人民共和国和保加利亚共和国政府联合公报》。8~10日，李克强访问德国，9日两国发表《为构建更美好世界做负责任伙伴》的联合声明。

中国举办中非合作论坛北京峰会

2018年9月3~4日，中非合作论坛北京峰会在北京举行。本次峰会主题为“合作共赢，携手构建更加紧密的中非命运共同体”。有40位国家元首、10位政府首脑、1位副国家元首，以及非盟委员会主席、联合国秘书长古特雷斯，27个国际和非洲地区组织代表共3200多人与会。中国国家主席习近平出席开幕式并发表主旨讲话，强调中非要携起手来，共同打造责任共担、合作共赢、幸福共享、文化共兴、安全共筑、和谐共生的中非命运共同体，重点实施好产业促进、设施联通、贸易便利、绿色发展、能力建设、健康卫生、人文交流、和平安全“八大行动”。会议通过《关于构建更加紧密的中非命运共同体的北京宣言》《中非合作论坛——北京行动计划（2019至2021年）》。论坛闭幕后，习近平与论坛前任和新任共同主席国——南非总统拉马福萨、塞内加尔总统萨勒共同会见记者。

中国国家主席习近平赴俄罗斯参加第4届东方经济论坛

2018年9月11~12日，第4届东方经济论坛全会在俄罗斯符拉迪沃斯托克举行。中国国家主席习近平、俄罗斯总统普京、蒙古国总统巴特图勒嘎、日本首相安倍晋三、韩国总理李洛渊等出席。习近平发表题为《共享远东发展新机遇 开创东北亚美好新未来》的致辞，强调中方愿同地区国家一道，维护地区和平安宁，实现各国互利共赢，巩固人民传统友谊，实现综合协调发展，促进本地区和平稳定和发展繁荣。论坛期间，习近平与普京共同参观中俄经贸合作图片展。

文莱与日本合作建设全球首条氢能供应链示范项目

文莱《婆罗洲公报》2018年4月22日报道，文莱与日本合作建设的全球首条氢气供应链示范项目落户文莱。4月21日，在双溪岭国际工业园举行全球氢气供应链示范工厂项目奠基仪式。该项目的建成使文莱成为氢气能源发展的先驱。项目实现长距离输送氢气是可载在历史上的重要世界纪录。

文莱参加第9届国际安全事务高级官员国际会议

2018年4月24~26日，文莱第二国防部部长兼国家安全委员会主席丕显哈尔毕参加在俄罗斯联邦索契举行的第9届国际安全事务高级官员国际会议，并表示文莱继续致力于加强维护地区和全球和平、安全与稳定以及打击恐怖主义和暴力极端主义，强调文莱采取“全民国家方式”，并与社会各界在打击恐怖主义威胁方面建立强有力的伙伴关系。他指出文莱不断加强业务能力，加强区域和国际合作，共同打击国际恐怖主义。

文莱—中国“一带一路”促进会注册成功

文莱《联合在线》2018年11月8日报道，由文莱民间设立的文莱—中国“一带一路”促进会已注册成功。此促进会由文莱与中国各行业精英人士组成，其宗旨在于塑造一个非官方平台，拉近两国在民间多领域合作，创造出更多的就业机会，为文莱的经济发展、繁荣昌盛做出贡献。

文莱参加第48届东盟银行理事会会议

2018年11月9日，文莱第二财政和经济部长出席第48届东盟银行理事会会议，并在会上表示，文莱企业可以充分利用与外国企业实体建立联系和伙伴关系的机会，增强其能力，推动经济增长，欢迎更多外国公司在文莱投资和设立公司,为本地求职者提供直接就业机会及为微中小型企业创造商机。文莱特别鼓励外国企业在创意产业、旅游业、石油和天然气下游业、商业服务和清真产品制造业等领域投资合作。

中国仍是文莱最大游客来源地

马来西亚《诗华日报》2018 年 12 月 24 日报道,截至 2018 年 9 月,中国仍是文莱最大游客来源地。第 3 季度经文莱国际机场抵达文莱的国际游客共 80329 人次,比上年同期增长 5.3%。中国游客在文莱国际游客中的比重升至 27%。文莱前 5 大国际游客来源地还有马来西亚、印度尼西亚、菲律宾和新加坡。

柬埔寨—越南签署《避免双重征税协议》

2018 年 3 月 31 日,柬埔寨与越南签署《避免双重征税协定》。该协定将有助于加深柬越两国在经贸往来合作,将对吸引国际投资者直接到柬越两国投资、技术转移,以及加强两国在防止偷漏税方面扮演重要的角色。柬埔寨首相洪森出席在越南河内举行的第 6 次湄公河次区域峰会时,与越南总理阮春福共同见证该协议的签署。此前,柬埔寨财经部已与新加坡、中国、文莱、泰国等 4 国签署《避免双重征税协议》,越南是与柬埔寨签署此类协议的第 5 个国家。

柬埔寨代表当选联合国大会副主席

2018 年 6 月 5 日,第 72 届联合国大会在美国纽约举行,柬埔寨与另外 15 个联合国会员国及 5 个安全理事会常任理事国代表共 21 人,当选第 73 届联合国大会副主席,任期一年。6 月 13 日,在美国纽约联合国总部举行的大会上,柬埔寨以 183 票(全 188 票)成功当选 2019 年联合国经济及社会理事会(ECOSOC)成员,任期 1 年。作为 ECOSOC 成员,柬埔寨承诺将致力讨论和提供意见敦促带动区域性的经济和社会发展,参与促进国际文化、教育合作交流,参与敦促解决国际经济和社会卫生问题等。

中柬隆重庆祝建交 60 周年

2018 年 7 月 19 日是中国与柬埔寨建交 60 周年纪念日,中国国家主席习近平与柬埔寨国王诺罗敦・西哈莫尼互致贺电,庆祝两国建交 60 周年。为庆祝中柬建交 60 周年,柬埔寨开展一系列庆祝活动。4 月 28 日,西哈努克太皇长女、柬埔寨王家舞蹈团团长帕花黛薇公主亲率王家舞团到北京举办"相约北京"艺术节专场演出;6 月 19 日,柬埔寨国防部和中国国防部在金边共同举办柬中军事交流合作展;6 月 21 日,柬埔寨皇家科学院与孔子学院总部/国家汉办在金边共同主办中柬建交 60 周年友好关系研讨会;7 月 19 日,被柬埔寨国家电视台定为庆祝柬中建交 60 周年的献礼片,由中国广西电视台和柬埔寨国家电视台联合摄制的 60 分钟纪录片《家在青山绿水间——信任如树》,当晚分别在柬埔寨国家电视台和中国广西电视台播出;10 月 28 日,在金边钻石岛歌剧院举行"纪念中柬建交 60 周年——丝路津韵・天津之夜文艺演出"。

中国国家主席习近平夫妇看望在京休养的柬埔寨国王和太后

2018 年 9 月 19 日,在中秋佳节来临之际,中国国家主席习近平和夫人彭丽媛在钓鱼台国宾馆亲切看望在北京休养的柬埔寨国王诺罗敦・西哈莫尼和太后莫尼列。习近平表示,从 2016 年至今,我同西哈莫尼国王和莫尼列太后年年相见,像家人聚会一样。我同西哈莫尼国王就继承和弘扬中柬传统友好达成重要共识,推动双边关系进入历史最好时期。两国高层和两国人民要像走亲戚一样常来常往。习近平祝贺柬埔寨大选顺利成功,并产生新一届国会和政府,祝愿在西哈莫尼国王庇佑下、在以洪森首相为首的王国政府领导下,柬埔寨将在国家建设事业中取得新的更大成就。中方高度重视对柬关系,将同柬方一道,传承好两国传统友谊,继往开来,推动中柬全面战略合作伙伴关系不断迈上新台阶。西哈莫尼和莫尼列感谢习近平和彭丽媛的友好情谊。他们表示,我们每次见到习近平主席和彭丽媛教授,都像见到家人一样亲切。柬埔寨人民感谢中方长期以来给予的坚定支持和宝贵帮助,感谢习近平主席非常关心、重视并推动柬中关系发展。柬埔寨王室将继承西哈努克太皇开创的对华友好事业,继续积极推动柬中全面战略合作不断取得新发展。

柬埔寨重启搜寻美军遗骸工作

2018 年 10 月,应美国华盛顿州参议员和众议院议员的要求,柬埔寨首相洪森宣布恢复与美国合作寻找失踪美军遗骸工作。柬埔寨首相洪森于 10 月 12 日分别致函美国华盛顿州参议员道格・埃里克森和华盛顿众议院议员文森特・布斯,同意恢复寻找美军遗骸项目。自 2017 年美国限制为柬埔寨外交官发放 B1 和 B2 签证后,柬埔寨也宣布暂停与美国合作寻找美国军人遗骸项目。美国在柬埔寨士兵遗骸约有 80 具,已搜寻到 40 具。

柬埔寨首相洪森访问老挝和越南

2018 年 12 月 5～8 日,柬埔寨首相洪森对老挝和越南开展为期 4 天的正式访问。访老期间,柬老两国政府签署 4 项合作协议。其中包括:柬埔寨—老挝 2019～2024 年教育合作协议,柬埔寨—老挝 2019～2021 年文化艺术合作谅解备忘录,柬埔寨借老挝大象到 Safari 动物园表演的合作备忘录,柬埔寨—老挝电力贸易协议。访越期间,柬越两国政府决定深化两国的关系合作,并共同签署6项合作协议。其中包括:柬埔寨—越南2018~2025年运输合作战略合作谅解备忘录,修改于1998年和2005年签署的双边公路运输协议,修改于2009年签署的水路运输协议,柬埔寨—越南边境贸易协议,关于互相免征关税的2018~2019年柬埔寨—越南贸易便利化协议,柬埔寨越南防止非法贩卖、挖掘和运送古文物协议。

印尼总统佐科对斯里兰卡进行国事访问

2018年1月24日,印尼总统佐科对斯里兰卡进行国事访问。访问期间,佐科同斯里兰卡总统 Maithripala Sirisena、总理 Ranil Wickremesinghe 进行会谈,讨论双方合作问题,尤其是贸易和投资问题,两国同意成立自贸区。两国签署搜救合作谅解备忘录、高等教育合作谅解备忘录和消除毒品合作谅解备忘录。

印尼总统佐科与澳大利亚总理特恩布尔举行双边会晤

2018年3月17日上午,佐科总统与澳大利亚总理特恩布尔在悉尼国际会展中心举行的东盟—澳大利亚特别峰会期间进行双边会晤,双方就若干问题进行深入讨论。其一,有关前一天两国外交部长和国防部长的会晤结果,佐科表示赞赏。其二,有关印尼—澳大利亚全面经济伙伴关系协定。两国最后一次谈判在3月6~7日进行。佐科说,双方谈判有进展,谈判的最终结果必须为两国带来利益,所以不能只从商业性衡量该谈判,而必须强调两国伙伴关系和合作。有关几项合作的建议,佐科希望澳大利亚对有关旅游和工作签证、高等教育和职业培训、农业和工业、实习项目等建议给予积极回应。其三,有关前段时间举行的印尼—澳大利亚数字会议,佐科认为必须进一步落实,包括开发 Next Indonesia Unicorn 项目,提高数字素养,倡议智能政府以提高公众服务水平等。

印尼总统佐科与到访的中国国务院总理李克强进行会谈

2018年5月6~8日,中国国务院总理李克强对印度尼西亚进行正式访问。5月7日上午,印度尼西亚总统佐科在茂物总统府同到访的中国国务院总理李克强举行会谈。李克强首先转达习近平主席对佐科总统的亲切问候。李克强表示,中国和印尼互为重要近邻,是拥有广泛共同利益的天然合作伙伴,两国元首多次成功会晤,推动双方政治互信和务实合作达到新高度。2018年是中国同印尼建立全面战略伙伴关系5周年,中方愿同印尼方共同努力,乘势而上,推动两国关系实现更大发展。佐科表示,热烈欢迎李克强总理访问印尼,这是中国新一届政府换届后总理的首次出访,体现了中国对两国关系的高度重视。中国是印尼的战略伙伴,双方在经济、贸易、投资、文化等各领域合作不断深化,实现了互利共赢。访问印尼期间,李克强还会见卡拉副总统并共同出席中国印尼工商峰会。

印尼与巴西两国外长在茂物举行双边会晤

2018年5月11日,印尼外长蕾特诺与巴西外长努内斯在茂物举行双边会晤。是印尼和巴西自2008年建立战略伙伴关系以来努内斯外长对印尼的首次访问。此访成为两国外长重申致力于增加两国双边关系、重提战略伙伴关系的重要性,以及强化现有双边机制的重大事件。两国外长重点讨论通过旅游业的免签证来增加两国在商业农业和人文等方面联系的努力,还讨论涉及两国共同利益的多边和区域伙伴关系问题。努内斯就巴西总统延迟于2018年5月10~12日对印尼进行的国事访问发表道歉信。此次会晤,两国最终达成并签署印尼和巴西签发的与普通护照持有人免签证相关的换文、印尼和巴西之间关于外交和官方护照免签证协议变化的谅解备忘录、印尼和巴西技术合作谅解备忘录3份文件。

印尼成功赢得2019~2020年联合国安全理事会非常任理事国席位

2018年6月8日,印尼在第93届联合国大会会议上举行的无记名投票中击败马尔代夫赢得联合国安全理事会非常任理事国席位,获得两年的任期,取得了巨大的外交胜利。印尼外长蕾特诺表示,印尼将寻求加强一个和平与全球稳定的生态系统。印尼也将敦促其他安理会成员更有效地工作。蕾特诺还表示,印尼将推动对话协商,改善妇女的地位,加大维和部队的参与,解决巴勒斯坦的冲突,寻求全面打击恐怖主义和激进主义的全球方案。为了此次胜选,印尼精心策划和组织为期两年的密集活动,包括各种海外访问、晚餐招待会和早餐会议,以游说来自不同联合国会员国代表们的支持。印尼于2019年1月1日正式成为安理会2019~2020年新任非常任理事国。

第六次战略对话印尼—日本会议

2018年6月25日,第6次战略对话印尼—日本会议在雅加达举行。印尼外长蕾特诺和日本外务大臣河野太郎及两国政府相关部门官员出席会议。此次会议是为了纪念印尼和日本建交60周年而举行的。会议旨在加强两国在政治和安全、经济、贸易和投资等领域的双边合作、人文交流,以及探索两国战略合作的机会。除了双边问题外,双方还讨论两国关心的地区和全球问题,确定战略合作关系。日本是印尼的战略伙伴,双方同意在投资领域尤其是基础设施领域加强合作。继续探索印尼成为日本制造产品生产基地的可能性。此外，双方还一致认为，签署互利的《印尼—日本经济伙伴关系协定》是双方建立外交关系60周年纪念仪式的重要组成部分。

印尼成功举办2018年国际货币基金组织与世界银行联合年会

2018年10月8～14日，国际货币基金组织和世界银行集团年会在印度尼西亚巴厘岛召开，全球189个国家近3.2万名代表参加本次年会，包括各国财政部长、央行行长，金融和经济参与者、从业者，学者和非政府组织等，会议聚焦金融科技创新和包容性发展。佐科总统主持年会开幕，佐科在演讲中表示，目前发达国家之间的关系与电视剧"权力的游戏"中的争议相同。贸易战日益紧张，科技创新导致许多行业受到冲击，发展中国家也感受到市场的巨大压力，随着世界经济出现诸多问题，可以说"冬天即将来临"。我们要避免全球性的灾难发生，勿让世界变成折磨我们大家的贫瘠土地。另外，气候变化也加剧美国飓风和菲律宾风暴的强度，世界各地海洋中的塑料废物污染了许多地方的食物供应。我们只有共同努力才能克服快速增长的全球威胁。

中国—印尼建立全面战略伙伴关系5周年研讨会在雅加达举行

2018年11月27日，中国—印度尼西亚建立全面战略伙伴关系5周年研讨会在印尼首都雅加达举行。印尼政府对华合作牵头人、海洋统筹部长卢胡特和中国驻印尼大使肖千共同出席研讨会并发表讲话。卢胡特表示，过去几年，两国政府一直密切合作，取得一系列重要成果，中国已经成为印尼十分重要的合作伙伴，未来，两国可以成为更具影响力的地区与全球伙伴。肖千在致辞中说，中印尼全面战略伙伴关系是两国领导人从战略高度和长远角度做出的政治决断。中印尼同为发展中大国，处于相近发展阶段，面临相似的发展任务和挑战。当前，中印尼各自发展战略的相通契合已逐步转化为合作的共识、行动与成果，两国日益成为携手前行、共同发展的伙伴。5年来，在双方共同努力下，中印尼全面战略伙伴关系不断走深走实，步入快速发展的新阶段。

老挝总理通伦·西苏里访问缅甸

2018年1月15～16日，老挝总理通伦·西苏里对缅甸进行正式访问。访缅期间，通伦同缅甸总统廷觉，就加强双边友好合作关系、地区和平与安全、东盟各国合作、经济合作和社会发展等措施展开讨论。双方同意加强双边合作关系，共同管理好两国间第一座跨湄公河友谊大桥。两国签署《电力合作谅解备忘录》《科技合作谅解备忘录》和《成败合作谅解备忘录》3项合作协议。双方高度评价两国在过去几年间的双边合作，特别是在政治、国防与安全、交通运输、电力、教育、科技、贸易和投资等领域的合作。双方一致认为，老挝和缅甸在扩大合作领域，特别是旅游领域的合作潜力还很大。随着老挝旅游年的到来，双方同意推动更多民间往来。通伦还会见缅甸国务资政昂山素季，就推动双边关系、贸易与投资、旅游、交通、教育、电力、能源等领域的合作以及打击人口贩卖和毒品走私等问题展开讨论。

老挝与斯洛伐克签署金融合作协议

老挝《万象时报》2018年1月17日报道，老挝财政部与斯洛伐克进出口银行签署金融合作谅解备忘录。根据该备忘录，斯洛伐克进出口银行将负责贷款风险管理，支持出口信贷，贷款将用于从斯洛伐克公司购买商品和服务。协议于2018年2月1日生效。

老挝国家主席本扬·沃拉吉接见6国新任大使

2018年2月12日，老挝国家主席本扬·沃拉吉接见6位新任外国大使，分别是土耳其的Ahmet Idem Akay先生、澳大利亚的Jean Bernard Carrasco先生、韩国的Shin Sung－soon先生、西班牙的Emilio De Miguel Calabia先生、奥地利的Eva Hager女士以及波兰的Waldemar Dubaniowski先生。老挝分别于1958年6月20日与土耳其共和国，1952年1月16日与澳大利亚联邦，1995年10月25日与大韩民国，1964年3月20日与西班牙王国，1967年9月1日与奥地利，1962年9月8日与波兰建立外交关系。

老挝与俄罗斯加强防务合作

2018年1月22日，老挝国防部部长占沙蒙·占雅拉与到访的俄罗斯联邦国防部部长谢尔盖·库茹盖托维奇·绍伊古大将举行会谈。双方就多领域的情况交换意见，高度评价在互信基础上建立传统友好合作关系。两位部长强调老挝与俄罗斯的防务合作近期不断加强和发展，充分体现在双边各级军事代表团频繁互访，安全和人道主义领域合作不断加强。俄罗斯国防部将继续在人力资源和军事技术等领域向老挝提供支持。

美国国会代表团访问老挝

2018年2月21～25日，美国国会两大代表团访问老挝，旨在促进友好合作。美国国会议员会见老挝政府高级官员，并讨论双边合作的进展情况。根据美国驻万象大使馆的新闻稿，第一个代表团，来自众议院拨款委员会，于2018年2月21日抵达。由众议院司法委员会7名成员组成的第二个代表团于2月23日抵达。美国驻老挝大使 Rena Bitter 说:“这两个非常有影响力的代表团的访问,体现了美国对老美全面伙伴关系的支持,以及我们致力于加强两国人民之间的联系承诺。”

老挝总理通伦·西苏里参加湄公河委员会第 3 届峰会

2018 年 4 月 4 ~ 5 日,应柬埔寨首相洪森邀请,老挝总理通伦·西苏里带领老挝代表团访问柬埔寨,参加湄公河委员会第 3 次峰会。峰会讨论湄公河流域面临的机遇和挑战,包括气候变化、水资源的可持续发展与管理、水电、灌溉、航运、洪涝灾害以及环境保护等相关问题。会议发表《暹粒宣言》。宣言肯定 2014 年第 2 届峰会以来取得的成果,并提出进一步加强合作的优先领域,其中加强区域机制合作为重点之一。根据该宣言,柬埔寨、老挝、越南和泰国四国领导人都承认并回应湄公河流域面临的主要挑战,包括气候变化、自然灾害、人口过剩、不可持续的工业化、集约化农业、灌溉、水力发电和其他发展活动,并重申在 1995 年签署的《湄公河协定》的最高政治承诺。

老挝与文莱延长互惠免签时间

《万象时报》2018 年 4 月 4 日报道,老挝和文莱政府同意双方公民可以在对方国家停留 30 天,而不需要获得签证。该协议将免签期限从 14 天延长至 30 天,这一规定适用于外交、公务和普通护照持有者,新规定于 2018 年 3 月 30 日生效。计划停留时间超过 30 天的游客需申请签证。此举旨在让两个东盟国家更容易实现互访。

老挝国家主席本扬·沃拉吉访问新加坡

2018 年 5 月 9 日,老挝国家主席本扬·沃拉吉应新加坡总统哈莉玛邀请,对新加坡进行国事访问。9 日下午本声出席在总统府举行的欢迎仪式,过后分别与新加坡总统哈莉玛和总理李显龙会晤。这是本扬自 2016 年 4 月上任以来首次访问新加坡。哈莉玛致辞时说,老挝是本区域发展最快的经济体之一,过去 10 年的平均经济增长率超过 7%。新加坡公司看好老挝强劲的增长潜力,并有意在符合自己的专项以及老挝优先要发展的领域加强合作。

美国太平洋司令部副司令访问老挝

2018 年 5 月 10 ~ 11 日,美国太平洋司令部副司令 Bryan P. Fenton 中将率领高级军事代表团访问老挝,以强调两国之间日益增强的防务关系,并重申美国对印度—太平洋地区的承诺。本次是 Bryan P. Fenton 中将 2017 年就任美国太平洋司令部职务以来的首次访问。Fenton 中将强调,美国太平洋司令部致力于与老挝政府合作,继续改善双边关系,并为增强国内和地区和平与稳定的能力作出贡献。

老挝人民军总参谋长访问越南

2018 年 5 月 13 ~ 15 日,应越共中央委员、越南人民军总参谋长、国防部副部长潘文江上将的邀请,老挝人民革命党中央委员会委员、老挝人民军总参谋长、国防部副部长苏旺伦奔米上将对越南进行正式访问。双方一致同意进一步加强老挝军事干部和学员在直属越南国防部的学员培训活动,加强合作建设稳定与全面发展的越老边界线,加快援老牺牲的越南志愿军和专家遗骸的搜寻归集迁葬进度,维持工作代表团的互访、文化体育交流、年轻军官交流和双方结义等活动。

老挝—柬埔寨承诺合作解决边境争端

2018 年 5 月 16 日,老挝外交部代表团与柬埔寨外交和国际合作部在万象举行双边会议,双方同意一起解决边境争端。在会谈中,两国外长同意两国边境委员会应该定期举行会议商议如何解决有关边界争议问题,同时双方希望能够达成决议,共同努力就两国 535 千米边境线中的 14% 未定边界做好界标。双方还同意在部长级别层次上设立协调机制,为边境安全和稳定工作提供便利。

老挝国家主席本扬·沃拉吉访问中国

2018 年 5 月 30 日至 6 月 2 日,老挝人民革命党中央总书记、国家主席本扬·沃拉吉访问中国。5 月 30 日,中共中央总书记、国家主席习近平与本扬·沃拉吉举行会谈。一致强调要推动中老命运共同体建设取得新成果,更好造福两国和两国人民。31 日,中共中央政治局常委、国务院总理李克强会见本扬·沃拉吉。中方表示共同推动中老全面战路合作伙伴关系在多领域、多层次取得新进展,老方愿继续秉持“四好”精神,推进双方在基础设施、农业、教育、卫生等领域的互利合作,进一步密切两国人民之间的交流,推动两党两国关系与合作取得更大更新成果。同日,中共中央政治局常委、中央纪委书记赵乐际会见本扬。赵乐际表示,两党交流合作、反腐败合作是中老命运共同体建设的重要内容,取得显著成效。本扬表示,老方高度评价中国共产党全面从严治党成就,对两党反腐败工作交流合作表示满意,希望进一步学习借鉴中共党建经验,共同建设好老中命运共同体。6 月 1 ~ 2 日,老挝人民革命党中央总书记、国家主席本扬·沃拉吉一行在湖南考察。

老挝和越南共同努力解决边境地区自由移民和无证婚姻问题

2018 年 7 月 3 日,题为“加强越老各地方司法合作”的越老边境各省第 4 次司法扩大会议在老挝首都万象举行,旨在保障边民合法利益。越南司法部部长黎成龙和老挝司法部部长塞西·桑迪翁表示,相信该会议所取得的重要成果将为推动越老司法部门全面、特殊传统友好合作关系的发展注入新动力,为促进两国关系以及建设和平、稳定、发展与繁荣的东南亚和亚洲地区作出切实贡献。会议结束后,双方签署《越南山罗省司法厅与博胶省司法厅的合作协议》《海阳省司法厅与万象司法厅的合作协议》《海防省司法厅与万象司法厅的合作协议》《昆嵩省司法厅与阿速坡省司法厅的合作备忘录》等。

老挝总理通伦·西苏里出席 2018 世界经济论坛东盟峰会

2018 年 9 月 11 ~ 13 日,越南与世界经济论坛联合举办的 2018 年世界经济论坛东盟峰会在河内举行。老挝总理通伦·西苏里出席峰会并表示,东盟成员国需要集体向前推进以克服地区挑战。未来几十年,世界将在科技革命和产业创新推动下快速增长,这将为许多国家推进社会经济发展提供基础和挑战。为了开放经济并走向国际一体化,老挝政府集中全力改进和调整自己。越共中央总书记阮富仲 9 月 13 日晚在河内会见通伦·西苏里。阮富仲热烈欢迎通伦,表示高兴看到越老特殊关系日益走向深入并取得实效。通伦·西苏里对越南成功举办世界经济论坛东盟峰会表示祝贺;对越南一直以来给予老挝支持,尤其是在老挝阿速坡省溃坝事故发生之后越南向老挝提供物质上的支持表示感谢。

老挝国会主席访问匈牙利

2018 年 9 月 16 ~ 19 日,老挝国会主席巴妮·雅陶都率代表团对匈牙利进行正式友好访问,双方表示进一步促进在贸易、投资、能源、教育、科技、农业、加工业等领域的合作。老挝和匈牙利于 1962 年建交。

老挝为已故越南国家主席陈大光举行为期两天的吊唁活动

2018 年 9 月 24 日下午,老挝总理府办公厅发布关于在老挝全国范围内为已故越共中央政治局委员、越南国家主席陈大光举行国葬通知。老挝总理府办公厅在通知中要求各部门、部级单位、首都万象和全国各省市从 9 月 26 日 6 时至 9 月 27 日 18 时在机关门前悬挂的国旗都降半旗致哀,全国停止一切娱乐活动。通知还指出,全国各部门、省市可在 9 月 26 日和 27 日两天派团前来首都万象、越南驻老挝北部、南部和中部总领事馆进行吊唁,并在吊唁簿上留言。老挝人民革命党中央总书记、国家主席本扬·沃拉吉代表老挝人民革命党中央委员会、国会、政府和建国阵线向越南共产党中央委员会、国会、政府和祖国阵线中央委员会致唁电,对越共中央政治局委员、国家主席陈大光逝世表示最沉痛的哀悼。

古巴领导人对老挝进行国事访问

2018 年 11 月 10 ~ 11 日,应老挝国家主席本扬·沃垃吉的邀请,古巴国务委员会主席兼部长理事会主席米格尔·迪亚兹·卡内尔·贝穆德斯及夫人率领古巴代表团对老挝进行正式国事访问。根据老挝外交部公告,古巴于 1974 年 11 月 4 日与老挝建立外交关系,并随后在老挝万象建立古巴大使馆。古巴多年来向老挝政府提供数百项奖学金,已有 145 名老挝学生毕业于古巴大学。

老挝总理通伦·西苏里会见韩国总统文在寅

老挝总理通伦·西苏里参加 2018 年 11 月 11 ~ 15 日在新加坡举行的第 33 届东盟峰会及相关峰会。通伦总理在会期间会见韩国总统文在寅,双方高度重视两国的友谊与合作。两国领导人指出,自 1995 年建交以来,两国关系与合作大大加强。韩国是继中国、泰国、越南和马来西亚之后老挝第五大外国投资者。老挝和韩国的双边贸易大幅增加,2017 年双边贸易额达到 1.2 亿美元。韩国在加强老挝旅游业方面也发挥重要作用。2018 年前 9 个月,老挝接待韩国游客 13.68 万人,比上年同期增长 27%。

第 19 届东亚—拉美合作论坛高官会在老挝举行

2018 年 11 月 20 ~ 21 日,第 19 届东亚—拉美合作论坛高官会首次在老挝举行。来自 36 个成员国、东亚—拉美合作论坛网络秘书处、联合国亚太经济社会委员会、拉丁美洲和加勒比经济委员会约 200 名代表以及老挝各部门的代表出席会议。与会者讨论未来地区合作,包括改善两个区域之间的合作机制,加强贸易投资、旅游和中小型企业发展、技术创新和教育等方面的联合。与会者赞扬老挝作为联合主席和东道国的作用。东亚—拉美合作论坛是于 1999 年成立的跨区域多边论坛,旨在增进区域之间了解,促进政治和经济对话及各领域合作,推动东亚和拉美国家之间建立更为密切的关系。

马来西亚总理马哈蒂尔会见到访的文莱苏丹博尔基亚

2018 年 5 月 14 日,马来西亚总理马哈蒂尔在马来西亚行政中心布城会见到访的文莱苏丹博尔基亚。文莱苏丹博尔基亚是马来西亚在政府更迭后,第一位到访的外国领袖。双方就两国关系、区域合作、地区安全等问题进行交流讨论。苏丹儿子阿都马丁王子陪同访问。

马来西亚总理马哈蒂尔会见到访的新加坡总理李显龙

2018年5月19日，马来西亚总理马哈蒂尔在布城会见到访的新加坡总理李显龙，双方进行大约40分钟的闭门会议。在随后的记者访问中双方表示会谈相当融洽，双方表示希望新马未来继续展开合作推进双边关系。李显龙总理邀请马哈蒂尔总理访问新加坡，并希望马哈蒂尔总理在解决手头上的国内事务后，重新与新加坡展开领导人常年峰会。新加坡总理李显龙是马来西亚大选后第二位到访的东盟国家领导人。李显龙总理此行还拜会马来西亚人民公正党实权领袖安瓦尔以及现任马来西亚副总理、安瓦尔夫人旺阿兹莎。

马来西亚总理马哈蒂尔会见到访的印度总理莫迪

2018年5月31日，马来西亚总理马哈蒂尔在布特拉加亚总理署会见到访的印度总理莫迪。印度总理莫迪向马哈蒂尔祝贺希望联盟在第14届全国大选中获胜。两国领导人针对双边、区域及国际议题进行讨论。访马期间，莫迪还与马来西亚副总理旺阿兹莎及其丈夫安瓦尔会面。马来西亚与印度在文化和历史联系上有着密切的关系，两国也在各个领域，特别是基建、教育、旅游和国防上有密切合作。印度是马来西亚在南亚的最大贸易伙伴，2017年的贸易额614.3亿林吉特。

马来西亚总理马哈蒂尔访问印度尼西亚

2018年6月29日，马来西亚总理马哈蒂尔偕夫人西蒂抵达雅加达，对印度尼西亚进行为期2天的正式访问。印尼是马哈蒂尔自5月10日再度出任总理后，首个出访的东盟国家。印尼总统佐科亲自到雅加达机场迎接到访的马哈蒂尔。马哈蒂尔总理与印尼总统佐科举行双边会谈，在会谈中提到重启东盟汽车计划的意向，计划联手恢复印尼国产汽车生产以便供应东盟市场。此外还讨论保护印尼外劳、经济与棕榈油问题。在棕榈油问题上，印尼与马来西亚就欧盟封锁棕榈油市场问题进行讨论，以便采取一致态度作出反击。2018年正值马来西亚和印尼两国建交60周年，马来西亚总理马哈蒂尔与印尼总统佐科在总统府共同种植名为“Angsana”的树木。

马来西亚总理马哈蒂尔三度访日

2018年6月、8月、11月，马来西亚总理马哈蒂尔先后3次访问日本。6月10～12日，马哈蒂尔访问日本，这是他再次担任马来西亚总理后的首次出访。尽管此访是马哈蒂尔上任前的既定行程，受《日本经济新闻》邀请，出席第24届亚洲未来国际会议，但由于他的当选让这次普通的私人访问升级为一次重要的领导人出访。日本方面更是给予马哈蒂尔高规格接待，特别增加了与日本首相安倍晋三会谈、在日本国会演讲、与日本媒体、议员及商界代表对话等重要环节，并且参加日本商工会议所、日本贸易振兴机构等组织的投资贸易论坛。

8月6～9日，马哈蒂尔年内第二次访问日本。在此次为期3天的访问中，马哈蒂尔在福冈、大分两县面向高中生等进行演讲并造访当地大学，还参观北九州市九州铁路公司与安全运行相关的研修设施，并在大分县别府市立命馆亚洲太平洋大学被授予名誉博士学位。值得注意的是，尽管两度前往日本，但马来西亚方面都强调了马哈蒂尔访问的非正式性。

11月5～7日，马来西亚总理马哈蒂尔对日本进行为期3天的访问，这是他再次担任马来西亚总理后第3次访问日本。为了表彰马哈蒂尔对促进马日双边关系的贡献，日本政府将为外国人颁授的最高级别勋衔——“一等桐花大绶章”颁授给马哈蒂尔。11月6日，日本首相安倍晋三与马哈蒂尔在日本首相官邸举行会谈。双方达成一致，为缓解因向中国贷款而产生的债务问题，马来西亚将在日本国际协力银行的担保下，向日本发行2000亿日元（1日元约合0.008841美元）的债券。据马方说明，此次对日发行的国债利息仅为1.65%，可用从日本获得的资金来偿付对华债务。双方还就朝鲜无核化与南海局势等地区形势、两国今后开展合作以及跨太平洋伙伴关系协定（TPP）等进行商议。

马来西亚总理马哈蒂尔会见到访的美国国务卿蓬佩奥

2018年8月3日，马来西亚总理马哈蒂尔在总理署会见到访的美国国务卿蓬佩奥。蓬佩奥是在希盟获得大选胜利后，前来拜会马哈蒂尔总理的最高阶美国官员。会谈进行30分钟，蓬佩奥祝贺马哈蒂尔在第14届全国大选大获全胜，双方探讨如何加强全面伙伴关系，并在两国共同秉持的民主价值观基础上，促进双方共同的安全和经济利益。

马来西亚总理马哈蒂尔访问中国

应中华人民共和国国务院总理李克强邀请，马来西亚总理马哈蒂尔于2018年8月17日至21日对中国进行正式访问。这是马哈蒂尔再次担任马来西亚总理后首次访华。中国是他就任以来在东盟之外首个正式出访的国家。访问期间，中国国家主席习近平会见马哈蒂尔总理，李克强总理同马哈蒂尔总理举行会谈，全国人大常委会委员长栗战书会见马哈蒂尔。两国领导人在诚挚友好的气氛中，回顾中马友好交往历史，规划两国关系未来发展，并就共同关心的地区和国际问题深入交换看法。双方共同发布《中华人民共和国政府和马来西亚政府联合声明》。访问期间,中马续签《中国人民银行与马来西亚国家银行双边本币互换协议》,签署《中华人民共和国财政部与马来西亚证券监督委员会跨境会计审计执法合作备忘录》等多份合作文件。

马来西亚总理马哈蒂尔访问文莱

2018 年 9 月 2 日,马来西亚总理马哈蒂尔携夫人前往文莱进行为期两天的官方访问。这是马哈蒂尔于 5 月 10 日上任马来西亚总理以来,继印尼之后出访的第二个东南亚国家。在文莱访问期间,马哈蒂尔总理觐见文莱苏丹博尔基亚,两国领导人针对区域和全球议题交换意见。马哈蒂尔夫妇出席由苏丹宴请的午宴。马哈蒂尔总理还会见旅居文莱的马来西亚侨民。马来西亚外交部长赛夫丁・阿都拉以及总理署和外交部官员陪同访问。

马来西亚新加坡两国高铁计划延期两年

2018 年 9 月 5 日,马来西亚经济事务部长阿兹敏与到访的新加坡交通部长许文远在行政中心布特拉加亚就修改两国高铁合约交换法律文件。两国在仪式后发表共同声明说,这项高铁计划将延后至 2020 年 5 月底,并计划在 2031 年 1 月开始提供服务。马来西亚将因计划延宕支付新加坡约 1080 万美元。声明中表示,马来西亚在计划暂停期间若决定不再执行这项计划,将进一步承担新加坡所产生的双方同意费用。马新高速铁路原定 2018 年动工,于 2026 年底投入运作。计划延期后,高铁将推至 2031 年 1 月才启用。新加坡和马来西亚分别设立的高铁公司也会取消正在进行中的高铁资产管理者联合招标活动。

马来西亚总理马哈蒂尔访问泰国

2018 年 10 月 24 ~ 25 日,马来西亚总理马哈蒂尔携夫人前往泰国曼谷进行为期两天的访问,这是马哈蒂尔再次担任马来西亚总理后对泰国的第一次正式访问。泰国政府为马哈蒂尔举行欢迎仪式。马哈蒂尔与泰国总理巴育在泰国国务院举行双边会谈,并在会谈后举行联合记者招待会,发表联合声明。双方会谈涉及共同合作处理泰国南部的稳定及和平、两国边境地区的经济开发、东盟框架下强化双边合作 3 个重点议题。访泰期间,马哈蒂尔拜会泰国枢密院主席、前泰国总理秉・廷素拉暖,对泰国著名企业集团——TCC 集团主席丹斯里查罗恩进行礼节性拜访,与马来西亚—泰国商会举行会议,到访朱拉隆功大学并发表“东盟背景下的马泰双边关系”的演讲。

马来西亚总理马哈蒂尔访问新加坡

2018 年 11 月 12 日,马来西亚总理马哈蒂尔携夫人抵达新加坡,展开为期 2 天的正式访问。新加坡总统哈莉玛和总理李显龙先后同马哈蒂尔会晤,并就一系列问题交换意见。马新两国重申进一步密切的双边关系,并继续深化合作。这是希盟政府上台后,马哈蒂尔总理第一次访问新加坡。访新期间,马哈蒂尔总理出席了在新加坡举行的第 33 届东盟峰会;在丽思卡尔顿酒店出席 2018 年东盟商业奖晚宴。马哈蒂尔夫妇还出席以他们的名字为胡姬花命名的仪式。马哈蒂尔总理的母校新加坡国立大学为他授予名誉法学博士学位。

中缅两次举行外交国防 2 +2 高级别磋商

2018 年 1 月 17 日,中缅外交国防 2 +2 高级别磋商第 3 次会议在缅甸内比都举行。中国外交部副部长孔铉佑、军委联合参谋部副参谋长邵元明与缅甸国际合作部部长觉丁、国防军第一特战局局长吞吞楠共同主持会议。缅甸国务资政昂山素季、国防军总司令敏昂莱分别会见中方代表团。中国驻缅甸大使洪亮参加有关活动。与会双边就缅北局势交换看法,并继续就缅北问题保持沟通协调。

12 月 18 日,中缅外交国防 2 +2 高级别磋商第四次会议在中国云南昆明举行。中国外交部副部长孔铉佑、军委联合参谋部副参谋长邵元明与缅甸国际合作部部长觉丁、国防军第一特战局局长吞吞楠共同主持会议。双方围绕落实高层共识,重点就缅北问题交换看法,一致认为,缅北局势攸关中缅边境和平安宁和两国边民福祉,缅北各方应切实保持克制,尽快实现停火,避免影响中缅边境地区稳定。为此,双方将进一步采取必要措施,共同管控缅北局势、加强边境维稳及管理合作,保障两国边民人身安全及合法权益,确保重点口岸通道畅通和重大合作项目顺利实施,共同维护中缅边境稳定和两国友好合作大局。

缅甸总统温敏访问新加坡并参加第 32 届东盟峰会

2018 年 4 月 27 日,缅甸总统温敏访问新加坡并同新加坡总理李显龙举行会晤,双方就进一步增进缅新两国关系和全方位合作,加强两国经贸合作,新加坡继续向缅甸人力资源发展和职业教育提供相应的帮助等议题交换意见。4 月 28 日,第 32 届东盟峰会在新加坡开幕,温敏出席开幕式和系列会议。在特别会议期间,温敏分别会见泰国总理、文莱苏丹和越南总理。在与泰国总理巴育会面时,双方就进一步加强缅泰关系、在泰务工的缅甸劳工、共同打击毒品走私和非法货物运输、尽早实施土瓦深水港建设项目、开通第二座缅泰友谊大桥、向缅甸提供人道主义帮助等议题进行交流。

缅甸总统温敏会晤到访的印度外长

2018 年 5 月 10 ~ 11 日,印度外长斯瓦拉吉访问缅甸并与缅甸总统温敏举行会晤，双方就加强两国关系和各领域合作等议题进行深入交流。5月11日，缅甸国务资政昂山素季与斯瓦拉吉举行会晤。会晤结束后，斯瓦拉吉和缅甸相关部门部长签署多项谅解备忘录。

联合国缅甸问题特使伯格纳两度访问缅甸

2018年6月13日，缅甸国务资政昂山素季同到访的新任联合国缅甸问题特使伯格纳举行会晤，双方就解决若开邦事件以及缅甸所面临的各种挑战进行讨论。10月11日，伯格纳再次对缅甸进行为期10天的访问。访问期间，伯格纳与国务资政昂山素季及其他政府和军队领导人举行会晤，并访问若开邦和克钦邦。访问结束后，伯格纳发表声明强调，实现缅甸民族和解和永久和平的核心就是建立问责制和开展包容性对话。

缅甸总统温敏访问泰国

2018年6月14～16日，在缅泰建交70周年之时，缅甸总统温敏对泰国展开友好访问，并与泰国总理巴育举行会晤。两国领导人就加强两国合作关系、在泰务工的缅甸劳工合法化及应有权利与保护等展开讨论，并就双边发展合作、升级边贸口岸、泰国对若开邦事件提供建设性帮助、缅甸协助泰国离境人士返乡等议题进行深入交流。访问期间，总统温敏还参加在曼谷举行的第8届伊洛瓦底江—湄南河—湄公河经济战略合作会议，这是温敏就任缅甸总统后首次出访。

缅甸国家领导人会见到访的日本外相河野太郎

2018年8月6日，缅甸总统温敏和国务资政昂山素季在内比都分别会见到访的日本外相河野太郎。温敏和河野太郎会面时，双方表示愿就加强缅日两国友好关系、帮助缅甸对抗水灾、支持缅甸和平进程等方面进行合作，并就缅甸接收罗兴亚人返乡工作提供帮助等议题交换意见。

缅甸国务资政昂山素季会见到访的泰国外长敦

2018年8月14日，缅甸国务资政昂山素季会见到访的泰国外长敦，双方就缅泰战略伙伴关系、泰国的缅甸劳工问题、开通第二座缅泰友谊大桥等议题进行讨论。

缅甸国务资政昂山素季访问新加坡

2018年8月19～22日，在缅甸和新加坡建交50周年之际，缅甸国务资政昂山素季应邀对新加坡进行国事访问。昂山素委与新加坡总理李显龙举行会晤，双方就缅新双边投资等议题展开讨论。

中缅签署共建中缅经济走廊的备忘录

2018年9月9日，缅甸签署《共建中缅经济走廊的谅解备忘录》。备忘录确定10多个合作领域，包括基础设施、建筑业、制造业、农业、交通业、金融、人力资源、通信、科研与科技等。此外，中缅双方还将建立专门委员会，负责中缅经济走廊项目的具体设计和实施。

缅甸国务资政昂山素季出席第10届日本与湄公河流域国家峰会暨日本—湄公河经济论坛

2018年10月9日，第10届日本与湄公河流域国家峰会暨日本—湄公河经济论坛在日本东京举行，缅甸国务资政昂山素季出席会议并发表讲话。

缅甸国务资政昂山素季再度访问新加坡并出席第33届东盟峰会

2018年11月12～14日，缅甸国务资政昂山素季应邀访问新加坡，并出席在新加坡举行的第33届东盟峰会及系列会议。在东盟商业与投资峰会上，昂山素季发表主旨演讲呼吁各国企业来缅甸投资，并称缅甸民盟政府正致力于创造更好的营商环境，在农业、渔业、教育和医疗等领域创造更多的投资机会。11月14日，昂山素季与美国国务卿彭斯举行双边会谈，双方就罗兴亚难民问题进行讨论。

联合国开发计划亚太区主任徐浩良与难民署副区域主任伯纳德到访缅甸

2018年12月10～14日，联合国助理秘书长、开发计划亚洲及太平洋区域主任徐浩良和难民署副区域主任伯纳德·多伊尔（Bernard Doyle）访问缅甸。徐浩良与伯纳德·多伊尔访问了若开邦，并与缅甸国务资政昂山素季和政府主要部门部长举行会议，就若开邦罗兴亚难民返缅及安置问题进行讨论。

菲律宾与欧盟伙伴协定生效

欧洲联盟驻菲律宾办事处宣布，欧盟与菲律宾签署的伙伴暨合作协定于2018年3月1日生效，欧盟表示这项协定可使双边关系更为稳固。声明说，在菲律宾参议院于2018年1月22日批准后，这份于2012年签署的协定已在双方立法机构完成程序。欧盟表示，协定有助双方建立更广泛的关系，加强在司法与安全改革、移民、贸易暨发展合作、区域挑战、环境及政治对话等领域的合作，深化经济与政治关系。

日本海上自卫队护卫舰停靠菲律宾

2018年9月1日，日本海上自卫队的直升机护卫舰“加贺”号等3艘舰船停靠在菲律宾北部吕宋岛的苏比克港。菲律宾总统杜特尔特登船参观，受到日本防卫政务官大野敬太郎及船员的迎接。“加贺”号全长248米，最大宽度38米。最多可搭载14架直升机，具备海上基地功能。

中国—菲律宾南海问题双边磋商机制第3次会议在中国北京举行

2018年10月18日，中国—菲律宾南海问题双边磋商机制（BCM）第3次会议在北京举行。中国外交部副部长孔铉佑与菲律宾外交部副部长马纳罗分别率团出席，双方代表团由两国外交部和相关部门相应官员组成。双方认为，BCM机制作为双方定期的密切对话平台，在促进双边关系稳定发展上发挥了重要作用。双方通过这一渠道处理分歧，防止并妥善管控海上意外事件，并不断增进海上对话与合作。双方就当前南海有关问题和各自关切坦诚、友好地交换意见，探讨对双方都有利的处理相关问题的途径，重申继续开展合作，商谈促进互信与信心的措施。双方认为此次会议气氛热烈、成果丰硕，两国发布会议《联合新闻稿》。在2017年11月16日中菲联合声明指导下，双方重申海上争议问题不是中菲双边关系的全部，同意双边关系的发展应造福两国人民，并对地区和平、稳定与发展做出贡献。

中国国家主席习近平对菲律宾进行国事访问

2018年11月20～21日，中国国家主席习近平对菲律宾进行国事访问。在对菲律宾进行国事访问前夕，中国国家主席习近平11月19日在菲律宾《菲律宾星报》《马尼拉公报》《每日论坛报》发表题为《共同开辟中菲关系新未来》的署名文章，引发菲律宾各界热烈反响。11月20日，习近平与杜特尔特举行会谈，双方决定建立中菲全面战略合作关系。习近平还会见菲律宾国会众议长格洛丽亚·马卡帕·阿罗约和参议长文森特·卡斯特罗·索托。两国元首见证了《中华人民共和国政府与菲律宾共和国政府关于油气开发合作的谅解备忘录》等多项双边合作文件的签署，并会见记者。两国发表《中华人民共和国与菲律宾共和国联合声明》。

10月18日，中国—菲律宾南海问题双边磋商机制（BCM）第3次会议在北京举行 （百度网）

新加坡总理李显龙访问斯里兰卡

2018年1月22～24日，应斯里兰卡总统西里塞纳邀请，新加坡总理李显龙访问斯里兰卡。

1月23日，在斯里兰卡总统西里塞纳、新加坡总理李显龙的共同见证下，斯里兰卡发展战略与国际贸易部部长萨马拉维克拉马和新加坡贸易与工业部部长易华仁在科伦坡签署两国之间的自由贸易协定。

孟加拉国总理哈西娜访问新加坡

2018年3月11～14日，应新加坡总理李显龙邀请，孟加拉国总理谢赫·哈西娜访问新加坡。3月12日，哈西娜分别与新加坡总统哈莉玛和总理李显龙会晤。这是谢赫·哈西娜首次正式访问新加坡。哈西娜在由新加坡工商联合总会主办的孟加拉—新加坡商业论坛上发表演讲。新加坡在新加坡植物园举行以哈西娜为名的胡姬花命名仪式。哈西娜访问期间，新加坡与孟加拉国签署两项协议，加强航空领域合作，及促进本地企业在公共私营合作模式下直接投资孟加拉国的基础设施建设项目。

新加坡副总理张志贤访问中国重庆甘肃

2018年7月3日，新加坡副总理兼国家安全统筹部部长张志贤访问重庆，并与中共重庆市委书记陈敏尔会见，参访重庆主要港口果园港，走访重庆领军互联网企业猪八戒，以及建造中的凯德重庆来福士广场。

7月5日，第24届中国兰州投资贸易洽谈会开幕式暨丝绸之路合作发展高端论坛在兰州举行，新加坡和韩国为本届兰洽会主宾国，新加坡副总理兼国家安全统筹部部长张志贤作主旨演讲。7月5日，中共甘肃省委书记林铎会见新加坡代表团一行。

世界城市峰会市长论坛在新加坡举行

2018年7月8日，世界城市峰会市长论坛在新加坡举行，与会者就如何利用颠覆性创新举措建设城市、为城市基础设施项目融资等议题展开探讨。新加坡国家发展部部长兼财政部第二部长黄循财参加论坛并致辞。世界城市峰会市长论坛是市长及城市领导者们探讨城市面临的迫切挑战、分享最佳实践经验的全球性平台。本次论坛共有来自全球117座城市的122位市长或代表参会。

新加坡与韩国交换经贸等多份合作备忘录

2018年7月12日,新加坡总理李显龙与到访的韩国总统文在寅共同出席了双方多份谅解备忘录的交换仪式。此次交换的备忘录计划推动两国在经贸等领域加强合作。当天,新加坡企业发展局分别与韩国中小企业与初创企业部和大韩贸易投资振兴公社交换谅解备忘录。同时,新加坡贸工部与韩国产业通商资源部交换3份合作备忘录,涉及两国在贸易、工业和能源方面的合作。

新加坡核准《跨太平洋伙伴全面进展协定》

2018年7月19日,新加坡正式核准《跨太平洋伙伴全面进展协定》,成为继墨西哥、日本之后,第3个核准该协议的国家。

新加坡贸工部当天发布文告说,新加坡正式核准《跨太平洋伙伴全面进展协定》,这项协议共有11个国家签署,只要6个国家核准,协议便在60天后生效。

新加坡与中国签署《自由贸易协定升级议定书》

2018年11月12日,在中国国务院总理李克强和新加坡总理李显龙共同见证下,中国商务部国际贸易谈判代表兼副部长傅自应与新加坡贸易与工业部部长陈振声分别代表两国政府在新加坡签署《自由贸易协定升级议定书》。该议定书对原中新自由贸易协定的原产地规则、海关程序与贸易便利化、贸易救济、服务贸易、投资、经济合作等6个领域进行升级,还新增电子商务、竞争政策和环境等3个领域。议定书的签署实现中新双方全面、高水平、互利共赢的谈判目标,有助于促进双方深化有关领域务实合作,不断增进两国企业和人民福祉。

新加坡总统哈莉玛会见到访的中国国务院总理李克强

2018年11月14日,新加坡总统哈莉玛在新加坡总统府会见中国国务院总理李克强。李克强首先转达习近平主席对哈莉玛总统的亲切问候,并表示,中新隔海相望,文化相亲,两国关系与合作有深厚的民间基础,发展潜力巨大。中新秉持友好传统,高层互访频繁,人员往来密切,务实合作不断拓展新领域,使两国人民从中受益。中方愿同新方共同努力,推动两国关系在新时期取得更大发展。李克强指出,2018年是中国—东盟建立战略伙伴关系15周年,中国始终将东盟视为对外关系的优先方向,赞赏新加坡担任中国—东盟关系协调国和东盟轮值主席国期间,为推动中国—东盟关系发展所发挥的积极作用,愿同新方共同努力,促进中国—东盟关系不断取得新进展,为地区乃至世界的和平与发展作出新贡献。哈莉玛表示,40年前中国开启改革开放进程,让中国走上快速发展道路,为中国和世界带来利益,新中关系也开启新的征程。新中两国关系与合作取得长足发展,高层交往密切,各领域合作持续推进。

新加坡与哈萨克斯坦签署双边投资协定

2018年11月21日,新加坡与哈萨克斯坦签署双边投资协定。根据该协定,两国投资者将获得公平与公正待遇,以及全面的保护和安全。协定将保障投资者免遭非法征收财物,并享有因战争、武装冲突、民事争议蒙受损失的赔偿权以及转移资本和回报的自由。如遇到投资纠纷,两国投资者可提请国际仲裁庭进行调解。

新加坡总理李显龙访问阿根廷

2018年11月28日,新加坡总理李显龙开始对阿根廷进行工作访问,并出席在阿根廷首都布宜诺斯艾利斯举行的二十国集团(G20)领导人峰会。李显龙总理和阿根廷总统马克里举行会谈,两位领导人欢迎两国在《双边投资条约》谈判中取得良好进展,期待2019年上半年完成谈判。两国将在2019年展开《避免双重课税协定》谈判。

2018"金色眼镜蛇"联合军演在泰国举行

2018"金色眼镜蛇"联合军演于2月13~23日在泰国罗勇府举行,参加联合军演的国家有泰国、美国、日本、韩国、印度尼西亚、新加坡、马来西亚等。"金色眼镜蛇"是亚太地区规模最大的军事演习,自1982年起每年在泰国举行,至2018年已举办37次,本次有29个国家11075名军人参与。2014年,泰国发生政变后,美国军方缩小参与规模,并结束美国对泰国军事及其他方面的援助。但特朗普就任美国总统后,美国与泰国军政府的关系逐步改善。美方此次派出6800名军人参加军演,人数几乎是上年的两倍,为多年来阵容最大。

泰国公主诗琳通访问中国

2018年4月3~10日,泰王国玛哈扎克里·诗琳通公主应中国政府邀请访华。除北京外,诗琳通公主还访问贵州和四川等地。4日与中国国务院副总理孙春兰会面时,就中泰关系和双方共同关心的问题交换意见,表示泰方高度重视发展同中国的友好合作关系。

泰国副总理兼国防部部长巴逸访问美国

2018年4月21~27日,泰国副总理兼国防部部长巴逸访问美国,与美国国防部部长詹姆士·马提斯会晤,强调泰美两国友好外交关系。詹姆士·马提斯对泰国政府在推进全国大选事务上做出的努力表示认可，并支持泰国迈向完全民主国家。

中国澳门特别行政区行政长官崔世安率团访问泰国

2018年5月10日，中国澳门特别行政区行政长官崔世安在结束对柬埔寨的访问后访问泰国，与泰国总理巴育会面。双方认为要共同参与“一带一路”建设，借此加大两地在多个领域的交流合作，表示粤港澳大湾区发展规划亦是双方拓展合作空间的一大契机。澳门代表团当天开展包括商务、旅游和传统医药等各领域的合作交流活动，并签署普吉—澳门缔结友好城市的谅解备忘录。

泰国主办伊洛瓦底江—湄南河—湄公河三河流域经济合作战略第8届峰会

2018年6月，由泰国主办的伊洛瓦底江—湄南河—湄公河三河流域经济合作战略第8届峰会在曼谷举行，会议通过《曼谷宣言》，各成员国合力制订未来5年发展总规划，侧重加强各领域合作和无缝连接，推动成立区域开发基金会让各成员国加入。峰会结束后，泰国总理巴育召开新闻发布会公布峰会讨论结果，并表示泰国政府很荣幸能主办本届峰会。柬埔寨、老挝、缅甸、越南领导人以及东盟秘书长出席，共同讨论未来发展方向和目标，力争缩减经济差距，促进湄公河次区域经济可持续增长。

缅甸总统温敏与泰国总理巴育举行双边会晤

2018年6月14日，缅甸总统温敏携夫人与内阁成员乘坐专机到达泰国，正式开启对泰国的友好访问，这也是他上任以来首次出访外国。恰逢泰国缅甸两国建交70周年，此次温敏的访泰之行被视为泰缅两国共同磋商发展战略合作的重要机会。温敏与泰国总理巴育进行双边会晤，并于6月16日参加在曼谷举行的伊洛瓦底江—湄南河—湄公河经济合作战略第8届峰会。泰国是缅甸的第三大投资来源国。统计数据显示，截至2018年3月，泰国对缅甸的投资额110.4亿美元，占缅甸引进外资的14.5%。两国的双边贸易也日益活跃。

泰国总理巴育率团出访英法两国

2018年6月20～26日，泰国总理巴育率部分内阁成员对英国、法国展开为期7天的正式访问。此次访问是欧盟决定修复与泰国政治经济等多领域关系后，对泰国总理巴育发出的访问邀请。巴育与英、法政府首脑就增加泰国与英国、法国及欧盟之间的商贸往来等多项议题进行磋商。20日下午巴育总理会见英国首相特雷莎·梅，邀请英国成为战略伙伴关系国家，帮助英国扩大在东盟地区的经济规模。21日，泰国总理巴育正式访问法国，当天巴育总理还与泰国私企团磋商，鼓励泰国企业在法国投资。

泰国总理巴育携夫人一行访问不丹

2018年7月19～20日，泰国总理巴育携夫人一行正式访问不丹。19日拜访不丹国王吉格梅·凯萨尔·纳姆耶尔·旺楚克，而后与不丹首相策林·托杰会晤，商谈促进两国在贸易、旅游、公共卫生等多方面合作。双方互送祝福，并希望两国在即将举行的选举中成功选出廉洁勤政、真正为人民服务的政府。

泰国外长敦赴缅参加缅泰建交70周年庆典

2018年8月14日，缅甸国务资政昂山素季会见前来参加缅泰建交70周年庆典的泰国外长敦，双方就进一步增进缅泰关系，加强经贸、社会、文化合作，保护在泰务工的缅甸劳工的根本利益，增进边境地区居民间的友好关系，两国合作经营水产领域，泰国帮助缅甸开办职业学院等议题进行交谈。当日上午，缅泰两国合作联合委员会第9次会议在内比都举行，缅甸国际合作部部长觉丁及泰国外长敦主持会议。会后，缅泰两国签署两项备忘录，即航空合作和关于促进若开邦海产养殖业务发展的合作备忘录。此外，泰国总理巴育也致函昂山素季，就泰国与缅甸建交70周年表示庆贺，强调泰国将持续保持与缅甸的友好外交关系，继续推进泰缅两国在多方面的合作与共同发展。

纪念中国—东盟战略伙伴关系15周年国际研讨会在泰国曼谷举行

2018年10月22日，“中国—东盟战略伙伴关系：新时代、新愿景”国际研讨会在泰国曼谷举行，此次研讨会由中国驻泰国大使馆、泰国外交部和法政大学联

10月22日，“中国—东盟战略伙伴关系：新时代、新愿景”国际研讨会在泰国曼谷举行 （百度网）

合举办。来自中国以及东盟国家的10余位知名学者就会议主题展开讨论,泰国政府、研究机构、高校、行业协会及东盟国家驻泰使团代表等200余人出席。与会专家学者围绕地缘格局变化中的中国—东盟关系、互联互通、人文交流等议题进行研讨,普遍认为中国经济发展前景看好,始终是带动地区和全球经济发展的重要引擎。中国积极发展同东盟关系,支持东盟在区域合作中的中心地位,是东盟值得信赖的重要伙伴,“一带一路”倡议带动了其他大国在本地区的基础设施投资,促进地区主义和多边主义发展,有利于地区和平、稳定和繁荣,符合各方利益。在当前孤立主义和保护主义抬头的背景下,应继续推进10+1、10+3、东亚峰会、东盟地区论坛等地区合作,早日完成“区域全面经济伙伴关系协定”谈判。同时继续增进战略互信,加强海上务实合作,把南海建成和平、合作与繁荣之海。

泰国总理巴育与老挝总理通伦·西苏里举行双边会晤

2018年12月14日,泰国总理巴育与老挝总理通伦·西苏里在万象举行双边会晤,并一同出席第3届泰老内阁非正式联席会议,见证两国签署教育、电力、司法、交通等方面的7份合作协议。泰国和老挝在朝着建立促进增长和可持续发展的战略伙伴关系迈进,把深化两国关系的新高度作为目标,加深合作,深化友谊。

美国航空母舰在越战结束后首次访问越南

2018年1月24~25日,美国国防部部长马蒂斯访问越南,其间越南国防部宣布美国航空母舰将于3月访问越南岘港。3月5~9日,美国海军“卡尔·文森”号航母以及一艘驱逐舰、一艘巡洋舰编队抵达越南岘港停靠仙沙港进行为期4天的访问。此访美军整个航母编队官兵人数达6000人。访问期间,美军航母编队指挥官代表会见越南岘港市负责人、越南海军司令和海军三区司令;一些军官和船员参观探访岘港的橙剂/二噁英受害者服务中心、社会救助中心、精神病人调养中心。越南军人登上“卡尔·文森”号航母参观。双方进行防火抢险、供水供电等专业技能交流以及音乐表演、体育交流等活动。这是自1975年越战结束后美国航空母舰首次访问越南,体现越美防务关系正在升温。

第6次大湄公河次区域合作峰会和第10届柬老越发展三角区合作峰会在越南河内同期举行

2018年3月29~31日,第6次大湄公河次区域合作峰会在越南河内举行。来自中国、柬埔寨、老挝、缅甸、泰国、越南以及东盟秘书处和相关国际组织代表就继续加强区域投资合作、促进贸易往来、可持续利用资源等问题进行讨论。大湄公河次区域合作峰会通过联合宣言、《2018~2022年河内行动计划》和《至2022年区域投资框架》3份文件,其中《至2022年区域投资框架》确定未来5年间的优先项目,包含227个投资和技术援助项目,投资总额约660亿美元。第10届柬老越发展三角区合作峰会同期在河内举行,柬埔寨首相洪森、老挝总理通伦和越南总理阮春福对至2020年柬老越发展三角区经济社会发展总体规划落实情况作出评价并发表联合声明。

2018年世界经济论坛东盟会议在越南河内举行

9月11~13日,主题为“东盟4.0:企业精神和第四次工业革命”的2018年世界经济论坛东盟会议在河内举行。包括东盟多国元首在内的1000多名代表参会。其间共举行60场会议,集中讨论和提出各种设想、方向和倡议来激发企业和居民的潜力、创造力,走向建设为人民、活跃、强大和繁荣的东盟共同体。其中,革新创新、创业、新经营模式、适应数字经济发展、数字知识和数字技能、培训和解决就业问题、缩小发展差距、可持续减贫等内容成为代表们深入讨论的议题。第四次工业革命(工业4.0)被认为是涉及许多领域的一场革命。在越南,2017年5月4日政府出台《关于加强迎接第四次工业革命能力的指示》,其中强调越南要集中促进发展信息传媒技术,在基础设施、应用和人力资源开发等方面取得实质性突破。

9月11~13日,2018年世界经济论坛东盟会议在越南河内举行 (百度网)

越南首次组织野战医院作为独立单位参加联合国维和行动

2018年10月1日,越南一号二级野战医院63名成员前往南苏丹执行维和任务。这是越南首次组织一个独立单位参加联合国维和行动。此前,越南先后派遣前往中非共和国和南苏丹执行维和任务的军官29人次。

越南国会批准《全面与进步跨太平洋伙伴关系协定》

2018年11月12日，越南第十四届国会第六次会议以全票赞成批准《全面与进步跨太平洋伙伴关系协定》(CPTPP)及相关文件，成为11个成员国中第7个批准该协定的国家。CPTPP被视为现今世界第三大自由贸易协定，于2019年1月14日对越南生效实施。据越南国内分析，加入该协定有助于越南扩大出口市场，吸引投资，增加就业，提高经济效益，促进经济增长，并朝着更加透明和开放的方向促进政策改革等。但与此同时，也给越南带来巨大的挑战，譬如在劳动工会、政府采购、国有企业管理、知识产权等方面。CPTPP目前有11个成员国，GDP约10万亿美元，占全球GDP比重约13%。

越南政府副总理兼外交部长范平明访问老挝

应老挝外交部部长沙伦赛·贡玛希的邀请，越南政府副总理兼外交部长范平明于12月18~19日对老挝进行正式访问并同老方领导人共同主持第5次越老外交部长级政治磋商。

老挝人民革命党中央总书记、国家主席本扬、老挝总理通伦·西苏里、老挝国会主席巴妮·雅陶都等出席会议。在各场会见中，老挝高度评价年度举行的两国外交部长级政治磋商机制，并认为其有利于两国外长深入讨论两国战略性问题，向党和国家提出参谋意见，加强双方对两国党和国家的合作。

此前，12月19日上午在老挝外交部，越南政府副总理兼外长范平明同老挝外长沙伦赛·贡玛希举行会谈，共同讨论促进双边关系的措施以及就共同关心的地区和国际问题交换意见。

经　　济

中国四川涪陵页岩气田累计供气超100亿立方米

2018年3月21日，中国石油化工集团宣布，中国首个大型页岩气田——四川涪陵页岩气田已经累计供气突破100亿立方米。这标志着中国页岩气生产已加速迈进大规模商业化发展阶段，对促进能源结构调整，加快节能减排和大气污染防治具有重要意义。

中国广深港高铁香港段通车

2018年9月22日，中国广(州)深(圳)(香)港高铁香港段开通仪式在香港西九龙站举行，粤港各界人士约400人参加开通仪式。自此，香港正式接入中国国家高铁大网络。

中国港珠澳大桥开通运营

2018年10月24日上午9时，世界上最长的跨海大桥，也是中国境内连接香港、珠海和澳门的跨海大桥——港珠澳大桥正式开通运营。港珠澳大桥东起香港国际机场附近的香港口岸人工岛，向西横跨南海伶仃洋后连接珠海和澳门人工岛，止于珠海洪湾立交；桥隧全长55千米，其中主桥29.6千米、香港口岸至珠澳口岸41.6千米；桥面为双向六车道高速公路，设计速度100千米/小时，为珠江三角洲地区环线高速公路南环段。港珠澳大桥于2009年12月15日动工建设，2017年7月7日实现主体工程全线贯通，2018年2月6日完成主体工程验收

中国三峡水库实现试验性蓄水目标

2018年10月31日，中国三峡水库水位达到175.0米，实现2018年试验性蓄水目标。这标志着中国三峡水库连续第9年圆满完成175米试验性蓄水任务，为发电、航运、供水、生态提供有力保障。

中国举办首届国际进口博览会

2018年11月5~10日，首届中国国际进口博览会在中国上海举办。博览会以“新时代 共享未来”为主题。共吸引172个国家、地区、国际组织参与，3600多家企业参展，超过40万境内外采购商到会洽谈采购，展览总面积超过30万平方米，累计进场人数达80万人次。累计意向成交额578.3亿美元。中国国家主席习近平出席开幕式并发表题为《共建创新包容的开放型世界经济》的主旨演讲。展会期间，举办首届虹桥国际经贸论坛、虹桥国际财经媒体和智库论坛等活动。

文莱第14届立法会会议通过2018/2019财年预算

2018年3月20日，文莱第14届立法会会议通过2018/2019财年预算，预算额为53亿文莱元，所有预

11月5~10日，首届中国国际进口博览会在中国上海举办　　(百度网)

算拨款于4月1日开始生效。其中,发展部9亿文莱元,文化青年与体育部7.63亿文莱元,财政部7.47亿文莱元,教育部6.96亿文莱元,首相署5.37亿文莱元,卫生部3.4518亿文莱元,交通部5480万文莱元,初级资源与旅游部0.54亿文莱元。

文莱建设全球清真中心

2018年3月28日,2018年国际清真贸易中心和服务贸易活动签字仪式在文莱 Anggerek Desa 科技园举行,数家文莱公司与马来西亚的全球清真厂商签署战略联盟协议。协议内容包括将文莱发展为清真中心,这不仅是为了本国市场,而且也是为了促进国际清真产品的生产。协议强调国际清真市场的突出地位以及文莱在其中的作用。

文莱达鲁萨兰伊斯兰银行获认证为文莱最佳零售银行

文莱《婆罗洲公报》和文莱广播中心2018年3月31日报道,文莱达鲁萨兰伊斯兰银行(BIBD)再次被国际权威杂志《亚洲银行家》认证为文莱最佳零售银行。这是BIBD第6次获得该荣誉。

文莱伊斯兰保险再次获得文莱最佳伊斯兰保险公司称号

文莱广播中心2018年7月30日报道,文莱伊斯兰保险公司在伦敦举行的2018年第12届国际伊斯兰保险奖颁奖典礼上获文莱最佳伊斯兰保险公司称号,这是文莱伊斯兰保险继2017年获得该荣誉后第2次获此称号。

文莱在全球创新指数方面取得重大进展

文莱《婆罗洲公报》2018年8月1日报道,最新公布的2018年全球创新指数(GII)的市场优势指标下,文莱获得信贷的难易程度指数排名有很大提升,从2017年的第55位跃升至2018年的全球第2位,其机构指标仍排全球第1。

文莱新的大型工业区鲁谷工业区建成

文莱《联合在线》2018年10月7日报道,文莱最新最大型工业区鲁谷工业区(Lugu Light Industrial Park)已建成。该工业区共有107间厂房,工业区内安排有专业团队管理以提升环境的品质,有保安守卫监管以确保工业区的安全。该工业区欢迎高科技工业企业入驻,并将享有特别优惠。

文莱仍然是全球表现最好的10大伊斯兰金融市场之一

据文莱《婆罗洲公报》2018年12月1日报道,根据2018年“汤森路透伊斯兰金融发展报告”,文莱仍然是131个国家中表现最好的10大伊斯兰金融市场之一。

文莱金融监管局推广无现金社会理念

《中国—东盟贸投指数简报》第16期《文莱国家风险机遇动态简报》(2018年12月1日至2019年1月20日)报道,文莱金融监管局推广无现金社会理念,希望成为“数码支付国”。文莱金融监管局2018年银行支付服务调查显示,2016~2017年,移动支付使用率增加135%,在线支付服务的使用率也同步增长。文莱金融监管局通过其2019~2025年文莱数码支付发展路线图的落实,推动支付模式走向电子化,目标是让文莱成为数码支付国。

柬埔寨调高个税起征点

2018年1月,柬埔寨财经部宣布,自2018年1月起,柬埔寨个税起征点由250美元增至300美元,新的纳税比率分别是:0~120万瑞尔(约300美元,1美元约为4050瑞尔),薪资税率0%;120万以上~200万瑞尔(约500美元),薪资税率5%;200万以上~850万瑞尔(约2125美元),薪资税率10%;850万以上~1250万瑞尔(约3125美元),薪资税率15%;1250万瑞尔以上,薪资税率为20%。这是柬埔寨政府自2016年以来第3次调高个税起征点。此外,新的计算标准允许纳税家庭人口和生活开支抵扣税基,相当于进一步提高起征点。据估算,拥有3名子女的五口之家个税起征点约为450美元。

美国给予柬埔寨普惠制待遇延长至2020年

2018年4月,美国总统特朗普签署有关文件,将给予柬埔寨的普惠制待遇延长至2020年12月31日。自2018年1月1日起出口至美国的产品均可申请退税,通过 Special Program Indicator(SPI)出口产品到美国的公司所纳税款将自动退回,未通过SPI出口产品到美国的公司可通过商业部申请退回税款。美国驻柬埔寨大使馆表示,从1997年起柬埔寨开始享有美国普惠制待遇,过去20年免税出口至美国的商品总金额高达1790亿美元。2016年年底,美国还对柬埔寨旅行用品给予普惠制待遇。

柬埔寨西哈努克港多功能码头启用

2018年6月25日,柬埔寨可容纳5万吨级货轮停泊的西哈努克港多功能码头正式启用。当日启用的多功能码头包括长330米、深13.5米的散货码头,长200米、深7.5米石油勘探专用码头,以及一艘拖船,总投资额7400万美元,由日本政府提供优惠贷款援助。柬埔寨首相洪森出席启用仪式。

柬埔寨最大水电站——桑河二级水电站竣工投产

2018年12月17日，柬埔寨最大的水电站——桑河二级水电站举行竣工投产仪式，柬埔寨首相洪森、中国驻柬埔寨大使王文天共同出席仪式。该水电站是一个商业项目，获得中柬两国政府的大力支持。负责建设运营的桑河二级水电有限公司是一家中、柬、越三国合资公司，三方分别持有项目股权的51%、39%和10%。项目建设通过银团商业贷款方式获得所需资金。项目特许经营期45年，其中建设期5年，商业运行期40年。动工之前，公司就与柬埔寨电力公司签署《购售电协议》，确定基础电量和电价，并由柬埔寨政府提供支付担保，这为投资各方未来盈利提供了稳定预期。桑河二级电站大坝全长6500米，号称“亚洲第一长坝”。共安装8台5万千瓦灯泡贯流式机组，装机总容量40万千瓦，约占柬埔寨全国发电装机总容量的1/5，年均发电量约19.7亿千瓦时。

印尼禁止比特币支付称其可能被用于恐怖主义融资

2018年1月24日，印尼央行再次公开确认，由于数字货币比特币的匿名交易特性，极有可能用于恐怖主义融资与洗钱活动，而且根据央行相关职能部门的统计数据，比特币先前已被用于恐怖主义活动，其中包括2015年发生在首都雅加达的恐怖爆炸事件，当时肇事者威胁商场管理部门并要求支付大量比特币作为赎金。印尼央行支付系统与货币管理部官员Teguh Setiadi于1月23日在巴厘岛宣布，鉴于比特币可能被用于恐怖主义融资、洗钱等的严重危害性，印尼政府与央行提醒公众，不要使用比特币作为支付手段，因为此种交易行为违法及国家货币法。而且，由于比特币缺乏监管，难以保护公众利益，常给使用者带来经济损失。

柬埔寨最大的水电工程——桑河二级水电站　　（新华社）

印尼政府和央行同意采取五条战略措施管控通货膨胀

2018年1月，印尼央行通信部门执行主任阿古斯曼在雅加达称，政府和央行一致同意，采取五条战略措施将2018年的通货膨胀控制在2.5%～4.5%目标范围内。这五条战略措施是：第一，维持价格波动较大的食品通货膨胀在4%～5%范围，以确保充足的粮食供应；第二，设定管理价格的上涨时机和数量，以及控制出现膨胀的潜在影响；第三，加强中央政府、地方政府和央行之间的协调；第四，提高数据的质量来支持政策的制定；第五，强化央行的政策组合，确保维持宏观经济稳定。保持物价稳定和低通货膨胀，有利于经济复苏和改善人民的福祉。数据显示，如果连续3年实现通货膨胀为3%～5%的目标，就能够为增强民众购买力作出积极贡献，进而推动国民经济增长。

印尼采取措施方便外劳进入

2018年2月，印尼劳工部长哈尼夫·塔吉里确认已同有关部门统筹采取方便外劳进入印尼的措施。在2015年第16号劳工部长条例中，进入印尼的外劳必须持有有关部门的推荐书以及以合同为主的准证。经统筹，当局取消有关推荐书的条件。哈尼夫说，方便外劳进入印尼不会影响印尼国内劳工的就业机会，因为允许前来印尼的外劳不是普通工人而是专业人才，尤其是数字经济领域的人才。此举有利于满足国内迅速发展的电商业务需求。

印尼发行12.5亿美元绿色清真债券

2018年2月24日，为大力推动绿色项目的建设发展，同时也为了充分发挥清真市场的潜在力量，印尼政府开始发行12.5亿美元绿色清真债券，融资所得将用于环保投资项目。印尼是世界上第一个发布绿色清真债券的国家。这种国际有价证券的账期为5%，年息为3.75%。所谓绿色债券是指把证券融资所得专门用于资助符合条件的绿色项目，或为这些绿色项目进行再融资的债券工具。绿色债券与普通债券相比，有几个不同点，即债券募集资金的用途不同，绿色项目的评估与选择程序具特殊性，募集资金的跟踪管理及要求出具相关年度报告也不同。

印尼政府制定“印尼制造4.0”计划及路线图

2018年4月，印尼政府推出“印尼制造4.0”（Making Indonesia 4.0）

计划及其路线图，这是印尼响应世界范围内的以数字技术、生物科技、物联网和自动化为主要特征的第四次工业革命所做的战略性布局。“印尼制造4.0”计划是印尼一项国家战略，由印尼工业部具体领导和推行。要使印尼经济变得更有竞争力，提高工业增加值，发展高科技产业是关键方向。“印尼制造4.0”计划设置五个优先发展行业：食品和饮料、汽车、纺织、电子和化工。在这五个产业部门印尼已具备一定的发展基础，在经济发展中所占份额较大，且国际市场空间较大，对推动印尼就业、出口和未来科技发展都有重要意义。政府设想通过实施“印尼制造4.0”战略，能够为经济增长贡献1～2个百分点，即在2018～2030年，实现每年GDP增速达6%～7%，制造业在GDP中的贡献率达到21%～26%，创造就业机会700万～1900万个。

国际信用评级机构穆迪上调印尼国家主权信用评级

2018年4月16日，国际信用评级机构穆迪发布报告，将印尼国家主权信用评级从投资级别的Baa3上调至Baa2，评级展望为稳定。穆迪在报告中说，得益于较大的经济体量、强劲且稳定的经济增速、稳健的银行系统及谨慎的财政和货币政策，印尼应对经济冲击的能力和韧性得到改善。报告还说，印尼央行将宏观经济稳定性置于短期经济增长之上，并在过去3年将通胀率维持在温和可控水平。不过，穆迪也警告，国际商品价格上涨将给印尼造成短期通胀压力。此外，印尼国有企业近年来积极参与基础设施建设，部分企业债务风险可能上升。印尼央行行长阿古斯当天在一份声明中说，Baa2是穆迪给予印尼的历史最高评级，这是对印尼经济的肯定。

印尼农业部修订农业领域投资条例

2018年4月，印尼农业部长阿姆兰表示，农业部已经对妨碍到印尼农业领域投资的141项条例予以修订，除了废除一些法规之外，印尼农业部亦把15项法规简化成为1项法规。此外，还有50项条例正在进行修订。

印尼经济统筹部公布第16期振兴经济配套措施

2018年11月19日，印尼经济统筹部公布第16期振兴经济配套措施，主要包括三项内容：第一，政府为新兴工业，无论是上游性质的新兴工业或者是下游性质的新兴工业提供更广泛的免税期或减税期优惠。第二，政府修改有关投资负面清单，对某些比较重要的行业放宽其投资许可证所需要的条件，推动更多的国内投资落实，包括推动中小微企业和合作社扩大营业规模，促进生产和发展。在一些外资比较少投资的行业，同样给予比较宽松的条件，而且政府还允许外资提高其所持股权的比例。第三，为加强对外汇市场的监控，政府强制性要求出口商，特别是天然资源出口商（包括矿产、农业和农园产品、林业产品和渔业产品等）把出口所取得的外汇存入国内银行。可获得免税期或减税期优惠的18大类行业分别是：上游基本金属工业；具有或没有衍生产品的油气冶炼厂工业；具有或没有衍生产品的以原油、天然气或煤炭为基础的化学工业；无机基础化学工业；有机基础化学工业；医药原料工业；半导体和电脑其他主要零备件生产工业；通信设备制造业；医疗器材主要零配件制造业；诸如电力机等类机械工业的主要部件制造业；诸如活塞、气缸盖等类机械工业的主要部件制造业；机器人部件制造业；船舶主要部件制造业；发动机、螺旋桨等类飞机部件制造业；诸如电动机或传输机等类的火车主要部件制造业；发电站机械制造业；发展基础设施经济领域的生产商；农业方面的生产业。

印尼与欧洲自由贸易协会签署CEPA

2018年12月17日，印尼与欧洲自由贸易联盟（EFTA）在雅加达签署全面经济伙伴关系协议（CEPA）。11月23日，印尼与EFTA在瑞士日内瓦完成自2011年初启动谈判以来的第15轮谈判，结束了将近8年的会谈。欧洲自贸联盟包括瑞士、列支敦士登、冰岛及挪威。基于上述自贸协定，双方取消涉及数千种商品贸易的关税和非关税壁垒，为印尼劳工提供更多的就业机会。印尼受惠的领域包括电信、财政、交通运输和教育等。同时，欧洲自贸联盟成员国将加大对印尼的能源、采矿、机械、农业、水产业基础设施、林业、化工等领域的投资力度。双方还加强水产业、出口、旅游、中小企业可持续发展、机械维护、职业教育等方面的合作。

印尼数字经济发展提速

2018年，印尼数字经济规模在东南亚地区占比高达40%，市场规模达到460亿美元，东南亚排名前7位的数字经济领域“独角兽”初创企业有4家总部设在印尼，这说明印尼正在成长为东南亚数字经济的中心。印尼发展数字经济的目标是在2020年前成为东南亚地区最大的数字经济体，并使数字经济成为国家的主要经济领域。电子商务是印度尼西亚数字经济成长的主要驱动力，近年来线上交易额年均增长40%，2018年交易额达122亿美元。交易中介服务、物流、电讯和智能手机等产业随之勃兴。印尼政府制定电子商务发展路线图，计划在资金支持、税收、消费者保护、教育和人力资源、电信基础设施、物流、网络安全和管理实施8个方面对电子商务提供支持。

印尼政府和央行积极应对货币贬值风波

2018年，由于印尼经常项目出现赤字，资本外流明显，美元走强，导致印尼货币严重贬值。1美元兑印尼盾从年初的13500贬值为9月的14800，一度更是接近15000，为1998年亚洲金融危机以来的最低水平。年内印尼盾对美元汇率下跌约11%，是跌幅最大的新兴市场货币之一。印尼央行迅速采取行动稳定本币汇率，以维护金融和经济形势稳定。印尼政府提高关税，作为抑制货币贬值的重要举措。将纺织品、陶瓷、电缆等700多种进口商品的所得税税率从2.5%提高到7.5%，将奢侈品、汽车整车和豪华自行车的关税提高到10%。印尼央行还多次提高利率，并动用外汇储备来捍卫印尼盾。

老挝政府加大税收监管力度

《万象时报》2018年2月28日消息，老挝万象市约有3039家企业未能依法纳税，万象市税务局近日发出最后通牒，要求未能按照法律交纳税款的企业在4月30日之前缴纳欠付税款并如实报送企业经营情况，违者将被终止经营活动。下一步，万象市工贸部门将对部分未有实际经营活动的企业进行核查，并采取如吊销或更换营业执照等相应措施。为进一步完善国家税务征收系统，老挝万象省、琅勃拉邦省、波里坎塞省、甘蒙省、沙湾拿吉省和占巴色省及万象市开始使用Easy Tax电子税收系统征税。该支付系统可以通过老挝外贸银行、老挝发展银行、农业促进银行和老越银行等4家银行在线缴税。

老挝政府公共债务率逐年上升

《万象时报》2018年4月10日消息，根据国际货币基金组织报告，近年老挝政府的公共债务和公共担保债务率不断攀升，从2017年的61.1%升至2018年的65.3%。最近的一份政府报告显示，2017年老挝财政赤字率达到GDP总额的6.52%，2018年老挝政府拟采取多种措施将赤字率降至5%。

民营企业大举投资老挝经济特区

2018年4月26日，老挝政府工作人员和各个经济特区的代表们在万象参加由规划投资部副部长Khamlian Pholsena主持的会议，讨论《2017年经济特区发展和管理成就》并商议《2018年各项工作计划》，与会人员对如何应对面临的各种挑战以及未来如何更好地发展经济特区提出建议。过去16年民营企业约注资20亿美元投资老挝的经济特区。自2002年起，老挝在国内共建立12个经济特区，占地面积19612公顷，377家国内外公司进驻各个特区，注册资本80亿美元。特区为政府预算贡献2000多万美元的财政收入，并提供20000多个工作岗位。

世界银行帮老挝提高农业生产力和质量

世界银行理事会于2018年4月26日通过援助老挝农业竞争力项目，通过援助老挝农业竞争力项目，提高农业生产率和商业作物的产量。项目耗资2500万美元，涵盖224个农村地区的2.8万个农户，超过14万人受益。农业对老挝至关重要，但由于农业生产率、农产品质量和盈利能力不高，老挝农业部门在满足国际和国内市场需求方面正面临严峻挑战。该项目通过推广最佳农业技术、提高农产品质量和降低成本来应对这些挑战，将农民与农业企业联系起来，以提高市场营销水平，并采取更加现代和环保的加工设施和技术，以提高产品价值和减少损失。

老挝政府采取多项措施促进经济增长

老挝《万象时报》2018年6月7日报道，老挝政府总理通伦告知国会政府采取一系列措施促进经济增长。政府将引进电子系统堵住收入的漏洞，精简流程，加快投资和业务审批速度，提升一站式服务机制的运行效率。此外，政府还采取降低投资成本、控制通货膨胀率、调整汽油价格结构、优先考虑中小企业融资、成立商业研究发展中心、合理规划和开发农业用地、实施2018老挝旅游年计划等措施来促进经济增长。

老挝政府努力改善投资环境

《万象时报》2018年6月8日消息，老挝总理通伦在国会第五次会议开幕式上发表讲话，提出政府以改善投资环境为首要目标，下半年将在完善一站式服务流程、跟踪项目实施进展、为经济特区内的投资者提供更多便利、消除投资壁垒、降低投资成本等方面为投资者提供服务，同时希望能在农业和旅游领域吸引更多投资。

老挝政府对亏损的国有企业不再给予补贴

在2018年6月11日召开的老挝国民大会上，通伦总理明确表示政府将不再对亏损的国有企业提供任何补贴，经营不善的国有企业若不努力扭转局面终将难逃关停命运。总理通伦在讲话中重点提到刺激经济发展的八大措施，他说政府将帮助国有企业，但如果企业自身无有效业绩，那么政府将按照《破产法》相关规定处置国有企业。政府保留具有战略作用的企业，其他企业要进行转型，比如说成立公私合营企业，同时政府为民营企业进入公共服务和公共产品领域提供便利，以便减轻政府财政负担。老挝有国有企业135家，国有资产规模超过50亿美元。

老挝61座水电站先后发电

老挝《经济社会报》2018年11月30日报道，老挝全国有61座水电站已实现发电，总装机容量7207兆瓦，可满足国内需求并向泰国、越南、马来西亚、柬埔寨和缅甸出口富余电力。老挝还有在建水电站36座。

老挝南俄5水电站 （百度网）

马来西亚政府启用全新电子采购系统

2018年1月1日，马来西亚政府启用新的电子采购系统，政府的非咨询供应及服务采购100%使用线上系统进行。任何要取得政府采购合约的供应商都须向财政部登记，以启动线上基础账号或财政部账号。马来西亚政府每年的供应及服务采购开销达180亿林吉特。财政部通过这项新系统加强政府采购的监督工作，同时可向所有供应商收集大数据，在未来制定更有效的政策。

马来西亚央行上调隔夜政策利率

2018年1月25日，马来西亚中央银行宣布，将隔夜政策利率提高25个基点至3.25%，这是马来西亚自2014年7月以来首次加息。马央行在货币政策声明中说，加息是基于良好的外部和内部经济表现。从外部看，全球贸易继续支撑经济增长，世界金融市场保持稳定，发达经济体就业情况不断改善，亚洲区域各经济体内部经济活跃度高，全球经济风险得到平衡。从内部看，近期数据印证了该国出口的强劲以及内部经济的活跃。鉴于马来西亚已处于负利率一段时间，加上经济基本面改善及游资稳健，宏观基本面因素已为国行提供足够的升息空间。在央行宣布加息后，包括马来西亚国家银行、兴业银行、马来亚银行、联昌国际、马来西亚华侨银行、丰隆银行、Mualamat银行及马来西亚伊斯兰教银行，纷纷跟进升息步伐，皆将基准率与基本贷款利率提高25个基点。

马来西亚引入阿里云ET城市大脑

2018年1月29日，马来西亚数字经济发展机构和吉隆坡市政厅联合宣布引入阿里云ET城市大脑，人工智能将全面应用到马来西亚交通治理、城市规划、环境保护等领域，在第一阶段将应用到马来西亚首都吉隆坡281个道路路口，通过红绿灯动态调节、交通事故检测、应急车辆优先通行等措施，来缓解吉隆坡拥堵的交通状况。

马来西亚宣布七大股票交易新措施

2018年2月6日，为进一步激发市场活力，马来西亚宣布七大股票交易新措施：成立马来西亚与新加坡股市之间的交易链接；从2018年3月起，豁免投资中小型上市公司的印花税，为期3年；放宽股票抵押金户口条件；允许投资者当日个股卖空；推介“专职交易者”新类型投资者；推出以交易量为准的奖励计划等。

标致雪铁龙在马来西亚设立东盟制造中心

2018年2月26日，法国标致雪铁龙集团与马来西亚纳莎集团达成协议，双方将组建一家合资公司，在马来西亚吉打州建立标致雪铁龙集团东盟制造中心工厂。该工厂主要为马来西亚及其他东盟国家生产标致雪铁龙旗下的标致、雪铁龙和DS 3个品牌汽车，预计年产能为5万辆。标致雪铁龙集团拥有该汽车工厂56%的股份，工厂预计于2018年底投产，2019年产品将投入马来西亚和其他东盟国家市场。按照协议，纳莎还将拥有标致雪铁龙旗下品牌汽车在马来西亚的独家经销权。

马来西亚微信林吉特钱包开通

2018年3月，腾讯总裁马化腾宣布腾讯在马来西亚已申请到第三方支付牌照，正在推动各个银行间的技术改造。6月中旬，微信支付（WeChat Pay）林吉特包在马来西亚正式开通。所有大马微信用户都可以使用微信支付功能。马来西亚有微信用户2000万户。微信支付业务的短期目标依然是中国游客。

马来西亚和新加坡将设立股市“直通车”

2018年2月6日，马来西亚总理纳吉布宣布，马来西亚与新加坡将建立两国股票市场交易互联互通机制，以促进投资。

马来西亚关丹联合钢铁1号高炉点火试生产

2018年6月6日，由中冶赛迪设计、设备成套，上海宝冶施工的马来西亚关丹联合钢铁1号高炉成功点火试生产。联合钢铁炼铁工程包含2座1080立方米高炉，是目前马来西亚容积最大、工艺最先进的高炉。马来西亚联合钢铁项目于2016年11月21日开工建设，2017年11月20日1号高炉整体封顶，2018年2月8日1号热风炉成功点火烘炉，1号高炉3月22日具备烘炉条件，3月26日正式点火烘炉，5月实现全流程生产线贯通，比计划建设工期提前1年。2号高炉也于7月具备试生产条件。马来西亚联合钢铁项目是"一带一路"倡议的重点项目，也是国际产能创新合作的示范性项目。

马来西亚南部铁路项目开工

2018年4月3日，马来西亚南部铁路工程项目在柔佛州昔加末开工建设。该项目由中国铁建、中国中铁和中国交建3家企业共同承建，根据中国中铁此前发布的公告，项目为金马士—新山双线电气化升级改造米轨铁路，全长191.14千米，设计客运时速160千米，合同金额为89亿林吉特（约合144.7亿元人民币）。根据规划，该铁路工程项目预计在2020年完工，届时从新山经金马士到巴丹勿剎的列车将全部实现双轨运行。

马来西亚发展都市农业型社区

2018年4月28日，马来西亚提出力争到2020年创建2万个都市农业型社区。都市农业型社区是马来西亚政府的一项倡议计划，旨在确保食品安全的完整供应链。通过该模式，市民可以充分利用房屋周围的空间来耕种。政府认为，都市农业型社区模式将对人们产生积极的影响，还有助于降低生活成本。马来西亚现有1.1万个都市农业型社区。

2018年东南亚国际半导体展在吉隆坡举行

5月22～24日，2018年东南亚国际半导体展在马来西亚吉隆坡举行。国际半导体产业协会主席黄凯辉、马来西亚投资发展局总执行长阿兹曼出席开幕式并致辞。参展的国内外企业超过400家，吸引中国、韩国、日本、美国、欧洲等国家和地区的业者及访客8000多人前来参观。

马来西亚政府债务占GDP的80%

2018年5月25日，马来西亚财政部部长林冠英表示，政府债务与负债总额高达1.087万亿林吉特（2733.9亿美元），占国内生产总值（GDP）的80.3%。这些债款包括联邦债务、政府担保无力偿还债务的公司的欠债，以及政府承诺为公私合作项目（如学校和医院）支付的额外租金等。为了减轻政府债务负担，希盟政府暂停或取消多项大型建设项目，包括地铁三号线项目、马新高铁、东部铁路、马六甲皇京港以及几条燃气管道计划等。同时，政府决定设立马来西亚"希望基金"，让爱国民众捐款救国。至6月4日，筹款总额3000万林吉特。马来西亚财政部表示，马来西亚经济基本面依然强劲，金融业稳定、银行业资本充足，市场流动性充足，可以应对面临的经济问题。

马来西亚新政府采取措施稳定油价

2018年5月15日，为稳定油价，马来西亚总理马哈蒂尔宣布，政府将废除汽油管理性浮动机制，推行援助特定目标群的汽油津贴机制。6月7日，马哈蒂尔宣布，政府决定将95号汽油和柴油价格维持在每公升2.2林吉特和2.18林吉特，而97号汽油的价格从即日起每周随着市场浮动。政府提供每公升约0.3林吉特的燃油补贴。为维持95号汽油和柴油价格至2018年年底，政府共拨出30亿林吉特作为差额补贴。此外，政府还在研拟援助特定群体的汽油津贴机制。至2018年底，马来西亚上述两种燃油价格基本稳定。

马来西亚政府拨款4.3亿马币给2020年国家储备基金

2018年6月8日，马来西亚国家财政理事会同意，为2020年国家储备基金提供4.3亿林吉特拨款。政府为2020年国家储备基金提供拨款，是为了向面临管理户头缺乏资金的州属支付预算款，赤字拨款为1.5亿林吉特。其余的2.8亿拨款用于经济、基建及提高生活水平拨款，目的是为了帮助各州属加快发展。2018年，经济、基建及生活水平拨款已经支付给7个州属，包括吉打、吉兰丹、沙捞越、登嘉楼、玻璃市、槟城及霹雳。

6月6日，由中冶赛迪设计、设备成套，上海宝冶施工的马来西亚关丹联合钢铁1号高炉成功点火试生产 （百度网）

马来西亚实施定价强制性标准提高宽频速度下调宽频价格

2018 年 6 月 8 日，马来西亚开始制定实施定价强制性标准，要求所有电讯公司在年底将宽频价格下调 25%。马来西亚通讯及多媒体委员会秉持“双倍速度，一半价格”的原则，通过价格合理的宽频服务提供更快速的互联网连接。在 2018 年 10 月落实定价强制性标准后，马来西亚高速宽频服务的价格平均下降 49%。马来西亚平均固定宽频速度，从 2018 年 1 月的 22.5Mbps 提高到 2019 年 5 月的 68.5Mbps，高于全球平均 59.6Mbps 的水平。

缅甸成立电子政务项目委员会

2018 年 1 月 23 日，缅甸成立电子政务项目委员会，旨在使包括公司注册、投资申请、纳税等在内的相关行政业务通过电子设备及互联网平台进行，以提高政务运转效率。

开放外资企业进入批发和零售行业

2018 年 5 月 9 日，缅甸商务部发布 25/2018 号指令，允许外国全资企业和合资企业在缅甸开展批发和零售业务。此前，只有获得当局允许的缅外合资企业才能开展相关业务。据悉，2018 年政府对于外资企业进入批发、零售市场的批准率达 100%。

缅甸批准成立首家信用咨询公司

2018 年 5 月 17 日，缅甸中央银行发布公告，批准缅甸信用统计局在缅甸成立首家信用咨询机构。该公司预计于 2019 年年底开始营业，为企业提供信用咨询和征信服务。信用咨询公司的成立有助于企业在无抵押情况下获得贷款。

缅甸自动货物清关系统投入使用

2018 年 6 月 5 日，缅泰边境的妙瓦底贸易区开始投入使用缅甸自动货物清关系统。自动清关系统的使用便利边境日常贸易事务，降低贸易壁垒，提高贸易效率。此后，自动清关系统也将在其他边贸口岸投入使用。

缅甸公司在线注册系统开通

2018 年 8 月 1 日，缅甸公司在线注册系统(Myanmar Companies Online，MyCO)正式开通，缅甸所有公司可通过 MyCO 线上系统进行注册或再注册。截至 8 月 13 日，通过 MyCO 线上系统新注册公司 420 家、再注册公司 842 家。据缅甸投资与公司管理局数据，缅甸 6000 多家注册公司需在 2019 年 1 月 31 日前通过 MyCO线上系统或亲自到投资与公司管理局完成再注册。逾期者将被除名。

《缅甸可持续发展计划(2018～2030)》发布

2018 年 8 月，缅甸计划和财政部发布《缅甸可持续发展计划(2018～2030)》(MSDP)。该计划成为指导缅甸 2018～2030 年经济发展的主要框架性文件，包含 5 个目标、28 个战略和 251 个行动计划，其中包括保持经济稳定，创造就业机会，以私企为主导拉动经济增长和发展完善国内基础设施。

《缅甸促进投资计划》发布

2018 年 10 月 8 日，缅甸投资委员会发布《缅甸促进投资计划》，确定缅甸 2016～2036 年吸引国内外投资的计划。该计划致力于通过吸引缅甸所需负责任的、高质量的投资，拉动经济增长，使缅甸在 2030 年前成为中等收入国家，到 2035 年经济得到进一步增长。为此，计划书制订了阶段性改善营商环境的目标和投资目标。缅甸致力于在 2020 年之前进入全球营商便利度排名前 100 名，在 2035 年之前进入前 40 名。

缅甸扩大外资银行在缅经营权

2018 年 11 月 8 日，缅甸中央银行发布公告称，准

缅甸 2016/2017～2035/2036 财年投资目标

时间			2016/17～2020/21 财年	2021/22～2025/26 财年	2026/27～2030/31 财年	2031/32～2035/36 财年	Share of Investment(2016/17～2035/36 财年)
5 年期的最后一年达到的目标	人口(百万)		54.8	57.2	59.4	61.3	
	GDP(兆缅元)		105998	152174	218466	313636	
	人均 GDP(美元)		1664	2290	3165	4400	
5 年期的平均值	资本形成总额/GDP(%)		34.1%	34.9%	34.9%	34.9%	34.8%
	投资额(10 亿美元)	公共部门投资	5.6	6.8	9.8	14.1	17%
		私营部门投资(国内)	15.6	21.0	30.1	43.2	53%
		私营部门投资(FDI)	8.1	11.9	17.2	24.7	30%
		总计	29.3	39.7	57.0	81.9	100%

资料来源：翻译整理自《缅甸促进投资计划》，2018 年，结论 1—结论 2

许在缅经营的外资银行分行向国内缅甸企业提供贷款及其他银行服务。此前，外资银行只获准向外资企业提供贷款。

菲律宾接待中国游客人数大幅增长

据菲律宾《世界日报》2018 年 1 月 30 日报道，菲律宾旅游部发布数据显示，2017 年有约 96.8 万人次中国游客赴菲旅游，比上年增长 43.3%，使得中国超越美国成为菲律宾第二大游客来源地。菲律宾旅游部部长婉达·赵表示，自 2016 年 10 月菲律宾总统杜特尔特访华后，菲中关系持续发展，菲律宾将继续欢迎更多的中国游客到访菲律宾。为吸引中国游客，菲律宾政府曾于 2017 年 8 月推出一项针对中国团体游客、商人和参会代表的落地签政策。

菲律宾和日本加强基础设施项目合作

2018 年 6 月，在菲日基础设施与经济合作联合委员会第 5 次会议上，日政府打算为菲律宾轻轨 3 号线修复维护项目提供约 381 亿日元的政府发展援助（ODA）贷款融资，为新薄荷岛机场建设和可持续环境保护项目二期提供 43.7 亿日元。会议还确认日本提供贷款的最新项目清单。其中包括：吕宋岛南北铁路北线项目二期（从 Bulacan 省的 Malolos 到 Pampanga 省的克拉克）；南北铁路通勤线南线（从马尼拉的 Tutuban 到 Laguna 省的 Calamba）；Pasig – Marikina 河道治理项目；以及棉兰老岛受冲突影响地区的路网改造项目。两国官员还讨论在 2022 年 5 月前马尼拉地铁一期项目部分通车的可行性，但需要采取措施处理土地征用和人员搬迁等问题。

会议之后，菲律宾和日本签署 2 份正式文件：《菲日基础设施与经济合作联委会第 5 次会议纪要》和《菲能源部与日经济产业省关于电力合作的行动计划》。行动计划旨在帮助解决困扰菲电力行业的发电效率低与电气化率低等问题。《菲基地发展署与盛邦裕廊集团合资协议修订案》也在会后签署，该协议重申他们致力于开发 Pampanga 省新克拉克市的承诺。

作为定期举行的菲日联委会的会议成果，菲律宾政府 3 个旗舰基础设施项目的贷款协议已经签署。其中包括：Bulacan 主干道道路工程三期贷款 93.9 亿日元，马尼拉地铁一期项目贷款 1045.3 亿日元，马拉维及其周边地区恢复和重建项目援助 20 亿日元。

菲律宾出台优惠政策鼓励发展新型经济特区

2018 年 6 月 7 日，菲律宾经济特区管理局总干事卡里托·B·帕拉扎表示，菲律宾政府鼓励地方政府单位、私人土地所有者和商业团体将其拥有的土地转变为经济特区，鼓励外商投资菲律宾经济特区，以提升菲律宾的发展能力。帕拉扎在伊洛伊洛市举行的发布会上介绍，菲律宾经济特区管理局已成立 23 年。依据相关法案，在经济特区内投资的开发商和工业投资者都将受到激励。比如，获得返还相当于总收入 5% 的税收，经济特区内企业购买当地商品征收零增值税，允许免税进口商品。在经济特区投资的外商，允许拥有企业 100% 的股权，并可以雇佣 5% 的海外职员，可以在当地市场销售 30% 的产品。投资特区的菲律宾投资者，可以在当地市场销售 50% 的产品。

惠誉保持菲律宾投资环境“BBB”评级

2018 年 7 月，惠誉国际评级（Fitch Ratings）报告保持菲律宾现有“BBB”投资评级。该报告指出，菲律宾经济强劲增长，政府债务宽松，有支持经济稳定的宏观政策。惠誉对菲律宾投资环境给出“稳定”的评价。惠誉预计，菲律宾将保持其在“亚太地区增长最快的经济体之一”的地位，并“预见”菲国内需求将在 2019 年和 2020 年保持 6.8% 的增长。报告指出，菲律宾政府收入的改善将有助于保持财政稳定。菲律宾政府正大胆推进基础设施项目发展计划，预计未来菲政府投入基础设施建设的开支，将从 2018 年占 GDP 的 6.1% 增至 2022 年的 7.3%。

菲律宾马尼拉两座桥梁开工建设

2018 年 7 月 17 日，菲律宾马尼拉两座桥梁建设项目开工典礼在马尼拉王城外一座白色膜结构建筑物中举行。菲律宾总统杜特尔特出席

7 月 17 日，在菲律宾首都马尼拉，菲律宾总统杜特尔特出席中国援建的帕西格河桥梁项目开工仪式　（新华网）

开工典礼并致辞，与中国驻菲律宾大使赵鉴华等共同培土奠基。杜特尔特致辞表示，这个项目将通过提供更多的横跨帕西格河的桥梁和道路，提高马尼拉交通运输能力和效率，同时有助于当地旅游业的发展。他对中国为这两座桥梁提供建设资金表示感谢。

开工建设的两座桥梁分别是位于比诺多区的比诺多—因特拉穆罗斯大桥，建设内容包括主桥、引桥、接线道路、交通工程及照明等附属设施，路线全长734米，主线桥梁长度627米；位于马卡蒂区的埃斯特热拉—潘塔里恩大桥，为双向4车道，主桥设人行道，主桥上部构造为90米跨径的中承式提蓝钢拱桥。两桥相距11千米，都是南北走向，横跨马尼拉城的主要河流帕西格河。两座桥梁项目业主为菲律宾公共工程与公路部，由中国路桥工程有限责任公司总承包，由中交公路规划设计院有限公司设计，菲方企业监理，工期为30个月。

菲律宾首个综合性长流程钢铁项目合作备忘录签署

2018年12月14日，由中国河北钢铁集团与菲律宾亚洲钢铁公司合作的钢铁项目合作备忘录签署仪式在菲律宾贸工部举行。菲律宾贸工部部长洛佩兹、国防部部长洛伦扎纳、投资署署长鲁道夫、中国驻菲律宾大使馆商务参赞金远、河北省副省长李谦、河钢集团董事长于勇、汇力基金董事长孟晓苏等出席。项目是菲律宾首个综合性长流程钢铁项目，是迄今为止中国对菲律宾最大的投资项目。该项目位于菲律宾棉兰老岛卡加延德奥罗市菲佛德克工业园，占地3平方千米。河北钢铁集团与菲律宾亚洲钢铁公司牵头组建投资联合体，拟建设一个集港口、烧结、焦化、球团、炼铁、炼钢、轧制和深加工一体化的钢铁联合企业。铁钢配套生产规模约800万吨/年，投资总额约44亿美元，建设周期3~5年。

菲律宾进出口贸易保持稳定增长

据菲律宾统计署统计，2018年菲律宾货物进出口贸易总额1764.16亿美元，比上年增长7.0%。其中进口额1089.28亿美元，增长13.4%；出口额674.88亿美元，下降1.8%。中国、日本、美国、韩国、中国香港是菲律宾前五大贸易伙伴。中国是菲律宾第一大贸易伙伴、第一大进口来源地、第四大出口目的地。菲中双边贸易额300.93亿美元，占比17.1%，比上年增长18.1%；菲律宾自中国进口213.94亿美元，增长22.5%；向中国出口86.99亿美元，增长8.5%，对中贸易逆差126.96亿美元。日本是菲律宾第二大贸易伙伴、第三大进口来源地和第三大出口目的地。菲日双边贸易额200.23亿美元，比上年下降8.0%。

新加坡金管局宣布让新元恢复升值

新加坡《联合早报》2018年4月13日报道，由于新加坡经济展望好转，物价面对上涨压力，新加坡金融管理局宣布让新元恢复缓步升值，结束维持两年的不升值政策。新加坡金管局的政策声明中说：2018年新加坡经济很可能会继续稳步扩张。随着人力市场环境改善，核心通货膨胀率的上涨压力预计会保持下去。因此当局决定让新元汇率政策从原先的不升值调整为稳步升值，新元汇率可波动的范围和中心轴不变，这个政策可确保中期价格的稳定。这次政策调整已考虑到目前紧张的贸易局面所带来的宏观经济不稳定，当局会继续密切关注事态的发展。

中新企业服务大数据平台上线

中新企业服务大数据平台由中国和新加坡双方业内领先的大数据企业——中国重庆誉存科技公司与新加坡DC·Frontiers公司合作打造，是首个中新跨境企业大数据服务平台。于2018年4月18日正式上线。

该平台通过使用区块链技术，以信息互联为载体，跨境金融服务为目标，将推动项目招商、跨境投融资、企业国际贸易等商业合作。誉存科技公司首席运营官陈玮表示，通过项目建设，平台将对中新两国的全量企业数据资源、中新合作有关支持政策进行有效整合，向用户提供全面的企业信息查询服务，逐步形成中新企业库、招商项目库、行业政策库、信息资讯库等跨境信息数据库，汇集中新两国企业的大数据，为两国企业合作提供大数据支持，推动两国投融资、贸易的便利化。

新加坡中小企业生产力平均增长25%

新加坡《联合早报》2018年5月15日报道，超过1300家新加坡中小企业采用现成的科技方案后，生产力平均提升25%。

2018年5月15日，新加坡贸工部部长陈振声在中小企业技术与创新日开幕式上致辞时说，新加坡立志成为面向全球的亚洲科技与创新企业中心，中小企业可扮演的角色重要。新加坡政府通过企业科技库等措施协助中小企业采用新科技。企业科技库这个一站式中央平台网站，展示企业可采纳的超过50个现成科技解决方案，包括客户管理以及数据分析等。这些方案都是由新加坡科技研究局、资讯通信媒体发展局，以及新加坡企业发展局研发，或预先批准为可申请资助的解决方案。

新加坡推出互联贸易平台

新加坡《联合早报》2018年9月26日报道，新加坡推出一站式贸易平台——互联贸易平台,协助企业数码化和简化贸易流程,提高生产力和竞争力,为新加坡企业创造商机,并加强新加坡贸易中心地位。平台旨在把贸易商、物流服务公司、货运公司和银行等业者聚集在同一平台,让贸易商在这个平台获得各种政府和商业服务。业者可把贸易文件以数码形式存在平台,便于共享信息数据,减少文书工作。平台也计划与新加坡的贸易伙伴互联。新加坡财政部部长王瑞杰于2018年9月26日为平台举行推介仪式,平台也以新的名称面世。这个平台原名为全国贸易信息平台,王瑞杰于2016年财政预算案宣布推出该平台,取代原有的贸易网与商贸讯通平台。平台能提升贸易商的生产力和竞争力,并为物流和数码贸易相关服务业者创造机会。

中新互联互通南向通道首列冷链专列成功开行

2018年10月29日,中新互联互通南向通道首列冷链专列(广西防城港—重庆)2018年10月29日顺利抵达重庆铁路口岸,标志着南向通道首次成功开行冷链专列。本列冷链专列共运载25个40尺集装箱,货品包括去骨牛肉、虾肉、火龙果和猪皮等,主要供应重庆双福国际农贸城等中国西部多个大型综合性商贸批发零售集散中心。

南向通道是在中新(重庆)战略性互联互通示范项目框架下,由中国西部省份与新加坡合作打造的陆海贸易新通道。该通道以重庆为运营中心,以广西、贵州、甘肃、青海、新疆等西部省份为关键节点,利用铁路、海运、公路等运输方式,向南经广西北部湾通达新加坡等东盟国家,比经东部地区出海节约时间15天左右。

新加坡外籍劳工政策将持续紧缩

新加坡《联合早报》2018年11月6日报道,新加坡财政部部长王瑞杰近期在接受彭博电视访问时指出,新加坡限制外籍劳工的政策迫使企业投入自动化设备和其他提振生产力的举措,对新加坡经济带来积极作用,政府无意改变目前的外籍劳工政策。但在金融科技等较高技能领域,王瑞杰表示,新加坡政府正着力推动各项吸引外来人才政策,寻求具备相关技能的优秀人才,从而协助新加坡实现数码经济目标。新加坡是中国第二大外派劳务目的地国,截至2018年9月,中国在新加坡劳务人员总数超过9.7万人,近年来中高端制造业和服务业劳务占比提高,结构呈优化态势。

新加坡分阶段实施强制电子报税制度

2018年11月8日,新加坡税务局发布文告,凡2017年估税年营收超过1000万新元的企业,自2018年起实施强制电子报税,截止日期为12月15日。2018年估税年营收超过100万新元的企业自2019年起实施强制电子报税,2020年起将面向所有企业实施电子报税。同时,税务局也配套推出便利措施,如年营收不超过500万新元且在新加坡登记注册的企业可以填写C-S表格(简化版税务申报表);对符合相关条件的企业,可无须呈交财务表、应支付的公司税计算以及明细表;企业可使用税务局计算机计算须缴付税额等。

新加坡金管局签署3项国际合作协议

新加坡《联合早报》2018年11月15日报道,第3届新加坡金融科技节期间,新加坡金融管理局与3个国家和地区签署协议,以加强在金融科技和金融服务领域的交流和合作。一是与巴林中央银行签署谅解备忘录,通过信息共享和推动创新合作项目,促进两国金融服务创新;双方也将设立共同框架,帮助两国金融科技企业了解对方市场的监管要求。二是与哈萨克斯坦首都阿斯塔纳金融服务监管局和阿斯塔纳国际金融中心局达成三方合作协议,共同参与金融科技创新项目并分享双边市场新资讯。三是与美洲开发银行签署备忘录,同意在两地间建立跨境合作网络、促进信息共享,并就数码管理和网络安全等主题举办政策对话。

新加坡金管局拨款50亿美元投资私人市场

新加坡《联合早报》2018年11月15日报道,新加坡企业发展局主席王文辉2018年11月13日在第3届新加坡金融科技节宣布,新加坡金融管理局将推出“私人市场计划”,拨款50亿美元交由全球顶尖私募股权和基础设施基金管理公司管理,投资私人市场。近年来,新加坡私募股权和风险创投领域发展迅速。咨询公司贝恩的数据显示,新加坡有超过220家私募基金和风投管理公司,管理资产总额1900亿元,过去5年复合年均增长率为28%,其中约85%的投资集中在亚洲地区,东盟、印度和中国是三大首要投资目的地。

新加坡生产力和国民收入稳步增长

2018年12月20日,新加坡财政部公布两年一度《新加坡公共部门绩效回顾》报告显示,新加坡生产力和国民收入均实现稳步增长。生产力方面,2017年每工时产值增长4.5%,超过2016年增幅的2倍。其中,制造业等外向型行业生产力增幅高达6.8%,但餐饮等内需型行业下降0.1%。国民收入方面,国民实际月收入中位数、收入最低20%的国民实际月收入在2013~2017年间年均增长约4%。2016年整体失业率为2.1%,2017年小幅上升至2.2%,虽然高于前几年,但仍远低于其他经济。

泰国启动东部经济走廊五大项目

2018 年年初，泰国东部经济走廊经济特区委员会秘书长卡尼发布经济特区的实施计划，经过 8 个月的工作准备后，委员会批准相关重要项目。东部经济走廊推出五大项目：(1)高铁连接素万那普机场、廊曼机场和芭提雅乌塔堡机场，预计 2023 年投入使用。(2)对芭提雅乌塔堡机场整体扩建，包括机场客运大楼、飞机跑道以及周边航空工业和服务区域，2023 年投入使用，届时将成为东部航空中心。(3)芭提雅乌塔堡航空维修中心，预计 2021 年开始运营。(4)林查班港口第三期项目。(5)马达浦码头三期项目。截至 2018 年底，多个项目已获得进展，建成的项目包括廉查邦港 A 码头、轨道交通红色线基础结构；正在施工的项目包括双线铁路一期(7 条线路的复线)、中泰铁路一期(曼谷—呵叻)以及曼谷 3 条轨道交通线路(红色线、粉色线和黄色线)。

泰国政府与中国阿里巴巴集团签订合作协议

2018 年 4 月 19 日，泰国政府与中国阿里巴巴集团合作协议签署仪式在曼谷举行。泰国副总理颂吉、中国驻泰国大使吕健、阿里巴巴董事局主席马云出席签署仪式。阿里巴巴集团将为泰国东部经济走廊特区项目注入 110 亿泰铢(约合 22 亿人民币)投资，兴建“柬老缅越泰中南半岛五国智能数字枢纽”，使泰国成为真正意义上的东南亚电商物流中心。泰国政府与阿里巴巴的合作是泰中两国数字经济合作的新成果，也是落实两国领导人加强战略对接共识的新进展。未来双方将在电子商务、旅游和人才培训等诸多领域开展合作。

泰韩新形势下的经贸合作伙伴关系研讨会成功举行

2018 年 7 月 15 日在泰国曼谷举行。泰国副总理颂奇出席研讨会，向韩国企业家和投资者提出倡议，希望在新时期强化双边经贸投资联系，期待两国企业合作迈向新纪元。此次研讨会正值泰韩建交 60 周年之际，与会的韩国企业家和投资者共计 120 多人。颂奇称赞韩国过去在经济和社会发展中所取得的成就。韩国有很多值得泰国学习和借鉴的方面，泰国政府非常希望韩国企业能够利用政府引资契机加大在泰国合作力度。经过近 10 年的发展，韩国已经成为泰国第 10 大贸易伙伴国，2017 年双边贸易总额达到 120 亿美元，其中泰国出口韩国 46 亿美元，从韩国进口 79 亿美元。

泰国暂时免除落地签证费用

2018 年 11 月 17 日，泰国总理副秘书长普提蓬对外宣布，泰国对 21 个国家和地区的游客暂时免除落地签证费用，时间从 2018 年 11 月 15 日到 2019 年 1 月 13 日共 60 天。泰国政府此举缘于 2018 年 7 月 5 日普吉游船倾覆，造成 47 名中国游客遇难这一重大事故直接导致赴泰国旅游的中国游客数量大幅下降。泰国旅游贸易机构敦促政府尽快采取措施恢复中国游客信心。在此政策的推动下，12 月 19 日，泰国迎来 2018 年第 1000 万名中国游客，赴泰旅游人数再度刷新纪录。

越南企业国有资产管理委员会成立

2018 年 9 月 30 日，越南企业国有资产管理委员会在河内正式成立，接管 19 家越南国有独资集团和总公司，接收管理国有企业所有者权益总额 1000 多万亿越盾和国有资产总额 2300 万亿越盾。该 19 家集团和总公司包括属于越南财政部、工贸部、信息传媒部、交通运输部、农业与农村发展部等 5 个部级单位的 7 家集团和 12 家总公司，涉及电力、油料、油气、煤炭、粮食、电信等重要经济领域。这是越南首次成立管理企业国有资产的专职机关。该委员会的重要职能是投资和管理企业的全部国有资产和投资资金。

越南制造汽车面世

2018 年 10 月 2 日，越南 Vingroup 集团旗下 VinFast 汽车制造公司参加 2018 年巴黎车展，首次展示越南制造的两款汽车，其中一款是普通轿车，另一款是 SUV。11 月 20 日，在越南河内举行的 Vinfast 汽车和电动车发布仪式上，越南政府总理阮春福出席并启动“越南国货征服越南人”运动，阮春福认为 Vinfast 汽车的面世是一个重大事件，越南“具有了高质量的国家品牌产品”。“越南国货征服越南人”运动旨在鼓励越南各企业应用先进技术和管理方式，提高产品质量和降低产品成本，开发充满潜力的国内市场。

越南首个汽车制造品牌 Vinfast 亮相 (越南通讯社)

越南宜山炼油厂　　（越南投资报网）

越南外国直接投资实际到位资金增长

截至2018年12月20日，越南吸引外国直接投资新注册资金、补充注册资金255.729亿美元，比上年减少13.9%。外国直接投资实际到位资金191亿美元，比上年增长9.1%。此外，外商出资购买股份98.9亿美元，增长59.8%。2018年是越南吸引外商直接投资的第30年。越南实行革新开放30多年来，外商投资已经成为越南经济的重要组成部分。截至2018年年底，世界130个国家和地区对越南投资有效项目共2.7万个，注册资金总额3400亿美元。外国直接投资占全社会投资总额的25%，创造850万个就业岗位。

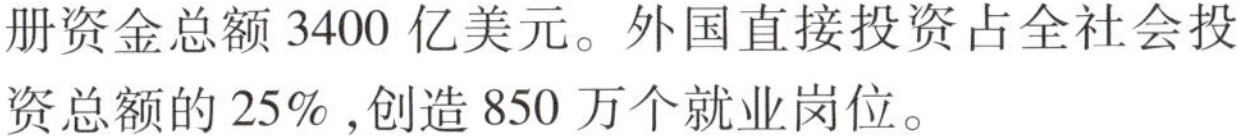

越南宜山炼油和石化联合体项目投入商业运行

2018年12月23日，越南宜山炼油和石化联合体项目正式投入商业运行。该项目位于越南清化省静嘉县宜山经济区，于2008年立项，2013年动工兴建，投资总额93亿美元，是迄今为止越南最大的投资项目，其中越南国家油气集团持有25.1%的股份，科威特石油国际公司持有35.1%的股份，日本出光兴产公司持有35.1%的股份，日本三井化学公司持有4.7%的股份。宜山炼油厂第一阶段的加工能力为20万桶原油/天。预计到2019年，宜山炼油厂生产将实现设计能力约80%，当达到设计能力100%即年加工能力1000万吨原油时，可满足越南国内燃料需求的40%，石化产品约17%的产量用于出口。宜山炼油厂为越南第二座投入运行的炼油厂，首座炼油厂——榕桔炼油厂当前只能满足越南国内燃料需求的30%～35%。

越南全部完成2018年各项经济社会发展指标

2018年，越南全部完成国会提出的12项经济社会发展指标。其中：国内生产总值（GDP）增长7.08%，为2008年以来最高水平，经济规模依照现行价格达5535.3万亿越南盾（约合2400亿美元），人均GDP5850万越南盾（约合2587美元），比2017年增加198美元；新成立企业13.13万家，比2017年增长3.5%，注册资金增长14.1%；居民消费价格指数（CPI）比2017年上涨3.54%。财政政策、货币政策灵活调控，满足经济发展的资金需求。

越南货物贸易进出口额再创新高

2018年，越南货物贸易进出口总额4822.3亿美元，再创新高，也使得外贸依存度继续攀升，高达200%。其中：出口额2447.2亿美元，比上年增长13.8%；进口额2375.1亿美元，增长11.5%；贸易顺差72亿美元，其中外资企业（包括原油投资领域）贸易顺差328亿美元，国内企业贸易逆差256亿美元。主要的出口商品为电话及零件，纺织品服装，计算机、电子产品及零件，农林水产品等。

越南接待国际游客量大幅度增长

2018年，赴越南的国际游客1550万人次，比上年增长19.9%。接待国内游客8000万人次。旅游业总收入620万亿越南盾。

越南股市连续5年增长后下跌

2018年，越南股市经历自2008年全球金融危机以来最为惨淡的一年，在实现连续5年高增长后出现大幅度下跌。4月10日，越证指数创下1211点的历史最高点，但之后遭遇急剧下跌，于10月30日跌至底部888点，跌幅27%。

文　　化

中国第5个南极科考站——罗斯海新站选址奠基

2018年2月7日，中国第5个南极科考站——罗斯海新站在恩克斯堡岛正式选址奠基。建设罗斯海新站是“雪龙探极”重大工程的重要任务之一，具备“一站多能”的综合观监测能力。罗斯海区域既是南极考察与研究历史最长又是南极国际治理的热点区域。在此区域建设新站，是中国积极参与极地全球治理、构建人类命运共同体的务实举措，开启新时代南极工作的新征程。

中国承建的IOC南中国海区域海啸预警中心试运行

2018年2月8日，经联合国教科文组织政府间海洋学委员会（IOC）正式批准，由中国国家海洋局承建的IOC南中国海区域海啸预警中心正式开展业务化试运行。这是中国开展南中国海周边国家海洋领域务实合作、参与全球和区域海洋治理的一项重要成果。该中心同时也是中国国家海洋局首个昼夜业务化运作的国际预警中心。

中国发布《中国话语海外认识度调研报告》

2018年2月17日，中国外文局首次发布《中国话语海外认知度调研报告》。报告由中国外文局所属当代中国与世界研究院编撰。报告选取美国、英国、澳大利亚、菲律宾、南非、加拿大、新加坡和印度8个国家民众作为调研对象。报告显示，中共十八大以来产生的政治话语，如"中国梦""一带一路""命运共同体"以及"反腐"等词汇获得国际社会越来越多认知和理解，中国道路、中国方案日益为世界民众熟知。

中国科技事业稳定发展

2018年2月27日，据中国国务院新闻办举行的新闻发布会介绍：2017年，全社会研发经费支出达到1.76万亿元，比2012年增长70.9%。国际科技论文总量比2012年增长70%，居世界第二；国际科技论文被引用量首次超过德国、英国，跃居世界第二。发明专利申请量和授权量居世界前列，有效发明专利保有量居世界第三。科技成果转化量质齐升，全国技术合同成交额1.3万亿元。科技进步贡献率从2012年的52.2%升至57.5%，国家创新能力排名从2012年的第20位升至第17位。

中国"海翼"号深海滑翔机创水下滑翔机世界纪录

2018年3月9日，由中国自主研发的"海翼"号深海滑翔机，在马里亚纳海沟完成大深度下潜观测任务并安全回收，其最大下潜深度为6329米，刷新水下滑翔机最大下潜深度的世界纪录，为中国深渊科考提供了新的科考手段。

中国科学家陈竺获2018年舍贝里奖

据瑞典斯德哥尔摩2018年4月13日消息，中国科学家陈竺和法国科学家安娜·德尚、于克·德戴，在瑞典首都斯德哥尔摩获颁2018年舍贝里奖。

·链接资料·

舍贝里奖是企业家本特·舍贝里2016年捐献20亿瑞典克朗（约合2.5亿美元）创立舍贝里基金会，用于推动癌症、健康和环境领域的科学研究。舍贝里基金会资助的舍贝里奖由瑞典皇家科学院颁发。每年奖金总规模为100万美元。

中国艺术家韩美林获"顾拜旦奖章"

2018年4月24日，国际奥委会主席托马斯·巴赫在瑞士洛桑国际奥委会总部向中国艺术家韩美林颁发"顾拜旦奖章"，表彰他为奥林匹克运动发展做出的杰出贡献。

·链接资料·

皮埃尔·德·顾拜旦（Le baron Pierre De Coubertin，1863～1937），是法国著名教育家、国际体育活动家、教育学家和历史学家、现代奥林匹克运动的发起人。1896～1925年，他曾任国际奥林匹克委员会主席，并设计了奥运会会徽、奥运会会旗。由于他对奥林匹克不朽的功绩，被国际上誉为"奥林匹克之父"。

皮埃尔·德·顾拜旦奖章创立于1964年，是国际奥委会为奥林匹克运动做出突出贡献的人士所设立的特别荣誉奖章。这枚奖章是为了纪念顾拜旦——现代奥林匹克之父而命名的。

中国贵州梵净山入选《世界遗产名录》

巴林时间2018年7月2日11时36分，在巴林麦纳麦举行的第42届世界遗产大会上，经联合国教科文组织世界遗产委员会同意，中国贵州梵净山获准列入《世界遗产名录》。至此，中国世界遗产增至53处，世界自然遗产增至13处。世界自然遗产总数超越之前并列的澳大利亚和美国，居世界第一。

中国3位科学家入围2018年青年科学家榜单

2018年9月28日，世界经济论坛发布2018年度青年科学家榜单，世界范围内共有36位科学家入选，其中包括3位中国科学家，分别是专门研究心血管疾病病因的天津医科大学教授艾玎、研发用于早期疾病诊断传感器的天津大学教授段学欣、研究方向为环境因素和遗传性疾病关系的南开大学药物化学生物学国家重点实验室教授杨娜。

中国开建基于5G技术的国家级新媒体平台

2018年12月28日，中国第一个基于5G技术的国家级新媒体平台在中国中央广播电视总台开建。当天，中国中央广播电视总台与中国电信、中国移动、中国联通及中国华为公司在北京共同签署合作建设5G新媒体平台框架协议。

文莱大学植物研究中心启用

2018年2月3日，文莱大学植物研究中心建成并投入使用，文莱苏丹哈吉·哈桑纳尔·博尔基亚于当天主持启用仪式。投入运作后，此中心将收集、保护及繁育多类具备草药价值的花草树木，并建设成为药草研究与商业化中心。除了进行研究与开展教学之外，该中心还进行草药研究成果的转化研究。

文莱颁发识字计划礼袋

文莱《婆罗洲公报》2018 年 5 月 2 日报道，按照文莱苏丹关于在儿童中开展有关基本技能培养，提高其阅读、书写和计算能力等指示，文莱开展颁发识字计划礼袋活动。5 月 2 日，文莱文化、青年与体育部所属的社会发展局在卫生部礼堂颁发“2018 年早期识字计划”礼袋给全国 277 名国庆日婴儿。

文莱强化国家官方语言

2018 年 8 月 20 日，文莱文化、青年与体育部部长阿米努丁・伊山出席在文莱宗教师范学院配合语文月举办的庆祝活动致辞时表示，呼吁国民关注作为国家官方语言的马来语，所有人要努力坚持使用马来语，把马来语生活化，运用在日常生活中。

柬埔寨吴哥古迹保护国际协调委员会第 25 届全体大会在暹粒举行

2018 年是吴哥古迹保护国际行动 25 周年，2018 年 12 月 4～5 日，吴哥古迹保护国际协调委员会第 25 届全体大会暨第 31 届技术大会在柬埔寨暹粒举行。柬埔寨国王西哈莫尼、柬埔寨首相洪森、联合国教科文组织总干事奥德雷・阿祖莱等出席大会。柬埔寨、中国、法国、日本、德国、美国、印度等相关国家、国际组织和专业机构代表近 500 人参会。柬埔寨首相洪森在大会开幕式上致辞。柬埔寨文化与艺术部部长彭萨格娜代表柬埔寨首相洪森为保护吴哥古迹做出突出贡献的各国代表颁发奖章，其中，中国文化遗产研究院的许言、王元林、顾军获柬埔寨王国骑士勋章。吴哥古迹于 1992 年作为濒危遗产被世界遗产委员会列入世界文化遗产名录，1993 年柬埔寨和联合国教科文组织发起吴哥古迹保护国际行动。作为该行动最早的一批发起者和参与者，中国始终坚持与各国同仁一道，不遗余力地为吴哥古迹的保护与发展贡献中国力量，且先后修复了周萨神庙和茶胶寺，并即将展开王宫遗址修复项目。

柬埔寨面具舞被列入世界非物质文化遗产名录

2018 年 12 月 28 日，柬埔寨面具舞被联合国教科文组织正式列入世界非物质文化遗产名录。柬埔寨面具舞是一种传统古典戏剧舞蹈，约成型于公元 9 世纪（吴哥王朝前），在吴哥古迹的石雕上亦对其有所描绘。柬埔寨面具舞具有如下特征：一是除女主角 Sita（希塔）和女性角色外，其他舞者均戴面具表演，且戴面具的舞者都是男性；二是面具舞只表演《罗摩衍那》一个故事；三是与大皮影戏一起表演。因为演员表演时脸上要戴着面具来隐藏自己的面部表情，所以表演重点在于演员的舞步和手上特殊的表演工具。演员需要通过特定的音乐、步法、行进和笑容来加强其表现手法，由于台上的演员们都戴着面具，不能说唱，因此面具舞演员们必须通过与坐在舞台边的合唱团配合来叙述情节。除面具舞外，柬埔寨还有高棉古典舞、皮影戏、拔河和长臂琴被列入联合国非物质文化遗产名录，吴哥窟、柏威夏寺和三波坡雷古古迹被列入世界文化遗产名录，堆斯陵监狱博物馆被列为世界记忆名录。

柬埔寨大量引进外国电影和电视剧

2018 年，柬埔寨约引进近 200 部外国电影和 50 部外国电视连续剧。柬埔寨电影协会主席波隆西拉表示，因为柬埔寨国内电影业发展缓慢，影片数量和质量未能满足国内观众的需求，所以需要大量引进外国影片。近年来，中国拍摄的古装电视连续剧，如《三国演义》《三生三世十里桃花》等均在柬埔寨取得比较理想的收视率。

印尼雅加达 400 年古建筑被大火烧毁

2018 年 1 月 16 日，印尼雅加达北部一排有 400 年历史的古建筑群被大火烧毁，里面的海事博物馆几乎破坏殆尽，幸好没有造成人员伤亡。这些可追溯到 17 世纪荷兰殖民地时代的建筑原是荷兰东印度公司的仓库，用来储存香料、咖啡和茶等商品。1976 年，印尼庆祝独立 31 年时，这一排建筑变身为海事博物馆。印尼文化协会表示，破坏规模还无法估计，但可以肯定的是受损的不仅是博物馆内的展品，因为这些建筑和所在的整个老城区历史价值非凡。

印尼日惹市当选 2018～2020 年东盟文化城

2018 年 10 月 24 日，第 8 届东盟文化艺术部长会议在印尼日惹市举行，会议通过日惹成为 2018～2020 年东盟文化城的决定。

第 5 届“我们的海洋”国际会议在印尼巴厘岛召开

2018 年 10 月 29～30 日，第 5 届“我们的海洋”国际会议在印尼巴厘岛召开，本届海洋会议主题为“我们的海洋，我们的遗产”，由世界各国海洋领域领导、社会自筹机构积极分子等人士出席，并就水域保护、气候变化、可持续渔业、可持续海洋经济、海洋污染、海洋安全等六大议题进行讨论。印尼作为海洋国家拥有比陆域更大的海域。总体来说，全球海域比陆域大，因此必须意识到海洋是人类的未来。印尼近 4 年来兴建 447 座港口以加强海上联通，并定下至 2025 年实现塑料垃圾减少 70% 的指标，以及比原计划提早 2 年，于 2018 年实现 2000 万公顷海洋保护区的建设目标。

印尼举办世界印尼主义者论坛

2018 年 10 月 30 日，印尼外长蕾特诺出席在巴厘岛登巴萨举行的世界印尼主义者论坛。蕾特诺强调，有两件事可以让世界变得更美好：友谊与合作以及全球领导。在全体会议上，论坛与会者同意探讨印尼的历史，以便能够向国际社会全方位地展示印尼。此次论坛，印尼还展示各种文化艺术，如舞蹈、蜡染画以及加麦兰表演。

老挝举办 2018 旅游年暨大象节活动

2 月 17 日，2018 老挝旅游年暨大象节在沙耶武里省正式启动。老挝国家主席本扬出席启动活动。大象节活动，旨在保护并弘扬老挝人民与大象和谐共处的传统民俗文化、促进旅游业发展，同时增加民众对大象保护等相关问题的关注，与大象世代友好相处。自 2007 年以来，沙耶武里省共举办 12 届大象节。本届大象节从 17 日持续到 22 日，包括为大象布施祈福、大象选美、大象按摩、大象踢球、大象赛跑、大象作画等多项活动，共有 69 头大象参加本年度的节庆活动。

老挝举国庆祝佛历新年

2018 年 4 月 13 ~ 18 日，老挝举行庆祝新年活动，庆祝佛历新年 2561 年到来。总统本扬在 4 月 13 日向老挝人民和在国外生活的老挝人民发表《Pi Mai Lao——新年演讲》。

老挝举办 2018 知识产权博览会

2018 年 4 月 23 ~ 29 日，由老挝妇女联盟和科技部联合举办的 2018 年知识产权博览会在老挝万象举行，主题为“推动变革：女性的创新和创造力角色”，总理通伦、科学技术部部长 Boviengkham Vongdars、老挝妇女联盟主席 Tnlavanh Keobounphanh、各部部长代表和外交官员出席开幕式。

老挝通讯社举行成立 50 周年庆祝活动

2018 年 5 月 10 日，老挝通讯社举行成立 50 周年庆祝活动，老挝总理通伦·西苏里出席并发表讲话。通伦呼吁媒体人士及时准确地报道新闻，提高新闻报道工作的质量和效率，提出新闻要有教育意义，要拓宽读者对政府政策、政府工作，以及国家发展的认识，希望更加重视队伍建设，确保从业人员提高专业能力，具备良好的性格，维护媒体的道德，并具有一定的外语水平，成为党和政府的有效代言人。老挝通讯社于 1968 年 1 月 6 日成立。

电影《占芭花开》在迈阿密国际电影节上获得最佳合作影片奖

中老首次合作制作的影片《占芭花开》于 2018 年 6 月 4 ~ 7 日在美国举行的迈阿密国际电影节上获得最佳合作影片奖。影片时长 100 分钟，用老挝语、汉语和英语 3 种语言配音，讲述一位老挝年轻女孩和一位中国帅小伙之间发生的异国恋。除了表现他们之间浓浓的爱情，该影片还展现两国传统友谊、优美景致和文化遗产以及普通百姓的日常生活。此次获奖对制作团队、出品人和中老两国而言意义重大，标志着两国在影片制作合作方面取得的成果和成就。制作团队还将携影片参加多个国内外影展。

新加坡美食节在老挝亮相

2018 年 8 月，一年一度的新加坡美食节在老挝万象举办。此届美食节的主题是“每一口让您品味新加坡美味”，通过安排一系列试吃活动，吸引大量工作人员、外国使节、外籍工作人员和老挝食客。

大型情景体验剧《又见马六甲》在马来西亚上演

2018 年 7 月 7 日，由中国导演王潮歌执导、讲述马六甲人文风情的大型情景体验剧《又见马六甲》在马来西亚古城马六甲首演，受到当地观众的热烈欢迎。该剧以“时间船”为主轴，通过不同的故事叙述马六甲 600 多年的沧桑变迁。整部剧最感人的故事讲述了 1 位 70 多岁的老人与 6 位不同种族的“妈妈”跨越时空的对话，体现马六甲不同种族之间的共生共荣、和谐发展的理念。该剧还用水帘表演的方式表现马六甲经历的战乱与磨难，结尾则讲述了传统文化的传承者让多元文化在这片土地上散发出迷人魅力。《又见马六甲》演出时长 70 分钟，由马来西亚永大集团投资打造，演员阵容超过 200 人。

7 月 7 日，大型情景体验剧《又见马六甲》在马来西亚首演　（新华网）

马来西亚和越南联手制作的电视连续剧《西贡的月光》在马来西亚播出

电视剧《西贡的月光》是由马来西亚著名电视制作公司 Produksi Seni 2020 和越南伙伴耗时 1 年联合制作而成，拍摄地点主要在马来西亚巴生谷和越南胡志明市等地。这是一部既有爱情又有刑事、破案情节的电视剧，展现出马来西亚和越南的文化特色。2018 年 7 月 31 日，该剧的新闻吹风会在马来西亚首都吉隆坡皇家朱兰酒店举行。马来西亚通讯与多媒体部副部长依丁沙里、越南驻马来西亚大使馆参赞范国英、该部电视剧赞助商——越南航空公司代表陈明欢出席吹风会。这部 26 集的电视剧《西贡的月光》从 10 月 19 日开始每周一至周五在马来西亚国家电视台 TV2 频道播出。

吉隆坡成为中国中央广播电视总台中秋晚会分会场

2018 年 9 月 24 日，中国中央广播电视总台中秋晚会首度设立海外分会场，吉隆坡成为两个海外分会场之一，双子塔背景、主持人身着马来传统服装以及马来西亚民众熟悉的艺人出场，都让不少马来西亚民众倍感亲切。晚会上象征中华传统文化的曲阜和熟悉的马来西亚吉隆坡景观在电视里穿越时空融合，尤其令人惊喜，而茜拉、Adinda 等马来西亚歌手的精彩表现也让马来西亚民众感到自豪。选择吉隆坡是因为它是“一带一路”的重要节点，中国的传统文化和节日习俗在当地的华人华侨中保存良好。

“变”字当选马来西亚 2018 年度汉字

2018 年 12 月 8 日，马来西亚 2018 年度汉字评选结果揭晓，“变”字当选为年度汉字。本年度汉字由生活在世界各地的马来西亚籍人士投票选出，共收到有效投票 35871 张。经统计，“变”字以 41% 得票率当选，排名第二和第三位的汉字分别为“新”和“望”。近百位书法爱好者即席挥毫，以各种字体书写年度汉字“变”，推广书法艺术。马来西亚年度汉字评选活动始于 2011 年，至 2018 年是连续第 8 年举办年度汉字评选活动。

马来西亚羽坛进行新变革

为了更有效地迎接 2020 年东京奥运会，马来西亚羽毛球总会（简称：羽总）进行新变革。首先，聘任现年 41 岁前国手黄综翰为新的羽总教练总监，合约为期 2 年。其次，简化现有的国家羽毛球队阵容，马来西亚羽毛球总会将在 2019 年 1 月开始进行“大瘦身”行动，国家队球员将会从 60 人减至 48 人，国家队教练人员从原有 17 人减至 12 人。第三，更重视年轻队员的培养。李梓嘉、吴堇溦、谢定峰、苏伟译等一批新生力量开始向下一届东京奥运会的目标全力冲刺。

马来西亚马来亚大学成立《红楼梦》研究中心

2018 年 12 月 25 日，马来西亚马来亚大学《红楼梦》研究中心成立，这是继《红楼梦》资料中心于 2017 年 7 月落地马来亚大学后，在马来西亚成立的又一红学中心。当天，《红楼梦》研究中心推出《红楼梦》马来文译本。马来亚大学中文系已开设《红楼梦》课程，招收对红学研究感兴趣的学生，并推出跨国红学交流计划。该校《红楼梦》资料中心有多达 6000 多册红学藏书，《红楼梦》研究中心则有超过 5000 册藏书，内容涵盖古典小说、戏曲、诗词、艺术等。这两个中心的藏书均由马来亚大学中文系毕业生协会荣誉会长兼中文系特聘教授、马来西亚前交通部部长陈广才捐赠。《红楼梦》马来文译本由马来亚大学中文系高级讲师兼《红楼梦》研究中心主任孙彦庄及团队成员历时 10 年完成。

缅越文化交流活动在缅甸举行

2018 年 4 月 28 日，越南驻缅甸大使馆、缅甸宗教事务与文化部和越南艺术家特色协会联合主办的缅越文化交流活动在仰光国家剧院举行。缅甸宗教事务与文化部部长在致辞中强调，本届文化交流活动的成功举办，反映了东盟成员国在促进人文交流，增进相互理解方面精诚合作的精神。越南驻缅大使表示，两国致力于加强双边文化交流，以促进文化合作和人才交流，深化两国关系。活动中，缅甸和越南的艺术家分别献上传统文化表演。

缅韩现代艺术交流展在缅甸举行

2018 年 11 月 24 ~ 28 日，缅韩现代艺术交流展在缅甸国家博物馆举行，纪念缅甸独立 70 周年和韩国—东盟对话机制成立 30 周年。活动展示 12 位缅甸艺术家的 31 幅画作和 14 位韩国艺术家的 11 幅画作及 4 件雕塑作品。韩国驻缅甸大使出席开幕式并致辞，希望进一步加强与包括缅甸在内的东盟国家之间的友好关系。

《缅甸电影产业中的性别意识研究》报告首发

2018 年 12 月 16 日，缅甸启迪研究基金会举行关于《缅甸电影产业中性别意识研究》的公开汇报。汇报内容包括缅甸电影产业中存在的性别歧视现象、传统性别观念模式、基于性别意识的暴力行为和性别赋权等。研究报告在回顾和审视 2017 ~ 2018 年近 83 部国内外流行电影的基础上，发掘电影中存在的性别歧视现象，唤醒公众的性别赋权意识。

缅甸艺术馆举办文化艺术展览纪念“8888”民主运动40周年

2018年正值缅甸“8888”民主运动40周年，缅甸各大地区的艺术馆纷纷举行文化艺术展览，如我的仰光我的家艺术馆举行的仰光艺术巡展、艺术遗产节等。展品以摄影作品与画作为主，多通过描绘“8888”民主运动被残忍镇压的情形，传达艺术家们对政治自由的向往。

菲律宾“中国剧场”开播仪式在马尼拉举办

2018年6月13日，为纪念中国与菲律宾建交43周年，中国国家广播电视总局、中央广播电视总台与菲律宾国家电视台在菲律宾首都马尼拉举行“中国剧场”开播仪式。菲律宾语版电视剧《鸡毛飞上天》、电影《北京爱情故事》等四部中国影视作品在菲国家电视台播出，这是中国影视节目首次译配成菲律宾语与当地观众见面。菲律宾新闻部部长马丁·安达纳尔、菲律宾国家电视台台长阿波罗尼奥、中国驻菲律宾大使赵鉴华、国家广播电视总局国际合作司司长马黎、中央广播电视总台代表团团长胡木、中资机构代表、中菲影视界人士及媒体记者等100余人参加活动。中菲嘉宾一同观看首播剧《鸡毛飞上天》的花絮集锦，欣赏现场演唱的菲律宾语版《鸡毛飞上天》主题歌《向往》。最后，双方嘉宾共同为菲律宾“中国剧场”开播剪彩。

2018中国—菲律宾学术国际论坛在菲律宾马尼拉举行

2018年10月3日，2018中国—菲律宾学术国际论坛在菲律宾莱西姆大学马尼拉主校区举行，本次论坛由中国北京大学东南亚研究中心与菲律宾莱西姆大学中国研究中心联合举办，欧美同学会东南亚和南亚分会全程指导，北京市博士爱心基金会、中国电建集团马尼拉办事处协办，菲律宾中华青年联合会、菲律宾中国留学生联合会提供支持。来自中国、菲律宾、韩国等国家和地区的中外专家学者、政府官员代表、中方企业代表、博士研究生等近百人出席本次论坛，部分学者围绕“开放—合作—共享—发展”主题结合各自最新研究成果发表主旨演讲。论坛由菲律宾莱西姆大学国际交流中心主任 Alfredo Diamante 主持。

中国与菲律宾举办“妈祖下南洋，重走海丝路”巡安菲律宾暨公益慈善系列活动

2018年10月22日上午9时30分，中国湄洲妈祖在2300位信众的护航下，乘坐大西洋号邮轮历经两夜一天的海上航行，抵达菲律宾马尼拉港国际邮轮码头。有史以来最大的中菲民间文化交流活动“妈祖下南洋，重走海丝路”巡安菲律宾暨公益慈善系列活动开启。上午10时，马尼拉市政府和菲律宾友好基金会在马尼拉国际邮轮码头举行隆重的欢迎仪式。菲律宾前总统、马尼拉现任市长埃斯特拉达、中国福建省莆田市政府代表团团长、莆田市政协主席林庆生在欢迎仪式上致辞。

在马尼拉教堂前的花园口临时行宫，湄洲妈祖以及随行的福建、海南、台湾各地的妈祖神龛，举行集体安坐仪式，接受马尼拉信众香火、鲜花。中菲主办方共同为“中国·湄洲妈祖巡安菲律宾”纪念碑揭牌。“妈祖下南洋，重走海丝路”活动由菲律宾马尼拉慈航禅寺、福建湄洲妈祖祖庙联合主办，马尼拉市政府为指导单位，菲华商联总会、菲律宾世界日报、菲律宾友谊基金会协办，整个活动在菲律宾持续两天。

新加坡·中国安徽文化年在新加坡举行

2月11日，2018年欢乐春节暨“美好安徽 皖如仙境”新加坡·中国安徽文化年开幕式在新加坡中国文化中心举行。中国文化部副部长杨志今，中国驻新加坡大使馆临时代办房新文，中国驻新加坡大使馆文化参赞阚小华，新加坡中国文化中心主任马红英，新加坡中国文化中心执行理事会理事。新加坡国家艺术理事会主席陈庆珠，新加坡中国文化中心执行理事会理事、南洋艺术学院董事会主席刘心玲，中国安徽省文化厅副厅长、安徽文化代表团团长周明洁等嘉宾近300人出席开幕仪式。

本次活动是新加坡中国文化中心“2018年欢乐春节”系列第二场活动。

新加坡举办戏曲胡姬花奖评选活动

胡姬花是新加坡的国花，2018年新加坡举办戏曲大汇演、戏曲胡姬花奖评选活动。新加坡文化、社区及青年部政务次长马炎庆出席活动。这项活动分三个阶段举行，吸引20个团体、7个剧种共100位演员参与演出。3月17日晚举行戏曲大汇演，3月18日晚举办戏曲胡姬花奖评选展演，3月21日晚举办戏曲胡姬花奖颁奖典礼。颁奖典礼上，新艺剧坊的朱敬芬获得戏曲卓越贡献奖，出演潮剧《柴房会》的陈韵智和杨家胜分别赢得新秀奖和评委提名奖，海南戏《婆媳恨 母女情》中刁婆婆的扮演者林师灏获颁个人风采奖。此外，京剧《杨八姐游春》中的毛雅珊、许红，连同越剧《情探之阳告》中的李丰以及粤剧《白蛇传之断桥》中的吴冰儿摘得优秀演员奖，馀娱儒乐社获颁特出组织奖。

中国国家京剧院在新加坡举办折子戏专场演出

2018年3月31日和4月1日，中国国家京剧院在新加坡中国文化中心举办两场“名作经典 唱响狮城”折子戏专场演出以及袁慧琴京剧艺术讲座。中国国家京剧院在折子戏专场演出中，推出《三岔口》《春闺梦》

《四郎探母》之坐宫选段、《杨门女将》之巡营选段、《锁麟囊》之朱楼选段、《白蛇传》之断桥选段，精彩的演出不时赢得观众的掌声和喝彩声。新加坡演员也同台献艺，在两场演出中分别表演《杨八姐游春》《行云流水》两个节目。

新加坡《联合早报》举办首届文学节

2018 年 5 月 27 日，为庆祝新加坡《联合早报》创刊 95 周年，《联合早报》和南洋理工大学中文系在新加坡华族文化中心联合举办首届早报文学节。新加坡教育部部长王乙康、新加坡报业控股副执行长陈康威、新加坡华文媒体集团主管李慧玲等出席开幕式。

开幕式上，中国作家格非和新加坡作家英培安以“文学与时间”“文学与真实”为题发表演讲。本届文学节以“时代速度 文字温度”为主题，邀请包括中国作家迟子建在内的 18 位海内外知名作家在 6 天时间里举办多场讲座。新加坡旅游作家叶孝忠和文史工作者李国梁带领读者走访新加坡本地的人文历史场所。

新加坡《联合早报》的前身是 1923 年创刊的《南洋商报》和 1929 年创刊的《星洲日报》，1983 年，两报合并为《联合早报》。

新加坡举办毛笔与硬笔书法大赛

6 月中旬，由新加坡书法家协会主办的 2018 年第 9 届全国毛笔与硬笔书法大赛在新加坡闭幕，214 人从 4500 多名参赛者中脱颖而出夺得桂冠。参赛者以马来西亚人居多，还有旅居新加坡的印度人、中国人、日本人、法国人、意大利人。这是新加坡书法家协会创立 50 周年的庆祝活动之一。比赛分为公开组、初院/高中组、中学组及小学组的硬笔及毛笔 8 个组别。决赛于 6 月 17 日在新加坡举行，新加坡卫生部兼环境及水源部高级政务部长许连碹为 214 名获奖者颁奖。

第 2 届亚洲舞蹈艺术节在新加坡举行

2018 年 7 月 25 ~ 29 日，第 2 届亚洲舞蹈艺术节暨亚洲舞蹈大赛在新加坡举行。比赛吸引中国、新加坡、印度尼西亚、加拿大、马来西亚、澳大利亚和印度等国的 654 名选手角逐各个奖项。

本次大赛的主题是“弘扬舞蹈文化，同走一带一路”，主题活动包括舞蹈大师课、舞蹈比赛、街舞交流、闭幕式 4 个板块共 10 余项活动。

这次大赛由亚洲舞蹈艺术节组委会和国际音乐舞蹈交流促进会共同主办，中国驻新加坡大使馆和新加坡文化、社区及青年部荣誉支持。从 17 个城市的海选报名算起，舞蹈比赛前后经历 8 个月时间。

第 13 届国际书法交流大展在新加坡开幕

2018 年 9 月 1 日，第 13 届国际书法交流大展在新加坡书法中心开幕，新加坡总统哈莉玛 · 雅各布出席开幕式并当众挥毫。本次展览由国际书法家联合总会倡议、新加坡书法家协会承办，亚洲、欧洲、大洋洲、北美洲、南美洲共 23 个国家和地区 386 位书法家交流自己的作品。展品分别在新加坡书法中心、新加坡中国文化中心及新加坡华族文化中心进行展示，盛况空前。有 200 多位作品参展的书法家到新加坡共襄盛举。

第 7 届中国电影节在新加坡举行

2018 年 9 月 11 日，新加坡第 7 届中国电影节在新加坡国立大学开幕，开幕式上放映中国影片《红海行动》。电影节由新中友好协会、中国驻新加坡大使馆及新加坡国立大学校友会联合主办。中国驻新加坡大使馆公参张徐民、新中友好协会会长潘国驹及新加坡国立大学校友会主席卓训明等在开幕式上致辞。本届电影节展映 4 部不同风格和题材的中国影片，力求将中国电影的独创性、多元性和社会性展示给新加坡观众。电影节持续至 2018 年 9 月 14 日，其间放映《捉妖记》《明月几时有》和《记忆大师》3 部中国影片。

泰国 17 所职校与中国 9 所高校签订合作协议

2018 年 2 月 8 日，中国一所大学及 8 所职业学院与泰国 17 所职业学院签署合作协议，合作培养泰国东部经济走廊建设及中国倡导“一带一路”建设所需的 10 类工业专业人才。中方还向泰方授予 40 个短期赴华学习奖学金名额。泰方期待重点发展 7 个专业领域：轨道运输系统专业、航空机械专业、机电一体化专业、工业机器人专业、能源技术专业、旅游管理专业和物流专业。

9 月 1 日，第 13 届国际书法交流大展在新加坡书法中心开幕　（百度网）

2018年"文化中国·四海同春"亚洲艺术团在泰国清迈首演

2月19日晚,2018年"文化中国·四海同春"大型慰侨演出在泰国第二大城市清迈举行,为当地华侨华人及民众献上一场富有中国特色的新年"文化大餐"。演出在欢快的舞蹈《张灯结彩》中开场。随后,中国经典歌曲、传统戏曲、民族歌曲、民族舞蹈、现代魔术、器乐表演等10余个节目逐一上演,让侨胞及泰北民众领略了中华文化的博大精深和独特魅力。本年度亚洲艺术团邀请到著名二胡演奏家杨积强、京剧表演艺术家王蓉蓉、歌唱演员朱虹、中国杂技团魔术师李宁等加盟。此次演出由中国国务院侨办、中国驻清迈总领馆主办,泰国清迈中华商会承办。国侨办副司长刘为杰、清迈府副府尹巴蜀以及泰北地区侨领、侨胞,中国留学生、中资企业及各界代表近2000人出席观看。

泰剧引爆传统文化复兴

2018年2月21日,农历一开年,泰国古装电视剧《天生一对》开播,创造十年来最高收视率,曼谷成为空城,全民掀起热潮。剧组人员受到总理巴育的接见,更带动泰国传统文化复兴,剧集拍摄地成为旅游热点,政府鼓励民众穿着传统泰服庆祝宋干节。

联合国教科文组织将泰国孔剧列为非物质文化遗产

2018年11月26日至12月1日,联合国教科文组织在毛里求斯路易港城举行第13次非物质文化委员会会议,来自181个国家的代表出席大会。会议宣布将泰国孔剧列为非物质文化遗产。孔剧是泰国自大城王朝时期流传至今的表演和文化艺术,集文化、艺术、科学、仪式等于一体,是泰国代代相传留下的宝贵遗产,多所高校专门开设孔剧表演艺术课。孔剧不仅仅是表演艺术,还传承了泰国传统风俗和历史文化。

第8届泰丝服装文化展暨第一届泰丝国际时装周在曼谷举行

2018年12月1日,第8届"Celebration of Silk"泰丝服装文化展暨第1届泰丝国际时装周在曼谷开幕。泰国总理巴育、副总理威萨努、文化部部长威拉、王宫秘书处特别顾问探普仁帕拉妮等王室代表和政府高官出席。中国驻泰国大使吕健和夫人潘鹏参赞参加。此次活动还得到诗丽吉王太后的高度重视。泰丝是泰国文化的重要象征,是泰国的骄傲,希望精美的泰丝能够走向世界。潘鹏参赞身着中国设计师设计的"并蒂双莲"泰丝礼服作为荣誉模特登台,与50多国驻泰使节、大使夫人及泰国官员同台走秀,展现中泰文化交流融合。本届泰丝国际时装周活动将持续到12月9日。12月2日中国设计师的专场服装秀作为活动的首场国家秀与泰国公众见面。

"越南数字化知识体系"提案正式启动

2018年1月1日,"越南数字化知识体系"提案正式启动。越南政府副总理武德儋出席启动仪式。该提案的目标是"共享知识、鼓励创新、实现社区沟通和为了越南的未来",旨在建立覆盖各领域的综合知识体系,为社会学习、掌握知识,加强研究创新及利用先进科技成果创造条件。这被越南视为实践创业创新活动重大机遇的基础。越南政府于2017年5月18日批准《发展越南数字化知识体系提案》。

越南高考发生严重舞弊事件

2018年6月25日,越南国家高中毕业和大学入学统一考试开考,90多万名考生参加。7月11日,越南教育培训部公布高考分数时发现,原本属于高辍学率、低毕业率的河江省、山萝省、和平省的高分意外激增。越南教育培训部着手复核发现几百份高考答题卡被篡改答案、提分。越南安全调查机关介入调查,对相关涉案人员进行起诉、拘留并展开进一步调查。10名教育部门职员已被起诉。舞弊事件促使越南教育培训部其后对高考规则进行修订完善。

越南获2018年铃木杯东南亚足球锦标赛冠军

2018年,越南在足球比赛中取得其史上最好成绩。12月15日,2018年铃木杯东南亚足球锦标赛在越南河内举行决赛次回合比赛,越南队以两回合3:2的总比分战胜马来西亚队,时隔10年再次夺冠。此外,越南代表队还夺得2018年亚洲U23足球锦标赛亚军以及首次晋级2018年亚洲运动会半决赛。越南不少球迷在赛后或骑着摩托车,或走上街头庆祝,场面非常热闹。

社　　会

中国举办2018年世界湿地日中国主场宣传活动

2018年2月2日是第22个"世界湿地日",2018年世界湿地日中国主场宣传活动在广东广州举办。2018年世界湿地日的主题为"湿地——城镇可持续发展的未来"。目前中国拥有国际重要湿地57个,建成湿地自然保护区602个、国家湿地公园试点898个,湿地保护率5年间增加5.52个百分点,达到49.03%。

中国设立"中国农民丰收节"

2018年6月21日,中国国务院发布关于同意设立"中国农民丰收节"的批复,中国自2018年起,将每年农历秋分设立为“中国农民丰收节”,这是第一个在国家层面专门为农民设立的节日,具体工作由中国农业农村部及有关部门组织实施。9月22日,中共中央总书记,中国国家主席,中央军委主席习近平代表中共中央向全国农民致以节日问候和良好祝愿。9月23日,是第1届中国农民丰收节。

中国实施《港澳台居民居住证申领发放办法》

2018年9月12日,中国国台办新闻发布会介绍,2018年9月1日中国公布《港澳台居民居住证申领发放办法》后,受到广大台湾同胞普遍欢迎和肯定。据不完全统计,截至9月10日,短短10天已有超过2.2万名台胞申领了居住证。

中国在第44届世界技能大赛取得优异成绩

2018年10月14~19日,第44届世界技能大赛在阿联酋阿布扎比举行。来自68个世界技能组织成员国家和地区的1260余名选手在运输与物流、结构与建筑技术、制造与工程技术、信息与通信技术、创意艺术与时尚、社会与个人服务六大类的52个比赛项目中展开角逐。平均年龄不到21岁的52名中国“年轻工匠”共参加47个项目比赛,获得15枚金牌、7枚银牌、8枚铜牌和12个优胜奖,位列金牌榜首位,取得历史最好成绩。

文莱斯里巴加湾市获得东盟旅游标准清洁旅游城市奖

马来西亚《诗华日报》2018年1月26日报道,2018年1月26日在泰国举行的2018年东盟旅游标准奖颁奖典礼中,文莱获颁6个奖项,其中首都斯里巴加湾市获颁东盟清洁旅游城市奖。

文莱在全球国家空气质量排名中居第8位

据文莱《婆罗洲公报》2018年3月29日报道,美国耶鲁大学和哥伦比亚大学合作的“2018年版的全球180个国家环境绩效指数”报告中指出,在全球国家空气质量排名中,文莱进入前10名,名列第8位。

文莱免疫接种覆盖率逾95%

文莱《婆罗洲公报》2018年4月23日报道,4月23日晚,文莱卫生部部长伊山姆在配合世界免疫周的文告上称,过去5年中,通过国家免疫计划,并与各利益相关者,包括父母和子女的监护人的合作,文莱成功地实现和维持免疫接种覆盖率在95%以上,下一代已有预防传染病的免疫力。

文莱发布2018年人口数据

据文莱政府2018年9月发布的2018年人口数据,文莱全国人口数量434076人;出生率15.374/1000,死亡率3.675/1000;人口平均预期寿命(男女)77.49岁,其中男性75.9岁,女性79.19岁;生育率1.848/1,出生性别比例1.055男性/女性,婴儿死亡率5.56/1000,平均生育年龄30.3岁,人口增长率1.25%。文莱人口年龄结构:15岁以下人口占25.5%,15~64岁人口占70.9%,65岁以上人口占3.5%;15岁以下112161人(57837名男性/54325名女性),15~64岁之间311438人(154158名男性/157280名女性),64岁以上15423人(7516名男性/7907名女性)。男女比例:1.02,男性222795人(50.5%),女性218383人(49.5%)。

文莱为全球空气污染指数第2低国家

马来西亚《诗华日报》2018年9月26日报道,根据世界卫生组织对全球92个国家进行空气污染指数研究后做出的调查报告,全球空气污染指数最低的国家是澳大利亚,接着依序是文莱、新西兰、爱沙尼亚、芬兰和冰岛。

文莱在世界经济论坛最新的性别平等评级中排名上升

文莱《婆罗洲公报》2018年12月23日报道,根据世界经济论坛最新的性别平等评级,文莱的女性劳动力参与率缩小了性别差距。在全球范围内排名第90位,比上一年提升12位,在亚洲排名第12位。在健康和生存指标方面,文莱在出生时的性别比例中也排名第1。平均而言,在4个分指数中,性别差异最大的是政治赋权,维持77.1%的差距。经济参与和机会差距为41.9%,而教育程度和健康与生存差距低于4.4%和4.6%。

文莱本土人口就业人数占总就业人数的74.6%

文莱《婆罗洲公报》2018年12月30日报道,文莱政府通过发展部于2017年10月16日至11月12日期间进行2017年劳动力调查。调查结果,劳动力参与率为62.7%。其中,男性的比率高于68.9%,而女性为56.5%。就业人口总数为186900人,其中男性103800人(55.5%),女性83100人(44.5%)。在总就业人数中,本土人占74.6%(139400人),25.4%(47500人)是非本土人。

柬埔寨国班大桥建成通车

2018年3月14日,柬埔寨磅湛省跨河大桥举行建成通车仪式。该座跨河大桥名为国班大桥,是首座柬埔寨自己出资和兴建的大桥。国班大桥全长779米,宽9.2米,高23~24米,耗资1300万美元,由柬埔寨政府拨款,柬埔寨王家军工程部队承建。柬埔寨首相洪森出席大桥通车仪式。

柬埔寨继续加大打假力度

2018年4月3日,柬埔寨打击假冒商品委员会举行销毁60多吨假冒伪劣产品活动,柬埔寨副首相兼内政部部长苏庆出席该活动,并呼吁柬埔寨国内食品和化妆品业主积极参与到打击假冒伪劣商品行动中来,以免这些劣质商品在市场流通,危害到民众健康。本次销毁的60多吨假冒商品包括各类食品、染发剂、面膜、美白霜和大批化学原料等。据柬埔寨打击假冒商品委员会统计,2017年全年共查获597.5吨假冒伪劣商品。

湄公河江豚数量增长

世界自然基金会柬埔寨办事处于2018年4月出具的报告显示,近两年以来,湄公河江豚的数量从80只增至92只,这是20多年来首次增长纪录。湄公河江豚是一种生活在淡水中的短吻海豚,也叫伊洛瓦底江豚。世界自然基金会称,目前世界上仅有3条河流栖息着这种珍稀物种。这3条河流是缅甸的伊洛瓦底江、印度尼西亚东加里曼丹省的马哈坎河、柬埔寨与老挝之间的湄公河段。据世界自然基金会柬埔寨办事处主任兴迪介绍,对湄公河江豚的最大威胁因素是在湄公河上的各种非法捕鱼行动以及在河上建设水电工程项目。如今,在柬埔寨政府,世界自然基金会驻柬埔寨办事处,柬埔寨旅游局、地方社区、负责在江豚保护区执行巡逻工作的人员以及当地居民的共同努力保护下,湄公河江豚的数量不断增长。

澜湄光明行走进柬埔寨暨光明行二期活动启动

2018年5月8日,澜湄光明行走进柬埔寨暨光明行二期启动仪式在柬埔寨金边端华学校举行。中国公共外交协会副会长刘碧伟出席仪式并表示,2018年是中柬建交60周年,中国医疗团队再次来柬为青少年学生进行视力筛查,是中柬两国牢固友谊的有力体现和见证,也是中国与湄公河次区域国家传统友谊的体现和见证。据介绍,“湄公河光明行”计划在2016年澜湄合作首次领导人会议上被列入早期收获项目联合清单。第一期项目中,中方团队为柬埔寨、老挝、缅甸3国实施免费白内障复明手术,逾3000名患者接受检查诊疗,约800名患者接受手术重见光明。此次二期项目暨“湄公河中小学生视力健康光明行”在金边市端华学校、K'mounh中学及西哈努克市普雷西哈努克中小学和港华学校开展眼健康检查,筛查人数3400人,配镜率20%,这些眼镜在中国制作完毕后寄送到各个学校,由校方组织分发到有需要的同学手中。启动仪式后,端华学校1000多名学生现场进行视力检查。

柬埔寨奉辛比克党主席拉那烈亲王遭遇车祸

2018年6月17日,柬埔寨奉辛比克党主席诺罗敦·拉那烈亲王在柬埔寨波雷诺县4号公路遭遇车祸,车祸导致拉那烈亲王受重伤,王妃奥波拉不幸去世。据当地媒体报道,16日,拉那烈亲王结束对贡布省奉辛比克党党员的慰问,17日前往西哈努克市会见奉辛比克党党员和支持者,途中遭遇车祸。当时,一辆载客出租车由反方向冲入拉那烈亲王的车队,共致8人受伤。针对本起车祸,柬埔寨国家警察总署于6月21日举行新闻发布会,负责交通的国家警察副总监韩严公布车祸调查结果,称车祸为对方超载和超速行驶所致,与阴谋无关。而针对警察总署公布的“拉那烈车祸无阴谋”调查结果,奉辛比克党第一副主席如福记认为,这是初步调查结果,希望政府能进一步关注此案,因为这是拉那烈亲王第3次遭遇车祸。拉那烈亲王自1992年起担任奉辛比克党主席,曾任柬埔寨王国首届政府第一首相,并连任两届国民议会议长,是柬埔寨太皇诺罗敦·西哈努克之子、现国王西哈莫尼同父异母兄长。

印尼贫困率创历史新低

2018年3月,印尼中央统计局数据显示贫困率为9.82%,历史上首次降至个位数,基尼系数下降至0.39。印尼财政部部长表示,政府致力于减少贫困,目前已在10%以下,但政府的努力不会就此停止。据统计,至2018年3月,印尼月均收入低于贫困线的人口为2595万,占总人口的9.82%,比2017年9月的2658万(占总人口的10.12%)减少63.32万人。

印尼严打假新闻和网上仇恨言论

2018年3月,印度尼西亚政府开始严厉打击假新闻和网上仇恨言论,逮捕涉案者以防印尼社会出现族群与宗教裂痕。3月1日,印度尼西亚警方逮捕4名通过社交媒体散播假新闻的男子。印尼警方对“穆斯林网军”的成员展开取缔行动。这个组织松散的网络被指利用Facebook、Instagram和Twitter来打击政府和煽动种族极端主义。该网络组织曾宣称有数十名伊斯兰教士被左派分子攻击,还杜撰在印尼被禁的共产党有卷土重来之势的假新闻。经过严厉打击,虚假新闻得到一定的清理,警方将持续对新闻信息进行监控,以防再有滋事恐吓性质的假消息传播。

印尼私酿毒酒致近百人死亡

2018年4月,印尼万隆发生特大私酿酒夺命案造成近百人死亡。印尼警方在全国各地城市展开突击行动,逮捕售卖有毒私酿酒的商家,销毁数千瓶私酿酒。这是印尼多年来最严重的私酒危机,在印尼国内引起广泛关注。

印尼劳工在劳动节举行集会游行

2018年5月1日,近5万名劳工加入印度尼西亚工人联盟(KSPI)的集会,走上雅加达街头,游行至国家宫殿前,庆祝国际劳动节,他们还为此准备了一场文化嘉年华。KSPI负责人表示,这次集会会向政府传达五项建议,其中一项是希望佐科总统将印尼打造成为以服务于人民和国家利益为重点的科研型工业国家,因而他督促政府尽快建立一个全国研究机构。另一项是希望政府能重视印尼工人的境况,保证他们有较好的收入、工作和生活条件。

印尼泗水发生多次恐怖袭击事件

2018年5月13～14日,印尼泗水连续发生多次自杀式爆炸袭击,均为家庭集体实施,其中还包括儿童,造成不同程度的伤亡和恐慌,令印尼民众感到不安。联合国秘书长对该事件恐怖分子的行为表示谴责。

印尼政府在印尼73周年独立日为10余万囚犯减刑

2018年8月17日,在纪念印尼独立73周年之际,政府为服刑良好的102976名囚犯提供奖励。他们获得公共减刑或获得1至6个月减刑,其中2200名囚犯当场获释,恢复人身自由。从33个司法与人权部辖区办事处获得减刑囚犯最多的省份是西爪哇省,计有11631名囚犯获减刑;其次是北苏门答腊省,有11233名囚犯获减刑;东爪哇省有9052名囚犯获减刑。

第18届亚运会在印尼雅加达举行

第18届亚洲运动会于2018年8月18日至9月2日在印度尼西亚雅加达举行。8月18日,第18届亚运会开幕式在雅加达朋加诺体育场举行。印尼总统佐科宣布本届亚运会开幕,开幕式充满印尼特色,展现这个热带国度独有的自然风光,文艺表演也把印度尼西亚深厚的人文底蕴呈现给全世界观众。这是雅加达第二次承办亚运会比赛,雅加达曾于1962年举办过第4届亚运会。在本届亚运会上,中国代表团获得132枚金牌、92枚银牌、65枚银牌共289枚奖牌,占据亚运会金牌以及奖牌榜首位。日本获得75枚金牌居第二位,韩国获得49枚金牌居第三位,东道主印尼获得31枚金牌居第四位。

8月18日至9月2日,第18届亚洲运动会在印度尼西亚雅加达举行,图为开幕式现场　(新华社)

印尼中苏拉威西发生7.4级地震并引发海啸

2018年9月28日下午,印尼中苏拉威西省发生7.4级地震,震源深度10千米。此次地震震中距中苏拉威西省首府帕卢约80千米,距印尼首都雅加达约1600千米。地震后引发大规模海啸,海啸袭击了中苏拉威西省首府帕卢和另一个城市东加拉。印尼抗灾署的数据显示,这场灾难造成近2000人死亡,受伤和失踪人数分别上升至10679人和835人,近7万座房屋损毁,数万人被迫撤离家园。印尼当地政府估计,灾难造成的直接经济损失超过10万亿印尼盾(6.6亿美元),之后的重建费用需要数万亿印尼盾。

印尼狮航飞机失事

2018年10月29日早上6时30分,印度尼西亚狮航一架从雅加达飞往邦加槟港的飞机,在起飞后13分钟后失联,随后被证实已坠毁。坠毁客机上有189人,在失联前,飞机曾要求折返,坠机点海水深度约为30～35米。印度尼西亚当局于11月28日上午公布狮航空难的第一份调查报告。报告内容揭露客机在准备起飞时已经出现技术问题,出事前机师不断尝试将自动降低的机鼻抬起,但始终无法成功解除这架新型飞机的多个故障。尽管根据找到的黑匣子数据分析出事发前的状况,但报告没有对这架波音737型客机最终坠落的原因做出确切结论。

印尼西部巽他海峡发生海啸

2018年12月22日晚间,印尼西部巽他海峡发生海啸。此次海啸非同寻常的一点是,海啸发生前,当地并未发生地震。印尼减灾局发言人苏托波表示,海啸发生时当地没有监测到地震活动,所以该国并未对由海底滑坡和火山活动引发的海啸制定预警措施。由于印尼当局事前完全没有发出警报,更一度误以为只是潮涨而呼吁公众冷静,导致很多沿岸民众避之不及,导致人员严重伤亡和巨大财产损失。截至2019年1月2日,该海啸已造成437人死亡、14075人受伤、10人失踪,另有36923人流离失所。此外,海啸还造成2752栋房屋、92家旅馆和商店、510 艘船只、147 辆机动车损毁。

匈牙利向老挝提供 1.6 亿美元援助贷款

老挝《万象时报》2018 年 1 月 31 日报道，1 月 30 日老挝财政部与匈牙利进出口银行签署贷款协议。根据该协议，匈牙利政府将提供 1.6 亿美元的援助贷款，用于支持老挝的 3 个项目建设：一是 2500 万美元用于建立身份证系统；二是 3500 万美元用于农业和林业部农业基础设施发展项目；三是 1 亿美元用于万象水处理项目。

2018 年老挝首次向韩国派遣劳务

老挝《经济贸易报》2018 年 2 月 7 日报道：2018 年老将首次选派劳务人员 26 人（全为男性）赴韩国工作，为期 3 年，主要服务工业领域。

老挝获得日本政府援助 19 亿日元用于改善医疗设施

2018 年 2 月 9 日，老挝财政部副部长坎葆与日本驻老挝大使签署合作协议。根据该协议，日本政府将向老挝政府提供 19 亿日元（约合 1740 万美元）援助款项，用于改善色塔提拉医院和占巴色省医院的基础设施和提高医疗水平。

老挝总理通伦·西苏里高度赞扬国际 SOS 儿童村工作

2018 年 2 月 26 日，老挝总理通伦·西苏里高度赞扬国际 SOS 儿童村在过去 25 年里所做的工作和取得的成就。老挝国际 SOS 儿童村为 1468 个孤儿和残疾儿童提供住所、关爱和教育，其中女孩数量超过 600 人。老挝政府希望国际 SOS 儿童村提供更多支持并帮助老挝政府为残疾儿童提供更多帮助。

老挝获得世界卫生组织 200 亿基筹援助

2018 年 3 月 12 日，老挝卫生部与世界卫生组织签署 2018 年合作计划。根据该合作计划，世界卫生组织将提供 200 亿基普（约 240 万美元）援助用于老挝公共卫生领域发展，主要用于监测和应对传染病、母婴健康和免疫接种方面。该资金比 2017 年增长 14%。

德国政府援助老挝农林业管理项目

据老挝《万象时报》2018 年 4 月 3 日报道，老挝财政部副部长提巴贡与德国驻老挝大使 Jens Peter Lutkenherm 签署合作协议。根据协议，德国政府提供超过 710 亿基普（700 万欧元）援助款项支持老挝新的农林业管理项目，用于改善项目所在地区的森林生态系统和人们生活水平。该项目于 2018 年开始实施，预计 2023 年完成。

老挝旅游业创造大量工作机会

老挝《万象时报》2018 年 4 月 30 日报道，老挝旅游业不仅加速经济增长，并且为老挝当地创造大量就业机会。2018 年旅游业为老挝提供了 111.4 万份工作，预计到 2028 年将创造 12.1 万份工作。旅游业的发展还带来基础设施及相关服务的改善，包括公路、酒店、餐厅及机场等。

老挝南部阿速坡省水电站发生大坝坍塌事故

2018 年 7 月 23 日晚，在老挝南部阿速坡省沙纳赛县的桑片—桑南内水电站大坝发生坍塌，释放水量约 50 亿立方米。大坝坍塌后，附近 13 个村庄遭到破坏，殃及 6351 人，其中 34 人死亡，131 人失踪，约 6000 人无家可归。大坝坍塌原因初步认为是施工不当与天气恶劣，老挝各部门采取紧急措施救援，中国、越南、泰国、韩国、马来西亚、新加坡、日本、美国、澳大利亚、法国给予援助。

老挝国家人口与发展政策协商会议在万象举行

2018 年 8 月 22 日，关于国家人口与发展政策草案（2019 ~ 2030）的协商会议在首都万象举行。会议由规划司司长 Phonevanh Outhavong 女士主持。这次会议是在联合国驻老挝人口基金组织的支持下举行的，目的是讨论和修订于 2006 年通过并在过去 10 年中得到执行的国家发展纲领。

老挝超过 2500 个村庄得益于减贫基金

过去两年多来，老挝向农村发展和减贫事业注入巨额资金，仅农村发展和消除贫困部门就获得超过 26740 亿基普的预算，用于资助 1600 多个项目。该预算包括来自外国发展伙伴的 2960 亿基普的财政支持。自 2002 年以来，有超过 2500 个村庄从减贫基金得益，惠及 90 多万人。

亚洲成功女性金凤奖表彰大会在马来西亚举行

2018 年 9 月 10 日，第 6 届金凤奖颁奖典礼在马来西亚雪兰莪州金马皇宫举行。金凤奖是由亚洲精英企业家联盟 AEEF 主办，国际精英女企业家联盟 IWEA、国际品质促进会 IAQ、豪威国际集团 HWT GROUP 联合协办的亚洲杰出妇女奖项，主要表彰亚洲国家各个不同领域的成功女性，其中包括企业家、人道主义工作者、艺术工作者、慈善家等。该奖的宗旨和目标是将金凤奖打造成为成功女性人物的标志、鼓励女性的荣誉标志，并成为一个国际杰出女性接轨国际、相互鼓励的交流平台，促进女性勇敢创业，为社会持续良性发展作出贡献。该奖从 2013 年举办至 2018 年的 6 年时间，已经成为亚洲最大型的女性表彰盛会并跻身世界最具影响力的妇女成就奖之一。该奖设有金凤名媛大奖、金凤文化贡献大奖、金凤企业家大奖、金凤卓越企业家大奖、金凤慈善家大奖、金凤战神大奖、至尊金凤大奖等6个奖项。在2018年的颁奖典礼中,有59位来自马来西亚、新加坡、香港、中国、日本、泰国等国家各领域的成功女性获奖。

2018年9月10日,第6届金凤奖颁奖典礼在马来西亚雪兰莪州金马皇宫举行。

马来西亚童婚引起争议

2018年6月,马来西亚一名41岁穆斯林富商哈米德在泰国迎娶11岁女童阿玉,而他本身已有2名妻子及6个年龄在5至18岁的子女。哈米德与女孩结婚的照片流传到网络上后,引起马来西亚举国关注。大多数舆论认为这类童婚是荒唐的事情,马来西亚副总理旺阿兹莎也下令彻查此案,强调此事绝对不合法。吉兰丹州警方调查后发现,当事人并没有涉及刑事罪名,因为双方都是自愿的;该州宗教局也说此事并没有违反伊斯兰刑事法典,但违反2002年吉兰丹伊斯兰家庭法规。因此,警方不会逮捕涉事男子。根据马来西亚的双轨法律体制,伊斯兰法院可以处理穆斯林的宗教与家庭事务,尽管马来西亚法律规定合法最低成婚年龄为16岁,但如果宗教当局同意,穆斯林可以在更小的年纪成婚。7月9日,该男子被马来西亚伊斯兰教法庭以非法结婚、非法纳妾名义判处1800林吉特罚款。同月,马来西亚又发生一起童婚案,在吉兰丹州,经一处伊斯兰法院同意,马来西亚1名15岁女孩嫁给1名44岁男子,成为他的第二个妻子。9月19日,马来西亚的童婚事件遭到联合国谴责,认为马来西亚亟需修法禁止这种行为。马来西亚副总理兼妇女、家庭及社会发展部长旺阿兹莎指出,政府没什么办法来阻止两人成亲,因为伊斯兰法院有权决定穆斯林之间的婚姻。但她强调,不支持童婚,并且婚姻不应该成为脱离贫穷的途径。妇女部将向各州务大臣提呈调高结婚年龄的建议书,建议各州应调高最低结婚年龄至18岁。妇女部也将向内阁建议,调高非穆斯林的结婚年龄至18岁。

马来西亚吉隆坡等三州发生酒精中毒事件

2018年9月中旬,马来西亚首都吉隆坡及附近的雪兰莪州陆续发生多起酒精中毒事件。随后,霹雳州也传出类似事件。截至9月底,受害者人数达95人,其是40人死亡。受害者大多数是来自缅甸、尼泊尔、孟加拉国和印度等国的外籍劳工。据调查,多数受害者在饮用了从一些商店购买的几款威士忌和啤酒后出现酒精中毒的症状。警方逮捕7名售酒者,关闭3间涉案餐厅,查封上千瓶威士忌和1700多听啤酒。据马来西亚卫生部调查,造成上述中毒事件的酒是甲醇含量超标的假酒,通过走私方式进入马来西亚。

马来西亚雪兰莪州6名消防员因救坠湖少年殉职

2018年10月3日,马来西亚1名少年与朋友到雪兰莪州布特拉柏兰岭附近的废矿湖垂钓,下午5点少年失足坠湖,朋友拯救未果,立即通知家人及向有关单位报案。之后附近的3个消防局派出15名消防员前往现场抢救。其中6名消防员于夜晚时分潜入水中搜救,因水流湍急,6人都被卷入漩涡中,虽然在场的其他消防员尽力将他们拉上岸,无奈因溺水时间太长,6人全数罹难。6名殉职消防员最年轻的24岁,最年长的34岁。他们的遗体在10月4日早上被送到雪兰莪州莎阿南区消防局,灵柩上覆盖了国旗。失足坠湖的17岁少年阿札姆的遗体也于4日傍晚被寻获,距失足坠落地点800米。马来西亚总理马哈蒂尔向在此次事件中牺牲的消防员表达哀悼。

马来西亚雪兰莪州梳邦再也兴都庙发生骚乱

位于马来西亚雪兰莪州梳邦再也的印度庙——斯里马哈马里安曼兴都庙有147年历史,之前法庭颁令印度庙要搬迁,将本地交还发展商。2018年11月25日凌晨一批持刀男子声称是代表发展商来收回土地,印度教信众为了保护寺庙召唤更多人来到寺庙,双方爆发打斗,致多人受伤,并且引发骚乱,庙方说部分施击者是马来人。次日凌晨该庙再次爆发骚乱,多辆汽车被人放火。当时有大约2000名印度教信众聚集,他们不理会警方的离开劝告,誓言要守护印度庙。随后几百人闯入附近的商业中心大肆破坏,砸烂多扇玻璃门。据称这家商业中心的发展商已买下印度庙的土地用来开发。因现场着火,有消防车到场准备救火,但遭到民众用铁管攻击,一名24岁消防员莫哈末阿迪被人打至重伤,最后不治身亡。基于局势逐渐严重,警方派遣大批警力,驻守在兴都庙及附近地区维持安全,同时先后逮捕106人。

马来西亚选出2018年十大杰出青年

2018年12月22日,马来西亚十大杰出青年奖颁奖典礼在马来西亚One City举行。颁奖典礼由马来西亚国际青年商会举办、绿野国际青年商会承办,主题为“青年具影响力,青年行”。马来西亚国会下议院副议长莫哈末拉昔为典礼主持开幕式并颁奖。马来西亚国际青年商会总会长赵柏全、副会长李建成,马来西亚中小企业公会总会长江华强等嘉宾出席典礼。本届评奖筹委会共获得59份提名,首轮评审筛选出30强入围者,第二次评审选出6位最终得奖者:商业、经济、企业成就奖获得者黄国川,学术领导成就奖获得者汪欣仪,文化成就奖获得者林宇中,儿童、世界和平、人权贡献奖获得者罗玉媄,科学及工艺发展奖获得者陈国宾,个人发展成就奖获得者王冠文。

缅甸政府加强职业培训

截至2018年5月,缅甸政府已在全国开设83个就业咨询处,并在偏远地区举办就业展览会。政府逐步增设技术与职业学院,旨在培养高素质和符合东盟标准的转业劳工。此外,缅甸劳工部下属的缅甸劳工专业标准规定组也已开始运营。

缅甸多处爆发洪水等自然灾害

2018年6月,缅甸雨季来临,连绵大雨导致缅甸近10个省邦地区遭遇洪水和塌方等灾害。截至6月17日,近8000所房屋被损坏和淹没,23000人被临时撤离,12000公顷农田被毁,洪水和塌方还导致11人死亡。

缅甸美国中心举行“528爱”关爱毒瘾人士活动

缅甸的毒品问题已成为制约缅甸社会经济发展的一大阻碍。2018年10月,缅甸美国中心举行一场名为“528爱”的活动,旨在呼吁大众科学、包容地对待毒瘾者,并传播减轻毒瘾的医疗知识,促进毒瘾者获得更多治疗机会。

菲律宾扫毒行动取得巨大成功

2018年3月27日,菲律宾缉毒署新闻发言人德里克·卡里昂在总统府举行的新闻发布会上公布一份扫毒行动的成绩单。2016年7月1日至2018年3月20日,菲律宾缉毒署及其他执法部门在全国开展超过9.1万次扫毒行动,有超过12.3万名涉毒犯罪嫌疑人被逮捕,其中包括469名政府公职人员。此外,执法部门还在行动中查处189个制毒场所,缴获约2620千克毒品。在一年多的扫毒行动中有4075名嫌疑犯被击毙。长期以来,菲律宾国内毒品泛滥。菲律宾总统杜特尔特自2016年6月底执政后,开始推行强力打击毒品犯罪的政策,在全国范围内发起大规模扫毒行动。

菲律宾宣布长滩岛封岛6个月整治环境

2018年4月26日,菲律宾总统杜特尔特签署公告,宣布从4月26日起长滩岛封岛6个月。该公告同时宣布,将尽快发放长滩岛基础设施建设所需的资金;政府还将启动一笔20亿比索的基金,帮助因封岛半年而被迫搬迁的工人。杜特尔特在4月4日政府第24次内阁会议上,批准了内政部、环境部以及旅游部提交的有关长滩岛封岛6个月整顿环境污染的计划。长滩岛是菲律宾中部的一个岛屿,面积约10.32平方千米,属于西米沙鄢群岛,是菲律宾的旅游胜地之一。根据菲官方统计数字,2017年长滩岛接待游客超过200万人次,其中外国游客105万人次。

菲律宾多地发生爆炸事件

2018年7月31日,菲律宾南部巴西兰省拉米坦市发生汽车炸弹袭击事件,造成11人死亡、多人受伤。同日,大马尼拉地区近郊安蒂波罗市公路旁遭人埋设炸弹,爆炸后造成2名路人受伤。8月1日,中部马斯巴特市的码头遭人放置炸弹,所幸无人伤亡。

菲律宾北棉兰老康复中心交付使用

2018年8月3日,由菲律宾友好基金捐建的北棉兰老康复中心揭牌移交典礼在棉兰老武基伦省马来巴来市举行,菲律宾总统杜特尔特与菲律宾友好基金创办人许明良共同为康复中心揭牌。杜特尔特对许明良表示感谢,并主持该项目移交给菲国家卫生部的仪式。中国驻菲律宾大使馆公参檀勍生、菲律宾国会参议员特比利,以及近千当地民众参加揭牌仪式。北棉兰老康复中心由马来巴来市政府捐5公顷土地,菲律宾友好基金和UAA建明集团捐资7亿元比索建设。一期建筑面积1.1万平方米,包括医疗中心、工作人员办公与培训设施、工作人员宿舍、戒毒人员宿舍、戒毒人员培训中心、体育馆等配套设施。将反毒品运动作为本届政府重要任务的杜特尔特非常重视该项目,2017年3月出席项目奠基仪式,同年10月听取项目进展介绍。

台风“山竹”侵袭菲律宾并造成严重影响

2018年9月15日,强台风“山竹”侵袭菲律宾,“山竹”15日在菲律宾北部吕宋岛东北角登陆时,持续风速每小时205千米,阵风每小时255千米。菲律宾农业部20日发布报告称,台风“山竹”给该国农业造

9月15日,强台风“山竹”侵袭菲律宾　　（百度网）

成的损失至少167.6亿元比索(约合3.11亿美元)。“山竹”造成的农业损失主要包括稻谷和渔业生产,有63.69万公顷的农地受灾,损失粮食73万吨。其中稻谷损失55.8万吨,价值约114.5亿比索(约2.12亿美元),占总损失的68%以上。渔业损失694万比索(约12.8万美元),主要是罗非鱼鱼塘、鱼笼、玻璃钢艇、堤坝和养殖水箱。受影响最严重的省份是新埃西贾,其次是卡加延。

菲律宾就业不足率下降至10多年来最低点

2018年12月5日,菲律宾统计局发布的10月份全国劳动力调查报告显示,2018年10月就业不足率降至13.3%,而2017年10月为15.9%。这也是自2006年以来,所有10月份就业不足率最低的一年。其中,首都以外地区的就业不足率从2017年10月的17.0%,下降至2018年10月的14.6%,也是10多年来的最低水平。

中国援助菲律宾萨兰加尼戒毒中心项目交付

2018年12月17日,中国援菲萨兰加尼戒毒中心项目正式移交菲律宾卫生部。移交仪式在该戒毒中心多功能礼堂举行,中国驻菲使馆商务参赞金远,将印有中菲两国国旗的项目钥匙,移交给菲律宾卫生部长弗朗西斯科·杜克。萨兰加尼戒毒中心项目位于在菲律宾棉兰老岛西南部,背山面海、主体建筑主立面黄白蓝相间,造型如同一扇面向未来的“希望之窗”。中国援助菲律宾戒毒中心项目,包含菲律宾萨兰加尼省和阿古桑省两所戒毒中心。整个戒毒中心可容纳150个床位,建筑面积6707.56平方米。主要建筑物包括:行政及医疗综合楼,探视房/过渡房,员工用房/汽修站,男性和女性患者寝室,多功能风雨操场及配套用房。

12月17日,中国援菲萨兰加尼戒毒中心项目正式移交菲律宾卫生部

(中新网)

新加坡连续5年生活成本全球最高

2018年3月15日,英国经济学人智库发布的2018年全球生活成本调查报告显示,新加坡连续5年成为全球生活成本最高的城市。根据对133座城市的调查,法国巴黎和瑞士苏黎世并列第二,中国香港名列第四。排在前十的城市还有挪威奥斯陆、瑞士日内瓦、韩国首尔、丹麦哥本哈根、以色列特拉维夫、澳大利亚悉尼。

新加坡65岁以上年长者就业率上升

根据新加坡人力部发布的《2018年新加坡劳动力报告》预估数据显示,2017年6月至2018年6月,新加坡25~64岁的居民就业率80.3%,比上期微跌0.4个百分点,下跌原因主要是不少30多岁的女性以照顾家人为由退出职场,这群女性居民的就业率从82.1%下跌至80.7%。年满65岁居民就业率26.8%,比上期上升0.3个百分点。报告指出,近年来新加坡政府改善较年长居民受雇能力的措施正在逐步见效。

新加坡晚晴园推出巨型月饼庆中秋

新加坡晚晴园2018年9月22日晚推出巨型月饼庆中秋,吸引数百人到场品尝。这个巨型月饼由新加坡广祥泰食品公司制作,直径1.8米,厚20厘米,重约450千克。月饼由9部分组成,分为黄莲蓉、白莲蓉和斑兰3种口味,上面印有“种族和谐,欢庆中秋”字样。品尝月饼活动是晚晴园9月22日至23日举办的“知己比邻庆中秋”活动的一部分,活动还包括灯笼制作、月饼制作、脸部彩绘、茶文化分享、中秋故事会和文艺汇演等。

晚晴园又名孙中山南洋纪念馆,孙中山曾将同盟会南洋支部设在这里。晚晴园如今已成为新加坡国家古迹。

新加坡人购买力和薪资水平位居亚洲第一

新加坡国立大学李光耀公共政策学院亚洲竞争力研究所进行的年度调查显示,新加坡人的购买力和薪资水平双双位居亚洲第一,在全球105个城市中分别排第20位、第46位,全球排名第一的城市是日内瓦。此外,新加坡也是外派人员生活费最高的亚洲城市,排名全球第四。但对于该国居民来说,生活成本排在第五十四位。

泰国连发游艇爆炸事件

2018年1月14日,一艘载有31

名乘客的快艇在泰国南部著名旅游景点甲米府皮皮岛海域“维京洞穴”附近突然爆炸起火，造成多人受伤。船上有26名中国游客和5名泰国籍船员，中国游客中包括23名成年人和3名儿童，事故造成5人严重受伤。据调查，该快艇发生漏油事故，船员准备自行修理时发生爆炸。1月16日下午，泰国普吉皇家码头入口处附近海域发生快艇相撞事故，导致艇上9名外籍游客和1名船员共10人受伤。两次快艇事故发生后，引发外界对泰国旅游快艇安全的普遍担忧。

泰国一支青少年足球队溶洞受困

2018年6月23日，泰国一支青少年足球队的13名队员和教练进入清莱府美塞县唐鲁昂森林公园的溶洞中探险，但因雨季造成河水暴涨淹没山洞，13人受困洞内长达18天。政府第4天后向全球发出求援，最终在7月10日成功救援出所有被困者。本次抢救行动中唯一的罹难者是37岁的泰国海军海豹突击队队员沙曼。此外，7月7日在清莱府参与洞穴救援的一辆救援车掉入山崖，车上有9人，其中1人重伤、4人轻伤。

泰国普吉岛发生游船倾覆事故

2018年7月5日下午17点45分左右，两艘载有127名中国游客的船只“凤凰号”和“艾莎公主号”在返回普吉岛途中，突遇特大暴风雨，分别在珊瑚岛和梅通岛发生倾覆。受当日暴雨天气影响，同时发生翻覆的还有一艘水上快艇，上面载有2名游客。经泰国警方证实，2人获救后已被带到安全地带。遇难和失联人员均来自“凤凰号”。截至7月11日18时，所有遇难者遗体均已找到，该沉船事故所造成的中国游客遇难人数为47人。7月16日，沉海的“凤凰号”船主沃拉乐被送往普吉法院审理收押，且被反对保释。8月22～23日，泰国普吉府政府联合当地旅游协会举行系列活动，悼念在“凤凰号”游船倾覆事故中遇难的47名中国游客。12月17日晚间，泰国警方公布对沉船“凤凰号”的最新调查结果，“凤凰号”船体在设计、建造等多方面“不合格”，导致遇难者被困船舱。

泰国历史最悠久律实动物园关闭搬迁

2018年8月7日，泰国律实动物园官网发布消息称，具有80年历史的曼谷律实动物园计划关闭并迁新址，原动物园仅开放至8月31日。律实动物园是泰国历史最悠久的动物园，是拉玛五世国王作为王宫的私人花园来建造的。1938年，这里开放作为公共动物园。曼谷市经营这个动物园到1954年。从那时起，它被移交给国家动物园。律实动物园每年吸引约250万游客。律实动物园新址位于巴吞他尼府探耶武里县境内。

暹罗天地购物中心开业

2018年11月9日，曼谷最新地标级购物中心CONSIAM（暹罗天地）开业。开业仪式上1500架无人机在夜空中投射出暹罗图像，诗琳通公主亲临开业仪式现场，这是迄今为止泰国最大的综合性商业项目，也是泰国私人部门单笔投资最大的商业项目。

越南胡志明市艾滋病病毒感染者约占全国的1/4

据越南胡志明市卫生厅报告，2018年胡志明市艾滋病病毒感染者将近5万人，约占越南艾滋病病毒感染者的1/4。根据越南国家统计总局的数据，截至2018年12月18日，越南现今存活的艾滋病病毒感染者为20.88万人，存活的艾滋病病人为9.49万人，死亡9.81万人。

越南胡志明市首添新都市区土地纠纷问题成为社会热点

2018年，位于越南胡志明市第二郡正在建设中的首添新都市区土地纠纷问题不断发酵。1996年，越南政府出台决定建设胡志明市首添新都市区并签署1/5000规划图。首添新都市区在建设的过程中问题层出不穷，例如：胡志明市人民委员会没有遵照中央政府的规划图，另出规划增加按较低价格强拆的土地面积；没有按照原规划进行原居民的安置；涉及被征地的1.5万原住户由于信息不对称没有得到应有的合理补偿。围绕拆迁、补偿、安置等问题，自强拆以来民众不断上访，矛盾尖锐，事件不断发酵，成为十分严重的社会问题，也成为越南多家新闻媒体报道的社会热点。2018年5月，胡志明市人民委员会发言人在新闻发布会上称“首添新都市区1/5000规划图遗失不见”再次激起轩然大波。越南中央政府其后下令政府监察总署查清首添土地纠纷申诉情况。9月7日，历经将近4个月的调查之后，越南政府监察总署正式公布调查结果：胡志明市人民委员会、建设部和中央政府办公厅工作存在失误或违反规定。其中包括：历届胡志明市人民委员会弃用1996年中央政府批准的规划图，扩大外围征地4.3公顷，把安置房用地给51家企业做项目开发。胡志明市人民委员会公开向首添的民众道歉，表示将全力纠正错误。与此事件相关的历届市政府领导被追究责任，多名领导干部被处分。

越南遭受自然灾害损失严重

2018年，越南受气候变化、台风、暴雨引发洪涝等自然灾害影响损失严重。据越南预防自然灾害总局的数据，年内，自然灾害导致国内221人死亡或失踪，造成直接经济损失约20万亿越南盾。

（周明钧、马金案、梁薇、曹梦真、蒙飘飘、韦朝晖、彭丽颖、邓起杰、杨超、张磊、唐卉、李碧华）

专　　题

发 展 报 告

中国:2018 年经济社会发展回顾

2018 年,中国发展面临多年来少有的国内外复杂严峻形势,外部环境面对经济全球化遭遇波折,多边主义受到冲击,国际金融市场震荡,特别是中美经贸摩擦给一些企业生产经营、市场预期带来不利影响;内部环境面对经济转型阵痛凸显,新老矛盾交织,周期性、结构性问题叠加,经济运行稳中有变、变中有忧,经济出现新的下行压力。

面对严峻的国际形势和国内艰巨的改革发展任务,中国按照高质量发展总要求、以深化供给侧结构性改革为主线,坚持稳中求进工作总基调,打好防范化解重大风险、精准脱贫、污染防治三大攻坚战,统筹推进稳增长、促改革、调结构、惠民生、防风险各项工作,稳妥应对中美经贸摩擦,着力稳就业、稳金融、稳外贸、稳外资、稳投资、稳预期,国民经济运行总体平稳、稳中有进,社会大局保持稳定。

一、经济社会发展形势及特点

(一)经济运行基本维持在合理区间

2018 年,面对错综复杂的国内外形势,中国更好地发挥国家发展规划的战略导向作用,保持宏观经济政策的连续性和稳定性,坚决不搞“大水漫灌”式强刺激,在区间调控的基础上加强定向调控、精准调控、相机调控,主动预调微调、强化政策协同、做好预期管理,稳妥应对中美经贸摩擦,保持经济平稳健康发展。全年国内生产总值(GDP)突破 90 万亿元,比上年增长 6.6%。2016 年以来,中国经济发展持续平稳增长,连续 3 年增速在 6.5% ~7.0% 的区间,季度之间也较为稳定。2018 年第一、二、三季度国内生产总值比上年同期分别增长 6.8%、6.7% 和 6.5%。三次产业继续呈现三产增长加快、二产调整、一产平稳的态势。经济增速与用电、货运等实物量指标同步增长。

(二)经济结构持续优化

2018 年,中国三次产业结构继续优化。第三产业比重不断提高,对经济增长的拉动作用不断增强。高技术产业、装备制造业增速明显快于一般工业,农业再获丰收。2018 年头三季度,三次产业增加值占 GDP 的比重分别为 6.5%、40.4% 和 53.1%,第二产业和第三产业比重分别提高 0.2 和 0.3 个百分点,第三产业增加值比上年增长 7.7%,比第二产业增速高 1.9 个百分点;第三产业增加值占 GDP 比重比上年提高 0.3 个百分点,比第二产业高 12.7 个百分点;第三产业对国民经济增长的贡献率为 60.8%,比第二产业高 25.3 个百分点;第三产业拉动 GDP 增长 4.0 个百分点,比第二产业高 1.6 个百分点。

(三)经济效益和发展质量有所提高

2018 年,中国产能利用率保持稳定。头三季度,全国工业产能利用率为 76.6%,与 2017 年同期持平。规模以上工业企业实现利润比上年同期增长 14.7%,大大高于企业销售收入增速。杠杆率降低。2018 年 11 月末,规模以上工业企业资产负债率为 56.8%,比上年同期下降 0.4 个百分点。工业结构不断调整优化,质量和效益继续提升。主要表现为高端制造业增长较快,传统的轻纺工业、一些重化工业增长持续放慢。企业效益继续好转。1 ~10 月,全国规模以上工业企业实现利润比上年同期增长 13.6%;主营业务收入利润率比上年同期提高 0.24 个百分点。节能降耗扎实推进,能源消费结构继续优化,2018 年头三季度,全国能源消费总量比上年同期增长 3.4%,天然气、水电、核电、风电等清洁能源消费占能源消费总量比重比 2017 年同期提高 1.3 个百分点,单位 GDP 能耗下降 3.1%。

(四)固定资产投资稳中回落

2018 年,中国固定资产投资呈现企稳回升的态势,速度基本稳定,结构趋向优化,特别是民间投资和制造业投资表现突出。1 ~11 月,全国固定资产投资

（不含农户）比上年同期增长5.9%，增速连续3个月回升，其中民间投资增长8.7%，一直保持在8%以上的较快速度；制造业投资随着国家“六稳”政策的支撑和减税降费力度的加大，投资效果进一步显现，增速从4月份开始持续回升；房地产投资增速1～11月和1～10月持平，累计增速在10%左右。总体投资态势在稳增长中发挥关键性作用。

（五）就业形势稳中向好

2018年，中国就业形势总体保持稳定，就业规模持续扩大，全年新增就业人数1361万人，比上年增加10万人，这是中国连续第六年新增就业1300万人以上。同时，全国调查失业率稳中有降，稳定在5%左右的较低水平，年末全国城镇登记失业率3.8%，是近几年来的最低水平；全国就业岗位局势总体供大于求。市场监测的求人倍率的技术数据指标显示，2018年对全国100个城市统计数据调查中，求人倍率一直保持在1以上，第四季度是1.27，即一个就业人数有1.27个岗位在对应，基本实现充分就业。因此，中国的就业形势总体保持稳定。

（六）社会消费持续平稳

2018年，消费对经济增长的拉动作用进一步增强，成为新阶段推动经济增长的主导力量。2018年头三季度，最终消费支出对经济增长的贡献率为78%，比上年同期提高14个百分点，消费持续稳居经济增长的第一驱动力，经济增长逐步由投资驱动转向消费驱动。

全年物价走势温和适中，市场物价基本稳定，CPI保持上涨，PPI涨幅回落。2018年1～11月，全国居民消费价格指数（CPI）比上年同期增长2.1%，CPI增幅保持在3%的预期和调控范围内。2018年12月，全国居民消费价格比上年同期上涨1.9%，涨幅回落0.3个百分点。其中：城市上涨1.9%，农村上涨1.9%；食品价格上涨2.5%，非食品价格上涨1.7%；消费品价格上涨1.7%，服务价格上涨2.1%。工业生产者出厂价格（PPI）涨幅明显回落。1～11月，PPI比上年同期增长3.8%，涨幅比上年同期回落2.6个百分点。

（七）人民生活持续改善

2018年，中国居民人均可支配收入实际比上年增长6.5%。中国加大基本养老、基本医疗等保障力度，资助各类学校家庭困难学生近1亿人次。棚户区住房改造620多万套，农村危房改造190万户。

2018年头三季度，中国居民人均可支配收入21035元，比上年同期名义增长8.8%，扣除价格因素实际增长6.6%，居民收入增长与经济增长同步，城乡居民收入差距缩小。其中：城镇居民人均可支配收入29599元，比上年同期名义增长7.9%，扣除价格因素实际增长5.7%；农村居民人均可支配收入10645元，比上年同期名义增长8.9%，扣除价格因素实际增长6.8%。城乡居民人均收入倍差2.78，比上年同期缩小0.03。全国居民人均可支配收入中位数18236元，比上年同期名义增长8.7%，居民可支配收入增速跑赢GDP增速。

二、改革开放形势及特点

（一）改革取得新突破

2018年，以改革开放40周年为重要契机，中国重点推进国资国企改革，制定出资人监管权责清单，深化国有资本投资、运营公司等改革试点，赋予更多自主权；支持民营企业发展，坚决破除各种隐性壁垒，健全企业家参与涉企政策制定机制；完善产权制度和要素市场化配置机制；深化财税体制改革，提高个人所得税起征点。重点领域改革迈出新的步伐，去杠杆取得积极成效，市场准入负面清单制度全面实行，简政放权、放管结合、优化服务改革力度加大，营商环境国际排名大幅上升。2018年，大众创业万众创新深入推进，日均新设企业超过1.8万户，市场主体总量超过1亿户。

（二）新增长动能稳健提升

2018年，中国新兴产业蓬勃发展，传统产业加快转型升级。高技术产业、装备制造业、战略性新兴产业增加值增长速度明显高于整个规模以上工业。2018年1～11月，中高端制造业投资保持较快增长态势，高技术制造业、装备制造业投资比上年同期分别增长16.1%和11.6%。新能源汽车、光纤、智能电视等新产品产量保持较快增长，1～10月，新能源汽车、智能电视等新产品产量分别比上年同期增长54.4%和19.6%。新商业业态继续保持快速扩张势头，服务业中的战略性新兴服务业、高技术服务业营业收入增长快于全部规模以上服务业。1～11月，全国网上零售总额比上年同期增长24.1%，其中实物商品网上零售额增长25.4%，占社会消费品零售总额的比重为18.2%，比上年同期提高3.4个百分点。1～10月，战略性新兴服务业、科技服务业和高技术服务业营业收入比上年同期分别增长15.3%、15.3%和13.8%。

与居民消费升级相关的养老、医疗、旅游休闲、文化娱乐等服务行业供给水平提高。咨询、物流、信息、商务服务业快速发展，信息传输、软件和信息技术服务业势头较好。

（三）三大攻坚战开局良好

2018年，以防范化解重大风险、精准脱贫、污染防治为核心的三大攻坚战全面展开，开局良好，经济发展的协调性和整体性进一步提高。其中：防范化解重大风险初见成效，宏观杠杆率趋于稳定，金融运行总体平稳；精准脱贫有力推进，农村贫困人口减少1386万，易地扶贫搬迁280万人；污染防治得到加强，细颗粒物（PM2.5）浓度继续下降，生态文明建设成效显著。加大补短板力度，特别是重视补高质量发展的短板，精准聚焦基础设施、农业、脱贫攻坚、生态环保等重点领域和薄弱环节，重点在关键核心技术攻关和新动能培育方面增大补短板的力度和强度，提高公共服务水平和质量。

（四）对外开放全方位扩大

2018年，博鳌亚洲论坛年会在中国海南举行，首届中国国际进口博览会在中国上海举行，共建“一带一路”理念更加深入人心，覆盖面进一步扩大。中国海南自由贸易试验区启动建设，探索建设中国特色的自由贸易港，全方位对外开放的决心和格局进一步显现，国际经济合作和竞争的新优势更趋扎实。

2018年，中国营商环境整体提升32位，其中跨境贸易排名由97位跃升为65位；年内，中国对世界经济增长贡献率超过30%，中国成为世界经济增长动力源，稳定世界经济中坚力量的基础更加牢固。

三、对外经济合作形势及特点

2018年，中国陆续出台一系列减税降费、优化口岸营商环境的政策措施，贸易便利化水平显著提升；两次提高部分产品出口退税率，有效促进出口增长，主动降低药品、汽车及其零部件、日用消费品等进口关税，有效促进进口增长。年内，中国对外贸易进出口总体平稳，稳中有进，规模创历史新高，迈上年度进出口总值30万亿元的新台阶，对外贸易质量和效益稳中向好的态势进一步巩固，继续保持全球货物贸易第一大国地位。

（一）外贸总额创历史新高

2018年，中国外贸进出口总额30.51万亿元人民币，比上年增长9.7%。其中：出口额16.42万亿元，比上年增长7.1%；进口额14.09万亿元，增长12.9%，实现外贸规模的新跨越。

（二）贸易顺差进一步收窄

2017年，中国出口15.33万亿元，进口12.46万亿元，贸易顺差2.87万亿元。2018年，中国扩大进口的政策力度明显加大，出台扩大进口促进对外贸易平衡发展意见等一系列措施，大力鼓励进口，通过加大进口额削减贸易顺差，进口促进政策取得积极成果。2018年，中国进口额比上年增长12.9%，比出口增速快5.8个百分点；贸易顺差2.33万亿元，收窄18.3%。

（三）民营企业进出口增长迅速、比重提升

2018年，中国海关相继出台拓展担保方式、引入保险公司参与海关税收担保等一系列措施，支持民营企业减负增效；鼓励中小企业创新，对符合条件的中小企业公共服务示范平台进口有关科研和科技开发用品免征进口税收。年内，中国海关与36个国家和地区实现“经认证的经营者”（AEO）互认，支持民营企业享受当地海关提供的各项便利措施，引导服务企业“走出去”。

2018年，中国有进出口实绩的民营企业37.2万家，比上年增长10.7%，有更多的民营企业参与到进出口活动中，民营企业对外贸进出口增长的贡献率超过50%。年内，全国民营企业进出口12.1万亿元，比上年增长12.9%。其中：出口7.87万亿元，增长10.4%，占出口总额的48%，比重提升1.4个百分点，继续保持第一大出口主体地位；进口4.23万亿元，增长18.1%。全国民营企业对外贸进出口额占全国进出口总额的39.7%，比上年提升1.1个百分点；外商投资企业进出口额12.99万亿元，增长4.3%，占42.6%；国有企业进出口额5.3万亿元，增长16.8%，占17.4%。

（四）吸引外资力度加大

2018年，中国进一步放宽市场准入，缩减外资准入负面清单，允许更多领域实行外资独资经营。落实金融等行业改革开放举措，完善债券市场开放政策。加快与国际通行经贸规则对接，提高政策透明度和执行一致性，营造内外资企业一视同仁、公平竞争的公正市场环境。全年实际使用外资8856.1亿元人民币，引资规模创历史新高，比上年增长0.9%（约合1349.7亿美元，比上年增长3%）。其中，制造业吸收外资实现快速增长。年内，中国制造业实际使用外资比上年增长20.1%，占比为30.6%，较上年提高4.8个百分点。其中，高技术制造业比上年增长35.1%。中西部地区实际使用外资实现快速增长。中部地区实际使用外资比上年增长15.4%，西部地区增长18.5%。自贸试验区增长3.3%，占比为12.1%。外资大项目实现快速增长。合同外资5000万美元以上大项目近1700个，比上年增长23.3%。并购方式实际使用外资比上年增长28.4%。2018年，中国主要投资来源地范围扩充，实际投入增长态势良好，新加坡、日本、英国、美国实际投入金额比上年分别增长8.1%、13.6%、150.1%和7.7%。“一带一路”沿线国家实际投入金额比上年增长13.2%。

4月10日，博鳌亚洲论坛2018年年会在中国海南举行 （新华网）

四、对外交往形势及特点

2018年,中国对外交往保持定力、沉着应对,主动运筹、积极进取,展现新气象,体现新作为,突出表现为扩大开放、合作共赢、稳中有进的特点。

(一)扩大开放是2018年中国外交一以贯之的旋律

2018年是中国改革开放40周年。中国高举深化改革、扩大开放的旗帜,从年初到岁尾,从主场外交到国际会议,从政策宣示到务实举措,中国不断对外释放扩大开放的明确信号。4月,博鳌亚洲论坛吹响中国新一轮对外开放的号角。中国国家主席习近平在论坛上发表重要讲话,郑重宣示"中国开放的大门不会关闭,只会越开越大",并宣布大幅度放宽市场准入、创造更有吸引力的投资环境、加强知识产权保护、主动扩大进口等一系列扩大开放的重大举措。向全世界展示新时代的中国将继续深化改革、扩大开放的坚定决心。11月,中国成功举办首届中国国际进口博览会。这是世界上第一个以进口为主题的国家级展会,是国际贸易发展史上的一大创举。172个国家、地区和国际组织参会,3600多家境外企业参展,40多万采购商参与,成交额近600亿美元。中国再次以实际行动展示对构建开放型世界经济的坚定支持,表明愿向世界打开市场、让各方分享发展机遇的真诚意愿。

(二)合作共赢是2018年中国外交最为突出的亮点

共建"一带一路"成为国际合作共赢的主题,"一带一路"精神被写进联合国、中非合作论坛、上合组织、亚欧会议等重要国际机制成果文件,日益成为国际合作共识。2018年,"一带一路"朋友圈继续扩大,又有50多个国家和国际组织与中国签署"一带一路"合作文件,签署文件总数达到140多份。"一带一路"倡议成为世界上最受欢迎的公共产品和最大规模的合作平台。5年来,中国与"一带一路"沿线国家贸易总额超过6万亿美元,对沿线国家投资超过800亿美元,为当地创造24万个工作岗位。2018年是中国外交的"南南合作年",从中拉、中阿到中非合作论坛,中国同发展中国家集体对话实现全覆盖。9月,中非合作论坛北京峰会成功举行,40位总统、10位总理、1位副总统以及非盟委员会主席与会,创下历次中非峰会的新高。中非双方推出以"八大行动"为核心的上百项合作举措,向世界传递中非团结协作、命运与共的强烈信号。

(三)稳中有进是2018年中国外交努力实现的目标

面对复杂纷纭的国际和地区形势,中国冷静应对,积极作为,不仅保持同主要大国关系的总体稳定,同周边国家关系也实现全面改善和发展。

1. 中美关系。2018年12月,中国国家主席习近平同美国总统特朗普在20国集团领导人峰会期间举行会晤,双方进行深入战略沟通,同意共同推进以协调、合作、稳定为基调的中美关系,为解决中美间存在的问题、推动中美关系健康发展做出规划。双方就经贸问题的讨论富有建设性,有效阻止经贸摩擦进一步扩大升级,推动重回对话协商解决问题的轨道,确立谋求合作共赢的共同目标,对外释放积极和正面预期。

2. 中俄关系。2018年,中俄两国元首多次会晤并实现互访,中国国家主席习近平专程赴俄出席东方经济论坛,俄罗斯总统普京对华进行国事访问,两国元首的高度互信和战略引领使中俄关系始终稳如磐石,合作内生动力不断增强,国际战略协作持续深化。

3. 中欧关系。2018年,中国国家主席习近平访问西班牙、葡萄牙,国务院总理李克强出席中欧领导人会晤、中国—中东欧领导人会晤,英法德等欧洲大国领导人访华。双方紧紧把握全方位合作主基调,利益纽带更加紧密。在支持多边主义和自由贸易、携手应对全球性挑战方面共同发声,推动中欧投资协定谈判进入新阶段。

4. 中印关系。2018年4月,中国国家主席习近平同印度总理莫迪在中国武汉举行非正式会晤,进行深度战略沟通,开创中印高层交往的新模式,增进彼此的互信和认知,引领中印关系实现健康稳定发展。武汉会晤作为一个标志性事件,在中印关系史上留下深刻印记。

5. 中日关系。2018年适值中日和平友好条约缔结40周年,中国对日方希望改善两国关系的意愿做出积极回应,双方开展一系列高层往来,推动两国关系重回正轨。

6. 中朝关系。2018年中共中央总书记习近平同朝鲜最高领导人金正恩三度会晤,就发展新时代中朝关系达成重要共识,让中朝传统友谊焕发新的活力。

7. 中国与东南亚国家关系。2018年,中国国家主席习近平成功访问文莱、菲律宾,中国国务院总理李克强出席东亚合作领导人系列会议并访问新加坡。中国和东盟全面战略伙伴关系进入成熟期,制定"南海行为准则"的磋商驶入快车道。在共同维护南海稳定和开展海上合作过程中,中国与东盟国家之间的相互信任明显增强,对彼此关系的预期也更为积极正面。

(周明钧)

资料来源:

1.《2019年中国政府工作报告》

2.《关于2018年中国国民经济和社会发展计划执行情况与2019年国民经济和社会发展计划草案的报告》

3.《中华人民共和国国家统计局发布2018年国民经济和社会发展统计公报》

4.《2018年中国农业和农村形势分析及经济社会发展建议》

5.《2018年中国对外贸易行业发展现状及趋势分析》

6.《2018宏观经济回顾与2019经济形势展望》

7.《2018年统计公报看"一带一路"亮点:对外开

放再上新水平》

8.《2018 年中国对外开放再创辉煌》

9.《2018 年和 2019 年：国际形势与中国外交》

10.《2018 年中国经济运行情况回顾及 2019 年经济走势预测》

11.《当前中国经济形势和 2019 年展望》

12.《2019 年中国经济形势分析与预测》

文莱：2018 年经济社会发展回顾

2018 年，文莱政治社会继续保持长期以来的稳定局面；经济延续 2017 年恢复增长态势；外交继续实施既定的对外政策，重点参与东盟内外活动；中国国家主席习近平首次访问文莱使中国与文莱关系进入一个新的发展阶段。

一、政治社会继续保持稳定

2018 年，文莱苏丹哈吉·哈桑纳尔·博尔基亚宣布改组内阁，并继续实施多年来维护政治社会稳定的措施，文莱继续保持长期以来的稳定局面，人民生活安定和谐。

（一）文莱苏丹宣布改组内阁

2018 年 1 月 31 日，文莱苏丹哈吉·哈桑纳尔·博尔基亚宣布改组政府内阁。此次改组变动较大，新的变动是：将国家宗教司和国家大法官这两个职位提升至与部长同等的级别。新内阁中新的正副部长是：原任文化青年体育部部长的丕显哈尔毕出任第二国防部部长，原任财政部副部长的刘光明晋升为财政经济部第二部长；发展部原副部长拿督苏海米晋升为发展部部长；外交与贸易部原副部长拿督伊鲁万晋升为外交部第二部长；教育部原副部长拿督巴伦出任宗教部副部长。卫生部部长为拿督伊桑，首相署部部长为拿督比拉、副部长为拿汀艾琳达；财政部副部长为拿督阿玛汀；能源与工业部部长为拿督玛苏尼、副部长为迈沙杜朱，教育部部长为拿督韩查、副部长为拿汀罗麦查；交通部部长为阿旺穆达里；文化青年体育部部长为拿督阿米奴汀；巴拉旺阿米南新任文莱皇家武装部队指挥官；丕显伊沙为新内阁中新增加的苏丹特别顾问。年内，文莱政府更改了几个部门的名称：能源及工业部更名为能源人力资源和工业部，财政部更名为财政经济部，外交和贸易部更名为外交部。9 月 27 日，苏丹任命刘光明为首相部办公室主任兼财政经济部第二部长。

（二）文莱隆重庆祝第 34 届国庆日

2 月 23 日是文莱的国庆日，每年文莱政府都会举行隆重的庆祝活动。2018 年 2 月 16～24 日，文莱隆重庆祝第 34 届国庆日，全国从 2 月 16 日起悬挂国旗。2 月 22 日晚，文莱苏丹哈吉·哈桑纳尔·博尔基亚出席在奥马尔阿里赛里夫汀清真寺举行的国庆日祈祷仪式，苏丹致辞时强调青年对国家发展的重要性，指出青年要为国家的发展努力创造新的生机。2 月 24 日，文莱在斯里巴加湾市奥马尔阿里赛夫汀大广场隆重举行庆祝第 34 届国庆日活动，有 138 支游行队伍、逾 2.3 万人参加，约 7000 人参加广场表演。2018 年国庆日的主题是“实践国家宏愿”，以实现 2035 年国家宏愿为焦点，并凸显全民参与国家发展的重要性。

（三）文莱政府采取措施为民谋福利

2017 年 12 月 31 日，文莱苏丹哈吉·哈桑纳尔·博尔基亚在 2018 年新年致辞时宣布，从 2018 年 1 月开始，政府将弱势群体退休金计划扩大到 15 岁以下的弱势群体，这一群体被纳入政府制定的新的福利、津贴和退休计划范畴内。根据 2017/2018 财年国家财政预算案，政府的重点工作是努力提供个人能力建设、保健服务、电力和供水、住房、道路网络以及其他基础设施的援助和实施组织方案。在 2018 年 6 月开斋节，文莱苏丹哈吉·哈桑纳尔·博尔基亚私人恩赐开斋节援助金给马来奕区、都东区及文莱摩拉区逾万人的弱势群体。2 月 20 日和 8 月 15 日，苏丹分别给都东区武吉柏鲁安、马来奕区的鲁木及诗里亚罗弄登加 600 名国家房屋计划受惠者和文莱摩拉区 860 名国家房屋计划受惠者颁发房屋钥匙。

二、经济延续 2017 年恢复增长态势

2018 年 3 月 5 日，文莱苏丹哈吉·哈桑纳尔·博尔基亚在文莱第 14 届立法会议第 1 次会议上对 2018 年的经济工作提出要求，强调采取关键措施促进文莱

2 月 24 日，文莱在斯里巴加湾市奥马尔阿里赛夫汀大广场举行庆祝第 34 届国庆日活动 （新华社）

的经济多元化，同时确保谨慎支出和支出的优先顺序。国家重点关注的领域之一是农业部门，力争实现粮食自给自足，保证国家安全。国家要有效地管理石油和天然气资源。

（一）加大经济社会投资力度

文莱第14届立法会会议于2018年3月20日通过主题为“保持国家繁荣的生产性和创新性支出”的文莱2018/2019年度财政预算，预算额为53亿文莱元，文莱政府以此确定本财年的5个重点发展方向，即审慎支出、创造就业机会和能力建设、通过创新提高生产力、促进企业发展和维护公共福利。在预算中特别加大投资发展力度，国家发展计划特别拨款预算为9亿文莱元，年内安排投资项目182项，其中新项目151项，有31项是第九个国家发展计划未完成而继续在第十个国家发展计划中要完成的项目。该年度发展预算比2017/2018财年财政预算的2.03亿文莱元增加4倍，这为支持年度国家经济社会发展的战略重点发挥了重要作用。

（二）增加石油天然气的生产和出口

石油天然气是文莱经济的支柱产业，文莱每年的经济增长要依赖石油天然气的生产和出口。2018年，文莱石油天然气出口保持增长。据文莱首相署经济规划与发展局统计数据，2018年4月，文莱进出口贸易总额增加至10.17亿文莱元，比上年同期增长14.5%，主要是由于原油出口额比上年增长21.7%。2018年8月进出口贸易总额与2017年8月相比增长28.3%，其中出口总额增长42.1%，原因也是原油和液化天然气出口量增加。其中，原油出口增长54.2%，液化天然气出口增长41.2%。

（三）加大促进企业发展工作力度

文莱政府根据2018/2019财年预算，重点加大促进企业发展的工作力度，主要措施是继续优先改善商业和投资环境，协助中小微企业吸引外国直接投资，并为当地人创造更多的就业机会，尤其是在私营部门就业。为继续支持私营部门，文莱政府出台多项措施：（1）拨款500万文莱元支持中小微企业，拨款400万文莱元用于维护和加强企业基地的基础设施以支持中小微企业发展，从而提高生产力和促进投资活动；（2）拨款25万文莱元支持文莱“一村一品”倡议；（3）中小企业银行于2018年年初开始运营，旨在向中小企业提供金融贷款。这些措施已经取得明显成效，并得到国际金融组织的肯定。根据世界银行《2018年营商环境报告》，在全球190个国家和地区中，文莱营商环境排名从2017年的第72位升至第56位，连续3年被评为世界上营商环境进步最快的经济体。

三、按照既定的外交政策开展对外活动

2018年，文莱继续按照既定的外交政策开展对外活动，重点是参与东盟内外活动；中国国家主席习近平首次访问文莱，把中国与文莱关系提升到一个新的发展阶段。

（一）重点参与东盟年度系列会议和活动

2018年，以文莱苏丹哈吉·哈桑纳尔·博尔基亚为首的文莱政府领导人出席在东盟轮值主席国新加坡举办的东盟年度系列会议：第8次中国—东盟国防部部长非正式会晤；第24届东盟经济部部长非正式会议及其系列会议；第16届东盟—欧盟经贸部部长磋商；第22届东盟财政部部长会议；第32届东盟峰会等系列会议；东盟与中日韩10+3、东亚峰会、东盟地区论坛等框架内的系列高级官员会议；第24次中国—东盟高官磋商；东盟与中日韩高官会和东亚峰会各成员国与中国、日本、韩国、印度、澳大利亚、新西兰、美国和俄罗斯等8个伙伴高官会；中国—东盟10+1外交部长会议、第51届东盟外交部部长会议；东盟10国与中日韩10+3外交部部长会议和第8届东亚峰会外交部部长会议（10+8）、第25届东盟地区论坛外交部部长会议等东亚合作系列外交部部长会议，第50届东盟经济部长会议；第12届东盟国防部长会议和第5届东盟国防部长扩大会议；2018年东盟商务与投资峰会、第33届东盟峰会及东亚合作领导人系列会议、第21次中国—东盟10+1领导人会议暨中国—东盟建立战略伙伴关系15周年纪念峰会；第2次区域全面经济伙伴关系协定领导人会议；第21次东盟与中日韩10+3领导人会议和第13届东亚峰会。

同时，文莱积极参加东盟参与举办的国际会议，如在澳大利亚悉尼举行的第2届东盟—澳大利亚特别峰会；在马来西亚雪兰莪州举行的第31次东盟与美国对话会；在越南河内举行的第20次东盟—印度高官会；在菲律宾马尼拉举行的第21届东盟与中日韩10+3财政部长和中央银行行长会议；在中国南宁举行的第10届泛北部湾经济合作论坛暨第2届中国—中南半岛经济走廊发展论坛，以及在中国南宁举行的第15届中国—东盟博览会和中国—东盟商务与投资峰会；在日本东京举行的第33届东盟—日本论坛；在韩国举行的第22届东盟与韩国对话会，等等。

年内，文莱举办文莱—印度尼西亚—马来西亚—菲律宾东盟东部增长区次区域年度战略规划会议、东盟金融一体化第15届高级别委员会会议；第5届东盟儿童论坛；第39届东盟港口工作会议、第24届东盟交通部长会议、第48届东盟银行理事会会议，等等。

（二）与东盟国家保持密切来往

2018年，文莱与马来西亚、新加坡、印度尼西亚和泰国等东盟国家保持密切来往。

1. 文莱与马来西亚的交往。2018年8月30日，文莱苏丹哈吉·哈桑纳尔·博尔基亚向马来西亚苏丹和总理发祝贺信，祝贺马来西亚独立61周年。马哈蒂

尔宣誓就任马来西亚总理后,文莱苏丹哈吉·哈桑纳尔·博尔基亚是首位亲自到马来西亚表示祝贺的外国领导人。就任马来西亚第7任总理不久的马哈蒂尔于9月2~3日对文莱进行为期两天的访问。马来西亚外交部表示,马哈蒂尔此次访问将加强马来西亚与文莱的双边关系。马哈蒂尔此行与文莱达成多项协议,其中有建设连接马来西亚的沙巴和沙捞越州、印度尼西亚与文莱加里曼丹地区的泛婆罗洲高速公路。两国外交、防务和经济部门领导人也频繁互访。文莱皇家武装部队司令阿米纳于4月21~23日对马来西亚进行访问;马来西亚外交部部长赛夫丁阿都拉(8月13日)、马来西亚经济事务部部长(11月27日)和马来西亚国防部部长(12月3日)分别访问文莱,双方商讨落实两国元首加强两国交流和各领域合作等事项。

2. 文莱与新加坡的交往。2018年,文莱苏丹哈吉·哈桑纳尔·博尔基亚出席在新加坡举行的东盟年度系列会议并访问新加坡,多次与新加坡领导人会见商讨促进双边合作。两国防务部门关系密切,8月13~15日,文莱国防部第二部长哈尔比对新加坡进行访问,受到新加坡政府总理李显龙接见。8月30日,文莱苏丹哈吉·哈桑纳尔·博尔基亚会见到访的新加坡国防军参谋长。11月27日,文莱卫生部与新加坡医学院签署合作备忘录,合作培训医生和培养医学人才。

3. 文莱与印度尼西亚的交往。文莱苏丹哈吉·哈桑纳尔·博尔基亚于2018年9月29日、12月22日分别向印度尼西亚总统佐科·维多多就印度尼西亚苏拉威西中部地震及海啸和巽他海峡海啸事件发去慰问信。文莱苏丹谢里夫阿里伊斯兰大学与印度尼西亚穆罕默迪亚高等教育研究与发展委员会下属的30所高等教育机构签署在各领域开展合作的《谅解备忘录》。11月7日,文莱国防部第二部长哈尔比出席第8届印度尼西亚防务展览与论坛,与印度尼西亚国防部部长就双方的防务合作进行讨论。

4. 文莱与泰国的交往。文莱皇家武装部队司令阿米纳于2018年8月19~21日访问泰国,双方就进一步加强军事合作,包括高层互访、人员培训等进行讨论。12月17日,泰国农业和合作部副部长对文莱进行工作访问,文莱初级资源和旅游部与泰国农业和合作社部签订《农业合作备忘录》。12月2日,泰国皇家空军总司令对文莱进行访问以加强双方的防务合作。

(三)防务合作成为2018年文莱与美国、俄罗斯、澳大利亚交往的重点

2018年2月21日,美国太平洋司令部司令哈里斯上将访问文莱。9月10~12日,文莱皇家武装部队指挥官彭基兰拿督阿迷南出席夏威夷檀香山2018年国防部部长会议,文莱皇家陆军和美国太平洋司令部陆军举行为期8天的第1次联合演习。11月13~20日,文莱与美国举行第24届海上合作准备与训练演习。7月26~30日,文莱皇家海军第一海军上将彭基兰拿督罗拉兹米出席在俄罗斯符拉迪沃斯托克举行的远东国际海事展和俄罗斯海军日,双方讨论文莱与俄罗斯海军合作事宜。10月2日,俄罗斯安全理事会秘书长率领代表团访问文莱,就两国国防事务合作进行商议。3月19日,文莱与澳大利亚在波基亚军营举行第16次文澳联合防务工作委员会会议,双方讨论区域防务和安全问题;两国陆军于12月18日举行联合军事演习。

(四)中国与文莱的交往与合作深入发展

1. 中国国家主席习近平首次访问文莱。2018年11月18~20日,中国国家主席习近平对文莱进行国事访问,这是习近平首次访问文莱。访问期间,习近平与文莱苏丹哈吉·哈桑纳尔·博尔基亚举行会谈,就中文关系和共同关心的地区国际问题深入交换意见。双方发表《中华人民共和国和文莱达鲁萨兰国联合声明》。文中关系进入一个新的发展阶段。

2. 文中两国经济贸易合作成效显著。据中方统计,2018年中文两国贸易额为18.4亿美元,比上年增长86%。其中:中国出口额15.9亿美元,比上年增长149.8%;中国进口额215亿美元,下降29.5%。中国从文莱进口的商品主要是原油,向文莱出口的商品主要为纺织品、建材和塑料制品等。两国在投资、承包劳务等方面合作成效显著。截至2018年11月底,中国在文莱累计签订工程承包合同额31.3亿美元,完成营业额30.1亿美元。截至2018年9月底,文莱累计对华实际投资额为28.1亿美元,中国累计对文莱投资额为27亿美元。

3. 中文两国人文交流日益拓展。中国与文莱旅游联系日益密切。两国通航城市增加。文莱航空已开通前往中国上海、杭州、南宁、长沙的航线,中国成为文莱最大游客来源地。

中文两国文化交流也日益密切。3月16日,由中国驻文莱大使馆主办,中国广西壮族自治区文化厅承办的2018"欢乐春节"《美丽中国·心仪广西》文艺演出在文莱首都斯里巴加湾市杰鲁东公园剧场上演。9月17日,文莱媒体代表团到中国云南省进行为期一周的交流访问。

中国政府于2018/2019学年向文莱提供14个全额奖学金名额,面向文莱全国招生。5月12日,文莱大学综合技术学院与浙江大学化学与生物工程学院续签《化学和工艺工程联合本科课程合作协议》。

(马静　马金案)

资料来源:

1. 马来西亚《诗华日报》新闻网文莱新闻,2018年1~12月,http://www.360doc.com

2. 中华人民共和国驻文莱达鲁萨兰国大使馆网站

3. 中华人民共和国驻文莱达鲁萨兰国大使馆经济商务参赞处网站

柬埔寨:2018 年经济社会发展回顾

2018 年,柬埔寨顺利举行第 4 届参议院换届选举和第 6 届全国大选。在两次选举中,柬埔寨人民党独揽席位,成为最大赢家。柬埔寨人民党在年内有效实施亲民政策和措施,并争取到柬埔寨原救国党支持者的选票。年内,柬埔寨与美国及一些西方国家因政党和选举方面的意见相左,关系出现波动,但与中国及邻国越南、泰国和老挝之间仍然保持着亲密和友好的关系。全年 GDP 增速为 7.3%,创下 6 年来的新高。

一、政治:完成议会换届,关注民生

2018 年是柬埔寨议会的选举年。柬埔寨议会由参议院和国民议会组成,此次参议院换届和国会大选恰好都在年内举行,顺利举行这两场换届选举是柬埔寨政府工作的重中之重。

(一)柬埔寨人民党成为议会换届的最大赢家

柬埔寨参议院是国家立法机关,有权审议国会通过的法案,每届任期 6 年。2018 年 2 月 25 日,柬埔寨以非普选方式举行第 4 届参议院换届选举,本届参议院共设 62 个议席,根据《柬埔寨王国宪法》规定,其中的 58 席由非普选投票产生,2 席由国王委任,2 席由国会委任。柬埔寨人民党、柬埔寨青年党、柬埔寨国籍党和奉辛比克党等 4 个政党参加本次选举。全国 1646 个乡分区中共设有 33 个投票站,投票人数为 11695 人,实际投票人数为 11670 人,选举投票率 99.79%。最终,柬埔寨人民党获 58 个投票议席中的全部席位,赛冲连任柬埔寨第 4 届参议院主席。

柬埔寨国民议会是国家最高权力机关和立法机关,每届任期 5 年。2018 年 7 月 29 日,在以美国为首的一些西方国家的一片质疑声中,柬埔寨顺利完成了第 6 届全国大选,柬埔寨人民党以 76.84% 的得票率赢得本届大选的胜利,独获本届国会的全部议席。本次大选共有包括柬埔寨人民党、民主联盟党、奉辛比克党和基层民主党等 20 个政党参选,角逐 125 个国会议席;而在这几年呼声甚高的柬埔寨救国党于 2017 年 11 月 16 日被柬埔寨最高法院裁决依法解散,无缘本届大选。此次大选全国有合格选民 838 万人,参加投票选民 688.57 万人,投票率为 82.17%,比第 5 届大选高出 12.56 个百分点。

(二)利民举措赢得民心

2018 年,柬埔寨人民党为稳定民心、赢得大选,继续推进党内改革,关注民生,加强政府部门与普通民众尤其是年轻人之间的互动,加大解决老百姓关心的减税、打假增加工资等问题的力度,延续务实、亲民的执政风格。

1. 减少税项。继取消发动机功率低于 150CC 的三轮机车和摩托车养路税、身份证和结婚证证明费、承包税制,降低电费和自来水费之后,2018 年柬埔寨政府又开始调高个税起征点,这对柬埔寨的普通公务员、武装部队官兵、教师、医生、工人和经营小本生意者等低收入群体来说是很大的实惠。据柬埔寨财经部宣布,自 2018 年 1 月起,柬埔寨公民个税起征点由原来的 250 美元提高至 300 美元,新的纳税比率分别是:0 ~ 120 万瑞尔(约 300 美元),薪资税率 0%;120 万 ~ 200 万瑞尔(约 500 美元),薪资税率 5%;200 万 ~ 850 万瑞尔(约 2125 美元),薪资税率为 10%;850 万 ~ 1250 万瑞尔(约 3125 美元),薪资税率为 15%;1250 万瑞尔以上,薪资税率为 20%。此外,新的计算标准还允许纳税家庭用人口和生活开支抵扣税基,这相当于起征点进一步提高。以拥有 3 名子女的五口之家为例计算,该家庭成员的个税起征点可达 450 美元。据悉,这是自 2016 年以来柬埔寨政府第 3 次调高个税起征点。

2. 继续打假,保障消费者利益。一直以来,柬埔寨市场上假冒伪劣商品流通量较大,尤其是食品和美容类产品的质量问题严重。2018 年 4 月 3 日,柬埔寨打击假冒商品委员会公开销毁 60 多吨假冒商品,其中包括各类食品、染发剂、面膜、美白霜和大批化学原料等,获得正规厂家和消费者的一致好评。

此外,柬埔寨政府还在财政预算上向民生方面进行倾斜,收效良好。近 5 年来,柬埔寨国家经常性支出增加近 2 倍,其中教育青年体育部支出增长 3 倍多,卫生部支出增长近 2.5 倍,农林渔业部支出增长近 3 倍,国家公共投资增长近 2.5 倍。自 2017 年 11 月柬埔寨救国党被宣布解散以来,柬埔寨人民党由于反应迅速、组织有力、措施得当,迅速地提升了普通民众对政府部门的关注度和社会事务的参与度,为柬埔寨人民党在短期内赢得口碑并争取到以关注民生为重点的救国党支持者的选票。

二、外交:经略周边突出重点

2018 年是柬埔寨的大选年,年内柬埔寨的外交工作受到各方政治博弈的影响,呈现出与美国等西方国家关系不睦、重点发展与中国的关系、积极与邻国往来的特点。

(一)强势抵御来自西方的干扰

在柬埔寨全国大选陆续开展的大半年,以美国为首的西方国家为了让其看好的已于 2017 年 11 月 16 日被解散的柬埔寨救国党重新回归柬埔寨政坛、重获参选资格,轮流在各个领域采取制裁手段,对柬埔寨人民党施压。首先是美国于 2017 年 11 月 16 日即柬埔寨救国党被宣布解散的当日宣布停止向柬埔寨国家选举委员会提供援助;随后,美国又在 2017 年 12 月 6 日宣布对柬埔寨高官和家属实施入境签证限制;欧盟也在2017年12月12日宣布停止为柬埔寨选举提供援助,并警告将停止对柬埔寨提供优惠关税的制度。继美国和欧盟之后,德国在2018年2月21日宣布停止向柬埔寨政府高官签发签证。日本政府虽然在选举筹备工作上为柬埔寨提供援助,但在大选来临之际却表示对柬埔寨人权现况感到担忧。这一系列措施的执行都是企图让执政的柬埔寨人民党妥协,但柬埔寨人民党为确保第6届大选在不受外力影响下顺利进行先后作出许多有针对性的强势回应。

2017年11月底,在反对党柬埔寨救国党被宣布解散后,柬埔寨首相洪森曾十分坚决地表示,柬埔寨政府的运作不会受到美国中断援助的影响,柬埔寨方面甚至欢迎美国中断所有的援助,政府不会为了低头请求援助而牺牲自己的独立民主制度。2018年2月21日即德国宣布对柬埔寨政府高官停发签证当日,洪森强势回应称,他不在乎外国停止向柬埔寨高官签发签证,也没有兴趣和时间赴德国观光,因为柬埔寨有丰富的旅游景点。柬埔寨外交与国际合作部也在洪森发声后次日发布声明称:“德国单方面停止签发签证的行为存有政治倾向,以及不符合法律,并且阻碍两国发展长久关系和双方的合作。”柬埔寨外交与国际合作部同时重申,柬埔寨坚持遵守国家宪法、实施民主主义、自由多党制,坚持依法治国,自由、公正地举办2018年7月29日的国会选举。2018年10月5日,欧盟贸易委员玛姆斯托姆知会柬埔寨政府,决定撤销给予柬埔寨的“武器之外全部免税”地位。洪森在7日表示,不会屈服于压力,誓将捍卫国家主权。

柬埔寨与美国的关系虽然在2017年11月开始出现不和谐的因素,但两国在经济方面的合作未受干扰,2018年2月中旬,美国仍决定向柬埔寨提供普惠制待遇至2020年年底。美国是柬埔寨成衣与鞋类第二大出口市场,其他主要出口美国的商品包括大米、家具、塑胶、玩具、橡胶、谷物、木材、活动物和动物饲料等。自1997年起,柬埔寨开始享受美国普惠制待遇。在过去20年里,柬埔寨免税出口至美国的商品总金额高达1790亿美元。

(二)重点发展与中国及邻国的关系

2018年,柬埔寨政府虽然因为大选的关系,在外交方面与美国为首的西方国家出现一些摩擦,但在与邻国的交往和地区关系的维系方面表现得十分积极。

1. 与中国的关系。2018年7月19日是中柬建交60周年纪念日,中国和柬埔寨各界在2018年5~12月陆续开展庆祝活动。7月19日,中国国家主席习近平与柬埔寨国王诺罗敦·西哈莫尼互致贺电,庆祝两国建交60周年。随着中柬合作不断深化,截至2018年,中国已经连年成为柬埔寨最大外国直接投资来源地、第一大贸易伙伴、最大国际游客来源国、最大大米进口国、最大外来援助国。

2. 与邻国的关系。在新一届政府成立后,柬埔寨首相洪森于2018年12月初率领柬埔寨国防部、外交与国际合作部、司法部、商务部、公共工程与运输部、矿产能源部、教育青年体育部、国家边境事务机构等部长和主席,以及柬埔寨总商会的代表等高官政要分别访问老挝和越南,旨在务实推进和深化新一届政府与邻国间的各项合作。洪森访问越南成果颇丰,其中之一是与越南就在2019年年内完成边境立碑工作达成共识。

近10年来,柬埔寨人民党被反对党诟病最多的就是其对柬越陆地边界划界问题的处理,反对党不断利用这个热点博得群众支持。为改善群众对人民党在处理该问题上的印象,柬埔寨政府努力推动解决该国与老挝和越南尤其是与越南间的陆地边境划界问题,虽然此前划界工作受到柬埔寨反对党或由于其他方面的干扰不时被打断,但柬埔寨与越南仍在积极筹备这项工作的继续推进。2018年5月18日,柬埔寨外交与国际合作部发布柬埔寨—越南经济文化科技联合委员会第16次会议纪要的新闻通告,双方承诺,继续根据所达成的条约、协定和协议做好边境管理工作,强调紧密携手胜利完成勘界立碑工作。至年底,柬越两国已完成84%的陆地边界勘界立碑工作。

虽然柬埔寨和老挝及越南方面均存在尚未解决的边界问题,但在越南的牵头下,3国对于边境三角区的联合管理日益规范。2018年11月3日,在柬埔寨、越南、老挝3国界碑交界处,柬埔寨拉达那基里省边防军、越南昆嵩省边防部队、老挝阿速坡省军事指挥部边境保护局3家单位联合举办3国边防军共同向界碑敬礼仪式并开展联合巡逻。

在柬埔寨与其3个邻国的经贸合作中,与泰国的经贸合作数额最大,与越南经贸合作增长最快,与老挝的经贸合作力度最弱。(1)2018年2月22日,柬泰两国就成立柬泰联合贸易工作组、提高两国贸易合作便利化水平、增加更多边境口岸及投资等问题达成共识,并定下2020年双边贸易额达到150亿美元的目标。2017年柬泰双边贸易额61.65亿美元,比2016年增长10%。(2)2018年,柬越两国为推进贸易便利化,计划将原先规定的商品免税额从5000美元上调至1万美元,以便促进两国贸易往来。2017年,柬越两国贸易额达38亿美元,较2016年增长30%。(3)与泰国和越南相比,柬埔寨同老挝的双边贸易较小。据老挝驻柬埔寨大使预测,2018年柬老双边贸易额约为2400万美元,虽然额度不高,但已比之前的1000万美元增长了1倍多。

三、经济增长创新高

2018年是柬埔寨政府执行“四角战略”第3阶段

与第4阶段的衔接年。“四角战略”第3阶段的重点在于进一步落实和促进长期的可持续发展，推动经济增长、创造就业机会、平等地分配经济增长成果并确保公共机构和各种资源管理的效率；“四角战略”第4阶段的核心内容则是将贫困率降至10%以下，继续保障国家经济7%的年均增长率。

据柬埔寨国家银行2019年1月2日公布的《2018年宏观经济和银行业进展暨2019年视野》报告显示，得益于成衣业、建筑业与旅游业双位数增长，加上世界经济增长的大环境、税收政策的扩张、货币政策以及金融业与其他领域的发展，2018年柬埔寨GDP增速达7.3%，创下6年来的新高。2018年柬埔寨通货膨胀率为2.5%，CPI增速低，瑞尔与美元汇率稳定保持在4050瑞尔/1美元的水平。虽然柬埔寨在国家管理上面临着来自议会选举方面的压力、企业面临着用工成本增加和来自周边国家的竞争，但经济发展仍取得令人瞩目的成绩。

（一）进出口贸易稳定增长

2018年，柬埔寨进出口总额249.85亿美元，比上年增长5%。其中：出口额112.14亿美元，增长4.05%，出口市场增加至147个；进口额137.71亿美元，增长5.78%。

成衣、鞋帽、大米和橡胶等仍是柬埔寨的主要出口创汇产品，柬埔寨2018年出口总额占GDP的60%左右。自行车和车辆零件出口量的增加排名也颇为靠前：自行车出口额比上年增长12%，车辆零件出口比上年增长3倍。

柬埔寨是传统农业国，大米作为柬埔寨近年来主要出口的农产品之一，凭借其香软的口感和过硬的质量，受到许多国家消费者的好评。欧盟是2018年柬埔寨大米出口最重要的国际市场，出口量为26.91万吨，占柬埔寨大米出口总量62.62万吨的42.98%；中国2018年的进口量为17.01万吨，占柬埔寨大米出口总量的27.17%。此外，进口柬埔寨大米的主要国家还有法国（8.60万吨）、马来西亚（4.08万吨）、加蓬（3.31万吨）和荷兰（2.67万吨）。

柬埔寨橡胶质量颇受国际市场欢迎，2018年1～11月，柬埔寨出口橡胶18.77万吨，较上年同期增长23%，出口额约为2.5亿美元。

（二）旅游业稳定发展

旅游业是柬埔寨的另一经济支柱。2018年，柬埔寨共接待外国游客620万人次，比上年增长11.5%。中国是柬埔寨最大游客来源地，游客数量达200万人次。在柬埔寨的旅游景点中，吴哥景区是首选项也是必选项。2018年，有来自194个国家或地区的260万人次的国际游客游览吴哥景区，比上年增长5.45%；来自中国的游客112.36万人次，占当年到访吴哥景区国际游客总数的43.37%，比上一年增长23.43%。吴哥窟门票收入超过1.1亿美元，比上年增长8%。

（三）房地产业增长势头迅猛

近两年来，房地产业在柬埔寨增长势头迅猛。2018年8月31日有路全球地产数据研究中心发布的《“一带一路”十国房产投资数据报告》显示，2017年柬埔寨首都金边成为受“一带一路”倡议影响最大的房地产市场，平均涨幅高达16.7%。2018年柬埔寨以16.7%的房价涨幅位列第一，且首都金边的租金回报率仅次于美国的达拉斯和日本的大阪、名古屋，位列全球第4、东南亚第1，平均值高达6.92%。

（四）金融业取得显著发展成效

2018年，随着柬埔寨民众对银行业的信任度逐步提升以及人均GDP的上涨，银行存款总额增至GDP的91%，比上年增长16%；银行贷款总额增至GDP的102%，比上年增长20.1%。银行继续积极参与实施柬埔寨政府的消贫政策，成年人的金融包容性已增至69%。为满足现代人对金融便利化的需求，柬埔寨金融基础设施开发和建设已经成型，尤其是已扩大覆盖范围的贷款信息分享系统和电子支持业务的开展使得金融服务范围进一步得到扩展，柬埔寨国家银行系统平台的上线更加便利和推进了银行之间的货币和债券交易，促进流动性担保操作，柬埔寨国家银行也正在开发二维码交易标准，如跨国的瑞尔与泰铢二维码支付等，为柬埔寨的金融服务便利化添砖加瓦。

柬埔寨吴哥景区组图

（百度网）

（五）外商投资表现活跃

2018年上半年，柬埔寨外国直接投资总额13.2亿美元，比上年同期增长14%。在柬埔寨的外国投资中，除了中国的投资，来自越南的投资尤其是投资额增长的速度相当引人瞩目。截至2018年11月，越南在柬埔寨的投资项目210个，注册资金30亿美元，资金到位率50%。在越南境外投资的77个国家和地区中，柬埔寨位居第3。 （梁薇）

资料来源：

1. 柬埔寨《柬华日报》
2. 中华人民共和国驻柬埔寨王国大使馆经济商务参赞处网站 http://cb.mofcom.gov.cn
3. 柬埔寨《高棉日报》
4. 新华网 http://www.xinhuanet.com
5. 柬单网 https://www.58cam.com
6. 有路网 https://www.uoolu.com
7. 新浪网 http://news.sina.com.cn
8. 越南越通社

印度尼西亚：2018年经济社会发展回顾

2018年，印度尼西亚以现任总统佐科和大印度尼西亚运动党主席普拉博沃为首的两大阵营围绕即将到来的大选展开激烈竞争，使印度尼西亚政治局势显现出一定的敏感性。经济上，印度尼西亚积极应对外部环境中的不利因素，经济实现温和增长；外交方面，推进海洋外交，与各国关系有不同程度的发展。

一、政治与社会发展情况

2018年，印度尼西亚政局的关键词是备战大选，下一届议会和总统选举将于2019年4月举行，各党派的角逐日渐白热化。大选焦点仍是总统宝座之争，获得参选资格的政党纷纷加入由现任总统佐科与大印度尼西亚运动党主席普拉博沃主导的两大阵营，使印度尼西亚的政治版图泾渭分明。2018年9月，竞选宣传正式启动，印度尼西亚政治与社会形势进入又一个敏感时期。

佐科一方实力占优。自2014年执政以来，佐科多方运作，与国会中多数政党缓和或巩固了关系。民调结果显示，公众对佐科执政满意度维持在高位，认为佐科政府提升了印度尼西亚的国际地位，敢于大胆改革，破解阻碍经济发展的结构性难题，同时高度关注民生。佐科政府最大的成就首先体现在基础设施建设领域，由于国库逐渐充盈、投入不断增加，印度尼西亚近4年来建成的高速公路、港口和机场远远超过苏哈托“新秩序”时期的30余年。其次，岛际发展不平衡、贫富差距等积弊不同程度地得到缓解，标志性的指标有贫困人口比例历史上首次降至个位数、基尼系数下探至0.39，等等。2018年年底，印度尼西亚经过艰苦谈判，终于回购美资自由港公司51%的股份，解决了一个长期搅动国内政坛并不时触碰民族自尊心的问题，为现政府政绩增添亮点。

佐科的老对手普拉博沃处于劣势，党派联盟成员只有大印度尼西亚运动党、公正繁荣党、国民使命党和民主党，且内部矛盾不小。2019年大选是印度尼西亚历史上首次将议会选举与总统选举合并进行，各政党在总统候选人问题上的“站队”必然直接影响其在议会选举中的得票率，这就导致某些政党在支持普拉博沃时显得颇为犹豫，甚至默许其省、市分部投向佐科阵营。缺乏得力盟友的普拉博沃依然野心勃勃，他亲自出马在各种场合包括国际会议上频频攻讦对手，争议性的言论不时引发各方躁动。但应该说，佐科的支持率优势并非压倒性的。在被视为大选前哨战的2018年地方选举中，普拉博沃一派表现就超出预期，挑战佐科的底气因此大增。

在两个阵营的交锋中，贪腐、经济不平等以及民族主义等相关话题热度不减，宗教保守主义者的情绪更是常常被蓄意挑动。难以否认的是，与“主流”宗教标签相关的“身份政治”长期主导特定群体的支持倾向，在一定条件下折转印度尼西亚政局走向是可能的。保守的宗教情感与政治元素相结合，导致“亵渎宗教”风波近年来此起彼伏。2018年4月，印度尼西亚前总统苏加诺之女苏克玛瓦蒂就因自创的一首诗而被数个穆斯林组织举报。因此，即便民意支持率领先，佐科仍不得不谨慎地应对伊斯兰保守派、强硬派的压力，在选举登记的最后关头选择了年逾古稀的伊斯兰教士理事会主席马鲁夫为副总统候选人。

印度尼西亚社会稳定仍不时受到恐怖主义活动的挑战。入围全球知名民意测验和商业调查公司盖洛普公司《世界法律与秩序》报告全球最安全国家之列的印度尼西亚，于2018年5月发生拘留所涉恐分子暴动事件和泗水连环自杀式爆炸案件，恐怖分子前所未见的激进残忍以及妇女儿童齐上阵的“全家涉恐”现象，反映了印度尼西亚恐怖主义在“伊斯兰国”持续渗透之下的某些新态势。以上事件推动印度尼西亚反恐立法迈开大步，久议不决的《反恐法》修正案终获国会通过，反恐部门执法得到进一步赋权和松绑，军队可以名正言顺地参与反恐行动。恐怖主义组织及其活动受到强力压制，臭名昭著的极端组织“神权游击队”被法院判定非法并予以解散。

临近2018年年终，巴布亚的分离主义有抬头之势。巴布亚文化、宗教和族群构成与印度尼西亚大部分地区相异，长期以来，印度尼西亚政府对这个边远省区不够重视，加剧了当地人的离心倾向。自20世纪60年代以来，巴布亚便不断有要求独立的声音和反叛活动，只是激烈程度不及亚齐等地。继2017年主导挟持人质事件后，“巴布亚独立组织”武装分子于2018年12月1日枪杀在当地修筑公路的30名工人，酿成印度尼西亚近年来最严重的惨案之一。印度尼西亚政府表示，将继续加大对巴布亚经济社会建设的扶持，同时表示对反叛分子没有谈判余地。

二、经济发展情况

2018年，世界经济动能削弱，不利因素增加，印度尼西亚的经济在深刻变化的大环境中却表现出较好的韧性。

（一）积极应对美国挑起的贸易摩擦

美国采取的保护主义、单边主义政策对全球市场形成巨大冲击，引发大范围贸易摩擦。美国作为印度尼西亚最大的贸易顺差来源国，以贸易不平等为由威胁取消印度尼西亚124种商品的普惠制待遇。经游说，部分印度尼西亚钢产品暂时性地获得豁免25%的进口关税，但美国对印度尼西亚普惠制待遇的评估还未结束。印度尼西亚总统佐科在2018年11月举行的东盟峰会上，曾当面就此事与美国副总统彭斯交涉。美方要求印度尼西亚加强知识产权保护、改变限制进口的做法、进一步开放市场、取消“国家支付网关”以及关于企业在印度尼西亚设立数据中心的条例等。印度尼西亚有意增加美国大豆和棉花进口以平衡双边贸易，但双方未就降低非关税壁垒形成统一意见。一些经济学者认为，如满足美方要求，印度尼西亚的损失将大于普惠制待遇带来的18亿美元收益。

印度尼西亚多种措施并举化解出口震荡风险。一是推动出口市场多元化进程，避免过度依赖传统出口目的地大国。拟开拓的非传统市场以非洲、中东、中亚和南亚等地区为主，相关双边或多边贸易谈判在2018年加速。为充分发挥各类自由贸易区的作用，印度尼西亚在雅加达、泗水等5个大城市设立服务本国企业“走出去”的“自由贸易区中心”。二是加大对本国农林业初级产品和工业制成品的宣传推广。一年一度的印度尼西亚贸易博览会是印度尼西亚产品对外展示的重头戏，2018年吸引来自全球124个国家的买家，成交额85亿美元。11月，印度尼西亚组织食品、保健和棕榈油等行业的32家企业赴中国上海参加首届中国国际进口博览会。三是努力提高本国产品的竞争力。印度尼西亚政府支持通过培训提升劳动力素质，呼吁企业重视出口目的地对商品质量的标准要求。印度尼西亚政府还出台包括税收减免、补贴等在内的18项振兴出口新规定，有望使2019年出口额增加至2080亿美元，增幅为12%。

中国和美国是印度尼西亚最重要的贸易伙伴，这使得印度尼西亚始终高度关注中美贸易摩擦的演变。中美贸易摩擦对印度尼西亚而言机遇大于风险，这种观点在印度尼西亚政商界非常普遍。投资方面，中国企业及在华外企为回避美国的高关税，可能将业务迁移海外，印度尼西亚有意顺势承接。贸易方面，印度尼西亚商品可替代被关税阻挡的商品进入相关国家市场。同时，为防止国外商品的冲击，印度尼西亚提高1147种商品的进口所得税。贸易摩擦给印度尼西亚带来的直接负面影响是印尼盾汇率受到压制，从而影响外汇储备和经常性项目赤字。印度尼西亚于2018年9月打出稳定币值的“组合拳”，规定矿产品出口全部通过国内银行结算，矿产、煤炭和棕榈油等3类产品必须使用出口信用证，对外汇存款时间较长的出口商给予利息税收减免优惠，要求出口商将50%的出口获汇兑换成印尼盾。

（二）经济基本面稳中有进

2018年，印度尼西亚经济实现平稳增长，国内生产总值（GDP）增长率第一季度5.06%，第二季度5.27%，第三季度5.17%，第四季度5.18%，全年增长率5.17%，低于政府年初预计的5.4%，但已足以使印度尼西亚GDP总量突破万亿美元，稳居全球第16位。全年经济增长虽然温和，印度尼西亚国库收入却能够实现较大幅度的增加，历史上首次超过收支预算案设定的目标。其中，非税收入激增至原定目标的147%，捐赠收入为原定目标的167%，年度财政赤字占国内生产总值的比例降为1.72%，是2012年以来最低的。另一个好于预期的指标是物价涨幅，印度尼西亚政府采取增加大米进口、实行大米指导价政策以及坚持不调整燃油和居民用电价格等措施，加上已建成的交通基础设施使物流趋于顺畅，2018年的通货膨胀率仅为3.13%。

拉动印度尼西亚经济增长的“三驾马车”表现各异。对经济贡献最大的是消费，重大节庆对消费的带动作用十分明显，公务人员工资福利上升和弱势群体基本生活保障资金的到位也有力地推动社会消费品零售额的增长。出口受外部环境影响表现疲弱，例如，因价格下跌和美国、欧盟、印度等市场的保护主义政策，非油气类大宗商品中的棕榈油出口额下跌10.82%。相反，印度尼西亚2018年1～11月商品进口额猛增22.2%，因此产生75.2亿美元的贸易逆差。考虑到特定时段原油价格上涨和资本货物进口增加等因素，上述逆差数据并不能代表贸易平衡的根本性变化。投资方面，印度尼西亚财政部于2018年4月宣布对17个行业的投资企业给予免税期优惠待遇，针对广受诟病的投资审批手续烦琐问题推出“一次在线申请”措施。鉴于印度尼西亚投资环境的改善，国际信用评级机构穆迪于4月再次上调印度尼西亚主权信用投资级别。但是，部分外国投资者习惯于在印度尼西亚大选前采取观望态度。印度尼西亚投资协调署称，2018年全年印度尼西亚实际投资额仅增长4%，远低于10%的目标值。其中:国内投资额增长25.3%,达328.6万亿盾;国外直接投资额下降8%,仅为392.7万亿印尼盾。

（三）多个产业发展势头强劲

1. 数字经济。印度尼西亚有上亿互联网用户及7100万智能手机用户,依赖网络搜寻信息及获取商品和服务已经成为普通人的习惯,推动着具有创新引领、应用广阔特点的数字经济迅猛发展。2018年,印度尼西亚数字经济规模在东南亚地区占比高达40%,东南亚排名前7位的数字经济领域"独角兽"初创企业有4家总部设在印度尼西亚,这说明印度尼西亚正成长为东南亚数字经济中心。2020年印度尼西亚有望成为东南亚最大的数字经济体,当然挑战因素亦不可忽视,包括资金投入不足、税收优惠力度小、消费者保护不到位、物流和通讯基础设施落后以及专业人才太少等。印度尼西亚政府出台相应措施,例如信息与通讯部计划与国际知名企业及高校合作,将于2019年培训2000名数字经济技术人才。

电子商务是印度尼西亚数字经济成长的主要驱动力,近几年线上交易额年均增长40%,2018年交易额达122亿美元。交易中介服务、物流、电讯和智能手机等产业随之勃兴。到2025年,印度尼西亚电商交易额预计将达530亿美元。印度尼西亚并不满足于在数字经济中扮演市场的角色,正通过落实"电子商务发展路线图(2017~2019年)"构建开放且具备法律确定性的发展环境,大力助推中小企业成长,目标是形成一批市值达到100亿美元的科技企业。

印度尼西亚在线媒体、在线旅游和线上打车表现抢眼。在线媒体涵盖网络游戏、广告、视频流和音乐等,年付费额达27亿美元,到2025年可能增加至80亿美元。在线旅游市场交易规模为86亿美元,70%的旅游推销和订购服务是通过网络完成的,旅游服务主要载体已从互联网转向智能手机。印度尼西亚最大的在线旅游平台Traveloka自2012年以来获得5亿美元的投资,业务拓展至新加坡、马来西亚、泰国、菲律宾和越南等东南亚国家,服务范围从网上订购机票、住宿向销售演唱会和公园门票等业务延伸。线上打车方面,两大企业Grab和Go-jek完成新一轮巨额融资,在竞争中迅猛扩张,除了网约车,还向食品外卖、上门美容服务、娱乐预订甚至电子支付领域渗透。

2. 旅游业。印度尼西亚政府不断开发新的旅游资源,支持航空公司新开国际航线,同时加强旅游推广,印度尼西亚旅游业全球竞争排名从2013年的第70位上升至2017年的第42位。2018年,旅游业与农业、渔业一起被确定为印度尼西亚优先发展的三大支柱产业,第一季度就吸引新加坡、中国和韩国等国外资金4.3亿美元,超过全年目标。2018年旅游业创汇176亿美元,仅次于棕榈油出口所得。

印度尼西亚中央统计局数据显示,截至2018年11月,印度尼西亚接待外国游客1440万人次。其中:东南亚国家游客比上年增加21.02%,增幅居首位;中东地区游客减少7.87%。就国别而言,马来西亚游客最多(226万人次),之后依次是中国(213.75万人次)、东帝汶(160万人次)、新加坡(153万人次)和澳大利亚(119万人次)。随着生活水平的提高,印度尼西亚人特别是中产阶级和年轻人群国内旅游的意愿高涨。据统计,印度尼西亚"千禧一代"中每3人就有1人每年旅游1次。

成为亚洲运动会和国际货币基金组织与世界银行秋季年会主场极大地提高印度尼西亚的美誉度,直接刺激了外国游客数量和消费额的上升。亚洲运动会期间访问印度尼西亚的外国游客近8万人次,消费支出1.35亿美元。尽管比上年增长11.63%,但2018年外国游客数量仍略低于预定的1700万人次的目标,主要原因是自然灾害多发。8月,龙目岛及周边地区的强烈地震导致数百人伤亡;9月,帕鲁和东加拉地区发生的地震和海啸夺去2000人的生命;12月,位于巽他海峡的喀拉喀托火山爆发并引发海啸。集中发生的自然灾害事件影响了部分外国游客的信心,事发地旅游收入遭受重创。

3. 制造业。印度尼西亚制造业采购经理人指数2018年全年平均在50%以上,足见企业生产经营活动保持扩张势头,活跃度没有减弱。12月,受益于国内需求的增长和就业市场的扩大,上述指数从11月的

印尼巴厘岛组图

（百度网）

50.4%升至51.4%。制造业增长稳健,将印度尼西亚工业对经济的贡献率推升到20%,高于全球平均水平并领先于多数东盟成员国。制造业还贡献了印度尼西亚国家税收收入的30%和出口额的74%。

为了在第四次工业革命浪潮中发挥制造业潜力,提升经济竞争力,2018年4月,印度尼西亚发布"印度尼西亚制造4.0"路线图,食品与饮料加工、纺织与成衣、汽车制造、化工及电子工业被列为五大先导产业。印度尼西亚加大供应链环节的资金扶持,完善技术发展和产业升级政策,目标是2030年发展为全球十大经济体。2018年,印度尼西亚制造业吸引投资额约161亿美元,尤其是国外资本的投资重心从劳动密集型产业向资本和技术密集型产业转移,带来的技术转移、人才流动和品牌效应等推动了新兴制造业产能的整体提高。

三、外交发展情况

印度尼西亚外交部部长雷特诺·马尔苏迪在2019新年致辞中表示,印度尼西亚近4年来围绕维护主权完整、保护海外侨民、服务经济建设以及积极参与国际事务等4个重点发力,外交成效显著。其中包括与周边国家举行129次划界谈判并达成一系列划界协议,海外公民综合保护系统开通,签署多份重要自由贸易区协议,以及当选联合国安理会非常任理事国等。2018年是佐科首个任期的收官之年,印度尼西亚坚持独立自主原则,外交的务实稳健特点突出。

(一)加强与东盟成员国合作

在东盟内部多边和双边层面,印度尼西亚作为地区大国与各国保持着密切的交往,出发点是促进国家利益最大化,维护地区安全稳定以及提升东盟在地区事务中的中心地位。一年来,印度尼西亚与越南、马来西亚、新加坡的关系进展相对明显。

与越南关系方面,越南在印度尼西亚的周边外交格局中具有重要地位,双方致力于将双边关系提质升级,就战略伙伴关系2019~2024年行动计划进行了多次磋商。经贸合作是战略伙伴关系的主要支柱,两国提出到2020年将双向贸易额增加到100亿美元,同意彼此间不增设技术壁垒和贸易壁垒。2018年年初,受到压制的印度尼西亚汽车对越南出口在下半年恢复正常。双方关于敏感的专属经济区划分及非法捕鱼问题的谈判取得阶段性成果。印度尼西亚调整强硬措施,释放部分被捕的越南渔民。双方一致同意推进东盟共同体建设。印度尼西亚支持越南担任2020年东盟轮值主席国及参选联合国安理会2020~2021年任期非常任理事国席位。

印度尼西亚与马来西亚关系迎来新气象,马哈蒂尔选择印度尼西亚作为上任后访问的首个东南亚国家。他相对前任灵活的态度使两国间持续长达40余年的边界纠纷有望得到缓解,双方决定加速勘界工作和划界协商。两国还拟联合应对欧洲对棕榈油的抵制。

印度尼西亚与新加坡关系的新发展体现在经贸、金融和安全合作等多个层面。新加坡自2014年以来就是印度尼西亚的最大投资来源国,2018年两国达成新的双边投资协定,旨在加强对投资者的保护。印度尼西亚中央银行与新加坡金融管理局达成100亿美元的双边金融安排协议以促进两国货币和金融市场的稳定。两国海军互访、联合演练和情报交换等形式的互动密切,合作的重点是联合打击恐怖主义活动和海上跨国犯罪。

(二)以构建"全球海洋支点"为导向拓展海洋外交

2014年以来,海洋外交成为印度尼西亚发展对外合作关系的一个新增长点。2017年,印度尼西亚通过主办环印度洋区域合作联盟20年来的首次领导人峰会,走进这个区域合作平台的中心。2018年12月,印度尼西亚在巴厘岛继续举办环印度洋区域合作联盟高官会,共商落实峰会领导人共识,加强联盟成员国之间安全、环境、商贸、互联互通和旅游等领域合作的路径。2018年10月,印度尼西亚主办世界海洋大会,70个国家、300余个国际组织和非政府组织派代表参加。在同期于新加坡举行的第13届东亚峰会上,印度尼西亚倡议发表关于应对海洋微塑料垃圾的声明,获得会议采纳。这些积极活跃的举措是以佐科建设"全球海洋支点"的战略构想为支撑的。"全球海洋支点"战略聚焦太平洋和印度洋这两个"一体的地缘战略舞台",希望广泛投射影响力,在蓝色经济、海洋安全、污染治理、气候变化和可持续性渔业发展等事务上增加印度尼西亚的话语权并培植领导权。

非洲国家在印度尼西亚的海洋外交中具有特殊的位置。2018世界海洋大会期间,印度尼西亚举办印(尼)非海洋对话会,与23个非洲国家就海洋安全和可持续渔业发展问题进行探讨。东非沿岸国家是印度尼西亚的优先合作伙伴,其中南非与印度尼西亚已缔结战略伙伴关系。除了涉海议题,印(尼)非经贸合作潜力巨大,印度尼西亚与部分非洲国家启动降低关税壁垒的谈判。

(三)平稳推进与大国的关系

印度尼西亚兼顾多方,与中国、美国、日本和俄罗斯等大国保持良好互动,与各大国的合作各有侧重并取得不同程度的进展。

2018年是中国与印度尼西亚确立全面战略伙伴关系5周年,两国政治互信加深,战略合作达到新高度。11月17日,中国国家主席习近平在巴布亚新几内亚首都莫尔兹比港会见佐科,双方就深化两国全面战略伙伴关系达成一系列重要共识。5月6~8日,中国国务院总理李克强访问印度尼西亚,这是中国新一届政府成立后国务院总理的首次出访。除了印度尼西亚政府高层,执政的民主斗争党主席梅加瓦蒂、反对党大印度尼西亚运动党主席普拉博沃也都在不同场合强调中国—印度尼西亚友谊和印度尼西亚与中国关系的重要性,说明加强对华合作是印度尼西亚政界共识。基于共同的发展意愿,两国推动"一带一路"倡议与"全球海洋支点"构想深度对接,重点领域合作不断产生新成果。印度尼西亚贸易部数据显示,2018 年 1 ~ 11 月,中国与印度尼西亚双边贸易额 660 亿美元,比上年增长 25%。中国内地和香港特别行政区全年在印度尼西亚实际投资额 44 亿美元,仅次于新加坡和日本。电子商务、农业和能源等领域合作方兴未艾,基础设施建设合作的旗舰项目——雅万高铁建设进入全面实施推进新阶段。人文交流方面,中国是印度尼西亚第二大国外游客来源国,全年有 213.75 万人次中国游客赴印度尼西亚旅游。同时,中国已成为印度尼西亚学生的第二大留学目的地。

印度尼西亚与日本于 1958 年建交,两国政府和民间为庆祝建交 60 周年,在双方各大城市举办的研讨会、文化周、展览和音乐节等形式的纪念活动贯穿 2018 年始终。印度尼西亚文化与人类发展统筹部部长布安及前总统梅加瓦蒂 7 月赴日本首都东京出席"印度尼西亚节"期间举行的两国建交 60 周年活动开幕式。两国均高度评价双边关系,认为双边合作和谐、友好、紧密。两国共同发布名为"印度尼西亚—日本 2045:海洋民主国家的共同项目"的长远规划,表示双方未来将重点推进基础设施建设、生态环境保护及投资合作。印度尼西亚寄望于在该规划的帮助下,于独立 100 年时实现建成海上强国、跨入全球五大经济体之列以及可持续发展三大目标。

与美国关系方面,印度尼西亚作为区域大国和穆斯林人口大国,地缘政治上的重要性始终受到美国关注。经贸领域的摩擦以及在巴勒斯坦问题上的不同立场并没有给两国关系造成太大困扰。2018 年 6 月,印度尼西亚外交部部长雷特诺·马尔苏迪与美国新任国务卿迈克·蓬佩奥会晤,达成在经济、国防和反恐领域加强战略合作的共识。安全领域合作在两国国防部部长互访后迈出实质性步伐,印度尼西亚对美国提出的"自由而开放的印太"理念表示明确支持,双方将在海域认知、人员培训、联合打击海上跨国犯罪和国防科技开发等领域推进合作。

与俄罗斯关系方面,印度尼西亚媒体称两国关系自 2016 年佐科访俄以来就进入了历史上的"第二个黄金时期"。双方高层交往趋于频繁,印度尼西亚国会议长乌斯曼于 2018 年 10 月访问俄罗斯;佐科与俄罗斯总统普京在 2018 年东盟—俄罗斯峰会期间举行双边会晤,普京有意在 2019 年对印度尼西亚进行正式访问。军事领域,双方达成印度尼西亚以 11.4 亿美元采购 11 架俄罗斯苏 35 战机的协议。相对而言,两国经贸来往热度不足,双边直接投资和贸易额体量都较小,50 亿美元的双边贸易额目标提出多年仍未实现。

(杨晓强　谢春柳)

资料来源:

1. 印度尼西亚 Katadata 网站,https://katadata.co.id
2. 印度尼西亚 Liputan6 网站,https://www.liputan6.com
3. 印度尼西亚工业部网站,http://www.kemenperin.go.id
4. 印度尼西亚 Detik 网站,https://finance.detik.com
5. 印度尼西亚 CNBC 网站,https://www.cnbcindonesia.com
6. 印度尼西亚 Sindo 网站,https://ekbis.sindonews.com
7. 印度尼西亚 Kompas 网站,https://tekno.kompas.com
8. 印度尼西亚 JawaPos 网站,https://www.jawapos.cCom
9. 印度尼西亚 Okzone 网站,https://news.okezone.com
10. 印度尼西亚 Industri 网站,http://www.industry.co.id
11. 印度尼西亚 Antara 网站,https://www.antaranews.com
12. 印度尼西亚贸易部网站,http://www.kemendag.go.id
13. 印度尼西亚 Mata - mataPolitik 网站,https://www.matamatapolitik.com

老挝:2018 年经济社会发展回顾

2018 年老挝政治形势总体稳定,政府着重制定和修改法律,为公务员队伍"瘦身";全年经济增长 6.8%,财政赤字比预期高,政府注重改善投资环境,同时加大对大中型国有企业的改革力度;巩固与周边国家的外交关系,积极参与东盟地区事务。

一、政治发展情况

(一)精简政府机构,狠抓反腐倡廉

老挝新一届政府履职后,根据节约和高效的方针,对政府职能部门进行调整,使很多职能部门避免工作内容上的重复,同时根据工作实际,把一些职能部门从总理府调整到各相关部委。老挝政府还对一些行业和部门的责任和义务进行调整,将新的公务员人数从

2018 年的 3000 人减少到 2019 年的 1500 人。老挝政府决定，在目前国家经济遇到困难的情况下，将长时间维持薪资指数不变，希望公务员能够理解政府并继续为国家发展做出努力。

此外，老挝政府还完善协调机制，使得国家行政管理变得更紧凑、更坚定、更和谐、更有效和更现代化。政府通过相关文件宣布成立琅勃拉邦市、凯山丰威汉市和巴色市。

老挝新一届政府，非常重视反腐倡廉工作。老挝国家审计署、老挝人民革命党中央纪律委员会以及各部委机关的纪委都加大了打击腐败的力度。老挝政府要求公共运输部、计划投资部和能源矿产部等较容易滋生腐败的部门采取必要措施，防止官员利用手中的权力进行钱权交易。同时，老挝政府加强对国有资产的管理，防止贪腐官员把国有资产占为己有。

（二）实行纳税制度化，提倡节约，反对浪费

老挝政府集中精力对国家财政和政府预算进行全面管理和调整，安排相关专业人才、使用现代化工具，对税收和账目以及各种相关费用征缴进行科学化管理，通过银行缴纳各种费用，使得偷逃漏税的情况和违反财会制度的行为得到有效控制；通过各种措施和手段实现节约和反对浪费，减少政府的不必要开支；严格执行财务制度，出台相应措施禁止计划外支出。政府加强对债务的管理，通过并颁行《老挝公共债务管理法》，为停止无效益的借贷项目，对所有债务重新进行检查，制定债务管理计划，逐步降低债务风险；严禁对具有高风险的国有企业和私人企业发放信贷，同时正在制定关于贷款收回的相关政策法规，使贷款收回制度化；加快对无经营效益的国有大中型企业进行改革，主要是针对老挝电力公司和老挝航空公司的改革；清理各个国有企业的“小金库”，由政府依据相关法律法规进行统一管理；调整经济特区相关政策，经济特区服务效率低下的情况也亟待改善；出台总理府第 2 号关于为国内外投资提供便利的政府令，使得地方与中央的沟通机制更加顺畅，国内外投资者将得到更加便利的服务。

（三）加强立法，逐步实现依法治国

老挝政府重视依法治理国家和社会，严格执行老挝人民革命党中央政治局常委通过的关于提高国家管理效力的第 037 号决议，依法治国，把国家治理转变为在法律监督的框架内进行。根据 2017 年 11 月 30 日老挝国会第 4 次国会会议通过的关于批准制定和修订 2018 年老挝法律计划第 075 号国会令，2018 年，老挝制定和修订 27 部法律，其中新制定的法律 14 部。老挝国会第 5 次会议通过 15 部法律，其中，新制定的法律 6 部，在国会第 6 次会议上，讨论了政府提交的 12 部法律，其中有 9 部法律得到国会的通过。与此同时，老挝政府还在法律框架下颁布一系列法规，包括政府决议、政令、法令、决定和通知等，为中央和地方政府行使行政职能提供法律依据。

老挝政府通过立法和修法加强政府的管理能力，改善部门和地方之间的协调机制；调配领导干部、管理人员和公务员到一些急需的地区，根据相关的法律对这些地区进行严格的社会管理。老挝 2016～2018 年通过的新法律和修订的法律共有 50 部。与此同时，老挝政府对于在司法领域依法办事进行严格指导，尤其是严格执行法院判决，同时督促各部门严格遵守宪法和法律。

二、2018 年老挝经济的发展

（一）集中力量努力实现老挝第 8 个社会经济发展 5 年计划目标

为了实现各项经济发展目标，老挝政府采取相应措施集中力量解决一些亟待解决的热点问题，严格调整政府财务系统和财政预算问题，严格管理外汇，稳定外汇市场，改善投资贸易环境，刺激经济成长以便解决政府投资债务的问题。对财政收入特别是税收的流失进行检查，取消交通工具进口、原油进口、建筑材料进口和奢侈品进口的免税政策，对于商品和消费品进口也严格进行检查，防止逃税漏税现象的发生，使得税收有所增加。老挝政府还出台总理府第 9 号关于节约政府财政支出的总理令，严格控制政府的财政支出。老挝政府提出转变发展方式，严禁乱砍滥伐破坏森林和原木出口，限制未经过加工的原材料出口，旨在通过对原材料加工来增加其产值，向绿色、可持续发展方向转变。对一些缺乏资金的企业进行检查，尤其对在能源和矿产方面投资没有产生效益和没有切实履行合同的企业进行核查，取消一些没有切实履行合同的投资项目。

老挝政府全力解决经济和财政困难问题，通过对世界经济和区域经济以及老挝国内经济发展的分析和研究，新一届政府在 2016 年 9 月举行的十届二中全会上提出修改宏观经济发展数据，尤其是 2017～2020 年国内生产总值（GDP）的年均增长率从 7.5% 调低为 7.2%，国会在听取新一届政府的报告后，采纳政府的建议，对于 GDP 的增长做出相应的调整。在过去 2 年里，老挝国内 GDP 的实际增长率为 6.8%，比预期少 0.4%。

2018 年，老挝实现财政收入 707460.6 亿基普，占 GDP 的 16.7%（十届二中全会进行调整后，2017～2020 年财政收入应占 GDP 的 18.6%）；财政支出 928610.2 亿基普，占 GDP 的 22%（十届二中全会进行调整后，2017～2020 年财政支出应占 GDP 的 23.3%），财政赤字为 5.7%（十届二中全会进行调整后，2017～2020 年财政赤字不超过 4.23%）；社会总投资额为 1284001 亿基普，占 GDP 的 30.4%（十届二中全会进行调整后，2017～2020 年社会总投资额占 GDP 的 29%）。各行业的增长没有达到预期，一个重要原

因是在制订计划时缺乏相关依据，不符合实际情况。因此，老挝新一届政府提出重新调整，根据世界及地区的经济环境以及可行性制订出更加符合老挝社会发展实际情况的经济增长目标。

老挝政府继续推进《中小企业法》的修改以推动中小企业发展，通过采取促进中小企业发展的政策和机制提高中小企业的效益；增加中小企业发展基金，鼓励国有银行和商业银行为中小企业提供信贷。

根据《老挝人民革命党中央政治局常委会关于在新时期加强对土地发展工作的管理决议》，老挝政府制订国家土地规划，加强对环境的保护和管理，建立污染源数据库；成立国家灾害预警中心，跟踪和监控天气变化，提高应对自然灾害的能力。

（二）集中力量解决贫困问题

老挝政府注重可持续发展，将92项指标与联合国可持续发展目标相对接，并纳入新一届老挝政府第8个社会经济发展五年计划中。老挝国家主席本扬·沃拉吉还颁发主席令，成立可持续发展目标工作指导小组，由该小组指导各地区和各部门优先发展符合联合国可持续发展目标的项目，同时对这些项目指标进行定期监督和检查。

老挝政府积极筹集资金，把老挝政策银行信用贷款、农村发展基金、减贫基金和外国援助资金用于首都万象和地方集中点的扶贫工作。在92个集中点执行272个扶贫项目，直接投入资金1653.2亿基普，通过老挝政策银行投入到各个集中点的资金23432亿基普。这些项目主要用于发展农村的基础设施，例如修建和改造连接城乡地区的公路、村与村之间的道路、小型水利设施、学校、卫生所等等。为农民提供种植和养殖培训，提供相关疾病疫苗，在农村设立发展基金，还为农民规划永久居住地，帮助他们找到长期谋生的手段以杜绝农村无序搬迁的问题。这些项目除了安排政府资金，老挝政府还直接或者间接地筹措资金帮助其他农村发展项目的建设，鼓励政府和私人到农村投资，同时利用外国和国际组织的援助资金帮助农村地区发展。这些措施使老挝农村地区出现很多新气象，例如推动成立互助的农业合作社，在商品生产、市场、保护商品价格等方面相互帮助，推动采购商直接对接生产者，帮助生产者生产符合市场需求的产品，改变生产者相对的劣势地位。政府已经帮助64593户贫困家庭中的5179户摆脱贫困，大大超出原脱贫计划346户，有120个贫困村庄摘掉贫困帽子。

三、2018年老挝社会、文化和教育等领域的发展

（一）重视民生领域的社会问题

老挝政府特别重视并帮助全国各地的受灾民众，尤其是阿速坡省色边河和小色南河水库堤坝决堤事故的受灾民众，政府宣布该事故为国家级灾难，呼吁国内和国外援助，同时紧急调拨应急预算进行救灾。政府对灾民进行及时安置并责令相关部门对此事进行严格调查，提出解决方案以确保人民生命财产安全。

劳动和社会保障工作逐步改善。就业前培训和就业都得到相关法律法规的保障。老挝劳动和社会福利部继续与私人培训机构合作，共同举办劳动技能培训班，2018年为老挝国内外劳务市场提供劳动力53822人，其中妇女为28344人。劳动部门还积极执行相关劳动和社会保障政策，照顾退休人员的生活，让他们能够按时拿到退休金和享受国家相关福利。

（二）新闻文化和教育卫生事业取得不俗成绩

老挝的新闻文化工作开始向现代化和高质量的方向转变，成为老挝人民革命党和政府的重要工具，有效击退社会上的不实消息和造成社会分裂的消息。为推介和落实“2018老挝旅游年”活动，老挝新闻文化旅游部通过国内外的知名媒体对外进行宣传。老挝政府还建立文化家庭，鼓励复兴文学艺术以及有老挝特色的各民族传统文化和民俗文化，并对这些优良传统文化进行保护。

老挝政府坚持改革，大力发展教育基础设施，改善和提高偏远地区的教学质量。在国内24个县区普及初中教育。老挝九年义务教育在全国的117个县得到推广。

老挝公共卫生网点在质量和数量上都得到发展，农村卫生所不断增加，医疗保健条件得到有效改善，医院和诊所医疗服务质量不断提高。公共卫生网点普及率达到98%，政府在全国农村推行建立示范卫生院，已建设示范卫生院6283个，占应建数的74.28%。在原有友谊医院的基础上按照现代化国际标准医院进行扩建，新的友谊医院即将投入使用。私立医院和诊所不断增加，医务人员和医生也按照规定接受各种专业培训，其中包括政治、心理和职业道德的培训，以便为更多人提供服务，减少民众到国外就医的麻烦。

四、外交发展情况

老挝政府积极参与国际事务，根据和平、独立、友谊、合作共赢的外交原则，主动与地区和世界连接。2018年，老挝政府在外交方面取得不俗成绩。例如，继续发展与中国的全面战略合作伙伴关系，不断扩大和加深两国政府层面和各相关职能部门乃至民间的关系；维护与邦交国的正常外交关系；在东盟事务中的作用不断加强，积极参与本地区和全球合作，继续履行国际承诺，国际社会对老挝的信任度不断提高。

（一）与中国的关系

1. 政治互信不断增强。中国与老挝建立了全面战略合作伙伴关系，近年来，两国领导人共同提倡建设中老命运共同体。两国领导人通过高层互访，推进和落实双方领导人达成的各项共识。

2018 年 5 月，老挝人民革命党中央总书记、老挝国家主席本扬·沃拉吉对中国进行友好访问，中共中央总书记、中国国家主席习近平与本扬·沃拉吉举行会谈。8 月 26 日，中国国家副主席王岐山在中国北京会见老挝外交部部长沙伦赛。同日，中国国务委员兼外交部部长王毅与老挝外交部部长沙伦赛举行会谈。11 月 6 日，老挝总理通伦·西苏里应邀赴中国上海参加首届中国国际进口博览会并与中国国家主席习近平举行会谈。

2. 经贸合作日益深化。2018 年 2 月 2 ~ 3 日，首届“一带一路”老—中合作论坛在老挝首都万象举行。论坛围绕老挝“变陆锁国为陆联国”战略与中国“一带一路”倡议的对接，举行多场分论坛，主题包括深化金融合作，共建中老经济走廊，中国高科技信息服务“一带一路”中老合作，中老能源产业合作与发展，中老通信、文化产业合作发展，中老农业合作与扶贫等。来自中国和老挝的企业和机构在论坛上展开富有成效的讨论，取得多项成果，有力促进了两国企业和投资者的相互交流和务实合作。新华社中国经济信息社在论坛上发布《中老“一带一路”合作机遇报告 2018》。老挝首家华文侨报《中华日报》在论坛上举行创刊启动仪式。3 月 28 日，老挝南塔省磨丁经济特区内的一个中老合资查验货场正式开业，该货场将有效降低物流成本，极大促进中国、泰国和老挝边境地区的运输、贸易及投资往来。

3. 科技文化交流得到拓展。2018 年 4 月初，中老两国在科技领域合作达成一致。中国国家知识产权局局长申长雨与老挝国家科技委员会主席、科技部副部长洪潘·因塔拉在老挝首都万象共同签署《中华人民共和国国家知识产权局与老挝人民民主共和国科技部知识产权领域合作谅解备忘录》，今后老挝将认可中国发明专利审查结果。5 月 29 日至 6 月 1 日，由全球中国海外文化中心主办的年度“中国文化周”活动在老挝首都万象老挝国立艺术学院举行，本年度文化周活动由老挝中国文化中心和广西壮族自治区文化厅共同主办。文化周期间，广西木偶剧团表演的《偶艺新韵》将木偶艺术与多种表演艺术巧妙融合，让老挝观众欣赏到中国舞蹈、芭蕾舞和川剧变脸等。此外，“超凡未来”体验馆、“戏曲动漫”等还走进老挝学校和儿童救助中心的课堂，让老挝孩子们近距离体验现代科技与传统文化的创新融合。10 月 31 日，由中国—东盟技术转移中心和老挝科技部主办，中国广西壮族自治区科学技术厅、老挝科技部技术创新司及老中技术转移中心、广西东盟技术转移中心承办的 2018 中国—老挝科技创新对接会在老挝万象举行。来自老挝当地相关政府机构、企业、科研机构和高校、媒体的 80 余位代表以及中方机构和企业代表 70 余人共 150 余人参会，现场促成 2 项合作意向签约。老挝科技部副部长查森·皮马翁和广西壮族自治区科技厅副厅长、中国—东盟技术转移中心常务副主任刘建宏在对接会上致辞。

（二）与越南的关系

2018 年，老挝继续发展与越南全面友好的特殊关系，老越双方高层互访频繁。

2 月 5 日，老越政府间联合委员会第 40 次会议在老挝首都万象举行，会议由老挝政府总理通伦·西苏里和越南政府总理阮春福共同主持。通伦·西苏里表示，相信此次会议将促进两国合作不断走向纵深，推动老越传统友好、特殊团结与全面合作关系迈上新台阶；阮春福表示，坚信老挝党、国家和政府将继续胜利地落实老挝人民革命党第十次全国代表大会决议以及 2016 ~ 2020 年阶段第 8 个经济社会发展五年计划。会后，双方共同签署 12 份合作文件，合作领域涵盖经贸、投资、教育培训和能源等，其中包括：关于 2018 年老越合作计划的协议及老越政府间联合委员会第 40 次会议纪要；老越两国政府关于永昂港 1、2、3 号泊位投资开发合作协定；老挝能源和矿产部与越南工贸部 2018 年能源与矿产领域合作备忘录；老挝教育与体育部与越南教育培训部 2018 年合作计划；老挝能源和矿产部与越南自然资源与环境部关于开展老挝波里坎塞省—赛宋奔矿产调查以及 1∶ 20 万地质图勘测绘制项目协议；老挝华潘省与越南和平省关于开展华潘省华孟县高中学校建设项目协议；关于开展老挝赛宋奔省与越南第四军区司令部之间各项目协议；老挝澜沧电力发展与房地产公司与越南电力总公司之间老挝甘蒙省布拉帕县热电厂购电合作备忘录；越南电力油气房地产股份公司与老挝 PT 独资公司琅勃拉邦省水电发展合作框架协议等。会议透露，有 1.4 万余名老挝学生在越南留学；越南对老挝投资项目 411 个，注册资本总额 37 亿美元，实际到位资金 16 亿美元；2017 年两国双边贸易额 9.35 亿美元，比上年增长 13.6%，双方力争 2018 年贸易额增长 10%。

2 月 2 ~ 3 日，首届“一带一路”老—中合作论坛在老挝首都万象举行

（新华网）

6月15～16日，第8届伊洛瓦底江—湄南河—湄公河三河流域经济战略合作会议在泰国首都曼谷举行。会议期间，老挝政府总理通伦·西苏里与越南政府总理阮春福举行会谈。两国总理对老越传统友好、特殊团结与全面合作关系迈出的新发展步伐表示高兴；一致同意促进充分开展各项高层协议以及老越政府间联合委员会第40次会议所达成的成果，通过果断措施解决重点合作项目中存在的问题。

9月11～13日，老挝政府总理通伦·西苏里率团赴越南首都河内出席2018年世界经济论坛东盟峰会。会议期间，通伦·西苏里会见越南政府总理阮春福及其他政府官员。

（三）与柬埔寨的关系

2018年，老挝与柬埔寨以建设性方式解决两国边境争端，以和平方式解决边境问题，确保不会发生武装冲突，使得一度升温的态势有所缓解。经过协商，老柬双方同意把边境问题暂时搁置，以后双方再共同协商解决。

（四）与泰国的关系

2018年6月1日，老挝国会主席巴妮应邀访问泰国。两国议会领导人在会谈时表示，老泰两国能源领域合作不断加强，2017年老挝向泰国出口电力3801兆瓦，预计到2021年将增加到9000兆瓦。2017年两国贸易额62亿美元，比上年增长6%。泰国在老挝共投资758个项目，投资额45亿美元，成为中国之后的老挝第二大外资来源地。

老挝《万象时报》2019年1月3日报道，泰国持续成为老挝第一大贸易伙伴。截至2018年10月，老挝对泰国的出口额16.5亿美元，从泰国进口额27.5亿美元。老挝对泰国出口产品种类达100多种，包括电力、农产品和铜制品；老挝从泰国进口产品多为机械设备、电子产品和燃油等。

（五）与日本的关系

2018年4月7～8日，日本外务大臣河野太郎首次对老挝进行工作访问以加强两国的战略伙伴关系。河野太郎表示，日本与老挝贸易额逐年增加，越来越多的日本公司有意在老挝农业、工业、手工业和服务业等领域开展业务。据老方统计，日本公司在老挝共投资101个项目，投资额1.58亿美元。日本每年向老挝提供的官方发展援助达到9000万至1亿美元，主要用于基础设施、人力资源、卫生和农业领域的发展。在改善老挝区域连通性方面，日本援助支持老挝万象—越南河内高速公路的可行性研究和老挝万象瓦岱国际机场的扩建。在能力建设方面，日本在宏观经济管理领域向老挝提供援助，帮助老挝改善海关征收管理系统和公共债务管理体系。自1965年以来，日本共提供4500多名专家和978名志愿者帮助培养老挝官员在各个领域的专业能力。

（六）与德国的关系

2018年4月初，老挝财政部副部长提巴贡与德国驻老挝大使严斯·彼得·路得尔姆签署合作协议。根据协议，德国政府将提供超过710亿基普（约合700万欧元）支持老挝新的农林业管理项目，旨在改善项目所在地区的森林生态系统和提高人民生活水平。该项目于2018年开始实施，预计2023年完成。

（卫彦雄）

资料来源：

1. 老挝外交部网站，http://www.mofa.gov.la
2. 老挝《人民报》，http://www.pasaxon.org.la
3. 新万象在线，https://www.vientianemai.net
4. 中华人民共和国驻老挝人民民主共和国大使馆经济商务参赞处网站，http://la.mofcom.gov.cn

马来西亚：2018年经济社会发展回顾

2018年是马来西亚风云变幻的一年，政治上举行第14届全国大选，完成首次政党轮替；经济上新政府取消消费税，经济并未因政局变动而产生巨大动荡；外交上重新调整中马关系，加强与日、美关系。总体来看，马来西亚较为平稳地渡过了建国以来第一次政党轮替。

一、政治：举行第14届全国大选

（一）反对党联盟——希望联盟赢得大选

2018年5月9日，马来西亚举行第14届大选。5月10日，马来西亚议会公布选举结果，马哈蒂尔领导的反对党联盟——希望联盟（以下简称希盟）在大选中以122个国会议席，过国会下议院半数席位，赢得中央执政权。同时，希盟也成功赢得柔佛州、森美兰州、登嘉楼州、马六甲州、霹雳州、吉打州和沙巴州政权，现年92岁的马哈蒂尔再次出任马来西亚总理。而执政党联盟——国民阵线（以下简称国阵）在222席国会议席中仅赢得79席，在各州只赢得彭亨州、玻璃市州、沙捞越州政权，失去联邦执政权，沦为在野党。5月10日晚上，马哈蒂尔宣誓就职。这是马来西亚自1957年独立建国以来，首次出现政党轮替。

（二）希盟开始执政

1. 实施百日新政。希盟新政府是首次执政，迫切希望做出政绩。为迅速履行大选承诺，希盟政府开始实施百日新政，即执政100天内落实10项承诺。5月21日，成立国家元老理事会，协助希盟政府制订新政策和落实百日新政。6月1日，马来西亚财政部发布文告：从6月1日起，政府停止收取消费税。5月12日，前总理纳吉布被限制离境；5月13日，警方封锁纳吉布位于吉隆坡的私人住宅，并于16日展开对其住宅的搜查；7月4日，纳吉布出庭受审。100天之后，除上面两项外，还有稳定油价和委任华裔财政部长两项实现承诺，大部分的承诺尚未完全兑现。希盟政府在实施百日新政过程中遇到财政、技术操作和顾虑马来社会反弹三大阻碍，导致一些政策无法在百日内完全落实。希盟政府在推行政策时面临最大的挑战是政府财务状况欠佳。在希盟执政不久，财政部长林冠英就宣布，基于国家面对1万亿林吉特债务，中央政府或无法在100天内完全落实百日新政，一些承诺必须修改。第二个阻碍是顾虑马来社会出现反弹。在第14届大选中，尽管希盟整体赢过了国阵，但希盟只获得1/3马来人支持。因此，当希盟要推动一些改革时，会担忧引起马来社会的炮轰，例如希盟曾提出探讨玛拉工艺大学开放给非土著，结果引起马来社会强烈反对。此外，希盟内阁部长大部分没有经验，100天只是让他们熟悉部长角色和责任，了解部门运作。而多项承诺要落实，需要先解决一些程序和技术问题，一些政策涉及法案修改，这就需要等待国会通过。

2. 推动体制改革。主要改革措施包括：把9个政府机构和3个服务委员会改为直接向国会负责；承认反对党领袖的地位，拨款给反对党；强制所有部长、副部长和国会议员呈报详细财产；改善选举制度。上述改革措施，希望通过削弱总理的权力，避免类似前政府总理独揽大权，造成种种弊端和丑闻发生。

3. 希盟内部各成员党加强整合。希盟成立不久就当选执政，内部整合并没有完成。希望联盟脱胎于之前的反对党联盟——人民联盟，是由人民公正党、民主行动党、土著团结党和国家诚信党组成的政治联盟。希盟于2015年9月22日成立，2017年3月20日，土著团结党才正式加入联盟。希盟内部实力最强的是公正党，在选举前，为推出有竞争力的总理竞选人选，赢得选举胜利，联盟推选土著团结党领袖马哈蒂尔竞选总理，如选举胜利，马哈蒂尔承诺争取特赦因鸡奸罪入狱的公正党实权领袖安瓦尔，并在两年后把总理职位让给安瓦尔接班。希盟在马哈蒂尔的雷霆手段下迅速进行选举前的内部统合，并赢得选举胜利。马哈蒂尔当选总理后，组建内阁分两批次任命各部门正副部长，这一方面是由于政治改革，另一方面也反映出希盟内部各党派之间利益需要平衡。由马哈蒂尔组织领导的土著团结党和从原来马伊斯兰党分裂出来的诚信党，成立时间短、党员人数少，这两个党的得票率不高，但是他们得到分配的正副部长职位是很高的。而新执政党联盟的老牌政党——公正党和民主行动党，赢得国会的席位非常多，但是得到的正副部长官职相对较少。政党之间的磨合与竞争必然存在。在公正党方面，安瓦尔的妻子旺阿兹莎当选副总理并兼任妇女、家庭发展部长。5月16日，马来西亚人民公正党实权领袖安瓦尔获得马来西亚最高元首的完全特赦，获释出狱；10月13日，安瓦尔在波德申补选中获胜，重返国会；11月18日安瓦尔当选公正党新主席。但是在安瓦尔入狱期间，现任经济事务部长、公正党的阿兹敏阿里在党内培植了一批自己的势力。在9月开始的公正党选举中，公正党内部党争出现白热化，安瓦尔地位仍然无法撼动，不战而胜当选党主席，但在署理主席职位的竞选当中，阿兹敏阿里与拉菲兹的争夺非常激烈，而拉菲兹被认为是支持安瓦尔派系推出的竞选人。最终阿兹敏阿里仍然当选公正党署理主席。安瓦尔需要平衡党内势力，同时协调希盟各党派并展现能力，争取各种族支持，况且马哈蒂尔是否会兑现承诺按期交权，安瓦尔未来能否顺利接任总理仍是未知数。在土著团结党方面，由于成立时间短，党员人数少，因此希望挟选举胜利之势扩大党员数量和实力。土著团结党是从巫统分裂出来的，巫统选举失败，大量巫统议员跳槽到土著团结党。对于这些跳槽的巫统议员和党员，土著团结党一方面愿意接收他们扩充党的实力，另一方面又担心他们把巫统的坏毛病带入党内，影响党内风气。为此，马来西亚总理、土著团结党总主席马哈蒂尔在12月的土著团结党代表大会上表明，土著团结党接受跳槽者是有条件的，包括他们必须退出原有政党成为独立人士，以及宣誓效忠土著团结党。土著团结党与警方一起仔细审核这些跳槽者的背景，以确保他们没有犯罪记录或涉及任何违法事件。土著团结党为了保证自身实力发展，希望马哈蒂尔担任总理满5年。在民主行动党方面，作为以华人为主的政党，在华人的全力支持下争取到选举胜利和政权轮替，因此对行动党抱有较大期待，希望能为华人争取更多权利。但是行动党在争取华人职位、争取落实涉及华人权益的竞选承诺等方面并没有能够达到多数华人的要求，因此，华人对行动党的表现有些失望。

（三）国阵风雨飘摇

国阵的败选，掀起了国阵成员党的退出风潮，民政党、人民进步党先后宣布退出国阵；沙巴州4个国阵成员党，即沙巴团结党、沙巴自民党、沙巴人民团结党与沙民统党在大选后宣布退出国阵；沙捞越4个国阵成员党土著保守党、砂人联党、砂人民党与沙捞越民进党，在大选后一个月宣布退出国阵。原本有14个成员党的国阵，只剩下初创时的3大政党：巫统、马华公会及国大党。而国阵原本在大选赢得79个国会议席，随着成员党的相继退出，加上大批巫统国会议员退党，至12月，国阵只剩下42名国会议员。国阵留下的3个成员党也面临各种挑战。国阵核心成员党巫统原来是马来西亚最大的政党，但在选举失败后，纳吉布辞任国阵和巫统领导职位，由阿末扎希接任巫统党主席，成为巫统及国阵领导。由于败选和各种原因，巫统国会议员一个个退党，先是6名巫统议员陆续离开，巫统议席从54席锐减至48席。此后仍不断有议员退出国阵，截至12月14日，巫统国会议员人数由原来54人减至37人，导致国会最大政党已经不是巫统，而是属于拥有50个国会议席的公正党，拥有42席的行动党成了第二大党。作为巫统内部最主要的华人政党——马华公会，在此次选举中大败，只获得1个国会议席。同时，日渐白热化的派系斗争，陆续浮出台面。11月16日，马华举行党选，最终选出魏家祥和马汉顺分别担任马华总会长和署理总会长。随着国阵各成员党的纷纷退出，马华公会也有声音要求退出国阵，但是由于马华仅有5%华裔选民支持率，若推动解散或脱离国阵，成为独立政党，是否能够重新赢回华裔选民的信任，仍是未知数。

（四）反对《消除一切形式种族歧视国际公约》大集会

《消除一切形式种族歧视国际公约》（简称ICERD）是联合国在1965年开始推动拟定的，以回应全球的种族歧视问题。全球已有175国签署该公约，马来西亚是世界上15个未签署的国家之一。2018年9月28日，马哈蒂尔总理在联合国大会上表示："新的马来西亚政府誓言，签署余下所有维护人权的联合国公约"，表明马来西亚新政府有意签署《消除一切形式种族歧视国际公约》。但国内穆斯林社会，甚至部分政府代表却表达反对立场，担忧签署《消除一切形式种族歧视国际公约》，联邦宪法中第153条文，有关马来人与土著的特权、伊斯兰的神圣性将受侵蚀。为了反对政府签署上述公约，马来西亚两大马来族群反对党，巫统和伊斯兰党以及部分非政府组织从10月底开始组织多次反对《消除一切形式种族歧视国际公约》大集会。其中11月8日在马来西亚首都吉隆坡举行的反对《消除一切形式种族歧视国际公约》大集会，出席者有5万多人。马来西亚在野党伊斯兰党和巫统党魁，以及前总理纳吉布都现身集会，反对这项联合国公约。这次反对《消除一切形式种族歧视国际公约》系列大集会，是巫统作为反对党首次组织的大规模集会行动。在马来穆斯林党团连日抗议下，希盟政府在2018年11月23日宣布，不会签署联合国《消除一切形式种族歧视国际公约》。

二、经济：取消消费税，实行销售与服务税，全年经济增长4.7%

希盟政府执政后，改变了原来国阵政府实行的经济政策，同时采取一些促进经济发展、改善民生的政策，保证政府过渡时期经济稳定发展。首先，大选后，上台执政的希盟政府履行竞选承诺，将消费税税率调整为零，取消消费税，同时通过立法重新征收销售与服务税。从2018年9月1日起，马来西亚重新征收销售与服务税，以代替俗称"消费税"的商品与服务税。销售与服务税征税范围减少，免税范围扩大，但也没有达到不征收间接税的期待。其次，废除汽油管理性浮动机制，推行援助特定目标群的汽油津贴机制。为维持95号汽油和柴油价格到2018年底，政府共拨出30亿林吉特作为差额补贴。第三，国家财政理事会为2020年国家储备基金提供4.3亿林吉特拨款，用于各州属加快经济发展和保障民生。第四，为了减轻政府债务压力，暂停和延缓与中国、新加坡合作以及国内的数项基础设施建设项目。同时，寻求日本的帮助，在日本国际协力银行担保下，向日本发行2000亿日元债券，筹集资金偿还债务。第五，采取降低费用、提高网速，加强与中国合作等措施促进数字经济发展。第六，政府通过鼓励创业，鼓励人民、专业人士、私人界与公共领域合作，打造符合和平、自由、中立原则的亲商环境，继续加强本国与主要及潜在贸易伙伴的联系，促进经济发展。2018年，马来西亚宏观经济保持稳定发展态势。全年国内生产总值（GDP）总量14298.42亿林吉特，约为3543.5亿美元，比上年实际增长4.7%，人均GDP接近1.12万美元。全年贸易总额18670亿林吉特，比上年增长5.9%。其中：出口总额9980.1亿林吉特，增长6.7%；进口额8777.4亿林吉特，增长4.9%；贸易顺差1202.7亿林吉特，增长22.1%，创下10年来最大增幅，这也是自2012年以来最大贸易顺差。全年税收总额1370.35亿林吉特，比上年增长11.13%。全年批准投资总额2017亿林吉特（约504.2亿美元），高于2017年的2006亿林吉特，外国直接投资占39.9%，达805亿林吉特（约201.25亿美元）。其中，中国、印尼、荷兰、日本及美国是马来西亚制造业外来投资的最主要贡献国，5国占批准的制造业外商投资总额的76.4%。截至2018年12月底，外汇储备1014亿美元，全年美元与林吉特的平均汇率约1∶4。全年平均通胀率为1%。失业率维持在3.3%的水平。

11月8日，马来西亚首都吉隆坡举行反对《消除一切形式种族歧视国际公约》大集会（百度网）

（一）农业生产总值下降0.4%

2018年马来西亚农业生产总值960亿林吉特，比上年下降0.4%，占GDP8.2%。农业出口总值1265.87亿林吉特，进口952.18亿林吉特，贸易顺差313.69亿林吉特。进口与出口总值均比上年增长。

1. 油棕产量增加，棕油价格走低。2018年，马来西亚雨水丰沛，适宜油棕生长，产量增加，毛棕榈油年度产量1952万吨。但是，由于订单减少，供过于求，棕油价格走低。自年初开始，原棕油价格一再走软，欲振乏力。2018年原棕油平均价格为每吨2300林吉特。而欧盟抵制棕榈油作为生物柴油的基本燃料，将从2021年起，逐步限制棕油生物柴油进口，并在2031年全面禁止，这将导致棕油出口份额减少10%。为应对棕榈油价格低迷，马来西亚放宽征收棕榈油出口税的政策，10月、11月、12月毛棕榈油都是零关税出口。此外，还扩大对中国的出口，马哈蒂尔总理访华期间，与中方讨论中马两国棕油和橡胶的出口合作，两国签署《清华大学与马来西亚棕榈油局关于马来西亚棕榈油生物燃料技术发展及促进的谅解备忘录》《海南省农垦总局（海南省农垦投资控股集团有限公司）与马来西亚橡胶局关于橡胶沥青路面技术和割胶自动化技术及商业化合作谅解备忘录》《中华人民共和国海关总署与马来西亚农业与农基产业部关于马来西亚冷冻榴莲输华检验检疫要求的议定书》等合作文件。2018年，中国取代欧盟成为马来西亚第二大棕榈油出口目的地。全年马来西亚棕油出口额约800亿林吉特，占全国出口总额的7%。马来西亚衍生产品交易所的交易量为2.6万亿吨，原棕榈油期货的交易量达到全球产量的3.6倍。油棕产值占农业生产总值的46.6%。

2. 橡胶产量减少。马来西亚农业的另一大宗种植产品——橡胶，2018年产量继续下降，全年天然胶产量64.3万吨，比上年减产18.4%。虽然产量逐年下降，但是马来西亚政府十分重视橡胶产业的可持续发展。政府从管理、种植到生产三个方面都制定相应的发展计划与扶持政策：在财政上，政府每年在季风期对割胶工人与小胶园主给予补贴；在技术上，对其进行免费培训；在扶持橡胶园发展上，对老种植区，政府拨款重新更新。在政府的重视和推动下，马来西亚的橡胶产业重心已经转移至高利润的加工、贸易领域。马来西亚乳胶制品特别是马来西亚的手套出口量引领全球市场。根据该国行业目标，计划到2020年，手套出口量将占全球同行业的65%。而乳胶手套是美国2018年唯一没有发动关税制裁的橡胶制品，马来西亚因此轻松豁免，产业前景光明。

3. 扶持发展都市农业。随着马来西亚越来越多的农村人口向城市迁移，城市人口密度增加，城市食品供应系统面临巨大压力。而马来西亚粮食未能自给自足，高度依赖进口。为此，马来西亚积极推行都市农业，并颁布多项相关政策。其中，2011年颁布的《国家农业食品政策（2011—2020）》强调采用现代技术，使农业食品产业能够灵活地适用于城市和城郊环境等有限空间。马来西亚行政中心布城启动“食用花园”和“社区花园”项目；雪兰莪州、彭亨州等地方政府近年来也积极推动“社区菜园”计划，在当地居民中获得较好的反响。同时，马来西亚政府还支持垂直农法、水培等相关技术的开发，博特拉大学已经设计并开发几种经济实惠的垂直农法，适用于有限的、不适宜耕种的城市空间。年内，马来西亚已拥有约1.1万个都市农业型社区。

（二）工业在制造业和建筑业的支撑下获得增长

受制造业和电力行业扩张影响，2018年马来西亚工业生产指数（IPI）增长3.1%。

1. 制造业产值增加。2018年，马来西亚制造业产值2833.4亿林吉特，比上年增长5.0%，占GDP的23.0%。

马哈蒂尔总理非常推崇国产汽车制造业，新政府执政后，重新研究国家汽车政策，考虑推出“国产车3.0计划”（即创建马第3家国产汽车企业）。政府修订的国家汽车政策以连接移动、工业革命4.0、人工智能和下一代汽车等四大支柱支撑，国产车3.0将符合欧6或至少欧5排放标准，政府已接洽日本汽车制造商如丰田汽车寻求协助。2018年马来西亚汽车制造业在新能源汽车市场需求和扩张的拉动下得到发展，成为马来西亚经济的支柱行业。2018年汽车销售总量59.87万辆，比上年增长3.8%；汽车制造业产值400亿林吉特，占国内生产总值的4%。

2. 建筑业获得增长。由于新政府暂停多项大型建设项目，对项目周边的建设项目也造成一定影响，近几年建筑业的高速发展放缓。2018年，建筑业产值558.4亿林吉特，比上年增长4.2%，占GDP的4.5%。

3. 矿业产值下降。2018年1月，马来西亚沙巴、沙捞越天然气管道泄漏，造成沙巴州的一个气田发生天然气泄漏事故，供应中断，马来西亚天然气出口受到严重影响，导致矿业收入下降。全年采矿业产值969.7亿马币，比上年下降1.5%，占GDP的7.9%。

（三）服务业增长6.8%，是马来西亚经济发展基石

2018年，马来西亚在服务业领域积极吸引高科技公司进驻，同时利用数字技术促进金融科技创新，发展电子商务和仓储物流业。2018年，马来西亚服务业产值为6830.8亿林吉特，比上年增长6.8%，占GDP的55.5%，是自2011年以来的最高成长率。年内，马来西亚服务业吸引1034亿林吉特的投资额，比上年减少17%；吸引外商直接投资165亿林吉特，减少42.2%。服务业总贸易额3397亿林吉特（约合841亿美元），比上年年减少0.4%。

1. 金融业稳健运行。美联储加息后，马来西亚央

行在2018年1月将基准利率提高25个基点至3.25%,打响亚洲国家加息的第一枪。为应对外部环境变化,马来西亚注重金融科技创新,许多银行建立自己的金融科技创新项目,网上银行在过去10年中增长3倍,2018年网上银行使用范围达到90%。在电子钱包领域,中国的支付宝和微信支付、东南亚网约车平台Grab都进入马来西亚支付领域,著名游戏公司雷蛇与马来西亚巨头成功集团联手推出的电子钱包APP也在年内上线,并已入驻6000多个线下零售点。受国内经济基本面强韧带动,马来西亚资金市场稳健成长,2018年资金市场规模达3.1万亿林吉特(约合7579.46亿美元),为全国GDP的2.2倍。全年贷款总额比上年增长7.7%,伊斯兰银行贷款增长8.9%,马来西亚仍然是伊斯兰债券的全球最大市场。受国际原油价格暴跌以及全球经济疲软等因素冲击,加上美联储升息措施,国外投资者对马来西亚的证券投资由净流入转为净流出。根据IIF统计,2018年头11个月,马来西亚证券资本规模为净流出63亿美元。受此影响,马来西亚股市转向下行,从2018年年初至12月27日,马来西亚股市下跌6.7%,吉隆坡综合指数以1,690.58点封关,比2017年下跌5.91%。股市总市值1.7万亿林吉特,减少10.8%。2018年马来西亚资金市场通过企业债券发售及新股募资上市活动筹募资金总额1146亿林吉特,比上年减少21.83%。截至年底,马来西亚债券市场规模1.4万亿林吉特,比上年同期增长7.69%。基于贷款、银行同业借贷和外资持有本地债券数量增加,截至2018年年底,马来西亚外债为9249亿林吉特(约合2210亿美元),占国内生产总值的64.7%。2018年林吉特兑美元汇率下跌约1.8%(1美元约兑4.08林吉特)。

2. 商业活动趋旺。随着外商和本地厂商引进国外管理技术,各种类型的连锁超商、百货公司、便利商店、大型批发市场、购物中心及直销业纷纷设立,带动马来西亚零售业发展,国际大型零售集团如永旺、乐购、特易购、捷安特等成为马来西亚主要零售商,屈臣氏、Guardian等小型零售商也有逐渐增多的趋势。

3. 旅游业持续增长。马来西亚政府积极促销本国的旅游景点和产品,加大吸引国际游客的力度。为吸引中国游客,马来西亚总理马哈蒂尔在2018年提出,缩减中国游客签证程序以及费用。年内,马来西亚吸引国际游客2583万人次,比上年减少0.46%,主要客源国是:新加坡(1061.5万人次)、印尼(327.7万人次)、中国(294.4万人次)。在旅游消费方面,到马来西亚旅游的游客旅游消费达到8413亿林吉特,比上年增长2.4%。中国和印度尼西亚游客的消费能力最强,分别达到1230亿林吉特和1107亿林吉特,分别比上年增长35.9%和30.5%。游客的人均支出3257林吉特,增长2.9%。手工艺品是前来马来西亚的外国游客首选购买的物品。这使得马来西亚在游客数量减少的情况下,旅游收入仍得到增长。2018年旅游业收入841亿林吉特(207亿美元),比上年增长2.4%。

三、人民生活:在较低通货膨胀情况下,民众仍感觉生活压力增大

2018年,在取消消费税、稳定油价、降低道路收费等措施实行后,马来西亚的通货膨胀率保持较低水平,全年平均只有1%。并且国民就业充分,失业率只有3.3%。在这种情况下,马来西亚民众仍普遍感觉物价升高,生活压力增大。这是因为马来西亚劳动密集型的企业仍占多数,低技术、低工资类工作增加,高技术、高工资类工作占比下降。而通膨虽然只有1%,但是关乎民生的食品物价指数增长较大,超过了通货膨胀率,如吉隆坡食品物价指数上涨4.4%、槟州上涨3%、柔佛上涨2.7%。食品物价指数当中,涨幅最高的是蔬菜,上涨4.7%,外卖食物上涨4.4%,牛奶和蛋上涨2.6%,水果上涨2.5%。此外,房贷和车贷占马来西亚家庭债务的70%以上,大部分月收入要还贷款。在这些因素影响下,虽然政府已经尽量控制通膨,但民众仍然觉得生活压力比以前大。

四、外交:协调中马关系与周边关系,平衡中、美、日等大国关系

2018年,在新旧政府交接后,重新当选总理的马哈蒂尔带领新政府开始一系列务实外交。在周边,仍然坚持维护东盟政策和利益,迅速与周边东盟国家进行高层交往沟通。在处理大国关系方面,重新协调和稳定与中国和美国的关系,加强与日本和印度的关系。

(一)马新关系:风波不断中保持交往与沟通

2018年,马来西亚新政府以减少政府债务为由,暂停马新高铁计划,延期2年至2020年5月底,并计划在2031年1月开始提供服务。此外,两国在领海、领空和供水方面均出现争端。在领海方面,两国在2017年对白礁岛新的主权产生争议;2018年,双方就柔佛新山港口海域界线的领海主权发生争议。在领空方面,马来西亚政府指责新加坡未经马方同意即发表和执行实里达机场仪表着陆程序,影响毗邻实里达机场的马来西亚巴西古当地区和柔佛港口发展,并威胁马来西亚航空主权。在供水方面,因马哈蒂尔总理发表有意对新加坡供水提出涨价的言论而引起新方不满。两国虽然出现这些风波,但高层仍然保持沟通交往。2018年5月新加坡总理李显龙访马;11月,马来西亚总理马哈蒂尔访新,马新两国重申紧密的双边关系,并将继续深化合作。马新双方出现的问题和争端,双方都主张先通过会谈沟通加以协调解决。

(二)马来西亚与印尼关系:继续深化合作

2018年正值马来西亚和印度尼西亚两国建交60周年,马来西亚总理马哈蒂尔于6月访问印尼。两国

领导人在会谈中提到重启东盟汽车计划的意向，计划联手恢复印尼国产汽车生产以便供应东盟市场，双方同意加强两国贸易与投资合作。在两国领导人的协调下，印尼于8月归还因涉及“一马公司”弊案而被印尼扣押的超级豪华游艇“平静号”，该游艇造价10亿林吉特，属于“一马公司”弊案关键人物刘特佐所有。9月，两国防长在印尼巴厘岛进行第41次马印边境联合委员会会议，特别讨论提升边境地区安全问题。

(三)马泰关系：双方重点加强两国边界安全合作

2018年10月，马来西亚总理马哈蒂尔访问泰国，双方就共同合作处理泰国南部的稳定及和平、两国边界的经济开发、东盟框架下强化双边合作等问题进行会谈。两国同意扩大包括边境安全、经济发展，特别是打击恐怖主义和跨国犯罪等的合作范围。泰国南部的和平是双方合作的重点，泰方希望通过马来西亚参与协调，尽快实现泰南的和平。为加强两国边境贸易，马来西亚黑木山边界通道将全天开放，另外还计划兴建连接吉兰丹彭佳兰古保和泰国榻拜、丹州兰斗班让和泰国哥乐河的两座桥梁。此外，还扩大马来西亚兰卡威和泰国沙敦之间的渡轮服务，吸引两国游客，以增加马泰的贸易额。在经济合作方面，泰国是马来西亚的第五大贸易伙伴，在东南亚国家中排第二，仅次于新加坡。而马来西亚则是泰国最大的东南亚贸易伙伴。

(四)中马关系：经受考验，保持友好

2018年，为了赢得第14届全国大选的胜利，曾经的反对党联盟——希望联盟的多位领袖在选举前后多次对纳吉布政府与中国的多项合作提出质疑，并将重新审视中国投资列为竞选承诺，同时在南海问题上提出不同意见。在本次大选中当选的马哈蒂尔总理停止了包括东海岸铁路、油气管道建设项目在内的多项中马合作大型基础设施建设项目，中马关系发展经受考验。但是，通过中马高层的沟通，双方各部门和地方的努力，凭借中马关系的良好基础，中马关系仍然保持着友好的发展方向，各项交流合作持续深化。为修补在竞选期间伤害到的中马关系，双方高层交往频繁。7月18日，马来西亚总理特使、元老理事会牵头人达因访问中国；8月，中国国务委员兼外交部长王毅赴马来西亚进行官方访问；8月17日至21日，马来西亚总理马哈蒂尔应中华人民共和国国务院总理李克强邀请访问中国；10月，马来西亚人民公正党实权领袖安瓦尔访问中国。两国高层的交往特别是马哈蒂尔总理访华，为两国关系友好发展提供了保证。两国其他各部委、各地方之间的交流合作继续开展，并未受到选举结果的影响。两国经济合作开始向高技术、数字经济等方向转变，双边经济合作进一步深化。中马双边贸易继续快速回升。2018年中马双边贸易额1086.3亿美元，占马来西亚贸易总额的23.7%，比2017年增长13%，中国连续10年保持马来西亚第一大贸易伙伴地位。双方投资合作并未出现大规模停滞，仍然继续扩大投资合作规模和领域。2018年，中国仍然是马来西亚最大的投资国，中国对马来西亚投资近50亿美元，占马来西亚吸引外商直接投资总额的24.5%，比上年增长410.8%。马来西亚对中国的投资合作也在继续发展，至2018年年底马来西亚对华投资累计75.8亿美元。数字经济、高技术产业合作不断加强。阿里巴巴集团、腾讯、小米加快进军马来西亚的步伐。中马“两国双园”建设继续推进。金融、旅游等服务业合作进一步拓展。中马续签《中国人民银行与马来西亚国家银行双边本币互换协议》。年内，入境马来西亚的中国游客294.41万人次，入境中国的马来西亚游客129.07万人次，中国已连续7年成为马来西亚在东盟国家外最大游客来源国。教育、文化、军事等领域合作稳步推进。

(五)马日关系：进一步加强，开始新的“向东看政策”

为解决政府债务问题，马来西亚寻求日本的帮助。2018年6月、8月、11月，马来西亚总理马哈蒂尔先后3次访问日本。在11月的正式访日中，马日双方达成一致，马来西亚将在日本国际协力银行的担保下，向日本发行2000亿日元(1日元约合0.008841美元)的债券。据马方说明，此次对日发行的国债利息仅为1.65%，可用从日本获得的资金来偿付对华债务。马哈蒂尔在日本高调重提“向东看政策”，力争通过实施“向东看政策”培育产业。马哈蒂尔倡导的向东学习的对象包括中日韩三国。

(六)马美稳固关系

为了稳固美马关系和推销“印太战略”，2018年8月3日，美国国务卿蓬佩奥访问马来西亚。马哈蒂尔在总理署会见到访的美国国务卿蓬佩奥，双方探讨加强全面伙伴关系，并在两国共同秉持的民主价值观基础上，促进双方共同的安全和经济利益。（韦朝晖）

资料来源：

1. 马来西亚统计局资料
2. 大马经济网
3. 马来西亚东方网
4. 马来西亚诗华资讯
5. 马来西亚《光华日报》
6. 马来西亚《中国日报》
7. 马来西亚星洲网
8. 马来西亚南洋网
9. 新加坡《联合早报》
10. 中国驻马来西亚大使馆经济商务参赞处网站
11. 中国商务部网站
12. 中国贸易促进会网站
13. 新华网相关资料
14. 中国新闻网相关资料
15. 中国—东盟博览资料

缅甸:2018 年经济社会发展回顾

2018 年年初,缅甸全国民主联盟(简称民盟)政府高层领导发生变动,总统权力平稳交接。温敏担任缅甸总统之后,缅甸政府继续推行反腐廉政建设,建立政府和执政党内部的反腐机构,重视公职人员的能力培养,提高政府的执政能力。此外,缅甸政府努力推进全国和解,积极与民族地方武装组织开展政治对话,成功举办第 3 届彬龙会议,并正式启动罗兴亚人遣返工作。在经济上,缅甸民盟政府制定新的经济发展方案,继续开放国内市场,吸引外资,促进经济增长。在外交方面,重视与周边大国及东盟国家的关系,同时尽力缓和与西方大国的矛盾。但是,罗兴亚人遣返工作所面临的阻碍以及国内武装冲突将继续影响缅甸未来的发展。

一、政治

(一)政府执政措施

1. 政府高层人事调整。2018 年 1 月 16 ~ 19 日,缅甸总统廷觉相继发布通令任命缅甸建设部兼电力与能源部原部长温楷为电力与能源部部长,汉佐为建设部部长,拉莫昂为伊洛瓦底省首席部长,昂拉吞为宣传部副部长,达乌为交通与通讯部副部长。1 月 29 日,缅甸政府宣布重组缅甸投资委员会,政府办公室部部长当吞、仰光省政府部长杜妮拉觉和经济专家昂吞德博士成为新成员。3 月 21 日,廷觉宣布辞去总统职位。3 月 28 日,缅甸联邦议会举行总统选举,联邦议会人民院原议长温敏高票当选,敏瑞当选第一副总统,亨利班提育当选第二副总统。3 月 30 日,新总统和两位副总统正式宣誓就职。5 月 31 日,温敏任命梭温为计划与财政部部长。6 月 16 日,缅甸政府再次宣布重组缅甸投资委员会,政府办公室部部长当吞被任命为缅甸投资委员会主席,计划与财政部副部长色昂成为新成员。11 月 19 日,缅甸总统温敏宣布成立投资与对外经济关系部,并将当吞调任投资与对外经济关系部部长,该部门将致力于提高缅甸国家投资形象、促进投资。至此,缅甸政府部门增至 25 个。11 月 29 日,缅甸总统府发布通令,任命敏都为政府办公室部部长。

2. 增设反腐机构,加大反腐力度。2018 年 3 月 30 日,缅甸总统温敏发表就职演讲时着重提出要"打击腐败贪污受贿行为"。自其任职以来,便陆续到相关省邦进行视察。从 7 月份开始,温敏先后前往掸邦、勃固省、仰光省和实皆省等省邦地区与立法、司法和行政等各部门官员会面,实地视察相关部门的工作情况,了解当地民众的生活。10 月 6 日,温敏在视察马圭省时表示,政府将在各省邦陆续建立反腐委员会,旨在使社会发展成为无贪污、无受贿的社会。

2018 年 6 月,缅甸新《反腐法》生效,反腐委员会有权在缅甸各省邦开设分支机构。12 月 6 日,缅甸在仰光举行国际反腐败论坛,缅甸总统温敏签署通令,同意在中央政府内设立反腐败小组。该小组的主要职能是监督政府各部门的行为以杜绝政府内部的贪污腐败。缅甸反腐委员会主席昂基(Aung Kyi)指出,该机构的建立将有利于政府部门和公共机构强化部门责任心,减少贪腐。据缅甸反腐委员会网站公布的数据,2017 年 11 月 24 日至 2018 年 11 月 30 日共收到举报信 8984 份。

3. 完善法律法规。2018 年 1 月 31 日,缅甸颁布《毒品修正法案》并根据新法案严厉打击毒品犯罪。3 月 7 日,缅甸国务资政昂山素季在缅甸首都内比都举行的依法法治协调会议上发表讲话,指出法治与正义领域改革工作是国家的优先改革计划之一;出台公平公正的法律对保护国家和民众的根本利益至关重要,呼吁相关政府部门公正依法行事。9 月 17 日,缅甸联邦议会通过《缅甸旅游业法》,撤销 1993 年颁布的《缅甸酒店与旅游法》。依据《缅甸旅游业法》,旅游、酒店、旅馆、导游和旅游服务等业务须向地方旅游业委员会提出申请;地方旅游业委员会审核申请书后,让合格的申请者缴付执照费和发给执照,执照期限为 3 年,执照满期后须向地方旅游业委员会再次申请。

4. 着力改善民生。截至 2018 年 5 月,缅甸政府已在全国开设 83 个就业咨询处并前往偏远地区举办就业展览会。政府还逐步增设技术与职业学院,旨在培养高素质和符合东盟标准的专业劳工。缅甸劳工部下属的缅甸劳工专业标准规定组也开始运营。截至 2018 年 6 月 26 日,缅甸已设立 73 处戒毒中心以帮助吸毒者戒毒并使他们重回正常生活。12 月 4 日,昂山素季在基础教育发展实施会议上发表讲话,称国家需要加大教育经费投入,争取实现每年的教育经费达到国家财政收入的 20% 以成功实施《国家教育战略计划(2016 ~ 2021 年)》。

(二)议会补选情况

由于部分议员过世、部分议员被任命担任政府内阁职务,导致缅甸联邦议会席位出现空缺。2018 年 11 月 3 日,缅甸联邦议会就空缺的 13 个席位进行补选,其中人民院 4 席、民族院 1 席、省邦议会 8 席,共 69 名候选人参选。11 月 4 日晚,缅甸联邦选举委员会公布议会补选结果。民盟在全部参选的情况下赢得 7 个席位,其中人民院 3 席、勃固省议会 1 席、马圭省议会 1 席、曼德勒省议会 2 席;联邦巩固与发展党(简称巩发党)在参选 10 个议席的情况赢得 3 个席位,其中民族院 1 席、实皆省议会 1 席、仰光省议会 1 席;少数民族政党和独立候选人赢得 3 席,其中掸族民主联盟赢得人民院 1 席、钦族民主联盟赢得钦邦议会 1 席、独立候选人赢得若开邦议会1席。这次补选的13个空缺议席中有11个原由民盟党员担任,经过本次补选后,民盟失去4个议席,其中3个被巩发党赢取。此次补选结果显示,缅甸民众对民盟执政的满意度有所下降。

(三)国内和平进程呈现新进展

2018年2月13日,缅甸政府和军方领导人与缅甸民族地方武装组织新孟邦党和拉祜民主联盟代表在内比都签署《全国停火协议》。来自联合国、中国、欧盟、日本和印度等国家和组织的代表作为国际见证人也在协议上签字。这是缅甸民盟政府执政以来首次与民族地方武装组织签署《全国停火协议》。至此,缅甸签署《全国停火协议》的民族地方武装组织增至10个。原定于2018年1月下旬举行的缅甸第3届21世纪彬龙会议暨联邦和平大会经多次延期后,最终于7月11~16日在内比都举行。来自缅甸政府、国防军、民族地方武装组织、议会、各政党、社会组织等各方代表约1100多人参会。本届和平大会共达成14项共识,其中政治领域4项、经济领域1项、社会领域7项、土地领域2项,在安全领域方面未达成任何协议。据缅甸国务资政府发言人佐泰透露,缅甸北部7个民族地方武装组织中已有佤联军等3个在与政府的会谈中谈及如何签署《全国停火协议》的议题,缅甸政府将与他们进一步磋商。

10月15~16日,缅甸政府和国防军与已签署《全国停火协议》的10个民族地方武装组织在内比都举行特别会议。15日,缅甸国务资政昂山素季、国防军总司令敏昂莱、国防军副总司令梭温以及已签署《全国停火协议》的10个民族地方武装组织领导人均出席会议。昂山素季在发言中指出,全国范围停火和顺利举行政治对话等一系列事件对推动国内和平进程至关重要,并强调各方需要通过政治对话来寻求解决问题的办法。会上,与会者同意将“不分裂及自决权”话语改为各方能接受的政治说法并就此事规划了相关原则。此外,与会者接受统一的国防军建设并就如何组建统一的和各民族参与的国防军展开讨论。此次会议是自2011年缅甸重启和平进程以来,政府首脑、军方最高领导和签署《全国停火协议》的民族地方武装组织代表进行的首次全体直接会谈,这在一定程度上显示政府与军方在全国和平问题上的合作趋势。

11月16~18日,缅甸和平委员会与几个民族地方武装组织在泰国清迈举行非正式会议,就和平进程中存在的问题进行协商。参加会议的民族地方武装组织有已签署《全国停火协议》的掸邦重建委员会、克伦民族联盟以及未签署《全国停火协议》的克伦尼民族进步党和克钦独立军。12月12日,缅甸北部的3个民族地方武装组织——果敢同盟军、德昂民族解放军和若开军发表《联合声明》,表示支持缅甸政府为实现民族和解以及全国和平所做的努力。12月21日,缅甸国防军总司令部发表有关声明称,注意到上述声明并宣布军方将在一定范围和时间内停止所有军事行动。

(四)罗兴亚难民遣返进度缓慢

根据联合国人道事务协调厅发布的消息,自2017年8月缅甸若开邦发生罗兴亚人事件以来,已有超过72万名罗兴亚难民逃往孟加拉国。2017年11月,孟缅双方为解决难民事件签订协议,制订遣返难民的初步计划。2018年1月15日,孟加拉国政府发布消息称,孟缅双方计划在两年内完成罗兴亚人遣返。1月23日,缅甸正式开通位于当彪勒瓦边境、额古雅和拉普岗3处的罗兴亚难民接收通道。但是,直至4月16日,缅甸才接回第一个罗兴亚穆斯林家庭(共5人)。

为尽快将罗兴亚难民接回,摆脱国际舆论的谴责,减轻西方国家的制裁,缅甸与联合国于2018年6月签署一项备忘录,明确规定将罗兴亚难民遣返的前提是须保证难民的人身安全和公民权。8月10日,缅甸国务资政府部发布报告称,孟缅双方就加快遣返孟加拉国境内的缅甸若开邦流离失所人员达成8项共识,其中包括双方同意应提前遣返逃至孟加拉国南部考克斯巴扎尔难民营的难民。此外,双方确认缅方已根据此前协议建成2个接收营地,孟方应建的5个过渡营地中有1个已建成、1个在建,另有3个待建。9月28日,缅甸劳工、移民与人口部部长登瑞表示,缅甸政府将重新接受在孟加拉国滞留的罗兴亚人,并依照1982年《缅甸公民法》甄别公民身份,有关方面将在孟都设立内陆和水路2个接收中心接收罗兴亚人入境。根据孟缅两国政府达成的协议,滞留在孟加拉国的罗兴亚人的返乡日期初步定在11月15日。截至10月30日,约有5000名难民确认将获遣返。11月,缅甸若开邦首席部长尼布表示,缅甸当局计划为罗兴亚人建造的1500个居住单位已完成约500个,正在建设的有773个,225个正在等待经济援助。11月15日,罗兴亚人遣返行动正式启动。首批被点名返缅的有150人,但当日完全没有人到指定地点报到,遣返行动被迫取消。对于孟缅计划大批遣返罗兴亚难民这一事件,西方媒体多持消极态度,认为两国在拟定遣返人员名单时并未征询难民本人的返回意向,并且对于难民返回缅甸后的生活安置和公民身份等重要事宜尚未做妥善安排。

(五)缅甸国内武装冲突不断

虽然缅甸国内和解进程在不断推进,但是在民族地方武装组织控制地区,武力冲突经常发生,实现国家永久和平依然任重道远。2018年1月16日,若开邦地方当局阻拦妙乌举办纪念若开王蒙难日233周年文学讲座会,从而引发大规模警民流血冲突,导致7人死亡、12人受伤。5月12日,在掸邦北部,政府军与德昂民族解放军在中缅边境地区爆发武装冲突,导致19人死亡。9月,北掸邦南渡镇区发生民族武装冲突,造成1700多名当地群众被迫逃往外地避难。据缅甸和平与安全研究所发布的数据,2018年1月至8月18日,缅甸共发生451次武装冲突(包括106次自制爆炸装置袭击),冲突发生地主要集中在若开邦与钦邦西南部交界区域、实皆省与克钦邦交界区域、掸邦中部和北部以及克伦邦北部地区,其中克钦邦和掸邦发生武装冲突的次数最多。12月18日,在若开邦北部地区,政府军与若开军发生交火,截至20日已有700多名村民为躲避战火而逃离家乡。2019年1月4日,若开邦北部布迪当镇区的4个警察哨所同时遭受大约350名若开军武装分子袭击,造成13名警察死亡、9人受伤。

二、经济

2018年,缅甸制订新的短期和长期经济发展方案,继续完善经济法律法规,进一步开放国内市场,发展基础设施,改善营商和投资环境,吸引外资,推动经济发展。

(一)经济政策

1. 制订新的经济增长方案。2018年1月9日,缅甸《国家计划法》委员会会议在内比都总统府召开。缅甸总统温敏在会上表示,因为交通领域、旅游酒店业和金融服务业都呈现增长趋势,2018/2019年财年过渡期的《国家计划法案》拟定2018年4~9月的GDP增速目标为7.2%。昂山素季也在会上表示,该计划法案应当重视即将在2018/2019财年予以实施的重大项目,强调中央政府与省邦政府的协同合作将有利于成功完成项目。8月,缅甸计划和财政部发布《缅甸可持续发展计划(2018~2030)》(MSDP)。该计划成为指导缅甸2018~2030年经济发展的主要框架性文件,包含5个目标、28个战略和251个行动计划,其中包括保持经济稳定、创造就业机会、以私营企业为主导拉动经济增长和发展完善国内基础设施。9月21日,缅甸出台《2018/2019财年计划法》,为缅甸2018/2019财年(2018年10月1日至2019年9月30日)的经济发展提供指南。该计划法以2015/2016财年物价及服务价为基础,将2018/2019财年国内生产总值(GDP)增速目标定为7.6%;拟定农业增长目标为2.4%,工业增长目标为11.2%,服务业增长12.0%;拟定GDP中农业占比降至21.9%;工业和服务业占比分别提升至37.3%和40.8%。以2018/2019财年物价和服务价格为基础,将消费总额定为717579亿缅元,其中国有投资占总投资额的24.99%,私营投资占75%,合作社投资占0.01%;将出口预期指标定为208080亿缅元,进口预期指标定为214880亿缅元,使人均GDP由原先的1773615缅元增加1978486缅元。《2018/2019财年计划法》于2018年10月1日生效。10月8日,缅甸投资委员会发布《缅甸促进外国投资计划书》,该计划书制订缅甸2018~2036年吸引外国投资计划,希望通过吸引投资来拉动国家经济快速增长。此外,缅甸拟于2019年1月举办缅甸投资峰会,讨论缅甸经济、投资以及公共投资项目银行的设立,以吸引外资。

2. 完善经济相关法律法规。2018年3月20日,缅甸联邦议会正式通过2018年《联邦税收法》,并于4月1日生效。2018年《联邦税收法》明确规定,“任何公民若购买基础设施、兴建基础设施或创办新业务、扩展业务,若能证明收入来源,将不用缴纳收入税;若不能证明收入来源,须按照以下规定缴纳收入税:年收入为3000万缅元以下者,须缴纳15%的收入税;年收入为3000万缅元至1亿缅元者,须缴纳20%的收入税;年收入为1亿缅元以上者,须缴纳30%的收入税”。2017年颁布的新《缅甸公司法》于2018年8月1日起生效,新法调整对外资入股的规定,并要求在投资与公司局依法注册的外资公司和分公司重新注册。同日,缅甸公司在线注册系统正式开通。此后,公司注册将使用在线系统完成。

3. 放宽金融市场,发展金融基础设施。为了缓解国内企业资金匮乏、银行贷款利率高的问题,缅甸中央银行进一步放宽对外资银行的限制。2018年11月8日,缅甸中央银行发布公告称,准许在缅甸经营的外资银行分行向缅甸国内企业提供贷款及其他银行服务。此前,外资银行只获准向外资企业提供贷款。12月,缅甸计划和财政部部长梭温表示,当局将设立公共投资项目银行,统合私营、外资等多种途径资金,为国家基础设施项目建设提供贷款,并且将会优先考虑有益于民众的国家级基础设施项目。同月,缅甸先锋银行针对中小型企业推出无须抵押物品的贷款计划,借贷方只需出示业务的收支款项即可向银行贷款,利息为8.5%。当月,缅甸当局批准成立缅甸首家信用咨询公司——缅甸信用统计局,该公司预计于2019年年底开始营业。

此外,缅甸金融体系便利化程度也在逐渐提高。2018年3月7日,甘波扎(KBZ)银行在仰光开设一站式中小企业银行业务服务中心,向中小企业提供多种金融和商务服务。5月9日,缅甸CB银行与缅甸Riverwood集团、中国浪潮集团就智慧银行合作签订协议,这将开启缅甸智能银行服务的浪潮。

4. 改善国内贸易投资环境。2018年1月,缅甸成立电子政务项目委员会,旨在使包括公司注册、投资申请、纳税等在内的相关行政业务通过电子设备及互联网平台进行,提高政务运转的效率。此外,缅甸政府还开放外资企业进入批发和零售行业,以吸引外资。2018年,缅甸政府对外资企业进入批发和零售市场的批准率达100%。年内,缅甸政府批准81种商品可通过在线注册系统注册进出口执照,其中涉及32种出口商品和49种进口商品。7月31日，该批商品的在线注册通道正式开通。8月14日，缅甸商务部发布公告称，自9月3日起批准进出口黄金和金饰品。缅甸政府还设立服务中心为黄金进出口商提供一站式服务，同时成立黄金市场监督委员会打击非法黄金交易、稳定金融市场。

5. 兴建边境经济合作区，促进边境贸易发展。2018年4月4日，缅甸商务部副部长昂图率团队与中国代表在新疆霍尔果斯举行首次会面，讨论增建中缅边境经济合作区事宜。缅甸商务部表示，双方将继续在缅中经贸往来的地区开展实地调研以增建边境经济合作区。10月，缅甸商务部发布消息称，缅甸政府计划将克钦邦甘拜地边境贸易口岸升级为边境经济合作区，拉动该地区的经济发展。截至10月底，针对该地区地面维修工作已完成70%。此外，掸邦木姐、果敢清水河地区也被纳入中缅边境经济合作区。11月，缅甸商务部表示，不久将邀请私营企业参与边境经济合作区建设。中缅边境经济合作区的建设，有利于增加当地就业，发展国内外投资项目，促进中缅双边贸易。2018年6月5日，位于缅泰边境的妙瓦底贸易区开始投入使用缅甸自动货物清关系统。自动清关系统的投入使用将极大便利日常贸易事务，降低贸易壁垒。

（二）宏观经济形势

2018年，缅甸制订短期和长期的经济发展方案，进一步放宽对外资、外企的限制，出台政策激励中小型企业发展，完善国内贸易投资环境。9月9日，中缅签署共建中缅经济走廊的备忘录，以进一步促进中国在缅投资，促进中缅两国全方位合作。受罗兴亚人事件的影响，西方国家对缅甸的投资减少。同时，成品油价格上涨、生产成本增加、缅币贬值等多方面因素导致缅甸经济增速放缓。

12月13日，世界银行发布报告预测，缅甸2018、2019财年的经济增速为6.2%。国际货币基金组织预测缅甸经济增速6.4%，相比上一财年6.8%的增速有所下降。2018/2019财年缅甸工业和服务业领域的增速分别为8.2%和7.6%，相比上一财年分别下降1.2%和0.7%。2018年，缅甸政府放宽限制，批准外资企业经营批发和零售业，并在经济特区实施招商引资优惠政策，大力推进国内基础设施项目投资与建设。这一系列政策与举措都将促进缅甸经济发展，但罗兴亚难民事件以及缅甸与欧盟贸易前景的不确定性将继续影响缅甸的经济形势。

据缅甸商务部发布的数据，2018/2019财年过渡期（2018年4月至9月底）缅甸进出口总额186.8亿美元，其中出口总额88.2亿美元，进口总额98.6亿美元。缅甸商务部表示，2018/2019财年过渡期间，在与美国、英国、日本等国家的双边贸易中，缅甸自2010年以来首次实现贸易顺差。同期，缅甸—美国双边贸易额4.5亿美元，缅甸—日本双边贸易额10亿美元，缅甸贸易顺差额分别约为1.3亿美元和4.2亿美元。缅甸对这些国家的出口增加主要是由于成衣出口的增加，也与缅甸政府对进口商品税收的调整有关系。2018年10月，缅甸进出口总额26.7亿美元，其中出口额11.7亿美元，进口额15.0亿美元。

缅甸投资委员会数据显示，2018年4月至8月中旬，缅甸投资委员会共审批77个外资项目，外国投资额16.50亿美元。这一数据与缅甸投资委员会秘书长昂乃乌4月预测的过渡期实现30亿美元投资额的指标相差甚远。2018年9～10月，缅甸民营投资额1400亿缅元，其中，9月的民营投资额980亿缅元，10月的投资额420亿缅元。此外，昂山素季以仰光迪洛瓦经济特区的发展为标杆进行招商引资。截至2018年12月中旬，中国、美国、日本、德国、法国和瑞典等国家和地区的企业在迪洛瓦经济特区的投资总额已达14.91亿美元。

根据世界银行发布的《2019年世界营商环境报告》，缅甸2018年的营商便利度排第171名，与2017年的排名相同。但是，缅甸的前沿距离分数（DTF）达44.72，比上年提升0.51。报告显示，缅甸的营商环境有所改善，主要体现在公司注册费用下降和国家电力供应能力提升等方面。

（三）产业经济形势

通讯业方面。缅甸交通与通讯部2018年4月2日发布消息称，缅甸手机使用率达到110.49%，预计到2019年将有94%的人口能够使用通信网络。8月，缅甸通信局发布缅甸通信网络建设报告显示，缅甸铺设的光纤为43000千米，通信基站23000个。缅甸电信经营商增加至4家，民众使用手机卡也越来越多样。缅甸邮局还与国内银行和移动支付行业合作经营金融服务，提供在线购物、预订机票和长途车票、快递等服务。此外，缅甸政府为了进一步发展国家卫星系统和通信系统，将投资1.55亿美元用于开发缅甸本国的卫星系统——Myanmar Sat-2系统。

农业方面。缅甸商务部数据显示，2018/2019财年过渡期农产品出口额12.79亿美元；2018年10月，农产品出口额1.96亿美元。据悉，本财年过渡期6个月内，大米碎米出口指标为200万吨，但2018年4～10月向国外出口的大米和碎米仅有120多万吨，创汇4.3亿美元，未能达标。缅甸大米协会预测，由于边境大量非法走私稻谷，2018/2019财年大米出口会减少许多，预计为200万～300万吨。

油气产业方面。据缅甸商务部消息，2017/2018财年截至2018年3月2日，缅甸天然气位居出口榜首，出口额30亿美元。2018年4～7月，受国际原油价格上涨影响，缅甸天然气出口较上年同期多获得外汇

1.2 亿美元。据缅甸电力与能源部消息，缅甸共有104 个油气开采区块，分别是53 个内陆开采区块和51 个近海开采区块。17 家外国能源公司与缅甸油气公司在26 个内陆区块合作开采天然气；19 家外国能源公司与缅甸油气公司在37 个近海区块合作开采天然气。

电力方面。据缅甸电力与能源部发布的消息，曼德勒敏建天然气发电站装机容量为225 兆瓦，第一阶段项目从2018 年5 月7 日起装机144 兆瓦，第二阶段项目从10 月2 日起装机81 兆瓦。据统计，该天然气发电厂的年均电力产量为16.75 千瓦时。发电厂原料由中缅天然气管道供应，能够为530 万居民供电。孟邦直通镇天然气发电厂与仰光打基达镇天然气电站也于2018 年开始供电，功率分别为120 兆瓦和106 兆瓦。此外，缅甸政府还计划在德林达依省土瓦地区、甘勃地区及伊洛瓦底省密老塞地区共建装机容量1230 兆～1290 兆瓦的液化天然气发电厂以满足该地区的供电需求。截至2018 年10 月，缅甸全国获得供电的家庭增至400 万户，占缅甸家庭总数的43%，比2015/2016 财年增长9%。

水产业方面。据中国商务部网站发布的数据，2018 年4 月至9 月底，缅甸水产品出口量79 万吨，出口额4 亿美元。2018/2019 财年截至2018 年11 月中旬，缅甸出口水产品16 万吨，出口额7300 万美元。2017/2018 财年，缅甸出口水产品131 万吨，出口额8.9 亿美元。缅甸水产品出口额远低于邻国和其他东盟国家，缅甸渔业局建议政府大力发展水产养殖业以促进出口。

旅游业方面。受若开邦局势影响，近年到缅甸旅游的西方游客大幅减少。2018 年法国和德国的游客比上年减少30%，英国和美国的游客数量也明显下降。为了弥补损失，缅甸政府于2018 年7 月发布通令，宣布从10 月1 日起对日本和韩国游客给予免签待遇，对中国游客给予落地签待遇。截至2018 年8 月底，韩国游客数量比上年增长1.76%；中国游客增长36.63%。截至2018 年10 月底，日本游客数量为82327 人次，比上年同期减少0.28%。

交通运输业方面。2018 年1 月，缅甸与日本宣布将合作提速升级缅甸仰光—曼德勒铁路，将单程时间缩短至8 小时，预计于2023 年完成。10 月22 日，中缅两国签署《木姐—曼德勒铁路项目可行性研究备忘录》，路段全长431 千米，拟设计时速为160 千米/小时。11 月1 日，缅泰双方就土瓦经济特区至缅泰边境的双车道公路建设项目签订合作协议。

三、外交

2018 年，受罗兴亚人事件的持续影响，缅甸与西方国家之间外交关系趋冷。缅甸通过在若开邦事件上做出妥协以减轻来自联合国和西方社会的压力。同时，缅甸进一步加强与中国、印度及东盟国家间的政治互动和经贸合作，改善外交环境。

（一）与中国的关系

1. 中缅高层互访频繁。2018 年1 月12 日，中国国防部部长常万全会见缅甸海军司令丁昂山。3 月31 日，中国外交部部长王毅在越南河内会见缅甸副总统亨利班提育。5 月9 日，缅甸总统温敏、国务资政昂山素季在缅甸首都内比都分别会见中国公安部部长赵克志。6 月29 日，中共中央对外联络部部长宋涛会见缅甸国务资政府部部长觉丁瑞。9 月11 日，中国国务院副总理韩正在第15 届中国—东盟博览会和中国—东盟商务与投资峰会举办期间会见缅甸副总统敏瑞。9 月16～18 日，应缅甸联邦议会人民院邀请，中国全国人大常委会副委员长丁仲礼率团访问缅甸，分别会见缅甸副总统吴敏瑞、联邦议会议长兼人民院议长蒂昆密、民族院议长曼温凯丹，并与人民院副议长吞吞亨举行会谈。11 月15 日，中国国务院总理李克强在新加坡会展中心会见缅甸国务资政昂山素季。12 月16 日，中国外交部部长王毅在澜沧江—湄公河合作第4 次外交部部长会议上会见缅甸国际合作部部长觉丁。12 月18 日，中缅外交国防“2+2”高级别磋商第4 次会议在中国昆明举行。中国外交部副部长孔铉佑、中国中央军事委员会联合参谋部副参谋长邵元明与缅甸国际合作部部长觉丁、国防军第一特战局局长吞吞楠共同主持会议。中缅高层的互动和交流就双方开展经贸、外交、军事、安全等领域的务实合作达成重要共识。

2. 中缅专业领域交流日益深化。2018 年2 月1 日，中国援助缅甸减贫示范合作项目在缅甸首都内比都举行启动仪式。4 月18 日至5 月7 日，应缅甸

2 月1 日，“中国援缅甸减贫示范合作项目”在缅甸首都内比都启动

（国际在线）

建设部邀请，中国公路建设行业协会专家团队协助缅甸完成11座危旧悬索桥梁现场检测。6月28日，中国援助缅甸国家疾控中心和医护人员培训中心项目换文签字仪式在内比都举行。

3. 中缅民间交流日益热络。2018年5月18日，中国云南省海外交流协会“中华文化大乐园”一行10多人赴缅甸仰光九龙堂天后华文学校参观访问。6月13日，“美丽云南·云南画家作品展”在缅甸仰光中国文化中心举行。7月7日，仰光中国文化中心揭幕启用仪式在仰光举行。7月31日，由中国海外交流协会主办的2018年缅甸“华文教育·名师巡讲”培训在缅甸云华师范学院举行开班典礼。2018年11月2日，“中国风格·绿水青山——中国国家画院水墨艺术国际巡展”在缅甸仰光中国文化中心开幕。

（二）与美国、日本等西方国家的关系

与美国的关系。2018年2月22日，美国国际发展署发布消息称，将为缅甸南部5年发展计划援助4800万美元用于发展民生。8月17日，美国财政部网站发表声明，宣布对4名缅甸军部及边防司令和2个步兵师进行制裁。11月14日，到访新加坡的缅甸国务资政昂山素季会见美国副总统彭斯。彭斯就罗兴亚人危机事件向昂山素季施压，并称美国政府期待听到缅甸当局就罗兴亚人危机追究责任方面取得的进展。昂山素季则回应称，人们对罗兴亚人事件有不同的看法，由于此前若开邦遭到袭击，缅甸政府军展开的反击是“合理的”。

与日本的关系。2018年2月24日，仰光杜温那补米主题公园举办第4届缅甸与日本文化交流活动，本次活动以“共享梦”为主题，活动旨在加强两国人民的文化交流和民心相通。3月12日，日本驻缅甸大使樋口建史表示，若开邦事件将不会改变日本政府与私人企业在缅甸的经济活动，日本政府还是会支持日本企业家到缅甸投资。6月14日，日本驻缅甸大使与缅甸计划与财政部副部长塞昂就日本援助缅甸55.49亿日元以发展缅甸金融市场领域的基础设施建设项目在内比都签署谅解备忘录。8月6日，缅甸总统温敏和国务资政昂山素季在内比都分别会见到访的日本外相河野太郎。温敏与河野太郎会面时，双方表示愿就加强缅日两国友好关系、帮助缅甸对抗水灾、支持缅甸和平进程等方面进行合作并就缅甸接收罗兴亚人返乡工作提供帮助等议题坦率地交换意见。10月9日，第10届日本与湄公河流域国家峰会暨日本—湄公河经济论坛在日本东京举行，昂山素季出席会议并发表讲话。

与其他西方国家的关系。2018年3月13日，缅甸—瑞士经济对话在缅甸内比都举行，缅甸企业家与瑞士驻缅甸外交使节及相关负责人出席，双方就缅甸投资与贸易领域的发展、尽快颁布《专利法》、向外企提供投资保护等问题进行讨论。瑞士数字身份平台Procivis正在与一个非政府组织合作，为来自缅甸的350万罗兴亚人提供数字身份证。该系统旨在使罗兴亚人获得基本人权，并帮助难民在被迫逃离家园后融入其他国家。9月28日，加拿大众议院鉴于当前的罗兴亚难民危机，决定取消昂山素季加拿大“荣誉公民”称号。11月20日，欧盟计划对缅甸出口大米停止3年普惠制待遇。

（三）与东盟及其他成员国的关系

应缅甸总统廷觉邀请，老挝总理通伦·西苏里于2018年1月15～16日访问缅甸。访问期间，老缅双方签署电力能源合作、科技合作和反腐合作3份合作协议。2月6日，2018年东盟外交部长非正式会议在新加坡举行。会议结束后，东盟轮值主席国新加坡发表声明，宣布积极支持缅甸政府为若开邦长期健康发展和地方安宁做出的贡献。4月25～28日，第32届东盟峰会及系列会议在新加坡举行。会议期间，缅甸总统温敏与新加坡总理李显龙举行会晤，双方就两国关系以及各领域合作进行探讨。6月14～16日，正值缅泰建交70周年，缅甸总统温敏访问泰国并与泰国总理巴育举行会晤，还参加在泰国首都曼谷举行的第8届伊洛瓦底江—湄南河—湄公河经济战略合作会议。8月14日，缅甸国务资政昂山素季会见到访的泰国外交部部长敦，双方就进一步增强缅泰关系以及加强经贸、社会、文化合作等议题进行交谈。

（四）与印度及其他南亚国家的关系

2018年4月29日，孟加拉国总理哈西娜会见到访的联合国安理会使团。哈西娜表示，希望安理会向缅甸施压，敦促其尽快接回滞留在孟加拉国的罗兴亚人。5月14日，在联合国安理会会议上，缅甸常驻联合国大使浩都双表示，缅甸政府对孟加拉国阻碍接收难民工作的行为感到失望。10月30日，孟缅联合工作小组在孟加拉国首都达卡举行会议，双方就罗兴亚人遣返事宜进行讨论。

5月10日，缅甸总统温敏与到访的印度外交部部长斯瓦拉吉举行会晤，双方就增强两国关系和各领域的合作等进行深入交流。5月11日，缅甸国务资政昂山素季与斯瓦拉吉举行会晤。会晤结束后，斯瓦拉吉与缅甸相关部门部长签署多项谅解备忘录。

（五）与联合国的关系

2018年6月13日，缅甸国务资政昂山素季与到访的新任联合国缅甸问题特使伯格纳举行会晤，双方就解决若开邦事件以及缅甸所面临的各种挑战进行讨论。10月11日，伯格纳再次开始对缅甸进行为期10天的访问。在访问期间，伯格纳与缅甸国务资政昂山素季及其他政府和军队领导人举行会晤，并访问若开邦和克钦邦。访问结束后，伯格纳发表声明，强调实现缅甸民族和解和永久和平的核心是建立问责制和开展包容性对话。12 月 10 ~ 14 日,联合国助理秘书长、开发计划亚洲及太平洋区域主任徐浩良和难民署副区域主任伯纳德·多伊尔访问缅甸若开邦,并与昂山素季和政府主要部门的部长举行会议,就若开邦罗兴亚难民返缅及安置问题进行讨论。

(彭丽颖 邓起杰 祝湘辉)

资料来源:

1. 中华人民共和国驻缅甸联邦共和国大使馆经济商务参赞处网站
2. 缅甸《全球新光报》新闻网站
3. 缅甸《缅甸时报》新闻网站
4. 缅甸《镜报》新闻网站
5. 缅甸《金凤凰》日报
6. 缅甸《十一新闻》日报
7. 缅甸《今日民主》日报

菲律宾:2018 年经济社会发展回顾

2018 年,菲律宾政治局势总体平稳,但 7 月众议长职位富有争议的更迭过程以及总统与国会之间关于修宪运动的冲突成为下半年政坛的关注点,其后续发展也将影响到 2019 年菲律宾的政治局势。菲律宾经济延续一直以来高速发展的趋势,在 2018 年年初施行新税法的刺激下,经济活力得到进一步释放,但随之而来的高通货膨胀也对金融、外贸和消费等领域造成巨大冲击。中国与菲律宾关系取得全面发展,以中国国家主席习近平对菲律宾的访问为标志性事件,中菲两国在军事、通讯、基础设施建设和自然资源共同开发等方面的合作有较大进展,中国的影响力开始深入到菲律宾社会的各个领域。

一、政治:纷扰的多方权斗

2018 年,菲律宾的政治运行走过了起起落落的一年,贯穿一年始终的修宪运动瞄准了国家政体;阿罗约在争议中宣誓就任众议院议长;毒品斗争逐渐走向深入,但伴随着越来越多的批评;政治人物的遇害使民众心理受到打击。

(一)修宪运动

2018 年是菲律宾修宪运动风起云涌的一年,总统、国会与地方势力围绕宪法文本进行多方斗争。修改宪法的议题是一个在菲律宾社会各界不断被提及的议题,从前总统拉莫斯(1992 ~ 1998 年执政)至今的每一届政府,都有不同的组织和机构开展相关工作,从不同的角度对宪法的修订提出新的意见。但是,由于各种原因(主要是由于政治斗争而难以形成一致意见),菲律宾的修宪运动始终都停留在文本讨论方面,并没有开展实质性的立法工作。2018 年,菲律宾总统和国会分别就宪法的修订进行相关实质性的工作。2016 年 12 月 7 日,菲律宾总统杜特尔特签署第 10 号行政命令,成立一个不超过 25 人的、审查 1987 年宪法的咨询委员会。2018 年 7 月 3 日,修宪咨询委员会全票通过《联邦宪法草案》,提议将菲律宾政体改为联邦制,地方将拥有更大的自治权,但仍会保留总统和副总统职位。12 月 12 日,众议院以 224 票赞成、22 票反对、3 票弃权通过第 15 号两院决议案的第三及最后一读,该决议案旨在修改 1987 年宪法并建立一个菲律宾联邦共和国。决议案由菲律宾众议长阿罗约和另外 21 名众议员提出。众议院提出的联邦宪法草案包括允许正副总统拥有两个 4 年任期而不是一个 6 年任期。该联邦宪法草案也表明菲律宾国家的地方及政治分区将拥有政治自治权。联邦州可根据相互毗邻的省份、高度都市化城市及大都市地区的城市和直辖市提出的申请建立。草案删除反对家族政治条款和外国投资者参与管理私人实体的表述。总统杜特尔特则认为,众议院通过的宪法草案是“假联邦主义”,因为其删除了咨询委员会提交草案中的某些条款,并表示,如果国会引入不利于人民利益的宪法修改,他将不会批准该宪法草案。

(二)众议长易人

2018 年的菲律宾政坛除了修宪运动之外,7 月 23 日众议院议长人选的更迭也是菲律宾政治权力斗争的一个缩影。当天,在菲律宾总统杜特尔特发表国情咨文之前,众议院突然生变,161 名众议员联名要求阿罗约取代众议院原议长阿尔瓦雷斯,并在投票之后宣布阿罗约成为新一届议长。阿罗约在众人簇拥下宣誓就职,直接坐上众议长的座位,成为菲律宾史上首位女性众议长,也是首位当上众议长的卸任总统。在发表国情咨文之前,杜特尔特与新旧议长进行交流。杜特尔特发表国情咨文时,身旁也是阿尔瓦雷斯,并且他在致辞时仍称阿尔瓦雷斯为众议长。而在杜特尔特结束报告后,众议院召开特别会议,重启遴选程序。最终,众议院以 184 票支持、48 票反对、12 票弃权的表决结果推举阿罗约出任众议长并完成相应的权力交接仪式。2011 年,阿罗约曾经因为贪腐和破坏选举被捕并被判处 5 年监禁。2016 年 7 月,在杜特尔特上任后不久,阿罗约获最高法院宣判无罪释放,此后,她公开表示支持杜特尔特。阿罗约在菲律宾政坛的影响力一直很大,服刑期间,阿罗约曾连续当选菲律宾众议员。2016 ~ 2017 年,阿罗约曾出任菲律宾众议院副议长。菲律宾媒体普遍认为,阿罗约是现任总统杜特尔特的政治盟友。她当选众议长后,将会凭借自己的政治经验和沟通能力帮助菲律宾现政府在众议院中赢得更多支持。

（三）平息不稳定因素

菲律宾总统杜特尔特与反政府武装之间的关系也是不断起伏。2018年7月23日和24日，菲律宾参议院和众议院分别批准《“摩洛国”组织法》（简称BOL）并呈交总统府。杜特尔特在7月26日签署法令，但为求隆重，8月7日在总统府补办签署仪式，宣布《“摩洛国”组织法》完成国会的立法程序，这标志着摩洛地区的政权组织形式发展进入一个全新阶段。杜特尔特促请摩洛族群以及摩洛地区的原住民社会和基督徒参与即将在该地区举行的公投活动。《“摩洛国”组织法》亦称“第11054号共和国法令”，是菲律宾政府为成立“摩洛国”政治实体而制定的法律，法律条文规定“摩洛国自治区”政府的基本架构并设定自治区政府与中央政府之间的关系。摩洛国自治区将取代1989年设立但后来被指施行失败的“棉兰老穆斯林自治区”。

在总统杜特尔特强力打击犯罪措施的影响下，菲律宾社会治安明显好转，犯罪率明显下降。2018年1～6月，菲律宾接到的犯罪信息有227757起，比上年同期减少17.3%。南部地方武装和新人民军也在2018年中减少破坏活动。12月23日，在棉兰老岛北古达描岛省的两个村庄，有300名新人民军成员及其支持者向政府军投降。为进一步巩固2017年打击恐怖势力的成果，杜特尔特向国会申请延长棉兰老岛的军管到2019年年底。同时，菲律宾社会的整体安全局势还是存在不稳定隐患，主要是由于政治冲突而产生的政治仇杀。例如，2018年7月2日，八打雁省的塔纳武安市市长哈里里在市政府广场参加升旗仪式时遭到枪杀；7月4日，新怡诗夏省蒂尼奥将军市市长费迪南德·博特遭一名持手枪的摩托车手连开数枪，身体多处中弹最后不治身亡；12月22日，菲律宾党团组织Ako Bicol的众议员罗德尔·巴托克及其随员遭人开枪射杀，菲律宾朝野各界人士齐声谴责暴行，并悬赏300万比索缉凶。

小马科斯在2016年菲律宾总统大选中以微弱差距败给莱妮·罗布雷多，目前正对莱妮·罗布雷多进行选举诉讼。如果杜特尔特由于健康原因而无法履行总统职责，继任者之争可能会造成政治动荡。

二、经济：高通货膨胀压力下的高增长

菲律宾经济在2018年延续高速增长势头，但通货膨胀率也一直居高不下，经济学家和评论家普遍认为，菲律宾的经济在基础设施建设投入和税制改革的双重刺激下已经呈现过热迹象。

（一）高增长和高通货膨胀

2018年，菲律宾经济继续保持高速发展态势。根据菲律宾统计局公布的数据，菲律宾国内生产总值（GDP）第一季度增长6.8%，追平中国并列亚洲第二；第二季度增速下降到6.2%（中国增速为6.7%），上半年整体GDP增速为6.3%（中国为6.8%）；菲律宾第三季度GDP增速放缓至6.1%（中国为6.6%），连续14个季度增长超过6%，表明菲律宾正处于经济增长的高速轨道上。亚洲开发银行预测，2018年菲律宾国内生产总值将增长6.4%，为东盟五大经济体（印度尼西亚、马来西亚、菲律宾、新加坡和泰国）中增长最快的国家，菲律宾人均GDP增长预计为5.1%。杜特尔特政府的税改法案从2018年1月1日起开始实行，在增加政府税收和个人收入的同时也出现物价上涨现象。大约70%的税收将用于杜特尔特政府的“大建特建”计划，主要集中在基础设施领域。杜特尔特政府计划在2017～2022年为“大建特建”计划拨款8.44万亿比索，为公众建造更多的交通路网及其他公共交通设施，从而创造更多的投资机会、就业机会和个人收入。

与此同时，税改法案中消费税的调整开始影响菲律宾经济全局，整体上提高了生产成本和消费价格，其中最突出的影响是石油产品的消费税（每升2.5比索）转化为制造业、能源和运输部门的生产成本。通货膨胀率稳步上升，2018年第二季度的通货膨胀率升至6.5%的历史新高，其中蔬菜和水果价格上涨7.5%，玉米价格上涨10.8%，鱼类价格上涨11.1%。在8月稻米价格上涨的合力作用下，10月的通货膨胀率达到6.7%，再创新高。由于食品和运输成本下降，12月消费者价格上涨速度放缓至上年6月以来的最低点，通货膨胀率降至5.1%，低于11月的6.0%。2018年的通货膨胀率平均为5.2%，高于上年的2.9%，创下5年来新高，高于菲律宾中央银行设定的2%～4%的目标区间。为了抑制通货膨胀和经济过热，菲律宾中央银行先后5次加息，包括8月和9月连续两次加息0.5个百分点。

（二）金融和对外贸易表现欠佳

2018年，菲律宾股市在年初略微收于9000点以上后就一直处于下跌的行情，年终收于7466.02点。全年主要指数下跌1092.40点，跌幅达到12%，大约610亿比索的资金从股市撤离。这是自2008年亚洲金融危机爆发以来最大的年度亏损，当时该指数价值几乎下跌一半。由于比索疲软、消费者价格上涨、经济增长放缓、自然灾害频发、经常账户和预算赤字扩大等，投资者对股市的信心受到影响。由于基础设施开支快速增加、政府预算赤字持续上升，比索与美元的汇率也呈现小幅下降（从年初的49.8比索兑换1美元下降到52.4比索兑换1美元，9月22日出现了54.4比索兑换1美元的最低点）。

2018年，中国增加对菲律宾的投资，并与菲律宾开展大型基础设施、通讯和能源等领域的深入合作。受中国投资推动，菲律宾投资署2018年批准的投资额

实现两位数增长，达到9072亿比索，比上年的6168亿比索高出47.1%。中国投资增量占菲律宾外国直接投资增量的1/6。

三、文化：规范发展理念下的多元提升

菲律宾文化领域一直非常活跃，旅游、影视、展览和节日活动等在菲律宾社会中产生广泛影响。

（一）整治长滩岛

2018年2月，菲律宾总统杜特尔特下令环境部在6个月内改善长滩岛的卫生状况。由菲律宾环境部、旅游部及内务部组成的工作小组于4月26日下令长滩封岛整顿环境。长滩岛关闭期间，菲律宾中央政府直接投资数十亿比索用于长滩岛的环境修复工程，主要进行7项整治，包括海滩和湿地沿岸部分建筑物的清除、混凝土道路的拓宽、雨水防汛系统和污水处理系统的扩建以及一线服务人员的旅游技能培训等。整个治理工程大约耗费数十亿比索，仅居民污水排水系统的改造工程就耗资10亿比索（约合1.6亿元人民币）。在长滩岛重新开放初期，当地政府只允许开放3500间左右的客房，将每日登岛的游客数量控制在6400人以内，游客和岛民在岛上乱丢垃圾、随意涂鸦等不文明行为将受到严厉处罚。长滩岛的游客量在2017年突破200万人次，年均旅游收入超过10亿美元。关闭期间，旅游从业者遭受巨大损失，但杜特尔特展现一贯的强硬作风，要求行政部门按照"服从规定才可营业"的原则行事，只有完全遵守环境和建设相关规定的业主才能在海岛重开后继续经商。菲律宾旅游部数据显示，2018年1～10月菲律宾国际游客人数达到588万人次，相比上年同期增长7.43%。韩国仍然是菲律宾最大的游客来源国，韩国游客达129万人次，占国际游客总数的22.04%；中国游客位居第2，为105万人次，占18.02%；美国排第3，为85万人次，占14.47%。

（二）娱乐与体育

2018年5月18日，经过翻修后的菲律宾国家自然历史博物馆对外开放。开馆的第一个周末，尽管12个展馆中仅有4个展馆对外开放，但还是吸引上千名观众前来参观。这一天也是菲律宾国家英雄黎刹医生的诞辰，这座建筑正是为纪念他而建，因为黎刹曾是一个博物学家。

2018年，菲律宾电影总票房为6.7亿美元，与2017年基本持平。其中票房最高的是爱情浪漫电影《我们的命运》，总票房达8亿比索（约合1460万美元），首日票房就达3590万比索（约合660万美元），双双打破菲律宾电影票房纪录。改编自韩国的喜剧电影《重返20岁》也受到观众的欢迎，票房达到1.4亿比索（约合260万美元）。在美国好莱坞电影占据市场的背景下，这两部菲律宾国产影片的表现使很多人认为菲律宾的电影还有希望。2018年3月27日，菲律宾国家足球队以2:1战胜塔吉克斯坦国家足球队，在历史上第一次挺进亚洲杯。12月17日，菲律宾小姐卡托丽娜·格雷夺得第67届环球小姐总冠军，成为第4位夺得"环球小姐"桂冠的菲律宾人。12月21日，杜特尔特接见卡托丽娜·格雷，希望她能在国际舞台上"展示菲律宾女性面对严峻挑战时的自信、优雅、智慧和力量"。

四、中菲关系：全面战略伙伴关系框架下的深入合作

中国与菲律宾之间的合作在2018年取得长足发展，在中国国家主席习近平访问菲律宾期间，两国正式建立全面战略伙伴关系并签订29项合作协议或备忘录，在政治互信、军事交流、人员往来和民生工程等方面进行深入和实质性的交流与合作，有的合作领域和合作内容具有突破性。

（一）中国国家主席习近平访问菲律宾

应菲律宾总统杜特尔特邀请，中国国家主席习近平于11月20～21日对菲律宾进行国事访问，双方于21日发表《中华人民共和国与菲律宾共和国联合声明》，建立全面战略伙伴关系。访问期间，两国领导人举行会谈，回顾中菲友好交往历史，规划两国关系未来发展，并就共同关心的地区和国际问题交换意见，达成重要共识。双方签署29项合作协议和谅解备忘录，涉及军事合作、自然资源开发、医疗卫生合作、基础设施建设、打击毒品和恐怖势力、联合执法、扩大经贸合作、促进农业技术交流、增加交换留学生名额以及加强信息通信领域交流合作等领域。

（二）军事和自然资源领域的交流

2018年7月28日，中国向菲律宾提供第3批武器和弹药援助，包括狙击枪、巡逻艇、枪榴弹、弹药甚至交通装备如水上快艇等，用于支持菲律宾打击恐怖主义和暴力极端主义。

开展油气开发合作是中菲两国领导人达成的重要共识，双方一直保持密切沟通。双方在中菲南海问题双边磋商机制下建立油气事务工作组，多次就开展海上油气开发合作坦诚交换意见，双方多层级就签署相关合作文件进行深入探讨。

（三）大型建设项目合作

在中菲两国合作协议框架下，中国对菲律宾的多个援助项目开始施行，合作领域更宽、程度更深。2018年9月16日，中国政府向菲律宾提供有关超强台风"山竹"的卫星图片，协助菲律宾应对自然灾害。中国葛洲坝集团公司与菲律宾政府达成合作意向，在菲律宾克拉克开发500公顷土地，投资20亿美元兴建工业园区。12月13日，中国通信建设集团有限公司与菲律宾内政部签署200亿比索的贷款协议，

中国通信建设集团有限公司资助菲律宾在大马尼拉区和达沃安装覆盖面更广的监控录像网络。12 月 14 日，中国河钢集团、汇力投资基金管理有限公司、亚洲钢铁制造股份有限公司与菲律宾 Phividec 工业管理局签署《谅解备忘录》，联合实施菲律宾南部的钢铁生产项目。上述两个项目是菲律宾迄今为止数额最大的中国工业投资，除了为菲律宾社会提供钢材供应，还将提供超过 2 万个就业机会。

12 月 14 日，中国河钢集团、汇力投资基金管理有限公司、亚洲钢铁制造股份有限公司与菲律宾 Phividec 工业管理局签署《谅解备忘录》 （百度网）

（四）人文交流活动

2018 年 5 月 23 日，《中国辽宁省与菲律宾八打雁省建立友好省际关系备忘录》签字仪式在辽宁沈阳举行。6 月 15 日，中国国家广播电视总局、中央广播电视总台和菲律宾国家电视台在菲律宾首都马尼拉举行“中国剧场”开播仪式。“中国剧场”通过与国外主流电视媒体合作，在固定时间、固定栏目专门播出本土语言配音的中国优秀影视作品。11 月 12 ~ 14 日，菲律宾达沃市市长莎拉·杜特尔特访问中国福建省晋江市，双方正式签署达沃市与晋江市结成友好城市的协议，预期这将促进菲律宾达沃市以及棉兰老岛其他地方的贸易和旅游。10 月 16 日，菲律宾布拉干省（Bulacan）与中国湖南省签署友好省协议。布拉干省将与湖南省合作在布拉干省班智镇建立一个造价 500 亿比索（约合 64.17 亿元人民币）的工业及商业中心。11 月 12 日，菲律宾菲华乒乓球联合会的 5 名球员经过在中国北京两天的乒乓球交流赛之后，又在中国河北省正定国家乒乓球训练基地进行两周的技术强化训练。

（吴杰伟　邱伟龙）

资料来源：

1. （菲律宾）《菲律宾商报》网站，http://www.shangbao.com.ph

2. 菲律宾国家统计局网站，http://www.psa.gov.ph/nap-press-release

3. 亚洲开发银行网站，https://www.adb.org

4. 新华网，http://www.xinhuanet.com

5. 菲律宾旅游部网站，http://www.tourism.gov.ph

新加坡：2018 年经济社会发展回顾

2018 年，新加坡政治稳定，确定了下一任总理候选人；经济实现 3.3% 的增长，进入温和发展阶段；外交方面，担任东盟轮值主席国，举办东盟年度系列会议，并积极开展双边和多边外交活动；社会方面，国民收入稳定增长，人口老龄化趋势加快。

一、政治：保持稳定，下一任政府领导候选人确定

政治稳定向来是新加坡的特点，政府领导层顺利交接是加强新加坡人民和世界各地人士对新加坡发展信心的重要保障。2018 年，新加坡确定了下一任总理候选人，改组内阁，增加未来经济理事会成员，保障政治的稳定。

（一）确定下一任政府领导候选人

在新加坡总理李显龙表示下届大选后卸任的意愿后，2018 年 1 月 4 日，新加坡 10 名部长、5 名高级政务部长和国会议长等 16 名内阁会议成员针对总理接班人选共同发表声明，称将紧密合作，在适当的时候从团队中推选一人出任政府领导人。11 月 23 日，新加坡第 4 代领导团队经过数月讨论达成共识，支持新加坡财政部部长王瑞杰成为下一任总理候选人。同日，新加坡人民行动党召开记者会公布中央执行委员会职务名单，正式推选新加坡财政部部长王瑞杰担任人民行动党第一助理秘书长，贸工部部长陈振声担任第二助理秘书长。新加坡 32 名部长、政务官和国会议长也随后发表联合声明，支持王瑞杰和陈振声成为新加坡下一任政府领导人。

（二）开展本届政府最大规模的职务调整

2018 年 4 月 24 日，新加坡总理李显龙改组内阁，此次改组为新加坡本届政府最大规模的职务调整。改组后，新加坡内阁部长的平均年龄由 56 岁降至 55 岁，第 4 代领导成员掌管 11 个政府部门，除了交通部、卫生部、国防部、内政部和律政部之外，其他 2/3 的政府部门由年轻部长掌管，反映新加坡正在积极推动领导层稳定过渡，已进入以新一代领导团队为主的阶段。

（三）新加坡未来经济理事会成员增加

2018 年 9 月，新加坡未来经济理事会进入新任期，此次任期从 2018 年 9 月开始，至 2020 年 5 月底结束。除了继续落实产业转型蓝图计划与推动技能提

升,新加坡未来经济理事会成员也增加至33人。新增加的成员为新加坡社会及家庭发展部部长兼国家发展部第二部长李智升、总理公署部长兼财政部和教育部第二部长英兰妮、总理公署部长兼全国职工总会秘书长黄志明。新加坡财政部部长王瑞杰继续担任理事会主席;再次受委任的部长包括:贸工部部长陈振声,通讯及新闻部部长易华仁,教育部部长王乙康,人力部部长兼内政部第二部长杨莉明,国家发展部部长黄循财。

二、经济:增长总体放缓,进入温和发展阶段

(一)经济增速有所放缓,宏观经济形势总体稳定

根据新加坡统计局2019年1月2日发布的数据,2018年头三季度,新加坡国内生产总值(GDP)增速分别为4.5%、4.1%和2.3%,呈现逐季下降态势;第四季度预计增长2.2%,低于第三季度增速,全年增速预计为3.3%,略低于2017年3.5%的增速,经济增长总体放缓,进入温和增长阶段(详见表1)。

表1 新加坡主要经济指标增速一览表(2018年)

(单位:%)

报告期	GDP增速	制造业产值增速	建筑业产值增速	服务产值增速
第一季度	4.5	10.4	-5	4
第二季度	4.1	10.9	-4	2.8
第三季度	2.3	3.7	-2.5	2.6
第四季度	2.2	5.5	-2.2	1.9
全年	3.3	7.5	-3.4	2.8

数据来源:新加坡统计局网站

注:增速以2010年价格计算,第四季度及全年增速为预估值

新加坡宏观经济形势总体保持稳定发展。根据新加坡贸工部2018年11月下旬发布的经济发展报告,新加坡头三季度的失业率为2.1%,通货膨胀率为1.7%;截至2018年10月底,新加坡外汇储备为4019.8亿美元,比上年同期增长6.9%。新加坡奉行谨慎的财政政策,预算收支基本保持平衡,内债可控,无外债。2018年,新加坡预算总收入为885.3亿新元,总开支891.3亿新元,财政赤字6亿新元。截至2017年年底,新加坡没有外债,内债总额4874亿新元,其中一年内到期债务占8.6%。

为促进经济发展,新加坡政府制定实施一系列政策。2018年4月,新加坡政府将相继推出产业转型蓝图的23个产业,归纳为制造业、建筑与环境、基本公共服务、现代服务、生活服务和运输物流六大产业群;制定产业群战略,加强相关产业间的合作,发挥协同效应,促进经济加快转型。年内,新加坡政府还推出SG:D Spark计划,为符合条件的本地数码科技起步公司提供援助;实施强制电子报税,完善税收制度;设立地铁基础建设基金,负担未来扩建地铁网络的高额开支;维持现有外籍劳务政策;推出"批发贸易产业数字计划",促进中小企业发展。这些政策成为新加坡经济发展的重要保障。

(二)制造业、建筑业和服务业发展均有所放缓,旅游业保持增长态势

2018年头三季度,新加坡制造业和服务业发展均呈逐季放缓态势,其中制造业增速由第一、第二季度10%以上的增速降至第三季度的3.7%;建筑业则连续处于负增长状态(详见表1)。制造业是带动新加坡经济发展的主要引擎,2018年第四季度增速由第三季度的3.7%增长至5.5%,生物医药制造和电子领域的强劲表现是制造业增长的主要因素。全年制造业增长7.5%,与2017年的10.1%相比有所降低。另外,占新加坡经济70%的服务业增速由第三季度的2.6%下降至第四季度的1.9%,全年增速基本与2017年持平。建筑业全年均处于负增长状态,主要是公共领域建筑活动减少所致。根据新加坡统计局预估数据,2018年建筑业产值比上年下降3.4%,较2017年-8.4%的增速有所收窄。

新加坡经济具有高度外向型特征。全球贸易保护主义抬头,特别是中美贸易摩擦不断升级,造成全球贸易和商业活动萎缩,对新加坡产业发展产生较大影响。如全球电子行业进入收缩期,半导体及其生产设备需求增长放缓,尤其是中国的需求放缓,对新加坡电子和精密工程制造业形成冲击,导致新加坡制造业增长放缓。

与主要产业发展放缓形成对比的是旅游业保持稳定发展态势。2018年1~6月,新加坡共接待国际游客920万人次,比上年同期增长7.7%(详见表2);旅游收入达51亿美元。中国为新加坡第一大游客来源地,游客人数173.1万人次,增长11%。其他主要游客来源地为印度尼西亚、印度、马来西亚和澳大利亚,到访新加坡的游客人数分别为154.3万人次、76.9万人次、58.5万人次和53.3万人次,分别增长5%、16%、4%和2%,这5个国家的游客占新加坡2018年上半年接待国际游客总数的56%。

表2 2018年1~6月新加坡接待国际游客数量一览表

(单位:万人次)

时间	1月	2月	3月	4月	5月	6月
2017年	148.0	136.1	148.0	147.1	136.4	138.8
2018年	156.3	149.2	158.3	154.4	147.1	154.5
2018年比上年增长(%)	6	10	7	5	8	11

数据来源:新加坡统计局网站

(三)继续深化自由贸易合作,对外贸易稳定发展

新加坡是经济全球化、贸易投资自由化的受益者

和推动者，该国积极倡导双边、多边经贸合作。2018年，新加坡继续推进自由贸易合作，对外贸易保持稳定发展态势。

1. 对外贸易保持增长态势，产业内贸易特征明显。根据新加坡国际企业发展局的统计数据，2018年新加坡货物进出口额7822.6亿美元，比上年增长11.6%。其中：出口额4177.6亿美元，增长10.3%；进口额3705亿美元，增长13%。贸易顺差412.5亿美元，下降2.5%。中国为新加坡第一大贸易伙伴、第一大出口市场及第一大进口来源地。除了中国，新加坡的主要出口市场还有中国香港、马来西亚和印度尼西亚；主要进口来源地还有马来西亚、美国和中国台湾地区。

产业内贸易仍是新加坡对外贸易的重要特征，机电产品、矿产品是新加坡出口和进口额最多的两类商品。2018年，机电产品、矿产品的出口额分别为1874.7亿美元和541.5亿美元，分别比上年增长6.18%和13.02%，占新加坡出口总额的45.5%和13.2%；机电产品和矿产品进口额分别为1546.6亿美元和888.3亿美元，分别比上年增长11.8%和41.6%，占新加坡进口总额的42.2%和21%。此外，化工产品也是新加坡主要的出口产品，2018年头三季度的出口额为436.3亿美元，比上年同期增长17.92%，占比10.6%。

2. 推动自由贸易协定的签署与实施。截至2018年10月底，新加坡已对外签署25项自由贸易协定，其中22项已实施，3项待批准。此外，还有4项处于谈判阶段。新加坡还对外签署86项避免双重征税协定以推动对外贸易合作。

2018年，新加坡主要推动的自由贸易协议有：(1)《新加坡与斯里兰卡自由贸易协议》，2018年1月23日签署。根据协议，新加坡对斯里兰卡80%的出口产品将实现零关税；斯里兰卡也首次开放外国公司参与其政府部门或国有企业项目的招标活动。此协议是斯里兰卡首个现代的、涵盖全面的双边自由贸易协议，包括服务、电子商务、电信、投资、知识产权和政府采购等。(2)《全面与进步跨太平洋伙伴关系协定》(CPTPP)，2018年7月19日，新加坡贸工部宣布新加坡正式通过CPTPP，新加坡是继墨西哥和日本之后第三个通过该协议的国家。(3)《欧盟—新加坡自由贸易协定》(EUSFTA)，2018年10月19日签署。该协定是欧盟与东盟国家签署的第一份自由贸易协议，待欧洲议会批准后便能生效。11月16日，新加坡与欧盟首次就EUSFTA进行深入探讨。根据欧洲议会的研究，该协议在5年内可促进欧盟与新加坡相互贸易往来增长10%。

此外，2018年7月，新加坡提出与南美4国探讨签署《南美共同市场—新加坡自由贸易协议》；9月与印度启动全面经济合作协议的第三轮谈判；并积极推动区域全面经济伙伴关系协议的谈判以使谈判取得实质性成果。

（四）对外投资与吸引外资并重

对外投资和吸引外资均是新加坡经济发展的重要支撑。新加坡的对外直接投资和吸引外商直接投资均保持较高的增长速度。2013～2017年，新加坡吸引外商直接投资由9058亿美元增至15848亿美元，年均增速14.5%；对外直接投资由5458亿美元增至8155亿美元，年均增速10.52%（详见表3）。2017年，新加坡的主要投资目的地为中国、开曼群岛、印度尼西亚、中国香港、英国、澳大利亚、马来西亚和印度，投资额分别为1341亿美元、693亿美元、644亿美元、579亿美元、489亿美元、450亿美元和417亿美元；主要外商直接投资来源为美国、开曼群岛、英属维京群岛、新西兰、日本、英国、百慕大和卢森堡，对新加坡的投资额分别为3542亿美元、1411亿美元、1246亿美元、1233亿美元、987亿美元、843亿美元、657亿美元和615亿美元。

2018年，新加坡不断深化对外投资和吸引外资合作，截至2018年11月底，新加坡对外签署44项投资保护协定，其中2018年新签署的主要有《欧盟—新加坡投资保护协定》《新加坡与哈萨克斯坦双边投资协议》和《新加坡与印度尼西亚双边投资协议》等。这些投资协议的签署将进一步促进新加坡的经济发展。

表3 新加坡对外直接投资和吸引外商直接投资统计表（2013～2017年）

（单位：万人次）

指标	2013年	2014年	2015年	2016年	2017年
新加坡对外直接投资（金额：亿美元）	5458	6501	7237	8099	8155
比上年增长（%）	9.6	19.1	11.3	11.9	0.7
新加坡吸引外商直接投资（金额：亿美元）	9058	11123	12673	13577	15848
比上年增长（%）	12	22.8	13.9	7.1	16.7

数据来源：新加坡统计局网站

三、外交：立足东盟，积极开展对外交往合作

2018年，新加坡担任东盟轮值主席国，承办东盟年度系列会议，不断加强与东盟各成员国的合作，但新加坡与马来西亚空域与海域纠纷持续发酵，成为年度热点。此外，新加坡还积极开展与中国、荷兰、孟加拉国、哈萨克斯坦和斯里兰卡等国的交往合作。

（一）担任东盟轮值主席国，承办东盟年度系列会议，不断加强与东盟各成员国的合作

1. 承办东盟年度系列会议。2018年，新加坡担任东盟轮值主席国，承办第32届和第33届东盟峰会及

系列会议。

4 月 25～27 日，主题为"坚韧团结创新求变"的第 32 届东盟峰会及东盟政治—安全共同体理事会会议、经济共同体理事会会议、东盟外长会议等系列会议在新加坡举行。会议结束后发表主席声明，声明称东盟国家表示对保护主义和反全球化情绪抬头的严重关切，重申东盟一贯支持多边贸易体系的立场，再度表达支持以东盟为中心的开放地区主义原则立场。此次峰会对东盟互联互通合作成果表示肯定，并提出建立拟优先建设的基础设施项目初步清单、为推动东盟发展进行可持续城市化研究、探讨中小企业应对数字经济挑战的对策等。此外，本届峰会还就东盟网络安全合作和数字化、示范性东盟引渡条约、新加坡—东盟青年基金、东盟法学院项目等议题进行讨论并取得共识。

11 月 13～15 日，主题为"韧性与创新"的第 33 届东盟峰会及中国—东盟 10+1 领导人会议、东盟与中日韩 10+3 领导人会议和东亚峰会等东亚合作领导人会议以及《区域全面经济伙伴关系协定》领导人会议在新加坡举行。多边合作、共赢互惠是此系列会议的主旋律，东盟国家之间以及东盟与伙伴国之间签署多项合作文件。其中包括：如东盟 10 国签署《东盟电子商务协议》，启动东盟智慧城市网络框架；中国与东盟签署《中国—东盟战略伙伴关系 2030 年愿景》，为双方关系发展做出长远规划。

2. 加强与东盟各成员国的合作。(1)加强与东盟各成员国的军事安全合作。2018 年，新加坡与印度尼西亚举行为期两个月的空军演习，两国共派出超过 150 名空军军官和 16 架战斗机参与演习。8 月 13～15 日，文莱国防部第二部长哈尔比访问新加坡，并与新加坡国防部部长黄永宏举行会谈，凸显了新加坡与文莱密切的防务关系。12 月 18～21 日，泰国皇家空军总司令察伊亚普鲁克・迪亚萨林访问新加坡，并与新加坡国防部部长黄永宏举行会晤，双方肯定了两国密切且长久的防务关系，并就区域安全问题展开讨论。

4 月 28 日，第 32 届东盟峰会在新加坡正式开幕　　（新华网）

(2)加强与东盟各成员国的经济合作。2018 年 1 月，新加坡与马来西亚签署新柔地铁系统双边协议以加强两地民间和商贸往来、促进两国关系发展。2018 年是新加坡与越南建交 45 周年，4 月 25～27 日，越南政府总理阮春福访问新加坡，25 日，两国政府机构签署涵盖环境和水源、金融监管和创新、液化天然气发展、可再生能源等领域的 6 份谅解备忘录；26 日，越南政府总理阮春福与新加坡国家发展部部长黄循财签署 16 项合作备忘录。5 月 9～10 日，老挝国家主席本扬·沃拉吉访问新加坡，新加坡总理李显龙与本扬·沃拉吉就如何加强两国经济合作及近期的区域发展交换意见，两国签署两项谅解备忘录，同意通过高校的交流加强技术合作，并在应对气候变化、空气和水污染等跨国界威胁上加强合作。10 月 10～11 日，新加坡总理李显龙访问印度尼西亚，与印度尼西亚总统佐科举行两国领导人常年非正式峰会，并共同见证 3 份重要协议和谅解备忘录的签署，其中包括印度尼西亚自 2014 年以来首次与他国签署的双边投资协议。两国还初步商讨总额 100 亿美元的双边金融协议，以增强投资者的信心和促进区域经济的稳定发展。

3. 新加坡与马来西亚空域、海域纠纷持续发酵。2018 年 10 月 25 日，马来西亚单方面扩大柔佛港界，之后多次派遣政府船只侵犯新加坡大士一带海域，截至 12 月 8 日，仍有两艘马来西亚船只停留在新加坡领海范围内。12 月 6 日，新加坡召开记者会表示，面对马来西亚单方面扩大柔佛港口海域界限、侵犯新加坡主权的行为，新加坡政府决定扩展大士港界，其范围与马来西亚扩大的海域重叠。1979 年，马来西亚曾出版地图，对新加坡东部和西部海域提出主权要求，自称拥有白礁。新加坡当时对该地图提出外交抗议，表明马来西亚领海的声索是不可接受的，这个立场保持至今。而此次马来西亚在柔佛港口单方面扩大的海域范围并不在上述地图中所划出的领海范围，且新加坡 20 多年来一直在上述范围执行管辖权并进行海事巡逻，马来西亚也一直没有对此提出任何异议，2018 年却突然挑起风波。12 月 8 日，新加坡表示愿意与马来西亚举行会谈以迅速和平解决海域纠纷，若会谈无法达成共识，新加坡将寻求第三方调解。据新加坡《联合早报》2018 年 12 月 11 日报道，新加坡与马来西亚将于 2019 年 1 月举行会谈，就解决方案交换意见。

（二）领导人多次出访，积极开展对外交往

2018 年，新加坡领导人多次出访，积极开展对外交往。新加坡总统哈莉玛·雅各布分别于5月和11月访问文莱和荷兰。5月11~14日,哈莉玛·雅各布访问文莱,这是她就任新加坡总统后首次国事访问,其间与文莱苏丹哈吉·哈桑纳尔·博尔基亚举行会晤,并见证两项合作备忘录的签署,两国将共同促进新兴金融科技领域发展,交换可疑金融交易情报,共同打击恐怖分子融资活动与洗黑钱等非法行为。11月20~24日,哈莉玛·雅各布访问荷兰,这是她以新加坡总统身份首次访问欧洲国家。荷兰是新加坡的第四大投资来源国,新加坡是荷兰在东南亚投资最多的国家,投资总额超过600亿欧元,在新加坡营业的荷兰公司超过1600家;新加坡在荷兰有超过120亿欧元的投资,荷兰也是新加坡在欧盟的第三大贸易伙伴。访问期间,新加坡与荷兰签署10项涉及不同领域的谅解备忘录以加强两国经济、创新等领域的合作,承诺协助对方开拓亚洲和欧洲区域市场。

新加坡总理李显龙也出访多个国家:1月22~24日访问斯里兰卡,见证《新加坡—斯里兰卡自由贸易协定》的签署;1月24~26日访问印度,并参加东盟—印度纪念峰会;5月19日,访问马来西亚并在马来西亚政党轮替后首次与马来西亚总理马哈蒂尔举行会谈,以期促进两国关系的发展。年内,李显龙还在参加多边外交活动的同时访问中国、巴布亚新几内亚和阿根廷等国。

(三)积极开展多边外交

2018年,新加坡积极开展多边外交,参与多个多边外交活动。新加坡总理李显龙于4月8~11日访问中国并出席博鳌亚洲论坛2018年年会,8日与中国国务院总理李克强举行会谈并共同见证第三方市场合作、人文等领域双边合作文件的签署。10日,中国国家主席习近平会见李显龙。11月18日,李显龙出席亚洲太平洋经济合作组织领导人非正式会议。11月28~31日,李显龙访问阿根廷,并出席20国集团峰会。新加坡不是G20国家,但自2010年以来,新加坡已第8次应主席国邀请出席领导人峰会。新加坡此次是以东盟轮值主席国和联合国环球治理组织代表的双重身份出席的。

此外,新加坡还在第33届东盟峰会及东亚合作领导人会议期间积极开展多边外交活动。新加坡总统哈莉玛·雅各布为首次访问新加坡的俄罗斯总统普京在总统府举行欢迎仪式,并与普京共同主持俄罗斯文化中心在新加坡的奠基仪式。其间,普京还与新加坡总理李显龙举行会谈。中国国务院总理李克强会议期间在新加坡总统府会见新加坡总统哈莉玛·雅各布,并与新加坡总理李显龙举行会谈,就中新关系发展等问题交换意见,并共同见证中新自由贸易协定升级以及互联互通、金融、科技、环境、文化、海关等领域多项双边合作文件的签署。

四、社会:国内人均收入稳定增长,人口老龄化趋势加快

(一)国民人均月收入稳定增长,失业率小幅上升

根据新加坡财政部2018年12月20日公布的《新加坡公共部门绩效回顾报告》,2013~2017年,在考虑通货膨胀的前提下,新加坡国民实际月收入年均增长约4%。新加坡的国民收入随着经济发展和生产力的提高不断增加,同时,低收入群体的收入增长并没有落后于整体。2017年,全职就业的新加坡国民的月收入中位数为4050新元,收入最低的20%的人口月收入中位数为2095新元。

2016~2017年,新加坡的失业率由2.1%小幅上升至2.2%。虽然2016年和2017年的失业率比前几年高,但与其他经济合作与发展组织(OECD)成员国相比,新加坡的失业率仍处于较低水平。

(二)人口老龄化趋势加快

截至2018年6月,新加坡总人口为563.87万人,比上年增长0.5%。新加坡人口年龄中位数为40.8岁,比上年同期的40.5岁有所增加,人口老龄化趋势加快。2016年6月至2018年6月,新加坡65岁及以上人口数量保持6%的快速增长,与此形成的对比的是20岁以下人口连续两年负增长。随着人口老龄化的加快,新加坡政府也日益重视在医疗和养老等领域的财政投入。

(三)人才竞争力保持较高水平

根据欧洲工商管理学院公布的2018年全球人才竞争力指数,新加坡的人才竞争力全球排名第2,在119个国家和地区中仅次于瑞士,在亚太地区中排名第1,是十大最具竞争力国家中唯一的亚洲国家。报告是根据职业技能、全球知识技能、人才吸引、人才培养、人才保留与人才竞争力促进等6个因素来评比的,新加坡得分为78.42,与第一名的瑞士相差1.48分。根据报告,新加坡在人才竞争力促进方面位居第一,但在移民容忍度、创新产品与劳工社会保障等方面得分较低。 (张磊)

资料来源:

1. 新加坡联合早报网,http://www.zaobao.com
2. 中国财经报网,http://www.cfen.com.cn
3. 中华人民共和国驻新加坡共和国大使馆经济商务参赞处网站,http://sg.mofcom.gov.cn
4. 中国商务部网站,https://countryreport.mofcom.gov.cn
5. 观察者网,https://www.guancha.cn
6. 凤凰网,https://finance.ifeng.com
7. 新华网,http://www.xinhuanet.com
8. 中华人民共和国中央人民政府网站,http://www.gov.cn
9. 新加坡《海峡时报》2018年11月23日

泰国:2018 年经济社会发展回顾

2018 年,泰国军政府解除部分政治活动禁令,加快为参选铺路的步伐,但将原定于年内举行的全国大选再次推迟。全年国内生产总值(GDP)增速为 4.1%,第三季度受出口和旅游业影响,经济明显下滑;与中国领军电商战略合作成果喜人。普吉游船倾覆事故引起各方关注,造成游客人数减少。2018 年正值中国—东盟建立战略伙伴关系 15 周年,泰中关系保持良好发展态势;泰国与欧美国家恢复友好往来,重视发展周边外交及区域合作。

一、政治:军政府多并措举为大选铺路

(一)泰国国王批准选举法生效

2018 年 9 月 12 日,泰国政府公报网站发表政府公报称,泰国国王玛哈·哇集拉隆功批准 2018 年《上议员产生法》和 2018 年《下议员选举法》,这是泰国新宪法的最后两部子法。至此,举行大选所需的 4 部宪法附属法包括《政党法》《选举委员会法》《上议员产生法》和《下议员选举法》均已完成立法程序。《上议员产生法》规定,泰国上议院由 250 名议员组成,由泰国国王根据泰国维持和平秩序委员会呈递的名单任命。根据《上议员产生法》第 90 条规定,泰国选举委员会在下议员选举 15 天前通过国家及各府层面的上议员投票确定 200 名候选人,并将候选人名单提交泰国维持和平秩序委员会选出 50 人;泰国上议员遴选委员会在下议员选举 15 天前从全国遴选出 400 名有能力在上议院履职并为国家改革效力的人选,并将候选人名单提交泰国维持和平秩序委员会选出 194 人;此外,泰国国防部次长、武装部队最高司令、陆军司令、海军司令、空军司令和国家警察总署署长等 6 人凭借身份自动获得上议员资格。

根据泰国 2017 年 4 月实施的第 20 部宪法规定,政府必须在以上 4 部与选举有关的宪法附属法全部颁布实施后的 150 日内举行大选。这样,泰国有望在 2019 年 5 月前迎来大选。从上述两部子法的规定可以看出,泰国即将迎来的大选主动权在军方掌控之中,无论是大选时间还是候选人资格,均由军政府重新修订并颁布实施的宪法及其子法加以确定。

(二)《国家 20 年发展战略规划》颁布实施

泰国政府公报网 2018 年 10 月 13 日公布,泰国首部《国家 20 年发展战略规划(2018~2037 年)》获泰国国王玛哈·哇集拉隆功签署批准,即日起颁布实施。该规划方案于 2018 年 6 月和 7 月分别获得泰国内阁和泰国立法议会批准通过后,由泰国总理巴育提交国王签署。根据该规划,泰国将力争到 2037 年跻身发达国家行列,主要发展理念是围绕“自足经济”将泰国建设成为稳定、富裕、可持续发展的国家。规划主要涵盖 6 个方面的发展目标,包括政治社会稳定,有能力应对外部威胁;增强国际竞争力,提高国民收入;发展国民权益,完善教育、医疗健康保障;创造社会公平,缩小贫富差距;在保护环境的前提下提高人民生活水平;提高政府执政效率,杜绝贪污腐败,司法系统更加透明、完善和公平,等等。根据泰国 2017 年新宪法规定,所有政府机构和公共组织必须遵守国家总体规划,预算分配也必须符合总体规划的要求。这意味着,无论政权如何更迭,全体公务人员有义务执行审议通过后的规划政策指示,明确国家发展方向,朝着统一的目标共同努力。

(三)军政府解除政治活动禁令

泰国军方自 2014 年 5 月发动政变,推翻时任总理英拉领导的民选政府上台执政后,就下令禁止超过 5 人的集会,同时也禁止政党举办政治集会或示威抗议活动,理由是要终止街头示威、恢复社会秩序与安宁。随着军政府掌权满 4 年,泰国国内要求尽快举行大选、还政于民的呼声越来越高,而总理巴育却屡屡将大选推迟,引起民众的强烈不满。经过各方协调和施压,2018 年 12 月 11 日,泰国军政府宣布已获泰国国王玛哈·哇集拉隆功支持的《政党选举法》正式生效,同时解除 4 年前上台时颁布的政党活动限制。事实上,从 2018 年 9 月起,军政府就逐步放宽对政治活动的某些限制,如举行内部领导选举、招募党员等,同时也允许注册新政党,但是仍然禁止举行政治集会、政治筹款和宣传造势等。12 月 11 日,泰国政府公报宣布,政府解除政治活动禁令,所有政党可以进行竞选活动宣传政纲,并于次年 2 月 24 日举行大选。然而,政党在政治活动禁令解除后举行的任何政治集会还需事先通知警方有关细节,此举使军政府被质疑为仍在“开空头支票”。从军政府的角度来看,这一方面是考虑到维护社会秩序与安宁,防止因政治集会再次造成的社会动乱,影响维稳、动摇民心;另一方面则是为筹备大选预留时间和空间。

(四)军政府为巴育连任总理铺路

当政早期,巴育一再表示对政治没有兴趣,自 2018 年下半年起,他却四处奔走,或提供经济支持,或与地方政治家建立联盟,似乎是在为参选铺路。军政府的多项措施也似乎意在让巴育在下一届全国选举中继续掌权。

2018 年 3 月,亲军方的公民力量党成立,该党表示希望与中型地方政党结盟,力图在下一届全国大选中保住巴育的总理职位,延续军政府的政策,让反对势力成为国会少数党。巴育也公开表示,如果竞选总理,他会选择公民力量党作为其后盾。

随着泰国现政府执政时间逐渐减少,巴育先后会

见至少8个政党和派系的代表,军政府也采取行动推出各种有利于这些政党的举措,包括为这些政党提供资助并委任其成员担任政府要职等。与此同时,巴育在泰国各地频繁地公开露面宣讲政策,抓紧时间参加亲民活动。另外,巴育在社交媒体——脸书(Facebook)设立专页,呼吁泰国民众就政府政策提供建议。

(五)大选时间再次被推迟

自1933年以来,泰国已经举行25次大选。巴育政府自上台以来一直承诺将举行大选、还政于民,但大选日期屡次推迟,导致泰国国内民怨沸腾。2019年1月3日,泰国副总理维萨努就选举延期问题向新闻媒体承认,因竞选活动的展开以及后续将与5月初的泰国国王玛哈·哇集拉隆功的加冕典礼活动日程相冲突,难以于2月24日举行大选,建议大选推迟至3月举行。1月4日,泰国大选选举委员会发布通知称,经选举委员会再三斟酌后,准备申请将原定于2月24日的大选日期再延迟一个月至3月24日。

二、经济:主要指标增长形势良好,出口、旅游业发展疲软

(一)国内生产总值(GDP)稳健增长

2018年,泰国全年GDP增速为4.1%,优于2017年的3.9%,经济增长呈先快后慢的走势。第一季度GDP增速达4.9%,创下5年来较大增长幅度。第二季度增长率为4.6%。第三季度经济增长明显放缓至3.2%,出口同比增速从第二季度的12.3%放缓至2.6%,旅游业因游船倾覆事故而受到重创,入境旅游收入4746亿泰铢,比上年同期仅增长0.5%。制造业增幅也有所减缓。但随着泰国国内汽车销量激增,私人消费增长率在第三季度上升至6.5%,私人投资较上年同期增长2.8%,政府支出增长2.3%。政府调整旅游业和出口措施,尤其是在旅游业方面推出60天落地免签政策,再次迎来国际游客赴泰国旅游高峰,因此,第四季度经济稍微有所回升,GDP增速为3.7%。出口受中美贸易摩擦的影响未能达到预期8%的增长目标,但较上年增长6.7%。全年人均收入240544.9泰铢(约合7447美元),高于上年的6594美元,说明经济得以持续增长,人民生活水平有所提高。总体来说,泰国2018年经济发展平稳,主要经济指标实现良好增长(如表1所示)。

(二)出口呈现疲软状态

2018年,泰国进出口贸易总额为5026.63亿美元,比上年增长3.8%。其中:出口总额2534.31亿美元,增长6.7%;进口总额2492.32亿美元,增长12.51%;全年贸易顺差50.67亿美元。出口未能达到增长8%的目标。关键原因是中美贸易摩擦带来的全球出口需求下降。导致出口下滑的因素还包括泰国潜力产品出口萎缩,如大米出口总量1113万吨,比上年下滑3.36%,橡胶出口下降32.3%,木薯制品出口量下降22.8%,生鲜、冷冻和加工虾出口下降13.2%,电子产品出口量下降13.5%。

(三)政府重大基建项目投建成果显著

2018年是泰国推进重大基础设施项目建设的重要一年。5月14日,泰国政府公报公布,《2018年东部经济走廊法案》经泰国国王玛哈·哇集拉隆功批准颁布实施。东部经济走廊五大重要项目是:(1)连接曼谷素万那普国际机场、廊曼国际机场和芭提雅乌塔堡国际机场的高速铁路项目,预计在2023年投入使用;(2)芭提雅乌塔堡国际机场的整体扩建项目,包括机场客运大楼、飞机跑道以及周边航空工业和服务区域,

表1　泰国宏观经济数据一览表(2018年)

项目	第一季度	第二季度	第三季度	第四季度	全年
GDP增长率(%)	4.9	4.6	3.2	3.7	4.1
人均收入(铢/人)	-	-	-	-	240544.9
出口总额(百万美元)	61788.2	63014.4	63387	62538	253431
出口比上年增长(%)	9.9	12.3	2.6	2.3	6.7
贸易顺逆差(百万美元)	6634.9	5804.3	3424	4404	5066.8
经常帐占GDP(%)	11.6	5.3	3.4	6.6	7.4
通货膨胀率(%)	0.6	1.3	1.5	0.8	1.1
利率(%)	1.5	1.5	1.5	1.75	1.75
汇率(1美元兑换泰铢)	31.5	31.9	33.0	32.8	32.3
泰国股票指数	1826.9	1595.6	1756.4	1563.9	1563.9
公共债务(10亿铢)	6453.8	6531.5	6781.0	6833.6	6833.6
公共债务占GDP(%)	39.3	40.0	41.6	41.0	41.9

资料来源:泰国经济与社会发展委员会,转引自https://www.nesdb.go.th/ewt_news.php?nid=7647

预计于2023年投入使用，届时将成为泰国东部的航空中心；（3）芭提雅乌塔堡航空维修中心项目，预计于2021年开始运营；（4）林查班港口第三期项目；（5）马达浦码头三期项目。自泰国官方公布《2016～2018年大型基础设施投资近期计划》以及加快推动包括总投资额达上万亿泰铢的东部经济走廊基础设施建设项目以来，多个项目都有进展。已建成的项目包括林查班港A码头、轨道交通红色线基础结构；正在施工的项目包括双线铁路一期（7条线路的复线）、中泰铁路一期（曼谷—呵叻）以及曼谷3条轨道交通线路（红色线、粉色线和黄色线）。泰国政府宣称将持续推动大型基建项目建设的步伐和计划，同时也强调虽然财富地区分布不均的情况仍然存在，但相信在不远的将来政府能够为国家经济社会发展提供最积极的支援，民众也将体验到项目带来的便利和经济实惠。

（四）政府采取措施补救旅游业

自2015年起，赴泰国旅游的中国游客数量每年均稳定增长10%左右，但2018年7月5日泰国普吉游船倾覆造成47名中国游客遇难，这一重大事故直接导致赴泰国旅游的中国游客数量大幅减少。据泰国旅游和体育部的统计数据，7月和8月赴泰国旅游的中国游客均比上年同期明显减少，其中，8月同比减少11.8%，创一年多以来的最大降幅，使得外国游客的总体增长速度接近16个月来的最低点，两个月的旅游收入损失约达420亿泰铢（约合84亿元人民币）。泰国旅游贸易机构敦促政府尽快采取措施恢复中国游客的信心。除此之外，受2018世界杯足球赛影响，6月赴泰国旅游的俄罗斯游客也比上年同期减少16.2%。

为提高泰国民众收入，推动社会经济发展，让泰国成为世界高质量旅游目的地，泰国政府启动“2018神奇泰国旅游年”项目，时间从2018年11月持续至2019年1月1日。11月17日，泰国总理副秘书长普提蓬对外宣布，泰国对21个国家和地区的游客暂时采取免除落地签证费用的措施，时间为2018年11月15日至2019年1月13日，共60天。在此政策的推动下，12月19日，泰国迎来2018年第1000万位中国游客，赴泰游客人数再度刷新纪录。泰国国际旅游业务进一步拓展，2018年入境游客3827万人次，比上年增长7.5%，国际旅游收入占泰国国内生产总值的12%；入境中国游客1060万人次，增长7.44%，为泰国实现收入5807亿泰铢。

三、社会：意外事故频发引起关注

2018年，泰国旅游事故频频发生，引起各方关注。青少年足球队溶洞遇险也令人忧心忡忡。社会各界对泰国政府及相关监管部门的态度和能力产生质疑。

（一）游艇安全事件接连发生

2018年1月14日，一艘载有31名乘客的快艇在泰国南部著名旅游景点甲米府皮皮岛海域“维京洞穴”附近突然爆炸起火，船上有26名中国游客和5名泰国籍船员，中国游客中包括23名成年人和3名儿童，事故造成多人受伤，其中5人重伤。据调查，该快艇发生漏油事故，在船员准备自行修理时发生爆炸。

1月16日下午，泰国普吉皇家码头入口处附近海域又发生快艇相撞事故，导致艇上9名外籍游客和1名船员共10人受伤。这两起快艇爆炸、相撞事故引发外界对泰国旅游快艇安全的普遍担忧。事故发生后，皮皮岛海上国家公园管理处对出入船只进行严格检查，要求船只必须持通行证进入，不得超载，游客必须穿着救生衣。5月中旬，泰国自然资源与环境部国家公园厅宣布，从6月1日起封闭皮皮岛玛雅湾，进入为期4个月的休养恢复生态期，而9月30日重新开放游览之后，禁止游船直接驶入玛雅湾。

（二）普吉游船倾覆事故

2018年7月5日下午17点45分左右，两艘载有127名中国游客的船只“凤凰号”和“艾莎公主号”在返回普吉岛途中突遇特大暴风雨，分别在珊瑚岛和梅通岛倾覆。受当日暴风雨天气影响，同时发生倾覆的还有一艘载有2名游客的水上快艇。经泰国警方证实，这2名游客获救后已被带到安全地带。遇难和失联人员均来自“凤凰号”。截至2018年7月11日下午18时，所有遇难者遗体均已找到，遇难的中国游客人数为47人。

（三）中国游客在泰国机场被殴打事件

2018年9月27日，一名中国游客在泰国曼谷廊曼国际机场办理落地签证时因拒付小费而被殴打，引发广泛关注，中国驻泰国大使馆和泰国总理巴育先后介入此事，随后，涉事人员被开除，机场总裁被撤职查办，巴育下令尽快恢复中国游客赴泰国旅游的信心。中国驻泰国大使馆曾经多次就小费问题提醒中国游客，在泰国机场等口岸办理出入境手续时，不要向泰国海关、安检等工作人员支付任何小费。泰国政府禁止口岸工作人员向游客索要小费。泰国有关部门也承诺，对于出入境口岸违规收费人员，一经发现将采取调离工作岗位等严肃处理。尽管如此，类似事件依旧发生。该事件也牵扯出泰国旅游业存在的一系列问题。

（四）一支青少年足球队溶洞受困事件

2018年6月23日，泰国一支青少年足球队在结束训练后，1名教练带着12名球员进入清莱府美塞县唐鲁昂森林公园的溶洞中探险，因雨季造成河水暴涨淹没山洞，球员和教练集体失联。泰国政府在事故发生后第4天在全球范围内发出求援信号，来自泰国、美国和英国等国家的国际救援队人数超过1000人。7月1日，来自中国和澳大利亚的救援专家加入搜寻队伍。7月2日晚上22时30分左右，失联球员和教练在溶洞内被发现。7月10日，受困于溶洞内的球员和教练全部被成功救援出洞，13 人受困洞内长达 18 天。

四、外交：维护国家利益，开展灵活外交

（一）与中国的关系：持续向好

泰国对中国开展主动式外交，一些停滞项目如中泰高铁项目也得到了巴育政府的大力推进，各项合作成果纷纷落地，中泰关系继续朝着互利共赢的方向发展。

1. 高层互访交流频繁。2018 年 1 月 7～8 日，中共中央直属机关工作委员会常务副书记、中央办公厅副主任孟祥锋率中共代表团访问泰国，会见泰国副总理颂奇和民主党、为泰党领导人，并出席中共十九大精神专题介绍会。应中国政府邀请，泰国公主玛哈扎克里·诗琳通于4 月 3～10 日访华。诗琳通 4 日与中国国务院副总理孙春兰会面时，就中泰关系和双方共同关心的问题交换意见，并表示泰方高度重视发展同中国的友好合作关系。5 月 9～11 日，中国澳门特别行政区行政长官崔世安访问泰国，并于 5 月 10 日上午与泰国总理巴育会面。双方签署《中华人民共和国澳门特别行政区与泰王国普吉府缔结友好城市谅解备忘录》。

2. 经贸往来如火如荼。据中国统计，2018 年中泰双边贸易额为 875. 2 亿美元，比上年增长 9. 2%。双向投资方面，2018 年中国对泰国新增非金融类直接投资额 6. 4 亿美元，增长 26. 9%；截至年内，泰国累计对华实际投资额 42. 7 亿美元。工程承包方面，中国企业在泰国累计签订工程承包合同额 281 亿美元，完成营业额 218. 1 亿美元。2018 年，新签工程承包合同额 28. 6 亿美元，比上年下降 23. 2%；完成营业额 33. 6 亿美元，下降 0. 8%。

2018 年，泰国加强与中国领军电商企业的战略合作。4 月 19 日上午，泰国政府与中国阿里巴巴网络技术有限公司（简称阿里巴巴集团）签署合作协议，阿里巴巴集团将为泰国东部经济走廊特区项目注入 110 亿泰铢（约合 22 亿人民币）的投资，兴建“柬老缅越泰中南半岛五国智能数字枢纽”。此外，中国自营式电商企业北京京东世纪贸易有限公司（简称京东）也与泰国最大的生鲜批发市场——哒叻泰的泰国女皇冷冻水果公司建立战略合作伙伴关系。9 月 28 日，京东与泰国尚泰集团一起打造的泰国线上零售平台——JD CENTRAL 正式上线运营，商品覆盖电子数码、时尚、家电、书籍、音乐及快速消费品等品类。

中国华为技术有限公司也与泰国政府就其在东部经济走廊的商业计划进行谈判，同时与泰国政府洽谈建设智慧城市事宜以助力泰国高新科技发展。

8 月 23～25 日，中国国务委员王勇率团访问泰国，24 日在曼谷与泰国副总理颂奇共同主持中泰经贸联委会第 6 次会议。中泰双方围绕经济发展战略对接，加强贸易投资、互联互通、农业、科技、航天、旅游和金融等领域合作深入交换意见。会后，双方签署会议纪要及多份合作文件。

（二）与欧美国家的关系：恢复传统合作关系

泰国是美国“重返亚太”战略下的重要盟友之一。自 2014 年发生军事政变以后，泰国与美国的关系受到严重影响，但是，美国总统特朗普上台则给泰美关系带来重大转机，尤其是 2017 年泰国总理巴育访问美国后，泰美关系得到明显改善。同时，泰国也恢复了与欧洲国家在多领域的往来与合作。

1. 扩大军事合作规模。2018 年 2 月 13～23 日，“2018 金色眼镜蛇”（Cobra Gold）联合军演在泰国罗勇府举行，参加联合军演的国家有泰国、美国、日本、韩国、印度尼西亚、新加坡和马来西亚等。“金色眼镜蛇”是亚太地区规模最大的军事演习，自 1982 年起每年在泰国举行，至 2018 年已举行 37 届。本届军演有 29 个国家的 11075 名军人参与。美方此次派出 6800 名军人参加军演，几乎是上年的两倍，为多年来阵容最大。

2. 加强互访增进沟通。2018 年 1 月初，英国外交部亚太事务副国务大臣马克·菲尔德访问泰国，在开展第 3 次泰英战略伙伴关系磋商之际拜会泰国总理巴育。双方表示盼望尽快建立两国战略伙伴合作关系以增加双边投资和贸易。英国也把泰国视为进入东南亚地区的重要门户和桥梁。

4 月 21～27 日，泰国副总理兼国防部部长巴逸对美国进行访问，与美国国防部部长詹姆斯·马蒂斯会晤，加强泰美两国友好外交关系。詹姆斯·马蒂斯对泰国政府在推进全国大选事务上做出的努力表示认可，并支持泰国迈向“完全民主国家”。

2 月 13～23 日，“2018 金色眼镜蛇”联合军演在泰国举行　（百度网）

6月20～26日，泰国总理巴育率部分内阁成员对英国和法国进行为期7天的正式访问。巴育与英法两国政府首脑就增加泰国与英国、法国及欧盟之间的商贸往来等多项议题进行磋商。

（三）与东盟国家的关系：保持睦邻友好关系

作为东盟创始成员国之一，泰国始终把加强与东盟各国的关系作为其外交政策的重点，与东盟国家总体上保持睦邻友好关系。

1. 重视周边外交。2018年2月2日，泰国总理巴育会见柬埔寨国会主席韩桑林，泰柬双方就进一步深化两国友好合作关系达成共识。双方一致认为，泰柬两国友好合作关系正处于良好时期，双方在政治、外交、经济、贸易、投资、文化和旅游等领域均开展合作，目前亟待解决的问题是保障在泰国务工的柬埔寨劳工的合法权益。

2018年是泰国与缅甸建交70周年。缅甸总统温敏于6月14日对泰国进行首次访问，此次访泰之行被视为泰缅两国共同磋商发展战略合作的重要机会。8月14日，缅甸国务资政昂山素季会见前来参加缅泰建交70周年庆典的泰国外交部部长敦，双方就进一步增进缅泰关系，加强两国经贸、社会和文化合作，保护在泰国务工的缅甸劳工的合法利益，增进泰缅边境地区居民间的友好关系，两国合作经营水产领域，泰国帮助缅甸开办职业学院等议题交换意见。当天上午，缅泰两国合作联合委员会第9次会议在缅甸外交部举行，缅甸国际合作部部长觉丁和泰国外交部部长敦共同主持会议。会后，双方签署两项备忘录，即航空合作和关于促进缅甸若开邦海产养殖业发展的合作备忘录。此外，泰国总理巴育也致函昂山素季，就泰国与缅甸建交70周年表示祝贺，强调泰国将持续保持与缅甸的友好外交关系，继续推进泰缅两国在多方面的合作与共同发展。

12月14日，泰国总理巴育与老挝总理通伦·西苏里在老挝首都万象举行会晤，并一同出席第3届泰老内阁非正式联席会议，见证两国签署教育、电力、司法和交通等方面的7份合作协议。

2. 发展区域合作。2018年1月10日，泰国总理巴育赴柬埔寨金边参加澜沧江—湄公河合作第2次领导人会议。此次会议的主题是“我们的和平与可持续发展之河”，会上，与会成员国通过《澜沧江—湄公河合作五年行动计划（2018～2022）》和《金边宣言》两份文件。巴育还与参加澜沧江—湄公河合作第2次领导人会议的中国国务院总理李克强、柬埔寨首相洪森、老挝总理通伦·西苏里、越南政府总理阮春福和缅甸副总统敏瑞举行会晤，并共同会见记者，介绍会议成果。

3月29～31日，巴育赴越南首都河内参加大湄公河次区域经济合作（GMS）第6次领导人会议并发言。本次会议以“发挥25年合作成效，建设可持续、一体化和繁荣的大湄公河次区域”为主题，中国、柬埔寨、老挝、缅甸、泰国和越南等国家的领导人，以及亚洲开发银行、世界银行和亚洲基础设施投资银行等机构代表出席会议及相关活动。

4月25～28日，巴育在新加坡参加第32届东盟峰会和泰国、马来西亚及印度尼西亚三国经济特区发展第11次领导人会议。巴育于28日会见缅甸总统温敏，双方磋商议题包括发展边境、防范毒品等问题，并希望由泰国、缅甸和日本三方联手推进缅甸土瓦深水码头项目。

6月，由泰国主办的伊洛瓦底江—湄南河—湄公河三河流域经济合作战略第8届峰会在曼谷举行，会议通过《曼谷宣言》，各成员国合力制定未来5年发展总规划，侧重加强各领域合作和无缝连接，推动成立区域开发基金会并鼓励各成员国加入。峰会结束后，巴育举行新闻发布会公布峰会讨论结果，并表示泰国政府很荣幸能主办本届峰会。

10月9日，第10届日本与湄公河流域国家峰会在日本东京赤坂离宫举行，巴育参与《东京战略2018》草案的审议。本届峰会力推发展湄公河国家工业、建设以人为本的社会及实现“绿色湄公河”目标，还将2019年确定为“湄公河国家与日本交流年”，庆祝湄公河国家与日本全面合作机制成立与发展10周年，对《东京战略2015》实施3年并在基础设施、环保、自然灾害管理、应对气候变化和民间交流等领域取得的突出成果等进行评价。

11月13～15日，巴育参加在新加坡举行的第33届东盟峰会及东亚合作领导人系列会议，与相关各国领导人围绕“韧性与创新”会议主题，共商推进东盟一体化和共同体建设，谋求安全与发展。

11月18日，巴育赴巴布亚新几内亚出席亚洲太平洋经济合作组织（APEC）峰会，峰会的两大议题是“贸易全球化如何把握包容性机遇”和“数字经济能否引领全球产业未来”。与会代表呼吁坚持全球贸易自由化、避免对抗以及加强数字经济的安全性。

（四）与其他国家的关系：互惠互利、友好共处

2018年7月15日，在泰国与韩国建交60周年之际，泰国副总理颂奇向韩国企业家和投资者提出倡议，希望在新时期强化双边经贸投资联系，期待两国企业合作迈向新纪元。经过近10年的发展，韩国已经成为泰国第十大贸易伙伴，2017年双边贸易总额120多亿美元，其中，泰国向韩国出口额46亿美元，进口额79亿美元，贸易逆差33亿美元。

7月19～20日，受不丹首相策林·托杰之邀，泰国总理巴育访问不丹。19日，巴育拜访不丹国王吉格梅·凯萨尔·纳姆耶尔·旺楚克，而后与不丹首相策林·托杰会晤，商谈促进两国在贸易、旅游和公共卫生

等多领域合作。（唐卉　陈红升）

资料来源：

1. https://baijiahao.baidu.com
2. http://wemedia.ifeng.com
3. 新加坡《联合早报》网站，http://www.zaobao.com
4. 凤凰网，http://wemedia.ifeng.com
5. 泰国《世界日报》2018年10月21日
6. 前瞻网，https://t.qianzhan.com
7. 泰国商务部网站，http://tradereport.moc.go.th
8. 中国国际贸易促进委员会网站，http://www.ccpit.org
9. 中华人民共和国驻泰王国大使馆经济商务参赞处网站，http://th.mofcom.gov.cn
10. 中国商务部亚洲司网站，http://yzs.mofcom.gov.cn
11. 搜狐网，http://www.sohu.com
12. 缅甸《金凤凰》中文报社网站，http://www.mmgpmedia.com
13. 泰国中华网，http://thaizhonghua.com
14. 光明网，http://world.gmw.cn

越南：2018年经济社会发展回顾

2018年，越南政局大体稳定，经济快速增长，外交相对活跃，各领域发展取得较好成果，虽然出现国家主席陈大光猝然离世、多地爆发游行示威等事件，但也都得到较好处理，未引起国家政局与社会的大动荡。

一、政治

2018年，越南政局大体稳定，各项政策举措有序推行，越南干部队伍建设和政治体制建设等取得较大进展。

（一）努力优化干部队伍

越南共产党高度重视干部队伍建设。2018年，越南采取一系列优化干部队伍的举措。

1. 在中央层面进行一系列干部职务调整。3月，越共中央政治局批准丁世兄辞去中央书记处常务书记和中央理论委员会主席（2016～2021年）职务，任命陈国旺为中央书记处常务书记；5月，越共十二届七中全会批准陈国旺不再担任中央检查委员会委员和主任职务，由原中央检查委员会常务副主任陈锦秀接任主任一职；中央委员会补选越南祖国阵线中央委员会主席陈青敏和第十二届中央检查委员会主任陈锦秀担任第十二届中央书记处成员。

2. 通过加强干部能力建设的决议。越共十二届七中全会通过的干部能力建设决议，提出未来干部队伍建设的重点，包括：加强干部政治、思想、道德教育；改进干部管理方式；严格监督干部权力运用；引入民众监督和评价机制，建立一支有素质、有能力、有声望的干部队伍，并着重培养战略层面的干部。该决议设定未来干部能力建设的路线图：力争至2020年完善权力监管机制，避免干部中出现“自我演变”“自我转化”倾向；至2025年建成能满足岗位需求的干部队伍；以及至2030年拥有一支高质量、结构合理、可持续发展的干部队伍，具体是中央层面要保证有20%～25%的40岁以下的年轻干部，其中有50%～60%的干部要具有在国际环境下工作的能力；在地方层面则要有15%～20%的40岁以下年轻干部，并且25%～35%的干部能适应国际环境的工作，以及要求100%的乡镇级干部具有大学本科以上学历。

3. 明确对干部的道德标准要求。越共十二届八中全会通过“发挥干部、党员榜样作用”的决议，要求高级干部绝对忠于祖国、人民和党并愿意为之献身，认真努力完成分内工作，不断提高个人能力和思想水平，一旦个人能力和声望不足以满足工作需求，要勇于辞职；以及要坚决肃清个人主义、利己主义、官僚主义，不做影响党的威信、损害国家利益的事情，防止“跑官”“要官”、因私干预各级干部任免工作，杜绝贪污、受贿、浪费国家财产、以权谋私等行为，并加强对亲属的约束。该决议明确越共对中央委员级别干部的具体思想道德要求，并希望借此发挥示范效应，通过中央率先垂范，一级级扩大影响，进而提高越南整个政治体系的道德水平。越共中央宣教部部长武文赏在贯彻越共十二届八中全会精神时强调，八中全会决议不仅对中央委员提出要求，更是对每个党员提出高标准道德要求。

4. 减少干部后顾之忧。越共十二届七中全会通过薪酬政策改革的决议，试图解决越南公职人员工资无法满足生活需要的问题。决议提出，薪酬调整要符合国情、符合市场经济的发展，同时也要发挥解放生产力、提高生产效率的激励作用。为此，提出公职人员工资调整分四步走的策略。即2018～2020年，薪酬调整幅度不低于通货膨胀率，且符合经济增速；从2021年起则采用新型薪酬政策，公职人员的最低薪酬水平相当于企业的平均最低水平，并根据通货膨胀率和经济增速进行调整；到2025年，实现公职人员最低工资高于企业平均最低水平的目标；至2030年，公职人员最低工资相当于或高于收入最高的企业类别中的最低工资水平。

（二）加大对干部队伍的监督力度，继续下大力气反腐

1. 继续摸索信任测评制度。越南第十四届国会第六次会议期间，48名由国会选举或批准任职的干部接受国会信任测评，这是越南国会举行的第3次信任

测评，也是本届国会首次举行的信任测评。在此次信任测评中，尽管所有官员都获得信任，其中国会主席阮氏金银再次成为得票率最高官员，但教育部部长、交通运输部部长、计划投资部部长因任职期间在各自管辖领域都出现引发社会高度关注的社会热点，其“低信任”票都超过20%。此外，在越共十二届九中全会上，中央委员也对政治局委员和中央书记处成员进行信任测评。按照越共中央委员会的规定，一般在任期第3年进行信任测评。这是越共历史上第2次举行党内信任测评，但信任测评结果未向社会公布。

2. 进一步完善反腐工作机制。越南第13届国会第6次会议通过《反腐败法（修订案）》，它根据近几年反腐工作的实际执行情况补充原法案的不足，消除此前反腐工作中的壁垒，并确保其符合越南缔结或加入的国际条约。例如，把反腐范围扩大至私营经济领域、对干部申报财产做出具体规定、细化监管部门的工作方式和责任等，以确保预防和打击腐败的可行性及有效性。此外，国会还通过一系列与反腐工作相关的法律法规，如《规划法》《公债管理法》等。越南积极推动干部财产申报工作，2018年完成113.69万人次财产申报，占应申报财产总人数的99.8%。监督部门还对此进行7379次行政督查和21.25万次专项督查。

3. 加大反腐打击力度。据统计，越南2018年通过内部检查发现25起27人次的腐败行为，通过公安部门查处427起889人次的腐败案件，各级检察院处理278起678人次的贪腐案，各级人民法院受理340起827人次的案件。其中，“丁罗升案”引发社会关注，对腐败分子具有震慑作用。丁罗升曾任越共第十二届中央政治局委员、胡志明市市委书记，因担任越南国家油气集团党委书记期间“故意违反国家经济管理规定，造成重大损失”，2018年1月初在河内市人民法院被公开审理，获刑13年。丁罗升是越南历史上首次被抓捕并公开审理的最高级别官员，显示越南前所未有的反腐决心。此外，越南还加强对反腐败工作的宣传，努力形成全社会预防、打击腐败的合力以保证干部“不想腐”。10月，越南政府发布的《2018年防范、打击腐败工作报告》显示，2018年共针对370万名干部和群众进行7.4万次的宣传和普法教育，出版反腐书籍27.7万余册。

（三）实现政局平稳发展，并开始筹备越共十三大

1. 妥善处理越南国家主席陈大光猝然离世的重大变故。2018年9月21日，越南国家主席陈大光突然病逝，成为越南2018年政局重大突发事件。对此突发事件，越共在10月2～6日召开的十二届八中全会上临时增加讨论国家主席候选人的议程，阮富仲以100%的赞成票被推举为国家主席的唯一候选人，并在10月23日举行的越南第十四届国会第六次会议上以99.79%的得票率当选为越南新一任国家主席，成为继胡志明和长征这两位老一辈领导人之后又一位同时担任越南党和国家最高职务的领导人。越南国会办公厅前主任武卯表示，在当前情况下，选举越共中央总书记作为国家主席是“最好的选择”，也是推动党和国家领导人由同一人担任的最好时机。不过，越共中央和阮富仲本人都多次表示，同时担任越共中央总书记和越南国家主席并非意味着两个职务的“合二为一”，两个职务仍然是平行的，而且越共中央总书记办公厅与国家主席办公厅两个部门也没有合并，而是分别继续承担着相关的党务工作和国家事务工作。

2. 启动越共十三大筹备工作。越共十三大计划将于2021年年初举行。为筹备十三大，越共十二届八中全会决定成立5个工作小组，分别是：由阮富仲担任组长的文件起草小组；由越南政府总理阮春福担任组长的经济社会小组；由中央组织部部长范明政担任组长的党章小组；由阮富仲担任组长的人事小组；由陈国旺担任组长的大会组织后勤小组。越共十二届九中全会则主要讨论各个机关、各级地方呈报的200余名十三届中央委员候选人。

（四）通过一系列法律法规，进一步完善国家法律制度

除了《反腐败法（修订案）》，影响较大的还有《网络安全法》和《海警法》。《网络安全法》于越南第十三届国会第五次会议上通过，并于2019年1月1日生效。该法规定，不得在网络上诋毁、攻击越南国家政权或散布有可能导致国家分裂、民族分离的言论，不得传播不实言论或有可能影响他人生命安全、造成经济损失的言论，不得传播或窃取国家和商业机密，或从事侵犯个人隐私的行为。这部法律的制定和实施有助于越南防范敌对势力使用网络攻击越南国家政权，打击网络空间犯罪和网络恐怖主义行为，保护国家安全信息等。《海警法》则于越南第十三届国会第六次会议上通过，将于2019年7月1日生效。这是越南首部关于海警的法律，明确规定越南海警的责任、义务、管辖范围和工作方式等，从法律层面提升越南海警力量的地位。

二、经济

（一）全部甚至超额完成越南国会制定的12项目标，经济发展成果喜人

2018年，越南国内生产总值（GDP）增速达7.08%，超过越南国会设定的6.5%～6.7%的目标，并创下自2008年以来经济增速的历史新高。第一产业增加值增长3.76%，GDP贡献率为8.7%，增速为6年来之最；第二产业增加值增长8.85%，GDP贡献率为48.6%；第三产业增加值增长7.03%，GDP贡献率为42.7%。按照现行价格计算，2018年越南GDP达

5535.3万亿越盾，约合2447亿美元；人均GDP为5850万越盾，约合2587美元，较上年增加198美元。越南宏观经济整体保持稳定，通货膨胀率为3.54%，连续3年实现不高于4%的目标。国家财政收支整体平衡，公债占GDP的比重持续下降，从2017年的62.6%降至2018年的61.4%，但外债占GDP的比例仍有所提高，从2017年的48.9%升至2018年的49.7%。越南经济仍保持较强活力。据统计，2018年，越南全国新成立企业13.12万家，比上年增长3.5%；登记投资额1478万亿越盾，增长14.1%；对外贸易蓬勃发展，出口额比上年增长13.8%，贸易顺差72.1亿美元，创下历史新高。越南还积极开展旅游推介，包括对西欧国家推出3年期免签，对40余个国家颁发电子签证等，大力推动旅游业发展。2018年，越南接待外国游客逾1550万人次，比上年增长19.9%，取得较好成效。

越南经济的快速增长主要得益于两大因素：一是外资持续涌入。2018年是越南吸引外资的第30年。据10月4日举行的越南吸引外资30周年总结大会上公布的数字，截至2018年8月，30年来越南共吸引外资项目2.6万个，注册资金3340亿美元，到位投资额1840亿美元。这些外资对越南经济发展做出积极贡献。据估算，外资对越南GDP的贡献率超过20%，为越南直接创造360万个就业岗位，间接带动500万～600万人就业。外资企业还是越南进出口贸易的主要推动力量。以2018年为例，外资企业出口额1755.2亿美元，占越南出口总额的71.7%；外资企业进口额1427.1亿美元，占越南进口总额的60%。2018年，受中美贸易摩擦影响，部分外资转向营商环境相对较好的越南，使得越南2018年外资到位资金总额达191亿美元，比上年增长9.1%，大大推动越南经济的增长。二是加入一系列自由贸易协定，不断拓展外部市场。继2015年和2016年《越南—韩国自由贸易协定》和《越南—欧亚联盟自由贸易协定》先后生效后，2018年11月，越南第十四届国会第六次会议通过决议批准《全面与进步跨太平洋伙伴关系协定》（CPTPP），成为第7个批准CPTPP的国家。该协议于2018年12月30日生效。据世界银行估算，到2030年，CPTPP可以为越南GDP贡献1.1个百分点，若考虑到CPTPP对越南劳动生产率的推动，这一贡献率可提升至3.5%。此外，《越南—欧盟自由贸易协定》也由欧盟委员会提交欧盟理事会批准。鉴于欧盟是越南第二大出口市场，若该协定生效，欧盟从越南进口的85.6%的货物关税都将降为零，特别是越南对欧盟主要出口产品如纺织品、鞋和水产品等都将在协定生效时或生效7年内享受零关税。据估计，协定生效后，越南对欧盟的出口将有望年均增长4～6个百分点。

（二）加强经济发展规划，努力推动经济平衡发展

2018年，越南还通过系列决议或决定，推动经济平衡、有序发展。

1. 制定海洋经济发展战略。越共十二届八中全会提出将越南建设成海洋强国和海洋富国的战略目标，通过《到2030年、展望2045年越南海洋经济可持续发展战略》，部署越南未来将优先发展的领域，包括海洋旅游和服务业、航海经济、油气和其他海洋矿产资源开发、海产养殖与开发、沿海工业、可再生能源和新型海洋经济行业等，努力推动沿海经济区、工业区和生态城市区建设，力争到2030年实现纯海洋经济约占全国GDP的10%、28个沿海省市经济约占全国GDP的65%～70%、沿海省市人类发展指数高于全国平均水平以及沿海省市人均收入为全国平均水平的1.2倍以上等目标。

2. 进行薪酬和社会保险制度改革，完善分配和保障机制。越共十二届七中全会通过的薪酬政策改革决议除了规划公职人员工资的调整进程，还对企业发放的最低薪酬做出详细规定，决议要求在2020年前，企业发放的最低工资要能够保障劳动者及其家庭最低限度的生活需求，2021年以后，国家将定期调整不同地区的最低工资，企业要在保证员工最低工资的前提下与劳动者协商，国家不直接干预企业的薪酬发放。越共十二届七中全会通过的社会保险改革决议要求至2021年前，让适龄劳动力中的35%都参加社保，其中28%的适龄劳动者参加失业保险，45%的劳动者有养老保险；至2025年要有45%的适龄劳动者加入社保，其中失业保险覆盖率达35%，养老保险覆盖率为55%；至2030年，力争社保覆盖率达60%，其中至少包括5%的农民和临时工，失业保险覆盖率达45%，养老保险覆盖率为60%。

3. 成立越南国家资本管理委员会，促进国有企业改革。2018年9月28日，越南政府颁布成立越南国家资本管理委员会的第131号决议，规定国资委是政府直属部门，负责管理19家投资总额超过1000万亿越盾的国有集团或企业。越南政府总理阮春福称，希望通过越南国家资本管理委员会的成立，提高国有企业的效率，促进国有企业运作公开、透明。

4. 试图通过《云屯、北云峰和富国特别经济行政单位法草案》（简称《特区法草案》），推动区域协调发展。根据《特区法草案》，越南将在北部、中部和南部划设云屯、北云峰和富国3个特别经济区，通过在特区内放松对限制性行业的审查、给予外商更多优惠政策等方式吸引外资，试图打造高科技商业中心。但《特区法草案》有关"允许经济特区生产和经营用地，在特别特殊的情况下，租地期限可延长至99年"的规定却引发全国多地游行和骚乱，致使越南国会最终决定取消《特区法草案》中关于"特殊情况下租借期限可延长

至99年”的规定，且未能将《特区法草案》纳入国会第六次会议讨论议程。这是近年来越南经济政策推行过程中所遭受的较大挫折。

三、外交

（一）明确未来两年外交发展的方向和任务

2018年8月，越南举办第30次外交工作会议，明确未来两年外交发展的方向和主要任务：一是要进一步解放外交工作思路，提升越南的国际地位，特别是在涉及越南核心利益的问题上要发出更强硬的声音、表达更积极的立场，并首先在区域问题上做到这一点；二是继续开展独立、自主、和平、合作和发展的外交路线，发展多边化、多样化外交关系，积极主动融入国际社会，服务国家和民族利益；三是充分利用国家的优势，积极主动地参与和塑造多边机制；四是以深入发展与邻国和大国关系为首务，推动与各国的经济、政治和安全合作，本着合作、友谊、管控分歧的思路，依据国际法和区域惯例处理与他国的分歧；五是以东盟、《全面与进步跨太平洋伙伴关系协定》、世界贸易组织为核心，兑现越南参与的国际承诺，让经济外交更好地助益于越南国内经济发展；六是提升针对大国、邻国和区域形势的战略研判和预警能力；七是加强涉外部门间的配合，特别是外交和国防部门的配合；八是重视外交干部队伍培养。未来，越南外交仍会围绕提升越南国际地位、扩大开放以及融入国际组织以推动越南经济快速可持续发展而展开。

（二）贯彻既定外交路线

从2018年整体情况看，越南继续延续积极参加东盟框架内对外合作，同时主动拓展与“能在世界上发挥重要作用的国家的关系”的外交路线：

1. 在东盟框架内加强合作。一方面积极参加以东盟为中心的各项会议，加强与东南亚各国的沟通协调，除了延续与老挝、柬埔寨的传统友好合作关系之外，还积极同印度尼西亚就解决渔业纠纷、尽快完成专属经济区划界谈判等问题达成一致意见；另一方面则利用与俄罗斯、印度和欧盟等国家和国际组织的传统友好关系及经贸合作实践，在东盟内积极发挥与这些国家和国际组织的桥梁作用。

2. 进一步巩固中越友好关系。2018年，中越关系在2017年两国、两党最高领导人互访时所指明的方向上继续推进。政治上，两国各级团组互访不断。11月，越南政府总理阮春福来华出席2018中国国际进口博览会暨首届虹桥国际贸易论坛开幕式。经济上，双边贸易额不断攀升，经贸关系向更平衡的方向发展，中国继续成为越南最大的贸易伙伴，越南也继续是中国在东盟最大的贸易伙伴。安全领域，两国在海上低敏感领域的合作与谈判取得积极成果，“南海行为准则”（COC）谈判进程也取得重大进展，南海地区局势继续向好发展。

3. 与美国关系稳中有进。与2016年和2017年越美关系因高层互访频繁出现小高潮不同，2018年越美关系相对平稳，呈现稳中有进的趋势。3月，美国航母首次访问越南以及美国国防部部长詹姆斯·马蒂斯分别于1月和10月两次造访越南，凸显越美两国安全合作不断升温。

4. 与印度安全合作持续深化。2018年，越南和印度两国实现3次高层领导互访，1月越南政府总理阮春福赴印度出席东盟—印度建立对话伙伴关系25周年峰会暨印度共和国日69周年纪念典礼。3月，越南国家主席陈大光对印度进行国事访问。11月，印度总统拉姆·纳特·科温德访问越南。在历次访问中，两国领导人均强调，国防安全是两国全面战略伙伴关系的重要支柱，提出要把两国防务合作扩大到海陆空三军合作，其中以防务培训、国防工业和军舰互访为重点。年内，两国防务合作在联合演习上取得较大突破，1月，越南首次派军官赴印度参与联合陆军演习；5月，印度派遣3艘军舰赴越南中部海域参与演习，这是两国首次联合举行海军军演；10月，两国海警在印度泰米尔纳德邦金奈海域孟加拉湾举行第一次联合演习，这也是越南海警首次访问印度。

5. 与俄罗斯继续推进能源与安全合作。2018年，越俄两国延续高层互访势头。9月，越共中央总书记阮富仲访问俄罗斯，这是阮富仲在越共十二大后首次访俄，也是普京连任俄罗斯总统后越南高层首次访问俄罗斯；俄罗斯总理梅德韦杰夫与俄罗斯国家杜马主席沃洛金分别于11月18～19日和12月23～24日访问越南。一年来，两国在能源和安全方面的合作进一步提升。能源领域，双方签署《关于在越大陆架09－2/09号石油区块成品油分成基本条件的协议》《关于和平利用核能的人力资源培训合作备忘录》《关于液化天然气和天然气发电供应的备忘录》等协议；计划在越南合办原子能科技中心，拓展在越南大陆架上勘探开发油气的合作，继续推进在越南冶炼油气、建造天然气电厂及其配套基建领域合作。在安全领域，两国实现年内国防部部长互访，4月，两国签署《越俄国防合作发展计划（2018～2020）》，为两国确定未来3年安全合作发展方向；9月，阮富仲访俄期间，部分媒体披露越方计划斥资10亿美元订购俄制武器，但未对外公布具体型号；12月，越南国防部副部长阮志咏访俄时承诺，越南愿为俄罗斯海军军舰访问越南并在越南港口停泊创造便利条件。

6. 与澳大利亚把双边关系升级为“战略伙伴关系”。2017年11月，澳大利亚总理斯科特·莫里森赴越参加2017年亚洲太平洋经济合作组织（APEC）领导人非正式会议。同月底，越南国会主席阮氏金银访问澳大利亚期间，越澳两国决定尽快把双边关系提升为战略合作伙伴关系。2018年3月，越南政府总理阮春福访问澳大利亚并出席东盟—澳大利亚特别峰会期间，两国正式签署《关于建立战略伙伴关系的联合声明》。5月，澳大利亚总督彼得·科斯格罗夫访问越南，这是两国建交45周年纪念活动的一部分，双方为两国关系务实深入发展制定高层引领框架。为落实以上访问成果，11月，越南国防部部长吴春历访问澳大利亚，越澳两国签署《关于促进双边防务合作关系的联合愿景声明》，提出将进一步加强两国安全对话磋商、官兵交流、教育培训、联合国维和行动、解决战争遗留问题以及反恐等领域的合作。

7. 与韩国关系迅速升温。自从2015年《越南—韩国自由贸易协定》生效后，双边经贸关系发展迅速，截至2018年年底，韩国是越南最大投资来源国、第二大贸易伙伴和第二大官方发展援助国，越南也成为韩国第四大贸易伙伴。在经济利益的推动下，越韩双边关系迅速升温。2018年3月，韩国总统文在寅对越南进行国事访问，这是文在寅2018年的首场外交活动，也是他继2017年11月赴越出席APEC峰会后再次出访越南，体现出文在寅对越南及越韩关系的高度重视。9月，韩国总理李洛渊赴越南出席越南原国家主席陈大光的国葬。12月，越南国会主席阮氏金银正式访问韩国。韩国明确提出把越南视为"新南向政策"的核心，并得到越方积极配合的承诺；两国签署《至2020年双边贸易额提升至1000亿美元的行动计划谅解备忘录》，就集中提高零配件生产、汽车、纺织品、鞋类和电子等领域的企业竞争力，韩国为越南进行贸易政策规划能力培训，成立农产品贸促工作组等方式达成一致意见。此外，两国安全领域合作也有较多突破，4月，两国签署《至2030年国防合作联合愿景声明》，提出进一步加强各层级和各军兵种间互访，推动两国国防工业、网络安全以及维和领域的合作；6月，韩国国防部部长宋永武访问越南时双方签署《在联合国维和行动、人道主义援助和灾害救援中的后勤互助备忘录》；12月，越南国会主席阮氏金银访问韩国时高度赞扬韩国援助越南提升海上执法能力，建议韩方继续在该领域提供支持、分享经验，并援助越南制定和有效开展海洋战略。

8. 与日本互信不断提升。近年来，越日两国间互访不断，仅2017年两国就实现5次高层访问，包括日本天皇和皇后首次对越南进行历史性访问；日本首相安倍晋三两次访问越南；日本国会众议院议长在时隔15年后访问越南；越南政府总理阮春福对日本进行正式访问。2018年，两国间互信进一步增加，两国领导人多次评价，"越日关系正处于历史最好时期"。5月，越南国家主席陈大光访问日本，他成为日本2018年国家唯一特邀嘉宾（日本每年都有特邀嘉宾，接待礼仪不同于国事访问、正式访问等，属于较高礼节）。陈大光去世后，越南媒体披露，他曾在生前6次赴日本治病。10月，越南政府总理阮春福访问日本并参加日本与湄公河流域国家峰会，访问期间，双方签署涉及贸易、能源、农业、培训和体育等多领域合作文件，两国还就加强海洋政策领域合作达成一致意见。此外，2018年9月，两国海军还实现历史性互访。9月17～21日，日本"黑潮"号潜艇访问越南金兰湾，这是日本海上自卫队首次派潜艇访问越南；9月27～30日，越南海军护卫舰015号"陈兴道"舰访问日本，成为首艘访问日本的越南战舰。（聂慧慧）

资料来源：

1. https://bnews.vn
2. 越南《前锋报》，https://www.tienphong.vn
3. https://vov.vn
4. 越南《阮富仲报》，https://nguyenphutrong.org
5. https://infonet.vn
6. 越南《人民军队报》，http://www.qdnd.vn
7. https://img.vietnamfinance.vn
8. 越南《教育报》，http://giaoduc.net.vn
9. 越南《青年报》，https://thanhnien.vn
10. 越南《新河内报》，http://hanoimoi.com.vn
11. 越南越通社，https://www.vietnamplus.vn
12. https://vnexpress.net
13. 越南内务部网站，http://noichinh.vn
14. 越南信息网，https://baotintuc.vn
15. 越南统计总局网站，https://www.gso.gov.vn
16. 越南《人民公安报》网站，http://cand.com.vn
17. https://theleader.vn
18. 越南《财政报》网站，http://tapchitaichinh.vn
19. http://vneconomy.vn
20. 越南《人民报》，http://www.nhandan.com.vn
21. 越南《劳动者报》，https://nld.com.vn
22. https://infonet.vn
23. 越南投资网，https://baodautu.vn
24. 越南《世界与越南报》，http://baoquocte.vn
25.《越南政府网电子报》，http://baochinhphu.vn
26. http://soha.vn
27. http://vi.rfi.fr/viet-nam
28. https://vn.sputniknews.com
29. https://news.zing.vn
30. https://www.voatiengviet.com
31. http://vietnamnet.vn
32. https://vn.sputniknews.com
33. 世界与越南，http://baoquocte.vn
34. https://news.zing.vn
35. https://vn.sputniknews.com
36. http://cafef.vn
37. https://www.voatiengviet.com

东南亚国家联盟

东南亚国家联盟概况

东南亚国家联盟(简称东盟)是亚太地区重要的地区组织,包括文莱、柬埔寨、印度尼西亚、老挝、马来西亚、缅甸、菲律宾、新加坡、泰国、越南10个国家,总面积约449万平方千米,人口6.42亿(2017年)。东帝汶和巴布亚新几内亚为观察员国。东盟峰会是东盟最高决策机构,由各成员国国家元首或政府首脑组成,东盟各国轮流担任主席国。2018年,新加坡为东盟轮值主席国。东盟秘书处设在印度尼西亚首都雅加达,东盟秘书长是东盟首席行政官,向东盟峰会负责,由东盟各国轮流推荐资深人士担任,任期5年。现任东盟秘书长由文莱前外交与贸易部常务秘书林玉辉于2018年1月就任,任期至2022年年底。

东盟的成立以"本着平等与合作精神,共同努力促进本地区的经济增长、社会进步和文化发展,为建立一个繁荣、和平的东南亚国家共同体奠定基础,以促进本地区的和平与稳定"为宗旨和目标。在1997年签署的《东盟2020年远景》中提出:东盟要建设成为一个充满关爱的社会,一个不分性别、种族、宗教、语言及社会和文化背景,所有人都享有平等发展权的社会;成为亚太地区乃至世界上一个有效维护和平与公正的现代化组织。

东盟的前身是马来西亚、泰国和菲律宾于1961年7月31日成立的东南亚联盟。1967年8月6~8日,印度尼西亚、马来西亚、新加坡、菲律宾和泰国共同发表《东南亚联盟成立宣言》即《曼谷宣言》,宣告东盟成立。1976年,上述5国在巴厘岛举行东盟第1次首脑会议,签署《东南亚友好合作条约》和《东南亚联盟协调一致宣言》(合称《巴厘第一协约》),确定东盟的宗旨和原则。1984年文莱加入东盟,联盟成员国增至6个(这6个国家也被称为原东盟成员国或东盟老成员国)。之后,越南于1995年7月、缅甸和老挝于1997年7月、柬埔寨于1999年4月加入东盟,东盟在组织上实现1994年5月提出建立"东南亚10国共同体"的目标。2006年东帝汶申请加入,但至今仍仅作为观察员参与东盟相关会议。2003年10月,第9次东盟领导人会议通过标志东盟在政治、经济、安全、社会与文化全面合作进入历史新阶段的《巴厘第二协约》,提出在2020年建立类似于欧盟的、包括政治安全共同体、经济共同体和社会文化共同体的"东盟共同体"。2004年11月,第10次东盟领导人会议通过《万象行动纲领》等一系列文件,提出进一步缩小成员国间的发展差距,于2020年把东盟建成一个对外开放、充满活力与关爱的共同体的目标。2005年12月,第11次东盟领导人会议通过《吉隆坡宣言》,决定制定《东盟宪章》,用法律的形式确定东盟所有准则、规定和价值观,搭建一个法律和机构框架,以加快实现东盟共同体的目标。2007年1月,第12次东盟领导人会议通过《到2015年建成东盟共同体宣言》,将建设进程缩短5年。第12次东盟领导人会议还通过《东盟宪章蓝图宿务宣言》,为东盟解决内部分歧提供法律依据,同时为东盟共同体建设指明方向。2008年12月15日,《东盟宪章》正式生效,东盟各国的合作更加制度化。2009年2~3月和10月分别举行第14次和第15次东盟领导人会议,签订《东盟共同体2009~2015年路线图宣言》等系列协定,强调东盟将于2015年如期建成"人民的共同体"。2010年4月和10月分别举行第16次和第17次东盟领导人会议,明确在一年内举行两次东盟领导人会议。其中:第一次是成员国领导人会议,讨论东盟共同体建设事务;第二次是东盟与对话伙伴领导人会议,讨论与对话伙伴以及区域合作问题。2011年5月和11月分别举行第18次和第19次东盟领导人会议,签署《巴厘第三协约宣言》等一系列协定,强调以"全球共同体中的东盟共同体"为纲领,在推动2015年建成东盟共同体的进程中,带领东盟进一步放眼全球。2012年4月和11月分别举行第20次和第21次东盟领导人会议。其中:第20次会议通过《金边宣言》《金边议程》《2015年建立东盟无毒品区宣言》《"全球温和派行动组织"概念文件》等一系列重要文件,还就继续推动东盟一体化和东盟发展中遇到的问题等达成共识;第21次会议签署《东盟人权宣言》,建立"和平与和解机构"并决定在柬埔寨建立东盟地区排雷行动中心,同时将2015年12月31日定为建成东盟共同体的最后期限。2013年4月和10月分别举行第22次和第23次东盟领导人会议。其中:第22次会议发表的《主席声明》,强调加强东盟共同体建设,扩展东盟次区域合作,呼吁有关各国遵守《南海各方行为宣言》以及南海问题六条原则,要求各方保持克制,避免使用武力或武力威胁,和平解决有关争议;第23次会议再次确认2015年建成东盟共同体的目标。2014年5月和11月分别举行第24次和第25次东盟领导人会议。其中:第24次会议发表的《内比都宣言》,表示进一步加强成员国间以及其他各方的协调合作,努力于2015年年底建成东盟共同体;第25次会议重点讨论东盟共同体建设的进展和建成后的发展愿景以及如何加强东盟自身机构及能力建设。2015年4月和11月分别举行第26次和第27次东盟领导人会议。其中:第26次会议以"我们的人民,我们的共同体,我们的愿景"为主题,决定如期在2015年年底建成东盟共同体;第27次会议讨论东盟共同体2015年年底建成和未来10年的发展方向以及其他共同关切的地区和国际问题，各国领导人还共同签署《关于建立东盟共同体的2015吉隆坡宣言》和《东盟2025吉隆坡宣言：携手前行》。2016年9月6～8日，东盟第28次和第29次领导人会议在老挝万象举行。其中：第28次会议主要讨论东盟共同体的建设情况，回顾“东盟共同体2025蓝图”的实施情况，并对在实施过程中遇到的问题提出指导性意见，会议还通过《东盟宣言：一个东盟，一种反应机制》《东盟一体化工作计划Ⅲ》《东盟互联互通总体规划2025》等文件，以确保有效执行“东盟共同体2025蓝图”；第29次会议着重讨论东盟与外部的关系以及发展方向，就共同关注的国际和地区间问题交换意见。东盟国家领导人还签署以东盟身份应对区域内外灾害的宣言。2017年4月和11月，在菲律宾马尼拉举行第30次和第31次东盟领导人会议。其中：第30次会议以“携手促进变革，共同拥抱世界”为主题，重点围绕东盟共同体建设及共同关心的国际地区问题进行讨论；第31次会议就建设更加稳定和更具韧性的东盟共同体（即建设以人为本的东盟、维护地区和平与稳定、加强海上安全与合作、促进包容性与创新驱动型增长、加强东盟韧性、推动东盟成为区域主义样板和全球事务参与者）进行讨论，并签署《东盟关于保护和提高移民劳工的共识》，通过《东盟关于预防和打击网络犯罪的宣言》《东盟创新宣言》等多份重要文件。东盟及其对话或域外伙伴领导人共同出席东盟成立50周年纪念活动。2018年4月和11月，在新加坡举行第32次和第33次东盟领导人会议。其中：第32次会议围绕2018年东盟主题“韧性与创新”，重点就东盟共同体建设和国际地区问题进行讨论，会后发表《主席声明》《关于建设韧性和创新的东盟愿景文件》《关于网络安全合作的声明》和《东盟智慧城市网络概念文件》；第33次会议回顾东盟共同体建设进展，重申加强非传统安全、环境挑战、可持续发展等领域合作，会议通过《东盟智慧城市网络框架》《关于增加绿色就业以促进东盟共同体平等与包容性增长的宣言》等文件，并签署东盟电子商务协议，旨在促进区域内跨境电商贸易便利化。

东盟建立一系列组织机构、机制来加强内部以及与世界各国的合作，主要有：东盟领导人会议，东盟外长会议和东盟地区论坛，以及农业和林业、经济、能源、环境、财政、通信与信息、投资、劳工、健康、法律、农村发展和减少贫困、科学与技术、社会福利与发展、打击跨境犯罪、肃毒、交通、旅游、青年、妇女工作、国防、教育、文化艺术、跨境烟雾、东盟投资区理事会、东盟自由贸易区理事会、东盟外长扩大会议、东盟经济共同体理事会议等部长级会议，部长会议下还设有高官委员会、理事会和技术工作小组。为有效处理对外关系，东盟在布鲁塞尔、伦敦、巴黎、柏林、华盛顿、东京、首尔、堪培拉、渥太华、威灵顿、日内瓦、新德里、纽约、北京、莫斯科、伊斯兰堡等地设有外交机构。2008年《东盟宪章》生效后，东盟10国均向东盟秘书处派驻大使，东盟对话伙伴国也陆续向东盟秘书处派驻大使。

2015年年底，东盟经济共同体宣告建成，成为东盟历史上又一重要的里程碑，标志着亚洲历史上第一次建成次区域共同体，对于东盟一体化进一步发展具有重要战略意义。根据东盟发展计划，东盟经济共同体建成后，东盟经济增长率可提升至7%左右，至2020年，东盟经济总量将从2015年的2.5万亿美元提升至4.7万亿美元，世界排名将从第7跃居第4；到2030年，东盟中产阶级将增加1倍达到1.63亿人，东盟吸引外资也将大幅增长。在东盟共同体框架下，东盟国家在政治安全、经济和社会文化领域一体化水平将不断提升，东盟作为一个整体在区域合作舞台上的声音将更加响亮。

东盟共同体建成并不意味着东盟一体化进程的终结，东盟共同体未来还面临着各成员国经济发展水平参差不齐、政治体制不同、宗教文化多样、区域法律法规不健全、非关税贸易壁垒等问题和挑战，一体化建设仍然需要深化。现实情况表明，东盟国家很难像欧盟一样在国际舞台上用同一个声音说话，东盟成员国之间没有形成共同的外交和安全政策，也尚未形成货币统一的经济货币联盟，财政政策也不统一，协调规章制度缺乏，与区域外国家或集团的竞争力较弱。

东盟政治安全共同体建设

2018年，东盟致力于深化成员国之间的政治安全合作，共同应对传统安全和非传统安全问题，维护区域和平与安全。4月27日，东盟政治安全共同体委员会第17届会议和东盟协调委员会第21届会议在新加坡召开。东盟10国参会的各位部长对实施《2025年东盟共同体愿景》的东盟政治安全共同体总体计划的82%事项已经和正在得到开展落实表示高兴和认可。各位部长一致同意加强在反恐、极端暴力主义、跨国犯罪、毒品拐卖、人口拐卖、海洋安全、网络安全、核安全、自然灾害救助等领域的全面合作。各位部长重申东盟应进一步发挥在促进本地区的对话、合作与树立互信中的核心作用。

政局总体稳定。2018年，虽然部分成员国举行国家领导人选举，但东盟各国政局总体稳定。马来西亚和柬埔寨在2018年完成换届选举。5月9日，马来西亚举行大选，反对党希望联盟获胜，终结了执政联盟国民阵线60年的执政历史。7月29日，柬埔寨举行大选，柬埔寨人民党赢得国民议会全部125个议席，获得连任。12月11日，泰国军人政府宣布解除政治活动禁令，所有政党都可以进行竞选活动、宣传政纲。缅甸由于若开邦问题受到部分西方国家制裁，但国内局势总体稳定。作为2018年东盟轮值主席国，新加坡在轮值期间的目标基本实现，提升了其在东盟的地位。

安全防务合作层面，深化与成员国及外部伙伴之间的防务合作。在对内防务合作方面，加强与成员国之间的军事合作。10 月 19 日，在第 12 届东盟国防部部长会议上，东盟 10 国国防部部长签署联合宣言，达成“以东盟为核心，加强成员国军事合作，维护区域和平”的共识。在对外防务合作方面，提升与伙伴国的防务合作水平。在第 12 届东盟国防部部长扩大会议上，东盟 10 国与中国、美国、日本、韩国、澳大利亚等 8 国国防部部长就维护区域安全进行讨论，发表《东盟防长扩大会关于建立务实信任措施的联合声明》《东盟防长扩大会关于反对恐怖主义威胁的联合声明》。此外，东盟还积极发展与伙伴国之间的海洋合作，维护海上安全。10 月，东盟与中国在中国广东湛江举行首次联合军演。

加强非传统安全领域合作。8 月 2 日，发布《第 51 届东盟外长会议联合声明》，将打击恐怖主义、极端主义，应对跨国犯罪、网络犯罪等非传统威胁作为 2018 年东盟政治安全共同体建设的重要内容。

重点打击恐怖主义和极端主义。2018 年，东盟更加鼓励其成员国积极打击恐怖主义和极端主义。2 月 8 日，发布《东盟国防部部长关于在东盟打击恐怖主义的联合声明》，强调区域反恐合作的重要性，主张加强东盟政治安全共同体与其他机制之间的跨部门反恐合作。5 月，在印度尼西亚的泗水和北干巴鲁等地发生恐怖袭击事件。东盟也愈加关注和重视对恐怖主义、极端主义的预防和防范工作。在此背景下，10 月，东盟在新加坡举行的东南亚反恐怖主义研讨会中通过了《2018 ~ 2025 东盟预防和应对激进极端主义和暴力极端主义的行动计划》。

加大应对跨国犯罪的合作力度。一方面，东盟国家以法律文本形式确定打击跨国犯罪的共识。3 月 26 ~ 28 日，在泰国曼谷举行的东盟高级法律官员会议最终确定《东盟示范引渡条约》。10 月，在老挝万象举行的第 10 届东盟法律部长会议批准 MAET 相关文本。另一方面，东盟打击跨国犯罪的合作不断深化。10 月 29 日至 11 月 2 日，第 12 届东盟跨国犯罪问题部长级会议、东盟激进和第 3 届暴力极端主义上升特别部长级会议在缅甸举行，重点强调加强东盟合作以应对日益严峻的跨国犯罪挑战。

重视网络安全。4 月 27 日，第 32 届东盟首脑会议达成《东盟领导人关于网络安全合作的声明》，将网络安全作为重点合作领域成为共识，注重提升东盟网络安全能力。9 月 18 ~ 20 日，第 3 届东盟网络安全部长会议、东盟电信和信息技术部长会议在新加坡举行，东盟—新加坡网络安全卓越中心和东盟—日本网络安全能力建设中心宣布建立。

东盟经济共同体建设

2017 年，东盟各国国内生产总值（GDP）为 2.8 万亿美元，比上年增长 5.3%。受中美贸易摩擦和全球经济形势的影响，2018 年东盟经济增长速度有所放缓。GDP 增长率为 5.1%，较 2017 年下降 0.2%。

2018 年，东盟继续加快区域经济一体化进程，扩大成员国在经济层面的合作。在贸易紧张局势升级带来的不确定性以及技术进步带来前所未有变化背景下，结合“韧性与创新”主题，东盟经济共同体建设侧重于以下几个方面：

重点关注贸易便利化，创造有利的监管环境和投资环境。2018 年，东盟通过全面推行国际贸易“单一窗口”进一步提升东盟贸易便利化水平。自 1 月起，实行“单一窗口”的成员国在《东盟货物贸易协定》下交换电子表格。8 月 29 日，第 50 届东盟经济部部长会议在新加坡举行，东盟各国经济部部长签署修订《东盟货物贸易协定》第一项议定书，保证东盟服务提供商获得准入东盟市场的最广泛优惠。

创造更有利于东盟的投资环境。东盟作为世界第五大投资目的地，在东盟外国直接投资流入总额中，有 19.4% 来自东盟内部，其次是欧盟（18.4%）、日本（9.6%）和中国（8.2%）。东盟逐步完成《东盟全面投资协定》的内置议程，减少投资限制和障碍，改善贸易规则，创造更加有利的投资环境，提升东盟作为投资目的地的优势。

通过一系列关于电子商务和数字经济的关键举措，为数字时代做好准备。加强电子商务应用，推动区域增长。11 月 12 日，东盟各国签署《东盟电子商务协议》，表明东盟关于促进电子商务发展承诺的落实，旨在增加东盟利用电子商务的信心，促进跨境

11 月 12 日，东盟各国签署《东盟电子商务协议》　（新华网）

电子商务贸易便利化。建立东盟数字数据治理框架，通过技术和创新提高东盟微型、小型和中型企业竞争力。12月18日，主题为“利用技术和创新促进中小企业发展”的第2届东盟—中国企业家论坛在柬埔寨举行。本次论坛就加强通信信息合作，弥补东盟内部的数字鸿沟和信息通信技术发展差距进行交流和探讨。12月5~6日，第18届东盟电信和信息技术部部长会议在印度尼西亚举行，会议批准《2019年东盟—日本信息通信技术工作计划》《2019年东盟—韩国信息通信技术工作计划》《2019年东盟—欧盟ICT工作计划》，东盟通过与伙伴国的合作缩小区域内成员国之间的差距，推动东盟数字化经济发展。

深化东盟对外关系，促进与伙伴国的贸易。2018年，《区域全面经济伙伴关系协定》(RCEP)谈判取得实质性进展，该协定发出关于多边贸易承诺的强有力信息。3月3日，RCEP闭会期间东盟部长级会议在新加坡举行，各国部长强调推动区域贸易谈判的重要性以及RCEP在促进地区经济增长方面的潜力。11月14日，第2届RCEP峰会在新加坡举行，东盟各国领导人共同承诺将迅速完成RCEP谈判以建立一个开放、包容和基于规则的贸易体系。

东盟社会文化共同体建设

为促进东盟社会文化共同体建设，早日实现《2025年东盟社会文化共同体蓝图》，东盟重点增强其成员国对东盟的认同感，深化与成员国和对话伙伴在社会文化领域的合作。3月22日，第19届东盟社会文化共同体理事会会议在新加坡举行，会议发表《第19届东盟社会文化共同体理事会联合声明》，将青年发展、气候变化、预防文化、灾害管理、智慧城市和媒体建设等领域确定为2018年东盟社会文化共同体建设的优先领域。10月3日，第20届东盟社会文化共同体理事会会议在新加坡举行。会上专门讨论东盟地区2025年总体规划智能城市建设。会议重申第33届东盟峰会决议，就应对全球气候变化，发展生物多样性，促进青年成长等各个主题进行交流，会议还提出东盟监测评估指南2025年社会文化社区蓝图的构思。

关注青年发展。东盟启动3项措施促进青年的教育和发展。一是重新启动新加坡青年基金计划，增加资助额度，培养青年领袖，促进青年志愿服务和创业，鼓励青年参与东盟事务。二是引入东盟青年奖学金计划，为东盟青年领袖互动提供平台。三是注重东盟青年互相交流。9月，举办电子竞技比赛，为东盟青年提供通过竞争互相交流的机会。10月，举办第2届东盟青年宗教信仰营，促进来自不同文化和信仰背景的东盟青年之间的交流与互相理解。

重视预防文化，丰富东盟认同。10月24日，东盟文化艺术部部长会议通过《关于通过预防文化以丰富东盟认同的日惹宣言》，设立东盟预防文化工作组，将预防文化制度化。同时，加强民间交流与合作以深化东盟认同，创造“和平、包容、健康、和谐的东盟预防文化”。

加强灾害管理，降低灾害风险。一是应对气候变化。7月10日，举行东盟气候行动特别部长级会议，东盟10国承诺通过信息共享并采取其他措施充分有效地执行《巴黎协定》。11月13日，第33届东盟首脑峰会通过《东盟关于在气候行动和灾害日采用东盟青年的宣言》。二是加强灾害预防和应急管理，进行人道主义援助。2018年，东南亚地区多处发生洪灾、地震等自然灾害。东南亚人道主义援助协调中心对相关国家在救灾和人道主义援助方面给予支持。此外，东盟还与对话伙伴、国际组织和其他合作伙伴及利益攸关方在灾害管理方面深化合作，强化东盟在灾害管理领域的话语权。

打造智慧城市网络。7月，首届东盟智慧城市会议在新加坡举行。会议强调智慧城市在协调东盟内部、缩小发展差距、促进增长方面的重要作用。东盟各国一致同意成立东盟智慧城市网络，并将26个城市纳入该网络。该网络集中实施以人为本的各项措施，从而通过文化交流活动增强各国之间的相互了解。26个东盟智慧城市试点已经确认，与外部伙伴的智慧城市合作初始项目业已启动。

注重媒体建设，提升东盟民众意识。2018年5月10日，第14届东盟信息部部长会议和东盟+3信息部部长会议举行，会议的目标是通过信息和媒体建立强大的东盟文化共同体。一方面，会议强调打击假新闻，加强媒体人员能力建设。通过《减少假新闻有害影响的框架和联合声明》，制定东盟成员国打击假新闻的合作战略；另一方面，提高民众“数字”素养，增强其东盟意识。确定“东盟数字扫盲”的核心价值观，在东盟内部通过“数字扫盲”提高东盟民众的信息能力和新闻素养，抓住“数字化”给东盟带来的机遇。

东盟对外关系

2018年，东盟注重“东盟—外部合作伙伴”行动计划与东盟共同体建设相结合。一方面，东盟主张建立基于规则、开放、透明和包容的区域架构，以东盟主导的机制为基础，包括中国—东盟自由贸易区、东盟+3合作框架、东亚峰会、东盟地区论坛和东盟国防部部长扩大会议等，有效地吸引关键合作伙伴，并建设性地回应共同关心的全球和地区问题；另一方面，在东盟共同体建设背景下，加强与对话伙伴的关系，进一步探索基于共同利益的外向型政策。另外，2018年11月，第2次区域全面经济伙伴关系(RCEP)领导人会议在新加坡召开，各国领导人肯定当年RCEP谈判取得的实质进展，就争取于2019年结束谈判达成一致。

东盟与中国关系 2018 年是中国与东盟建立战略伙伴关系 15 周年，也是中国—东盟创新年。在此期间，中国—东盟互联互通顺利推进，“一带一路”倡议与《2025 年东盟愿景》深入对接，双方加强政治安全、经贸、人文交流三大支柱领域的对接，中国—东盟关系进一步提质升级。

在政治安全领域，双方政治互信不断增强，防务安全合作不断深化。首先，政治互信增强，中国—东盟战略伙伴关系不断深入发展。2018 年 11 月，第 21 次中国—东盟 10+1 领导人会议暨庆祝中国—东盟建立战略伙伴关系 15 周年纪念峰会在新加坡举行，会议通过《中国—东盟战略伙伴关系 2030 年愿景》，为中国—东盟命运共同体的构建以及双边关系长远发展擘画宏伟蓝图。其次，防务安全合作增强，举行中国—东盟海上联演，东盟 10 国均派员参加。中国—东盟海上联演分为两个阶段：第一阶段是桌面推演，2018 年 8 月 2～3 日在新加坡樟宜海军基地举行；第二阶段是实兵演习，10 月 22 在中国广东湛江开幕。中国—东盟海上联演—2018 是中国与东盟的首次海上军事演习，对于加强海上安全合作、提高共同应对安全威胁能力、促进中国—东盟军事关系、提升双方互信水平意义重大。再次，南海问题取得新进展。中国与东盟就南海行为准则磋商取得重要进展，双方达成南海行为准则单一磋商文本草案。

在经济合作领域，中国—东盟贸易规模不断扩大。2018 年 1～5 月，中国—东盟贸易额 2326.4 亿美元，比上年同期增长 18.9%，双向投资总额累计超过 2000 亿美元。中国成为东盟第三大外国直接投资来源国。11 月 16 日，双方联合发表《中国—东盟科技创新合作联合声明》，探讨建立科技创新合作新机制，共建科技园区，深化落实中国—东盟科技伙伴计划。中国支持东盟智慧城市网络建设，中国南宁、厦门、杭州、济南和昆明与东盟城市建立伙伴城市关系。

在人文交流领域，丰富的人文交流项目为中国—东盟各领域合作奠定坚实基础。2018 年，中国—东盟文化合作人才培养支持体系建成，作为以教育合作为主体的人文交流重要平台，中国—东盟教育交流周已经连续举办 11 届。7 月 25～30 日，主题为“教育合作新起点人文交流新未来”的第 11 届中国—东盟教育交流周在中国贵州举行。在以教育合作为主的基础上，中国—东盟教育交流周将交流内容拓展到科技、文化、体育和卫生等人文领域。11 月 14 日，中国国务院总理李克强在第 21 次中国—东盟领导人会议上指出：“为加强民众对双方合作的了解和参与，支持中国—东盟开展更多人文交流项目。”2019 年是中国—东盟媒体交流年，中国将向中国—东盟合作基金增资，设立中国—东盟菁英奖学金，开展“未来之桥”中国—东盟青年领导人千人研修计划。

东盟与美国关系 2018 年，东盟与美国在各个领域开展合作，美国继续支持和积极参与由东盟主导的东亚峰会、东盟地区论坛和东盟国防部部长扩大会议等机制。

政治安全方面。美国注重对东盟的区域性安全承诺。2018 年 8 月 4 日，美国国务卿迈克·蓬佩奥在第 51 届东盟外交部部长会议上宣布，将新增近 3 亿美元资金用于增强与东盟的安全合作，涉及海事安全、人道主义援助、维和能力建设和打击跨国威胁等多个领域。11 月 15 日，第 6 届东盟—美国首脑会议在新加坡举行，双方重申东盟—美国战略伙伴关系以及加强在打击恐怖主义、极端主义等非传统威胁领域的合作，共同维持和促进东南亚地区的和平、安全与稳定。同时，签署《东盟—美国领导人关于网络安全的声明》，双方达成扩大在网络安全领域合作的共识，包括促进东盟网络能力建设、共同打击网络犯罪等。

经济方面。美国是东盟的第三大贸易伙伴。2018 年 9 月 1 日，在第 50 届东盟经济部部长会议举行期间，东盟经济部部长与美国贸易代表在新加坡进行磋商，东盟肯定美国国际开发署在 US—ACTI 计划下支持东盟“单一窗口”和贸易便利化取得的进展；美国则表示将继续为东盟提供技术援助，促进东盟包容性经济增长。另外，美国—东盟实习计划也于 6 月启动，该计划将为 6 个东盟国家青年提供在美国实习的机会。

东盟与日本关系 日本是东盟第四大贸易伙伴和第二大外资来源国。2018 年是东盟与日本建交 45 周年，双方战略伙伴关系不断深化。2018 年 6 月 13 日，

11 月 14 日，第 21 次中国—东盟 10+1 领导人会议暨庆祝中国—东盟建立战略伙伴关系 15 周年纪念峰会在新加坡举行 （新华网）

第33届东盟—日本论坛在日本首都东京举行，双方就加强东盟与日本的合作及战略伙伴关系进行讨论。11月14日，第21届东盟—日本首脑会议在新加坡举行，双方通过《第21次东盟—日本峰会联合声明》，以纪念东盟—日本友好合作45周年，同时肯定双方通过落实《东盟—日本友好合作愿景声明（修订版）》取得的成果。此外，双方一致同意扩大东盟—日本合作的范围。除了在防务合作、经济合作等传统领域展开合作外，双方计划在2019年将加强在应对恐怖主义、极端主义、网络安全等非传统威胁以及电子商务、数字经济、智慧城市等新兴领域的合作。

东盟—东亚合作　东盟与中日韩10+3合作框架在维护、加强东亚和平、安全、稳定和发展方面具有重要作用。2018年，东盟与中国、日本、韩国继续加强政治安全对话，维护地区和平与安全，同时致力于促进经济一体化，实现区域互利共赢。5月4日，东盟与中日韩10+3财政部部长和中央银行行长会议在菲律宾举行，与会各方重申致力于建立一个开放的、以规则为基础的多边贸易和投资框架，并表示将加强合作以确保区域经济和金融稳定。11月15日，第21次东盟与中日韩10+3领导人会议在新加坡举行，东盟与中日韩3国表示将继续支持《2025年东盟经济共同体蓝图》的实施，以实现东亚更深层次的区域一体化。与会各方肯定《2018～2022年东盟与中日韩10+3合作工作计划》的实施进展，并同意加强政治与安全对话和合作，解决网络犯罪、非法贩毒等非传统安全问题。

东盟与欧盟关系　2018年，东盟—欧盟共同致力于进一步深化双边关系。欧盟是东盟第二大贸易伙伴。3月2日，东盟经济部部长与欧盟贸易专员在新加坡举行第16次贸易委员会磋商会议，双方在贸易便利化和海关整合等方面的合作取得进展，一致认为“东盟—欧盟贸易投资工作计划”有利于加强双方的经济联系。同日，双方还举行第6届东盟—欧盟商业峰会，就商业贸易和企业管理等问题进行协商。10月19日，东盟—欧盟领导人会议在比利时举行，东盟表示出将双方关系提升为战略伙伴关系的意愿，双方同意探讨恢复《东盟—欧盟自由贸易协定》，并期待缔结《东盟—欧盟全面航空运输协定》。

东盟与其他国家的合作　2018年是印度与东盟建立对话伙伴关系25周年、开展高层互动15周年、建立战略伙伴关系5周年。1月25日，双方在新德里成功举行东盟—印度峰会，印度表示希望提升与东盟的合作水平。11月15日，东盟—印度领导人举行非正式早餐会，双方一致同意继续加强全面合作关系，尤其是在经贸和投资等互利领域的合作。东盟与澳大利亚也进一步深化多领域合作。3月18日，东盟与澳大利亚在悉尼举行东盟—澳大利亚特别峰会，双方联合发布《悉尼声明》，签署《东盟与澳大利亚联合打击国际恐怖主义谅解备忘录》，并达成深化东盟—澳大利亚经济一体化的共识。

此外，东盟还与俄罗斯、新西兰和加拿大等对话伙伴深化在政治安全、经济和社会人文等多个领域的合作，与联合国、世界银行、亚洲基础设施投资银行等国际组织开展卓有成效的合作。

第17届东盟与中日韩10+3旅游部长会议

2018年1月26日在泰国清迈举行，东盟10国和中国、日本、韩国的旅游部门负责人出席。会议就落实2017年11月第5次东亚合作领导人系列会议成果涉旅工作安排进行讨论，通报自上届部长会议以来旅游合作进展情况，讨论并通过《东盟与中日韩旅游合作工作计划20182020》《联合媒体声明》等，确定下届部长会议于2019年在越南召开。东盟多国表示，中国已成为其第一大国际客源市场，感谢中国长期以来对东盟国家旅游业发展给予的支持和帮助。希望在旅游基础设施建设、人员培训、旅游安全等领域进一步深化交流与合作，推动中国与东盟及各成员国旅游交流合作迈上新台阶。

1月26日，第17届东盟与中日韩10+3旅游部长会议在泰国清迈举行（新华网）

东盟外长非正式会议

2018年2月6日在新加坡召开。会议主题是“坚韧与创新”。新加坡是2018年东盟轮值主席国，新加坡外长维文主持此次会议。东盟10国外交部部长和官员出席会议。与会国家外长在为期3天的会议上就地区和国际局势交换意见。

2月8日发布的《东盟国防部长关于在东盟打击恐怖主义的联合声明》强调区域反恐合作的重要性，主张加强东盟政治安全共同体和其他机制之间的跨部门反恐合作。

第 24 届东盟经济部长非正式会议

2018 年 3 月 12 日在新加坡举行，东盟 10 国经济部部长和东盟秘书处官员出席。会议为各位部长坦率地讨论东盟经济面对的挑战以及在《2025 年东盟共同体愿景》基础上加强地区一体化的措施提供了机会。

第 16 届东盟—欧盟经贸部长磋商会议

2018 年 3 月 2 日在新加坡举行。会议由欧委会贸易委员马尔姆斯特伦和新加坡贸工部长林勋强共同主持，东盟其他 9 国贸易部长和东盟秘书长林玉辉出席。会后，欧东双方发布联合声明称，会议旨在促进双方自由贸易协定谈判进程。双方表示，将一如既往地支持《贸易便利化协定》的实施。

柬老越发展三角区第 10 次峰会

2018 年 3 月 31 日，柬老越发展三角区第 10 次峰会在越南河内圆满结束，为柬老越发展三角区合作开辟新篇章。越南、老挝和柬埔寨三国领导人在峰会上签署《CLV 开发金三角地区合作联合宣言》，承诺全面扩大在全国范围内工作，努力把柬老越发展三角区建设成活跃、繁荣、可持续发展和包容性增长区域。越南总理在峰会结束后的新闻发布会上表示，三国同意逐步扩大合作，不再局限于 CLM 地区的 13 个边界地区。三国领导人批准柬埔寨—老挝—越南经济互联互通总规划，为基础设施、机构和经济合作和人文交流指明方向。

第 17 届东盟政治安全共同体委员会会议

2018 年 4 月 27 日在新加坡举行。东盟各国外交部长和东盟秘书处官员参会。与会部长对实施《2025 年东盟共同体愿景》的东盟政治安全共同体总体计划的 82% 事项已经和正在得到开展落实表示高兴和承认。各位部长一致同意加强在反恐、极端暴力主义、跨国犯罪、毒品拐卖、人口拐卖、海洋安全、网络安全、核安全、自然灾害救助等领域的全面合作。各位部长重申东盟应进一步发挥在促进本地区的对话、合作与树立互信中的核心作用。据此，各国对东盟和中国启动实质性和有效的“东盟行为准则”谈判的努力表示欢迎。

第 21 届东盟协调委员会会议

2018 年 4 月 27 日在新加坡举行。东盟各国外交部长和东盟秘书处官员参会。与会部长重新核查于 4 月 27 日晚召开的第 32 次东盟领导人会议的筹备工作。各位部长指导关于加强东盟内部跨支柱、跨领域的协调配合工作，继续改进和提升东盟机构的活动效果，其中包括增强东盟秘书处的能力及发挥东盟联合磋商会等机关的协调职能、精简各场会议和最大限度有效利用现有的各种资源。

第 32 次东盟领导人会议

2018 年 4 月 28 日在新加坡举行，东盟 10 国领导人及代表和东盟秘书处官员出席。本次会议主题是“坚韧团结，创新求变”。东盟 10 国领导人和代表讨论如何推动创新发展、建立智慧城市网络以及加强网络安全合作等议题。会议达成《东盟领导人关于网络安全合作的声明》，会议还就建立东盟智慧城市网络达成共识，会议宣布开始就《东盟引渡条约》开展工作。

第 21 届东盟与中日韩 10 +3 财长与央行行长会议

2018 年 5 月 4 日在菲律宾马尼拉举行，东盟 10 国和中国、日本、韩国等财政部长和央行行长及东盟秘书处官员出席。会议主要讨论全球和区域宏观经济形势、10 +3 区域财金合作等议题，并发表联合声明。会议认为，全球经济呈现同步强劲复苏，10 +3 地区继续保持较快经济增长，但仍面临贸易保护主义抬头和全球金融环境收紧快于预期等风险。10 +3 各方承诺根据各自国情使用货币政策、财政政策和结构性改革等所有必要政策工具，促进强劲、可持续、平衡、包容性增长。各方重申支持开放的、基于规则的多边贸易和投资体系，坚决抵制任何形式的保护主义，深化域内贸易和投资联系，推动区域经济一体化和互联互通。同时，各方将继续加强资本流动监测，提高经济韧性，有效应对外部冲击，维护区域经济金融稳定。会议就清迈倡议多边化（CMIM）首次定期评估主要内容达成共识，鼓励 CMIM 作为区域金融安全网中心与国际货币基金

5 月 4 日，第 21 届东盟与中日韩 10 +3 财长与央行行长会议在菲律宾马尼拉举行 （百度网）

组织(IMF)继续加强合作。会议赞赏东盟与中日韩宏观经济研究办公室(AMRO)在开展区域经济监测、支持CMIM运作等领域发挥的重要作用,重申将继续支持AMRO提高经济监测和机构能力,切实履行其作为独立、可信、专业国际组织的职责。会议赞赏亚洲债券市场倡议在发展区域本币债券市场和促进区域债券市场一体化方面做出的重大贡献,欢迎区域信用担保与投资基金通过中期商业战略和5亿美元增资方案。

第14届东盟信息部长会议和东盟10+3信息部长会议

2018年5月10日在新加坡举行,东盟10国和中国、日本、韩国等各国信息部长及东盟秘书处官员等出席。会议目标是通过信息和媒体建立强大的东盟文化共同体。一方面打击假新闻,加强媒体人员能力建设,通过《减少假新闻有害影响的框架和联合声明》,制定东盟成员国打击假新闻的合作战略;另一方面,提高民众"数字"素养,增强其东盟意识。确定"东盟数字扫盲"的核心价值观,在东盟内部通过"数字扫盲",以提高东盟民众的信息能力和新闻素养,更好地利用"数字化"给东盟带来的机遇。

第5届东盟—中日韩10+3新闻部长会议

2018年5月10日在新加坡举行,东盟各国及中国、日本、韩国新闻部长及代表出席。会议主题为"共享的数字化东盟"。会议认为,当前信息化、数字化、网络化技术不断发展,各国间的数字网络技术合作不断拓展。新闻媒体在增进国家交往、促进民心相通中发挥重要的桥梁纽带作用。在当前新媒体新技术蓬勃发展的背景下,媒体融合发展受到重视,应加强新媒体领域的交流合作,应对新挑战。

落实《南海各方行为宣言》第15次高官会

2018年6月25~27日在中国长沙举行,中国与东盟国家高官出席。会议就落实宣言、加强海上务实合作以及"南海行为准则"磋商等议题坦诚、深入交换意见,取得积极成果。与会高官肯定当前南海形势总体稳定的良好势头,重申全面、有效落实宣言的重要性,一致同意在业已形成的准则框架基础上进一步推进准则磋商,尽快形成单一磋商文本草案,作为下步商谈的基础。会议还审议更新2016~2018年工作计划。与会各方表示,将继续坚持通过谈判协商和平解决南海争议,坚持通过地区规则框架管控分歧,坚持通过合作增进信任、防止海上意外事件,共同维护南海和平稳定,努力将南海建设成为和平之海、友谊之海、合作之海。

6月25~27日,《南海各方行为宣言》第15次高官会在中国长沙举行

(百度网)

《区域全面经济伙伴关系协定》(RCEP)第5次部长级会间会

2018年6月30日至7月1日在日本东京举行,东盟10国与中国、澳大利亚、印度、日本、韩国、新西兰等16方经贸部长或代表出席试点。与会各方就货物贸易、服务贸易、投资和规则领域等相关问题进行深入讨论。会议发表《联合新闻声明》,表示在当前全球贸易面临单边主义挑战的背景下,尽快结束RCEP谈判至关重要。部长们重申将共同努力,取得突破,致力于完成一个惠及各方的区域一体化协定;欢迎谈判在各方面所取得的进展,并指示谈判团队努力在年底前形成一揽子成果。

首届东盟智慧城市会议

2018年7月在新加坡召开。会议强调智慧城市在协调东盟内部、缩小发展差距、促进增长方面的重要作用。26个东盟智慧试点城市已经确认,与外部伙伴的智慧城市合作初始项目也已启动。

第51届东盟外长及系列会议

2018年7月30日至8月4日在新加坡举行,东盟10国外交部长出席。参会各位部长集中讨论东盟共同体建设方向和措施,签署《第51届东盟外长会议联合声明》,将打击恐怖主义、极端主义,应对跨国犯罪、网络犯罪等非传统威胁等作为2018年东盟政治安全共同体建设的重要内容。另外,会议还讨论加强东盟团结、维持东盟在本地区和与各伙伴关系所具有的核心作用,促进制定与提高地区行为准则,其中包括起草东盟与中国的《南海行为准则》等问题。另外,各位部长还就促进东盟与各伙伴的平等互利关系的措施、地区架构的新倡议、改进与提高由东盟主持的论坛、当前背景下的国际和地区问题等进行讨论。

东盟与中日韩 10 +3 外长会议

2018 年 8 月 4 日在新加坡举行，东盟 10 国和中国、日本、韩国外交部长出席。中日韩和东盟国家外长均积极评价 10 +3 合作取得的丰硕成果，肯定 10 +3 合作为促进地区和平、稳定与繁荣发挥的积极作用。一致认为，面对单边保护主义给多边贸易体制带来的冲击和威胁，进一步加强 10 +3 合作比以往任何时候都更显重要。10 +3 国家应加强团结，坚定支持贸易自由化，反对保护主义，加快推进 RCEP 谈判，推动东亚经济共同体建设，维护东亚地区的和平与繁荣。

第 50 届东盟经济部长系列会议

2018 年 8 月 29 日至 9 月 1 日在新加坡举行。会议呼吁东盟各国继续加强区域经济合作和一体化。此次系列会议期间举行第 17 次中国—东盟 10 +1 经贸部长会议、第 21 次东盟—中日韩 10 +3 经贸部长会议、第 6 次 RCEP 部长级会议和第 6 次东亚峰会国家经贸部长会议等。

第 39 届东盟议会联盟大会

2018 年 9 月 37 日在新加坡举行。本届大会主题为“面向一个韧性与创新的共同体”。来自东盟各成员国和观察员国国会和东盟秘书处以及以嘉宾资格出席会议的摩洛哥和挪威议员等 350 多名代表与会。

第 3 届东盟网络安全部长会议、东盟电信和信息技术部长会议

2018 年 9 月 18 ~20 日在新加坡举行，东盟 10 国主管网络安全和电信信息技术的部长及代表出席。会议期间，东盟—新加坡网络安全卓越中心、东盟—日本网络安全能力建设中心宣布建立。

第 20 届东盟社会文化共同体理事会会议

2018 年 10 月 3 日在新加坡举行，东盟 10 国的有关部长和高级官员出席。会议重申第 33 次东盟峰会决议，专门讨论东盟地区 2025 年总体规划智能城市建设和东盟监测评估指南 2025 年社会文化社区蓝图的构思。另外，应对全球气候变化，发展生物多样性，促进青年成长等主题也在会上提及。

第 40 届东盟农业林业部长会议

2018 年 10 月 8 ~12 日在越南河内举行。出席会议的东盟各国部长与代表审议通过有关农林渔业的 23 项技术资料，并签署 3 项合作文件。在农业领域，审议确定有关气候变化的跨部门框架：通过有效和可持续利用土地、森林、水源和水产等资源，确保粮食安全、实现可持续发展目标；审议通过有关确保农产品质量和安全，同时为东盟农林产品贸易活动创造便利条件的 5 项重要文件。在林业领域，会议通过审议东盟农林业发展引导文件，协助东盟各成员国实现有关粮食安全、可持续增长、减少温室气体排放量、恢复土地、保护森林等的目标；审议通过《东盟的木材合法性和森林执法与施政（FLEG）指南手册》。在水产领域，会议一致同意成立东盟良好水产规范专家工作小组，审议通过东盟生态标签制度政策规定。此外，各国部长还对东盟与包括澳大利亚、中国、印度、日本、韩国和俄罗斯在内的对话伙伴的合作成果表示满意，同时对联合国粮农组织、经济合作与发展组织、国际水稻研究所、美国东盟商务理事会等组织所提供的宝贵帮助予以肯定。

第 18 届东盟与中日韩 10 +3 农林部长会议

2018 年 10 月 11 ~13 日在越南河内举行，东盟 10 国和中国、日本、韩国农村部长及代表，东盟秘书处官员出席。会议充分肯定《10 +3 粮食、农业与林业合作战略（20162025）》的实施进展，就粮食安全、乡村振兴、全球环境等共同关注的问题进行讨论，并发布联合声明。会议期间，10 +3 各国签署《关于修订 <东盟与中日韩大米紧急储备协定> 的议定书》，中国与东盟 10 国签署《中华人民共和国政府与东南亚国家联盟各成员国政府关于食品与农业合作的谅解备忘录》。与会代表高度评价东盟与中韩日合作战略（20162025）的实施进度，彰显东盟与中韩日在加强粮食安全、森林可持续管理、减缓和适应气候变化、动植物健康和疾病预防控制、提高人力资源建设与发展能力、加强信息系统建设和普及网络知识、提高农产品生产力和质量等方面的合作精神。与会代表还高度评价东盟与中日韩大米紧急储备（APTERR）协议实施所取得的积极进展，并重申继续协助落实该协议的承诺，对 APTERR 三号渠道计划实施情况给予认可，同时对东盟与中韩日粮食安全信息系统建设，以及改善东盟农业食品加工和分销的相关统计数据质量等方面所取得的良好成效给予充分肯定。

《区域全面经济伙伴关系协定》（RCEP）第 6 次部长级会间会

2018 年 10 月 13 日在新加坡举行。会议就货物贸易、服务贸易、投资、卫生和植物卫生措施、标准技术法规和合格评定程序、电子商务、竞争政策等议题进行深入讨论，推动各方取得年底一揽子成果，并实质性结束谈判。

第 12 届东盟国防部长会议

2018 年 10 月 19 日在新加坡举行，东盟 10 国国防部长及代表、东盟秘书处官员出席会议。会议主题为“加强合作　坚韧团结”。东盟 10 国防长签署联合宣言，其中包括落实全球首个“多边军机空中相遇行为准

则”,以降低误判风险及避免冲突,达成“以东盟为核心,加强成员国军事合作,维护区域和平”的共识。

第 12 届东盟防长扩大会议

2018 年 10 月 19 ~ 21 日在新加坡举行,东盟 10 国与中国、美国、日本、韩国、澳大利亚等 8 国国防部长出席。会议就维护区域安全与和平进行讨论,发表《东盟防长扩大会关于建立务实信任措施的联合声明》《东盟防长扩大会关于反对恐怖主义威胁的联合声明》。

东盟文化艺术部长会议

2018 年 10 月 24 日在印度尼西亚日惹举行。会议通过《关于通过预防文化以丰富东盟认同的日惹宣言》,同意设立东盟预防文化工作组,将预防文化制度化。同时,加强民间交流与合作以深化东盟认同,创造“和平、包容、健康、和谐的东盟预防文化”。

落实《南海各方行为宣言》第 16 次高官会

2018 年 10 月 26 日在菲律宾马尼拉举行,中国和东盟各国外交部高官出席。会前,背靠背举行落实宣言第 26 次联合工作组会议。中国与东盟国家继续就落实宣言、推进海上务实合作以及“南海行为准则”磋商等有关问题深入交换意见。

第 15 届东盟与中日韩能源部长会议

2018 年 10 月 29 ~ 30 日在新加坡举行。会议由东盟轮值主席国新加坡主办。与会嘉宾包括相关国家的能源部长、能源官员和代表。主席国新加坡主持东盟 +3 能源部长会议并致开幕辞。中国、日本和韩国作为联合主席国,分别致开幕辞。会上,主席国新加坡一方面向各部长简要介绍 2017 ~ 2018 年高级官员能源会议 +3 (SOME +3)论坛的最新进展情况,主要包括能源安全论坛、石油天然气市场论坛和商务对话、新能源与可再生能源及能效节能论坛,以及首次开展的东盟 +3 清洁能源圆桌对话。另一方面,介绍拟议的 2018 ~ 2019 年能源政策指导小组会议工作方案,主要涉及石油储备路线图、清洁煤炭技术和环境合作、能源安全管理、减排和东盟—中国清洁能源能力建设等领域。会议讨论并通过第 15 届东盟 +3 能源部长会议的部长联合声明。

东盟与中日韩卫生部长特别会议

2018 年 11 月 7 日在泰国曼谷举行,东盟 10 国和中国、日本、韩国 3 国的卫生部长与高级官员以及世界卫生组织、世界银行、联合国开发计划署、美国疾控中心等相关机构代表出席。会议主题是“防控甲型 H1N1 流感、商讨合作计划与战略”。在为期两天的会议中,各国卫生部长和高级官员评估甲型 H1N1 流感在世界范围和与会各国的传播情况,讨论并完善当前各国采取的防控措施,探讨东盟与中日韩在对抗新流感问题上的合作战略和举措,达成各国卫生部长在对抗甲型 H1N1 流感方面的联合声明。

第 24 届东盟交通部长会议

2018 年 11 月 8 日在泰国曼谷举行。东盟 10 国交通部长及代表、东盟秘书处官员出席。会议认为,东盟成员国之间达成的交通运输合作及对接,是推动成员国达成一致性的重要核心。交通连通是地区持续增长和稳定的关键,东盟国家需致力建立区域无缝交通运输网络,以此促进东盟内商贸投资的发展。成员国之间要支持建立有效的物流系统,建立多模式交通运输系统,共同解决跨境运输货物及乘客的问题。强调东盟成员国之间必须互相帮助,支持区域内外所有交通运输体系实现互联互通,共促东盟区域经济的稳定持续发展。

《东盟电子商务协议》签署

2018 年 11 月 12 日,东盟各国代表在新加坡签署《东盟电子商务协议》,表明东盟关于促进电子商务发展承诺的落实,旨在增加东盟地区利用电子商务的信心,促进跨境电子商务贸易便利化。按照协议文本,东盟各国将为电子商务发展创造有利环境,包括推动电子商务贸易规则制定以及在区域内建立更加广泛的数字联通等。

第 33 次东盟领导人会议

2018 年 11 月 13 日在新加坡举行,东盟各国领导人及代表、东盟秘书处官员出席。会议主题为“韧性与创新”,会议寻求在多边主义合作框架下进一步深化区域合作,推进东盟一体化和共同体建设,抵御外部不确定因素日益增加带来的冲击,创造更多包容性可持续发展的机会。会议审议通过多项东盟国家以及东盟与伙伴

10 月 19 ~ 21 日,第 12 届东盟国防部长会议在新加坡举行　（百度网）

国的合作文件，涉及东盟共同体建设、区域全面经济伙伴关系协定（RCEP）、数字经济、创新科技等重要议题。另外，东盟10国还签署东盟电子商务协议，启动东盟智慧城市网络框架，推动东盟深入合作。会议通过《东盟关于在气候行动和灾害日采用东盟青年的宣言》。

第21次东盟与中日韩10+3领导人会议

2018年11月15日在新加坡举行，东盟10国和中国、日本、韩国3国的领导人及代表出席。新加坡总理李显龙主持会议。与会各国领导人表示，10+3合作作为东亚合作主渠道，是地区最富活力的合作机制之一，发展势头良好。10+3成立以来，地区贸易实现巨大增长，使东亚成为世界上最繁荣的地区之一。展望未来，各方一致同意尽快完成RCEP最后阶段谈判，推进清迈倡议多边化，增加本币使用，拓展“中日韩+X”、智慧城市、创新、电子商务合作，加强互联互通，推进在金融、教育、文化、农业、减贫、环境、卫生等领域合作。面对国际形势中的不确定性，各方表示将团结一致，共迎挑战，推进多边主义和基于规则的自由贸易体系，维护地区和平稳定。

第13届东亚峰会

2018年11月15日在新加坡举行，东盟10国以及中国、俄罗斯、韩国、日本、印度、澳大利亚、新西兰、美国等国家的领导人共同出席。新加坡总理李显龙主持会议。与会领导人表示，东亚峰会作为领导人引领的论坛，自2005年建立以来取得长足发展，已成为以东盟为主导的地区开放框架的重要组成部分。各方秉持互利共赢、相互尊重的原则推进各领域务实合作，一年来在环境、能源、自然灾害管控、互联互通、经济贸易、海上合作等领域取得积极成果。当前新形势下，各方要加强发展战略对接，在可持续发展、互联互通、蓝色经济方面加强合作，共同应对网络安全、恐怖主义、气候变化等全球性挑战，通过外交手段解决地区热点问题。各方致力于加快推进RCEP谈判，不断推进区域贸易投资自由化、便利化，促进地区和平稳定与繁荣。会议通过《东亚峰会领导人关于东盟智慧城市的声明》等多份成果文件。

11月15日，第13届东亚峰会在新加坡举行　（新华网）

第6次东盟—美国领导人会议

2018年11月15日在新加坡举行，东盟10国和美国的国家领导人出席。双方重申东盟—美国战略伙伴关系，以及加强在打击恐怖主义、极端主义等非传统威胁领域的合作，共同维持和促进东南亚地区的和平、安全与稳定。双方签署《东盟—美国领导人关于网络安全的声明》，并达成扩大在网络安全领域合作的共识，包括促进东盟网络能力建设、共同打击网络犯罪等。

第25届东盟劳工部长级会议

2018年11月28日在马来西亚吉隆坡举行，东盟10国劳工部长及代表、东盟秘书处官员出席。会议主题是“促进绿色就业以面向东盟共同体的公平和包容性增长”。会上，与会代表就近两年来劳务活动实施情况进行交流，就促进地区绿色就业交换看法。与会各国部长高度评价2018年东盟系列高级会议通过有关就业和劳动安全卫生的声明，还高度评价东盟各国领导人通过有关保护与促进移民劳动者权利的《东盟宣言》以及实现《东盟宣言》的2018～2025年阶段地区行动计划，充分彰显东盟各成员国对携手保护移民劳动者的正当权益的承诺。与会代表讨论并通过东盟劳工部长级会议参照条例及其直属工作组的条例。

第41届东南亚教育部长组织高官会

2018年11月28～29日在泰国曼谷举行，东南亚教育部长组织成员国教育部高级官员、附属会员和联系会员代表以及伙伴组织观察员等约150人出席。泰国教育部副部长Sophon Napathorn和东南亚教育部长组织秘书处秘书长加多特分别致欢迎词和开幕词。中国—东盟中心教育文化旅游部副主任周惠参加会议并发言。会议就东南亚各国加强高等教育、职业教育等领域的合作深入交换意见。

第18届东盟电信和信息技术部长会议

2018年12月5～6日在印度尼西亚举行，东盟10国电信和信息技术部长及代表、东盟秘书处官员出席。会议批准《2019年东盟—日本信息通信技术工作计划》《2019年东盟—韩国信息通信技术工作计划》《2019年东盟—欧盟ICT工作计划》，通过与伙伴国家的合作缩小域内成员国之间的差距，推动东盟数字化经济发展。

中国—东盟自由贸易区

中国—东盟自由贸易区的历史沿革

1991年,中国与东盟正式建立官方对话关系。同年7月,中国正式成为东盟磋商伙伴。1996年7月,中国被东盟接纳为全面对话伙伴国并出席东盟与对话伙伴国会议。1997年12月,中国与东盟首次举行东盟—中国领导人会议。会议期间,双方领导人发表联合宣言,确定东盟与中国面向21世纪的睦邻互信伙伴关系。

2002年11月,第6次中国—东盟领导人会议签署《中国与东盟全面经济合作框架协议》,确定2010年建成中国—东盟自由贸易区的目标。2003年10月,第7次中国—东盟领导人会议期间,中国正式加入《东南亚友好合作条约》,双方领导人发表《中国与东盟面向和平与繁荣的战略伙伴关系联合宣言》。2004年,在第8次中国—东盟领导人会议上,双方签署《中国与东盟全面经济合作框架协议货物贸易协议》和《中国与东盟争端解决机制协议》,中国—东盟自由贸易区进入实质性建设阶段。2005年7月,中国—东盟自由贸易区《货物贸易协议》开始实施,双方7000余种商品开始全面降税,双边贸易额持续增长。2007年1月14日,中国与东盟国家在菲律宾宿务签署中国—东盟自由贸易区《服务贸易协议》。2009年8月,中国与东盟国家共同签署中国—东盟自由贸易区《投资协议》。2003~2009年,中国—东盟关系发展全面提速,双方在包括货物、服务和投资在内的经贸潜能得到释放。

2010年1月1日,中国—东盟自由贸易区如期建成,90%的商品实现零关税。中国对东盟平均关税从9.8%降至0.1%,东盟6个老成员国对中国的平均关税从12.8%降至0.6%。中国—东盟自由贸易区成为中国对外建立的第一个自由贸易区,也是由发展中国家建立的世界上最大的自由贸易区。同年,中国—东盟自由贸易区《投资协议》开始实施。2010年10月29日,在第13次中国—东盟领导人会议上,双方领导人签署《落实中国—东盟面向和平与繁荣的战略伙伴关系联合宣言的第二个五年行动计划(2011~2015)》和《〈中国—东盟全面经济合作框架协议货物贸易协议〉第二议定书》。2011年1月1日,《〈中国—东盟全面经济合作框架协议货物贸易协定〉第二议定书》开始生效,11月21日,中国与东盟签署《关于实施中国—东盟自由贸易区〈服务协议〉第二批具体承诺的议定书》,中国—东盟自由贸易区得到进一步发展。

2012年是《中国—东盟全面经济合作框架协议》签署10周年,也是中国—东盟自由贸易区建设10周年。2012年1月1日,《关于实施中国—东盟自由贸易区〈服务贸易协议〉第二批具体承诺的议定书》正式生效。11月19日,在第15届东盟—中国领导人会议上,双方领导人签署《关于修订〈中国—东盟全面经济合作框架协议〉的第三议定书》和《关于在〈中国—东盟全面经济合作框架协议〉下〈货物贸易协议〉中纳入技术性贸易壁垒和卫生与植物卫生措施章节的议定书》,并建立一些机构专门负责双边经贸合作事宜。会议还发表纪念《南海各方行为宣言》签署10周年联合声明。

2013年是中国与东盟签署《中国与东盟面向和平与繁荣的战略伙伴关系联合宣言》10周年,也是中国—东盟博览会举办第10年。8月29日,纪念中国—东盟建立战略伙伴关系10周年特别外长会在北京举行。9月3~6日,中国—东盟建立战略伙伴关系10周年暨中国—东盟博览会10周年成就展在广西南宁举办。10月9~15日,第16次中国—东盟领导人会议、第16次东盟与中日韩10+3领导人会议和第8届东亚峰会在文莱斯里巴加湾举办,中国与东盟国家领导人进行会晤与对话。双方领导人将建立战略伙伴关系10年来的中国—东盟合作方式提炼为"亚洲方式",并一致同意打造中国—东盟自由贸易区升级版,携手共创"钻石10年"。

2014年是中国—东盟携手共创合作"钻石10年"的开局之年,也是中国—东盟自由贸易区升级版建设取得重要进展的一年。8月26日,第13次中国—东盟经贸部长会议通过中国—东盟自由贸易区升级版要素文件,并于9月进行首轮谈判。9月16~19日,第11届中国—东盟博览会在广西南宁举办。11月13日,第17次中国—东盟领导人会议在缅甸内比都举行,会议发表《主席声明》,积极评价中国—东盟关系取得的进展,并对进一步推进各领域务实合作做出规划。年内,中国与东盟领导人还通过第17次东盟与中日韩领导人会议、2014年东盟地区论坛高官会、东盟地区论坛海上航道安全研讨会等平台进行会晤与对话。

2015年是中国—东盟自由贸易区升级版建设的重要时间节点。11月22日,经过4轮谈判后,中国与东盟签署《中华人民共和国与东南亚国家联盟关于修订〈中国—东盟全面经济合作框架协议〉及项下部分协议的议定书》。升级版议定书的达成和签署,体现双方深化和拓展经贸合作的共同愿望和现实需求,将为双方经济发展提供新动力,有利于加快建设更为紧密的中国—东盟命运共同体,实现2020年双边贸易额达到1万亿美元的目标,并将促进《区域全面经济伙伴关系协定》(RCEP)谈判和亚太自由贸易区建设进程。年内,中国与东盟领导人还通过第12届中国—东盟博览会、中国—东盟商务与投资峰会,第18次中国—东盟、东盟与中日韩领导人会议,东盟地区论坛等平台进行沟通交流,为促进双边合作达成多项共识。

2016年是东盟共同体宣布建成后的第一年，也是中国—东盟对话关系建立25周年。当年9月，第19次中国—东盟领导人会议暨中国—东盟建立对话关系25周年纪念峰会在老挝首都万象举行，会上发表《第19次中国—东盟领导人会议暨中国—东盟建立对话关系25周年纪念峰会联合声明》。双方领导人回顾过去25年来中国—东盟对话关系取得的进展及各领域合作成果，同意继续加强对话和合作，加强相互理解和友谊，共同维护地区和平与稳定。年内，中国与东盟还通过第13届中国—东盟博览会、中国—东盟商务与投资峰会，第9届泛北部湾经济合作论坛，东盟与中日韩领导人会议，亚洲合作对话第14次外长会，2016年东盟地区论坛外长会，澜湄合作首次领导人会议，大湄公河次区域经济走廊2016年省长论坛，中国—东盟省市长对话等平台进行交流、开展合作。

2017年是东盟成立50周年和中国—东盟旅游合作年，中国—东盟关系也面临着提质升级的新机遇。年内，中国与东盟相互支持各自的主场外交，体现对双边关系的高度重视和中国对东盟在区域合作中的中心地位的坚定支持。中国与东盟进一步加强政策沟通、战略对接和务实合作，深化经贸、互联互通、产能等全方位合作，落实第三份五年行动计划，推动中国—东盟自由贸易区升级成果落地。中国与东盟合作办好旅游合作年，打造社会人文合作新支柱，为中国—东盟合作注入新动力。2017年中国与东盟双边贸易额5148亿美元，比上年增长13.8%，增速超过中国对欧盟、中国对美国的贸易增长速度。中国向东盟出口额2791亿美元，比上年增长9%；进口额2357亿美元，增长20%。

2018年是中国—东盟建立战略伙伴关系15周年。15年来，双方关系从快速发展的成长期迈入提质升级的成熟期，进入全方位发展的新阶段。2018年，中国—东盟经贸合作再创佳绩。一是双边贸易额再创新高。根据中国海关统计数据，2018年中国与东盟贸易额5878.7亿美元，比上年增长14.1%，增速超过中国对外贸易平均增速。自2009年以来，中国已连续10年成为东盟第一大贸易伙伴，东盟连续8年成为继欧盟、美国之后的中国第三大贸易伙伴。在中国的前七大贸易伙伴中，东盟与中国的贸易增长速度最快。二是双向投资实现双增长。根据中国海关统计数据，2018年中国对东盟非金融类直接投资流量为99.5亿美元，比上年增长5.1%，显著高于2017年1.7%的增幅；东盟对中国投资流量为57.2亿美元，增长12.5%。截至2018年年底，中国对东盟累计投资额890.1亿美元，东盟对中国累计投资额1167亿美元，双向投资存量15年间增长22倍。东盟首次超过英属维尔京群岛，跻身继中国香港之后的中国第二大对外投资目的地。同时，东盟也仅次于中国香港和欧盟，位列中国第三大投资来源地。

2018年11月14日，在新加坡举行的中国—东盟领导人10+1会议上，中国国务院总理李克强宣布，中国与东盟各国最终完成自由贸易协定“升级版”的所有国内程序，中国—东盟自由贸易区“升级版”正式全面生效。这必将进一步密切中国与东盟的经贸关系，向国际社会释放中国和东盟国家坚定维护多边主义和自由贸易的积极信号。多位东盟国家领导人对《中国—东盟自由贸易协定》“升级版”正式全面生效给予高度评价。菲律宾总统杜特尔特表示，相信东盟与中国将继续促进贸易投资合作，维护多边主义和多边体系，这符合中国和东盟国家的共同利益。印度尼西亚总统佐科表示，面对国际经济中的诸多不确定因素以及保护主义、零和博弈势头上升的挑战，东盟和中国别无选择，只能加强合作，让东盟和中国成为和平与安全、稳定与繁荣的重要支柱。东盟轮值主席国新加坡总理李显龙表示，东盟和中国都支持以规则为基础的、开放的多边主义，支持扩大开放、互联互通。《中国—东盟自由贸易协定升级议定书》的全面执行将发出支持多边经济和贸易合作的强有力信号。中国外交部发言人华春莹在11月16日举行的例行记者会上表示，中国也将继续把东盟作为周边外交优先方向，以《中国—东盟自由贸易协定》“升级版”全面生效为契机，与包括东盟成员国在内的地区国家一道，进一步推动区域内贸易投资自由化、便利化，推动东亚地区经济一体化进程，与东盟携手打造更高水平的战略合作关系，构建更为紧密的中国—东盟命运共同体，使中国—东盟合作继续成为促进地区和平与繁荣的重要支柱。

12月19日，中国国际贸易促进委员会在中国广西南宁举行“全面签发《中国—东盟自由贸易协定》项下原产地证书工作会议”，对外发布称将从2019年1月16日起，授权中国贸促系统优惠原产地签证机构全面开展中国—东盟自由贸易区优惠原产地证书签发业务。当日会上，中国国际贸易促进委员会还与南京大学共同发布《中国—东盟自由贸易协定实施效果评估研究报告》。

《中国—东盟：共建海上丝绸之路》新书首发式

2018年1月23日在中国北京举行的中国—东盟新春联谊会上，举行《中国—东盟：共建海上丝绸之路》新书首发式，作者为中国—东盟商务理事会执行理事长许宁宁。首发式上，老挝、文莱、菲律宾、缅甸、新加坡、越南驻中国大使以及印度尼西亚驻中国大使馆代办、泰国和柬埔寨驻中国大使馆公使衔商务参赞、马来西亚驻中国大使馆商务参赞共同上台见证。东盟多个国家驻中国大使为该书作序推荐。柬埔寨驻中国大使凯·西索达在该书序中写道，该书的写作出版正当其时。菲律宾驻中国大使罗马纳认为，该书对关注中国和东盟发展的决策者、学术界和工商界人员大有裨益，提供了双方可深化合作的领域，是对促进双方经济合作的贡献。老挝驻中国大使万迪·布达萨冯表示，该书介绍了包括老挝在内的东盟国家新商机，这对中国企业“走进东盟”具有参考价值。印度尼西亚驻中国大使苏更·拉哈尔佐指出，在庆祝东盟成立50周年和东盟—中国建立对话伙伴关系26周年之际，该书的发行提醒我们记住共同创造的合作成就。

第11届中国—东盟自由贸易区联合委员会会议

2018年3月13～15日在中国北京举行，中国商务部、国家发展和改革委员会、财政部、农业部、海关总署、质检总局、国际贸易促进委员会和云南省商务厅、广西壮族自治区商务厅等部门组成的中方代表团与东盟10国组成的东盟代表团参会。双方高度评价《中国—东盟自由贸易协定》（特别是升级协定实施以来取得的进展）给双方人民和企业带来的积极成效，就实施中存在的有关问题及未来工作计划进行充分讨论，同时就贸易便利化和电子商务领域的相关经验和实践进行广泛交流。会前和会中，还召开原产地规则，经济技术合作，标准、技术法规与合格评定程序，卫生与植物卫生措施工作组会议，取得积极成果。双方一致表示，将进一步加强在中国—东盟自由贸易区框架下的合作，用好、用足自由贸易区优惠政策，不断推动双方经贸合作迈上新台阶。

中国移动支付覆盖东盟8国

2018年3月，支付宝（中国）网络技术有限公司旗下品牌——支付宝作为全球最大的移动支付和生活服务平台之一，正式进入柬埔寨、老挝、菲律宾和缅甸，主要服务中国游客。加上此前的新加坡、马来西亚、泰国和越南，至此，在东南亚共有8国可使用支付宝，当地有超过250个金融机构和支付解决方案伙伴与支付宝达成合作。柬埔寨旅游局报告显示，金边、暹粒和西哈努克三大机场都支持支付宝消费，包括餐饮连锁店以及免税店等；菲律宾知名度假综合体马尼拉云顶世界成为第一批接入支付宝的商户。此外，缅甸仰光和老挝万象、琅勃拉邦湄公河沿岸的商店和餐饮店也对接支付宝。

庆祝中国—东盟建立战略合作伙伴关系15周年国际研讨会

2018年3月28日在中国广西南宁举行，由中国—东盟中心和广西壮族自治区人民政府主办，广西大学和中国—东盟博览会秘书处承办，广西壮族自治区外事办公室、港澳事务办公室、商务厅和投资促进局协办。中国及东盟多国官员、智库专家、商会代表等近200人与会。与会中外专家学者围绕“中国—东盟建立战略伙伴关系15周年经验与启示”“打造经贸合作新格局”“把握创新合作新机遇”“开拓人文交流新局面”等多个议题进行深入交流与研讨，为进一步深化中国—东盟经贸、产能、科技创新、人文交流等多领域交流合作，打造更高水平的中国—东盟战略伙伴关系建言献策。

纪念中国—东盟建立战略伙伴关系15周年研讨会

2018年4月9日由中国驻东盟使团、中国外交学院与印度尼西亚大学东盟研究中心在印度尼西亚雅加达共同举办。中国驻东盟大使黄溪连，东盟秘书长林玉辉，印度尼西亚外交部东盟事务高官何塞，东盟常驻代表委员会轮值主席、新加坡常驻东盟代表陈汉成出席开幕式并作主旨发言。中国外交学院副院长江瑞平作总结致辞。中国和东盟国家、东盟秘书处、东盟对话伙伴国的高级官员、专家学者、媒体代表等约150人出席。研讨会期间，与会专家学者围绕“中国—东盟战略伙伴关系15周年成就与经验”“国际地缘格局变化中的中国—东盟关系”“‘一带一路’倡议与东盟共同体蓝图”“东亚区域合作和东亚共同体建设”等议题进行深入研讨。

博鳌亚洲论坛2018年年会“中国—东盟省市长对话”活动

2018年4月9日在中国海南博鳌举行。应中国海南省人民政府和中国人民对外友好协会共同邀请，来自中国海南省、天津市、香港特别行政区、广东省广州市以及柬埔寨西哈努克省、菲律宾巴拉望省、新加坡、泰国清迈府和普吉府等各国地方省市代表出席活动；来自克罗地亚、芬兰等国相关省市代表以及中国船舶工业行业协会、嘉年华及其旗下歌诗达邮轮品牌、云顶集团、地中海邮轮、皇家加勒比集团、诺唯真邮轮控股有限公司、中国交通运输协会邮轮游艇分会、马来西亚邮轮产业协会等企业代表作为特邀嘉宾出席活动。对话各方围绕“21世纪海上丝绸之路沿线邮轮旅游合作”主题，就加强邮轮旅游合作达成共识并在活动中签署共同倡议，同意成立21世纪海上丝绸之路沿线邮轮旅游城市联盟，开展全方位邮轮旅游合作。各方同意，21世纪海上丝绸之路沿线邮轮旅游城市联盟秘书处设在中国海南省海口市，并逐步吸纳更多的邮轮企业、港口运营商、旅行商和相关协会加入。

2018年中国—东盟东部增长区电子商务（新业态）研修班

2018年4月10日在中国广西南宁开班，由中国商务部主办，中国—东盟博览会秘书处承办。电子商务是中国—东盟自由贸易区“升级版”的内容之一，既是新业态，也是中国—东盟双方未来合作新的经济增长点。来自越南、老挝、柬埔寨、菲律宾和印度尼西亚5

个东盟国家的41名官员参加研修班,重点学习中国电子商务发展经验。研修期间,中国电子商务领域知名专家学者、政府官员为东盟学员授课,课程内容包含:国际贸易"单一窗口",跨境电商综合平台建设,中国电商发展及政策解析,中国互联网金融现状、影响与发展趋势,中国与东盟在经贸、跨境电商、检验检疫等领域的合作,以及中国—东盟博览会实体展览与电子商务融合等。研修班为期14天。研修期间,东盟国家学员还赴广西北海、山西太原等地参观考察,深入了解中国电子商务产业发展情况。

"中国—东盟创新年"启动仪式暨中国—东盟创新论坛

2018年4月12日在中国北京举行,由中国科技部与新加坡外交部、东盟秘书处共同主办。中国国务院总理李克强和东盟轮值主席国、中国—东盟关系协调国新加坡总理李显龙分别向大会致贺信。中国科技部部长王志刚和新加坡贸易及工业部、国家发展部资深国务部长许宝琨分别宣读两国总理贺信并致辞。印度尼西亚研究技术与高教部部长穆罕默德·纳西尔、老挝科技部部长波万坎·冯达拉、马来西亚驻中国大使拿督·扎伊努丁·叶海亚、泰国驻中国大使毕力亚·肯蓬、泰国科技部副部长甘亚薇·吉迪功、缅甸教育部副部长温貌吞、文莱驻中国临时代办李可婷、菲律宾驻中国使馆公使伊万·弗兰克·欧力、越南科技部国际合作司司长冯宝石等出席。启动仪式由中国科技部副部长黄卫主持。在启动仪式后举办的中国—东盟创新论坛上,中国科技部副部长黄卫、缅甸教育部副部长温貌吞、泰国科技部副部长甘亚薇·吉迪功等中国和东盟国家嘉宾围绕政府搭建创新合作平台、科技人文交流、科技创新政策交流、产学研创新合作等议题进行发言。中国外交部、国家发展和改革委员会、中国科学院、中国—东盟中心等政府部门和产学研各界代表近200人参加有关活动。

第19次中国—东盟联合合作委员会会议

2018年4月12日在印度尼西亚雅加达东盟秘书处举行,由中国驻东盟大使黄溪连和中国—东盟关系协调国、东盟轮值主席国新加坡常驻东盟代表陈汉成共同主持。东盟10国常驻代表、东盟副秘书长黄英俊、中国外交部和驻东盟使团官员出席。中国驻东盟大使黄溪连指出,东盟是中国亲密近邻和改革开放进程中的重要合作伙伴,中国将一如既往地把东盟作为周边外交的优先方向;致力于与东盟方一道,打造更高水平的战略伙伴关系,构建更紧密的命运共同体;坚定支持东盟共同体建设,支持东盟在国际地区事务中发挥更大作用。东盟方高度评价2017年中国—东盟关系发展和各领域合作成果,对中国长期支持东盟发展和东盟共同体建设表示赞赏。会上,中方与东盟方就落实第20次中国—东盟领导人会议成果与倡议、中国—东盟战略伙伴关系15周年纪念活动、《中国—东盟战略伙伴关系2030年愿景》、中国—东盟创新年等议题深入交换意见,明确中国—东盟联合合作委员会2018年主要工作方向和重点领域。会议还听取第19次中国—东盟联合合作委员会工作组会议情况报告。

中国—东盟旅游教育联盟2018年年会暨第2届中国—东盟旅游教育合作论坛

2018年4月16日在中国广西桂林旅游学院举行。中国—东盟旅游教育联盟是由中国—东盟中心、桂林旅游学院联合中国和东盟18个旅游院校及企业共同发起,在自愿基础上结成的非政府组织。中共桂林旅游学院委员会书记林娜、中国—东盟中心教育文化旅游部主任孔如梦、印度尼西亚特里沙克蒂旅游学院基金会主席达那提·比摩、广西壮族自治区旅游发展委员会副主任胡晶波等在中国—东盟旅游教育联盟2018年年会上致辞。联盟轮值主席、桂林旅游学院院长程道品介绍联盟2017年工作成果及2018年工作计划。2018年工作计划主要包括完善合作机制、加强合作办学、拓宽合作渠道、创新校企合作、共建酒店管理专业课程体系、制定酒店管理专业部分核心课程国际标准等。在中国—东盟旅游教育合作论坛上,印度尼西亚高等旅游教育协会秘书长 Diena M. Lemy、中国澳门旅游学院副院长吕剑英、广西维伯教育集团总裁韦壮春、马来西亚成功礼待大学执行董事 SeokKhenHo、桂林旅游学院"一带一路"学院院长张显春等围绕"中国—东盟旅游教育联盟之使命"作大会主题报告。与会专家学者及企业代表还就"中国—东盟旅游教育发展现状与前景展望""中国—东盟旅游产业与旅游教育的互动合作""'一带一路'背景下构建中国—东盟旅游教育共同体"等主题进行专题研讨。论坛上还发布《广西—东盟邮轮旅游发展报告》,对中国广西—东盟邮轮旅游的现状进行调查和分析并提出建设性意见。

中国—东盟工业旅游国际论坛

2018年4月18~20日在中国广西柳州工业博物馆举行,由广西壮族自治区旅游发展委员会、广西壮族自治区工业和信息化委员会、柳州市人民政府联合主办,主题为"新时代 新工业 新旅游"。论坛分为政策探索、专家视角、高端对话、经验介绍四大板块,邀请德国科隆大学、美国博林格林州立大学、中国中山大学等工业旅游专家以及中国19个省份的旅游部门负责人,共同探讨当前工业旅游发展的机遇与挑战。论坛发布《工业旅游发展柳州倡议》,号召工业和旅游相关机构积极探索并参与工业旅游发展实践,促进工业文明的挖掘、传承、传播和发展,形成主题鲜明、形式多样、内涵丰富、产业完备、功能齐全的工业旅游体系,实现工业和旅游的协同发展。论坛期间,与会嘉宾对柳州市的百里柳江、工业博物馆、螺蛳粉产业园等工业旅游点进行考察调研。

第3届中国—东盟青年论坛

2018年4月24日在中国山东大学开幕,由中国—东盟中心主办,山东大学承办。来自中国和东盟10国的青年学生围绕“科技与创新”主题,探索通过“科技与创新”创造价值的途径,服务中国—东盟未来合作发展。当天下午,中国和东盟青年学生围绕“创新与可持续发展”“创新与区域合作”“创新与生活品质”等3个议题进行讨论。马来西亚、新加坡、菲律宾、老挝和越南等国家的驻中国大使馆官员、中国17所高校的东盟10国在华留学生和中国学生近200人参加论坛活动。

“一带一路”与东盟国家教育合作论坛

2018年4月27日在中国海南海口举办,海口经济学院主办,海南省教育厅、省外事侨务办公室和省社会科学界联合会提供支持,来自8个国家的近150位高等学校或相关机构代表就开展教育合作进行深入探讨并发起成立东盟学院。在论坛开幕式上,中国、泰国、马来西亚、新加坡、越南、印度尼西亚、韩国和新西兰等国家高校代表共同签署《东盟学院谅解备忘录》。根据备忘录,东盟学院将以理事会的形式,结成东盟及中国、日本、韩国等国家高校间的联盟。联盟国家中的高校及相关机构均可以本着平等、自愿、互利原则派代表参加理事会。新成立的东盟学院将适时开展校际间学生学历教育和互相交换学生到对方院校学习,定期举办学术交流及每年一次的“一带一路”与东盟国家教育合作论坛,共同举办每年一次的“中国—东盟大学生文化艺术周”等活动。

中国—东盟建筑装饰行业合作委员会

2018年5月11日在中国深圳举行的第14届中国(深圳)国际文化产业博览交易会广田分会场宣布成立,正式发布《关于加强中国—东盟建筑装饰行业合作共赢共识》。该委员会中方主席由中国—东盟商务理事会执行理事长许宁宁担任,中方执行主席由中国深圳广田集团股份有限公司董事长范志全、中国深圳市装饰行业协会会长高刚担任。这标志着中国与东盟各国的建筑装饰业有了紧密联系的纽带,必将对双方的深入交流与长远发展产生积极的促进作用。在当天下午举行的“中国—东盟:合作 创新 共赢高峰论坛”上,中国和东盟国家工商会、建筑、工程承包及建筑装饰行业企业代表就各国建筑及建筑装饰产业现状进行交流,探讨加强中国—东盟建筑装饰行业合作,实现共赢发展等议题。

中国—东盟“一带一路”合作论坛首届电子商务合作对话会

2018年5月16日在印度尼西亚雅加达举行,中国—东盟中心和中国驻东盟使团主办,中国—东盟中心秘书长杨秀萍、中国驻东盟大使黄溪连、东盟副秘书长阿拉丁、东盟轮值主席国新加坡常驻东盟代表陈汉成以及印度尼西亚海洋统筹部、贸易部、旅游部代表出席并致辞。对话会围绕“‘一带一路’合作”主题,聚焦中国和东盟国家电子商务发展现状、未来趋势及合作机遇,开展中国—东盟企业家项目交流对接及“互联网与中国、东盟及未来”媒体互动。

中国国际贸易促进委员会研究院东盟研究中心

2018年5月21日在中国广西揭牌成立,由中国国际贸易促进委员会研究院和中国国际贸易促进委员会广西分会共同推进成立。该中心以建设中国特色新型智库为方向,打造中国一流、国际知名的东盟研究平台,更好地服务中国对外开放合作。成立后,该中心将整合中国国际贸易促进委员会研究院的研究力量和品牌优势,广西毗邻东盟国家的区位优势,以及中国—东盟商务与投资峰会、东亚商务理事会、中国—东盟商务理事会等重要机制平台资源,构建服务中国—东盟经贸关系健康发展的智库,为中国—东盟自由贸易区“升级版”、中新互联互通南向通道建设、中国—东盟经贸关系和贸易便利化、广西打造“南向、北联、东融、西拓”全方位开放发展新格局等提供智力支撑。

4月24日,第3届中国—东盟青年论坛在中国山东大学开幕　　(百度网)

中国—东盟港口城市合作网络工作会议

2018年5月24日在中国广西南宁举行,中国—东盟中心、中国和东盟10国有关部委、机构、港口城市政府、港口管理和运营机构、船务公司及企业、专家学者共210人参会。中国广西壮族自治区副主席黄俊华,文莱财政部第二部长、摩拉港有限公司董事长刘光明出席会议并致辞。会议设置3项议题:多式联运跨界协同、信息互联互通、机制建设与联动。会议认为,2013年中国—东盟港口城市合作网络成立以来,聚焦中国与东盟海上互联互通,对接《东盟互联互通总体规划》,以港口合作为核心开展多个重点领域合作,经过各方共同努力,取得积极的建设成果,特别是各方积极响应加入合作网络,工作机制逐步建立,港口投资合作日益升温,信息互联互通加快推进,海上航线不断加密,通关便利化水平明显提升,中新互联互通南向通道先导示范效应突出,更多的港口和港口城市从合作网络中受益,正日益成为中国—东盟合作的新平台。会议认为,海上互联互通是中国—东盟合作的战略重点。共建中国—东盟港口城市合作网络,是促进中国—东盟海上互联互通的重大行动,有助于实现区域经济一体化和共同繁荣。会议主办方向新加入中国—东盟港口城市合作网络的6家成员单位颁发牌匾。中国—东盟信息港股份有限公司发布信息平台合作成果。

中国—东盟10国冷链建筑节能技术合作暨"一带一路"冷链物流经济发展交流会议

2018年5月30日在中国安徽芜湖举行,中国—东盟商务理事会、中国建筑节能协会主办,中国青岛科瑞集团承办。会议旨在搭建一个技术合作的平台,帮助国内企业开拓国际市场,扩大中国与东南亚国家在冷链物流发展及冷库建筑节能领域的交流与合作。会议全面展示具有国际领先优势的建筑节能、冷链节能最新技术成果,探讨冷链经济发展趋势,分析东南亚地区市场现状,搭建高端交流平台,实现区域合作发展。会议期间,还发布超长效保温储运单元、A级高效节能冷库、相变储能材料研究等冷链产业最新技术成果。

第16届东盟华商会

2018年6月13日在中国云南昆明开幕,中国国务院侨务办公室、中国全国归国华侨联合会和云南省人民政府主办,云南省人民政府侨务办公室、云南省归国华侨联合会承办。以"新时代、新机遇、新征程、新发展"为主题。新加坡、新西兰、德国和中国台湾等40多个国家和地区的600余名海外华商代表,以及中国北京、四川、江苏等6个省(区、市)的侨务办公室、归国华侨联合会代表参加开幕式。开幕式结束后,举行东盟华商签约仪式,共签订《关于共同推进云南与新加坡两地企业合作共赢发展战略备忘录》等5个项目,签约协议总金额26.2亿元人民币。自2003年起,东盟华商会连续举办15届,成为集经贸洽谈、招商引资、引智引才、论坛演讲为一体的综合性品牌活动,同时成为云南省乃至中国西南地区与海外华侨华人联谊交往的重要平台。

中国—东盟野生动物保护培训班

2018年6月18日在中国四川唐家河国家级自然保护区举办,中国国家林业和草原局、亚太森林组织、国际爱护动物基金会联合主办,为期6天。中国、文莱、柬埔寨、印度尼西亚、老挝、马来西亚、缅甸、菲律宾、新加坡、泰国和越南等国的野生动物保护管理机构代表参加培训,交流、探讨野生动物保护经验、林业和野生动物保护合作等问题。中国国家林业和草原局有关司局负责人,北京林业大学、北京师范大学、中国科学院,以及世界自然保护联盟、东亚—澳大利西亚迁飞区伙伴关系的专家学者就野生动物保护政策及法律法规、重点物种与栖息地保护、濒危物种管理与履约等为学员授课。中国与东盟在虎、亚洲象、迁飞候鸟等野生动物保护领域开展长期友好合作。本次培训班是落实中国—东盟林业合作框架的具体行动,纳入2018年中国—东盟林业合作行动计划。

中国(重庆)—东盟清洁能源应用研讨与技术交流会

2018年6月22日在以"军民融合·创新发展"为主题的第13届中国重庆高新技术交易会暨第9届中国国际军民两用技术博览会(简称军博会)期间举行。当天,百余位中国、泰国、缅甸、印度尼西亚和越南等国的政府能源管理部门、能源企业代表就中国与东盟间清洁能源合作机遇和市场需求进行交流对接。

第12届中国—东盟社会发展与减贫论坛

2018年6月27日在菲律宾马尼拉举行,中国国务院扶贫办与菲律宾国家反贫困委员会联合主办,中国国际扶贫中心、菲律宾国家反贫困委员会秘书处共同

5月24日,中国—东盟港口城市合作网络工作会议在中国广西南宁举行

(百度网)

承办,东盟秘书处、联合国开发计划署、亚洲开发银行等机构支持,为期3天。中国和东盟10国的政府官员、专家学者、媒体记者、企业、非政府组织及国际组织代表120余人参加。中国国务院扶贫办副主任陈志刚,菲律宾国家减贫委员会秘书长黎萨·马萨,东盟秘书处副秘书长穆赫坦,亚洲开发银行副行长史蒂夫·格罗夫,缅甸农业、畜牧和灌溉部副部长吴腊觉,柬埔寨农村发展部国务秘书韶齐万,以及中国驻菲律宾大使馆临时代办孙毅出席开幕式并致辞。与会代表围绕论坛主题"深化减贫伙伴关系,构建中国—东盟命运共同体",以及"中国与东盟的乡村振兴与减贫实践""城乡贫困联系与减贫创新""中国—东盟农村发展与贸易自由化""构建中国—东盟命运共同体"等议题进行讨论,并实地考察菲律宾农业发展项目。

"一带一路"中国企业走进东盟研讨会

2018年7月5日在中国上海举行,中国公共外交协会、中国人民政治协商会议上海市委员会主办,中国外交部、中国经济社会理事会支持,中国人民政治协商会议上海市委员会对外友好委员会、上海公共外交协会、亚太日报社共同承办。研讨会旨在推进"一带一路"倡议与东盟发展规划的对接,实现双方更为长远的互利共赢。当前世界经济艰难复苏,贸易保护主义势力抬头,中国倡导更为开放的经济格局,提出"一带一路"倡议旨在与沿线各国一道加强多方合作,致力于维护现有的全球多边贸易体系。东盟处于"一带一路"陆海交汇地带,作为中国推动共建"一带一路"与扩大对外开放的重要方向,是中国推进"一带一路"建设的优先方向和重要伙伴。与会嘉宾认为,中国与东盟未来还将继续加强"一带一路"建设,并在经贸方面开展更深入的合作,这为中国企业"走进东盟"提供了良好的契机。中国企业应把握中国—东盟合作新机遇,进一步增加彼此了解,探索"走进东盟"的新思路、新方法、新内容。

2018年东盟商机对话会

2018年7月26日在中国北京举行,中国—东盟商务理事会主办,得到东盟有关国家驻中国大使馆的支持。中国和东盟国家代表300人出席会议,就"应对变化、携手发展"主题进行交流和探讨。会上,中国商业联合会会长姜明作为中方代表宣读《2018东盟商机对话会北京倡议》。倡议提出,中国与东盟海上丝绸之路建设、东盟经济共同体建设带来商机纷呈,双方应加强产业合作、基础设施建设合作、中小企业合作、高科技企业合作、电子商务合作、青年企业家合作等一系列合作,以共赢商机。

第11届中国—东盟教育交流周

2018年7月26日在中国贵州贵安新区中国—东盟教育交流周永久会址开幕,由中国外交部、中国教育部、贵州省人民政府共同主办,以"教育合作新起点 人文交流新未来"为主题。开幕式上,贵州民族大学东盟人文学院、阿里巴巴全球跨境电商教育联盟揭牌,云上丝路——"一带一路"国际合作大数据平台和中国—东盟及周边国家大数据警务国际交流合作基地宣告启动。中国—东盟教育交流周自2008年举办以来,规模和层次持续提升,由单一的教育交流平台发展成为国家级的人文交流平台;由中国与东盟"10+1"合作模式发展成为立足东盟、辐射全球的"10+1+N"合作模式。交流模式由一周内在贵州一个主会场举办,延伸到全年不同时段在中国和东盟多地举办,已经成为中国与东盟及"一带一路"沿线国家教育合作、人文交流的高端平台,成为互学互鉴、合作共赢的特色品牌。本届中国—东盟教育交流周包括开幕式活动和贯穿全年活动,共57项。

第2届中国—东盟民间友好组织领导人会晤

2018年8月6~9日在中国四川举行。8月7日下午,中国四川省与东盟9家友好组织签署友好合作备忘录,旨在增进四川省与东盟各国人民的了解和友谊,发展友好合作。签约双方在平等互利基础上,致力于开展文化、教育、科技、体育、旅游、经济、贸易和青少年等领域的交流与合作,积极推动四川省与东盟各国地方政府和人民之间的交流。与四川省签署友好合作备忘录的东盟9家友好组织分别为:文莱中国友好协会,柬埔寨中国友好协会,印度尼西亚中国经济、社会与文化合作协会,马来西亚中国友好协会、缅甸中国友好协会、菲律宾中国了解协会、新加坡中国友好协会、泰国中国友好协会和越南友好组织联合会越中友好协会。至2018年,东盟已成为中国四川省第二大贸易伙伴,仅次于美国。

《落实中国—东盟林业合作南宁倡议的行动计划(2018~2020)》

2018年8月15日在缅甸内比都举行的第21届东盟林业高官会上通过。根据该行动计划,中国国家林业和草原局年内将与东盟国家在野生动物保护、森林旅游、林业科技和森林有害生物防控等方面开展合作。6月18~23日,中国—东盟野生动物保护培训班作为2018年首个中国与东盟开展的合作活动在中国四川唐家河国家级自然保护区举办。

中国—东盟青年企业家"一带一路"(防城港)主题经贸活动

2018年9月26日在中国广西防城港举办,中国青年企业家协会、防城港市人民政府、中国共青团广西壮族自治区委员会共同主办,旨在拓展深化中国与东盟青年企业家的交流互信，共享机遇、共谋发展，携手共建“一带一路”和中新互联互通南向通道，提升防城港市作为“一带一路”和南向通道建设重要节点和门户城市作用。中国各省（自治区、直辖市）及东盟10国200多名青年企业家就发展与合作进行沟通和交流，并对防城港市的口岸、码头、企业、跨境贸易、物流发展等进行考察，寻找合作机会。活动期间还举办中国—东盟青年企业家“一带一路”南向通道发展对话会，与会代表共同发布《中国—东盟青年企业家共建“一带一路”（防城港）倡议》，积极推动更多东盟国家青年企业家到防城港投资创业。

第12次中国—东盟海事磋商机制会议

2018年8月13日在新加坡举行，中国、东盟国家和国际海事组织（IMO）的约100名代表参加。中国—东盟海事磋商机制会议是在中国—东盟交通部长会议框架下，加强中国与东盟海事机构交流协调的长期合作机制系列会议，旨在推动中国倡导的相关海事技术合作项目和技术标准得到东盟相关国家的支持、参与和推广运用。本次会议重点提出渡运安全治理、非公约船舶技术标准、船舶排放控制等新议题，审议IMO成员国审核报告和海上货物安全运输合作通信工作组报告、澜沧江—湄公河水上安全监管项目、中国—东盟海事海员教育培训发展战略等工作的最新进展。东盟各国对中国在会上提出的倡议表示积极支持和响应，对中国海事局在加强区域渡运安全治理及近年来开展的一系列海事技术合作项目作出的努力表示赞赏。

第3届中国—东盟青年峰会

2018年10月18日在中国北京大学开幕，北京大学东南亚协会、中国生态环境部澜沧江—湄公河环境合作中心主办，为期3天。会议宗旨是为青年搭建一个就中国—东盟重要区域问题进行对话与交流的沟通平台，增强青年之间的了解与共识，增进彼此间的情感和信任，提高各国青年对中国与东盟多元发展道路、对外政策、文化与风土人情的认识，以期推动中国—东盟关系的可持续发展。本届峰会以“东盟模式：21世纪深化全球联系”为主题，来自中国和东盟国家的约200名学生代表参加峰会期间举办的专题论坛和研讨会、模拟东盟峰会、东南亚文化晚会等一系列活动。东盟副秘书长穆赫坦出席峰会开幕式。

“中国—东盟战略伙伴关系：新时代、新愿景”国际研讨会

2018年10月23日在泰国曼谷举行，中国驻泰国大使馆、泰国外交部和法政大学联合举办，以纪念中国—东盟建立战略伙伴关系15周年。来自中国和东盟国家的10余位知名学者就会议主题展开讨论，泰国政府、研究机构、高校、行业协会及东盟国家驻泰国使团代表等200余人出席研讨会。与会专家学者围绕地缘格局变化中的中国—东盟关系、互联互通、人文交流等议题进行广泛研讨，普遍认为中国经济发展前景看好，是带动地区和全球经济发展的重要引擎。中国积极发展与东盟关系，支持东盟在区域合作中的中心地位，是东盟值得信赖的重要伙伴，“一带一路”倡议带动了其他大国在本地区的基础设施投资，促进了地区主义和多边主义发展，有利于地区和平、稳定和繁荣，符合各方利益。在当前孤立主义和保护主义抬头的背景下，应继续推进“10+1”“10+3”、东亚峰会、东盟地区论坛等地区合作，早日完成《区域全面经济伙伴关系协定》谈判，同时继续增进战略互信，加强海上务实合作，把南海建成和平、合作与繁荣之海。

《中国40年改革开放：经验、展望以及对东盟的启示》发布

2018年10月25日由东盟与中日韩宏观经济研究办公室在中国北京发布。报告总结中国改革开放40年来的成就与经验，并对中国与东盟的合作交流予以总结与展望，认为中国的改革开放有力促进了东盟的发展，中国与东盟未来合作前景广阔。报告认为，未来20年，中国与东盟将更广泛、更深入地推进经济一体化。中国认为东盟是最有可能接受与其加强经济联系的地区之一。东盟10国也认识到，在基础设施投资、旅游业、制造业和数字技术等领域与中国进一步融合能够带来巨大利益。中国与东盟之间的货物贸易将继续蓬勃发展，这不仅将促进市场规模扩大，也会强化贸易合作，通过利用资源禀赋的互补性促进生产，同时将一些制造业从中国转移到东盟。中国对东盟的资本品出口预计将大幅增加，中国和东盟对知识密集型产品的进出口将继续大幅增加。此外，随着中国中产阶级规模的扩大，东盟将对中国出口大量劳动密集型产品。由于中国游客的进一步增加，东盟来自中国游客的收入可能快速上升。在东盟地区更多采用人民币开展贸易和投资的潜力巨大，这将有利于中国与东盟的经济交流。跨境贸易和投资的增加将为人民币的推广使用提供巨大空间，有助于降低交易成本，使相关企业受益。基于金融市场的深度发展、持续深入的改革和良好的宏观经济管理，未来人民币将逐渐成为稳定的货币，有助于降低东盟的汇率风险。作为东亚地区负责宏观经济监测的国际组织，东盟与中日韩宏观经济研究办公室自2011年成立以来一直致力于东亚经济风险监测，维护东亚区域经济和金融稳定。

2018年中国—东盟基础设施互联互通金融论坛

2018年10月25日在中国广西南宁举行，中国国家发展和改革委员会为支持单位，广西壮族自治区人

民政府和中国国家开发银行共同主办。与会各方围绕“打造面向东盟的金融开放门户，推动基础设施互联互通建设”“打造金融服务平台，助力企业参与东盟基础设施互联互通建设”等议题展开深入研讨，就进一步推动金融支持中国—东盟基础设施互联互通建设达成相关共识。主要包括：一是进一步加强各国金融主管部门、金融机构之间的交流；二是发挥好开发性金融、政策性金融在基础设施项目融资中的重要作用；三是积极引导商业性金融机构参与基础设施项目合作；四是加强金融创新，为社会资金参与基础设施项目拓展空间。论坛举办期间，中国银行广西分行、中国港湾工程有限责任公司、中国路桥工程有限责任公司等应中国国家开发银行广西分行倡议，共同签署《共享发展机遇 助力东盟路港互联互通行动计划》，将以共商共建共享、平等互惠互利为原则，加强银行间、企业间和银企间的对接，共同以东盟路港建设为骨架，以公路、铁路、港口和空港等重大工程为依托，促进中国和东盟共同发展繁荣。

中国—东盟贸易投资指数发布

2018 年 10 月 26 日在中国北京发布，是全球首个综合评价对外投资重点国别、产业收益和风险的指数体系，由北京大学东盟国家研究中心与走出去智库联合课题组研发、测算和编写，主要跟踪研究东盟国家在政治、经济、金融、法律与税收等方面的动态，精确研判形势，努力协助中资企业在与东盟 10 国开展贸易投资过程中建立风险监测和预警体系，更好地服务企业、捕抓商机，进一步畅通经贸渠道。新加坡驻中国大使馆参赞陈金娥、菲律宾驻中国大使馆 Minister Ivan Frank M. Olea 在由中国—东盟商务与投资峰会秘书处主办，北京大学东盟国家研究中心与走出去智库承办的中国—东盟贸易投资指数发布研讨会上，分别分享新加坡和菲律宾的投资机遇，并热情邀请中资企业前往投资。

“一带一路”国际商协大会中国—东盟投资对接会

2018 年 10 月 29 日在中国北京举行，是由中华全国工商业联合会与中国一带一路网指导，人民网与环球时报联合主办，环球网承办的“一带一路”国际商协大会的分论坛之一，以“创新链接机遇 合作助推发展”为主题，通过解读中国和东盟各国商务政策及投资环境，帮助更多的投资机构和企业找准合作切入点和着力点，共同探讨中国—东盟经贸合作新发展。中国—东盟中心秘书长陈德海、东盟各国驻中国大使及商务参赞、中国相关商会及行业协会会长、企业负责人、东盟各国商会及企业代表和中国及东盟国家行业专家学者等约 300 位嘉宾出席对接会。中国—东盟中心秘书长陈德海在会上致辞，柬埔寨、老挝、马来西亚、菲律宾和泰国驻中国大使馆参赞分别在推介会上介绍本国的投资环境并进行项目推介。

《中国—东盟战略伙伴关系 2030 年愿景》获得通过

2018 年 11 月 4 日由中国和东盟在新加坡举行的第 21 次中国—东盟 10 + 1 领导人会议暨庆祝中国—东盟建立战略伙伴关系 15 周年纪念峰会上通过。根据这一文件，中国与东盟决定构建以政治安全、经贸、人文交流三大支柱为主线，多领域合作为支撑的合作新框架，打造更加紧密的命运共同体。中国成为第一个与东盟就中长期关系发展作出远景规划的对话伙伴国。近年来，中国与东盟经贸合作发展迅猛，已成为促进区域共同发展与繁荣的重要引擎和支撑。当前，中国与东盟正推动“一带一路”建设与《东盟共同体 2025 愿景》《东盟互联互通总体规划 2025》等更好对接，中老铁路、雅万高铁、中泰铁路等一批基础设施旗舰项目建设正在积极推进中。在贸易保护主义抬头、逆全球化暗流涌动的当下，中国与东盟同意加快《区域全面经济伙伴关系协定》谈判，向世界发出共同维护多边贸易体制、推动地区经济一体化和贸易自由化的强烈信号。

中国—东盟进口贸易指数发布

2018 年 11 月 13 日由中国上海对外经贸大学“一带一路”经贸指数研究院发布。发布的报告显示：中国—东盟进口贸易竞争力指数总体偏低，小于 30，说明中国自东盟国家进口的货物在中国市场的国际竞争力偏低，而这主要是受较低的市场占有率影响。自东盟进口的货物在中国市场占有率稳定在 1% 左右，但橡胶制品、仪器设备、机械器具和车辆船舶等进口产品的市场占有率增长近 1 倍。此外，“中国—东盟”进口贸易强度高于从世界进口的平均水平，植物产品、橡胶和塑料产品以及木制品的进口贸易强度最大，而机器设备和光学仪器的进口贸易强度增长最快。此外，中国—东盟进口贸易相似系数也持续增加，与越南的进口贸易相似系数逐年增长。

第 6 届中国—东南亚国家海洋合作论坛

2018 年 11 月 16 日在中国广西北海举行，中国自然资源部、广西壮族自治区人民政府共同主办。论坛设置海洋观测预报与服务、海洋生物多样性和生态系统健康、海洋和渔业产业投融资等 3 个分论坛。来自中国和东南亚国家政府部门官员和专家学者共同展开深入交流对话。论坛促成海洋产业投融资项目签约 18 项，计划投资总额 95.464 亿元。中国—东南亚国家海洋合作论坛从 2013 年起，先后在印度尼西亚、泰国、中国青岛、柬埔寨和马来西亚举办 5 届。本届论坛首次在海洋合作主题的基础上细化引入渔业元素，特别增设海洋和渔业招商引资项目集中签约、海洋和渔业产业投融资、项目推介等环节，并就重大项目、产能开发、贸易金融、市场交流和旅游文化等多个领域开展广泛合作。

中国—东盟科技合作与跨境电商发展论坛

2018年11月16日在中国广西南宁举行，广西壮族自治区商务厅、科技厅支持，中国—东盟科技产业合作委员会与广西启迪科技城集团承办，旨在进一步落实“一带一路”倡议与东盟共同体建设，以产业合作促进中国与东盟各国发展规划密切对接。论坛是中国清华大学第2届“一带一路”论坛暨第10届启迪创新论坛的重要组成部分。“一带一路”沿线国家的政要、学者、工商界领袖、知名高校、科研院所代表，东盟各国驻中国使领馆官员、商协会代表和企业家代表，中国国际电子商务研究院，中国相关互联网企业代表，广西物流、金融、产业园区代表等出席。与会嘉宾分别围绕“中国—东盟科技创新与合作新路径探索和‘南宁渠道’升级”“中国—东盟跨境电商大有可为”等主题进行高端对话，共同探讨中国与东盟在“一带一路”倡议下的发展，为中国—东盟科技合作与跨境电商发展献计献策。论坛举行当天，中国—东盟跨境数字商务综合服务平台正式成立并落户南宁启迪东盟科技城。平台将依托广西南宁东盟人才高度聚集和区域战略支点的优势，打造成为国际化一流的跨境电子商务产业服务平台，并以此为抓手，将南宁启迪科技城打造成为中国—东盟跨境产业国际人才创业孵化基地和中国—东盟先进制造业跨境聚集地。

中国—东盟稀土产业发展研讨会暨2018（第4届）中国稀土论坛

2018年11月16日在中国广西南宁举行，中国国务院参事室支持，中国有色金属工业协会和广西自然资源厅共同举办。论坛主题为“凝聚丝路智慧，建设绿色稀土”。东盟及其他国家和中国的政府官员、行业协会、商会、矿业与投融资企业代表、专家出席。论坛上，有11位专家学者围绕稀土行业绿色发展、稀土开发利用、稀土应用前景、全球稀土资源概况及开发利用趋势、东盟矿业发展形势与政策和投资环境分析等作主题发言。本次论坛引导中国企业更合理地利用中外不同的资源和市场，进一步促进“一带一路”沿线各国稀土产业发展的交流与合作，促进中国与东盟各国的稀土资源开发、产业发展以及技术交流与贸易合作，凝聚丝路智慧和力量，共同推进区域稀土产业实现快速、绿色发展。

11月16日，中国—东盟科技合作与跨境电商发展论坛在中国广西南宁举行（百度网）

第2届东盟地区论坛渡运安全研讨会

2018年11月26日在中国广州举行，中国交通运输部海事局和菲律宾海事工业局共同主办，广东海事局承办。来自澳大利亚、孟加拉国、印度尼西亚、柬埔寨、老挝、马来西亚、菲律宾、新加坡、泰国、越南和中国等11个国家以及国际海事组织、国际渡运协会和世界渡运安全协会等3个国际组织的90多名代表出席。与会代表共商、共谋区域渡运安全合作。中国和东盟地区论坛其他成员国、国际组织代表专家回顾分享2017年第1届东盟地区论坛渡运安全研讨会以来实施“广州声明”的经验，并进行学术探讨和技术交流。对涉客渡运安全事故教训、降低渡运安全风险、提升区域合作水平等议题进行广泛研讨，就加强区域渡运安全治理提出许多有益的建议及对策。

中国—东盟银行联合体理事会第8次会议

2018年11月在新加坡举行，新加坡星展银行和中国国家开发银行共同主办。会上，各成员行围绕“深化基础设施互联互通及金融合作”主题开展深入研讨，共同签署《金融支持中国—东盟命运共同体建设的联合声明》，并表决决定接受菲律宾开发银行、马来西亚开发银行、老挝外贸银行、缅甸经济银行为首批银行联合体观察员行。会议发布题为《以绿色金融支持东盟基础设施建设：机遇与挑战》的联合研究报告，并正式启用银行联合体徽章旗帜。各成员行表示，将进一步发挥银行联合体多边平台优势，落实好《中国—东盟产能合作联合声明》《中国—东盟关于进一步深化基础设施互联互通合作的联合声明》《中国—东盟战略伙伴关系2030年愿景》，以金融合作为基础深化产能合作、基础设施建设等多领域合作交流，促进东盟各国经济发展和民生改善。中国—东盟银行联合体于2010年10月在第13次中国—东盟领导人会议期间成立，首批成员行是中国和东盟各国的重要金融机构，在中国和东南亚地区具有较大影响力。

“走进东盟”商机推介会

2018年11月27日在中国北京举行，中国北京市朝阳区人民政府主办，中国—东盟商务理事会承办。主题为“积极应变、紧密合作、共创未来”。中国和东盟国家的100余名代表出席。会上，东盟国家驻中国大使馆商务官员介绍各自国家的产业经济现状、商务政策及投资环境，推介新商机，协助中国企业在“走进东盟”时找准合作切入点和着力点，共同探讨中国—东盟经贸合作新机遇。许多中国企业家与东盟国家代表交换名片、送交企业资料，表达“走进东盟”开发商机的积极愿望。

中国—东盟创新政策智库论坛

2018年11月29日在中国广西南宁举行，中国科技部主办，广西决策咨询委员会和广西壮族自治区科学技术厅支持，中国科学技术发展战略研究院、广西经济社会技术发展研究所承办，广西民族大学中国—东盟研究中心协办。中国和东盟国家政府部门官员、智库机构负责人、专家学者和新闻媒体的代表近170人出席。中国科技部战略研究院院务委员孙福全，广西特色新型智库联盟副理事长、广西社会科学界联合会副主席刘家凯，自治区科技厅副厅长刘建宏分别在论坛开幕式上致辞。与会专家学者围绕“深入政策交流，促进创新合作”主题，从智库层面进行交流对话，为加强中国与东盟科技创新合作建言献策。通过主旨演讲、圆桌讨论等环节交流，与会代表一致认为，中国与东盟正携手迈进新时代，推动中国—东盟战略伙伴关系提质升级正当其时。中国与东盟国家智库应不断加强交流、主动作为，共同厚植中国—东盟友好合作的民意基础，让命运共同体意识更加深入人心。

第7届国际清洁能源论坛

2018年12月11日在中国澳门特别行政区开幕，国际清洁能源论坛（澳门）和中国—东盟中心、东盟能源中心主办，为期3天。以“清洁能源智能引领，中国东盟携手合作”为主题，旨在促进中国与东盟国家以及“一带一路”沿线国家的清洁能源合作，推动智慧能源和能源区块链技术创新。来自多个国家和地区的政府能源电力部门主管和驻华使节、行业协会、企业、大学和研究机构的代表出席。在论坛开幕式上，举行《国际清洁能源产业发展蓝皮书（2018）》和《智慧能源产业创新发展蓝皮书（2018）》新书发布仪式。论坛举办期间，还举办“清洁能源智慧引领，中国东盟携手合作”主题报告会、中国—东盟清洁能源合作圆桌会和智慧能源与能源区块链技术创新峰会，围绕水电、风电、光伏、核电、电力、煤炭清洁高效利用以及智慧能源和能源区块链等议题进行演讲、讨论和交流，重点推动清洁能源和智慧能源技术的产业化和国际合作。

2018年中国—东盟林业科技合作研讨会

2018年11月27日在中国广西南宁举行，中国国家林业和草原局东盟林业合作研究中心主办，广西壮族自治区林业科学院承办。主题为“中国—东盟林业科技合作与发展”，旨在加强双方林业科技的合作交流，探讨如何促进林业科技在双方林业发展和产业升级中的作用。研讨会总结和分享中国和东盟国家林业科技发展经验，深入探讨林业科技发展过程中面临的问题和挑战，并积极寻求解决方案。此外，研讨会还探讨未来5年中国—东盟林业科技合作发展计划。来自马来西亚、老挝、泰国、越南、柬埔寨、印度尼西亚和缅甸等东盟国家林业部门官员和代表，中国国家林业和草原局有关司局，国际竹藤组织，亚太森林网络管理中心，中国林业科学院、中国部分省市林业科研院所，广西壮族自治区科技厅、自治区林业局相关负责人等120多人参加会议。广西壮族自治区人民政府副秘书长文世峰、中国工程院院士尹伟伦、广西壮族自治区科技厅副厅长刘建宏等在会上致辞，中国和东盟国家的18位林业专家就热带、南亚热带林木培育和可持续经营、营建示范林、森林及景观管理修复等共同感兴趣的合作领域和议题作专题演讲和报告。中国国家林业和草原局科技司巡视员厉建祝向广西大学、广西林科院、广西国有七坡林场三方共建的“广西东盟（南宁）林业科技示范园区”授匾。

中国—东盟（百色）铝产品仓储交易中心项目开工建设

2018年12月28日在中国广西田阳县头塘镇百坡村举行项目开工仪式。该项目规划占地53.33公顷，估算投资总额5亿元，在功能上主要分为：仓储物流功能申请铝期货交割仓和信息交易平台两部分。一方面，本项目主要功能为百色市及周边区域铝产品提供集中仓储、物流服务，降低企业的仓储物流成本，提高铝产品的流通效率；另一方面，与传统仓储物流中心相比，本项目还为企业提供铝产品期货交割、现场铝产品交易、互联网等模式的交易服务，通过现代电子商务技术与物流配送相结合的商业模式，除了可为当地铝企业服务，交易参与者还可覆盖到中国全国，乃至周边国家（如东盟各国）的铝企业。（颜洁）

区 域 合 作

大湄公河次区域经济合作

大湄公河次区域经济合作发展历程

湄公河(中国境内称澜沧江)是亚洲一条重要的国际河流,发源于中国青藏高原唐古拉山,自北向南流经中国青海、西藏、云南3省(自治区)和缅甸、老挝、泰国、柬埔寨、越南5国,于越南胡志明市附近注入南中国海,全长4880千米。大湄公河次区域(GMS)位于东南亚、南亚和中国大西南的结合部,涉及中国云南、广西两省(自治区)以及缅甸、老挝、泰国、柬埔寨和越南5个国家,面积256.86万平方千米,总人口3.29亿。大湄公河次区域经济合作始于1992年,当年10月,首届GMS合作会议在菲律宾马尼拉亚洲开发银行总部举行,会议确立GMS合作的总体框架。会议文件将大湄公河次区域界定为柬埔寨、老挝、缅甸、泰国、越南和中国云南省(2005年确定广西为中国参与GMS合作的第二个省份)。会议决定每年召开一次6国部长级会议,并确定8个主要合作领域,即交通、能源、环境和自然资源管理、人力资源开发、贸易和投资、旅游、通信、禁毒等。

1992~2018年,大湄公河次区域合作经历3个发展阶段:第一阶段(1992~1996年)为建立互信和构建合作框架阶段。主要就GMS合作的基本问题进行可行性研究及广泛磋商,建立合作框架,形成合作机制。1994年,第3次GMS部长级会议确立后来成为GMS合作蓝图的项目计划,形成《大湄公河次区域经济合作——由倡议走向实施》的会议文件。1995年11月举行的第5次GMS部长级会议进一步扩充合作领域,筛选出103个优选合作项目。1995年4月,湄公河下游泰国、老挝、柬埔寨和越南4国在泰国清莱签署《湄公河可持续发展合作协定》。4国决定在湄公河流域开发和管理的一切领域,包括河流资源、河上航运、洪水控制、渔业、农业、发电及环境保护等所有可能产生跨越国界影响的领域进行合作。依照协定建立的新湄公河委员会取代原来的湄公河临时委员会,新湄公河委员会自成立之日起就邀请上游的两个国家——中国和缅甸加入该组织,并于1996年开始与两国定期举行对话。

第二阶段(1997~2001年)为建立战略框架和优选项目阶段。确定GMS合作优先领域,批准一批重点项目,全面展开项目可行性研究,实施优先项目。2010年11月举行的第10次GMS经济合作部长级会议确定今后10年GMS合作的5个战略重点,即加强基础设施联网、便利跨境贸易与投资、扩大私营部门的参与和竞争、开发人力资源和提高技能水平、加强环境保护和促进自然资源的可持续利用。会议确定的11个旗舰项目包括南部经济走廊、东西经济走廊、南北经济走廊、电信骨干网、电力网、便利跨境贸易与投资、私营参与和增强竞争力、人力资源开发、环保战略框架、洪水控制和水资源管理、旅游等。

第三阶段(2002~2018年)为提升和全面发展阶段。在建立首脑会议机制和召开部长级会议方面取得新进展。大湄公河次区域6国分别于2002年11月(柬埔寨金边)、2005年7月(中国昆明)、2008年3月(老挝万象)、2011年12月(缅甸内比都)、2014年12月(泰国曼谷)和2018年3月(越南河内)举行6次领导人会议,分别通过《次区域发展未来10年战略框架》《大湄公河次区域经济合作新10年战略框架》《河内行动计划》等重要文件,为次区域合作指明方向。2002~2016年先后举行21次部长级会议,审议通过多项开发规划和贸易协定,推动GMS合作向深度和广度发展。2017年9月20日,越南计划与投资部同亚洲开发银行在越南河内联合举行GMS第22次部长级会议,在此次部长级会议中,与会各国制定并完善《河内行动计划》框架,讨论并通过2018~2022年区域投资框架(RIF)和GMS旅游战略(2016~2025年)。

经过20多年的发展,GMS合作在以项目为主导的合作方式下不断推进,在一些重点领域取得诸多新进展。在交通与环境领域,GMS各国合作稳步推进。中国云南蒙自至河口铁路2014年竣工。2015年11月13日,中老铁路项目在中国北京签约。12月19日,中泰铁路合作项目在泰国大城府举行启动仪式。2016年6月29日,大湄公河次区域交通论坛第2次会议在中国广西南宁举行,会议听取各国关于次区域投资框架2014~2018年行动计划下41个交通基础设施投资项目和15个技术援助项目进展情况介绍,审议次区域交通走廊和经济走廊布局调整相关方案,讨论制定新的次区域交通行业战略的有关内容,研究次区域铁路联盟建设等相关问题。2017年5月24~25日,大湄公河次区域(GMS)国家便利运输委员会联合委员会特别会议暨高官会在越南河内举行,会议期间,与会各国就加快签署和启动实施《关于实施〈大湄公河次区域便利货物及人员跨境运输协定〉"早期收获"的谅解备忘录》(简称《早收备忘录》)达成新的时间路线图和工作计划,并围绕《大湄公河次区域便利货物及人员跨境运输协定》的修订工作,重点就开通新的GMS跨境道路运输线路和出入境站点等问题进行深入讨论。2018年3月,GMS6国政府共同签署《早收备忘录》,规定GMS国家车辆持GMS行车许可证和暂准入境单证(TAD),一年内进入柬埔寨、老挝、泰国和越南的次数不限。备忘录于2018年6月1日起正式实施(缅甸将于2020年6月启动)。《早收备忘录》的实施和GMS国际道路运输线路的正式启动有助于进一步畅通中国——中南半岛运输走廊,促进区域货物和人员往来。

在农业和旅游领域,GMS各国相互交流加深。2014年3月27日,中国与柬埔寨合作建设的中柬优质蔬菜水果示范基地揭牌。2015年5月21日,越南农业与农村发展部与中国农业部在越南河内签署农业合作备忘录。2016年12月,第38次大湄公河次区域旅游工作组会议在中国云南昆明举行,各国与会代表先期赴昆明古滇国旅游项目实地调研,对昆明超大型文化旅游城市综合体建设规划进行考察,并围绕古滇国项目对旅游带动失地农民就业、旅游促进产业转型和生态文明建设进行重点调研。2017年6月,大湄公河次区域农业科技交流合作组第八届理事会在中国云南昆明举行,借助合作组等平台,中国云南省农科院与南亚东南亚国家陆稻、大豆、稻飞虱等合作研究进展顺利,成效明显。在2018年6月举行的大湄公河次区域(GMS)经济走廊2018年省长论坛上,各方就今后的合作达成多项共识,其中包括继续推进农业、渔业和旅游领域的合作。

在贸易与投资领域,GMS成员国之间贸易与投资额持续增长。2014年中国与GMS各国间贸易总额1721亿美元,2015年1610亿美元,2016年1750亿美元,2017年达到1872亿美元,2018年增至2133亿美元。在中国对GMS各国的投资方面,2015年中国是柬埔寨、老挝和泰国的第一大外资来源国。2016~2018年,中国是柬埔寨、老挝和缅甸的第一大外资来源国。近年来,中国对GMS各国的投资额总体上持续增长。

在非传统安全领域,GMS各国持续开展合作。2013年5月,中国和GMS各国在缅甸首都内比都发表禁毒合作《内比都宣言》。10月,中缅禁毒合作第11次会议在中国山西举行,中缅两国代表表示继续巩固和加强两国在禁毒领域的全面合作,共同推进解决"金三角"毒品问题,联手打击跨国毒品犯罪活动。近年来,GMS各国持续加强湄公河流域联合执法,截至2018年12月,中老缅泰四国累计开展77次湄公河联合巡逻执法、派出执法船艇654艘次、执法队员12297人次、总航程4万余千米,为数千艘中外船舶护航,有力维护"黄金水道"的安全稳定。

GMS公路建设

GMS国家不断提升运输保障能力,加快推进旨在促进互联互通的高速公路、通商口岸公路和公路运输枢纽建设,通道通过能力进一步增强。

《关于实施<大湄公河次区域便利货物及人员跨境运输协定>"早期收获"的谅解备忘录》签署 2018年3月由大湄公河次区域(GMS)6国政府共同签署(以下简称早收备忘录)。2018年6月1日起实施。根据早收备忘录,除缅甸外的GMS5个国家车辆持GMS行车许可证和暂准入境单证(TAD)便可在《大湄公河次区域便利货物及人员跨境运输协定》(简称便运协定)规定的线路上通行。缅甸将于2020年6月1日加入早收备忘录的实施计划。这是自便运协定签署以来,大湄公河次区域运输便利化发展历史上迈出的跨越式一步,将进一步推动整个区域运输便利化,促进区域货物和人员往来。首期各国签发的行车许可证和暂准入境单证不超过500份,有效期1年。有效期结束后,可根据需求延期,由大湄公河次区域国家便利运输委员会商定。

《关于实施<大湄公河次区域便利货物及人员跨境运输协定>"早期收获"的谅解备忘录》培训 2018年5月28~29日,由亚洲开发银行(ADB)主办,云南省交通运输厅、云南省运管局协办。培训由ADB高级经济一体化政策顾问大卫·马汀主讲。大卫·马汀首先介绍早收备忘录的基本情况及所属国和东道国的合规问题,并从"GMS公路运输许可证"、"TAD"的颁发和使用,"许可证—TAD单证登记表"的填写及持证车辆出入境的流程等4个模块,分别对中国海关官员和国际道路运输企业进行培训。

GMS铁路建设

中泰铁路建设将全面启动 2018年5月30日至6月1日,第24次中泰铁路合作联合委员会在泰国曼谷举行,中国国家发展和改革委员会副主任宁吉喆与泰国交通部部长阿空共同主持会议。阿空在会后表示,中泰高速铁路剩余标段于2018年下半年开始招标,2019年将进入全面建设阶段。此外,中泰铁路合作项目二期工程的可行性研究也在2018年年内完成。

中缅铁路建设取得新进展 2018年10月22日,中国和缅甸两国代表于缅甸首都内比都签署木姐—曼德勒铁路项目可行性研究备忘录,正式启动这一铁路项目的可行性研究。木姐—曼德勒铁路不仅是中缅铁路缅甸境内的起始段,还是中缅经济走廊的骨架支撑。该铁路途经缅甸北部经济中心和重镇,能大大推动相关地区的经济发展。

中老铁路贯通首个超千米隧道 由中国中铁五局集团有限公司承建的中老铁路纳堆一号隧道于2018年10月28日贯通,这是中老铁路首个贯通的千米以上隧道。中老铁路北起两国边境磨憨——磨丁口岸,南至老挝首都万象,全长414千米,其中60%以上的路段为桥梁和隧道,隧道长度近198千米。该铁路设计时速160千米,于2016年12月全线开工,建设期为5年,投资总额约为374亿元人民币,是第一个以中方为主投资建设、共同运营并与中国铁路网直接连通的境外铁路项目,全线采用中国技术标准及使用中国设备。

GMS 水运航道建设

2018 年 11 月 8 日，中国和缅甸双方代表在缅甸商务部签署皎漂深水港项目框架协议。按照协议，中缅双方股权占比由原来的“85% ~15%”调整为“70% ~30%”。缅方考虑分阶段实施该项目，预计项目第一阶段投资 13 亿美元（约合 90 亿元人民币）。

GMS 电力项目合作与开发

中越电力开发重点合作项目投入运营　2018 年 7 月 27 日，中国企业在越南投资规模最大的电力项目——越南永新燃煤电厂一期 BOT 项目 1 号机组正式投入商业运营。永新一期项目是中越两国领导人见证签署合作项目，是中越经贸合作五年发展规划和陆上基础设施合作五年规划的重点产能合作项目，它的建成投产，将缓解越南南部用电紧缺问题，助力当地经济社会发展。

中国南方电网公司与老挝政府签署合资开发建设老挝国家输电网可行性研究谅解备忘录　2018 年 8 月 8 日，中国南方电网公司董事长李庆奎与老挝计划投资部部长苏潘·乔米赛、老挝国家电力公司总经理奔温·西万彭在老挝万象签署《关于开发建设老挝国家输电网可行性研究谅解备忘录》，这是贯彻中国国家发展和改革委员会与老挝能矿部签署的《关于建立电力战略合作伙伴关系的谅解备忘录》精神的重要举措，标志着中老电力合作迈出新步伐。

GMS 金融合作

中老两国成功实现双边本外币现钞跨境调运　2018 年 5 月 18 日，中国云南省富滇银行西双版纳磨憨支行与老中银行磨丁分行开展首次双边本外币现钞调运合作，分别将 500 万元人民币通过中国磨憨口岸调入老挝、5 亿元老挝基普通过老挝磨丁口岸调入中国，这标志着中老双边本外币现钞跨境调运在中老磨憨—磨丁经济合作区取得历史性突破，意味着中老双边首条本外币现钞陆路调运通道在中老磨憨—磨丁经济合作区正式建立，填补了中老两国无现钞跨境调运陆路通道的空白。

GMS 贸易与投资合作

GMS 跨境电子商务合作平台对话会暨企业联盟年会　2018 年 6 月 15 日在中国云南昆明举行，中国云南省商务厅主办，澜沧江—湄公河次区域经济开发中心和 GMS 跨境电子商务合作平台企业联盟承办。第 10 届 GMS 经济走廊活动周系列活动之一。来自中国、柬埔寨、缅甸和泰国等国家相关部门和企业的百余位代表齐聚一堂，围绕“跨境电子商务大数据建设合作”和“跨境电子商务物流、仓储及支付”两个议题展开演讲和讨论，深入研究发展机遇和挑战，达成广泛共识。

6 月 15 日，GMS 跨境电子商务合作平台对话会暨企业联盟年会在中国云南昆明举行　（云南网）

2018 中泰经贸合作论坛　8 月 24 日在泰国曼谷举行。论坛主旨是对接“一带一路”与“东部经济走廊”，促进中泰全面战略合作伙伴关系发展。泰国副总理颂奇、中国国务委员王勇和中国商务部副部长高燕出席。泰国总理府事务部部长哥萨和中国国际贸易促进委员会副主席陈舟分别代表泰方和中方致欢迎词。论坛于当日下午举行中泰企业对接洽谈会。

2018 越南—柬埔寨贸易投资促进论坛　9 月 14 日在柬埔寨金边举行，越南驻柬埔寨大使馆商务处、越南商人科学联合会、知识产权与创新杂志、柬越老经济合作发展协会同柬埔寨发展理事会和柬埔寨商务部联合举办。论坛对于越柬两国企业直接接触柬埔寨有关部门，掌握对方国家的新政策和机制，寻找合作伙伴，为两国贸易投资促进活动提供服务，建设一个面向地区和世界的稳定与繁荣发展的共同市场有着重要意义。

老挝贸易投资促进与园区建设研修班　11 月 5 日在中国云南昆明开班，由中国云南省商务厅举办。研修班邀请政府官员和专家学者，与老方研修学员一道分享中国改革开放的成就和经验，共同就中老两国“引进来”和“走出去”经贸合作机会及可能性、中国境外经贸园区建设、跨境经济合作区建设、边境贸易等相关内容进行探讨，对深化双方政府、园区和企业的交流与合作具有重要意义。

GMS 科研合作

上海社会科学院与柬埔寨皇家科学研究院签署合作备忘录　2018 年 1 月 9 日，柬埔寨皇家科学研究院院长宋独一行访问上海社会科学院。中共上海社会科学院委员会书记于信汇会见柬埔寨代表团，与代表团一行进行友好交流，并与柬埔寨皇家科学研究院院长宋独代表合作双方正式签署两院合作备忘录。

中国科学院东南亚生物多样性研究中心学术年会暨中缅生物多样性保护研究合作研讨会 1月30日至2月3日在缅甸首都内比都举行。会议期间，来自中国14所科研院所（大学）以及缅甸6所高等院校、缅甸花卉组织等7个缅甸单位与会代表听取中国科学院东南亚生物多样性研究中心的科研工作进展报告。中国科学院代表团与主要合作单位——缅甸自然资源与环保部林业司、中国驻缅甸大使馆就在缅甸开展科研项目、学术交流和合作机制等方面进行深度沟通和探讨。此外，中缅两国科研院所的60多位专家学者还围绕缅甸等东南亚地区的生物多样性保护、生物资源可持续利用、民族医药、惠及民生、环境保护和可持续发展等多个方面展开学术交流。

大湄公河次区域学术与研究联盟2018年国际会议 11月28日在中国广西南宁举行。由大湄公河次区域学术与研究联盟秘书处主办，广西大学国际交流处承办。联盟秘书长韦拉空·翁萨库，泰国亚洲理工学院院长艾登·Y·翁，以及来自柬埔寨、老挝、缅甸、泰国、越南等国有关高校、科研院所的80名专家学者出席。会议围绕大湄公河次区域内的能源、环境和发展进行深入交流与研讨。

GMS安全合作

2018柬中军事交流合作展览 2018年6月19日在柬埔寨金边钻石岛会展中心举行，柬埔寨国防部与中国国防部联合举办，以庆祝两国建交60周年。柬埔寨副总理兼国防部部长狄班与中国国防部部长魏凤和出席活动开幕式，并为柬埔寨—中国两军友好合作展开幕式剪彩。此次军事展展示两国2013～2018年的军事合作成果。狄班和魏凤和还出席柬埔寨和中国国防部合作协议签署仪式。

2018年中国—老挝澜沧江—湄公河渔政联合执法行动暨增殖放流活动 10月26日在中国云南省西双版纳傣族自治州举办。本次活动是中老两国连续第4年在澜沧江—湄公河水域联合开展渔政执法行动和水生生物增殖放流活动，活动现场集中销毁在边境水域收缴的电鱼（器）具、网具近百（套）顶，放流本地鱼种7万尾。随后，中老两国执法人员共乘中国渔政060船沿江开展联合执法行动。这是中老两国渔业部门深入推进执法合作、依法打击电鱼等非法捕捞行为的有效举措。

大湄公河次区域国家讨论联手打击野生动物交易 大湄公河次区域国家——柬埔寨、中国、老挝、缅甸、越南和泰国的代表于2018年8月下旬在老挝北部省份乌多姆塞开会，讨论联合打击非法野生动物贸易的措施，会议目的在于查明关键的边界热点和重大问题，解决各国在打击非法交易上面临的挑战和需求，并制订打击非法交易行动要点，为参与国政府和组织制定跨国合作战略提出建议。

GMS农业合作

越南与中国农业合作关系深入发展 2018年2月2～3日，越南农业与农村发展部副部长陈青南率领工作代表团对中国进行工作访问。中越双方举行多次工作会谈，就两国农业和新农村建设的相关问题深入交换意见。双方一致同意除了越中农业合作联合委员会年度会议之外，每6个月举行一次部级对话。通过会谈，双方就建立经常性的合作机制及促进越南农业与农村发展部和中国海关总署各职能机关业务交流与人员培训达成一致。

2018年大湄公河次区域农业合作工作组第15次会议 5月29日在中国云南普洱召开。会议围绕落实2018年1月GMS领导人第6次会议农业合作举措和2017年9月GMS农业部长会第2次会议成果进行交流讨论，商定进一步围绕GMS领导人通过的《2022年区域投资框架》农业优先项目以及GMS农业部长会通过的《GMS安全与环境友好型农业价值链促进战略（2018～2022年）及暹粒行动计划》开展合作。来自柬埔寨、老挝、缅甸、泰国和越南5国农业部，亚洲开发银行、亚洲食品协会、国际物品编码协会等国际机构，中国农业农村部有关司局单位，云南、广西和天津有关部门单位的代表出席本次会议。

中国云南省西双版纳傣族自治州农业局与老挝南塔省农林厅农业交流与合作工作会晤 7月22～25日，老挝南塔省农林厅代表团对中国云南省西双版纳傣族自治州农业局进行友好访问。访问期间，老挝南塔省农林厅代表团参观大勐龙橡胶林下套种魔芋、西双版纳纳丰种业有限公司在嘎洒镇的杂交玉米种植试验基地、西双版纳青洲生态农业有限责任公司在勐罕镇的柚子基地及南繁基地。

亚洲开发银行与老挝深化合作 9月10日，亚洲开发银行与老挝财政部签署一项价值约为4000万美元的无偿援助协议，旨在帮助老挝建设可持续和能灵活应对气候变化的农业产业链，项目将惠及老挝近10万村民，使其收入水平至少提高30%，同时有利于老挝更好地实现与大湄公河次区域内其他国家在农业领域的融合与合作。

2018年中缅农业合作玉米、水稻示范样板观摩会 11月3日在中国云南腊戌美航村项目合作地举行，由中国云南省德宏州贸易商会驻缅甸腊戌商务代表处与腊戌地区农业厅组织腊戌市、腊戌县、登尼县、孟崖县农业部门，以及项目合作区农户联合举行。腊戌地区

农业厅厅长苗觉、代表处主任岩吞亮,腊戌市、腊戌县、登尼县、孟崖县农业局局长,项目合作区农户及代表处全体工作人员共 60 余人参加。现场观摩会直观地展现了中国农业技术种植的优势,也有力地推动了中缅农业合作。

GMS 环保合作

2018 年第 15 次大湄公河次区域环境部长会议 1 月30 日在泰国清迈举行。在为期 3 天的会议上,各国部长讨论通过《GMS 核心环境项目战略框架与行动计划(2018 ~ 2022 年)》。GMS 核心环境项目于 2006 年发起,由亚洲开发银行管理,至 2018 年已进入第三阶段。项目累计帮助超过 3 万名次区域农村人口脱贫。此次会议还包括为期两天,主题为“包容性绿色增长:投资可持续的未来”绿色增长论坛,重点关注绿色技术、绿色能源、可持续的基础设施、气候适应能力以及自然资源投资等方面的政策对话及活动。

《柬埔寨环保部—中国科学院合作备忘录》签署 3 月26 日由柬埔寨环保部部长赛森安与中国科学院院长白春礼在柬埔寨环保部签署。该备忘录旨在解决柬埔寨金边市雨季遭受雨洪灾害的问题,同时建立过滤水站,防止水资源遭污染。中国帮助柬埔寨进行水资源保护领域的人才培养、技术培训和中柬两国水与环境联合实验室的建设等。备忘录签署仪式结束后,赛森安和白春礼共同为中国—柬埔寨水与环境联合实验室项目柬埔寨在线监测站揭牌。

GMS 文化交流合作

2018 中国文创产品展示周 4 月 21 日在柬埔寨金边国家剧场开幕,柬埔寨王国文化艺术部、中国江苏省文化厅、柬埔寨金边中国文化中心联合主办,中国江苏省苏豪控股爱涛文化集团、中柬关系发展学会共同承办。中国江苏省文化厅副巡视员徐循华、中国驻柬埔寨王国大使馆政务参赞左文星、柬埔寨王国文化艺术部副部长欧索杰出席开幕式并分别致辞。中国江苏省苏豪控股集团有限公司副总裁唐进、爱涛文化集团总经理陈云梅、金边中国文化中心主任全彦钢等出席开幕式,并与来自柬埔寨政府部门官员、使团代表、院校师生、华人华侨、中资企业和中国留学生等近千名中柬两国嘉宾共同参加活动。

2018 年“中国文化周” 5 月 29 日在老挝首都万象老挝国立艺术学校开幕,全球中国海外文化中心主办。主题是“中国文创产品展示周”。文化周活动由老挝中国文化中心和中国广西壮族自治区文化厅共同举办。文化周期间,中国广西图书馆推出由 3 个创意项目组成的“超凡未来”体验馆,通过使用 VR 头盔与手持传感器,结合具有中国特色的交互式数字资源,让体验者在虚拟现实场景中感受中国文化的魅力。“超凡未来”体验馆、“戏曲动漫”等活动还走进老挝学校和儿童救助中心的课堂,让孩子们近距离体验现代科技同传统文化的创新融合。

2018 中国南京文创展暨中越传统文化与创意产业研讨会 6 月 18 日在越南国家图书馆开幕,中国驻越南大使馆、越南文化体育旅游部联合主办,越南河内中国文化中心、中国广西壮族自治区文化厅及越南国家图书馆、越南著作权局承办。中国驻越南大使馆临时代办尹海虹、越南文化体育旅游部副部长郑氏水等出席开幕式。在研讨会上,来自中国广西的专家介绍和分享中国结合传统文化发展文化产业和开发创意产品的成功做法和经验,得到与会越南同行的赞赏。中越双方一致认为,加强在文化产业领域的合作,将会为推动中越文化交流、增进两国人民彼此之间的友谊和了解、丰富中越全面战略合作伙伴关系内涵做出积极贡献。

缅甸仰光中国文化中心启用 7 日 7 日正式启用,缅甸宗教事务与文化部长都拉吴昂哥、仰光省首席部长吴漂敏登、仰光省议会议长丁貌吞,中国文化和旅游部副部长李金早、中国驻缅甸大使洪亮共同出席仪式。仰光中国文化中心是中缅文化交流的平台,也是展示中国文化形象的窗口,旨在促进中缅文化交流与合作,增进两国人民之间友谊和相互了解,巩固发展两国友好关系。

2018 年“中国书架”项目在泰国落地 7 月 26 日在秦国规模最大的中国图书专营书店——南美书店落户,由中国国家新闻出版署主办,中国出版集团公司下属中国图书进出口(集团)总公司与泰国南美有限公司共同承办。中国驻泰国大使馆临时代办杨欣、中国出版集团公司总裁谭跃和泰国南美有限公司董事长陈英实等嘉宾出席落户仪式。此次泰国“中国书架”项目首批展销的有近千种中国优秀作品,图书内容涵盖政治、经济、文化等各方面。泰国是“中国书架”项目在东南亚地区落地的首个国家,“中国书架”项目的实施将为增进中泰两国民心相通及文化交流做出新的贡献。

GMS 卫生领域合作

2018 年“中国—FAO 大湄公河次区域跨境动物疫病防控”南南合作项目协议签署 7 月 3 日在中国北京签署。中国农业农村部副部长屈冬玉与联合国粮农组织(FAO)助理总干事兼亚太区域代表卡迪雷森共同签署协议。该项目是利用中国—FAO 南南合作二期信托基金开展的首个区域合作项目,以加强“一带一路”动物疫病防控为目标,由中国联合 FAO 与老挝、缅甸、柬埔寨、越南和泰国共同建立区域联防联控机制,提升边境动物移动管理能力,保障安全贸易和公共卫

生。项目协议的签署标志着中国与FAO在南南合作领域的合作进入新的发展阶段。

2018年第10届大湄公河次区域公共卫生大会 11月2日在中国云南昆明举行。以“健康公平与危机应对”为主题。泰国、缅甸、越南、老挝、柬埔寨等大湄公河次区域国家的专家、中国公共卫生专家学者以及青年学生300余人参加。会上,中外专家围绕着健康公平性、社区健康、非传染性疾病控制及其危险因素、传染性疾病监测与控制、卫生政策与管理、卫生人力资源和公共卫生的教育改革等7个议题,展开主题发言和分组讨论。

11月2日,2018年第10届大湄公河次区域公共卫生大会在中国云南昆明举行
（云南网）

GMS媒体合作

中老两国媒体工作者增进交流与了解 2018年6月13日,2018年老挝新闻宣传干部研修班一行25人来到云南日报报业集团参观考察并座谈交流,了解中国传统媒体与新媒体融合、云报集团与周边国家开展国际合作、新闻宣传培训等情况。研修班由中国商务部主办,云南国际经济技术交流中心承办。研修班的举办旨在进一步促进中国与老挝之间的文化和经济交流,实现两国的共同进步。研修班还安排文化体验课程,让学员们进一步体验中国传统文化,感受云南民族文化特色。

第6届中国与大湄公河次区域国家媒体定期互访 11月13日启动。由中国云南省人民政府新闻办公室组织,中国云南省政府新闻办公室、经济日报社、中国日报社等中央驻滇媒体,云南日报报业集团、云南广播电视台等主流媒体组成的互访团前往柬埔寨和泰国开展交流采访活动。中国与大湄公河次区域国家媒体定期互访是为了加强中国与大湄公河次区域国家新闻主管部门及媒体间的交流与合作,巩固并提升中国与次区域5国的传统友谊而开展的活动,旨在发挥媒体先行、舆论引导的作用,增加中国与次区域各国间的共识和互信。

第6届中国与大湄公河次区域国家媒体定期互访团暨云南新闻媒体代表团泰国之行 11月19日成行。代表团在泰国首都曼谷拜会泰国民众联络厅,双方就进一步加强中国云南与泰国新闻媒体交流合作进行座谈交流。泰国民众联络厅厅长讪圣·缴甘诺,云南新闻媒体代表团团长、省政府新闻办公室副主任田虎青等参加此次座谈会。讪圣·缴甘诺和田虎青分别代表泰中参会人员致欢迎辞。座谈结束后,云南新闻媒体代表团参观泰国国家电视台。相关负责人向代表团详细介绍电视台的发展情况,并表示对进一步加强与中国云南新闻媒体的合作充满期待。

大湄公河次区域经济合作(GMS)第6次领导人会议

2018年3月29日在越南首都河内举行,以“发挥25年合作成效,建设可持续、一体化和繁荣的GMS”为主题。中国国务委员兼外交部部长王毅出席会议并发表题为“携手书写次区域发展合作新篇章”的讲话。会议期间,与会各国领导人参加闭门会议和大范围会议。会议通过共同宣言、《2018～2022年河内行动计划》和《2022年区域投资框架》3项成果文件。

2018年大湄公河次区域经济走廊省长论坛

6月12日在中国云南昆明举行,主题为“全面推进以项目合作为主导的长期伙伴关系”。中国、柬埔寨、老挝、缅甸、泰国、越南6国部分省份代表以及亚洲开发银行的专家出席。中国云南省省长阮成发发表题为《立足新起点开启新征程的共创大湄公河次区域繁荣发展美好未来》的主旨演讲,并对次区域内国家和地方深化能源、农业和康旅合作提出相关建议。

第2届大湄公河次区域5国论坛(CLMVT)

2018年8月16日在泰国曼谷举行,主题为“GLMVT靠技术而越飞”。柬埔寨、老挝、缅甸、越南和泰国等国的高级官员出席。论坛议题集中于科学技术进步、改变商业世界、给年轻企业家提供更多参与机会并增强中小型企业和创新型企业在数字技术领域的竞争力等领域。论坛还致力于本着可持续发展的原则促进老挝、柬埔寨、缅甸、越南、泰国等国的繁荣与发展,并加强5国知名企业家、年轻企业家、立法者、研究人员等之间的交流合作。 （谢成因 雷小华）

中越“两廊一圈”区域合作

中越“两廊一圈”区域合作发展历程

“两廊一圈”是中国和越南两国领导人作出的在中越两国之间合作建设“两条经济走廊”和“一个经济圈”的重大决策。“两廊”是指南宁—谅山—河内—海防—广宁经济走廊和昆明—老街—河内—海防经济走廊，“一圈”指环北部湾经济圈。“两廊一圈”涵盖环北部湾和越南北部多个省市，越南方面有老街、安沛、富寿、谅山、北江、北宁、河内、兴安、海阳、海防、广宁等省市；中国方面有云南、广西、广东和海南4省、自治区。

“两廊一圈”的提出及其启动实施是中国—东盟自由贸易区合作框架下次区域合作的具体举措，推动“两廊一圈”建设是基于中越两国关系不断全面深入发展在经贸合作方面的具体成果，标志着中越经济在迈向一体化方面步入实际操作层面。从中越关系、区域战略和广西、云南发展的角度来看，“两廊一圈”的提出和启动都具有积极意义。因此，得到中国广西、云南和越南北部地区的积极响应。

2005年3月25日，中越两国“两廊一圈”专家组第1次会议在越南河内举行，会议讨论“两廊一圈”合作的可行性和具体实施方案，同意共同编制关于“两廊一圈”合作的研究报告。此次会议标志着中越两国合作建设“两廊一圈”开始从设想走向实际操作。

2006年7月5日，中越经贸合作专家组第2次会议在中国越南蒙自举行。双方就《中国—越南经贸合作专家组关于“两廊一圈”合作的研究报告》内容深入细致地交换意见，对报告内容和双方下一步工作原则达成一致。通过此次会议，中越双方进一步明确“两廊一圈”合作的方向和领域。

2006年11月16日，中越两国领导人在河内签署《中华人民共和国政府和越南社会主义共和国政府关于开展“两廊一圈”合作的谅解备忘录》，双方同意在“两廊一圈”范围内重点合作领域包括基础设施、货物和旅客运输、资源开发与加工、农业、旅游业等9个方面。两国同意首先开展在“两廊一圈”范围内的交通运输、资源开发与加工、口岸建设和贸易投资便利化等领域的合作，实施条件成熟的项目，逐步带动其他领域共同发展，以实现在两国边境省份间构筑一个平台，为双方企业及第三国企业开展经贸合作创造便利条件，使“两廊一圈”成为两国经济新增长点的目标。中越备忘录的签署为全面开展“两廊一圈”合作奠定基本框架。

2008年，中越双方将“两廊一圈”合作项目纳入《中越经贸合作五年发展规划》。

2011年10月11～15日，越南共产党中央委员会总书记阮富仲对中国进行正式访问。在此期间，双方领导人共同签署《中越2012～2016年经贸合作五年发展规划》等一系列协议，两国政府共同发表《中越联合声明》，声明强调：鼓励并为双方企业扩大长期互利合作、建设跨境合作区和“两廊一圈”合作创造有利条件。

2012年3月31日，时任中国国务院副总理李克强在海南博鳌会见出席博鳌亚洲论坛2012年年会的越南副总理黄中海，双方表示要落实好经贸合作五年发展规划，进一步加强经贸、人文等领域合作。3月26日，中越两国政府签署《中国越南两国政府关于共同建设北仑河二桥协定》及其《议定书》，双方还就尽快签署两国部门间《关于建立行车许可证制度协议》及在北仑河口地区划定自由航行区达成共识。

2013年10月11日，中共广西壮族自治区委员会书记、人大常委会主任彭清华与越共广宁省委书记在越南下龙举行会谈，双方就加强海上旅游合作，简化通关手续等事项达成共识。10月13～15日，中国国务院总理李克强访问越南，中越两国发表《新时期深化中越全面战略合作的联合声明》，签署一系列合作文件与协议。

中越两国建设“两廊一圈”不仅两国中央政府有共识，两国地方政府也积极响应。自2004年以来，广西响应中央政府的决策，自治区主要领导每年均出访越南，与越方领导人就扩大以“两廊一圈”合作为重要内容的“一轴两翼”合作、泛北部湾区域经济合作进行广泛交流，并达成重要共识。2008年4月3日，中共广西壮族自治区委员会书记郭声琨访问越南，他在会见越南政府总理阮晋勇时表示，广西非常重视发挥与越南山水相连的优势，积极参与中越两国领导人确定的“两廊一圈”区域合作。为进一步推进中国与东盟的合作，中国广西提出以“两廊一圈”为起点和基点，共同推进以泛北合作为重点的“一轴两翼”合作。“一轴两翼”是“两廊一圈”的拓展和延伸。推动“两廊一圈”和“一轴两翼”建设，为中越两国在更大范围、更宽领域、更高层次参与国际经济合作创造了新的机遇。同日在河内举行的中国广西—越南经贸合作推介会上，郭声琨还提出中越双方将在交通基础设施、加工制造业、农业、港口物流、中越跨境经济合作区建设、贸易投资便利化六大重点合作领域开展“两廊一圈”合作，越方对此表示支持和赞同。2013年10月11日，中共广西壮族自治区委员会书记、自治区人大常委会主任彭清华与越共广宁省委书记在越南下龙举行会谈，双方就加强海上旅游合作，简化通关手续等事项达成共识。

2014年8月26～27日，越共中央政治局委员、中央书记处常务书记黎鸿英作为越共中央总书记阮富仲的特使访问中国。这是自5月中越南海摩擦及越南反华骚乱严重冲击两国关系之后，越方高层首次访华。

8月27日下午，中共中央总书记、国家主席习近平在北京人民大会堂会见黎鸿英。习近平指出，中越互为近邻，又同是共产党领导的社会主义国家。邻国是搬不走的，友好符合双方共同利益。近几年，两国关系发展总体良好，但近期受到很大冲击，引起两国人民和国际社会高度关注。希望越方同中方一道努力，使中越关系重新回到正确发展轨道。习近平强调，中越两党高层应该把握大局，保持并加强交往，及时就重大问题深入沟通，坚持从战略高度和长远角度引领中越关系，特别是在关键时候要做出正确的政治决断。黎鸿英表示，将把习近平总书记的话如实、完整向越南党和政府汇报。越方愿意尽最大努力，同中方一道，保持高层交往，进行真诚沟通，增进相互了解和信任，加强团结合作，妥善处理问题，共同推动越中两党两国全面战略合作伙伴关系不断巩固和发展，这符合两国和两国根本和长远利益，也有利于地区和平、稳定、繁荣。

2015年4月7～10日，越共中央总书记阮富仲对中国进行正式访问。7日，中共中央总书记、中国国家主席习近平在北京人民大会堂同阮富仲总书记举行会谈。就两党两国关系、国际和地区形势等共同关心的问题深入交换看法，达成重要共识。双方强调要珍惜和维护中越传统友谊，秉承长期稳定、面向未来睦邻友好、全面合作方针和好邻居、好朋友、好同志、好伙伴精神，推动中越全面战略合作伙伴关系持续发展，更好造福两国人民。会谈后，习近平和阮富仲共同见证《中国共产党和越南共产党合作计划(2016～2020年)》以及金融、基础设施、文化、司法、税务、维和等领域合作文件的签署。习近平和阮富仲还共同出席第15届中越青年友好会见活动。8日，中越双方发表《联合公报》。11月5～6日，应越共中央总书记阮富仲、越南国家主席张晋创邀请，中共中央总书记、中国国家主席习近平对越南进行国事访问。访问期间，习近平分别同阮富仲、张晋创举行会谈，并会见越南政府总理阮晋勇、国会主席阮生雄。习近平指出，中越同为共产党领导的社会主义国家，是具有战略意义的命运共同体，中越传统友谊应该倍加珍惜和维护。着眼未来，无论国际风云如何变幻，两党两国都需要守望相助、携手前行。要把握好政治方向，做互助互信的好同志、合作共赢的好伙伴、相亲相望的好邻居、常来常往的好朋友，确保中越关系始终沿着正确轨道前进。6日，中越双方发表《联合声明》。

2016年9月10～15日，越南政府总理阮春福对中国进行正式访问。访问期间，中共中央总书记、国家主席习近平，全国人大常委会委员长张德江、全国政协主席俞正声分别会见阮春福。中国国务院总理李克强同阮春福举行会谈，双方就新形势下进一步深化中越全面战略合作伙伴关系及共同关心的国际地区问题深入交换意见，达成广泛共识。会谈后，两国总理共同见证双方签署经贸、产能、基础设施、教育、旅游等领域的合作文件。11月8～11日，时任中共中央政治局常委、全国人大常委会委员长张德江率中国党政代表团对越南进行正式友好访问，分别会见越共中央总书记阮富仲、国家主席陈大光、总理阮春福，与国会主席阮氏金银举行会谈，还会见祖国阵线主席阮善仁。访问期间，张德江出席中越人民友好交流活动和第3届中越青年大联欢并致辞，张德江还考察中越友谊宫项目建设情况，并访问岘港市、广南省。

2017年1月12～15日，应中国共产党中央委员会总书记、中华人民共和国主席习近平的邀请，越南共产党中央委员会总书记阮富仲对中国进行正式访问。访问期间，中共中央总书记、国家主席习近平同阮富仲总书记举行会谈。双方共同发表《中越联合公报》，对尽早签署《中越跨境经济合作区建设共同总体方案》达成高度一致。此外，双方还签署《中国共产党和越南共产党高级干部培训合作协议(2017～2020年)》《中国国防部和越南国防部关于2025年前国防合作共同愿景声明》《中国红十字会与越南红十字会合作备忘录》《中国海关总署和越南国防部关于中越陆地边境口岸合作的框架协定》《中国政府与越南政府关于实施老街－河内－海防标准轨铁路线路规划项目换文》等合作文件。本次访问是阮富仲再次当选越共中央总书记后首次访华。5月11～15日，应中国国家主席习近平邀请，越南社会主义共和国主席陈大光对中国进行国事访问并出席"一带一路"国际合作高峰论坛。访问期间，习近平同陈大光举行会谈，中国国务院总理李克强，全国人大常委会委员长张德江，全国政协主席俞正声，中共中央政治局常委、书记处书记刘云山分别会见陈大光。11月10～13日，应越南共产党中央委员会总书记阮富仲、越南社会主义共和国主席陈大光邀请，中共中央总书记、中国国家主席习近平对越南社会主义共和国进行国事访问并出席亚太经合组织第25次领导人非正式会议。访问期间，习近平分别同阮富仲、陈大光举行会谈，并会见越南政府总理阮春福、国会主席阮氏金银。两党两国领导人相互通报各自党和国家情况，就双边关系及共同关心的国际地区问题深入交换意见，并就新形势下进一步深化中越全面战略合作伙伴关系达成重要共识。双方高度评价中国全国人大同越南国会的友好交往。11月11日，中共中央总书记、国家主席习近平在岘港行政中心会见越南总理阮春福。会上习近平对近日越南中南部地区遭受严重台风灾害、造成重大人员和财产损失表示慰问。习近平强调，相信在越南党和政府领导下，灾区人民一定能够战胜灾害，早日恢复正常生产生活，中方将支持越方救灾工作。强调国际和地区格局正在发生深刻复杂变化，中越两国改革发展也正处于关键时期。要拓展中越全面战略合作的广度和深度，实现中越两个共产党领导的社会主义国家长治久安。中越双方要保持高层接触,加强战略沟通,深化治党理政经验交流。要加快“一带一路”和“两廊一圈”建设对接,深化经贸、金融、产能、基础设施建设等领域务实合作,推进重点项目建设,实现互利共赢。要活跃人文交流,促进民心相通,使中越友谊更加深入人心。11 月 12 日,中共中央总书记、国家主席习近平抵达河内,开始对越南社会主义共和国进行国事访问,中共中央总书记、国家主席习近平分别在河内越共中央驻地同越共中央总书记阮富仲举行会谈和会见越南国会主席阮氏金银,并向阮氏金银介绍中国全面推进依法治国有关经验。11 月 13 日,中共中央总书记、国家主席习近平在河内越共中央驻地再次会见越共中央总书记阮富仲。双方本着同志加兄弟的精神,继续就两党两国关系深入交换意见。会见后,习近平和阮富仲前往胡志明故居继续交流。习近平强调,随着新时期国际地区形势的深刻变化,中越关系特殊重要意义更加突显。为了引领好双边关系发展,双方要坚定信念,把握住中越关系大方向,密切人文交流,夯实中越关系民意基础,坚定维护中越友好合作,确保两党两国关系始终朝着正确方向前进。两党两国最高领导人就当前国际与地区形势、中越关系的重大和战略性问题等广泛深入交换意见,达成重要共识,访问取得圆满成功。此次访问期间,中越双方发表《中越联合声明》,并签署中越国防部边防合作协议》《共建“一带一路”和“两廊一圈”合作备忘录》《电力与可再生能源合作谅解备忘录》《2017 年中越产能合作项目清单的谅解备忘录》《核安全合作谅解备忘录》《加快推进中越跨境经济合作区建设框架协议谈判进程的谅解备忘录》等合作协议。

2018 年 2 月 5 ~ 6 日,中国外交部副部长孔铉佑与越南外交部副部长黎怀忠举行磋商。双方积极评价 2018 年以来中越关系取得的进展,一致认为,中共中央总书记、国家主席习近平与越共中央总书记阮富仲、国家主席陈大光实现互访,就新形势下推进中越全面战略合作达成重要共识,为双边关系进一步发展指明方向。双方表示,2018 年是中越关系承前启后的一年。双方将以落实中共中央总书记、国家主席习近平访越重要成果为主线,保持高层交往势头,密切治党理政经验交流,积极推进“一带一路”与“两廊一圈”对接及基础设施、产能、跨境经济合作区等重点领域合作,拓展人文交流的广度和深度,推动中越全面战略合作伙伴关系持续稳定发展。

4 月 1 ~ 2 日,越共中央总书记阮富仲、国家主席陈大光、政府总理阮春福在越南河内分别会见中国国务委员兼外交部部长王毅。阮富仲热烈祝贺中国全国“两会”成功召开,表示越方欢迎中国发展强大,为世界和平稳定做出重要贡献。越中是友好邻邦,同为社会主义国家,两国没有任何理由不团结互助。当前,越中关系保持积极发展势头,越方愿加紧“一带一路”与“两廊一圈”对接,推进双边务实合作。双方应本着“同志加兄弟”的精神,妥善处理海上问题,使之不影响两国关系大局。陈大光表示,去年习近平总书记成功访越,有力促进了两国政治互信和互利合作,越中关系已成为当前动荡复杂的国际形势中的亮点,越方愿同中方落实两党高层共识,使越中传统友谊更多开花结果。阮春福表示,越方将越中关系置于越外交政策的头等优先位置,希望越中传统友谊不断加强。王毅表示,2017 年中共十九大后,中共中央总书记习近平对越南进行历史性访问,推动中越关系呈现积极发展势头。中国新一届政府成立伊始即派我访越,表明中方将继续把中越关系放在中国外交全局中的重要位置。双方应进一步落实习近平总书记访越重要成果,将两党两国高层重要政治共识转化为加强两国全面战略合作的行动,抓住机遇,推进“一带一路”与“两廊一圈”对接,力争实现务实合作规模和质量双提升。双方应稳慎处理海上等敏感问题,不断改善和加强民意基础,确保中越关系始终沿着正确方向发展。

8 月 20 日,中共中央总书记、国家主席习近平在中国北京会见越共中央政治局委员、中央书记处常务书记陈国旺。习近平表示,当前,国际和地区形势正在发生深刻复杂变化,中越关系和两国社会主义事业步入新的发展阶段,面临新的机遇和挑战。中越关系总体向好发展势头更加巩固,中越友好合作潜力不断得到释放,我们对此感到高兴。我们愿同越方一道,就一些全局性、战略性重大问题深入沟通,加强对中越关系发展的政治引领,推动中越关系进一步发展。习近平指出,2018 年是中越全面战略合作伙伴关系建立 10 周年。10 年来,中越关系得到长足发展,有力促进了两国各自发展,增进了人民福祉,也为推进世界社会主义事业、维护地区和平稳定做出了积极贡献。中方始终坚持从战略高度和长远角度看待两党两国关系,愿同越方一道,在“十六字”方针和“四好”精神指引下,使中越关系沿着正确轨道不断向前迈进。双方要通过多种形式保持高层交往,加强对双边关系的政治引领;要加大两国发展战略对接和政策沟通,不断深化务实合作;要坚持对话协商,有效管控分歧,推动两国海上共同开发早日取得实质进展;要进一步夯实双边关系的民意基础,培养两国民众相亲相近的友好感情。

11 月 4 日,中共中央总书记、国家主席习近平在中国上海会见越南总理阮春福。习近平强调,中越要保持两党两国高层密切交往传统,加快推进“一带一路”与“两廊一圈”对接并及早确定优先合作领域。中方愿鼓励更多中国企业赴越南参与大项目合作,加强互联互通。越南是第一届中国国际进口博览会主宾国,又是中国在东南亚的最大贸易伙伴。中方愿从越方进口更多适销对路的产品。双方要将合作多向民生领域倾斜,持续增进两国民众特别是青年一代的友好感情。双方要共同努力,维护海上和平稳定,稳步推进海上合作。阮春福表示,当前形势下,越南党和政府愿在“十六字”方针和“四好”精神指引下,同中方密切高层交往,加强团结互信,推动务实合作,特别是将“两廊一圈”与“一带一路”倡议对接,促进区域互联互通和可持续发展。

11月19日,中越两军第5次边境高层会晤在中国广西龙州开幕。中国国务委员兼国防部部长魏凤和与越南国防部部长吴春历出席。魏凤和说,近年来,在中共中央总书记习近平和越共中央总书记阮富仲的有力引领下,中越全面战略合作伙伴关系保持健康稳定发展势头。中方愿与越方共同努力,坚决贯彻两国领导人重要共识,深化陆地边界和边防合作,丰富边防交流形式和内容,搞好常态化联合管边控边,加强边防部门业务交流,维护边境地区稳定发展繁荣。吴春历表示,越中边境国防友好交流活动为两国两军关系发展注入了强大动力。越方愿与中方携手努力,为维护边境地区和平稳定、促进两国可持续发展做出新贡献。

11月27日,中国全国政协主席汪洋、全国人大常委会委员长栗战书在中国北京会见越南祖国阵线中央委员会主席陈青敏。汪洋表示,中方愿同越方一道,巩固传统友谊,推进“一带一路”与“两廊一圈”等发展战略对接,拓展互利合作,妥善处理分歧,推动新时期中越全面战略合作伙伴关系进一步向前发展。中国全国政协高度重视与越南祖国阵线中央的友好合作关系,愿持续深化交流合作,进一步夯实两国关系的民意基础,为两国关系发展不断注入新的活力。栗战书表示,中方将秉持共商共建共享原则,与越方一道,持续推进全方位互利合作,特别是“一带一路”与“两廊一圈”对接,共同建设具有战略意义的命运共同体。中国全国人大愿同越南祖国阵线加强交流,为中越关系持续发展做出新贡献。陈青敏表示,希望进一步提升越中各领域务实合作水平和质量,积极推动两国全面战略合作伙伴关系持续向好发展。

中越“两廊一圈”区域合作新进展

2018年,中越关系全面深入发展,中越“两廊一圈”区域合作在经贸、国际交流、旅游、科技教育以及能源合作等领域取得新进展,中越合作正处于历史最好时期,为推动中越双边发展发挥了重要作用。

经贸合作　2018年,越南跻身中国十大出口市场,成为中国在东盟最大贸易伙伴。中越两国经贸关系日趋紧密,双边贸易保持强劲增长态势,预计2019年两国贸易额还将创造新的纪录。

2018年,据越方统计,中越双边贸易额达到1067.06亿美元,比上年增长12.71%,中国成为与越南有贸易关系的200多个国家和地区中双边贸易额突破1000亿美元的首个贸易伙伴。其中,越南进口中国商品贸易额654.38亿美元,比上年增长11.7%;越南出口中国商品贸易额412.68亿美元,增长16.6%。越南进口最多的中国商品是机械设备,进口额120.25亿美元,比上年增长10.2%;其次分别是电话及零件和电脑、电子产品及零件,进口额85.8亿美元和78.3亿美元,分别下降1.9%和增长10.6%。此外,越南进口中国商品超过10亿美元的还有普通金属、塑料原料、燃油等14类商品。越南出口中国最多的商品是各类电话及零件,出口额93.75亿美元,比上年增长31.1%;其次是电脑、电子产品及零件,出口额83.64亿美元,增长21.9%。越南出口中国的主要商品还有照相机、摄像机及零件28.01亿美元,果蔬27.84亿美元,各类纤维、纱线22.16亿美元,纺织品15.41亿美元,鞋类14.92亿美元,木材及木制品10.72亿美元。越南首次成为中国在东盟国家中最大的贸易伙伴。

国际交流合作　2018年11月9日,中国广西友谊关边检站应越南友谊国际口岸边防屯邀请,派出代表团赴越南谅山参加中越边防部队2018年度联合宣传法律暨提高边防检查工作水平活动。此次活动旨在进一步深化中越双方在边检业务交流、口岸管控等方面的合作,促进两国边检机关加强国际业务交流协作。在活动现场,中越两国边检机关通过在越南友谊国际口岸联检楼播放宣传片、提供政策咨询、发放宣传品、张贴海报等多种形式,联合开展边检服务理念、出入境政策法规宣传以及便民利民措施解读。

旅游合作　2018年,中国赴越南旅游游客近500万人次,比上年增长23.9%,中国仍是越南国际游客最大来源国。其中,中越跨境自驾游已成为热点旅游线路。2018年中国防城港市中越跨境旅游共接待293.32万人次,通过办理中越边境旅游通行证参与旅游人数29.32万人次,中国东兴口岸出入境人数达1219万人次。

能源合作　2018年6月,由越南中国商会、越南中国商会光伏行业协会主办的中越商贸促进交流会在越南北江省举行。来自中国和越南的企业界人士共同分享“一带一路”倡议与“两廊一圈”发展规划对接所带来的商机。一批中国光伏企业在越南北江省建设生产线,光伏产业正成为中越优质产能合作的典范。中越产能合作不仅为中国企业“走出去”提供机遇,也为越南当地提供大量就业机会。以晶澳太阳能越南有限公司为例,该公司为当地提供2200个就业岗位。据不完全统计,在越南的中资企业里,投资企业有1600多家;贸易企业有3800多家;工程承包企业有380多家。以越南北江省为例,有99个中国投资项目落户,意向投资额25亿美元。近年来,北江省吸引外资意向投资总额为40亿美元,中国企业投资占比超过一半。随着中越两国推动发展战略对接、越南营商环境持续改善,越来越多的中国企业选择到越南投资兴业，为越南多地经济发展注入强劲动力。中国光伏产业在越南北江省不但取得成功，还赢得口碑。越南北江省划拨200公顷土地供中国企业建设光明科技开发区。

科技教育合作　11月23日，2018年中国广西—越南边境四省教育工作磋商会在越南下龙举行。越南广宁、高平、河江、谅山北部四省教育培训厅相关负责人以及越南驻南宁总领事馆领事范仲俊出席会议。会议提议在原有合作内容的基础上进一步拓宽合作范围，如进行水产养殖、旅游、医学等人才培养方面的合作，加强对广西政府越南奖学金生招生与录取工作信息沟通，加强双方在职业教育、师资培养、学生校际交流等方面的合作。本次磋商会既是贯彻落实2018年2月23日中国广西与越南边境四省党委书记在中国桂林举行新春会晤的共识，也是延续第一次磋商会达成的合作精神。

12月5～7日，中国科技部副部长、国家外国专家局局长张建国应邀访问越南，会见越南科技部部长朱玉英，与越南科技部副部长裴世维共同主持中越科技合作联委会第10次会议，并访问越南相关科研机构和科技园区。双方代表团分别介绍两国科技创新发展政策举措和进展，回顾自联委会第9次会议以来的合作情况，就下一步合作达成多项共识。越方表示高度重视与中国开展科技创新合作和人员交流，积极评价双方在科技联委会机制、"一带一路"倡议和中国—东盟科技伙伴计划框架下开展的各项合作，充分肯定在人才培养、技术转移、合作研究项目等方面取得的进展。越方愿与中方深化和拓展合作，提升科技发展水平，开展青年科学家交流培训，加强创新能力建设，带动产业发展。会后，张建国与裴世维签署联委会会议纪要。

农业合作　2018年1～11月，越南果蔬出口额35亿美元，比上年增长11.6%。中国是越南最大蔬果出口市场，市场占有率为24%。

中越"两廊一圈"公路建设

2018年，中越两国继续深化在公路建设方面的合作，加快公路网络对接，取得新成绩。

中越第四条高速公路通车　2018年1月17日，中国靖西至越南龙邦高速公路项目最长隧道龙邦隧道顺利贯通。由于其他4座隧道已于早前贯通，且基本完成了路基、防护排水及通涵工程方面的施工，龙邦隧道建设的重大进展将有力确保该高速公路在2018年建成并投入运营。

2018年12月19日，由中国广西百色市政府、广西交通投资集团有限公司、中国建筑第八工程局有限公司合资建设的中国靖西—越南龙邦高速公路通车。这标志着中国广西出境高速公路网进一步完善，为中国西南地区通往东南亚各国再打开一条新的陆路通道。龙靖高速公路是中国国家高速公路网规划中银川至百色（G69）高速公路的重要路段。项目于2015年12月9日开工建设，线路起于靖西市新靖镇旧州村，与百色至靖西高速公路相接，与靖西至那坡高速公路、崇左至靖西高速公路相交，终点位于靖西市龙邦口岸海关大楼附近，是广西高速公路网规划"6横7纵8支线"中"7纵"线银川至百色高速公路的重要组成部分，路线总里程28.3千米，全线采用双向四车道高速公路标准建设，沥青混凝土路面，设计行车速度100千米/小时。该公路是广西境内链接越南的第三条高速公路，也是中国通往越南的第四条高速公路。

中越国际道路货运试运行深圳首发　2018年9月19日，由中越两国各4辆货车组成的车队从中国深圳华南国际物流中心发车，经广西友谊关口岸直达越南河内，中越国际道路货运试运行拉开帷幕。此次试运行活动的线路从中国深圳经广西连接越南河内，全程约1309千米，是首次真正意义上的中越之间直达运输。汽车直达运输比传统的跨境接驳运输在时间上可以节省40%，在运输成本上可以降低约15%。

中国交通运输部运输服务司巡视员王水平主持首发仪式。越南交通运输部、边防部队司令部口岸局、交通警察局及货运企业代表，中国海关总署、深圳市边防总站，广东省、广西壮族自治区交通运输厅及深圳市交通委等部门和单位代表参加首发仪式。

中越"两廊一圈"铁路合作与建设

中越开行跨境农产品集装箱班列　2018年3月13日，13个满载中国百色农副产品及国内苹果等温带果品的"百色一号"冷藏集装箱，通过搭乘中欧班列（中国南宁—越南河内）跨境集装箱班列到达越南安员火车站。这是中国南宁—越南河内跨境集装箱班列春节过后发出的首趟班列，标志着中国南宁—越南河内跨境农产品"百色一号"冷藏集装箱班列正式进入常态化运行。"百色一号"冷藏集装箱班列每周一、四各开行一列。

中越国际铁路首开冷链运输列车　2018年5月7日凌晨，由9节铁路机械保温车厢冷藏着的7960件进口火龙果，从中越国际通道昆明玉溪河口铁路河口北站出发，5天内由东南亚运往中国长沙、郑州、北京等地的水果市场，这是中国云南省铁路首次开行的连接东南亚与中国冷链的运输列车。

中国铁路部门积极与越南河口"一关两检"联系协调，简化手续，确保火龙果等入关后，以最快速度运输至铁路车站货场再运往中国各地。

产自越南、老挝和柬埔寨的火龙果、菠萝和红毛丹等热带水果在中国市场十分畅销。2018年入夏，为拓展东南亚与中国农产品市场，满足中国消费者对进口热带水果需求，中国铁路昆明局集团有限公司与中铁特货运输昆明分公司合作,调运机械保温车至云南河口北站装运集中于中越边境的东南亚时鲜水果,开行冷链运输列车。

越南吉灵—河东线城市轻轨试运行　2018 年 10 月,由中国中铁六局集团有限公司总承包建设的越南河内吉灵—河东线城市轻轨项目开始试运行。这是中国企业承建的越南首条城市轻轨。试运行主要测试项目包括全线各个设备系统联动状态,以及在不同工况条件下的适应和反应情况等。吉灵—河东线城市轻轨项目试运行持续 3 个月。中国驻越南大使馆经济商务参赞胡锁锦表示,吉灵—河东线城市轻轨项目是中越两国共建"一带一路"的重要合作项目,运营后将明显缓解沿线交通压力。

中国国铁凭祥口岸物流中心开通启用　2018 年 11 月 26 日 8 时 45 分,在国铁凭祥口岸物流中心升级改造工程(一期)竣工启用仪式上,X9102 次货运班列完成货检、启程发往越南河内,标志着该铁路口岸物流中心正式开通启用。国铁凭祥口岸物流中心是广西首个口岸性质的铁路物流中心,也是国际陆海贸易新通道开通的首个陆运铁路口岸物流中心,为推动中国与东盟互联互通深入发展,更好地服务于国际陆海贸易新通道建设提供坚实的交通基础保障。国铁凭祥口岸物流中心开通启用后,近期预计按每周 2 趟班列开行,远期预计每天 1 列,跨境货物运输运能得到全面提升。国铁凭祥口岸物流中心于 2016 年 9 月 1 日开工建设,占地 28.67 公顷,投资额 9366 万元人民币,分两期建设。其中一期工程主要包括新建 2 股货物线、1 个货物站台、约 4 万平方米堆场以及配套建设联检大楼、检查检疫实验室、检疫处理用房及仓库堆场等。

项目建成后,一次作业能力可达到 30 车,货物集散、装运以及海关、边检将全部在国铁凭祥口岸物流中心内完成,实现多项业务一个地点办理、一条龙服务。

11 月 26 日,X9102 次货运班列在广西凭祥火车站旁边的国铁凭祥口岸物流中心完成货检、鸣笛启程,标志着该铁路口岸物流中心正式开通启用

(南国早报)

随着进出口贸易量的增加,特别是水果贸易量的快速增长,凭祥口岸通关能力的问题愈来愈突出,尤其是公路口岸通关能力已接近满负荷状态。铁路口岸开通后将大幅提升运能,水果进口量有望从 200 万吨提高到 700 万吨。随着运能的提升,对边境地区口岸加工产业的发展会产生很好的促进作用;随着运输时效的提升,从东盟进口的水果将更快地进入中国各大城市。

中越"两廊一圈"沿海港口和口岸建设

中越边境广西宁明县爱店公路口岸对外开放通过国家验收　2018 年 6 月 13 日,位于中越边境的广西宁明县爱店公路口岸对外开放通过国家验收。爱店口岸是广西中越边境规模最大、品种最多的中药材集散市场,也是农副产品、海产品加工基地,口岸商品交易品种达 1000 多种。

爱店口岸位于中越边境 1223 号界碑处,北距宁明县城 51 千米,南距越南首都河内 180 千米、禄平县 17 千米,与越南峙马口岸相对。爱店口岸于 1957 年作为二类口岸对越开放,1979 年一度关闭,1991 年恢复贸易往来。2015 年,中国国务院批准爱店口岸升格为中越双边性常年开放公路客货运输口岸(公路一类口岸)。

爱店口岸获批升格以来,宁明县不断完善口岸基础设施,推进爱店货场改扩建,以及口岸隧道、云天中越边境中药材商贸物流中心、中越边境互市贸易结算中心等口岸配套设施建设,还积极推进全长 38 千米、投资 23 亿元的宁明县城—爱店口岸高速公路建设,提高爱店口岸的通行能力,加强与越南互联互通。

中越"两廊一圈"运输便利化合作

2018 越南城市轨道交通发展与规划研修班开班　6 月1 日,2018 越南城市轨道交通发展与规划研修班开班仪式在中国北京交通大学举行。本次研修班开设为期 14 天研修活动,为中越两国学员提供增进了解、互相学习、取长补短的机会和平台,推动两国轨道交通方面的发展与合作。研修期间,北京交通大学还组织学员到上海虹桥综合交通枢纽等地进行实地考察,共同体验中国的基础设施。来自越南交通运输部越南铁路局、越南交通运输部越南登检局、越南交通运输部交通基础设施结构司、越南交通运输部科学工业司、越南交通运输部铁路项目管理委员会、胡志明市交通运输厅、河内铁路公司等 21 名学员参加开班仪式。

深圳航空开通中国深圳、广州至越南河内直航 2018年9月30日，中国深圳航空公司正式开通中国深圳、广州与越南首都河内间的直飞航线，均为每天一班。本次开通的深圳至河内航线由波音738机型执飞，广州至河内航线由空客322机型执飞。深圳航空河内营业部总经理周增表示，新航线开通标志着深圳航空正式进入越南市场，有助于进一步完善公司东南亚航线网络，为加强中越两国经贸往来和文化交流作出贡献。据介绍，两条航线首航航班平均客座率均超过70%。

中国东方航空开通中越直航航线逾20条 2018年，中国东方航空股份有限公司开通中国飞往越南河内、胡志明市、岘港、芽庄、富国岛等5个通航点的直飞航线20余条，其中定期航班每周60班。据中国东方航空胡志明市办事处介绍，中国东方航空始终坚持以国际化发展为导向，2002年在越南胡志明市成立办事处以来，积极开发中越航线，充分发挥中国上海和云南的区位优势，以上海浦东和云南昆明为枢纽提供中转业务与特色产品，取得良好业绩。

中欧班列（中国南宁—越南河内）跨境集装箱班列运行渐成常态 2018年，中欧班列（中国南宁—越南河内）跨境集装箱直通运输班列实现每周一班常态化运行。该班列于每周一从南宁南站集结出发后，通过凭祥铁路口岸站出关，全程运输里程约400千米，20小时内抵达越南河内。该班列由中国广西壮族自治区人民政府、中国铁路南宁局集团有限公司、中铁集装箱运输有限责任公司、越南铁路运输与贸易股份公司共同组织开行，于2017年11月28日首发，并实现双向对开。

中国东兴—越南芒街互市便民临时浮桥合拢 2018年10月16日，中国东兴—越南芒街互市便民临时浮桥顺利合拢。该浮桥属于东兴进境水果指定口岸的配套设施，是东兴"一口岸多通道"的重要成果。浮桥长约114米，宽12米，车道宽9米，承重120吨。该浮桥建成后，将有效解决中国东兴—越南芒街两地边境贸易货物通关拥堵等问题。

中越"两廊一圈"园区建设

中国东兴—越南芒街跨境经济合作区（中方区域）控规修编启动会 2018年7月24日在中国东兴举行，旨在加快中国东兴—越南芒街跨境经济合作区（中方区域）控制性详细规划修编工作，由东兴试验区管委会副主任杨东星主持。会上，东兴试验区管委会规划建设处处长易纯介绍跨境合作区控规修编工作基本情况，编制单位详细汇报跨境合作区控规修编任务和需要解决的问题。与会代表，分别从规划前期工作开展、规划多方关系协调、规划相关编制要点等方面进行讨论交流并达成共识。

第3届中越越跨境经济合作区论坛暨中国东兴—越南芒街跨境经济合作区专场推介会 2018年9月12日在广西南宁举办，由广西壮族自治区发展改革委、商务厅，防城港市人民政府，东兴国家重点开发开放试验区管委会等单位联合主办，中越两国政府、企业、学术界、媒体等300多名代表应邀出席。中越双方代表围绕"跨境产能合作——打造新时代跨境合作示范区"主题进行探讨。会议期间，举行项目签约仪式，现场签订19个合作协议，包括投资项目协议14个，签约总金额159.66亿元人民币。

中国东兴—越南芒街跨境经济合作区规划总面积23.44平方千米，其中，中方园区规划面积9.94平方千米，越方园区规划面积13.5平方千米。中方园区按照"1+7"即1个核心区即（围网区）9.94平方千米和7个配套区74平方千米进行规划建设，实行"前店后厂"的产业开发模式，力争用3～5年的时间，打造完成中国沿边经济发展新增长极和改革创新排头兵。

越南龙江工业园 2018年，越南对龙江工业园项目在政策上加大支持力度。龙江工业园区1平方米土地50年租金仅为1美元；入园企业可享受越南政府对外商投资十分优惠的减免税政策：构成企业固定资产的设备免进口税；产品出口免税；自企业开始投产之日起，生产用原材料、物资、零部件进口可免进口税5年；15年优惠期间所得税率10%，其中包括有利润之年起免税4年、减半9年（5%），优惠期后所得税率28%。

龙江工业园于2007年11月中标成为中国商务部第二批境外经济贸易合作区，2008年5月开工建设，2011年9月通过中国商务部考核成为国家级境外经贸合作区。经过近10年的发展，龙江工业园已经成为中越经贸合作的典范，也是为数不多的外国在越投资

10月16日，中国东兴—越南芒街互市便民临时浮桥顺利合拢　（百度网）

建设的大型工业园之一。园区共引入37家企业投资入园，其中有25家中资企业，成为中国在越南建成的最大最成熟的工业园区。2017年，园区投产企业工业生产总值占前江省工业产值的近1/3，为当地创造约1.5万个就业岗位。越南海关数据显示，2008年龙江工业园带动出口额超过3.5亿美元，是试点项目中带动出口额最高的园区。

中越“两廊一圈”贸易和投资合作

越南允许越中边境地区使用人民币结算 2018年8月28日，越南央行发出通知，自2018年10月12日起，可在越中边境地区使用人民币结算，相关货物或服务结算可采用越盾或人民币进行支付，支付方式可为现金或者银行转账。人民币与越南盾互换结算越南境内只在谅山、广宁、河江、莱州、老街、高平和奠边等与中国接壤的七省内适用。

该通知适用于越南商业银行和获准在越南进行外汇交易的外国银行分支机构、位于越中边境地区和边境经济区的银行分行、在国际边境口岸的隔离地区的提供服务的机构和免税商品交易机构、在越中边境地区从事保税仓库的组织，以及在中越边境和口岸经济区中开展支付业务的其他组织和个人。

随着中越经贸合作日益密切，在越南使用人民币结算的需求与日俱增，越南已超越马来西亚成为中国在东盟国家中最大的贸易伙伴。

2018年中越(谅山)国际贸易博览会 2018年11月1～9日在越南谅山贸易展览中心举行。越南工贸部和谅山省人民委员会指导举办，以“衔接合作共促发展”为主题。中越两国近300家企业和机构参加。本次博览会是2018年越南国家贸易促进计划框架内的一项重要商贸活动，为中越两国企业的贸易交往与投资合作提供展示平台。博览会期间举行产品展览、经贸合同签约仪式、群众艺术文化交流等系列活动。

中越国际贸易博览会每年在中国广西和越南谅山轮流举办，为促进两国边境地区的经济和社会发展做出积极贡献。

越南总理阮春福会见中国企业代表 2018年11月4日，越南政府总理阮春福在中国上海会见中国绿地集团董事长、总裁张玉良等中国企业代表，就促进双方合作进行会谈并达成共识。

在会谈中听取张玉良对于进一步扩大农产品进口规模及参与越南基础设施、旅游设施建设的计划后，阮春福给予充分肯定与积极评价，并要求越南有关部门与中国绿地集团积极对接，让双方合作尽快形成平台机制，加快推进重点项目落地，早日取得丰硕的共赢成果。

中越金融与货币合作工作组第4次会议 2018年11月8日在中国北京举行。双方主要就中越两国近期宏观经济形势和货币政策、促进本币结算等共同关心的议题进行深入交流。会议指出，当前中越贸易和投资势头向好，经贸合作迈上新台阶。中国和越南都支持自由贸易，通过双方共同努力，中越贸易规模快速扩大，中国成为越南最重要的进出口市场之一。

中越原材料贸易正由此前越南对中国的单向供给转向双向流通，中国成为越南纺织等工业品的重要原材料市场。越南统计总局的数据显示，2018年上半年越南从中国进口布料、纱线等金额均居首位。布料、钢铁、纺织制鞋原材料进口额均过10亿美元，分别为34亿美元、23亿美元和10.6亿美元。此外，越南从中国进口价值55亿美元的机械设备，中国成为越南第一大机械设备进口市场，助力越南工业化和现代化建设。

越南对华出口商品呈现由低附加值向高附加值转变的趋势。在贸易结构不断优化的同时，中国对越南投资也呈现稳步增长态势。作为一种全新投资的形式，股权并购正促进两国企业的深度合作。据不完全统计，中越企业股权并购项目达到486个，交易金额为3.2亿美元。中国对越南投资额累计达125亿美元，项目总数1955个。这表明中国对越南投资仍处于增长期。

中国工商银行在越南胡志明市设立代表处 2018年11月12日，中国工商银行在越南胡志明市设立代表处，新机构的设立将进一步完善中国工商银行在越南的网络布局，提升中国工商银行在“一带一路”沿线国家及东盟地区跨境金融服务能力。越南国家银行常务副行长阮同进、中国工商银行行长谷澍、中国驻胡志明市总领事吴骏、越南中国商会胡志明市分会会长翁明照等出席当天的开业仪式。此前，中国工商银行胡志明市代表处已获得越南国家银行颁发的成立许可。

2018中越(东兴—芒街)国际商贸·旅游博览会 2018年12月21～27日在中国广西东兴举行。以“跨境合作，互利共赢”为主题。主要活动有开幕式、投资环境推介会、商品展、中国沿边开放发展论坛、红木文化产业项目推介签约会、东盟特色美食节、东盟国际水果节、免税购物狂欢节、中越青年界河联欢、中越(东兴—芒街)足球联赛等。

2006年4月15日，中国东兴市人民政府与越南芒街市人民委员会在越南河内签署《联合举办“中越边境商贸·旅游博览会”合作协议书》，两地轮流举办博览会。从2006年至今，已成功举办12届。

“一带一路”倡议与中越合作研讨会 2018年11月14日在越南首都河内举行，中国驻越南大使馆与越南外交学院共同举办。与会代表就“一带一路”倡议现状与展望、中越合作新机遇两个专题进行深入研讨。中越两国党政部门官员、资深外交官、专家学者、企业及媒体代表约80人出席。

会上，中国驻越南大使熊波在致辞中介绍共建“一带一路”倡议提出5年来取得的主要成果，指出这是中国实行新一轮高水平对外开放的重大举措，体现中国坚持打开国门搞建设和坚定支持经济全球化、支持多边贸易体制、推动发展自由贸易的一贯立场。中越两国开展“一带一路”和“两廊一圈”合作具有得天独厚的优势。中方愿同越方落实好两党两国高层共识，把中越“一带一路”和“两廊一圈”框架下合作做大做实。

越南外交部部长助理阮文章、越南外交学院院长阮武松在致辞中表示，当前国际地区形势发生深刻复杂变化，各国利益交织更加紧密。在此背景下，加强越中两国相互了解与互利合作，有利于地区乃至世界的和平、稳定与繁荣。“一带一路”倡议提出5年来，取得许多务实成果，成为沿线各国开展友好合作的重要平台。越中是传统友好邻国，开展战略对接具有良好基础。越方支持在坚持相互尊重和平等互利基础上，加强“一带一路”框架下经济联通，愿与中方共同努力，推动两国合作取得更多成果，为两国和两国人民带来更多利益。

第18届中越（河口）边境经济贸易交易会　2018年12月4~8日在中国河口举行，中国云南省商务厅、中国云南省红河哈尼族彝族自治州人民政府、越南工贸部贸易促进局、越南老街省人民委员会共同主办。主题为“亲诚惠容·合作发展”。在本届边交会上，签订中越贸易协议18个，协议金额6.83亿美元，比上届增长20.6%；签订中国国内投资项目15个，协议投资总额36.73亿元人民币，增长3.85%。在中国国内投资项目签约仪式上，河口瑶族自治县人民政府、河口跨合区管委会分别与多家企业签订合作项目，项目涉及基础设施、生产加工、文化旅游等领域。在中越经贸合作签约仪式上，中越双方18对企业签订铜板、化肥、焦炭、农产品、咖啡豆、机械设备、纺织品、食品、化工及矿产品进出口等一批贸易项目。本届边交会共设展位1220个，有816家企业参会。

中越双边合作指导委员会第11次会议　2018年9月16日在越南胡志明市举行，中国国务委员兼外交部部长王毅和越南副总理兼外交部部长范平明共同主持。会上王毅提出四点建议：一要坚持高层交往的战略引领，不断凝聚共识，深化互信，把稳两国关系的正确方向；二要坚持互利共赢的合作布局，尽快推进基础设施合作、跨境经济合作区建设和产能合作，探讨合作的新思路新方式，推动互利合作可持续发展；三要坚持巩固双方民意基础，不断拓宽渠道，为增进两国人民了解和感情多做实事；四要妥善化解矛盾分歧，防止出现损害双方政治互信的事态。着眼长远，稳步推进海上合作，把中越两党两国最高领导人关于维护海上和平稳定的共识切实转化为实际行动，把两国的共同战略利益转化为推进务实合作的动力。

中越双方成员单位和地方代表分别向会议汇报相关领域合作情况和建议，并进行对口交流。王毅在总结发言中表示，管控海上分歧的最积极方式是探讨共同开发；对完成陆地边界勘界立碑10周年最好的纪念是尽快成立跨境经济合作区。

范平明表示完全赞同王毅对双边关系的积极评价和对下一步工作的建议设想，表示自上次会议以来，越中关系总体保持积极势头，两党两国高层交往密切，对巩固传统友谊、管控分歧、确保两国关系健康稳定发展起到重要作用。双边贸易额创历史新高，各领域合作取得实质进展，民间交流和地方合作不断扩大，边界领土问题总体得到有效管控。

中越“两廊一圈”旅游合作

2018年，中国与越南的旅游合作日趋深入，中国一直是越南的重要旅游客源国。其中，赴越南旅游的中国游客400多万人次，占越南外国游客的30%。越南也成为中国的第二大旅游客源国。

中国桂林—越南下龙黄金旅游线跨国自驾游　2018年6月1日正式开通。这条线路贯穿中国广西的桂林、柳州、来宾、南宁、钦州、防城港，以及越南的芒街、下龙市，融合了中国广西和越南广宁两地最美的风景。

广西和广宁省的边境旅游被视为中越边境旅游发展合作关系中的亮点。近年来，到越南广宁旅游的中国游客数量增长迅速，游客数量和增长速度一直排在到广宁的各国游客的首位。2017年，广宁省接待近100万中国游客，占广宁国际游客数量的30%。同时，广西和广东等中国南方省区也是受越南游客青睐的旅游目的地。2017年，有近30万人次的越南游客经中国东兴—越南广宁芒街国际口岸到中国旅游。

12月4~8日，第18届中越（河口）边境经济贸易交易会在中国河口举行（云南网）

2018年中越旅游合作发展会议　2018年9月6日在越南胡志明市举

行,越南文化体育旅游部和中国文化与旅游部联合举办。越共中央委员、文化体育旅游部部长阮玉善,胡志明市政府领导人陈永线,中国驻越南大使馆临时代办尹海虹、中国驻胡志明市总领事吴骏、中国驻越南大使馆文化参赞彭世团,以及中越双方旅游界代表共200多人出席。与会代表认为,中越旅游合作为增进两国人民间的了解和友谊、推进中国“一带一路”倡议与越南“两廊一圈”战略实现有效对接、推动双边关系正常稳定发展发挥了不可替代的作用。

越南文化体育旅游部部长阮玉善在开幕致辞中表示,越中旅游合作基础稳固、进展顺利,期待越中旅游领域合作继续为推动双边关系发展、增进两国人民之间的友谊作出积极贡献。

中国驻越南大使馆临时代办尹海虹在开幕致辞中表示,中越旅游合作为增进两国人民之间的了解和友谊,推进中国“一带一路”倡议与越南“两廊一圈”规划实现有效对接,推动双边关系快速发展发挥了不可替代的作用。希望中越双方通过本次会议充分探讨和深入交换意见,形成有效机制,共同规划未来中越旅游合作的美好蓝图,进一步推动中越旅游合作快速健康发展。

中国广西—越南广宁旅游联合推介会　2018年9月27日在中国福建厦门举行,由中国广西壮族自治区旅游发展委员会和越南广宁省旅游厅联合举办。广西壮族自治区旅游发展委员会、越南广宁省旅游厅、福建省旅游发展委员会、厦门市旅游发展委员会等相关领导和中越边关沿线地区的旅游部门、三地旅游企业等相关人士出席。此次推介会旨在以“联合、融合、整合”的态势,依托中越边境地缘优势,借助两国边境地区的优惠政策及“一带一路”发展战略机遇,深化中国广西与越南广宁两地跨国旅游合作。推介会上,现场介绍展示广西边海国家旅游风景道亮点和越南广宁旅游资源。广西边海国家旅游风景道覆盖北海、防城港、钦州、百色和崇左5个市及其下辖的23个县,其旅游资源包括中越德天—板约跨国瀑布、北部湾滨海休闲旅游、山水生态风光、边关历史遗迹、少数民族风情以及国际红色旅游、跨境旅游、边贸旅游等。越南广宁与中国广西接壤,拥有下龙湾、安子遗迹、陈朝皇帝陵墓和芒街等旅游资源。此外,推介会还介绍了中国广西—越南广宁跨国游的出行方式、办证流程,以及中国桂林—越南下龙黄金旅游线跨国自驾游。

中越德天—板约瀑布跨境旅游合作区建设洽谈会　2018年9月28日在广西大新县德天游客中心举行。中共崇左市委、越南高平省人委会、越南太阳集团负责人参加洽谈会。会前,双方就中越德天—板约瀑布跨境旅游合作区建设进行实地调研。

位于大新县归春河上游的德天瀑布与越南板约瀑布相连,宽100多米,纵深60多米,落差近50米,呈三级跌落,雄奇瑰丽,是亚洲第一、世界第四大跨国瀑布也是具有国际特色旅游目的地。

中国广西大新德天瀑布景区晋级国家5A级景区　2018年10月29日,中国全国旅游资源规划开发质量评定委员会在北京为全国9家新晋5A级旅游景区授牌,广西大新县德天瀑布景区成功晋级,成为全国250家5A级旅游景区家族的一员,也成为广西第六个5A级旅游景区。广西崇左市也成为继桂林、南宁之后,广西第三个拥有国家5A级旅游景区的地级市。2018年1~9月,大新县累计接待游客559.04万人次,比上年增长6.53%;实现旅游总消费额44.03亿元,增长5.54%。

2018年广西·凭祥中越边关旅游节　2018年11月26日在中国广西凭祥开幕,以“融入陆海新通道,共享合作新机遇”为主题。当天举行多个研讨会,集思广益,推动凭祥从“通道经济”向“口岸经济”转型升级。国际陆海贸易新通道——凭祥口岸加工业发展研讨会围绕凭祥如何突出优势,推进加工业发展和中越产能合作展开讨论。在凭祥市电商发展研讨会上,电商行业专家学者就“如何搞好凭祥水果电商,如何发展凭祥跨境电商”这两个主题展开深入交流探讨。在中国—东盟(凭祥)2018年果品交易洽谈对接会上,中越双方就如何提高进出口水果品质、搭建更广阔的水果加工企业合作平台展开讨论。

旅游节期间,中国—东盟国际中药材调味品产业城、领航集团水果深加工项目、中国广西凭祥市与越南农业与农村发展部农产品加工与市场发展局关于农产品加工与贸易合作项目等一批项目成功签约。

2018中越国际商贸·旅游博览会　2018年12月21日在中国广西东兴开幕。本届博览会以“跨境合作,互利共赢”为主题,由中国防城港市人民政府、广西壮族自治区商务厅、自治区文化和旅游厅、中国—东盟博览会秘书处和中国国际贸易促进委员会广西分会联合主办,中国广西东兴市人民政府和越南广宁省芒街市人民委员会承办,邀请越南芒街市、韩国高兴郡、印度尼西亚槟港市以及泰国黎逸市等国际友好城市、国际商家代表参会和布展。

本届博览会的主要活动有开幕式、商贸旅游投资推介会及签约仪式、红木文化产业项目推介签约会、沿边开放发展论坛成立大会暨2018年会、名特优商品展销、2018东盟国际水果节、2018免税购物狂欢节、东盟特色美食节、边海美食大赛、“乐游东兴,这里永远是春天”主题活动、中越(东兴—芒街)青年界河联欢、中越民族风情文艺演出、郑绪岚惠民音乐会、中国东兴—越南芒街七人制足球联赛等系列主要活动。中国广西东兴与越南广宁芒街自2006年起每年联合举办中越(东兴—芒街)国际商贸?旅游博览会,举办地点在东兴与芒街隔年交替,已成功举办12届。

中越"两廊一圈"能源合作

越南一号电力建设股份公司与中国浙江华云电力国际工程有限公司开展合作 2018年2月，中国浙江华云电力国际工程有限公司总经理冯志宏在越南岘港与越南一号电力建设股份公司高层进行合作洽谈，初步达成共同开发越南电力市场的合作计划。越南一号电力工程有限公司执行董事蔡玉海、总经理段俊英等出席会议，双方进行深入的沟通和交流。双方一致同意建立常态的沟通协调机制，还初步拟定合作开展计划。

华云电力国际工程有限公司为中国国家电网浙江省电力公司(以下简称"浙电")下属公司，作为浙电的国际业务、投资、技术管理交流平台，主要业务分布在东南亚。浙电在海底电缆工程、大跨越线路工程、清洁能源建设及智能电网建设等方面具有较强的技术优势和项目建设管理经验，这些都与越南当前及今后一段时间电力建设市场需求相匹配；而越南一号电力建设股份公司是越南国企改制的第一家电力建设工程上市公司，也是越南中部唯一一家拥有500KV输变电工程资质的公司，在2017年率先引进中国上海弘哲集团成为第一大股东。

越南永新项目第一座BOT大型电厂全面投入商业运行 2018年7月26日，在中国驻越南大使馆记者会上，中国南方电网国际有限责任公司副总经理兼越南永新一期电力有限公司股委会主席陈联清宣布越南永新燃煤电厂一期BOT项目1号机组正式投入商业运营。中国电力国际有限公司投资的永新一期项目是促进大湄公河次区域电力开发合作的重要项目，是中越两国政府推动基础设施、产能合作、互联互通的关键项目。永新一期项目规划建设两台62万千瓦超临界燃煤机组，全部建成投产后，每年可提供约80亿千瓦时的发电量，可有效缓解越南南部电力紧缺的局面，满足当地125万居民的用电需求，助力越南经济社会发展。两台机组计划分别于2018年12月和2019年6月投入运营。1号机组提前5个月投入商业运营，主要技术经济环保指标优于设计值。项目建设得到中越两国政府和媒体广泛好评，更是得到了越南国家领导人的充分肯定。

2018年11月26日，由中资企业投资建设的越南永新燃煤电厂一期BOT项目顺利完成两台机组同步性能试验及初始可靠容量(IDC)测试，各项参数达到标准，标志着项目两台机组建设、安装、调试全面完成。依据合同约定，项目于2018年11月27日0时开始全面投入商业运行。

越南永新燃煤电厂一期BOT项目位于越南南部平顺省永新热电中心，由中国南方电网有限责任公司、中国电力国际有限公司和越煤电力总公司按照55%:40%:5%比例以BOT方式出资建设。项目建设期为4年，特许经营期为25年，预计投资总额17.55亿美元，是目前中资企业在越南投资的第一个BOT电力项目，在设计、建设中大量采用中国标准，应用中国先进的电力装备技术。项目于2015年7月18日开工建设，实际总工期比BOT合同要求提前半年多，创造了越南境内同类型机组建造速度最佳纪录。

越南首个垃圾焚烧发电厂项目竣工投产 2018年12月8日，由中国电建集团山东电力建设有限公司承建的越南芹苴垃圾焚烧发电厂项目竣工典礼在芹苴市泰来县举行。项目是中越两国合作的重要成果，是越南首座投产的现代化生活垃圾焚烧发电项目，由中国光大集团股份公司旗下光大国际有限公司投资、建设和运营。

芹苴垃圾焚烧发电项目拥有先进的垃圾焚烧工艺，解决芹苴生活垃圾露天堆放造成的诸多问题。项目投运后，每年提供绿色电力约6000万千瓦时，日处理生活垃圾400吨，约占芹苴市每日总清运垃圾的60%，烟气排放全面执行欧盟2010标准，对整个芹苴市减少污染、改善生活环境具有重要意义，有助于2030~2050年芹苴市生活固废处理规划的实施。

中越"两廊一圈"农业合作

中越农业合作联合委员会第一次会议 2018年1月21日，中国农业部副部长余欣荣与越南农业与农村发展部副部长黎国营在越南河内共同主持中越农业合作联合委员会第一次会议。余欣荣首先应越方请求介绍中共十九大精神和中国农业发展经验，特别是乡村振兴战略和农业绿色发展等方面的情况。双方讨论通过中越农业联合委员会的组织结构，就开展渔业增殖

7月26日，越南永新项目第一座BOT大型电厂全面投入商业运行

(百度网)

放流与养护合作、成立中越水稻杂交研制联合中心、加强畜禽废弃物处理及沼气合作、落实植物保护和农药合作、加强跨境动物疫病防治合作、促进农产品贸易与农业投资、开展能力建设等领域合作充分交换意见并达成一致。双方同意于2019年在中国举行中越农业合作联委会第二次会议。

2018中越北部湾渔业资源联合增殖放流与养护活动　5月8日,2018中越北部湾渔业资源联合增殖放流与养护活动在中国广西东兴市北仑河口举行。中国农业农村部副部长于康震、广西壮族自治区政协副主席磨长英和越南农业与农村发展部水产总局局长阮玉威参加活动。

北部湾是中越两国渔民共同的作业渔场,促进北部湾渔业的可持续发展对中越双方都有着重要意义。自2004年《中越北部湾渔业合作协定》生效以来,双方本着互信、互谅、互让的友好合作精神;共同努力促进北部湾渔业持续健康发展。

本次放流活动共向北部湾水域投放石斑鱼等鱼虾类种苗近4300万尾,体现双方携手共建海上丝绸之路、养护北部湾渔业资源、造福两国人民福祉的态度和决心。

2017年5月,双方首次举行大规模联合增殖放流活动。据跟踪监测评估,黑鲷回捕率为15.7%,长毛对虾回捕率高达39%,放流种类的产量整体提高两成,主要经济种类得以有效补充,渔民收入明显增加。此项活动得到了两国领导人的高度认可,先后3次被载入中越联合公报或声明。

中越两国高层畅谈农业合作发展　2018年12月3日,中国农业农村部副部长屈冬玉在北京会见越南农业与农村发展部副部长陈青南。屈冬玉积极评价中越农业合作成果并提出合作建议:一是两部加强高层往来和交流,充分利用中越农业合作联委会机制和论坛展会等活动进行沟通协调;二是开展农业科技交流合作,建立合作平台;三是开展跨境动物疫病防控合作,共同提高疫病防控水平;四是加强渔业和水产合作,促进两国水产养殖业的发展;五是扩大农产品贸易,欢迎越南积极参加中国举办的各种贸易促进活动,推动优质农产品进入中国市场。陈青南赞同屈冬玉提出的合作建议,表示越方重视中越农业农村交流与合作,将派团来华考察学习中国在乡村振兴领域的做法与实践,希望与中国在畜产品养殖加工和能力建设等领域开展合作,表示将派团参加中国农业农村部明年举办的首届乡村振兴国际论坛及第3届中国国际茶业博览会等重大活动。

中越“两廊一圈”人文交流合作

2018年中越(上石)民俗文化节暨北帝宫庙会　2018年3月1日在中国广西凭祥上石镇举行。庙会吸引中国宁明、凭祥、龙州、湖南、福建、广东以及越南同登、谅山等地的群众一起参与。活动内容除了文艺表演、舞麒麟、花炮巡游、鸡王争霸、抛绣球和抢花炮等传统民俗活动之外,还举行中越象棋、中越码王、中越拔河和中越足球友谊赛等,内容丰富,精彩纷呈。活动当天,中国广西凭祥上石镇与越南谅山高禄保林乡缔结为中越边境友好乡镇。

2018年中国广西“‘壮族三月三’文化丝路行”走进越南　4月17日,2018年广西“‘三月三’文化丝路行”活动在越南河内文化大学举行,中越两国近200名青少年参加主题为“读好书、讲好故事、交好朋友”的中越青少年读书交流会。这次活动由中国驻越南大使馆、越南文化体育旅游部牵头,越南河内中国文化中心、越中文化交流中心、中国广西“‘三月三’文化丝路行”组委会共同主办。活动内容包括中越青少年读书交流会、民族歌舞展演、新媒体从业人员交流、民间美食长桌宴和民族民俗文化艺术交流等五项。

首届中国河口—越南老街跨境经济合作区中越青年联欢晚会　2018年5月4日在中国河口举行,以“中越友谊一家亲·青春相约跨合区”为主题,中越两国青年艺术家演出精彩文艺节目。活动主办方希望以此次晚会为契机,开展形式多样的联欢活动,让两国青年放飞青春和梦想,促进两国青年文化交流,增进两国人民友谊。联欢晚会后,参加晚会的中越双方领导及青年还参观了跨境经济合作区中越青年之家,中越双方领导为中越青年之家揭牌。

5月4日,首届中国河口—越南老街跨境经济合作区中越青年联欢晚会在中国河口举行　（百度网）

中越民众在广西东兴边境共庆京族传统哈节　2018年7月21日,一年一度的京族传统“哈节”在中国广西东兴京族三岛举行。中国和越南的民众欢聚一堂唱哈,祈求风调雨顺。当天，哈节迎神队伍穿着颜色鲜艳的民族服饰，抬着神坛，敲锣打鼓步行到海边，将镇海大王及高山大王迎回哈亭祭拜，众多游客也慕名前来参拜祈福。京族是中国唯一的海洋性少数民族。哈节是京族最为重大的传统节日，也是京族独有的民族文化。

中越传统戏剧交流周 2018年12月10~14日在越南河内举办，中国驻越南大使馆与越南戏剧家协会共同主办，越南河内中国文化中心承办。作为本次交流周系列活动之一，中越传统戏剧交流演出晚会13日晚在河内举行。晚会上，中方艺术家为观众献上《三岔口》《拾玉镯》和《霸王别姬》等中国京剧经典选段；越方艺术家则表演嘲剧、改良剧等越南传统戏剧的代表作品。中越两国演员全情投入，以婉转唱腔、精彩打斗、诙谐念白和绚丽服饰为观众呈现一场戏剧文化盛宴，赢得阵阵热烈掌声。

交流周期间还举办梅兰芳艺术展，展出200多幅历史图片、梅兰芳纪念馆收藏的戏单和梅兰芳演出《天女散花》的戏服等，吸引不少戏剧爱好者前来参观。

中越两军边境联合义诊活动 2018年8月22~28日，中越两军医疗队在两国边境地区的越南高平省复和县和中国广西壮族自治区龙州县联合开展为期7天的义诊活动。内容主要包括医疗义诊巡诊、健康知识宣教、疑难病例会诊和学术研讨交流、手术操作演示等。

中共中央军委后勤保障部、中国驻越南大使馆、越南人民军总后勤局、越南国防部外事局与高平省人民委员会等党政军机关代表，中越两军医疗队员及当地民众共300余人参加活动启动仪式。

“美丽中国·心仪广西”2018中越金秋音乐会 2018年10月25~26日在越南国家音乐学院音乐厅举行，越南文化体育与旅游部、中国驻越南大使馆主办，由河内中国文化中心、越南艺术表演中心、中国广西壮族自治区文化厅承办。中国广西艺术团与越南新活力竹乐团的艺术家们联袂献上一场穿越时空的音乐盛宴。中越两国艺术家联袂登场，中国歌手演唱越南歌曲，越南乐队演奏中国民乐，碰撞出火花，增进了友谊。在越南河内演出前，中国广西艺术团还在越南岘港进行了展演。

“同唱友谊歌”2018中越歌曲演唱大赛 2018年10~11月举行，中国广西壮族自治区新闻出版广电局、越南驻南宁总领事馆主办，中国广西人民广播电台、越南国家歌舞剧院、广西壮族自治区文学艺术界联合会承办，广西北部湾之声、广西音乐家协会、吉林省音乐家协会、安徽省音乐家协会、贵州省音乐家协会、广西南宁瀚海文化传播有限公司协办。大赛设中国区赛、越南区赛以及国际总决赛三个阶段。中国赛区分别设立吉林、贵州、安徽、广西赛区。越南赛区分别设立河内、岘港、胡志明赛区。经过层层选拔，最终脱颖而出的10名（组）歌手晋级国际总决赛。比赛通过中越两国歌手每人（组）演唱一首中国歌曲和一首越南歌曲的方式，经过两轮比拼后，由现场评委进行打分。选手们用民族、美声、通俗等不同唱法，为现场观众带来一场独具特色的艺术盛宴。

经过激烈的角逐，中国的黑天鹅组合和越南的裴氏黄燕分别获得“同唱友谊歌”2018中越歌曲演唱大赛国际总决赛冠军。

中越民族文化交流活动艺术作品展 2018年12月28日在越南首都河内开幕，中国广西北部湾书画院、广西民族大学民族学与社会学学院、越南文化体育与旅游部越中文化交流中心联合主办。展览展出100幅北部湾民族文化艺术采风写生国画作品，以及苗族刺绣、壮族织锦等14件非物质文化遗产传承人艺术作品。

本次展出的作品展现艺术家精湛的艺术水平和真诚的艺术情怀。中国艺术家与越南书画家还进行切磋，有助于促进两国文化艺术界的相互了解和交流。此次活动不仅为越南观众带来了中国广西艺术家和非物质文化遗产传承人的作品，中越两国艺术家还进行现场创作交流，增进了双方友谊。

中越“两廊一圈”军事与安全合作

中越边境地区联合扫毒行动战果显著 2018年8月23日，中越两国公安部禁毒局在中国广西南宁联合召开新闻发布会，发布“305”特大跨国贩毒专案相关情况，并通报今年以来中越边境地区联合扫毒行动取得的成效。

2018年3月5日至7月21日，在中越两国公安部禁毒局统一指挥下，中国广西公安部门与越南凉山警方密切合作，开展全方位情报交流，联合行动和证据交换，成功破获“305”专案，彻底摧毁盘踞在中越边境地区跨国贩运海洛因的犯罪网络。案件的成功侦破，为以后此类案件的侦破以及中越双方的警务合作提供了有益经验，有力地打击和震慑了跨中越边境地区毒品走私犯罪活动。

2018年，中越双方首次全年开展常态化联合扫毒，以联合办案、共同摧毁跨国贩毒集团为突破口，通过畅通联络渠道，提升情报交流、案件协调效率和加大督办力度，创新宣传模式等措施，推动联合扫毒务实开展。行动期间，中越双方在联合办案方面取得突破性进展，双方共破获毒品案件2734起，抓获犯罪嫌疑人3925名，缴获各类毒品803千克。

中越公安部第6次合作打击犯罪会议 2018年10月10日在中国北京举行。中国国务委员、公安部部长赵克志与越共中央政治局委员、越南公安部部长苏林共同出席。赵克志表示，希望双方认真落实中越两党两国领导人重要共识，不断深化在维护国家安全、反恐、打击跨国犯罪和边境管理等各领域务实合作，加

强重大项目安保合作，携手打造特殊友好的中越执法安全战略合作伙伴关系。苏林表示，愿不断加强双方执法安全各领域务实合作，共建越中执法安全命运共同体。会后，双方签署中越两国公安部第6次合作打击犯罪会议纪要。中国公安部常务副部长王小洪参加会议并通报中越两国公安部第5次合作打击犯罪会议以来双方落实会议成果情况。越南驻中国大使邓明魁，中国广西壮族自治区副主席、公安厅厅长胡焯，云南省副省长、公安厅厅长任军号参加会议。

10月10日，中越公安部第6次合作打击犯罪会议在中国北京举行

（百度网）

中越边境中国广西段深排雷场全部搜排完毕 2018年10月27日，中国南部战区陆军某边防旅扫雷官兵完成中越边境广西段最后一个深排雷场搜排任务，将雷障全部清除的该雷场6万多平方米安全土地移交给地方政府。这标志着中越边境广西段深排雷场全部搜排完毕，彻底消除已勘明的遗留雷患。

自中越边境新一轮扫雷行动启动以来，该边防旅累计出动扫雷官兵2.4万余人次，转战8个边境县（市、区）17个乡镇，搜排出地雷等爆炸物2300多枚，深度搜排雷场40余处共158万余平方米并移交地方政府，为边民恢复耕地、经济林用地153.33公顷。

2018中国·红河—越南·老街“两国一赛道”国际自行车赛 12月12～15日在中国河口与越南老街举行，中国云南省体育局、红河州人民政府和越南老街省人民委员会主办，红河州文化体育和广播电视局、河口县人民政府、老街省文化体育与旅游厅和老街省摩托—自行车协会承办，赛事运营由中国云南大圣体育文化传播有限公司和越南黎明国际旅游公司负责。比赛为期4天，共设置10个组别个人赛及10个组别团队比赛，近700名中越自行车爱好者参与此次赛。

本次比赛由12月14日在中国河口县境内的山地赛与12月15日的跨国公路赛组成。公路赛是中国与越南自1992年恢复通关以来，河口口岸与越南老街口岸首次实现零障碍通行，也标志着本次比赛实现了真正意义上的两国一赛道。

本次比赛设置男子3个组，分别是男子精英组、男子中年组和男子太师组；女子两个组，分别是女子中年组和女子精英组。为加强中越双方体育文化交流，本次比赛特别增加中越友好团体组比赛，由中方与与越方俱乐部共同组成，最终双方各取用时最短前三名队员成绩相加作为最终团体成绩。

中越北部湾第25次联合巡逻 2018年12月13～14日，根据中越两军相关协议，由中国南部战区海军与越南海军第1区舰船在北部湾海域进行第25次联合巡逻并开展搜救演习。中越双方各派出2艘海军舰艇参加此次联合巡逻。在近30个小时的联合巡逻中，双方互通海区水文气象、海空情况、编队航向航速等信息，增强彼此间海上通信联络和资源共享交流。为强化海上合作能力，双方密切协同，相互转换指挥关系，交替指挥联合巡逻编队，完善联合巡逻组织指挥程序，进一步加深双方互信理解和协同能力。此外，中越双方还按预定计划组织联合搜救演练。在接到“对遇险船只和人员展开救援行动”的命令后，联合巡逻舰艇编队立即进入救援部署，奔赴通报海区进行联合搜救。其间，双方指挥舰交流共享遇险船只的位置、遇险情况和气象条件等相关信息，发现目标后，双方向各自目标机动并实施救援。

（朱莹莹）

澜沧江—湄公河区域合作

澜沧江—湄公河区域合作概况

澜沧江发源于中国青海省，由雪山融水的细流汇聚而成，穿过崇山峻岭，经过云南省西双版纳出境。出境后被称为湄公河，流经缅甸、老挝、泰国、柬埔寨和越南5国，是亚洲流经国家最多的国际河流。澜沧江—湄公河养育流域3.26亿人口。2014年，湄公河下游国家生产超过1亿吨的大米，约占世界总量的15%。湄公河还拥有世界最大的内陆渔业，占全球淡水捕捞量的1/4。“湄公”一词的来源有高棉语和泰语两种说法，但意思都是“母亲河”。尽管湄公河次区域已经存在多个合作机制，但是澜沧江—湄公河合作是首个由湄公河上下游6国共同主导、共同协调的机制，没有区域外国家或机构参与。

2014年11月，中国国务院总理李克强在中国—东盟领导人会议上提出，中方愿积极响应泰方倡议，探讨建立澜沧江—湄公河对话合作机制，澜沧江—湄公河合作机制由此进入实质性构建阶段。2015 年 11 月 12 日，澜沧江—湄公河合作首次外交部部长会议在中国云南景洪举行，中国、泰国、柬埔寨、老挝、缅甸和越南 6 国外交部部长出席，会议围绕“同饮一江水，命运紧相连”的主题并就进一步加强澜沧江—湄公河国家合作进行深入探讨，在政治安全、经济和可持续发展、社会人文 3 个重点领域开展务实合作，达成广泛共识。会议审议通过澜沧江—湄公河合作概念性文件，宣布澜沧江—湄公河合作机制正式建立，6 国外交部部长一致同意研究并尽早实施一批早期收获项目。会议发表联合新闻公报。同年，6 国还召开两次高官和一次工作组会议，在以下方面达成初步共识：一是在政治上，致力于加强互信和相互理解，维护和平与稳定；二是在经济上，实现可持续发展，促进投资和贸易，减少贫困，缩小发展差距；三是在社会文化上，加强人文交流，促进人员往来、民心相通。未来，还将建立包括领导人会议、外交部部长会议、高官会及其他工作层面在内的多层次合作机制，目标是将澜沧江—湄公河流域 6 国建成一个平等互利、团结合作、发展共赢的命运共同体。

2016 年 2 月 24 日，澜沧江—湄公河合作第 3 次高官会在中国海南三亚举行，会议为当年 3 月下旬举办的澜沧江—湄公河合作首次领导人会议作准备。3 月 23 日，澜沧江—湄公河合作首次领导人会议在中国海南三亚举行，与会各国领导人就澜沧江—湄公河合作的目标、重点领域和优先方向达成共识，会议发表《澜沧江—湄公河合作首次领导人会议三亚宣言》《澜沧江—湄公河国家产能合作联合声明》。12 月 23 日，澜沧江—湄公河合作第 2 次外交部部长会议在柬埔寨暹粒举行，会议就 6 国加快筹建优先领域联合工作组、设立澜沧江—湄公河合作协调机构、全面实施早期收获项目、推动形成第 2 批合作倡议、制订澜沧江—湄公河合作五年行动计划、用好中方设立的澜沧江—湄公河合作专项基金和有关贷款等达成共识。会议审议通过《澜沧江—湄公河合作第二次外长会联合新闻公报》《首次领导人会议成果落实进展表》《优先领域联合工作组筹建原则》3 份重要成果文件。

2017 年，澜沧江—湄公河合作取得多方面实质性进展。首先是各成员国澜沧江—湄公河合作国家秘书处或澜沧江—湄公河合作协调机构的成立。年内，老挝、中国、泰国、缅甸、越南和柬埔相继成立本国的临时或正式的澜沧江—湄公河合作国家秘书处或澜沧江—湄公河合作协调机构。其次，10 月 28 日，澜沧江—湄公河合作第 5 次高官会在中国云南昆明举行，会议由澜沧江—湄公河合作中方代理高官、外交部亚洲司司长肖千与柬埔寨高官、柬埔寨政府顾问索西帕纳共同主持，老挝、缅甸、泰国和越南高官或高官代表参加。会议重点就澜沧江—湄公河合作进展、未来发展规划和下阶段系列重要会议筹备工作等交换意见。12 月 14～16 日，澜沧江—湄公河合作第 3 次外交部部长会议在中国云南大理举行。会议回顾澜沧江—湄公河合作进展，对下一步工作做出规划，并为第 2 次领导人会议做准备。会议讨论第 2 次领导人会议的成果文件，并达成原则共识。会议发表《澜沧江—湄公河合作第 3 次外长会联合新闻公报》，宣布了《澜沧江—湄公河合作专项基金首批支持项目清单》，宣布建立澜沧江—湄公河合作热线信息平台，公示《首次领导人会议和第二次外长会成果落实清单》。

2018 年，澜沧江—湄公河合作继续向前推进。1 月 10 日，澜沧江—湄公河合作第 2 次领导人会议在柬埔寨首都金边举行。与会 6 国领导人围绕“我们的和平与可持续发展之河”这一主题，为进入成长期的澜沧江—湄公河合作机制的发展规划蓝图。会议发表《澜沧江—湄公河合作五年行动计划（2018～2022 年）》和《澜沧江—湄公河合作第 2 次领导人会议金边宣言》。12 月 17 日，澜沧江—湄公河合作第 4 次外交部部长会议在老挝琅勃拉邦举行，会议旨在落实第 2 次领导人会议成果，规划澜沧江—湄公河合作下步发展，并为第 3 次领导人会议做准备。会议通过《联合新闻公报》，公示《<澜沧江—湄公河合作五年行动计划>2018 年度进展报告》《2018 年度澜沧江—湄公河合作专项基金支持项目清单》和六国智库共同撰写的《澜沧江—湄公河流域经济发展带研究报告》，发布澜沧江—湄公河合作会歌。

澜沧江—湄公河合作第 6 次高官会

2018 年 1 月 9 日在柬埔寨金边举行，对澜沧江—湄公河合作第 2 次领导人会议将要发表的几项重要成果进行审议，为领导人会议的举行做准备。此次高官会由澜沧江—湄公河合作中方代理高官、外交部亚洲司副司长黄溪连与柬埔寨高官、柬埔寨政府顾问索西帕纳共同主持，老挝、缅甸、泰国和越南高官或高官代表参加会议。

澜沧江—湄公河合作第 2 次领导人会议

2018 年 1 月 10 日在柬埔寨首都金边举行。中国国务院总理李克强、柬埔寨首相洪森、老挝总理通伦、泰国总理巴育、越南总理阮春福和缅甸副总统敏瑞出席。会议主题是“我们的和平与可持续发展之河”。

在会议上，中国国务院总理李克强提出包括做好水资源合作，加强水利设施建设等产能合作，拓展农业合作，提升人力资源合作，推动医疗卫生合作，拓展数字经济、环保、卫生、海关、青年等领域合作的重要建议以期进一步推动澜沧江—湄公河合作从培育期顺利迈向成长期，进而打造次区域和南南合作的典范。

与会各国领导人均认为，澜沧江—湄公河合作机制成立时间虽短，但成果扎实丰硕，展现出睦邻友好、互利共赢的广阔合作前景。各国具有加强合作的政治意愿和经济互补优势，愿加快推进澜沧江—湄公河合作不断壮大，加强水资源、互联互通、农业、人文等领域合作，促进该地区和平安定和可持续发展。

会议发表《澜沧江—湄公河合作五年行动计划（2018～2022年）》和《澜沧江—湄公河合作第2次领导人会议金边宣言》。会议结束后，李克强和各国领导人共同出席老挝接任下届澜沧江—湄公河合作共同主席的交接仪式。

1月10日，澜沧江—湄公河合作第2次领导人会议在柬埔寨首都金边举行（新华网）

澜沧江—湄公河合作成果展

2018年1月10日在柬埔寨首都金边举行。中国国务院总理李克强、柬埔寨首相洪森、老挝总理通伦、泰国总理巴育、越南总理阮春福和缅甸副总统敏瑞等湄公河5国领导人参观此次展览。澜沧江—湄公河合作成果展是澜沧江—湄公河合作第2次领导人会议的开场活动，由中国外交部主办、中国国际贸易促进委员会承办，以“同饮一江水，命运紧相连”为主题，集中展示澜沧江—湄公河合作机制成立两年来取得的重要成果，涉及基础设施、能源、物流和互联网等重点领域。中国国家铁路集团有限公司、南方电网有限责任公司、北京摩拜科技有限公司、华为技术有限公司等10家中国企业参加展出，所展示的成果都具有很强的代表性。展览还以图表、图像、视频和文字等方式，介绍澜沧江—湄公河合作机制建设情况以及在水资源、贸易投资、人文交流和政治安全等方面取得的成果，展现了澜沧江—湄公河合作的广阔未来。

2018澜沧江—湄公河水资源合作成果展暨澜沧江—湄公河水资源合作中心开放日

3月23日在中国北京举行。中华人民共和国水利部、外交部、长江水利委员会等相关部门、智库高校、水利水电开发企业代表以及湄公河5国驻华使节和在华留学生代表80余人参加。澜沧江—湄公河合作中国秘书处派员参加。与会嘉宾代表一致表示，澜沧江—湄公河水资源合作取得积极成果，希望中心继续发挥平台支撑作用，加快落实澜沧江—湄公河合作第2次领导人会议共识，推动6国水资源合作深入发展，为构建澜沧江—湄公河国家命运共同体做出新的贡献。

2018澜沧江—湄公河职业教育论坛

3月27日在中国天津举行。此次论坛是“澜沧江—湄公河活动周”系列活动的重要组成部分，以“同饮一江水，共创新未来”为主题。柬埔寨、泰国、缅甸、老挝等澜沧江—湄公河各国驻华使馆代表，中国外交部澜沧江—湄公河合作中国秘书处、天津市工业和信息化局、商务委员会、教育委员会、外事办公室、天津市中国—东盟中心代表，以及天津市职业院校代表、中国企业代表、行业协会代表齐聚一堂，共话澜沧江—湄公河6国职业教育合作发展，深入推进职业教育交流与合作。

第2届澜沧江—湄公河合作村长论坛

2018年4月11日在中国云南德宏芒市举行。柬埔寨、老挝、缅甸、泰国、越南等国家的政府部门、村庄、合作社，世界粮食计划署，以及云南大营街村等一批中国国内具有知名度和影响力的村庄代表近200人出席。澜沧江—湄公河合作中国秘书处派员参加。与会代表围绕“合作、创新、共赢、共同推进乡村振兴”的主题进行研讨。与会村社和企业代表发布《澜沧江—湄公河村社合作芒市倡议》，倡导开展村寨、合作社、企业之间的交流合作，推行绿色生产方式，提高农产品质量和食品安全水平，加强标准认可和培训，以及加强经验交流、知识分享和能力建设等。论坛举办期间，还举办村社对接、签署协议、展览展示、参观考察等活动。

澜沧江—湄公河合作6国秘书处培训班

2018年6月27日在中国北京举行开班仪式。由澜沧江—湄公河合作中国秘书处主办，中国北京外国语大学、深圳市人民政府外事办公室承办。中国外交部亚洲司副司长姜再冬、老挝驻华大使万迪、北京外国语大学国际关系学院院长李永辉出席开班仪式并致辞，柬埔寨、缅甸、泰国、越南驻华使馆代表以及澜沧江—湄公河6国参加增训人员和媒体代表参加开班仪式。与会嘉宾还共同出席北京外国语大学澜沧江—湄公河合作研究中心的揭牌仪式。

2018澜沧江—湄公河合作媒体峰会

7月2日在老挝首都万象开幕，中国人民日报社和老挝新闻文化和旅游部共同主办。中国、老挝、柬埔寨、泰国、缅甸和越南澜沧江—湄公河6国的40家媒体从业者参会。与会者围绕“民心相通、命运与共”这一主题，就深化媒体合作，进一步促进流域内国家民心相通，发挥媒体桥梁纽带作用建言献策，共谋发展。会上，澜沧江—湄公河国家部分主流媒体和企业达成合作意向，互换合作文本，还举行中老联合制作的《新视点》电视栏目开播启动和2018澜沧江—湄公河合作媒体峰会联合采访行授旗仪式。

第2届“一带一路”和澜沧江—湄公河合作国际研讨会

2018年9月19日在泰国清迈举行，中国驻清迈总领事馆、泰国清迈大学和清莱皇太后大学共同主办。中泰两国的政府官员、企业家、专家学者，当地商会、侨团负责人，以及美国、日本、印度、秘鲁、菲律宾驻泰使领馆代表或名誉领事等约500人参加。与会嘉宾在发言中介绍他们对“一带一路”、澜沧江—湄公河合作以及中泰各领域务实合作等问题的看法和建议，高度评价“一带一路”建设取得的积极成果，认为“一带一路”为推动世界经济发展和构建更加包容的全球化进程带来了全新的理念和机遇。在专题研讨互动环节，专家学者分别就经贸、物流与教育、旅游与智慧城市两大主题展开广泛而深入的探讨。

研讨会期间，中国科学院曼谷创新合作中心举办“智慧城市”主题展会；中国贵州省盘州市、云南省西双版纳傣族自治州与泰北有关部门组织企业对接会；清迈大学孔子学院在会场外展示剪纸、面塑、京剧脸谱、猜灯谜等中华文化；清迈大学举办发展中小企业、开展电子商务合作以及高校的桥梁作用等专题会议。

第2届澜沧江—湄公河国际电影周

2018年9月29日在中国昆明开幕，中国电影家协会、云南省新闻出版广电局、云南省文学艺术界联合会、云南广电网络集团有限公司共同主办。老挝、缅甸、菲律宾、柬埔寨、新加坡、印度、马来西亚、泰国的200余位电影业界人士相聚昆明世博园中国馆，共叙友谊、畅谈合作。9月28日至10月2日活动期间，主办方举行“自然与人文电影的国际视野”主题论坛，在昆明各大电影院组织10部澜沧江—湄公河流域国家和10部中国电影进行20场次的交流展映活动，开展电影项目版权贸易、推介活动，加强业界交流探讨，推动澜沧江—湄公河流域电影产业的国际交流合作，为澜沧江—湄公河流域国际文化交流合作搭建平台、贡献力量。

首届澜沧江—湄公河水资源合作论坛

2018年11月1日在中国云省昆明开幕，中国水利部主办，云南省政府协办，中国水利部国际经济技术合作交流中心、澜沧江—湄公河水资源合作中心承办，以“水伙伴合作，促永续发展”为主题。论坛回顾澜沧江—湄公河水资源合作启动两年来，澜沧江—湄公河6国落实澜沧江—湄公河合作两次领导人会议共识，推动澜沧江—湄公河水资源合作取得的进展以及成果；介绍中国国家主席习近平提出的“节水优先、空间均衡、系统治理、两手发力”的水利工作方针以及中国水利建设取得的成就。与会代表围绕论坛主题和水资源可持续开发利用与保护、洪旱灾害管理、水—能源—粮食纽带关系等议题进行深入交流，并通过《首届澜沧江—湄公河水资源合作论坛昆明倡议》。论坛结束后，湄公河5国代表还考察中国澜沧江景洪水电站和昆明水环境治理工程。

澜沧江—湄公河国家旅游城市（三亚）合作论坛

2018年11月23日在中国海南三亚举行，三亚市人民政府、海南省旅游和文化广电体育厅、海南省外事办公室联合主办，三亚市旅游和文化广电局、三亚市外事办公室承办，主题是“开放创新的澜沧江—湄公河，合作共赢的未来”。内容包括开幕式、圆桌会议、澜沧江—湄公河城市合作成果展、旅游合作分论坛、新闻发布会等。中国、柬埔寨、老挝、缅甸、泰国和越南等国25个城市的200多名代表参加，参会嘉宾有政府代表、旅游行业专家、媒体记者、各国驻华使领馆及中国外交部代表等。

澜沧江—湄公河合作民办高校校长研讨会

2018年11月23日在中国昆明举行，以“以澜沧江—湄公河区域民办高校产教融合，推进绿色可持续区域发展”为主题，邀请柬埔寨、缅甸、老挝、泰国等国家相关企业、商会、研究院等机构代表，以及中国云南省教育厅对外合作交流处，云南省内民办高校代表——云南大学滇池学院、云南师范大学文理学院、昆明医科大学海源学院、云南艺术学院文华学院、云南经济管理学院以及云南广场职业学院代表共同出席本次会议。与会高校代表表示，将再次共聚签署合作备忘录并举行首届澜沧江—湄公河区域民办高校联盟会议，共同探索澜沧江—湄公河国家民办高校合作的创新协同模式。

澜沧江—湄公河合作博览会暨澜沧江—湄公河合作滇池论坛

2018年11月23日在中国昆明开幕，主题为“推动互联互通与跨境经济合作”，中国和湄公河国家的政府官员、专家学者和企业家等约300名嘉宾参加论坛活动。论坛分主题论坛和专题会议，专题会议分

3个专题依次进行。专题会议一为中老投资洽谈会；专题会议二为国际创新产业分论坛；专题会议三为澜沧江—湄公河合作·文化旅游产业发展论坛。与会嘉宾在论坛上进行对话和互动，探讨共同拓展合作的领域和途径及深化经贸合作的措施。

澜沧江—湄公河合作·云南文化旅游产业发展论坛

2018年11月24日在中国昆明举办，华侨城云南集团、云南世博旅游集团、云南文投集团联合主办。这是首个在澜沧江—湄公河次区域国家商品博览会期间举行的文化旅游产业专题论坛，旨在秉承"团结互信、平等互利、包容互鉴、合作共赢"的丝路精神，抓住澜沧江—湄公河合作的重要发展机遇，推动中国云南省与南亚东南亚国家文化旅游资源共享、市场共拓、信息互通、客源互送，形成特色化的发展优势，促进融合发展，实现互利共赢，共同把这一区域打造成为"一带一路"沿线民族文化特色最浓郁、最具发展活力的文化旅游目的地。

澜沧江—湄公河综合执法安全合作论坛

2018年12月12日在中国云南昆明举行。论坛旨在集合澜沧江—湄公河流域国家执法部门和学术机构的智力资源，为共同应对流域面临的安全风险及挑战、提高打击跨国犯罪能力提供理论支撑。论坛上，中外代表围绕进一步完善澜沧江—湄公河流域联巡机制、情报信息网络建设在执法合作中的地位作用、打击澜沧江—湄公河流域跨国犯罪及促进流域国家执法官员培训交流等4个议题畅所欲言，建言献策。澜沧江—湄公河流域国家执法安全部门相关负责人、驻昆明总领事和专家学者近100人参加论坛活动。

第8届澜沧江·湄公河流域国家文化艺术节

2018年12月12日在中国云南景洪举办，以"亲诚惠容、合作共赢"为主题，以中国改革开放40周年为契机，精心设置"澜沧江—湄公河暨一带一路沿线国家舞台文艺展演""第7届'一条大河'西双版纳国际影像展"等板块，汇聚澜沧江—湄公河流域国家文化艺术精品，促进"一带一路"沿线国家文明互鉴。中国、老挝、柬埔寨、越南、马来西亚、孟加拉国、韩国、英国等国嘉宾出席艺术节开幕式。此外，来自中国、柬埔寨、老挝、缅甸、泰国和越南澜沧江—湄公河6国以及马来西亚、南亚、东亚、西欧、美洲等国家和地区的艺术团体和艺术家也参加艺术节活动。

澜沧江—湄公河流域国家文化遗产保护与推广研讨会

2018年12月13～14日在中国云南景洪举行，由中国国家文物局支持，云南省文化和旅游厅、西双版纳州人民政府和云南大学联合主办，云南省城市建设投资集团有限公司协办，以"文化遗产保护与发展的理念和行动"为主题。澜沧江—湄公河流域各国高校和文化遗产保护研究机构的专家、学者参会，并在会上作交流发言。

澜沧江—湄公河合作第4次外交部长会议

2018年12月17日在老挝琅勃拉邦举行。老挝人民民主共和国外交部部长沙伦赛·贡马西、中华人民共和国国务委员兼外交部部长王毅、柬埔寨王国副首相贺南洪、缅甸联邦共和国国际合作部部长觉丁、泰王国外交部部长敦·巴穆威奈、越南社会主义共和国副总理兼外交部部长范平明出席会议。中国和老挝两国外交部部长共同主持会议。会议旨在落实澜沧江—湄公河合作第2次领导人会议成果，规划澜沧江—湄公河合作下一步发展，并为第3次领导人会议做准备。

与会各国外交部部长充分肯定2018年澜沧江—湄公河合作在各领域取得的积极成果，对澜沧江—湄公河合作在促进地区经济发展、改善民生、保护环境、密切人文交流等方面发挥的重要作用表示赞赏，认为合作成果切实惠及地区各国及各国人民。与会各方均表示愿意共同保持澜沧江—湄公河合作的强劲势头，积极对接发展战略，加强基础设施建设和互联互通，充分发挥各自比较优势，探讨多种形式的产能合作，推动在教育、青年和地方等领域进行更多合作，加强同其他区域和次区域机制的相互补充、相互促进，实现互惠互利和共同繁荣。

会议通过《联合新闻公报》，公示《<澜沧江—湄公河合作五年行动计划>2018年度进展报告》、"2018年度澜沧江—湄公河合作专项基金支持项目清单"和6国智库共同撰写的《澜沧江—湄公河流域经济发展带研究报告》，发布澜沧江—湄公河合作会歌。　（雷小华）

泛北部湾区域经济合作

泛北部湾区域经济合作发展概况

泛北部湾区域经济合作范围　泛北部湾区域是指北部湾以及南海周边国家和地区所共同构成的空间区域，涉及越南、柬埔寨、泰国、马来西亚、新加坡、印度尼西亚、菲律宾、文莱等8个东南亚国家以及中国的海南省、广东省、广西壮族自治区、香港特别行政区和澳门特别行政区。

2006年7月20日举行的首届环北部湾经济合作论坛提出构建泛北部湾经济合作区的构想。论坛发表的《环北部湾经济合作论坛主席声明》提出："要围绕拓展和深化中国—东盟战略伙伴关系，站在面向东亚合作的高度上，构建泛北部湾经济合作区，将环北部湾经济合作延伸到隔海相望的马来西亚、新加坡、印度尼西亚、菲律宾、文莱等海上东盟国家。密切物流、产业、贸易与投资合作,共同促进本地区加快发展。”

2007年7月出版的《泛北部湾合作发展报告》将泛北部湾区域经济合作的国家增加至9个,即中国、越南、柬埔寨、泰国、马来西亚、新加坡、印度尼西亚、菲律宾和文莱,明确中国的海南省、广东省、广西壮族自治区、香港特别行政区、澳门特别行政区属于泛北部湾区域。

泛北部湾区域经济合作战略目标　推动泛北部区域经济合作,旨在通过重点加强港口物流合作,实现产业对接与分工,促进相互贸易与投资,大力发展临海工业,联合开发海上资源,加快临海城市发展,形成一批互补互利、相互促进、各具特色的港口群、产业群和城市群,形成中国—东盟经济合作框架下的次区域经济合作。

泛北部湾区域经济合作主要领域　经济领域主要加强交通、港口、海运、航空、环保、信息等基础设施建设,加强物流、金融、旅游、渔业、农业、资源开发与保护、投资与贸易、环境保护等各方面的合作,促进临海工业和海洋产业发展。社会发展领域主要加强人力资源开发与培训、科技、教育、文化、医疗卫生、防灾减灾等方面的合作。

泛北部湾经济合作机制　主要有泛北部湾区域经济合作论坛(简称泛北论坛)、泛北部湾区域经济合作市长论坛(简称泛北市长论坛)、泛北部湾区域经济合作联合专家组(简称泛北合作联合专家组)等。

自2006年举办首届泛北论坛以来,已成功举办9届,成为推动泛北部湾区域经济合作的重要平台和机制。参加论坛的主体,从以政府官员为主,逐步扩展到学术界、工商界等人士广泛参与。先后有10多位中国国家领导人、100多位中国和泛北部湾国家部长级官员出席论坛。论坛取得丰硕成果,共签署20多份协议和备忘录。

首届泛北论坛于2006年7月20日在广西南宁举行,时称“环北部湾经济合作论坛”。本次论坛提出泛北部湾经济合作构想,主要成果是《环北部湾经济合作论坛主席声明》。

第2届泛北论坛于2007年7月26~27日在广西南宁举行,主要成果有《论坛主席声明》《中国—东盟港口与发展合作联合声明》《中国—东盟海运协定》和《中国—东盟航空合作框架》。

第3届泛北论坛于2008年7月30~31日在广西北海举行,主要亮点是推动成立泛北部湾经济合作联合专家组。

第4届泛北论坛于2009年8月6~7日在广西南宁举行。本届论坛是对以南宁—新加坡经济走廊为重点务实推进泛北合作认识的进一步深化。

第5届泛北论坛于2010年8月12~13日在广西南宁举行。论坛分析中国—东盟自由贸易区建成为泛北合作带来的历史性机遇,对以南宁—新加坡经济通道建设为重点,推进泛北合作和如何通过加快产业发展和航运、港口、物流合作来深化泛北合作达成共识。

第6届泛北论坛于2011年8月18~19日在广西南宁举行。本届论坛就加强泛北各国区域联通与跨境合作、扩大跨境贸易和投资以及深化金融、旅游合作取得一系列共识。论坛发布《泛北部湾经济合作可行性研究报告》,形成《泛北部湾智库峰会宣言》,还签署一批合作协议。

第7届泛北论坛于2012年7月12~13日在广西南宁举行。本届论坛就推进泛北部湾区域城市发展合作、电子信息产业合作、产业园区合作等达成一系列共识,并签署一批合作协议。

从2013年开始,泛北论坛由每年举办一次改为每两年举办一次。原定于2013年10月24~25日举行的第8届泛北部湾经济合作论坛改为2014年5月15日在广西南宁举行。本届论坛就携手共建21世纪海上丝绸之路重点领域、金融创新、港口合作和物流网络建设、贸易投资合作、文化传播合作等达成诸多共识。

第9届泛北部湾经济合作论坛暨中国—中南半岛经济走廊发展论坛于2016年5月26日在广西南宁举行。本届论坛以“携手泛北合作,共建‘一带一路’”为主题,旨在推动泛北合作升级发展,从以海上合作为主向陆海并举延伸拓展,构建陆海联动的合作新格局。论坛发布《共建中国—中南半岛经济走廊倡议书》。

第10届泛北部湾经济合作论坛暨第2届中国—中南半岛经济走廊发展论坛于2018年5月24日在广西南宁举行。本届论坛围绕“打造国际陆海贸易新通道,共建中国—东盟命运共同体”的主题,回顾前9届泛北论坛历程,积极评价泛北论坛取得的成果。本届论坛取得一系列成果,主要包括:形成并发布《十届泛北论坛总结与展望—优化中国—东盟陆海统筹发展新模式》报告、智库峰会专家共识;中国与东盟有关机构、企业签订合作协议等。第10届论坛的成功举办,标志着以南向通道为重点的国际陆海贸易新通道的加快推进,为参与各方带来崭新的发展机遇,开辟了更广阔的合作空间。

泛北部湾经济合作市长论坛是泛北部湾经济合作的又一个重要机制。2007~2011年先后在广西北海举行4届。其主要特点是:(1)参加国家和地区的代表、专家人数较多,层次较高。第1~3届有6个国家17个城市的代表及专家学者参加,第4届有7个国家的29位市长或市长代表参加。(2)发表泛北市长论坛宣言或备忘录。(3)达成诸多共识。拓展了港口物流、旅游文化方面的合作,并期望在具体产业、具体项目上加强合作,用好相关合作基金和贷款。

泛北合作联合专家组也是泛北合作的重要机制。2008年1月4日,泛北部湾经济合作中方专家组成立暨工作会议在北京举行。此后，又分别召开4次泛北部湾经济合作联合专家组会议。2008年7月30日，泛北合作联合专家组首次会议在广西北海举行。2008年10月24日，泛北合作联合专家组第2次会议在广西南宁召开，会议取得以下成果：

一是东盟各方就泛北部湾经济合作如何开展进一步达成共识，二是确定联合专家组成员，三是通过《泛北部湾经济合作联合专家组行动计划》。2009年8月6日，泛北合作联合专家组第3次会议在广西南宁举行，会议讨论修改《泛北部湾经济合作可行性研究报告》，通过《关于加快泛北部湾经济合作的行动建议》。2011年6月2日，泛北合作联合专家组第4次会议在广西北海举行，会议通过《泛北部湾经济合作可行性研究报告》，完成泛北部湾经济合作前期研究工作，相关各方一致同意将该报告提交中国—东盟经济高官会讨论通过。2012年7月12～13日，泛北合作联合专家组第5次会议在广西南宁举行，会议讨论并形成《泛北部湾港口物流合作专项规划》《南宁—新加坡经济走廊陆上交通基础设施专项规划》《泛北部湾农业合作专项规划》《泛北部湾投资便利化合作专项规划》《私营企业参与泛北部湾经济合作专项规划》和《泛北部湾地区经贸合作平台建设专项规划》等7个专项规划，并通过《泛北部湾经济合作联合专家组第5次会议纪要》。

第10届泛北部湾经济合作论坛暨第2届中国—中南半岛经济走廊发展论坛

2018年5月24日在中国广西南宁举行。中国和东盟各国政府相关部委及有关省府市官员，港口城市、港口管理机构、产业园区、航运物流企业、商界、国际组织、金融机构、协会、驻华使领馆等负责人，以及智库专家、媒体记者等共500余人参加。

此次论坛围绕“打造国际陆海贸易新通道，共建中国—东盟命运共同体”的主题，回顾前9届泛北部湾经济合作论坛历程，积极评价泛北部湾经济论坛取得的成果。论坛举行中国—东盟部长高端对话、省长高端对话以及专题高端对话，与会嘉宾围绕合作共建国际陆海贸易新通道的战略定位、目标任务、实现路径、合作领域、重点项目等进行深入研讨和广泛交流，并一致认为，建设国际陆海贸易新通道是推进中国—东盟“一带一路”国际合作的重要实践和具体举措。国际陆海贸易新通道是一条发展的通道、共赢的通道，顺应时代潮流，契合各方利益，符合各方期待。与会各方赞同并倡议：要秉持合作共赢、共商共建共享的核心理念，加强发展战略的有效对接，把创新驱动作为发展动力，共同推动把国际陆海贸易新通道建设纳入中国—东盟全面合作框架，以完善互联互通基础设施体系作为先行领域，以提高贸易便利化水平作为关键支撑，以国际产能合作作为有效载体，进一步形成各方协作联动格局，推动国际陆海贸易新通道建设取得务实成果。

此次论坛平行举行中国—东盟港口城市合作网络工作会议、中国—中南半岛经济走廊发展论坛和泛北部湾智库峰会3个分论坛，与会嘉宾围绕相关议题进行深入探讨，就深入推进中国—东盟港口城市合作网络建设、中国—中南半岛经济走廊建设、充分发挥泛北部湾智库峰会“智囊团”“助推器”作用等达成共识。

此次论坛取得一系列务实成果。主要包括：形成并发布《10届泛北论坛总结与展望——优化中国—东盟陆海统筹发展新模式》报告和智库峰会专家共识，中国与东盟有关机构、企业在论坛上签订合作协议。

中国—东盟港口城市合作网络工作会议

2018年5月24日在中国广西南宁举行。中国—东盟中心、中国和东盟10国有关部委、机构、港口城市政府、港口管理和运营机构、船务公司及企业和专家学者共210人参加。中国广西壮族自治区副主席黄俊华，文莱财政部第二部长、摩拉港有限公司董事长刘光明出席并致辞。

此次会议设置3个议题，分别是：多式联运跨界协同、信息互联互通和机制建设与联动。围绕上述议题，20位嘉宾在会上发言。会议向新加入中国—东盟港口城市合作网络的6家成员单位颁发牌匾，中国—东盟信息港股份有限公司发布信息平台合作成果。

与会各方分享在港口建设、管理、运营以及开展国际交流合作等方面的做法和经验，就共同推进中新互联互通南向通道建设、进一步推进港口城市务实合作、更好地发挥合作网络作用、共享海上丝绸之路繁荣发展等进行深入交流探讨，并提出意见和建议。

5月24日，第10届泛北部湾经济合作论坛暨第2届中国—中南半岛经济走廊发展论坛在中国广西南宁举行 （广西新闻网）

2018泛北部湾智库峰会

5月24日在中国广西南宁举行，

广西壮族自治区人民政府主办，广西北部湾经济区和东盟开放合作办公室与中国（深圳）综合开发研究院承办，以"'一带一路'与开放互联新愿景"为主题。中国和东盟各国的政府机构、研究机构及媒体代表近100人参加。会议旨在搭建泛北部湾地区智库间交流与对话平台，共谋新时代下泛北部湾的发展前景及其在"一带一路"建设、推动形成陆海内外联动、东西双方互济的全面开放新格局等国家重大发展战略中的责任担当，探讨如何推动陆海融合新模式，促进泛北部湾地区合作转型升级，以打造中国与东盟乃至亚太区域经济合作的创新引擎。

会议中，中国与东盟各国的智库机构达成泛北部湾智库峰会专家共识，表示在未来会进一步搭建非政府层面的交流网络，推动新时期泛北部湾经济合作迈向新阶段。

中国—马来西亚关丹港、关丹产业园等相关项目取得进展

2018年8月，中马关丹产业园内的重大项目——综合钢铁项目进入全面产出阶段。这是中国在"一带一路"沿线地区建设的第一个现代化综合性钢铁厂，也是马来西亚最大的钢铁厂。该项目是中马两国在"一带一路"开展产能合作的创新探索，对推动中马双边贸易、促进当地经济社会发展等具有示范效应。作为综合钢铁项目的配套，关丹深水港码头1A泊位开始试运营，实现中国在东南亚地区合作建设的第一个产业配套码头的运作，也是中国广西北部湾国际港务集团第一个海外码头的正式运营。

中国—东盟环境合作论坛

2018年9月11日在中国广西南宁举办，主题为"大数据驱动生态环保创新"。东盟成员国环境部门高级官员、东盟国家城市代表、联合国环境署、瑞典斯德哥尔摩环境研究所等国际合作伙伴代表，以及中国生态环境部、广西壮族自治区人民政府、国内相关城市、机构和地方环境保护部门的官员、学者和企业界代表约400多人参加。论坛由1个主论坛与2个分论坛组成，分论坛的主题分别为"生态城市建设助力实现2030可持续发展目标"和"绿色'一带一路'环境技术创新与合作"。

自2011年以来，中国—东盟环境合作论坛及相关系列活动已在中国连续成功举办7届。该论坛已成为中国与东盟探讨环境合作的重要渠道和连接中国与东盟各界进行环境合作的重要桥梁，成为本区域的环境政策高层对话重要合作平台。

中国—东盟"海上联演2018"

10月22日在中国广东湛江举行。此次联演是中国与东盟第一次组织的海上联合军事演习，也是东盟首次与单一国家开展联演，中国和东盟10国均以派出舰艇或观察员的形式参加联演。旨在加深中国海军与东盟各国海军之间的了解、增进双方的互信。此次联演分港岸活动、海上演练和演习总结3个阶段，主要围绕《海上意外相遇规则》使用及联合搜救、编队通信操演等内容组织实施。各方开展多项文体交流活动，进行军事医学与潜水作业等课题研讨，观摩营救落水人员训练，组织战术桌面推演，举行航前会议及学习安全规定，举行舰艇开放活动，并圆满完成编队离港、编队通信、编队运动、联合搜救，直升机甲板互降及补给机动占位共6个科目的海上实兵演练。参演各方表示，这次联演既为中国海军和东盟各国海军的交流创造新平台，也为东盟各国海军之间的交流搭建新渠道，为今后各国的务实合作奠定坚实基础，成为中国和东盟各国共同应对安全威胁、维护区域和平稳定的新起点。

第6届中国—东南亚国家海洋合作论坛

2018年11月16日在中国广西北海举行，中国自然资源部和广西壮族自治区人民政府共同主办，东南亚国家代表团，东盟国家驻南宁总领事馆领事，中国自然资源部、广西壮族自治区、国际和区域组织代表，有关专家及企业代表共350多人参加。除了主旨报告之外，论坛还设置海洋观测预报与服务、海洋生物多样性和生态系统健康、海洋和渔业产业投融资3个分论坛。论坛促成海洋产业投融资项目18项，计划投资金额95.464亿元。

中国—东南亚国家海洋合作论坛从2013年起，先后在印度尼西亚、泰国、中国、柬埔寨和马来西亚举办5届。此次论坛是规模最大、参加人数最多的一届，并首次在海洋合作主题的基础上细化引入渔业元素，特别增设海洋和渔业招商引资项目集中签约、海洋和渔业产业投融资、项目推介等环节，并就重大项目、产能开发、贸易金融、市场交流、旅游文化等多方向开展广泛合作。

中国—东盟基础设施互联互通金融论坛

2018年12月8日在中国广西南宁举行，中国国家发展和改革委员会、广西壮族自治区人民政府和中国国家开发银行共同举办。柬埔寨、老挝、缅甸、泰国、越南等国驻南宁总领事馆，菲律宾基地转化发展署，东盟国家金融机构，多家基础设施建设领域知名企业，中国国内金融同业机构以及广西壮族自治区有关部门和企业等共计70余家单位的150多人参加。参加论坛的各方围绕"金融服务中国—东盟合作，携手推进基础设施互联互通"的主题展开深入研讨，就积极推动金融支持中国—东盟基础设施互联互通建设达成相关共识。（雷小华）

交往与合作

中国和东盟交往与合作

2018年中国与东盟进一步加强务实合作,双方高层互动频繁,政治互信基础不断加固,经贸合作水平稳步提升,双边合作机制逐渐成熟,人文交流更加密切。中国—东盟关系迈向更高水平。

一、加强政治互信,深化务实合作

(一)领导人会议引领合作发展

2018年11月14日,第21次中国—东盟10+1领导人会议暨庆祝中国—东盟建立战略伙伴关系15周年纪念峰会在新加坡举行。中国国务院总理李克强和2018年东盟轮值主席国领导人、新加坡总理李显龙共同主持会议,其他东盟9国领导人出席。会议通过《中国—东盟战略伙伴关系2030年愿景》,发表科技创新合作联合声明,宣布2019年为中国—东盟媒体交流年。

2018年是中国东盟建立战略伙伴关系15周年。在过去的15年中,国际和地区形势发生深刻复杂变化,李克强总理在会议致辞时用“不平凡的历程”来形容中国和东盟的关系。李克强总理说,15年来,中国和东盟开展全方位、多层次、宽领域的合作,形成了大的合作框架,使中国和东盟战略合作的内涵不断丰富,而且也开创了互利共赢的格局,中国东盟之间的贸易额在世界上都是叫得响的总量。

中国—东盟建立战略伙伴关系以来,中国已经连续9年成为东盟第一大贸易伙伴国,东盟连续7年成为中国第三大贸易伙伴。截至2017年底,双向投资累计超过2000亿美元,人员往来5000万人次,互派留学生超过20万人。

与会的东盟国家领导人表示,此次会议具有里程碑的意义。东盟同中国拥有强有力的互利合作关系,高层往来频繁,经济联系强劲,人员交流密切,量和质都得到升级。东盟愿将自身发展战略同中方“一带一路”倡议相对接,不断拓展新的合作领域,加强互联互通、创新、智慧城市、电子商务、数字经济等领域合作,促进东亚共同体建设和区域经济一体化进程。

此次会议,“南海行为准则”磋商取得重要进展,各方共同形成单一磋商文本草案,并一致同意在2019年内完成第一轮审读。李克强总理在会议上表示,中国东盟树立了妥善处理分歧的典范,全面有效落实《南海各方行为宣言》,保持了南海局势的稳定。中方愿同东盟国家共同努力,在协商一致基础上,争取未来3年完成“准则”磋商。希望域外国家尊重域内国家的意愿,相信域内国家有智慧,共同维护南海的和平稳定。与会东盟国家领导人也表示,双方政治互信不断增强,举行了首次海上联合演习,宣布“南海行为准则”单一磋商文本,希望尽快完成相关谈判,妥善管控分歧,扩大海上务实合作,促进南海地区和平稳定。

(二)高层良性互动

1. 领导人互访频繁。2018年1月10日,中国国务院总理李克强访问柬埔寨;4月10日,菲律宾总统杜特尔特访问中国;5月6日,中国国务院总理李克强访问印度尼西亚;5月30日,老挝人民革命党中央总书记、国家主席本扬访问中国;8月20日,马来西亚总理马哈蒂尔访问中国;11月12日,中国国务院总理李克强访问新加坡;11月18日,中国国家主席习近平访问文莱达鲁萨兰国;11月20日,中国国家主席习近平访问菲律宾。

2. 双边会议频繁。2018年4月12日,第19次中国—东盟联合合作委员会(ACJCC)会议在印尼雅加达东盟秘书处举行。中方与东盟就落实第20次中国—东盟领导人会议成果与倡议、中国—东盟战略伙伴关系15周年纪念活动、“中国—东盟战略伙伴关系2030年愿景”、中国—东盟创新年等议题深入交换意见,明确中国—东盟联合合作委员会2018年主要工作方向和重点领域。会议还听取第19次中国—东盟联合合作委员会工作组会议情况报告。6月8日,第24次中国—东盟高官会在新加坡举行。双方重申战略伙伴关系,同意进一步加强经济领域务实合作,通过实施《东盟—中国自由贸易协定》(ACFTA)及其升级版实现2020年1万亿美元贸易额和1500亿美元投资目标,并期待于2018年年内完成区域全面经济伙伴关系(RCEP)谈判。双方表示,欢迎正式启动“南海行为准则”实质性谈判,强调应全面有效实施《南海各方行为宣言》。8月2日,中国—东盟外长会议在新加坡举行。会议期间,双方就《中国—东盟战略伙伴关系2030年愿景》达成共识,双方同意于2018年10月举行中国—东盟海上联合演习,办好2018中国东盟创新年活动。双方还同意将2019年确定为中国—东盟媒体交流年。11月14日,第21次中国—东盟10+1领导人会议暨庆祝中国—东盟建立战略伙伴关系15周年纪念峰会在新加坡举行。会议通过《中国—东盟战略伙伴关系2030年愿景》,发表科技创新合作联合声明,正式宣布2019年为中国—东盟媒体交流年。

(三)维护东亚地区和平稳定

2018年3月1~2日,中国与东盟各国在越南芽庄举行落实《南海各方行为宣言》第23次联合工作组会议。这是联合工作组2018年的首次会议,与会各方就落实《南海各方行为宣言》、推进海上务实合作以及

"南海行为准则"磋商等充分深入地交换意见。6月25～27日，中国与东盟国家在中国湖南长沙举行落实《南海各方行为宣言》第15次高官会和第24次联合工作组会议。外交部副部长孔铉佑作为中方高官率团出席。会议就落实《南海各方行为宣言》、加强海上务实合作以及"南海行为准则"磋商等议题坦诚、深入地交换意见，取得积极成果。各方肯定当前南海形势总体稳定的良好势头，重申全面、有效落实《南海各方行为宣言》的重要性，一致同意在业已形成的"准则"框架基础上进一步推进"准则"磋商，尽快形成单一磋商文本草案，作为下一步商谈的基础。会议还审议更新2016～2018年工作计划。8月2日，中国国务委员兼外交部长王毅在新加坡出席中国—东盟外长会后举行中外媒体吹风会，王毅在吹风会上表示，外长会议中中国和东盟国家已经形成了"南海行为准则"单一磋商文本草案，下一步，将进入具体文案磋商，"南海行为准则"磋商将会加速向前推进。10月22～27日，中国—东盟"海上联演—2018"演习在中国广东湛江举行。此次联演，是落实中国—东盟防务高层共识、深化中国与东盟防务安全合作、增进互信的重要行动，既是东盟首次与单一国家进行联合军演，也是中国军队首次与东盟开展海上联演，同时还是南部战区成立后首次牵头组织的多国联演活动，意义非常重大。此次联演分为港岸活动、海上演练和演习总结三个阶段。联演期间，各方展开多项文体交流活动，围绕军事医学与潜水作业等课题进行深入研讨，观摩营救落水人员训练，组织战术桌面推演，并举行舰艇开放活动。联合演习取得预期成果，成为各国官兵交流学习、增进了解的重要平台，成为中国—东盟深化防务合作交流的重要品牌，成为打造中国—东盟命运共同体、协力维护地区和平安全的新起点。

（四）深化非传统安全合作

2018年8月14～15日，第11届中国—东盟成员国总检察长会议在文莱斯里巴加湾举行。中国最高人民检察院检察长张军、东盟各国总检察长出席此次会议。与会各国总检察长共同签署联合声明。联合声明指出，中国—东盟成员国检察机关秉承平等、互信、互利的原则，进一步就打击网络犯罪涉及的司法协助、履约保障、调查取证、机构设置、情报交换、能力建设、刑事政策、风险防控等问题达成共识。联合声明重申，成员国应在相互尊重国家主权、司法管辖权和国内法的基础上，通过采取有效措施，继续依法惩处跨国犯罪。10月29日至11月1日，第6届东盟与中国和第9届东盟与中日韩打击跨国犯罪部长级会议在缅甸内比都举行。中国公安部副部长杜航伟率团出席会议，并就深化中国东盟执法安全合作与东盟成员国代表交换意见。会议发表联合声明。会议期间，缅甸总统温敏集体会见各国代表团团长；杜航伟与缅甸内政部长觉瑞、韩国法务部次长金浯洙、越南公安部副部长黎贵王、柬埔寨内政部国务秘书索帕等进行交流。

二、加强经贸合作，促进互利共赢

（一）双边贸易、投资持续增长

2018年6月13日，由中国国家留学基金管理委员会、中国—东盟教育交流周组委会秘书处主办，贵州大学承办的"感知中国：中国—东盟青年经贸发展论坛"在贵阳举办。来自贵州高校的老挝、泰国、柬埔寨、越南等13个国家100名留学生参会，以"打造中国—东盟经贸合作新格局"为主题，围绕中国—东盟经贸合作与发展的成果、挑战等展开交流。本次论坛旨在加强中国—东盟青年学子间的友好沟通、互学互鉴、合力探索，积极推动青年学子关注双方经贸发展，推动中国—东盟经贸合作交流，助推中国—东盟命运共同体建设。8月底至9月初，东亚合作系列经贸部长会议在东盟轮值主席国新加坡举行。此次系列会议期间，还举行第17次中国—东盟10＋1经贸部长会议、第21次东盟—中日韩10＋3经贸部长会议。第17次中国—东盟经贸部长会议发表的联合声明指出，与会各国经贸部长对中国在交通和基础设施建设方面为推动东盟互联互通和一体化所做的贡献表示欢迎，并表示，中国"一带一路"倡议与《东盟互联互通总体规划2025》在支持东盟共同体建设方面具有互补性，希望相关举措能进一步促进地区贸易和投资。第21次东盟—中日韩10＋3经贸部长会议声明指出，2018年11月在上海举行的中国国际进口博览会将进一步向世界开放中国市场，并为建立一个包容、开放、合作的新平台做出贡献。

2018年，中国与东盟贸易额达到5878.7亿美元，创历史新高，比上年增长14.1%，增速超过中国对外贸易平均增速。自2009年以来，中国已连续10年成为东盟第一大贸易伙伴，东盟连续8年成为继欧盟、美国之后的中国第三大贸易伙伴。在中国的前7大贸易伙伴中，东盟与中国的贸易增长最快。

2018年，中国对东盟非金融类直接投资流量达到99.5亿美元，比上年增长5.1%，显著高于2017年1.7%的增幅。东盟对中国投资流量为57.2亿美元，增长12.5%。截至2018年底，中国对东盟累计投资额890.1亿美元，东盟对中国累计投资额1167亿美元，双向投资存量15年间增长22倍。东盟首次超过英属维尔京群岛，跻身继中国香港之后的中国第二大对外投资目的地。同时，东盟也仅次于中国香港和欧盟，位列中国第三大投资来源地。

（二）推进中国与东盟互联互通

2018年5月24日，中国—东盟港口城市合作网络工作会议在中国广西南宁举行。中国—东盟中心、中国和东盟10国有关部委、机构、港口城市政府、港口管理和运营机构、船务公司及企业、专家学者共210人参加。与会各方分享在港口建设、管理、运营以及开展国际交流合作等方面的做法和经验,就共同推进中新互联互通南向通道建设,进一步推进港口城市务实合作,更好地发挥合作网络作用,共享海上丝绸之路繁荣发展,进行深入交流探讨,提出意见建议。2018年中国—东盟基础设施互联互通金融论坛于10月26日在广西南宁举行。论坛以"助力'一带一路'建设,促进东盟港路直通"为主题,中国国家发展与改革委员会为支持单位,广西壮族自治区人民政府和国家开发银行共同举办。柬埔寨、老挝、缅甸、泰国、越南等国驻南宁总领事馆,菲律宾基地转化发展署,东盟各国部分银行和国家金融机构,中国港湾、中国路桥、中航国际、中工国际等多家基础设施建设领域知名企业,国内金融同业机构,以及广西壮族自治区有关部门和企业等70余家单位的150多人参加。与会各方围绕"打造面向东盟的金融开放门户,推动基础设施互联互通建设"和"打造金融服务平台,助力企业参与东盟基础设施互联互通建设"等议题展开深入研讨,就进一步推动金融支持中国—东盟基础设施互联互通建设达成相关共识。11月8日,第17次中国—东盟交通部长会议在泰国曼谷召开。中国交通运输部副部长戴东昌与泰国交通部部长阿空·丁披他耶拜共同主持会议,东盟10国交通部部长和东盟秘书处秘书长参加此次会议。与会各方都表示赞赏交通运输合作在过去15年中对中国—东盟战略伙伴关系做出的贡献,对自上次会议以来双方在铁路、公路、航空、海事和运输便利化等方面取得的进展表示满意,并承诺进一步开展交通运输合作,尤其是加强人才教育与培训方面的合作。会议审议通过部长联合声明。截至2018年5月底,中国企业在东盟国家签订承包工程合同累计金额为3639.6亿美元,完成营业额2399.2亿美元,有力地推动了中国—东盟互联互通建设。

(三)拓展区域、次区域合作

在区域合作方面,2018年《区域全面经济伙伴关系协定》(RCEP)谈判取得重要进展。6月30日至7月1日,《区域全面经济伙伴关系协定》第5次部长级会议在日本东京举行。东盟10国、中国、澳大利亚、印度、日本、韩国、新西兰等16方经贸部长或代表出席。与会各方就货物贸易、服务贸易、投资和规则领域等相关问题进行深入讨论。会议发表《联合新闻声明》,表示在当前全球贸易面临单边主义挑战的背景下,尽快结束RCEP谈判至关重要。部长们重申将共同努力,取得突破,致力于完成一个惠及各方的区域一体化协定。10月13日,《区域全面经济伙伴关系协定》第6次部长级会议在新加坡举行。东盟10国、中国、澳大利亚、印度、日本、韩国、新西兰等16方经贸部长或代表出席。会议就货物贸易、服务贸易、投资、卫生和植物卫生措施、标准技术法规和合格评定程序、电子商务、竞争政策等议题进行深入讨论。会议发表《联合新闻声明》,表示在当前全球贸易面临单边主义挑战等诸多不确定性的情况下,尽快完成RCEP谈判有利于增强和完善区域供应链和价值链,对维护地区贸易自由化和便利化,支持全球自由贸易,具有重要意义。11月14日,第2次《区域全面经济伙伴关系协定》(RCEP)领导人会议在新加坡举行。中国国务院总理李克强、东盟10国领导人以及韩国、日本、澳大利亚、新西兰、印度领导人参加。与会领导人一致认为,当前国际形势中逆全球化和保护主义上升,各方应加大努力,推进经济一体化进程,推进基于规则的国际秩序和自由贸易。在此背景下,谈判达成RCEP具有重要意义,有利于增进各界信心和正面预期,对外发出支持基于规则的多边主义和自由贸易的明确信号,有力促进地区经济增长和经济全球化。与会领导人一致同意,RCEP谈判已经取得实质性进展,正在进入最后谈判阶段,各方必须有紧迫感,做出额外努力。各方发展阶段不同,但应体现灵活性,调整各自雄心水平,以包容的心态照顾彼此敏感度,确保RCEP全面、平衡、高质量、高水平,使地区所有国家均从中受益,实现互利共赢。各方均表示愿加紧努力,乘势而上,争取在2019年完成RCEP谈判。

在次区域合作方面,澜湄合作继续向前推进。1月10日,2018澜沧江—湄公河合作第2次领导人会议在柬埔寨首都金边举行。与会6国领导人围绕"我们的和平与可持续发展之河"这一主题,为进入成长期的澜湄合作机制的发展规划蓝图。会议发表《澜沧江—湄公河合作五年行动计划(2018—2022)》和《澜沧江—湄公河合作第2次领导人会议金边宣言》。2018年澜湄合作还举行一次高官会、一次博览会和一次外长会议。次区域合作还表现在泛北部湾经济合作上,第10届泛北部湾经济合作论坛暨第2届中国—中南半岛经济走廊发展论坛于2018年5月24日在广西南宁举行。论坛围绕"打造国际陆海贸易新通道,共建中国—东盟命运共同体"的主题,回顾前9届泛北论坛历程,积极评价泛北论坛取得的成果。本届论坛取得的成果包括:形成并发布《10届泛北论坛总结与展望——优化中国—东盟陆海统筹发展新模式》报告、智库峰会专家共识,中国与东盟有关机构、企业签订合作协议等。

(四)加强金融合作

2018年5月4日,第21届东盟与中日韩10+3财长和央行行长会议在菲律宾首都马尼拉举行。会议主要讨论全球和区域宏观经济形势、10+3区域财金合作等议题,就清迈倡议多边化(CMIM)首次定期评估主要内容达成共识,鼓励CMIM作为区域金融安全网中心与国际货币基金组织(IMF)继续加强合作。会议赞赏东盟与中日韩宏观经济研究办公室(AMRO)在开展区域经济监测、支持CMIM运作等领域发挥的重要作用,重申将继续支持AMRO提高经济监测和机构能力,切实履行其作为独立、可信、专业国际组织的职责。会议赞赏亚洲债券市场倡议在发展区域本币债券市场和促进区域债券市场一体化方面做出的重大贡献,欢迎区域信用担保与投资基金通过中期商业战略和5亿美元增资方案。此外,会议还发表联合声明。9月13日,由广西壮族自治区人民政府、中国金融学会、中国银行业协会、中国证券业协会、中国保险行业协会等共同主办的第10届中国—东盟金融合作与发展领袖论坛在广西南宁举行。论坛以"开放与创新:新时代的中国—东盟金融合作"为主题,中国、东盟和中国香港、澳门等国家和地区的金融监管部门、金融机构、企业负责人及专家学者600多人出席。与会人士就"开放与创新:新时代的中国—东盟金融合作政策""开放与创新:新时代的中国—东盟金融合作实践"等议题发表主题演讲。还围绕金融开放形势下的中国—东盟投资机遇等热点问题进行深入研讨。11月22日,由新加坡星展银行与中国国家开发银行共同主办的中国—东盟银行联合体理事会第8次会议在新加坡召开。会上,各成员银行围绕"深化基础设施互联互通及金融合作"的主题展开深入研讨,共同签署《金融支持中国—东盟命运共同体建设的联合声明》,并表决决定接受菲律宾开发银行、马来西亚开发银行、老挝外贸银行、缅甸经济银行为首批银联体观察员行。会议还发布题为《以绿色金融支持东盟基础设施建设:机遇与挑战》的联合研究报告,并正式启用银联体徽章旗帜。

三、扩大人文交流与合作

(一)推动教育共同发展

7月14~15日,由广西壮族自治区教育部门主办、广西师范大学以及广西职业教育教师研究中心共同承办的2018年中国—东盟职业教育与教师发展学术论坛在广西桂林举办。文莱、泰国、印尼、新加坡等国家和中国的职教领域专家学者、职教师资培养培训基地负责人、职业学校管理者及教师、硕博士研究生等300余人参加。与会者通过30余场主题演讲和研讨交流活动,围绕"新时代职业教育教师队伍专业化建设与发展"等主题,探讨中国—东盟职业教育与教师发展现状、瓶颈、机遇与挑战等热点问题。7月26~27日,中国—东盟教育培训联盟2018年年会在贵州大学召开。会议由中国—东盟教育培训联盟秘书处主办、贵州大学承办,培训联盟的30家成员单位代表及东盟国家5个教育机构的特邀嘉宾参加。联盟成员单位与东盟国家相关教育机构代表围绕共同承担人才培养、合作交流模式等内容开展深入讨论并达成共识。11月18日,由泰国格乐大学、泰国博仁大学联合主办的2018"一带一路"中国—东盟教育发展论坛在广西南宁举行,广西壮族自治区内外专家和高校师生代表共100多人参加。与会专家学者就中国东盟教育交流新形势下,中国对"一带一路"参与国家教育交流的具体政策支持,以及泰国的高等教育的过去、现在和将来进行政策解读分析。

数据显示,截至2017年底,中国与东盟各国互派留学生已达22万余名,其中东盟在中国的留学人数超过9.5万人。此外,中方正着手打造"中国—东盟菁英奖学金"人文交流旗舰项目,开展"未来之桥"中国—东盟青年领导人千人研修计划,未来5年拟邀请1000名东盟优秀青年到中国培训。

(二)加强环境保护与可持续发展合作

5月7~11日,中国—东盟环境保护合作中心在北京举办2018年中国—东盟生态环保合作周系列活动。活动内容包括:中国—东盟环境合作国家联络员会议;中国—东盟生态友好城市合作研讨会;中国—东盟环境信息共享平台工作组会及技术交流活动。中国生态环境部国际司、生态司、东盟中心、信息中心、监测总站,中国科学院文献情报中心,广西壮族自治区环境保护对外合作交流中心,云南省环境保护对外合作交流中心等国内相关机构,以及东盟秘书处,柬埔寨、老挝、马来西亚、缅甸、新加坡、泰国、越南等东盟成员国的环境主管部门,东盟生物多样性中心、联合国环境署等地区和国际机构约80名代表参加活动。9月11~13日,由中国生态环境部与广西壮族自治区人民政府、东盟秘书处、柬埔寨环境部联合主办的2018年中国—东盟环境合作论坛在广西南宁举办。论坛以"大数据驱动生态环保创新"为主题,通过高层政策对话,分享生态文明和绿色发展的理念与实践,搭建利益相关方的沟通桥梁,为"一带一路"绿色发展提供理论支撑和政策建议,建立常态化交流及合作机制。11月21日,2018中国—东盟可持续发展创新合作国际论坛暨第2届中国国际健康旅游高端论坛在广西桂林举行。论坛围绕景观资源可持续利用、健康旅游融合发展等领域开展深入研讨,共邀请联合国开发计划署驻中国代表处、亚洲开发银行以及柬埔寨、泰国、美国、丹麦、韩国等24个国家和国际组织嘉宾约400人参会。此次论坛共签约7个项目,总金额593亿元,涉及桂林市的生态环境治理、健康旅游、文化康养等领域。

(三)推进科技创新合作

2018年是"中国—东盟创新年"。4月12日,"中国—东盟创新年"启动仪式暨中国—东盟创新论坛在北京举行。在"中国—东盟创新年"启动仪式上,中国科技部部长王志刚,东盟轮值主席国、中国东盟关系协调国新加坡贸工部、国家发展部资深国务部长许宝琨,印尼研究技术与高教部部长穆罕默德·纳西尔,老挝科技部部长波万坎·冯达拉，缅甸教育部副部长温貌吞，泰国科技部副部长甘亚薇·吉迪功等出席并致辞。他们在致辞中高度赞扬近年来中国与东盟国家在双边和区域科技创新合作中取得的积极进展，并提出下一步加强科技创新合作、推动区域创新发展的举措和倡议。在启动仪式后举办的中国—东盟创新论坛上，中国科技部副部长黄卫、缅甸教育部副部长温貌吞、泰国科技部副部长甘亚薇·吉迪功等中国与东盟双方参会代表，围绕政府搭建创新合作平台、科技人文交流、科技创新政策交流、产学研创新合作等议题发表了旨演讲。9月11日，由中国科技部和广西壮族自治区人民政府共同主办的第6届中国—东盟技术转移与创新合作大会在广西南宁举行。会议主题是“创新引领未来”。中国科技部副部长张建国以及老挝、缅甸、菲律宾、泰国等东盟国家科技主管部门官员出席大会并发表主旨演讲。在与会各国科技主管部门领导的见证下，一系列双边重点科技合作协议和项目现场签约，其中包括中泰创新合作谅解备忘录、广东省科技厅与广西壮族自治区科技厅合作协议，中国—东盟传统中医药标准化人才培训基地项目等。

4月12日，“中国—东盟创新年”启动仪式暨中国—东盟创新论坛在北京举行

（百度网）

（四）深化文化交流与合作

2018年4月12~14日，第3届中国—东盟民族文化论坛在广西崇左举行。中国、澳大利亚、柬埔寨、老挝、马来西亚、缅甸、文莱、菲律宾、印尼、泰国、越南、新西兰等13个国家以及中国香港特别行政区的130多名专家学者、嘉宾，围绕“中国—东盟民族文化与人类命运共同体构建”主题展开深入研讨。此次论坛由中国—东盟博览会秘书处指导，广西壮族自治区社会科学界联合会、崇左市人民政府、广西民族大学、广西国际文化交流中心联合主办。论坛议题包括“民族文化与绿色发展”“民族文化交流与民心相通”“‘一带一路’框架下的民族文化创新与共享”。论坛期间，澳大利亚中国问题专家、格里菲斯大学教授马克林，中国国务院发展研究中心东方文化与城市发展研究所所长、研究员杨晓东分别作主旨发言。柬埔寨皇家科学院向论坛组委会赠送该院重大翻译成果《习近平谈治国理政》（柬文版）一书。9月26日，以“区域合作、创新发展”为主题的“2018年东盟‘一带一路’旅游文化交流周”在贵州贵阳开幕。活动吸引东盟国家政府、驻华使领馆、旅游文化企业、有关国际组织等300余名嘉宾参会。此次旅游文化交流周由中国—东盟中心、贵阳市人民政府、贵州省旅游发展委员会共同主办。交流周期间，主办方围绕旅游文化组织贵州—东盟旅游文化交流与合作对话会、东盟—贵州联合旅游推介暨合作洽谈会、主宾国柬埔寨之夜、贵阳旅游线路考察等系列活动。10月24日，第4次中国—东盟文化和艺术部长会议在印尼日惹举行。中国驻东盟大使黄溪连代表中方出席会议，就中国与东盟在文化艺术领域的合作进展等与各方交换意见。东盟各国部长赞赏中方在文化和艺术领域促进中国与东盟友好关系所做的努力，并对中方通过中国—东盟合作基金支持和举办年度中国—东盟文化论坛促进与东盟的文化交流予以充分肯定。会议通过《中国—东盟文化艺术合作行动计划（2019—2021）》。

据中国有关部门统计，近年来，中国已成为东盟第一大旅游客源国。2018年双方人员往来约5700万人次，每周有3800多个航班往返于中国和东盟国家之间。2018年，中国游客赴柬埔寨旅游人数达到200万人次，比上年增长7成。2018年头9个月，柬埔寨吸引投资总额超过47亿美元的基础设施和旅游项目，其中有6成来自中国。2018年头9个月中国赴老游客数量也大幅增加，达到56.8万人次，比上年增长35%。2018年有超过1000万中国游客前往泰国旅游，比上年增长7%，旅游创收超过5900亿泰铢，增长12%。2018年赴新加坡旅游的中国内地游客人数341万人次，比上年增长6%，稳居新加坡第一大客源国的位置。中国对东盟游客的吸引力也在持续上升。2018年，越南、马来西亚、菲律宾、缅甸等国赴中国旅游人数均超过百万人次，且均保持较快增长势头。中国国务院总理李克强在第21次中国—东盟领导人会议上指出，中国—东盟合作取得骄人成绩，人文交流功不可没。为加强民众对双方合作的了解和参与，支持开展更多人文交流项目，中方在2019年将向中国—东盟合作基金增资。

2018年中国—东盟交往与合作更加积极务实，双方在增强政治互信、扩大经贸合作、推进人文交流等方面取得显著成效。借助中国—东盟建立战略伙伴关系15周年的契机,双方举办一系列重要活动,推动中国—东盟关系迈上更高水平。当然,中国—东盟合作也面临着一些挑战。例如,出于地缘政治因素的考量,东盟国家对中国的忧虑难以消除,新加坡倡议的“大国平衡战略”逐渐被东盟国家接受;南海问题在中国与东盟国家的共同努力之下虽已大幅降温,但是有关领土主权争议并未彻底解决等。随着中国与东盟经济合作的深入开展,许多深层次问题逐渐凸显,中国与东盟国家产业结构的趋向性问题难以在短时期内解决,在“一带一路”倡议下,实现中国与东盟国家的发展对接也面临较大的挑战。 (谢成因 雷小华)

中国和文莱交往与合作

2018年,中国与文莱政府高层往来密切,特别是中国国家主席习近平首次成功对文莱进行国事访问;两国“一带一路”和经贸合作不断推进,成效显著;两国人文交流也在不断加深,双方的互信和相互了解进一步加强。

一、习近平主席首次访问文莱谱写中文睦邻友好关系新篇章

2018年11月18~20日,中国国家主席习近平首次对文莱进行国事访问,成为年度中文关系的重大事件,文莱及国际舆论好评如潮。两国发表联合声明,为新阶段中文关系指明方向。

中文关系提升到一个新阶段。两国元首高度评价中国文莱关系积极发展势头,中国文莱关系步入历史最好时期,已成为大小国家平等相待、互利共赢、共同发展的典范。两国元首一致决定建立中国与文莱战略合作伙伴关系,做政治互信、经济互利、人文互通、多边互助的好伙伴,引领中文关系迈上更高台阶。双方一致认为,应继续保持两国高层密切交往,加强战略伙伴关系,并就地区国际问题保持沟通。用好两国各层级合作机制,统筹推进各领域合作。

加强两国发展战略对接。中方愿进一步支持文莱经济可持续发展,为文莱经济多元化进程提供助力。文方将继续支持并共同推进“一带一路”合作。双方将密切合作,落实好两国政府《关于共同推进“丝绸之路经济带”和“21世纪海上丝绸之路”建设的谅解备忘录》及此次签署的相关合作规划。中方视文莱为建设21世纪海上丝绸之路重要合作伙伴,愿将“一带一路”倡议同文莱经济多元化战略“2035宏愿”相对接,做好两国互利合作大文章。

深化经贸投资合作。落实好双方签署的加强基础设施领域合作的谅解备忘录,加强在海上油气资源领域开展合作,推动恒逸文莱大摩拉岛石化项目合作安全顺利开展,进一步推进“中国广西—文莱经济走廊”建设,加强在农业、清真食品、水产养殖等领域的交流与技术合作。

两国将继续在法律司法、教育、文化、宗教、旅游、卫生、体育、青年等领域开展合作。双方同意进一步加强防务安全合作和执法安全合作,双方支持进一步推进东亚经济共同体建设,争取早日达成《区域全面经济伙伴关系协定》。双方重申继续加强中国同东盟之间的合作,造福地区人民。

中方将进一步提升与东盟东部增长区合作,支持文莱发挥次区域枢纽作用。文方欢迎并支持中方提升与东盟东部增长区合作。

双方与其他东盟国家一道,全面有效落实《南海各方行为宣言》,推进“南海行为准则”磋商,争取在协商一致基础上早日达成“准则”。

双方将继续加强多边机制沟通与合作,推动构建相互尊重、公平正义、合作共赢的国际关系,建设人类命运共同体,并就联合国及安理会改革、气候变化等议题保持沟通。双方共同坚持多边主义,抵制单边主义和保护主义,维护以世界贸易组织为核心的多边贸易体制,推动实现开放、包容、普惠、平衡的经济增长。

二、两国高层领导继续保持友好来往与加强两国防务合作

2018年3月19日,文莱苏丹哈吉·哈桑纳尔·博尔基亚致电热烈祝贺习近平连任中华人民共和国主席,李克强连任中国国务院总理。并于10月1日向习近平和李克强致电庆祝中国第69周年国庆。

6月13日和8月4日,中国国务委员兼外交部部长王毅两次会见文莱财政经济部第二部长刘光明。刘光明于5月24日出席在广西南宁举行的第10届泛北部湾经济合作论坛暨第2届中国—中南半岛经济走廊发展论坛。

8月3日,中国人民解放军南部战区副参谋长陈道祥陆军少将访问文莱。文莱皇家武装部队司令在与陈道祥会见时表示,双方对两国国防关系表示满意。与此同时,文莱皇家武装部队对中国人民解放军所给予的支援表示感激。双方期望未来在军事方面有更多互动和合作。10月21日,文莱派1艘军舰参加在湛江举行的中国—东盟“海上联演—2018”演习。

三、两国“一带一路”经济贸易合作不断取得成效

文莱政府重视与中国开展“一带一路”经济贸易合作。2018年11月14日,文莱苏丹哈吉·哈桑纳尔·博尔基亚在新加坡出席第21届东盟—中国峰会上表示,文莱继续支持中国“一带一路”合作倡议。中

国提出的“一带一路”倡议已经与文莱“2035宏愿”开展合作对接。文莱“中国一带一路促进会”于11月注册成立，12月20日，该会与中国签订7项合作备忘录，合作项目涉及教育、旅游、农业等领域；该会与中国民企和大学签订合作协议或意向书，在生蚝养殖与教育领域进行合作。此外，文莱“中国一带一路促进会”还与中国国际教育电视台合作，开设国际传媒大学，中国国际教育电视台将在文莱设立办事处。

经济贸易合作成效显著。中国商务部新闻发言人高峰于11月15日在例行记者会上表示，文莱是“一带一路”沿线重要国家，经贸合作是中国和文莱两国关系健康发展的重要支柱。近年来，双边互利合作成效显著。2018年1~9月，双边贸易额达到13.1亿美元，同比增长88.7%，创历史新高。截至2018年9月底，文莱累计对华实际投资28.1亿美元；中国累计对文莱投资27亿美元，中国企业累计在文莱签订工程承包合同额31.2亿美元，完成营业额28.5亿美元。中国对文莱直接投资发展势头良好，华为、中国银行、恒逸集团等大型企业陆续进入文莱市场拓展业务。2016年12月，中银香港在文莱开设分行，成为首家在文莱经营的中资银行。2017年，文莱唯一深水港摩拉港的集装箱码头由广西北部湾国际港务集团与文莱达鲁萨兰资产管理公司组建的一家合资公司正式接手运营。在短短一年多的时间里，港口管理模式、软硬件设施、操作效率等得到较大提升。2018年5月，由中国港湾集团承包建设的全长5915米连接文莱主要陆地区域和东北方向的大摩拉岛首座跨海特大桥竣工。由中国建筑第六工程局有限公司承建的占全程30千米中的11.8千米的淡布隆跨海大桥进入项目建设关键期。年内，两国最大的合资项目恒逸石化项目全面建设。恒逸石化文莱炼化项目位于文莱PMB，占地面积260公顷，由浙江恒逸石化与文莱政府合作，其中浙江恒逸石化占70%股份，文莱政府占30%股份。项目投资总额约34.45亿美元，2019年第1季度投产以后原油加工能力达2200万吨。2020年有望实现产值55亿美元，为文莱提供近千个工作岗位。二期投资近120亿美元，新增原油加工能力1400万吨。

四、两国人文交往持续升温

两国间的旅游合作关系日益密切。文莱游客可持普通护照，无需申报个人信息可直接入境并在中国境内（包括海南）停留不超过15天。2018年第1季度经文莱国际机场抵达该国的国际游客共70729人次，同比增长4.1%。中国游客在文莱国际游客中的比重升至26.2%，2017年同期为18.5%，中国已成为文莱最大的游客来源国。近年来，两国通航城市不断增加。文莱航空已开通前往上海、杭州、南宁的航线，2018年年底开通到长沙航线，并积极争取开通至北京的航线。

文化交流不断扩大。中国大使馆参加文莱文化青年体育部于2月举办的2018文莱书展暨增进阅读文化嘉年华活动。3月16日，由中国驻文莱大使馆主办，广西壮族自治区文化厅承办的2018“欢乐春节”——“美丽中国·心仪广西”文艺演出在文莱首都斯里巴加湾市杰鲁东公园剧场上演。超过1500名观众到场观看，精彩纷呈的节目引起热烈反响。9月17日，文莱媒体代表团赴中国云南展开为期1周的交流访问。12月10日，文莱华文作家协会会长孙德安赴福建厦门与厦门大学东南亚华文文学研究中心商讨开展文莱华文文学研究事宜。11月28日至12月18日，文莱广播电台（RTB）和当地制作公司RMF Production的5位参与者参加在中国举办的2018年东盟国家纪录片制作与推广研讨会。

为进一步增进中国与文莱民众特别是年轻人之间的了解与友谊，中国政府于2018/2019学年向文莱提供14个全额奖学金名额，面向文莱全国招生。2014年2月，恒逸集团与浙江大学、文莱大学正式开设联合培养项目，截至2018年，该项目已培养5批文莱大学学生共68人，其中26人顺利完成学业并就职于恒逸实业（文莱）有限公司。5月12日，文莱大学综合技术学院与浙江大学化学与生物工程学院续签化学和工艺工程联合本科课程合作协议。

5月18日，由中国港湾集团承包建设的文莱大摩拉岛首座跨海特大桥竣工（百度网）

五、继续参加中国—东盟博览会

9月12~15日，文莱财政经济部第二部长刘光明率领文莱代表团参加在中国广西南宁召开的以“共建21世纪海上丝绸之路，构建中国—东盟创新共同体”为主题的第15届中国—东盟博览会、中国—东盟商务与投资峰会。文莱首都斯里巴加湾市继续成为魅力之城”参展。9月13日上午，刘光明和文莱首相部外国直接投资行动与支持中心主任哈里斯出席第15届中国—东盟博览会文莱投资推介会。本届博览会上展示的文莱产品深受参展商和民众的喜爱。（马金案　马静）

中国和柬埔寨交往与合作

2018年是中国和柬埔寨建交60周年。年内，两国各界举办大型庆祝活动，两国交往和合作不断深化，成效显著。

一、双方签署19项合作协议

2018年1月10日，中国国务院总理李克强赴柬埔寨出席澜沧江—湄公河合作第2次领导人会议，并应柬埔寨首相洪森的邀请，于会后对柬埔寨进行正式访问。李克强总理的此次访问，是中国国家领导人在该年度的首次出访，充分体现了中方对中柬关系的高度重视。李克强总理在访柬前夕的1月9日，在柬埔寨的柬、英、华文主流媒体《柬埔寨之光》《高棉时报》和《柬华日报》上发表题为《为澜湄合作与中柬友好架桥铺路》的署名文章。李克强总理在文中追溯2000多年前中柬亲密邻邦关系，强调中柬间“患难见真情”的价值共鸣和情义坚守，肯定中柬在诸多合作领域，尤其是为造福当地民生方面所取得的成绩，展望未来中柬共同发展的友谊之路。

2018年恰逢中柬建交60周年，在李克强总理访柬期间，中柬双方签署《关于进一步推进中柬技术转移中心建设谅解备忘录》《中国国家质检总局和柬埔寨商业部质量提升合作谅解备忘录》《关于金边至西哈努克港高速公路特许权协议》《国家开发银行和海外柬华投资有限公司关于金边新机场项目融资合作框架协议》《中柬两国政府经济技术合作协定》《关于实施吴哥古迹王宫遗址修复项目的立项换文》《关于中国向柬埔寨提供物资的换文》《关于开展“爱心行”项目的谅解备忘录》《关于合作编制柬埔寨现代农业发展规划谅解备忘录》《中国农科院与柬埔寨农业发展研究院关于水稻研究合作谅解备忘录》《关于在柬埔寨建设珍贵树种繁育中心协议》《柬埔寨国家电网230千伏输变电工程二期贷款协议》《柬埔寨3号公路贷款协议》等19项涉及政治、经贸、卫生、林业、农业、人文等领域的合作文件，并在共同发表的《中华人民共和国政府和柬埔寨王国政府联合公报》中一致同意“以建交60周年为契机，继往开来，携手打造中柬具有战略意义的命运共同体”。本次19项合作协议的签署，是对两国此前合作所取得成效的肯定，是中柬各项合作不断延续及深化的体现，也是对中柬传统友谊的巩固，以及战略对接的加快发展及全面战略合作的推进。

二、双方经贸合作不断深化

2018年，中国仍然是柬埔寨最大的外国直接投资来源、第一大贸易伙伴、最多的国际游客来源国，以及最大的外来援助国。2018年中柬双边贸易额73.9亿美元，比上年增长27.6%，提前2年超额实现两国在2018年1月签署的《中华人民共和国政府和柬埔寨王国政府联合公报》中定下的“2020年达到60亿美元”的目标。

制衣业、建筑业、旅游业和农业是柬埔寨经济的四大支柱性产业。2018年，中资和中国游客在柬埔寨建筑业和旅游业方面表现亮眼。据柬埔寨当地媒体评估，2018年当地的建筑项目增速超过20%，其主要增长动力来自于中国投资者，据不完全统计，在金边和西港这类房地产业发展迅猛的城市中，80%的新商品房都被中国投资者买走。旅游业方面，2018年柬埔寨共接待外国游客620万人次，其中，中国游客以200万人次的数量继续稳居榜首，为柬埔寨旅游业及配套服务业的增收做出积极的贡献。

作为一个传统的农业国，农业人口约占柬埔寨全国总人口的80%，水稻是该国的主要种植作物。大米作为柬埔寨近年来主要出口的农产品之一，凭借其香软的口感和过硬的质量，受到许多国家消费者的好评。2018年，中国成为柬埔寨最具潜力的市场，随着大米进口配额的增加，中国有望在未来两年成为柬埔寨最大的大米进口国。

三、双方军事合作取得成效

在中柬两国2018年1月签署的《中华人民共和国政府和柬埔寨王国政府联合公报》中指明了未来两国的军事合作方向：保持两军及执法部门各层级交往，加强在训练教育、装备卫勤、多边安全等领域的务实合作，深化在打击跨国犯罪、拐卖人口、电信诈骗、恐怖主义以及禁毒、执法能力建设、案件协查等方面的合作。

2018年5月11日，中国国务委员、公安部部长赵克志访柬期间，中国公安部和柬埔寨内政部签署反恐和电信犯罪合作谅解备忘录，进一步巩固合作共同打击电信犯罪活动。中柬警方在执法安全领域的务实合作不断深入开展。2018年12月，中国公安部赴柬工作组与柬埔寨警方开展联合执法行动，取缔了柬埔寨茶胶省的4个电信诈骗窝点，抓获冒充公检法机关工作人员实施电信诈骗犯罪嫌疑人233名，并于12月6日将其全部遣返中国。此次联合行动是近年来中柬警方联合缉捕并遣返电信诈骗犯罪嫌疑人最多的一次。

2018年，中柬两国合作的最大军事活动是2018年3月17日起举行的为期17天的“金龙—2018”联合军演，这是落实两国领导人关于加强防务安全合作重要共识的具体举措。此次联合军演在柬埔寨实居省森隆东县干翁波乡茉良鲍大山举行，两军共500多人参加演习，其中中方216人。军演的目的在于提升反恐和人道主义工作能力，与往年相比，参与的两军人数更多，规模更大，实弹训练更多（约使用1.8万枚实弹），使用的物资、技术、设备、武器装备更加先进。

四、中方加大对柬方援助力度

2018年中国落实援柬项目和物资较多。1月17日，中国政府援助柬埔寨政府小额物资项目在金边举行交接仪式，该批物资包括电脑、打印机、扫描仪、投影设备、皮卡车等。2月1～5日，江苏省援外医疗队赴柬埔寨西哈努克省磅西拉县塔克威特卫生所、布雷诺县欧彻若乡卫生所和西哈努克港经济特区开展免费医疗巡诊活动。5月10日，中国援柬40台流动诊所车辆，首批20辆在柬埔寨—俄罗斯友谊医院进行交接，另外的20辆在10月31日前运抵柬埔寨。8月24日，中国援助柬埔寨国王工作队物资交接仪式在金边王宫举行，该批物资包括挖掘机、推土机、压路机、叉车、水井钻机、消防车、水车、油罐车、卡车、皮卡、拖拉机犁等15类设备。9月4日，由中国国务院侨办主办，山东省侨办承办的"中医关怀"访问团健康咨询暨义诊活动在金边端华学校大礼堂举行。（梁薇）

中国和印度尼西亚交往与合作

2018年是中国与印度尼西亚确立全面战略伙伴关系5周年，中国与印尼一直保持着密切的高层往来，在两国元首外交的直接指导下，两国以发展战略对接为主线，全面推进各领域务实合作，双边关系步入发展快车道。

8月24日，中国援助柬埔寨国王工作队物资交接仪式在金边王宫举行（百度网）

一、两国的政治交流

（一）中国印尼双边合作联委会第3次会议

2018年2月9日，中国外交部部长王毅同印尼外交部部长蕾特诺在北京共同主持中国印尼政府间双边合作联委会第3次会议。王毅表示，中国印尼互为重要邻国，同为全球发展中大国和新兴经济体，在双边、地区和国际层面拥有广泛共同利益，中方高度重视同印尼的关系。中方愿同印尼方进一步密切高层往来，共同推进"一带一路"合作，推动中印尼关系全面深入发展。雅万高铁是两国共建"一带一路"的重要标志性项目，中方愿同印尼方密切配合，推动项目尽快全线动工。中方还愿同印尼方探讨三北综合经济走廊项目合作。蕾特诺表示，中国是印尼的重要战略伙伴，近年来印尼同中国关系快速发展，给两国人民带来了实实在在利益。印尼方愿同中方共同规划好高层往来，推进"全球海洋支点"同"21世纪海上丝绸之路"倡议对接，积极推动雅万高铁、三北综合经济走廊等务实合作，密切人文交流，推动双边关系迈上新台阶。双方还就共同关心的国际地区问题交换意见。

（二）中国国务院总理李克强正式访问印度尼西亚

2018年5月6日下午，应印度尼西亚总统佐科·维多多邀请，中国国务院总理李克强乘专机抵达雅加达苏加诺—哈达国际机场，开始对印度尼西亚进行正式访问。5月7日上午，中国国务院总理李克强在茂物总统府同印度尼西亚总统佐科举行会谈。李克强首先转达习近平主席对佐科总统的亲切问候。李克强表示，中国和印尼互为重要近邻，是拥有广泛共同利益的天然合作伙伴，两国元首多次成功会晤，推动双方政治互信和务实合作达到新高度。2018年是中国同印尼建立全面战略伙伴关系5周年，中方愿同印尼方共同努力，乘势而上，推动两国关系实现更大发展。佐科表示，热烈欢迎李克强总理访问印尼，这是中国新一届政府换届后总理的首次出访，体现了中国对两国关系的高度重视。中国是印尼的战略伙伴，双方在经济、贸易、投资、文化等各领域合作不断深化，实现了互利共赢。访问印尼期间，李克强总理同佐科总统举行会谈、共植友谊之树、见证双方合作文件签署、共见记者，李克强总理还会见卡拉副总统并共同出席中国印尼工商峰会。

见证签署的合作文件有《中华人民共和国国家发展和改革委员会与印度尼西亚共和国海洋统筹部关于推进区域综合经济走廊建设合作的谅解备

忘录》《中华人民共和国国家发展和改革委员会与印度尼西亚共和国国有企业部关于对雅加达—万隆高速铁路项目持续顺利实施提供支持的谅解备忘录》《中华人民共和国国家国际发展合作署与印度尼西亚共和国公共工程和住房部关于杰纳拉塔水坝工程可行性研究的立项换文》《中华人民共和国国家国际发展合作署与印度尼西亚共和国公共工程和住房部关于里阿克瓦水坝工程可行性研究的立项换文》《中国国家开发银行与印度尼西亚投资协调委员会投资促进合作谅解备忘录》《中国进出口银行和印度尼西亚共和国财政部关于万隆高速公路三期项目优买贷款协议》和《中国进出口银行、印度尼西亚共和国财政部和印度尼西亚共和国国家发展计划部关于基础设施融资合作实施协议》。

(三)中国—印尼建立全面战略伙伴关系5周年研讨会

2018年11月27日,中国—印度尼西亚建立全面战略伙伴关系5周年研讨会在印尼首都雅加达举行。印尼政府对华合作牵头人、海洋统筹部部长卢胡特和中国驻印尼大使肖千共同出席研讨会并发表讲话。双方表示,过去几年,两国政府一直密切合作,取得一系列重要成果,中国已经成为印尼十分重要的合作伙伴,未来,两国可以成为更具影响力的地区与全球伙伴。同样是发展中的大国,肩负维护区域和平的责任也面临相似的挑战,双方决心通过行动和实际成果达成共识,进一步深化互信、建立合作。

二、两国的经贸合作

(一)两国的金融合作

2018年2月8日,中国银行(香港)雅加达分行对金光农业和食品下属子公司授信6150万美元协议正式签订。该协议的签署,进一步加强中国银行与金光集团的合作。也是中国银行(香港)雅加达分行贯彻集团积极支持"一带一路"倡议和印尼"海洋强国"战略,推进中国印尼交流的体现。中国银行(香港)雅加达分行行长张朝阳表示,自2017年完成与中银香港的整合后,中国银行(香港)雅加达分行资本金大幅增加,资金实力更加雄厚,授信政策更加灵活,将持续加大对"走出来"中资企业、印尼大型国有企业以及印尼当地企业集团的金融支持力度,持续增加电力、交通等基础设施、金属冶炼、农业等行业的信贷投放。中国银行将凭借全球一体化经营的专业能力、强大的服务网络优势和中银香港资金优势,努力成为印尼授信业务活跃组织者和积极参与者。

2018年7月9日,印度尼西亚投资协调委员会(BKPM)与中银香港雅加达分行在BKPM办公室签署谅解备忘录(MOU),由BKPM副主席TambaP. Hutapea先生与中银香港雅加达分行行长张朝阳共同签署。该备忘录签署旨在架设合作桥梁,深化投资合作,促进印尼与中国的可持续发展和经济合作。

2018年8月,中国国家开发银行为雅万高铁建设项目提供两期贷款,第一期是1.7亿美元,第二期是11亿美元。之后,在12月继续提供第三期约5亿美元的贷款。

2018年11月19日,中国中央银行与印尼中央银行再一次签署双边本币互换协议,把本币互换最高限额从原先的1000亿人民币或约合150亿美元提高为2000亿人民币或约合300亿美元。

(二)两国企业间的投资合作

2018年3月15日,阿里云印度尼西亚大区开放服务运营仪式在雅加达举行,印尼国家信息与通讯部部长鲁迪安塔拉与阿里云亚太区域总经理李智勇等一道按下电钮,阿里云正式成为首家在印尼运营的国际公共云服务商。随着印尼大区的开放服务,阿里云正将领先优势从中国市场拓展到"一带一路"沿线国家和地区。正式开放服务后,阿里云为印尼市场提供弹性计算、数据库、安全、中间件以及人工智能等多款产品,服务电子商务、媒体、金融科技、游戏、运输和制造等诸多行业的数字化转型需求。印尼规模较大的互联网科技企业如Tokopedia、TechDigitalAsia等已使用阿里云在东南亚的基础设施。

2018年6月,印尼多元化企业集团力宝集团向中国互联网巨头腾讯投资6280亿卢比(合4500万美元)。力宝集团在声明中表示,这笔投资凸显了力宝持续的数字化转型和对第四次工业革命的投资。力宝向腾讯的3.5亿港元投资,包括新发的腾讯股票和与股票挂钩的票据。

2018年8月,京东在印尼首都雅加达推出一家无人超市,这是东南亚国家中首家无人超市。位于雅加达一个大型购物中心内的270平方米的无人超市是京东在海外推出的第一家,也是迄今为止开设的最大的一家无人超市。像京东在中国运营的20家无人超市一样,雅加达的无人超市允许顾客通过京东印尼App购买物品并进行支付。店内的摄像头有助于跟踪客户流量,这些数据转化为京东可以用来优化库存并做出产品推荐的数据。京东印尼的电子商务网站于2016年推出,并在印尼全境为2000万客户服务。

同年8月,中国人寿保险(印度尼西亚)有限公司在印度尼西亚首都雅加达举行开业仪式,标志着中国人寿正式进入印度尼西亚市场。中国人寿是第一家进入印度尼西亚市场的中资寿险企业,此举填补了中国与印度尼西亚双方在寿险领域合作的空白。

2018年9月,中国能建葛洲坝集团与印尼PT. LenteraDamarAmerta签署印尼拉里昂彼力300兆瓦水电站EPC合同。拉里昂彼力水电站位于印尼中苏拉威西省西吉县境内,规划装机容量300兆瓦,多年平均发电量约为16亿千瓦时,电站主要建筑物包括拦河坝、引水系统、开关站、发电厂房等。项目建成后,将大幅改善当地电力短缺的现状,还为当地提供大量就业机会,培养有经验的技术工人,带动当地建材及设备产业发展。

2018年11月9日,中国铁建二十一局集团公司副总经理高玉峰与印尼熊氏集团董事长熊德龙在雅加达签约,计划在西加里曼丹坤甸与山口洋开发建筑5000套安居房。据悉,5000套安居房(人民屋)占地约125公顷,总建筑面积36万平方米。熊氏集团为发包方,中铁二十一局集团为承包方。由高玉峰率领一行10人的中铁二十一局集团考察团应熊德龙邀请访问印尼,11月7日上午在熊氏集团总部与熊德龙进行友好会谈。当晚又应山口洋市长蔡翠媚的邀请,熊德龙与考察团一行10人赴山口洋进行实地考察。蔡翠媚市长欢迎中铁二十一局集团参与山口洋的公路、铁路、机场和市政建设,为山口洋的发展做出贡献。

11月29日,坐落于印尼西爪哇省芝加朗的蒙牛YoyiC工厂正式投产。印尼政府高级官员、中国驻印尼大使馆公使衔参赞王立平、印尼中华总商会代表、蒙牛集团CEO卢敏放等共同为工厂和即将上市的YoyiC系列产品揭幕。印尼YoyiC工厂是蒙牛继新西兰雅士利工厂后建成的第二家海外工厂,也是中国企业在东南亚布局的首个乳制品生产基地。据了解,蒙牛印尼工厂占地1.5万平方米,投资总额5000万美元,设计日产能300吨、年产值1.6亿美元。未来5年,工厂预计为本地提供1000余个就业机会。

三、两国的文化教育交流

(一)两国青年互访交流

2018年4月14~29日,中国印尼两国青年代表团结伴赴对方国家游学参访。两国青年先后访问福建省厦门市、三明市、漳州市和福州市,并于20日开始对雅加达、万隆、三宝垄、日惹、望加锡等地进行访问,29日结束行程。本次活动是两国民间交往的一个缩影和青年交往的一个重要平台。在10多天的时间里,两国青年通过结伴的方式对中国福建省及印尼几个城市参访,增进了对彼此国家各领域的了解和认知。同时,两国青年通过本次交流活动相互结识、互助互学、深入交流,形成了诸多共识,并建立深厚的友谊。

(二)两国深化人文交流合作

2018年8月20日,印尼人类发展与文化统筹部长普安会见中国国家主席习近平特使、国务院副总理孙春兰。孙春兰首先代表中国政府和人民对第18届亚运会成功开幕表示热烈祝贺,并就印尼龙目岛发生强烈地震表示慰问。孙春兰表示,2018年是中印尼建立全面战略伙伴关系5周年,在两国领导人引领下,双方积极对接发展战略,全面推进互利务实合作,两国关系取得快速发展。当前全球政治和经济形势复杂敏感,两国积极承担大国责任,在地区国际问题上保持良好沟通协作,共同促进地区和世界的和平、稳定与发展。孙春兰表示,人文交流是增进两国人民友好感情与互信的桥梁和纽带。中国—印尼副总理级人文交流机制成立以来发挥了积极作用,中方愿同印尼进一步深化人文交流合作,进一步加强教育合作、深化文化交流、推动体育合作、拓展旅游合作、密切青年交流,为两国全面战略伙伴关系发展增添助力。

(三)两国增进文化艺术交流

2018年10月20日,中国和印尼两国艺术家欢聚一堂,一同在北京博纳星辉剧院参加由中国印尼文化艺术节组委会和亚洲文化艺术联合会主办的“2018中·印尼文化艺术节”。印度尼西亚共和国驻华副大使Listy及其他官员出席此次文化艺术节活动。从印尼远道而来的雅加达和声合唱团、雅加达心灵之声合唱团、金丹合唱团不仅为现场的北京观众带来印尼风格的歌曲《卡江情思》《牧童》《梭罗河》等,还演唱中国歌曲《我是中国人》。 (曹梦真)

中国和老挝交往与合作

2018年中老交往合作取得显著进展,继2017年中共中央总书记、中国国家主席习近平访问老挝之后,2018年老挝人民革命党中央委员会总书记、国家主席本扬·沃拉吉访华,两国元首实现首次互访。2018年中国成为老挝最大的投资国和第二大贸易伙伴,两国经贸合作达到新高度,继续推行“一带一路”倡议下的合作,继续共同确保中老铁路项目如期进行,为搭建“中老经济走廊”共同努力。通过中老双方努力不断提升全面战略伙伴关系,在多个领域开展更深层次合作与交流,夯实促进共同繁荣基础。

一、湄澜合作多边框架下合作,促进“一带一路”倡议落地实施

澜湄合作是澜沧江—湄公河沿岸中国、柬埔寨、泰国、老挝、缅甸、越南6国共同创建的新型次区域合作机制。自机制建立以来,六国平等相待、真诚合作,打造高效务实的“澜湄模式”,致力于次区域的可持续发展和务实合作,是实施“一带一路”倡议的重要平台。

在柬埔寨金边召开的澜湄合作第2次领导人会议前夕,2018年1月2日,老挝外交部副部长坎葆与中国驻老挝大使王文天代表两国政府在老挝首都万象签署澜湄合作专项基金老方项目协议。该协议属于是澜湄合作框架的一部分,协议签署有助于展开老挝公共工程和运输部、工贸部、自然资源与环境部、邮政、电信和信息部和内务部等5个部门的13个项目,涉及水文监

测、工业制造、信息通信、人才培训等多个领域。此前,老挝已通过澜湄合作在人力资源开发、基础设施建设、公共卫生和减贫脱贫等领域收获诸多实际利益,这次专项基金项目协议的签署就扩展了中老合作领域范围,该协议实质是中方批准老方申报的基金项目,将有力推动老挝社会经济发展,进一步拉紧中老两国在澜湄大家庭中的关系。

2018年12月16~17日,中国国务委员兼外交部长王毅在老挝进行正式访问,参加并主持澜湄合作第4次外长会议期间会见老挝人民革命党中央委员会总书记、国家主席本扬·沃拉吉、老挝总理通伦·西苏里。王毅再次着重表达中方愿帮助支持老方促进经济社会发展,在"一带一路"倡议下,加强同老方"变陆锁国为陆联国"发展战略对接,重点建设好中老铁路,并希望中老经济走廊合作规划尽早达成一致,有序推进铁路沿线经济带,使双方务实合作取得更多实际效果。老挝总理通伦·西苏里在2018年11月4日访华时,表达希望双方同意共同担任澜湄合作倡议联合主席。通过湄澜合作,中老进一步发展友好关系和全面战略合作伙伴关系。

在人文和媒体交流合作方面,老挝与中国创新性地举办由老挝新闻文化与旅游部和中国《人民日报》联合举办的主题为"湄公河—澜沧江合作共创美好未来"2018湄公河—澜沧江合作媒体峰会,该峰会在2018年7月2日下午在老挝首都万象开幕。此次峰会暨系列采访活动已列入《湄澜合作第二批项目清单》,围绕"民心相通、命运与共"主题。该峰会旨在提升湄澜合作的理念、政策和具体项目在湄澜6国主流媒体的落地率和传播率,夯实湄澜合作民意基础,与会者还表达作为新闻媒体应牢记使命,担当责任,搭建好各国沟通的桥梁。

二、加强战略沟通,推进务实合作,携手打造中老命运共同体

2018年5月30日,老挝人民革命党中央总书记、国家主席本扬·沃拉吉正式访华。中共中央总书记、国家主席习近平在北京同到访的老挝人民革命党中央总书记、国家主席本扬·沃拉吉举行会谈。习近平主席强调,随着中老关系进入新发展阶段,双方应在巩固命运共同体共识基础上,聚焦命运共同体建设,推动其由理念转化为行动、由愿景转变为现实,让中老命运共同体落地生根、开花结果。本扬完全赞同习近平主席对推动老中命运共同体建设的指导意见,愿进一步发挥两党关系对中老关系的政治引领作用,保持两党高层定期会晤,在党的建设、治国理政经验交流和政府各领域开展务实合作。老方愿同中方一道,加快推进中老"一带一路"框架下大项目合作,密切在国际和地区事务中的协调配合,共同建设好老中牢不可破的社会主义命运共同体,造福两国和地区人民。

中共中央政治局常委、国务院总理李克强5月31日下午在北京会见老挝人民革命党中央总书记、国家主席本扬·沃拉吉。李克强表示,在多方领域合作方面,中方愿同老方密切配合推进交通基础设施、农业、教育、旅游等重点领域合作,共同推动中老全面战略合作伙伴关系在多领域、多层次取得新进展。并提出支持有实力、有信誉的中国企业赴老投资兴业,更好实现互利双赢。本扬表示,老挝高度赞扬中老两国在能源领域、矿产领域、信息通讯领域的合作。愿继续秉持"四好"精神,推进双方在基础设施、农业、教育、卫生等领域的互利合作,进一步密切两国人民之间的交流,取得更大更新成果。

中共中央政治局常委、中央纪委书记赵乐际5月31日在北京会见到访的老挝人民革命党中央总书记、国家主席本扬。赵乐际回应,在中老两党关系方面,两党交流合作、反腐败合作是中老命运共同体建设的重要内容,并表示两党合作取得显著成效。中方愿同老方继续努力围绕党的建设、党内监督等深入交流互鉴,增强各自管党治党能力,提升两国反腐败质量和水平,为中老关系发展做出积极贡献。本扬表示,老方高度评价中国共产党全面从严治党成就,对两党反腐败工作交流合作表示满意,希望进一步学习借鉴中共党建经验,共同建设好中老命运共同体。

6月1~2日,老挝人民革命党中央总书记、国家主席本扬·沃拉吉一行在湖南考察。

2018年11月4日,中国国家主席习近平在北京会见老挝总理通伦·西苏里,习近平对通伦表示欢迎,表示自2018年以来,中老关系正处于历史最好时期。习近平主席再次表达,要加强战略沟通和党和国家治理经验交流,要推进务实合作优化升级、推进中老经济走廊建设,呼吁确保中老铁路建设顺利进行,希望加强两国在民生和救灾等领域合作,并于2019年举办有组织的中老旅游年活动。通伦·西苏里表示,老挝和中国在老挝合作项目进展顺利,还转达老挝人民革命党中央委员会总书记、国家主席本扬·沃拉吉亲切问候。老挝总理重申,老挝将全力支持中方的"一带一路"倡议,要求中方鼓励更多投资者赴老开展基础设施、交通、能源、旅游、加工业、清洁农业等领域投资,推动区域和国际互联互通。并就老挝在"一带一路"建设的共同努力中获得实际利益,再次感谢中方的支持与帮助。

三、加快中老铁路建设,促进老挝经济发展

至2018年底,磨丁—磨憨至万象的中老铁路建设项目连续突破关键节点:那通一号隧道、阿墨江双线特大桥、琅勃拉邦湄公河特大桥主桥、班那汉湄公河特大桥、纳文村隧道、万象楠科内河特大桥、云南元江特大桥均有实质性进展,预计2021年底将会如期完成。中

老铁路总长417千米，是一条最高标准的单轨车道，设计时速160千米，联合投资60亿美元，这是迄今为止中国在老挝最大投资项目。该项目属于“一带一路”项目，是促进老挝经济发展重要基础建设项目。2018年2月中老举行铁路连线会谈确定，中老铁路项目将另外修建10千米，将位于Xaythany区Xay村的中老铁路火车站连接到拟建的湄公河大桥老挝一侧。

2018年6月11～12日，老挝总理通伦·西苏里在日本举行的第24届亚洲未来国际会议上表示，“中国的‘一带一路’倡议下重要基础建设举措，不仅对亚洲，乃至全世界，在促进贸易和投资方面，都极具重要意义。中老铁路大大有利于老挝经济发展，老挝政府已经意识到仅依靠自然资源创造收入是不够的，未来要致力实现现代化和工业化。中老铁路将帮助老挝实现从陆锁国到陆联国的转型，也是老挝实现工业化目标的重要组成部分。”

四、稳步推进交流，加强协调合作，共创繁荣新时代

应中国政府邀请，老挝副总理宋赛·西潘敦访华，出席2018年6月14～20日在中国云南昆明举行的第5届中国—南亚博览会暨第25届昆明进出口商品交易会。这次活动旨在通过中国—东盟、GMS、湄公河—澜沧江合作框架，促进中国与南亚和东南亚之间贸易和投资。共有34家老挝公司参加这次活动，在亚洲86个国家的8500展位中，老挝拥有84个展位。在博览会开幕式上，副总理宋赛·西潘敦呼吁中国游客到老挝旅游。

2018年9月28日，博鳌亚洲论坛万象会议首次在老挝万象举办。会议主题为“谋发展，谋共赢：共同开创中老经贸合作新时代”。出席会议的主要代表包括老挝副总理宋迪·隆迪、博鳌亚洲论坛秘书长李保东、前副总理、博鳌亚洲论坛理事会理事、老挝工商联主席苏凡纳万。此次会议旨在促进老挝与中国以及老挝与其他国家在贸易和投资方面业务对接与合作。2018年恰逢中国—东盟战略伙伴关系建立15周年，此次博鳌亚洲论坛万象会议为促进中国和东盟经贸合作提质升级，推动两大经济体在发展方向上聚合作出贡献。博鳌亚洲论坛万象会议在老挝成功举办，为推动双方务实合作起到重要支撑作用。

老挝总理通伦·西苏里率团出席2018年11月5～11日在上海举行的“新时代 共享未来——首届中国国际进口博览会”。本届博览会还举办贸易与开放、贸易与创新、贸易与投资等论坛，老挝在博览会上设立国际馆，展示老挝文化魅力以及吸引投资的政策和激励措施。老挝的10家公司参加此次博览会，展示他们旗舰产品。

2018年，老挝对中国出口贸易额54亿美元，比上年增长10.9%，进口51亿美元，增长21%。中国已成为老挝第一大出口市场。老挝对中国出口的商品主要有木材、矿物、橡胶及橡胶制品、铜及铜制品和化肥等物资。老挝首次从中国进口欧盟5号排放标准柴油，这对老挝来说是一个历史性的时刻，也扩大了两国间的贸易。中国石油天然气股份有限公司在老挝与中国接壤的琅南塔省的一个进口油库举行的仪式上，向老挝的全国石油贸易上市公司（NTP）移交逾64吨柴油。7月1日，中国关税减免政策生效。对从老挝进口的8500多种商品实施降低关税政策，减免商品包括：大豆、钢铁、铝材、其他农业和化工产品、医药产品、服装等。

金融投资方面。2018年1～4月，中国对老挝非金融类直接投资额达57140万美元，比上年同期增长28.8%。据中国商务部合作司统计，2018年1～8月中国对老挝非金融类直接投资额9.9亿美元，比上年同期增长30.3%，投资总额位居亚洲第二。截至2018年8月，中国对老挝投资额累计超100亿美元。中国对老挝的投资提振了老挝经济，万象火热的房地产市场反映这一趋势。随着老挝和中国之间新金融合作计划的实施，老挝中小企业将获得更多的融资。根据该计划，老挝中小企业可以获得总额超过248.7亿基普（3亿美元）低息贷款。

劳务合作方面。截至2018年4月末，中国企业在老挝雇用老挝人员3.46万人，在东盟国家中居首位。截至2018年7月末，中国对老挝外派劳务人数位居东盟第三，全球第十。2018年10月，中老签署一项职业安全合作协议。根据协议，双方将选择和培训安全技术人员和特定安全检查员，制定职业安全法、加强职业事故风险防控，建立老挝国家职业安全中心。2018年初，中国在老挝乌多姆赛省建立一个新的技能发展中心。

6月14～20日，第5届中国—南亚博览会暨第25届昆明进出口商品交易会在中国云南昆明举行（云南网）

旅游合作方面。在2018年5月万象举行的老挝—中国旅游论坛上,老挝信息、文化和旅游部部长博恩卡姆·旺达拉教授表示,旅游业是世界上增长最快的行业之一,老挝加强与许多国家,特别是与中国的合作,以支持老挝旅游业发展。2018年老挝政府已授权一家中国公司对老挝南部盛产咖啡的波罗芬高原进行可行性研究,以期将其转变为该国最大的农业生产基地和农业旅游目的地。2018年6月12~23日,第5届中国—老挝官员和旅游企业高管交流和培训项目在中国云南举行,来自老挝的36名旅游官员和旅游运营商在中国完成一项培训计划,这是改善和提高老挝旅游业人员素质的措施之一。

科研合作方面。2018年中国和老挝就中药药用植物研究合作签署一份谅解备忘录,双方将联合开展老挝具有经济药用价值和特殊植物资源开发与应用研究,并编写《老挝植物志》。中老双方还在知识产权方面建立更密切联系,在科技领域合作达成一致。2018年4月,中国国家知识产权局局长申长雨与老挝国家科技委员会主席、科技部副部长洪潘·因塔拉在老挝万象共同签署《中华人民共和国国家知识产权局与老挝人民民主共和国科技部知识产权领域合作谅解备忘录》,老方将认可中国发明专利审查结果。在民间方面,2018年中国和新加坡投资者与老挝农民合作,在一个联合开发项目下种植无化学品大米。为了给多个大型项目提供支持,一家中国公司在老挝南部对波罗芬高原新城开发项目开展可行性调研。

中国还在多个领域给予老挝援助。2018年3月9日,中国援助老挝玛霍索综合医院项目实施协议签约仪式在老挝卫生部举行。该项目是中国政府迄今对外援建的建设规模最大、床位数最多、投资最大的医院,由中国商务部组织实施,中国中元国际工程有限公司承担设计和项目管理工作。项目建成后,玛霍索医院将成为全老挝基础设施最好、医疗设备最先进、科室功能最完善的综合性医院。2018年4月10日,中国援助老挝琅勃拉邦医院升级改造项目可研会谈纪要签约仪式在老挝卫生部举行。中国驻老挝大使馆经济商务参赞王其辉与老挝卫生部办公厅主任瑙·布达分别代表中老两国政府签署纪要。老挝卫生部部长本贡·西哈翁出席签字仪式。本项目以原中国援建的琅勃拉邦医院为基础,新建外科和心血管科楼,包括门急诊、住院部、ICU病床、外科手术室、DSA区域、远程医疗中心、培训教室等。项目建成后,琅勃拉邦医院将逐步成为老挝北方地区的中心医院,并且作为琅勃拉邦省医学院的教学医院。

老挝南部阿速坡省沙纳赛(Sanamxay)县桑片—桑南水电站2018年7月23日晚发生坍塌,使众多民众受到影响。中国"和平列车"医疗队抵达老挝,向灾区派出100名救援队员,送去救援药品,救助灾民。老挝外长沙伦赛表示,中国政府在老挝发生此事故后第一时间表示深切慰问,并最早派出救援部队和提供紧急物资救援,使老挝人民在困难时刻再次感受到中国的珍贵友谊,再次证明中老是紧密朋友,是命运共同体。中国政府还向老挝特别是中老边境地区提供470亿基普动物疾病防控援助。

文化交流卓有成效。2018年5月31日,在六一国际儿童节和老挝植树节前夕,中国驻老挝大使馆与老挝国立大学附属中学联合举办2018年"中华文化进校园"启动仪式暨首场活动,并与附属中学师生共庆儿童节和植树节。中国驻老挝大使夫人顾小军、政治处莫小玲二秘、老挝国立大学副校长洪佩·占塔玛、老挝国立大学孔子学院代表及附属中学全体师生等1000多人参加活动。

中老首次合作制作影片《占芭花开》于2018年6月在美国举行的迈阿密国际电影节上获最佳合作影片奖。该片用老挝语、汉语和英语三种语言配音,描述老挝女孩和中国帅小伙之间的爱情故事。影片除了表现他们的浓情爱意,还展现了两国传统友谊、优美景致和文化遗产以及普通老百姓日常生活。

中国和老挝新闻机构加强合作。2018年10月,双方签署一份谅解备忘录,旨在促进老挝和中国两国新闻机构之间新闻内容、图像和视频交流,双方高度重视两机构长期合作关系。

老挝副总理宋迪参加9月12~15日广西南宁举行的第15届中国—东盟博览会时,签署老挝国家博物馆和南宁博物馆加强合作协议。根据该协议,双方将每年联合举办一次博物馆馆长区域论坛。

年内,老挝通讯社与中国商会在万象签署协议,共同经营首家中文报纸。该报将每月出版两次,以确保生活在老挝的中国公民,特别是在首都万象的公民能够获得有关老挝和中国信息。

2018年11月22日,中国政府奖学金在老挝万象国立大学举行交接仪式,中国政府向25名来自偏远地区低收入家庭学生提供2.5万美元奖学金。

五、中老高层互访,达成广泛共识

面对新形势,新挑战,中老双方密切战略沟通,加强治党治国经验交流。2018年8月1日,中国国务委员兼外交部长王毅在新加坡出席东亚合作系列外长会前夕同老挝外长沙伦赛·贡马西举行双边会见。老挝外长沙伦赛应邀于8月25~28日访问中国。8月26日,中国国务委员兼外交部长王毅在北京同沙伦赛举行会谈。王毅表示,中老关系已确立打造具有战略意义命运共同体的奋斗目标。在双方最高领导人亲自引领和推动下,中老关系保持良好发展势头,呈现一系列新气象。尤其是形成了以中老经济走廊为规划、以大项目合作为龙头、以民生和扶贫合作为侧翼的共建

“一带一路”新格局,为中老全面战略合作伙伴注入了新内涵。在澜湄合作这一新型次区域合作下也在中老等国共同努力下取得积极进展,打造了中老多边合作的新亮点。沙伦赛表示,老方愿同中方一道,积极落实两党两国领导人达成的重要共识,密切高层交往,加快共建“一带一路”,扎实推进中老经济走廊和老中铁路建设,深化人文交流,以老方担任澜湄合作共同主席国为契机深化澜湄合作,推动老中全面战略合作伙伴关系不断取得新进展。

中共中央政治局常委、中央纪委书记赵乐际于2018年9月20~29日率中国共产党代表团对老挝进行正式友好访问。中国外交部亚洲司副司长、澜湄合作外交工作组中方组长毛宁率中方工作组出席澜湄合作第8次外交工作组会议,务实推动澜湄合作。

老挝国家主席本扬·沃拉吉10月1日签发主席令,老挝政府决定授予驻老挝大使王天文大使友谊勋章,表彰王天文大使在老挝工作期间为推动两国关系和老挝社会、经济建设作出的贡献。老挝外交部长沙伦赛·贡马西作为政府代表在10月4日向王天文大使郑重颁授友谊勋章。此系老挝政府授予有突出贡献的外国友人最高等级勋章。10月12日,王天文大使辞行拜会老挝党中央政治局委员、国家副主席潘坎。11月13日,中国新任老挝大使姜再冬会见老挝党中央政治局委员、国防部长占沙蒙。占沙蒙表示,老挝感谢中国党、政府和军队长期以来对老挝的支持和帮助,老挝军队将认真落实两国两党最高领导人达成重要共识,进一步同中国军队加强团结友好工作,为中老关系深入发展贡献力量。姜再冬表示,感谢老方对“一带一路”建设提供安全保障,中方愿同老方继续加强军事安全领域交流合作。11月28日,姜再冬会见老挝外长沙伦赛·贡马西,老方强调党和政府高度重视对华关系,愿意配合“一带一路”建设。12月5日,姜再冬大使会见老挝政府副总理兼财政部长宋迪。姜再冬积极评价中老领域务实合作成果,表示中方愿继续为老挝实现稳定发展提供力所能及的帮助,与老方共同落实好高层共识,推进中老命运共同体建设。

(蒙飘飘)

中国和马来西亚交往与合作

2018年,马来西亚与中国的关系经受了前所未有的考验。由于马来西亚第14次全国大选完成了马来西亚历史上第一次政党更迭,曾经的反对党联盟——希望联盟赢得大选组建新政府。而希望联盟多位领袖,特别是再次当选的总理——马哈蒂尔在选举前对中国在马来西亚投资曾提出反对意见,并在就任后停止东海岸铁路、两条油气管道和连接马六甲与边佳兰的石油提炼与石化综合发展的油气管线4项中国投资的重大基础设施工程,4项工程总价200多亿美元。因此,舆论普遍对新政府的对华政策感到担忧,担心中马关系将遭受重挫。实际上,马哈蒂尔总理和希盟新政府非常重视马中关系,珍惜马中友好,愿意继续支持并积极参与“一带一路”建设,推动双边经贸合作。经过两国高层的沟通交流,特别是马哈蒂尔总理在8月访华之后,两国关系继续沿着友好方向发展。政治上两国各层面交流持续发展;经济上虽然马来西亚暂停了几项大型基础设施建设项目,但在数字经济、金融、旅游等产业合作进一步扩大;科技教育、文化等各领域合作稳步推进。

一、两国保持高层交流沟通,双边关系持续友好发展

为了把握中马关系的未来走向,双方高层加强交流沟通。马哈蒂尔就任后没几天,就立刻派他的顾问、马来西亚首富郭鹤年到中国驻马来西亚大使馆拜访,以修补在竞选期间伤害到的中马关系。7月18日,马来西亚总理特使、元老理事会牵头人达因访问中国,向国务院总理李克强递交马哈蒂尔的亲笔信。8月初,中国国务委员兼外交部长王毅赴马来西亚进行官方访问,讨论双边和区域问题,以及投资和运输问题,同时为马哈蒂尔总理8月中旬对中国的正式访问进行沟通和准备。8月17日至21日,马来西亚总理马哈蒂尔应中华人民共和国国务院总理李克强邀请访问中国,与中国国家主席习近平、国务院总理李克强举行会谈,双方共同发布《中华人民共和国政府和马来西亚政府联合声明》,为中马关系友好发展提供保证。10月,马来西亚人民公正党实权领袖安瓦尔访问中国,双方探讨建筑项目、建设性投资和技术转让等议题,他的中国之行也是为了修补马中关系。马来西亚国防部部长哈吉·沙布于10月访问中国,表示未来马方愿意与中国展开深度军事合作交流。两国其他各部委、各地方之间的交流合作继续开展,并未受到选举结果的影响。年内,中国山西、广西、河南等省区代表团到马来西亚开展交流活动。

二、两国经济合作开始向高技术、数字经济等方向转变,双边经济合作进一步深化

马来西亚新政府虽然暂停中马合作的几项大型基础设施建设项目,但是由于中马长期友好合作的坚实基础,两国经贸已经逐步形成了相互依赖的合作关系,新政府调整经济结构,促进经济发展,离不开与中国的合作。而在中美贸易战的情况下,中国企业投资马来西亚成为降低风险和成本的不错选择。加上新政府迅速协调了中马关系,使得双方经贸合作在受到一定挫折的情况下仍然在进一步深化,并且出现加强高技术、数字经济等方向合作的可喜转变。

（一）中马双边贸易额继续增长

2018年中马双边贸易额1086.3亿美元，占马来西亚贸易总额的23.7%，比上年增长13%。中国对马来西亚出口额454亿美元，增长8.9%；进口额632.3亿美元，增长16.2%。中国连续10年保持马来西亚第一大贸易伙伴地位。双边货物贸易持续增长。2018年，马来西亚与中国双边货物进出口额777.7亿美元，比上年增长14.8%。马来西亚对中国出口额344.1亿美元，增长17.2%，占马来西亚出口总额的13.9%；从中国进口433.6亿美元，增长13.2%，占马来西亚进口总额的20.0%。马来西亚出口中国的产品以机电产品、塑料、橡胶产品、化工产品为主，马来西亚自中国进口的主要商品为机电产品、贱金属及制品、化工产品。

（二）双方投资合作并未出现大规模停滞，投资合作规模和领域继续扩大

2018年，中国仍然是马来西亚最大的投资国，中国对马来西亚投资近50亿美元，比上年增长410.8%，占马来西亚吸引外商直接投资总额的24.5%。马来西亚能源行业累计吸引中国直接投资66亿美元，占中国在马投资总量的38%，成为吸引中国投资的第一大产业。中资在马来西亚能源行业广泛分布于新能源、石油天然气等领域。2018年4月2日，中国能建黑龙江院与马来西亚东钢集团有限公司签订55兆瓦超高压中间再热发电机组工程项目设计合同。4月9日，中国南方电网有限责任公司与中国广核集团成功收购马来西亚埃德拉公司37%股权，共同合作拓展马来西亚电网建设和运营。马来西亚房地产业也是中国投资的重点领域，2018年投资额23.7亿美元。中国投资也广泛分布于马来西亚的制造业，已经连续3年成为马来西亚制造业最大的投资来源国。2018年中国在马投资制造业获批项目40个，获批投资额49.3亿美元，是马来西亚制造业外来投资的最大贡献国。中国在马来西亚的太阳能、石油化工、电子电器、钢铁、汽车、纺织等制造业行业的投资合作日益增加。2018年3月，中国中车长客股份公司为吉隆坡国际机场线研制的铰接式市域动车组正式上线运营。年内，中国著名的家电制造企业海尔集团陆续向马来西亚输出超过30款创新专利产品，加快在马来西亚市场的布局合作步伐。2018年马新政府成立后的第一周，就有3家中国企业到马投资12亿林吉特。位于柔佛州的岱银纺织马来西亚公司二期项目正式投产，该项目三期工程全部投产后，总生产规模将达45万纱锭，年销售收入4亿美元，创造就业岗位2000余个。马来西亚对中国的投资合作也在继续发展，至2018年底马来西亚对华投资额累计达75.8亿美元。

（三）数字经济、高技术产业合作不断加强

1. 马哈蒂尔总理重视与中国的高技术产业合作。马哈蒂尔在就职后不久就会见了阿里巴巴集团总裁马云。在8月访问中国期间，马哈蒂尔总理首站选择杭州，参访阿里巴巴总部，再次与马云会面，还参访吉利汽车集团；在北京，马哈蒂尔访问世界上最大的无人机制造企业大疆公司，前往中国国家农业科技创新园参观。马哈蒂尔总理用行动表达对加强高技术产业合作的愿望。

2. 中马开展数字经济合作。2018年1月29日，马来西亚数字经济发展机构宣布引入中国人工智能技术品牌——阿里云ET城市大脑，将人工智能技术全面应用到交通治理、城市规划和环境保护等领域。3月20日，阿里巴巴集团宣布，将向东南亚最大电商平台Lazada增资20亿美元，旨在加速该平台扩张及深化其与阿里巴巴生态系统的融合。3月29日，阿里巴巴集团首次在马来西亚举办“走近中国消费者”研讨会，有500多名马来西亚商人及来自阿里巴巴的嘉宾出席，共同协商马来西亚商人进入中国市场的相关议题。6月18日，阿里巴巴集团位于马来西亚首都吉隆坡的办公室正式启用。中国的数字经济企业、高新技术产业也加快进军马来西亚的步伐。3月，马化腾宣布微信支付在马来西亚的支付牌照申请已获通过，马来西亚成为腾讯在海外实现微信支付本地化的第一个国家。6月，马来西亚联昌集团旗下的一触即通和阿里巴巴旗下蚂蚁金服合作，推出马来西亚版本的支付宝，这意味着马来西亚微信用户可以通过绑定银行卡来使用微信的马币专属电子钱包。

3. 中马推进物流合作。2018年1月，马来西亚毅成工程和申通快递签署备忘录，计划在未来为申通快递在马建设厂房和仓库。3月，中国快递物流综合服务商顺丰速运正式宣布在东马两个主要城市沙巴亚庇和沙捞越古晋设立服务网点。

4. 中马科创产业合作。2018年5月，中国电子制造商小米在马来西亚新开6家小米商店，小米在该地的授权店达到10家。中国海航科技集团有限公司与马来西亚惠胜集团于3月签署战略合作协议，双方就共同组建合资公司、在马来西亚推广Hiapp业务、合作发起数字丝路科创产业基金等方面展开全面战略合作。

（四）中马“两国双园”建设继续推进

1. 马来西亚关丹产业园建设取得新进展。该园占地14.2平方千米，重点发展钢铁、铝材深加工、棕榈油加工、清真食品加工等中马双方具有传统优势的工业，同时加快发展信息通信、电器电子和环保产业等为主的新兴产业，并积极发展金融保险业等。关丹产业园签约投资项目12项，投资额70亿林吉特。第一个投资项目为现代化的联合钢铁厂建设项目，2018年6月提前完成点火试生产。第二个投资项目是最近开始营运的混凝土纺桩厂。关丹港的建设项目也进展顺利，中交三航宁波分公司承建的马来西亚关丹深水港码头项目工程于4月12日提前完工。

中马钦州产业园 （百度网）

2. 中马钦州产业园建设稳步推进。园区开发建设6年来，投资总额超过140亿元，入园注册企业达到347家，引进项目148个。至2018年，园区内已有10多个具有规模和发展前景的高技术项目相继投产。

（五）金融、旅游等服务业合作进一步拓展

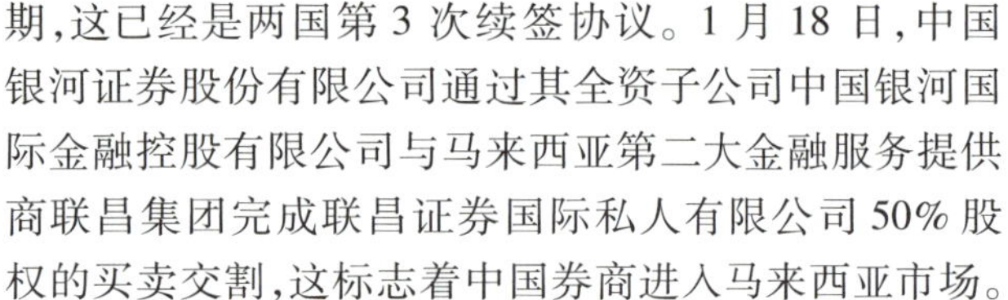

1. 金融合作。2018年8月，在马哈蒂尔总理访华期间，中马续签《中国人民银行与马来西亚国家银行双边本币互换协议》，规模保持为1800亿元人民币/1100亿马来西亚林吉特，协议有效期3年，经双方同意可以展期，这已经是两国第3次续签协议。1月18日，中国银河证券股份有限公司通过其全资子公司中国银河国际金融控股有限公司与马来西亚第二大金融服务提供商联昌集团完成联昌证券国际私人有限公司50%股权的买卖交割，这标志着中国券商进入马来西亚市场。

2. 旅游合作。2018年马来西亚继续给予中国游客电子免签证待遇，与腾讯合作启动马来西亚智能旅游，马来西亚旅游分享会4月在云南大理举行，南宁、天津、郑州开通至马来西亚槟城、沙巴的直飞航线，两国人民往来和旅游更加便利和频繁。2018年，中马双边游客往来423.48万人次，马来西亚接待中国游客294.41万人次，中国接待马来西来游客129.07万人次。中国连续7年成为马来西亚在东盟国家外最大游客来源国。两国将2020年定为"中马文化旅游年"，商定开展一系列交流活动。

三、教育、文化等领域合作稳步推进

（一）教育培训合作不断扩大

中马教育合作取得新成果。厦门大学马来西亚分校建设顺利，已经建成60公顷的校园，设有13个专业。现有4000多名学生在厦大马来分校就学。4月9日，马来西亚英迪国际大学与长沙民政职业技术学院签订《两校战略合作框架协议》和《两校科研项目合作协议》。2018年，两校正式启动50名学生双向交流与游学项目，开展留学生跨文化适应课题研究。中国与马来西亚加强双边人员专业培训。4月，中国三一工学院与三一筑工联合举办马来西亚CIBD建筑工业化培训班，助力马建筑工业化专业人才培养。9月，由中国商务部主办、福建海洋研究所承办的2018年中国—马来西亚海洋多学科观测技术海外培训班开班。

（二）文化合作促进两国民心沟通

由中国社会科学文献出版社和马来西亚汉文化中心共同发起的中马一带一路出版中心4月30日在位于吉隆坡的马来西亚国家语文局大楼正式揭牌成立。中心旨在推动马中两国在文化、文学、翻译和出版等领域的全方位合作，让马来西亚人民通过文学作品了解中国的历史和现状，加强两国人民的友谊。中马一带一路出版中心当天还与马来西亚国家语文局签署合作协议，双方将共同在马出版《解读中国经济新常态》一书。7月7日，由中国导演王潮歌执导、讲述马六甲人文风情的大型情景体验剧《又见马六甲》在马来西亚古城马六甲首演，受到当地观众的热烈欢迎。《又见马六甲》作为走出中国国门的首部作品，成功地展示中外文化互通互融。9月24日，中国中央广播电视总台在吉隆坡设立中秋晚会海外分会场演出成功举办。10月19日，由中国驻马来西亚使馆主办，马来西亚—中国文化艺术协会承办的"共建美好未来"主题图片展在马来西亚霹雳州怡保市展出。11月，中国驻马来西亚大使馆推出的中国—马来西亚青年交流计划开始实施。12月8日，马来西亚2018年度汉字评选结果揭晓，"变"字当选为年度汉字。12月25日，马来西亚马来亚大学《红楼梦》研究中心成立，正式推出《红楼梦》马来文译本。 （韦朝晖）

中国和缅甸交往与合作

2018年，中国与缅甸两国高层交往不断，贸易和投资领域的合作不断拓展，文化交流日益深化。

一、双边政治交往与合作

2018年，中缅两国高层互访频繁，主要就维护中缅边境安全、防务合作、促进缅甸国内和平、中缅经济走廊建设和双边经贸合作等重要议题进行磋商与合作。

2018年1月12日，中国国防部部长常万全会见缅甸海军司令丁昂山，双方表示愿意共同加强务实合作。1月17日，中缅第3轮外交国防2+2高级别磋商在缅

甸内比都举行,缅甸国务资政昂山素季、国防军总司令敏昂莱分别会见中方代表团。与会双方就维护中缅边境稳定,加强边境安全合作达成一致。3月31日,中国外交部部长王毅在越南河内会见缅甸副总统亨利班提育。王毅表示,中国愿意和缅甸一起努力,推动两国的合作,使两国的友谊持续下去。5月9日,缅甸总统温敏、国务资政昂山素季、国防军总司令敏莱昂在内比都分别会见中国公安部部长赵克志,双方表示应进一步推进中缅经济走廊建设,深化执法安全务实合作,推动中缅关系向好发展。

6月15日,中国国务委员兼国防部长魏凤和访问缅甸,先后与缅甸国防军总司令敏昂莱和国务资政昂山素季举行会面,分别就维护中缅边境安全和推进"一带一路"建设等议题深入交流。6月25日,中国国家副主席王岐山会见到访的缅联邦议会议长兼民族院议长曼温楷丹,双方就加强中缅经济走廊合作及各领域合作达成共识。6月28日,中国国务委员兼外交部部长王毅在北京会见缅甸国务资政府部部长觉丁瑞,双方表示应深化务实合作,维护边境地区的稳定。6月29日,中共中央对外联络部部长宋涛会见缅甸国务资政府部部长觉丁瑞,双方就共同关心的问题深入交换意见。

9月11日,中国国务院副总理韩正在第15届中国—东盟博览会和中国—东盟商务与投资峰会期间会见缅甸副总统敏瑞,双方就中缅高层交往和中缅合作等议题进行讨论。9月16~18日,应缅甸联邦议会人民院邀请,中国全国人大常委会副委员长丁仲礼率团访问缅甸,缅甸副总统敏瑞、联邦议会议长兼人民院议长蒂昆密、民族院议长曼温凯丹分别会见丁仲礼一行,丁仲礼还与缅甸人民院副议长吞吞亨举行会谈。11月15日,东亚合作领导人系列会议在新加坡举行,中国国务院总理李克强出席会议并会见缅甸国务资政昂山素季,双方就加强中缅经贸、人力资源、教育等领域的合作达成共识。

11月16日,中国国务委员兼国防部长魏凤和会见到中国参加中缅两军第3次战略安全磋商的缅甸国防军副总司令兼陆军司令梭温。魏凤和表达中国支持缅甸维护主权独立、领土完整和实现国内和平和民族和解的一贯立场;梭温表达愿与中方共同维护边境安全、深化两军关系的愿望。

12月16日,中国国务委员兼外交部部长王毅在出席澜沧江—湄公河合作第4次外长会期间会见缅甸国际合作部部长觉丁,双方就中缅经济走廊合作、缅北局势和若开邦问题等进行深入交流。12月18日,中缅外交国防2+2高级别磋商第4次会议在中国昆明举行。中国外交部副部长孔铉佑、中央军委联合参谋部副参谋长邵元明与缅甸国际合作部部长觉丁、国防军第一特战局局长吞吞楠共同主持会议。双方就缅北问题交换意见,一致认为缅北各方应当保持克制,尽快实现停火,避免影响中缅边境地区的安全和稳定。

二、双方经贸交往与合作

2018年,中缅经贸关系进一步加强,双边贸易额持续增长,中缅经济走廊建设的诸多合作项目也陆续落地生根。

(一)双边贸易与投资概况

在贸易方面,2018年财年过渡期(4~9月),缅甸外贸总额186.79亿美元,其中缅中贸易额60.06亿美元,约占其外贸总额的32.3%。在外贸总额中,缅甸出口额28.92亿美元,进口额31.14亿美元。同时期,中缅边境坎皮提、清水河、老街、木姐4个边贸口岸累计贸易额33亿美元,其中木姐口岸的贸易额30亿美元。中缅边境贸易是缅甸实现贸易顺差重要途径,该时期缅甸出口额24亿美元,进口额9亿美元。根据中国商务部数据,2018年中缅双边贸易额152.4亿美元,比上年增长13.1%。

在投资方面,截至2018年12月底,中国对缅累积投资203.54亿美元。2017~2018财年,缅甸吸纳外资57.18亿美元,其中中国对缅甸投资额13.95亿美元,约占吸纳外资总量的24.4%,是缅甸的第二大投资国。2018年财年过渡期,中国对缅甸的投资额3.04亿美元,2018~2019财年截至12月31日,中国对缅甸的投资额1.06亿美元,仅次于新加坡,位列第二。但是,投资总额比2017~2018财年同期(4~9月)下降5.25亿美元。

(二)双边经济贸易合作

2018年5月,缅甸新仰光发展公司与在香港上市的中国交通建设公司签署新仰光发展项目(或称仰光产业新城项目)的框架协议,该项目的基础设施投资总额15亿美元。

7月,缅甸政府同意在克钦邦坎皮提,掸邦果敢自治区的清水河、老街和木姐地区建立中缅边境经济合作区。中缅经济合作区的建立,将进一步促进中缅边境贸易。

9月,中国国家发展改革委主任何立峰与缅甸计划与财政部部长梭温分别代表两国政府签署共建中缅经济走廊备忘录。

10月,中缅签订木姐—曼德勒铁路项目可行性研究备忘录,并确定一年的研究期。该铁路全程431千米,设计火车行驶速度为160千米/小时。正式的实地研究于2019年1~4月展开。

2018年11月,中缅双方签订皎漂深水港项目建设框架协议。港口项目占地34.67公顷,其中港口区占地1.33公顷,住宅区占地6.67公顷,工业园区占地26.67公顷。此外,港口内还设立中缅油气管道站点。

12 月 12 日，第 17 届中缅边境贸易交易会开幕式在缅甸掸邦北部木姐市中央经济区举行。参展企业 300 多家，展品包括珠宝、木雕、日用品、化妆品、食品、电器、体育用品和机械设备等，历时 5 天。

2019 年 1 月 30 日，缅甸中央银行在其网站公布该行 2019 第 4 号令，允许持有外汇经营许可证的银行，开设人民币和日元账户，并使用人民币和日元进行国际支付与结算。

12 月 12 日，第 17 届中缅边境贸易交易会开幕式在缅甸举行　（云南网）

三、双边社会文化交流与合作

2018 年，中国继续加强对缅甸教育、技术等方面的援助，积极开展文化活动和学术交流活动，旨在促进两国人民的相互理解和信任。

1 月 18 日，由中国驻缅甸大使馆援建的第 14 号中缅友谊学校（皎博当镇第一中学）、第 15 号中缅友谊学校（皎博当镇第二中学）在曼德勒省良乌县皎博当镇揭牌，中国驻缅甸大使馆文化参赞田善亭、缅甸政府外交部原副部长丁乌伦、曼德勒省教育厅代表觉昂、良乌县教育局局长丁瑞及缅方相关学校校长出席揭牌仪式。田善亭介绍中缅友谊学校、中缅友好奖学金和中国政府赴华留学奖学金等项目，鼓励缅方师生积极申请中国政府奖学金，还代表中国大使馆向第 13 号中缅友谊学校（皎博当镇第三中学）捐赠一批教学用课桌椅。

4 月 18 日至 5 月 7 日，应缅甸建设部邀请，中国公路建设行业协会专家团队协助缅方完成 11 座危旧悬索桥梁现场检测。5 月 11 日，缅甸建设部副部长觉林听取中方专家关于检测情况的汇报，并向中国政府和中国公路建设行业协会专家团队表示衷心感谢。

5 月 9 日，第 2 届中缅智库高端论坛在中国云南芒市举行。本届论坛主题为“中缅经济走廊建设”，旨在遵循“共商共建共享”原则，与缅方智库深入交流研讨，务实推进经济走廊建设。中缅两国智库代表、专家学者围绕基础设施建设、经济合作区建设、农业与扶贫开发、边境地区非传统安全合作等议题进行交流。会议促进了双方的相互了解，增进互信，得到中缅两国专家学者的高度评价和广泛赞誉，取得圆满成功。

6 月 13 日，“美丽云南 · 云南画家作品展”在缅甸仰光中国文化中心拉开帷幕。这也是仰光中国文化中心成立以来首次对缅甸公众开放。

7 月 7 日，仰光中国文化中心揭幕启用仪式在缅甸仰光举行，该文化中心的成立旨在增进中缅两国民众间的文化交流和相互理解。

8 月 31 日，2018 年度“名师堂”汉语教师培训在缅甸仰光中国文化中心举办结业典礼。中国驻缅甸大使馆参赞于边疆、仰光地区主要华校负责人及全体参训学员出席。于边疆指出，“名师堂”项目致力于为华文教师提供一个交流沟通、共同提高的平台，旨在通过培训的方式，帮助更多学生学好汉语。

9 月 28 日，中国政府援助缅甸政府修复蒲甘他冰瑜佛塔的协议签字仪式在缅甸蒲甘举行，中国驻缅甸大使洪亮和缅甸宗教事务和文化部部长都拉吴昂哥出席仪式并签署换文，中缅在修复蒲甘佛塔方面的合作正式启动。

11 月 2 日，《中国风格 · 绿水青山——中国国家画院水墨艺术国际巡展》在缅甸仰光中国文化中心开幕，旨在展示中国艺术和促进中缅文化交流。

12 月 26 日，中国驻缅甸大使馆与缅甸巩发党共同举办的第 4 期汉语培训班结业式在仰光举行，使馆文化参赞田善亭与巩发党中央执委吴钦貌梭出席仪式并致辞，共同向巩发党仰光地区的参训学员表示祝贺。该汉语培训项目已分别在仰光和曼德勒举办 4 期。

（彭丽颖　邓起杰　祝湘辉）

中国和菲律宾交往与合作

2018 年，中国与菲律宾进一步深化交往合作，菲律宾本国发展战略与“一带一路”倡议实现良好对接，中菲双方在政治、经济、文化等各领域合作都取得长足进步。

一、双边政治关系

（一）高层交往

2018 年 4 月 10 日，中国国家主席习近平在海南省博鳌国宾馆会见菲律宾总统杜特尔特。习近平指出，杜特尔特总统就任以来，中菲关系翻开新篇章。中方愿同菲方一道，坚持睦邻友好的大方向，确立共同发展的大目标,发扬妥处分歧的大智慧,确保中菲关系始终沿着正确方向健康稳定发展。习近平强调,中国对菲律宾睦邻友好政策是坚定的,支持菲律宾发展的意愿是真诚的。中方支持菲律宾政府积极探索适合本国国情的发展道路。习近平指出,中菲关系过去两年从“转圜”到“巩固”,连上了两个台阶,今年的任务应该是“提升”。杜特尔特表示,当前菲中关系保持良好发展势头。菲律宾感谢中国对菲经济社会发展、提高反恐维稳能力给予的帮助和支持。菲方愿积极参与共建21世纪海上丝绸之路,密切同中方在经贸、渔业、旅游、教育、基础设施、执法、安全等领域合作。菲方愿同中方一道努力,通过双边沟通协商,继续保持南海和平稳定,使南海成为菲中两国间一个合作领域。菲律宾将接任中国—东盟关系协调国,愿积极促进深化东盟同中国的合作。

6月9日是中国与菲律宾建交43周年纪念日,也是第17个菲中友谊日。菲律宾外交部长卡耶塔诺当晚在出席“繁花盛开菲中情”文艺晚会时发表致辞表示,菲律宾对菲中发展友好关系充满信心,未来菲律宾愿与中国进一步加强合作,共同保持两国关系发展的良好势头。6月12日是菲律宾独立120周年纪念日。桑塔罗马纳大使在菲律宾驻华使馆举行的庆祝招待会上表示,菲中两国关系近年来取得的发展是菲律宾本届政府实行独立自主外交政策的一大收获,菲律宾珍视与中国的友好关系与密切合作。

9月8~11日,中国全国人大常委会副委员长吉炳轩率团访问菲律宾,分别会见众议长阿罗约和副众议长黄严辉,并同参议长索托举行会谈。吉炳轩表示,中国全国人大愿同菲律宾议会一道,积极落实两国元首达成的一系列重要共识,加强友好交往与合作,共同为两国关系长期健康稳定发展提供法律和政策保障,营造良好环境。菲方表示,菲律宾高度重视菲中关系,希望与中方加强菲本国发展战略与“一带一路”倡议对接,深化议会交流及各领域务实合作,推动两国关系不断深入向前发展。

9月17日,中国国家主席习近平就菲律宾遭受台风“山竹”袭击向菲律宾总统杜特尔特致慰问电。10月29日,中国国务委员兼外交部长王毅在菲律宾达沃会见菲律宾前外长卡耶塔诺。王毅表示,中菲两国是近邻,睦邻友好是唯一正确选择。中菲两国大小不同,但在几千年交往中,中国从来没有欺负过菲律宾,菲律宾应当对中国这个邻居感到放心。卡耶塔诺表示,菲中两国血脉相连,两国理应相互尊重,平等相待,做长期友好相处的邻居。中方为菲经济社会建设,包括马拉维战后重建和抗灾救灾提供了实实在在的帮助,菲方对此深表感谢。10月29日,中国国务委员兼外长王毅在达沃与菲律宾新任外长洛钦举行会谈。王毅表示,中菲是永远的邻居,两国人民血脉相连,始终相互尊重、相互帮助和相互支持,这个好传统应不断巩固和弘扬。相信随着时间推移,菲律宾人民将日益感受到中国是菲最持久和最可信赖的合作伙伴。洛钦表示,菲中人民血脉相通,两国是真正和真诚的合作伙伴。菲方愿与中方继续妥善管控分歧,推进海上务实合作,积极参与共建“一带一路”,这完全符合菲律宾国家利益。会谈后,王毅和洛钦共同见证签署中国援菲警用物资项目交接证书等3份文件。

11月19日,菲律宾总统杜特尔特在马尼拉接受中国媒体联合采访时表示,将与中国领导人进一步商讨如何在“一带一路”框架下深化两国合作,将更多设想付诸行动。杜特尔特说,两年多来,菲中关系持续稳定发展,目前处于“高峰”,他对此十分满意,也欣喜地看到彼此间的合作正在造福两国人民。

11月20日,中国国家主席习近平抵达马尼拉,开始对菲律宾共和国进行国事访问。习近平指出,中菲两国一衣带水,是地缘相近、血缘相亲、文缘相通的友好邻邦。杜特尔特总统执政以来,在双方共同努力下,中菲友好合作的大门重新打开,给两国人民带来了切实利益,为地区和平、稳定、繁荣作出了重要贡献。中菲同为亚洲发展中国家和新兴经济体,睦邻友好是两国唯一正确选择。相信这次访问必将达到巩固传统友谊、深化互利合作、携手共同发展的目标,为中菲睦邻友好关系注入新的强大动力,造福两国人民。11月21日,中国国家主席习近平在马尼拉会见菲律宾众议长阿罗约和参议长索托。习近平称赞阿罗约和索托是中国人民的老朋友、好朋友,赞赏两位议长长期以来为中菲友好所做大量工作。阿罗约和索托欢迎习近平访问菲律宾。他们表示,菲中关系正处于历史最好时期,两国全方位合作良好,中国是菲律宾经济发展最重要的伙伴之一。

（二）地方交流

9月8日,中国福建省与菲律宾宿务省在厦门签署合作备忘录,将在经济贸易、设施联通、人员往来、文教交流等方面加强合作,共同推进21世纪海上丝绸之路建设。福建省省长唐登杰,宿务省省长希拉里奥·戴维德出席并见证备忘录签署。唐登杰表示,这次签署共建21世纪海上丝绸之路合作备忘录,必将有力促进两省交流合作不断走深走实。戴维德说,福建与宿务两省历史渊源深厚,人文交流频繁,经贸合作密切。宿务省作为海丝沿线重要节点,将在经贸、文化、教育等方面加强与福建的交流合作。

10月14~20日,中国湖南省省长许达哲率湖南省代表团访问菲律宾。菲律宾中央吕宋高速联线塔拉克段是湖南路桥在海外独立承建的首个高速公路项目,许达哲在菲律宾公共工程与公路部副部长撒达因陪同下,赴塔拉克省出席该项目沥青面层工程开工仪式,并看望慰问施工人员。在会见菲律宾农业部部长艾曼努尔·皮诺时,许达哲介绍湖南农业领域的特色优势，以及首届中国国际进口博览会和湖南参会情况。湖南同菲律宾在农业领域合作势头良好，隆平高科在菲律宾成立研发中心及合资企业，承担一系列农业技术合作项目。代表团还分别同菲律宾华商联合总会、菲律宾湖南商会进行会谈。此行，许达哲分别同菲律宾布拉干省省长威廉明诺·M·西·阿尔瓦拉多、东民都洛省省长阿方索·乌马利会谈，并签署湖南与上述两省建立友好关系意向书。

11月13日，菲律宾达沃市与中国福建省晋江市正式结为友好城市，掀开了两地交流合作的崭新篇章。目前在菲律宾200多万华人华侨中，约一半祖籍晋江，他们在菲律宾的政治经济领域拥有巨大的影响力。晋江与菲律宾的经贸联系日益密切。菲律宾是晋江的第一大出口地，年出口额100亿元，占晋江年出口总额的18.38%。2018年，晋江对菲律宾出口额比上年增长近20%。菲律宾总统罗德里戈·杜特尔特的女儿萨拉·杜特尔特是达沃现任市长。萨拉·杜特尔特认为，晋江市经济实力强、发展快，有很多宝贵经验值得达沃市学习，她希望今后加强两地交流往来，推动双方在文化、旅游、经贸、医疗、技术等各方面的务实合作。她也期待与中国更多城市缔结友好关系，推动中菲友好合作关系迈上新台阶。

二、军事交流合作

2018年7月27日，中国驻菲律宾大使馆在菲律宾马卡蒂市香格里拉酒店举办“八·一”建军节招待会，庆祝中国人民解放军建军91周年。菲律宾国防部常务副部长卢纳、预算部长迪奥克诺、总统海外菲劳和穆斯林事务顾问马马奥、外交部副部长马拉洛、海军参谋长卡高安少将等菲军政要员、企业和文化界友好人士、驻菲使团、驻菲武官团以及中资机构和华侨华人、留学生代表等400余人出席招待会。赵鉴华大使在致辞中表示，两年来，在中菲两国领导人指引下，两国关系全面转圜并积极发展，迈入全新时代。中国致力于提升两国友谊和伙伴关系，为两国和两国人民带来实实在在的利益。尽管中菲两国存在分歧，但双方一致同意通过对话和磋商管控分歧，确保两国总体关系发展不受影响。只要中菲双方坚持睦邻友好和双赢原则，就能为两国、两国人民、本地区和世界创造更加美好的未来。菲国防部常务副部长卢纳代表菲方向中国人民解放军成立91周年表示热烈祝贺。卢纳表示，过去两年中菲两国防务合作和军事交流取得显著成果。在年度防务安全磋商机制下，双方就反恐、暴力极端主义、跨国犯罪、人道主义救援和救灾等共同关心的问题开展对话，并努力通过各层级交流渠道，以和平方式解决争端。菲方期待与中方达成更多互惠协议，建立更多交流机制，拓展合作空间，增进互相了解。

10月22～28日，菲律宾海军“达古潘市”号后勤支援舰赴中国湛江参加中国—东盟“海上联演—2018”演习。参演各方围绕《海上意外相遇规则》使用及联合搜救、联合救灾等内容，在湛江及其以东海空域开展交流活动和实兵演练。

三、经济合作

（一）双边贸易

2018年，中国是菲律宾第一大贸易伙伴、第一大进口来源地、第四大出口目的地。菲中双边贸易额300.93亿美元，比上年增长18.1%；菲律宾自中国进口213.94亿美元，增长22.5%；菲律宾向中国出口86.99亿美元，增长8.5%；菲对中贸易逆差126.96亿美元。

（二）投资合作

2018年，中国跃升为菲律宾的第一大外资来源国。根据菲官方统计数据，2018年中国对菲律宾获准投资额达到506.9亿比索（约合9.75亿美元），比2017年增长20.72%。

2018年1月9日，菲律宾财政部宣布，首个由中国主导的亚洲基础设施投资银行（亚投行）部分出资的菲律宾项目开始启动。菲律宾财政部在一份声明中说，马尼拉大都会防洪项目投资总额5亿美元，于1月内开始启动。菲律宾政府、公共工程与公路部、马尼拉大都会发展局共同启动这一项目。该项目于2017年9月27日获亚投行董事会批准项目融资额度2.0763亿美元。

4月10日，在中国国家主席习近平和菲律宾总统杜特尔特的共同见证下，中国进出口银行与菲律宾财政部正式签署中菲首批政府合作基础设施项目之一的赤口河泵站灌溉项目贷款协议。贷款金额6208万美元，项目计

11月13日，菲律宾达沃市与中国福建省晋江市正式结为友好城市（东南网）

划工期36个月。6月8日,赤口河灌溉项目在菲律宾卡林加省举行开工仪式。中国驻菲使馆经济商务参赞金远、菲国家灌溉署署长维萨亚、副署长巴加森、卡林加省长巴克和卡加延省长曼巴等共同出席。中方政府贷款支持的赤口河泵站灌溉项目将为当地提供1万余个就业岗位,建成后使区域内4300余户家庭受益,促进农业发展。

10月29日,中国国务委员兼外交部部长王毅在菲律宾达沃会见菲律宾财政部部长多明格斯及菲内阁经济管理团队主要成员。王毅表示,经济合作是中菲关系重要组成部分,中菲关系的全面改善为两国深化经济合作提供了有力政治保障。多明格斯表示,2018年8月我们在北京的会谈十分成功,双方一致表示将坚决落实两国元首达成的共识,将菲中关系提升至新的高度,不断加强两国在基础设施、贸易、投资和人文等领域的合作。菲方全力支持共建"一带一路",愿与中方开展相关合作。

《菲律宾商报》11月28日报道,菲律宾和中国已同意在未来10年内,就基础设施建设进行合作,以促进经济发展及改善投资环境。该基建合作协议期限为2018年11月至2028年11月,旨在加强中国"一带一路"倡议与菲律宾长期愿景之间的联系,落实中菲两国在加强基础设施合作方面达成的共识,进一步加强深入合作。在中菲基建合作计划下,菲律宾和中国将根据各自的需求和经济情况,以及战略优势、增长潜力和驱动效应,确认合作领域和项目。主要的合作领域是运输、农业、灌溉、渔港、电力、水源管理、信息与通讯技术和电讯。在铁路方面,中菲一致同意鼓励企业参与菲律宾国家铁路南线铁路项目、苏比克—克拉克铁路项目、棉兰佬岛铁路项目以及其他铁路项目的建设,并对优先铁路进行可行性研究。中菲基建合作的合作模式是项目承包、公私合作、直接投资和技术合作。菲律宾和中国都表示愿意使用优惠贷款、出口信贷和其他融资手段来支持具有经济和社会效益的基础设施项目。两国也同意鼓励金融机构以项目融资、银团贷款和混合贷款的方式,为投资菲律宾的中国企业提供融资便利。

12月14日,中国河北钢铁集团菲律宾钢铁项目合作备忘录签约仪式在菲律宾贸工部举行。菲律宾贸工部部长洛佩兹、国防部部长洛伦扎纳、投资署署长鲁道夫、中国驻菲律宾大使馆商务参赞金远、河北省副省长李谦、河北钢铁集团董事长于勇、汇力基金董事长孟晓苏等出席。洛佩兹部长表示,该项目是菲律宾首个综合性长流程钢铁项目,是迄今为止中国对菲最大的投资项目,该项目将帮助菲律宾实现"钢铁梦",推动菲制造业全面发展,进一步提高菲出口产能,有助于减少菲贸易逆差。项目位于菲棉兰老岛卡加延德奥罗市菲佛德克工业园,占地3平方千米。河北钢铁集团与菲律宾亚洲钢铁公司牵头组建投资联合体,拟建设一个集港口、烧结、焦化、球团、炼铁、炼钢、轧制和深加工一体化的钢铁联合企业。铁钢配套生产规模约800万吨/年,投资总额44亿美元,建设周期3~5年。

(三)金融合作

2018年10月30日,由中国银行马尼拉分行发起、菲律宾13家当地主要银行为初始会员组成的菲律宾人民币交易商协会在马尼拉签约成立。协会将在菲律宾中央银行的指导监督下,推动建设两国货币的直接交易市场,实现人民币与菲律宾比索的直接交易兑换。此前,人民币与比索的兑换需要经过美元。随着交易商协会的成立,未来人民币与比索将实现直接兑换,两国间贸易与投资也可以直接使用人民币进行计价与交易,这预计能为客户减少3%的交易兑换成本,并且使流程更加简便。协会管理的人民币兑菲律宾比索交易市场预计在11月正式开市交易,用户可与协会会员银行进行人民币与比索的直接兑换。这将为中菲两国的企业、个人进行贸易、旅游和投资活动提供极大便利。

11月21日,中国工商银行马尼拉分行正式开业。至此,工商银行已在东盟的9个国家设立机构,进一步完善了在东南亚市场和"一带一路"沿线的服务网络。此前,工商银行马尼拉分行已获得菲律宾中央银行颁发的银行牌照。

(四)旅游合作

据菲律宾旅游部公布的数据,2018年共有7127168名外国游客抵达菲律宾,比2017年的662万人次高出7.65%,是历史最高纪录。韩国仍然是菲律宾最大的旅游市场,共有158万人次到访。中国排名第二,共有125万游客到访,比2017年增长29.62%。中菲每周往返航班300多架次。

四、文化、教育及其他交流活动

(一)媒体交流合作

2018年5月17~30日,由中国国务院新闻办公室指导,中国外文局教育培训中心承办的2018年菲律宾新闻官员和记者研修班在华举办。此次研修班为期14天,来自菲律宾总统府新闻部、菲律宾新闻署、菲律宾人民电视网等当地主流媒体的22名新闻官员和记者参加。研修班期间,学员参加有关中国国情、中国特色社会主义新闻观、新媒体发展以及"一带一路"倡议等主题讲座,到中国日报社、中新社等媒体机构进行座谈交流。学员还赴江西省考察江西电视台、江西日报社等有关媒体,了解中国地方媒体发展情况。学员发表10余篇关于研修活动的新闻报道,内容涉及中菲关系、中国—东盟合作、中国社交媒体的发展、文化旅游等主题;菲律宾总统府新闻部的新闻官员和菲律宾人民电视网的摄影记者拍摄了关于研修活动的纪录片。菲律宾新闻署的埃马努尔·塔格奥表示,回国后他会向自己的国家介绍一个真实的中国，分享自己的所见、所闻、所感，增进中菲间相互理解和友谊。其他学员纷纷表示中国在新闻媒体领域的创新和发展为菲律宾提供了学习借鉴的典范，希望此类研修活动成为常态机制，为菲律宾提供更多新闻领域的培训机会。

（二）中国援助菲律宾项目开工和移交

2018年7月17日下午，菲律宾总统杜特尔特参加中国援助马尼拉两座桥梁项目开工典礼。此次开工建设的这两座桥梁分别为比诺多—因特拉穆罗斯大桥和埃斯特热拉—潘塔里恩大桥。两座桥梁均横跨马尼拉市内的帕西格河，比诺多—因特拉穆罗斯大桥总长734米，为双向4车道。杜特尔特致辞表示，这个项目将通过提供更多的横跨帕西格河的桥梁和道路，提高马尼拉交通运输能力和效率，同时有助于当地旅游业的发展。他对中国慷慨地为这两座桥梁提供建设资金表示感谢。"中国再次证明，他们愿意与我们一道，通过解决马尼拉的交通拥堵问题，实现可持续发展。未来的日子里，菲律宾人民会意识到中国是一个好邻居。"中国驻菲大使赵鉴华表示，自2017年11月中国总理李克强访菲期间，双方签署赠款建设马尼拉两座桥梁项目协议以来，我们双方夜以继日地工作，今天终于使之成为现实。随着桥梁的建设和运行，我们不仅庆祝马尼拉的交通将得到改善，更庆祝我们两国之间友好关系日益加强。在加快菲律宾基础设施建设方面，中国一直致力于发挥应有的作用。

12月17日，中国援菲戒毒中心项目（萨兰加尼）正式移交菲律宾卫生部。萨兰加尼戒毒中心项目位于在菲律宾棉兰老岛西南部，包含菲律宾萨兰加尼省和阿古桑省两所戒毒中心。整个戒毒中心项目建设规模可容纳150个床位，建筑面积6707.56平方米，建筑单体主要包括：行政及医疗综合楼，探视房/过渡房，员工用房/汽修站，男性和女性患者寝室，多功能风雨操场及配套用房。适用建设标准执行菲律宾规范和技术标准，并结合中国设计规范和标准。萨兰加尼戒毒中心2018年1月12日开工，11月30日完工，12月17日正式移交。

（三）中国大使奖学金助力菲律宾学子

中国驻菲使领馆深入菲律宾民间，关心弱势群体，关注民生问题，通过设立助力菲律宾优秀贫困学生圆梦的教育基金，助力菲律宾经济发展、社会进步，培养中菲友好年轻一代。2013年底，中国大使奖学金起步即走进菲最高学府菲律宾大学，以及国立最高师范大学PNU。中国大使奖学金是唯一设在菲律宾大学的大使奖学金，该校专门设立500万元比索的中国大使奖学金基金，接受法学院、行政管理学院、经济学院、大众传媒学院菲律宾籍优秀贫困学生申请，全额奖获得者每年获4.5万元比索书本费和生活津贴。4年来，大使奖学金在菲律宾大学以及国立最高师范大学等大学投放近190万元，有178位品学兼优的菲律宾贫困大学生受助圆梦。

中华文化在菲华新一代的传承，也是中国大使教育基金关注所在。2014～2015年度起，中国驻菲律宾大使赵鉴华通过菲律宾华教中心设立面向全菲华校的中国大使奖助学金，从菲律宾最南端的美岸南中学校，到最北端的高伦那达中华学校，都有华校学生获得奖助。4届来，已有92所华校140位优秀中学生获得每年2万元比索的奖学金，220位贫困学生获得每年1万元比索的助学金。

（四）"中国剧场"开播仪式在菲律宾马尼拉成功举办

为纪念中国与菲律宾建交43周年，2018年6月13日中国国家广播电视总局、中央广播电视总台与菲律宾国家电视台在菲律宾首都马尼拉举行"中国剧场"开播仪式。菲律宾语版电视剧《鸡毛飞上天》、电影《北京爱情故事》等四部中国影视作品在菲律宾国家电视台播出，这是中国影视节目首次译配成菲律宾语与当地观众见面。中国驻菲律宾大使赵鉴华在首播仪式上发表致辞，他说值此中菲建交43周年之际，两国关系正在按照最高领导人达成的共识快步迈入新时代。本次开播的"中国剧场"将进一步深化民间交往，夯实两国关系的重要支柱。赵鉴华大使认为，通过在菲律宾播放中国电视剧，将让菲律宾民众了解中国改革开放，感受中国发展给世界人民，包括菲律宾人民带来的重要机遇。菲律宾总统府新闻部部长安达纳尔称此次"中国剧场"开播是"创造历史的一天"。安达纳尔表示，杜特尔特总统就职以来，两国关系发展良好。此次"中国剧场"项目在菲律宾落地，是两国在"一带一

6月13日，中国国家广播电视总局、中央广播电视总台与菲律宾国家电视台在菲律宾首都马尼拉举行"中国剧场"开播仪式　（百度网）

路”框架合作下的重要成果。菲律宾国家电视台台长阿波罗尼奥在致辞中表示，“中国剧场”开播是菲中两国媒体合作深化的重要成果，将进一步加深菲中两国人民的彼此了解。他表示，希望两国家广播电视总台在技术和内容领域开展更加深入的合作。（杨　超）

中国和新加坡交往与合作

新加坡是中国的友好邻邦、东盟重要成员和2018年轮值主席国。2015年，中国国家主席习近平对新加坡进行国事访问，双方确立了与时俱进的全方位合作伙伴关系新定位。2018年，中新关系发展势头良好，两国高层互访频繁，政治互信不断提升，经贸合作日益深化，双边合作亮点纷呈。

一、高层互访频繁，政治互信不断提升

2018年4月8~11日，新加坡总理李显龙访问中国并出席博鳌亚洲论坛2018年年会，8日与中国国务院总理李克强举行会谈，并见证第三方市场合作、人文等领域双边合作文件的签署。10日，中国国家主席习近平会见李显龙。7月，新加坡副总理兼国家安全统筹部长张志贤访问中国重庆、广西等地，就共同推进国际陆海贸易新通道建设开展调研。9月19~21日，中国国务院副总理韩正访问新加坡，分别会见新加坡总统哈莉玛、总理李显龙、副总理张志贤、副总理尚达曼，并同张志贤共同主持中新双边合作联委会第14次会议、苏州工业园区联合协调理事会第19次会议、天津生态城联合协调理事会第10次会议和中新（重庆）战略性互联互通示范项目联合协调理事会第2次会议。11月5~7日，中国国家副主席王岐山在新出席彭博创新经济论坛并顺访新加坡，分别会见新加坡总统哈莉玛和总理李显龙。11月12~15日，中国国务院总理李克强访问新加坡并出席第33届东盟峰会及东亚合作领导人会议。李克强总理在“新加坡讲座”发表演讲，并出席新加坡工商界举办的欢迎晚宴；在新加坡总统府会见新加坡总统哈莉玛，并与新加坡总理李显龙举行会谈，就中新关系发展等问题交换意见，见证中新自由贸易协定升级、互联互通、金融、科技、环境、文化、海关等领域多项双边合作文件的签署。

二、经济合作日益深化

（一）贸易合作稳定发展

中新互为重要经贸合作伙伴，近年来经贸合作取得长足发展。中国为新加坡第一大贸易伙伴、出口市场和进口来源国，新加坡是中国在东盟的第四大贸易伙伴。据新加坡国际企业发展局统计，2018年中新货物进出口额1000.8亿美元，比上年增长0.6%。其中：新加坡对中国出口504.1亿美元，同比下降6.8%，占新加坡出口总额的12.2%，下降2.2个百分点；新加坡自中国进口496.6亿美元，增长9.5%，占新加坡进口总额的13.4%，下降0.4个百分点。新加坡贸易顺差7.5亿美元，下降91.4%。

（二）中国与新加坡结束自由贸易协定升级谈判

2018年4月16~18日，中国—新加坡自由贸易协定第6轮升级谈判在北京举行。双方就服务贸易、投资、原产地规则、贸易救济、其他规则议题等展开磋商。11月5日，中国商务部国际贸易谈判代表兼副部长傅自应在出席首届中国国际进口博览会期间，会见新加坡贸工部部长陈振声，共同宣布结束中国与新加坡自由贸易协定升级谈判。双方将在履行有关国内程序后签署《中华人民共和国政府和新加坡共和国政府关于升级<自由贸易协定>的议定书》。11月12日，中国商务部国际贸易谈判代表兼副部长傅自应与新加坡贸易与工业部部长陈振声分别代表两国政府在新加坡签署《自由贸易协定升级议定书》。该议定书对原中新自由贸易协定的原产地规则、海关程序与贸易便利化、贸易救济、服务贸易、投资、经济合作等6个领域进行升级，新增电子商务、竞争政策和环境等3个领域。

（三）共同维护多边贸易体系

贸易是新加坡的生命线。新加坡政府坚定捍卫基于规则的多边贸易体系，李显龙总理在国际场合反复强调自由贸易和多边贸易体系的重要性，与中国构建开放型经济新体制的方向一致，与中国进一步提升投资贸易便利化的目标契合。

2018年11月，80多家新加坡企业参与首届中国国际进口博览会，展位面积超过1400平方米，其中服务贸易展区面积超过1000平方米，参展规模位列东盟国家之首。新加坡独家组展机构工商联合总会在各展区精心筹划，围绕“心想狮城”的主题，为参展企业统一特装布展，全方位展现新加坡企业的特色和优势。莱福士医疗集团、新加坡国立大学、新加坡航空、太平船务等新加坡龙头企业和许多独具特色的中小企业参加展会。

（四）投资合作不断深化

根据中国统计，2013年起新加坡为中国第一大新增外资来源国，2017年中国吸收新加坡实际投资47.6亿美元；2018年1~7月，新加坡对华投资流量为35.65亿美元，比上年同期增长29.28%。截至2018年9月底，新加坡累计对华直接投资940.8亿美元。近几年，中国对新加坡投资快速增长，2017年新加坡成为中国对外投资第三大目的国，在新注册登记的中资企业超过7000家。根据中方统计，2017年中国对新加坡非金融类直接投资32亿美元，比上年下降24%；2018年1~7月，中国对新加坡的投资流量为18.10亿美元，同比增长20.80%；截至2018年7月，中国对新加坡的投

资存量达388.6亿美元。

为促进相互投资合作和合作开发第三方市场，2018年10月25日，首届中国—新加坡“一带一路”投资合作论坛在新加坡举行。论坛由中国国家发展和改革委员会与新加坡贸易和工业部共同主办。中国国家发展改革委副主任宁吉喆与新加坡贸工部长陈振声出席论坛。论坛围绕“‘一带一路’框架下中新第三方市场合作发展机遇”和“健全完善项目融资和业务保障体系”等主题进行研讨。来自中国、新加坡和其他国家及地区的政府部门、金融机构、专业化服务机构的代表，以及来自基础设施建设、石油化工、航运物流等领域的企业代表共300多人参加本次论坛。

（五）金融合作日益深化

2018年，中新两国金融合作日益深化。一是中国工商银行新加坡分行成功完成中资银行在东南亚地区首个自我筹组银团。2018年一季度，中国工商银行新加坡分行作为借款人成功筹组首个银团筹资项目，获得9家参贷行7.7亿美元的资金支持。此次银团筹资拓宽了分行长期限资金来源渠道，降低了融资成本，同时作为中资银行在东南亚区域第一个自我筹组的银团，为中资机构在东南亚区域的发展提供了新的模式。二是中国工商银行新加坡分行成功发行12亿美元中期票据。2018年4月18日，中国工商银行股份有限公司新加坡分行成功发行12亿美元浮动利率中期票据，其中3年期7亿美元、5年期5亿美元。本票据已于2018年4月17日在新加坡交易所挂牌注册。三是中国银行新加坡分行成功投产PayNow项目。2018年4月该项目投产；使中国银行新加坡分行成为具有信用卡实时收付款能力的本地第二家银行，也是外资银行当中的第一家，还是新加坡新标准下提供跨境二维码支付服务的第一家银行。在此基础上引入以便捷支付为特点的PayNow，使该行得以继续保持新加坡支付服务领军银行的地位。四是中国银行新加坡分行成功发行15亿美元“一带一路”主题债券。该债券于2018年4月10日成功发行，这是新加坡2018年最大规模的机构债券发行，募集资金专门用于支持“一带一路”项目建设。2016年以来，中国银行新加坡分行每年以不同币种发行“一带一路”主题债券，并为“一带一路”项目提供逾150亿美元资金和10亿美元保函的金融支持，项目辐射“一带一路”沿线十几个国家和地区，覆盖众多产业。五是中国银行新加坡分行协助发行东南亚国家第一支主权熊猫债。2018年3月，中国银行新加坡分行作为牵头主承销商及簿记管理人协助菲律宾成功发行14.6亿元人民币熊猫债券。该笔债券是2018年全球第一支主权熊猫债券，也是东南亚国家第一支主权熊猫债券，在“一带一路”合作中具有里程碑意义。六是中国工商银行新加坡分行开设投资银行业务。2018年4月16日，中国工商银行新加坡分行宣布获新加坡交易所认证为上市主理商，同时公布成立投资银行部，为客户提供更全面的银行服务。七是中国银行新加坡分行牵头亚洲最大私募股权并购融资项目。2018年1月，中国银行新加坡分行以银团委任牵头行身份支持世界物流仓储行业巨头Global Logistic Properties Limited（GLP）全面私有化并购融资项目。本次融资是亚洲史上最大的私募股权并购融资项目，展示了中国银行新加坡分行组织大型复杂跨境并购业务和国际银团业务的专业实力和市场地位。八是中国银行新加坡分行推出并成功办理当地首笔人民币直汇业务。该业务于2018年2月成功办理。该业务为汇款人提供优先处理、及时追踪、费用透明、信息完整的优质服务，客户可以第一时间收到汇款通知。这是呼应中国政府人民币新政及时推出的一款产品，顺畅、高效的汇款体验得到客户一致好评。

三、政府间合作平台建设稳步推进

2018年，中新政府间合作3个项目和一个国家级合作项目稳步推进，产生示范性影响。9月20日，中国新加坡双边合作联合委员会第14次会议在新加坡举行，中新苏州工业园区联合协调理事会第19次会议、中新天津生态城联合协调理事会第10次会议和中新（重庆）战略性互联互通示范项目联合协调理事会第2次会议同日举行。中共中央政治局常委、国务院副总理、理事会中方主席韩正，新加坡内阁副总理、理事会新方主席张志贤共同主持会议并致开幕辞。会议的举行为推进中新合作平台建设搭建了平台。

中新苏州工业园区示范效应日益凸显。1994年启动的苏州工业园区

10月25日，首届中国—新加坡“一带一路”投资合作论坛在新加坡举行

（百度网）

项目围绕投资、金融、科技等领域不断深化合作,在中国经济社会体制建设方面发挥改革开放试验田的作用。2018年,苏州工业园区共实现地区生产总值2570亿元,公共财政预算收入350亿元,进出口总额1035.7亿美元,社会消费品零售总额493.7亿元,城镇居民人均可支配收入超7.1万元。在中国商务部公布的国家级经开区综合考评中,苏州工业园区连续3年(2016、2017、2018年)位列第一,跻身建设世界一流高科技园区行列,并于2018年入选江苏改革开放40周年先进集体。2018年,苏州工业园区生物医药、纳米技术应用、人工智能产业已初具规模,分别实现产值780亿元、650亿元和250亿元,分别比上年增长27%、30%和38%。年内,首届全球人工智能产品应用博览会、第9届中国国际纳米技术产业博览会、第3届医药创新与投资大会等重大活动在苏州工业园区举办。截至2018年年底,园区累计有效期内国家高新技术企业1046家,累计培育科技部"独角兽"企业3家,集聚科技企业超5000家。

中新天津生态城建设稳步推进。2008年启动的天津生态城项目是中国首个国家级绿色发展示范区,着力培育互联网+高科技、文化创意、生态旅游3个产业群。2017年,生态城新增注册企业1371家,产业贡献税收35.72亿元,呈现出发展势头猛、增长后劲足、创新动力强的态势。2018年9月27日,新加坡—天津经济贸易理事会第8次会议举行,中新天津生态城管委会分别与新加坡吉宝资本控股私人有限公司(吉宝资本)的全资子公司—吉宝资本中国私人有限公司以及盛裕集团签署谅解备忘录,中新合作全面升级。

国际陆海贸易新通道建设提速。2018年11月,中新两国签署《关于中新(重庆)战略性互联互通示范项目"国际陆海贸易新通道"建设合作的谅解备忘录》,提出打造连接中国西部和东南亚地区之间更短、更直接、更便捷的国际陆海贸易新通道,进一步提升中国西部与东南亚地区的互联互通水平,促进相关现代产业和服务业发展,为企业提供更多选择,进一步降低国际贸易物流成本,缩短物流周期,更加合理地整合调配资源,带动区域经济共同发展。中新已签约137个合作项目,总金额219亿美元。10月29日,国际陆海贸易新通道首列冷链专列(广西防城港—重庆)开通运营。2018年,广西北部湾港开行至重庆、兰州等地的班列运行线增至8条,北部湾港至香港和新加坡的班轮实现常态化运营。年内,北部湾港完成货物吞吐量2.4亿吨,比上年增长9.8%;集装箱吞吐量290.14万标箱,增长27.3%。中国云南、贵州、四川、重庆西南4省份经广西口岸实际进出境的货物价值416.9亿元,比上年增长33.8%。

中新广州知识城升级为国家级合作项目。该项目聚焦科技创新、知识产权、人才培育三大领域,助力粤港澳大湾区创新产业发展。2018年1月8日,黄埔区、广州开发区与创维集团有限公司签订投资框架协议,全国最大的智能电视研发制造基地落户知识城。2月8日,新加坡驻中国大使罗家良考察中新广州知识城。8月27日,由中新广州知识城主办的第6届中新知识论坛在新加坡举行。论坛主题为"全面开放新格局,创新发展新趋势".新加坡教育部部长王乙康、中国广东省省长马兴瑞、中国驻新加坡大使馆经济商务参赞处公使衔参赞钟曼英等出席。共吸引约250位来自新加坡和中国的嘉宾与会。本次论坛乘借知识城上升为国家级双边合作项目的东风,旨在推动知识城开发建设迈向新辉煌。

四、人文交流进入互学互鉴新阶段

中新两国形成互动学习借鉴新局面。1992年以来,新加坡南洋理工大学公共管理研究生院开始为中国学员提供短期培训,并于1998年和2005年开设管理经济学硕士和公共管理硕士研究生课程,由于大部分学员由中国政府部门选派,该学习交流项目被外界称为"市长班"。截至2018年,该项目累计培训中国政府和企业管理人员15000多人。这一阶段以中国向新加坡学习为主。2017年以来,在新加坡政府支持下,新加坡组织"微信移动社交浸濡游学团"到中国上海参访学习。中新两国人文交流已从原来的"单行道"进入互学互鉴的新阶段。截至2018年年底,已有400多名新加坡学员前往中国参加"微信游学团"。

旅游合作不断深化。根据新加坡旅游局的数据,2018年赴新加坡旅游的中国游客人数为341万人次,比上年增长6%,保持新加坡第一大客源国地位。其中:一线市场增长4%;包括中国天津、青岛在内的由新加坡旅游局重点开拓的16个二线市场有100万人次到访新加坡,较之2017年增长6%。截至2018年9月,新加坡樟宜机场已经与中国36个城市通航,中国每周前往新加坡的航班达390班次。此外中国移动支付进驻新加坡也成为助推两国旅游合作的新动力。2017年9月,支付宝和新加坡旅游局签署谅解备忘录,2018年7月16日,蚂蚁金服旗下的移动和线上支付平台及生活方式平台支付宝和新加坡旅游局共同宣布推出一系列市场推广活动,旨在提升新加坡作为旅游目的地的知名度及吸引更多中国游客。截至2018年年底,已有2000多家新加坡商户可以使用支付宝支付。2018年11月1日起,新加坡600多家超市、便利店以及药妆店可以使用微信支付。

文化交流日益热络。2018年11月,新加坡举行中国文化中心3周年特刊发布暨京华交响音乐会,新加坡艺术总会、书法家协会、新加坡华乐团、鼎艺团、春城洋溢华夏情工委会、狮城书法篆刻协会等新加坡文化、旅游界代表,中国文化中心的学员代表、观众代表及读者代表等约280人出席当天活动。年内,新加坡中国文化中心举办系列中新文化交流活动,如2018年欢乐春节暨"美好安徽皖如仙境"新加坡·中国安徽文化年活动等,成为中新文化交流的重要平台。

五、新加坡与中国地方合作不断深化

新加坡与中国地方往来频繁,合作不断深化。自1993年起,新加坡陆续与中国浙江、山东等7个省市建立经贸合作机制。与地方的合作成为中新关系发展的重要组成部分。

新加坡与中国广西的合作不断深化。广西是国际陆海贸易新通道的重要参与方,2018年新加坡加强与广西共建国际陆海贸易新通道建设的合作。9月12~15日,新加坡工商联合总会率51家新加坡企业参加在广西南宁举办的第15届中国—东盟博览会。年内,广西还与新加坡贸工部签署深化合作的协议。

新加坡与中国四川的合作平台不断增多。2018年9月,新加坡创新中心在成都成立,该中心的主旨是推动新加坡与中国四川的企业合作。9月25日,新加坡—四川贸易与投资委员会第19次会议在四川成都举行,两地签约22个项目,涉及科技创新、智慧教育、交通物流、医疗服务、会展旅游等多个领域。新加坡—四川贸易与投资委员会成立于1996年,是双方交流合作的重要平台。数据显示,新川贸投委设立以来,新加坡与四川的贸易和投资金额不断攀高。2018年1~6月,四川与新加坡货物进出口总额50521万美元,比上年增长20.30%。其中:四川向新加坡出口33903万美元,比上年增长11.04%,主要出口产品为机电、音像设备及其零部件,杂项制品,食品、饮料、酒类产品等;四川从新加坡进口16619万美元,增长44.94%,主要进口产品为机电、音像设备及其零部件,光学、医疗等仪器,塑料及其制品等。2018年1~6月,四川省共批准来自新加坡的外商投资企业9家,实际到位资金8835万美元。

新加坡与中国重庆的合作全面升级。2018年,借助中新(重庆)战略性互联互通示范项目,新加坡与重庆的合作全面升级。4月18日,中新企业服务大数据平台正式上线。同时,重庆与新加坡企业还签订两个合作项目,包括年内把重庆的无人超市开到新加坡,以及为"一带一路"打造跨境贸易、物流和供应链平台。4月25日,中新(重庆)战略性互联互通示范项目管理局、新加坡企业发展局联合主办的中新(重庆)康养旅游合作推介会在新加坡举行。中国驻新加坡大使馆,重庆市与新加坡两地的政府机构、商协会及康养旅游领域企业代表约140人出席。会议推出重庆市在康养旅游领域的36个重点合作项目。自中新第三个政府合作项目实施以来,双方围绕"现代互联互通和现代服务经济"的主题,有57项政策落地,累计签订103个项目,总金额204亿美元。7月2日,新加坡副总理兼国家安全统筹部部长张志贤访问重庆,与中共重庆市委书记陈敏尔会见,并参访重庆主要港口果园港。8月23~25日,首届中国国际智能产业博览会在重庆举行,新加坡荣誉国务资政吴作栋率40多家新加坡公司参加,举办新加坡—重庆数字经济高端论坛暨企业对接会,中国领先的软件和IT服务提供商——软通动力,与智元素私人有限公司、新加坡软铸(国际)股份有限公司、Vi Dimensions公司3家新加坡企业签署谅解备忘录,拟在重庆合作研发虚拟城市。8月28日,重庆市代表团访问首届智博会的主宾国——新加坡,参加慧眼中国环球论坛,并签订11个合作项目,签约总金额约34亿元。9月7日,以"互联互通·共赢发展"为主题的中新(重庆)信息通信合作推介会在新加坡举行。推介会聚焦推动新加坡与重庆企业在信息通信领域深化合作,会后来自重庆的11家重点产业园区及企业和百余家新加坡本地企业进行面对面洽谈,部分企业初步达成合作意向。

新加坡与中国广东的合作全面深化。借着中新广州知识城上升为国家级合作项目的契机,新加坡与广东的合作全面深化。2018年8月24日,新加坡—广东合作理事会第9次会议在新加坡举行,新加坡和广东双方机构、企业签署《广东省与新加坡合作五年规划(2018~2022)》、理事会粤新秘书处2018~2019年度合作工作计划等14个项目合作的相关协议,涉及生物医药、医疗科技、智能交通、科技研发、知识产权、创新创业、人才交流等。12月5~7日,新加坡教育部部长、新加坡—广东合作理事会新方联合主席王乙康,文化、社区及青年部部长傅海燕,贸工部高级政务部长徐芳达等新加坡政府官员访问广东,分别会见中共广东省委书记李希、省长马兴瑞和中共广州市委书记张硕辅,见证中新国际智慧产业园动工建设。

新加坡与中国浙江的合作不断深化。2018年4月26日,浙江—新加坡经济贸易理事会第13次会议在浙江舟山举行。浙江省副省长朱从玖与到访的新加坡贸工部兼文化、社区及青年部高级政务部长沈颖共同主持会议。会上,双方签署12项合作备忘录,涉及城市解决方案、电子商务、批发贸易和物流等多个领域。8月21日,新加坡—浙江经济贸易理事会专题会议在新加坡举行。新加坡高级政务部长沈颖、浙江省省长袁家军、中国驻新加坡大使馆钟曼英公参等125名新加坡、浙江省政府官员与企业代表参加会议。新加坡企业发展局与浙江省商务厅签署5份合作谅解备忘录。双方商定,在理事会的框架下成立5个专题工作小组。各小组将结合企业界的专业知识及政府的指导,分工负责5个特定的专题,分别为油品贸易和海事服务、科技创新、文化旅游及青年交流、金融连通、法律及专业服务以及可持续城市管理项目。据统计,截至2018年,新加坡累计在浙江设立企业1201家,实际投

资55亿美元,浙江在新加坡设立企业183家,投资20.5亿美元。新加坡是浙江第三大外资来源地,也是浙江第八大对外投资目的地。 (张磊)

中国和泰国交往与合作

2018年,中国和泰国加强高层交往,增强政治互信,推动经济贸易互惠合作,深化人文交流和合作,两国关系迈上新台阶。

一、两国高层交往频繁

2018年1月10日,中国国务院总理李克强在金边会见泰国总理巴育。李克强表示,中方愿加强"一带一路"倡议同泰国"东部经济走廊"等发展战略对接,提升中泰贸易便利化水平,加强经贸、旅游、科技等领域合作,更好实现互利共赢。巴育表示,泰方关注中国实施创新驱动发展战略,愿借鉴中国发展经验,加强两国发展战略对接,加强经贸、科技、旅游、教育等领域合作,推动两国关系不断迈上新台阶。

2月28日,中国国家海洋局副局长林山青在北京会见泰国驻中国大使毕力亚·肯蓬。双方就进一步深化两国海洋和极地领域的合作进行友好交流。中国国家海洋局国际合作司、极地考察办公室有关负责人参加会见。

8月4日,中国国务委员、外交部部长王毅在新加坡出席东亚合作系列外长会期间会见泰国外长敦,双方就加强经贸合作、促进旅游安全、推进泰中铁路建设等议题交换意见。

8月23日,中国国务委员王勇率领中国政府代表团访问泰国。8月24日,泰国总理巴育在曼谷会见王勇,8月25日,泰国副总理颂奇陪同中国政府代表团前往泰国"东部经济走廊"进行规划建设情况和投资可行性考察。

11月3~7日,泰国副总理兼财政部长颂奇访问中国,并签署泰中经贸合作框架协议,这是泰国—中国高层官员联席委员会8月会议的后续成果。11月6日,中共中央政治局常委、国务院副总理韩正在北京会见颂奇。11月7日,国务委员王勇在北京会见泰国副总理颂奇。

11月4~8日,应泰国立法议会邀请,中国全国人大常委会副委员长张春贤率团访问泰国,泰国立法议会议长蓬碧和副总理威沙努分别会见张春贤。

11月15日,中国国务院总理李克强在新加坡与泰国总理巴育短暂会谈,强调重视旅游安全。

二、中泰经济贸易互惠合作更加扎实

2018年1~11月,中泰双边贸易额736.6亿美元,比上年同期增长9.5%。其中:泰国对中国出口275.1亿美元,增长2.4%;自中国进口461.4亿美元,增长14.1%。中国申请泰国投资优惠的项目数量为85个(占比12%),涉及投资额227.5亿泰铢(占比13%),位居泰第二大投资来源国。中国主要投资领域为制造业以及基础设施建设,其次为金融保险业和房地产业。

(一)金融合作亮点纷呈

2018年1月8日,中国中央银行与泰国中央银行续签中泰双边本币互换协议,人民币成为泰国中央银行外汇储备货币,规模保持为700亿元人民币/3700亿泰铢。中方向泰方提供500亿元人民币合格境外机构投资额度(RQFII),在曼谷设立人民币业务清算行,中国银行和中国工商银行在泰全国多个府设有分支机构。本币结算在双方贸易投资中占比不断扩大,两国企业在金融科技、电子跨境支付等领域合作不断增多,支付宝、微信支付等电子支付手段全面进入泰国。

10月20日,泰国农业及合作社银行与中国农业发展银行就开展人力资源发展和提升机构经营效率签署谅解备忘录(MOU),以进行人力资源培训和技能提高,更好地为农民客户提供服务。

中国人民银行广州分行指导国家开发银行广东省分行与泰国开泰银行(大众)有限公司达成3年期20亿元跨境人民币专项贷款协议,支持泰国基础设施及项目建设。2018年11月19日,该项目的首笔10亿元人民币贷款已成功发放,资金直接汇入开泰银行在香港的人民币账户。这是继对菲律宾首都银行20亿元贷款后的第二笔"一带一路"银行间融资业务。

(二)经贸合作继续推进

2018年2月27日,泰中商务委员会在泰国曼谷举行展望中泰关系论坛。中国驻泰国大使吕健作主题演讲,泰中商务委员会主席邱威功、泰国前总理阿南·班雅拉春、前外长德·汶纳、前中国驻泰国大使管木及张九桓参加会议并发言。会上,华为泰国介绍其助力泰国建立智慧城市的计划。此外,泰中商务委员会还与中国—东盟商务理事会签订合作备忘录,为中泰企业合作搭建桥梁,提供服务。

2月28日,2018年泰中商业发展趋势研讨会在泰国曼谷举行。会议旨在帮助泰国社会各界了解新时代背景下有关中国经济的正确信息、发展趋势和对泰国的影响。泰国商业部部长颂提拉、中国驻泰国大使馆政务参赞杨扬出席研讨会并发表专题演讲。研讨会由泰中记者协会主办,泰国各界人士和泰中两国记者共百余人参加。

3月4~10日,国际商会组织中国企业家代表团访问柬埔寨、泰国。代表团在泰国期间参观泰中罗勇工业园、"东部经济走廊"发展战略涉及地区,与当地金融机构对接,了解东南亚地区投资情况;与政府机构和当地企业家会面,助力中泰经贸合作。到访企业涉及基础设施、绿色环保、医疗保健、机械与汽车制造、贸易、投资、物流、房地产、生态农业等行业。

8月24日，由中国国际贸易促进委员会和泰国投资委员会共同举办的2018中国—泰国经贸合作论坛在泰国曼谷举行。论坛围绕“一带一路”倡议与泰国“东部经济走廊”对接进行深入讨论，共同分享泰国投资机遇和优惠政策，并对促进区域合作与发展进行探讨交流。中国国务委员王勇、泰国副总理颂奇参加论坛并发表主旨演讲。会议期间，王勇与颂奇还共同主持召开第6届泰中贸易投资经济合作联合委员会会议，中国商务部与泰国商业部共同签署谅解备忘录，正式建立中泰贸易畅通工作组机制。8月25日，中泰贸易畅通工作组举行第1次会议，双方就贸易领域重点关注议题进行交流。

9月12日，以“提升南向通道‘黄金节段’，共建中泰产业合作大平台”为主题的中国—泰国产业合作发展论坛在中国广西南宁举行。论坛旨在搭建中泰两国产业合作高效交流平台，促进中泰深度参与南向通道建设，助推两国产业园区合作发展。中国广西崇左市作为中国通往东盟的重要陆路门户，在南向通道中拥有独特的区位优势。作为面向东盟开发开放打造的重点跨国产能合作区之一的中泰产业园区，迎来了新的发展机遇。

12月15日，2018泰国·成都合作周在泰国曼谷开幕，主题为“携手共赢，开启合作新篇章”。

（三）铁路合作进展顺利

中泰铁路不仅是“一带一路”泛亚铁路的重要组成部分，还是老挝等面向21世纪海上丝绸之路经济带的东南亚出海口，中泰铁路的建设与贯通对提升中泰贸易水平至关重要。中泰铁路的每一个进展，都让“一带一路”建设与泰国4.0发展规划的衔接更加紧密。

2018年8月17日，泰国交通部国道厅厅长塔宁表示，中泰高速铁路首段3.5千米（刚东—邦亚速）工程，预计在2019年3月完工。

泰国铁路局按照程序，针对中泰铁路合作项目一期工程第二标段四库—古机段土木工程建设进行听证，从11月1日至12月17日期间通过电子形式向民营企业销售招标文件，规定有意参与竞标的企业同样通过政府采购系统电子投标的形式提交报价。该标段高铁长为11千米，工程预算约33.5亿铢，具体施工项包括4.19千米长的高架施工、6.81千米长的路基施工等。按照项目规划，该段高铁的施工期从泰国铁路局下达开工通知之日起不得超过18个月。

11月23日，中国国家发展改革委副主任宁吉喆和泰国交通部部长阿空在泰国曼谷共同主持召开中泰铁路合作联委会第26次会议，中国国家发展改革委、外交部、铁路总公司、进出口银行以及泰国交通部、外交部、财政部、铁路局等有关部门和单位代表参加。双方就加快推动中泰铁路合作进行深入磋商，达成多项共识，并签署会议纪要。中国驻泰国大使吕健、经济商务参赞张佩东出席会议。

12月6日，中国驻泰国大使馆经商参赞张佩东陪同吕健大使会见泰国交通部长阿空，双方就推进中泰铁路合作，加强地区互联互通交换意见。

（四）高科技电商投资合作不断加深

2018年6月11日，北斗智能产业落户南宁说明会暨北斗学院合作签约仪式在中国广西南宁举行，中国—东盟北斗智能产业园宣告落户南宁。项目总体功能框架由高新生产制造区、国际交流区、产品设计研究中心、产业创新孵化区、管理运营中心等组成，致力建成中国—东盟区域具有国际影响力的北斗导航应用技术创新中心和北斗国际化产业技术与推广集聚基地。北斗卫星导航系统是中国自行研制的全球卫星导航系统，中国已与泰国联合建立全球卫星导航基站，共建中国—东盟北斗科技城。北斗学院采用“校企合作双主体育人”的人才培养模式，为广西北斗导航产业发展提供人才支撑。

8月9日，泰国数字经济与社会部部长比切·杜龙卡韦罗出席由中国科学院曼谷创新合作中心、泰中记者协会、中国报道社等机构共同举办的东盟数字经济论坛，他表示，泰国正促成连接泰国和中国香港之间新的海底光缆计划，以扩容泰国通信网络，实现中泰宽带联通。

8月27日，泰国机场管理公司透露，中国提供电子商务在线交易平台的阿里巴巴集团，有兴趣在廊曼机场投资发展中国商品集散中心，因为廊曼机场有直飞中国30～40座重要城市的航线，部分航班连接一些具有潜力的国家，如马来西亚、印度尼西亚，吸引大量电子商务业者在廊曼机场投资空运商品业务，将商品分散到东盟各国，该项目建成后，网上购物销量将迅速增长。

8月24日，2018中国—泰国经贸合作论坛在泰国曼谷举行　（百度网）

9月11日,中国—东盟"一带一路"空间信息走廊合作发展论坛在中国广西南宁举行,中国科学院空天信息研究院院长吴一戎透露,该院已着手开展泰国曼谷城市智能交通高精度导航定位技术研究,将针对复杂场景研发高精度定位服务系统,提升曼谷交通行业实时信息获取和智能管理水平。

9月20日,华为云泰国开服发布会在2018泰国数字技术国际展会期间成功举办。泰国投资促进委员会授予华为运营公有云的许可证。9月30日,华为云泰国将正式上线提供云服务。在泰国,华为云是第一家落地泰国东部经济走廊的国际公有云平台,第一个全业务自服务全在线的公有云平台,第一个包含芯片、硬件、系统软件和基础设施层软件等全栈云服务提供商,为泰国乃至东南亚地区提供本地化、低时延和接入全球的云服务。

11月12日,泰国商业部部长颂提叻透露,泰国商业部希望阿里巴巴集团帮助提供相关知识及分享经验,通过在线交易和技术发展帮助泰国地方业者改善生活,还制订计划与阿里巴巴集团通过天猫购物网站平台不断扩展农产品贸易。

12月17日,泰国商业部与京东泰国签署战略合作协议,由京东帮助泰国中小企业进行电商技能和知识培训,同时通过京东尚泰电商平台将泰国优质商品销往中国市场。京东尚泰作为由京东和尚泰共同出资组建的泰国合资公司,能够充分利用两家公司在各自市场的主导型优势进行深度合作,京东是中国第二大电商平台,而尚泰则是泰国最大的零售商场。

(五)旅游合作继续扩展

2018年赴泰国旅游的中国游客总人数1060万。为切实保障中国游客合法权益,中泰签订关于加强旅游市场监管合作谅解备忘录,建立两国旅游市场监管合作协调机制,加强与相关国家的旅游信息共享共通,联合整治出境旅游市场秩序,实现境内境外、组团社与地接社、目的国与客源国同步查处不法行为,切实维护中国游客的合法权益。

1月24~26日,2018年东盟旅游论坛在泰国清迈举行,论坛主题是"东盟——持续互联,无限繁荣"。论坛期间,还举行东盟国家旅游组织会议、东盟旅游部长会议、东盟旅游推介及大型展会等。东盟旅游论坛于1981年设立,是东盟地区最大的旅游合作框架,每年举行一次年度论坛,由东盟10个成员国轮流举办。

4月4日下午,在中国云南西双版纳嘎洒国际机场,西双版纳州政府联合瑞丽航空举行"西双版纳往返清迈"首航仪式。至此,西双版纳往返泰国清迈航线成功开通,每周一、三、五日执飞。4月5日,西双版纳州政府在清迈举行"西双版纳往返清迈/清莱"国际航线新闻发布会暨西双版纳清迈旅游推介会。4月10日,瑞丽航空第三条国际航线西双版纳往返清莱正式开通。

5月5日,发生了10名中国游客在泰国芭堤雅旅游期间遭遇黑导游恐吓,无法忍受逼迫购物,集体深夜"大逃亡"事件。中泰双方就此事件进行联合查处,泰国旅游警察局副局长素拉切警少将于5月11日主持召开案情发布会,警方透露已将威胁恐吓中国游客的中国籍无证黑导游LI HAI(21岁)逮捕,并以未经允许从事导游工作对他提起诉讼。一同被逮捕的还有相关旅行社两位泰籍负责人。

6月25日,泰国春武里府省长威塔亚、副省长列瓦会晤中共湖南省张家界市委副书记刘绍建率领的代表团,具体洽谈推动张家界市与芭提雅市旅游深度合作事宜。26日,张家界市旅游推介会在曼谷举行。会上,中国南航宣布从2018年9月1日起开通张家界—曼谷航线,每天一个航班。泰国新时代航空宣布自2018年8月开通张家界—曼谷航班,先期每周两个航班。此前,张家界市还与春武里府共同商讨张家界机场与芭提雅机场直航事宜。

9月10日,中泰旅游市场监管合作协调组第3次会议在中国海南三亚举行,中国文化和旅游部党组成员王晓峰和泰国旅游与体育部常务秘书彭帕努·沙威塔伦达出席。双方就加强旅游市场监管合作、提高旅游安全保障进行讨论。中方通报近年来发生的赴泰旅游市场安全和市场秩序问题,指出中国游客赴泰旅游的安全保障和市场秩序问题呈多发趋势。泰方通报普吉岛游船倾覆事故有关情况并介绍泰方采取的安全整改措施。

11月15日,泰国对包括中国大陆(含台湾地区)在内的21个国家实行免收取2000泰铢落地签签证费用的利好政策,免签证费政策持续到2019年1月13日。

11月19日,泰国国家旅游局在中国上海举办神奇泰国2018CITM展后特别活动,借中国国际旅游交易会(CITM)在上海举行之际,为中泰两国旅游业者打造更多深入交流沟通的合作平台。

12月17日,中国云南省旅游投资有限公司和泰国新清盛市政府、泰国新清盛公司在泰国清盛县签订清盛港合作协议,合作开发清盛第一码头,携手打造湄公河流域跨境旅游产品。计划适时推出贯通中国景洪、泰国清盛、老挝琅勃拉邦和缅甸的游船线路产品。

12月23日23时25分,由泰国越捷航空公司执飞的泰国曼谷至中国呼和浩特的VZ3538次航班平稳抵达呼和浩特白塔国际机场,标志着泰国曼谷直飞呼和浩特的第2条旅游定期航线正式开通。新开通的曼谷至呼和浩特第2条往返定期国际客运航班,每周一班,全程直飞无中转、不经停。

(六)其他领域交流与合作不断扩大

2018年1月18日,正大(余姚)中泰国际贸易中心项目在浙江省余姚市举行签约仪式,项目由泰国卜蜂国际贸易有限公司与正大农牧食品中国区签订。根据余姚市政府与正大集团签订的《共建中泰生态农业园战略合作协议》,以及2017年12月签订的中泰(余姚)生态农业园土地经营权租赁协议,中泰(余姚)生态农业园项目启动后,正大集团将在5年内在余姚成立中泰农业贸易总部公司,建设中泰贸易产业园。中泰贸易产业园以农业为基础,以科技为引领,以国际化、多样化、特色化的农产品为切入点,把中泰国际贸易产业园打造为国家级现代农业贸易产业园和浙江现代农业"一带一路"示范区。正大(余姚)中泰贸易中心项目是中泰(余姚)生态农业园建设的重要内容,该项目的签约将加快中泰(余姚)生态农业园项目建设的进程。

3月9日,由中国国际贸易促进委员会深圳市委员会主办,泰王国驻广州总领事馆、开泰银行(中国)有限公司承办的"新发展前沿——东盟投资推介会"在中国深圳举行。推介会以加强中泰企业间经贸交流与合作为主题。深圳市贸易促进委员会副主任郭经纬、泰王国驻广州总领事馆总领事瓦信·兰巴替盛、泰王国驻广州总领事馆投资处投资领事林松保、开泰银行(中国)有限公司行长彭立展以及70家企业代表参加会议。

3月28日,泰国考察团到德化考察"中泰3+3"地理标志互认互保产品中国福建德化白瓷产业发展情况。德化白瓷入选"中泰3+3"地理标志互认互保产品,标志着"中泰3+3"地理标志互认互保工作取得实质性进展,实现德化国家地理标志产品参与国际合作的历史性突破。"中泰3+3"地理标志互认互保被确认的中方产品还有贵州茅台酒和广东凤凰单枞茶,泰方产品包括童库拉隆亥茉莉香木、碧差汶甜角和巴怕南暹罗红宝石柚子。

5月10日,中泰水利合作联合指导委员会第1次会议在北京召开。中方代表团团长为水利部国际合作与科技司司长刘志广,泰方代表团团长为泰国自然资源与环境部水资源厅厅长沃拉萨。双方就水资源开发战略、政策与规划、水文技术应用、水资源领域技术培训与知识共享,以及加强澜湄水资源合作机制下的协作等问题深入交换意见。会后双方签署会议纪要。

7月11~13日,汇集国内外铝工业发展成果的2018年中国国际铝工业展览会在上海新国际博览中心举办。展会首次邀请泰国铝行业专家深度剖析泰国铝行业市场发展现状与机遇,组织泰国铝行业主题论坛,与会专家及在泰投资企业带领观众深入了解泰国铝行业现状和发展前景、在泰国投资的商机与挑战、泰政府对投资的支持政策等。

8月23日,泰国中小企业经济贸易发展委员会与中国无机盐工业协会签约仪式在中国青海省格尔木市举行,此举标志着中泰两国共同携手开发钾盐资源开始启动。

10月11日,中国驻泰国大使吕健与泰国自然资源和环境部次长维占在曼谷签署中泰澜湄合作专项基金水资源项目合作协议。根据协议,中方将资助泰方开展应对气候变化和水电开发项目合作机制研究。

10月31日,泰国中国企业总商会2018年度会员大会暨第8届理事会选举大会在曼谷举行,中国驻泰国大使吕健、经商参赞张佩东以及150余家在泰中资企业会员代表出席。会议听取和审议商会2017~2018年度工作报告和财务报告,并选举第八届理事会及会长、副会长及理事成员。吕健充分肯定了商会成立17年来为中泰两国扩大经贸往来、促进相互投资、加强各领域合作、促进民间友好发挥的重要作用。

三、人文交流成为中泰关系的新支柱

(一)文化交流形式多样

中泰两国政府合作举办"欢乐春节"活动已经走过14个年头。2月12日,泰国朱拉隆功大学孔子学院与泰国国家移民局共同举办2018年春节联欢活动。2月15日,泰国东方大学孔子学院和温州大学联合主办的"文化交融,欢乐共享"2018年春节文化巡演在泰国水果之乡尖竹汶府东英中学举行。2月16日,2018"欢乐春节"文化活动在曼谷唐人街开幕,诗琳通公主莅临,泰国总理巴育、中国文化部副部长杨志今、中国驻泰国大使吕健等中泰两国嘉宾参加当天的开幕仪式。中国文化部选派的宁波艺术团演出中国舞蹈《云袖落花》,泰国当地艺术团表演泰国传统舞蹈。在中国文化部部长雒树刚和泰国国家旅游局局长育塔萨提议下,作为创新内容,来自中国浙江的中华美食代表团为泰民众制作G20杭州峰会国宴美食,2月15日大年三十,为中泰嘉宾烹制年夜饭,2月18日在北榄坡府举办"中华美食品鉴千人宴"活动,让泰国民众和全球游客感受到农历春节喜悦的节日气氛,了解中国"欢乐春节"活动倡导"欢乐""和谐""共享""祈福"的理念,以及中国人民对世界各国人民的美好新年祝愿。

4月7日上午,第1届"一带一路"中泰文化交流节开幕式在青岛农业大学学术会馆举行。青岛农业大学校长宋希云、副校长顾卫东,泰王国驻青岛总领事馆总领事王玉君,泰国博仁大学中国—东盟国际学院执行副院长李黎光出席。

5月25日,云南省影视产业发展促进会与泰国丝绸之路广播电视台在云南留筠馆滇池实验剧场签订战略合作协议,双方将发挥各自优势,努力打造中泰文化交流和推广的合作新平台。泰国丝绸之路广播电视台(丝路卫视)总部设在泰国曼谷,是东南亚首家24小时中泰双语同步播出的卫星电视台。丝路卫视和云文(北京)影业投资有限责任公司就大型人文纪录片《食色南洋》项目签订合作备忘录;丝路卫视与云南云视影视文化有限公司签订正在拍摄的中国首部歌舞电视剧《官渡人家》的泰语版制作和播出协议。

6月16日,第21届上海国际电影节开幕,泰国文化部、外交部、旅游和体育部、商务部和国家电影协会在泰国展位联合举办"一带一路"主题馆开展仪式,旨在拓展泰中影视产业多领域合作。

6月22日,由中国社会科学院和泰国国家研究理事会主办,中国社会科学院国际合作局和社会发展战略研究院承办的第1届中泰智库论坛在北京举办。中国社会科学院副院长高培勇出席开幕式并致辞。论坛主题是"新时代中泰的社会发展与社会政策——'一带一路'倡议下的中泰合作",旨在探讨中国和泰国在社会发展与国家发展战略实践中遇到的挑战以及社会发展的经验,进一步加强中泰两国学术交流,形成国际性的学术交流平台。中泰智库论坛在中泰人文交流中尚属首次,为中泰两国智库交流搭建起机制性的高端平台。

7月26日,中泰文化交流合作论坛在中国贵州贵阳举行,来自国内外20多所学校的参会代表就中泰文化交流合作进行探讨。论坛由贵阳学院主办,泰国加拉信大学协办。会上,中泰文化教育合作联盟宣布成立。该联盟以推动"一带一路"建设和泰国"4.0战略"发展为宗旨,致力于增强中泰文化教育合作和增进两国师生交流,在推进教育机制改革、加强院校师资培训、充实学生留学交换、协同学科专业建设等方面以东盟交流周为平台继续深化合作。加强文化产业、文化艺术、非物质文化遗产保护、公共文化服务体系等多个方面的交流与合作,推进中泰两国社会文化建设共同发展。

10月20日,由中国国家电影局、中国驻泰国大使馆、泰国文化部、泰国留学中国大学校友总会主办,曼谷中国文化中心等承办的第13届中国电影节暨2018中泰电影节在泰国曼谷开幕,中国驻泰国大使馆公使衔参赞杨欣、泰国文化部部长助理查薇拉等出席开幕式。中国影片《闪光少女》和泰国影片《爱在路上》作为开幕电影。《功夫瑜伽》《我的战争》等8部中国影片,《新疆味道》《流动的盛宴》等5部中国纪录片和《暹罗决:九神战甲》《勇士》等5部泰国影片在电影节期间放映。此外,中法合拍的家庭喜剧片《夜莺》也将在泰国华文教师公会所属的中文学校放映。

(二)教育交流进一步深化

1月23日,由泰国上议院秘书处与泰国农业大学孔子学院共同举办的立法议会议员汉语口语培训班,在泰国国会大厦举行开班典礼。此次培训班专门为议员定制课程及教材,帮助他们掌握高层互访中的寒暄、接待用语,以及中国的风土人情、政治、经济等汉语口语,使他们加深对中国文化及"一带一路"等政策的了解和认识。

4月24日,中泰教育文化交流节启动仪式在中国西安文理学院书院校区举行,活动旨在弘扬两国传统文化精髓,探讨对外汉语教育工作的发展,深化中泰教育领域合作,同时拓展西安文理学院师生的国际视野。

5月14日,广西艺术学院携手泰国艺术大学在广西艺术学院相思湖校区开展教学实践工作营学习交流活动,活动历时5天,主题为"跨域设计——侗族民居建筑的保护与传承"。参加此次活动的有广西艺术学院西南民族建筑与现代环境艺术设计的导师和硕士研究生以及泰国艺术大学的导师、博士生和硕士生共32人。此次教学活动实现跨国度、跨地域、跨文化、跨学校、跨专业学习交流碰撞,突破传统教学模式,呈现出对文化、语言、思维等领域的开放性和多元性特点的教学尝试,是广西高校与东盟国家联合教学新尝试、新起点。

5月21日,第2届澜沧江—湄公河大学生友好运动会暨第4届南亚东南亚国家大学生文化体育昆明交流周在昆明理工大学揭幕,来自印度、老挝、孟加拉国、泰国、越南、新加坡、马来西亚和中国的28所大学、29支队伍的500余名运动员和教练员参加比赛及文化交流考察活动。

9月11日,由泰国海上丝路孔子学院与泰国东部经济走廊经济特区委员会办公室合作开设的汉语培训班在曼谷开班,20多名来自EEC项目的学员参加培训。

9月13日,泰国格乐大学校长杨金泉、博仁大学中国—东盟国际学院院长王长明等一行7人访问中国吉林华侨外国语学院,就互派留学生、加强中泰两国高校人文领域合作等,与吉林华侨外国语学院达成共识并签署合作协议。

11月10日,2018泰国国际教育展在曼谷开幕,包括中国在内的20多个国家和地区的340所高校及教育机构参加此次展览。

11月,中国工商银行(泰国)为优秀学生颁发奖学金。领取奖学金的学生来自4所大学,分别是朱拉隆功大学、法政大学、农业大学、中国—东盟国际学院的工商管理学硕士,奖学金额为每人25000泰铢。

12月18日,由泰国国家研究院泰中战略研究中心与中国人民大学国家发展与战略研究所共建的泰中"一带一路"合作研究中心在曼谷挂牌成立。

12月,泰国职业教育委员会在中国高教出版社协助下更新汉语学习教科书,提高泰国职业教育学生的汉语水平,满足行业需求。

四、中泰军事和禁毒等多领域合作

2018年3月26日,泰国皇家武装部队和中国船舶重工集团公司签署军事装备和技术合作协议,双方一致同意未来加强合作。泰国海军和中国最大的合作项目就是S-26T型常规潜艇项目,3艘潜艇合同金额为10亿美元。

8月2日,第16届中泰禁毒合作双边会议在中国山西太原举行。中国国家禁毒委员会常务副秘书长、公安部禁毒局局长梁云及各省公安厅有关负责人参加会议，泰国肃毒委员会秘书长西林亚·思迪差率泰方代表团参会。会议期间，中泰双方就最新毒情、互涉案件和情报线索、减少毒品需求、毒品检验分析、边境执法合作等议题进行交流和探讨，达成一系列重要合作意向。

9月4日，泰国S26T潜艇项目在中船重工武昌船舶重工集团有限公司武昌基地开工。中国船舶重工集团有限公司董事长胡问鸣、泰国海军司令纳里斯上将赴开工现场并致辞。

9月4～21日，中泰空军“鹰击—2018”联合训练在泰国乌隆空军基地举行，这是中泰两国第3次举行联合训练。旨在深化推动两国空军合作交流，检验战术战法，促进装备发展，提高部队实战化训练水平。

10月24～29日，中国、马来西亚、泰国首次联合军事演习在马来西亚波德申港进行。此次演习旨在进一步展现中马泰三国军队维护南中国海地区和平稳定的共同意愿，进一步巩固相互间务实交流与合作，增强共同应对各种安全威胁的能力。这是2014年开始的中马联合军演的延伸。（陈红升）

中国和越南交往与合作

2018年是中越建立全面战略合作伙伴关系10周年，两党两国高层会晤交往频繁，继续推进各领域务实合作，两国关系持续向前发展。

一、两国高层会晤交往频繁

2018年1月7～9日，越南文化体育旅游部部长阮玉善对中国进行正式访问，与中国文化部部长雒树刚举行中越文化部长年度会晤，双方围绕中越文化关系发展和文物、艺术教育、文化产业和非物质文化遗产等领域务实合作进行深入探讨。1月10日，中国国务委员、国务院总理李克强在柬埔寨金边出席澜沧江—湄公河合作第2次领导人会议期间会见越南政府总理阮春福。李克强表示，当前中越全面战略合作伙伴关系平稳向前发展。我们愿同越方相向而行，按照海上、陆上、金融合作“三线并举”思路，推动双方各领域合作取得更加务实的成果，助力两国发展。中方愿同越方在澜湄合作框架下加强合作，共同努力维护本地区和平、稳定、发展。阮春福表示越方珍视越中友好合作，愿同中方继续保持高层往来，加强经贸等各领域合作，推动两国关系继续向前发展。1月18～20日，中国全国人大常委会副委员长陈竺率团赴越南河内参加亚太议会论坛第26届年会。与会期间，陈竺参加与越共中央总书记阮富仲的集体会见，并会见越南国会主席阮氏金银。1月21日，中国农业部副部长余欣荣与越南农业与农村发展部副部长黎国营在越南河内共同主持召开中越农业合作联合委员会第1次会议。1月23～27日，越共中央政治局委员、中央书记处书记、中央组织部部长范明政率领越南共产党代表团对中国进行工作访问。中共中央政治局常委、中央纪委书记赵乐际会见范明政。2月5～6日，中国外交部副部长孔铉佑在中国广州同越南副外长黎怀忠举行磋商。3月30日至4月2日，中国国务委员兼外交部部长王毅率团出席大湄公河次区域经济合作第6次领导人会议并对越南进行正式访问，越共中央总书记阮富仲、国家主席陈大光、政府总理阮春福在河内分别会见王毅，王毅与越南副总理兼外长范平明会谈并共同会见记者。4月15～19日，越共中央政治局委员、中央书记处书记、中央经济部部长阮文平率领越南共产党代表团对中国进行工作访问。中国国家副主席王岐山会见阮文平一行。中国国务院国资委党委书记郝鹏在国资委会见阮文平，双方就国企改革和国资监管等议题深入交换意见。5月3～5日，越南最高人民法院院长阮和平率领越南最高人民法院代表团对中国进行工作访问，中国最高人民法院院长周强与阮和平举行会谈并共同签署两院合作协议。中共中央政治局委员、中央政法委书记郭声琨，最高人民检察院检察长张军分别会见阮和平一行。8月3日，中国国务委员兼外交部部长王毅在新加坡出席东亚合作系列外长会期间会见越南副总理兼外长范平明。8月19～23日，越共中央政治局委员、中央书记处常务书记陈国旺对中国进行访问。中共中央总书记、国家主席习近平会见陈国旺。中共中央政治局常委、中央书记处书记王沪宁同陈国旺举行会谈。9月11～13日，中国国务院副总理胡春华应邀出席在越南河内举行的世界经济论坛东盟会议，其间越共中央总书记阮富仲、政府总理阮春福分别会见胡春华。9月16日，中国—越南双边合作指导委员会第11次会议在越南胡志明市举行，中国国务委员兼外交部部长王毅和越南副总理兼外长范平明共同主持。9月18～19日，中国最高人民法院院长周强率中国法院代表团对越南进行友好访问。9月21日，中国海关总署副署长王令浚在北京会见越南海关总局局长阮文瑾。9月26～29日，中共中央政治局常委、中央纪委书记赵乐际对越南进行正式友好访问，越共中央总书记阮富仲，国会主席阮氏金银，越共中央政治局委员、中央书记处常务书记陈国旺分别会见赵际乐，赵际乐还与越共中央书记处书记、中央检查委员会主任陈锦秀举行会谈，同越共中央政治局委员、中央书记处书记、中央组织部部长范明政共同出席《中国改革开放与越南革新·融入国际成就》图片展开幕式，就中国改革开放40年和越南革新事业32年来的主要成就和经验深入交流，表示将进一步加强合作，推动各自社会主义事业不断进步。10月11日，中共中央政治局常委、全国人大常委会委员长栗战书,中共中央政治局委员、中央政法委书记郭声琨在北京分别会见来华出席中越公安部第6次合作打击犯罪会议的越共中央政治局委员、越南公安部部长苏林。10月18日,中国国务院总理李克强在布鲁塞尔出席亚欧首脑会议期间会见越南政府总理阮春福。11月4日,中国国家主席习近平在上海会见来华出席首届中国国际进口博览会的越南政府总理阮春福。习近平指出,中越两国均处在改革发展的关键阶段,双方要从两国人民根本利益出发,继往开来,乘势而上,不断开创双边关系新局面,在前进道路上共谋发展。习近平强调,中越要保持两党两国高层密切交往传统,加快推进“一带一路”和“两廊一圈”对接并及早确定优先合作领域。双方要共同努力,维护海上和平稳定,稳步推进海上合作。阮春福表示,当前形势下,越南党和政府愿在“十六字”方针和“四好”精神指引下,同中方密切高层交往,加强团结互信,推动务实合作,特别是将“两廊一圈”和“一带一路”倡议对接,促进区域互联互通和可持续发展。越方愿按照两国领导人达成的重要共识和原则,妥善处理好海上问题。11月5日,越南国会副主席汪周刘会见由中国全国人大宪法和法律委员会主任委员李飞率领的中国全国人大宪法和法律委员会代表团。11月6~10日,中国国务院发展研究中心党组书记、副主任马建堂率团访问越南,分别与越共中央政治局委员、中央书记处书记、越共中央经济部部长阮文平,常务副部长高德发进行会谈,就中越宏观经济形势、中越经济社会发展中长期战略、推进“两廊一圈”战略与“一带一路”倡议对接、中美贸易摩擦与维护世界多边贸易体制等议题深入交换意见。11月25~30日,越南财政部部长丁进勇率领越南财政部代表团对中国进行工作访问。中国财政部部长刘昆与丁进勇举行会谈,双方就两国宏观经济形势和双边财金合作等交换意见。中国海关总署、中国证券监督管理委员会和国务院国资委等单位领导分别会见丁进勇一行并举行工作会谈。11月27日,中国全国人大常委会委员长栗战书、全国政协主席汪洋在北京分别会见来华访问的越南祖国阵线中央委员会主席陈青敏。12月2~3日,越南农业与农村发展部副部长陈青南率团对中国进行访问。中国农业农村部副部长屈冬玉、中国海关总署副署长张际文分别会见陈青南一行,双方就农业发展与新农村建设、动植物检疫和食品安全合作等议题进行深入交流。12月16日,中国国务委员兼外交部部长王毅在老挝琅勃拉邦会见出席澜沧江—湄公河合作第4次外长会的越南副总理兼外长范平明。

二、两国军事交往合作与执法安全合作不断深化

(一)两军交往合作

2018年,中越两军在高层互访、边海防交往等方面继续开展良好合作。

7月22~26日,越共中央书记处书记、中央军委常委、越南人民军总政治局主任梁强率领越南人民军高级政治干部代表团对中国进行友好访问,与中央军委委员、军委政治工作部主任苗华举行会谈,双方一致同意两国军队加强合作与交流来增进了解与互信,中央军委副主席张又侠会见梁强。10月24~28日,越共中央政治局委员、越南国防部部长吴春历率领越南军事代表团出席第8届北京香山论坛并对中国进行正式访问。中央军委副主席许其亮会见吴春历,中国国务委员兼国防部长魏凤和与吴春历举行会谈。12月2~7日,越南人民军总政治局副主任阮仲义率领越南人民军高级政治干部代表团对中国进行工作访问。中央军委委员、中央军委政治工作部主任苗华会见阮仲义一行。中央军委政治工作部副主任刘德伟与阮仲义举行会谈,双方重点就防止思想文化领域中的“和平演变”阴谋交换意见,促进党政工作的交流合作。

11月19~21日,中国与越南两军第5次边境高层会晤在中国广西龙州县和越南高平省高平市及相关口岸地区举行。中国国务委员兼国防部部长魏凤和与越南中央军委副书记、国防部长吴春历分别率团参加。双方代表团共同观摩两军边防部队水陆联合巡逻、两军灾害救援联合演练,参观中方边防连队和龙州县水口镇学校、胡志明展馆,开展交流座谈会等系列友好活动。两国国防部长还参观越南高平省河广县北坡历史遗迹区并植下友谊树。

年内,中越两军还举行青年军官交流活动,两国海军继续举行北部湾联合巡逻。10月,越南海军参加在中国广东湛江举行的中国—东盟“海上联演—2018”演习。

(二)执法安全合作

2018年,中越两国继续开展警务合作,加强合作打击边境地区毒品走私犯罪活动,中国消防部队首次赴越南成功参与处置火灾,进一步提升了两国执法安全合作水平。

10月10日,中越两国公安部第6次合作打击犯罪会议在中国北京举行。中国国务委员、公安部部长赵克志与越共中央政治局委员、越南公安部部长苏林共同主持会议。双方一致同意认真落实两党两国领导人重要共识,不断深化双方在维护国家安全、反恐、打击跨国犯罪、边境管理等各领域务实合作,加强重大项目安保合作,不断提高执法安全合作效果,同时加强在多边合作框架下的执法安全合作。

中越边境联合扫毒行动成果显著。2014年以来,针对中越边境毒品问题突出的现状,双方每年都在边境地区开展联合扫毒行动,取得突出战绩和良好效果。2018年,中越双方首次全年开展常态化联合扫毒,以联合办案、共同摧毁跨国贩毒集团为突破

口，通过畅通联络渠道，提升情报交流、案件协调效率和督办力度，创新宣传模式等措施，务实推动联合扫毒。行动期间，中越双方在联合办案方面取得突破性进展，双方共破获毒品案件2734起，抓获犯罪嫌疑人3925名，缴获各类毒品803千克。特别是双方通过联合侦控、联合指挥、联合收网，成功侦破“305”特大跨国贩毒专案等一批案件，抓获越南籍毒贩农文起等重要逃犯，严厉打击和震慑跨中越边境地区毒品走私犯罪活动。

中国广西消防部队首次出国参与成功处置“4.4”越南芒街天虹公司火灾。2018年4月4日2时30分，越南广宁省芒街海安工业区内中资企业天虹公司厂房发生严重火灾。越方请求广西东兴市消防大队启动消防合作机制支援。广西调集消防指战员赴广宁省芒街市增援将近23个小时，彻底扑灭火灾并清理完残火后才离开现场。

三、经贸关系保持良好发展势头

2018年，中越两国双边经贸合作密切，发展势头良好。中国继续是越南最大贸易伙伴，越南继续是中国在东盟的第一大贸易伙伴。据中国海关总署统计，2018年中越贸易额1478.584亿美元，比上年增长21.2%。其中：中国出口838.997亿美元，增长17.2%；进口639.587亿美元，增长27%。投资方面，2018年中国（不含港澳台）对越直接投资新项目389个，注册资金12.171亿美元，占越南外国直接投资新注册资金的6.8%。两国旅游合作继续发展，2018年赴越中国旅客496.65万人次，比上年增长23.9%，占赴越外国旅客的32%。

6月14日，越南政府副总理武德儋率团参加在中国昆明举行的第5届中国—南亚博览会暨第25届中国昆明进出口商品交易会。越南政府副总理王庭惠于9月11～12日率团参加在中国南宁举行的第15届中国—东盟博览会和商务与投资峰会活动。越南政府总理阮春福于11月4日率团出席在上海举办的首届中国国际进口博览会，在博览会上，越南组织50家农产品、食品企业参会，并作为12个主宾国之一在国家展中设立展馆。11月5日，越南贸易促进局杭州贸易促进办公室揭牌仪式在上海举行，这是越南在中国设立的第二个贸易促进机构。该机构担负着协助越南企业寻求合作伙伴、扩大越南商品对华出口、为中国企业赴越南经贸投资提供信息咨询等职能。

7月6日，中国企业在越南投资规模最大的电力项目——越南平顺省的越南永新燃煤电厂一期BOT项目1号机组正式投入商业运营。该项目是越南首个应用无烟煤燃烧技术的热电厂。

四、交通运输互联互通合作取得新进展

2018年，渝新欧越南国际班列开通；中越增加开通一些直达运输线路；越南计划开通到中国多个城市的直达航线。

3月16日，一批机械设备、仪器及工业原材料等搭载中欧班列（重庆）越南国际班列从重庆市沙坪坝区团结村中心站发出，途径广西南宁，再由凭祥口岸出境，直达越南河内。该班列是经由中欧班列（重庆）回程班列抵达重庆后，再次通过“铁铁联运”直达越南河内，与以往传统运输模式相比，成本节约至少1/3。渝新欧越南国际班列顺利完成首趟开行任务，为后期常态化开行打下基础。5月6～9日，越南驻华大使邓明魁与越南工贸部副部长陈国庆率代表团一行50余人访渝，出席中国（重庆）—越南经贸与物流合作洽谈会暨物流合作协议签约仪式，双方共签署3份合作协议，越南希望通过南向通道出口货物到中国和欧洲，这些协议的签署将促进双方物流企业在中新互联互通项目南向通道上的合作与建设。

9月19日，中国昆明—越南海防国际道路客运线路试运行接车仪式在中国昆明举行。9月19～21日，中国深圳至越南北宁和河内的中越国际道路货运试运行完成，这是两国交通运输部为推进中越直达运输常态化开行的具体举措。9月27日，从中国西安咸阳国际机场直飞越南河内的全货运国际航线开通，这也是陕西首条通往东南亚的全货运航线。9月28日，中国安徽合肥直飞越南河内的国际货运定期航班正式开通。该航班由波音737全货机承运，承载货物约15吨。9月30日，中国深圳航空公司正式开通中国深圳、广州与越南河内间的直飞航线，均为每天一班。

9月19日，中国昆明—越南海防国际道路客运线路试运行接车仪式在中国昆明举行 （云南网）

根据越南政府2017年12月28日出台的《关于发展越南与重要国家和地区间直达航线促进投资发展、加强交流、融入国际的方向提案》，越南计划在未来几年开通到中国多个城市的直达航线。具体是，到2020年，越南各航空公司计划开通从越南岘港、海防、芽庄、富国岛、大叻、顺化、芹苴等地至中国重庆、大连、海口、武汉、宁波、海南、西安、长春、福州、桂林、贵阳、哈尔滨、兰州、沈阳、厦门、西双版纳、郑州等地的新航线。越南各航空公司还计划增加至北京、上海、广州、昆明、成都等地的航班班次，并在这些航线上更多使用宽体客机。

五、党建理论、人文社会等领域的交流与合作继续发展

中越两党继续加强治国理政经验交流。2018年7月6日，以"中国改革开放和越南革新事业的实践与经验"为主题的第14次中越两党理论研讨会在越南胡志明市举行，中共中央政治局委员、书记处书记、中宣部部长黄坤明和越共中央政治局委员、书记处书记、中央宣教部部长武文赏出席会议并做主旨报告。双方理论专家在研讨会上深入讨论有关党建、经济社会发展、文化发展、对外工作、融入国际一体化等议题，分享中国改革开放事业与越南革新事业的经验。5月27～29日，越共中央书记处书记、越共中央理论委员会主席、胡志明国家政治学院院长阮春胜率领越南共产党代表团参加由中国共产党举办的纪念马克思诞辰200周年专题研讨会并对中国进行工作访问。6月29日，中国驻越南大使馆与越南胡志明国家政治学院联合在越南河内举办新时期中越党建工作经验研讨会，中越组织及政策理论研究部门代表、党校及相关学术机构学者约100人参会。与会者围绕党的思想建设、道德建设、组织建设、纪检工作、干部工作五个方面进行专题研讨。10月30日，中国驻越南大使馆和越南社会科学翰林院中国研究所在越南河内共同举办"中国改革开放40周年：回顾与展望"国际研讨会，中国驻越南大使馆工作人员、中越专家学者等约100人出席，与会代表就两国改革革新经验展开交流。

中越文化交流合作持续发展。2018年1月8日，由中国—东盟中心、越南文化体育旅游部国际合作局、北京市人民对外友好协会和北京市西城区人民政府联合主办的2018中越传统年画联展在北京开幕。2月2日晚，第2届中国河口—越南老街跨国春节联欢晚会在越南老街市举行，这一以中越歌舞为主要形式的联欢晚会成为两地文化交流的重要平台。11月28日，"同唱友谊歌"2018中越歌曲演唱大赛国际总决赛在中国广西南宁举行。12月26～31日，由中国广西广播电视台、越南通讯社《越南画报》社联合主办，《荷花》杂志社承办的"2018中国—越南印象"摄影展在越南河内举行，展出由中越摄影家拍摄的100幅精美作品，表现两国美妙的自然景观、人文风情和生机勃勃的社会发展景象。2018年12月5日至2019年1月6日，由广东革命历史博物馆与越南胡志明博物馆联合举办的"胡志明主席在中国的足迹"展在广州起义纪念馆展出。6月16～22日，由中国驻越南大使馆、越南文化体育旅游部主办，广西壮族自治区文化厅、河内中国文化中心、越南国家图书馆联合承办的中国南京文创展暨中越传统文化与创意产业研讨会在越南国家图书馆举行。活动旨在加强中越文化交流，推动两国在文化产业领域的合作。10月25日，"美丽中国·心仪广西"2018中越金秋音乐会在越南国家音乐学院音乐厅举行。本次音乐会由越南文化体育旅游部、中国驻越南大使馆主办，河内中国文化中心、越南艺术表演中心、广西壮族自治区文化厅承办。中国广西艺术团与越南新活力竹乐团的艺术家们联袂献上一场穿越时空的音乐盛宴。12月10～14日，中越传统戏剧交流周在越南河内举行。交流周期间举办中越两国传统舞台艺术传承与发展研讨会、梅兰芳艺术展、中越传统戏剧交流演出晚会等活动。

中越继续加强青少年友好交流。2018年5月14～15日，广西70名青少年代表组成代表团，赴越南谅山省参加中国广西与越南谅山边境少年"友好红领巾"交流活动。该项互访交流活动已经成功举办3届。8月13～19日，第18届中越青年友好会见活动在越南举行，中国98名青年代表参加活动。中越青年在越南河内市、胡志明市、宁平省、岘港市、会安市等地开展形式多样的友好交流活动。10月15～19日，中国共青团广西区委派出青年代表团出访越南广宁省参加2018年中国广西—越南广宁青年友好交流活动，两国青年代表进行了内容丰富的联谊交流。

7月6日，第14次中越两党理论研讨会在越南胡志明市举行　（百度网）

2018 年,中越两国继续加强新闻机构合作。5 月,中国国际广播电台驻越南记者站在河内建立,成为又一家中国中央级新闻媒体驻越机构。教育方面。据中国教育部公布,2018 年在中国的越南留学生有 11299 人,越南在中国留学生人数按国别排序名列第 11 位。

2018 年 6 月,越南北部地区各省遭受严重洪水灾害,中国一些机构捐助善款帮助灾区克服困难恢复正常生活与生产活动。其中,中国驻越南大使馆捐助 10 万元人民币,中国红十字会捐助 5 万美元,越南中国商会捐助 25 亿越南盾。

六、两国继续推动海上合作开发

2018 年,中越继续开展北部湾共同渔区联合检查,开展北部湾渔业资源联合增殖放流与养护活动。继续推动北部湾湾口外海域和海上低敏感领域合作磋商。

2018 年 4 月24 ~26 日和 10 月24 ~26 日,中越海警分别开展 2018 年第 1 次和第 2 次北部湾共同渔区联合检查行动,中国海警和越南海警各派出 2 艘舰船执行任务。按照联合检查方案,双方以中越北部湾海上分界线为中线,在两侧共同渔区开展巡航检查,对途径海域渔业作业情况进行观察记录,并登临两国渔船实施检查。联检期间,还进行中越双方指挥长轮流到对方舰船进行工作会谈、开展海上搜救和消防演练等。在中越两国海上执法部门多年持之以恒的共同努力下,北部湾渔业生产秩序得到有效维护,为双方渔业作业营造和谐稳定的环境氛围,中越两国政府和人民之间的传统睦邻友好关系得到进一步深化。

5 月 8 日,2018 中越北部湾渔业资源联合增殖放流与养护活动在广西东兴市北仑河口举行。这是中越双方第 2 次举行大规模的联合增殖放流活动。本次放流活动共向北部湾水域投放石斑鱼等鱼虾类苗种近 4300 万尾。

2018 年 3 月 15 日,中越北部湾湾口外海域工作组第 9 轮磋商、海上共同开发磋商工作组第 6 轮磋商在越南岘港举行。11 月6 ~7 日,中越北部湾湾口外海域工作组第 10 轮磋商、海上共同开发磋商工作组第 7 轮磋商在中国浙江宁波举行。双方就北部湾湾口外海域划界和共同开发以及南海大范围共同开发相关问题深入交换意见,强调认真落实两国高层领导人达成的共识和《关于指导解决中越海上问题基本原则协议》,稳步推进北部湾湾口外海域划界谈判,同时推进该海域的共同开发。双方还就积极推进渔业合作、扩大湾口外海域共同考察区域和增加油气考察内容、妥善管控海上分歧等充分交换意见。

5 月14 ~18 日,中越海上低敏感领域合作专家工作组第 11 轮磋商在越南河内举行。12 月5 ~6 日,中越海上低敏感领域合作专家工作组第 12 轮磋商在中国广东珠海举行。双方总结上一轮磋商以来已达成项目的实施情况,并就双方提出的新项目建议交换意见。双方高度评价"长江三角洲和红河三角洲全新世沉积演化对比合作研究"得到落实,以及"北部湾渔业资源增殖放流与养护合作""北部湾海洋与海岛环境综合管理合作研究"取得积极成果。双方就推动商签"中越海上搜救合作协议"、开展海上搜救领域有关合作,以及商签关于建立海上渔业活动突发事件联系热线的协议相关内容交换意见。

七、中越边境开放合作继续推进

2018 年,中国广西、云南两省(自治区)与越南边境经贸文化、互联互通建设持续发展,中越边境开放合作继续推进。

越南继续是广西第一大贸易伙伴。2018 年,广西与越南进出口总额 1749. 4 亿元,比上年增长 4. 7% ,占广西外贸进出口总额的 42. 6% 。2 月23 ~24 日,广西与越南广宁、谅山、高平、河江边境四省党委书记在广西桂林举行新春会晤,同期举行广西与越南边境四省联合工作委员会第 9 次会晤。4 月,应越南政府副总理兼外长范平明邀请,中国广西壮族自治区主席陈武对越南进行友好访问。11 月2 ~9 日,以"衔接合作共促发展"为主题的 2018 年中越(谅山)国际贸易博览会在越南谅山贸易展览中心举行,吸引中越两国近 300 家企业和机构参加。中越国际贸易博览会每年在中国广西和越南谅山轮流举办。12 月21 ~27 日,以"跨境合作 · 互利共赢"为主题的 2018 中越(东兴—芒街)国际商贸 · 旅游博览会在广西东兴举行。中越跨境自驾游合作持续推进。中国广西—越南谅山跨境自驾游线路开通,该线路贯穿广西的南宁、崇左市,越南的谅山市;中国东兴—越南芒街跨境自驾车旅游线路范围扩大到中国广西桂林市和越南广宁下龙市。2018 年与越南芒街市接壤的中国东兴口岸出入境人数首次突破 1000 万人次,达 1219 万人次。

2018 年,云南与越南交流合作继续深入发展。4 月 10 日,2018 年中国云南与越南老街、莱州、河江、海防、宣光五省国际道路运输会谈在云南大理举行。7 月 13 日,中国云南省商务厅同越南工贸部贸易促进局、老街省工贸厅在老街联合举行中国(云南)—越南(老街)蔬菜、水果、水海产品商洽会。12 月4 ~8 日,以"亲诚惠容 · 合作发展"为主题的第 18 届中越(河口)边境经济贸易交易会在中国河口举行。本届边交会设展位 1220 多个,816 家企业参展,参会人数 20. 2 万人次。贸易成交总额 6. 95 亿美元,比 2016 年增长 18. 2% ,其中边交会期间现货销售 1220 万美元,比 2016 年增长 22. 7% 。12 月 12 日,中国云南省与越南河江、老街、莱州、奠边边境四省联合工作组第 7 次会议在越南莱州举行。 (李碧华)

重要节会展会

第15届中国—东盟博览会

中国—东盟博览会概况

中国—东盟博览会(CHINA - ASEAN Exposition 简称CAEXPO),2003年由中国国务院总理温家宝在第7次中国与东盟(10+1)领导人会议上倡议,并于2004年开始每年在中国广西南宁举办的国家级、国际性经贸交流盛会。中国—东盟博览会由中国和东盟10国经贸主管部门及东盟秘书处共同主办,广西壮族自治区人民政府承办。中国—东盟博览会以"促进中国—东盟自由贸易区建设、共享合作与发展机遇"为宗旨,搭建融政治外交、经贸合作、人文交流于一体与东盟全方位合作的新平台。

中国—东盟博览会是目前中国境内唯一由多国政府共办且长期在一地举办的展会。自2004年以来,中国—东盟博览会已成功举办15届,同期成功举办15届中国—东盟商务与投资峰会,在服务国家周边外交、促进中国—东盟自由贸易区建设、推动共建21世纪海上丝绸之路等方面取得显著成效,成为合作共赢的典范。2014年2月,中共中央办公厅、国务院办公厅行文将中国—东盟博览会与博鳌亚洲论坛、夏季达沃斯论坛并列为"国家层面举办的重点涉外论坛和展会","具有特殊的国际影响力",每年举办一次,中国领导人每年保持现有规格出席。2015年3月,中国—东盟博览会作为重要合作机制被写入《推动共建丝绸之路经济带和21世纪海上丝绸之路的愿景与行动》,以其平台的建设性作用服务"一带一路"建设。

中国—东盟博览会具有进口与出口相结合、投资与引资相结合、商品贸易与服务贸易相结合、展会结合,相得益彰,既是经贸盛会,也是外交舞台、经贸活动与文化交流相结合等六大特色。常设商品贸易、投资合作、先进技术、服务贸易、"魅力之城"等5个专题。

从2007年第4届中国—东盟博览会起,每届确定一个东盟国家为主题国。主题国一般按东盟国家国名英文首字母顺序依次出任。第4~15届中国—东盟博览会主题国分别为:文莱、柬埔寨、老挝、印度尼西亚、马来西亚、缅甸、菲律宾、新加坡、泰国、越南、文莱、柬埔寨。从2014年第11届中国—东盟博览会起,设特邀合作伙伴。即根据有关国家的申请和筹备情况,由中国—东盟博览会秘书处代表中国—东盟博览会各共办方邀请中国和东盟以外的RCEP成员国和"一带一路"沿线国家担任特邀合作伙伴,中国—东盟博览会从服务"10+1"向服务RCEP及"一带一路"拓展,推动中国和东盟作为一个整体与区域外国家的交流,创造更多商机。第11~15届中国—东盟博览会特邀合作伙伴分别为:澳大利亚、韩国、斯里兰卡、哈萨克斯坦、坦桑尼亚。

中国—东盟博览会举办以来,获得多个会展业奖项。2005年,中国—东盟博览会被评为中国十大知名品牌展会,博览会常设机构——中国—东盟博览会秘书处获中国会展业特别贡献奖。2006年,中国—东盟博览会获"2006年中国十大最具影响力的政府主导型展会"称号。2007年,中国—东盟博览会获得"2007年中国十大最具影响力的国家级品牌展会"称号。2008年,中国—东盟博览会在第6届中国会展节事财富论坛上入选"2008年度十大会展"。2009年,中国—东盟博览会在第7届中国会展业高峰论坛上入选"2009年中国十大国家级品牌展会"。2010年,中国—东盟博览会获"中国会展产业金手指奖 · 十大影响力展览会""新世纪十年 · 中国会展杰出典范奖""新世纪十年 · 中国十大品牌展会""十大经贸博览类节庆最具魅力品牌奖""2010年中国十佳展览会""2010中国十大最具国际影响力展会""2010年'中国会展之星'品牌展会,中国十大政府主导型展会""2010中国十大影响力展会"等称号。2011年,中国—东盟博览会在广州会展经济论坛、中国会展经济年度研讨会上获"2011年中国十佳品牌展会"称号。2012年,中国—东盟博览会在中国会展产业论坛获"2011~2012年度中国十大品牌展览会"称号,在中国会展业年度研讨会上获"2012中国会展业年度十佳品牌展会项目"奖,在中国会展行业年会上获"2012年度中国十大影响力展览会"称号。2013年,中国—东盟博览会在南京中国会展产业论坛获2012年度"十大影响力会展"称号;在中国会展业年度研讨会上获"2013年度中国十佳品牌展会项目"奖。2014年,中国—东盟博览会在中国会展业年度研讨会上获"2014年度中国十佳品牌会展项目"奖。中国—东盟博览会林木展获国家林业局、中国农林水利工会全国委员会颁发的"2014年中国林业产业突出贡献奖"。2015年,中国—东盟博览会获中国会展经济研究会颁发的"2015中国会展业年度十佳品牌展会项目"奖。

2018年9月12~15日,第15届中国—东盟博览会在中国广西南宁举办。本届博览会展区面积1.24万平方米,设展位6600个,其中东盟国家展位1446个,柬埔寨、印度尼西亚、老挝、马来西亚、缅甸、菲律宾、泰国、越南8个东盟国家包馆。11位中外领导人和前政要、259位部长级贵宾出席本届博览会,其中东盟及区域外部长级贵宾122位。本届中国—东盟博览会参展企业2780家,比上年增长2.6%;采购商团组112个,增长15%;有组织的专业观众超过1.1万人,增长10%；举办高层论坛35个、贸易投资促进活动91场；签订经济合作项目530个，其中国际项目76个，国内项目454个。

第15届中国—东盟博览会招商招展

2018年3月13日，第15届中国—东盟博览会高官会在中国广西南宁举行。会议确定博览会举办时间和“共建21世纪海上丝绸之路，构建中国—东盟创新共同体”的主题。在展览设置方面继续设置商品贸易、投资合作、服务贸易、先进技术、“魅力之城”五大专题，并延续特邀合作伙伴机制。3月15日，中国—东盟博览会秘书处发布第15届中国—东盟博览会招商招展公告。5月6～11日，中国—东盟博览会秘书处秘书长王雷率团赴港澳与香港贸易发展局、澳门贸易投资促进局等进行工作交流，对香港、澳门参与第15届中国—东盟博览会筹备相关事务进行深入探讨。5月18日，广西人民广播电台与柬埔寨内政部旗下电视台NICE TV，就“柬埔寨在第15届中国—东盟博览会”大型跨国直播报道活动签署合作协议。5月22日，第15届中国—东盟博览会筹备工作会在中国广西南宁举行，会议通报博览会筹备情况，确定8个东盟国家的“魅力之城”；同日，中国—东盟博览会秘书处发布第15届中国—东盟博览会指定物流服务商公开征选公告。5月31日，中国—东盟博览会秘书处公布中国外运广西公司、海程邦达国际物流有限公司入选第15届中国—东盟博览会指定物流服务商。6月6日，中国—东盟博览会秘书处公布12幅中国—东盟博览会15周年广告评选入围作品。6月14日，为博览会祝福，为博览会点赞“我对中国—东盟博览会说句话”系列专题片在《广西新闻》开播。6月29日，第15届中国—东盟博览会、中国—东盟商务与投资峰会广西指挥中心第一次工作会议在广西南宁举行。7月2日，马来西亚驻南宁总领事馆致函中国—东盟博览会秘书处，确定第15届中国—东盟博览会马来西亚“魅力之城”为砂捞越州。7月3日，中国—东盟博览会15周年口号确定：“15载战略合作休戚与共，15届东博盛会共享共赢”为主口号，有机衔接“一带一路”、无限商机东博盛会、共创东博辉煌、共享丝路商机等副口号。7月17日，中国—东盟建立战略伙伴关系15周年暨第15届中国—东盟博览会、中国—东盟商务与投资峰会新闻发布会在北京举行。7月26日，第15届中国—东盟博览会、中国—东盟商务与投资峰会广西领导小组会议在广西南宁举行，会议听取筹备情况汇报并研究部署下一步工作。广西壮族自治区主席、“两会”广西领导小组组长陈武主持会议并讲话；同日，2018年中国—东盟博览会独家钻石战略合作伙伴签约仪式暨新闻发布会在广西南宁举行，太平洋建设集体有限公司成为本届博览会独家钻石战略合作伙伴。8月13日，第15届中国—东盟博览会特邀合作伙伴新闻发布会在北京举办。坦桑尼亚已确认担任本届中国—东盟博览会特邀合作伙伴。8月17日，第15届中国—东盟博览会11个“魅力之城”全部确定。8月24日，中国—东盟博览会秘书处与柬埔寨驻华大使馆在北京联合举办第15届中国—东盟博览会主题国专场新闻发布会，明确柬埔寨将第二次出任中国—东盟博览会主题国，柬埔寨首相洪森将率团出席并参加系列重要活动。8月24日，中国—东盟博览会秘书处在南宁国际会展中心举办新闻发布会，宣布广西三环企业集团的“水墨丹青”国宴瓷、第15届中国—东盟博览会主题国领导人艺术挂盘，河南孔家钧窑的“华泰尊”，宜兴的艺术家路朔良、王亚萍共同设计创作的“思源井栏”“茶海丝香”紫砂壶，许芳创作的“畅想”“和谐”紫砂壶、“同臻”紫砂笔筒，熊立新创作的“玉立”“鸣新”紫砂花瓶、“大同天下”紫砂笔筒，广西南珠宫“海上丝路”珍珠贝雕宝船，广西横县茉莉花茶品牌春之森茶业的“烟雨漓江”国宾礼茶、金花茶业的“盛世金花”六堡国宾礼茶，云南“七彩孔雀”国宾礼茶等被选定为2018中国—东盟博览会指定国宾礼品。8月27日，中共北海市委员会、北海市人民政府、中国—东盟博览会秘书处在南宁会展中心举行第15届中国—东盟博览会中国“魅力之城”北海新闻发布会。8月29日，第15届中国—东盟博览会大型联合采访在南宁国际会展中心举行。9月1日，第15届中国—东盟博览会主题国（柬埔寨）专场新闻发布会、指定国礼新闻发布会、指定产品服务合作伙伴新闻发布会在南宁举行；同日首批境外展品抵达南宁国际会展中心。9月2日，“两会”指挥中心举行现场综合演练，并举行总结评估会。9月3日，中共广西壮族自治区委员会记鹿心社，中共广西壮族自治区委员会副书记、自治区主席陈武到南宁国际会展中心检查博览会筹备工作。9月4日，第15届中国—东盟博览会接待用车交车仪式在南宁国际会展中心举行，巴马国际旅游区投资发展有限公司向中国—东盟博览会秘书处交付50辆接待用车。9月7日，第15届中国—东盟博览会战略、行业、支持合作伙伴新闻发布会在广西南宁举行，广西投资集团等13家品牌企业入选合作伙伴。9月7日，2018中国—东盟博览会指定国礼“华泰尊”交接仪式在广西南宁举行。9月11日，第15届中国—东盟博览会、中国—东盟商务与投资峰会新闻吹风会在广西南宁召开。

东盟国家政要巡视中国—东盟博览会展馆

2018年9月11日下午，出席第15届中国—东盟博览会、中国—东盟商务与投资峰会的部分国外贵宾分别参观中国—东盟博览会展馆。越南政府副总理王庭惠在中共广西壮族自治区委员会副书记孙大伟陪同下，参观“双15周年”经贸成果展。随后王庭惠在越南“魅力之城”槟椥省展区观看越南文艺表演，并详细了解越南椰子酥、椰子汁、护肤品等特产布展情况。王庭惠还与孙大伟共同为越南商品馆开馆剪彩，并参观展馆，仔细询问越南商品展出情况，希望参展商充分利用好中国—东盟博览会平台，推介越南特色优质产品，进一步增进越南与中国的经贸交流。王庭惠还为越南商品馆题词，预祝展出圆满顺利。老挝副总理宋迪·隆迪在中共广西壮族自治区委员会常委、自治区纪委书记、自治区监委主任房灵敏陪同下，先后参观“双15周年”经贸成果展、“魅力之城”展区和老挝商品馆。在“魅力之城”万象省展区，宋迪·隆迪观看老挝民族歌舞表演。老挝商品馆拥有84个展位，展示木材家具、手工艺品、纺织品等特色商品。宋迪·隆迪表示，中国、老挝双方在政治、经济、文化、卫生等领域的友好交流不断深化，经贸关系日益密切，希望参展商利用好中国—东盟博览会平台，进一步促进双边经贸交流合作。新加坡贸工部兼国家发展部高级政务部长许宝琨在广西壮族自治区人大常委会副主任王跃飞陪同下，参观“双15周年”经贸成果展、新加坡“魅力之城”展区和商品馆。许宝琨说：目前新加坡和中国共同推进的南向通道建设取得积极进展，东盟国家与中国西部以及中亚、欧洲等地的互联互通日益紧密，新中双方企业应利用好这个国际陆海贸易新通道及中国—东盟博览会、中国—东盟商务与投资峰会的平台，开展更为广阔、务实的合作。文莱外交与贸易部第二部长艾瑞万在广西壮族自治区政协副主席黄日波陪同下，参观“双15周年”经贸成果展、文莱“魅力之城”展区和商品馆，详细了解布展情况以及文莱与中国贸易情况。艾瑞万表示，中国—东盟博览会已成为东盟国家和中国互惠互利、平等合作的重要平台，希望文莱参展商抓住商机，积极推介摩拉港以及咖啡、香料等特色产品，促进文莱与中国以及东盟其他国家的交流与合作。马来西亚国际贸易与工业部副部长王建民在广西壮族自治区政协副主席刘正东陪同下，参观“双15周年”经贸成果展，出席马来西亚“魅力之城”砂拉越州展区开展仪式，以及马来西亚商品馆开馆仪式。在“魅力之城”展区，王建民了解砂拉越州旅游推介情况，希望通过中国—东盟博览会平台，推介马来西亚旅游资源和产品。在马来西亚商品馆，王建民详细询问参展情况，希望参展商借助中国—东盟博览会打响马来西亚榴莲、燕窝、咖啡等特色产品品牌，促成更多商贸合作。东盟秘书处副秘书长阿拉丁·里诺在广西代表陪同下，参观“双15周年”经贸成果展、东南亚国家联盟展区、印度尼西亚展区、菲律宾打拉省展区。在参观“双15周年”经贸成果展时，阿拉丁·里诺对15年来中国—东盟经贸领域取得的成绩表示赞赏。在东南亚国家联盟展区，阿拉丁·里诺希望参展人员要利用好中国—东盟博览会平台，密切沟通协作，推动中国—东盟经贸关系取得更快、更好的发展。

第15届中国—东盟博览会开幕大会

2018年9月12日上午，第15届中国—东盟博览会、中国—东盟商务与投资峰会开幕大会在中国广西南宁国际会展中心举行。2018年是中国—东盟建立战略伙伴关系15周年，中国—东盟博览会、中国—东盟商务与投资峰会创办15周年，也是中国—东盟创新年。本届盛会围绕“共建21世纪海上丝绸之路，构建中国—东盟创新共同体”主题，受到中国和东盟各国以及区域外国家的高度重视和关注。

中共中央政治局常委、国务院副总理韩正，第15届中国—东盟博览会主题国柬埔寨首相洪森、副首相贺南洪，缅甸副总统敏瑞，越南副总理王庭惠，老挝副总理宋迪，特邀合作伙伴坦桑尼亚桑给巴尔副总统塞义夫·伊迪，泰国科技部部长素威，文莱外交与贸易部

9月12日，第15届中国—东盟博览会、中国—东盟商务与投资峰会开幕大会在中国南宁国际会展中心举行（百度网）

第二部长艾瑞万，新加坡贸工部兼国家发展部高级政务部长许宝琨，马来西亚国际贸易工业部副部长王建民，菲律宾贸工部副部长诺拉·特拉多，印度尼西亚贸易部国家出口发展总司长阿琳达，东盟副秘书长阿拉丁，中共广西壮族自治区委员会书记鹿心社，中国商务部副部长王炳南，中国国际贸易促进委员会副会长陈洲等共同为第15届中国—东盟博览会和中国—东盟商务与投资峰会启幕。

中国与东盟各国多个部委的部长、地方行政长官、金融机构负责人、商协会会长、有关国际组织负责人、企业家、专家学者以及各界人士代表出席开幕大会。

开幕大会在南宁国际会展中心金桂花厅举办。主题国柬埔寨、特邀合作伙伴坦桑尼亚的艺术家分别带来了独具特色的暖场表演。主舞台两侧是金色的“15”字样，象征着15周年的丰收与硕果。会场四周悬挂着第15届中国—东盟博览会中国、东盟10国魅力之城以及坦桑尼亚的城市风光图片，展现12个国家城市不同的美丽。

上午8时30分，开幕大会正式开始。开幕大会由中国—东盟博览会和中国—东盟商务与投资峰会举办地广西壮族自治区主席陈武和本届主题国柬埔寨商务部部长潘索萨共同主持。

中共广西壮族自治区委员会书记鹿心社，中国商务部副部长王炳南，中国国际贸易促进委员会副会长陈洲分别代表中国—东盟博览会举办地、中国—东盟博览会共办方、中国—东盟商务与投资峰会先后致辞。

韩正发表主旨演讲。洪森、吴敏瑞、宋迪、王庭惠、塞义夫·伊迪发表演讲。

开幕大会以“吐丝织锦，化茧成蝶”为主题。以丝绸为主要载体的丝绸之路，成为不同民族、不同文化交流合作的象征。而丝绸的缘起——桑蚕，一生辛勤，吐丝奉献，演绎着“春蚕到死丝方尽”、最终羽化成蝶、生生不息的动人故事。育桑、养蚕、织造、丝绸，凝聚5000年的智慧，开启灿烂的丝路文明，互通有无、文明互鉴、共享美好、编织锦程，穿越历史与未来。15年来，中国—东盟博览会和中国—东盟商务与投资峰会如春蚕吐丝，为中国与东盟的友好合作贡献智慧和力量，造福各国人民。

“我宣布：第15届中国—东盟博览会、中国—东盟商务与投资峰会开幕！”随着韩正宣布开幕，启幕贵宾转动启幕道具“缫丝机”把手，台前“长”出一片生机勃勃的桑树苗，上面是白色蚕茧。随着启幕贵宾面前“蚕茧”上的“蚕丝”卷入“纺锤”，蚕茧缓缓打开，16只美丽的蝴蝶振翅飞出。与此同时，主舞台两侧及会场后方雾森弥漫，激光投射的五彩蝴蝶翩翩飞舞，场下60名儿童扮演的“蝴蝶精灵”欢呼出场，舞台两侧台阶上60名儿童共唱“和睦吉祥”。金桂花厅变成了欢乐的海洋。

在现场热烈的掌声中，第15届中国—东盟博览会和中国—东盟商务与投资峰会正式拉开帷幕。

开幕大会上，还进行“东盟青年科学家创新中国行”成果展示。这个环节由中国和东盟国家的科技部长共同启动，该项目是贯彻中共中央总书记、国家主席习近平在“一带一路”国际合作高峰论坛科技创新倡议、落实“一带一路”科技创新行动计划、促进中国与东盟国家青年科学家人文交流与合作的具体行动。

第15届中国—东盟博览会经贸活动成效

2018年9月12日，第15届中国—东盟博览会签约仪式在中国广西南宁举行。由中国—东盟博览会组委会主办，广西壮族自治区人民政府承办。本届博览会重点深化东盟合作，“走出去”项目增多，随着中国—东盟自由贸易区升级版的深入推进，越来越多参与“一带一路”建设和国际产能合作的企业，借助中国—东盟博览会这一国际平台加快“走出去”步伐。在本届博览会上，中国企业与柬埔寨、印度尼西亚、新加坡、泰国等东盟国家企业共签订16个经济合作项目，其中中国企业对境外投资、承包工程、技术合作项目15个，主要投向柬埔寨、印度尼西亚和泰国，比上届增加8个，总投资额是上届的2.7倍。与东盟合作项目中，5000万美元以上重大项目有13个，占比81.3%。

在国内经济合作签约仪式上，在中共广西壮族自治区委员会常委、自治区副主席严植婵，广西壮族自治区政协副主席、民盟广西区委主委、广西社会主义学院院长刘慕仁，国内有关省份、中央直属企业以及广西各市、有关部门领导嘉宾的共同见证下，共组织签订国内经济合作项目116个。从项目体量看，本届国内经济合作签约项目的规模和质量均创历届新高，100亿元以上项目有3个，比上届增加2个；50亿元以上（含100亿元以上）项目占10.3%，是上届的2.4倍；10亿元以上（含50亿元、100亿元以上）项目占44.8%。中国中化集团、中国林场集团、太平洋建设集团、传化集团、京东、网易、融创中国、中药控股、深圳益田、北京东方园林等一批世界500强、中国500强及行业知名企业、中央直属企业、上市公司均有大手笔投资。围绕“共建21世纪海上丝绸之路，构建中国—东盟创新共同体”主题，南宁网易联合创新中心、北海威六科创中心、桂林深科技智能制造等一批智能制造、“双创”项目成为创新合作投资的新亮点。

第15届中国—东盟博览会轻工展

2018年9月12～15日在广西南宁华南城会展中心举行。展区面积10000平方米，400个展位。设日用消费品、工艺礼品、家居装饰品、玩具共四大展区，展品囊括各类家用电器、家居饰品与礼品、文体保健用品、日用消费品、工艺产品、旅游用品、婴幼儿益智玩具等。本届轻工展有300多家企业参展，吸引越南、泰国、缅甸、印度尼西亚、柬埔寨、老挝、马来西亚和其他“一带一路”沿线国家如哈萨克斯坦、俄罗斯等国家优质特色产品参展。展会期间举办中国—东盟跨境电子商务发展论坛、中国—东盟文化旅游与轻工产业创新论坛等高峰论坛或主题研讨会，紧紧围绕当前经济贸易发展主题，针对相关行业现状、发展趋势及内外部环境开展深入探讨，推动产业转型升级。此外，还举办南宁·东南亚国际旅游美食节、建材家具展览会、华盛奥特莱斯购物文化节等大型活动。

第15届中国—东盟博览会农业展

2018年9月12~15日在广西展览馆举行。由广西壮族自治区人民政府主办，广西国际博览局、中国—东盟博览会秘书处承办，集中展示东盟各国和国内特优农产品。展出面积10000平方米，500个标准展位。展品主要以东盟咖啡、大米等以及国内吉林、辽宁、四川等名特优农产品为主。广西壮族自治区农业厅、农垦局、海洋渔业厅、粮食局作为行业主管部门分别搭建特装形象展。其中“广西农业”形象展，集中展示近两年来广西实施现代特色农业产业品种品质品牌“10+3”提升行动取得的阶段性成果，展示广西农业品牌总标识“广西好嘢”形象设计及品牌建设成果。展区分为广西水果特色优势区、蔬菜特优农产品优势区、茶叶特色农产品优势区、桑蚕特色农产品优势区、畜牧特色农产品优势区、益农信息社标准站实景展区、农产品上行供应链（电商物流）展区、运营服务商品牌服务展区八大板块，重点展示国家级特优区田东县芒果、永福县罗汉果、陆川县陆川猪及系列产品，广西自治区级特优区灵山荔枝、容县沙田柚、宜州桑蚕、三江侗族自治县三江茶、苍梧六堡茶、桂平淮山、恭城月柿、浦北黑猪、横县甜玉米、隆安火龙果、昭平县昭平茶及系列产品，以及其他产业优势区的蔬菜、食用菌、粮食等产品。广西农业形象展参展企业48家，展出品种300多种。

第15届中国—东盟博览会中国—东盟农业国际合作展

2018年9月12~15日在中国广西南宁国际会展中心举行。由中国农业农村部和广西壮族自治区人民政府共同主办，主题为“乡村振兴 山水相连”。展区面积2600平方米，展示内容包括中国和东盟农业贸易及投资合作项目、一村一品、一镇一业成果等。本届展会增设域外展示区，泰国正大集团以及塔吉克斯坦、以色列、乌克兰等国的农业企业参展。中国山西、山东、河南、黑龙江、陕西、辽宁、海南、新疆等10个省份的企业参展，中国水利水电科学研究院、中国热带农业科学院等设立展位，湖南隆平高科、深圳华大基因、西安百跃羊乳等大型龙头企业参展，中国农业国际促进会及京东超市、黑龙江电子商务创业园区等设立展位。在展会期间，还举行华南西南8省共同促进区域农业开放发展战略合作框架协议、第15届中国—东盟博览会南向通道农业和产销项目签约仪式，以及第15届中国—东盟博览会南向通道农产品流通对接会、2018年富硒功能农产品品牌发展论坛、中国—东盟智慧农业及食品产业创新发展项目对接会等专场活动。

第2届中国—东盟气象合作论坛

2018年9月12日在中国广西南宁举办。由中国气象局和广西壮族自治区人民政府联合主办。论坛主题为“区域气象灾害的监测与信息共享”。中国气象局、广西壮族自治区人民政府、港澳地区气象部门，印度尼西亚、越南、老挝、缅甸、泰国、菲律宾、马来西亚、新加坡等东盟国家气象水文部门，联合国亚洲及太平洋经济社会委员会、台风委员会等机构代表出席。在9月13日开幕的中国—东盟博览会气象装备和服务展上，中国气象局发布面向东盟国家的风云气象卫星国际用户防灾减灾应急保障机制，并向老挝交付中国援建的气象演播系统。

9月12~15日，第15届中国—东盟博览会轻工展在广西南宁举行（百度网）

第15届中国—东盟博览会旅游合作对接会

2018年9月13日在中国广西南宁国际会展中心举行。中国、东盟各国以及21世纪海上丝绸之路延长线的非洲国家坦桑尼亚的旅游主管部门、企业代表等共200多人参加。会议由中国—东盟博览会秘书处与广西壮族自治区旅游发展委员会共同主办，中新互联互通南向通道旅游推广联盟为支持单位。对接会旨在健全和完善多维度、多渠道的旅游工作机制和交流平台，对接工作范畴涵盖旅游线路交流、旅游产品对接，酒店集团与旅游公司配套产品合作，航空公司与旅游公司包机合作，东盟10国旅游促进机构、旅游协会关于本国旅游合作相关政策和优惠措施解读，互联网旅游公司在线旅游产品与线下旅游地接社、航空公司、酒店集团的洽谈合作，旅游投资项目对接等。多边多国参与，国际化程度高是本次活动的一大亮点。参会代表来自东盟10国和坦桑尼亚等区域外国家，涵盖国家广泛，多国代表精准对接，确保取得更大范围的国际合作成果。

澜沧江—湄公河国家产能与投资合作论坛

2018年9月13日在中国广西南宁举行，是第15届中国—东盟博览会国际产能和装备制造合作系列活动之一。由中国国家发展和改革委员会、外交部、广西壮族自治区人民政府共同主办，中国国家发展和改革委员会国际合作中心、广西壮族自治区发展和改革委员会、外事侨务办、商务厅、广西国际博览事务局承办。论坛以“深化产能合作 促进共同发展”为主题，旨在为澜沧江—湄公河国家开展产能与投资合作搭建平台。来自澜湄6国政府部门、行业协会、研究机构、金融机构和企业、媒体界代表近300人参加。中国国家发展和改革委员会副主任兼国家统计局局长宁吉喆、广西壮族自治区政协主席蓝天立、老挝计划投资部副部长坎珍·冯桑本、柬埔寨外交与国际合作部副国务秘书宋速肯、泰国外交部副部长维拉撒·夫达坤以及缅甸工业部工业监督检查局局长杜艾艾文、越南工贸部亚非市场司副司长阮福南等出席论坛并致辞。

第4届中国—东盟统计论坛

2018年9月12～13日在中国广西南宁举办。由中国国家统计局、广西壮族自治区人民政府主办。新加坡、文莱、柬埔寨、老挝、马来西亚、缅甸、泰国、越南等国的政府统计部门以及中国国家统计局、广西壮族自治区政府部门共100余名代表参加。中国国家统计局局长宁吉喆、广西壮族自治区副主席费志荣、东盟轮值主席国新加坡统计局局长王辉锦致辞，中国国家统计局总经济师盛来运主持会议并作主旨发言。新加坡、文莱、柬埔寨、老挝、马来西亚、缅甸、泰国、越南等国的统计局围绕本国服务业统计介绍相关情况，并就进一步深化中国—东盟政府统计交流合作建言献策。东盟秘书处、中国国家统计局部分司局、广西壮族自治区统计局的代表在论坛上发言。在论坛开幕式上还举行《中国—东盟统计年鉴（2018）》发布仪式。

第15届中国—东盟博览会投资合作圆桌会

2018年9月12日在中国广西南宁举行。由中国商务部投资促进局主办，中国—东盟博览会秘书处承办。会议以“共建21世纪海上丝绸之路——中国—东盟投资合作新方向”为主题，邀请中国商务部亚洲司参赞刘军、中国—东盟博览会秘书处副秘书长杨雁雁以及东盟国家投资促进主管部门负责人出席会议并发言。会议围绕东盟国家与中国开展物流产业和农业经济合作的新政策与商机、利用中国—东盟博览会和境外展加强各国投资促进机构之间的交流合作等议题进行探讨。

中国—泰国产业合作发展论坛

2018年9月12日在中国广西南宁举办。由泰国商业部国际贸易促进司、中国—东盟博览会秘书处、广西崇左市人民政府共同主办，中国—泰国崇左产业园与《中国—东盟博览》杂志社联合承办。论坛以“提升南向通道‘黄金节段’，共建中泰产业合作大平台”为主题。广西壮族自治区副主席丁向群，崇左市委书记、市人大常委会主任刘有明致辞。崇左市副市长劳宁军主持论坛。中泰两国的约200名各界人士参会，论坛围绕中国与泰国等南向通道沿线国家产业合作的发展与趋势、南向通道对产业合作的促进等核心议题展开深入讨论。

2018中国—东盟博览会旅游展

2018年10月25～28日在中国广西桂林举办。主题为“携手合作构建中国—东盟旅游创新共同体”。展区总面积2.5万平方米，参展净面积近1万平方米，特装率74.6%。有54个境外国家和地区，国内20个省（自治区、直辖市）、广西14个市组团参展参会，参

9月12日，第15届中国—东盟博览会投资合作圆桌会在中国广西南宁举行 （百度网）

展商超过800家,专业观众6000人,参观公众16万人次。展会吸引300名境内外专业买家参会,其中境外买家200名,主要是境外关注中国市场的旅游批发商,分别来自美国、加拿大、意大利、法国、俄罗斯、日本、韩国等27个国家和地区;国内买家100名,分别来自北京、广东、四川、陕西等25个省(自治区、直辖市)的出境旅行社,其中全国百强旅行社11家。

本届旅游展共设七大展馆,包括"一带一路"主题馆、境外旅游专业展馆、广西国际友城旅游联盟展馆、国际旅游商品展馆、旅游消费展馆、广西旅游形象展馆、国内旅游专业展馆等。展会首日举办专业洽谈会,来自境内外近360家企业的代表参加买卖双方一对一贸易洽谈,实现贸易洽谈超过3000场,达成意向合作15项。旅游展首次设置广西国际友城展区,菲律宾宿务省、泰国素叻他尼府、日本熊本市、韩国济州市、俄罗斯沃罗涅日州、罗马尼亚登博维察省等6个广西境外友城参展参会;柬埔寨暹粒省省长率团参会,并在展会期间开展了民俗文化表演、旅游资源推介、贸易洽谈等多项活动。

2018中国—东盟博览会林木展

2018年11月16~19日在中国广西南宁举办。主题为"绿色、创新、合作"。由广西壮族自治区人民政府、中国国家林业和草原局共同主办,中国—东盟博览会秘书处、中国林产工业协会、广西壮族自治区林业局联合承办。展会内容涵盖中国与东盟林业全产业链,设有林业装备、人造板及木结构、红木家具及红木工艺品、家具及木竹根雕工艺品、花卉苗木、林下经济产品、森林旅游、林业经济发展及合作等八大展区,展区面积20000平方米。展会期间,举办投资东盟介绍会(越南农、林业专场)、第8届中国(南宁)林产品国际贸易论坛、2018第9届中国—东盟木文化活动暨匠心手作体验馆等系列专业论坛以及多场投资贸易促进活动。

10月25~28日,2018中国—东盟博览会旅游展在中国广西桂林举办

(百度网)

2018中国—东盟博览会柬埔寨展

2018年3月30日至4月1日在柬埔寨金边举办。柬埔寨商业部副部长春达拉、中国驻柬埔寨大使熊波、中国—东盟博览会秘书处秘书长王雷、柬华理事总会会长方侨生、柬埔寨中国商会会长高华以及中柬双方政府相关要员和商界领袖出席开幕式。展会展区面积8000平方米,设置440个展位,为中国—东盟博览会品牌旗下最大的一次东盟巡展。参展产品涉及机械设备、电子电器、农业、轻工、建材、节能环保等领域。同期举办柬埔寨投资推介会、中柬技术对接洽谈会、商务考察、贸易配对等活动。柬埔寨加华综合企业集团、国宏(柬埔寨)实业有限公司、柬埔寨老汉兴酒业(集团)有限公司、优联发展集团有限公司等柬埔寨著名企业参展。中国中央直属企业和广西、山西、福建、浙江、湖南、广东等20个省份的企业参展,其中包括中国—东盟技术转移中心、中国路桥工程有限责任公司、中国广核集团有限公司、中国冶金科工股份有限公司、中国检验认证集团、中国联合网络通信有限公司广西分公司、广西福沃得农业技术国际合作有限公司等。

2018中国—东盟博览会动漫游戏展

2018年4月29日至5月1日在中国广西南宁国际会展中心举办。中国文化和旅游部,广西壮族自治区文化厅、商务厅、广西新闻出版广电局、中国动漫集团有限公司、马来西亚数字经济发展机构等相关机构负责人和相关行业龙头企业出席开幕仪式。展会集展览、体验、观摩、比赛为一体。展区总面积15000平方米,设B2B商务展和B2C消费展,突出展示适合中国—东盟市场的优势动漫游戏产品及衍生品,集中展示动漫游戏的产品进出口、服务外包、开发制作、版权交易、出版发行、译制播放、项目发布、人才培训、创新创业、产业基地建设等行业合作。展会还安排吸引人气的主题乐园、衍生品销售、VR互动体验等内容,并举行系列赛事活动,如星舞银河全国宅舞大赛广西分赛区决赛、广西次元外文歌曲大赛、金龙奖cosplay大赛广西分赛区决赛、电竞互动嘉年华、中国—东盟电子竞技大赛启动仪式、首届广西网络动漫大赛启动仪式、48H动漫创意与视效预览邀请赛等。

2018中国—东盟(缅甸仰光)产品展览会

2018年5月17~19日在缅甸仰光举办。缅甸商务部部长丹敏、中国驻缅甸大使洪亮、中国广西壮族自治区政协副主席磨长英出席并致辞。缅甸仰光省省长漂敏登、仰光市市长貌貌苏，中国驻缅甸大使馆经济商务参赞谢国祥、中国—东盟博览会副秘书长杨雁雁，缅甸工商联合会主席佐敏温和缅甸商务部贸易促进局代表，以及本次展会的参展商代表等200多名嘉宾共同出席开幕式。展会参展单位和企业共103家，展位数200个，展区面积4800平方米。参展产品涉及建材，五金及照明，汽车、摩托车及零配件，机械设备，食品等行业，参展企业主要来自中国广东、天津、陕西、福建、广西等省（自治区、直辖市）。东风柳汽、上汽通用五菱、中国重汽集团青岛重工、中国重汽集团柳州运力、广西玉柴机器、齐鲁轮业、澳柯玛、青建集团、广西三环企业、柳州两面针等中国知名企业参展。展会期间还举办通商青岛品牌之都全球营销推介会及对接洽谈会、贸易配对会、金色缅甸营商环境说明会等活动。

2018中国—东盟市长论坛

2018年9月8日在中国广西南宁举办。由中国市长协会、广西壮族自治区住房和城乡建设厅、南宁市人民政府主办，广西市长协会、广西壮族自治区外事侨务办公室、广西壮族自治区社会科学界联合会等单位承办。论坛主题为“共建21世纪海上丝绸之路，创新中国—东盟城市合作”。广西壮族自治区主席陈武，中国市长协会副会长、国家住房和城乡建设部原副部长齐骥，广西壮族自治区政协副主席、党组副书记李康，广西市长协会名誉会长、广西壮族自治区原副主席袁凤兰，菲律宾众议长格落丽亚·马卡帕加尔·阿罗约，老挝原副总理宋沙瓦·凌萨瓦，泰中友好协会会长、泰国原副总理功·塔帕朗西等中国和东盟各国的政府部门、金融界、企业界、学术界的领导、专家近300人出席。

第2届中国—东盟艺术院（团）长高峰论坛暨中国—东盟戏剧合作交流机制成员单位年会

2018年9月9日在中国广西南宁举行。以“中国—东盟戏剧交流协作机制的建立与发展”为主题，围绕戏剧、教育、培训、电影等多形式多途径的合作方式和发展方向进行讨论。中国与东盟的69家艺术院团、高等院校及文化机构代表与会。会上，泰国艺术发展大学、漳州市布袋木偶传承保护中心等27个新加入合作交流机制的成员单位签署《中国—东盟戏剧合作交流机制谅解备忘录》。截至2018年共有79家中国—东盟艺术院（团）成为中国—东盟戏剧合作交流机制成员单位。

中国—东盟“一带一路”空间信息走廊合作发展论坛

2018年9月11日在中国广西南宁举办。由中国国家航天局和广西壮族自治区人民政府联合主办。以“共商、共建、共享、共用‘一带一路’空间信息走廊”为主题。来自泰国、新加坡、马来西亚、越南、老挝、缅甸等东盟国家和亚太空间合作组织的航天遥感专家以及中国多个部委、地方政府、卫星研制与应用单位代表共200余人参加。中国国家航天局副局长吴艳华、广西壮族自治区常务副主席秦如培出席论坛并致辞。中国国家航天局对地观测与数据中心主任童旭东、中国科学院空天信息研究院吴一戎院士、武汉大学李德仁院士、军事科学院尹浩院士以及泰国、新加坡、马来西亚、老挝和亚太空间合作组织等航天遥感专家作主旨报告。中国卫通集团、中国电信卫星通信公司、航天恒星公司、北斗星通公司等卫星研制、应用单位以及中国交通建设集团、招商局集团、保利集团等空间信息走廊用户单位代表，就中国卫星遥感、通信、导航在东盟国家的典型应用示范情况，航天国际合作模式以及相关政策建议等进行交流与研讨，反响热烈。论坛还面向东盟在防灾减灾、海洋监测、气象服务等方面的实际需求，开展项目对接洽谈。

2018中国—东盟环境合作论坛

2018年9月11日在中国广西南宁举办。主题为“大数据驱动生态环保创新”。由中国生态环境部与广西壮族自治区人民政府共同主办，东盟秘书处、柬埔寨环境部联合主办。中国生态环境部副部长赵英民，中共广西壮族自治区委员会常委、自治区副主席严植婵，东盟副秘书长阿拉丁·里诺，河北省副省长李谦，新加坡环境及水源部常务秘书蔡艾伯，老挝自然资源与环境部副部长本坎·沃拉吉，柬埔寨环境部环境保护总局局长亨·纳雷斯等重要嘉宾，东盟成员国环境部门高级官员、东盟国家城市代表、联合国环境署、瑞

9月8日，2018中国—东盟市长论坛在中国广西南宁举办　（百度网）

典斯德哥尔摩环境研究所等国际合作伙伴代表,以及中国生态环境部、广西壮族自治区人民政府、国内相关城市、机构和地方环境保护部门的官员、学者和企业界代表约400多人与会。

论坛由1个主论坛与2个分论坛组成,分论坛的主题分别为"生态城市建设助力实现2030可持续发展目标"和"绿色'一带一路'环境技术创新与合作"。会议期间,中国生态环境部副部长赵英民,中共广西壮族自治区委员会常委、自治区副主席严植婵,东盟副秘书长阿拉丁·里诺,新加坡环境及水源部常务秘书蔡艾伯等11名中国与东盟成员国的重要嘉宾,共同启动中国—东盟环境信息共享平台。分论坛一的与会代表分享中国和东盟城市落实可持续发展目标的创新路径,包括政府、企业和公众等各利益相关方对生态城市建设的贡献,为中国与东盟生态城市建设提供有益的信息和参考;在中国—东盟生态友好城市发展伙伴关系合作平台的基础上,吸纳中国与东盟优秀的环保企业,推动环保企业为城市提供环境问题综合解决方案,助力城市可持续发展;进一步拓展国际合作平台和网络,利用多方资源,共同为中国和东盟城市落实可持续发展目标提供助力。分论坛二则围绕绿色"一带一路"生态环保科技新技术开展交流研讨,推动环保科技创新与合作;加强环保合作机制和平台建设,完善国际环境治理体系,促进绿色发展,推动中国—东盟环境合作示范平台建设;深入交流研讨固体废物处置技术及产业,利用各种资源,共同推进中国和东盟在固体废物处置领域开展务实合作。论坛期间同步举办中国—东盟国际环保展。

第13届中国—东盟文化论坛

2018年9月11日在中国广西南宁开幕。中国文化和旅游部及东盟各国文化主管部门的高级官员、中国—东盟中心代表、艺术教育专家学者、文化创意企业代表等约100多人出席。中国文化和旅游部、广西壮族自治区人民政府、广西壮族自治区文化厅、东盟各国嘉宾及东盟秘书处、东盟基金会等机构代表分别作论坛主旨发言。

论坛以"传承创新,发展共赢——中国—东盟文化创意产业的交流与合作"为主题,旨在交流中国与东盟各国文化创意产业发展理念与实践经验,在文化领域促进中国—东盟命运共同体的建设。论坛期间举办系列内容丰富的文化活动,包括"民族瑰宝 八桂神韵"广西非物质文化遗产展演、"创意点亮生活"文创产品展示活动,以及第12届"红铜鼓"中国—东盟艺术教育成果展演、中国—东盟(南宁)戏剧周、中国—东盟(南宁)戏曲演唱会等配套活动。

9月11日,第13届中国—东盟文化论坛在中国广西南宁开幕　（百度网）

第8届东盟与中日韩粮食安全合作战略圆桌会

2018年9月11日在中国广西南宁举行,以"共享农业发展经验、共商乡村发展战略、共建区域发展共同体"为主题。老挝、菲律宾、印度尼西亚、韩国、泰国、越南、柬埔寨等国家的代表和联合国世界粮食计划署、亚洲开发银行、联合国粮农组织等国际组织代表共约150人参加与会,各方就农业发展、乡村发展、农民教育就业等方面的问题进行交流。会议围绕农民教育、农民组织化、农民就业等展开讨论,重点分享政策支持、激励机制、实务操作等方面的经验,探讨各国加强农民发展合作的重点方向和主要途径,并提出务实举措。

中越气象科技合作联合工作组第12次会议

2018年9月11～12日在中国广西南宁举行。会议回顾中越气象科技合作联合工作组第11次会议以来双边合作项目的执行情况。双方认为,中越作为友好邻邦,加强双边气象科技合作对于促进两国经济社会发展具有重要意义。双方商定,将在天气预报、气象信息交换、人才培训、气象仪器校准技术交流、亚洲区域气候预测、全球多灾种早期预警系统亚洲部分建设等六个领域加强交流合作。自中越气象部门签署合作备忘录以来,中越双边气象科技合作已开展25年,双方合作项目140多个,在天气预报、气象通信、教育培训、仪器装备、业务组织管理、邻近地区气象交流等领域开展务实合作,其中,针对台风等灾害性天气,中越气象部门建立天气会商机制,在防御气象灾害中发挥了重要作用,促进了两国气象防灾减灾事业的发展。

中国气象局局长刘雅鸣会见越南气象代表团并出席会谈纪要签字仪式。中国气象局副局长沈晓农,越南自然资源和环境部国家气象水文局代理局长陈鸿泰代表双方签署会谈纪要。根据会谈纪要，未来两年，中越气象部门将在天气预报、气象信息交换、人才培训等六个领域深化交流合作，共同推进气象现代化建设，提升两国气象部门业务科技水平和影响力，促进两国经济社会发展。

第3届中国—东盟农业合作论坛

2018年9月11～14日在中国广西南宁举办，由中国农业农村部与广西壮族自治区人民政府共同主办。联合国粮农组织、世界粮食计划署、国际农业发展基金等国际组织，东盟国家部长级官员、东盟秘书处，以及东盟国家企业代表约150人与会。与会代表围绕“共享农业发展经验，共商乡村发展战略，共建区域发展共同体”的主题进行深入交流与探讨。论坛的主要成果有：将2019年确定为“中国—东盟乡村交流年”，发布《中国境外农业开发产业联盟助力东盟农业农村发展合作倡议书》，推动广西与东盟国家建立友好乡村关系，编写《中国农村创业创新典型县案例集》英文版等。

中国—东盟红十字博爱论坛

2018年9月12～14日在中国广西南宁举办。由中国红十字会总会、广西壮族自治区人民政府主办，广西壮族自治区红十字会承办，红十字会与红新月会国际联合会为支持单位。以“共同引领、共同行动、共享未来”为主题。广西壮族自治区副主席黄俊华、中国红十字会副会长兼秘书长王平等出席论坛开幕式并致辞。柬埔寨、老挝、马来西亚、缅甸、新加坡、泰国、越南等东盟国家红会派出代表团参会。红十字会与红新月会国际联合会，红十字国际委员会，国内部分省级分会，澳门特别行政区红十字会，总会机关、部分直属单位，以及专家、学者和爱心企业代表等100余人参会。广西壮族自治区人民政府副秘书长、自治区红十字会副会长唐宁主持开幕式。各国红会代表分别就公共卫生、社区抗灾、应急救援三大议题发言，分享经验和做法，并就加强中国与东盟各国红会之间高层对话和进一步深化人道领域交流与合作等话题展开讨论。与会代表还观摩中国红十字专业救援队应急救援演练活动。

中国（百色）—东盟铝产业发展论坛

2018年9月12～13日在中国广西南宁举行。由中共广西百色市委、广西百色市人民政府主办。论坛以“推动中国—东盟铝产业高质量发展”为主题。与会代表分析中国—东盟铝业发展形势，围绕铝在交通、家具、建筑等领域未来发展趋势、中国与东盟铝产业合作和铝业人才交流等进行研讨。东盟国家代表、专家代表，中国国内铝业协会、高等院校、科研院所、涉铝行业领军人物及工商界代表，百色市相关领导、市直部门和涉铝企业负责人，自治区内外新闻媒体记者等共200多人参加论坛活动。

2018中国—东盟汇商聚智高峰论坛

2018年9月13日在中国广西南宁举办。由广西壮族自治区人民政府、中国科学技术协会主办，得到中国留学人员回国服务联盟、人力资源和社会保障部留学人员和专家服务中心支持，中共广西壮族自治区委员会人才工作领导小组办公室、自治区投资促进局、人力资源和社会保障厅、科协和北部湾办等部门共同承办。论坛以“引才引智引资，创新创业创富”为主题，主要活动包括论坛开幕式、高端对话和海内外高端人才创新创业成果展等。中共广西壮族自治区委员会副书记、中共广西壮族自治区委员会人才工作领导小组副组长孙大伟，中国科学技术协会副主席、书记处书记孟庆海，国家人力资源和社会保障部留学人员和专家服务中心党委书记、副主任邱春雷出席开幕式并致辞；中国科学院院士桂建芳，太平洋建设集团董事局副主席、苏商集团董事局主席严昕在开幕式上先后作主旨演讲。论坛开幕式由广西壮族自治区政协副主席刘正东主持。中国工程院院士李德发、蒋剑春，美国工程院外籍院士土井正男，加拿大四重院士诺曼·比尤利，加拿大工程院院士阿卜杜勒·加尼·瑞泽普，东盟工程院院士林伟豪，东盟工程与技术科学院院士梁如炳、何志昌，中国科学技术协会、国家人力资源和社会保障部相关司局负责人，中国留学人员回国服务联盟相关负责人，海内外知名专家学者和企业负责人以及广西有关部门负责人，参展项目方代表和广西人才工作机构、园区、企业、高校、科研院所、投资机构等方面的代表共400多人参加开幕式活动。

中缅经济走廊论坛

2018年9月13日在中国广西南宁举行。由中国国家发展和改革委员会、广西壮族自治区人民政府和缅甸计划与财政部联合主办。中缅相关政府部门、企业、金融机构、智库、行业协会等方面近300位代表参加。论坛以“共建中缅经济走廊，深化互利合作”为主题，旨在探讨建设中缅经济走廊，搭建中国与缅甸开展投资合作的平台载体，促进政府、金融机构、企业、行业协会间沟通交流，推动中缅双方在基础设施互联互通建设、科技、农业、电力等领域开展广泛合作。广西壮族自治区常务副主席秦如培致欢迎词。中国国家发展和改革委员会副主任宁吉喆和缅甸计划与财政部部长梭温共同出席论坛并作主旨演讲。

中国—东盟智慧安防论坛

2018年9月13日在中国广西南宁举行，论坛以

"构建智能化的社会治安防控体系"为主题。与会人员围绕智慧安防、警用装备、智慧城市背景下先进技术和产品如何互惠互利、合作共赢进行深入交流。广西壮族自治区公安厅常务副厅长许建忠,泰国前副总理王鹏狄,全国城市安防协会合作互助联盟理事长杨金才,东盟中国工商总会会长杨天华分别致辞。中关村公信卫星应用技术产业联盟理事长、工信部电子工业出版社总编辑、华信研究院院长刘九如主持本次论坛。中国通信学会常务理事、公安部科技信息化局原副局长牛晋,中央政法委"大数据与基层社会治理研究"课题组组长、雪亮工程大数据应用研究中心主任杨安教授,印度尼西亚安防技术与产业协会主席山尼苏哈里博士,亚洲智能建筑学会新加坡分会执行委员、世界无人机联合会新加坡分会会长谢庆辉分别作主题报告。亚洲太平洋安保协会越南分会会长阮富仲,公安部科技信息化局技安处副处长杨世峰,公安部科技信息化局原巡视员古小燕,公安部大型活动办公室原副主任温忠民,广西壮族自治区公安厅副厅长、广西警察协会会长陈一平,广西壮族自治区公安厅政治部主任宾正迎,广西警察协会副会长梁宏伟,中共广西警察学院委员会副书记刘向荣,广西警察协会副会长林汉碧,广西警察协会副会长何家伟。以及内蒙古、黑龙江、湖北、福建、广东、海南、云南、贵州、四川、新疆、重庆等省、直辖市、自治区和广西各市公安部门代表,相关政府部门主管领导,领军企业负责人等近200人参加论坛。

中国—东盟特色小城镇投资建设论坛

2018年9月13日在中国广西南宁举行。由中国商务部投资促进事务局、中国房地产业协会共同主办,以"产业、绿色、互融互通"为主题。中国房地产业协会会长刘志峰,中国商务部投资促进事务局副局长李勇,广西壮族自治区住房和城乡建设厅副厅长叶云,泰国前副总理王鹏狄,中共广西崇左市委常委、龙州县县委书记秦昆,中共成都市郫都区新民场镇委员会书记周超毅,中国建筑设计院城镇规划院副院长冯新刚,恒大集团研究院副院长夏磊等领导嘉宾到会发言。广西房地产业协会、恒大集团、碧桂园、保利置业、乐居控股、彰泰集团、北京润博投资、南阳置业等相关企业、金融机构、商协会代表约150人出席。

第6届中国—东盟物流合作论坛

2018年9月13日在中国广西南宁举行。由中国物流与采购联合会、广西壮族自治区人民政府主办,广西壮族自治区发展和改革委员会、交通厅、商务厅和广西物资集团、广西物流与采购联合会共同承办,防城港市政府协办。论坛以"聚焦南向通道建设,构建泛北部湾经济区物流一体化"为主题,围绕如何深化中国与东盟物流合作展开交流和探讨。中国物流与采购联合会、中国国家发展和改革委员会、中国物流学会、广西物流与采购协会,以及新加坡、泰国、越南、德国物流业专家学者和企业代表、商协会负责人、政府官员、企业代表等800多人参加。广西壮族自治区政协副主席李康出席论坛并致辞。中国物流与采购联合会会长何黎明,广西物资集团董事长、党委书记、广西物流与采购联合会会长戴毅等9位物流领域专家在主论坛上发表主题演讲。除主论坛外,还设有"特别推荐城市——防城港市特别推介交流会""发挥南向通道资源和优势,共建中国—东盟智慧生鲜供应链生态圈""建立南向通道多式联运体系,推进中国—东盟跨境联运常态化运营"3个专题论坛。

第10届中国—东盟金融合作与发展领袖论坛

2018年9月13日在中国广西南宁举行。由广西壮族自治区人民政府、中国金融学会、中国银行业协会、中国证券业协会、中国保险行业协会等共同主办。中国和东盟等国家的金融监管部门、金融机构、企业负责人及专家学者600多人参会。论坛期间,广西壮族自治区人民政府分别与中国再保险集团、中国信达资产管理公司签订战略合作协议,南宁市人民政府与中国银行(香港)有限公司签订东南亚业务营运中心落户南宁的合作意向书,中国再保险集团与柬埔寨国家再保险公司签订"一带一路"保险联合体合作备忘录,桂林银行与柬埔寨加华银行签订战略合作协议。

中国—东盟博览会网络安全协同创新论坛

2018年9月13~14日在中国广西南宁举办。由中小企业合作发展促进中心全国互联网金融工作委员会、北大纵横管理咨询集团、广西网络信息安全服务研

9月13日,第6届中国—东盟物流合作论坛在中国广西南宁举行

(广西新闻网)

究院主办，广西网络信息安全服务研究院和北大纵横管理咨询集团县域治理与发展研究院承办。以“建设网络安全协同创新体系，实践网络空间命运共同体”为主题，并聚焦“国际交流合作安全”“国际自主创新协作安全”“国际治理安全”三大网络安全主题和“国际人才体系与产学研协作联盟”“国际政府与企业行业应用模式”“国际数字城市”等基于中国—东盟网络安全协同创新体系的六大发展版块。论坛由公益组织发布数字公益需求，举行中国—东盟网络安全协同创新案例评选活动颁奖仪式，还举行战略协议签约仪式，由紫光集团（广西）公司、北大纵横管理咨询集团县域治理与发展研究院、广西网络信息安全服务研究院共同签订推动中国—东盟网络安全协同创新中心建设的战略协议。

第 4 届东盟—中国一体化投资战略合作论坛

2018 年 9 月 14 日在中国广西南宁举行。由东盟—中国工商总会主办，新零售公链 GrEARN 协办。以“共建 21 世纪海上丝绸之路，构建中国—东盟创新共同体”为主题。泰国前副总理王鹏狄、东盟—中国工商总会荣誉会长杨天华、东盟—中国工商总会副会长黄达、东盟—中国工商总会副会长林立群、GrEARN 联合创始人 Mr. Guo、GST 亚太社区创始人 Mr. Hu，以及来自泰国、柬埔寨、新加坡、马来西亚和中国的多名企业家参会。

第 2 届中国—东盟国际设计领袖高峰论坛暨灌江生态论坛

2018 年 9 月 14 日在中国广西南宁举行。由中国—东盟博览会秘书处、东盟—中国工商总会、中国生态文化协会、澳门国际设计联合会联合举办。以“国际生态环境可持续发展、生态危机与国家应对”为主题。中国与东盟各国政商界领导、国内外建筑设计及生态环保行业专家学者、文化艺术界名流、国内外知名设计师、主流媒体代表等约 200 多人参加论坛活动。

“健康丝绸之路”建设暨第 2 届中国—东盟卫生合作论坛

2018 年 9 月 19～21 日在中国广西南宁举行。由中国国家卫生健康委员会、国家中医药管理局和广西壮族自治区人民政府主办。主题为“创新卫生合作，共建健康丝绸之路”。中国国家卫生健康委员会副主任崔丽、广西壮族自治区副主席丁向群、老挝卫生部部长本贡·西哈冯、柬埔寨卫生部国务秘书特·库斯昂、马来西亚卫生部副部长李文材、缅甸卫生和体育部常务秘书德凯温、世界卫生组织驻华代表高力博士等重要嘉宾在论坛开幕式暨全体会议上致辞或作主旨演讲。东盟国家卫生部官员、医疗和学术机构代表，国际组织重要官员，国家卫生健康委员会、国家中医药管理局相关司局和直属单位负责人，各省（直辖市、自治区）卫生计生行政部门官员，广西壮族自治区直属各有关单位、各设区市政府和卫生计生行政部门、自治区直属卫生计生机构负责人等共 600 多人参加论坛。尼日尔应邀派出代表团作为观察员列席论坛全体会议。论坛发布《“健康丝绸之路”建设暨第 2 届中国—东盟卫生合作论坛合作倡议》。（张磊）

第 15 届中国—东盟商务与投资峰会

中国—东盟商务与投资峰会概况

2003 年 10 月，中国国务院总理温家宝在印度尼西亚巴厘岛举行的第 7 次中国—东盟 10＋1 领导人会议上提出，每年举办中国—东盟商务与投资峰会和中国—东盟博览会，作为推动中国—东盟自由贸易区建设的一项实际行动。这一建议得到东盟各国领导人的积极响应，并写入主席声明。

2004 年 11 月，第 1 届中国—东盟商务与投资峰会和第 1 届中国—东盟博览会在中国广西南宁国际会展中心举行。

中国—东盟商务与投资峰会由中国贸促会、中国商务部和广西壮族自治区人民政府共同主办，东盟工商会、中国—东盟商务理事会、文莱国家工商会、柬埔寨总商会、印度尼西亚工商会馆、老挝国家工商会、马来西亚全国工商总会、缅甸工商会联合会、菲律宾工商会、新加坡工商联合总会、泰国工业联盟、越南工商会协办，中国—东盟商务与投资峰会秘书处承办。其宗旨是为推动中国与东盟的全面经济合作，推动中国—东盟自由贸易区建设，搭建中国与东盟各国政府宣传经贸政策的平台，促进中国与东盟工商界的了解与合作，促进政府、学术界和企业界之间更广泛的互动和对话，表达工商界对政府的意愿。至 2016 年，已举办 13 届中国—东盟商务与投资峰会和中国—东盟博览会。自 2014 年起，中国—东盟商务与投资峰会和中国—东盟博览会开幕式合并举办。

2016 年 9 月 11～14 日，第 13 届中国—东盟商务与投资峰会与中国—东盟博览会在广西南宁国际会展中心举行。9 月 11 日，第 13 届中国—东盟商务与投资峰会与中国—东盟博览会合并开幕，中共中央政治局常委、国务院副总理张高丽发表主旨演讲。除开幕式外，本届峰会还举办中国—东盟信息港论坛、中国—东盟电子商务峰会、中国—东盟卫星导航合作论坛、第 2 届 21 世纪海上丝绸之路与推进国际产能和装备制造合作论坛、中国—东盟工商论坛、中国—东盟企业家合作高端对话会、首届中国—东盟商会领袖高峰论坛、越南国家领导人与中国企业 CEO 圆桌对话会等重要活动和系列论坛。

2017 年 9 月 12 ~ 15 日,第 14 届中国—东盟商务与投资峰会在广西南宁举行。9 月 12 日,第 14 届中国—东盟商务与投资峰会与第 14 届中国—东盟博览会合并举行开幕式。本届峰会更加突出服务和促进中国及东盟商界的交流与合作,达到凝聚共识,深化共赢合作的目的。峰会框架下举办文莱国家领导人与中国企业 CEO 圆桌对话会、中国—东盟商界领袖论坛、中国—东盟电商平台成果展示与线下活动、中国—东盟商事法律合作研讨会、东盟东部增长区贸易投资研讨会等系列活动和论坛,并举办多种专题投资促进推介会,以更好地服务中国—东盟自由贸易区升级版建设。

2018 年 9 月 12 ~ 15 日,第 15 届中国—东盟商务与投资峰会在中国广西南宁举行。9 月 12 日,与中国—东盟博览会一起举办开幕式。会议期间举行柬埔寨领导人与中国企业 CEO 圆桌对话会、中国—东盟商界领袖论坛、首届"一带一路"新经济发展论坛、首届"一带一路"青年领袖论坛、中国—东盟跨境电子商务发展论坛、中国—东盟商事法律合作研讨会等系列论坛,还举办《对话:15 年峰会铸就辉煌》访谈节目、峰会 15 周年杰出贡献人物颁奖仪式等纪念活动,以总结过去、展望未来、凝聚共识。

首届"一带一路"新经济发展论坛

2018 年 9 月 13 日在中国广西南宁举办。由中国国际贸易促进委员会和中国广西壮族自治区人民政府主办。中国—东盟商务与投资峰会组委会副主任、中国国际贸易促进委员会副会长陈洲、中国广西壮族自治区人大常委会副主任张秀隆出席论坛并致辞。中国、东盟和"一带一路"其他沿线国家知名专家学者、工商界人士等 350 人出席。论坛以"新形势、新挑战、新机遇"为主题,设置主题演讲与对话两个环节。与会嘉宾围绕全球经济复苏、新一轮产业革命、全球贸易投资新趋势、中国改革开放 40 年带来的机遇和面临的贸易保护、贸易摩擦、发展失衡、单边逆全球化等热点进行讨论,旨在把握"一带一路"新经济形势,迎接机遇和挑战。在演讲环节中,巴基斯坦前总理肖卡特·阿齐兹,德国经济部前部长绍夫乐,中共中央政策研究室原副主任郑新立,马来西亚战略和国际事务研究所高级研究员、驻 WTO 前总代表苏帕曼,敦煌网创始人、首席执行官王树彤,中国社会科学院研究生院特聘教授王彬生,上海科学所副所长李万,财新数联首席经济学家陈沁分别发表主题演讲。

第 4 届中国—东盟保险合作与发展论坛

2018 年 9 月 7 日在中国广西南宁举办。由中国银保监会和广西壮族自治区人民政府联合主办。广西壮族自治区副主席丁向群、中国银行保险监督管理委员会授权代表姜波主任出席并致辞。老挝、缅甸、菲律宾、泰国等 9 个东盟国家和"一带一路"沿线其他国家和地区的 32 名保险监管机构高级代表,东盟保险理事会、中国保险行业协会、中国保险学会等保险业界的代表参加论坛活动。论坛主题是"互动融合:推进区域保险监管合作服务'一带一路'建设"。本论坛已逐步发展为深化中国与东盟及亚洲周边国家和地区保险领域交流合作的一个重要机制,对于服务中国—东盟经贸关系发展、支持"一带一路"工作开展、以及促进亚洲区域保险监管合作交流具有推动作用。

柬埔寨国家领导人与中国企业 CEO 圆桌对话会

2018 年 9 月 11 日在中国广西南宁举行,以"中柬经贸合作 实现共同发展"为主题。柬埔寨首相洪森分别与中国国家开发银行、中国大唐集团、中国华电集团、上海建工集团、红豆集团、华为技术有限公司的高层领导进行对话,推动双方在金融、电力、园区、工程承包、通讯等领域逾 80 亿美元的项目合作。中国—东盟商务与投资峰会组委会副主任、中国国际贸易促进委员会副会长陈洲致开幕辞,中国广西壮族自治区主席陈武致欢迎辞,柬埔寨首相洪森致辞。中、柬两国的政府官员、工商界代表等约 250 人参会。

首届"一带一路"(东盟)农业投资合作论坛

2018 年 9 月 11 日在中国广西南宁举办。由中国农业部与广西壮族自治区人民政府联合主办。中国农业部、外交部、商务部、国家粮食局、各省农业厅等相关部门领导及相关企业代表,东盟各国农业部、东盟秘书处代表,以及世界粮食计划署(WFP)、国际食物政策研究所(IFPRI)和国际农业发展基金(IFAD)等国际组织相关人士近 200 人与会。论坛同期举办中国—东盟博览会农业国际合作展,集中展示中国—东盟农业合作成就、品牌、农业产业园区、农业高新技术和投资项目、物流和冷链运输等。

中国—东盟信息港卫星应用产业合作论坛

2018 年 9 月 11 日在中国广西南宁举行。由中国国家互联网信息办公室、工业和信息化部、中国卫星导航系统管理办公室指导,广西壮族自治区人民政府主办,广西壮族自治区工业和信息化委员会、广西壮族自治区国际博览事务局、桂林电子科技大学联合承办。以"星空互联 创新共赢"为主题。中国科学院院士杨元喜,广西壮族自治区常务副主席秦如培,北斗卫星导航系统副总设计师、中国卫星导航系统管理办公室主任冉承其,国家互联网信息办公室信息化局副局长钟世龙,国家工业和信息化部电子信息产业司副司长乔跃山,菲律宾经济特区管理署棉兰老岛保税区主席

Franklin Ouijano，广西壮族自治区人民政府副秘书长黄胜杰等领导和嘉宾出席，中国和东盟主要国家卫星技术应用相关政府部门、企业、商协会、高校院所等组织的中外代表约300人应邀参加。论坛由广西壮族自治区工业和信息化委员会主任莫桦主持。论坛聚焦卫星通信、北斗导航等技术创新、融合应用、产业发展等重要话题，谋求合作共赢，推动中国和东盟各国卫星应用领域深度交流合作，分为领导和嘉宾致辞、主题演讲、主题报告、合作交流、签约仪式、产品发布、嘉宾对话等7个环节。广西壮族自治区常务副主席秦如培，北斗卫星导航系统副总设计师、中国卫星导航系统管理办公室主任冉承其，国家互联网信息办公室信息化局副局长钟世龙，国家工业和信息化部电子信息产业司副司长乔跃山，菲律宾经济特区管理署棉兰老岛保税区主席 Franklin Ouijano 分别致辞。中国科学院院士杨元喜，中国北斗系统应用专家组组长、中国兵器工业集团党组成员、副总经理曾毅，北京航空航天大学北斗丝路学院院长景贵飞，泰国比谷索拉道路服务公司总经理 Raksit Thipatanapong 等分别演讲。

第3届中国—东盟信息港论坛

2018年9月12～14日在中国广西南宁举行。由中国国家互联网信息办公室、国家发展和改革委员会、工业和信息化部、广西壮族自治区人民政府联合主办。以“共建数字丝路，共享数字经济”为主题，包括1个主论坛、9个分论坛（网络人文发展论坛、5G技术与应用论坛、卫星应用产业合作论坛、电子商务论坛、数字经济论坛、数字丝路产业合作论坛、智慧城市论坛、新一代信息技术产业创新发展论坛、华为全球物流峰会）。

广西壮族自治区主席陈武致欢迎辞，中国国家互联网信息办公室副主任杨小伟、柬埔寨邮电部国务秘书罗·素拉卡、老挝邮电部副部长本沙林塞·肯纳翁、马来西亚国际贸易与工业部副部长王建民、缅甸交通与通讯部常务秘书长祈伟、新加坡通讯及新闻部副常任秘书陈丽珊出席并致辞。广西壮族自治区副主席费志荣主持。中国科学院院士、北京理工大学副校长梅宏，美国高通公司中国区董事长孟樸，华为公司董事、高级副总裁兼首席信息官陶景文，中国移动通信集团有限公司副总经理董昕，印度NIIT（安艾艾迪）信息技术有限公司全球副总裁兼中国区总裁柯谋，浪潮集团有限公司董事长兼CEO孙丕恕，中国联合网络通信集团有限公司副总经理梁宝俊，新加坡劲升逻辑有限公司副首席执行官莊国强，中国—东盟信息港股份有限公司总裁鲁东亮，中国信息通信研究院副院长王志勤，阿里巴巴集团副总裁刘松依次发表演讲。中国、美国、印度和东盟国家的政府官员、企业代表、商界领袖、专家学者500余人出席主论坛。

论坛举办期间，还举办5G技术与应用、数字经济技术与应用两场体验式展示。中国移动通信集团公司等基础电信企业，华为、大唐、爱立信等通信设备制造商，富士康、航天云网等典型应用企业，集中展示最新颖、最具代表性的“可接触、可互动、可体验”的5G应用，让嘉宾充分领略5G与家居、汽车、生产等传统行业融合所带来的翻天覆地的变化。数字经济技术与应用展示将呈现数字经济与实体经济、社会治理、百姓生活融合应用的新理念、新实践、新发展、新成果、新业态。

本届论坛与会相关单位签署一批合作协议，如广西壮族自治区人民政府与中国华录集团、京东集团等签订战略合作框架协议；中国—东盟信息港股份有限公司与马来西亚 red ONE 公司、新加坡劲升逻辑公司等签订合作协议；数字广西集团与华为、浪潮、科大讯飞等签订战略合作协议，取得一系列务实合作成果。

中国—东盟信息港5G技术与应用论坛和展示

2018年9月12～14日，中国—东盟信息港5G技术与应用展示在中国广西南宁举行。由中国工业和信息化部和广西壮族自治区人民政府共同主办，广西壮族自治区通信管理局、中国信息通信研究院、中国移动广西公司联合承办。本次参展企业包括华为、大唐、爱立信、诺基亚贝尔等通信设备制造厂商，集中展示最新颖、最具代表性的“可接触、可互动、可体验”的5G应用设备。其中，VR 360°高清直播、5G无人挖掘机、5G工业4.0机器臂、5G自动驾驶、5G智慧交通、5G智慧家居、5G智慧环卫、数字天空等5G互动体验设备，受到众多中外嘉宾及新闻媒体记者的关注，争相参观体验，近距离感受5G与家居、汽车、生产等传统行业融合所带来的翻天覆地的变化，领略5G技术的魅力。本次展示共吸引超过1800名嘉

9月12～14日，第3届中国—东盟信息港论坛在中国广西南宁举行 （百度网）

宾和新闻媒体记者到场参观,新闻媒体记者还进行现场直播和体验视频录制。广西壮族自治区副主席费志荣,广西壮族自治区政协副主席黄日波,老挝邮电部副部长本沙林塞·肯纳翁,马来西亚国际贸易及工业部副部长王建民观看展示。

9月13日,中国—东盟信息港5G技术与应用论坛在中国广西南宁举行。由中国工业和信息化部和广西壮族自治区人民政府共同主办,广西壮族自治区通信管理局、中国信息通信研究院、中国通信学会、中国移动广西公司、中国电信广西公司、中国联通广西分公司联合承办。以"拥抱5G时代,共筑数字丝路"为主题。中国—东盟行业主管部门,中国工程院院士,各基础电信运营商、通信设备商以及应用企业,各地政府、企业和媒体代表等400多人与会。会上,举行中国移动5G规模组网建设及应用示范工程广西南宁市试点启动仪式。并邀请中国移动、中国电信、中国联通等基础电信运营企业,华为、中兴、大唐、爱立信、诺基亚等通信设备商,航天云网、富士康、佰才帮等应用企业5G专家进行内容丰富的主题演讲和圆桌讨论。

第3届中国—东盟商会领袖高峰论坛

2018年9月13日在中国广西南宁举办。由广西壮族自治区人民政府、全国工商联、中华海外联谊会联合主办,广西海外联谊会、广西壮族自治区工商联、自治区投资促进局共同承办,海内外商协会支持举办。旨在围绕促进国际陆海贸易新通道建设,交流发展思想,创新合作机制,签谈合作项目,凝聚商会力量,共同推动中国和东盟沿线国家或地区在经济、社会、文化等方面开展全方位、宽领域、多层次的务实合作。中国、东盟国家重要嘉宾及海内外重要商协会机构负责人、知名企业家等300多人参加论坛。全国工商联党组成员、副主席王永庆,中共广西壮族自治区委员会常委、统战部部长徐绍川出席论坛并致辞,自治区政协副主席、广西壮族自治区工商联主席磨长英主持论坛开幕式。

各方围绕"共建共享国际陆海贸易新通道,促进影响力投资和可持续发展"主题展开对话,共商在"一带一路"建设中推动产业合作,实现互利共赢。全国工商联原副主席、川商总会会长刘永好,华彬集团董事长严彬,中国—东盟商务理事会理事长许宁宁,桂商总会会长李非列,太平洋建设董事局主席严昊,贵州众筹金融交易所所长刘文献等嘉宾先后发表主旨演讲。在论坛总体框架下,还举办共建共享国际陆海贸易新通道专题论坛、影响力投资和可持续发展专题论坛。中共广西壮族自治区委员会统战部常务副部长林怀勇主持论坛主旨演讲。中共广西壮族自治区委员会副秘书长梁志强,广西壮族自治区政协港澳台侨和外事委员会专职副主任欧廷杰,中共广西壮族自治区委员会统战部副部长、自治区工商联党组书记熊春寒,自治区投资促进局局长杨春庭,中共广西壮族自治区委员会统战部部务委员覃定坚出席论坛。

2018中国—东盟信息港电子商务论坛

2018年9月13日在中国广西南宁举办。由广西壮族自治区人民政府主办,广西壮族自治区商务厅承办,以"电商产业新融合·数字商务新发展"为主题。汇聚中国与东盟国家电子商务领域的专家学者和行业精英,围绕"跨境电商新机遇""电子商务与物流协同发展""电商扶贫 乡村振兴"三大议题开展主题演讲,旨在深化中国—东盟互联网领域的经贸合作,共享数字经济发展新机遇,打造中国—东盟跨界互联、创新发展的电商生态体系,共谱中国—东盟电商发展新篇章。

中共广西壮族自治区委员会常委、自治区副主席严植婵,菲律宾打拉省省长苏姗·雅普,柬埔寨邮电部国务秘书罗·索卡拉,马来西亚雪兰莪州行政议员罗兹雅·伊斯梅尔,中国商务部驻南宁特派员办事处副特派员王德生,中国国家邮政局市场监管司副司长边作栋等中国和东盟国家政要出席并致辞。京东、苏宁、顺丰、乐村淘、中国邮政等中国电商领军企业和缅甸、越南、泰国、马来西亚等东盟国家企业及其他各界代表300多人参加论坛活动,共同探索中国—东盟电商发展的新路径,促进中国—东盟电商企业合作。

论坛期间,还分别举行2018年度广西电子商务进农村项目和中国(南宁)跨境电子商务综合试验区启动仪式。

中国—东盟信息港数字丝路产业合作论坛

2018年9月13日在中国广西南宁举行。由广西壮族自治区人民政府指导,中国—东盟信息港股份有

9月13日2018中国—东盟信息港电子商务论坛在中国广西南宁举办
(新浪图片)

限公司主办。中国和东盟各国政府官员、企业高管、专家学者等700余人,围绕“互联东盟　数赢未来”主题展开探讨。论坛分为四大环节:领导致辞、主题演讲、共筑平台、成果发布。广西壮族自治区副主席费志荣、缅甸交通运输部常务秘书长U Chit Wai致辞。中国东信总裁鲁东亮,中国互联网产业投资基金总经理李筱强,中国信息通信研究院副院长何桂立,北京邮电大学经济管理学院教授、国家电子商务教指委副主任、中国信息经济学会副理事长吕廷杰,柬埔寨Cellcard公司CEO Ian Watson,紫光集团联席总裁、新华三集团总裁兼CEO于英涛,广西大学副校长、中国—东盟信息港大数据研究院院长范祚军,运满满联合创始人、总裁苗天冶,九次方大数据创始人王叁寿,缅甸Myan Tel公司CEO Christian Lynn,真格基金创始人、新东方联合创始人徐小平等发表主题演讲。论坛宣告由中国东信牵头成立的中国—东盟信息港数字经济产业联盟启动。

中国—东盟商标品牌论坛

2018年9月13日在中国广西南宁举行。由中国国家市场监督管理总局、国家知识产权局、广西壮族自治区人民政府共同主办。论坛主题是“商标品牌战略与经济发展”。东盟9国政府相关部门负责人,非政府组织、专家学者代表,中国相关部委、国内部分省(直辖市、自治区、计划单列市)工商局负责人,国内知名经济学家、企业家等正式代表300人与会。广西壮族自治区副主席李彬出席论坛并致辞。中国国家市场监督管理总局党组成员、国家知识产权局党组书记、副局长刘俊臣,柬埔寨商务部国务秘书欧克.帕奇,印度尼西亚政府代表团团长、印度尼西亚贸易部出口发展总司总司长阿琳达,老挝科技部副部长苏鲁东·桑德拉,马来西亚国内贸易、合作与消费者事务部副部长张健仁,菲律宾政府代表团团长、菲律宾贸工部副部长诺拉·克拉多分别发表主旨演讲。缅甸教育部研究创新司司长温凯,泰国商务部知识产权厅副厅长婉蓬·尼可瓦娜詹拉,越南国家知识产权局副局长李玉霖,世界知识产权组织中国办事处主任陈宏兵分别作主题报告,介绍各国和世界知识产权组织为保护商标等知识产权、知识产权创新应用的相关制度、措施和经验。

香港知识产权署首席知识产权审查主任温淑雯、山东省工商局局长李关宾、广西壮族自治区工商局局长冯学军、广州王老吉药业股份有限公司董事长兼总裁方广宏、重庆江小白酒业有限公司董事长兼CEO陶石泉、恒源祥(集团)有限公司总经理陈忠伟等3名企业家代表和中国—东盟商务理事会执行理事长许宁宁、中国人民大学教授俞明轩分别作主题发言。论坛期间,广西壮族自治区工商局和京东集团签署优化市场环境《战略合作框架协议》。

第15届中国—东盟博览会企业家暨支持商协会交流大会

2018年9月11日在中国广西南宁举行。由中国—东盟博览会秘书处主办。广西壮族自治区人大常委会副主任杨静华、中国—东盟博览会秘书处副秘书长杨雁雁与来自中国、东盟国家的知名企业代表、支持商协会、合作单位代表以及坦桑尼亚、澳大利亚、美国等区域外国家企业代表等400位嘉宾出席本次活动。广西壮族自治区人大常委会副主任杨静华、柬埔寨中国商会会长陈长江等致辞。

第3届中越跨境经济合作论坛暨中国东兴—越南芒街跨境经济合作区专场推介会

2018年9月12日在中国广西南宁举行。由广西壮族自治区发展和改革委员会、商务厅、北部湾办公室、中国—东盟博览会秘书处、防城港市人民政府等单位共同主办,广西东兴国家重点开发开放试验区(简称东兴试验区)管委会承办。广西壮族自治区发展和改革委员会、商务厅、公路管理局、台湾事务办公室、外事侨务办公室,人民银行南宁中心支行,广西边防总队等部门和单位领导,越中友好协会副主席阮荣光、越南社会科学院经济院副院长黎春创,越南广宁省芒街市、平辽县、海河县代表团,以及国内其他省市试验区、跨境经济合作区,战略合作伙伴、商协会、侨商会代表及境内外媒体记者等共300多人出席。

推介会共签订19个合作协议,包括投资项目协议14个,签约总金额159.66亿元人民币,涉及商贸旅游、黄金、跨境加工和跨境物流、通用航空、加工贸易、机械制造、体育用品、生命健康、智能产品研发、纺织服装等领域。作为本次活动的一大亮点,中国东兴—越南芒街跨境经济合作区在南宁国际会展中心B1C009展馆精心布置特装展位,展位面积285平方米,以突出的边海特色全面展示东兴跨境经济合作区的功能定位、发展优势、规划布局、重点项目、投资政策、入园企业及其产品等情况。

中国(海南)自由贸易试验区企业家座谈会

2018年9月12日在中国广西南宁举行。座谈会旨在进一步宣传推介中国(海南)自由贸易试验区对外开放政策,促进东盟国家与海南经贸交流水平提高。日本、老挝、马来西亚、越南等国家和中国境内外投资贸易机构、商协会和重点企业代表共70人参加座谈,国内外企业嘉宾在座谈会上进行广泛交流,共商互利共赢,部分企业现场表达与海南省携手发展的愿望。

中国河北省投资贸易对接会

2018年9月12日在中国广西南宁举行。河北省政协副主席孙瑞彬、广西壮族自治区副主席李彬，泰国前副总理、东盟中国工商总会荣誉会长王鹏狄以及泰国、印度尼西亚、马来西亚、柬埔寨、缅甸、菲律宾等国家政商界代表和广西有关单位负责人等参加对接会，并与河北省17个开发区管委会负责人和“走出去”企业代表进行面对面洽谈。孙瑞彬、李彬致辞。河北省商务厅及相关园区管委会负责人介绍河北省重点园区并发布重点招商项目，还举行合作项目签约仪式。

中国驻东盟国家大使馆经商参赞与企业家交流会金融服务圆桌会议

2018年9月12日在中国广西南宁举办。由中国—东盟博览会秘书处、广西壮族自治区商务厅、中国工商银行国际业务部共同主办，中国工商银行金边分行、广西分行承办。中国驻东盟国家大使馆的经商参赞、中国工商银行东盟海外机构、海外企业、中央企业及广西知名企业代表共160人。出席。广西壮族自治区人大常委会副主任张晓钦在开幕式上致辞。

中新互联互通项目南向通道国际供应链合作圆桌会·冷链物流专场

2018年9月12日在中国广西南宁举办。广西壮族自治区副主席丁向群、中新(重庆)互联互通示范项目管理局局长韩宝昌、中国物流与采购联合会副会长兼秘书长崔忠付等出席并致辞。本届圆桌会以“南向通道国际冷链物流合作与发展”为主题，包含高层论坛和企业对话会两个半场。中国、新加坡、马来西亚、越南、韩国、美国、中国港澳台等国家和地区的200多位嘉宾出席。开幕式上还举行中国—东盟国际供应链指数运行启动仪式，中国物流与采购联合会、东盟物流协会与广西壮族自治区南向办围绕共同推进物流体系的互联互通，促进供应链合作向智慧化数字化转型，推进标准化合作。中国物流与采购联合会与东盟物流协会提出《中国—东盟国际供应链合作倡议》。

东盟(广西)产业园区投资合作交流会

2018年9月12日在中国广西南宁举行。由广西壮族自治区商务厅和欧盟广西总商会共同主办。欧盟、美国、加拿大等国家和地区相关商协会、企业代表，广西产业园及相关企业负责人共80多出席。南宁经济开发区、中国—马来西亚钦州产业园区等4家国家级经济技术开发区和南宁高新技术产业开发区、凭祥综合保税区、北海出口加工区、桂林经济技术开发区、粤桂合作特别试验区等产业园区分别就园区投资环境、政策、产业和重点招商项目进行推介。

马来西亚投资推介会

2018年9月13日在中国广西南宁举行。由马来西亚投资发展局主办。马来西亚驻广州总领事馆投资处暨马来西亚投资发展局驻广州办事处高级官员，马来西亚东海岸经济特区发展理事会、沙捞越再生能源区域走廊发展局和沙巴经济发展投资局高级官员，以及中马两国企业界代表等共约100人出席。

文莱投资商机推介会

2018年9月13日在中国广西南宁举行。由文莱经济发展局主办。在会上，文方代表表示，“一带一路”倡议的实施，为文中两国共同发展创造了新的历史机遇，希望更多的中国企业到文莱谋求发展，双方可在旅游项目开发与推广、基础项目投资建设、文化交流等领域进一步扩大合作领域，实现互利共赢。

菲律宾商机推介会

2018年9月13日在中国广西南宁举行。菲律宾贸工部、菲律宾投资署相关人士向参会客商介绍该国投资环境、政策和项目。推介会上，菲方表示，近年来，良好的自然资源环境和日益改善的政府鼓励投资政策，使菲律宾的投资环境得到很大改善。共建“一带一路”是下一步菲中两国合作的重点和亮点。此次菲律宾遴选了很多优质项目向中国企业家推介，期待在农业、文化旅游、经济贸易、人工智能与大数据、教科文卫与人才培养培训，以及基础设施建设等投资领域与中国企业界深度合作。

柬埔寨贸易投资和旅游推介会

2018年9月13日在中国广西南宁举行。由柬埔寨商业部和中国—东盟博览会秘书处联合主办。广西壮族自治区副主席张秀隆、柬埔寨王国商业部副部长春达拉、广西壮族自治区人民政府副秘书长蒋家柏、广西壮族自治区农业厅副厅长温达勤等出席，中柬两国政府官员、企业家代表等共400多人与会。张秀隆和春达拉分别致辞。柬埔寨首相洪森亲王顾问、加华银行集团主席方侨生勋爵，柬埔寨旅游部副部长帕索洪，柬埔寨发展理事会副理事长努安瓦恩拉和金边经济特别区杰茜女士分别就“柬埔寨贸易与金融”“柬埔寨工作发展计划”“中国对柬埔寨的旅游景点策略”和“金边经济特区”进行重点推介。会议还举行中柬合作项目签约仪式，广西福沃得农业技术国际合作有限公司和北京空间飞行器总体设计部参与签约。

老挝—中国投资对话会

2018年9月13日在中国广西南宁举行。由老挝计划投资部、老挝工贸部主办。本对话主题是“农业投资与促进”。在会上，主办方介绍了老挝万象省经济发展和投资环境等情况。万象省农业资源、矿产资源、旅游资源丰富，希望在这些领域加强与中国的合作，欢迎更多的中方企业特别是广西企业到万象省投资。

泰国投资机遇推介会

2018 年 9 月 13 日在中国广西南宁举行。由泰国投资促进委员会主办。广西壮族自治区商务厅、泰国投资促进委员会，以及中泰两国企业代表等约 100 人出席。泰国投资促进委员会重点介绍了泰国投资环境、投资机遇、泰国政府最新投资优惠政策和泰国重点工业园区。这是泰国投资促进委员会第 9 次参加中国—东盟博览会并举办泰国投资推介会。

中新南向通道陆路主通道——广西凭祥综合保税区投资商机恳谈会

2018 年 9 月 13 日在中国广西南宁举行。由广西凭祥综合保税区管委会主办。广西凭祥综合保税区管委会、广西壮族自治区商务厅、凭祥海关、越南、中国东部沿海地区的加工贸易企业和现代物流企业代表参会。广西凭祥综合保税区管委会副主任朱厚岩就广西凭祥综合保税区的加工贸易产业、现代物流业投资政策进行宣传推介，凭祥海关副关长王军向与会嘉宾介绍海关支持加工贸易产业、现代物流业的最新政策。广西凭祥综合保税区与广西北投农产品投资公司、广州同康药业有限公司等 6 家企业代表现场签订 6 个重大项目，项目投资总额 20. 56 亿元。

印度尼西亚国家推介会

2018 年 9 月 13 日在中国广西南宁举行。印度尼西亚西苏门答腊省省长普拉尼托 · 伊万、广西壮族自治区人大常委会副主任杨静华、中国驻印度尼西亚大使馆经商参赞王立平、广西壮族自治区人大常委会副秘书长莫小峰、中国和印度尼西亚的企业代表等出席。推介会上，太平洋建设与印度尼西亚家和集团签署战略合作协议，太平洋建设创始人、五味书院院长严介和见证签约。

自然缅甸——国家推介会

2018 年 9 月 13 日在中国广西南宁举行。由缅甸商务部贸易促进局主办。缅甸副总统敏瑞、缅甸商务部部长丹敏、缅甸克伦邦计财部部长登乃、缅甸驻华大使帝林翁出席。缅甸数字经济、宝石、豆类与芝麻、咖啡与茶叶、水果等行业的企业家代表分别进行推介发言。会上还举行合作签约仪式，缅甸纺织协会、珠宝协会与中国的两家技术学院分别签订合作备忘录。

新加坡专题论坛

2018 年 9 月 13 日在中国广西南宁举行。新加坡工商联合总会在新加坡贸易及工业部的支持下举办，以“携手狮城、辐射东盟、放眼国际”为主题。新加坡企业发展局、新加坡经济发展局、新加坡国际仲裁中心、敦升法律事务所、大华银行等政府及非政府机构的高管代表与参会者分享新加坡在经商环境、区域投资合作、法律仲裁与金融合作等领域的优势。新加坡的专业服务企业代表与参会者就财务、金融、法律等课题进行探讨与交流。

越南采购商业专场贸易对接会

2018 年 9 月 13 日在中国广西南宁举行。由中国—东盟博览会秘书处和越南贸易促进局共同举办。200 多家越南采购商、350 家中国企业代表参会，为历届对接会规模之最。对接会为中越双方采购商提供精准配对、高效互动平台，中国供应商与越南卖家开展一对一对接，在农业机械、生活消费品、家居用品、电力设备、建筑装饰材料等 30 多个领域开展务实合作。

坦桑尼亚国家推介会

2018 年 9 月 13 日在中国广西南宁举行。坦桑尼亚桑给巴尔副总统伊迪、坦桑尼亚驻中国大使姆贝尔瓦 · 凯鲁基、坦桑尼亚贸易和工业部部长阿米纳 · 阿鲁姆 · 阿里等出席推介会，向中国客商重点推介坦桑尼亚的投资环境和政策、自然和旅游资源等。

粤桂合作特别试验区先进制造业论坛

2018 年 9 月 13 日在中国广西南宁举行。由国家技术转移东部中心、上海乾享智能科技集团股份有限公司主办。论坛围绕“国际轻工产品包装自动化之中国实践”主题，探讨在“中国制造 2025”国家战略背景下，自动化生产、智能制造技术对制造业转型升级，实现“制造”向“智造”转变所发挥的积极推动作用。上海乾享智能科技集团国际项目总监肖均等发表主旨演讲。

豫桂物流合作洽谈会

2018 年 9 月 13 日在中国广西南宁举行。河南省和广西壮族自治区两省区政府及物流、经贸企业代表共 300 余人参会。广西凭祥综合保税区、龙邦—茶岭边境经济合作区、中国东兴—越南芒街跨境经济合作区、中国—马来西亚钦州产业园区，河南自由贸易试验区洛阳片区代表和陆港公司、中原四季水产公司、陈氏阳光公司等企业代表分别作推介发言。现场签署 6 份合作协议，分别为：河南省商务厅与广西壮族自治区商务厅战略合作框架协议；郑州国际陆港开发建设有限公司与龙邦—茶岭边境经济合作区合作协议，预计年业务量达 68 亿元；越南高平进出口总公司与河南中原四季水产贸易协议，年交易额约 65 亿元；传化智联与广西信格科技有限公司合作协议，金额约 3. 68 亿元；郑州铁路开发集团有限公司与越南哈特科物流公司贸易协议,年交易额预计3.6亿元;郑州陈氏阳光果蔬贸易有限公司与广西万生隆投资贸易有限公司东盟国家水果进口储运项目协议,金额约6.5亿元。

陕西培育千亿级奶山羊产业东盟推介会

2018年9月13日在中国广西南宁举行。由陕西省人民政府主办,陕西省农业厅和陕西商务厅承办,陕西红星美羚乳业股份有限公司协办。陕西省出席第15届中国—东盟博览会政府代表团团长、陕西省政协副主席杨冠军等出席。还举行"富平羊奶粉·国家地理标志保护产品美羚羊奶粉·生态原产地保护产品"全国巡回推广启动仪式及陕西主要羊乳企业与客商签约仪式。

2018中国—东盟信息港数字经济论坛

2018年9月14日在中国广西南宁举行。以"共创数字未来,共享经济红利"为主题,围绕数字经济区域性合作、云计算、大数据、智慧城市、虚拟现实、人工智能、智慧物流、信息安全等新业态、新技术的发展前景进行主题交流,为国内外企业参与中国—东盟数字经济合作发展搭建高端对话平台。论坛由广西壮族自治区发展和改革委员会、广西投资集团有限公司主办,数字广西集团有限公司、华为技术有限公司共同承办。中共广西壮族自治区委员会常委、自治区常务副主席秦如培,中国国家信息中心副主任马忠玉,柬埔寨王国邮电部国务秘书罗素拉卡等中国和东盟国家政要出席并致辞。论坛吸引300多名中国和东盟的政府官员、企业家和专家学者参加,为中国和东盟各国的数字化建设者提供了面对面交流的机会。

中国—东盟信息港智慧城市论坛

2018年9月14日在中国广西南宁举行。中共广西壮族自治区委员会常委、自治区副主席严植婵,中国工程院院士倪光南,中共南宁市委副书记、市长周红波,自治区人民政府副秘书长周光华,中央网信办计算机网络与信息安全管理中心科技委副主任刘勇,来自缅甸、泰国、新加坡等国家的政府代表,海口市等15个城市的领导,美国、马来西亚以及国内智慧城市各相关领域的知名企业家和技术专家出席。论坛还举行"一码通城"项目启动仪式和项目签约仪式,南宁市人民政府与蚂蚁金服集团、科大讯飞公司、360企业安全集团、金蝶国际软件集团等国内知名企业签订框架协议。浪潮集团有限公司、数梦工场、赛尔网络有限公司等8家企业签署入驻中国—东盟新型智慧城市协同创新中心协议。南宁市与贺州市签订《一码联城战略合作协议》,共同推进南宁市与贺州市"一码联城"工作。

贵州投资合作推介会

2018年9月14日在中国广西南宁举行。由贵州省商务厅主办。贵州省商务厅、广西壮族自治区相关政府部门,有关省(直辖市、自治区)及东盟国家代表,贵阳市、六盘水市、铜仁市、黔西南州、贵安新区等地领导及企业代表等约100多人参会。贵阳、六盘水两市代表就投资环境以及招商引资重点项目做专题推介。

(张磊)

第20届南宁国际民歌艺术节

南宁国际民歌艺术节开幕晚会

2018年9月12日晚,第20届南宁国际民歌艺术节暨第15届中国—东盟博览会和中国—东盟商务与投资峰会开幕晚会"大地飞歌·2018"在广西文化艺术中心大剧院举行。晚会以"唱响新时代·民歌咏芳华"为主题,共分为三大篇章:"大美壮乡""丝路情缘""新时代颂"。戴玉强、张英席、喻越越、李思宇、陈春燕、韦晴晴等中国优秀艺人,以及来自越南、老挝、泰国、菲律宾、柬埔寨、法国等国家的歌手参与演出。

9月12日晚,第20届南宁国际民歌艺术节暨第15届中国—东盟博览会和中国—东盟商务与投资峰会开幕晚会"大地飞歌·2018"在广西文化艺术中心大剧院举行 (广西新闻网)

开场歌舞《广西尼的呀》拉开了晚会的序幕。晚会的开篇"大美壮乡",由观众耳熟能详的经典歌曲的全新演绎所组成,以唯美大气的视听感受实现个体经历与时代大潮、个人情感与集体情感同频共振的感官刺激,用极富时代感的民族音乐讲好壮乡故事。广西歌手陈春燕演唱的广西民歌《山歌年年唱春光》《壮乡春早》唱出了八桂大地的浪漫多情。而令人眼前一亮的是，南宁越人合唱团演绎的《绿水青山都是歌》，用全新的创意合唱方式，向世人展现如诗如画的南宁美景，勾勒出南宁山美、水美、歌美、人更美的迷人画卷。

晚会第二篇章“丝路情缘”，在节目编排上既有民族乐器与西洋乐器的水乳交融，也有古典舞蹈和现代流行的激烈碰撞；既有美声演唱也有中国戏曲，充分表现了中外文化之美与合作共赢的丝路精神。老挝的《一带一路》、越南的《过桥风吹》、柬埔寨的《丝路同行》、俄罗斯的《山楂树》《纺织姑娘》等歌曲用不同的语言共谱美妙和弦。中国著名歌唱家张英席和法国歌手金小鱼一起演唱的跨界之作《梨花颂》，将歌剧《图兰朵》中最著名的咏叹调《今夜无人入眠》融合在京剧中，进行一次跨界演出，让人耳目一新。

第三篇章“新时代颂”，通过情景交融的艺术形式，歌颂在习近平新时代中国特色社会主义思想指引下，中国人民敞开胸襟、拥抱世界、努力奋斗。《不忘初心》《世界知道》《我爱你中国》等歌曲让人激情澎湃、热血沸腾，奏响振奋人心的主旋律。歌手喻越越带来第12届中国（南宁）国际园林博览会主题曲——《世界知道》，寓意南宁越来越为世人瞩目，更是通过歌声向世界发出真诚邀请——2018年冬季到南宁看园博。

由古诗词改编的歌曲《牧童》清新典雅，韵味十足，让人耳目一新；《沂蒙山小调》《山丹丹花开红艳艳》《山歌好比春江水》等岁月的歌声，带领观众回望过去，重温时代的变迁。2018年的民歌节期间也恰逢中国的第34个教师节，歌曲联唱《每当我走过老师窗前》《苔》讴歌教师呕心沥血，教书育人，默默奉献的优秀品德，通过歌曲向广大的教育工作者致敬。少年强则国强，歌曲《少年中国说》则唱出少年自强自立的昂扬志气，也唱出对未来的美好畅想。著名歌唱家戴玉强演唱的意大利歌曲《我的太阳》及《我爱你中国》，掀起晚会高潮，极具穿透力的高音久久回荡在剧场上空，令人陶醉，振奋人心。

结束歌舞《二十年后再相会》将全场气氛推向最高潮，舞台大屏幕上绽放出绚丽的牡丹花，寓意着祖国繁荣昌盛，现场观众纷纷和声，与舞台上的歌手互动。在《二十年后再相会》的优美旋律中，第20届南宁国际民歌艺术节“大地飞歌·2018”晚会落下帷幕。民歌节舞台以其独有的包容性，让多种民歌文化在这里碰撞，多种地域文化在这里互融互通，为观众献上一场音画盛宴。

“绿城歌台”群众文化活动

2018年南宁国际民歌艺术节“绿城歌台”群众文化活动主题为“欢歌新时代·扬帆海丝路”，共设置14个歌台：民歌湖歌台1个，各县区分歌台12个，校园分歌台1个。民歌湖歌台连演4场，每天有不一样的主题晚会；各县区分歌台、校园分歌台各演一场，共17场演出。

民歌湖歌台　9月13～17日，在南宁民歌湖广场举办。主要活动包括：“欢歌新时代·扬帆新征程”2018年南宁国际民歌艺术节“绿城歌台”群众文化活动开幕式晚会，第10届广西“魅力北部湾”群众文化活动开幕式晚会，2018年南宁国际民歌艺术节“绿城歌台”群众文化活动——“相约民歌湖畔·共眷天下民歌”中外大型民歌专场，第10届广西“魅力北部湾”群众文化活动闭幕式晚会，2018年南宁国际民歌艺术节“绿城歌台”大型戏曲专场晚会。

2018年南宁国际民歌艺术节“绿城歌台”群众文化活动开幕式晚会于9月13日晚在南宁民歌湖大舞台举行。开幕晚会分为“歌坡相会”“醉美民歌”“欢歌新时代”3个篇章：“歌坡相会”篇章展现少数民族以歌会友场景，原汁原味的山歌，体现广西少数民族民歌的多样性，让观众领略广西少数民族文化的独特魅力和地域特色。“醉美民歌”篇章展示世界著名的民歌民乐，《梦壮乡》《蝴蝶吻花山》《山歌牵出月亮来》等几首原创新民歌点燃了现场的气氛。在“欢歌新时代”篇章，《高铁开进壮乡来》《绿水青山都是歌》等原创歌曲体现了壮乡的新风貌。晚会在歌舞《大地之约》中结束。

第10届广西“魅力北部湾”群众文化活动暨“春雨工程”——2018年全国文化志愿者广西行开幕式晚会于9月14日晚在南宁民歌湖大舞台举行。以“十年

9月13日，2018年南宁国际民歌艺术节“绿城歌台”群众文化活动开幕式晚会在南宁民歌湖大舞台举行　（百度网）

征程路，扬帆北部湾”为主题。晚会分为“序：梦起北部湾”“春华秋实”“雨润万物”“唱响丝路”“尾声：乘风远航”五大篇章，将广西各地的独特民俗和民族风情节目巧妙融合在一起，充分展示广西公共文化事业站在新时代新起点上展现的新气象、新作为。舞蹈《硕果》、女声独唱《壮乡春早》、歌舞《相聚北部湾》、配乐舞蹈诗朗诵《新的征程》等节目，让观众领略文化志愿者帮助他人、服务社会、无私奉献、传播文化的动人风采。

兴宁区歌台　9月15日上午在广西金桥国际农产品批发市场举办。开场舞《忆山歌》拉开2018年南宁国际民歌艺术节“绿城歌台”群众文化活动“百年商埠活力塘站”兴宁歌台暨兴宁区文化旅游购物节的序幕。歌台演出吸引众多市民驻足观看。歌台分“情怀篇”“活力篇”“收获篇”等，浓郁的乡土气息与现代音乐新元素相结合，将《忆山歌》《古巷探戈》《挑货郎》等历届民歌节经典歌曲精彩演绎，并融入东盟国家及自治区内外优秀歌舞节目中。兴宁区在举办歌台演出的同时，还举办城区文化旅游购物节和金桥农特丰收节，突出“兴宁百年商埠，食在金桥”丰收、喜庆、和谐的氛围。

青秀区歌台　9月14日晚在南宁南湖公园三月三欢歌广场举办，近3000多名市民到场观看。晚会分为“声脆古岳”“踏歌青秀”“歌海广西”“民歌中国”4个篇章，通过一首首熟悉而又经典的旋律把现场观众的思绪带到远方，燃起美好的青春记忆，《漓江谣》《赶圩归来阿哩哩》《绿水青山都是歌》《三月三九月九》《走西口》《映山红》《康定情歌》等节目相继上演。晚会注重音乐的本真魅力，拒绝假奏假唱，所有演唱曲目均为电声乐团现场伴奏，邀请众多国内外有影响力的歌手加盟当晚的活动，有广西著名歌唱家陈春燕、广东星海音乐学院男高音歌唱家贾双辉、广东歌舞剧院李思音、广东南方歌舞团马金蕊、刘广生等。演员阵容强大，亮点突出，舞美设计华丽，充分展示青秀区现代时尚、多元的都市文化内涵。

江南区歌台　9月14日在南宁沙井大道融晟天河·海悦城举办。活动在鼓舞《活动·江南》中拉开序幕，以平话师公岳豉为原型，辅以中国红龙豉、立豉等元素，场面热闹、喜庆。情景剧《平话·源》以平南村的起源作为时代背景，通过情景剧的表现形式，表达平话的起源、变化、发展。平话童谣《邕江水边欢乐多》，描述当下平话儿童在邕江边幸福生活的快乐场景，蓝蓝的天，青青的水，和爸爸妈妈在江边玩泥巴、捉虾蟹。小品《八姑治病》讲述的是一个真实的故事，通过治病救人的隐喻手法彰显江南区扶贫领域优秀代表、典型人物梁彩丽（扬美人称“八姑”）勤劳善良、诚实守信、乐于助人的良好形象，教导人们要谨记古镇祖先留下的村规民约，不能以次充好，要诚实守信。舞蹈《扬美洒歌》以扬美码头人的生活方式为基础，表现出扬美码头人的洒脱、豪迈与柔情。舞蹈《水墨·江南》以氤氲舒卷的水墨为主导，将根竹坡和江南区的大美风光，以飘逸嫣然的舞姿徐徐展开。活动在歌舞平话文化旅游节的主题曲《平话声屏》中圆满结束，寓意着一代代人平话传承，筑造了江南文化魅力，抒发江南区人民群众的自豪感、幸福感。

西乡塘区歌台　9月13日，2018年南宁国际民歌艺术节“绿城歌台”群众文化活动暨西乡塘区香蕉文化旅游节、美丽南方休闲农业嘉年华开幕式在石埠街道办忠良村美丽南方文化广场举行。震撼的《盛世大鼓》拉开文艺演出帷幕，舞蹈《丝路霓裳》和杂技《肩上芭蕾》等多元素节目先后登场。西乡塘区美丽南方休闲农业嘉年华乡村民俗大巡游活动向现场、嘉宾和观众展示牛身彩绘、“农”妆艳抹、民俗文化、知青文化、东盟十国文化、青瓦房马战、花车等7个方阵表演，体现了西乡塘区美丽南方的民俗风情。

良庆区歌台　9月14日晚在良庆区大沙田滨江广场举办。熟悉的旋律、悦耳的嘹山歌吸引数千观众到场观看。歌台以“壮韵嘹山水良庆”为主题。通过具有浓郁民族特色的歌舞节目来展现城区颇具韵味的民族特色文化和多姿多彩的民间艺术，让原生态嘹山歌文化魅力再次得到充分展现。当晚，歌台上除了本地嘹山歌大放异彩之外，泰国和巴西艺术家表演的舞蹈《泰魅力》和《火热的桑巴》，也给观众带来别开生面的歌舞节目。

邕宁区歌台　9月15日上午在万达茂广场举办。以“激情八音，魅力园博”为主题。节目精彩纷呈，元素丰富。由于第12届中国（南宁）国际园林博览会落户邕宁区，邕宁区以此为契机，用壮族传统八音表演，迎接第12届园博会和八方宾客的到来。本次活动不仅有壮族传统山歌、八音艺术表演，还有魔术、戏曲以及国际民间艺术家团队带来的异域风情，现代与传统融合，为现场嘉宾、观众带来一台高质量、高水平、中西合璧的文化视听盛宴。其中，舞蹈《点米成画》是根据邕宁区的自治区非物质文化遗产“点米成画”所改编，艺术家们用优美的舞姿、精彩的编排展现非物质文化遗产的魅力，以及对非物质文化遗产的传承，赢得观众阵阵掌声和喝彩。

武鸣区歌台　9月14日上午在富鸣城投一号综合楼举办，以“歌海壮乡魅力武鸣”为主题。来自巴西、西班牙的艺术家与武鸣区、宾阳县的文艺表演者欢聚一堂，载歌载舞，同台献艺，为现场观众奉献一台中外文化和谐交融的歌舞联欢盛会。歌台演出的节目主要从第9届乡村社区和谐文艺大展演中选出，表达武鸣壮乡人民为加快推进“一带一路”建设，开拓创新、诚信务实、热情豪迈的情怀。歌台节目共11个，其中由外国艺术团体表演的节目有3个。

横县歌台　9月14日上午在横县横州公园举办。演出活动在欢快热烈的舞蹈《相约花乡》中拉开帷幕。身穿艳丽民族服装的群众演员在台上跳起富有地方特色的舞蹈,展现花乡富饶美丽的喜人景象以及花乡人民乐观向上、热情好客的精神风貌。横县文艺工作者和青少年演绎的《美乐花乡》《山灵》《茉莉花开幸福来》等富有本土特色文艺节目,也受到观众热烈欢迎。1000多名群众到场观看。

宾阳歌台　9月14日晚在宾阳县文化广场举办。宾州镇炮龙协会歌舞《龙腾宾州》一开场就把整个歌台闹个沸腾,酣畅淋漓地述说着宾阳炮龙文化的悠远历史和发展振兴。应邀到场的武鸣区舞蹈《八桂欢歌》展示出一幅"八桂青山连绿水,壮汉融合报春晖"的优美画卷。广西青年歌手韦辉洪深情演唱《清水河恋歌》,优美的歌声情浓似水,让观众感受到深切的乡愁。北非布尔鼓打击乐团的《木鼓舞》热情而奔放,展示着非洲民族文化的古老和纯朴。戏曲《梨园春色》《稻花乡里》、歌舞《昆仑古道》、柬埔寨特色舞蹈、舞蹈《五彩梦》、小组唱《牛背上的达尼》、独唱《千年之约》、舞蹈《再唱山歌给党听》、民歌《广西尼的呀》等优秀节目逐一登场,载歌载舞欢唱新时代。

上林歌台　9月14日在上林县人民会堂举办。来自斯里兰卡、俄罗斯、广西隆安各族自治县的艺术家同台献艺,载歌载舞,为上林观众带来美的享受。舞蹈《鼓韵中国》拉开歌台帷幕,震撼的鼓声与舞动的彩带相得益彰。接着,隆安的歌舞《梦中的布泉河》表达对家乡的热爱,舞蹈《红良打铁·铸》谱写打铁人的生存状态和对未来美好生活的憧憬,展现壮乡人不屈不挠的奋进。西燕镇春燕艺术团表演的舞蹈《祈》把上林县壮族师公祈福舞的踩莲祈福以艺术形式表现出来,祈求风调雨顺、国泰民安。斯里兰卡科伦坡舞蹈团的舞蹈《僧伽罗族传统舞蹈》充满异域风情,极具民族特色的古典,让观众大饱眼福。最精彩的是由俄罗斯两位知名艺术家带来的双人舞蹈《力量之美》,该舞蹈结合中国传统杂技与本国特色,将力量与柔美完美结合,展现出不一样的形体之美,力量之美。魅力四射的异国风情舞蹈,掀起整个歌会的高潮。现场还上演《少年中国梦》、舞蹈《播》、歌曲《老家》、三声部民歌《上林欢迎你》等节目。

隆安歌台　9月14日晚以"决胜小康宜居'那'乡"为主题的隆安县歌台开唱,节目精彩,引人入胜。一场欢快的歌舞《"那"乡欢歌》拉开演出序幕,歌的旋律、舞的多姿彰显隆安人民对幸福生活的向往。六娅组合的山歌表演《日夜相守》、上林县春燕艺术团的壮族歌舞《冉壮嫁女》、广东化州特色舞蹈表演《化橘红之歌》等精彩节目带着观众领略了不同的风情。歌台上还有澳大利亚班达伯格市的弦乐团带来的《迷幻》《松河的土风舞会》,充满异国情调的表演让观众深深陶醉其中。演出在歌伴舞《我们的新时代》中结束。

马山歌台　9月14日晚在马山县人民大会堂举办。鼓舞《广西尼的呀》拉开晚会序幕,舞蹈《陪你一起走过》、三声部民歌《了蝈蝈》、扁担舞《壮家的扁担会唱歌》,歌曲《父老乡亲》和《壮族敬酒歌》、舞蹈《瑶酒祭天》、四重唱《我们共同的家》、舞蹈《俏妹牧羊趣》等相继上演。马山歌台得到来自斯里兰卡、俄罗斯等远道而来的国际友人助阵,俄罗斯杂技表演《力量之美》、斯里兰卡科伦坡舞蹈队的舞蹈《僧伽罗族传统舞蹈》让观众体验到异域风情。晚会在歌伴舞《走进美丽时光》中落下帷幕。

校园歌台　9月15日在广西外国语学院大智广场举办。以"青春为名与梦想同行"为主题,来自菲律宾、乌克兰的艺术家和全国各地的演员齐聚邕城,载歌载舞,为观众献上一场极具东盟风情和浓厚壮乡古韵的文艺盛会。在现场,《呗侬情深》《广西尼的呀》《山海欢歌》等传统壮乡特色的歌舞轮番上演,其中,开场歌舞《采茶欢歌》令人印象深刻。据玉林市采茶剧团的覃旺月介绍,节目改编自本地传统戏曲采茶戏,表现丰收时节劳动人民一边唱山歌一边采茶的生活情景,他们要将广西南方特有的采茶戏曲文化展现给东盟各国友人。精彩节目一个接着一个,乌克兰摇滚歌手的一曲《喜欢你》将现场气氛推向高潮,标准的粤语发音、动情的演唱,赢得观众阵阵掌声。

2018年中国—东盟(南宁)戏剧周

2018年9月7～12日在南宁举行。由南宁市人民政府、广西壮族自治区文化厅联合主办,中国文化和旅游部对外文化联络局、中国—东盟中心指导,南宁市文化新闻出版广电局、南宁市外事侨务办公室共同承办,广西戏剧家协会、南宁市文学艺术界联合会、红线女艺术中心协办,南宁市民族文化艺术研究院具体执行。本届戏剧周以"丝路起航新时代,戏海扬帆新征程"为主题。中国、新加坡、马来西亚、印度尼西亚、文莱、越南、泰国、柬埔寨、缅甸、菲律宾、老挝等11个国家的26个优秀院团聚集南宁,共演出40场精品剧目。越南派出越南国家话剧院、越南国家木偶剧团、越南国家丛剧院、越南丽玉剧团4个国家级的文艺院团。泰国孔剧融合舞蹈、音乐、诗歌、武术等艺术形式于一身,是世界级非遗项目。泰国艺术发展大学演员阵容强大,多位孔剧导师带来最精美华丽的服装与道具,全身心投入排练,演绎《罗摩衍那·筑路篇》,讲述罗摩王子如何在聪明智慧的神猴哈奴曼帮助下跨越大洋与龙卡王托萨卡交战的故事。菲律宾新萌芽戏剧舞蹈团带来的舞剧《塔波邦》,展示马拉邦市不同的历史事件、民生、文化传统，表达人们追求自由解放、主权完整和城市发展的愿望。此外，还有越南国家木偶剧院的木偶剧《绣球花舞》、广东省木偶艺术剧院儿童剧《垃圾大战》、漳州市布袋木偶传承保护中心《布袋木偶戏传承展演》、云南艺术学院戏剧学院演出的《星际奇遇记》等多场适合少年儿童观看的精彩剧目。

9月12日晚，2018年中国—东盟（南宁）戏剧周闭幕大联欢晚会在南宁民歌湖水上大舞台举行。晚会分为《有朋远来》《百越风情》《朱槿花开》《梨园春秋》《万紫千红》等五大篇章。晚会邀请参加本届戏剧周活动的中国与东盟11国艺术家及相关文化机构、东盟各国文化官员、文化名人等互动联欢，共享中国—东盟戏剧合作交流机制结出的丰硕成果。（张磊）

东盟国家重要展会

第28届越南国际贸易展览会暨国际电子电器（越南）展

2018年4月10～13日在越南河内国际会展中心举办，由越南工贸部主办。旨在促进全国进出口贸易和经济投资合作。展会设展位近1000个。柬埔寨、中国、捷克、古巴、中国香港、印度尼西亚、日本、韩国、老挝、马来西亚、缅甸、俄罗斯、新加坡、泰国、美国、越南等20个国家和地区的650家企业参展参会。现场合同签约总金额6亿多美元。在展会期间，越南工业贸易部举办出口促进论坛，为国内外企业介绍越南经济、贸易、投资情况和越南促进出口的政策。

2018亚洲（泰国）国际食品展览会

2018年5月29日至6月2日在泰国曼谷的IMPACT展览中心举办。由德国科隆国际展览公司（Koelnmesse GmbH）主办。作为东南亚地区最大的食品展，本届展会设11个展馆：CHALLENGER 1－3号馆及IMPACT 1－8号馆。吸引中国、日本、韩国、德国、美国、比利时、埃塞俄比亚、澳大利亚、马来西亚、新加坡、印度尼西亚、菲律宾、印度、波兰、越南、挪威、苏格兰、中国香港、中国台湾等42个国家和地区近3000家展商，海外参展商占51%左右，其中中国参展商占13%；专业观众数量超过6万人。亚洲（泰国）国际食品展览会自2004年开始举办，一年一届。

第2届老挝万象国际建材展览会

2018年6月7～9日在老挝万象国际展览中心举办，是老挝政府重点支持的重要国际展会之一。由马来西亚吉隆坡AMB展览有限公司主办。展会展区面积3604平方米，140家企业参展，观众5489人。同期举办老挝水处理展（LAOWATER）、老挝能源展（LAOENERGY）和老挝暖通展（LIVAR）。本展会自2017年开始举办，每年一届。

2018年越南国际通信电子展等系列展会

6月7～9日，2018年越南国际通信电子展、2018年越南国际广播电视展暨2018年越南国际电子展等系列展会在越南胡志明市举办。由Adpex股份公司、越南互联网协会（VIA）、越南信息学协会（VAIP）、越南科学与技术部科技市场与企业发展局（NATEC）等联合主办，吸引越南信息技术领先集团和日本、韩国、新加坡、中国香港、泰国、印度等20个亚洲国家和地区的300多家企业参展。此次展会成为有关通信、广播电视、信息技术、传媒等领域的经验交流及相关技术转移平台，同时有助于促进相关领域的国际合作。展会期间还举办由越南国内外资深专家主持的系列专题研讨会，围绕数字革命时代、物联网、人工智能、虚拟现实、虚拟现实交互、社交网、云计算、移动、大数据等议题展开讨论。

缅甸第55届玉石珠宝交易会

2018年6月20～29日在缅甸内比都举行。缅甸副总统亨利班提育、当地政府官员以及缅甸珠宝协会成员等出席开幕式。参加本届交易会的缅甸本土珠宝商有1203人，来自中国、泰国、加拿大和美国的外国珠宝商有3132人，总成交额4.23亿欧元。珍珠、宝石和翡翠矿石分别于6月20日、23日和24日开标，陆续揭晓成交价。参展的翡翠矿石有6795堆、宝石336堆、珍珠360堆。每堆珍珠和宝

9月7～12日，2018年中国—东盟（南宁）戏剧周在南宁举行（百度网）

石底价为500欧元起，翡翠矿石堆底价为4000欧元起，翡翠成品底价为1000欧元起。本届参拍玉石珠宝批数同比增长约5%，参会竞标商人总数减少约10%。玉石在缅甸经济中一直是重要的出口物资，出口额常年排名出口物资前列。缅甸翡翠公盘自1964年开始举办，一年一届。

2018 泰国清迈兰纳博览会

6月22日至7月1日在泰国清迈国际会展中心举办。泰国副总理威萨努，中国驻泰国清迈总领事馆总领事任义生，泰国清迈府、夜丰颂府、南奔府府尹，美国、日本、韩国等10多个国家驻清迈总领事、领事等约500人出席博览会开幕式，近万名当地民众到场参加开幕式活动。清迈大学孔子学院承办本次博览会中国馆文化展示系列活动。

第18届越南国际农业展

2018年6月29日至7月1日在越南岘港会展中心举办。由越南农业与农村发展部主办，旨在推动贸易促进活动以及推广和提升越南农业的品牌形象。展会以“高科技农业产品，面向农业可持续发展”为主题，意在介绍越南农业尤其是高科技农业的发展成就，为加强高技术农业的投资合作创造平台，为企业与地方对接互动创造机会。本届农业展共设展位200个，展出有关食品和农产品加工机械设备、农业机械、兽药、植物保护剂、绿色农林水产品、幼苗、种子等产品。此次展览还吸引来自泰国从事农产品加工和销售的企业参展。展会期间还举行科技咨询研讨会，与外国伙伴举行投资促进论坛以及各地方特色菜肴的推介会等活动。

2018年第4次越南—老挝贸易博览会

2018年6月30日至7月2日在老挝万象举办。主题为“友好合作共促发展”。由老挝国防部、贸工部与越南国防部、贸工部共同主办，两国120多个单位和企业参展，共设200多个展位，展区面积6000平方米，其中越南企业设有120个展位，展示纺织品服装、皮鞋、农林海产品、手工艺品、加工食品、电力和电子产品、饲料、肥料、建材等优质产品。老挝50家企业设有80个展位，展示本国的代表性产品。展会期间还举办了越老企业对接会、文艺表演活动等。

第29届马来西亚国际包装展览会

2018年7月19～22日在马来西亚吉隆坡太子世界贸易中心举行。展会总面积18000平方米，来自世界各国的200多家企业参展，共设立约300个展位，外商参展比例高达75%，展会期间共接待来自马来西亚全国各地、东南亚各国和中东地区的专业贸易观众3.9万人次，85%的展品被现场订购。展品主要有包装设备、包装成型机械、包装材料、食品机械和烘焙设备等。

2018 文莱第21届消费品展暨文莱国家采购交易会

7月24～31日在文莱达鲁萨兰国际会展中心举行。由文莱工业与初级资源部、文莱中华总商会、中国—东盟自由贸易网联合主办。展会展区面积1.2万平方米，吸引世界各地700多家展商，10万多买家，每天12小时展示交易。参展商品主要有日用消费品、新能源照明用品、五金建材等。

第22次越南国际食品饮料展暨越南加工技术及包装设备展

2018年8月8～11日在越南胡志明市举办。此次展览会共有来自20个国家和地区的550家企业参展，设600个展位。越南20个驰名食品及饮料商标、3000种新产品和30种有机食品参展。此外，组委会还举行多场专项研讨会、企业对接会、特殊购物活动等。

2018年越南国际工业制造技术设备展

8月8～10日在越南河内国际展览中心举办。由泰国励展展览有限公司（Reed Tradex）承办。此次展会集中介绍智能工厂概念和技术，吸引200多个品牌以及日本、新加坡、泰国和中国台湾的数百位专家参加。展会期间，各家单位分别介绍辅助机器人、3D打印技术和测量技术等。

6月20～29日，缅甸第55届玉石珠宝交易会在缅甸内比都举行（百度网）

第3届文莱国际石油天然气技术设备展

2018年8月21～22日在文莱马拉奕诗里亚社区会堂举行。由新加坡工业自动化协会、文莱国家石油公司联合主办，新加坡FIREWOEKS(中国)柏翰展览承办。展会汇集众多国际知名油气公司齐聚于文莱石油开采工业中心马拉奕，同期举办2018年文莱国际油气技术研讨会及石油天然气会议。来自10个国家和地区的约130家企业参展，展区面积约3000平方米，观众4000多人。此展会每3年举办一次。

第8届柬埔寨建筑展览

2018年9月12～14日在柬埔寨金边钻石岛会展中心举办。由AMB Tarsus Event主办，并得到柬埔寨商业部、国土规划和建设部、柬埔寨工程师委员会支持，是柬埔寨第一大国际专业类建材展，有23个国家和地区的约350家公司参展。主要参展商品有建筑、设计、工程、水处理、电力与能源、空调、保全与防火系统、房屋资产和家具等。

第6届缅甸国际汽车暨零配件展、缅甸国际电机电子暨电力设备展

2018年9月26～29日在缅甸仰光举行。本届双展有来自缅甸、中国、中国香港、日本、马来西亚、韩国、泰国、越南、菲律宾、柬埔寨、印度尼西亚、印度及中国台湾等24个国家和地区的120家厂商参展，近3000人次观展。重要买主众多，其中包括新加坡上市公司佑玛战略控股公司旗下YOMA MICRO POWER、缅甸变压器制造商Asia General Holding、缅甸知名轮胎制造商Yangon Tyre、缅甸主要汽车零配件进口商S. D. B. General Trading、Ever Smile及Aung Gabar，主办单位安排了135场洽谈会。

首届新加坡工业博览会

2018年10月16～18日在新加坡举行。由德国汉诺威展览公司主办，为汉诺威工业博览会全球系列展之一。展会聚焦从先进制造业、智能工厂、智能供应链管理到研发、增材制造技术、数字化工厂等一系列主题，全面展示先进制造业和其他产业的智能生产、数字化和工业4.0的全球最佳实践和应用，涵盖研发、设计、工程、流程、供应链、运营、生产、仓储、内部物流和配送等整个价值链。来自20多个国家或地区的超过200家企业参展，展区面积2万平方米，参观人数1.4万人次。

越南第27届国际工业展览会

2018年10月23～26日在越南河内国际会展中心举办。由越南国家工业部、贸易部、计划投资部和河内市人民政府共同主办。展会展区面积1万平方米，观众1.5万人次，专业观众占70%。越南、韩国、中国、日本、新加坡、德国、泰国、古巴、捷克、印度、法国、马来西亚、澳大利亚、荷兰、印度尼西亚、俄罗斯、中国台湾等20个国家和地区的约400家企业参展。展会期间现场签订合同价值总额近4000万美元，签订意向协议232份。展会目标观众覆盖冶金、石化、矿业、汽车摩托车、电力、造船、建材、造纸、医药、烟草、食品、水处理、环保、市政、交通、物流、智能建筑、通信、金融等各行业用户。展会设立五金工具与紧固件展、数控机床与金属加工展、工业自动化展、焊接与切割技术设备展以及，泵阀与流体机械、动力传动与控制技术、电力新能源设备、橡胶工业、工程机械、矿业设备及专用车辆等分展。

2018菲律宾电力及新能源展览会

11月14～17日在菲律宾马尼拉举办。由菲律宾机电工程协会主办，是菲律宾国内唯一获得政府认可的电力展。展区面积2万平方米，参展企业300家。展品有电力总承包工程、电站设备及产品、发电设备、电机和发电机、新能源和可再生能源等。

2018年印度尼西亚国际农业与供应博览会

11月30日至12月2日在印度尼西亚雅加达举办。来自德国、意大利、日本、韩国、马来西亚、新加坡等14个国家或地区的近400多家涉及农业和食品加工业、畜禽养殖设备、作物、蔬果、园艺、木工、林业、种植等多个领域的展商参与。吸引超过2.5万名观众和专业买家。展品有农业机械技术和设备，农业种植机械和设备，收割机械和设备，农化和农药，食品食物加工处理机械和设备，农产品和食物，灌溉、温室、种子、园艺、花卉、植物保护设备等。

2018年柬埔寨国际一地一产品商品进出口交易博览会

12月15～18日在柬埔寨金边举行。由柬埔寨商务部主办，始办于2006年，为柬埔寨国家高级别的博览会。展会主题是“一地一产品”，即各个国家和地区把优质和具代表性的商品做展示，将好的商品呈现给柬埔寨国内的采购商和买家。主要参展商品为电子产品、家用电器、机械装备、自动化产品、电力产品、照明产品、厨房用品、玩具、信息技术、材料、美容产品、家具、装饰用品、酒店用品、汽车及配件、农副产品、食品、水果、蔬菜、服装、家庭用品、丝绸、礼品、珠宝、首饰、手工艺品、纪念品等各类轻工产品。展区面积2万平方米，中国、日本、韩国、越南、新加坡、老挝、泰国、缅甸、马来西亚等10多个国家和地区的400余家企业参展，观展观众约7万人次。（张磊）

新　闻　人　物

王泽山

2017年中国国家最高科学技术奖获得者。火炸药专家、含能材料专家，中国工程院院士，南京理工大学化工学院教授、博士生导师。1935年9月10日生于中国吉林省吉林市，1954年8月进入哈尔滨军事工程学院（中国人民解放军军事工程学院）炮兵工程系，所学专业为火炸药专业，是全班唯一主动选择火炸药专业的学生。1960年从哈尔滨军事工程学院本科毕业后，进入炮兵工程学院工作，担任火药实验室主任。1961年加入中国共产党。1962年起先后在炮兵工程学院、华东工学院、南京理工大学工作。1980年任华东工学院化工系主任。1985年2月任华东工学院教授、博士生导师。1997年获得何梁何利基金科学与技术进步奖。1999年当选中国工程院院士，隶属于化工、冶金与材料工程学部（含能材料）。2009年入选江苏省十大杰出科技人物。2017年当选中共十九大代表。2009年起，兼任中国兵工学会常务理事、中北大学双聘院士。

长期从事含能材料方面的教学与科学研究，是中国国内较早实践与国外大学联合培养博士研究生的教授之一。早在20世纪80年代后期，推动实施与瑞典隆德大学合作培养博士研究生的项目，为南京理工大学培养一批具有国际视野的博士生。截至2018年7月，共培养百余名硕士、90多名博士。以第一完成人身份先后获得中国国家科学技术最高奖、国家技术发明奖一等奖（2项）、国家科学技术进步奖一等奖。

王继才

2018年7月27日在执勤时突发疾病，经抢救无效去世。2019年2月18日获评为感动中国2018年度人物。曾任江苏省灌云县开山岛民兵哨所所长、开山岛村党支部书记。1960年8月生于中国江苏省灌云县。1986年7月经群众推荐、组织考察，去到离江苏省连云港燕尾港12海里的黄海海面上的小岛——开山岛，负责守卫海岛工作。开山岛面积仅有13000平方米，却是军事要塞连云港的右翼前哨阵地。后来，经王继才动员、组织考察同意，王继才把妻子王仕花也带到开山岛一起守卫海岛。王继才任哨所所长，王仕花任哨员，两个人像一支队伍，坚持每天升起国旗，每天按时巡岛，护航标、写日志，一起劳动，一起巡逻，与走私、偷渡等不法分子作斗争。自1986年起，夫妻二人克服常人难以想象的困难，以海岛为家、与艰苦为伴，舍小家为国家，坚持守卫开山岛整整32年，被人们亲切地称为“开山岛上的夫妻哨”。1993年，开山岛民兵哨所被中国国防部嘉奖为“以劳养武”先进单位，并获江苏省军区评为一类民兵哨所。? 2003年10月加入中国共产党。2014年，夫妇一同被评为全国“时代楷模”。2018年8月17日，江苏省政府评定王继才为烈士。2018年9月27日，中共中央决定，追授王继才全国优秀共产党员称号。2018年8月，中共中央总书记、国家主席、中央军委主席习近平对王继才先进事迹作出重要指示强调：要大力倡导爱国奉献精神，使之成为新时代奋斗者的价值追求。

陈　竺

2018年4月13日，在瑞典首都斯德哥尔摩获颁2018年舍贝里奖。同年12月，入选“中国改革开放海归40年40人”榜单。教授、研究员，中国科学院院士，第13届中国全国人大常委会副委员长，中国农工民主党中央主席，中国红十字会会长，欧美同学会（中国留学人员联谊会）会长。1953年8月生，中国江苏镇江人，1970年4月参加工作，法国巴黎第七大学血液学研究所肿瘤发病基础专业毕业，研究生学历，科学博士学位。

1975～1977年，在江西省上饶地区卫生学校医士专业学习。1978～1981年为上海第二医学院医疗系一部血液病学专业硕士研究生。1981～1984年任上海第二医学院附属瑞金医院内科住院医师。1984～1989年任法国巴黎第七大学圣·路易医院血液中心实验室外籍住院医师，血液学研究所博士研究生、博士后。1989～1993年任上海第二医科大学（现上海交通大学医学院）附属瑞金医院内科主治医师，上海血液学研究所分子生物学实验室主任、研究员。1993～1995年任上海第二医科大学附属瑞金医院上海血液学研究所副所长（1995年当选为中国科学院院士）。1995～2000年任上海第二医科大学附属瑞金医院上海血液学研究所所长（2000年当选为发展中国家科学院院士）。2000～2007年任中国科学院副院长、上海第二医科大学附属瑞金医院上海血液学研究所所长。2003年当选国际科学院协作组织主席、美国科学院外籍院士。2005年当选法国科学院外籍院士，同年起兼任上海交通大学系统生物医学研究院院长。2007年10月当选美国医学科学院外籍院士，同年任中国卫生部部长。2008年当选中国香港医学专科学院荣誉院士，同年当选英国医学科学院荣誉院士。2016年12月，获得2016届欧尼斯特·博特勒奖。

长期从事血液学研究，参与和指导白血病癌基因研究和全反式维甲酸/三氧化二砷诱导分化凋亡治疗急性早幼粒细胞白血病（APL）的基础与临床研究，阐明其作用的细胞和分子机制，提出肿瘤“靶向治疗”观点。参与中国人类基因组研究计划筹划、协调和管理工作，组建相关研究技术体系，认识一批受维甲酸调控的基因及其组成的信号传递网络，首次描绘造血干/祖细胞基因表达谱，克隆300多个在造血细胞表达的新基因的全长cDNA。在血液学、分子生物学等领域有较高造诣，并取得突破性成果，曾获得法国抗癌联盟卢瓦兹奖、中国国家科技进步二等奖等多个奖项。

林　鸣

2018年4月获得2018年“最美职工”称号。同年11月，入选第3届“百名网络正能量榜样”。高级工程师，硕士，中国交通建设股份有限公司总工程师，港珠澳大桥岛隧工程项目总经理、总工程师。1957年10月生，中国江苏兴化人。1978年考入中国交通部下属的南京航务工程专科学校（2000年并入东南大学）。1981年毕业后到中国交通部第二航务工程局工作。同年5月加入中国共产党。20世纪90年代初，首次担任项目经理，负责珠海大桥的项目工程施工，珠海大桥首战告捷，让第二航务工程局在珠海迅速赢得声誉。接下来，负责珠海经济特区第二座跨海大桥——淇澳大桥的项目工程建设。到20世纪90年代中后期，担任施工方领导小组组长指导第二航务工程局四公司承建泉州刺桐大桥，仅用16个月就完成大桥主体施工。之后，担任武汉三桥项目经理，第一次在跨越长江的大型桥梁工程里担任负责人。2000年，负责建设时为中国第一大跨径悬索桥——润扬大桥，其中，南汉悬索桥北锚碇因其体量大被誉为“神州第一锚”。北锚碇需要在长江边深50米的基坑内施工，林鸣毅然拿起小板凳坐在基坑底陪工人们一起施工，被誉为润扬大桥的“定海神针”。几十年来，从科员到总工程师，林鸣对待事业认认真真、谨小慎微，积累历练经验，紧跟时代脚步，成长为“大国工匠”。自2010年12月起，担任港珠澳大桥岛隧工程项目总经理、总工程师，率领数千建设者走上攀登世界工程技术高峰的创新之路。主持建设的岛隧工程是港珠澳大桥难度最大的部分，这是中国建设的第一条外海沉管隧道，也是世界上规模最大的公路沉管隧道和唯一的深埋沉管隧道，设计施工均无成熟经验可以借鉴。林鸣的建设团队对港珠澳大桥海底沉管隧道的沉降幅度精细勘测、精细设计、精细施工，港珠澳大桥海底沉管隧道整体沉降不超过5厘米，在中国深海创造了一项世界纪录。曾入选2014年“感动交通”十大年度人物。2015年获全国劳动模范称号。

金　庸

2018年10月30日在香港逝世。入围“感动中国2018”候选人物。本名查良镛，当代武侠小说作家、新闻学家、企业家、政治评论家、社会活动家。1924年3月10日生于中国浙江嘉兴，祖籍江西婺源。1948年移居香港。1942年自浙江省衢州中学毕业，1944年考入重庆中央政治大学外交系。1945年抗战胜利后返乡，在杭州《东南日报》任外勤记者。

1946年秋进入上海《大公报》任国际电讯翻译。1948年，毕业于上海东吴大学法学院，并被调往《大公报》香港分社。1950年，《大公报》所属《新晚报》创刊，金庸调任副刊编辑，并写出《绝代佳人》《兰花花》等电影剧本。1955年首次以"金庸"为笔名拟写首部武侠小说《书剑恩仇录》。1959年，金庸等人在香港创办《明报》，后来推出包括《明报晚报》《明报月刊》《明报周刊》及马来西亚《新明日报》系列报刊，还成立明报出版社与明窗出版社。1985年起，历任中国香港特别行政区基本法起草委员会委员、政治体制小组负责人之一，基本法咨询委员会执行委员会委员以及香港特别行政区筹备委员会委员。

1994年，金庸返乡参加浙江省嘉兴一中90周年校庆活动，在嘉兴高等专科学校兴建金庸图书馆。图书馆落成后再斥资1400万元在杭州西湖兴建"云松书舍"，供个人藏书、写作和与文友交往雅集之用。同年10月，北京大学聘请金庸先生为名誉教授。2000年，获得香港大紫荆勋章。2007年出任香港中文大学文学院荣誉教授。2009年9月被聘为中国作家协会第七届全国委员会名誉副主席；同年获"影响世界华人大奖"终身成就奖。2010年，获得剑桥大学哲学博士学位。2011年，清华大学授予金庸名誉博士学位。主要作品有：小说——《书剑恩仇录》（1955年）、《碧血剑》（1956年）、《射雕英雄传》（1957～1959年）、《神雕侠侣》（1959～1961年）、《倚天屠龙记》（1961年）；电影作品——《飞狐外传》（1980年）、《雪山飞狐》（1964年）、《射雕英雄传》（1958年）、《笑傲江湖》（1978年）、《书剑恩仇录》（1960年）；电视剧——《雪山飞狐》（1977年）、《连城诀》（1989年）、《天龙八部》（1982年）、《射雕英雄传》（1976年）。

侯云德

2018年1月8日获得2017年中国国家最高科学技术奖，2018年3月获得"影响世界华人大奖"终身成就奖。1929年7月13日生于中国江苏武进，医学病毒学专家，中国工程院院士。1948年毕业于江苏省立常州中学，同年考入同济大学医学院。1955年从武汉同济医学院（现华中科技大学同济医学院）毕业后，分配到北京中央卫生研究院微生物系病毒室，开始病毒学研究生涯。1956年通过统考，以优良成绩录取为留学苏联预备生。1956～1957年进入北京俄语学院留苏预备部学习。1958～1962年，在苏联莫斯科伊凡诺夫斯基病毒学研究所攻读副博士学位，师从戈尔布诺娃教授研究副流感病毒。在3年时间里，首次发现Ⅰ型副流感（仙台）病毒存在着两个亚型，并澄清了仙台病毒是否对人有致病性这个当时尚未解决的问题；首次阐明仙台病毒的溶血活性与细胞融合活性是由病毒的同一特性引起的；并首先建立一种病毒溶血抑制试验，用以研究具有溶血活性的病毒的抗原关系；首次发现在单层细胞培养上仙台病毒可引起同种细胞的急性融合，并阐明融合机理。1962年完成关于副流感病毒研究的学位论文。由于他的这3项成就，苏联医学科学院组织的专家组以无记名投票方式同意他同时通过副博士和博士论文；苏联高等教育部于1962年破例越过副博士学位，直接授予他苏联医学科学博士学位。20世纪70年代，国际遗传学界研究时采用侯云德的方法作为重要的研究手段，他的有关著述受到广泛重视。

1962年回国后，一直在病毒学研究所工作，从事中国呼吸道病毒感染病原学研究。首次在国内分离到流感病毒Ⅰ、Ⅱ、Ⅳ型，阐明1962～1964年间北京地区呼吸道主要病毒的流行情况，研究并阐明当时副流感病毒、腺病毒等在中国儿童呼吸道感染中的流行规律。之后又研究黄芪的抗病毒感染作用，研制干扰素，并用基因工程方法进行研究。1984年晋升为中国医学科学院病毒学研究所研究员，中国预防医学科学院病毒学研究所副所长，任中国国家"863"高技术发展规划生物技术领域专家委员会首席科学家。1985年任病毒学研究所所长兼病毒基因工程国家重点实验室主任、世界卫生组织病毒参考和研究中心主任。1986～1996年被任命为中国第1～3届"863"高技术研究发展计划生物技术领域专家委员会首席科学家。

1994～1998年任中国工程院医学卫生工程学部主任。1996～1999年任中华医学会病毒学会主席；1998年任中国工程院副院长；1999年任病毒生物技术国家工程研究中心主任。2008年被中国国务院任命为"艾滋病和病毒性肝炎等重大传染病防治"科技重大专项技术总师。

从事医学病毒学研究长达50年，在干扰素等细胞因子及痘苗病毒基因组结构与功能研究方面卓有成就，为中国医学分子病毒学和生物技术的发展作出较大贡献。在国内外杂志上发表科学论文约400余篇，主要著作9部，获部级以上成果奖20余项。其中：中国国家科技进步奖一等奖1项，二等奖7项；中国国家自然科学奖二等奖1项；卫生部科技进步一等奖10项。获中国国家新药证书7份。

夏伯渝

2018年5月14日挑战登顶珠穆朗玛峰成功，成为中国第一位依靠双腿假肢登上珠穆朗玛峰的人；12月，入选"感动中国2018"候选人物。2019年1月，当选"2018北京榜样"。2月，获2019年劳伦斯世界体育奖年度最佳体育时刻奖。残疾人登山运动员，中国登山家，中国登山协会工作人员，中国第一位尝试攀登珠穆朗玛峰的残疾人。1949年生，中国北京人。

入选国家登山队之前是青海足球队队员，身体素质好，不怕冷，号称"火神爷"。1974年，中国国家登山队海选队员时，经过层层选拔成为1975年登珠穆朗玛峰第一梯队主力队员。当时，在中国登山队攀登到8600米时，遇到恶劣天气，只能选择下撤，距离顶峰只有248米。下撤途中，把睡袋让给在攀登途中丢失睡袋的队友，导致自己冻伤，双小腿被截肢。尽管如此，他并未放弃自己登顶珠穆朗玛峰的梦想。1993年，罹患癌症。虽然历经截肢、癌症、多次大手术等磨难，他却始终用独有的坚强、乐观与执着对抗着人生骤变和世事沧桑。2011年7月，在意大利举行的攀岩世界锦标赛首次设立残疾人组奖项，60岁的夏伯渝凭着过去攀登的基础和良好的身体素质，也克服常人难以想象的困难，仅训练两个月，就夺得双腿截肢项目男子组难度赛和速度赛的两项世界冠军。2014年、2015年，在攀登珠穆朗玛峰时，连续遭遇雪崩和地震。2016年又遭遇极端天气，距离顶峰仅94米时被迫下撤。然而，四度遇阻都没有让夏伯渝放弃梦想。2017年12月，再次递交登山手续，准备次年5月向珠穆朗玛峰峰顶奋进。2018年1月，尼泊尔发出禁令，盲人和双腿截肢的残疾人被禁止登山，夏伯渝决定打官司，争取暂停禁令。3月7日，尼泊尔最高法院暂停了禁令。4月12日，69岁的夏伯渝和团队第5次抵达珠穆朗玛峰大本营。5月8日从珠峰大本营出发。5月14日，四度遇阻却没有放弃梦想的夏伯渝第5次挑战登顶珠峰终于成功。

郭光灿

2018年2月，郭光灿院士团队创新性地制备了半导体六量子点芯片，在国际上首次实现半导体体系中的三量子比特逻辑门操控，为未来研制集成化半导体量子芯片奠定一定基础。量子信息学家，中国科学院院士，第三世界科学院院士，中国科学技术大学教授、博士生导师，量子信息重点实验室主任。1942年12月9日生于福建惠安。1965年从中国科学技术大学本科毕业后留校任教，先后担任讲师、副教授、教授。1981～1983年作为访问学者前往加拿大多伦多大学学习。2003年当选为中国科学院院士，同年获得何梁何利基金科学与技术进步奖。2009年当选为第三世界科学院院士。2013年被评为CCTV年度科技创新人物。主要从事量子光学、量子密码、量子通信和量子计算的理论和实验研究。1998年，郭光灿团队以非线性光学的实验为切入点重新进入实验领域，建立量子光学实验平台，并先后完成量子克隆和K—S理论检验等有影响的实验。2000年，领导课题组开辟量子密码的实际应用研究，建立演示性量子通信系统，成功地完成从理论研究转向实验研究与理论研究相结合的重大转变。2015年8月，郭光灿及中国科学院量子信息重点实验室李传锋研究组在固态系统中首次实现对三维量子纠缠态的量子存储，保真度高达99.1%。截至2018年4月，先后担任中国国家科技部973项目"量子通信与量子信息技术"首席科学家、中国科学院重要方向项目首席科学家、国家自然科学基金委员会创新群体学术带头人、中国国家科技部中长期规划"量子调控"重大项目——"量子通信与量子计算的物理实现"首席科学家。

韩美林

2018年4月24日获顾拜旦奖，成为中国美术界获此奖项的第一人。中国国家一级美术师，清华大学美术学院教授，中央文史馆研究员。1936年12月26日生，中国山东济南人。中国当代极具影响力的造型艺术家，在绘画、书法、雕塑、陶瓷、设计乃至写作等诸多艺术领域都有很高造诣，大至气势磅礴，小到洞察精微，艺术风格独到，个性特征鲜明，尤其致力于汲取中国两汉以前文化和民间艺

术精髓，并体现为具有现代审美理念和国际通行语汇的艺术作品，是一位孜孜不倦的艺术实践者和开拓者。代表作品有北京奥运会吉祥物福娃、国航航徽等。享受政府特殊津贴。被授予联合国教科文组织和平艺术家称号。

林玉辉

2018年1月就任东盟秘书处新一届秘书长文莱外交与贸易部主管贸易事务的常任秘书。1951年生，1977年进入文莱政府，1989年起从事外交和外事工作，曾作为文莱代表参加联合国、世界贸易组织、东盟等多个国际和区域多边组织的活动。

莎丽法卡芝蕾娜

获2018年国际友谊树林奖。文莱皇家航空机长。1986年生。2003年加入文莱航空飞行队，在英国接受飞行训练，2006年成为文莱航空初级第一飞行员，2010年升为高级第一飞行员。2012年11月，文莱皇家航空委任其为机长。是文莱也是东南亚国家的首位女机长。

杨启秋

2018年2月21日因病在柬埔寨金边逝世。柬埔寨著名侨领，柬华理事总会永远名誉会长，柬埔寨中华文化发展基金会会长，柬埔寨潮州会馆会长，《柬华日报》董事长，全球董杨童宗亲总会第6届理事长。祖籍中国广东潮安。1944年生于柬埔寨磅湛省。少时在中国求学，学成后回柬埔寨从商。先后做过小买卖，跑过海运，经营过房地产。在事业巅峰之际，却将主要精力和财富都投入到建设柬埔寨潮社事业中。20世纪70～80年代，由于柬埔寨国内政治动荡，华文教育随之中断了20多年。1994年，发动柬埔寨潮籍乡亲多方筹措，使具有百多年历史、毁于战乱的柬埔寨潮州会馆得以重建。随后带领柬埔寨潮籍乡亲致力于华社华人各项事业，并亲自在潮州会馆旗下创立金边端华学校，该校已成为东南亚规模最大的一所华文学校。1994年被柬埔寨国王诺罗敦·西哈努克授予勋爵爵位；2002年被柬埔寨首相授予国家卫士金质勋章；2011年荣获中国国务院侨务办公室授予的海外热心华文教育人士奖。

利兹纳

2018年9月9日因病在瑞士逝世，12月6日骨灰安葬于柬埔寨暹粒省。儿科医生，大提琴家。1947年生于瑞士。1992年创建柬埔寨坤塔帕花医院，秉持“让所有儿童获得正确和适当的医疗照顾”的原则，坚持为柬埔寨儿童提供完全免费的医疗，常年奔走于瑞士，通过演奏大提琴、拍摄记录短片、自制绘本等募款方式为患儿筹措医疗经费，为柬埔寨贫困患儿的救治做出巨大贡献。柬埔寨坤塔帕花儿童医院共有5家分院。2018年12月6日，柬埔寨国王诺罗敦·西哈莫尼与太后莫尼列亲赴暹粒献上悼念花圈。

洪　森

2018年7月当选柬埔寨第六届王国政府首相。1951年4月4日生于柬埔寨磅湛省。20世纪70～80年代先后担任金边政权外长、柬埔寨副总理和总理。1990年9月参加柬埔寨全国最高委员会。1991年10月当选柬埔寨人民党副主席。1993年7月出任柬埔寨临时民族政府联合主席，9月出任柬埔寨王国政府第二首相，兼任高棉王家军联合总司令。1998年11月任柬埔寨第二届王国政府首相，并连任至今，是目前世界上在位时间最长的国家领导人之一。

桑迪亚加·乌诺

印度尼西亚企业家、投资家、政治人物。2018年8月成为反对派领袖、大印尼运动党党魁普拉博沃·苏比安托在2019年总统选举中的竞选搭档。1969年6月28日生于印度尼西亚廖内省北干峇鲁市仑柏镇。中学毕业后前往美国堪萨斯州卫奇塔州大学就读，并于 1990 年以最优等的成绩获工商管理学士学位。回到印尼后，在苏玛银行工作，随后在美国乔治·华盛顿大学进修，于1992年获工商管理硕士学位。

再次返国后，先后担任新加坡海裕亚洲投资有限公司投资经理、MP 集团股份公司投资经理（1994 年）和加拿大 NTI 资源执行副主席（1995 年）。2015 年弃商从政，先于 2017 年和印度尼西亚教育及文化部原部长阿尼斯·巴斯威丹搭档，在雅加达省长选举中击败寻求连任的钟万学组合，当选雅加达首都特区副省长。

安菲万·卡杜斯·恩格西维丽

2018 年 9 月 18 日在中国南宁参加第 11 届中国—东盟智库战略对话论坛。老挝社会科学院副院长。1959 年 12 月 24 日生于老挝万象省费安县，通晓越南语、俄语、英语等多种语言，佛教徒。1968 ~ 1970 年在中国南宁六七学校读小学。1970 ~ 1974 年和 1974 ~ 1977 年期间在越南读初中及高中，期间于 1975 年 2 月加入老挝共产主义青年团。1977 ~ 1983 年在苏联学习心理学并获得学士学位。1983 ~ 1986 年任老挝青年报编委会共青团书记。1986 ~ 1991 年在苏联莫斯科青少年高级理论学校学习，1991 年毕业并获得哲学博士学位。1987 年 8 月成为老挝人民革命党预备党员，1989 年 1 月成为正式党员。毕业后不定期参加一些培训及提升班，有理论课程，也有语言进修。1991 ~ 1993年任隶属于老挝共产主义青年团的青年理论学校校长。1993 ~ 2006 年在老挝劳动与社会福利部任职，工作部门包括社会福利局孤儿救助处、劳动局、监察局（2000 ~ 2005 年任监察局局长，负责处理群众团体事务）等。2000 年还协助联合国儿童基金会在老挝开展工作。1997 年在老挝劳动与社会福利部第一次大会上当选为劳动与社会福利部妇联主席，2001 年在第二次大会上连任，同时当选为第二届老挝妇联执行委员会委员。2006 年 8 月至 2015 年 10 月任老挝妇联副主席。2015 年 11 月到老挝社会科学院任职。

沃拉吉·尹他拉披他（山姆）

2018 年 9 月，作为评论员出席在老挝国家文化宫举行的第 7 届百事歌唱比赛。1984 年生于老挝万象。1996 年离开老挝前往澳大利亚悉尼读中学。2003 ~ 2005 年在澳大利亚音频工程学院学习录音艺术，并获得学士学位。2005 年回国，此时老挝的主流音乐风格开始发生转变（之前是老挝传统音乐），在澳大利亚学习到的技能正好使他能够快速地融入到此次音乐改革中，很快，他的浪漫情歌和朗朗上口的流行歌曲就被老挝大众所接受。2008 年出道之初就开始为自己写歌，并在万象运营自己的工作室——尹他拉工作室，兼做主管、音乐制作人、首席音响工程师等。2009 年发布以自己名字命名的首张专辑，将节奏蓝调（R&B）曲风首次带给老挝听众。同年，老挝第一次作为东道主在首都万象举办第 25 届东南亚运动会，山姆为此次运动会创作并演唱主题曲。2016 年以后，山姆拓宽音乐创作范畴，为一系列电影、动画做配乐。此外，积极参与体育事业的宣传工作，并参与很多公益活动。2015 年，当选为国际关怀志愿者组织的形象大使，呼吁全社会停止对妇女使用暴力并为老挝社会传递积极的新思想。2016 年，由山姆工作室作曲、中国国际广播电台外籍专家维莱鹏作词、歌手阿提萨演唱的老挝歌曲《一带一路》发行，这首歌在中老两国都引起不小反响。

松斋·占塔冯

2018 年 8 月文学作品《金戒指》获 2017 ~ 2018 年度东南亚作家奖。作家、诗人，笔名松·蒲昂朵颂。其作品经常发表于各类期刊，参加比赛几乎都能获奖，号称“得奖能手作家”。1969 年 7 月 27 日生于老挝华潘省川阔县。曾任《老挝人民军报》社会、文化、经济新闻科室主任，现任《老挝人民军报》编委会副主任，中校军衔。截至 2018 年年底，发表有个人短篇小说集 2 册、合作出版的短篇小说集 12 册、合作出版的诗集 1 册。其中包括短篇小说 69 篇、诗歌 158 首以及中篇小说 1 篇。曾 5 次获老挝全国短篇小说及报告文学大赛一等奖，3 次获老挝全国诗歌比赛亚军，以及 2013 年度“信赛”奖和 2014 年第 5 届湄公河文学奖。2015 年参加老挝国内举办的民族解放战争回忆录征文比赛，作品《军民情深》获得一等奖。其较为著名的作品还有原创诗歌《母亲的恩泽》,曾受邀在中国国际广播电台“为你读诗”栏目中为听众朗读。

林宇中

2018年入选马来西亚十大杰出青年,获得文化成就奖。马来西亚歌手、演员。1978年12月29日生于马来西亚沙捞越州古晋市,毕业于马来亚大学微生物系。2001年开始创作歌曲。在大学时期,参加马来西亚全国大专华语歌曲创作比赛,以一首《回来》获亚军及最佳作曲奖。毕业后开始为线上歌手写歌和制作唱片,也在海螺餐厅驻唱,曾任海螺制作(马来西亚)有限公司制作助理。在马来西亚音乐创作人版权保护协会的一项音乐发现计划中,是唯一被选中的华裔创作人。2005年12月发行个人首张专辑,正式进入演艺圈。走的是创作路线,曾替陈小春、张智成、品冠、张韶涵、阿杜、陶晶莹等众多歌手写过歌。2006年,凭借首张创作专辑和主演电视剧《原点》,获得马来西亚娱协奖“年度最佳新人”奖。之后创作的代表作品有歌曲《靠岸》《空秋千》《淋雨中》《干物世界》《纸月亮》等,主演电视剧《原点》《稽查专用》《法内情》《脉动人心》《娘惹相思格》等。

谢耀宗

马来西亚KLC教育集团执行总裁。1986年生。在从事教育事业之前,曾经在新加坡的美国联合技术公司(UTC)工作6年,担任工程师一职,并任部门主管。2009年,辞去高薪工作,回到马来西亚,在新山Taman Molek开办第一所Kids Planet幼儿园,将其最擅长的管理系统和严谨品质管理的制度导入幼儿园的营运和管理。为了让孩子更有效地学习马来西亚主要的3种语言,将国际儿童手语融入课程中,通过手语能够建立更大的词汇库,也能提高孩子的社交语言能力。这是全马第一家全方位将美式手语融入幼儿课程的幼儿园。2010年开始,学校开办周末英文班,后来由于人数过多,将周末的英文课程班改为语言中心,并建立更有效的系统化课程来帮助孩子掌握英文。其首创的阅读课程,能让学生在短时间内掌握看字能读、听音能拼的阅读课程,也因此吸引中国、韩国、日本、墨西哥等国的学生来学习。另一品牌KLC语言中心全马拥有10家,为孩子们打好稳定的英语基础。由于优质教育的强势需求,KLC教育集团发展迅速,年均增长超过60%,已经在柔佛、吉隆坡、彭亨和马六甲等地开设2间幼儿园和17间语言中心。由于教育理念创新成功,事业发展顺利,KLC教育集团获得亚洲诚信大奖,亚洲顶级企业奖。其本人获马来西亚百强青年企业家奖、金牛奖,以及10强创意青年企业家奖等众多奖项。

赛沙迪·赛阿都拉曼

在2018年马来西亚第十四届全国大选中,作为希望联盟土著团结党代表,当选柔佛州麻坡国会议员,并在政府新内阁中出任马来西亚青年及体育部部长,是马来西亚最年轻的部长级官员。马来西亚土著团结党青年团团长。1992年12月6日生于马来西亚柔佛州新山县的埔来。曾在马来西亚皇家军事学院短暂就读,大学就读于马来西亚国际伊斯兰大学。曾3次代表学校远赴英国参加亚洲英国国会辩论赛会,3次获最佳辩手奖。2016年,被牛津大学录取为公共政策硕士研究生,并获得牛津大学官方提供的6万英镑奖学金。由于他在2016年加入马来西亚土著团结党,是该党25位创始人之一,并担任土著团结党青年团团长以及该党发言人,为参加2018年马来西亚第十四届全国大选,选择放弃牛津大学奖学金。作为马来西亚青年及体育部部长,力促马来西亚降低人民投票的年龄资格,希望在第15届大选之前,落实把投票法定年龄从21岁降低至18岁,确保青年的声音获得重视,让青年更多参与重建国家的过程。

黎桂润

2018年5月6日逝世。艺名“黎明”,马来西亚国宝级演员,被尊称为“黎明姨”。祖籍中国广东番禺,1928年生于马来西亚柔佛州文律小镇。1949年,她在吉隆坡BB Plaza歌台(金河广场一带)开始歌唱生涯,并以“黎明”艺名出道。后来和韩瑛、海洋和黄河4人组成歌台班底,演唱男女对唱的情歌,深受欢迎。1952年,翡翠广播电台邀请他们到电台

录制广播剧。第一部广播剧是客家剧《客人卖女儿》。他们4人合演的《四喜临门》方言谐剧,4人各操一种方言,展现大马语言多元化,成为当红演员。1962年,一位印尼华侨片商力邀他们拍摄电影《有求必应》,这是马来西亚第一部中文电影。1965年,4人加盟马来西亚国营电视台,正式进军电视圈,并把过去广播剧题材,以话剧形式重新演出《四喜临门》,该剧成为马来西亚经典广播剧和电视剧。1988年加入HVD,第一部作品是《城市妙人》。之后接连拍摄《老师嫁老大》《钱不够用2》《幸福万岁》《吓到笑》等电影。2008年,凭借电影《钱不够用2》中的精湛演技,成功获得第45届金马奖最佳女配角奖。2011年,以黎明一生为故事蓝本的歌舞剧《杜鹃花的黎明》在马来西亚巡回演出。2012年,83岁的黎明成为马来西亚表演资历最长的艺人,夺得"最资深艺人"奖项,收入《大马纪录大全》。除了艺术奖项外,1978年还获马时任国家最高元首端姑雅亚柏特拉赐封"护国有功勋章"勋衔。2013年7月,又获得彭亨州苏丹赐封"拿督"勋衔,是继杨紫琼之后,第二位获封为拿督的马来西亚华裔艺人。2013年获得第一届"金筝奖"先锋奖,并被列入《中华名人录》"卓越华人"行列。2016年获马来西亚第一届金环奖终身成就奖。2017年获《国际企业影响力》成就奖。2018年1月举办荣休晚宴,正式宣布退休,结束超过半个世纪的演艺生涯。

温敏

2018年3月28日当选缅甸新一届总统。1951年11月8日生于缅甸伊洛瓦底省德努漂。1976年毕业于仰光文理大学(今仰光大学)地理学系,获得学士学位。1985年进入缅甸最高法院工作。1988年,缅甸全国爆发游行示威,因积极参与民主和人权运动被当局关押过3次。关押期间,其儿子茂丹温泰罹患重病,当局曾以探望为诱迫使温敏签署一份不再参与政治活动的承诺书但遭到拒绝。之后,温敏离开最高法院加入全国民主联盟(民盟)。1995年被任命为民盟法律委员会秘书长。2010年担任民盟中央执行委员会成员。2014年担任民盟发言人。2016年2月当选为人民院议长。担任议长期间,以"严格的监督者"而著称,是昂山素季忠实的助手。2018年3月30日宣誓就任缅甸总统。

敏瑞

2018年3月21日,缅甸总统廷觉辞职,敏瑞依照缅甸宪法成为代理总统。3月28日,缅甸联邦议会进行总统选举,敏瑞再次当选为第一副总统。1951年6月24日生,缅甸孟族人。1971年毕业于缅甸国防大学,后历任仰光军区11师师长、仰光军区司令、缅甸军事安全事务总长等职,2005年获中将军衔。退役后,于2011年起出任仰光省行政长官。2012年,副总统丁昂敏乌辞职后,曾经被军队议员团提名为缅甸副总统,但因其女婿为澳大利亚公民而失去出任副总统的资格。2016年3月再次被军方提名为副总统,再度引发争议。3月15日在缅甸联邦议会投票中获213票,最终当选为缅甸第一副总统。

格洛丽亚·马卡帕加尔·阿罗约

2018年7月23日,菲律宾众议院晚间举行全体会议,投票选举前总统格洛丽亚·马卡帕加尔·阿罗约为新一任众议长,接替现任众议长阿尔瓦雷斯。阿罗约随后宣誓就职,成为菲律宾历史上首任女性众议长。

1947年4月5日生于菲律宾班诗兰省,是菲律宾前总统迪奥斯达多·马卡帕加尔的女儿。肄业于美国华盛顿乔治敦大学,获得金融学学士等多个学位。她当过教师,主持过电视节目,与美国前总统比尔·克林顿是同班同学。曾于2001~2010年担任菲律宾总统,是菲律宾的第14、15任总统及菲律宾历史上第二位女总统,任总统期间注重加强中菲两国在经济与贸易上的联系。

在结束总统任期后,当选菲律宾众议员。2017年11月之后,多次以菲中了解协会主席身份访问中国。

王瑞杰

2018年11月23日,新加坡第4代领导团队经过数月讨论达成共识,支持新加坡财政部部长王瑞杰成为下一任总理候选人。同日,新加坡人民行动党召开记者会公布中央执行委员会职务名单，正式推选王瑞杰担任人民行动党第一助理秘书长。生于1961年，祖籍中国广东潮州，获得剑桥大学经济学学士和哈佛大学公共管理硕士学位。1997～2000年担任内阁资政李光耀秘书。2005～2011年任新加坡金融管理局局长。2011～2015年任新加坡教育部部长。2015年以后任新加坡财政部部长，被认为是新加坡政坛的“未来之星”。

维猜·斯里瓦塔那布拉帕

2018年10月27日，乘坐私人直升机在莱斯特城俱乐部体育馆外坠毁，机上5人全部遇难。泰国免税店业王权集团董事长。1958年4月4日生于泰国曼谷，其姓氏“斯里瓦塔那布拉帕”是由泰国国王御赐，意为“光荣进步之光”。祖父是中国福建省漳州市诏安县西坑村人，在“下南洋”的浪潮中举家来到泰国。父亲名为Wiwat Raksriaksorn（中文名徐利明），是泰国有名的诏安籍实业家。维猜能说流利的中文，年轻时由于家境殷实，到中国台湾以及美国求学。1989年开始经营免税店生意，并在泰国曼谷创立免税店品牌“王权免税”。在创办“王权免税”之前，在泰国政界商界籍籍无名。但是在2006年素万那普国际机场落成后，凭借与泰国政府高层的密切关系获得在新机场售卖免税商品的独家授权，从此迅速积累财富。据福布斯富豪榜，身家49亿美元，在泰国富豪中排名第5位。生前系英超莱斯特城足球俱乐部主席。于2010年8月以3900万英镑买下莱斯特城足球俱乐部，2015～2016赛季，这支默默无名的小球队“爆冷”获得英格兰足球超级联赛冠军。

阮光海

2018年12月获得铃木杯东南亚足球锦标赛最佳球员奖。越南足球运动员。效力于越南国家足球队和河内足球俱乐部。1997年4月12日生于越南河内东英县。9岁时参加河内足球俱乐部少年队。2014年加入越南U19国青队。2018年，在U23亚洲杯足球赛上展现良好的竞技状态，进5个球，帮助越南U23足球队晋级决赛。在第18届亚洲运动会男足比赛中延续良好状态，帮助越南晋级半决赛。在2018年铃木杯东南亚足球锦标赛上助力越南队夺得冠军，个人赢得最佳球员奖。

阮富仲

2018年10月3日，在越共十二届八中全会上被全票提名为越南国家主席人选。10月23日，在越南第十四届国会第六次会议上当选2016～2021年任期越南国家主席，成为同时担任越南党和国家两个最高职务的领导人。1944年4月14日生于越南河内。1963～1967年就读于河内综合大学语言文学系。1967年12月加入越南共产党。1973～1976年在阮爱国高级党校攻读政治经济学硕士学位。1980年9月至1981年8月在阮爱国高级党校学习俄文。1981年9月至1983年7月赴苏联社会科学院学习，获党建专业副博士学位。1967年12月至1996年8月在越共中央理论刊物《共产主义》杂志社工作，历任编辑、副总编、总编等职。1994年1月在越共七届四中全会上增补为中央委员。1996年6月在越共八大上再次当选中央委员，8月调任河内市委副书记。1997年12月在越共八届四中全会上增补为中央政治局委员。1998年2月至2000年1月负责党的思想、文化与科教工作。1998年3月至2001年11月任中央理论委员会副主席。2000年1月任越共河内市委书记。2001年11月至2006年8月兼任越共中央理论委员会主席，负责理论工作。越共九大和越共十大连任中央政治局委员。2006年5月在十一届国会第九次会议上当选越南国会主席。2011年1月在越共十一大上当选越共中央总书记。2016年1月在越共十二大上当选连任越共中央总书记。

（周明钧、马金案、梁薇、杨梦平、祝湘辉、杨超、张磊、唐卉、李碧华）

资料来源：

中国、文莱、柬埔寨、老挝、马来西亚、缅甸、菲律宾、新加坡、泰国、越南各国报纸和新闻网站

大　事　记

2018 年

1 月

3 日　中国之声《晚高峰观军情》、英国《简氏防务周刊》网站报道，美国赠送给越南的第 1 艘“汉密尔顿”级远洋巡逻舰“摩根索”号近日已抵达越南，成为越南海警旗下吨位最大的执法船。

8 日　中国国家科学技术奖励大会在北京举行，2017 年年度国家科学技术奖共评选出 271 个项目和 9 名科技专家。南京理工大学王泽山院士、中国疾病预防控制中心病毒预防控制所侯云德院士分获国家最高科学技术奖。

9 日　中国太原卫星发射中心用长征二号丁运载火箭，将高景一号 03、04 星发射升空，卫星顺利进入预定轨道。

10～11 日　应柬埔寨王国首相洪森邀请，中华人民共和国国务院总理李克强对柬埔寨王国进行正式访问。访问期间，李克强总理同洪森举行会谈，并会见西哈莫尼国王，还分别向柬埔寨独立纪念碑和西哈努克太皇纪念雕像敬献花圈。两国领导人见证签署政治、经贸、卫生、林业、农业、人文等领域 19 份合作文件。

10 日　中国、柬埔寨、老挝、泰国、越南、缅甸 6 国领导人共同出席在柬埔寨首都金边举行的澜沧江—湄公河合作第 2 次领导人会议。会议主题是“我们的和平与可持续发展之河”，会议发表《澜湄合作第 2 次领导人会议金边宣言》，为澜湄合作指明未来 10 年发展方向。

15 日　菲律宾总统发言人哈里·罗克表示，作为菲外交政策的主要制定者，总统杜特尔特亲自决定，允许中国在菲律宾的太平洋海岸水域进行科学研究。

18 日　中国国家统计局公布，2017 年，中国 GDP 总量为 827122 亿元，首次登上 80 万亿元的门槛；GDP 总量比上年增长 6.9%，增速较 2016 年提高 0.2 个百分点。这是自 2011 年以来中国经济增长首次加速。

21 日　题为“致力于和平、创新及可持续发展的议会伙伴关系”的亚太议会论坛第 26 届年会（APPF－26）在越南河内举行。来自 APPF 的 20 个成员国议会及各国议会联盟（IPU）领导代表出席。

22 日　俄罗斯国防部副部长福明向记者表示，“国防部部长绍伊古在访问期间就缅甸购买 6 架苏－30 达成共识，缅甸方面还对俄产的海陆军技术装备感兴趣。”

22～23 日　俄罗斯国防部部长绍伊古访问河内，与越方磋商国防工业合作。绍伊古说，俄方认为越方是传统朋友，是俄方在亚太地区的重要战略伙伴。越通社援引越南国防部部长吴春历的话报道，绍伊古到访有助于推动越俄传统友谊，加强两国全面战略伙伴关系。

△美国国防部部长詹姆斯·马蒂斯访问印度尼西亚，与印度尼西亚总统统佐科·维多多及国防部部长里亚米扎尔德·里亚库杜会面，讨论海上合作事宜。

24 日　中共中央政治局委员、中央组织部部长陈希在北京会见由越共中央政治局委员、中央组织部部长范明政率领的越南共产党代表团。

24～25 日　美国国防部部长詹姆斯·马蒂斯访问越南，与越南领导人讨论南海航行自由问题。越南国防部 25 日宣布，美国航母将于 3 月访问越南岘港。这将是 1975 年越战结束后美国航母首次访越。路透社称，五角大楼发言人戴维斯 25 日确认航母将访越一事，称这是马蒂斯与越南防长吴春历闭门会谈的成果，越南方面还需要该国领导人最后批准。

24～28 日　东盟记者联合会（CAJ）第 19 次会议在泰国曼谷举行。泰国工业部部长乌达玛，CAJ 成员代表以及中国、缅甸等观察员国代表一同出席会议。

25～26日 为纪念印度与东盟建立对话伙伴关系25周年，印度邀请东盟10国领导人前往新德里参加25日举行的印度—东盟峰会。峰会发表《新德里宣言》。宣言共有36点，聚焦政治安全、经济、文化社会、互联互通和缩小发展差距五大领域的合作。印度还罕见地邀请东盟国家领导人参加26日的共和国日庆祝活动。

26日 中国国务院新闻办公室发表《中国的北极政策》白皮书，这是中国首次就北极政策发表白皮书。白皮书包括4个部分，分别为北极的形势与变化、中国与北极的关系、中国的北极政策目标和基本原则、中国参与北极事务的主要政策主张。

29日 新任东盟秘书长林玉辉表示，东盟高度重视中国在维护本地区和平稳定、促进本地区发展与繁荣方面发挥的重要作用。中国是东盟最重要的对话伙伴之一，也是东盟最大的贸易伙伴。2017年，东盟与中国贸易额突破5000亿美元，创历年新高。

30日 越南公安部宣布，将总部设在美国的“临时越南国家政府”列为恐怖组织。

2月

2日 美国商业专利数据库(IFIClaims)发布的最新报告显示，不到10年时间里，中国企业在美国获得专利数量已增至此前近10倍；特别是2017年较2016年增长28%，中国首次成为前五大美国专利获得国。

2～3日 为期两天的由老挝人民革命党中央宣传部、老挝新闻文化旅游部与新华社、中国工商银行、老挝中华总商会联合主办的首届“一带一路”老—中合作论坛在老挝首都万象举行。

4日 《中共中央国务院关于实施乡村振兴战略的意见》发布。

4～6日 东盟国家外长非正式会议在新加坡举行，为期3天。这是新加坡出任东盟主席国后东盟召开的首次重大会议。

6日 第8次中国—东盟防长非正式会晤在新加坡举行。

6日 2018年新加坡航展开幕。

8日 中共中央总书记、国家主席习近平与越共中央总书记阮富仲互致新年贺信。

9日 中国国务院总理李克强在北京会见来华正式访问的印度尼西亚外长蕾特诺。中国外交部部长王毅同蕾特诺在北京共同主持中国印尼政府间双边合作联委会第3次会议。

△菲律宾总统罗德里戈·杜特尔特下令取消一项总额2.4亿美元的从加拿大购买直升机的协议，还命令武装部队不再从加拿大和美国购买武器、弹药及其他战争物资，因为这两个国家会给这种销售附加条件。

13日 中国—菲律宾南海问题双边磋商机制第2次会议在菲律宾马尼拉举行。

△美国和泰国联合举行的“金色眼镜蛇”演习在泰国曼谷举行，中国、日本、新加坡、印度尼西亚、马来西亚、韩国和印度也参加这一演习。

15日 菲律宾总统杜特尔特发布中国新年贺信。

23日 2018年1月，越南对中国出口额37.08亿美元，比上年同期增长106%，超过美国成为越南最大的出口市场。

3月

1～2日 中国与东盟国家在越南芽庄举行落实《南海各方行为宣言》第23次联合工作组会。各方就落实宣言、推进海上务实合作以及“南海行为准则”磋商等深入交换意见。

△第24届东盟经济部长非正式会议及其系列会议在新加坡召开。第16届东盟—欧盟经贸部长磋商会议在新加坡举行。

2日 菲律宾总统府发言人罗克表示，菲律宾正考虑与中国合作共同开发油气资源，一处为两国争议的礼乐滩地区，另一处为无争议的巴拉望西北部地区。

2～4日 越南国家主席陈大光对印度进行国事访问，访问结束后双边发表联合声明。

3日 柬埔寨第四届参议院选举结果由柬国家选举委员会正式公布，执政党人民党赢得58个议席。

5～9日 美国航母“卡尔·文森”号于3月5日抵达越南岘港进行为期4天的访问。这是越战结束后43年来，美国航母首度到访越南。

5～17日 中华人民共和国第十三届全国人民代表大会第一次会议和全国政协十三届一次会在北京召开。3月17日，十三届全国人大一次会议在北京人民大会堂举行第五次全体会议。习近平全票当选为国家主席、中央军委主席。

8 日 主题为“加强合作,增强韧性”的第 15 届东盟陆军总司令非正式会议在新加坡举行。

16～18 日 第 2 届“东盟—澳大利亚”特别峰会在悉尼召开。峰会主题集中在贸易、反恐、人权和“中国的区域影响力”方面。菲律宾总统发言人哈里·洛克表示,杜特尔特总统因本国事务缠身无法出席东盟—澳大利亚特别峰会。

17 日 主题为“反恐和人道使命”的柬埔寨中国两国大规模军事演习“金龙—2018”从 3 月 17 日起在柬埔寨举行,柬中两军有近 500 人参加此次军演。

18～21 日 文莱苏丹哈桑纳尔、柬埔寨国王西哈莫尼和柬埔寨首相洪森,新加坡总理李显龙、泰国总理巴育、缅甸国务资政昂山素季等东盟国家领导人热烈祝贺习近平当选中华人民共和国主席。

21 日 缅甸总统府宣布,总统廷觉当天辞去总统职务。报道称,根据缅甸宪法规定,总统辞职后,副总统敏瑞将暂时代行总统职务,直到缅甸议会选出新的接替者为止。

21～25 日 应中国国务委员兼外交部部长王毅邀请,菲律宾外交部部长阿兰·皮特·卡耶塔诺访问中国。25 日,中国国家副主席王岐山会见菲律宾外长卡耶塔诺。

22 日 中国广西人民广播电台与越南之声广播电台联合制作和播出电视节目签约仪式在越南河内举行。

26～28 日 东盟高级法律官员会议在泰国曼谷举行。会议确定《东盟示范引渡条约》。

28 日 据《缅甸时报》消息,缅甸人民院议长温敏在缅甸联邦议会选举中赢得选票超过半数当选总统。当日,中国国家主席习近平向缅甸当选总统温敏致贺电。

29～31 日 大湄公河次区域经济合作第 6 次领导人会议(GMS－6)和柬老越发展三角区第 10 届峰会(CLV－10)在越南河内举行。会议以“发挥 25 年合作成效,建设可持续、一体化和繁荣的 GMS”为主题。会议通过包括《2022 区域投资框架》在内的多项成果文件。中国、柬埔寨、老挝、缅甸、泰国、越南的领导人,亚洲开发银行、世界银行、亚洲基础设施投资银行等机构代表出席本次会议及相关活动。

30 日 应越南政府邀请,中国国务委员兼外交部部长王毅于 3 月 30 日至 4 月 2 日率团出席大湄公河次区域经济合作(GMS)第六次领导人会议并对越南进行正式访问。

4 月

1 日 越南国家主席陈大光在河内会见正在对越南进行正式访问的中国国务委员兼外交部部长王毅。

1 日 柬老越发展三角区第 10 届峰会(CLV－10)结束后,柬埔寨首相洪森、老挝总理通伦·西苏里与越南政府总理阮春福共同签署《柬老越发展三角区合作宣言》。

2～3 日 东盟最高审计机构在印度尼西亚举行题为“提高对可持续发展目标的认识:提高透明度、说明和反腐败的责任”的专项会议。

2～3 日 第 31 次东盟与美国对话会在马来西亚雪兰莪州举行,东盟—美国对话关系协调国——马来西亚外交部秘书长和美国代理助理国务卿共同主持对话会。

5～6 日 第 20 次东盟—印度高官会在越南首都河内召开。与会各国代表对东盟—印度合作活动开展进度进行评估并就双方今后关系发展大方向达成一致。

6 日 第 22 届东盟财长会议在新加坡举行。

8～9 日 中国国务院总理李克强、中国国家副主席王岐山在北京分别会见来华进行工作访问的新加坡总理李显龙,并举行会谈。

10 日 中国国家主席习近平在海南省博鳌国宾馆分别会见新加坡总理李显龙、菲律宾总统杜特尔特。

10 日 2018 年东盟 10 国与合作伙伴美食节在印度尼西亚首都雅加达举行,其目的在于加强各国之间的文化交流,同时为贫困儿童募集善款。

10 日 越南国防部部长吴春历对日本进行正式访问。日本防卫大臣小野寺五典和吴春历共同签署《下个 10 年防务合作的共同愿景宣言》。

11～16 日 《菲律宾每日问询者报》消息,11～16 日,菲律宾的一些传统盟友—美国、日本和澳大利亚的军舰在菲港口停靠。

12 日　中央军委在南海海域隆重举行海上阅兵，展示人民海军崭新面貌，激发强国强军坚定信念。中共中央总书记、国家主席、中央军委主席习近平检阅部队并发表重要讲话。

12 日　中国国务院总理李克强在北京人民大会堂会见印度尼西亚总统佐科特使、海洋统筹部长卢胡特。

13 日　中共中央总书记习近平出席庆祝海南建省办经济特区 30 周年大会并发表重要讲话，宣布一件大事：党中央决定支持海南全岛建设自由贸易试验区，支持海南逐步探索、稳步推进中国特色自由贸易港建设。

△在北京召开的“一带一路”投资印度尼西亚研讨会上，电建国际公司与印尼卡扬水电能源有限公司共同签署印尼卡扬河 1－5 梯级水电站项目联合开发协议。

17 日　中国国家副主席王岐山在北京中南海会见越共中央政治局委员、中央书记处书记、中央经济部部长阮文平率领的越南共产党代表团。

△越南政府副总理兼外交部部长范平明与印度尼西亚外交部部长蕾特诺·马尔苏迪在河内共同主持召开越南与印尼双边合作委员会第3次会议，并就双方共同关心的地区和国际问题交换看法。有关南海问题，越南和印尼双方就维护南海和平、稳定、安全以及航行与飞越自由，在符合包括 1982 年《联合国海洋法公约》在内的国际法、尊重外交和法律程序等的基础上以和平方式解决争端的措施交换意见。双方强调全面有效落实《南海各方行为宣言》和尽早达成“南海行为准则”的必要性。

19～20 日　应越南政府总理阮春福的邀请，缅甸国务资政兼外交部长昂山素季率领缅甸高级代表团对越南进行正式访问。

20 日　澳大利亚海军“新军团”号护卫舰访问越南胡志明市。

20～21 日　越南人民海军五区 264 号和 265 号舰船编队与泰国皇家海军二区 432 号和 525 号舰船编队在两国毗邻海域举行第 37 次联合巡逻。

24 日　中共中央政治局委员、中宣部部长黄坤明在北京会见由中央委员、中联部部长顺通率领的老挝人民革命党代表团。

24～26 日　中国和越南海警开展 2018 年度首次北部湾共同渔区联合检查行动。双方各派出 2 艘舰船执行此次任务，这是中越两国海上执法部门在中越北部湾渔业合作委员会框架下，自 2006 年以来第 15 次在中越北部湾共同渔区开展联合执法检查。

25 日　新华社社长蔡名照在北京会见越南通讯社社长阮德利。

25～28 日　东盟各国官员出席在新加坡举行的东盟经济共同体理事会会议、东盟政治安全共同体委员会第 17 届会议、东盟协调委员会第 21 届会议和东盟外长会议等一系列会议。第 32 届东盟峰会 28 日在新加坡闭幕。新加坡总理李显龙在会后的新闻发布会上表示，会议主要达成 3 项成果。第一项成果是东盟各国领导人 27 日晚联合发表的一份关于建设坚韧、创新的东盟愿景文件，第二项和第三项成果分别是建立东盟智慧城市网络以及东盟领导人关于网络安全的声明。

25～26 日　由越共中央政治局委员、国会常务副主席丛氏放率领的越南国会高级代表团对柬埔寨王国进行正式访问，4 月 25 日下午会见柬埔寨国会主席韩桑林，将亚太议会论坛轮值主席移交给柬埔寨。

25～30 日　美国海军与泰国皇家海军在安达曼海举行联合反潜演习。参加演习的有泰国海军的两艘中国造 F25T 护卫舰和美海军“洛杉矶”级攻击型核潜艇。

26 日　中共中央政治局委员、中宣部部长黄坤明在北京会见越南通讯社社长阮德利一行。

26～27 日　东盟《刑事司法相助协议》第 8 次高官会在河内召开。东盟 10 国政府、东盟秘书处、东盟《刑事司法相助协议》秘书处等代表与会。

5 月

3 日　中共中央政治局委员、中央政法委书记郭声琨在北京会见越南最高人民法院院长阮和平。

3 日　中国科学技术大学潘建伟教授及其同事陆朝阳、朱晓波等，联合浙江大学王浩华教授研究组，成功构建世界首台超越早期经典计算机的光量子计算机。

3～5 日　越南医学总会同东盟各国医学协会在河内联合举行东盟各国医学协会第 18 届会议。

3～6 日　3 日，由中国海军导弹驱逐舰长沙舰和导弹护卫舰柳州舰组成的舰艇编队抵达印度尼西亚龙目岛附近海域，参加 5～6 日的“科摩多－2018”多国联合演习。中国海军舰艇编队派出医疗组，在印尼龙目岛北部卡里克港，参与联演指挥部统一导调的医疗民事救援演练，并因成绩突出获得“特别贡献奖”。

4日 第21次东盟与中日韩10+3财长和央行行长会议在菲律宾马尼拉举行。会议讨论全球和区域宏观经济形势、10+3区域财金合作等议题，并发表联合声明。

△纪念马克思诞辰200周年大会在北京人民大会堂隆重举行。中共中央总书记、国家主席、中央军委主席习近平在大会上发表重要讲话。

5~8日 应印度尼西亚总统佐科·维多多邀请，中国国务院总理李克强对印度尼西亚进行正式访问。7日，双方发表中华人民共和国政府和印度尼西亚共和国政府联合声明。当地时间7日下午，李克强在雅加达东盟秘书处出席中国—东盟建立战略伙伴关系15周年庆祝活动启动仪式并发表主旨讲话。李克强表示，中国和东盟是好邻居、好朋友、好伙伴。中国—东盟合作的重要性已超越双边范畴，日益成为维护地区和平稳定、促进区域共同繁荣的支撑和引擎。今年适逢中国—东盟建立战略伙伴关系15周年。15年来，我们讲信修睦、安危与共，携手应对国际金融危机，成功抗击重大自然灾害，维护地区和平、发展与繁荣。中国始终把东盟作为周边外交优先方向，坚定发展同东盟的友好合作，支持东盟共同体建设，支持东盟在区域合作中的中心地位，支持东盟在构建开放包容的地区架构中发挥更大作用。

7日 从当天起，菲律宾与美国在菲军总部阿吉纳尔多军营举行为期12天的年度“肩并肩”联合军演。

8日 中国国务委员、公安部部长赵克志访问缅甸，在内比都与缅甸内政部部长觉瑞举行会谈。

10日 主题为“包容性和数字化的东盟”的第14届东盟新闻部长会议在新加坡举行，东盟各成员国代表团、东盟秘书处代表、中国、日本和韩国等伙伴国代表出席会议。

10日 马来西亚选举委员会公布的计票结果显示，前总理马哈蒂尔领导的反对党阵营在9日举行的大选中赢得国会下议院过半数席位，获得组阁权。这是马来西亚反对党60年来首次赢得大选。

△“澜湄光明行走进老挝”仪式在老挝万象全日制中学举行。

14日 老挝人民革命党中央委员会总书记、国家主席本扬在万象会见中国国务委员、公安部部长赵克志。

17日 越南常驻联合国代表团团长阮芳娥在联合国总部向联合国秘书长递交批准《禁止核武器条约》文件备案。越南是批准《禁止核武器条约》的第10个国家。

17~18日 由老挝外交部副部长通潘和俄罗斯外交部副部长莫尔古洛夫共同主持的第15次东盟与俄罗斯高官会在俄罗斯莫斯科举行。

22~23日 第30届东盟—澳大利亚论坛在澳大利亚首都堪培拉举行。

23日 中国与越南、缅甸、柬埔寨、老挝、泰国等国家卫生代表在瑞士日内瓦召开的世卫大会期间同世界卫生组织代表签署湄公河次区域2030年消除疟疾部长级行动宣言。

24日 第10届泛北部湾经济合作论坛暨第2届中国—中南半岛经济走廊发展论坛在中国广西南宁举行。东盟各国和中国有关部委、行业、研究院、企业的500多名代表与会。

△中国驻马来西亚大使白天前往布城首要领导基金会拜会马来西亚总理马哈蒂尔。

25日 由越南财政部和东盟与中日韩10+3宏观经济研究办公室联合举办的“东盟10+3区域经济展望：在一个变化难测的世界里促进可持续发展”研讨会在越南河内举行。

26日 由中国广西艺术学院和越南驻南宁总领事馆主办的“纪念中国—东盟建立战略伙伴关系15周年暨中越文化交流晚会”在广西艺术学院举行。

29日 越南国家主席陈大光对日本进行国事访问。

30日 中共中央总书记、国家主席、中央军委主席习近平在北京同到访的老挝人民革命党中央总书记、国家主席本扬举行会谈。双方一致强调要推动中老命运共同体建设取得新成果，更好造福两国和两国人民。会谈结束后，两国元首共同出席有关合作文件的签字仪式。

6月

1日 中国国务委员兼外交部部长王毅和新加坡财政部部长王瑞杰出席在南京举行的首届中新人工智能高峰论坛。

1~2日 老挝人民革命党中央总书记、国家主席本扬一行到湖南省考察。

1~3日 第17届香格里拉对话会在新加坡举行，共有17个国家的国防部长以及40个国家的高级军官和学者共600多人参会。

3 日 俄罗斯海军太平洋舰队派遣的舰艇分队抵达越南金兰湾港进行访问。

6~7 日 东盟与中日韩 10+3、东亚峰会、东盟地区论坛等系列高级官员会议在新加坡举行。会议期间各方重点讨论东盟与中日韩、东亚峰会、东盟地区论坛等框架近期的合作情况以及未来的合作方向和 8 月初召开的东盟外长会议的筹备工作情况，

8 日 第 24 次东盟—中国高官磋商在新加坡举行。会议就双边关系发展情况进行评估并就加强东盟—中国战略合作伙伴关系的措施展开讨论。

9 日 菲律宾外交部部长卡耶塔诺在中国与菲律宾建交 43 周年纪念日，也是第 17 个菲中友谊日表示，菲律宾对菲中发展友好关系充满信心，未来菲律宾愿与中国进一步加强合作。

9~14 日 俄罗斯军舰对菲律宾进行为期 5 天的访问。

10~12 日 马来西亚总理马哈蒂尔访问日本。

12 日 中国国务委员兼外交部部长王毅在中国首都北京会见东盟秘书长林玉辉时强调，中国和东盟将携手共建更为紧密的命运共同体。

12 日 朝鲜领导人金正恩与美国总统特朗普在新加坡举行历史性会晤，金正恩和特朗普签署历史性文件，就 4 项内容达成协议，其中包括朝鲜方面承诺“完全无核化”。美方则承诺向朝鲜提供安全保障。

12~15 日 印度国防部部长西塔拉曼率领高级军事代表团访问越南。

13 日 中国国务委员兼外交部部长王毅在北京同到访的文莱外交与贸易部第二部长艾瑞万举行会谈。

△第 33 届东盟—日本论坛在日本首都东京举行。

15 日 缅甸国务资政昂山素季在总统府会见到访的中国国务委员兼国防部部长魏凤和。

16 日 第 8 届伊洛瓦底江—湄南河—湄公河经济合作战略框架峰会在泰国首都曼谷举行。柬埔寨、老挝、缅甸、泰国和越南等国家领导人出席此次峰会。

16~20 日 中国国务委员兼国防部部长魏凤和率代表团对柬埔寨进行为期 5 天的访问，访问期间，魏凤和与柬埔寨首相洪森会面。随后与柬埔寨国防部部长迪班会面，在中国国防部部长与柬埔寨国防部部长共同主持下签署中柬两国国防部合作协议。魏凤和还出席在金边钻石岛中心开展的中柬联合军事博览会的开幕典礼。20 日，柬埔寨国防部发言人春索吉说，中国国防部部长魏凤在与柬埔寨国防部部长迪班会谈时，表示愿意向柬埔寨提供价值 1 亿美元的军事援助。

18 日 阿里巴巴董事局主席马云拜会马来西亚总理马哈蒂尔。

19 日 中国商务部副部长高燕访问柬埔寨期间，签署向柬埔寨提供价值数百万美元的援助协议，帮助柬埔寨进行扫雷、交通、教育以及维修吴哥窟等多项工程。

19~22 日 应老挝人民革命党中央政治局委员、中央书记处常务书记、老挝国家副主席潘坎·维帕万的邀请，越共中央委员、国家副主席邓氏玉盛对老挝进行为期 4 天的正式访问。

20~21 日 第 22 届东盟与韩国对话会在韩国举行。双方同意继续推动开展 2016~2020 年阶段行动计划以落实关于东盟与韩国战略伙伴关系的声明，集中于与民众息息相关的领域。

22 日 东盟—印度联合合作委员会第 18 次会议在印度尼西亚首都雅加达举行。

22~23 日 中国中央外事工作会议在北京召开。中共中央总书记、国家主席、中央军委主席习近平在会上发表重要讲话强调，努力开创中国特色大国外交新局面，为全面建成小康社会、进而全面建设社会主义现代化强国创造有利条件、作出应有贡献。

25 日 日本外相河野太郎访问印度尼西亚与印尼外长雷特诺举行会谈，双方就日本援助印度尼西亚离岛开发项目达成共识。

25~27 日 中国与东盟国家在中国湖南长沙举行落实《南海各方行为宣言》第 15 次高官会和第 24 次联合工作组会。

△越共中央政治局委员、越南政府副总理王廷惠对美国进行正式访问，并于 26 日会见美国农业部副部长斯蒂芬·肯斯基时表示，越南将美国视为至关重要的贸易伙伴之一。

26 日 中国国家副主席王岐山在北京会见缅甸联邦议会议长兼民族院议长曼温凯丹。

△越通社报道，越南被联合国外勤支助部选为东

南亚4个维和部队培训基地之一。

26日 美国海军证实,美军里根号核动力航母和两艘护航舰艇已经于26日抵达菲律宾首都马尼拉,美国海军称这是“定期巡逻”的一部分。

26~29日 中国共产主义青年团第十八次全国代表大会在北京召开。

28日 中国国务委员兼外交部部长王毅在北京会见缅甸国务资政府部部长觉丁瑞。

△越共中央委员、《人民报》总编辑、中央宣教部副部长、越南记协主席顺友在中国《人民日报》创刊70周年之际,向中国《人民日报》编委会、全体记者编辑致以最热烈的祝贺。

29日 中共中央政治局常委、国务院副总理韩正在北京会见新加坡副总理张志贤。

30日 美国负责亚太安全事务的助理国防部长兰道尔·施里弗访问越南。

7月

1日 马来西亚《新海峡时报》网站报道,马来西亚国防部部长穆罕默德·萨布表示,美国和中国的军舰可以自由通过马来西亚水域,但不应四处游弋展示实力。

2日 由中国提供优惠贷款援建的柬埔寨—中国森速友谊立交桥竣工通车。

△老挝人民革命党中央总书记、国家主席本扬在万象会见率中共代表团访老并出席第7次中老两党理论研讨会的中共中央政治局委员、中宣部部长黄坤明。

2~3日 2018澜沧江—湄公河合作媒体峰会在老挝首都万象开幕。

5日 越共中央总书记阮富仲在河内会见率中共代表团访越并出席第14次中越两党理论研讨会的中共中央政治局委员、中宣部部长黄坤明。

6日 第6届东盟10国首都市长会议在新加坡举行,东盟10国首都领导人共同签署《东盟关于环境可持续性的新加坡宣言》。

8~9日 美国国务卿蓬佩奥对越南进行正式访问。8日,越共中央总书记阮富仲、政府总理阮春福分别会见到访的蓬佩奥。9日,蓬佩奥与越南政府副总理兼外交部部长范平明会谈。

9日 第2届东盟地区论坛城市应急救援研讨班在中国广西南宁举行,中国、马来西亚和越南等12个东盟地区论坛成员国以及4个国际组织代表近600人围绕“城市应急救援”等相关话题展开为期4天的研讨。

9~15日 美国、日本、菲律宾3国在南海菲律宾吕宋岛以西海空域开展联合搜救训练。

17日 中国援助菲律宾的两座桥梁开工仪式在马尼拉举行。

18日 中国国务院总理李克强18日下午在北京会见马来西亚总理特使、元老理事会牵头人达因。

18日 越南外交部、印度外交部、东盟和东亚经济研究院、发展中国家研究与信息系统研究中心、印度国家海事基金会在印度新德里联合举办东盟—印度第2次绿色海洋经济研讨会。

19日 中国国家主席习近平、国务院总理李克强分别与柬埔寨王国国王西哈莫尼、柬埔寨首相洪森互致贺电庆祝中柬建交60周年。

△中国外交部与柬埔寨驻华大使馆在北京共同举办庆祝中华人民共和国与柬埔寨王国建交60周年招待会。

△以庆祝中国、柬埔寨建交60周年为契机,中柬两军在柬埔寨磅士卑省,举行为期17天的“金龙-2018”反恐联合训练。

19日 主题为“东盟与印度加强海上合作”的第10次对话会在印度新德里举行。

19~28日 中国国家主席习近平对阿联酋、塞内加尔、卢旺达和南非进行国事访问,出席金砖国家领导人第10次会晤,过境毛里求斯并进行友好访问。

21日 美国和中国两国科研人员联合造出世界上最快的转子,每分钟可旋转超过600亿次。这一研究成果发表在新一期美国权威学术期刊《物理评论快报》上。

23日 菲律宾总统杜特尔特发表任内第3次国情咨文,他在演讲中提及中国在菲律宾反毒行动中的帮助,并称“菲律宾政府将继续寻求和中国建立紧密关系”。

23~25日 老挝南部阿速坡省一处水坝发生溃堤事故,造成多人伤亡,数百人失踪,数千人受灾。应老挝国防部请求,经中国国家主席习近平和中央军委批准,25 日,正在老挝万象参加“和平列车—2018”人道主义医学救援联合演训暨医疗服务活动的中国人民解放军医疗队迅即行动,派出医疗防疫分队 32 人紧急奔赴灾区救援。

23 日　菲律宾众议院举行全体会议,投票选举前总统阿罗约为新一任众议长,接替现任众议长阿尔瓦雷斯。

25 日　中国中央军委副主席张又侠在北京会见到访的越共中央书记处书记、中央军委常委、越南人民军总政治局主任梁强。

30 日　柬埔寨国家选举委员会公布的初步计票结果显示,由首相洪森领导的执政党人民党获得约 486 万张选票,以 77.5% 的得票率获胜。

31 日　中国国务委员兼外交部部长王毅访问马来西亚。

△东盟各国外交部长就老挝阿速坡省的水坝坍塌事故发布公告称,东盟将加强团结,协助老挝政府和人民开展灾后重建。

8 月

1 日　马来西亚总理马哈蒂尔在总理府会见到访的中国国务委员兼外交部部长王毅。

△东盟与中日韩高官会和东亚峰会各成员国与中国、日本、韩国、印度、澳大利亚、新西兰、美国、俄罗斯等 8 个伙伴高官会在新加坡举行,目的是为即将于 8 月 4 日举行的第 19 次东盟与中日韩外交部长会议和第 8 次东亚峰会部长级会议做准备。

2 日　中国国务委员兼外交部部长王毅出席在新加坡举行的中国—东盟 10 + 1 外长会议。同日,第 51 届东盟外长及系列会议在新加坡举行,东盟 10 国外交部长与会。

3 日　第 51 届东盟—印度外长会议在新加坡召开。

△第 8 届韩国—湄公河流域国家外长会在新加坡举行。

△据中国航天空气动力技术研究院网站消息,8 月 3 日 6 点 41 分,中国自主研制的“星空 - 2”火箭在中国西北地区某靶场成功发射,军事专家表示,此次“星空 - 2”火箭的发射,堪称是中国航天史上的里程碑成就,实际上这是中国最新研制的“乘波体高超音速飞行器”。

4 日　中国国务委员兼外交部部长王毅在新加坡出席东盟 10 国和中日韩 10 + 3、第 8 届东亚峰会外长会 10 + 8、第 25 届东盟地区论坛外长会等东亚合作系列外长会。

5 日　东盟在印度尼西亚首都雅加达启动“2018 年东盟无车日”活动。

6 日　第 22 届东盟移民局总监会议(DGICM)在马来西亚吉隆坡召开,与会代表就解决区内移民和边境管理等问题进行深入讨论。

9 日　越南和菲律宾在河内举行第 3 次越菲国防政策对话和越菲防务合作联合工作组第 4 次会议。

13 日　正在加拿大萨斯卡通召开的国际灌排委员会第 69 届国际执行理事会,于当地时间 8 月 13 日晚执理会全体会议上公布 2018 年(第五批)世界灌溉工程遗产名录。中国的都江堰、灵渠、姜席堰和长渠 4 个项目全部申报成功。

13 ~ 19 日　中国共青团代表团赴越出席在越南举行的第 18 届越中青年友好会见活动。越共中央委员、中央对外部部长黄平君 14 日上午在河内会见中国共青团中央书记处书记傅振邦一行。

14 ~ 15 日　第 11 届中国—东盟总检察长会议在文莱召开,会议主题是“提高能力和合作应对网络犯罪”,东盟成员国和中国的 60 多名专业人士出席,重点讨论应对网络犯罪的最佳做法。

15 日　中共中央总书记习近平向柬埔寨人民党主席洪森致贺电,祝贺其领导柬埔寨人民党在第六届国会选举中获胜。

17 ~ 21 日　应中华人民共和国国务院总理李克强邀请,马来西亚总理马哈蒂尔对中国进行正式访问。中国国家主席习近平会见马哈蒂尔,李克强同马哈蒂尔举行会谈,全国人大常委会委员长栗战书会见马哈蒂尔。访问期间,中马续签《中国人民银行与马来西亚国家银行双边本币互换协议》,签署《中华人民共和国财政部与马来西亚证券监督委员会跨境会计审计执法合作备忘录》《中华人民共和国海关总署与马来西亚农业与农基产业部关于马来西亚冷冻榴梿输华检验检疫要求的议定书》《海南省农垦总局(海南省农垦投资控股集团有限公司)与马来西亚橡胶局关于橡胶沥青路面技术和割胶自动化技术及商业化合作谅解备忘录》《清华大学与马来西亚棕榈油局关于马来西亚棕榈油生物燃料技术发展及促进的谅解备忘录》等合作文件。

18 日　第 18 届亚洲运动会于 8 月 18 日至 9 月 2 日在

印度尼西亚雅加达举行。

20 日　中共中央总书记、国家主席、中央军委主席习近平在北京会见越共中央政治局委员、中央书记处常务书记陈国旺。

22 日　中国国务委员兼外交部部长王毅在北京会见由菲律宾财政部部长多明格斯率领的菲律宾政府代表团。

△中越两军边境联合义诊活动开幕式在越南高平复合举行。

23 日　首届中国国际智能产业博览会在重庆开幕，国家主席习近平向会议致贺信。

24 日　中国—东盟博览会秘书处和柬埔寨驻中国大使馆在北京联合举办主题国新闻发布会。柬埔寨第 2 次出任中国—东盟博览会主题国，柬埔寨首相洪森届时将率团出席并参加系列重要活动。

26 日　中国国务委员兼外交部部长王毅在北京同到访的老挝外长沙伦赛举行会谈。

26 日　第 12 届东盟职业技术比赛于 8 月 26 日至 9 月 5 日在泰国举行，吸引来自 10 个国家的 337 名选手参加，有比赛项目 26 个。

27 日　中共中央总书记、国家主席、中央军委主席习近平在北京出席推进“一带一路”建设工作 5 周年座谈会并发表重要讲话。

29 日　第 50 届东盟经济部长会议于 8 月 29 日至 9 月 1 日在新加坡举行。会议期间，组委会还举行东盟自由贸易区理事会第 32 次会议、东盟经济部长会议和东盟投资区理事会第 21 次会议，东盟和澳大利亚、加拿大、中国、印度、日本、韩国、新西兰、俄罗斯和美国等 9 个伙伴国之间的磋商会，第 6 次《区域全面经济后半合作关系协定》部长级会议，第 10 届次湄公河—日本部长级会议，第 10 届柬老缅越经济部长会议等系列会议，东盟 10 国及其伙伴国经济部长出席。

9 月

1 日　日本海上自卫队直升机护卫舰“加贺”号等 3 艘舰船停靠在菲律宾北部吕宋岛的苏比克港。菲律宾总统杜特尔特登舰参观。

2 日　菲律宾总统杜特尔特对以色列进行为期 4 天的访问。这是两国建交 60 年来首次有菲律宾国家元首到访以色列。

3～4 日　2018 年中非合作论坛北京峰会在北京举行。3 日，中国国家主席习近平在开幕式上发表题为《携手共命运 同心促发展》的主旨演讲。4 日，习近平主持中非合作论坛北京峰会圆桌会。会议通过《关于构建更加紧密的中非命运共同体的北京宣言》和《中非合作论坛—北京行动计划（2019～2021 年）》。

4 日　中国中央军委委员、军委联合参谋部参谋长李作成在北京会见新加坡三军总长王赐吉。

△泰国 S26T 潜艇项目在中船重工武昌船舶重工集团有限公司武昌基地开工。

△参加中泰“鹰击－2018”联合训练的中国空军战机和保障人员抵达泰国东北部的乌隆塔尼基地，中泰空军第 3 次联合训练正式开始。

5～9 日　越共中央总书记阮富仲 5 日抵达莫斯科对俄罗斯进行为期 4 天的访问。俄罗斯总统普京 6 日会见阮富仲，双方表示愿进一步深化经贸关系，扩大两国在能源领域的合作。

10 日　中国国务委员兼外交部部长王毅在北京会见东盟常驻代表委员会一行。

11 日　中共中央政治局常委、国务院副总理韩正在广西南宁分别会见出席第 15 届中国—东盟博览会和中国—东盟商务与投资峰会的柬埔寨首相洪森、缅甸副总统敏瑞、越南政府副总理王庭惠和老挝政府副总理宋迪。

11～12 日　印度尼西亚总统佐科·维多多对越南进行国事访问。这是佐科·维多多自 2014 年当选印度尼西亚总统以来首次访问越南。双方发表有关加强战略伙伴关系的联合声明。

12～15 日　第 15 届中国—东盟博览会在南宁举办。本届博览会中国和东盟国家领导人继续高规格出席。主题国柬埔寨首相洪森第 11 次率团出席，中国和东盟 10 国的部长级官员、世界 500 强企业领军人物参会。本届中国—东盟博览会举办 35 个高层会议论坛，新增应急救援和海洋 2 个领域的论坛。中共中央政治局常委、国务院副总理韩正出席第 15 届中国—东盟博览会和中国—东盟商务与投资峰会，12 日上午在开幕式上发表主旨演讲。柬埔寨首相洪森、缅甸副总统敏瑞、越南副总理王庭惠、老挝副总理宋迪、坦桑尼亚桑给巴尔副总统伊迪出席开幕式并分别致辞。

14 日　东南亚网路安全中心在泰国揭牌运作。

15 日 15 日，中国国务委员兼外交部部长王毅在越南胡志明市会见越共中央政治局委员、胡志明市市委书记阮善仁。16 日，中国—越南双边合作指导委员会第 11 次会议在胡志明市举行，王毅和越南副总理兼外交部部长范平明共同主持。

15～20 日 据越通社报道，应法国国防部部长弗洛伦斯·帕利之邀，越南国防部部长吴春历率领越南高级军事代表团对法国进行正式访问，双方就越南和法国军方深化防务合作并就南海问题表态，双方已签署 2018～2028 年阶段防务合作联合愿景声明以及关于修改 2009 年签署的越法防务合作协议的协议。

18～19 日 为期两天的东盟社会保障协会第 35 届执行委员会会议在越南芽庄举行。越南从泰国接任东盟社会保障协会主席国一职，任期 2018～2019 年。

19 日 在中秋佳节来临之际，中国国家主席习近平和夫人彭丽媛在北京钓鱼台国宾馆亲切看望正在北京休养的柬埔寨国王西哈莫尼和太后莫尼列。

19～21 日 中共中央政治局常委、国务院副总理韩正应邀访问新加坡，分别会见新加坡总统哈莉玛、总理李显龙、副总理张志贤、副总理尚达曼，并同张志贤共同主持中新双边合作联委会第 14 次会议、苏州工业园区联合协调理事会第 19 次会议、天津生态城联合协调理事会第 10 次会议和中新（重庆）战略性互联互通示范项目联合协调理事会第 2 次会议。

21 日 中共中央总书记、国家主席习近平向越共中央总书记阮富仲致唁电，代表中国党、政府、人民并以个人名义，对越南国家主席陈大光逝世表示最沉痛的哀悼，向其家属致以最深切的慰问。

23～26 日 应老挝人民革命党邀请，中共中央政治局常委、中央纪委书记赵乐际对老挝进行正式友好访问，分别会见老挝人民革命党中央总书记、国家主席本扬，老挝政府总理通伦，中央书记处常务书记、国家副主席潘坎，并与老挝人民革命党中央政治局委员、中央纪委书记本通举行会谈。

23 日 据越通社报道，越南国会主席阮氏金银代表第十四届国会常务委员会签发关于邓氏玉盛担任国家代主席的通知。

26 日 东盟—太平洋联盟第 5 次部长级会议在美国纽约召开的第 73 届联合国大会一般性辩论会期间举行。

26～29 日 应越南共产党邀请，中共中央政治局常委、中央纪委书记赵乐际对越南进行正式友好访问，分别会见越共中央总书记阮富仲，国会主席阮氏金银，越共中央政治局委员、中央书记处常务书记陈国旺，与越共中央书记处书记、中央检查委员会主任陈锦秀举行会谈，还同越共中央政治局委员、中央书记处书记范明政共同出席“中国改革开放和越南革新·融入国际成就”图片展开幕式。26 日，受中共中央总书记、国家主席习近平委托，赵乐际率领中共中央代表团吊唁越南国家主席陈大光逝世

27 日 受中共中央总书记、国家主席习近平委托，中共中央政治局常委、全国人大常委会委员长栗战书下午前往越南驻华使馆，代表中共中央和中国政府吊唁越南国家主席陈大光逝世。

△中国国务委员兼外交部部长王毅在纽约联合国总部同缅甸国务资政府部部长觉丁瑞和孟加拉国外长阿里举行中缅孟三方非正式会晤。联合国秘书长古特雷斯应邀出席。会晤达成 3 点重要共识。一是缅、孟双方同意通过友好协商妥善解决若开邦问题。二是孟方表示已做好遣返第一批避乱民众的准备，缅方也表示已做好接收首批避乱民众的准备。三是双方同意尽快召开联合工作组会议，形成遣返路线图和时间表。

28 日 在第 73 届联合国大会召开期间，东盟各国外长召开非正式会议，就共同关心的地区和国际问题交换意见。同日，东盟外长还举行东盟—联合国外长会议，强调东盟与联合国关于深化全面伙伴关系，力争成功落实东盟“2025 年愿景”及联合国 2030 年可持续发展议程的承诺。

30 日 中国国家主席习近平就印度尼西亚中苏拉威西省发生强烈地震及海啸向印尼总统佐科致慰问电。

△中国驻越南大使馆临时代办尹海虹率使馆馆员、中资机构和留学生代表，与越南同志一起前往河内市嘉林烈士陵园，祭奠长眠于此的 49 名中国援越抗战烈士英灵，缅怀烈士们为中越友谊所做的伟大贡献。

10 月

1 日 文莱苏丹·哈吉·哈桑纳尔·博尔基亚·穆伊扎丁·瓦达乌拉向中华人民共和国主席习近平和国务院总理李克强发祝贺电，庆祝中华人民共和国成立 69 周年。

1～6 日 菲律宾海军 LD－501 军舰对俄罗斯符拉迪沃斯托克进行 6 天的访问，这是菲律宾海军首次访问俄罗斯港口。

1～10 日　菲律宾与美军官兵展开为期 10 天的“与海上战士同行”联合军演，提升双方反恐等非传统挑战的协同作业能力，日本自卫队也以观察员身份参与。

2 日　澳大利亚军方联合新加坡、马来西亚、新西兰及英国军方，在南海海域进行为期 3 周所谓的“国际安全演习”。

3 日　越南海军 015 舰“猎豹”3.9级护卫舰访问日本大阪。

8～12 日　第 40 届东盟农林业部长会议、第 18 届东盟与中日韩农林部长会议和东盟—中国质检部长会议在越南举行。各国部长与代表审议通过有关农林渔业的 23 项技术资料，并签署 3 项合作文件。

9 日　印度尼西亚中苏拉威西省发生地震引发海啸，造成重大人员伤亡和财产损失。为表达中国政府和人民对印尼政府和人民的情谊和支持，积极支持印尼开展救灾，中国商务部与印尼方有关部门密切沟通，快速备妥援助物资，包括帐篷、净水器、发电机组等，并通过包机运送印尼方。首批物资于 10 月 9 日凌晨启运，当日下午运抵。剩余物资计划在 10 月 13 日前交付。

△在湄公河日本合作机制建立 10 周年和东京战略实施 3 周年之际，日本首相安倍晋三主持第 10 次日本与湄公河流域国家峰会，越南、柬埔寨、老挝、泰国和缅甸 5 国领导出席。峰会通过“2018 东京合作战略”，规划 2019～2021 年湄公河日本合作方向。

12 日　第 10 届东盟司法部长会议在老挝首都万象举行。

15 日　东盟协调委员会会议在新加坡召开，为第 33 届东盟峰会及系列会议做准备。

16～17 日　美国国防部部长马蒂斯访问越南。

18 日　中国国务院总理李克强在布鲁塞尔出席亚欧首脑会议期间，分别会见柬埔寨首相洪森、越南政府总理阮春福。

△第 6 届东盟禁毒合作部长级会议在越南河内召开。

18～20 日　为期两天的第 12 届东盟国防部长会议和第 5 届东盟国防部长扩大会议在新加坡举行。在第 12 届东盟防长会上，东盟 10 国国防部长一致同意成立应对化学、生物、放射性等安全挑战的网络。成员国防长达成共识后签署空中相遇行为准则联合宣言。第 5 届东盟防长扩大会议讨论通过《东盟防长扩大会关于建立务实信任措施的联合声明》《东盟防长扩大会关于反对恐怖主义威胁的联合声明》。

18～25 日　第 3 届东盟妇女工作部长会议在越南河内举行。会议闭幕式发表联合声明。

19 日　越南胡志明市人民议会副主席张氏映会见正在访问胡志明市的中国上海市人民代表大会代表团。

20 日　中国国产 AG600 大型水上飞机在湖北省荆门漳河机场首飞成功。

20～29 日　根据中国、马来西亚、泰国 3 国军队达成的共识，“和平友谊－2018”中马泰联合军事演习在马来西亚亚森美兰州波德申县、雪兰莪州巴生港及近海区域举行，演练课题为“联合强制和平行动”。

22 日　东盟与欧盟性别平等和赋予妇女和女童权力对话会在河内举行。

22～28 日　中国—东盟在中国广东湛江举行“海上联演—2018”演习。

23 日　越南第十四届国会第六次会议在首都河内投票选举越共中央总书记阮富仲为新一任越南国家主席，阮富仲随后宣誓就职。中共中央总书记、国家主席习近平对越共中央总书记阮富仲当选国家主席致贺电。

23～26 日　中国国务委员兼国防部部长魏凤和于 23～24 日在北京分别与来华出席第 8 届北京香山论坛并访问的柬埔寨副首相兼国防大臣迪班、新加坡国防部部长黄永宏和马来西亚国防部部长穆罕默德·萨布举行会谈。26 日，中央军委副主席许其亮在北京分别会见新加坡国防部部长黄永宏、马来西亚国防部部长穆罕默德·萨布、越南国防部部长吴春历和柬埔寨副首相兼国防大臣迪班。

24 日　新华通讯社社长蔡名照在北京会见老挝通讯社社长顺通·坎塔冯一行。双方签署两社新的合作协议。

△马来西亚媒体报道，马来西亚国防部部长萨布日前访问位于中国武汉的中船重工武船公司，出席第 2 艘“濒海任务舰”的开工仪式，并观摩 7 月 31 日开工的首艘“濒海任务舰”的建造情况。

26 日　中国与东盟国家落实《南海各方行为宣言》第 16 次高官会在菲律宾马尼拉举行。中国和东盟各国外交部高官出席。

△中老缅泰第 75 次湄公河联合巡航结束，4 天 3

夜航程500余千米。

△东盟与中日韩宏观经济研究办公室、中国财政部和中国人民银行在北京共同举办“中国改革开放40周年:进展、前景和对东亚区域的影响”高层论坛,发表题为“中国改革开放四十年:进程、展望及对东盟影响”的研究报告。

28～31日 应菲律宾外长洛钦马邀请,中国国务委员兼外交部部长王毅对菲律宾进行正式访问。菲律宾总统杜特尔特在达沃南部总统府会见王毅。

29～31日 由柬埔寨皇家军总司令冯批森率领的柬埔寨王家军高级代表团对越南进行正式访问。

29日至11月1日 第6届东盟与中国和第9届东盟与中日韩打击跨国犯罪部长级会议在缅甸内比都举行。会议发表联合声明。

29日至11月2日 第12届东盟跨国犯罪问题部长级会议、第3届东盟激进和暴力极端主义崛起特别部长级会议在缅甸内比都举行。

△第36届东盟能源部长会议在新加坡举行。

30日 中国国家主席习近平就印度尼西亚客机失事向印度尼西亚总统佐科致慰问电。

11月

4～5日 应中华人民共和国主席习近平的邀请,越南政府总理阮春福和老挝总理通伦出席在中国上海举办的首届中国国际进口博览会。4日,习近平在上海分别会见阮春福和通伦。

5～7日 中国国家副主席王岐山应邀赴新加坡出席2018年创新经济论坛并对新加坡进行访问。

5～10日 首届中国国际进口博览会在国家会展中心(上海)举行。11月5日,国家主席习近平出席首届中国国际进口博览会开幕式并发表题为《共建创新包容的开放型世界经济》的主旨演讲。

10日 中国和马来西亚多个相关机构在马来西亚吉隆坡宣布将共同筹建“国际郑和协会”。

12～13日 2018年东盟商务与投资峰会在新加坡举行。

12日 首届越老柬佛教协会高层会议在老挝首都万象举行。

12～16日 应新加坡总理李显龙邀请,中国国务院总理李克强对新加坡进行正式访问并出席东盟系列会议。12日,李克强总理同李显龙总理举行会谈,会见哈莉玛总统,发表中华人民共和国和新加坡共和国政府联合声明。13日,第33届东盟峰会及东亚合作领导人系列会议在新加坡开幕。14日上午,在新加坡会展中心,李克强与李显龙共同主持第21次中国—东盟10+1领导人会议暨庆祝中国—东盟建立战略伙伴关系15周年纪念峰会并发表重要讲话。14日下午,李克强在新加坡会展中心出席第2次区域全面经济伙伴关系协定(RCEP)领导人会议。15日,出席第21次东盟与中日韩10+3领导人会议和第13届东亚峰会。

13日 第24届文莱—美国海上合作准备与训练演习在文莱举行。

14日 第2届区域全面经济伙伴关系协定(RCEP)峰会在新加坡举行。

17日 中国新任驻越南大使熊波前往越南主席府,向越南国家主席阮富仲递交国书。

18～20日 应文莱达鲁萨兰国国家元首苏丹·哈吉·哈桑纳尔·博尔基亚·穆伊扎丁·瓦达乌拉邀请,中华人民共和国主席习近平对文莱进行国事访问。19日,两国元首会谈后,共同见证共建“一带一路”合作规划等双边合作文件的签署。双方发表《中华人民共和国和文莱达鲁萨兰国联合声明》。

△应越共中央总书记、国家主席阮富仲邀请,印度总统拉姆·纳特·科温德携夫人对越南进行国事访问。

19～21日 中越两军第5次边境高层会晤先后在中国广西龙州和越南高平及相关口岸地区举行,中国国务委员兼国防部部长魏凤和与越南中央军委副书记、国防部部长吴春历分别率团参加。

20～21日 应菲律宾共和国总统罗德里戈·罗亚·杜特尔特邀请,中华人民共和国主席习近平对菲律宾进行国事访问。20日,习近平在马尼拉同菲律宾总统杜特尔特举行会谈。两国元首共同规划双边关系未来发展,达成重要共识。会谈后,两国元首共同见证《中华人民共和国政府与菲律宾共和国政府关于共同推进“一带一路”建设的谅解备忘录》《中华人民共和国政府与菲律宾共和国政府关于油气开发合作的谅解备忘录》等多项双边合作文件的签署。21日,两国发表《中华人民共和国与菲律宾共和国联合声明》。

25～30日 应中国财政部部长刘昆邀请,越南财政部部长丁进勇率团到中国进行工作访问。

28日 以“促进绿色就业,面向东盟共同体的公平和包容性增长”为主题的第25届东盟劳工部长级会议在马来西亚首都吉隆坡举行。

△湄公河委员会理事会第25次会议在越南下龙举行。

△为期4天的2018年东盟美食节在韩国首都首尔举行。

29日 越共中央政治局委员、中央书记处书记、中央经济部部长阮文平在河内会见到越访问的中共中央委员、湖南省委书记杜家毫。

△由越共中央政治局委员、中央书记处书记、中央民运部部长张氏梅率领的越共高级代表团于11月29日至12月1日对美国进行访问。

12月

2日 参加2018年第45届东南亚与日本青年船计划的326名代表与胡志明市500名青年代表一同参加交流活动。

4～7日 应韩国国会议长文喜相邀请,由越共中央政治局委员、国会主席阮氏金银率领的越南国会高级代表团对韩国进行正式访问。

6～7日 第17届柬老越3国禁毒合作部长级会议在老挝万象举行。

6～8日 应越南政府总理阮春福邀请,柬埔寨首相洪森率领柬埔寨政府高级代表团对越南进行正式访问。

7日 缅甸总统府发布通告,宣布成立实施“一带一路”指导委员会,委员会由国务资政昂山素季任主席。

8日 中国在西昌卫星发射中心用长征三号乙运载火箭成功发射嫦娥四号探测器,开启人类首次月球背面软着陆探测之旅。

△中船重工武船集团为中国大洋矿产资源研究开发协会打造的“深海一号”8日在武汉顺利下水。这是中国自主研制的首艘载人潜水器支持母船。

12日 “东盟安全劳务移民运动”亮相仪式在印度尼西亚雅加达举行。

12～14日 中国全国人大常委会委员长栗战书12日在北京与到访的泰国立法议会主席蓬贝举行会谈。全国政协主席汪洋14日在北京会见蓬贝。

13日 柬埔寨副总理兼财经部部长温本莫尼洛与中国国家国际发展合作署副署长邓波清,在金边分别代表双方政府签署两份价值18.22亿人民币(约2.6亿美元)的无偿贷款和优惠贷款协议。

△越南国家青年委员会与胡志明共青团中央委员会联合举办的2018年东盟与中日韩年轻企业家论坛在胡志明市开幕。论坛吸引东盟10国和中国、韩国、日本3个东盟对话国的160名年轻企业家和领导出席。

13～14日 根据中越两军相关协议,中国南部战区海军与越南海军第1区舰船在北部湾海域进行第25次联合巡逻,并开展搜救演习。

14～15日 由越南、老挝、柬埔寨3国最高人民法院联合举办的打击犯罪和处理跨境犯罪民事案件第5次3国边境各省法院会议在柬埔寨首都金边举行,会议于15日发表联合宣言。

16～17日 应老挝人民民主共和国外交部部长沙伦赛·贡玛西邀请,中国国务委员兼外交部部长王毅访问老挝并出席澜湄合作第4次外长会。16日,老挝人民革命党中央委员会总书记、国家主席本扬和老挝总理通伦在万象分别会见王毅。17日,澜沧江—湄公河合作第4次外长会在老挝琅勃拉邦举行。老挝外交部部长沙伦赛·贡玛西、中国国务委员兼外交部部长王毅、柬埔寨王国副首相贺南洪、缅甸国际合作部部长觉丁、泰国外交部部长敦·巴穆威奈、越南政府副总理兼外交部部长范平明出席。会后发表《澜湄合作第4次外长会联合新闻公报》。

17日 被誉为中国与柬埔寨最大水电合作项目的华能桑河二级水电站在柬上丁省电站工区举行竣工投产庆典。

18日 庆祝改革开放40周年大会在北京人民大会堂隆重举行。中共中央总书记、国家主席、中央军委主席习近平在大会上发表重要讲话。

24日 中国国家主席习近平就印度尼西亚巽他海峡近日发生海啸灾害向印度尼西亚总统佐科致慰问电。

△2020年东盟国家委员会揭牌仪式在越南河内举行。2020年东盟国家委员会包括5个分会,即内容、礼宾、宣传—文化、物质—后勤、安全—卫生和秘书处,越南担任2020年东盟轮值主席国职责。

(周明钧、马金案、梁薇、张磊、杨梦平、韦朝晖、彭丽颖、邓起杰、祝湘辉、杨超、唐卉、李碧华)

文　　献

重要文件

澜沧江—湄公河合作五年行动计划（2018～2022）

一、发展目标

本《行动计划》根据澜沧江—湄公河合作（简称澜湄合作）首次领导人会议通过的《三亚宣言》等文件制定，旨在促进澜湄沿岸各国经济社会发展，增进各国人民福祉，缩小本区域发展差距，建设面向和平与繁荣的澜湄国家命运共同体。对接“一带一路”倡议、《东盟2025：携手前行》、《东盟互联互通总体规划2025》和其他湄公河次区域合作机制愿景，致力于将澜湄合作打造成为独具特色、具有内生动力、受南南合作激励的新型次区域合作机制，助力东盟共同体建设和地区一体化进程，促进落实联合国2030年可持续发展议程。

二、基本原则

本《行动计划》将密切结合澜湄六国发展需求和区域一体化进程，体现《三亚宣言》中确立的“领导人引领、全方位覆盖、各部门参与”的架构，以政府引导、多方参与、项目为本的模式运作，积极探索符合六国特点的新型次区域合作模式。本《行动计划》的实施将建立在协商一致、平等相待、相互协商和协调、自愿参与、共建、共享的基础上，尊重《联合国宪章》和国际法，符合各成员国国内法律法规和规章制度。2018年至2019年为奠定基础阶段，重在加强各领域合作规划，推动落实中小型合作项目。2020年至2022年为巩固和深化推广阶段，重在加强五大优先领域合作，拓展新的合作领域，以呼应成员国发展需求，完善合作模式，逐步探讨大项目合作。

三、工作架构

完善领导人会议、外长会、高官会、外交和各领域联合工作组会组成的多层次机制框架。

加强澜湄六国国家秘书处或协调机构间的沟通与协调，探讨建立澜湄合作国际秘书处。

每年通过高官会向外长会提交本《行动计划》落实进展报告，成员国将下一年度联合项目清单提交外长会审议通过。

在六方共识基础上，逐步将优先领域联合工作组级别提升至高官级或部长级。加强优先领域合作的同时亦鼓励扩展其他领域合作。

设计澜湄合作徽标及其他澜湄标志。

与其他湄公河次区域机制相互补充，协调发展。

协调澜湄合作与中国—东盟合作的关系。主要通过探讨与中国—东盟联合合作委员会建立交流沟通，加强与中国—东盟中心合作。作为临时性安排，与其他东盟相关机构加强合作。

四、务实合作

4.1　政治安全事务

4.1.1　保持高层交往

每两年召开一次领导人会议，规划澜湄合作未来发展。如有必要，在协商一致基础上召开临时领导人会议。

每年举行一次外长会，落实领导人会议共识，评估合作进展，提出合作建议。

六国领导人通过双边访问或其他国际合作平台保持经常性接触。

4.1.2　加强政治对话与合作

每年视情举行外交高官会、外交和各领域联合工作组会。

支持澜湄国家政策对话和官员交流互访活动。

4.1.3　政党交流

秉持澜湄合作精神，促进澜湄国家政党对话交流。

4.1.4　非传统安全合作

深化澜湄国家执法对话与合作，应对共同关心的非传统安全事务。

共同加强非传统安全事务合作，如打击贩毒、恐怖主义、有组织偷越国境、贩卖人口、走私贩运枪支弹药、网络犯罪及其他跨国犯罪。

秉持澜湄合作精神，遵守各国国内法律法规，促进六国间边境地区地方政府和边境管理部门交流。

加强澜湄国家警察、司法部门及相关院校合作。

加强防灾减灾、人道主义援助合作，确保粮食、水和能源安全。探索向灾民和受气候变化影响的人们提供支持的多种方案。

4.2　经济与可持续发展

4.2.1　互联互通

编制“澜湄国家互联互通规划”，对接《东盟互联互通总体规划2025》和其他次区域规划，促进澜湄国家全面互联互通，探索建立澜湄合作走廊。

推动铁路、公路、水运、港口、电网、信息网络、航空等基础设施建设与升级。增加包括北斗系统在内的全球卫星导航系统在澜湄国家基础设施建设、交通、物流、旅游、农业等领域的应用。

推进签证、通关、运输便利化，讨论实施“单一窗口”口岸通关模式。

加强区域电网规划、建设和升级改造合作，推动澜湄国家电力互联互通和电力贸易，打造区域统一电力市场。

制定澜湄国家宽带发展战略和计划，积极推进跨境陆缆和国际海缆建设和扩容。探索跨多国陆缆合作新模式，提高现有区域网络利用效率，持续提升澜湄国家间网络互联互通水平。

加强数字电视、智能手机、智能硬件和其他相关产品创新发展的合作。

加强标准和资质互认、发展经验分享和能力建设合作。

4.2.2　产能

根据《澜湄国家产能合作联合声明》，制定“澜湄国家产能合作行动计划”。

加强产能提升能力建设，开展经验交流与培训。

探讨搭建产能与投资合作平台，举办“澜湄国家产能合作论坛”等活动，探讨建立澜湄国家产能与投资合作联盟。

促进澜湄国家企业和金融机构参与产能合作。

探讨设立多边参与的澜湄产能合作发展基金。

4.2.3　经贸

通过建设跨境经济合作区的试点，推进跨境经济合作，完善合作框架、工作机制和制度性安排。

提升澜湄国家贸易和投资便利化水平，进一步降低非关税贸易壁垒。

成立澜沧江—湄公河商务理事会。探讨建立澜湄国家中小企业服务联盟。

举办国际贸易展销会、博览会和招商会等加强澜湄国家间贸易促进活动。

4.2.4　金融

基于包括《“一带一路”融资指导原则》在内的各类区域合作融资原则，共同建立澜湄国家间长期、稳定、可持续的多元融资体系。

加强澜湄国家金融主管部门合作与交流，防范金融风险。

强调稳定的金融市场和良好的金融结构对发展实体经济的重要性，支持加强金融监管的能力建设和相互协调。继续开展研究与经验交流，以促进双边货币互换、本币结算和金融机构合作。

加强与亚洲开发银行、亚洲基础设施投资银行、亚洲金融合作协会和世界银行等机构合作。

鼓励金融机构为商业经营提供便利，支持地区贸易投资。通过各类供应商和渠道，促进产品和服务发展，推进澜湄地区普惠金融和可持续增长。

4.2.5　水资源

做好水资源可持续利用顶层设计，加强水资源政策对话，定期举办澜湄水资源合作论坛。

推进澜湄水资源合作中心建设，使之成为支撑澜湄水资源合作的综合合作平台。

促进水利技术合作与交流，开展澜沧江—湄公河水资源和气候变化影响等方面的联合研究，组织实施可持续水资源开发与保护技术示范项目和优先合作项目。

加强水资源管理能力建设，开展该领域的交流培训与考察学习。

发展和改进对澜湄各国开放的水质监测系统，加强数据和信息共享。

加强澜沧江—湄公河洪旱灾害应急管理，实施湄公河流域防洪抗旱联合评估，就早日建立应对澜沧江—湄公河紧急洪旱灾害信息共享沟通渠道开展联合研究。

制定“水资源合作五年行动计划”，以协商解决共同关心的问题。

4.2.6　农业

加强政策协调，确保粮食、营养安全和食品安全，创造投资机会，加强农业可持续发展合作。

扩大农业科技领域的交流与合作，支持科研机构加强信息分享交流和人员互访，共建联合实验室、技术试验示范基地和技术中心，并建设澜湄合作农业信息网。

举办澜湄合作村长论坛。

推进农产品质量与安全合作，推动农产品贸易发展，打造澜湄国家统一农产品市场，提高区域农产品市场竞争力。

开展动植物疫病疫情监测、预警和联防联治合作。加强兽医卫生领域合作。开展水资源生态养护合作，推动建立澜湄流域生态养护交流合作机制，共建野生鱼类增殖救护中心，以加强鱼类多样性、鱼类数量和鱼群巡游等信息共享，促进在水产养殖能力建设等方面的渔业合作。

探讨共建农业产业合作园区，引导社会民间力量参与合作园区建设和运营。

4.2.7　减贫

制定“澜湄可持续减贫合作五年计划”，推动澜湄国家减贫经验交流和知识分享。

加强减贫能力建设和充足经济学等减贫经验分享，开展澜湄国家村官交流和培训项目。通过人员互访、政策咨询、联合研究、交流培训、信息互通、技术支持等多层次全方位能力建设活动，提升澜湄国家减贫能力。

在湄公河国家启动减贫合作示范项目。

4.2.8　林业

加强森林资源保护和利用，推动澜湄流域森林生态系统综合治理。

提升利用合法原材料加工的林产品贸易额，推进社区小型林业企业发展。加强林业执法与治理，合作打击非法砍伐和相关贸易，促进林业科技合作与交流，加强湄公河沿岸森林恢复和植树造林工作。

加强边境地区防控森林火灾合作。

加强野生动植物保护合作，共同打击野生动植物非法交易。

加强澜湄国家林业管理和科研能力建设，推动林业高等教育和人力资源合作交流，开展主题培训、奖学金生项目和访问学者项目。

4.2.9　环保

推进澜湄环保合作中心建设。对接澜湄六国环境保护发展规划，制定“澜湄国家环境合作战略”。

制定并实施“绿色澜湄计划”，重点推动大气、水污染防治和生态系统管理合作，加强与相关次区域机制沟通。

加强环境保护能力建设和宣传教育合作，提高民众环保意识。

4.2.10　海关、质检

探讨制定具体合作方案，逐步推动召开澜湄国家海关和质检部门会议。

提高农产品等货物通关速度。

加强产品规格标准化，推进在认证认可领域的培训、合作与互认。开展澜湄国家计量援助，提升计量能力建设。

4.3 社会人文合作

4.3.1 文化

加强文化政策信息共享，促进文化对话，努力落实《澜湄文化合作宁波宣言》。

深化文化艺术、文物保护、非物质文化遗产保护传承、文化产业、文化人力资源开发等领域交流与合作，鼓励文化机构、文艺院团、文化企业开展交流与合作。

发挥澜湄各国设立的文化中心的作用，举办澜湄国家文化交流活动。

4.3.2 旅游

探讨成立澜湄旅游城市合作联盟。

加强旅游业人才培训，鼓励澜湄国家参加东盟旅游论坛、湄公河旅游论坛和中国国际旅游交易会等活动。

探讨建立澜湄合作中长期旅游发展愿景，加强促进旅游发展的软硬件基础设施建设。

推动认可东盟旅游标准。

4.3.3 教育

中国—东盟教育交流周期间举办活动，加强澜湄国家合作。

加强职业教育培训，支持在中国设立澜湄职业教育基地，在湄公河国家设立澜湄职业教育培训中心。

推动澜湄国家高校合作，鼓励高校间开展联合培养、联合研究和学术交流，探索建立学分互认互换制度。

4.3.4 卫生

加强对登革热、疟疾等新生和再发传染病防治合作，建立并完善跨境新生和再发传染病预警和联防联控机制。

加强医院和医疗研究机构间的合作，促进技术交流和人员培训。推进六国乡村医院和诊所建设方面的合作。

开展“光明行”、“微笑行”、妇幼健康工程等短期义诊。中方将向有需要的湄公河国家派遣医疗队。

4.3.5 媒体

加强主流媒体交流合作，鼓励举办影视节或展映活动。

鼓励六国外交部建立澜湄合作官方网站或在其外交部网站发布澜湄合作官方信息，酌情将社交媒体作为发布信息和处理公共事务的基础平台。

创办澜湄合作杂志或新闻手册，建立澜湄合作数据库。

4.3.6 民间交流和地方合作

通过举办各种民间活动，加强澜湄合作品牌建设，提升六国民众的澜湄意识。

推动青年交流，打造澜湄青年交流品牌项目。

通过举办培训班、交流互访等形式多样的活动，促进性别平等，提升妇女交流合作。

调动成员国地方政府参与澜湄合作，鼓励其参与澜湄合作具体项目。

鼓励非政府组织适当参与澜湄项目合作。

加强澜湄国家红十字会交流，开展社区综合发展项目，提升澜湄国家红十字会能力建设。

在成员国认为合适的基础上，鼓励人员交流互访，促进对宗教与宗教间事务上的国家管理合作。

五、支撑体系

5.1 资金支撑

用好中方设立的澜湄合作专项基金，优先支持澜湄合作领导人会议和外长会确定、并符合《三亚宣言》等重要文件所设立目标的项目。鼓励各国加大资金资源投入。积极争取亚洲基础设施投资银行、丝路基金、亚洲开发银行等金融机构支持。发挥社会市场资源作用，打造立体化、全方位的金融支撑体系。

5.2 智力支撑

探索官、产、学一条龙合作模式，建立全球湄公河研究中心，逐步形成澜湄合作二轨团队和智库网络。

5.3 监督机制

充分发挥澜湄合作各国家秘书处或协调机构的作用，加强多领域合作，统筹资源，形成合力。督促和指导本国相关部门参与合作，对重要活动进行定期评估监督。利用民间专业机构的资源，发挥第三方监督作用。

（张　磊　搜集整理）

中华人民共和国政府和柬埔寨王国政府联合公报

（2018 年 1 月 11 日，金边）

一、应柬埔寨王国首相洪森邀请，中华人民共和国国务院总理李克强于 2018 年 1 月 10 日至 11 日对柬埔寨王国进行正式访问。访问期间，李克强总理同洪森首相举行会谈，并会见了西哈莫尼国王，还分别向柬埔寨独立纪念碑和西哈努克太皇纪念雕像敬献花圈。

两国领导人就双边关系及共同关心的国际和地区问题深入交换了意见，达成广泛共识。访问取得了圆满成功，有力地推进了中柬全面战略合作伙伴关系。

二、中方热烈祝贺柬埔寨在国家建设事业和对外交往合作方面取得的显著成就，重申尊重柬埔寨的独立、主权和领土完整，支持柬埔寨人民自主选择符合本国国情的发展道路，将继续为柬埔寨保持稳定、实现发展、改善民生提供积极帮助。中方衷心祝愿并相信，在西哈莫尼国王庇佑下，在以洪森首相为首的王国政府领导下，柬埔寨人民一定能把国家建设得更加美好。

柬方热烈祝贺中国共产党第十九次全国代表大会取得圆满成功，高度评价大会把习近平新时代中国特色社会主义思想确立为中国共产党的行动指南，衷心祝愿并相信在以习近平同志为核心的中共中央领导下，中国人民将朝着实现“两个一百年”奋斗目标迈进，把中国建设成富强民主文明和谐美丽的社会主义现代化强国。柬方重申坚定奉行一个中国政策，支持中国政府捍卫国家主权与领土完整的努力。

三、双方高度评价中柬建交 60 年来两国关系取得的长足发展，高兴地看到，在双方共同努力下，中柬传统友谊不断发扬光大。两国高层接触频繁，互利合作深化，人文交流活跃，多边协调密切。中柬关系全面深入发展，为两国人民带来了实实在在的利益，也为地区乃至世界的和平与繁荣作出了积极贡献。

双方一致认为，在新的历史时期，推动中柬关系向全方位、宽领域、深层次发展，符合两国人民的共同愿望和根本利益，有利于本地区的和平稳定发展。双方将以建交 60 周年为契机，继往开来，携手打造中柬具有战略意义的命运共同体。

四、双方商定,从以下方面推进新时期中柬全面战略合作伙伴关系:

(一)继续密切高层交往,加强战略沟通,牢牢把握中柬友好合作的大方向。中方愿继续做好西哈莫尼国王和莫尼列太后赴华查体休养有关工作,欢迎洪森首相和柬埔寨其他领导人以灵活多样的方式经常访华。中国领导人也愿在双方方便的时候访问柬埔寨。

(二)发挥好中柬政府间协调委员会的作用,适时召开第五次会议,加强对两国各领域合作的宏观指导和统筹协调。两国外交部作为协调委员会的牵头部门,要加强对双边关系的规划和推进,落实好两部关于加强新形势下合作的协议。

(三)保持两军及执法部门各层级交往,加强在训练教育、装备卫勤、多边安全等领域的务实合作,深化在打击跨国犯罪、拐卖人口、电信诈骗、恐怖主义以及禁毒、执法能力建设、案件协查等方面的合作。

(四)加快中国"一带一路"倡议、"十三五"规划同柬埔寨国家发展战略、"2015~2025工业发展计划"的有效对接,实施好共同推进"一带一路"建设合作规划纲要,切实推进产能与投资合作。

发挥两国政府经贸合作委员会的指导作用,支持两国企业开展形式多样、长期互利的合作。提升双边贸易规模和水平,争取如期实现2020年达到60亿美元的目标。中方组织贸易促进活动,扩大自柬埔寨进口。中方欢迎柬埔寨政府和企业来华参加首届中国国际进口博览会。中方欢迎更多符合中国检验检疫标准和消费者需求的柬埔寨农产品进入中国市场,将加强质检领域合作。中方将继续帮助柬埔寨发展交通、水利、扫雷、教育、医疗等各项事业,积极推进多功能体育场、金边中柬友谊医疗大楼和德邦克门省医院等民生项目建设。加快落实关于加强基础设施领域合作的谅解备忘录,支持有实力、信誉好的中国企业在基础设施、农业、水资源、能源、通信、工业、旅游等重点领域与柬方加强合作,继续建设和运营好西哈努克港经济特区,并积极参与金边至西哈努克港高速公路、暹粒新机场等项目建设。

大力推进农业合作,共同编制柬埔寨现代农业发展规划,建设农业合作示范园和农产品深加工园区,促进柬埔寨农产品加工、仓储和物流业发展,延伸农业产业链。

(五)办好中柬建交60周年系列庆祝活动,增进两国人民,特别是青年之间的相互了解和友好感情。加强科教文卫及地方合作。中方将向柬方提供更多中国政府奖学金名额,帮助柬方培训青年技能人才。柬方将继续支持中国文化中心、孔子学院等机构运作。双方积极支持两国对口友好协会与机构、智库、媒体、非政府组织在增进民间交往方面发挥更大作用。双方同意落实好关于旅游合作的谅解备忘录实施方案(2017~2020),努力实现2020年中国游客200万人次的目标。中方将继续为吴哥古迹、柏威夏古寺及其他文化遗产的保护和修复工作提供支持。

(六)加强在澜沧江—湄公河合作、中国—东盟合作等框架下的协调与配合,共同推动建设更为紧密的中国—东盟命运共同体,为维护地区和世界的稳定、发展、繁荣作出更大贡献。中方祝贺柬埔寨成功主办澜湄合作第二次领导人会议,赞赏柬方为推动该次区域合作机制发展所发挥的积极重要作用。柬方感谢中方为柬方担任共同主席国提供坚定有力的支持与配合,为会议的成功举行作出了重要贡献。

双方对南海局势保持稳定并持续向好发展感到高兴,呼吁有关各方继续全面有效完整落实《南海各方行为宣言》,深化海上务实合作,推进"南海行为准则"磋商,推动在协商一致基础上早日达成"准则",将南海建设成为和平之海、友谊之海、合作之海。

五、两国领导人见证签署了以下合作文件:《关于进一步推进中柬技术转移中心建设的谅解备忘录》《关于质量提升合作谅解备忘录》《中柬两国政府经济技术合作协定》《关于实施吴哥古迹王宫遗址修复项目的立项换文》《关于开展"爱心行"项目的谅解备忘录》《关于合作编制柬埔寨现代农业发展规划的谅解备忘录》《关于水稻研究合作的谅解备忘录》《关于在柬埔寨建设珍贵树种繁育中心的协议》等19份合作文件。

六、双方认为,此访取得的重要丰硕成果进一步巩固了中柬传统友谊,深化了各领域务实合作,推动中柬全面战略合作伙伴关系发展到新的高度。

李克强总理对洪森首相及柬埔寨政府和人民给予的热情友好接待表示感谢,邀请洪森首相再次访华,洪森首相表示感谢并愉快地接受了邀请。

中华人民共和国政府和印度尼西亚共和国政府联合声明

(2018年5月7日,雅加达)

一、应印度尼西亚共和国总统佐科·维多多邀请,中华人民共和国国务院总理李克强于2018年5月6日至8日对印尼进行正式访问。

访问期间,李克强总理同佐科总统举行会谈,会见卡拉副总统。两国领导人就双边关系以及地区和国际问题深入交换意见,达成重要共识。

二、双方祝贺对方在本国领导人带领下,国家发展取得卓越成就,对两国实现更大发展以及两国关系更加美好的未来充满信心。

三、双方充分肯定两国建立全面战略伙伴关系5年来双边关系取得的重要进展,特别是积极对接"21世纪海上丝绸之路"倡议和"全球海洋支点"构想、深化务实合作取得的显著成效,同意在全面战略伙伴关系框架下加强双边、地区及国际层面三个支柱合作。

四、双方重申相互尊重对方国家的独立、主权和领土完整,在涉及彼此核心利益与重大关切问题上相互理解和支持。印尼方重申坚持一个中国政策。

五、双方同意保持高层交往势头,发挥好两国副总理级对话及双边合作联委会等机制的重要作用,更好地统筹推进各领域合作。

六、双方乐见两国不断加强在基础设施互联互通方面合作,特别是在"一带一路"倡议和"全球海洋支点"构想框架内继续推进雅加达—万隆高速铁路建设,并就"区域综合经济走廊"建设合作进行探讨。双方同意共同努力,加速推动有关项目取得成功。

七、双方将不断深化贸易、基础设施、产能、工业、投融资等经贸重点领域合作,支持电子商务和互联网经济等新兴领域合作。中方鼓励企业根据市场原则增加进口印尼棕榈油等产品,欢迎印尼方参加将于今年11月在上海举行的第一届中国国际进口博览会。双方将推动双边贸易和投资更多使用本币结算,促进经贸合作便利化。

八、双方同意提升防务、执法、禁毒、反恐、反腐、司法协助、引渡、网络安全等领域合作，维护两国及本地区共同安全，同意尽快签署预防和打击跨国犯罪及能力建设合作协议。

九、双方将进一步发挥好海上、航天、科技等联委会作用，推动上述领域战略性合作取得更多成果。

十、双方同意年内举行第6届中印尼能源论坛，加强电力、油气、煤炭、新能源和可再生能源合作，愿共同推动尽早签署关于在和平利用核能研发领域开展合作的协定。

十一、双方同意续签农业合作谅解备忘录，早日召开农业合作联委会以加强农业互利合作。

十二、双方同意加强教育、文化、旅游、媒体、体育、宗教、青年、地方、文化遗产地等领域交流与合作，充分发挥各界、各地方积极性，打造人文合作新亮点。中方愿支持并派团参加2018年在印尼举行的第18届亚运会，加强办会经验交流。

十三、双方对今年共同庆祝中国—东盟建立战略伙伴关系15周年和举办中国—东盟创新年表示欢迎，回顾了中国和东盟有关承诺，欢迎并共同制定《中国—东盟战略伙伴关系2030年愿景》，提交今年第21次中国—东盟领导人会议期间通过。印尼方注意到中方宣布通过“3+X合作框架”推进中国—东盟合作。

十四、双方将努力推动早日达成《区域全面经济伙伴关系协定》。鼓励中国和东盟开展更多人文交流合作，共同打造更加美好的未来。印尼方欢迎中方提升与东盟东部增长区合作，为东盟共同体建设和中国—东盟合作注入新动力。

十五、双方强调在促进包括南海在内的本地区和平稳定方面拥有广泛共同利益，将致力于全面有效落实《南海各方行为宣言》，支持“南海行为准则”磋商工作进展，将同其他东盟国家共同努力，争取在协商一致基础上早日达成“准则”。

十六、双方重申就地区热点和全球性议题保持战略沟通与协作，共同应对区域性和全球性挑战。双方将共同促进贸易和投资自由化便利化，支持多边贸易体制，推动经济全球化朝着开放、包容、普惠、平衡、共赢方向发展。

十七、双方将切实维护广大发展中国家利益，携手应对全球性问题。根据包括《联合国宪章》宗旨和原则在内的国际法，不使用或威胁使用武力，通过友好协商处理分歧，维护并促进亚洲及世界和平发展。

十八、访问期间，双方签署了一系列协议和合作谅解备忘录。

十九、双方一致认为李克强总理此访对两国在新形势下深化全面战略伙伴关系具有重要意义。李克强总理对佐科总统以及印尼政府和人民的热情友好接待表示感谢。

签署合作文件清单

一、《中华人民共和国国家发展和改革委员会与印度尼西亚共和国海洋统筹部关于推进区域综合经济走廊建设合作的谅解备忘录》

二、《中华人民共和国国家发展和改革委员会与印度尼西亚共和国国有企业部关于对雅加达—万隆高速铁路项目持续顺利实施提供支持的谅解备忘录》

三、《中华人民共和国国家国际发展合作署与印度尼西亚共和国公共工程和住房部关于杰纳拉塔水坝工程可行性研究的立项换文》

四、《中华人民共和国国家国际发展合作署与印度尼西亚共和国公共工程和住房部关于里阿克瓦水坝工程可行性研究的立项换文》

五、《中国国家开发银行与印度尼西亚投资协调委员会投资促进合作谅解备忘录》

六、《中国进出口银行和印度尼西亚共和国财政部关于万隆高速公路三期项目优买贷款协议》

七、《中国进出口银行、印度尼西亚共和国财政部和印度尼西亚共和国国家发展计划部关于基础设施融资合作实施协议》

中华人民共和国政府和马来西亚政府联合声明

（2018年8月20日，北京）

一、应中华人民共和国国务院总理李克强邀请，马来西亚总理马哈蒂尔于2018年8月17日至21日对中国进行正式访问。

二、访问期间，中国国家主席习近平会见马哈蒂尔总理，李克强总理同马哈蒂尔总理举行会谈，全国人大常委会委员长栗战书会见马哈蒂尔总理。两国领导人在诚挚友好的气氛中，回顾中马友好交往历史，规划两国关系未来发展，并就共同关心的地区和国际问题深入交换看法。

三、中方预祝马来西亚在马哈蒂尔总理和新政府领导下，国家发展取得更大进步。马方高度评价中国改革开放四十年伟大成就，祝愿中国人民继续朝着“两个一百年”奋斗目标不断取得新的胜利。

四、双方一致认为，中马传统友谊深厚，两国既是全面战略伙伴，也是务实合作伙伴。当前两国都站在各自国家发展新的历史起点上，双方对两国关系发展前景充满信心，将从战略大局和长远出发，在相互尊重、平等互利基础上，进一步增进政治互信，深化务实合作，推动中马全面战略伙伴关系持续稳步发展。马方重申坚定奉行一个中国政策。

五、双方同意保持密切高层交往，加大治国理政经验交流，加强双边关系战略规划，就重大地区国际问题及时沟通。双方将持续扩大两国政府部门、政党、立法机构、军队、地方、民间交流合作，汇聚社会各界力量，推动中马关系全方位多层次发展。

六、马方欢迎、支持并将继续积极参与“一带一路”合作。双方将加快落实两国政府《关于通过中方“丝绸之路经济带”和“21世纪海上丝绸之路”倡议推动双方经济发展的谅解备忘录》，探讨制定相关规划纲要。

七、双方对当前两国经贸关系感到满意，同意共同编制两国《经贸合作五年规划（2018～2022）》。双方欢迎彼此在相互尊重、平等互利基础上开展双向投资，鼓励在信息通信技术、数据分析、设计研发、物联网、云计算和人工智能等高价值领域开展技术转移等合作。双方同意发挥好“两国双园”联合协调理事会机制作用，共同推进中马钦州产业园和马中关丹产业园建设。

八、双方将继续加强基础设施、产能、农渔业等领域合作，积极拓展电子商务、互联网经济以及科技、创新等领域合作，并将启动商签双边跨境电子商务合作谅解备忘录，为中小企业提供机遇。双方将努力扩大贸易规模，通过双边和地区合作维护金融稳定，改善营商环境，鼓励双向投资，支持中小企业和服务机构间合作。中方欢迎马方参加首届中国国际进口博览会。

九、棕榈油和橡胶等货物贸易具有重要意义，双方领导人注意到棕榈油及相关产品在中国食品和非食品领域的广泛应用。

十、双方认为旅游在促进人文交流、社会经济可持续发展及增进两国相互理解方面具有重要意义。双方同意加强、深化并扩大有关合作，并宣布2020年为“中马文化旅游年”。

十一、双方积极评价两国防务领域的良好合作以及在执法安全和反恐领域的合作成果，将继续提升上述领域交流合作水平，共同维护地区安全稳定。双方同意加强两军高层交往，继续推动两国国防部直通电话建设。双方对联合开发建造濒海任务舰合作进展感到满意。双方同意适时召开中马第四次打击跨国犯罪合作联合工作组会议。两国均致力于建设廉洁社会，同意加强反腐倡廉合作。

十二、双方积极评价中国—东盟关系发展，对今年共同纪念中国—东盟建立战略伙伴关系15周年和举办“中国—东盟创新年”表示欢迎，愿共同制定《中国—东盟战略伙伴关系2030年愿景》，深入推进东亚经济共同体建设，争取早日达成“区域全面经济伙伴关系协定”。马方欢迎中方提升与东盟东部增长区合作。

十三、双方强调维护南海和平、安全与稳定及航行自由和安全的重要性，认为各直接有关主权国家应根据包括1982年《联合国海洋法公约》在内的国际法原则，通过友好磋商和谈判以和平方式解决争议。双方强调各方应保持克制，不采取使争议复杂化、扩大化的行动。双方将同其他东盟国家一道，全面有效落实《南海各方行为宣言》，积极推进海上务实合作和“南海行为准则”磋商，争取在协商一致基础上早日达成有效的“准则”。

十四、双方一致认为，多边事务合作是两国全面战略伙伴关系的重要组成部分，将加大在联合国等多边机制内合作，共同推动南南合作，维护广大发展中国家权益，推动建设相互尊重、公平正义、合作共赢的新型国际关系。双方将共同坚持多边主义，抵制贸易保护主义和单边主义，维护《联合国宪章》宗旨和原则，维护以世界贸易组织为核心的多边贸易体制，推动经济全球化朝着开放、包容、普惠、平衡、共赢方向发展。

十五、访问期间，中马续签了《中国人民银行与马来西亚国家银行双边本币互换协议》，签署了《中华人民共和国财政部与马来西亚证券监督委员会跨境会计审计执法合作备忘录》《中华人民共和国海关总署与马来西亚农业与农基产业部关于马来西亚冷冻榴梿输华检验检疫要求的议定书》《海南省农垦总局（海南省农垦投资控股集团有限公司）与马来西亚橡胶局关于橡胶沥青路面技术和割胶自动化技术及商业化合作谅解备忘录》《清华大学与马来西亚棕榈油局关于马来西亚棕榈油生物燃料技术发展及促进的谅解备忘录》等合作文件。

十六、双方对马哈蒂尔总理访华取得的成果表示满意。马哈蒂尔总理对中国政府和人民的热情友好接待表示感谢，并邀请李克强总理在双方方便时访问马来西亚。李克强总理愉快地接受了邀请。

中国—东盟战略伙伴关系2030年愿景

我们，中华人民共和国和东盟成员国国家元首/政府首脑于2018年11月14日齐聚新加坡，出席第21次中国—东盟领导人会议暨中国—东盟建立面向和平与繁荣的战略伙伴关系15周年纪念峰会；

忆及我们2003年10月8日在印尼发表的《中国和东盟国家领导人关于面向和平与繁荣的战略伙伴关系的联合宣言》和2013年10月9日在文莱发表的《第16次中国—东盟领导人会议暨纪念中国—东盟战略伙伴关系10周年联合声明》，致力于促进中国—东盟的睦邻友好和互利合作；

认识到中国与东盟建立战略伙伴关系15年来为地区和平、稳定与繁荣作出了巨大贡献，进一步拓展了中国—东盟合作，强化了中国—东盟关系，使之成为最具实质性、最具活力和互利共赢的关系之一；

认识到东盟成立50年来不断发展，并在2015年建成东盟共同体，中国改革开放40年取得伟大成就，中国—东盟关系已迈入新时代；

忆及2017年11月13日在菲律宾马尼拉举行的第20次中国—东盟领导人会议同意发表《中国—东盟战略伙伴关系2030年愿景》，以规划双方关系未来方向，为建设开放包容、持久和平、普遍安全、共同繁荣和可持续发展的世界作出贡献；

进一步重申依据国际法相互尊重彼此独立、主权和领土完整，及不干涉他国内政原则。东盟国家重申坚持一个中国政策；

认识到当前地区和平稳定来之不易，增进中国和东盟间互信和信心、提升合作水平非常重要；

兹同意以下内容：

中国—东盟总体关系

一、全面有效执行《落实中国—东盟面向和平与繁荣的战略伙伴关系联合宣言行动计划（2016～2020）》及其后续文件等举措，开展更紧密的合作，打造更高水平的中国—东盟战略伙伴关系，实现双方互利共赢的美好未来。东盟赞赏中国致力于促进更紧密的中国—东盟合作，包括构建中国—东盟命运共同体的愿景；

二、进一步深化战略关系，提升互信和信心，依据国际法和平解决分歧，不诉诸武力或以武力相威胁，保持友好对话协商，加强高层交往，促进地区和平、安全与稳定；

三、加强能力建设，调动各方资源，开展支持东盟一体化和共同体建设的互利合作，提升中国—东盟战略伙伴关系，对接《东盟互联互通总体规划2025》与中方“一带一路”倡议共同的重点领域，努力以互利共赢方式促进区域各互联互通战略的对接。东盟赞赏中方提出“3＋X合作框架”，即以政治安全合作、经济合作、人文交流为三大支柱，以双方同意的合作领域为支撑；

四、进一步提升战略伙伴关系，继续坚持自1991年中国与东盟建立对话关系以来指导双方关系、在《联合国宪章》《东盟宪章》《东南亚友好合作条约》、和平共处五项原则、《东亚峰会互利关系原则宣言（巴厘原则）》以及公认的国际法原则中体现的基本原则、共同价值观和规范；

五、坚定反对日益上升的保护主义和逆全球化思潮，重申国际贸易与投资是实现经济可持续增长、减少社会不平等、保障各国人民享有更美好生活的重要引擎；

六、通过促进南南合作等方式，加强《东盟愿景2025》同联合国2030年可持续发展议程的对接；

七、重申我们致力于支持和帮助东盟缩小成员国间发展差距，包括落实《东盟一体化倡议第三份工作计划》，以及加强中国和东盟国家在双边、次区域和区域层面的合作。依据

《东盟愿景2025》促进东盟一体化建设；

八、欢迎在相关次区域框架和合作机制中继续加强合作，支持缩小地区发展差距的努力；

政治安全合作

九、重申中国和东盟国家间长期友好，尊重各国依据本国国情独立选择自身发展道路；

十、在防务、安全、非传统安全和应对跨境威胁等领域通过开展对话、建立信任措施和加强合作，增进双方互信与理解；

十一、重申维护东盟在不断演变的区域架构中的中心地位的重要性，在东盟与中日韩、东亚峰会、东盟地区论坛、东盟防长扩大会等东盟主导的各机制中继续加强对话与协调，深化区域安全合作，维护开放、透明、包容和基于规则的区域架构；

十二、加强高层往来和政策沟通，拓展各层级交往，促进治国理政经验交流；

十三、重申致力于维护和促进南海和平、安全与稳定，尊重和致力于：(1)南海航行与飞越自由；(2)根据包括1982年《联合国海洋法公约》在内的公认的国际法原则，由直接相关的主权国家通过友好协商和谈判，以和平方式解决其领土和管辖权争议，不诉诸武力或以武力相威胁；(3)在行动上保持自我克制，避免使争议复杂升级，扰乱和平稳定；

十四、进一步重申致力于全面有效完整落实《南海各方行为宣言》，在协商一致基础上争取早日达成和通过一个实质和有效的“南海行为准则”。注意到2017年8月中国和东盟国家外长通过的“准则”框架是朝达成有效“准则”迈出的重要一步。继续加强务实对话和海上合作，提升互信与信心，包括用好外交高官热线，落实《中国与东盟国家关于在南海适用〈海上意外相遇规则〉的联合声明》和《关于未来十年南海海岸和海洋环保的领导人宣言(2017~2027)》等；

十五、在东盟防长扩大会机制下深化中国与东盟务实防务合作，增进理解与友谊，共同应对威胁地区和平稳定的跨境和非传统安全挑战；欢迎中国和东盟国家海军为增进互信，成功举行首次中国—东盟海上联合演习；

十六、通过相关机制加强反腐败合作；

十七、认识到有效应对恐怖主义、跨境犯罪等非传统安全威胁和跨境挑战的紧迫性，有必要加强地区共同的韧性与合作；

经济合作

十八、认识到中国目前是东盟最大贸易伙伴、第三大外国直接投资来源国和重要的外国游客来源地，欢迎中国和东盟贸易、投资和旅游往来继续强劲快速增长；

十九、努力深化经贸联系，促进互联互通，实现到2020年双向贸易额1万亿美元、投资额1500亿美元的目标，期待到2030年取得更多贸易投资成果；

二十、加强双方贸易、投资和旅游往来，包括落实中国—东盟自贸协定和《中华人民共和国与东南亚国家联盟关于修订〈中国—东盟全面经济合作框架协议〉及项下部分协议的议定书》，包括完成中国—东盟自贸区升级议定书“未来工作计划”；探讨促进贸易投资往来的新倡议，提升营商环境，探讨自贸区进一步升级可能性以及在电子商务、竞争和知识产权等新领域开展合作；

二十一、重申致力于加快完成现代、全面、高质量和互利的《区域全面经济伙伴关系协定》谈判，大力促进全球贸易，提升经济增长，创造更多就业，以包容性方式提高地区人民生活水平；

二十二、加强物理和规制联通，依据《东盟互联互通总体规划2025》战略目标促进市场紧密融合，提升数字互联互通，包括支持落实《东盟信息通信技术总体规划2020》等；

二十三、深化金融合作，包括推动亚洲基础设施投资银行等国际金融机构积极参与，调动私营资本，提升能力建设，支持区域基础设施发展；

二十四、通过中国“一带一路”倡议等平台，本着包容、互利和尊重国际法的原则，进一步促进海洋经济合作领域的对话交流；

二十五、重申致力于鼓励东盟国家和中国航空公司挖掘潜力，用好《中国—东盟航空运输协定》及其第一、第二议定书，实现区域更大范围联通，努力实现中国和东盟航空服务全面自由化的终极目标；

二十六、促进区域知识产权生态系统建设，通过及时的知识产权认证和保护以及知识产权跨境商业化和适用，支持和促进创新；

二十七、在共同关心的领域探讨科技创新合作和协作，包括抓住数字经济和技术创新机遇，应对潜在的新技术挑战，在电信、电子商务和智慧城市发展等领域实现创新驱动发展。欢迎建立“东盟智慧城市网络”，欢迎中国支持“东盟智慧城市网络”；

二十八、促进产能、技术创新，促进中小微企业发展和区域增长，支持落实《东盟中小企业发展战略行动计划(2016~2025)》，分享中小微企业最佳实践和经验，组织研讨会、培训班等能力建设活动；

二十九、建立正式高级别合作机制，加强、深化和拓展双方旅游合作；

三十、积极融入经济全球化，进一步促进经济一体化，包括支持建立东亚共同体长期目标，为地区民众带来福祉；

三十一、认识到在新版《中国—东盟清洁能源能力建设项目》以及“东盟清洁煤利用路线图研究”框架下，采取区域措施促进清洁能源发展的重要性；

三十二、鼓励中国—东盟蓝色经济伙伴关系，促进海洋生态系统保护和海洋及其资源可持续利用，开展海洋科技、海洋观测及减少破坏合作，促进海洋经济发展等；

三十三、探讨新科技、数字和技术创新带来的机遇，应对新技术对经济发展潜在共同挑战，欢迎2018年“中国—东盟创新年”为双方创新合作注入新动力；

社会文化合作

三十四、通过中国—东盟教育交流周等平台，加强教育创新和学术交流；

三十五、鼓励双方人文交流与合作，共创美好未来，继续在语言、文化、艺术和遗产等领域促进青年交流，提升相互理解，深化友谊，通过相关教育机构在各层级、不同领域为青年学者举办培训；

三十六、加强环保、水资源管理、可持续发展、气候变化合作，包括落实《中国—东盟环境保护战略(2016~2020)》，支持《东盟社会文化共同体蓝图2025》相关战略措施等；

三十七、重申加强中国—东盟文化关系意识的重要性，鼓励开展文化交流，继续提升双方文化遗产保护意识；

三十八、加强建设性对话与合作，促进积极老龄化，更好地应对老龄化社会挑战；

三十九、促进政府间政策沟通，欢迎中国在适当领域为东盟国家提供援助，以实现联合国2030年可持续发展议程目标，包括依据各自可持续发展目标消除各种形式贫困。

中华人民共和国政府和新加坡共和国政府联合声明

（2018年11月14日，新加坡）

一、应新加坡共和国总理李显龙邀请，中华人民共和国国务院总理李克强于2018年11月12日至16日对新加坡进行正式访问。

访问期间，李克强总理同李显龙总理举行会谈，会见哈莉玛总统，双方全面梳理各领域合作进展，规划部署两国关系未来发展，并就共同关心的地区和国际问题交换意见。

二、新方祝贺中国改革开放四十年取得的伟大成就，祝愿中国人民在实现发展目标过程中不断取得新进展，享有持久和平、稳定与繁荣。中方赞赏新加坡为中国改革开放作出的贡献，祝愿新加坡继续保持发展和繁荣。

三、双方一致认为，中新关系有着突出的与时俱进、前瞻性和战略性特点。双方务实合作成果丰硕，具有示范效应，不仅为两国和两国人民带来实实在在的利益，也为地区和世界的繁荣与稳定作出贡献。两国副总理共同主持的双边合作联委会为推动和指导两国各领域合作，发展中新与时俱进的全方位合作伙伴关系发挥了重要作用。

四、双方一致认为，要在两国老一辈领导人奠定的基础上，保持密切高层交往，深化相互理解和信任。双方将继续在相互尊重、主权平等和互不干涉内政的原则基础上发展中新友好关系。新方将继续奉行一个中国政策。

五、双方一致认为，“一带一路”合作是当前中新关系的新重点。双方将继续加强“一带一路”框架下互联互通合作、金融支撑合作、三方合作，以及法律与司法这一新的重点领域合作。契合两国发展需要，把中新（重庆）战略性互联互通示范项目“国际陆海贸易新通道”和三方合作打造成两大合作新亮点。双方同意提升两国间各种交通方式的互联互通，进一步加强航空客货往来，加强人文交流，促进旅游发展，从而支持“一带一路”倡议。双方同意基于规则的营商环境有利于推进“一带一路”建设，将加强法律、司法交流与合作。

六、双方一致认为，中新经贸合作成果丰硕，双方在此访期间签署关于升级双边自由贸易协定的议定书，推动中新经贸合作再上新台阶。双方将继续推动苏州工业园区、天津生态城和中新（重庆）战略性互联互通示范项目三个政府间合作项目深入发展，推广和复制成功经验，发挥示范和引领作用。双方欢迎今年中新天津生态城庆祝开工建设10周年，期待明年庆祝中新苏州工业园区建设25周年。双方欢迎中新广州知识城上升为国家级双边合作项目，将继续提升共建水平，扩展在科技创新、高端制造业、知识产权保护和人才培养等领域合作。双方将继续通过7个地方合作机制开拓新的合作领域，不断为新加坡参与中国地方经济发展注入新动力。双方欢迎新加坡和上海市探讨建立全面合作机制。

七、双方将加强跨境金融监管合作以防范金融风险，继续加强金融合作。双方欢迎新加坡金融管理局同中国人民银行签署金融科技合作协议，同中国证监会签署期货监管合作与信息交换谅解备忘录。双方鼓励两国金融机构按照市场化、商业化原则为贸易和投资提供融资支持，包括为区域内的“一带一路”项目提供融资。中方欢迎新加坡核准“一带一路”融资指导原则。

八、双方一致同意在现有紧密的文化合作基础上，落实好双方签署的文化合作谅解备忘录2018～2020年交流执行计划，进一步扩大和深化人文交流合作。双方将继续开展各层级的官员交流互访活动，办好中新领导力论坛和中新社会治理高层论坛，落实好两国中高级官员交流项目的框架协议。双方同意加强教育合作，探讨按照对等互惠原则商签两国大学生实习交流项目协议。

九、双方同意深化城市治理合作，加强经验共享，促进知识、理念和方法创新，解决双方城市当前和未来面临的挑战，共同打造具有经济竞争力、环境可持续发展、居民生活质量高的宜居城市。

十、双方高度重视科技创新对经济社会发展的作用，一致认为中新在科技创新领域互补性强、合作空间大，将以中新联合研究计划为载体，开展联合研发、人员交流培养、技术转移经验分享。双方将继续加强生态文明、循环经济、环境研究、发展和治理等领域合作，落实2030年可持续发展议程和巴黎协定，促进中国—东盟环境合作。双方共同支持启动“一带一路”绿色发展国际联盟。

十一、双方一致同意进一步推进法律、司法合作。加强防灾减灾、应急救援和执法合作，包括共同打击跨境犯罪、腐败、洗钱、网络犯罪和毒品犯罪。双方同意启动刑事司法协助条约谈判。双方认为，年度中新法律和司法圆桌会议是双边法律司法合作和“一带一路”合作的重要平台，欢迎两国最高法院签署关于承认与执行商事案件金钱判决的指导备忘录，期待双方加强“一带一路”法律、司法合作。

十二、双方将继续加强防务部门沟通，加强高层互访，出席各自主办的北京香山论坛和香格里拉对话会等多边防务论坛，拓展中国人民解放军和新加坡武装部队的务实合作，推动两国防务智库间机制化交流。双方同意开展2019年两国陆军“合作”系列联训，更新2008年签署的防务交流和安全合作协议。继续加强中国—东盟防务合作，继续举行中国—东盟海上联演。

十三、双方积极评价中国—东盟关系发展。中方赞赏新加坡过去3年担任中国—东盟关系协调国以及今年担任东盟轮值主席国为推动中国—东盟关系发展所作贡献。中方欢迎新加坡东盟轮值主席国任内取得的成绩和提出的主要倡议。今年是中国—东盟建立战略伙伴关系15周年，双方欢迎在第21次中国—东盟领导人会议上通过《中国—东盟战略伙伴关系2030年愿景》，积极评价2018中国—东盟创新年取得务实成果，包括中方支持东盟智慧城市网络建设。双方重申将共同维护和促进地区和平、安全和稳定。

十四、双方重申将共同坚持基于规则的多边主义，维护《联合国宪章》宗旨和原则，坚持国际法，加强在联合国等多边机制中的协调与配合。双方积极评价《联合国调解协议公约》对维护基于规则的多边秩序的重要性，愿考虑适时签署。

十五、双方一致认为，中新同为自由贸易的贡献者和受益者，拥有广泛共同利益，愿共同维护世界贸易组织体现的以规则为基础的多边贸易体制，推动经济全球化朝着开放、包容、普惠、平衡、共赢方向发展。双方愿共同努力，推动“区域全面经济伙伴关系协定”谈判早日完成。

十六、双方欢迎访问期间签署的一系列双边合作文件（清单附后）。

十七、李克强总理感谢新加坡政府的热情接待，欢迎李显龙总理2019年赴华出席第2届“一带一路”国际合作高峰论坛。李显龙总理接受了邀请。

附件

中国国务院总理李克强访问新加坡双边合作文件清单

一、两国政府《关于升级〈中华人民共和国和新加坡共和国自由贸易协定〉的议定书》

二、两国政府《关于中新（重庆）战略性互联互通示范项目“国际陆海贸易新通道”建设合作的谅解备忘录》

三、两国政府《关于中新广州知识城升级合作的框架协议》

四、宣布新加坡成为“一带一路”融资指导原则的签署方

五、中国发展改革委同新加坡国家发展部《关于加强城市治理、规划和管理合作的谅解备忘录》

六、中国文化和旅游部同新加坡文化、社区及青年部和通讯及新闻部《文化合作谅解备忘录2018～2020年交流执行计划》

七、中国生态环境部同新加坡环境及水源部环境合作备忘录

八、中国人民银行同新加坡金融管理局《关于金融科技合作协议》

九、中国证监会同新加坡金融管理局《关于期货监管合作与信息交换谅解备忘录》

十、中国海关总署同新加坡关税局《关于国际贸易“单一窗口”合作的框架协议》

十一、中新广州知识城管委会同新加坡星桥腾飞集团《关于合作共建中新国际科技创新合作示范区的谅解备忘录》

中华人民共和国和文莱达鲁萨兰国联合声明

（2018年11月19日，斯里巴加湾）

一、应文莱达鲁萨兰国苏丹和国家元首苏丹·哈吉·哈桑纳尔·博尔基亚·穆伊扎丁·瓦达乌拉的邀请，中华人民共和国主席习近平于2018年11月18日至20日对文莱进行国事访问。

二、访问期间，习近平主席同哈桑纳尔苏丹在亲切友好气氛中举行会谈。双方高度评价中文关系积极发展势头，并就共同关心的地区和国际问题深入交换看法。

三、两国元首重申，应以中华人民共和国和文莱达鲁萨兰国1991年谅解备忘录、1999年和2004年联合公报、2005年联合新闻公报以及2013年4月和10月联合声明确立的原则和精神为指导，通过各领域合作进一步加强两国关系。

四、文莱祝贺中国改革开放40年伟大成就，祝愿中国不断朝着实现“两个一百年”奋斗目标胜利迈进。中方重申将坚定支持文莱实现国家发展目标，祝愿文莱在哈桑纳尔苏丹领导下顺利实现“2035宏愿”。

五、两国元首重申，将相互尊重主权和领土完整，互不干涉内政。习近平主席赞赏文方长期坚持一个中国政策，支持两岸关系和平发展与中国和平统一大业。

六、两国元首回顾了中文关系发展历程，一致认为两国关系自建交以来快速发展，对中文战略合作关系建立5年来各领域务实合作取得的积极进展予以充分肯定，一致决定将两国关系提升为战略合作伙伴关系，引领中文关系迈上更高台阶。

七、双方一致认为应继续保持两国高层密切交往，加强战略伙伴关系，并就地区国际问题保持沟通。用好两国各层级合作机制，统筹推进各领域合作。

八、双方欢迎签署《中华人民共和国政府与文莱达鲁萨兰国政府关于建立政府间联合指导委员会的谅解备忘录》，建立部级磋商机制，进一步促进和鼓励双方包括海上、经济、商业、科技、贸易、投资以及能源在内的各领域合作交流。

九、双方同意进一步加强两国发展战略对接。中方愿进一步支持文莱经济可持续发展，为文经济多元化进程提供助力。文方将继续支持并共同推进“一带一路”合作。双方将密切合作，落实好两国政府《关于共同推进“丝绸之路经济带”和“21世纪海上丝绸之路”建设的谅解备忘录》及此次签署的相关合作规划。

十、两国元首同意进一步深化经贸投资合作，落实好双方签署的加强基础设施领域合作的谅解备忘录，推动恒逸文莱大摩拉岛石化项目合作安全顺利开展，进一步推进“广西—文莱经济走廊”建设，加强在农业、清真食品、水产养殖等领域的交流与技术合作。文莱致力于打造健康可持续经济，欢迎来自中国的直接投资。双方鼓励两国商界利用中国国际进口博览会和中国—东盟博览会等平台开展更多合作。中方愿同文方分享在数字经济、电子商务等新兴领域发展经验。

十一、双方对两国能源合作取得的进展感到满意，同意将继续支持两国有关企业本着相互尊重、平等互利原则，按照2013年4月5日两国联合声明第十段所述及国际法原则，在海上油气资源领域开展合作。

十二、两国元首积极评价法律司法、教育、文化、宗教、旅游、卫生、体育、青年等领域合作成果，强调进一步扩大双方人员往来、增进两国人民间相互了解与友谊的重要性。双方支持两国航空企业开通更多直航航班。文方感谢中方继续向文莱教育机构派遣志愿者。

十三、双方欢迎南京市与斯里巴加湾市续签友好城市协议。

十四、双方同意进一步加强防务安全合作，共同落实好两国防务合作谅解备忘录。

十五、双方同意进一步加强执法安全合作，探讨签署引渡条约和司法协助条约的可能。

十六、两国领导人积极评价中国—东盟关系发展，祝贺中国—东盟建立战略伙伴关系15周年和中国—东盟创新年，欢迎2018年11月举行的第21次中国—东盟领导人会议通过《中国—东盟战略伙伴关系2030年愿景》。

十七、文方欢迎中方继续支持东盟在不断演变的区域架构中的中心地位，积极参与东盟主导的东盟与中日韩、东亚峰会和东盟地区论坛等机制并做出积极贡献。双方支持进一步推进东亚经济共同体建设，争取早日达成《区域全面经济伙伴关系协定》。双方重申继续加强中国同东盟之间的合作，造福地区人民。

十八、中方重申愿进一步提升与东盟东部增长区合作，支持文莱发挥次区域枢纽作用。文方欢迎并支持中方提升与东盟东部增长区合作。

十九、双方欢迎中国和东盟国家加强南海合作。重申致力于维护南海地区的和平稳定与安全，强调有关各方应继续

保持克制，增进互信。双方强调，应由直接有关的主权国家根据包括1982年《联合国海洋法公约》在内的公认的国际法原则，通过和平对话和协商解决领土和管辖权争议。双方将同其他东盟国家一道，全面有效落实《南海各方行为宣言》，推进"南海行为准则"磋商，争取在协商一致基础上早日达成"准则"。

二十、双方同意继续加强多边机制沟通与合作，推动构建相互尊重、公平正义、合作共赢的国际关系，建设人类命运共同体，并就联合国及安理会改革、气候变化等议题保持沟通。双方将共同坚持多边主义，抵制保护主义，维护以世界贸易组织为核心的多边贸易体制，推动实现开放、包容、普惠、平衡的经济增长。

二十一、双方一致认为，习近平主席此访对两国在新形势下深化中文关系具有战略意义。习近平主席对哈桑纳尔苏丹以及文莱政府和人民的热情友好接待表示感谢，并邀请哈桑纳尔苏丹2019年来华出席第2届"一带一路"国际合作高峰论坛。哈桑纳尔苏丹感谢习近平主席的邀请，预祝有关活动圆满成功。

中华人民共和国与菲律宾共和国联合声明

（2018年11月21日，马尼拉）

一、应菲律宾共和国总统罗德里戈·罗亚·杜特尔特邀请，中华人民共和国主席习近平于2018年11月20日至21日对菲律宾进行国事访问。

访问期间，两国领导人举行会谈，回顾中菲友好交往历史，规划两国关系未来发展，并就共同关心的地区和国际问题交换意见，达成重要共识。

访问期间，习近平主席还会见菲律宾国会众议长格洛丽亚·马卡帕加尔·阿罗约和参议长文森特·卡斯特罗·索托。

二、菲律宾对中国改革开放40年伟大成就表示祝贺，祝愿中国人民顺利实现"两个一百年"奋斗目标。中方祝贺菲律宾在杜特尔特总统领导下，在维护国家安宁、促进经济可持续增长和社会发展方面取得的卓越成就，预祝菲律宾国家发展取得更大进步。

三、双方一致认为，良好的中菲关系有利于增进两国人民根本福祉。在双方共同努力和相互信任下，两国关系实现转圜并不断向好发展。双方同意再接再厉，推动已达成的合作协议取得更多积极成果。

四、两国元首一致认为，将中菲关系提升到更高水平符合两国及两国人民的根本利益和共同愿望，决定在相互尊重、坦诚相待、平等互利、合作共赢基础上建立中菲全面战略合作关系。

五、双方重申，现有的中菲双边对话机制，包括中菲外交磋商、领事磋商、经贸合作联委会、年度防务安全对话、农业合作联委会、渔业合作联委会、科技合作联委会等，对增进了解、拓展合作、强化双方伙伴关系具有重要意义。

六、两国元首同意保持密切高层交往，将通过双边互访、通话、信函和多边场合会晤等方式加强对双边关系的引领规划，就重大地区国际问题及时沟通，增进治国理政经验交流。菲律宾重申坚持一个中国原则。

七、双方欢迎此访签署《中华人民共和国政府与菲律宾共和国政府关于共同推进"一带一路"建设的谅解备忘录》，欢迎《东盟互联互通总体规划2025》等合作倡议对促进地区互联互通的贡献。

八、双方认为，两军关系是两国关系重要组成部分，有助于维护地区和平稳定。双方将共同执行好两国《防务合作谅解备忘录》，加强在反恐、人道主义救援、减灾、维和等领域务实合作。

九、双方认为有必要加强医疗卫生合作。双方领导人同意继续拓展在传统医学、医疗专家和科技人员培训、公共卫生、医疗信息化、卫生管理等领域的交流合作。

十、中方承诺继续支持菲律宾政府打击非法毒品和毒品犯罪的努力，愿在打击毒品和易制毒化学品走私、情报共享、联合办案、戒毒康复等方面加强合作。菲方高度评价中方援建的萨兰加尼省戒毒中心竣工，阿古桑省戒毒中心建设顺利推进，感谢中方捐赠毒品查缉检验设备并提供人员培训。

十一、双方强烈谴责任何形式的恐怖主义，将加强信息交流、能力建设等合作，共同防范和应对恐怖主义威胁。中方重申将坚定支持和援助菲律宾打击恐怖主义及马拉维战后重建。菲方对此表示感谢。

十二、双方同意加强执法合作，共同打击职务犯罪、电信诈骗、非法网络赌博、计算机犯罪、人口贩卖、濒危野生动植物及其制品走私等跨国犯罪。双方同意加快推动两国移管被判刑人条约缔约工作。

十三、双方高度评价中菲经贸合作成果，将继续落实好《中菲经贸合作六年发展规划》。推动双边贸易和投资更多使用本币结算，加强两国海关交流合作，促进经贸活动便利化。

十四、中方愿加快有关认证进程，扩大进口更多菲律宾热带水果等优质农产品，促进双向贸易平衡。

十五、双方将加快落实此访签署的《中菲工业园区合作规划》，为两国企业赴对方国家投资提供良好环境。

十六、双方一致认为，基础设施合作是中菲合作的亮点。双方将推动赤口河灌溉、马尼拉帕西格河桥梁等项目早日完工，加速推动卡利瓦大坝、平安菲律宾一期、南北铁路南线以及其他亟须可行性研究支持的项目，确保有关项目顺利执行。双方愿积极探讨制定中国援菲优惠贷款实施流程，并继续利用无偿援助、优惠出口买方信贷、开发性商业贷款、多边机制下融资安排等服务于上述重点基础设施合作项目。

十七、双方同意充分发挥中菲农技中心三期作用，加强在优质农作物种子、农业基础设施、农业机械等领域合作。双方支持进一步加强渔业合作。菲方感谢中方2017年捐赠给巴拉望和达沃地区10万尾东星斑鱼苗，并为菲方在相关领域的能力建设提供协助。欢迎中方2018年继续向菲方捐赠10万尾东星斑鱼苗，并于2019年初捐赠1.5万尾淡水鱼苗。双方还将加强减贫实践交流和项目合作。

十八、双方将在中菲政府间科技合作联委会框架下，就科技人员交流、经验共享、联合研究、科技园区、组织研讨会和研修班等开展合作。双方还同意在水稻研究、竹类加工、可再生能源、腰果榨油和技术转移等领域加强合作。中国科技部愿邀请菲青年科学家来华参加"国际杰青计划"，帮助菲方加强能力建设。双方欢迎第21次中国—东盟领导人会议发表中国—东盟科技创新合作联合声明。

十九、双方鼓励加强信息通信领域交流合作，提升两国通信技术水平和服务能力。

二十、双方注意到近年来中国赴菲游客呈现大幅增长，为菲律宾经济发展作出贡献。双方将继续鼓励本国公民赴对方国家旅游，加强旅游基础设施开发合作，鼓励两国航空公司开通更多直航航线，进一步便利双向人员往来。

二十一、双方充分肯定包括职业技术教育与培训在内的教育交流对增进两国了解与友谊的重要作用，鼓励双方教育行政部门及各级各类教育机构积极开展务实合作。

中方将于2019年至2021年在原有基础上每年向菲方新增提供50个中国政府奖学金新生名额。双方将共同落实好此访签署的两国《文化合作协定2019年至2023年执行计划》，鼓励两国文化机构和团组加强交流合作。

中方将启动在菲律宾设立中国文化中心。双方支持两国省市间缔结更多友好省市关系。

二十二、双方同意加强劳务就业领域合作，共同执行好2018年4月10日在博鳌签署的《关于菲律宾英语语言教师来华工作的谅解备忘录》，欢迎正式落实菲律宾英语教师在华工作安排。有关谅解备忘录表明中方认可菲律宾教师在高等教育机构担任英语教师的资格和能力，以及双方致力于保护和促进有关教师在工作中的福利。

二十三、菲方欢迎中国驻达沃总领事馆正式建馆。双方将基于国际实践和互惠原则，本着1975年建交公报精神，对双边外交馆舍尤其是最紧迫的关切作出互惠安排。

二十四、双方就南海问题交换了意见，认为南海争议不是中菲关系的全部，不应影响双方其他领域互利合作。双方重申维护和促进地区和平稳定以及在南海的航行和飞越自由的重要性。致力于根据包括《联合国宪章》和1982年《联合国海洋法公约》在内的国际法中公认的原则，由直接有关的主权国家通过友好磋商和谈判，以和平方式处理争议，不诉诸武力或以武力相威胁。

二十五、双方认为，在中国和包括菲律宾在内的东盟国家共同努力下，南海形势更趋稳定。双方将同其他东盟国家一道，全面、有效落实《南海各方行为宣言》，保持“南海行为准则”单一磋商文本草案积极磋商势头，争取在协商一致基础上早日达成有效的“准则”。

二十六、双方同意保持自我克制，不采取使争议复杂化、扩大化和影响和平与稳定的行动。双方认识到建立信任措施对增进互信意义重大，肯定中菲南海问题双边磋商机制和海警海上合作联委会机制的重要性。

双方同意最大限度发挥并加强既有的防务和海警对话联络机制作用，及时应对海上突发情况，增进双方有关部门互信和信心。

二十七、双方欢迎签署《中华人民共和国政府与菲律宾共和国政府关于油气开发合作的谅解备忘录》，愿积极商讨包括海上油气勘探和开发，矿产、能源及其他海洋资源可持续利用等在内的海上合作。

双方同意加强其他既有涉海合作机制作用，落实好有关国际海事文件，确保海上人命安全，加强海洋环境保护和人力资源开发合作。

二十八、双方积极评价中国—东盟关系发展，祝贺中国—东盟建立战略伙伴关系15周年和中国—东盟创新年，欢迎第21次中国—东盟领导人会议通过《中国—东盟战略伙伴关系2030年愿景》。中方支持菲律宾履行好中国—东盟关系和中国—东盟东部增长区合作协调国职责。菲方欢迎并支持中方提升与东盟东部增长区合作，为东盟共同体建设和中国—东盟合作作出贡献。

二十九、双方同意共同维护国际和平与安全，维护基于规则的国际多边自由贸易体制，促进发展合作，加强在联合国等国际多边框架下合作。

三十、双方欢迎访问期间签署的一系列协议和合作谅解备忘录（详见附件）。

三十一、双方一致认为，习近平主席此次访问增进了中菲友好与合作，对中菲关系发展具有里程碑意义。习近平主席对杜特尔特总统及菲方给予的热情友好接待表示感谢，邀请杜特尔特总统明年4月来华出席第2届“一带一路”国际合作高峰论坛。杜特尔特总统愉快地接受了邀请。

附件

签署合作文件及授牌仪式清单

一、《中华人民共和国政府与菲律宾共和国政府关于共同推进“一带一路”建设的谅解备忘录》

二、《中华人民共和国政府与菲律宾共和国政府关于油气开发合作的谅解备忘录》

三、《中华人民共和国政府与菲律宾共和国政府经济技术合作协定》

四、《中华人民共和国政府与菲律宾共和国政府基础设施合作规划》

五、《中华人民共和国政府与菲律宾共和国政府工业园区合作规划》

六、《中华人民共和国政府与菲律宾共和国政府关于援菲律宾达沃河桥梁项目立项换文》

七、《中华人民共和国政府与菲律宾共和国政府关于援菲律宾马拉维道路桥梁修复项目立项换文》

八、《中华人民共和国政府与菲律宾共和国政府关于援菲律宾集装箱检测设备项目立项换文》

九、《中华人民共和国政府和菲律宾共和国政府关于紧急人道主义现汇援助的交接证书》

十、《中华人民共和国政府与菲律宾共和国政府文化合作协定2019年至2023年执行计划》

十一、《中华人民共和国教育部与菲律宾共和国教育部关于基础教育合作谅解备忘录》

十二、《中华人民共和国工业和信息化部与菲律宾共和国信息和通信技术部关于加强通信领域合作的谅解备忘录》

十三、《中华人民共和国农业农村部与菲律宾共和国合作社发展署关于加强农业合作社建设的谅解备忘录》

十四、《中华人民共和国商务部与菲律宾共和国财政部关于共同促进达沃重点基础设施项目合作的谅解备忘录》

十五、《中华人民共和国商务部与菲律宾共和国公造部关于援菲跨海大桥工程可行性研究项目实施协议》

十六、《中华人民共和国商务部与菲律宾共和国公造部援菲达沃高速公路可行性研究项目实施协议》

十七、《中国人民银行与菲律宾国家银行关于建立人民币清算安排的合作备忘录》

十八、《中华人民共和国海关总署与菲律宾共和国农业部关于菲律宾鲜食椰子输华植物检疫要求议定书》

十九、《中华人民共和国海关总署与菲律宾共和国农业部关于菲律宾冷冻水果输华检验检疫要求议定书》

二十、《中华人民共和国国家国际发展合作署与菲律宾

共和国财政部关于支持开展重大项目可行性研究的谅解备忘录》

二十一、《中国外交学院和菲律宾外交学院关于外交培训合作谅解备忘录》

二十二、《中国进出口银行和菲律宾共和国城市供水和污水管理局关于优惠出口买方信贷菲律宾卡利瓦大坝项目贷款协议》

二十三、《菲律宾共和国2018年熊猫债券发行合作谅解备忘录》

二十四、《平安菲律宾一期项目商务合同》

二十五、《中国能源建设股份有限公司和菲律宾马尼拉城市供水污水管理局菲律宾新百年水源—卡利瓦大坝项目合同协议》

二十六、《中国葛洲坝集团股份有限公司和菲律宾共和国基地转化发展署关于中菲克拉克新城产业园框架开发协议》

二十七、《南北铁路南线(设计管理咨询部分)商务合同》

二十八、菲律宾央行向菲律宾人民币交易商协会代表颁发证书

二十九、中国工商银行马尼拉分行授牌仪式

澜湄合作第4次外长会联合新闻公报

(2018年12月17日,老挝琅勃拉邦)

一、2018年12月17日,澜沧江—湄公河合作(以下简称“澜湄合作”)第四次外长会在老挝人民民主共和国琅勃拉邦市举行。老挝人民民主共和国外交部长沙伦赛·贡马西、中华人民共和国国务委员兼外交部长王毅、柬埔寨王国副首相贺南洪、缅甸联邦共和国国际合作部部长觉丁、泰王国外交部长敦·巴穆威奈、越南社会主义共和国副总理兼外交部长范平明出席。中国和老挝两国外长共同主持了会议。

二、为提升澜湄合作意识,扩大影响力,外长们见证了澜湄合作会歌《澜湄友谊河》。

三、外长们确认了第3次领导人会议主题“提升伙伴关系、促进共同繁荣”和老方徽标,相关主题和徽标可用于2018年至2020年中国和老挝担任共同主席国期间的会议及其他活动。

四、外长们就澜湄合作最新进展及落实澜湄合作第2次领导人会议和第3次外长会成果情况深入交换了意见并达成共识,积极评价各方共同撰写的《〈澜湄合作五年行动计划〉2018年度进展报告》。

五、外长们满意地注意到2018年度澜湄合作专项基金申请和审批已完成,并宣布了支持项目清单。外长们还满意地注意到,澜湄合作第3次外长会上确定的2017年度澜湄合作专项基金支持的大部分项目已经完成或取得实质性进展,相信这将推动澜湄地区的社会经济发展。

六、外长们满意地注意到,澜湄水资源合作中心、澜湄环境合作中心和全球湄公河研究中心加快运行,赞赏首届澜湄水资源合作论坛、首届澜湄产能合作论坛和第2届澜湄合作村长论坛成功举行,认为上述中心和论坛为推动澜湄务实合作发挥了重要支撑作用。

七、外长们一致同意积极对接发展战略,充分发挥资源禀赋和比较优势,促进生产要素合理流动和优化配置,开始讨论共同构建澜湄流域经济发展带的具体方案,实现互惠互利和共同繁荣。

八、外长们高度赞赏今年3月在澜湄合作机制成立两周年之际,六国成功举行首届“澜湄周”,显示了六国促进合作的坚定决心。认为2018澜湄合作媒体峰会扩大了澜湄合作的影响,提升了公众对澜湄合作的认知。

九、外长们祝贺澜湄合作第8、9次外交联合工作组会及第7次高官会在老挝琅勃拉邦成功举行。上述会议为此次外长会进行了充分准备,为外长会取得圆满成功奠定了基础。

十、外长们一致同意开展高质量产能合作,探讨产能合作主题年、产能与投资合作联盟、“多国多园”、区域统一电力市场等倡议,加快编制《澜湄国家互联互通规划》、跨境经济和产能合作发展规划。

十一、外长们赞赏澜湄合作对增进六国民众福祉发挥的积极作用,决定在青年志愿者、青年交流、水坝安全、妇女权益、减贫能力提升等民生领域实施一批新项目。

十二、外长们赞赏澜湄合作优先领域联合工作组所做工作,赞赏各成员国之间的深入交流,重申六国加强合作的重要性,同意推动在教育、海关、卫生、青年等领域进行更深入合作,探讨促进澜湄地方合作的路径,以进一步促进成员国社会经济发展与合作。

十三、外长们欢迎六国水利部门共同制定《澜湄水资源合作五年行动计划(2018~2022)》,期待六国根据行动计划全面提升水资源合作与管理水平。

十四、外长们赞赏六国国家秘书处(协调机构)为推动澜湄合作发挥的重要作用,赞赏中国秘书处举办首次六国秘书处和协调机构培训,希望各方进一步完善六国国家秘书处(协调机构)联络机制。

十五、外长们一致认为,优化澜湄合作工作框架有助于加强统筹协调,推动澜湄合作朝着规范、高效方向发展,支持加强国家秘书处和协调机构能力建设。

十六、外长们同意继续加强澜湄合作与各成员国发展战略、东盟共同体愿景2025、伊洛瓦底江—湄南河—湄公河三河流域经济合作战略(ACMECS)总体规划(2019~2023)、“一带一路”倡议对接,同东盟、ACMECS和大湄公河次区域经济合作(GMS)、湄公河委员会(MRC)等区域、次区域合作机制协调发展。

十七、外长们强调构建开放型世界经济的必要性,坚定支持以规则为基础的、以世界贸易组织为核心的多边贸易体制,外长们再次确认,澜湄合作将建立在协商一致、平等相待、相互协商和协调、自愿参与、共建、共享的基础上,尊重《联合国宪章》和国际法,秉持友好、开放包容的精神。鼓励各方加强相互理解信任,密切协商合作,充分发挥包括澜湄流域经济发展带在内的澜湄合作项目及倡议的作用,共同构建开放型世界经济,建设澜湄国家命运共同体,实现21世纪澜湄各国和地区繁荣。

十八、外长们表示愿意共同努力,推动2019年12月在中国举行的第5次外长会和2020年1月在老挝举行的第3次领导人会议取得圆满成功和积极成果。

十九、中国和老挝外长于会后共见了记者。

二十、外长们感谢老挝人民民主共和国政府和人民的盛情款待和为此次会议所做的周到安排。

展示必要的宽容胸怀。

论 文 摘 要

《深化中国—东盟合作：从"利益共同体"到"命运共同体"的路径探析》 阮建平（武汉大学）、陆广济（武汉大学）撰，载《南洋问题研究》2018 年第 1 期。指出利益是国家行为的根本动机和最终归属。当交往各方的利益相互依赖达到一定程度时，就可以说形成了某种形式的"利益共同体"。然而，仅凭这种利益依赖关系并不足以确保合作动力的持久和相互关系的稳定。如果不能适时地增进战略互信与共识，并以有效的机制加以保证，那么不断加深的相互依赖有可能引发一些国家对依附风险的担忧，甚至采取第三方制衡的对冲战略。面对当前中国—东盟合作中的问题和挑战，建立基于深度利益交融和战略互信的命运共同体是深化中国—东盟合作的根本途径。这不仅有助于进一步增进相互利益，更有助于为地区持久和平与普遍繁荣奠定牢固的基础。

《"一带一路"背景下中国与东南亚国家海洋非传统安全合作》 程晓勇（暨南大学）撰，载《东南亚研究》2018 年第 1 期。指出"一带一路"建设面临一个不容忽视的挑战是其安全保障问题。虽然安全合作并非"一带一路"倡议的主要内容，但"一带一路"能否顺利推进，与"一带一路"沿线的安全环境密切相关。东南亚是"一带一路"海洋安全环境的关键性区域，"一带一路"六大经济走廊中有两条涉及东南亚国家。一方面，海洋是中国与包括东南亚国家在内的"一带一路"沿线国家经贸往来的重要通道，各方都需要和平稳定的海洋安全环境。另一方面，中国与东南亚国家在海洋非传统安全领域面临诸多现实问题的挑战，双方存在合作的必要性和基础。在海洋领土争端等传统安全问题一时难以解决的情况下，在海洋非传统安全领域积极探索切实可行的合作议题及方式，以海洋非传统安全合作的增量来培植各方的政治与安全互信，可为"一带一路"建设塑造良好的政治与安全环境。以"一带一路"倡议为合作平台，以构筑和保障海洋互联互通网络安全为合作目标，中国与东南亚国家可以从保障海洋航道安全、打击海洋跨国犯罪、实施海上人道主义救援和海洋自然灾害救助、维护海洋生态安全等领域做起，形成多层次、全方位的海洋安全合作格局。

《"一带一路"与中国—东盟经贸关系的发展》 谷合强（暨南大学）撰，载《东南亚研究》2018 年第 1 期。指出"一带一路"是中国统筹国内经济发展与深化对外开放的重要战略性举措，东南亚是中国周边外交的优先发展方向和"一带一路"涵盖的重要区域之一，东盟则是中国的重要战略合作伙伴与"一带一路"建设的重要参与者。"一带一路"为中国—东盟经贸关系发展注入"平等协商""互助共建""开放共享"的新理念，搭建起"系统化工程""跨国工业园区""优势产业合作""多元化创新"与"战略对接"新平台，建立了"决策与对接""市场化运行"与"跨国联通"的新机制。同时，"一带一路"在东南亚的推进面临来自东盟国家内部民族主义滋长和域外大国力量干扰等因素的消极影响。在未来双边经贸合作中，中国需要更加主动承担大国责任，发扬奉献精神和展示必要的宽容胸怀。

《从《越甸幽灵集录》和《岭南摭怪列传》中的高骈形象看越南民族意识的觉醒》 韦凡州（广西民族大学）撰，载《世界民族》2018 年第 1 期。指出中越两国学界对高骈收复并治理安南的历史关注不够，这段历史是越南的民族意识觉醒时期，是越南历史的转折点。运用普洛普的民间故事形态学和列维·斯特劳斯的结构主义神话分析理论，对《越甸幽灵集录》与《岭南摭怪列传》这两部越南现存最古老的民间神话传说故事集所保存的传说中的高骈形象进行分析，深入探究在高骈治理安南时期（公元 9 世纪后期）的社会矛盾与安南民众民族意识觉醒的状况，认为越南民族意识觉醒于公元 9 世纪后期（相当于中国唐代末期），对当代越南部分学者认为雄王时代就形成民族意识的观点提出商榷意见，为越南民族形成于公元 10 世纪以后的观点提供佐证，对于构建新型中越关系亦具有重要意义。

《"一带一路"背景下东道国金融发展与我国企业对外直接投资——来自东盟国家的经验证据》 刘方、王仕婷、赵依琳（云南师范大学）撰，载《哈尔滨商业大学学报（社会科学版）》2018 年第 1 期。指出东道国金融发展水平对一国企业的对外直接投资（OFDI）具有重要影响，而且还可能取决于该国自身的经济发展水平。基于东盟 10 国 2003～2015 年的面板数据，通过利用面板固定效应模型和混合回归进行实证分析，在综合考虑 2008 年次贷危机、2001 年中国企业"走出去"战略以及 2013 年提出的"一带一路"倡议等方面对实证结果影响的基础上，解答了东道国金融机构发展、金融市场发展对我国 OFDI 的影响效应。研究结果表明，东道国金融发展对中国 OFDI 存量和流量的影响存在显著差异，这与该国的经济发展水平密切相关，金融危机冲击、国内有利的政策则推动中国企业的对外直接投资。

《中国企业对东盟国家直接投资风险评估》 太平（中国—东盟区域发展协同创新中心）、李姣（对外经济贸易大学）撰，载《国际商务（对外经济贸易大学学报）》2018 年第 1 期。指出中国对外直接投资正处于一个新的发展阶段，东盟已成为中国重要投资目的地，其投资风险问题引起有关方面的高度关注。通过案例分析法和因子分析法对东盟直接投资的国家风险作全面系统的评估，表明东盟整体投资风险较高，老挝、柬埔寨、缅甸投资风险相对较大，新加坡、马来西亚投资风险相对较小，对菲律宾和越南投资要重视政治风险。

《"命运共同体"语境下中国—东盟深化地缘经济合作研究》 黄英明（东北师范大学经济学院、国家海洋局）撰，载《华南师范大学学报（社会科学版）》2018 年第 1 期。指出进入新世纪以来，国际格局深度调整，全球治理体系变革处在重要的历史转折点上。在这一特定时期，中国提出的构建人类命运共同体思想是全球治理新模式的有益探索。伴随着中国—东盟经贸格局的演变，中国在东盟地区的国际经济影响力大幅提升，为新时代双方深化地缘经济合作，加快区域内生产要素自由流动和重组，全面发挥"陆相型"和"海相型"贸易和资源禀赋优势提供了良好的历史机遇。但是，在当前和未来较长一段时期内，中国—东盟开展地缘经济合作的过程中仍面临着严峻的外部环境和内部发展条件的挑战。要在新的历史时期更好地开展中国—东盟地缘经济合作，以全面深化与周边东盟国家的关系，不断开创与邻为善、以邻为伴的周边地缘政治新局面，可从四方面着手：加快建设区域协调政策体系；优化双边经济合作的结构；借助“21 世纪海上丝绸之路”战略实施强化地缘经济关系；加强区域生态环境保护。

《地区性国际组织与地区治理——东盟的东亚国际秩序观与中国—东盟—美国关系》 张云（日本国立新泻大学）撰，载《南洋问题研究》2018 年第 1 期。指出理解东盟国际秩序观和对外关系有 3 点至关重要：第一，东盟对于国内秩序和国际秩序联动性的认知；第二，东盟对于地区治理的期待的核心在于东盟内部团结；第三，东盟与大国看待国际秩序和地区治理的视角不同。东南亚可以分为海洋东南亚和陆地东南亚两个部分，东盟的 5 个创始成员国属于海洋东南亚部分，冷战中他们的国际秩序观的共识是东盟成立和发展的知识基础。冷战后，中国的崛起以及东盟扩大到陆地东南亚部分带来了东盟内部两种不同的国际秩序观的出现，东盟原有的以海洋东南亚为基础的国际秩序观共识受到挑战，而东盟新的国际秩序观共识还处于变动期。作为地区治理的重要行为者，东盟未来能否继续发挥稳定次区域和沟通大国关系平台的作用，关键在多大程度上东盟内部，东盟与中美之间在国际秩序和地区治理的认知上达成新的共识和理解，这些也将成为本地区国际关系稳定的重要知识基础。

《化解危机：东盟民族冲突与预防性外交》 韩志立（外交学院）撰，载《东南亚研究》2018 年第 1 期。指出民族冲突长期困扰着东盟国家，对地区安全构成重大挑战。如何借助预防性外交化解民族冲突危机，已成为东盟维护本地区安全的重要议题。20 世纪 90 年代，东盟接受加利所倡导的预防性外交概念，开始着手东盟预防性外交的规范建设与实践，并取得积极成效。然而，东盟目前所发展的预防性外交，其作用仅限于应对国家间争端与冲突，难以触及东盟国家内部的民族冲突问题。客观上，东盟各国需要通过预防性外交化解民族冲突危机，否则东盟在民族冲突面前将难以有所作为。但关键问题是怎样使预防性外交在化解东盟民族冲突中行之有效。完善预防性外交的决策与执行机制，寻找本土化解决办法，是东盟提高其预防性外交行动能力、有效应对民族冲突的重要途径。

《“一带一路”背景下广西对接东盟文化产业合作路径探析》 唐奇展（中国—东盟区域发展协同创新中心、广西大学）、杨凤英（广西大学）撰，载《广西大学学报（哲学社会科学版）》2018 年第 1 期。指出中国—东盟的合作发展迈入“起点更高、内涵更广、合作更深”的“钻石十年”，“一带一路”倡议的推进为广西文化产业面向东盟发展提供机遇的同时也对广西文化产业对接东盟的发展提出新的要求。在“一带一路”背景下，广西文化产业与东盟文化产业的合作的路径。

《东盟经济一体化进程中群体决策的困境》 杨静林（广西民族大学）、夏会儒（广西民族大学）撰，载《东南亚纵横》2018 年第 1 期。指出 1967 年以来，东盟不断以区域一体化为目标，实现区域内政治、经济、文化的联合。但东盟区域一体化的速度缓慢仍受到质疑，各方对东盟能否在 2025 年之前达成区域一体化的目标仍存疑虑。影响东盟一体化进程缓慢的原因，与东盟成员国在群体决策中的表现、过程和方式有关。

《权力转移背景下东盟多边外交战略的演变、特点及挑战》 毕世鸿（云南大学）撰，载《东南亚国际关系》2018 年第 2 期。指出冷战后，东盟实施多边外交战略，采取多头下注和风险对冲等策略，在大国间开展平衡外交。东盟为提升多边外交的有效性，在加强自身能力建设的同时，通过主导多边合作机制增强与大国和国际组织的多边合作关系，加快实施海洋安全等各功能领域的行动计划，扩大和其他地区国际组织、国际机制之间的合作，提升其在亚太地区和全球性问题上的影响力，从而将以东盟为中心的点线体系结构构建成立体多维的体系结构。但东盟在大国间摇摆、内部协调不一致等问题会影响东盟多边外交战略的实施。在亚太地区大国均无力建立区域霸权的格局下，东盟虽无力解决大国间的纷争，但能在一定程度上防止大国紧张关系升级，发挥亚太地区国际关系过渡期的稳定阀的作用。

《中国与东盟国家海洋产业合作研究》 张越、陈秀莲（广西大学）撰，载《亚太经济》2018 年第 2 期。指出中国与东盟国家在海洋渔业、海洋油气业、滨海旅游业和海洋交通运输业等方面的合作取得不少成绩。对中国与东盟海洋国家海洋产业发展水平的测度显示，中国的发展水平最高，但仅在海洋产业业绩以及海洋自然环境方面较高，而科创能力只在中等水平，东盟海洋国家中的新加坡等在科创方面有绝对优势，其他国家都各有优势和劣势。双方在加强对话、构建包括海洋产业园区在内的多层次产业合作平台、建立健全完善的海洋产业合作信息发布网络外，还应根据各海洋产业特点开展各类合作。

《中国与东盟国家政治关系中的穿梭者：华商的跨国角色与作用》 刘文正（华侨大学）撰，载《南洋问题研究》2018 年第 2 期。指出历史上，东南亚华商作为最早参与当地政治生活的华人群体，曾长期活跃在中国与东南亚的经贸、人文交流等各个领域。20 世纪 70 年代后，伴随着国际、国内环境的改善，东南亚华商顺势而为，凭借其政治、经济、社团资源的独特优势，积极介入东盟国家与中国的政治交往：建（复）交前，华商担当幕后使者；建（复）交后，他们助力官方交往，推动民间外交。华商的积极行为既是情感因素使然，但更多的是追求“利益”与扩展社会资本的理性选择。实践表明，东南亚华商是中国和东盟国家的重要资源，中国、东盟、华商三者良性互动关系的形成，主要是建立相互需求的基础之上，而利益是三者彼此合作的关键因素。

《中国与东盟双边贸易的平衡问题研究——以投入产出分析的视角》 李南（厦门理工学院）撰，载《南洋问题研究》2018 年第 2 期。指出用投入产出分析法，对双边总值贸易进行增加值分解；再根据最终需求者和生产提供者，确定中国与东盟贸易利得的分配原则，揭示其分配格局。得出的结论如下：2011～2016年中国对东盟增加值贸易均是顺差，但2014～2016年总值贸易顺差被高估，平均高估26.46%；价值链生产参与程度与贸易利得基本呈反向关系，中马、中泰双边贸易利得基本要低于中印（尼）、中菲和中越；中国对东盟在中高技术制造业上的顺差掩盖了在初级行业、低技术制造业和服务业上的逆差；中国与东盟在整体、不同国别和行业的贸易利益分配格局各有不同。

《东盟安全共同体建设与东南亚多边防务外交转型》 郑先武（南京大学）撰，载《东南亚安全与防务》2018年第3期。指出东南亚多边防务外交的东盟化主要体现在东盟防长会议和东盟防长扩大会议相继启动，并不断向东盟制度化和务实行动化发展，形成区域、跨区域的多层次互动和第一轨道、第二轨道多轨并行的“东盟中心性”区域防务合作架构。东南亚多边防务外交的规范化主要体现在基于区域治理“东盟方式”的组织规范和区域安全治理“综合安全方法”的安全规范，形成一套特色鲜明并与多边防务务实合作及具体行动的实际需求相适应的行为规范，包括不结盟、不干预、非武力、非强制、无约束力、协商与共识决策以及非传统安全和民生导向等，推动更务实的“东南亚防务模式”的形成。

《原则下的妥协：东盟与“南海行为准则”谈判》 张明亮（暨南大学）撰，载《亚太政经观察》2018年第3期。指出从20世纪90年代初期开始倡导针对南海问题的“行为准则”，到2018年开启“南海行为准则”文本的实质性谈判，东盟寻求制定“南海行为准则”的努力持续近30年，基本上贯穿了冷战后南海问题及东盟与中国关系起伏动荡的历程，可谓审视南海问题的一条关键线索。在这一过程中，东盟也不得不作出必要的妥协，这不仅体现了东盟的务实，也折射出东盟的无奈。东盟向其成员国在对华政策和南海问题上的分歧妥协，向中国主张低版本“南海行为准则”的稳健策略妥协，还不得不向谈判进程中南海地缘格局发生极大改变的现实妥协。东盟积极倡导的“南海行为准则”，契合了美国等域外大国在南海问题上以“规则”抑制中国的目标，这一方面成为东盟推动“南海行为准则”谈判的最大动力，另一方面也是东盟无法达成具备法律约束力的“南海行为准则”的最大障碍。

《中国—东盟投资法律体系下投资者与东道国的利益平衡》 柯静嘉（广东财经大学）撰，载《中国与东南亚》2018年第3期。指出中国在东盟的投资风险和投资保护不仅仅是法律问题，也涉及东盟国家的公共利益。为减少中国与东盟成员国的投资纠纷，保障“一带一路”投资的可持续性，建立保障投资者与东道国利益平衡的投资体系至关重要。从1985年开始，中国与东盟各国陆续缔结了传统的双边投资协议以及区域性投资协议《中国—东盟投资协议》。虽然这些投资协议中部分条款的设置较为笼统，但大部分条款不断被赋予新的内涵和形式，总体上体现了中国对东道国利益和投资保护兼顾的“仁慈”型大国的投资法制理念。

《政治风险冲击、制度质量与中国对东盟直接投资》 王巍（对外经济贸易大学）、袁航（对外经济贸易大学）撰，载《东南亚纵横》2018年第3期。指出东道国政治风险是中国对外直接投资面临的主要不确定性因素。本文利用灰色关联度模型对中国投资东盟的政治环境进行测度，并以政治风险指数为中心构建中国对东盟直接投资的影响因素模型，运用拓展引力模型评估政治风险冲击及制度质量对中国对外直接投资的影响程度。实证结果显示：中国对东盟直接投资倾向出口导向和战略资产寻求型，政治风险冲击、要素禀赋、出口、汇率及GDP等是影响中国对东盟直接投资的主要因素；在制度质量良好的国家，政治风险不是影响对其投资的长期主要因素，但政治突发事件对对外投资的影响显著，并在短期内降低了中国对东盟的直接投资；中国对东盟部分国家的直接投资存在所谓的“政治风险偏好”现象，但整体并不显著，政治事件冲击使“政治风险偏好”消失。

《“一带一路”背景下中国与东盟双边货物贸易的影响因素研究——基于扩展的贸易引力模型》 卢小兰（江汉大学商学院）、贾豪燚（中南财经政法大学工商管理学院）撰，载《江汉大学学报（社会科学版）》2018年第3期。指出“一带一路”倡议背景下，东盟10国已成为中国推进“一带一路”建设的重要载体。基于2000～2015年东盟10国与非东盟10个比照国数据，建立扩展的贸易引力模型，分析自贸区的建立及其他主要因素对中国与东盟双边货物贸易的影响方向及程度。结果表明：经济规模每提高1%，则双边货物贸易额增加0.7246%；人口规模每提升1%，双边的货物贸易额扩大0.1971%；空间距离每扩大1%，则双边货物贸易额缩小0.0157%，但不显著；拥有共同边界对双边贸易影响方向不确定，且影响程度不显著；区域贸易组织的正向影响程度高度显著，在其他影响因素不变的情况下，中国与东盟内国家比中国与非东盟国家间的货物贸易多0.4063%。中国可通过发展本国经济、积极参加区域贸易组织和调整经济发展结构来提高双边贸易。

《2018年美国与东南亚的关系：延续多于改变》 沈大伟、林达丰（乔治·华盛顿大学）撰，载《江汉大学学报（社会科学版）》2018年第3期。指出美国一直对整个东南亚保持全面、强大的影响，这种影响自20世纪80年代以来急剧增加，涉及商业、安全、教育、外交和其他多个领域。美国的实力和对区域的贡献主要依靠软硬两种实力，但美国的经济影响广泛而深入。不过，美国的这种存在并未得到东南亚媒体的深刻认识或报道。相反，中国的存在与影响力却显得无处不在。多数东南亚国家政府通常不愿意承认或宣扬美国的存在或者美国对地区安全、稳定和增长的贡献。美国与东盟和该区域的外交接触因其间断性的特征受到了正确的批评，华盛顿应当从更宏观的视角从根本上来提升东南亚在亚洲、印太外交优先事项中的地位。随着美中竞争的升级，东南亚将成为双方竞争的焦点地区。东南亚国家和社会可能没有意识到美中竞争升级对他们的含义。

《中国对东盟国家直接投资的风险及防范研究》 刘祎（东北财经大学）撰，载《广西财经学院学报》2018年第3期。指出政治风险、经济风险、社会风险是中国对东盟国家直接投资中存在的主要风险。其中，政治风险已成为中国企业对东盟投资中面临的最主要风险,经济风险呈现出明显的上升趋势,社会风险对投资的影响不断增加。因此,中国政府应该加强与东盟国家的经济政治合作;积极宣传中国在东盟国家投资的真实情况;建立完善的风险量化、管理体系;继续推动国有企业改革。企业在经营过程中应树立高度的责任感,把企业自身利益与社会责任相结合,在经营过程中雇佣更多的当地员工,加大对当地社会发展及公益事业的投入。

《中日与东盟区域经济合作战略及其经济效应》 金仁淑(中国政法大学)撰,载《日本学刊》2018 年第 3 期。指出东亚正面临中日与东盟共同构筑区域新型经济秩序的历史转折期。东盟与中日的区域经济一体化促进了相互之间的贸易投资关系。从贸易效应来看,中国与东盟贸易的规模效应超过日本,但在贸易结构上尚属于低层次阶段;从投资规模效应来看,日本落后于中国,但中国投资的产业层次较低,集约化程度落后;从经济贡献度来看,中国对东盟经济增长的拉动效应较明显。在以东盟为伙伴的东亚区域经济一体化中,中日各有优势和劣势,没有中日的合作,就不会有真正的东亚区域经济合作。中国应在"一带一路"倡议下,加快推进以中日和东盟为三角支柱的东亚区域经济合作格局的形成,而日本应摈弃传统大国的优越感,携手中国和东盟共同推动东亚区域经济一体化发展。

《"一带一路"倡议下中国与东盟产能合作研究》 严佳佳、曾金明(福州大学)撰,载《福州大学学报(哲学社会科学版)》2018 年第 3 期。指出近几年中国出现了较为严重的多行业产能过剩现象,而东盟国家作为"一带一路"倡议涉及的重点区域,应该优先开展国际产能合作。采用综合贸易互补性指数和出口相似度指数实证测度指标,分别对中国与东盟国家间商品贸易结构的匹配程度和商品贸易竞争情况进行分析,研究结果表明:中国在钢铁、水泥等七大行业的出口与东盟国家同类行业的进口存在较强的互补性,且互补性大于竞争性。基于中国产能过剩行业以及东盟相关行业现状,双方存在较大产能合作潜力。为了进一步推动中国与东盟各国的产能合作,中国企业应该进行合理的区位选择、注重产业园区和自贸区的建设与发展、充分认识投资风险并且做好风险防范工作。

《缅甸政治转型期的佛教民族主义——宗教能力和政治需求的互动联盟》 张蕾(北京大学)撰,载《南亚研究》2018 年第 3 期。指出反穆斯林暴力冲突已成为缅甸政治转型过程中不能被忽视的重要社会现象和造成缅甸当前外交困境的重要原因。而缅甸国内宗教族群间的紧张局势之所以未因政治转型而缓解,与佛教民族主义的兴起有密切关系。19 世纪末以来,缅甸佛教民族主义的产生与发展是宗教能力和政治需求互动联盟的结果。佛教民族主义之所以能在处于政治转型期的缅甸迅速发展,一方面是由于缅甸佛教强大的传统宗教能力提供了可能性,另一方面是由于转型时期缅甸强烈的国内政治需求创造了必要性和根本动力。

《越南民族性格形成的历史文化因素》 罗圣荣、安东程(云南大学)撰,载《世界民族》2018 年第 3 期。指出历史文化因素对越南民族性格的形成有十分重要的影响。越南民族性格所具有的特征,既是不同历史时期留下的烙印,也是其民族文化与外来文化融合、碰撞的结果。"北属"这一历史所造就的独立意识、敏感戒备心理,以及在中原文化熏陶下形成的重义轻利、仁爱宽容、谦恭礼让、尊老爱幼、中庸和谐、行善戒恶、心怀感恩等价值观念,成为越南民族性格的核心要素。在中越宗藩关系的约束下,越南民族性格开始具备能屈能伸的色彩,而中国文化的全面输入,则使越南民族性格渗入大越民族主义,并逐渐融入包容性、开放性和实用性的成分。随着"南进"的推进,越南民族性格表现出对外扩张、英勇尚武的特点,兼具细腻柔和、灵活多变的特性。在反抗法国殖民入侵过程中,越南民族性格中的爱国主义、反抗精神、"无敌"思维开始迸发,越南民族性格的浪漫主义则在西方文化的冲击中得以形成。

《越南与东盟一体化:在民族主义与地区主义之间》 陈明爱(中国人民大学)撰,载《东南亚纵横》2018 年第 4 期。指出冷战时期,越南的民族主义推动了东盟的诞生;后冷战时期,越南与东盟改善关系并加入东盟,越南的地区主义助推东盟的扩大和深入发展。越南在东盟一体化中的地区主义与民族主义是越南依据其民族国家利益,结合世界和地区情势做出的理性选择。东盟共同体建设完成后,越南仍然会以其民族国家利益为核心,充分统筹国际和国内两个大局,在东盟一体化中继续发挥其应有的作用。

《越南政权华侨政策的演变(1600~1840 年)》 刘俊涛(浙江工业大学)撰,载《世界民族》2018 年第 4 期。指出 1600 年越南南北割据对峙的局面形成之后,北方郑氏政权对华侨移民实行抑制和同化政策,而南方阮氏政权采取较为灵活的政策,准许华侨移民开发南圻疆域,鼓励海外贸易。阮朝嘉隆帝继承了广南阮氏一脉对于华侨的优待政策,华侨商人愿意移居越南,华南与越南之间的民间贸易得到发展。然而明命帝时期,越南的华侨政策与嘉隆帝时期有很大不同,明命政府希望看到清人的明乡化,促使"清人"加入明乡社,防止明乡人转化成"清人",华侨越南化的程度大大加深,其与中国的联系随之减少。

《越共十二大后反腐败的举措、困境与影响》 顾强、章钊铭(广西大学)撰,载《当代世界社会主义问题》2018 年第 4 期。指出自 2016 年越共十二大以来,越南反腐成果丰硕,查办了包括越共中央政治局委员丁罗升在内的多位高官。越南的反腐举措体现在治标和治本两个方面。治标是进行规模空前的反腐斗争,治本是强化制度性反腐机制。越南反腐还面临三方面的困境:从横向维度看是如何使反腐全面化,从纵向维度看是如何使反腐纵深化,从时间维度看是如何使反腐长期化。越共十二大后越南的反腐态势已产生巨大影响,在政治方面重塑了政治权力和政治风气,在经济方面为越南经济的长远发展优化了环境,在社会方面总体上提升了民众对越共的支持度,但也存在着一些隐忧。

《新形势下越南南海政策的调整及中国的应对策略》 崔浩然(厦门大学)撰,载《当代世界社会主义问题》2018 年第

4 期。指出随着中国海洋强国战略的实施以及南海维权能力的不断提升，南海局势逐渐朝着缓和向好的方向发展。同时，为了遏制中国在亚太地区的影响力，美国愈发介入南海争端。越南根据南海新形势的出现调整其南海政策，在服务国家总体外交战略的前提下，制定了以推动南海问题“多边化”为核心的新政策。这种政策主要表现为：政治上巩固和扩大单方面的南海主张；经济上抢先开发争议海域油气资源；外交和安全上通过海上合作发展“南海外交”。针对越南南海政策的调整，中国应当妥善处理好维权与维稳之间的关系，继续加强与越南的高层互动，稳步推进“南海各方行为准则”磋商谈判，以更多的合作消除双方的战略猜疑，维护两国关系的稳定发展。

《当代越南民族国家的理论构建与实践探索》 毕世鸿、张谷莹（云南大学）撰，载《南亚东南亚研究》2018 年第 4 期。指出 1945 年 9 月，越南民主共和国成立。之后，法国和美国先后入侵印度支那，越南相继展开了抗法和抗美战争，并于 1975 年最终实现南北统一，完成了现代民族国家的初步构建。在争取民族独立和实现国家统一的过程中，越南在政治、经济、军事、思想文化等方面不断充实民族国家的内涵，搭建了现代民族国家的框架。虽然在这一时期越南长期处于战争状态，民族国家构建的理论与实践探索较为零碎，但获得了诸如争取民族独立和国家统一是民族国家构建的基础，发展经济是民族国家构建的动力，稳固外交是民族国家构建的条件，民族国家构建与民族融合相辅相成等宝贵经验，从而证明民族国家的构建需要正确处理理论与实践的关系，即在理论的指导下有步骤地进行实践，并在实践过程中创造性地完善理论。

《越南“国家战略”的内涵结构及其特点》 左荣全（洛阳外国语学院）撰，载《南亚东南亚研究》2018 年第 4 期。指出在越南，“国家战略”一词是一条重要的军事术语。“国家战略”和“战略”在现代社会被宽泛地使用，已远远超出了传统意义上的战争领域，它们不仅包含军事力量，也包含经济、政治、心理力量的运筹。在越南，国家战略有着自己的内涵表述和层次结构。越南对于“战略”概念，自古已有所了解，到了现代，在抗日、抗法、抗美的军事斗争中，战略逐渐发展成为军事艺术的重要组成部分。革新开放以后，战略这个概念突破了传统军事领域的限制，扩展到其他社会领域，形成包括“全球战略”、“国家战略”和“专业战略”三项内容的完善表述。其中，“国家战略”。在越南的普及和运用大体与革新开放同步，尽管起步较晚，但在近期被广泛运用。进入 21 世纪以来，越南先后制定《新形势下卫国战略》《至 2020 年越南海洋战略》和《至 2020 年融入国际总体战略及至 2030 年展望》等多个“国家战略”文件，2018 年又通过《越南国防战略》《越南国家边界保卫战略》，内容涵盖建国与卫国、国防安全、外交等各领域，并逐渐形成战略体系。这些“国家战略”，已成为越南精准规划和管理各领域的利器，也是我们管窥越南发展目标、发展模式和评价越南国家软实力的一个重要视角和一项重要依据。

《越南油气业投资与贸易发展分析》 覃丽芳（中山大学）撰，载《南海学刊》2018 年第 4 期。指出越南引进外资发展油气业的过程经历了由越南与苏联联营的越苏石油公司垄断到苏联解体后外资多元化的过程。越南的油气开发是开采优先，在持股比例方面有较大让步；炼油业发展则更注重把握主导权。石油贸易方面，越南经历了石油完全依赖进口，到石油净出口国，然后再次成为石油净进口国的演变。越南在近海油气资源枯竭、能源缺口增大的背景下，越来越重视与外国企业合作勘探开发深海油气资源，并投资外国油气勘探开发项目以增进国家能源安全。

《十二大之后越南政治的演变与中越关系的走势》 赵卫华（广东外语外贸大学）撰，载《云南行政学院学报》2018 年第 4 期。指出越共十二大是革新开放后竞争最为激烈一次党代会，也是承上启下逐步实现代际更替的权力交接之会。在十二大上，阮富仲纵横捭阖，打破常规获得连任。然而，会后越南政局跌宕起伏，先后发生郑春成事件和二丁事件，完全打破了十二大前后党内各派所达成的默契和权力平衡，使得越南政局的未来走向充满了变数，也不可避免的影响到中越关系。短期而言，二丁事件使得阮富仲得以完成 5 年的任期，这有利于中越关系的近期发展；长期而言，丁世兄退场则意味着在阮富仲之后积极倡导中越理论合作的党务派后继乏人，而主张全面融入国际，倾向于优先发展与美西关系的新生代将掌握权力中枢。这将毫无疑问对中越关系的未来发展产生深远的影响，对此中国必须要切实重视，未雨绸缪。

《论越南的“南海问题国际化”方略》 马博（南京大学）撰，载《海南大学学报（人文社会科学版）》2018 年第 4 期。指出自 2009 年开始，越南开始逐步推行“南海问题国际化”方略。该方略旨在保持中越关系总体稳定的基础上，对中国“搁置争议、共同开发”的南海政策施加干扰，以此迟滞南海问题的解决。从理论上看，将中越两国南海争端“国际化”的方式符合实力较弱一方越南的国家利益。具体来看，越南通过在南海加强与域外大国在军事、经贸领域的合作，在东盟组织内部和各类国际峰会上刻意引入南海议题，积极利用国际法等手段和措施，来有计划地实现其将南海问题“国际化”的企图。

《缅甸族群冲突与族群和解进程探究》 阳举伟（云南大学）、左娅（云南财经大学）撰，载《东南亚研究》2018 年第 4 期。指出自执政以来，缅甸民盟政府尽管倡导并积极推进“21 世纪彬龙会议”，但目前取得的成效有限。缅甸持续近 70 年的族群冲突问题是多种因素不断累积造成的。整体而言，这些因素主要包括根源性的历史——殖民因素，结构性的国家制度因素，不同时期累积起来并得以持续的族群政策，以及族群武装组织本身的一些因素。目前，缅甸尚未完全具备通过政治谈判来解决族群冲突问题并真正实现族群和解所需要的主客观条件。因此，采取有效措施实现对族群冲突的有效规制，创造各种支持族群和解的条件，对于继续推进缅甸族群和解进程具有重要的作用。

《国家建构视阈下缅甸联邦政府与佤邦联合军关系探究》 鲍志鹏（中国人民大学）、袁玥（辽宁大学）撰，载《世界民族》2018 年第 4 期。指出 1988 年奈温军人政权被推翻后，缅甸新军人政府执政，自此开始民族和解进程。1989 年 5 月

9 日，联邦政府抓住时机，与从缅甸共产党武装分裂出来的佤邦联合军达成历史性的停火协议，随后双方关系迅速升温，维持和巩固了和平稳定的局面，从而推动缅甸政府与其他少数民族地方武装签署停火协议。然而，停火后双方利益上的冲突性与关系的复杂性仍然突出。在国家建构的视阈下，缅甸联邦政府推动的政治整合、武装统合、经济融合的“三合”进程引发佤邦联合军的不满，军方对佤联军的容忍度也日益下降。虽然全国民主联盟领导的民选政府力促全国民族和解进程，但是联邦政府与佤邦联合军实现根本性妥协的前景依然黯淡。

《中国—东盟自由贸易区的经济影响和减贫效应》 余淼杰、高恺琳（北京大学）撰，载《国际经济评论》2018 年第 4 期。指出中国—东盟自由贸易区是世界上涉及人口最多的自贸区，也是全球 GDP 总量第三大的经济合作区。自贸区成员国大多为发展中国家，面临着发展经济、消除贫困的共同挑战。中国—东盟自贸区的建立不仅带来巨大的经济影响，还具有至关重要的减贫效应。自 2002 年初步签订协议以来，中国—东盟自由贸易区在贸易、投资、基础建设等领域达成多项经济合作协议，推进了贸易与投资自由化，促进了中国与东盟的经济增长，推动了世界减贫事业发展。未来，推动世界互联互通，促进贸易与投资自由化将继续成为世界的减贫良方。

《冷战后东南亚国家的“利基外交”》 王琛（暨南大学）撰，载《国际经济评论》2018 年第 4 期。指出在企业管理学中，“利基”被引申为用以研究中小企业如何开拓市场的“利基战略”等理论概念，这一概念在国际关系理论中被发展为“利基外交”，一般被借以研究冷战后中小国家的外交特征。按照综合国力来分析，东南亚国家属于中小国家行列，因此东南亚国家在冷战后所采取的外交具有中小国家的“利基外交”的特征。但同时，东南亚国家的“利基外交”具有两个符合自身需求的特征，一是以东盟等地区性机制为支柱，作为开展外交的“根据地”，即以地区主义的方式来“寻求利基”；二是发挥自身优势、外交专长或者大国平衡战略等方式来扩展自身的外交空间，即“见缝插针”式地“拓展利基”。通过寻求、拓展“利基”，东南亚国家赢得了生存发展需要的外交空间并扩大了自身国际影响力。

《应对南海危机：东盟“自我修复”的措施及限度》 刘若楠（对外经济贸易大学）撰，载《外交评论（外交学院学报）》2018 年第 4 期。指出东盟是亚太地区最重要的综合性地区组织，长期以来，其在地区政治经济一体化进程中的中心地位得到域内外大国的普遍接受。近年来，大国竞争加剧导致成员国战略分化以及内部领导核心弱化，东盟在应对南海危机时力不从心，在地区秩序中的中心地位也遭遇前所未有的挑战。在内外危机并存的情况下，成员国有需求和能力协调在地区重大安全议题上的立场，促进东盟这一共同外交资产的保值增值。与此同时，在地区层次，包容性与非零和的大国竞争、大国在焦点议题上的间歇性和分散性对立等特点，客观上也为东盟通过内部斡旋、双边协调和共同体建设等方式进行“自我修复”提供了空间和时间。尽管东盟国家“自我修复”的努力难以从根本上消除各国在南海问题上的分歧，但是类似的行动可以弱化成员国之间战略分化所带来的国际政治结果，或者至少在短期内使其表现得不那么显著，为这一组织在地区秩序中继续发挥关键作用提供了保障。

《中国与东盟基础设施建设合作的前景与对策》 金凤君、刘会远、陈卓（中国科学院）、王姣娥、张正峰（深圳大学）撰，载《世界政治与经济》2018 年第 4 期。指出中国与东盟在地理上是山水相依的近邻，战略上彼此对对方都属至关重要的地区。1997 年亚洲金融危机后，中国对东盟产生了压倒性的影响力，多方面的合作不断深入。进入 21 世纪，随着全球化发展不断深入，尤其是中国提出“一带一路”倡议以来，中国与东盟进入了全方位合作的新时期，相互联系紧密而广泛，对基础设施的互联互通提出新要求，需要基础设施发挥“新支撑”角色。未来，中国与东盟的基础设施合作应以创造机会和营造区位为前提，共同推动泛亚铁路建设，形成区域合作新通道，并以泰国湾地区为重点区域，规划建设中国与东盟联系的运输中心和经济枢纽，保障并推动中国与东盟合作持续深化。

《东盟在南海问题上的作用及其限度——基于国际组织行为能力的分析》 王传剑（天津师范大学）、孔凡伟（天津外国语大学）撰，载《当代世界与社会主义》2018 年第 4 期。指出东南亚最为重要的国际组织，东盟在疏解和管控南海局势、维护该地区和平与稳定中发挥着重要的平台作用。但由于多个层面因素的影响，在号召力、决策力和执行力三个维度上都受到很大的制约，这导致其在南海问题上的行为能力明显不足。只有全面认知和统筹把握东盟在有关南海议题上所能发挥的作用及其限度，并据此采取真正系统协调的政策措施，才能有效维护南海地区的和平稳定，进而实现该地区的长治久安。

《我国地方政府参与中国—东盟合作的动力、进程与特点》 杨祥章（云南大学、新加坡国立大学）撰，载《和平与发展》2018 年第 4 期。指出自 1991 年中国与东盟建立对话关系以来，中国地方政府在双方的合作中发挥了重要作用。东盟已成为中国地方政府重要的外部经济合作伙伴，参与中国—东盟合作是带动当地发展的有效途径和必然选择。中国地方政府对中国—东盟合作的参与历经了被动落实政策、主动作为和央地协力加速三个阶段，具有多样性、非平衡性、竞合性和影响双面性的特征。中共十八大以来，中国领导人对周边外交高度重视，加强央地协力、加大对不同地方政府利益和角色的协调与平衡、强化地方服务国家总体外交意识以及充分调动沿边地方政府的能动性，是地方政府参与中国—东盟合作的发展趋势，也是建设中国—东盟命运共同体的必然要求。

《东南亚地缘环境变化与中国的应对》 罗圣荣、李代霓（云南大学）撰，载《东南亚纵横》2018 年第 4 期。指出位于大国竞争核心区的东南亚地区由于其特殊的战略位置和资源地位，地缘环境十分复杂。尤其是近年来缅甸民主化进程推进、菲律宾总统杜特尔特上台以及南海问题逆转等一系列事件使东南亚地缘环境发生了巨大的变化。导致东南亚地缘环境变化的因素除了域内因素,还包含大国因素、热点问题因素等多重因素,在多重因素的影响之下,东南亚地缘环境的复杂化程度不断加深。作为其周边国家,在东南亚地缘环境变化带来的巨大压力之下,中国的地缘政治经济安全也面临着层层挑战。中国应根据不同的影响因素对东南亚地缘环境变化积极应对。

《"一带一路"倡议下中国与东盟跨境高等教育刍议》 贾佳、方宗祥(南京邮电大学)撰,载《高校教育管理》2018 年第 4 期。指出"一带一路"倡议是中国与东盟关系的新亮点,东盟现已成为中国"一带一路"建设的重点和优先地区。近年来,随着中国与东盟区域经济一体化进程的不断加快以及"一带一路"倡议的深入实施,中国与东盟的教育合作交流不断扩大和深化,并呈现出广阔的发展前景。在此背景下,把握好中国与东盟之间跨境高等教育的主流和方向,需要在战略层面上高度重视"教育先行"的重要作用,加大支持力度,设立东盟来华留学示范区,发挥校企协同效应,提高合作办学的质量和水平,加强科研咨政服务,从而有效破解双方跨境高等教育中存在的问题和障碍,服务好"一带一路"建设。

《柬埔寨"红色高棉"战后华商经济复兴的人类学分析》 罗杨(中国华侨华人研究所)撰,载《华侨华人历史研究》2018 年第 4 期。指出华商曾推动柬埔寨历史上出现过两种转变:一是推动柬埔寨从农耕之国转为海洋贸易之国;二是在柬埔寨沦为法国的保护国的过程中,推动西方外来者适应土著市场。20 世纪 70 至 80 年代的战乱后,华商经济发生两次复兴,分别与历史上的两种转变相对应:华商建立起"区域性的贸易体系",再次使柬埔寨经济融入外部世界;而后华商转向发展土地经济,使新的外来者适应本土社会。华商的"中间层"模式与柬埔寨的文化观念和社会结构相嵌合。柬埔寨华商与土著社会和更广阔的外部世界互为他者,他们认识和理解不同的社会文化机制,使自身融入其中而又超脱其外。

《杜特尔特政府对菲律宾南海政策的修正》 蒋琛娴、鞠海龙(暨南大学)撰,载《南海学刊》2018 年第 4 期。指出杜特尔特治下的菲律宾南海政策,比之前任阿基诺三世政府出现了从激进到温和的转变。从"联美制华"到"大国平衡",从挑起南海仲裁案到对仲裁结果冷处理,从高调挑衅中国底线到通过双多边谈判解决争端,从而缓和了南海局势。通过对阿基诺三世和杜特尔特两任政府差异性及延续性的比较分析,认为菲律宾南海政策的变化受国家利益认知变化、政治家族和利益集团、美国亚太政策及领导人个人背景和立场的影响。坚持领土声索、为自身谋取更大的领土权益是其南海政策的核心与实质,而其在对美和对华关系之间表现出的时而偏左、时而偏右的游移不定态度,是其为实现自身利益所做出的谨慎而深思熟虑的策略性选择。

《东盟落实联合国 2030 年可持续发展议程减贫目标分析》 张春(上海国际问题研究院)撰,载《东南亚纵横》2018 年第 4 期。指出与联合国千年发展目标相比,尽管仍将消除贫困当作重要目标,但由于议程范畴拓展,联合国 2030 年可持续发展议程对削减贫困的重视程度仍有所下降。联合国千年发展计划在减贫目标方面取得了不俗成绩,但东盟国家仍面临严峻的减贫挑战。随着 2030 年议程拓展带来的资源分散压力,结合 2030 年议程的落实推进减贫工作的挑战正逐渐加大。东盟及其成员国已经努力试图将减贫与 2030 年议程有机对接。但迄今为止,东盟及其成员国均未发展出完整的对接战略以推动减贫事业。面对 2030 年议程对减贫工作的新要求,以过去 10 余年双边减贫合作所取得的成绩为基础,中国—东盟减贫合作可大有作为,甚至可能为中国—东盟整体关系增添新的润滑剂和增长点。

《马来西亚华人社会推动中马"一带一路"合作研究》 周兴泰(华侨大学海上丝绸之路研究院)撰,载《八桂侨刊》2018 年第 4 期。指出当前马来西亚共有华人人口将近 700 万人,人口占比将近 1/4,并拥有众多华基政党和华人社团,对于中国"一带一路"倡议的参与态度总体积极,但也面临诸如华社内部政治力量分化、马来人特权限制和现实对接中的困难等问题,特别是在当前马来西亚出现建国以来的首次政党轮替、中马两国合作面临较多挑战的情况下,中国更应注重发挥华社作用,同时避免相关敏感问题的出现,积极稳妥地予以应对。

《"一带一路"与"印太战略"在东盟地区的竞争格局》 丁红卫(北京外国语大学)、王文文(北京日本学研究中心)撰,载《区域与全球发展》2018 年 05 期。指出东盟地区是"一带一路"中海上丝绸之路的重要市场,日本的"印太战略"也将东盟纳入重点战略区域。中国在东盟市场的贸易总量、对外承包工程合同总量等方面优势较为突出;而日本 20 世纪 70 年代开始以政府开发援助为主导对东盟地区进行海外投资,在东盟地区构筑较完备的投资机制与产业链,并开展能源、环保等多层面合作。明确中日两国在东盟市场的竞争关系与合作可能性,有利于中国企业在该地区开展投资经贸活动,有利于保障"一带一路"倡议的顺利推进。

《中国与东盟农产品贸易合作发展的新动态与前景展望》 郑国富(广西民族师范学院)撰,载《创新》2018 年第 5 期。指出中国与东盟地理相邻,双方农业资源禀赋充裕,优势互补性显著,相互需求潜力大,农产品贸易已成为中国与东盟经贸合作的重要内容。2017 年,中国与东盟农产品贸易额首次超过美国跃居第一位,双方互为彼此农产品贸易最重要的合作伙伴,但在中国与东盟农产品贸易合作中仍存在着国别分布不均衡、结构性失调、品类相对集中、产品附加值低、产业内合作层次低等问题。新时代,中国与东盟农产品贸易合作发展面临难得的机遇和严峻的挑战,但总体上机遇大于挑战。中国应从增扩自东盟进口,平衡国别结构、拓展合作领域,丰富产品类别、打造农业全产业链,推进集约化发展、加强农业投资,深化产业内合作、提升自由化与便利化,推进农业合作升级等方面,制订国别差异化的农产品贸易合作行动纲领与发展规划,实现双边农产品贸易可持续健康发展。

《中国的东南亚研究现状(2007~2017 年)——基于国内主要国际关系期刊论文的分析》 罗仪馥(中国人民大学)

撰,载《战略决策研究》2018 年第 5 期。指出随着东南亚地区在中国的外交安全、经济合作以及人文交流中的地位日益重要,中国的东南亚研究也迎来黄金发展时期。整理国内主要国际关系研究的中文期刊在 2007 ~ 2017 年刊登的 1470 篇东南亚研究的论文,统计发现,该领域虽然日益受到国内学者的关注,但取得的进展有限;研究内容主要包括国别研究、南海争端、东盟、双边关系、华侨华人和次区域合作等;从研究团队来看,目前中国专长于东南亚研究者以具有副高及以上职称的中年学者为主,他们基本都是在国内取得最后学历,并主要是具有国际关系学、历史学科背景的研究人员;国内东南亚研究"学术重镇"分布在广东、北京、福建和云南等地,暨南大学、厦门大学等是主要的研究机构。总体而言,目前国内东南亚研究发展尚不成熟,在研究机构的开设、对某些议题的关注、研究路径的选择以及研究者之间的交流等方面还存在改进的空间。

《东南亚恐怖主义新态势及其影响与中国的应对》 卢光盛、周洪旭(云南大学)撰,载《国际安全研究》2018 年第 5 期。指出近年来,随着国际恐怖主义形势的变化,尤其是"伊斯兰国"遭受重创后的演变及发展,东南亚地区恐怖主义呈现一些新的发展态势,东南亚首现城市大规模恐怖袭击事件,地区恐怖势力的跨国整合联动及域内外恐怖势力的合流、共振与滋生新的恐怖活动,地区部分国家的国内冲突加剧给予国际恐怖势力更多介入空间,回流恐怖分子引发系列问题以及网络恐怖主义威胁的上升等。东南亚恐怖主义新态势给东南亚地区的安全稳定带来威胁,也给中国尤其是西南边境省份的安全、稳定与发展带来严重威胁。在此背景下,中国需关注东南亚地区的恐怖主义新态势,进一步增强与东南亚国家的政治互信,凝聚反恐合作共识,加快构建与东南亚国家的反恐合作专门机制,发挥中国在东南亚地区国际反恐合作中的作用,提升边境省份参与东南亚地区反恐合作的能力,加强对中国在东南亚地区的人员及投资等海外利益的保护,有效遏制东南亚恐怖主义发展及阻断国际恐怖势力经东南亚向中国渗透。

《殖民时期越南构建民族独立国家的理论探索与实践》 毕世鸿、张琼(云南大学)撰,载《东南亚研究》2018 年第 5 期。指出自法国殖民统治越南以来,越南各阶层就如何构建民族独立国家,进行诸多探索。封建思想的束缚、法国殖民统治在越南内部造成的分裂、领导者的个人素质、城市和农村的二元社会机构、薄弱的经济基础、武器装备及通信技术的落后等因素,都严重制约越南民族独立国家的构建。在争取民族独立的探索和斗争中,越南资产阶级始终没能完全掌握革命领导权。但无论哪个阶层,在这一过程中,其理论和实践探索均深受中国革命影响。只有以印度支那共产党为代表的无产阶级领导革命,建立广泛的民族统一战线,才能引领越南最终走向独立。而积极寻求但不过分依赖国际援助,争取国际团结和他国的支持,也是越南构建民族独立国家的一大法宝。

《神话的当代传承与国家的在场——老挝民族族源神话调查》 李斯颖(中国社会科学院)撰,载《民族艺术》2018 年第 5 期。指出通过搜集、整理和探索老挝佬族、泰族、赫蒙族、勉族等民族的族源神话,发现神话叙事中时代发展的趋向与国家力量的在场。其中,葫芦里出来的"英雄祖先"神话受到国家力量的干预,上升为与老听、老龙、老松三大族群来源相关的共同叙事。各民族中依然传承的英雄祖先神话及其相关信仰仍发挥着族群凝聚的功能。老挝的族源神话及其意象正日益受到国家力量的影响。

《青年、发展与安全:菲律宾"青年潮"的安全隐忧》 王丽娜(北京大学)撰,载《东南亚研究》2018 年第 5 期。指出东南亚是世界上人口增长最快的地区之一,青年人口的大量增加促进了经济的快速增长和社会的全面发展。但是,青年失业、贫困、健康危机、犯罪以及极端主义等现象的凸显,使得该群体越来越成为各国的安全隐忧。本文以菲律宾为例,在借鉴现有青年潮相关理论研究的基础上,从青年人口结构、菲律宾的社会文化特点、国家治理能力以及全球化转型的国际环境四个层面着手,分析菲律宾在快速发展的情况下,青年危机的产生以及青年参与暴力冲突尤其是极端主义活动的原因,探讨菲律宾发展与安全框架中青年的角色。从中可以看出,各国政府在充分利用青年人口优势促进发展的同时,应高度重视青年危机带来的安全威胁,注重疏通和引导,通过制定积极的青年政策,给青年赋权,将其纳入国家发展政策的主流,促进社会的包容性和持续性发展。

《美菲同盟对中菲南海争端的影响论析》 李途(南京大学)撰,载《东南亚研究》2018 年第 5 期。指出从历史上看,美菲同盟经历了从休眠到恢复再到强化的过程,美国对南海问题的关注和介入程度也不断加深,但是美国仍然拒绝在协防南沙问题上作出明确的安全承诺,并严格限制菲律宾对《美菲共同防御条约》进行扩大化解释。在不同历史时段,美国政策背后的利益考量有所不同。美国的模糊表态使得它能够以较低的成本维持美菲同盟的存在,同时形成对中国的威慑。杜特尔特时期,美菲同盟会继续存在,特朗普政府也不会放弃对南海航行自由的关注,但是中菲关系未来发展的主动权掌握在中国和菲律宾手中。

《超越裙带政治之路:"民粹主义"与杜特尔特的"强人政治"》 吴杰伟(北京大学)撰,载《东南亚研究》2018 年第 5 期。指出杜特尔特从参选总统到开始施政,对他的争议就一直持续不断。杜特尔特以达沃市的执政经验为模板,以建立社会安全秩序为核心,以强化民众和军警支持为基础,通过积极手段开展禁毒和反恐活动,在菲律宾的历届总统中树立了重视社会安全与秩序的形象,并对菲律宾政治生态中传统的裙带关系形成深刻冲击。尽管菲律宾的政治体制对民主制度设置了广泛的保护措施,而裙带关系也具有深厚的社会基础,但实质上无法抵抗政治强人的冲击。杜特尔特以政治强人的特质和引导民粹主义思潮的手段打破了传统裙带政治基因所具备的社会机能,影响了菲律宾的政治运作。

《菲律宾外交议题的污名化与对外政策选择》 聂文娟(外交学院)撰,载《东南亚研究》2018 年第 5 期。指出菲律宾国内民主制度仍不完善,政党间的竞争存在着"为竞争而竞争”的现象。在这样的政治生态中,外交议题经常被“污名化”,对领导者个人的权力安全构成威胁,进而对菲律宾的外交政策选择形成严重干扰。菲律宾2005年与中国、越南签订《在南中国海协议区三方联合海洋地震工作协议》(JMSU),2014年与美国签订《强化防务合作协议》(EDCA),这两个案例在执行进程中都在菲律宾国内都受到“侵犯国家主权”等指责,时任领导人因此都被贴上“叛国”以及“腐败”等污名标签,在参议院遭到弹劾指控的威胁。但不同的是,JMSU被迫放弃,而EDCA最终得以实施。研究发现,其中的调节变量是领导者对受损身份的管理策略差异,尤其是能否建立起他者威胁的联系策略,这影响着领导者是否能够有效化解污名化所带来的身份受损和权力安全威胁。

《亚太地区架构中的中美博弈和东盟角色》 阮增毅(中国人民大学)、吴改(外交学院)撰,载《东南亚纵横》2018年第5期。指出亚太是大国与中小国家影响力交错的地区之一。中美两国在该地区的话语权和影响力仍然存在,然而中小国家所发挥的作用及其影响力也不容小觑,他们对亚太地区新秩序的构建发挥主动且富有创造性的作用。东盟各国之间的联合已将“东盟方式”塑造成一种准则,一个得到许多大国积极参加、认同的独特体系。本文着重分析大国在该地区的影响力和作用、东盟各国的主张是如何形成和被认可的以及中小国家如何在区域合作机制中发挥其作用。

《中美关系与东盟安全共同体建构》 牟娴(贵阳学院外国语学院),撰,载《贵阳学院学报(社会科学版)》2018年第5期。指出国崛起后,美国所实施的“亚太再平衡”战略,对东盟安全共同体的影响较大。冷战结束后,东盟安全共同体建设在军事安全合作、非军事安全合作、经贸合作、外交机构及人文教育合作等方面呈现出新格局、新变化。中国崛起与实施“一带一路”倡议对东盟安全共同体建构产生了积极影响。

《加强东亚共同体社会—文化支柱建设》 赵力涛(新加坡国立大学)、陈红升(广西社会科学院)撰,载《东南亚纵横》2018年第6期。指出从三个方面加强东亚共同体社会文化支柱的建设,即更为深入地理解社会文化支柱,超越功利主义的目的和考量,对社会文化共同体的全面建设应采取更加务实的手段;更为注重相关各方共同面临的挑战和愿望,联合国提出的《2030年可持续发展议程》可以成为相关各方加强合作及社会文化共同体建设的良好平台;智库和学术机构应发挥更大的作用,扩大智库参与范围和目标范围,共同致力于东亚共同体的建成。

《中柬关系与中国—东盟战略伙伴关系的稳定与发展》 杨保筠(北京大学)撰,载《东南亚纵横》2018年第6期。指出2018年是中国与东盟建立战略伙伴关系15周年,也是中国与柬埔寨建立外交关系60周年。中柬关系长期友好,双边在政治、安全、经济、贸易、文化和民间交流等各个领域中的合作成果卓著,为中柬关系的持续稳定发展奠定坚实基础。与此同时,中柬关系也为维护、巩固和发展中国与东盟之间的战略伙伴关系做出重要贡献。双方在中国—东盟合作的框架中关心彼此的核心利益,协调对一些重大问题的立场,采取积极有效的方式,共同为维护和促进中国与东盟之间的合作、改善和加强中国与东盟各成员国之间的关系贡献力量。

《进一步促进中国—东盟人文交流路径研究》 张斌(中共广西壮族自治区委员会党校)、张莉(中国地质大学(武汉))、胡云莉(外交学院)撰,载《东南亚纵横》2018年第6期。指出新时代背景下的人文交流应注重以人员交流、思想交流和文化交流为主要内容。中国与东盟的人文交流存在文化认同感缺乏、语言障碍及外部因素干扰的影响,双方在人文交流的深度、方式、主体和制度保障等方面可以进一步拓展。进一步促进中国—东盟人文交流的路径和推进策略:多方搭建中国—东盟人文交流促进平台,进一步完善人才培养机制等人文交流保障运行机制;加强与东盟国家的文化认同和融合;突出民众的参与性,拓展人文交流的主体并进一步发挥非政府组织、民间组织和个人的作用,重点是突出心灵和情感的沟通;通过国际交流、教育文化交流项目以及主流媒体在外交方面的内容和方式创新来推进中国—东盟人文交流内容和方式上的创新。

《东南亚海上安全治理困境及中国的策略选择——基于“总体国家安全观”分析路径》 韦红(华中师范大学)撰,载《华中师范大学学报(人文社会科学版)》2018年第6期。指出现有的安全治理理论大多来自西方的经验,难以适用于东南亚海上安全问题的治理。中国“总体国家安全观”中所体现出的安全治理新理念可为东南亚海上安全治理提供新思路。目前在东南亚海上安全治理中,非国家行为体与国家行为体互相竞争,国内发展水平与治理能力要求严重脱节,传统安全与非传统安全治理交织冲突,自身安全与地区安全相互依存理念缺失,这些导致东南亚海上安全治理陷入困境。中国当以“总体国家安全观”为指导,以一种整体的、系统的视角积极参与东南亚海上安全治理,为破解东南亚海上安全治理困境提供中国方案。

《中越协同推进中国—东盟联合大学建设研究》 胡美术(中国—东盟区域发展协同创新中心)撰,载《广西大学学报(哲学社会科学版)》2018年第6期。指出在东盟各国加速融入“一带一路”之际,中国—东盟联合大学的建设正当其时,将联合大学提升到中越及其他东盟各国国家层面、中国—东盟自贸区建设层面和“一带一路”计划层面进行建设,才能真正发挥联合大学的效用。在中越协同推进联合大学建设的基础上,吸引和发动域内外国家与社会参与建设,可通过联合大学平台凝聚智慧,从而惠及亚洲与全球。

《“一带一路”背景下中国—东盟非传统安全合作研究》 梁怀新(中共中央党校)撰,载《学术探索》2018年第6期。指出加强非传统安全合作,是中国—东盟战略伙伴关系的重要组成部分。21世纪以来,中国东盟非传统安全合作取得显著成果,有效提升了应对非传统安全威胁的能力。中共十八大以来,在中国提出与相关国家共同建设“一带一路”倡议的背景下,中国东盟非传统安全合作迎来新的契机。新背景下,要进一步提升中国东盟非传统安全合作的体制机制建设,加强顶层设计。借助“一带一路”倡议,加强区域公共物品供给，为中国东盟非传统安全合作创造良好的基础保障。

《均衡与博弈：经济全球化进程中东南亚国家的政治与宗教》 郑筱筠（中国社会科学院）撰，载《中央社会主义学院学报》2018 年第 6 期。指出在历史进程中，东南亚宗教政治化、政治宗教化的鲜明特征，逐渐形成有博弈却又相互均衡发展的格局。经济全球化为东南亚地区带来发展机遇，但诸多内外因素使其发展充满变数。国际经济资本、全球政治的影响和外部“干预”，使东南亚政治宗教化、宗教政治化的特征在各国政治、经济、社会发展进程中的作用尤其凸显，宗教的变量作用在外部力量的非常规“干预”下逐渐发生非均衡的变化，宗教因素的影响日益放大，宗教和政治的关系开始处于博弈与非均衡的发展状态中。

《泰国新政党法解析》 常翔（泰国国家研究院）、张锡镇（北京大学、泰国法政大学）撰，载《东南亚纵横》2018 年第 6 期。指出相对 1997 年以来的政党法而言，2017 年泰国正式颁布的新政党法做了较大修正，一方面，通过提高建党门槛、健全政党组织机构、强化党员的政党意识等措施，推动泰国建立能够代表各地区利益的全国性大型政党，完善和健全政党制度；另一方面，新政党法又作为军人集团抑制政党势力的政治斗争工具，通过强化对违规政党的惩罚力度、加强司法和独立机构的权力等降低了政党的政治地位和影响力，挤压政党的活动空间，抑制“一党独大”局面的形成，从而保障传统权力集团与政党势力的政治权力平衡。

《泰国玛哈沙拉堪府华人居住文化研究》 ［泰］黄志玲（玛哈沙拉堪皇家大学）、牟娴（贵阳学院）撰，载《贵阳学院学报（社会科学版）》2018 年第 6 期。指出泰国是东南亚的一个多民族国家，华人在泰国人口中占有重要地位，以泰国玛哈沙拉堪府华人为研究对象，从他们的历史流变、生活现状及文化特征等方面论述了泰国华人融入泰国社会生活的过程，指出泰国包容、开放的民族政策促使泰国华人对泰国主体民族的国家认同与社会认同，并对他们所拥有的汉人原有文化属性及融合与改变的特征进行了分析。

《缅甸中立外交政策传统的形成与原因》 范宏伟（厦门大学）、邹一峥（深圳大学）撰，载《厦门大学学报（哲学社会科学版）》2018 年第 6 期。指出中立主义是缅甸的传统外交政策，1948 ~ 1954 年是缅甸该项政策的确立和形成期。这一时期，随着中苏对中立民族主义国家的政策调整，英美对缅政策出现偏差，缅甸国内出现政治经济危机，缅甸与东西方之间的三角关系的发展动力与变量发生新的变化，缅甸较快调适了它在二者之间的钟摆，开始实行更加平衡的中立外交，并长期坚持这一政策。缅甸人在确立中立外交政策的过程中所体现出的不安全感、地缘心态、对大国的防范、对自身的定位与认识，是构成其中立外交传统的基本要素，已内化为缅甸的传统政治文化，也是外界观察其外交政策趋势的基本维度。

《马来西亚大选后的经济形势及对我国在马投资的影响》 张淼（马来亚大学）撰，载《亚太安全与海洋研究》2018 年第 6 期。指出 2018 年马来西亚国会下议院第 14 届大选中，反对派政党联盟“希望联盟”击败执政政党联盟“国民阵线”，实现马来西亚自独立以来首次政党轮替。希盟政府执政后的中国政策将如何调整和变化，马来西亚面临怎样的经济挑战，而大选后中国在马投资将会面对怎样风险，值得关注。中资在内政问题上的映射，成为马来西亚选民的最大关切和本次大选的主要课题之一。希盟执政后，权力版图的变动会引发新一轮的政商利益重构，短时期内会对中国在马投资安全造成一些不确定性，但中马经贸合作的基本面从长期来看总体向好。随着希盟政府各项改革日程的逐步开展，国阵政府主导下陈旧僵化的利益分配格局将日渐瓦解，这有利于进一步促进马政治经济体制改革，也为中马未来合作创造更为有利的发展环境。

《侨乡节庆活动中的权力运作与社会区隔——基于对菲律宾某侨乡省份民间节庆的田野调查》 霍然（北京外国语大学）撰，载《苏州大学学报（哲学社会科学版）》2018 年第 6 期。指出从菲律宾某侨乡省份各市镇的年度节庆中，可以看到海外侨民积极回乡参加节庆的现象，以及海外侨民的贡献在节庆话语中的显著地位。在菲律宾这个产生大量海外侨民的国家，节庆是联结海外侨民与祖籍地的纽带。乡镇年度节庆包含返乡侨民之夜、节日皇后评选等一系列海外侨民主导或参与的活动。这些活动背后，有一套隐秘的权力运作体系成为巩固、维系着海外侨民与祖籍地之间的纽带。节庆主办方将权力移交给海外侨民，从后者那里要求相应的义务；侨民通过节庆发挥权力，本地留守人员配合侨民的权力展示和“表演”，形成一套心照不宣的社会礼仪规范，但这套规范却并非为所有人接受。对菲律宾某侨乡省份的田野调查显示，节庆虽然发挥着社会凝聚的功能，却仍然造成一定社会区隔。当侨民所承担的社会责任被不断重复的节庆活动所放大化、刻板化，节庆不一定是其乐融融、消弭隔阂的场合，相反，它可能是加剧等级分化、强化阶层差异的催化剂。

《东盟防务外交与中国的政策选择》 周士新（上海国际问题研究院）撰，载《太平洋学报》2018 年第 7 期。指出防务外交是国防部门官员、智库和相关军事机构通过讨论和处理各方共同关心的热点问题，为提升国家间军事与安全信任和信心，而采取的外交政策与行动，对于促进国际和地区和平与稳定具有非常重要的意义。近年来，东盟防务外交取得较快发展，建立多轨防务交流与沟通机制，促进了东盟政治安全共同体建设，也为东盟确立在东亚地区多边安全合作架构中的中心地位做出重要贡献。中国与东盟及其成员国的防务外交在双边和多边等方面都取得积极进展，但也面临着一些困难和挑战，需要双方在政策规范、议程制定和议题选择上加强沟通协调，为促进中国—东盟命运共同体建设奠定基础。

《东南亚安全合作机制碎片化问题研究》 韦红（华中师范大学）、尹楠楠（华中师范大学）撰，载《太平洋学报》2018 年第 8 期。指出目前，东南亚地区呈现出多种安全合作机制共存之局面，一方面各种安全机制越来越朝着多样化、板块化以及专业化方向发展，另一方面安全机制间的边界又越来越模糊，并呈现出交叠、竞争的趋势，形成“安全合作机制碎片化”现象。该现象主要表现为机制多元化、机制复杂化和机制间的无序——竞争化，而权力失衡、利益分化以及认同削减是造成东南亚地区安全合作机制碎片化的主要原因。同时，碎片化降低地区安全合作制度化水平，加剧安全合作机制的复杂性，削弱东盟在地区安全治理中的主导性，从而对东南亚地区安全治理带来严峻挑战。故此，中国应通过成为东南亚安全治理架构的“议程设置国”，并积极推进亚信会议进程以促进地区现存安全合作机制间的协调，努力提高东南亚安全治理的制度化水平；支持以东盟为核心的综合安全合作机制，特别是积极参与并支持“东盟中心”的区域间主义动议与行动，坚持共同、综合、合作、可持续的“亚洲安全观”，以确保东盟在东南亚地区安全治理中的主导地位。

《沿边金融开放的区位影响分析——以中国云南省与东盟为例》 韩越（云南师范大学）、方俊智（云南省富滇银行博士后工作站）、郭秋平（云南师范大学博士后流动站）撰，载《新金融》2018 年第 8 期。指出区位因子对中国对外开放空间布局具有重要影响。本文梳理了区位理论的发展历程，基于此考虑金融开放内涵，构建了一个包含沿边金融开放主客体的金融开放与区位影响相互作用分析框架。以中国沿边省区云南与其面向的东盟 10 国为对象，选择 2000 年至 2015 年数据，采用东盟成员国与云南省中心城市距离为空间权重矩阵，建立空间计量模型分析东盟国家经济、基建、制度及人文区位因素差异对云南省面向其金融开放进程的影响。实证结果表明，东盟各国人均生产总值的增加、工业进程的加快、金融政策与开放制度的完善，以及东盟国家间服务业的协同发展、通讯基础设施网络体系的形成、初级劳动力的空间流动均会对云南省沿边金融开放产生正向效应。

《中国对东盟国家的农业投资特点与问题分析》 撖晓宇、赵霞（中国农业大学）撰，载《世界农业》2018 年第 8 期。指出“一带一路”倡议的提出和实施为中国和东盟带来了难得的历史机遇。东盟是中国的战略合作伙伴，其农业资源丰富，投资潜力巨大。中国对东盟国家的农业投资近年来取得初步成效，具体表现为东盟成为农业投资重点区域、投资分布较为集中、对东盟投资经济效益高、对不同国家投资方式与领域存在差异。同时，中国在对东盟投资过程中也存在一些问题，投资大多产业链低端、小规模企业成为投资主体、企业融资难度大、缺乏专业人才。针对这些问题，提出完善投资产业链布局、加强金融政策支持、建设综合服务平台等对策建议。

《革新开放以来越南共产党引领社会思潮的经验与启示》 粟远辉（陕西师范大学、广西大学）撰，载《广西社会科学》2018 年第 8 期。指出社会思潮是社会政治经济问题在观念形态上的反映，越南革新开放以来出现了民族主义思潮、“第三条道路”思潮、新自由主义思潮等多种非马克思主义社会思潮。对此，越南共产党高度重视意识形态工作，确立五项基本原则，规定革新道路方向，积极回应民意关切，并加强法律制度建设以及媒体管理。这启示我们在改革开放中要重视国家意识形态工作，大力推进马克思主义本土化，不断创新工作方式，理性对待各种社会思潮。

《OFDI 对中国—东盟贸易影响研究》 李立民、张越、王杰（广西大学）撰，载《国际经济合作》2018 年第 9 期。指出中国对东盟整体的 OFDI 能够促进中国对东盟进出口贸易；分国别来看，中国对其 OFDI 会促进中国进口的国家有（按促进作用从大到小排列）：柬埔寨、老挝、越南、缅甸、菲律宾、马来西亚和泰国，而会对中国进口产生替代效应的投资东道国有（按替代效应从大到小排列）：新加坡、文莱和印尼。中国对文莱的 OFDI 会促进中国对该国的出口，而中国对其余东盟 9 国的 OFDI 都会对中国的出口产生替代效应。

《中国—东盟旅游服务贸易制度保障路径优化探索》 刘娴（南宁市社会科学院）、周青（广西社会科学院）撰，载《改革与战略》2018 年第 9 期。指出旅游服务贸易是中国—东盟合作的先导产业和优先发展的重点领域。随着 CAFTA 建设深入推进，中国和东盟双方在旅游领域做出了高水平的开放承诺，但协议细化、合作机制、合作平台、国内法保障等问题制约了旅游承诺的落地。在国际层面上，应不断完善区域旅游政策规则制定，搭建多层次的旅游合作平台，加强区域争端解决机制建设；在国内层面上，应加强法律的清理与供给，促进国内法升级和衔接等。

《越南南海问题的对外宣传路径及其影响探析》 蓝瑶（中山大学）撰，载《太平洋学报》2018 年第 9 期。指出自上世纪 90 年代初以来，越南趋向于通过对外宣传的软实力战略，将南海问题进一步复杂化。这是越南在本国政经适度分离的外交路线下，采取的一种低投入、高收益的南海策略。越南的宣传手段主要包括：依据事件性质变换官方声明力度，进行举国动员和社会化宣传，发动海外越南人进行宣介，构建本土媒体的多维强势舆论攻势，推动智库及学者立场偏颇的学术产出等。通过上述手段，越南得以造势国际舆论。最终，对南海问题的彻底解决和中国在南海的维权行动产生三方面的影响：一是中国在南海的维权成本上升；二是将南海问题导向国际化和多边化；三是人为激化了中越民间的民族情绪矛盾。

《中国—东盟产能合作：成绩、问题与对策》 张协奎（广西大学）、刘伟（广西警察学院）撰，载《商业研究》2018 年第 10 期。指出东盟是“一带一路”国际合作的优先方向和重要伙伴，中国—东盟建立战略伙伴关系 15 年来经贸合作发展迅速、成果丰硕，在贸易保护主义、逆全球化抬头形势下大力拓展中国—东盟产能合作具有现实意义。尽管中国—东盟国家双边贸易和产能合作逐年递增，却也面临一些不可回避的问题，诸如合作体制机制及服务体系不健全、制度对接和技术兼容难度比较大、企业国际化和现代化水平不够高、东盟国家的国情所决定的风险等。这些问题既包含合作体制机制和服务体系不健全的制度方面，也有制度对接和技术兼容难度比较大的具体事项；既有企业国际化和现代化水平不够高等企业内部方面问题，也有东盟国家的国情所决定的风险等外部方面问题，推进中国—东盟国际产能合作应在机制、服务、制度、产业和环境等层面共同努力。

《“一带一路”背景下东南亚、中东欧国家投资环境比较研究》 谢国娥、许瑶佳、杨逢珉（华东理工大学）撰，载《世界经济研究》2018 年第 11 期。指出随着“一带一路”倡议的提出，中国企业加快向“一带一路”沿线国家投资的步伐，东南亚、中东欧国家作为中国企业在“一带一路”沿线国家投资的两极，对其投资环境进行比较分析具有重要的现实意义。运用突变级数法，从对外开放水平、政治制度环境、基础建设水平、劳动力可得性 4 个维度构建系统的投资环境评价体系，对 2006 ~ 2015 年东南亚和中东欧国家的投资环境进行剖析。研究发现，在考察期内，东南亚 9 国、中东欧 16 国的投资环境在整体平均水平上相近，但在发展变化趋势上存在较大差异。东南亚 9 国的投资环境持续优化，并在 2010 年实现对中东欧 16 国的首次赶超。（马　静　搜集整理）

重要研究成果题录

东盟国家形势回顾与展望

东南亚地区形势 2017 ~ 2018 年回顾与展望——专家访谈录，东南亚纵横编辑部撰，载《东南亚纵横》2018 年第 1 期。

泰国：2017 年回顾与 2018 年展望，唐卉、陈红升撰，载《东南亚纵横》2018 年第 1 期。

老挝：2017 年回顾与 2018 年展望，陈定辉撰，载《东南亚纵横》2018 年第 1 期。

缅甸：2017 年回顾与 2018 年展望，唐威迪、刘明明、廖亚辉撰，载《东南亚纵横》2018 年第 1 期。

文莱：2017 年回顾，马静、马金案撰，载《东南亚纵横》2018 年第 1 期。

马来西亚：2017 年回顾与 2018 年展望，韦朝晖撰，载《东南亚纵横》2018 年第 2 期。

菲律宾：2017 年回顾与 2018 年展望，黄耀东撰，载《东南亚纵横》2018 年第 2 期。

越南：2017 年回顾与 2018 年展望，农立夫撰，载《东南亚纵横》2018 年第 2 期。

东盟“中心地位”面临的美国挑战及其发展前景，陈靖宇撰，载《江南社会学院学报》2018 年第 2 期。

2017 ~ 2018 年东盟经济形势：回顾与展望，王勤撰，载《东南亚纵横》2018 年第 2 期。

中国与东盟军事外交：现状、前景及路径，马建光、李明富、庞超伟撰，载《南洋问题研究》2018 年第 3 期。

东南亚海域油气合作开发前景展望，张抗、王锋、刘恩然撰，载《国际石油经济》2018 年第 3 期。

“五国防务安排”的发展与走势分析，李兴刚撰，载《南亚东南亚研究》2018 年第 4 期。

中国—东盟战略伙伴关系 15 年发展历程与未来展望——来自越南的观点，阮辉煌、颜洁撰，载《南亚东南亚研究》2018 年第 6 期。

东盟国家政治

越南新一届政府的国内外政策走向评析，金丹撰，载《红河学院学报》2018 年第 1 期。

国家身份如何塑造区域认同——以东南亚的区域大国“身份地位化”为例，李峰撰，载《南洋问题研究》2018 年第 2 期。

政治转型与民粹主义的生成——以东南亚国家为例，林红撰，载《东南亚纵横》2018 年第 2 期。

反恐语境下东南亚国家去激进化策略及其反思——以新加坡、印度尼西亚、菲律宾为例，靳晓、哲李捷撰，载《东南亚研究》2018 年第 3 期。

十二大之后越南政治的演变与中越关系的走势，赵卫华撰，载《云南行政学院学报》2018 年第 4 期。

当代越南民族国家的理论构建与实践探索，毕世鸿、张谷莹撰，载《南亚东南亚研究》2018 年第 4 期。

“一带一路”沿线东南亚国家的政党轮替风险及中国应对，弓联兵、王晓青撰，载《当代世界与社会主义》2018 年第 5 期。

地区一体化与政治发展研究：基于东南亚的考察，赵银亮撰，载《学术界》2018 年第 8 期。

东盟国家外交

中国对缅甸的外交政策：过去与现在（1949 ~ 2010），佘提珀·柯拉迪甘、马银福撰，载《南洋资料译丛》2018 年第 1 期。

原则下的妥协：东盟与“南海行为准则”谈判，张明亮撰，载《东南亚研究》2018 年第 3 期。

东盟安全共同体建设与东南亚多边防务外交转型，郑先武撰，载《南洋问题研究》2018 年第 3 期。

2018 年美国与东南亚的关系：延续多于改变，沈大伟、林达丰撰，载《南洋问题研究》2018 年第 3 期。

应对南海危机：东盟“自我修复”的措施及限度，刘若楠撰，载《外交评论（外交学院学报）》2018 年第 4 期。

印度尼西亚对印太战略的反应——印度尼西亚“印太政策”辨析，丁辉、汤祯滢撰，载《东南亚纵横》2018 年第 4 期。

东盟在南海问题上的作用及其限度——基于国际组织行为能力的分析，王传剑、孔凡伟撰，载《当代世界与社会主义》2018 年第 4 期。

东南亚地缘环境变化与中国的应对，罗圣荣、李代霓撰，载《东南亚纵横》2018 年第 4 期。

越南—新加坡关系的新阶段：描述与分析，方晓撰，载《红河学院学报》2018 年第 5 期。

英国和马来亚身份重构对两国关系的影响（1945 ~ 1957 年），刘自强、陈泽洲撰，载《怀化学院学报》2018 年第 6 期。

缅甸中立外交政策传统的形成与原因，范宏伟、邹一峥撰，载《厦门大学学报（哲学社会科学版）》2018 年第 6 期。

东南亚安全合作机制碎片化问题研究，韦红、尹楠楠撰，载《太平洋学报》2018 年第 8 期。

东盟国家经济

东亚、东南亚地区经济收敛与区域内贸易对其促进效应的实证研究，闫森撰，载《南洋问题研究》2018 年第 1 期。

东南亚稻米生产时空变化格局分析，封志明、肖池伟、杨艳昭撰，载《科技导报》2018 年第 3 期。

城市化进程中的空间结构与区域经济效率——基于东盟 8 国的经验研究，唐菁菁、庞芳莹、范祚军撰，载《南洋问题研究》2018 年第 4 期。

文莱银行业特征、障碍性因素与未来展望探究，申韬、谢菲、钟碧兰撰，载《区域与全球发展》2018 年第 4 期。

越南油气业投资与贸易发展分析，覃丽芳撰，载《南海学刊》2018 年第 4 期。

小国集团有效供给区域安全公共产品的逻辑——以东盟为例，陈翔撰，载《外交评论（外交学院学报）》2018 年第 5 期。

OFDI 与母国经济增长效应——基于东盟四国的动态面板分析，张媛撰，载《广西财经学院学报》2018 年第 6 期。

东盟国家金融生态环境与经济增长的耦合协调度差异分析，申韬、雷蕾撰，载《改革与战略》2018 年第 8 期。

简论"一带一路"与老挝社会经济的发展，孙宏伟撰，载《环渤海经济瞭望》2018 年第 11 期。

浅析东盟技术性贸易措施管理体系及特点，黄肖林、黄韶恩撰，载《中国标准化》2018 年第 13 期。

东盟国家社会

沿海城市的城市韧性：胡志明市和东南亚其他新兴城市的挑战和机遇，DUY P NCHAPMAN LTIGHT M 撰，载《城市规划学刊》2018 年第 1 期。

老挝乡村贫困的省思——以琅勃拉邦省南巴县 N 村为例，张恩迅撰，载《东南亚研究》2018 年第 1 期。

印度尼西亚知识社会的挑战管理与协作培育，法拉·普瓦宁格隆、张大川撰，载《国际社会科学杂志（中文版）》2018 年第 2 期。

全民医疗保险制度建设：泰国的经验与教训，王超群、颜明芬、陶丽丽撰，载《社会政策研究》2018 年第 2 期。

菲律宾社会保障国际合作的主要实践及其启示，谢勇才撰，载《人口学刊》2018 年第 3 期。

东盟七国启动 MEPSEAS 项目以保护东南亚海洋环境，刘昭青撰，载《航海》2018 年第 4 期。

当代印度尼西亚移民与国籍政策变迁评述——兼论对华人移民的影响，施雪琴、宋晓森撰，载《海南师范大学学报（社会科学版）》2018 年第 4 期。

东盟落实联合国 2030 年可持续发展议程减贫目标分析，张春撰，载《东南亚纵横》2018 年第 4 期。

越南社会组织的变革及其动因，陈婉莹、郭权锋撰，载《廊坊师范学院学报（社会科学版）》2018 年第 4 期。

青年、发展与安全：菲律宾"青年潮"的安全隐忧，王丽娜撰，载《东南亚研究》2018 年第 5 期。

泰国民族政策推行效果及发展趋势探析，杨菁、张蒙撰，载《贵阳学院学报（社会科学版）》2018 年第 5 期。

气候变化对柬埔寨城镇供水的影响，王茜撰，载《红水河》2018 年第 6 期。

责任边界视角下新加坡老年人长期照护保障制度筹资体系研究，施文凯、李珍撰，载《社会保障研究》2018 年第 6 期。

国际规范的国内博弈：印尼劳工法争议中的政府、劳方与资方，林晓齐、庄礼伟撰，载《东南亚研究》2018 年第 6 期。

"一带一路"背景下老挝水资源的现状、问题与对策，王志刚、黄超君撰，载《世界农业》2018 年第 11 期。

马来西亚城市低收入者住房 PPP 建设经验及启示，汪建强撰，载《地方财政研究》2018 年第 12 期。

东南亚地区老龄产业发展对我国的启示，林鑫、阎永胜撰，载《世界农业》2018 年第 33 期。

东盟国家文化、教育

东南亚南传上座部佛教文化圈的古典文学，寸雪涛撰，载《学术探索》2018 年第 1 期。

新世纪东南亚华文闪小说的话语指向与叙事策略，潘熹撰，载《邵阳学院学报（社会科学版）》2018 年第 2 期。

东盟高等教育一体化动力与阻力探究，袁景蒂撰，载《上海教育评估研究》2018 年第 2 期。

东南亚儒学的历史发展及其研究现况，魏月萍撰，载《杭州师范大学学报（社会科学版）》2018 年第 2 期。

文莱职业技术教育的现状、特点与发展趋势，白滨、刘玉婷、李俊撰，载《职教论坛》2018 年第 4 期。

东盟民族体育文化的融合发展及其启示，王浩、李乃琼、尹继林、唐明欢撰，载《广西社会科学》2018 年第 6 期。

东南亚年长华人的语言态度访谈研究——以印度尼西亚、马来西亚和泰国北部中老年华人为例，周巍、安东撰，载《湘南学院学报》2018 年第 6 期。

"一带一路"沿线东南亚国家语言禁忌调查研究，乐韵、金桂桃撰，载《文学教育（下）》2018 年第 6 期。

民心相通视野下的东南亚妈祖信仰探究，李慧芬撰，载《福建论坛（人文社会科学版）》2018 年第 10 期。

近 30 年东盟国家的高等教育国际化：以菲、马、新三国为例，霍然撰，载《江苏高教》2018 年第 12 期。

东盟国家历史

民国时期东南亚中医界对废医案的回应与建构，王尊旺撰，载《华侨华人历史研究》2018 年第 1 期。

清越朝贡礼仪之争的思想根源，禹平、肖可意撰，载《社会科学战线》2018 年第 1 期。

东南亚海岛地区的古代科学技术，贺圣达撰，载《东南亚南亚研究》2018 年第 2 期。

卡特政府时期美越建交问题探析，刘长新撰，载《山西师大学报（社会科学版）》2018 年第 2 期。

印尼共产党员 1965 年被迫害的状况与原因研究，张猷撰，载《当代世界社会主义问题》2018 年第 3 期。

美国对苏加诺时期印度尼西亚政策的演变：从"拉拢"走向"遏制"，王琛撰，载《东南亚纵横》2018 年第 4 期。

柬埔寨"红色高棉"战后华商经济复兴的人类学分析，罗杨撰，载《华侨华人历史研究》2018 年第 4 期。

再论印度尼西亚"9·30 运动"——历史旧案与现实政治，梁英明撰，载《东南亚研究》2018 年第 4 期。

革新时期越南共产党防治腐败的主要举措及其效能评估，郭春生、任碧玉撰，载《廊坊师范学院学报（社会科学版）》2018 年第 4 期。

抗战时期中日两国在东南亚的宣传战，赵晓红撰，载《党史研究与教学》2018 年第 5 期。

19 世纪东南亚海上丝绸之路沿线海盗问题探析，卢虹撰，载《文化创新比较研究》2018 年第 29 期。

东南亚华人华侨

当代东南亚华人基督徒数量的估算与评析——兼统计东南亚、世界基督徒与东南亚华人数量，张钟鑫撰，载《世界宗教研究》2018 年第 1 期。

东南亚华裔学习者汉语词汇知识发展过程实证研究，郝瑜鑫撰，载《华侨大学学报（哲学社会科学版）》2018 年第 2 期。

中国与东盟国家政治关系中的穿梭者：华商的跨国角色与作用，刘文正撰，载《南洋问题研究》2018 年第 2 期。

东南亚华商的政治参与——基于新、马、泰、菲、印尼五国华商的分析，刘文正撰，载《东南亚南亚研究》2018 年第 2 期。

21 世纪海上丝绸之路建设中东南亚华侨华人的作用，邱小鹃撰，载郑州航空工业管理学院学报（社会科学版）》2018 年第 3 期。

泰国新生代华人族群认同问题初探，杨保筠、曾安安撰，载《八桂侨刊》2018 年 3 期。

命运共同体视域下的中国—东盟侨务和宗教公共外交——以东南亚华人基督宗教社团为中心的考察，张鹏撰，载《国际关系研究》2018 年 3 期。

东南亚华人的关帝崇拜——“海上丝绸之路”文化传播的一个例证，贾发义、李志贤撰，载《山西大学学报（哲学社会科学版）》2018 年第 5 期。

“21 世纪海上丝绸之路”倡议在印尼实施中华侨华人的作用，宋灵撰，载《社会主义研究》2018 年第 5 期。

东南亚华裔青年中文姓名使用状况研究——以新马泰、印尼四国华裔留学生为例，张锦玉撰，载《华侨大学学报（哲学社会科学版）》2018 年第 5 期。

东盟华侨华人龙狮文化认同，黄东教、李乃琼、马新宇撰，载《钦州学院学报》2018 年第 6 期。

抗战时期普通华侨的心态和东南亚华人社会——基于侨批档案的考察，罗诗雅撰，载《浙江档案》2018 年第 6 期。

新媒体融合下海外华侨日报网的新闻报道现状探究——以《马来西亚华侨日报》中文网为例，张月陆、彦舟撰，载《新闻研究导刊》2018 年第 8 期。

东南亚华人华侨网络与中国企业海外投资的区位选择关系研究，梁育填、周政可、刘逸撰，载《地理学报》2018 年第 8 期。

“一带一路”——东南亚华人社区社会工作，刘晓撰，载《社会与公益》2018 年第 12 期。

东南亚华侨华人在中国—东盟关系中的作用研究，严远路撰，载《经贸实践》2018 年第 20 期。

中国与东盟关系

全球影响力分析框架下中国与马来西亚能源关系，刘明德、高天艺撰，载《广东外语外贸大学学报 2018 年第 1 期。

中国与东盟关系研究的可视化分析，王嘉奕撰，载《图书情报研究》2018 年第 4 期。

中国与东南亚国家关系中的宗教因素，李晨阳撰，载《世界知识》2018 年第 4 期。

中国—东盟战略伙伴关系 15 年：初步评估，翟崑撰，载《世界知识》2018 年第 24 期。

中国与东盟经济合作

中国—东盟港口互联互通建设存在问题与对策，陈秀莲、张静雯撰，载《对外经贸实务》2018 年第 2 期。

政治风险冲击、制度质量与中国对东盟直接投资，王巍、袁航东撰，载《南亚纵横》2018 年第 3 期。

中国对东盟国家直接投资的风险及防范研究，刘祎撰，载《广西财经学院学报》2018 年第 3 期。

“一带一路”倡议下中国与东盟国家贸易合作面临的挑战及对策建议，周桂荣、龙华芳撰，载《桂海论丛》2018 年第 4 期。

中国对东盟直接投资的国内投资效应——基于 PVAR 和 GMM 模型分析，赵先立撰，载《亚太经济》2018 年第 5 期。

中国与东盟农产品贸易合作发展的新动态与前景展望，郑国富撰，载《创新》2018 年第 5 期。

“澜湄合作”背景下中柬经贸合作的成效、问题与前景，郑国富撰，载《国际关系研究》2018 年第 5 期。

中国东盟减贫合作：现状、挑战与前景思考——基于 2030 年可持续发展议程的视角，杨胜兰撰，载《中共济南市委党校学报》2018 年第 6 期。

中国企业对东盟跨国并购的区位选择及其决定因素，王疆、雷祺琪撰，载《资源开发与市场》2018 年第 7 期。

中国与东南亚跨境电商合作的发展趋势与挑战，白东蕊撰，载《对外经贸实务》2018 年第 7 期。

中国与东盟农产品贸易的虚拟水流动特征分析，王素仙、韦苏倢撰，载《世界农业》2018 年第 8 期。

“一带一路”背景下中国—东盟国家贸易问题研究，林玉雯、陈彦晖撰，载《科技经济市场》2018 年第 11 期。

东盟边贸物流金融服务模式机制构建研究，谷玉红撰，载《商业经济》2018 年第 11 期。

“一带一路”背景下大连装备制造业对东盟直接投资 SWOT 分析，钱雨虹、常虹撰，载《环渤海经济瞭望》2018 年第 12 期。

中国与东盟农业合作发展历程及趋势展望，王永春、王秀东撰，载《经济纵横》2018 年第 12 期。

“一带一路”背景下中国与文莱贸易实证研究——基于贸易引力模型测算分析，陈佳俊、姚微撰，载《经贸实践》2018 年第 17 期。

基于“海上丝绸之路”视角的东盟跨境电商发展研究，王运昌、杨柳撰，载《中国集体经济》2018 年第 20 期。

中国对东盟投资影响因素分析及政策建议，尹叶青、唐连生撰，载《改革与开放》2018 年第 23 期。

经济全球化背景下中国与东盟农产品贸易互补性发展研究，谢涛撰，载《中国商论》2018 年第 23 期。

中国与东盟政治、外交合作

“一带一路”背景下中国与东南亚国家海洋非传统安全合作，程晓勇撰，载《东南亚研究》2018 年第 1 期。

中国与东盟军事外交:现状、前景及路径,马建光、李明富、庞超伟撰,载《南洋问题研究》2018年第3期。

“一带一路”背景下中国与东盟国家能源合作的思考,朱雄关、谭立力、姜铖镭楚撰,载《雄师范学院学报》2018年第4期。

东盟在南海问题上的作用及其限度——基于国际组织行为能力的分析,王传剑、孔凡伟撰,载《当代世界与社会主义》2018年第4期。

太地区架构中的中美博弈和东盟角色,阮增毅、吴改亚撰,载《东南亚纵横》2018年第5期。

“一带一路”与“印太战略”在东盟地区的竞争格局,丁红卫、王文文撰,载《区域与全球发展》2018年第5期。

中美关系与东盟安全共同体建构,牟娴撰,载《贵阳学院学报(社会科学版)》2018年第5期。

均衡与博弈:经济全球化进程中东南亚国家的政治与宗教,郑筱筠撰,载《中央社会主义学院学报》2018年第6期。

东盟防务外交与中国的政策选择,周士新撰,载《太平洋学报》2018年第7期。

“中国—东盟安全共同体”建立的可行性探讨——基于“国际政治社会演化理论”的诠释,杨适撰,载《南方论刊》2018年第8期。

中国—东盟在南海问题上的发展前景——基于“21世纪海上丝绸之路”的研究背景,李铭撰,载《湖北函授大学学报》2018年第16期。

中国与东盟文化、教育交流合作

中国—东盟合作背景下非物质文化遗产传承保护若干问题思考——以铜鼓习俗为例,黄文富撰,载《歌海》2018年第3期。

“一带一路”倡议下中国与东盟跨境高等教育刍议,贾佳、方宗祥撰,载《高校教育管理》2018年第4期。

中国—东盟职业教育合作:可为、难为与应为,张成涛、张秋凤撰,载《当代职业教育》2018年第5期。

东南亚国家来华留学教育:进展、问题与对策,刘宝存、胡瑞撰,载《华南师范大学学报(社会科学版)》2018年第5期。

“一带一路”背景下中国—东盟高职旅游教育国际化研究,李洪涛撰,载《济南职业学院学报》2018年第6期。

中国—东盟影视合作研究,李庆林、张帅撰,载《新闻研究导刊》2018东盟国家青年留学生对中国文化的认同探析,汤晓山、罗奕、雷盛廷撰,载《新闻研究导刊》2018年第9期。

中国国家形象在东盟:基于2017年的数据调查分析,罗幸、汤晓山撰,载《现代传播(中国传媒大学学报)》2018年第11期。

中国文化形象在东盟国家的传播认知分析——基于对东盟六国调研,申雪凤撰,载《广西社会科学》2018年第12期。

和谐文化观下的东盟孔子学院中国文化传播研究,吕芳撰,载《齐齐哈尔大学学报(哲学社会科学版)》2018年第12期。

广西与东盟国际交流与文化合作新思考,唐丽撰,载《教育教学论坛》2018年第51期。

中国与东盟区域、次区域合作

构建命运共同体与东盟次区域经济合作中的国际经验,张屹撰,载《衡阳师范学院学报》2018年第2期。

中国参与东盟区域垂直专业化分工分析——基于“参与程度—地位—显性比较优势”视角,多淑杰撰,载《开发研究》2018年第3期。

越南与东盟一体化:在民族主义与地区主义之间,陈明爱撰,载《东南亚纵横》2018年第3期。

越南区域经济布局转型与再构战略,蒋玉山撰,载《亚太经济》2018年第5期。

中国—东盟合作与亚太区域秩序的构建,曹云华撰,载《当代世界》2018年第12期。

东盟区域经济一体化发展存在的问题及对策分析,李林、董鸿飞撰,载《时代金融》2018年第18期。

中国与东盟国家比较研究

过去与当代教育模式在亚洲国家的比较:印度、东南亚、中国,庄雪婵、侯仁佑撰,载《民族学刊》2018年第2期。

中日对东南亚基础设施投资竞争及其影响,赵洪撰,载《国际论坛》2018年第2期。

二战后日本—东南亚和解与中日和解的比较,王高阳撰,载《上海师范大学学报(哲学社会科学版)》2018年第3期。

印度尼西亚“东西方文化论战”与中国“新文化运动”之比较,张燕撰,载《南亚东南亚研究》2018年第3期。

中国与东盟信息技术密集型服务贸易竞争力比较,王斐兰撰,载《重庆交通大学学报(社会科学版)》2018年第5期。

“一带一路”倡议下东盟国家涂料标准比对研究,李政军、管海君、关丽军、吴建丽、谢力、张震坤、郑建国撰,载《检验检疫学刊》2018年第5期。

中越农村宅基地管理制度比较与借鉴,林超撰,载《世界农业》2018年第9期。

“一带一路”背景下东南亚、中东欧国家投资环境比较研究,谢国娥、许瑶佳、杨逢珉撰,载《世界经济研究》2018年第11期。

“一带一路”沿线国家农业支持政策比较研究,王健栋撰,载《世界农业》2018年第11期。

相关研究综述及评论

2017年东南亚形势发展综述,赵姝岚撰,载《东南亚南亚研究》2018年第1期。

政经发展总体平稳　地区合作持续推进——东南亚地区形势综述,鲁文义、吴沛斌撰,载《当代世界》2018年第2期。

2017年越南马克思主义理论研究动态述评,周增亮、潘金娥撰,载《文化软实力》2018年第2期。

东南亚华侨华人宗教信仰研究40年——基于改革开放以来中国学者的分析,杜谆、曾少聪撰,载《华侨华人历史研究》2018年第4期。

东盟国家刑事审判制度综述,潘伟、陈潇撰,载《现代营销(创富信息版)》2018年第9期。　（马静　搜集整理）

投资贸易指南

中国投资贸易指南

中国商务部 海关总署联合公告 2017 年第 88 号

（关于公布 2018 年出口许可证管理货物目录的公告）

依据《中华人民共和国对外贸易法》《中华人民共和国货物进出口管理条例》《消耗臭氧层物质管理条例》和有关规章，现公布《2018 年出口许可证管理货物目录》（以下简称为目录），自 2018 年 1 月 1 日起执行。商务部、海关总署 2016 年 12 月 30 日公布的《2017 年出口许可证管理货物目录》同时废止。有关事项公告如下：

一、列入目录的货物有 44 种，实行出口配额或出口许可证管理。

（一）实行出口配额管理的货物为：活牛（对港澳出口）、活猪（对港澳出口）、活鸡（对香港出口）、小麦、玉米、大米、小麦粉、玉米粉、大米粉、甘草及甘草制品、蔺草及蔺草制品、磷矿石、煤炭、原油、成品油（不含润滑油、润滑脂、润滑油基础油）、锯材、棉花、白银。

出口本款所列上述货物的，需按规定申请取得配额（全球配额或国别、地区配额），凭配额证明文件申领出口许可证。其中，出口甘草及甘草制品、蔺草及蔺草制品的，需凭配额招标中标证明文件申领出口许可证。

（二）实行出口许可证管理的货物为：活牛（对港澳以外市场）、活猪（对港澳以外市场）、活鸡（对港澳以外市场）、牛肉、猪肉、鸡肉、天然砂（含标准砂）、矾土、镁砂、滑石块（粉）、氟石（萤石）、稀土、锡及锡制品、钨及钨制品、钼及钼制品、锑及锑制品、焦炭、成品油（润滑油、润滑脂、润滑油基础油）、石蜡、部分金属及制品、硫酸二钠、碳化硅、消耗臭氧层物质、柠檬酸、维生素 C、青霉素工业盐、铂金（以加工贸易方式出口）、铟及铟制品、摩托车（含全地形车）及其发动机和车架、汽车（包括成套散件）及其底盘等。其中，对向港、澳、台地区出口的天然砂实行出口许可证管理，对标准砂实行全球出口许可证管理。

消耗臭氧层物质的货样广告品需凭出口许可证出口。企业以一般贸易、加工贸易、边境贸易和捐赠贸易方式出口汽车、摩托车产品，需申领出口许可证，并符合申领许可证的条件；企业以工程承包方式出口汽车、摩托车产品，需凭中标文件等相关证明材料申领出口许可证；企业以上述贸易方式出口非原产于中国的汽车、摩托车产品，需凭进口海关单据和货物出口合同申领出口许可证；其他贸易方式出口汽车、摩托车产品免予申领出口许可证。

（三）以边境小额贸易方式出口以招标方式分配出口配额的货物和属于出口许可证管理的消耗臭氧层物质、摩托车（含全地形车）及其发动机和车架、汽车（包括成套散件）及其底盘等货物的，需按规定申领出口许可证。以边境小额贸易方式出口属于出口配额管理的货物的，由有关地方商务主管部门（省级）根据商务部下达的边境小额贸易配额和要求签发出口许可证。以边境小额贸易方式出口本款上述以外的列入目录的货物，免于申领出口许可证。

（四）铈及铈合金（颗粒 $<500\mu m$）、钨及钨合金（颗粒 $<500\mu m$）、锆、铍的出口免于申领出口许可证，但需按规定申领两用物项和技术出口许可证。

（五）我国政府对外援助项下提供的目录内货物不纳入出口配额和出口许可证管理。

二、对玉米、大米、钨及钨制品、锑及锑制品、煤炭、原油、成品油、棉花、白银等货物实行出口国营贸易管理。

继续暂停对润滑油（27101991）、润滑脂（27101992）和润滑油基础油（27101993）一般贸易出口的国有贸易管理，实行出口许可证管理。企业凭货物出口合同申领出口许可证，海关凭出口许可证验放。其他贸易方式下出口管理仍按商务部、发展改革委、海关总署公告 2008 年第 30 号的规定执行。

三、加工贸易项下出口目录内货物的，按以下规定执行：

（一）以加工贸易方式出口属于配额管理的货物，凭配额证明文件、有效期内的《加工贸易企业经营状况及生产能力证明》和货物出口合同申领出口许可证。其中，出口以招标方式分配配额的货物，凭有效期内的《加工贸易企业经营状况及生产能力证明》、配额招标中标证明文件、海关加工贸易进口报关单和货物出口合同申领出口许可证。

（二）以加工贸易方式出口属于出口许可证管理的货物，凭有效期内的《加工贸易企业经营状况及生产能力证明》、有关批准文件、海关加工贸易进口报关单和货物出口合同申领出口许可证。其中，申领白银出口许可证需加验商务部批件；加工贸易项下出口成品油（润滑油、润滑脂和润滑油基础油）需凭有效期内的《加工贸易企业经营状况及生产能力证明》、海关加工贸易进口报关单和省级商务主管部门申请函申领出口许可证。加工贸易项下出口成品油（不含润滑油、润滑脂、润滑油基础油）免于申领出口许可证。

四、为实施出口许可证联网核销，对不属于“一批一证”制的货物，出口许可证签发时应在备注栏内填注“非一批一证”。在出口许可证有效期内，“非一批一证”制货物可以多次报关使用，但最多不超过12次。12次报关后，出口许可证即使尚存余额，海关也停止接受报关。属于“非一批一证”制的货物为：

1. 外商投资企业出口货物；

2. 加工贸易方式出口货物；

3. 补偿贸易项下出口货物；

4. 小麦、玉米、大米、小麦粉、玉米粉、大米粉、活牛、活猪、活鸡、牛肉、猪肉、鸡肉、原油、成品油、煤炭、摩托车（含全地形车）及其发动机和车架、汽车（包括成套散件）及其底盘。

消耗臭氧层物质的出口许可证管理实行“一批一证”制，出口许可证在有效期内一次报关使用。

五、为维护对外贸易秩序，对目录内部分货物实行指定口岸报关出口。

（一）甘草出口的报关口岸指定为天津海关、上海海关、大连海关；甘草制品出口的报关口岸指定为天津海关、上海海关。

（二）镁砂项下产品“按重量计含氧化镁70%以上的混合物”（海关商品编码为3824909200）的出口不再指定报关口岸，镁砂项下其他产品的出口指定大连（大窑湾、营口、鲅鱼圈、丹东、大东港、庄河）、青岛（莱州海关）、天津（东港、新港）、长春（图们）、满洲里为报关口岸。

（三）稀土出口的报关口岸指定为天津海关、上海海关、青岛海关、黄埔海关、呼和浩特海关、南昌海关、宁波海关、南京海关和厦门海关。

（四）锑及锑制品出口的报关口岸指定为黄埔海关、北海海关、天津海关。

（五）对台港澳地区出口天然砂的报关口岸限定于企业所在省的海关。

中国商务部公告2017年第96号
关于《公布2018年货物进口许可证发证目录》的公告

根据《货物进口许可证管理办法》（商务部令2004年第27号）、《重点旧机电产品进口管理办法》（商务部、海关总署、质检总局令2008年第5号）和《2018年进口许可证管理货物目录》（商务部、海关总署、质检总局公告2017年第89号），现发布《2018年货物进口许可证发证目录》（见附件），现就有关事宜公告如下：

一、2018年实行进口许可证管理的货物共2种，由商务部配额许可证事务局（以下简称许可证局）和商务部委托的地方商务主管部门（以下简称委托机构）负责签发相应货物的进口许可证。

（一）许可证局负责签发重点旧机电产品的进口许可证。

（二）委托机构负责签发消耗臭氧层物质的进口许可证。

二、在京的属于国务院国资委管理的企业申领的进口许可证由许可证局签发。

三、进口许可证的签发，应严格按照《货物进口许可证管理办法》《重点旧机电产品进口管理办法》《2018年进口许可证管理货物目录》和《进口许可证签发工作规范》（商配发〔2007〕360号）等有关规定执行。许可证局负责对进口许可证签发业务进行监督检查和指导。

2018年货物进口许可证发证目录

货物种类	海关商品编号	商品名称及备注	单位
商务部负责签发以下货物的进口许可证			
重点旧机电产品进口目录			
一、化工设备	8419409090	其他蒸馏或精馏设备	台/千克
	8419609010	液化器（将来自级联的UF6气体压缩并冷凝成液态UF6）	台/千克
	8419899010	带加热装置的发酵罐（不发散气溶胶，且容积>20升）	台/千克
二、金属冶炼设备	8454100000	金属冶炼及铸造用转炉	台
	8454309000	其他金属冶炼及铸造用铸造机	台
三、工程机械	8425319000	其他电动卷扬机及绞盘	台/千克
	8426200000	塔式起重机	台
	8426411000	轮胎式起重机	台/千克
	8426419000	其他带胶轮的自推进起重机械	台
	8426491000	履带式自推进起重机械	台
	8426499000	其他不带胶轮的自推进起重机械	台/千克
	8426910000	供装于公路车辆的其他起重机械	台/千克
	8426990000	其他起重机械	台
	8427201000	集装箱叉车	台
	8427209000	其他机动叉车及有升降装置工作车（包括装有搬运装置的机动工作车）	台
	8427900000	其他叉车及可升降的工作车（工作车指装有升降或搬运装置）	台/千克
	8428101001	无障碍升降机	台/千克
	8428101090	其他载客电梯	台
	8428109000	其他升降机及倒卸式起重机	台
	8428400000	自动梯及自动人行道	台/千克
	8428602900	非单线循环式客运架空索道	台/千克
四、起重运输设备	8426193000	龙门式起重机	台/千克
	8426194100	门式装卸桥	台/千克
	8426194200	集装箱装卸桥	台/千克
	8427101000	有轨巷道堆垛机	台/千克
	8427102000	无轨巷道堆垛机	台/千克
	8428602100	单线循环式客运架空索道	台

续表

货物种类	海关商品编号	商品名称及备注	单位
五、造纸设备	8439100000	制造纤维素纸浆的机器	台/千克
	8439200000	纸或纸板的抄造机器	台/千克
	8439300000	纸或纸板的整理机器	台/千克
六、电力、电气设备	8501610000	输出功率≤75KVA 交流发电机	台/千瓦
	8501620000	75KVA < 输出功率≤375KVA 交流发电机	台/千瓦
	8501630000	375KVA < 输出功率≤750KVA 交流发电机	台/千瓦
	8501641010	由使用可再生燃料锅炉和涡轮机组驱动的交流发电机,750KVA < 输出功率≤350MVA	台/千瓦
	8501641090	其他 750KVA < 输出功率≤350MVA 的交流发电机	台/千瓦
	8501642010	由使用可再生燃料锅炉和涡轮机组驱动的交流发电机,350MVA < 输出功率≤665MVA	台/千瓦
	8501642090	其他 350MVA < 输出功率≤665MVA 的交流发电机	台/千瓦
	8501643010	由使用可再生燃料锅炉和涡轮机组驱动的交流发电机,输出功率 >665MVA	台/千瓦
	8501643090	其他输出功率 >665MVA 的交流发电机	台/千瓦
	8502110000	输出功率≤75KVA 柴油发电机组(包括半柴油发电机组)	台/千瓦
	8502120000	75KVA < 输出功率≤375KVA 柴油发电机组(包括半柴油发电机组)	台/千瓦
	8502131000	375KVA < 输出功率≤2MVA 柴油发电机组(包括半柴油发电机组)	台/千瓦
	8502132000	输出功率 >2MVA 柴油发电机组(包括半柴油发电机组)	台/千瓦
	8502200000	装有点燃式活塞发动机的发电机组(内燃的)	台/千瓦
	8502390010	依靠可再生能源(太阳能、小水电、潮汐、沼气、地热能、生物质/余热驱动的汽轮机)生产电力的发电机组	台/千瓦
	8502390090	其他发电机组(风力驱动除外)	台/千瓦
	8515219100	直缝焊管机(电阻焊接式,全自动或半自动的)	台
	8515212001	汽车生产线电阻焊接机器人	台
	8515212090	其他电阻焊接机器人	台
	8515219900	其他电阻焊接机器(全自动或半自动的)	台
	8515290000	其他电阻焊接机器及装置	台
	8515312000	电弧(包括等离子弧)焊接机器人	台
	8515319100	螺旋焊管机　备注:电弧(包括等离子弧)焊接	台
	8515319900	其他电弧(包括等离子弧)焊接机及装置(全自动或半自动的)	台
	8515390000	其他电弧(等离子弧)焊接机器及装置(非全自动或半自动的)	台
	8515809010	电子束、激光自动焊接机(将端塞焊接于燃料细棒(或棒)的自动焊接机)	台
	8515809090	其他焊接机器及装置	台
七、食品加工及包装设备	8419810000	加工热饮料,烹调,加热食品的机器	台/千克
	8421220000	过滤或净化饮料的机器及装置(过滤或净化水的装置除外)	台/千克
	8422301010	乳品加工用自动化灌装设备	台/千克
	8422301090	其他饮料及液体食品灌装设备	台
	8434200000	乳品加工机器	台/千克
	8438100010	糕点生产线	台/千克
	8438100090	通心粉,面条的生产加工机器(包括类似产品的加工机)	台/千克
	8438500000	肉类或家禽加工机器	台/千克
八、农业机械	8433510001	功率≥160 马力的联合收割机	台/千克
	8433510090	功率 <160 马力的联合收割机	台
	8433599090	其他收割机及脱粒机	台/千克
	8434100000	挤奶机	台/千克
九、印刷机械	8443120000	办公室用片取进料式胶印机(片尺寸不超过 22×36 厘米,用品目 8442 项下商品进行印刷的机器)	台/千克
	8443140000	卷取进料式凸版印刷机,但不包括苯胺印刷机(用品目 8442 项下商品进行印刷的机器)	台
	8443150000	除卷取进料式以外的凸版印刷机,但不包括苯胺印刷机(用品目 8442 项下商品进行印刷的机器)	台/千克
	8443160001	苯胺印刷机,线速度≥350 米/分钟,幅宽≥800 毫米(柔性版印刷机,用品目 8442 项下商品进行印刷的机器)	台
	8443160002	机组式柔性版印刷机,线速度≥160m/min,250mm≤幅宽 <800mm(具有烫印或全息或丝网印刷功能单元的)	台/千克
	8443160090	其他苯胺印刷机(柔性版印刷机,用品目 8442 项下商品进行印刷的机器)	台/千克
	8443198000	未列名印刷机(网式印刷机除外,用品目 8442 项下商品进行印刷的机器)	台/千克

续表

货物种类	海关商品编号	商品名称及备注	单位
十、纺织机械	8446304000	织物宽度>30cm 的喷水织机	台
	8447202000	平型纬编机	台
	8451400000	其他洗涤,漂白或染色机器	台
	8453100000	生皮,皮革的处理或加工机器(包括鞣制机)	台
十一、船舶	8901101010	高速客船(包括主要用于客运的类似船舶)	艘
	8901101090	其他机动巡航船、游览船及各式渡船(包括主要用于客运的类似船舶)	艘
	8903100000	充气的娱乐或运动用快艇(包括充气的划艇及轻舟)	艘
	8903920001	8 米<长度<90 米的汽艇(装有舷外发动机的除外)	艘
	8903920090	其他汽艇(装有舷外发动机的除外)	艘
	8903990001	8 米<长度<90 米的娱乐或运动用其他机动船舶或快艇(包括划艇及轻舟)	艘
	8903990090	娱乐或运动用其他船舶或快艇(包括划艇及轻舟)	艘
	8901109000	非机动巡航船、游览船及各式渡船(以及主要用于客运的类似船舶)	艘
	8901909000	非机动货运船舶及客货兼运船舶	艘
十二、硒鼓	8443999010	其他印刷(打印)机、复印机及传真机的感光鼓和含感光鼓的碳粉盒	个
地方发证机构负责签发以下货物的进口许可证			
消耗臭氧层物质			
	2903191010	1,1,1-三氯乙烷(甲基氯仿),用于清洗剂的除外	千克
	2903191090	1,1,1-三氯乙烷(甲基氯仿),用于清洗剂的	千克
	2903399020	溴甲烷(甲基溴)	千克
	2903710000	一氯二氟甲烷	千克
	2903720000	二氯三氟乙烷	千克
	2903730000	二氯一氟乙烷	千克
	2903740000	一氯二氟乙烷	千克
	2903750010	1,1,1,2,2-五氟-3,3-二氯丙烷	千克
	2903750020	1,1,2,2,3-五氟-1,3-二氯丙烷	千克
	2903750090	其他二氯五氟丙烷	千克
	2903760010	溴氯二氟甲烷	千克
	2903760020	溴三氟甲烷	千克
	2903771000	三氯氟甲烷	千克
	2903772011	二氯二氟甲烷	千克
	2903772012	三氯三氟乙烷,用于清洗剂除外(CFC-113)	千克
	2903772014	二氯四氟乙烷(CFC-114)	千克
	2903772015	一氯五氟乙烷(CFC-115)	千克
	2903772016	一氯三氟甲烷(CFC-13)	千克
	2903791011	一氟二氯甲烷	千克
	2903791012	1,1,1,2-四氟-2-氯乙烷	千克
	2903791013	三氟一氯乙烷	千克
	2903791014	1-氟-1,1-二氯乙烷	千克
	2903791015	1,1-二氟-1-氯乙烷	千克
	2903791090	其他仅含氟和氯的甲烷、乙烷及丙烷的卤化衍生物	千克
	2903799021	其他仅含溴、氟的甲烷、乙烷和丙烷	千克
	3824710011	二氯二氟甲烷和二氟乙烷的混合物(R-500)	千克
	3824710012	一氯二氟甲烷和二氯二氟甲烷的混合物(R-501)	千克
	3824710013	一氯二氟甲烷和一氯五氟乙烷的混合物(R-502)	千克
	3824710014	三氟甲烷和一氯三氟甲烷的混合物(R-503)	千克
	3824710015	二氟甲烷和一氯五氟乙烷的混合物(R-504)	千克
	3824710016	二氯二氟甲烷和一氟一氯甲烷的混合物(R-505)	千克
	3824710017	一氟一氯甲烷和二氯四氟乙烷的混合物(R-506)	千克
	3824710018	二氯二氟甲烷和二氯四氟乙烷的混合物(R-400)	千克
	3824740011	二氟一氯甲烷、二氟乙烷和一氯四氟乙烷的混合物(R-401)	千克
	3824740012	五氟乙烷、丙烷和二氟一氯甲烷的混合物(R-402)	千克
	3824740013	丙烷、二氟一氯甲烷和八氟丙烷的混合物(R-403)	千克
	3824740014	二氟一氯甲烷、二氟乙烷、一氯二氟乙烷和八氟环丁烷的混合物(R-405)	千克
	3824740015	二氟一氯甲烷、2-甲基丙烷(异丁烷)和一氯二氟乙烷的混合物(R-406)	千克
	3824740016	五氟乙烷、三氟乙烷和二氟一氯甲烷的混合物(R-408)	千克
	3824740017	二氟一氯甲烷、一氯四氟乙烷和一氯二氟乙烷的混合物(R-409)	千克
	3824740018	丙烯、二氟一氯甲烷和二氟乙烷的混合物(R-411)	千克

续表

货物种类	海关商品编号	商品名称及备注	单位
	3824740019	二氟一氯甲烷、八氟丙烷和一氯二氟乙烷的混合物(R－412)	千克
	3824740021	二氟一氯甲烷、一氯四氟乙烷、一氯二氟乙烷和2－甲基丙烷的混合物(R－414)	千克
	3824740022	二氟一氯甲烷和二氟乙烷的混合物(R－415)	千克
	3824740023	四氟乙烷、一氯四氟乙烷和丁烷的混合物(R－416)	千克
	3824740024	丙烷、二氟一氯甲烷和二氟乙烷的混合物(R－418)	千克
	3824740025	二氟一氯甲烷和八氟丙烷的混合物(R－509)	千克
	3824740026	二氟一氯甲烷和一氯二氟乙烷的混合物	千克
	3824740090	其他含甲烷、乙烷或丙烷的氢氯氟烃混合物(不论是否含甲烷、乙烷或丙烷的全氟烃或氢氟烃,但不含全氯氟烃)	千克

本目录自2018年1月1日起执行。《2017年进口许可证管理货物分级发证目录》同时废止

中华人民共和国商务部令

(2016年第3号)

《外商投资企业设立及变更备案管理暂行办法》已经中国商务部第83次部务会议审议通过,现予发布,自公布之日起施行。

中国商务部部长　高虎城

2016年10月8日

外商投资企业设立及变更备案管理暂行办法

第一章　总则

第一条

为进一步扩大对外开放,推进外商投资管理体制改革,完善法治化、国际化、便利化的营商环境,根据《中华人民共和国中外合资经营企业法》《中华人民共和国中外合作经营企业法》《中华人民共和国外资企业法》《中华人民共和国公司法》及相关法律、行政法规及国务院决定,制定本办法。

第二条

外商投资企业的设立及变更,不涉及国家规定实施准入特别管理措施的,适用本办法。

第三条

国务院商务主管部门负责统筹和指导全国范围内外商投资企业设立及变更的备案管理工作。

各省、自治区、直辖市、计划单列市、新疆生产建设兵团、副省级城市的商务主管部门,以及自由贸易试验区、国家级经济技术开发区的相关机构是外商投资企业设立及变更的备案机构,负责本区域内外商投资企业设立及变更的备案管理工作。

备案机构通过外商投资综合管理信息系统(以下简称综合管理系统)开展备案工作。

第四条

外商投资企业或其投资者应当依照本办法真实、准确、完整地提供备案信息,填写备案申报承诺书,不得有虚假记载、误导性陈述或重大遗漏。外商投资企业或其投资者应妥善保存与已提交备案信息相关的证明材料。

第二章　备案程序

第五条

设立外商投资企业,属于本办法规定的备案范围的,在取得企业名称预核准后,应由全体投资者(或外商投资股份有限公司的全体发起人,以下简称全体发起人)指定的代表或共同委托的代理人在营业执照签发前,或由外商投资企业指定的代表或委托的代理人在营业执照签发后30日内,通过综合管理系统,在线填报和提交《外商投资企业设立备案申报表》(以下简称《设立申报表》)及相关文件,办理设立备案手续。

第六条

属于本办法规定的备案范围的外商投资企业,发生以下变更事项的,应由外商投资企业指定的代表或委托的代理人在变更事项发生后30日内通过综合管理系统在线填报和提交《外商投资企业变更备案申报表》(以下简称《变更申报表》)及相关文件,办理变更备案手续:

(一)外商投资企业基本信息变更,包括名称、注册地址、企业类型、经营期限、投资行业、业务类型、经营范围、是否属于国家规定的进口设备减免税范围、注册资本、投资总额、组织机构构成、法定代表人、外商投资企业最终实际控制人信息、联系人及联系方式变更;

(二)外商投资企业投资者基本信息变更,包括姓名(名称)、国籍/地区或地址(注册地或注册地址)、证照类型及号码、认缴出资额、出资方式、出资期限、资金来源地、投资者类型变更;

(三)股权(股份)、合作权益变更;

(四)合并、分立、终止;

(五)外资企业财产权益对外抵押转让;

(六)中外合作企业外国合作者先行回收投资;

(七)中外合作企业委托经营管理。

其中,合并、分立、减资等事项依照相关法律法规规定应当公告的,应当在办理变更备案时说明依法办理公告手续情况。

前述变更事项涉及最高权力机构做出决议的,以外商投资企业最高权力机构做出决议的时间为变更事项的发生时间;法律法规对外商投资企业变更事项的生效条件另有要求的,以满足相应要求的时间为变更事项的发生时间。

外商投资的上市公司及在全国中小企业股份转让系统挂牌的公司,可仅在外国投资者持股比例变化累计超过5%以及控股或相对控股地位发生变化时,就投资者基本信息或股份变更事项办理备案手续。

第七条

外商投资企业或其投资者办理外商投资企业设立或变更备案手续,需通过综合管理系统上传提交以下文件:

(一)外商投资企业名称预先核准材料或外商投资企业

营业执照；

（二）外商投资企业全体投资者（或全体发起人）或其授权代表签署的《外商投资企业设立备案申报承诺书》，或外商投资企业法定代表人或其授权代表签署的《外商投资企业变更备案申报承诺书》；

（三）全体投资者（或全体发起人）或外商投资企业指定代表或者共同委托代理人的证明，包括授权委托书及被委托人的身份证明；

（四）外商投资企业投资者或法定代表人委托他人签署相关文件的证明，包括授权委托书及被委托人的身份证明（未委托他人签署相关文件的，无须提供）；

（五）投资者主体资格证明或自然人身份证明（变更事项不涉及投资者基本信息变更的，无须提供）；

（六）法定代表人自然人身份证明（变更事项不涉及法定代表人变更的，无须提供）。

前述文件原件为外文的，应同时上传提交中文翻译件，外商投资企业或其投资者应确保中文翻译件内容与外文原件内容保持一致。

第八条

外商投资企业的投资者在营业执照签发前已提交备案信息的，如投资的实际情况发生变化，应在营业执照签发后30日内向备案机构就变化情况履行变更备案手续。

第九条

经审批设立的外商投资企业发生变更，且变更后的外商投资企业不涉及国家规定实施准入特别管理措施的，应办理备案手续；完成备案的，其《外商投资企业批准证书》同时失效。

第十条

备案管理的外商投资企业发生的变更事项涉及国家规定实施准入特别管理措施的，应按照外商投资相关法律法规办理审批手续。

第十一条

外商投资企业或其投资者在线提交《设立申报表》或《变更申报表》及相关文件后，备案机构对填报信息形式上的完整性和准确性进行核对，并对申报事项是否属于备案范围进行甄别。属于本办法规定的备案范围的，备案机构应在3个工作日内完成备案。不属于备案范围的，备案机构应在3个工作日内在线通知外商投资企业或其投资者按有关规定办理，并通知相关部门依法处理。

备案机构发现外商投资企业或其投资者填报的信息形式上不完整、不准确，或需要其对经营范围作出进一步说明的，应一次性在线告知其在15个工作日内在线补充提交相关信息。提交补充信息的时间不计入备案机构的备案时限。如外商投资企业或其投资者未能在15个工作日内补齐相关信息，备案机构将在线告知外商投资企业或其投资者未完成备案。外商投资企业或其投资者可就同一设立或变更事项另行提出备案申请，已实施该设立或变更事项的，应于5个工作日内另行提出。

备案机构应通过综合管理系统发布备案结果，外商投资企业或其投资者可在综合管理系统中查询备案结果信息。

第十二条

备案完成后，外商投资企业或其投资者可凭外商投资企业名称预核准材料（复印件）或外商投资企业营业执照（复印件）向备案机构领取《外商投资企业设立备案回执》或《外商投资企业变更备案回执》（以下简称《备案回执》）。

第十三条

备案机构出具的《备案回执》载明如下内容：

（一）外商投资企业或其投资者已提交设立或变更备案申报材料，且符合形式要求；

（二）备案的外商投资企业设立或变更事项；

（三）该外商投资企业设立或变更事项属于备案范围；

（四）是否属于国家规定的进口设备减免税范围。

第三章　监督管理

第十四条

商务主管部门对外商投资企业及其投资者遵守本办法情况实施监督检查。

商务主管部门可采取抽查、根据举报进行检查、根据有关部门或司法机关的建议和反映的情况进行检查，以及依职权启动检查等方式开展监督检查。

商务主管部门与公安、国有资产、海关、税务、工商、证券、外汇等有关行政管理部门应密切协同配合，加强信息共享。商务主管部门在监督检查的过程中发现外商投资企业或其投资者有不属于本部门管理职责的违法违规行为，应及时通报有关部门。

第十五条

商务主管部门应当按照公平规范的要求，根据外商投资企业的备案编号等随机抽取确定检查对象，随机选派检查人员，对外商投资企业及其投资者进行监督检查。抽查结果由商务主管部门通过商务部外商投资信息公示平台予以公示。

第十六条

公民、法人或其他组织发现外商投资企业或其投资者存在违反本办法的行为的，可以向商务主管部门举报。举报采取书面形式，有明确的被举报人，并提供相关事实和证据的，商务主管部门接到举报后应当进行必要的检查。

第十七条

其他有关部门或司法机关在履行其职责的过程中，发现外商投资企业或其投资者有违反本办法的行为的，可以向商务主管部门提出监督检查的建议，商务主管部门接到相关建议后应当及时进行检查。

第十八条

对于未按本办法的规定进行备案，或曾有备案不实、对监督检查不予配合、拒不履行商务主管部门作出的行政处罚决定记录的外商投资企业或其投资者，商务主管部门可依职权对其启动检查。

第十九条

商务主管部门对外商投资企业及其投资者进行监督检查的内容包括：

（一）是否按照本办法规定履行备案手续；

（二）外商投资企业或其投资者所填报的备案信息是否真实、准确、完整；

（三）是否在国家规定实施准入特别管理措施中所列的禁止投资领域开展投资经营活动；

（四）是否未经审批在国家规定实施准入特别管理措施中所列的限制投资领域开展投资经营活动；

（五）是否存在触发国家安全审查的情形；

（六）是否伪造、变造、出租、出借、转让《备案回执》；

（七）是否履行商务主管部门作出的行政处罚决定。

第二十条

检查时，商务主管部门可以依法查阅或者要求被检查人提供有关材料，被检查人应当如实提供。

第二十一条

商务主管部门实施检查不得妨碍被检查人正常的生产经营活动，不得接受被检查人提供的财物或者服务，不得谋取其他非法利益。

第二十二条

商务主管部门和其他主管部门在监督检查中掌握的反映外商投资企业或其投资者诚信状况的信息，应记入商务部外商投资诚信档案系统。其中，对于未按本办法规定进行备案，备案不实，伪造、变造、出租、出借、转让《备案回执》，对监督检查不予配合或拒不履行商务主管部门作出的行政处罚决定的，商务主管部门应将相关诚信信息通过商务部外商投资信息公示平台予以公示。

商务部与相关部门共享外商投资企业及其投资者的诚信信息。

商务主管部门依据前二款公示或者共享的诚信信息不得含有外商投资企业或其投资者的个人隐私、商业秘密，或国家秘密。

第二十三条

外商投资企业及其投资者可以查询商务部外商投资诚信档案系统中的自身诚信信息，如认为有关信息记录不完整或者有错误的，可以提供相关证明材料并向商务主管部门申请修正。经核查属实的，予以修正。

对于违反本办法而产生的不诚信记录，在外商投资企业或其投资者改正违法行为、履行相关义务后 3 年内未再发生违反本办法行为的，商务主管部门应移除该不诚信记录。

第四章　法律责任

第二十四条

外商投资企业或其投资者违反本办法的规定，未能按期履行备案义务，或在进行备案时存在重大遗漏的，商务主管部门应责令限期改正；逾期不改正，或情节严重的，处 3 万元以下罚款。

外商投资企业或其投资者违反本办法的规定，逃避履行备案义务，在进行备案时隐瞒真实情况、提供误导性或虚假信息，或伪造、变造、出租、出借、转让《备案回执》的，商务主管部门应责令限期改正，并处 3 万元以下罚款。违反其他法律法规的，由有关部门追究相应法律责任。

第二十五条

外商投资企业或其投资者未经审批在国家规定实施准入特别管理措施所列的限制投资领域开展投资经营活动的，商务主管部门应责令限期改正，并处 3 万元以下罚款。违反其他法律法规的，由有关部门追究相应法律责任。

第二十六条

外商投资企业或其投资者在国家规定实施准入特别管理措施所列的禁止投资领域开展投资经营活动的，商务主管部门应责令限期改正，并处 3 万元以下罚款。违反其他法律法规的，由有关部门追究相应法律责任。

第二十七条

外商投资企业或其投资者逃避、拒绝或以其他方式阻挠商务主管部门监督检查的，由商务主管部门责令改正，可处 1 万元以下的罚款。

第二十八条

有关工作人员在备案或监督管理的过程中滥用职权、玩忽职守、徇私舞弊、索贿受贿的，依法给予行政处分；构成犯罪的，依法追究刑事责任。

第五章　附则

第二十九条

本办法实施前商务主管部门已受理的外商投资企业设立及变更事项，未完成审批且属于备案范围的，审批程序终止，外商投资企业或其投资者应按照本办法办理备案手续。

第三十条

外商投资事项涉及反垄断审查的，按相关规定办理。

第三十一条

外商投资事项涉及国家安全审查的，按相关规定办理。备案机构在办理备案手续或监督检查时认为该外商投资事项可能属于国家安全审查范围，而外商投资企业的投资者未向商务部提出国家安全审查申请的，备案机构应及时告知投资者向商务部提出安全审查申请，并暂停办理相关手续，同时将有关情况报商务部。

第三十二条

投资类外商投资企业（包括投资性公司、创业投资企业）视同外国投资者，适用本办法。

第三十三条

香港特别行政区、澳门特别行政区、台湾地区投资者投资不涉及国家规定实施准入特别管理措施的，参照本办法办理。

第三十四条

香港服务提供者在内地仅投资《〈内地与香港关于建立更紧密经贸关系的安排〉服务贸易协议》对香港开放的服务贸易领域，澳门服务提供者在内地仅投资《〈内地与澳门关于建立更紧密经贸关系的安排〉服务贸易协议》对澳门开放的服务贸易领域，其公司设立及变更的备案按照《港澳服务提供者在内地投资备案管理办法（试行）》办理。

第三十五条

商务部于本办法生效前发布的部门规章及相关文件与本办法不一致的，适用本办法。

第三十六条

自由贸易试验区、国家级经济技术开发区的相关机构依据本办法第三章和第四章，对本区域内的外商投资企业及其投资者遵守本办法情况实施监督检查。

第三十七条

本办法自公布之日起施行。《自由贸易试验区外商投资备案管理办法（试行）》（商务部公告 2015 年第 12 号）同时废止。

外商投资企业设立及变更备案监督检查指引

一、为加强对不涉及国家规定实施准入特别管理措施的外商投资企业设立及变更事中事后监管，规范对外商投资企业及其投资者的监督检查工作，依据《外商投资企业设立及变更备案管理暂行办法》（以下简称《备案办法》）及相关法律、行政法规及国务院文件，制定本指引。

二、本指引所称外商投资企业设立及变更备案监督检查（以下简称监督检查），是指商务主管部门和依据《备案办法》

第三十六条行使监督检查职能的自由贸易试验区、国家级经济技术开发区的相关机构(以下统称检查机构)对本区域内外商投资企业及其投资者(以下简称检查对象)遵守《备案办法》的情况进行检查,并对违反《备案办法》的行为实施行政处罚的活动。其中,商务部负责指导全国范围内监督检查工作,其他检查机构负责在本区域内组织、开展监督检查工作。

检查机构进行监督检查应以随机抽查为主。此外,可应举报、根据有关部门或司法机关建议和反映情况,或依职权启动检查。

三、监督检查应坚持以下原则:

依法监管原则。严格执行有关法律法规,规范监管行为,落实监管责任,确保事中事后监管依法有序进行。

公正透明原则。坚持检查事项公开、程序公开、结果公开,保障检查对象权利平等和机会平等。

协同高效原则。建立健全协同监管与信息共享机制,形成监管合力,提高监管效率。

谁检查谁反馈原则。检查机构负责向被检查对象反馈各自实施的检查结果。

四、检查机构应在外商投资综合管理信息系统(以下简称综合管理系统)中建立监督检查人员名录库,监督检查人员应具有行政执法资格。

采取随机抽查方式进行监督检查的,检查机构应根据本区域外商投资企业设立及变更备案的具体情况制定年度抽查计划,确定抽查频率和抽查比例。原则上抽查频率应不少于每年度两次。检查机构应通过综合管理系统随机抽取监督检查人员和检查对象。执行每次检查任务的工作人员应不少于2人。随机抽取的检查人员中,与检查对象有利害关系的,应依法回避。检查人员现场监督检查应佩戴执法标识,出示"行政执法证"。

抽查分为不定向抽查和定向抽查。不定向抽查指检查机构按照公平、规范的要求,根据外商投资企业的备案编号,按照不少于3%的比例随机抽取本区域内的企业,生成抽查名单,对名单内检查对象遵守《备案办法》的情况进行检查。定向抽查指检查机构按照外商投资企业投资规模、所属行业、地理区域等特征,以适当比例随机抽取本区域内企业,生成抽查名单,对名单内检查对象遵守《备案办法》的情况进行检查。

随机抽取的检查对象中,在最近一次检查中未发现违法违规及违反《备案办法》行为,且两次检查期间内未发生需办理备案手续的变更事项的,可不列入本次抽查名单。对于投诉举报多、列入经营异常名录或有严重违法记录等情况的检查对象,以及涉及群众生命财产安全的特殊行业、重点区域的检查对象,不受限制。

五、公民、法人或其他组织发现外商投资企业或其投资者存在违反《备案办法》行为的,可以向检查机构举报。检查机构应公布举报受理方式(电话号码、电子邮件及邮寄地址等)。采取书面形式并实名举报,并提供相关事实和证据的,检查机构接到举报后应及时进行必要的检查,并将检查结果书面反馈举报人。

六、有关部门或司法机关在履行其职责的过程中,发现外商投资企业或其投资者有违反《备案办法》行为的,可以向检查机构提出监督检查建议。检查机构接到相关建议后应当及时进行检查,并将检查结果反馈有关部门或司法机关。

七、对于未按《备案办法》规定进行备案,或曾有备案不实、对监督检查不予配合、拒不履行检查机构作出的行政处罚决定记录的外商投资企业或其投资者,检查机构可依职权对其启动检查。

其中应备案而未按《备案办法》规定进行备案的,检查机构应通过信息共享机制定期比对工商市场主体登记注册信息与外商投资企业备案信息,发现问题后可对相关企业启动检查。

八、检查机构依照《备案办法》第十九条规定的监督检查内容进行现场查验或书面检查,应至少提前3个工作日向检查对象下达《外商投资企业设立及变更备案检查通知》,并告知检查时需查阅或要求提交的文件材料。

九、检查机构应在现场查验或收到检查对象提交的全部备查材料后20个工作日内将检查结果书面告知检查对象。

十、检查机构应制作检查工作记录表,如实记载检查情况,并将有关内容记入商务部外商投资诚信档案系统。

十一、检查对象存在《备案办法》第四章第二十四条、二十五条、二十六条、二十七条中所列行为的,检查机构应根据具体情况责令其在1~30个工作日内予以改正;符合罚款条件的,可依据相关规定对其作出罚款处罚。实施罚款应符合《行政处罚法》的有关规定。相关处罚情况将通过商务部外商投资信息公示平台予以公示。

十二、检查机构应发挥协同监管作用,对于监督检查过程中发现的检查对象可能存在不属于本部门管理职责的违法违规行为和监督检查结果,应及时通报公安、国有资产、海关、税务、工商、证券、外汇等相关监管部门,并按照国家社会信用信息平台建设的总体要求,通过商务部外商投资诚信档案系统与相关监管部门共享相关信息。

十三、对于因违反《备案办法》而公示的不诚信记录,检查对象改正违法违规行为,且在履行相关义务后3年内未再发生违反《备案办法》行为的,检查机构应在公示平台中移除该不诚信记录。

十四、各省、自治区、直辖市、计划单列市、新疆生产建设兵团、副省级城市的商务主管部门,以及各自由贸易试验区、国家级经济技术开发区的相关机构可依据本指引制定本区域监督检查实施细则,并抄报国务院商务主管部门。

十五、《外商投资企业设立及变更备案检查通知》》样式由国务院商务主管部门统一制定。

十六、《港澳服务提供者在内地投资备案管理办法(试行)》的监督检查工作参照本指引执行。

中国2017年出口许可证管理货物目录和进口许可证管理货物目录

依据《中华人民共和国对外贸易法》《中华人民共和国货物进出口管理条例》《消耗臭氧层物质管理条例》和有关规章,中国商务部、海关总署于2016年12月30日公布《2017年出口许可证管理货物目录》(以下简称为目录),自2017年1月1日起执行。中国商务部、海关总署2015年12月29日发布的《2016年出口许可证管理货物目录》同时废止。

依据《中华人民共和国对外贸易法》《中华人民共和国货物进出口管理条例》《消耗臭氧层物质管理条例》和《重点旧机电产品进口管理办法》,中国商务部、海关总署、质检总局于2016年12月30日公布《2017年进口许可证管理货物目录》,自2017年1月1日起执行。中国商务部、海关总署、质检总局2015年12月30日公布的《2016年进口许可证管理货物目录》同时废止。

有关事项公告如下:

一、列入目录的货物有44种,分别属于出口配额或出口许可证管理。

(一)属于出口配额管理的货物为:活牛(对港澳出口)、活猪(对港澳出口)、活鸡(对港澳出口)、小麦、玉米、大米、小麦粉、玉米粉、大米粉、甘草及甘草制品、蔺草及蔺草制品、磷矿石、煤炭、原油、成品油(不含润滑油、润滑脂、润滑油基础油)、锯材、棉花、白银。

出口本款所列上述货物的,需按规定申请取得配额(全球配额或国别、地区配额),凭配额证明文件申领出口许可证。其中,出口甘草及甘草制品、蔺草及蔺草制品的,需凭配额招标中标证明文件申领出口许可证。

(二)属于出口许可证管理的货物为:活牛(对港澳以外市场)、活猪(对港澳以外市场)、活鸡(对港澳以外市场)、牛肉、猪肉、鸡肉、天然砂(含标准砂)、矾土、镁砂、滑石块(粉)、氟石(萤石)、稀土、锡及锡制品、钨及钨制品、钼及钼制品、锑及锑制品、焦炭、成品油(润滑油、润滑脂、润滑油基础油)、石蜡、部分金属及制品、硫酸二钠、碳化硅、消耗臭氧层物质、柠檬酸、维生素C、青霉素工业盐、铂金(以加工贸易方式出口)、铟及铟制品、摩托车(含全地形车)及其发动机和车架、汽车(包括成套散件)及其底盘等。其中,对向港、澳、台地区出口的天然砂实行出口许可证管理,对标准砂实行全球出口许可证管理。

消耗臭氧层物质的货样广告品需凭出口许可证出口。企业以一般贸易、加工贸易、边境贸易和捐赠贸易方式出口汽车、摩托车产品,需申领出口许可证,并符合申领许可证的条件;企业以工程承包方式出口汽车、摩托车产品,需凭中标文件等相关证明材料申领出口许可证;企业以上述贸易方式出口非原产于中国的汽车、摩托车产品,需凭进口海关单据和货物出口合同申领出口许可证;其他贸易方式出口汽车、摩托车产品免予申领出口许可证。

(三)以边境小额贸易方式出口以招标方式分配出口配额的货物和属于出口许可证管理的消耗臭氧层物质、摩托车(含全地形车)及其发动机和车架、汽车(包括成套散件)及其底盘等货物的,需按规定申领出口许可证。以边境小额贸易方式出口属于出口配额管理的货物的,由有关地方商务主管部门(省级)根据商务部下达的边境小额贸易配额和要求签发出口许可证。以边境小额贸易方式出口本款上述以外的列入目录的货物,免于申领出口许可证。

(四)铈及铈合金(颗粒<500μm)、钨及钨合金(颗粒<500μm)、锆、铍的出口免于申领出口许可证,但需按规定申领两用物项和技术出口许可证。

(五)我国政府对外援助项下提供的目录内货物不纳入出口配额和出口许可证管理。

二、对玉米、大米、钨及钨制品、锑及锑制品、煤炭、原油、成品油、棉花、白银等货物实行出口国营贸易管理。

继续暂停对润滑油(27101991)、润滑脂(27101992)和润滑油基础油(27101993)一般贸易出口的国有贸易管理,实行出口许可证管理。企业凭货物出口合同申领出口许可证,海关凭出口许可证验放。其他贸易方式下出口管理仍按商务部、发展改革委、海关总署2008年第30号公告执行。

三、加工贸易项下出口目录内货物的,按以下规定执行:

(一)以加工贸易方式出口属于配额管理的货物,凭配额证明文件、有效期内的《加工贸易企业经营状况及生产能力证明》和货物出口合同申领出口许可证。其中,出口以招标方式分配配额的货物,凭有效期内的《加工贸易企业经营状况及生产能力证明》、配额招标中标证明文件、海关加工贸易进口报关单和货物出口合同申领出口许可证。

(二)以加工贸易方式出口属于出口许可证管理的货物,凭有效期内的《加工贸易企业经营状况及生产能力证明》、有关批准文件、海关加工贸易进口报关单和货物出口合同申领出口许可证。其中,申领白银出口许可证需加验商务部批件;加工贸易项下出口成品油(润滑油、润滑脂和润滑油基础油)需凭有效期内的《加工贸易企业经营状况及生产能力证明》、海关加工贸易进口报关单和省级商务主管部门申请函申领出口许可证。加工贸易项下出口成品油(不含润滑油、润滑脂、润滑油基础油)免于申领出口许可证。

四、为实施出口许可证联网核销,对不属于"一批一证"制的货物,出口许可证签发时应在备注栏内填注"非一批一证"。在出口许可证有效期内,"非一批一证"制货物可以多次报关使用,但最多不超过12次。12次报关后,出口许可证即使尚存余额,海关也停止接受报关。属于"非一批一证"制的货物为:

1. 外商投资企业出口货物;
2. 加工贸易方式出口货物;
3. 补偿贸易项下出口货物;
4. 小麦、玉米、大米、小麦粉、玉米粉、大米粉、活牛、活猪、活鸡、牛肉、猪肉、鸡肉、原油、成品油、煤炭、摩托车(含全地形车)及其发动机和车架、汽车(包括成套散件)及其底盘。

消耗臭氧层物质的出口许可证管理实行"一批一证"制,出口许可证在有效期内一次报关使用。

五、为维护对外贸易秩序,对目录内部分货物实行指定口岸报关出口。

(一)甘草出口的报关口岸指定为天津海关、上海海关、大连海关;甘草制品出口的报关口岸指定为天津海关、上海海关。

(二)镁砂项下产品"按重量计含氧化镁70%以上的混合物"(海关商品编码为3824909200)的出口不再指定报关口岸,镁砂项下其他产品的出口指定大连(大窑湾、营口、鲅鱼圈、丹东、大东港、庄河)、青岛(莱州海关)、天津(东港、新港)、长春(图们)、满洲里为报关口岸。

(三)稀土出口的报关口岸指定为天津海关、上海海关、青岛海关、黄埔海关、呼和浩特海关、南昌海关、宁波海关、南京海关和厦门海关。

(四)锑及锑制品出口的报关口岸指定为黄埔海关、北海海关、天津海关。

(五)对台港澳地区出口天然砂的报关口岸限定于企业所在省的海关。

具体2017年出口许可证管理货物目录见中国商务部网站:http://www.mofcom.gov.cn/article/b/c/201701/20170102462050.shtml.

2017年进口许可证管理货物目录见中国商务部网站:http://www.mofcom.gov.cn/article/b/c/201612/20161202454765.shtml.

文莱投资贸易指南

一、对外贸易法规和政策规定

(一)贸易主管部门

文莱对外贸易主管部门为文莱外交与贸易部，其主要职责是:参与对外贸易谈判、商签自由贸易区协定、对外贸易促进等。文莱营商环境的改善由文莱首相府能源与工业局负责。

(二)贸易法规体系

文莱与贸易相关的主要法律包括海关法、消费法以及一系列涉及食品安全和清真要求的法规。2001 年和 2006 年分别颁布证券法和银行法。2010 年出台清真药品、保健品生产认证标准。2015 年颁布《竞争法》,2016 年颁布《破产法》《公司法修正案》。

(三)贸易管理相关规定

文莱实行自由贸易政策，除少数商品受许可证、配额等限制外，其余商品均放开经营。

1. 进口管理。出于环境、健康、安全和宗教方面的考虑，文莱海关对少数商品实行进口许可管理。植物、农作物和牲畜、蔬菜、水果、蛋须由农业局签发进口许可证(植物不能带土),军火、爆炸物、鞭炮、废金属等由皇家警察局发证，印刷品、出版物、电影、宗教书籍等由皇家警察局、伊斯兰宣教中心和内安局发证，木材由林业局发证，大米、食糖、盐由信息技术和国家储备局发证，二手车及非机动车由皇家海关、陆路交通局发证，电话装置、无线电设备由通讯局发证，药品由卫生部发证，清真食品以及新鲜、冷藏、冷冻的肉类由清真进口许可证理事会、卫生部、农业局、皇家海关发证，广播设备由首相府发证，鱼、虾、贝类、水生物及捕鱼设备由海业局发证，文莱制造或发掘的文物，由文莱博物局发证。

文莱与贸易相关的主要法规

法规名称	主要内容
海关法及相关规定(2006)	有关海关规定。包括特别关税、关税返还、对违反规定的处罚等
进口商品估价规定(2001)	根据世贸规则明确海关估价
(1)东盟通用特别关税条例(2005) (2)中国—东盟全面经济合作框架协议下东盟—中国早期收获计划商品关税条例(2005) (3)中国—东盟全面经济合作框架协议下海关货物贸易协议(2006)	实施有关东盟贸易协议
公司法(1957)	公司注册法规等
证券法(2001)	政府间金融往来、为经营商及有关个人在管理和交易证券方面提供建议
银行法(2006)	银行执照
投资促进法(2001)	投资领域
清真肉类法	规范清真肉类产品的进口和市场供应
商标法(2000)	商品
公共卫生(食品)条例(2001)及公共卫生(食品)2002)	食品安全
破产法(2016)	企业破产保护及相关处理规定
竞争法(2015)	企业市场竞争相关规定
清真医药制品、传统药品及保健品生产与处理指引(2010)	清真药品、保健品的生产、认证标准

资料来源:文莱检查总署

没有商业价值的样品可免税进口，有商业价值的样品进口，需交抵押金，如果样品在 3 个月内出境，可退还抵押金。

禁止进口商品包括:鸦片、海洛因、吗啡、淫秽品、印有钞票式样的印刷品等。

酒精饮料进口受到严格限制。

2. 出口限制。除了对石油、天然气出口控制，对动物、植物、木材、大米、食糖、食盐、文物、军火等少数物品实行出口许可证管理，其他商品出口管制很少。

(四)进出口商品检验检疫

文莱公共卫生(食品)条例规定所有食品，无论是进口产品还是本地产品，都要安全可靠，具有良好品质，符合伊斯兰教清真食品的要求，尤其对肉类的进口实行严格的清真检验。对于某些动植物产品，如牛肉、家禽，需提交卫生检疫证书，进口食用油不能有异味、不含任何矿物油，动物脂肪须来自在屠宰时身体健康的牲畜并适合人类食用，动物脂肪和食用油须是单一形式，不能将两种或多种脂肪和食用油混合。脂肪和食用油的包装标签上不得有“多不饱和的”字眼或相似字眼。非食用的动物脂肪须出具消毒证明。进口活动物必须有兽医证明。

大豆奶应是从优质大豆中提取的液体食品，可包括糖、无害的植物物质，除了允许的稳定剂、氧化剂和化学防腐剂外，不得含有其他的物质，并且其蛋白质含量不少于2% 等。

此外，该条例对食品添加剂、包装以及肉类产品、鱼类产品、调味品、动物脂肪和油、奶产品、冰淇淋、糖与干果、水果、茶、咖啡、无酒饮料、香料、粮食等，都规定了相应的技术标准、对食品的生产日期、保质期、食品容器及农药最大残留量、稳定剂、氧化剂、防腐剂等都有明确的规定。

(五)海关管理规章制度

1. 管理制度。2006 年新《海关条例》对特别关税、关税返还、处罚方式等做了规定。

2. 关税税率。对东盟成员国产品的关税税率大部分在 0 ~5% 之间。对食品类及大部分建筑材料和工业机械免征进口税，电器类商品及香水、化妆品、地毯、珠宝、水晶灯、丝绸、运动器材等征收5% 的进口税，汽车征收20% 的进口税，烟和酒精饮料有特别税率。

自 2010 年中国—东盟自由贸易区正式建成以来，文莱对中国商品关税逐年下降，部分非敏感产品关税在 2012 年已降至0,一般敏感产品关税已降至 20% 以下。文莱总体关税税率很低，对极少商品如香烟等商品的进口关税略高于对东盟成员国的关税。

二、对外国投资的市场准入

(一)投资主管部门

文莱外资项目审批及协调落实工作由利用外资及下游产业投资指导委员会及其常设办事机构外资行动与支持中心负责。外资项目用地及落地后的管理服务工作由达鲁萨企业负责。对外招商引资由文莱经济发展局负责。

（二）投资行业的规定

1. 禁止的行业。包括武器、毒品及与伊斯兰教义相悖的行业等。

2. 限制的行业。林业不对外资开放。

3. 鼓励的行业。包括化工、制药、制铝、建筑材料及金融业等行业。2001 年投资促进法将部分产业纳入先锋行业，投资享受税收优惠，以吸引外来投资。

（三）投资方式的规定

文莱对大部分行业外资企业投资没有明确的本地股份占比规定，对外国自然人投资也没有特殊限制，仅要求公司董事至少 1 人为当地居民。外资在文莱投资可成立有限公司、公众公司或办事处，但文莱本地工程一般仅向本地私人公司发放。文莱经济以油气资源产业为支柱，其他产业尚不发达，因此，外国直接投资以绿地投资为主。

外资并购文莱企业的案例极少，具体操作时应向有关主管部门充分咨询过户手续及审批期限，必要时可寻求中国驻文莱使馆经商处协助。

（四）特殊经济区域的规定

文莱政府在国内共划出 8 个工业区以吸引外国投资。其中双溪岭工业区（Sungai Liang Industrial Site）是最主要的工业区，规划面积 283 公顷，主要用于油、气下游和高科技产业。在该区最大的外来投资项目是日本投资的甲醇厂项目，总投资 6 亿美元，设计产能 85 万吨，2010 年 5 月第一批产品出口中国。

文莱 8 个工业区

工业区名称	规划面积（公顷）	主要用途
PMBIS/and（大摩拉岛）	955	化工产业园区、大型造船维修厂、综合海洋供给基地
Salam bigar（萨兰碧加）	137.2	轻工业、水产养殖加工
Rimba（林巴）	15	高新电子产业
Bukit Panagal（蓬加山）	50	高能耗产业
Telisai（特里塞）	3000	种养殖业
BIC（生物创新走廊）	500	清真食品药品加工
Sungai Liang（双溪岭工业区）	283	石化产业中心
Anggerek Desa（安格列克）	50	科技园，计算机产业

资料来源：文莱经济发展局

三、对外国投资的优惠

（一）优惠政策框架

文莱政府于 1975 年颁布投资促进法，2001 年在该法基础上颁布新的投资促进法令，延长了对部分鼓励投资产业的税收优惠期。

（二）行业鼓励政策

根据投资促进法，在以下产业投资享受税收优惠：

1. 先锋产业。即有限责任公司达到以下要求：(1) 符合公众利益；(2) 该产业文莱未达到饱和程度；(3) 具有良好发展前景，产品应具有该产业的领先性，可以获得先锋产业资格证书，并享受以下优惠：免收所得税；免 30% 的公司税；免公司进口机器、设备、零部件、配件及建筑构件的进口税；免原材料进口税；为生产先锋产品而进口的原材料免征进口税；可以结转亏损和津贴。先锋产品包括：航空食品、搅拌混凝土、制药、铝材板、轧钢设备、化工、造船、纸巾、纺织品、听装、瓶装和其他包装食品、家具、玻璃、陶瓷、胶合板、塑料及合成材料、肥料和杀虫剂、玩具、工业用气体、金属板材、工业电气设备、供水设备、宰杀、加工清真食品、废品处理工业、非金属矿产品制造。

先锋产业的免税期（从生产日开始计算）

注册资本金额	免税期
50 万～250 万文元	5 年
250 万文元以上	8 年
高科技园区内	11 年
免税期延长	每次 3 年，总共不超过 11 年
（高新区）免税期延长	每次 5 年，总共不超过 20 年

2. 先锋服务公司。即符合公众利益，并从事以下经营活动的公司：涉及实验、顾问和研发的工程技术服务、计算机信息服务和其他相关服务、工业设计的开发和生产、休闲和娱乐的服务、出版、教育产业、医疗服务、有关农业技术的服务、有关提供仓储设备的服务、组织展览和会议的服务、金融服务、商业顾问、管理和职业服务、风险资本基金业务、物流运作和管理、运作管理私人博物馆、部长指定的其他服务和业务，可享受免所得税以及可结转亏损和补贴待遇。免税期 8 年，可延长，但不超过 11 年。

3. 出口型生产企业。即从事农业、林业或渔业的企业，若产品出口不低于其销售总额的 20%，且年出口额不低于两万文元，文莱工业与初级资源部可认定其为出口型生产企业并颁发证书。出口型企业申请续期每次不超过 5 年，最长不超过 20 年。

出口型生产企业中，非先锋企业可免税 8 年；先锋企业可免税 6 年；续期总共不超过 11 年。出口型生产企业如果满足下列条件之一，可获 15 年免税期：一经或者将要发生不低于 5000 万文元的固定资产开支；固定资产开支在 50 万文元以上、5000 万文元以下，本地公民或持居留证许可人士占股 40% 以上，且该企业已经或将要促进文莱经济或科技发展。

出口型生产企业免税范围包括：所得税；机器设备、零部件、配件或建筑结构的进口税；原材料进口税。

4. 服务出口企业。企业出口下列服务，自服务提供日起最长可获得 11 年的免除所得税及抵扣补贴与亏损的待遇：建筑、分销、设计及工程服务；顾问、管理监督、咨询服务；机械设备装配以及原材料、零部件和设备采购；数据处理、编程、计算机软件开发、电信及其他信息通信技术服务；会计、法律、医疗、建筑等专业服务；教育、培训；文莱工业与初级资源部认可的其他服务。

5. 国际贸易企业。即从事国际贸易的行业，只要符合下列条件之一，自开始进出口业务之日起可获得 8 年的免税期。(1) 从事合格制成品或文莱本地产品国际贸易的年出口额超过或有望超过 300 万文元；(2) 从事合格商品转口贸易的年出口额超过或有望超过 500 万文元。

（三）地区鼓励政策

文莱暂无地区鼓励政策。

四、外国企业在文莱获得土地的规定

（一）文莱土地法的主要内容

按照文莱《土地法》，土地归国王所有，国民可以购买使用。但是土地使用需要经过土地规划管理部门的规划，经过规划的土地方可使用。土地规划的有效期满后，使用者是否可以继续使用该土地，须由法院裁定。

（二）外资企业获得土地的规定

文莱法律规定，外国人在文莱不能获得土地所有权和买卖权，外国人和侨民只能租用土地。外国直接投资者可以购买分层产权房产。2014 年 5 月，文莱经济发展局与中国葫芦岛市钢管工业有限公司签署土地租赁协议。2016 年年初，文莱推出网上土地交易系统，可在网上平台办理土地所有权过户、土地租赁、延长土地租期等业务。

五、环境保护的法律规定

（一）环保管理部门

文莱政府主管环境保护的部门是环境、园林及公共娱乐局（Jabatab Alam Sekitar Taman Rekreasi），又称 JASTRE，隶属发展部。主要职责是：开展环境管理和保护，以提高民众生活质量，推动国家经济发展和繁荣。主要职能包括：环境保护，风景区、公园及公共娱乐设施建设与管理，垃圾管理以及国际环境领域合作等。

（二）文莱主要环保法律法规名称

文莱《环境保护与管理法 2016》已进入刊登政府公报前的最后审核阶段。《有害废弃物（出口与转运控制）法 2013》正在刊登政府公报《文莱工业发展污染控制准则》已于 2002 年颁布实施。

（三）环保法律法规基本要点

1. 投资商应在项目计划初期对环境因素予以考虑。包括项目位置、采用清洁技术、污染控制措施、废物监管等。

2. 项目发展商需提供的说明材料。(1)将在项目场地上开展的贸易及加工；(2)申请人将为控制土地、空气、水及噪音污染采取的措施；(3)废料的管理和处理等；(4)全面的环境影响评估报告。

（四）环保评估相关规定

自 2010 年起，文莱新建工程项目必须通过环境评估。企业需要聘请专门机构进行环境评估，并向文莱发展部环境与公园司提交环境评估报告，评估费用根据项目规模而定。文莱正在考虑针对能源行业实施更高的环保标准。

六、保护知识产权规定

（一）有关知识产权保护的法律规定

文莱知识产权法正在草拟中。文莱的新商标法律《1999 年紧急（商标）条规》于 2000 年 6 月 1 日生效。文莱目前是世界贸易组织（WTO）的成员，已加入世界知识产权组织（WIPO），但尚未加入《商标国际注册马德里协定》等有关商标保护的国际条约。

有关知识产权保护的具体规定可与文莱高等法院和总检察署联系。

（二）知识产权侵权的相关处罚规定

文莱法律规定，违反知识产权保护规章的行为，受法律制裁，具体可向文莱总检察长署咨询及购买相关文件。

（三）与投资合作相关的主要法律

与投资相关的法律包括《合同法》《土地法》以及《投资促进法》。各项法规可通过文莱检察总署网站查询。

七、对中国企业投资合作的保护政策

（一）中国与文莱签署双边投资保护协定

2000 年中国与文莱签订《鼓励和相互保护投资协定》，并于 2004 年签署《促进贸易、投资和经济合作谅解备忘录》。

（二）中国与文莱签署避免双重征税协定

2004 年中国与文莱签订《避免双重征税和防止偷漏税的协定》。

（三）中国与文莱签署的其他协定

包括：《民用航空运输协定》（1993 年）、《卫生合作谅解备忘录》（1996 年）、《文化合作谅解备忘录》（1999 年）、《中国公民自费赴文旅游实施方案的谅解备忘录》（2000 年）、《最高人民检察院和文莱达鲁萨兰国总检察署合作协议》（2002 年）、《高等教育合作谅解备忘录》（2004 年）、《最高法院合作谅解备忘录》（2004 年）、《旅游合作谅解备忘录》（2006 年）。

（四）其他相关保护政策

文莱是《区域全面经济关系协议（RCEP）》成员之一，《区域全面经济关系协议（RCEP）》的成员国之一，该协议完成谈判后将为成员间的投资提供更多便利和保护。

柬埔寨投资贸易指南

一、对外贸易法规和政策规定

（一）贸易主管部门

柬埔寨商业部为柬埔寨贸易主管部门。

（二）贸易法规体系

柬埔寨与贸易相关的法律法规主要包括《进出口商品关税管理法》《关于制衣行业原产地证书、商业发票、出口许可证核发的规定》《关于商业公司贸易行为的规定》《关于实施装运前检验服务的规定》《加入世界贸易组织法》《关于风险管理的次法令》《关于成立海关与税收署风险管理办公室的规定》等。

（三）贸易管理的相关规定

柬埔寨商业部负责出口审批和免税进口核准手续。在多数情况下，进口货物无须许可证。但部分产品需要获得相关政府部门特别出口授权或许可后方可出口。

1. 出口优惠。2016 年，柬埔寨上升为中等偏下收入国家，目前欧盟在“除军火外所有商品倡议”下，给予柬埔寨除军火外几乎所有产品零关税的待遇，美国给予柬埔寨普惠制待遇。

2. 出口商品当地含量及原产地原则。柬埔寨目前无当地含量要求，即不限制使用进口原材料、零部件（对健康、环境或社会有害的原材料、零部件除外）。在柬埔寨，出口商应重视普惠制的原产地规则要求。普惠制下出口至美国的产品，原产地规则对当地含量的最低要求为 35%（符合条件的东盟成员国，即柬埔寨、泰国、印尼和菲律宾，在原产地规则要求中视为同一国家）。在“除军火外所有商品倡议”下，原产地规则要求出口产品至少有 40% 的含量出自出口国。

3. 出口优惠、限制。根据投资法修正法，由柬埔寨投资委员会批准的出口型合格投资项目可享受免税期或特别折旧。其出口产品增值税享受退税或贷记出口产品的原材料。禁止或严格限制出口的产品包括文物、麻醉品和有毒物质、原木、贵重金属和宝石、武器等。半成品或成品木材制品、橡胶、生皮或熟皮、鱼类(生鲜、冷冻或切片)及动物活体需交纳10%的出口税。服装出口需向商业部缴纳管理费普惠制下服装出口至美国或欧盟的,需获得出口许可证。2013 年年初,柬埔寨政府明令禁止红木的贸易和流通。

4. 免税进口。根据投资法修正法,由柬埔寨投资委员会批准的出口型合格投资项目可免税进口生产设备、建筑材料、原材料和生产设备附件。为取得生产用原材料免税进口批件,进口公司应每年向柬埔寨投资委员会申报拟进口材料的数量和价值。

(四)进出口商品检验检疫

柬埔寨财经部海关与关税署、商业部进出口检验与反欺诈局联合负责进出口商品检验。检验地点为工厂或进出口港口。柬埔寨全部进出口货物均接受检验,政府正计划逐年降低检验比率。价值 5000 美元或以上的进口货物,在出口国进行装运前检验。检验报告和其他装船前检验文件将被递交柬埔寨海关,货物抵达柬埔寨后,货主凭检验单据到海关交纳税款并提出货物。

(五)海关管理规章制度

1. 管理制度。柬埔寨政府近年来不断改进海关管理制度,致力于实现简洁、高效、透明和可预测的海关管理。

2006 年,柬埔寨起草完成并通过《关于通过风险管理实施贸易便利化的次法令》,准备实施基于贸易商档案数据的风险管理系统,即通过利用电脑系统分析贸易商档案数据、商品和/或原产地进行海关监管。为此,柬埔寨政府还采用计算机化海关清关综合系统——自动海关数据系统。

此外,为简化海关程序,政府决定推行使用“海关一站式服务系统”,并计划在西哈努克港安装自动海关数据系统终端。柬埔寨政府希望借此减轻贸易活动的行政负担,并减少腐败滋生的机会。

2. 关税税率。除天然橡胶、宝石、半成品或成品木材、海产品、沙石等 5 类产品外,一般出口货物不需缴纳关税。所有货物在进入柬埔寨时均应缴纳进口税,投资法或其他特殊法规规定享受免税待遇的除外。进口关税主要由四种汇率组成:7%、15%、35% 和 50%。

在东盟自由贸易协定的共同有效关税体制下,从东盟其他成员国进口、满足原产地规则规定的产品可享受较低的关税税率。按照整体关税减让时间表规定,到 2010 年,除少数特例商品外,柬埔寨关税税率降至 0~5%。

二、外国投资市场准入规定

(一)投资主管部门

柬埔寨发展理事会是唯一负责重建、发展和投资监管事务的一站式服务机构,由柬埔寨重建和发展委员会和柬埔寨投资委员会组成。该机构负责对全部重建、发展工作和投资项目活动进行评估和决策,批准投资人注册申请的合格投资项目,并颁发最终注册证书。

但对于下列条件的投资项目,需提交内阁办公厅批准:(1)投资额超过 5000 万美元;(2)涉及政治敏感问题;(3)矿产及自然资源的勘探与开发;(4)可能对环境产生不利影响;(5)基础设施项目,包括 BOT、BOOT、BOO 和 BLT 项目;(6)长期开发战略。

(二)投资行业的规定

柬埔寨政府视外国直接投资为经济发展的主要动力。柬埔寨无专门的外商投资法,对外资与内资基本给予同等待遇,其政策主要体现在《投资法》(本法于 1994 年 8 月 4 日柬埔寨王国第一届国会特别会议通过,1997 年、1999 年两度修订)及其《修正法》(2003 年 2 月 3 日柬埔寨王国第二届国会通过)等相关法律规定中。

1. 鼓励投资的领域。《投资法》十二条规定,柬埔寨政府鼓励投资的重点领域包括:创新和高科技产业、创造就业机会、出口导向型、旅游业、农工业及加工业、基础设施及能源、各省及农村发展、环境保护等,在依法设立的特别开发区投资。投资优惠包括免征全部或部分关税和赋税。

2. 限制投资领域。《投资法修正法实施细则》(2005 年 9 月 27 日颁布)列出禁止柬埔寨和外籍实体从事的投资活动,包括:神经及麻醉物质生产及加工;使用国际规则或世界卫生组织禁止使用、影响公众健康及环境的化学物质生产有毒化学品、农药、杀虫剂及其他产品;使用外国进口废料加工发电;《森林法》禁止森林开发业务;法律禁止的其他投资活动。

此外,该细则还列出了“不享受投资优惠的投资活动”和“可享受免缴关税,但不享受免缴利润税的特定投资活动”。

3. 对外国公民的限制。《投资法》对土地所有权和使用做出规定:(1)用于投资活动的土地,其所有权须由柬埔寨籍自然人,或柬埔寨籍自然人或法人直接持有 51% 以上股份的法人所有。(2)允许投资人以特许、无限期长期租赁和可续期短期租赁等方式使用土地投资人有权拥有地上不动产和私人财产,并以之作为抵押品。

4. 矿产投资。2016 年 6 月,柬埔寨政府出台《矿产勘探和工业开采执照管理条例》。根据条例,面积小于 200 平方千米的矿产勘探与开采执照,由柬埔寨矿产能源部批准;大于 200 平方千米的矿区勘探开采执照,由柬埔寨政府批准。任何自然人和法人都有权在规定的条件内提出超过一个矿区的勘探申请。执照有效期为三年,到期之后可申请延期两次,每次为期两年。已获政府授予矿产勘探和开采权的企业须在 180 天内提出新的勘探和开采申请,否则其执照将被没收。据统计,目前有 70 多家外资公司在柬埔寨从事矿业,中国公司占据大份额,其他企业来自澳大利亚、美国、法国、马来西亚、越南等国家。

(三)投资方式的规定

1. 外国直接投资。在柬埔寨进行投资活动比较宽松,不受国籍限制(土地法有关土地产权的规定除外)。除禁止或限制外国人介入的领域外,外国投资人可以个人、合伙、公司等商业组织形式在商业部注册并取得相关营业许可,即可自由实施投资项目。但拟享受投资优惠的项目,需向柬埔寨发展理事会申请投资注册并获得最终注册证书后方可实施。获投资许可的投资项目称为“合格投资项目”。

2. 合资企业。合格投资项目可以合资企业形式设立。合资企业可由柬埔寨实体、柬埔寨及外籍实体或外籍实体组成。柬埔寨王国政府机构亦可作为合资方。股东国籍或持股比例不受限制,但合资企业拥有或拟拥有柬埔寨王国土地或土地权益的除外。在此情况下,非柬埔寨籍实体的自然人或法人合计最高持股比例不得超过 49%。

3. 合格投资项目合并。两个或以上投资人,或投资人与其他自然人或法人约定合并组成新实体,且新实体拟实施投资人合格投资项目,并享受合格投资项目最终注册证书规定投资优惠及投资保障的,新实体需向投资委员会书面申请注册为投资人,并申请将合格投资项目最终注册证书转让新实体。

4. 收购合格投资项目。投资人或其他自然人或法人收购合格投资项目所有权,且拟享受合格投资项目最终注册证书规定投资优惠及投资保障的,应向投资委员会提出收购申请,将合格投资项目最终注册证书转让新实体。收购人为未注册自然人或法人的,需先申请注册为投资人。投资人股份转让造成受让方取得投资人控制权的,投资人须向投资委员会提出转让申请,并提供受让人名称和地址。

(四)特殊经济区域的规定

2005 年 12 月,《关于特别经济区设立和管理的 148 号次法令》颁布,特别经济区体制在柬埔寨开始施行。柬埔寨发展理事会下设的柬埔寨特别经济区委员会是负责特别经济区开发、管理和监督的一站式服务机构,特别经济区管委会是在特别经济区现场执行一站式服务机制的国家行政管理单位,由柬埔寨特别经济区委员会设立,并在各特别经济区常驻。至 2008 年底,斯登豪、曼哈顿、柴柴、欧宁、金边和西哈努克等 6 个特别经济区已获政府正式批准,另有 5 个也已取得特别经济区委员会许可。

特别经济区法令规定特别经济区委员会应向全部特别经济区提供优惠政策;《投资法修正法》规定,位于特别经济区的合格投资项目有权享受与其他合格投资项目相同的法定优惠政策和待遇。

特别经济区享受的优惠政策

受益人	优惠政策
经济区开发商	(1)利润税免税期最长可达 9 年 (2)经济区内基础设施建设使用设备和建材进口免征进口税和其他赋税 (3)经济区开发商可根据《土地法》取得国家土地特许,在边境地区或独立区域设立特别经济区,并将土地租赁给投资企业
区内投资企业	(1)与其他合格投资项目同等享受关税和税收优惠 (2)产品出口国外市场的,免征增值税。产品进入国内市场的,应根据数量缴纳相应增值税
全体	(1)经济区开发商、投资人或外籍雇员有权将税后投资收入和工资转账至境外银行 (2)外国人非歧视性待遇、不实行国有化政策、不设定价格

柬埔寨政府正式批准 25 个经济特区。获批的经济特区主要分布在国公省、西哈努克省、柴帧省、卜迭棉芷省、茶胶省、干拉省、贡布省、磅湛省和金边市。其中,西哈努克省经济特区数量最多,包括中国江苏红豆集团与柬埔寨国际投资开发集团合资建立的西哈努克港经济特区。

西哈努克港经济特区(以下简称特区)是中国商务部首批中标的境外经贸合作区之一,也是首批获中国商务部、财政部验收确认的 6 个境外合作区之一,该合作区建设进展顺利,已吸引服装、摩托车等类入区企业 80 多家。

据柬埔寨发展理事会统计,2014 年,柬埔寨各类经济特区共吸引外资项目 47 个,吸纳就业 2.15 万人次,吸引投资 20 亿美元。在柬经济特区投资,可享受税收、设备和原材料进口、产品出口等方面的优惠政策。近年来,柬埔寨经济特区吸引外资呈增长趋势。在柬经济特区投资的外商主要来自日本、中国、中国台湾、马来西亚和新加坡,行业涉及服装、制鞋、电子、农产品加工等。

三、外国投资优惠政策

(一)优惠政策框架

柬埔寨政府给予外资与内资基本同等的待遇,《投资法》(1994 年 8 月 4 日柬埔寨王国第一届国会特别会议通过)及其修正法(1997 年、1999 年两度修订)为外国投资提供了保障和相对优惠的税收、土地租赁政策。此外,外国投资同样可享受美、欧、日等 28 个国家/地区给予柬埔寨的普惠制待遇。

1. 投资保障。柬埔寨政府对投资者提供的投资保障包括:(1)对外资与内资基本给予同等待遇,所有的投资者,不分国籍和种族,在法律面前一律平等。(2)柬埔寨政府不实行损害投资者财产的国有化政策。(3)已获批准的投资项目,柬埔寨政府不对其产品价格和服务价格进行管制。(4)不实行外汇管制,允许投资者从银行系统购买外汇转往国外,用以清算其与投资活动有关的财政债务。

2. 投资优惠。经柬埔寨发展理事会批准的合格投资项目可取得的投资优惠包括:(1)免征投资生产企业的生产设备、建筑材料、零配件和原材料等的进口关税。(2)企业投资后可享受 3 ~ 8 年的免税期(经济特区最长可达 9 年),免税期后按税法交纳税率为 9% 的利润税。(3)利润用于再投资,免征利润税;分配红利不征税。(4)产品出口,免征出口税。

(二)行业鼓励政策

柬埔寨行业鼓励政策主要体现在农业和旅游业。

1. 农业。在吸引外商投资农业产业上,柬埔寨政府依据《投资法》对开发种植 1000 公顷以上的稻谷、500 公顷以上的经济作物、50 公顷以上的蔬菜种植项目;对畜牧业存栏在 1000 头以上、饲养 100 头以上的乳牛项目、饲养家禽 10000 只以上项目以及占地 5 公顷以上的淡水养殖、占地 10 公顷以上的海水养殖项目均给予支持和优惠待遇。主要鼓励措施:(1)项目在实施后,从第一次获得盈利的年份算起,可免征盈利税的时间最长为 8 年。如连续亏损则被准许免征税。如果投资者将其盈利用于再投资,可免征其盈利税。(2)政府只征收纯盈利税,税率为 9%。(3)分配投资盈利,不管是转移到国外,还是在柬国内分配,均不征税。(4)对投资项目需进口的建筑材料、生产资料、各种物资、半成品、原材料及所需零配件,均可获得 100% 免征其关税及其他赋税,但该项目必须是产品的 80% 供出口的投资项目。

2. 旅游业。自第一届王国政府提出优先发展旅游业的战略以来,柬埔寨旅游业的经济功能受到了充分重视,为旅游业的产业化发展奠定了良好基础。十多年来,旅游业成为柬埔寨国民经济的主要增长点和支柱产业。全国大多数省市都把发展旅游业作为首要工作之一,将旅游产业定位于"优先发展行业""支柱产业""特色产业"来加快发展。

四、外国企业在柬埔寨获得土地的规定

(一)土地法的主要内容

柬埔寨《土地法》于 1992 年颁布,并于 2001 年 8 月修正。2001 年土地法修正案主要目的是明确不动产所有权体制,以保障不动产所有权及相关权益。该法还旨在建立现代化土地注册体系,以保障人民拥有土地的权利。

《土地法》指定土地管理城市规划和建设部作为不动产权属证明文件的核发部门,并负责国有不动产的地籍管理工作。在所有权规定方面,严禁外籍自然人和法人拥有土地。《宪法》规定:全部自然人或法人均可单独或集体拥有所有权。仅限于柬埔寨籍自然人或法人有权拥有土地(第四十四条)。2001 年《土地法》还规定仅限于柬埔寨自然人或法人可拥有土地所有权,外籍人士伪造身份证件已在柬埔寨拥有土地的,应受到惩罚(第八条)。柬埔寨籍法人是指柬埔寨公民或公司持有 51% 或以上股份的公司。此外,《土地法》规定:除为公共利益外,不得剥夺所有权。需剥夺所有权的,应按法律法规规定的形式和程序进行,并应提前予以公平、公正的补偿。

土地特许　柬埔寨土地特许分为三类:社会特许、经济特许及适用开发或开采特许。社会特许受益人可在国有土地上修建住宅或开垦国有土地谋生。经济特许受益人可整理土地进行工业或农业开发。使用、开发或开采特许包括矿产开采特许、港口特许、机场特许、工业开发特许、渔业特许,不受 2001 年《土地法》管辖(第四十九条、五十条)。

土地特许仅在特许合同规定的时间内设定权利(第五十二条)。土地特许面积不超过 1 万公顷,特许期限不超过 99 年(第五十九、六十一条)。

土地租赁　土地租赁分为两种:无限期租赁和固定期限租赁。固定期限租赁包括短期可续租租赁和 15 年或以上长期租赁。长期租赁构成对不动产的诉权,该权利可用于等值回报或继承转让。(第一百〇六条、一百〇八条)。

抵押　不动产所有人可以其不动产作为抵押品,通过抵押或质押方式保证支付债务(第一百九十一条)。

土地使用限制　1994 年颁布的《土地使用规划、城市化与建设法》管辖柬埔寨全境范围内的土地使用。本法和很多土地使用规划均极其笼统,投资者在实施投资项目之前应认真核对实际的规划规则。2010 年 12 月,柬埔寨内阁通过法律草案,允许外国人购买柬埔寨业主房屋一楼以上的房产。

(二)外资企业获得土地的规定

根据柬埔寨《土地法》(2001 年)规定,禁止任何外国人(包括自然人和外商控制的法人)拥有土地,但合资企业可以拥有土地,其中外方合计持股比例最高不得超过 49%。由于近 30 年的战乱,柬埔寨土地体系遭到严重破坏,许多土地所有权权属证明文件及地块登记资料丢失,造成目前仍有大量与土地所有权相关的纠纷。因此,很重要的一点是投资者在与柬埔寨公司订立土地使用、租赁或按土地所有权分配利益的合同之前,应核实土地所有人的所有权。

柬埔寨政府暂停批准经济特许地。2012 年 5 月 7 日,柬埔寨首相洪森签发《提高经济特许地管理效率》的政府令,宣布自即日起暂停批准新的经济特许地。该法令要求政府各部门、各有关单位必须认真执行政府关于提供经济特许地的合同规定,不影响社区和当地居民的生活环境;对于已经获得经济特许地,但未按法律原则和合同规定进行开发,或者利用特许地经营权开拓更大土地,转售空闲土地,违背合同,侵犯社区人民土地的公司,政府将收回其经济特许地;对于之前已获政府批准的经济特许地,政府将继续依照法律原则和合同执行。2014 年,柬埔寨政府开始对现有经济特许地开发情况进行清查,对不按计划开发的公司,政府将收回经济特许地。

五、环境保护法律规定

(一)柬埔寨环保部门

柬埔寨环境保护主管部门是环境保护部,其主要职责是:通过防止、减少及控制污染,保护并提升环境质量和公共卫生水平;在柬埔寨王国政府决策前,评估项目对环境造成的影响;保障合理及有序的保护、开发、管理及使用柬埔寨王国自然资源;鼓励并为公众提供机会参与环境和自然资源保护;制止影响环境的行为。

(二)主要环保法律法规

柬埔寨国民议会于 1996 年 11 月 18 日通过了柬埔寨第一部《环境保护法》。环境保护部与柬埔寨其他有关部门制定了一系列环保规章,就柬埔寨领空、领水、领地内或地表上进口、生成、运输、再生、处理、储存、处置、排放的污染物、废物和有毒有害物质的来源、类型和数量;噪音、震动的来源、类型和影响范围都进行了明确规定。

(三)环保法律法规基本要点

根据柬埔寨《环境保护法》,任何私人或公共项目均需要进行环境影响评估;在项目提交柬埔寨王国政府审定前,由环境保护部予以检查评估;未经环境影响评估的现有项目及待办项目均需进行评估。环境保护部与有关部门有权要求任何工厂、污染源、工业区或自然资源开发项目所在区域的所有人或负责人安装或使用监测设备,提供样品,编制档案,并提交记录及报告供审核。环境保护部应依据公众建议,提供其相关作为信息,并鼓励公众参与环境保护和自然资源管理。企业不得拒绝或阻止检查人员进入有关场所进行检查,否则将处以罚款,有关责任人还可能被处以监禁。

(四)环保评估的相关规定

柬埔寨日益重视环境问题,并正在努力建立其环评体系。柬埔寨于 1999 年颁布了有关环境影响评价的法令,规定项目须在其环评报告经柬埔寨发展署(CDC)批准后方可实施。柬埔寨环境保护和资源管理法(EPNRM)中规定了环境影响评价的具体适用范围,主要集中在工业、农业、旅游业以及基础设施建设 4 个领域内。环境保护部是环境影响评价的主要管理部门,其他各部门如水利、能源、交通等,为其所负责领域内的项目环境影响评价提供相关意见。同时,各级环境部门须负责同级政府部门之间的协调合作,保证环评的顺利施行。

在环评初期,申请人须将项目方案递交至环境影响管理机构,并公布项目方案中的详细计划。法令还对其公示方式进行了严格规定,公众有权在公示期 30 天内对项目方案提出书面异议并提交环境影响管理机构,同时抄送项目申请人。收到公众的书面异议后,项目申请人须在确定环境影响评价的具体范围时进行公众咨询,并将咨询结果和相关文件连同环评职责书一并交由 EIA(环境影响评价)专门委员会审查。在专委会正式确定职责范围之前,公众还可以通过在专委会中的代表对项目方案提出二次异议。

柬埔寨虽然 1999 年就颁布实施了环评法令,但由于条件所限,直到 2004 年才有部分建设项目开展环评工作。柬埔寨环评人员和法律法规尚处于起步阶段,柬埔寨国家环评法令规定,项目在获得审批和动工之前,必须完成环境影响评估工作,并向环保部送交环评报告书。

六、保护知识产权规定

(一)当地有关知识产权保护的法律法规

柬埔寨已于1995年成为世界知识产权组织成员,并于1999年加入《巴黎公约》。进入新世纪以来,柬埔寨政府已通过一系列保护知识产权的法律法规,取得长足进步。最新颁布的法律法规包括:《商标、商号与反不正当竞争法》(2002年)、《版权与相关权利法》(2003年)、《专利、实用新型与工业设计法》(2003年)、《育种者权利和植物品种保护法》(2008年)。此外,柬埔寨政府还准备颁布下列法律:《未披露信息与商业秘密保护法》《集成电路版图设计保护法》《地理标志保护法》。

1. 商标商号。2002年颁布的《商标、商号与反不正当竞争法》(下文简称《商标法》)是柬埔寨第一部知识产权保护法,该法规定应通过注册取得商标专有权。如申请人在申请材料中能够证明其已在《巴黎公约》任一成员国提交该商标全境或区域注册申请的,可取得商标注册的优先权。该法还对注册程序、失效、集体商标、商标许可、商号、侵权和赔偿、边境保护措施、所有权转让或变更等均做出规定。

柬埔寨《商标法》仅认可“一国用尽原则”,因此,权利所有人对分销和进口享有专有权,并可通过委托或分销协议方式转让给独家分销商。

2. 版权。2003年颁布的《版权与相关权利法》(简称《版权法》)旨在为作家、表演者提供与其作品相关的权利,保护文学作品、文化表演、表演者、唱片制作人、广播机构节目,以保证这些文化产品能够得到公正合法的使用。作品作者对该作品享有可针对任何人行使的专有权,包括精神权利和经济权利——作者的精神权利永久有效,不可剥夺,且不得扣押或设定追溯期限。作者的经济权利是指通过授权复制、公开发表或创作衍生作品等,实现其作品价值的专有权,经济权利保护自作品创作完成之日起开始,至作者去世后50年止。

3. 专利、实用新型和工业设计。2003年颁布的《专利、实用新型与工业设计法》,主要目的为保护在柬埔寨授予的专利、实用新型和注册的工业设计。专利是指为保护发明所授予的权利,有效期为20年。实用新型证书主要是为保护具备新颖性及可实现产业化的实用新型,有效期为7年,不可延期。具备新颖性的工业设计可申请注册,有效期为5年,注册后可连续延期两次,每次5年。

(二)知识产权侵权的相关处罚规定

柬埔寨关于知识产权的保护工作尚待进一步完善,主要是商业部负责打击假冒伪劣商品的部门对盗版光碟进行没收和销毁,尚无明确的处罚细则。

七、投资合作相关法律及对中国企业投资合作保护政策

(一)投资合作相关法律

《投资法》制约所有柬埔寨人和外国人在柬埔寨境内的投资活动,对投资主管部门、投资程序、投资保障、鼓励政策、土地所有权及其使用、劳动力使用、纠纷解决等作出明确的规定。

《投资法修正法》是对《投资法》的补充和修正。在投资申请、投资项目购进与合并、合资经营、税收、土地所有权及其使用、劳动力、惩罚等方面给出相关定义,并作出明确规定。

《关于柬埔寨发展理事会组织与运作法令》规定柬埔寨投资主管部门——柬埔寨发展理事会的组织结构、职权任务和运作方式。

《关于特别经济区设立和管理的第148号法令》(2005年12月颁布)规定了建立经济特区的法律程序、经济特区的管理框架与任务、对经济特区的鼓励措施、对出口加工生产区的特别措施、劳动力管理与使用、职业培训、侵权与纠纷的解决。

《商业管理与商业注册法》对商业公司的成立、组织、运作、解散、转让和变更做出规定,对公司的类型进行划分。

《商业合同法》规定所有类型合同的成立、履行、解释和执行。它也进一步详细地描述了某些类型的合同,比如销售合同、租赁合同、借贷合同、个人财产抵押和担保。

(二)柬埔寨对中国企业投资合作的保护政策

1. 中国与柬埔寨签署双边投资保护协定。1996年7月,中国与柬埔寨签署《中华人民共和国政府和柬埔等政府关于促进和保护投资协定》。

2010年1月1日,中国—东盟自由贸易区的全面建成,进一步为中柬合作开辟更加宽广和畅通的渠道,提供更多的机会。2010年,中柬双方签署16项协议,涉及基础设施建设、水利资源开发通信技术、能源开发等领域。

2. 中国尚未与柬埔寨签署避免双重征税协定。

3. 中国与柬埔寨签署的其他协定。包括:《中柬贸易协定》(1996年7月)、《中柬文化协定》(1999年2月)、《中柬旅游合作协定》(1999年2月)、《中柬关于成立经济贸易合作委员会协定》(2000年11月)、《中柬农业合作谅解备忘录》(2000年11月)、《中柬关于旅游规划合作的谅解备忘录》(2004年4月)、《中柬领事条约》(2010年2月)、《关于柬埔寨精米输华的植物卫生要求议定书》(2011年)、《关于柬埔寨木薯干输华的植物检验检疫要求议定书》等。

根据中国—东盟自由贸易区协议,中柬双方于2009年10月1日起正式启动降税程序。中国于2010年1月1日率先对柬埔寨绝大部分产品实现零关税,柬埔寨2011年实行降税,并于2013年、2015年进一步实施降税安排,最终于2015年对中国90%以上产品实现零关税。

印度尼西亚投资贸易指南

一、对外贸易法规和政策规定

(一)贸易主管部门

印尼主管贸易的政府部门是贸易部,其职能包括制定外贸政策,参与外贸法规的制定,划分进出口产品管理类别,进口许可证的申请管理,指定进口商和分派配额等事务。

(二)贸易法规体系

主要包括《贸易法》《海关法》《建立世界贸易组织法》《产业法》等。与贸易相关的其他法律还涉及《国库法》《禁止垄断行为》和《不正当贸易竞争法》等。

(三)贸易管理的相关规定

除少数商品受许可证、配额等限制外,大部分商品均放开经营。2007年年底,印尼贸易部实行进出口单一窗口制度,大大简化了管理程序。

1. 进口管理。印尼政府在实施进口管理时,主要采用配额和许可证两种形式。适用配额管理的主要是酒精饮料及包含酒精的直接原材料,其进口配额只发放给经批准的国内企业。适用许可证管理的产品包括工业用盐、乙烯和丙烯、爆炸物、机动车、废物废品、危险物品,获得上述产品进口许

可的企业只能将其用于自己的生产。其中,氟氯化碳、溴化甲烷、危险物品、酒精饮料及包含酒精的直接原材料、工业用盐、乙烯和丙烯、爆炸物及其直接原材料、废物废品、旧衣服等九类进口产品主要适用自动许可管理;丁香、纺织品、钢铁、合成润滑油、糖类、农用手工工具等六类产品主要适用非自动许可管理。为方便进口,印尼贸易部2009年大力推行网上办理进口许可证,目前大部分工作已经完成,办理进口许可证过程更加简便,原本手工办理许可证需要5~10天时间,利用网上全国一站式服务只需8小时。2015年7月,印尼贸易部颁布2015年第48号贸易部长条例,对原进口条例进行修订,要求进口商在产品抵港前办理进口许可证。该条例已于2016年1月1日正式实施。

2010年,印尼开始实施新的进口许可制度,将许可证分为两种:即一般进口许可证和制造商进口许可证。印尼关税税目中约20%的产品涉及进口许可证要求,涉及对其国内产业的保护,如大米、糖、盐、部分纺织品和服装产品、丁香、动物和动物产品以及园艺产品。印尼的进口许可证要求极其复杂,且缺乏透明度,许多世贸组织成员已对此表示严重关切。印尼政府采用进口数量控制的产品如下:大米、糖、动物及动物产品、盐、酒精饮料和部分臭氧消耗物资。上述产品的进口数量是每年在印尼政府部长级会议上根据国内产量和消费量来决定,并通过印尼进口许可证制度来实施。2010年8月,印尼财政部颁布《有关汽车在自由贸易区和自由港口进口和出口规则的财政部长条例》。

2. 出口限制。出口货物必须持有商业企业注册号/商业企业准字或由技术部根据有关法律签发的商业许可以及企业注册证。出口货物分为四类:受管制的出口货物、受监视的出口货物、严禁出口的货物和免检出口货物。受管制的出口货物包括咖啡、藤、林业产品、钻石和棒状铅。受监视的出口货物包括奶牛与水牛、鳄鱼皮(蓝湿皮)、野生动植物、拿破仑幼鱼、拿破仑鱼、棕榈仁、石油与天然气、纯金银、钢铁废料(特指源自巴淡岛的)、不锈钢、铜、黄铜和铝废料。严禁出口的货物包括幼鱼与金龙鱼等,未加工藤以及原料来自天然森林未加工藤的半成品,圆木头,列车铁轨或木轨以及锯木,天然砂、海砂,水泥土、上层土(包括表面土),白铅矿石及其化合物、粉,含有砷、金属或其化合物以及主要含有白铅的残留物,宝石(除钻石),未加工符合质量标准的橡胶,原皮,受国家保护野生动植物,铁制品废料(源自巴淡岛的除外)和古董。除以上受管制、监视和严禁的出口货物外,其余均属免检的出口货物。

从2014年1月12日起,印尼政府禁止矿产公司出口矿物矿石产品。矿产公司只能在境内从事精炼加工活动。禁止出口货物受2012年贸易部长条例第44条规制。

(四)进出口商品检验检疫

1. 卫生与植物卫生措施。印尼所有进口食品必须注册,进口商必须向印尼药品食品管理局申请注册号,并由其进行检测。检测过程烦琐且费用昂贵,每项检测费用从5万印尼盾(约合6美元)到250万印尼盾(约合300美元)不等,每一件产品的检测费用在100万印尼盾(约合120美元)到1000万印尼盾(约合1200美元)之间。此外,印尼药品食品管理局在测试过程中要求提供详细的产品配料和加工工艺情况说明,这可能侵害商业秘密。这些规定加重了出口商的负担。

2007年11月,印尼针对新鲜球茎蔬菜采取更为严格的检验检疫措施和技术要求,以提高印尼新鲜植物产品的国际竞争力。此次颁布的植物产品进口检验检疫要求是印尼政府自2007年第二次针对进口植物产品的修改规定,重点对以球茎形式进口的新鲜蔬菜的检验检疫和技术两方面提出要求。在检验检疫方面,该规定扩大证书要求范围,除须具备与2005年法规相同的原产国权威机构签发的证书外,经转运的产品还须提供被转运国授权的证书。在技术要求方面,该规定加严原产国无虫害地区的调查及对植物性检疫虫害进行风险分析。上述规定在一定程度上提高了中国植物产品的出口门槛。

2. 国家标准。2009年以来,印尼政府开始在食品、饮料、渔业等诸多行业强制推行国家标准。印尼贸易部出台新规定,要求包括进口产品在内的所有产品必须附有印尼文说明。印尼海洋渔业部规定要求81种渔业产品必须符合印尼国家标准,甚至将捕鱼工具、渔产加工程序及微生物学测试程序等也列入印尼国家标准。印尼工业部等政府部门在2011年对电线、电子、汽车零部件、家电、五金建材、玩具等几十种产品强制推行国家标准。

印尼贸易部出台新规,要求包括进口产品在内的所有产品必须附有印尼文说明。

(五)海关管理规章制度

1. 管理制度。印尼关税制度的基本法律是1973年颁布的《海关法》。现行的进口关税税率由印尼财政部于1988年制定。自1988年起,财政部每年以部长令的方式发布一揽子"放松工业和经济管制"计划,其中包括对进口关税税率的调整。印尼进口产品的关税分为一般关税和优惠关税两种。印尼关税制度的执行机构是财政部下属的关税总局。为促进进出口贸易,改善投资环境,印尼财政部关税局2009年宣布,决定在部分港口推行和提供每周7日每日24小时的海关和港口服务。

2. 关税税率。根据世贸组织统计,印尼2012年简单平均约束关税为37.1%,简单平均最惠国适用关税税率为7.8%,其中农产品为9.5%,非农产品为7.5%。印尼对汽车、钢铁以及部分化学产品不征收关税,并将大多数关税约束在40%左右。

根据《中国—东盟全面经济合作框架协议货物贸易协议》,中国和印尼逐步削减货物贸易关税水平。中国—东盟自由贸易区在2010年初建成后,中国和印尼90%以上的进出口产品实现零关税。

二、外国投资市场准入规定

(一)投资主管部门

印尼主管国内投资和外国投资的政府部门分别是:投资协调委员会、财政部、能矿部。他们的职责分工是:印尼投资协调委员会负责促进外商投资,管理工业及服务部门的投资活动,但不包括金融服务部门;财政部负责管理包括银行和保险部门在内的金融服务投资活动;能矿部负责批准能源项目,而与矿业有关的项目则由能矿部的下属机构负责。

(二)投资行业的规定

1. 鼓励、限制、禁止投资的领域。根据2007年第25号《投资法》,国内外投资者可自由投资任何营业部门,除非已为法令所限制与禁止。法令限制与禁止投资的部门包括生产武器、火药、爆炸工具与战争设备的部门。另外,根据该法规定,基于健康、道德、文化、环境、国家安全和其他国家利益的标准,政府可依据总统令对国内与国外投资者规定禁止行业。相关禁止行业或有条件开放行业的标准及必要条件,均由总统令确定。

2007 年 7 月 4 日,印尼颁布第 25 号《投资法》的衍生规定,即《2007 年关于有条件的封闭式和开放式投资行业的标准与条件的第 76 号总统决定》和《2007 年关于有条件的封闭式和开放式行业名单的第 77 号总统决定》。根据这两个决定,25 个行业被宣布为禁止投资行业,仅能由政府从事经营,禁止外商投资的行业主要包括无线电广播与电视广播、公路设备、经营机动车辆定期检验、含酒精饮料工业、糖精工业和黑锡金属工业等。另外,有 43 个行业鼓励中小型企业投资,36 个行业为有条件开放的投资行业。

此外,外国投资者可以投资绝大部分营业部门。依照印尼《投资法》的规定,外国直接投资可以设立独资企业,但必须参照《禁止类、限制类投资产业目录》规定,属于没有被该目录禁止或限制外资持股比例的企业。2016 年 5 月,印尼调整了该目录,对外资开放了更多行业。

2. 2009 年调整的外资政策。2009 年初,印尼颁布新的《矿产和煤炭法》。根据该法,外国公司不再被禁止申请和持有矿业许可权,这是印尼矿业领域利用外资政策的重大突破。但新法规定,已在印尼获得矿产经营准字(IUP)和矿产经营协议(PUP)的已生产的企业,需建设矿产冶炼加工厂,而按照原有工作合同生产的企业,最迟在新法实施后 5 年内建立上述冶炼厂。按照新法规定,企业面临采矿期被缩短,采矿面积也被缩小的局面。在企业缴纳正常的所得税和矿产税之外,新法还增加了一项税率为 10% 的附加税,中央和地方政府分别得到 4% 和 6%。印尼能矿部颁布的相关实施细则规定,对优先使用本土公司提供的矿业服务、外资公司向当地政府或企业转让股权等问题做出具体规定。

2009 年以来,印尼的外资政策调整还包括:根据 2009 年通过的新电力法,印尼向私营企业开放电力投资领域。政府拟修改《非鼓励投资目录》,放宽医疗、教育、物流、电信等行业的外资准入。与此同时,印尼对外资进入某些领域做出限制:(1)限制外企在基建工程投资。印尼国家计委称,将限制外国企业在政府基础设施工程的投资,以保护国内企业市场份额。外资企业只被允许参加基础设施部门建筑价值在 1000 亿印尼盾以上,其他部门采购和服务价值在 200 亿印尼盾以上的投标。此外,外资企业只许参加合同价值在 10 印尼盾以上的服务咨询投标。(2)限制外国投资者拥有农用地股权。印尼农业部表示,将限制外国投资者对与食品有关的土地如稻田的所有权,其拥有的股份比例不得超过 49%。

3. 2010 年调整的外资政策。(1)2010 年,印尼政府采购须使用国货。为更好地扶植国内工业发展,印尼政府拟修改有关条件,规定今后凡政府单位采购价值超过 50 亿印尼盾(约合 56 万美元),必须使用本国的物资与服务。(2)出台绿色建筑法令。印尼于 2010 年实施首个绿色建筑标准法令,该法令以大城市的酒店、办公楼和公寓等碳排放量较大的建筑为对象,设定符合绿色建筑标准的 9 项条件,包括环保材料、低碳燃料、水和废物管理以及室内空气质量等。法令要求,绿色建筑所使用的材料应来源于当地且具有绿色证书,该证书由印尼环境部指定的独立机构出具。(3)强力推行投资审批一站式服务制度。(4)促使商业银行合理增加信贷以支持实体经济发展。(5)印尼政府 2010 年取消大宗商品出口信用证限制,允许外国游客在印尼购物可获 10% 的退税,并与巴新、香港签订避免双重征税协定。

4. 2011 年调整的外资政策。(1)加大政策扶持力度,通过资金奖励和提供辅助设备,吸引投资者发展经济特区基础设施建设。根据 147 号政府条例,对经济特区投资可享受 5 年内减免所得税 30% 的优惠。(2)出台税收的鼓励措施,主要有:①外企自用机械设备、零配件及辅助设备等资本物资免征进口关税和费用;②外企两年自用生产原材料免征进口关税和费用;③生产出口产品的原材料可退还进口关税;④位于印尼东部的外企,65% 产品出口,雇用外籍人员不受限制;⑤外企用于研究开发、奖学金、教育和培训以及废物处理的开支可列入成本并从毛收入中提扣;⑥对政府鼓励的重点领域,可提供8～10 年亏损结转或提高设备及建筑物折旧率;⑦在印尼东部地区投资,土地和建筑物税在 8 年内减半征收;⑧在开创性行业的投资,企业所得税可由政府承担 10～12 年;⑨政府对保税区和设在全国 15 个地区的综合开发区的外国投资还给予一些优惠待遇。(3)印尼政府暂停颁发矿业经营许可证。(4)印尼国会通过新《园艺业法》。新《园艺业法》规定外国投资最多只能占到30%,并且必须把资金存放在印尼国内的银行。

5. 2012 年调整的外资政策。(1)自2011 年 12 月 1 日起,印尼的投资者可以申请免税优惠,相关的执行准则已经出台。(2)2012年 9 月出台新的投资批准制度,以提高投资便利化水平和进一步改善投资服务。

6. 2013 年调整的外资政策。(1)印尼政府于 2013 年推出供工程用途的外国贷款限额。在2013～2015 年间的最高贷款限额介于60～61 亿美元之间。(2)从2014 年起,营业执照办理时间从 17 天缩短为 10 天。(3)印尼央行颁布新规,要求印尼国内银行贷款总额的 20% 以上必须贷给中小微型企业。

7. 2014 年调整的外资政策。印尼官方投资统筹机构 2013 年 12 月 24 日公布了最新修订的投资负面清单。(1)第一类为对外资更加开始领域,陆路交通客站和车辆常规检验部门的外资可持股比例从零放宽到 49%,为此次放宽幅度最大的两个行业。其他两个行业为制药业和金融风险投资业,外资可持股比例分别从原来的 75% 和 80% 调整至 85%。广告业外资可持股比例亦从零放宽至 49%,但仅限东盟国家。(2)第二类为新设定的外资可持股领域,固定通讯、多媒体综合网络电信、多媒体服务供应商的外资可持股比例分别为 65%,65% 和 49%。(3)第三类为公私合营的基础设施项目领域,其中机场、港口和陆路交通客站(含铁路)的经营管理外资可持股权分别为 49%、95% 和 49%,供水 95%,收费公路 95%,10 兆瓦以下发电厂 49%,10 兆瓦以上的 100%,输电和配电分别为 100%。此外,此次修订负责清单还收紧了几个外资可持股比例领域,如货物分销业和仓储业从 100% 缩减至 33%。农业领域外资可持股比例因须与 2010 年颁布的园艺法规定相配套,从 95% 缩减至 30%。(4)负面清单中完全禁止类的产业有部分化学品、特殊交通设施和博彩业等,部分禁止类的产业有制糖、矿业和医药等。

8. 2016 年调整的外资政策。将之前禁止外资涉及的 35 个行业从投资负面清单中移除,外资可拥有 100% 持股比例,包括冷藏、旅游(餐馆、咖啡馆、酒吧和体育馆等)、仓储、电影、电子商务、高速公路运营、电信设备检测、垃圾处理及药物原料等，其中电子商务投资额需达到1000亿印尼盾，电影发行放映60%应为印尼影片。此外，政府也有比例限制开放投资负面清单中20个行业予外国投资者，如火车运输业外资最高持股49%，保健服务外资持股比例则从之前的49%上调至67%。

（三）投资方式的规定

1. 合资企业。根据2007年第25号《投资法》及相关规定，在规定范围内，外国投资者可与印尼的个人、公司成立合资企业。

2. 独资企业。依照印尼《投资法》的规定，外国直接投资可以设立独资企业，但须参照《非鼓励投资目录》规定，属于没有被该《目录》禁止或限制外资持股比例的行业。

3. 外资并购。外国投资者可以通过公开市场操作，购买上市公司的股票，但受到投资法律关于对外资开放行业相关规定的限制。印尼市场中多数律师所和咨询公司提供此项服务。

三、外国投资优惠政策

（一）优惠政策框架

东盟旅游部长会议（东盟旅游论坛）于1999年1月在新加坡举行，各国一致同意对外资投资旅游业提供以下优惠措施：兴建观光旅馆、休闲中心、高尔夫球场可免税，外资可持有100%股权；旅游设施进口手续简化并免征关税。印尼考虑将旅游土地使用年限延长为70年（目前为30年），使旅游业成为吸引外资的火车头。印尼投资部考虑像泰国一样成立投资单一窗口，帮助外商办理各项繁杂事务；投资部还将授权印尼驻外使领馆办理外商投资申请前的协调、咨询事务，以使外商能在入境10天内完成所有行政手续。

1998年12月，东盟各国首脑峰会在越南河内召开，这次会议发表了包括《河内宣言》《河内行动计划》《东南亚自由贸易区》及《共同优惠税率计划》在内的《大胆措施方案》。在该方案中，印尼对外商的优惠措施有：所有制造业均允许外资拥有100%股权（包括经审核的批发零售业）。外商可拥有已登记注册的新银行的100%股权。1亿美元以下的投资案，审核时间将在10天内完成。

1999年1月，印尼政府第7号总统令，公布了恢复鼓励投资的“免税期”政策。对纺织、化工、钢铁、机床、汽车零件等22个行业的新设企业给予3~5年的所得税免征。如投资项目雇用工人超过2000人，或有合作社20%以上的股份，或投资额不少于2亿美元，则增加1年优惠。对于已超过30%的规模进行扩大再生产的项目，减免其资本货物以及两年生产所需材料的进口关税。对于某些行业或一些被视为国家优先出口项目和有利于边远地区开发的项目，政府将提供一些税收优惠。上述行业及项目将由总统令具体决定。对出口加工企业减免其进口原料的关税和增值税及奢侈品销售税。对位于保税区的工业企业，政府还有其他的鼓励措施。

2013年，印尼政府进一步简化企业获得税收优惠手续，降低获得免税期和免税津贴的标准。根据印尼政府现行规定，在基础金属、炼油、天然气、有机基础化学、可再生能源和电信设备等5个工业部门，投资额超过1万亿印尼盾（约合1亿美元）的企业，可获得5~10年的所得税免税期。同时，对在印尼偏远落后地区投资的129个劳动密集型行业的企业，最低投资额500亿印尼盾（约合500万美元）且投资期限超过6年的，可最多按总投资的30%降低应纳税所得。

（二）行业鼓励政策

1. 行业优惠。自2007年1月1日起，印尼政府对6种战略物资豁免增值税，即原装或拆散属机器和工厂工具的资本物资（不包括零部件），禽畜鱼饲料或制造饲料的原材料，农产品，农业、林业、畜牧业和渔业的苗或种子，通过水管疏导的饮用水，以及电力（供家庭用户6600瓦以上者例外）。

2007年2月，为吸引外商进入印尼，与当地企业合作从事鱼类加工业，印尼政府采取多项税收措施，具体包括免除国内加工鱼产品的出口税，减轻渔业加工机械进口税，减免收入税及增值税，在综合经济开发区和东部地区投资的企业还可获得土地建设税减免优惠。2009年，印尼政府进一步明确对工业发展用机器、货物和原料免征进口税。2010年，对部分行业的投资给予财政奖励或税收优惠。印尼政府对至少10个营业部门提供财政奖励以支持其发展，即食品饮料业、纺织业、电子行业、交通运输业、通讯信息产业、基础金属与机器工业、石化工业、农畜产品加工业、林业和海洋产品加工业、创意产业。此外，印尼政府还拟对环保型企业、大型投资项目、在落后地区投资的基建项目，以及具有较多附加值、提供广泛就业机会和运用先进科技的工业部门提供税收减免等优惠。

2011年以来，推出财政奖励政策，大力支持资本和劳动力密集型产业的发展。针对包括原金属、炼油、天然气、有机基础化学、可再生能源和电信设备等5个工业部门，投资规模在1万亿盾（约合1.17亿美元）以上的，免除其开始商业运行后5~10年的税款，对已投资印尼但经营尚不足一年的企业也可以享受到此项优惠税收政策。同时对符合印尼产业导向和优先发展领域的120个产业和地区提供相应的税收优惠。为了提高本国钢铁产能，印尼政府一直鼓励钢铁工业和炼油厂的投资建设，包括给予长达15年的免税期，并给予两年期的减税50%优惠。

2. 税收优惠。根据2007年印尼《有关所规定的企业或所规定的地区之投资方面所得税优惠的第1号政府条例》，印尼政府对有限公司和合作社形式的新投资或扩充投资提供所得税优惠。提供的所得税优惠包括：（1）企业所得税税率为30%（根据新《所得税法》，2010年后为25%），可以在6年之内付清，即每年支付5%。（2）加速偿还和折旧。（3）在分红利时，外资企业所缴纳的所得税税率是10%，或者根据现行的有关避免双重征税协议，采用较低的税率缴税。（4）给予5年以上的亏损补偿期，但最多不超过10年。上述所得税优惠，由财政部长颁发，并且每年给予评估。

3. 投资便利。2007年8月，印尼中央与地方政府实行投资审批一站式服务。实行一站式服务之后，每个部门都派代表到投资统筹机构办事处，以便加快办理审批手续。依据2007年第25号《投资法》第30条第7款，需要中央政府审批的投资领域包括对环保有高破坏风险的天然资源投资，跨省级地区的投资，与国防战略和国家安全有关的投资。

2013年10月，印尼采取的配套政策重点是为在印尼的投资和经商提供便利。政策主要适用于雅京首都专区。为提高经营便利，该经济政策配套由八个部分组成，涉及经营业务、电力安装、纳税和缴纳保险费、解决合约中的民事诉讼、解决破产案件、土地注册和建筑所有权、房屋建造许可证和贷款便利化。

4. 地区鼓励政策。2009年，印尼通过了经济特区新法律。根据该法，印尼在2010年成立2～3个特别经济区。在特别经济区开展业务的公司，可以享受税收（包括增值税、销售税及进口税等）、土地使用等方面的优惠政策。政府将简化投资人申请设立公司或申办其他事项的手续。

印尼的特殊经济区是《2011～2025年经济发展中长期规划》的重点发展项目，作为印尼“六大经济走廊”战略的重要支撑点，并成为连接印尼主要岛屿的重要经济纽带。2014年以来，印尼政府已批准10个特殊经济区，大力推进经济建设。

四、外国企业在印尼获得土地的规定

（一）土地法的主要变动

2011年，印尼政府拟修订征地法令，通过给被征地人更合理的补偿，来获取基础设施建设用地；对拒绝出让土地的，政府有权强制征地。一直以来，因实行土地私有制、征地补偿不合理等，印尼政府很难从私人手中征取基建用地，这严重制约了该国基础设施建设和投资环境改善。

（二）外资企业获得土地的规定

印尼实行土地私有，外国人或外国公司在印尼都不能拥有土地，但外商直接投资企业可以拥有以下三种受限制的权利：建筑权，允许在土地上建筑并拥有该建筑物30年，并可再延期20年；使用权，允许为特定目的使用土地25年，可以再延期20年；开发权，允许为多种目的开发土地，如农业、渔业和畜牧业等，使用期35年，可再延长25年。

五、环境保护法律法规

印尼主管环境保护的部门是环境国务部，基础环保法律法规是1997年的《环境保护法》。《环境保护法》主要规定了环境保护目标、公民权利与义务、环境保护机构、环境功能维持、环境管理、环境纠纷、调查及惩罚违反该法的行为。

1997年的《环境保护法》是印尼环境保护的基本法，是制定和执行其他单项法律法规的依据，其他环境单项法律法规不得与本法相冲突和抵触。

本法较注重对生态和环境的保护，明确规定：“环境可持续发展是指在经济发展中充分考虑到环境的有限容量和资源，使发展既满足现代人又满足后代人生存需要的发展模式。”这表明，印尼在发展经济的同时，对自然资源的利用采取优化合理的方式，关注到环境的承载能力，力求使人民获得最大利益，形成人与环境之间的平衡和谐关系。

六、保护知识产权规定

（一）印尼当地有关知识产权保护的法律规定

印尼现行的知识产权法主要有2001年《专利法》、2001年《商标法》、2002年《著作权法》、2000年《商业秘密法》、2000年《工业设计法》、2000年《集成电路布图设计法》和2000年《植物品种保护法》。

印尼加入的国际条约包括：《保护工业产权巴黎公约》《专利合作条约》《商标法条约》《伯尔尼公约》以及《WIPO版权条约》和《WIPO表演和录音制品条约》《与贸易有关的知识产权协议》，也是世界知识产权组织的成员国。

《专利法》规定，专利保护期为20年，期满后不得续展。《商标法》规定，商标保护期为10年，保护期可以续展。《著作权法》规定，有效期分别不同情况为作者生前及其死后50年和首次发表后50年。

（二）知识产权侵权的相关处罚规定

印尼法律规定，违反知识产权保护法规的行为，将受到法律制裁，包括经济处罚和刑事处罚。

七、投资合作相关法律及对中国企业投资合作保护政策

（一）印尼与投资合作相关的主要法律

主要法律有：《投资法》《公司法》《所得税法》《劳动法》《知识产权法》《破产法》《贸易法》《海关法》等。

（二）印尼对中国企业投资合作的保护政策

1. 中国与印度尼西亚签署双边投资保护协定。中国与印尼政府在1994年签署《促进和保护投资协定》。

2. 中国与印度尼西亚签署避免双重征税协定。中国与印尼政府在2001年签署《避免双重征税和防止偷漏税协定》。

老挝投资贸易指南

一、对外贸易法规和政策规定

（一）贸易主管部门

老挝贸易主管部门为老挝工业与贸易部（下设省市工业与贸易厅、县工业与贸易办公室），主要职责是制订、实施有关法律法规，发展与各国、地区及世界的经济贸易联系与合作，管理进出口、边贸及过境贸易，管理市场、商品及价格，对商会或经济咨询机构进行指导以及企业与产品原产地证明管理等。

（二）贸易法规体系

老挝与贸易相关的主要法律有《投资促进管理法》《关税法》《企业法》《进出口管理令》《进口关税统一与税率制度商品目录条例》等。

（三）贸易管理的相关规定

老挝所有经济实体享有经营对外经济贸易的同等权利，除少数商品受禁止和许可证限制外，其余商品均可进出口。

1. 禁止进口商品。枪支、弹药、战争用武器及车辆；鸦片、大麻；危险性杀虫剂；不良性游戏；淫秽刊物等5类商品禁止进口。

2. 禁止出口商品。枪支、弹药、战争用武器及车辆；鸦片、大麻；法律禁止出口的动物及其制品；原木、锯材、自然林出产的沉香木；自然采摘的石斛花和龙血树；藤条；硝石；古董、佛像、古代圣物等9类商品禁止出口。

3. 进口许可证管理商品。活动物、鱼、水生物；食用肉及其制品；奶制品；稻谷、大米；食用粮食、蔬菜及其制品；饮料、酒、醋；养殖词料；水泥及其制品；燃油；天然气；损害臭氧层的化学物品及其制品；生物化学制品；药品及医疗器械；化肥；部分化妆品；杀虫剂、毒鼠药、细菌；锯材；原木及树苗；书籍、课本；未加工宝石；银块、金条；钢材；车辆及其配件（自行车及手扶犁田机除外）；游戏机；爆炸物等25类商品进口需许可证。

4. 出口许可证管理商品。活动物（含鱼及水生物）；稻谷、大米；虫胶、树脂、林产品；矿产品；木材及其制品；未加工宝石；金条、银块等7类商品出口需许可证。

（四）进出口商品检验检疫

老挝对各类动植物产品的进口有检疫要求，要求对进口产品的特征及进口商的相关信息进行检查。

1. 动物检疫。根据老挝动物检疫规定，活动物、鲜冻肉及肉罐头等进口商须向农林部动物检疫司申请动物检疫许可证。商品入境时由驻口岸的动物检疫员查验产地国签发的动物检疫证和老挝农林部签发的检疫许可证。

2. 植物检疫。老挝农林部负责植物检疫工作，进口植物及其产品须在老挝的边境口岸接受驻口岸检查员检查，并出示产品原产国有关机构签发的植物检疫证。

（五）海关管理规章制度

1. 管理制度。老挝政府于1994年12月颁布实施《统一制度和进口关税商品目录条令》，2005年5月颁布实施《关税法》及2001年10月颁布实施《商品进出口管理法令》等法律法规，对海关管理作了系列规定。其中《关税法》对进出口商品限制、禁止种类、报关、纳税、仓储、提货、出关、关税文件管理及报关复核等做了相关规定。

2. 关税税率。老挝关税分自主关税、协定关税、优惠关税、减让关税和零关税等5种不同的税率。详情可参看《统一制度和进口关税商品目录条令》及有关关税调整通知等文件。

3. 报关流程。货物进入仓库—过磅—做仓库临时报关单—打货物临时报关单、报海关审核、报海关领导签字、打税单上税、海关检验货物、付仓库费—海关做记录、进关。

4. 报关所需材料。老挝计划投资部批文、企业投资许可证、企业申请报告、企业营业执照（复印件）、企业税务登记（复印件）和货物老文清单（含数量、价格、重量、规格等）。

二、外国投资市场准入规定

（一）投资主管部门

工贸部、计划投资部、政府办公厅分别对老挝投资的一般投资、特许经营投资和经济特区投资负责。

（二）投资行业的规定

除了危及国家稳定，严重影响环境、人民身体健康和民族文化的行业和领域，老挝政府鼓励外国公司及个人对各行业各领域投资。

2014年7月8日，老挝六届国会七次会议表决通过《老挝鼓励外国投资法》。新投资促进法对老挝政府禁止投资的行业、政府专控的行业和专为老挝公民保留的职业做出具体规定。

1. 禁止投资的行业。各种武器的生产和销售；各种毒品的种植、加工及销售；兴奋剂的生产及销售（由卫生部专门规定）；生产及销售腐蚀、破坏良好民族风俗习惯的文化用品；生产及销售对人类和环境有危害的化学品和工业废料；色情服务；为外国人提供导游。

2. 政府专控的行业。石油、能源、自来水、邮电和交通、原木及木材制品、矿藏及矿产、化学品、粮食、药品、食用酒、烟草、建材、交通工具、文化制品、贵重金属、教育。

3. 专为老挝公民保留的职业。(1)工业手工业部门：制陶；金、银、铜及其制品的打制；手工织布和编纺刺绣；工厂的织布、缝纫工作；竹篾、藤凉席的制作；佛像、木雕制作；玩具的制作；棉或木棉服装和被褥的制作；铁匠；电焊工。(2)金融部门：金、银、铜及其有价物品的销售。(3)商业部门：流动和固定零售；成品油零售。(4)财政部门：财务监督或提供财务服务工作。(5)教育部门：为外国人教授老挝语。(6)文化部门：老挝传统乐器制作；手工字母排版；各种广告牌的设计和制作；各种场所的装修。(7)旅游部门：导游和导游的分配。(8)交通、运输、邮电和建设部门：各种运输车辆的驾驶；建筑行业的各种载重车（推土机、自卸车等）的驾驶；铲土机、平地机、打夯机、挖土机的操作；各种信件、报纸、文件的发送；密码工作；汽车美容。(9)劳动和社会服务部门：普通工人、清洁工、保安；为外国人提供家政服务；美容、烫发和理发；文书和秘书工作。(10)食品部门：米线制品的生产。

老挝对国产水泥、钢筋、洗洁精、PVC管、镀锌瓦、水泥瓦实行保护政策。

（三）投资方式的规定

外国投资者可以按照“协议联合经营”、与老挝投资者成立“混合企业”和“外国独资企业”等3种方式到老挝投资。

“协议联合经营”是指老挝投资法人与外方在不成立新法人的基础上联合经营。

“混合企业”是指由外国投资者和老挝投资者依照老挝法律成立、注册并共同经营、共同拥有所有权的企业。外国投资者所持股份不得低于注册资金的30%。

“外国独资企业”是指由外国投资者独立在老挝成立的企业，形式可以是新法人或者分公司。

矿产、水电行业为老挝外资投资的主要领域。中国、越南、泰国分别是老挝前三大投资国。

（四）特殊经济区域的规定

2011年年底，老挝政府颁布《2011年至2020年在老挝开发经济特区和专业经济区战略规划》，规划到2015年建立14个经济特区和专业经济区。即：万象市的东坡喜专区、会山专区、塔銮湖专区、赛萨坛专区；占巴色省的西潘敦专区、巴松菠萝芬高原专区、万道专区；甘蒙省的甘蒙黄金城专区；沙耶武里省的南横口岸专区；波里坎赛省的万坎开发区；华潘省的浓康专区；沙湾拿吉省的老堡边境贸易区；川圹省的石缸平原专区和波乔省的泥公河大桥桥头专区等。

目前，老挝政府批准设立10个经济特区和专业经济区，占地13564公顷，其中2个经济特区、8个专业经济区。即：沙湾一色诺经济特区、金三角经济特区、磨丁丽城专业经济区、万象嫩通工业贸易园、赛色塔综合开发区、东坡西专业经济区、万象隆天专业经济区、普乔专业经济区、塔銮湖专业经济区、他曲专业经济区。

三、老挝对外国投资的政策

（一）优惠政策框架

老挝对外国投资给予税收、制度、措施、提供信息服务及便利方面的优惠政策。

（二）行业鼓励政策

老挝鼓励外国投资的行业有：(1)出口商品生产；(2)农林、农林加工和手工业；(3)加工、使用先进工艺和技术、研究科学和发展、生态环境和生物保护；(4)人力资源开发、劳动者素质提高、医疗保健；(5)基础设施建设；(6)重要工业用原料及设备生产；(7)旅游及过境服务。

（三）税收优惠政策

进口用于在老挝国内销售的原材料、半成品和成品可享受减征或免征进口关税、消费税和营业税。即：进口经有关部门证明并批准的原材料可免征进口关税和营业税；进口老挝国内有但数量不足的半成品5年内可按最高正常税率减半征收进口关税和营业税；进口经有关部门证明并批准的老挝国内有但数量不足或质量不达标的配件可按照东盟统一关税目录中的税率征收配件关税及消费税。

进口的原材料、半成品和成品在加工后销往国外的，可享受免征进口和出口的关税、消费税和营业税。

经老挝计划投资部批准进口的设备、机器配件可免征进口关税、消费税和营业税。

经老挝计划投资部或相关部门批准进口的老挝国内没有或有但不达标的固定资产可免征第一次进口关税、消费税和营业税。

经老挝计划投资部或相关部门批准进口的车辆(如载重车、推土机、货车、35座以上客车及某些专业车辆等)可免征进口关税、消费税和营业税。

(四)地区鼓励政策

老挝政府根据不同地区的实际情况给予投资优惠政策:(1)一类地区,指没有经济基础设施的山区、高原和平原。免征7年利润税,7年后按10%征收利润税。(2)二类地区,指有部分经济基础设施的山区、高原和平原。免征5年利润税,之后3年按7.5%征收利润税,再之后按15%征收利润税。(3)三类地区,指有经济基础设施的山区、高原和平原。免征两年利润税,之后两年按10%征收利润税,再之后按20%征收利润税。免征利润税时间按企业开始投资经营之日起算;如果是林木种植项目,从企业获得利润之日起算。

此外,企业还可以获得如下4项优惠:(1)在免征或减征利润税期间,企业还可以获得免征最低税的优惠。(2)利润用于拓展获批业务者,将获得免征年度利润税。(3)对直接用于生产车辆配件、设备,老挝国内没有或不足的原材料,用于加工出口的半成品等进口可免征进口关税和赋税。(4)出口产品免征关税。

对用来进口替代的加工或组装的进口原料及半成品可以获得减征关税和赋税的优惠;经济特区、工业区、边境贸易区以及某些特殊经济区等按照各区的专门法律法规执行。

四、外国企业在老挝获得土地的规定

(一)土地法的主要内容

老挝实行土地公有制,土地所有权禁止交易。地产市场的交易仅为土地使用权交易。老挝土地法根据老挝宪法的规定将土地国家所有权制度确立为国家唯一的土地所有权制度,即作为土地唯一所有者的国家对于自己所有的土地依法享有的占有、使用、收益和处分的权利。国家按照法律和规划统一管理全部土地,保证有目的和有成效地使用土地。

老挝《土地法》(1997年颁布)规定,全国范围内的土地划分为以下八个类型:农业用地、林业用地、建筑用地、工业用地、交通用地、文化用地、国防、治安用地和水域用地。关于各类土地范围划分权和程序方面,中央一级政府在全国范围内分配和划分各类土地,然后向国会提议以便审议通过。地方政府在自己负责的范围内规定各类土地的范围,使之符合政府制定的土地类型范围的规定,然后向自己的上级政府提议以便审议通过。

老挝《土地法》规定,一旦认为有必要,可以把一种土地类型转向另一种类型,但在用作其他目标前,必须事先征得有关部门的许可并不得对自然环境和社会造成不良影响。

(二)外资企业获得土地的规定

老挝《土地法》对本国人与外国人在土地使用形式上做了区分。本国个人、家庭及组织享有土地使用权和土地租赁权,而外国人、无国籍人仅仅享有土地租赁权。两者区别在于:土地租赁是从土地使用权中分离出来的一项独立财产权利。老挝《土地法》没有对土地使用权的期限做出规定;土地使用权一般要求支付地租,但也可无偿。土地租赁为有偿形式,租金是必要条件;土地使用权具有流通性,可让与作为抵押权的标的,设定权利抵押权。而土地租赁权一般不得让与,转租也受到限制或禁止。

外国人以及其他组织没有土地的使用权,只享有土地租赁权。其如果需要从老挝公民手中租赁已开发的土地,则应由土地所在地的省、市或特区政府向财政部建议审批。至于外国人及上述个人的组织,是由土地所在地的省、市或特区政府向财政部建议决定。根据外国人投资的项目、产业、规模、特性,其租期最高不得超过50年,但可按政府的决定视情形续租。

(三)老挝目前实行土地特许经营的项目

1. 农业项目。老挝实行土地特许经营的农业项目有360个,按项目数量排序主要有:咖啡(59个)、牲畜(58个)、麻风树(49个)、木薯(34个)、水果蔬菜(31个)、大米(12个)、甘蔗(10个);按占地面积排序居前者有:甘蔗(3.4969万公顷)、畜牧(3.1494万公顷)、麻风树(2.5179万公顷)。咖啡种植项目95%位于老挝南部占巴色省,种植总面积1.9105万公顷。甘蔗项目几乎全是泰国投资,多位于老挝南部靠近泰国的地方。中国投资老挝的农业项目占地1.3万公顷,其中5个木薯种植项目覆盖1万公顷土地。

2. 林业项目。老挝实行土地特许经营的林业项目有367个,最常见的是橡胶种植园,共有225个项目,覆盖13万公顷土地。其次是49个桉树项目,覆盖9.5万公顷土地。中国以86个项目占地8.6万公顷名列林业项目第一位,其后是越南和印度。中国企业投资的橡胶园主要在老挝北部,便于采购商运输到云南西双版纳加工。越南主要投资的项目也是橡胶,相较中国每个项目平均只有341公顷土地,越南投资橡胶项目平均占地面积为1477公顷。

3. 采矿项目。采矿业564个项目占地接近55万公顷,即老挝土地特许经营项目总面积的一半。3个最主要的产品类别分别是:锌矿(18.9万公顷),铜矿(8.6万公顷),铁矿(5.7万公顷)。项目数量最大类别是沙和碎石开采项目,共165个项目,但总面积仅为2987公顷。就采矿业投资项目数量而言,中国有69个项目,越南32个项目,泰国9个项目。但是从项目面积看,越南在采矿业投资的土地面积为23.2万公顷,中国则仅有9.7万公顷。

4. 其他项目。电力、制造、加工业特许经营项目共829个项目占地2.2万公顷。通信、服务、旅游、运输、贸易特许经营项目共520个项目占地7.7万公顷。

由于老挝土地投资及特许经营项目的规模急剧扩大,无论政府还是民间都对其影响予以关注。2012年6月老挝政府停止橡胶及桉树的特许经营许可,进行全国范围内的土地特许经营情况审查复核,对项目影响进行重新评估,土地特许经营权的审批程序趋于严格。

五、环境保护法律规定

(一)环保管理部门

老挝环保管理部门包括自然资源环境部、部派驻处、省/直辖市自然资源环境厅、县和村委会等5级机构。主要职责有:(1)制定和实施环保法律法规;(2)研究、分析和处理项目环保问题;(3)颁发或没收环保许可证;(4)指导环评工作;(5)开展环保国际合作等。

(二)主要环保法律法规

老挝主要环保法律法规有《环境保护法》(1999年4月颁布实施)、《环境保护法实施令》《水和水资源法》《水和水资源法实施令》等。2013年3月,老挝颁布新修订的《环境保护法》。

(三)环保法律法规基本要点

老挝环保法规定,个人或组织在实施项目中必须负责预防和控制水、土地、空气、垃圾、有毒化学物品、辐射性物品、振动、声音、光线、颜色和气味等污染；禁止随意向沟渠、水源等倾倒、排放超标污水和废水；禁止排放超出空气质量指标的烟雾、气体、气味、有毒性化学品和尘土；生产、进口、使用、运输、储藏和处理有毒化学物品或辐射性物品必须按照相关规定执行；禁止随意倒放垃圾，必须在扔弃、燃烧、埋藏或销毁前行划定或区分垃圾倒放区域；禁止进口、运输、移动危险物品通过老挝水源区、境内或领空。个人或组织违反环保法的，情节较轻者处以教育、罚金；情节重者可按相关民事法律和刑事法律进行处罚。

（四）环保评估的相关规定

2010 年 2 月 16 日，老挝对《环境评价条例》进行修订。此次修订严格了环评程序，进一步完善公众参与制度。新修订的《环境评价条例》将所有项目分成两大类，一类包括小规模投资项目和对环境与社会影响小的项目，这类只要求 IEE；一类是大规模投资的项目，包括复杂的和显著影响环境与社会的项目，要求 EIA 环评机构：自然资源和环境部、费用根据项目类型、规模收取，没有统一收费标准，需要双方洽谈；环评报告上交自然资源和环境部环境监察中心后在半年内给予答复，如未通过则需重新评估。

六、保护知识产权规定

（一）老挝当地有关知识产权保护的法律规定

老挝政府于 1995 年颁布实施《商标令》，2008 年 1 月颁布实施《知识产权法》。

《商标令》规定，在老挝的个人或法人可以向老挝科技部提出商标注册申请。商标保护期为 10 年，可延长 10 年/次。连续 5 年不用或者商标注册批准证书过期，则失去效力。

《知识产权法》规定，知识产权包括工业产权、物种和专利 3 大类。工业产权保护期限一般为 10 ~ 20 年，期间支付费用；物种保护期乔木类为 25 年、灌木类为 15 年，期间支付费用；专利保护期为创作者终生及死后 50 年。

（二）知识产权侵权的相关处罚规定

老挝《知识产权法》规定，违反知识产权保护规章的行为，受法律制裁。

七、投资合作相关法律及对中国企业投资合作保护政策

（一）老挝与投资合作相关的主要法律

1.《投资促进法》。2010 年 3 月，老挝国家主席签署第 75 号主席令，正式颁布实施老挝新版《投资促进法》。新版《投资促进法》由原来的《国内投资促进管理法》和《外国投资股促进管理法》合并而成，并对其中 8 处作了修订和完善，如：投资方式、投资类型、审批程序、一站式投资服务、投资指导目录、优惠政策、专门经济区开发投资以及中央与地方管理职能划分等内容。

2.《民法》。规定老挝的自然人之间、法人之间以及自然人与法人之间的财产关系，为私有财产提供保护。

3.《企业法》。规定企业成立、组织、运作、解散、转让和变更，划分企业类型，规范企业章程。

4.《矿产法》。1997 年 5 月实施，后进行修订。对矿产资源的所有权、保护和开发、环境保护、矿山经营者权益和当地居民权益和保护等做出规定。

（二）老挝对中国企业投资合作的保护政策

1. 中国与老挝签署双边贸易保护协定。中国与老挝于 1988 年 12 月签署了《中老贸易协定》《中老边境贸易的换文》。

2. 中国与老挝签署避免双重征税协定。中国与老挝于 1999 年 1 月签署了《中老避免双重征税协定》。

3. 中国与老挝签署的其他协定。中国与老挝还签署了《中老关于鼓励和相互保护投资协定》（1993 年 1 月）、《中老汽车运输协定》（1993 年 12 月）、《中老澜沧江—湄公河客货运输协定》（1994 年 11 月）、《中老旅游合作协定》（1996 年 10 月）、《中老关于成立两国经贸技术合作委员会协定》（1997 年 5 月）、《中国、老挝、缅甸和泰国四国澜沧江—湄公河商船通航协定》（2000 年 4 月）等协定，在投资、旅游、运输等方面规定了相关保护政策。

4. 其他相关保护政策。中国与老挝签署《中老领事条约》（1989 年 10 月）、《中老民事刑事司法协助条约》（1999 年 1 月）、《中华人民共和国和老挝人民民主共和国引渡条约》（2002 年 2 月）等协定，在司法方面规定相关保护政策。2002 年 11 月，中国与东盟国家签署《中国—东盟全面经济合作框架协议》。2004 年 11 月 29 日，在老挝万象召开的第 8 次中国—东盟领导人会议上，中老签署《货物贸易协议》和《争端解决机制协议》。

马来西亚投资贸易指南

一、对外贸易法规和政策规定

（一）贸易主管部门

马来西亚主管对外贸易的政府部门是国际贸易和工业部，主要职责是负责制订投资、工业发展及外贸等有关政策，拟定工业发展战略，促进多双边贸易合作，规划和协调中小企业发展，促进和提升私人企业界和土著的管理和经营能力。

（二）贸易法规体系

主要对外贸易法律有《海关法》《海关进口管制条例》《海关出口管制条例》《海关估价规定》《植物检疫法》《保护植物新品种法》《反补贴和反倾销法》《反补贴和反倾销实施条例》《2006 年保障措施法》《外汇管理法令》等。

（三）贸易管理的相关规定

马来西亚实行自由开放的对外贸易政策，部分商品的进出口会受到许可证或其他限制。

1. 进口管理。1998 年马来西亚海关禁止进口令规定了四类不同级别的限制进口。第一类是 14 种禁止进口品，包括含有冰片、附子成分的中成药，45 种植物药以及 13 种动物及矿物质药。第二类是需要许可证的进口产品，主要涉及卫生、检验检疫、安全、环境保护等领域。包括禽类和牛肉（还必须符合清真认证）、蛋、大米、糖、水泥熟料、烟花、录音录像带、爆炸物、木材、安全头盔、钻石、碾米机、彩色复印机、一些电信设备、武器、军火以及糖精。目前大约有 27% 的税目产品需要进口许可证。第三类是临时进口限制品，包括牛奶、咖啡、谷类粉、部分电线电缆以及部分钢铁产品。第四类是符合一定特别条件后方可进口的产品，包括动物、动物产品、植物及植物产品、香烟、土壤、动物肥料、防弹背心、电子设备、安全带及仿制武器。

为了保护敏感产业或战略产业，马来西亚对部分商品实施非自动进口许可管理，主要涉及建筑设备、农业、矿业和机动车辆部门。如所有重型建筑设备进口须经国际贸易和工业部批准，且只有在马来西亚当地企业无法生产的情况下方可进口。马来西亚海关负责发放进口许可证，国际贸易及工业部及其他部门负责进口许可证的日常管理工作。

2. 出口管理。马来西亚规定,除以色列外,大部分商品可以自由出口至任何国家。但是,部分商品需获得政府部门出口许可,其中包括:短缺物品、敏感或战略性或危险性产品,以及受国家公约控制或禁止进出口的野生保护物种。此外,马来西亚《1988 年海关令(禁止出口)》规定对三类商品的出口管理措施:第一类为绝对禁止出口,包括禁止出口海龟蛋和藤条;禁止向海地出口石油、石油产品和武器及相关产品。第二类为需要出口许可证方可出口;第三类为需要视情况出口。大多数第二和第三类商品为初级产品,如牲畜及其产品、谷类、矿物/有害废弃物;第三类还包括武器、军火及古董等。

国际贸易与工业部及国内贸易与消费者事务部负责大部分商品出口许可证的管理。

3. 进出口商品检验检疫。马来西亚要求所有肉类、加工肉制品、禽肉、蛋和蛋制品必须来自经农业部兽医服务局检验和批准的工厂,所有进口产品必须获得兽医服务局颁发的进口许可证。

所有向穆斯林供应的肉类、加工肉制品、禽肉、蛋和蛋制品必须通过清真认证,牛、羊、家禽的屠宰场以及肉蛋加工设备必须获得伊斯兰发展署的检验和批准。

4. 海关管理规章制度。(1)管理制度。马来西亚关税有两种归类系统:一种用于东盟内部贸易,税则号为 6 位数字;另一种用于与其他国家贸易。国际贸易及工业部下属关税特别顾问委员会负责对关税进行评审,每年在政府预算中公布。(2)关税水平。马来西亚关税 99.3% 是从价税,0.7% 是从量税、混合税和选择关税。世界贸易组织《2014 世界关税研究》公布数据显示,2013 年,马来西亚最惠国关税简单平均关税税率约 6%,农产品最惠国平均简单关税为 8.9%,非农产品该税率为 5.5%。

二、外国投资市场准入规定

(一)投资主管部门

马来西亚主管工业领域投资的政府部门是贸工部下属的马来西亚投资发展局(www.mida.gov.my),主要职责是:制定工业发展规划;促进制造业和服务业领域的国内外投资;审批工业执照、外籍员工职位以及企业税务优惠;协助企业落实和执行投资项目。

马来西亚其他行业投资由马来西亚总理府经济计划署(EPU)及有关政府部门负责,EPU 负责审批涉及外资与土著(Bumiputra)持股比例变化的投资申请,而政府部门则负责其他业务有关事宜的审批。

(二)投资行业规定

1. 限制的行业。外商投资下述行业会在股权方面受到严格限制:金融、保险、法律服务、电信、直销及分销等。一般外资持股比例不能超过 50% 或 30%。

2. 新开放领域。2009 年 4 月,马来西亚政府为了进一步吸引外资,刺激本国经济发展,开放了 8 个服务业领域的 27 个分支行业,允许外商独资,不设股权限制,包括:(1)计算机相关服务领域。包括电脑硬件咨询服务,软件应用服务(包括软件系统咨询服务、系统分析服务、系统设计服务、电脑程序服务、系统维护服务),资料处理服务(包括资料输入服务、资料处理与制表服务、共享服务等),数据库服务,电脑维修服务,其他(包括资料准备、训练、资料修复、内容开发等服务)。(2)保健与社会服务领域。包括兽医服务,老人院及残疾中心提供的服务,孤儿院服务,育儿服务(包括残疾儿童中心提供的服务),为残疾人士提供的职业培训服务。(3)旅游服务领域。包括主题公园,旅行社(仅限国内旅游部分),酒店与餐馆(仅限四星级及五星级酒店),食品服务(仅限四星级及五星级酒店),饮品服务(仅限四星级及五星级酒店)。(4)运输服务领域。(5)体育及休闲服务领域。(6)商业服务领域。包括区域分销中心,国际采购中心,科学检验与分析服务(包括成分与纯度化验分析服务、固体物检验分析服务、机械与电子系统检验分析服务、科技监督服务等),管理咨询服务(包括常规服务、金融、人力资源、产品与公关服务等)。(7)租赁服务领域。包括船只租赁(不包括沿海及岸外贸易)、国际货轮租赁(光船租赁)。(8)运输救援服务领域。包括海事机构服务、船只救护服务。

为进一步刺激外资流入,马来西亚政府在 2012 年逐步开放 17 个服务业分支行业的外资股权限制,包括:电讯领域的服务供应商执照申请、电讯领域的网络设备供应与网络服务供应商执照申请、快递服务、私立大学、国际学校、技工及职业学校、特殊技术与职业教育、技能培训、私立医院、独立医疗门诊、独立牙医门诊、百货商场与专卖店、焚化服务、会计与税务服务、建筑业、工程服务以及法律服务。

马来西亚服务业发展理事会(MSDC)是分支领域开放的监管单位,负责审查服务业限制领域发展的有关规定,监督和协调各部门相关工作。

3. 鼓励的行业。马来西亚政府鼓励外国投资进入其出口导向型的生产企业和高科技领域。

马来西亚比较适合外国投资的产业包括:农业生产、农产品加工、林业、橡胶制品、棕油产品、石油化工、医药、木材、纸浆制品、纺织、非金属矿物制品、钢铁业、有色金属、机械设备及零部件、交通设备及部件、电子电器、专业医学、科学测量仪器制造、相机及光学产品、塑料制品、酒店与旅游业、影视制作以及一些制造业相关的服务业等。2003 年 6 月开始,外商投资制造业的新项目可以 100% 持股。

(三)投资方式的规定

1. 直接投资。外商可直接在马来西亚投资设立各类企业,开展业务。直接投资包括现金投入、设备入股、技术合作以及特许权等。

2. 跨国并购。马来西亚允许外资收购本地注册企业股份,并购当地企业。一般而言,在制造业、采矿业、超级多媒体地位公司、伊斯兰银行等领域或鼓励外商投资的五大经济发展走廊,外资可获得 100% 股份;马来西亚政府还先后撤销了 27 个服务业分支领域和上市公司 30% 的股权配额限制,进一步开放了服务业和金融业。

3. 股权收购。马来西亚股票市场向外国投资者开放,允许外国企业或投资者收购本地企业上市,2009 年,马来西亚首相纳吉布宣布取消外资公司在马来西亚上市必须分配 30% 土著股权的限制,变为规定的 25% 公众认购的股份中,要求有 50% 分配给土著,即强制分配给土著的股份实际只有 12.5%;此外,拥有多媒体超级地位、生物科技公司地位以及主要在海外运营的公司可不受土著股权需占公众股份 50% 的限制。纳吉布同时废除外资委员会(FIC)的审批权,拟在马上市的外资公司直接将申请递交给马来西亚证券委员会。

（四）特殊经济区域的规定

1. 五大经济特区。近年来，马来西亚政府鼓励外资政策力度逐步加大，为平衡区域发展，陆续推出五大经济发展走廊，基本涵盖了西马半岛大部分区域以及东马的两个州，凡投资该地区的公司，均可申请5～10年免缴所得税，或5年内合格资本支出全额补贴。根据具体区域实际情况，联邦政府制定了不同的重点发展行业。(1)伊斯干达开发区(Iskandar Malaysia)。位于马来半岛南端柔佛州，占地面积约2200平方千米，重点推动服务业成为经济发展的关键动力。鼓励投资行业包括：旅游服务、教育服务、医疗保健、物流运输、创意产业及金融咨询服务等。(2)北部经济走廊(Northern Corridor Economic Region，NCER)。涵盖马来半岛北部玻璃市州、吉打州、槟州及霹雳州北部区域，占地面积约1.8万平方千米，重点鼓励投资行业包括农业、制造业、旅游及保健、教育及人力资本和社会发展等。(3)东海岸经济区(East Coast Economic Region，ECER)。包括东海岸吉兰丹州、登加楼州、彭亨州及柔佛州的丰盛港地区，占地面积约6.7万平方千米，重点鼓励投资行业包括旅游业、油气及石化产业、制造业、农业和教育等。(4)沙巴发展走廊(Sabah Development Corridor，SDC)。涵盖东马沙巴州大部分地区，占地面积约7.4万平方千米，重点鼓励投资行业包括旅游业、物流业、农业及制造业等。(5)沙捞越再生能源走廊(Sarawak Corridor of Renewable Energy，SCORE)。位于东马沙捞越州西北部，占地面积约7.1万平方千米，沙州拥有丰富的能源资源，重点鼓励投资行业包括油气产品、铝业、玻璃、旅游业、棕油、木材、畜牧业、水产养殖、船舶工程和钢铁业等。

自2006年推行经济走廊计划以来，五大经济走廊已吸引投资264.5亿马币，创造13.2万个工作机会。其中伊斯干达发展区吸引投资额最高，达83.4亿马币，创造5.6万个工作机会；北部经济走廊(NCER)吸引投资68.9亿马币，创造2.6万个工作机会；东海岸经济区(ECER)吸引投资51.4亿马币，创造2.7万个工作机会；沙巴发展走廊(SDC)吸引投资54.2亿马币，创造1万个工作机会；砂捞越再生能源走廊(SCORE)吸引投资额8.3亿马币，创造1.3万个工作机会。

2. “大吉隆坡”计划。马来西亚“大吉隆坡”计划全线启动。大吉隆坡地区：经济转型计划中提出的国家关键经济领域之一，位于吉隆坡—巴生河谷流域，涵盖了吉隆坡附近10个城市，占地面积约2800平方千米。概念参考了大伦敦和大多伦多地区，计划从基础设施、人民收入和居住环境三方面着手，将吉隆坡打造成为位居世界前20名的适合居住的国际大都市。

3. 马中关丹产业园(MCKIP)。(1)基本规划。产业园位于彭亨州关丹市格宾(GEBENG)工业区内，面积6.07平方千米，距离关丹港5千米。(2)开发模式。由中国和马来西亚双方牵头企业在马成立合资公司作为产业园开发主体，由马方占股51%，中方占股49%，共同从事土地开发和基础设施建设以及后期招商工作。(3)产业指引。十大重点产业包括：塑料及金属行业设备、汽车零部件、纤维水泥板、不锈钢产品、食品加工、碳纤维、电子电器、信息通讯、消费类商品以及可再生能源。(4)优惠政策。马方对产业园提出的优惠政策主要分为财政优惠和非财政优惠两类。其中，财政优惠包括：自第一笔合法收入起10年内100%免缴所得税，或享受5年合格资本支出全额补贴；工业园开发、农业及旅游项目免缴印花税；机械设备免缴进口税及销售税。

马来西亚鼓励外国投资政策的主要内容是：特区鼓励创意、教育服务、金融咨询、保健、物流和旅游这6个领域，特区首个中心点主要发展休闲、住宅、金融和高端工业园等。

4. 财务优惠措施。对于具有特区地位的公司而言，在2015年前开业的特区地位公司，可免税10年；非国民预扣的服务税和权利金可获10年豁免。对于发展商而言，2015估税年前，在区内第一中心出售土地所获得的法定收入可免税；2020估税年前，商业建筑物租赁或买卖收入免税；非国民的服务税、利息及权利金豁免预扣税直至2015年12月31日。对于产业发展管理人而言，提供管理、监督或行销服务的产业发展管理人，法定收入可免税直至2020年估税年；提供相关服务的非国民，可免预扣税直至2015年12月31日。

5. 非财务优惠措施。豁免遵守外国投资委员会条例。享有宽松的外汇管理，其中包括：向国民支付或收取外币；向境内银行及非国民借贷任何数额的外币；可用外币在境内及境外投资；可将出口收入保留在境内；聘请外国专门人才无限制，境外专业人才可进口或购买免税汽车自用。

三、外国投资优惠政策

（一）优惠政策框架

马来西亚投资政策以《1986年促进投资法》《1967年所得税法》《1967年关税法》《1972年销售税法》《1976年国内税法》以及《1990年自由区法》等为法律基础，这些法律涵盖了对制造业、农业、旅游业等领域投资活动的批准程序和各种鼓励与促进措施。

2010年，马来西亚联邦政府出台一系列新的举措，以促进投资增长。包括设立国家投资委员会，由马贸工部长和首相府绩效管理实施署长作为联席主席，委员由马财政部、首相府经济计划署、央行、绩效管理实施署、贸工部、投资发展局、统计局的官员组成，负责实时审批投资项目；将投资主管机构马投资发展局（原名工业发展局）企业化，授予更多权限，以提高该机构施政灵活性，吸引更多投资；修订了《促进行动及产品列表》（即鼓励外商投资产业目录）；关注五大经济发展走廊吸引投资情况，强化各走廊发展局的职能。

鼓励政策和优惠措施主要是以税务减免的形式出现的，分为直接税激励和间接税激励两种。直接税激励是指对一定时期内的所得税进行部分或全部减免；间接税激励则以免除进口税、销售税或国内税的形式出现：

1. 投资税务补贴(Investment Tax Allowance，ITA)。获得新兴工业地位(Pioneer Status，PS)称号的企业可享受为期5年的所得税部分减免，仅需就其法定收入的30%征收所得税。即：获得投资税务补贴的企业，可享受为期5年合格资本支出60%的投资税务补贴。该补贴可用于冲抵其纳税年法定收入的70%，其余30%按规定纳税，未用完的补贴可转至下一年使用，直至用完为止。

享受新兴工业地位或投资税务补贴的资格是以企业具备的某方面优势为基础的，包括较高的产品附加值、先进的技术水平以及产业关联等。符合这些条件的投资被称为“促进行动”(promoted activities)或“促进产品”(promoted products)。马政府专门制订了有关制造业的《促进行动及产品列表》。除制造业外，两项鼓励政策均可适用于其他行业申请，如农业、旅游业及制造业相关的服务业等。

2. 再投资补贴(Reinvestment Allowance，RA)。再投资补

贴主要适用于制造业与农业。运营12个月以上的制造类企业因扩充产能需要，进行生产设备现代化或产品多样化升级改造的开销，可申请再投资补贴。合格资本支出额60%的补贴可用于冲抵其纳税年法定收入的70%，其余30%按规定纳税。

3. 加速资本补贴（Accelerated Capital Allowance，ACA）。使用15年的再投资补贴后，再投资在“促进产品”的企业可申请加速资本补贴，为期3年，第一年享受合格资本支出40%的初期补贴，之后两年均为20%。除制造业外，加速资本补贴还适用于其他行业申请，如农业、环境管理及信息通信技术等。

4. 农业补贴。马来西亚的农业企业与合作社/社团除了农业《促进行动及产品列表》，也可申请新兴工业地位或投资税务补贴的优惠。《1967年所得税法》规定，投资者在土地开垦、农作物种植、农用道路开辟及农用建筑等项目的支出均可申请资本补贴和建筑补贴。考虑到农业投资计划开始到农产品加工的自然时间间隔，大型综合农业投资项目在农产品加工或制造过程中的资本支出还可单独享受为期5年的投资税务补贴。

5. 多媒体超级走廊地位。马政府于1996年推出信息通信技术计划，即多媒体超级走廊，简称MSC，目标是成为全球信息通讯产业中心。经多媒体发展机构核准的信息通讯企业可在新兴工业地位的基础上，享受免缴全额所得税或合格资本支出全额补贴（首轮有效期为5年），同时在外资股权比例及聘请外籍技术员工上不受限制。

6. 运营总部地位。国际采购中心地位和区域分销中心地位。为进一步加强马来西亚在国际上的区域地位，经核准的运营总部、区域分销中心和国际采购中心除了100%外资股权不受限制以外，还可享受为期10年的免缴全额所得税等其他优惠。

7. 新兴工业地位。获得新兴工业地位称号的企业可享受为期5年的所得税部分减税，仅需就其法定收入的30%征收所得税。

（二）行业鼓励政策

1. 清真食品加工及认证。包括：凡生产清真食品的公司，自符合规定的第一笔资本支出之日起5年内所发生符合规定资本支出的100%可享受投资税赋抵减。

2. 多媒体超级走廊公司。为了成为全球信息与通信技术产业的中心，马来西亚政府于1996年创建了信息与通信技术计划，即多媒体超级走廊。所有取得多媒体超级走廊地位的公司都可享受马来西亚政府提供的一系列财税、金融鼓励政策及保障，主要包括：提供世界级的硬体及资讯基础设施；无限制地聘请国内外知识型雇员；公司所有权自由化；长达10年的税收豁免政策或五年的财税津贴等。

3. 鼓励发展生物科技。马来西亚2007年财政预算报告宣布一系列新举措，鼓励在生物科技领域的投资，推动生物科技的发展。投资鼓励政策包括：（1）生物科技公司从首年盈利开始，免交10年所得税；（2）从第11年开始缴纳20%的所得税，优惠期仍为10年；（3）在生物科技领域进行投资的个人和公司，将减去与其原始资本投资相等的税收，并获得前期的融资支持；（4）生物科技公司在进行兼并或收购时，可免征印花税，并免交5年的不动产收益税；（5）用于生物科技研究的建筑物可获得有关的工业建筑物津贴。

4. 在马来西亚2011年政府预算案项下，特别提出几个行业领域的鼓励政策。（1）可再生能源领域：部分企业税务优惠申请期延至2015年底。①以可再生资源为原料产能或提供节能服务的企业；②生产可再生能源以自用或节能以自用产生的资本支出的企业。（2）混合动力车辆生产领域：混合动力汽车、摩托车免缴进口税及国内税的申请期限延长至2011年年底。（3）石油天然气产业。①投资税务补贴，合格资本支出的60%～100%的补贴可冲抵其纳税年法定收入，以鼓励资本密集型项目的开发，具体包括提高原油采收率、高含量二氧化碳天然气田、深水和基础设施的石油作业项目等；②为改善开发商的经济收益，边际油田开发项目所得税从38%降至25%；③增强项目可行性，边际油田开发企业可享受的加速资本补贴期增至5～10年；④为改善开发商项目收益，免除边际油田开采及输出的产品出口税。（4）旅游业。酒店的翻新、装修、扩建可获得第三轮投资税务补贴，额度为合格资本支出的60%，为期5年；同时可享受所得税部分减免，最低可仅就其法定收入的30%纳税。（5）其他行业。①联邦政府将为从事电子电器领域高附加值生产经营的本地公司提供8.6亿马币的资金支持；②为内资油脂衍生物公司提供1.3亿马币支持，为棕榈油下游产业拨款2300万；③贷款购买价值35万马币以内首套房的购房者，印花税减半；④为政府与私营领域合作项目提供125亿马币资金支持；⑤取消相机、手表、香水等旅游商品的进口税；⑥投资“最后一英里”（Last Mile）宽带设施项目优惠申请期延长至2012年底。

四、外国企业在马来西亚获得土地的规定

马来西亚宪法规定土地事务属于州务管辖范畴，各州均设有土地局，各州在联邦政府监督下，可制定本州的土地政策。宪法和国家土地法均规定，马来西亚土地可以作为私有财产受法律的保护，可自由买卖。获得土地的方式主要分两种，一种是永久拥有权（Freehold），可以获得永久地契（目前此权限已很难获得），另一种是租赁性拥有权（Leasehold），可获有效期为99年的租契。目前，联邦政府公布了新的修订政策，允许业主在99年地契到期之前支付一定费用，便可再延续新的99年所有权。

（一）土地法的主要内容

1966年1月1日起生效的《1965年国家土地法》是马来西亚最主要的土地法律框架，此外，马来西亚现行的主要土地法律还包括：《1976年地方政府法》（171号法令）、《1960年土地征用法》和《1976年城镇与乡村规划法》（172号法令）及其1995年修正案（993法案）。之后各州又颁布了自己的“马来人保留地法”等法律法规。

《1965年国家土地法》确定了联邦政府与州政府的权限、土地用途的分类、土地所有权转移、土地的买卖、没收、划分及抵押等内容。同时，无论何种用途的土地，必须在地契注明的规定时间内开发，如果违反，将无条件收回土地。《1976年城镇与乡村规划法》及其1995年修正案规定，申请取得土地以及更改土地用途的方案必须呈报审批，只有在不违反地方政府规划原则与目标的情况下，方可获得批准。《1960年土地征用法》规定政府部门、企业或个人不得随意征用土地，只有州政府有权征用州内土地及改变土地使用性质，联邦政府征用土地也要通过州政府进行，并向后者支付费用。凡征用土地，必须公布征用理由和确定补偿标准。“马来人保留地法”将土地总面积约1/4划为“马来人保留地”，并规定除非获得州政府批准，否则不能出售、出租或抵押给非马来人。

（二）外资企业获得土地的规定

马来西亚总理府经济计划署（EPU）公布的2010年1月1日生效的《产业购置指南》是马来西亚对外资最主要的产业规定，明确了各机构在外资购置产业申请事宜的审批权限。

需要报EPU审批的产业购置包括：（1）直接购置价值超过2000万马币的非住宅产业，降低当地土著企业或政府机构的股份比例；（2）通过并购控股方式，间接购置土著企业或政府机构的价值超过2000万马币的非住宅产业。这两种购置申请，均有强制的30%土著股权限制，且外资企业缴纳的资本不得低于25万马币。

无须EPU批准，但要报相关部门审核的产业购置包括：（1）购置价值超过50万马币的商业房屋，2014年财政预算案将此金额提高至100万马币；（2）价值超过50万马币或购置面积为5英亩以上的农业用地，用于农业投资、高新技术的商业投资、农业旅游项目开发或开展出口型农产品加工；（3）购置价值超过50万马币的工业用地；（4）购置价值超过50万马币住宅。

禁止外资购置的产业有：（1）价值50万马币以下的产业；（2）州政府划分的中/低成本住宅；（3）"马来人保留地"上的产业；（4）州政府分给土著企业开发项目的产业。

无须EPU批准的产业购置包括：购置马来西亚"第二家园计划"的住宅；多媒体超级走廊（MSC）区域内具MSC地位的公司，为了企业运营或员工住宿所购置的产业、在马来西亚任一发展走廊由政府相关机构批准的公司购置的产业；获得马来西亚国际伊斯兰金融中心（MIFC）秘书处颁发执照的公司购置的产业；公司的员工宿舍（外资控股的公司需购置10万马币以上的住宅），该业务由州政府批准；遗嘱或法院判决书要求转移给外资的产权；制造业公司购置的产业；联邦州政府、州务大臣/首席部长公司及其他政府关联公司（GLCS）购置的产业；私有化转型机制下的产业；获得财政部、贸工部等相关部门颁发的国际采购中心、运营总部、代表处、区域办事处、纳闽离岸公司以及生物科技公司等特殊地位公司所购置的产业。

五、环境保护法律规定

（一）环保管理部门

马来西亚政府环保主管部门是天然资源和环境部下属的环境局，主要负责环境政策的制定及环境保护措施的监督和执行。环境局下设负责处理空气、河流、水利以及工业废物的部门。

（二）主要环保法律法规名称

马来西亚基础环保法律法规包括《1974年环境素质法》和《1987年环境素质法令》（指定活动的环境影响评估）。涉及投资环境影响评估的法规包括《1990年马来西亚环境影响评估程序》《1994年环境影响评估指南》（海边酒店、石化工业、地产发展、高尔夫球项目发展）。

（三）环保法律法规基本要点

根据《马来西亚环境素质法》，投资者必须在提交投资方案时关注到环境因素，进行投资环境评估，在生产过程中控制污染，尽量减少废物的排放，把预防污染作为生产的一部分。根据《1987年环境素质法令》（指定活动环境影响评估），以下投资须进行环境影响评估：将森林地改为农业生产地，土地面积达500公顷或以上；水库、人工造湖的建造，水面面积达200公顷或以上；涉及面积50公顷以上住宅地开发；石化及钢铁项目；电站项目等。

根据《1974年环境素质法》，马来西亚污染事故处理或赔偿的标准主要根据污染事故的性质、影响以及造成的后果来加以判定。空气污染、噪音污染、土壤污染、内陆水污染，视情况处以不超过10万马币的罚款或5年以下的监禁，或二者兼施；污水排放、油污排放、公开焚烧、使用有毒物质或特定设备进行生产，处以不超过50万马币的罚款或5年以下的监禁，或二者兼施。

（四）环保评估的相关规定

马来西亚环境评估主管机构为环境局。

马来西亚环境评估程序分两种：

1. 初步环境评估。要求初步环境评估的项目主要包括农业、机场、水库及灌溉、土地开垦、渔业、林业、住宅开发、石化、钢铁、纸浆，基础设施、港口、矿产、油气行业、电站、铁路、交通、垃圾废物处理、供水等。

具体申请程序：将符合政府整体规划的初步环评报告提交给环境局（12份报告提交州环境局，3份报告和电子版的摘要提交国家环境局总部）→州环境局召开初期环境评估技术委员会审核、若要求另行提供有关材料，需在两周内提交→若符合《1974年环境素质法》，则批准该项目。

初步环境评估由州环境局牵头审核，审批时间为5周。

2. 详细环境评估。要求详细环境评估的项目主要包括钢铁厂、纸浆厂、水泥厂、煤电站、水坝、土地开垦、垃圾废物处理、伐木、化工产业、炼油、辐射危害行业等。

具体申请程序：将详细环评报告提交给环境局（50份报告和电子版的摘要提交国家环境局总部）→国家环境局将报告公示，征求公众意见→国家环境局召开临时委员会审核→若要求另行提供有关材料，需在两周内提交、若符合《1974年环境素质法》，则批准该项目。

详细环境评估由国家环境局总部牵头审核，审批时间为12周。

六、保护知识产权规定

（一）马来西亚当地有关知识产权保护的法律法规

马来西亚涉及保护知识产权和工业产权的法律法规包括《专利法》《商标法》《工业设计法》《版权法》和《集成电路设计布局法》。

《专利法》规定，专利保护期限为20年，工业创新证书保护期限为10年。保护期间应按规定缴纳年费，否则将导致专利失效。

《商标法》规定，商标保护期限为10年，之后每次申请可再延长10年。

《工业设计法》规定，工业设计最初保护期限为5年，之后可申请延长两次，每次5年，总保护期限为15年。

《版权法》规定，文学、音乐或艺术著作保护期是作者有生之年，加上逝世后的50年；录音、广播及电影保护期为作品出版或制作后的50年。

《集成电路设计布局法》规定，商业开发的保护期是开发之日起10年，未进行商业开发的保护期是从创作完成之日算起15年。

（二）知识产权侵权的相关处罚规定

马来西亚法律规定，违反知识产权保护法律法规，将受到法律制裁。

七、投资合作相关法律及对中国企业投资合作保护政策

（一）马来西亚与投资合作相关的主要法律

《合同法》规定了合同的订立、撤销、履行、代理等内容，是马来西亚民商法律的基础。

《公司法》对公司登记成立、股份债券、抵押登记、公司管理、股份公司、公司账目与审计以及公司清盘做出了详细规定，还明确了投资公司、外国公司的概念。

《工业协调法》规定了从事制造业的公司，如果投资超过250万马币，或其全职雇员超过75人，必须向贸工部（MITT）申请工业执照；工业执照需每年申请更新。

《投资促进法》是马来西亚工业投资促进方面最重要的法律，投资优惠措施以直接或间接税赋减免形式出现，直接税激励指对一定时期内所得税进行部分或全部减免，间接税激励则以免除进口税、销售税或消费税的形式出现。

《劳资关系法》调整资方、劳工和工会之间的关系，预防与解决劳资争端。

（二）马来西亚对中国企业投资合作保护政策

1. 中国与马来西亚签署双边投资保护协定。1988年11月21日，中国和马来西亚签署了《中华人民共和国政府和马来西亚政府关于相互鼓励和保护投资的协定》。

2. 中国与马来西亚签署避免双重征税协定。1985年11月23日，中马双方签署了《中华人民共和国政府和马来西亚政府关于对所得避免双重征税和防止偷漏税的协定》，协定于1987年1月1日起正式生效。

3. 中国与马来西亚签署的其他协定。中马两国经贸关系由来已久。除上述投资保护和避免双重征税协定外，近年来，两国政府先后签署《海运协定》《贸易协定》《民用航空运输协定》《资讯谅解备忘录》《科学工艺合作协定》《体育协定》《教育谅解备忘录》等10余项合作协议。1999年5月31日，中马双方签署《中华人民共和国政府和马来西亚政府关于迈向21世纪全方位合作的框架文件》。2000年4月12日，中马双方签署《中华人民共和国政府和马来西亚政府就中国加入WTO的双边协议》。2009年2月8日，中马双方签署《中马双边本币互换协议》。2012年2月8日，中国人民银行与马来西亚国家银行续签该协议，有效期3年。2009年6月3日，中马双方签署《中华人民共和国政府和马来西亚政府关于部分互免持外交、公务（官员）护照人员签证的协定》。2011年4月28日，中马双方签署了《中华人民共和国政府和马来西亚政府关于扩大和深化经济贸易合作的协定》。2012年6月15日，中马双方签署《中华人民共和国和马来西亚政府关于扩大和深化经济贸易合作的协定》。2013年10月4日，中马双方签署《中华人民共和国与马来西亚政府经贸合作五年规划（2013～2017年）》。2015年11月23日，中马签署《关于进一步推进中马经贸投资发展的合作计划》《关于加强产能与投资合作的规定》《关于政府市场主体准入和商标领域合作谅解备忘录》《马来西亚输华棕榈油质量安全的谅解备忘录》。

4. 其他相关保护政策。2005年7月《中国—东盟全面经济合作框架协议货物贸易协议》正式施行，至2007年1月，中国和东盟6个成员方（泰国、马来西亚、印度尼西亚、菲律宾、新加坡、文莱）的60%的商品关税降至5%以下；2010年中国—东盟自由贸易区全面建成，绝大多数产品正常关税降为零。

缅甸投资贸易指南

一、对外贸易法规和政策规定

（一）贸易主管部门

缅甸贸易主管部门为缅甸商务部，负责办理批准颁发进出口营业执照、签发进出口许可证，管理举办国内外展览会、办理边境贸易许可、研究缅甸对外经济贸易问题、制订和颁布各种法令法规等。下设贸易司和边贸司，边贸司在各边境口岸设有边境贸易办公室负责办理边境贸易各种事务。缅甸私商从事对外贸易须向进出口贸易注册办公室领取营业执照，申领进出口许可证，在国家政策许可范围内自由从事对外贸易活动。

2014年5月，投资委员会进行改组，由能源部长泽亚昂任投资委主席，饭店与旅游部长特昂任副主席，投资与公司局局长昂乃乌和国家计划与经济发展部部长，甘佐博士任秘书长，环保林业部长、计划发展部副部长等为投资委员会成员。

为提高外商在缅投资注册效率，缅甸2013年在仰光、2014年在曼德勒开设国内外投资注册等业务的一站式窗口，窗口单位有计划发展部、商务部、税收部门、缅甸央行、海关、移民局、劳工部、工业部、投资与公司管理局、投资委等，为获准的国内外企业提供注册、延期及其他服务。

（二）贸易法规体系

与贸易管理相关的法律和规定有：《缅甸联邦进出口贸易（临时）管理法》（1947年），《缅甸联邦贸易部关于进出口商必须遵守和了解的有关规定》（1989年），《缅甸联邦关于边境贸易的规定》（1991年），《缅甸联邦进出口贸易实施细则》（1992年），《缅甸联邦进出口贸易修正法》（1992年）等。

（三）贸易管理相关规定

1988年以来，缅甸政府实行市场经济，允许私人从事对外贸易，对外贸易实行许可证管理制度。1989年3月31日，政府颁布《国营企业法》，宣布实行市场经济，并逐步对外开放，军政府放宽对外贸的限制，允许外商投资，农民可自由经营农产品，私人可经营进出口贸易，并开放边境贸易。

自2006年以来，在中缅边境地区出口的木材及矿产品贸易，需获得缅甸商务部、林业部木材公司出具的证明及中国驻缅使馆经商参处的证明。

2014年4月1日，缅甸停止原木出口，木材必须经加工后方可出口。2012～2016年，缅甸将逐年递减15%的柚木和20%的硬木采伐量，并分别减少75%和22%勃固山脉的柚木和硬木采伐量。

2014年4月，缅甸商务部宣布废除出口许可证取消罚金。

2015年1月1日起，所有汽车进口商须在车辆发运前申请进口许可。2015年3月23日，缅甸商务部通知缅甸工商联，随着外国人进入缅甸增多及根据市场需要，各经营商可以从国外合法进口各类红酒。经营商在申请进口许可证时，需事先与国外供货商签订合同及向相关部门申办酒类销售执照，红酒销售时需每瓶粘贴完税标志。2015年7月，缅甸商务部宣布对鲜花、豆类、水果、咖啡豆、胡椒、玉米、药品、畜牧水产与农村发展部允许出口的鱼类、服装、高价值水产品以及传统食品的出口无须再申请出口许可证。同时还取消

化工产业及其相关物资、医用手术器械(需持卫生部证明)教学用具、油墨、相关化妆品的物资、轮胎配件、丝绸等商品的进口许可申请。

(四)进出口商品检验检疫

缅甸进出口检验检疫工作由农业部主管。

《缅甸植物检疫法》(1993年)规定禁止有害生物通过各种方法进入缅甸;切实有效抵制有害生物;对准备运往国外的植物、植物产品,必要时给予消毒、灭菌处理,并发给植物检疫证书。无论是从国外进口的货物,还是旅客自己携带的物品入境时,都必须接受缅甸农业服务公司的检查、检疫。

《缅甸植物细菌防疫法》(1993年)规定不论任何人未取得进口许可证,不准从国外进口植物、植物产品、细菌、有益生物和土壤。必要时对即将运往国外的植物或植物产品进行杀虫和灭菌工作,发给无菌证书。根据接收国的需要,规定进行检验的方法。

《缅甸联邦对从事进出口贸易的最新规定》对进出口需要申报进行植物检疫的商品做了详细规定。

(五)海关管理规章制度

《缅甸海关进出口程序》(1991年)对禁止进出口的物品做了详细规定,《缅甸海关计征制度及通关程序》对进出口关税、通关程序做了详细规定。

与海关管理相关的法规还有:《海洋关税法》(1978年)、《陆地海关法》(1924年)、《关税法》(1953年)、《国家治安建设委员会1989年第4号令》《商业税法》(1990年)、《进出口管制暂行条例》(1947年)、《外汇管制法》(1974年)。中国海关与缅甸海关正在推动输华产品零关税事宜。若协议达成,缅甸95%出口中国的产品将适用零关税。

二、外国投资市场准入规定

(一)投资主管部门

缅甸投资委员会是主管投资的部门。其主要职能是根据《缅甸联邦外国投资法》《缅甸联邦公民投资法》的规定,投资委对申报项目的资信情况、项目核算、工业技术等进行审批、核准并颁发项目许可证,在项目实施过程中提供必要帮助、监督和指导,同时也受理许可证协定时限的延长、缩短或变更的申请等。

缅甸投资委员会由相关经济部门领导组成,畜牧水产部、国家计划与经济发展部、商务部、交通部、建设部的部长或副部长为投资委员会成员。国家计划与经济发展部下属的投资和公司管理局主管公司设立及变更登记、投资建议分析及报批、对投资项目的监督等日常事务。

新《外国投资法》规定:外国公司向外国人或国民全部转让出售股份,需事先征得委员会许可并交回原有许可并按规定对股权转让注册。外国公司向外国人或国民出让部分股份,需重新获得委员会许可并对股份转让登记。

因缅甸金融市场并不完善,尚无正规的证券交易市场,外商无法通过并购上市的方式进行外商投资。

(二)投资行业的规定

1. 缅甸新《外国投资法》明确依据以下原则审批外商投资项目:(1)弥补国家发展规划不足及因国家及国民财力、技术无力实施的项目。(2)增加就业机会。(3)扩大出口。(4)替代进口物资的制造业。(5)需要大量投资的制造业。(6)获取高技术及发展技术型产业。(7)需要巨额投资的制造业及服务业。(8)低能耗项目。(9)发展地方经济。(10)开发新能源及生物能源项目。(11)发展现代工业。(12)保护环境。(13)有助于信息技术产业。(14)不影响国家主权及人民安全。(15)培养国民知识技能。(16)发展国际水准的银行及金融业。(17)国家及国民需要的现代服务业项目。(18)保障能源及资源的短期和长期内需。

2. 限制或禁止的项目。以下项目为限制或禁止外商在缅投资的项目:(1)影响民族传统及习俗的项目。(2)影响民众健康的项目。(3)影响破坏自然环境及生态链的项目。(4)输入有害有毒废弃物的项目。(5)国际公约限制的、生产或使用有害化学品的项目。(6)投资法细则规定的仅国民从事的制造业及服务业。(7)输入国外不成熟或未经授权使用的技术、药品及用具的项目。(8)细则规定的仅国民从事的农业及种植业项目。(9)细则规定的仅国民从事的畜牧业项目。(10)细则规定的仅国民从事的海洋捕鱼项目。(11)除联邦政府批准的经济区外,国界线缅一侧10英里内的外国投资项目。

此外,缅甸政府不允许外国企业从事玉石、宝石相关矿业开采项目。

投资项目需获联邦政府同意,并经投资管理委员会批准。

(三)投资方式的规定

1. 投资方式。根据新《外国投资法》规定,外商投资活动可以通过外商独资形式来实现,也可以与缅甸的个人、私有企业、合作社或者国有企业组成合资公司来完成。在所有的合资公司里,外商至少要占到本公司35%以上的股份。酒店以及房地产项目可以采取BOT(建造、运营和转让体系)方式,而自然资源开发和开采则可以采用PSC(产品分成合同)方式。新《外国投资法》规定:外国公司向外国人或缅甸国民全部转让出售股份,需事先征得缅甸投资委员会许可并交回原有许可证并按规定对股权转让注册。

2. 外商投资的最低标准。1988年外商投资法规定的外商投资的最低金额是:生产制造业为50万美元,服务业为30万美元,投资可以是货物也可以是现金的形式。由投资委根据投资数额来决定投资时间的长短。新《外国投资法》对此并未予以具体规定,但仍参照此标准,具体由投资委根据投资项目行业和规模来确定。

3. 土地利用。根据现行的缅甸土地法,任何外国的个人和公司不得拥有土地,但可以长期租用土地用于其投资活动。新投资法规定,土地使用期限为50年并视情况延长两个10年。

(四)特殊经济区域的规定

缅甸规划建设的经济特区主要有缅甸南部德林达依省的土瓦经济特区、缅甸西部若开邦的皎漂经济开发区以及仰光南部迪洛瓦工业区。但目前上述经济开发区仅处于规划阶段,尚未开工建设实施。现尚无保税区。

缅甸政府于2011年1月27日颁布了《经济特区法》,于2011年3月颁布了《土瓦经济特区法》。2012年3月1日,缅甸投资委主席兼工业部长梭登对国内媒体表示,由于上届政府颁布的经济特区法在操作过程中存在缺陷并备受非议,目前正聘请日本专家协助起草新的经济特区法。

土瓦经济特区内划分为9个区域,分别是:高技术工业区、信息通讯区、出口产品生产区、港口区、后勤运输区、科技研发区、服务区、二级贸易区、政府临时指定的区域。缅甸国家和平与发展委员会颁布第2011/17号法律《土瓦经济特区法》。该法共分12章58条。投资人在该特区内可从事的行业有:(1)原料加工、机械化深加工、仓储、运输、服务;(2)投资项目所需的原材料、包装材料、机器零配件、机械用油可以从国内外进口;(3)进出口贸易;(4)生产的产品除药品和食品以外,其他未达到质量标准但还可以使用的产品,如果符合特区管委会的规定的可以在国内市场销售;(5)经特区管委会批准,投资人和国外服务商可以在特区内设办事处。

此外,在特区可以开展的行业还有:建深水港、钢铁厂、化肥厂、原油炼油厂、油气厂、火电厂、天然气发电厂等工业项目;在特区还可以开展服务业、修建从项目所在地通往边境地区的公路、铁路,修建输变电线路、铺设油气管道,建立包括住宅、旅游景点和度假设施在内的基础设施以及经管委会批准的不违反现行法律的其他经济项目。

该专项特区法比《缅甸经济特区法》的个别规定更加明确,如第36条规定在特区内开展的项目要向政府或指定组织缴纳土地租赁费、土地使用保险费等。

(五)外国公司承包当地工程的规定

1. 许可制度。缅甸政府对于在缅甸承包工程项目的外国公司资质资格没有成文规定,欢迎有实力、讲信誉的外国企业来缅甸承揽工程项目。

2. 禁止领域。虽无明文规定,但一般来讲,涉及缅甸国防的敏感项目、贵重矿产资源(如金矿、玉矿)的开发、少数民族地区政府的项目一般不允许外国公司介入。

3. 招标方式。工程建设项目一般实行公开招标制度,对于部分工期紧张、前期项目的延续性项目、国家高层领导有明确指示的项目,也可能会采取有限邀标或者议标的方式。由企业带资参与的卖方信贷项目,则一般只采取议标方式。

三、外国投资优惠政策

(一)优惠政策框架

《外国投资法》提供了很多激励和担保措施。如:按照《外国投资法》批准的企业将享受5年免税期,其中包括企业开始商业运营的当年。如果企业申请,而且投资委认为项目符合国家利益,也可将免税期延长。此外,投资委也可能批准以下一项或几项减免措施:(1)制造业及服务业开始经济运行1年起连续5年免所得税。并视项目情况延长减免期限。(2)项目利润作为专项资金在1年内用于追加该项目投资的,减免所得税。(3)项目设备、建筑物及其他资本的折旧,按规定折旧率计算后从利润中扣除。(4)对出口产品减免50%所得税。(5)外国人缴纳所得税税率享受国民待遇。(6)在境内从事项目有关的研发费用,从利润中扣除。(7)项目享受5年减免所得税后,如果连续2年出现亏损,则从亏损年起连续后3年减免所得税。(8)项目建设期间必要的进口设备、配件及其他物资减免关税、国内税或两项并减。(9)项目竣工后头3年进口的生产用原材料减免关税或国内税或两项并减。(10)经投资委员会同意,对投资期限内扩大投资规模所必需的进口设备、零配件及其他物资减免关税或国内税或两项并减。(11)对出口产品减免贸易税。

缅甸联邦政府保证在项目合同期限内包括延期期限内,不会对依法成立的企业实施国有化。如果没有充足的理由,保证不会在许可期限内搁置项目。保证外资投资人在合同期满后,可以用投资时的币种提取收益。

(二)行业鼓励政策

缅甸政府鼓励外商企业投资能够促进当地就业、增加出口、无污染的加工制造型企业。对于符合外商投资领域的加工制造,外商企业可向政府或缅甸私营企业、个人租赁土地,在签订土地租赁协议后,直接去缅甸投资管理委员会(MIC)申请注册外资公司。一般情况下,在填报资料提交后两周,MIC可给外商企业颁发外资企业注册执照。外商投资鼓励政策需根据《外国投资法》中相关规定。

(三)地区鼓励政策

缅甸政府于2011年1月27日颁布《经济特区法》,于2011年3月颁布了《土瓦经济特区法》。《土瓦经济特区法》第12条对投资人应享有的特殊待遇作了明确表述:如投资人在该特区内可从事的行业有:(1)原料加工、机械化深加工、仓储、运输、服务;(2)投资项目所需的原材料、包装材料、机器零配件、机械用油可以从国内外进口;(3)进出口贸易;(4)生产的产品除药品和食品以外,其他未达到质量标准但还可以使用的产品,如果符合特区管委会的规定的可以在国内市场销售;(5)经特区管委会批准,投资人和国外服务商可以在特区内设办事处。

2014年1月23日,缅甸修订出台新的《缅甸经济特区法》。

四、外国企业在缅甸获得土地的规定

(一)土地法的主要内容

缅甸土地为国家所有,1991年11月13日缅甸政府颁布《缅甸关于中央空地、闲地、荒地管理委员会的职责与权力的命令》,同年12月12日,颁布《缅甸空地、闲地、荒地管理实施细则》。细则规定:

1. 土地使用权申请。空地、闲地、荒地中央管理委员会有权为拟从事种植、养殖业的公民审批种植业、养殖业的土地使用权。使用空地、闲地和荒地从事种植业和养殖业投资的申请者必须是缅甸联邦公民,申请的组织,其成员必须全是缅甸联邦公民,该组织必须是依现行法律成立的组织;提出申请的个人或组织,必须出具为拟申请从事的种植/养殖业拥有足够资金的证明;提出申请的个人或组织,必须出具拟申请从事的种植养殖业实施细则。

2. 地税和利润的减免。对投资使用的土地将按以下规定免收地税:(1)种植业。①种植长年果树地,从开始种植之年起,8年内免收地税。②种植园林作物,从开始使用之年起,6年内免收地税。(2)养殖业。①用于养鱼业的土地,从开始使用之年起,3年内免收地税。②用于家禽牲畜饲养业的土地。如用于饲养水牛、黄牛和马,从开始使用之年起,8年内免收地税。饲养绵羊和山羊,从开始使用之年起,4年内免收地税。饲养猪,从开始使用之年起,3年内免收地税。饲养鸡、鸭,从开始使用之年起,4年内免收地税。已投资用于种植业和养殖的土地,其生产或服务性行业的利润税,自生产或服务业创造利润之年起至少3年内免征利润税。

3. 土地使用期限规定。已投资使用土地期限规定:(1)用于长年果树种植和园林作物种植的土地,主要不违犯规定,从批准使用之年起,30年内有效;(2)季节性作物,只要不违犯规定,使用期无限;(3)用于饲养鱼的土地,只要不违犯规定,从批准使用之年起,30年内有效;(4)用于饲养家禽及牲畜的土地,只要不违犯规定,从批准使用之年起,30年内有效。

（二）外资企业获得土地的规定

外资企业在缅投资项目一般以 BOT 的形式运营，缅甸政府将批给外资企业一定规模项目建设开发用地进行项目建设和经营，经营期满之后，缅甸政府将项目收归国有。1998 年 9 月 28 日，缅甸荒地空闲地中央管理委员会颁布 1998 年 1 号法令，宣布农业部有权批准由本国公民或外国人参与的组织提出的在规定非发展区内进行农业开发的申请，在对批准的农业用地上，只能进行与农业有关的经济发展项目，不得进行地上和地下资源的开采。

根据缅甸最新外国投资法，外资企业可向农业部申请租用缅甸闲置土地进行农作物种植和开发利用项目投资，租用年限一般为 50 年，可根据项目情况进行协商延长土地租用期。

五、缅甸环境保护法律规定

（一）环保管理部门

缅甸环境保护部隶属于缅甸林业部。根据职能分工，涉及保护环境的相关政府部门还有家畜饲养和渔业部、野生动物保护委员会、林业部、农业服务局等。

（二）主要环保法律法规名称

缅甸关于环境保护方面的法律主要有：《缅甸植物检验检疫法》《缅甸肥料法》《缅甸动物健康和发展法》《缅甸空地、闲地、荒地管理实施细则》《缅甸森林法》和《缅甸野生动植物和自然区域保护法》和《环境保护法》。

缅甸《环境保护法》由联邦议会通过并于 2012 年 3 月 30 日正式颁布。

（三）环保法律法规基本要点

1.《缅甸环境保护法》。该法规定环保部职责，并要求对涉及自然资源开发、工业等领域的项目需提前办理项目许可，在工业区、经济特区企业或环保部指定的企业需履行相应的责任。环保部具体职责如下：（1）落实环保政策。（2）制定全国及地方环境管理工作计划。（3）制定、实施和监管环境保护及改善，防止、控制和减少污染的相关工作措施。（4）为维护和提高环境质量，规定烟雾排放、污水排放、废弃固体、生产环节及产品等环境质量标准。（5）向委员会提出与环境相关的法律法规建议，为实现可持续发展，提出最佳的经济活动环保方案及制约方案等意见。（6）协助调解环境纠纷，并视情成立工作组。（7）负责规定工业、农业、矿业、排污等领域的化学废弃危险品的分级分类。（8）规定对环境具有现实及中长期影响的物品种类。（9）进一步加强包括有毒物质在内的废弃固体、污水、烟雾等处理设施建设。（10）规定工业区、建筑物等地的污水处理工作要求及机器、车辆等排放指标。（11）开展与环境事务相关的国际、地区及国家间协议方案的讨论、合作和落实工作。（12）按照联邦政府及委员会的工作意见，落实被缅甸认可的国际、地区及国家间协议。（13）针对政府部门、组织或个体从事的生产经营活动，制定环境监测制度和社会影响评估规范。（14）为保护臭氧层、生物多样性、海滩环境，减缓全球变暖、气候异常，治理沙漠化及管理持续污染物，制定环境管理、维护工作要求。（15）管理处理环境污染赔付，环境服务机构赢利缴纳及自然资源开采经营企业的部分利润的归口缴纳工作。（16）完成联邦政府交办的其他环保工作。

2.《缅甸动物健康和发展法》。该法规定在单独规范动物健康和发展工作的同时，就促进家畜发展、防止和控制动物传染性疾病、规范兽医行医资格、规范动物及动物产品和饲料的国际贸易、对动物及动物产品和饲料进行进出境检验检疫，以及防止虐待动物等作了综合性规定。

3.《缅甸植物检验检疫法》。该法规定进出境植物检验检疫主要针对植物及植物产品等货物进出口进行检验检疫，同时对进出境旅客携带的物品如水果、花卉等植物进行检验检疫。该法规定，植物及植物产品进口需要获得缅甸农业服务局批准发放的进口许可证和检疫证书，并规定了申领许可和申请检疫的程序。

4.《缅甸空地、闲地、荒地管理实施细则》。该法规定任何组织和个人只要符合条件并履行必要的程序，均可申请投资空地、闲地和荒地，从事种植业和养殖业，并根据相关规定享受一定的地税和利润税减免。

5.《缅甸森林法》。该法规定为了环境保护的需要，保证林产品的产量，经政府批准，林业部可以建立以下类型的储备林：（1）商业采伐储备林；（2）供应当地储备林；（3）分水或集水储备林；（4）保护环境和生物差异储备林；（5）其他类型储备林。同时，为保护水资源和森林资源，保护旱地森林和红树森林，运输林产品应当持有有效的运输通行证，并接受林业局设立的税务站的检查和收费。违反森林法相关规定者，将会受到一定金额的罚款和6～36 个月的监禁。

6.《缅甸野生动植物和自然区域保护法》。该法规定，自然区域是指为保护野生动植物、生态系统或者重要的自然风景区以及有代表性的地理、地貌特征而划定并加以保护的专门区域。分为科学研究保护区、自然保护区、国家森林公园、国家海洋公园、鸟兽禁猎区、意义重大的地球物理保护区等。该法律规定：（1）除了科学研究、环境调查和环境改造外，禁止在自然区域开展其他活动；（2）科学研究在自然区得到保护；（3）在不对自然生态造成损害的前提下，允许公众以休闲娱乐为目的参观国家公园；（4）保护区内野生动植物资源及其可持续发展；（5）与国际组织开展交流合作，保障禁猎区内野生动植物的生存和繁衍，保护候鸟栖息地和湿地；（6）在地球物理保护区内，保护并保存独特地理地貌特征和传统风俗习惯；（7）受保护的濒危野生动物分为三类：即完全受保护的野生动物物种、正常受保护的野生动物物种、季节性受保护的野生动物物种，未经林业部长批准和相关部门核准，捕猎、杀死、饲养、保管、销售、运输、转让、出口野生动物，将处以一定金额的罚款和相应时间的监禁。

（四）环保评估的相关规定

2012 年 3 月，缅甸颁布《环境保护法》。缅甸环境保护主管部门为缅甸环保部，其隶属于缅甸林业部。目前，外资企业在缅甸开展投资项目，在报投资管理委员会前，需向缅甸环保部提交《环境评估报告》和《拆迁移民安置方案》，缅环保部根据项目情况进行审核。2012 年前，外商投资项目并不需要向环保部门提交环评报告，只需向主管部门提交即可。目前，缅甸新政府和缅甸民众要求外商投资项目必须满足环保要求，环保部的成立和《环境保护法》的颁布对中国企业在缅投资合作提出了更高的要求。因缅甸政府过去并没有开展环评的具体经验，因此对环评涉及的相关内容也并没有明确要求，环评费用、时间也没有明确规定。企业需与环保部加强联系，根据环保部要求提供相关材料，完成具体审批手续。

六、保护知识产权规定

（一）当地有关知识产权保护的法律法规

缅甸知识经济发展落后，知识产权立法和管理还处于较低的水平，颁布的专门法律法规很少，没有专门主管知识产权的机构，如果权益受到侵犯，权利人主要依据民事和刑事的相关规定来保护自己的权益。

作为世界贸易组织（WTO）、世界知识产权组织（WIPO）和东盟的成员之一，缅甸政府正由司法部抓紧起草颁布知识产权方面的法律法规，以符合《与贸易有关的知识产权协议》和《东盟知识产权合作框架协定》的相关规定。

1. 商标。截至2008年年底，缅甸没有商标方面的特别法，有关商标的法律规定散见于《刑法》《商品市场法》《注册法》《特定救济法》等法律中。

2. 专利。缅甸在专利方面仅有《缅甸专利设计法》，该法颁布生效于1945年，尽管目前仍然有效，但它颁布的目的在于应用《印度专利设计法》，而《印度专利设计法》从未在缅甸施行，因此，《缅甸专利设计法》在实际生活中也没有被使用。

3. 著作权。《缅甸著作权法》颁布生效于1914年，目前仍在施行。该法适用于原创文学、戏剧、音乐和艺术作品，对出版物的保护年限为作者终生及死亡后50年。如果著作权受到侵犯，作者可以依据《特定救济法》等其他民事、刑事法律来保护自己的权益。

除了《缅甸著作权法》外，近年来，缅甸先后颁布《电视广播法》（1996年）、《计算机科学发展法》（1996年）、《电子交易法》（2004年）等涉及著作权的相关法律，对新出现的著作权问题做出规定。

（二）知识产权侵权的相关处罚规定

商标保护方面，缅甸《刑法》规定，非法使用他人商标的，将被处以一年监禁，同时处以罚款，或者单独处以罚款；伪造他人商标的，处以两年监禁，同时处以罚款，或者单独处以罚款；伪造公务员使用的、用于表示特定品质物品的标识（商标）的，处以三年监禁，同时处以罚款，或者单独处以罚款。

专利保护方面，由于《缅甸专利设计法》没有真正施行，因此在专利法方面也没有相关处罚规定。

著作权保护方面，1914年颁布的《缅甸著作权法》年代久远，处罚部分的规定已失去意义。例如，制作侵犯他人著作权的复制品的，依据法律规定应当被处以每件20缅币的罚款，但总额不超过500缅币。根据2008年12月的市场汇率，仅分别相当于0.017美元和0.45美元，无法发挥法律的威慑力——在缅甸司法实践中，没有适用《缅甸著作权法》的案例，缅甸的民事法庭也缺乏在著作权案件方面的审判经验。如果发生文学、艺术、音乐等方面的著作权纠纷，通常都通过友好协商的方式解决。作为著作权人，当事人也可以依据《特定救济法》等其他民事、刑事法律来保护自己的权益。

七、投资合作相关法律及对中国企业投资合作保护政策

（一）缅甸与投资合作相关的主要法律

缅甸与投资合作相关的主要法律有：《缅甸联邦外国投资法》《缅甸联邦外国投资法实施细则》《缅甸联邦外国投资委员会1989年第一号令》《缅甸联邦贸易部关于国内外合资企业的规定》《外国对缅甸联邦投资程序及优惠政策》《缅甸联邦公民投资法》《缅甸联邦公民投资法实施细则》《缅甸允许私人投资的经济项目》等。

2012年11月2日缅甸联邦共和国总统登盛签署新的《缅甸外国投资法》。

2013年1月31日，缅甸国家计划和经济发展部颁布《缅甸外国投资法实施细则》。

（二）对中国企业投资合作的保护政策

主要有2001年12月12日，中国和缅甸签订《投资促进和保护协定》和《避免双重征税协定》；1971年，中缅签署贸易协定，双方给予最惠国待遇；1994年，《关于边境贸易的谅解备忘录》；1995年6月29日，《中华人民共和国政府和缅甸联邦政府关于农业合作的协定》；1997年5月28日《中华人民共和国政府和缅甸联邦政府关于成立经济贸易和技术合作联合工作委员会的协定》；2000年2月3日，《中华人民共和国政府和缅甸联邦政府农业合作谅解备忘录》；2001年12月12日，《中华人民共和国政府和缅甸联邦政府渔业合作协定》；2001年7月，《中缅两国关于开展地质矿产合作的谅解备忘录》；2004年3月24日，《中华人民共和国政府和缅甸联邦政府关于促进贸易、投资和经济合作的谅解备忘录》；2004年7月12日，《关于信息通讯领域合作的谅解备忘录》；2006年2月，《中缅航空运输协议》等。

菲律宾投资贸易指南

一、对外贸易的法规和政策规定

（一）菲律宾贸易主管部门

贸工部（DTI）是菲律宾外贸政策的制定及管理部门，成立于1898年6月，其前身为菲律宾商务部。其主要职责为制定综合的工业发展战略和进出口政策，创造有利于产业发展和投资的环境，负责双边和多重、投资贸易合作谈判，支持中小企业发展，审批外资企业在菲律宾设厂，颁发进出口许可证等。贸工部下设的进口服务署主要负责特定产品进口法规的实施以及发起和指导反倾销、反补贴及保障措施的初步调查。下设的产品标准化局主要负责产品技术标准的法规的管理和实施。

贸易管理机关还有：海关总署、国家经济发展署、中央银行、环境管理署、卫生部、技术转让署、食品和医药品局、危险药品局、渔业和水产资源局、国家肉类检疫委员会、计划工业局、能源管理署和服装纺织品出口局等。

（二）菲律宾贸易法规体系

菲律宾是世界贸易组织（WTO）和亚太经合组织（APEC）成员，也是东南亚国家联盟（ASEAN）的成员国，实行多边的、自由的、外向型的贸易政策，同时对国内幼稚产业进行适当保护菲政府对其贸易政策不断进行调整，并出台了一系列出口鼓励措施。

菲律宾管理进出口贸易相关法律主要包括：《海关法》《出口发展法》《反倾销法》《反补贴法》《保障措施法》等。

1. 贸易管理的相关规定

（1）进口商品管理。菲律宾对进口商品分为三类：自由进口商品、限制进口商品、禁止进口商品。

禁止进口商品包括：枪支弹药；不道德的印刷品、底片、电影、相片、艺术品；用于违法堕胎的物品及宣传广告；用于赌博的装备及用具；含金、银或其他贵重金属或合金制成的物品；假冒劣质的食品或药品；鸦片或其他麻醉品及其合成品；合成盐或成品盐；鸦片吸管及配件；有关菲律宾法律禁止进口的物品及配件。

限制进口产品必须经过菲律宾政府机构如农业部、食品药品局核发的进口许可证才能进口，主要涉及汽车、拖拉机、小汽车、柴油机、汽油机、摩托车、耐用消费品、新闻出版和印刷设备、水泥、与健康及公共安全有关的产品等130多种，约占进口商品的4%。

自由进口商品是指除了上述禁止和限制进口商品以外的商品。

菲律宾政府对出口贸易采取鼓励政策，主要包括简化进口手续并免征出口附加税，进口商品再出口可享受增值税退税、外汇资助和使用出口加工区的低成本设施等。

部分矿产品、动植物产品、海产品、农产品需获批准后方可出口。

（2）进出口商品检验检疫。菲律宾是《关税与贸易总协定》东京回合中《技术贸易壁垒协议》的签约国。该技术协议要求在采用标准程序和建立争端解决审议程序时公开，目的是确保政府机构遵守这些规定。菲律宾产品质量局是负责产品质量标准的机构，它通过质量管理认证的手段来促进产品质量的提高，对进口商品粘贴合格标志来管理进口商品。适用的标准是ISO9000和ISO14000。

工业品　有28种产品要在当地进行产品标准检验，包括：照明用品、电线电缆、卫生洁具、家用电器、轮胎和水泥等。至于其他产品，海关通常接受产品质量证明或原产国标准证明。产品生产者应依据本国或普遍国际标准进行生产，其产品上要附有产品标准质量标志。

民生、健康、安全和财产的商品　菲贸工部要求出具产品标准许可和产品标准局的证明。这些产品包括：医用氧气、消费品、电器和防火设备、建筑材料等。非公制的度量衡用品、仪器、仪表的进口由产品标准局事先发放许可。

（3）环保要求和规定。菲律宾环境和自然资源部主要负责实施政府的环境保护政策。进口商要符合环保要求和规定。

（4）食品健康和安全规定。食品方面，如成分、添加剂、非酒精饮料及混合物、糖果类、咖啡、茶、点心、乳制品、蔬菜、水果、肉类等必须符合食品法典委员会和世界动物卫生组织（OIE）制定的标准；新鲜、冷冻鱼类产品必须取得菲律宾农业部1999年颁布的《195号行政法规》中规定的国际健康证和卫生植物检疫证；如果进口来自有害虫区的蔬菜和水果，则应具有消毒证明；化妆品、医药在生产时必须取得生产许可证，并提供国际认证机构的临床试验报告。对于危险品的进口，必须依照菲卫生部标准进行标签、销售和扩散。规定中的危险品包括刺激物和腐蚀性、易燃和放射性物质。

菲律宾进口关税表

税率	项　目
3%	国内缺乏或不能生产的原材料，如天然石墨、黏土、金属矿砂、精矿、煤炭等矿产品及无机化学品等
10%	国内生产的原材料，如大理石、石油、棉花及制品等
20%	零配件如小五金工具、各种方式切割的木材、汽车、摩托车零配件等
30%	制成品如部分农产品、各类服装、烟酒、汽车、摩托车整车等

资料来源：菲律宾海关署

植物及植物产品　植物及植物产品进入菲市场须办理如下检疫手续：出口商将发票和箱单传给菲律宾进口商，进口商凭出口商的发票和箱单向菲农业部农作物局植物检疫处（BPI）申请进口许可证，该证会注明每种产品离岸前的要求。进口商将该证交给出口商，出口商提请出口国检疫部门对产品进行离岸检疫并出具检疫证明。出口商将检疫证明和其他运输单据一起以适当渠道转交菲律宾进口商。在货物到达菲律宾港口后，进口商提供给菲检疫部门进口许可证和出口国的检疫证明。菲检疫部门根据进口许可证和检疫证明进行复验，合格后方可入关。

动物、动物产品及其副产品　菲律宾农业部动物产业局是负责动物、动物产品及其副产品进出口检疫的政府部门。动物产业局对不同动物的进出口有不同的进出口程序和检疫规定。

2. 海关管理规章制度。菲律宾进出口关税的主要法律是《菲律宾关税与海关法》，进口关税税率由菲律宾关税委员会确定公布，出口关税的税率由海关总署确定，并由海关通过有授权的菲律宾中央银行征收。

菲律宾对大部分进口产品征收从价关税，但对酒精饮料、烟花爆竹、烟草制品、手表、矿物燃料、卡通、糖精、扑克等产品征收从量关税。根据《税收法》，海关对汽车、烟草、汽油、酒精以及其他非必要商品征收进口消费税。进口产品还应向菲律宾海关当局缴纳12%的增值税，征税基础为海关估价价值加上所征关税和消费税。

菲律宾还对进口货物征收印花税，该税一般用于提货单、接货单、汇票，其他交易单、保险单、抵押契据、委托书及其他文件。从2010年1月1日起，中国与包括菲律宾在内的东盟6个老成员国之间，共有7000多种，即超过90%的产品实行零关税。中国对东盟平均关税将从目前的9.8%降到0.1%，东盟6个老成员国对中国的平均关税将从目前的12.8%降到0.6%。2012年1月1日起，中国与菲律宾在内的6个东盟老成员国对二轨正常产品实施零关税，2012年5月起，菲律宾对一般敏感产品调整关税至20%以下。除了货物贸易，双方服务部门的开放水平也有进一步的提升，投资政策和环境得到法律制度的保障，更加稳定和透明。随着中国与东盟之间基本实现自由贸易，资金、资源、技术和人才的生产要素的流动效率会显著提高，双方之间经济一体化程度将会达到前所未有的水平。

进口关税　菲律宾关税与海关法将应税进口商品分为21类，进口关税税率一般为3%～30%。另外，菲律宾对部分农产品实行关税与配额并用措施，对配额内产品征收正常关税，对配额外商品则征收高关税。如活动物及其产品、新鲜蔬菜等。菲律宾对东盟成员国全部产品进口实行零关税。

出口关税　菲律宾对以下出口商品征收关税，且关税税率均为20%。圆木、木材、饰面用薄板和胶合板、金属矿砂及其精矿、金、矿渣水泥硅酸盐水泥；船用燃料油、石油沥青、银、香蕉、椰子及椰子产品、菠萝及其成品、糖及糖制品、烟草、小虾和对虾。

出口退税　《菲律宾关税和海关法》规定，用于从事对外贸易或沿海贸易的船舶推进器燃料油，可退还不超过99%已征关税或给予税收折免；用进口原材料生产或制造的产品（包括包装、标签等）出口时，对所用原材料进口时征收的关税将予以退还或给予税收抵免;财政部根据海关总署的建议可发布允许对本法规定的商品实行部分退税的法规规章。退税将由海关总署在收到一套正确、完整的文件后60天内支付。

二、外国投资的市场准入规定

(一)投资主管部门

贸工部是负责投资政策实施和协调、促进投资便利化的主要职能部门。贸工部下设的投资署(BOI)、经济特区管理委员会(PEZA)负责投资政策包括外资政策的实施和管理。此外,菲律宾在苏比克、克拉克等地设立了自由港区或经济特区,并成立了相应的政府机构进行管理。

(二)投资行业的规定

菲律宾政府将所有投资领域分为三类,即优先投资领域、限制投资领域和禁止投资领域。

对于优先投资领域,菲律宾政府每年制定一个《投资优先计划》,列出政府鼓励投资的领域和可以享受的优惠条件,引导内外资向国家指定行业投资。优惠条件包括减免所得税、免除进口设备及零部件的进口关税、免除进口码头税、免除出口税费等财政优惠,以及无限制使用托运设备、简化进出口通关程序等非财政优惠。

2013年,“投资优先计划”中鼓励投资的领域包括:出口产业、农业、农业企业、渔业、创意产业、知识型服务产业、造船业、住宅建设、钢铁产业、能源行业、基础设施、研发中心、绿色产业、汽车行业、医疗卫生行业、抗灾、安置和灾后重建项目与研发活动等。此外,菲律宾林业法、矿业法、书籍或教材印刷出版法、解除对石油下游产业管制法、生态固体废物管理法、清洁水法、残疾人权利宪章、可再生能源法与旅游法等法律也规定了对有关投资的优惠措施。对于在棉兰老岛穆斯林自治区投资的企业,“投资优先计划”中专门规定了可享受优惠措施的投资领域。

2014年10月28日,菲律宾投资署发布《2014~2016年投资优先计划》,将制造业、农业和渔业、服务业(集成电路设计、创意产业和知识型服务、船舶修理、电动车、保养维修和飞机大修、工业废物处理)、经济低价房、医疗卫生业、能源、公共基础设施和物流业、公私伙伴合作项目等8大领域列入首选项目。“投资优先计划”规定投资者可能获得的补助政策将根据该企业对经济发展的实际贡献而决定。企业的所得税免税期限基于以下因素:投资项目的净附加收益、创造工作机会、乘数递增效应、实际能力等。鼓励政策中还包括部分特例,如:矿业设备投资,石油产品的精炼、储存和分销、可再生能源和旅游等。此外,菲律宾林业法、矿业法、书籍或教材印刷出版法、解除对石油下游产业管制法、生态固体废物管理法、清洁水法、残疾人权利宪章、可再生能源法与旅游法等法律也规定了对可再生能源、旅游等领域有关投资的优惠措施。对于在棉兰老岛穆斯林自治区投资的企业,“投资优先计划”中专门规定了可享受优惠措施的投资领域。

2015年4月6日,菲律宾投资署发布《2014~2016年投资优先计划(IPP)实施指南》,规定政府鼓励投资政策的具体准则。指南提出,2014~2016IPP计划系3年滚动计划,以确保国内和外国投资者的连续性、一致性和可预测性。

银行业开放。2014年7月,菲律宾国会通过新的外资银行法修正案,对外资银行准入和经营范围实行全面开放。

菲律宾政府每两年更新一次限制外资项目清单。迄今仍沿用2012年由前总统阿基诺三世签署的第九版限制外资项目清单,详见菲律宾投资署网站:www. boi. gov. ph/files/laws.

1. 投资方式的规定。对于绝大多数公司,菲律宾公民须拥有至少60%的股份以及表决权,不少于60%的董事会成员是菲律宾公民。如果公司不能满足上述关于菲律宾公民所占比例的要求,则必须满足以下条件:(1)经投资署批准,属于先进项目,菲律宾公民无法承担,且至少70%的产品用于出口。(2)从注册之日起30年内,必须成为菲律宾本国企业,但是产品100%出口的公司无须满足该要求。(3)公司涉及的先进项目领域不属于宪法或其他法律规定应由菲律宾公民所有或控制的领域。

2. 特殊经济区域的规定。菲律宾目前共有各类经济区239个,分为以下几类:(1)工业园区。指为工业发展所设立的专门区域,拥有一定的基础设施,如道路、供水、排水系统、厂房和住宅。(2)出口加工区。区域内企业主要为出口导向型的工业园区。出口加工区的优惠政策包括进口设备、原材料和零部件的税收和关税减免等。(3)自由贸易区。设在交通枢纽附近,如海港或空港周边。进口的货物可以免交进口关税,并在此进行卸货、分类、重新包装等。但如果这些货物进入非自由贸易区,仍需缴纳关税。(4)旅游经济区。指专门为旅游业发展而设立的经济特区,区域适合建立旅游休闲设施,比如体育休闲中心、宾馆、文化和会议设施、餐饮中心等以及相应的基础设施。(5)IT园区或建筑。指专门为IT项目或服务设立的区域。IT园区可以是一片区域或一栋建筑,其整体或部分将具备为IT企业提供相应设施和服务的条件。根据经济特区内的企业从事不同性质的活动,可享受的优惠政策有:①进口固定设备、原材料、零部件、良种牲畜和基因材料等免除关税;②传统项目4年免所得税,先锋项目6年免所得税;③免所得税后的收入,仅需根据5%的税率纳税,以此替代其他各项国家和地方税收;④扣除进口替代品课税;⑤免除码头费用、出口税和进口费;⑥减免国内固定设备、良种牲畜和基因材料的课税;⑦可征税收入中额外减去人工费用;⑧托运设备的非限制使用;⑨外国投资者和家庭的永久居留权;⑩雇用外国公民;⑪可不经菲律宾央行审批汇出收入;⑫免除地方营业税;⑬如果已交纳5%综合所得税,外企在菲分支机构免纳利润汇回。

三、外国投资优惠政策

(一)财政优惠政策

1. 免所得税。新注册的优先项目企业将免除6年的所得税,传统企业免交4年所得税。扩建和升级改造项目免税期为3年,如项目位于欠发达地区,免税期为6年。

新注册企业如满足下列其中一个条件,还将多享有1年免税奖励:(1)本地生产的原材料至少占总原材料的50%;(2)进口和本地生产的固定设备价值与工人的比例不超过每人1万美元;(3)营业前3年,年外汇存款或收入达到50万美元以上。

2. 可征税收入中减去人工费用。

3. 减免用于制造、加工或生产出口商品的原材料的赋税。

4. 可征税收入中减去必要和主要的基建费用。

5. 进口设备的相关材料和零部件减免关税。

6. 减免码头费用以及出口关税。

7. 自投资署注册起免除4~6年地方营业税。

（二）非财政优惠措施

菲律宾制定了以下优惠措施：(1)简化海关手续；(2)托运设备的非限制使用：托运到菲的设备贴上可出口的标签；(3)进入保税工厂系统；(4)雇用外国公民：外国公民可在注册企业从事管理、技术和咨询岗位5年时间，经投资署批准，期限还可延长。总裁、总经理、财务主管或者与之相当的职位可居留更长时间。

（三）行业鼓励政策

菲律宾投资署每年制定一部“投资优先计划”，规定政府优先发展的项目领域，该计划经总统批准后发布，计划详情可以查询菲律宾投资署网站：www. boi. gov. ph，需要注意的是，这些领域中有一些是限制或禁止外国投资的领域。

（四）经济特区鼓励政策

菲律宾经济区主要由PEZA所辖的96个各类经济区和独立经营的菲弗德克工业区、苏比克、卡加延、三宝颜、克拉克自由港等组成。这些经济特区的优惠政策包括：(1)企业可获得4年所得税免缴期，最长可延至8年。所得税免缴期结束后，可选择缴纳5%的“毛收入税”（GROSS INCOME TAX），以代替所有国家（中央）和地方税，其中3%上缴中央政府，2%上缴地方财政。(2)进口资本货物（设备）、散件、配件、原材料、种畜或繁殖用基因物质，免征进口关税及其他税费。同类物品如在菲国内采购，可享受税收信贷（TAX CREDIT），即先按规定缴纳各项税费，待产品出口后再返还（包括进口关税部分的折算征收、返还）。(3)经批准，允许企业生产产品的30%在菲律宾国内销售，但须根据国内税法纳税。(4)免缴码头税费和出口税费。(5)给予初始投资在15万美元以上的投资者及其配偶和未成年子女（21岁以下）在经济区内永久居留的身份，他们可以自由出入经济区，而不需向其他部门另行申请。(6)简化进出口程序。(7)允许聘用外籍雇员，为外国经理人员和技术人员办理两年的可延期工作签证，但外籍雇员数量不能超过企业总雇员人数的5%。(8)企业用于员工技术培训和提高管理能力的费用的一半可以从上缴中央政府的3%税收中扣除。此外，是否给予E. O. 226规定的其他优惠待遇，由PEZA自行决定。

（五）地区鼓励政策

菲律宾将棉兰老岛地区专门列入投资优先投资计划。2013年投资优先计划专列《棉兰老岛自治区特别清单》规定该地区以下产业享受优惠政策：出口行业（包括出口商和供应商）、农业、农业企业、渔业、基础工业（包括药业、纺织业、无机和有机肥、矿业勘探和开发以及水泥制造业等）、消费品生产、基础设施及水电供给、工业服务业、工程工业、物流、东盟东部增长区贸易和投资企业、旅游业、卫生和教育行业、穆斯林产业等。

此外，根据2011年投资优先计划，菲律宾对在阿布拉省、阿巴耀省、伊富高省、卡林噶省和高山省等19个欠发达省的郊区从事主要必需基础设施建设的企业，以及在高山省、朗布隆省、保和省、东内格罗斯省和北三宝颜省等30个极贫困省的乡村经营的企业给予鼓励。

四、外国企业在菲律宾获得土地的规定

（一）土地法的主要内容

菲律宾土地归私人所有。菲律宾禁止外国人拥有土地，但可以购买高层住宅，不能购买别墅。具有双重国籍的菲律宾人可以100%拥有地产权，但必须在菲律宾出生后移民到其他国家并取得他国身份的。

土地管理部门除环境与自然资源部、土地管理局外，还有其他部门如房产与城市发展协调委员会和国家经济发展署等直接或间接地控制土地的使用、甚至法院都有权利颁发土地所有权证明。

土地交易法律程序：(1)买卖双方通过律师签订并得到公证的合同；(2)向城市资产评估办公室递交国内收入局出具的土地税申报；(3)买方向市财政局交付地产税；(4)市资产评估员对资产进行评估；(5)买方向市资产评估办公室支付交易税；(6)向国内收入局缴纳资产收益税及印花税；(7)交易资产注册：更换产权所有者名称；(8)新产权所有人获得新产权证的影印件以及向资产评估办公室索取税收申报表。

（二）外资企业获得土地的规定

菲律宾宪法规定，外国人不得在菲律宾购买土地，但外国公民或公司可以先成立一家菲律宾公司。公司的股权外方占40%以下（含40%），菲方占60%以上（含60%），并且公司至少有5人，公司成立后，必须在菲开立主要的公司银行账户。账户的户头可以单独为外国公民，可以由外国公民控制房产收入所获得的资金。该公司在购买菲律宾土地前，须得到菲律宾投资委员会（BOI）的许可，才可进行土地买卖的交易。

投资者租赁法案（第7652号共和国法案）允许外国投资者在菲律宾租用商业用地最长不超过75年（过去规定为50年）。根据该法，任何到菲律宾投资的外国投资者在遵守菲律宾法律和下列条件的情况下，可租赁私人土地：(1)土地租赁合同期限为50年，仅可一次性延长25年；(2)租赁的土地仅做投资用途；(3)租赁合同应符合《综合土地改革法》和《地方政府法案》。

五、外资公司参与当地证券交易的规定

菲律宾允许外国公司参与菲律宾证券交易所的证券投资交易，但所持公司股份会有上限，通常为40%。菲律宾证券交易所每月都会发布外国持有股票情况报告。

六、环境保护法律规定

（一）环保管理部门

菲律宾环保管理部门为菲律宾环境与自然资源部内设的环境管理局，该局在全国13个行政区均设有分局。

（二）主要环保律法规

主要有：(1)菲律宾宪法关于保护环境的有关条款；(2)984号总统令《污染控制法》；(3)1152号总统令《菲律宾环境法典》，主要内容包括：空气质量管理、水质量管理、土地利用管理、自然资源管理及保护、废弃物管理等；(4)8794号共和国法案《洁净空气法》；(5)9275号共和国法案《洁净水法》；(6)705号总统令《森林法修订案》。

（三）环保法律法规基本要点

如果投资项目或其执行有可能影响到环境质量，菲律宾1586号总统令要求项目内容中要包含“环境影响评估”，以确保项目可能带来的环境影响问题得以解决，使其与国家可持续发展目标协调一致。根据项目地点和性质的不同，项目执行单位要准备一份“环境影响声明”或“初始环境检测报告”。最终报告将递交至菲律宾环境与自然资源部，附带文件还包括其他政府部门的批准文件和地方政府对项目的批准文件。复核后，菲律宾环境与自然资源部决定发放或拒发“环境合格证”。如无此证，项目就不能合法执行。

“环境合格证”包括了所有项目实施应该遵守的环境法律、法规和规章，确保项目连续执行。如果被拒发“环境合格证”，项目方应该递交一份新的“环境影响声明”，选择另外的项目地点或变更设计及执行。

1586 号总统令同时列出了项目可能对环境产生影响的领域：一是自然环境，包括土地、水、空气、地上生命、水中生命和生态平衡；二是社会经济，包括人口、生活方式、建筑、少数民族文化、名胜古迹、健康和当地经济。该总统令还举例说明有能对环境造成的负面影响：(1)水和空气污染；(2)历史和考古遗迹的破坏；(3)野生动物栖息地的破坏；(4)城市拥挤程度上升；(5)对健康的威胁；(6)土地的不当使用。

（四）环保评估相关规定

菲律宾负责环保评估的机构为环境管理局。

投资者须向环境管理局提出要求取得“环境合格证”的申请，并随申请附上项目介绍。项目介绍应包括项目将使用的基础材料、项目建设的程序和应用的科技、项目完工后的产量和(废水、废气等)排放量、投资人资产证明、项目所在区域地图、人力资源要求等内容。

环境管理局委员会每月召开两次会议接受申请，并进行讨论。如申请满足所有程序要求，且项目对周边环境无严重影响，将于会上批准申请，并由环境与自然资源部发放“环境合格证”。根据项目不同，整个周期在 2 ~6 个月之间。

七、外国公司承包当地工程的规定

菲律宾没有专门适用于国际工程承包的法律规则，其对国际工程承包法律关系的调整，主要是由国内一些相关法律来进行，而且对国际工程承包中的执照、承包商的登记、监督和管理都有专门的部门负责。

（一）许可制度

1. 国际工程承包法律法规。主要有：《合同法》《外国投资法》(共和国第 7042 号法令)、《承包执照法》(共和国第 4566 号法令)、《BOT 法》(共和国第 6957 号法令，后经修改为第 7718 号法令)、《政府采购法》(共和国第 9184 号法令)、《建筑行业仲裁法》(第 1008 号行政命令)、《建筑业职业安全与卫生指导方针》(菲律宾劳工部 1998 年第 13 号令)，菲律宾承包商认证协会的相关规定。

2. 国际工程承包管理机构。菲律宾管理特别事务的专门机构非常多，外国承包商在菲律宾从事工程承包主要由以下机构进行管理和调整：(1)菲律宾证券交易委员会。根据菲律宾法律，外国承包商若要在菲律宾承包建筑工程，从事建筑业活动，首先必须到菲律宾证券交易委员会注册登记。(2)菲律宾有关政府部门。菲律宾政府项目通常需要经过国家经济发展署立项审批，预算部、财政部为出资方或贷款担保人，公造部、农业部等部门作为业主单位负责招标、监督执行等具体实施工作。目前，中国公司在菲律宾承包工程仍以政府项目为主。(3)菲律宾承包商认证协会。该协会负责审查外国承包商的资格，外国承包商在菲律宾承包建筑工程，从事建筑业活动，必须持有菲律宾承包商认证协会颁发的特别执照，否则不能开展业务。(4)菲律宾建筑行业仲裁委员会。该仲裁委员会专门管辖建筑行业因争议和纠纷而提起的调解或仲裁。(5)菲律宾建筑工业局。该工程局有权对工程承包商进行监督和管理，当承包商不遵守相关的建筑行业法律法规时，可以将其列入“黑名单”，限制其经营政府工程承包业务。(6)菲律宾劳动就业部。该部门负责制订建筑行业职业安全与卫生方面的法规，规范建筑行业的职业安全与卫生。(7)菲律宾劳动条件局。该部门负责审核工程承包商递交的建筑施工安全与卫生制度。

（二）禁止领域

菲律宾对外国承包商进入的承包工程领域无限制，但对于菲律宾本国政府出资的项目，外国承包商承揽部分不能超过项目金额的 25%。

（三）招投标方式

根据菲律宾承包商认证协会的规定，外国承包商在菲律宾承包工程，必须遵守菲律宾第 1594 号总统令关于政府工程招投标的规定。

1. 招标。无论国内或国外投资的工程项目，都适用相同的公开招标程序：(1)工程成本超过 500 万比索的项目，招标广告应在一段合理的期间至少在全国范围内定期发行的两家报纸上公告至少 3 次，公告期间根据招标项目的规模和复杂性决定，但不能少于两周。(2)工程成本为 500 万比索或 500 万比索以下的项目，招标广告必须在两周内在工程所在地区公开发行的一家报纸上至少公告两次。(3)若招标项目需要专业技术，发包方可直接对掌握该专业技能的承包商发出投标邀请。

2. 投标人资格预审。投标人参加资格预审必须提交法定的各种文件，这些文件必须经过投标人宣誓和公证。

法律方面：(1)菲律宾承包商认证协会发放的有效承包商执照。(2)合营企业须提交有效的合营企业协议。(3)授权政府部门、代理机构或公司的领导或其授权代表的与资格审查相关的文件和信件。(4)投标人陈述其没被列入菲律宾建筑行业局“黑名单”的声明。

技术方面：(1)按照资格预审通知里的详细规定填写的、投标人最近 3 年承包并已完工的、与招标项目性质和复杂性相类似的所有政府或私营工程项目的报表。针对每一个工程，投标人的报表都应包括：工程项目的名称、业主的名称与地址、工程性质、承包商的地位(总承包、分包，或合营企业的一方)、完工的总承包价、决标工期、完工日期和工程期限。报表应由相应的承包商业绩评价等级表，和(或)竣工及业主验收证书加以证实。(2)所有正在进行的政府或私营工程项目的报表，包括已经中标的还未开始建设的项目。报表应列明：工程项目的名称、业主的名称与地址、工程性质、承包商的地位、中标时的总承包价、中标日期、计划和实际完成的比例、未完成的工程的价值、预计的完工时间。报表应由中标通知书和(或)业主的施工通知加以证实。(3)参与建筑施工的主要工作人员的报表，如项目经理、项目工程师、材料工程师和工头等。(4)投标人拥有的，或租用的，或正在购买过程中的可用于建筑施工的设备的清单。财务方面要有投标人最近 3 个年度的财务审计报表。

3. 投标保证金。需按规定交纳投标保证金。

4. 投标书及其附件。除投标书外，还需提交一系列附件。根据菲律宾法律规定，投标人应把投标书及其附件分装在两个密封的信封里呈给招标人。投标人应在信封上用大写字母写上招标项目和投标人的名字，并写上“在开标时间前请勿启封”。第一个信封里装与工程安排、进度、投标保证有关的各种文件,第二个信封里装投标报价单与财务文件。

5. 承包形式。根据《BOT 法》,外国承包商在菲律宾从事工程承包,可选择适用菲律宾 BOT 法规定的所有承包形式。菲律宾 BOT 法规定了 9 种承包形式,即 BOT、BT、BOO、BLT、BTO、CAO(承包—增加—经营)、DOT(开发—经营—转让)、ROT(修缮—经营—转让)和 ROO(修缮—拥有—经营)。

(四)承揽工程项目的程序

1. 获取信息。在菲律宾可以通过以下几个途径获取工程招标信息:(1)菲政府部门或企业业主在当地媒体上发布招标邀请信息;(2)业主直接邀请;(3)业主通过中国驻菲使馆经商参处、中资企业(菲律宾)协会承包分会发布信息。

2. 招标投标。菲律宾政府工程承包项目根据业务性质分属不同部门管理,如公共工程与公路部负责公路及桥梁等项目,交通部负责铁路、机场、港口等项目,农业部灌溉局主管水利灌溉项目等。使用菲政府财政资金的政府项目,只能由本地企业或外资比例不超过 25% 的合资企业承揽。通讯、电力、房地产等行业多为私企经营,对外资承包商一般没有限制。

工程项目招投标一般需要经历以下程序,业主或融资方还会有各自具体的要求:(1)招标信息发布;(2)企业报名,递交意向书;(3)资格预审;(4)编制发售招标文件;(5)投标预备会;(6)投标;(7)开标、评标、决授标。

3. 许可手续。外资企业在菲承揽工程项目,均需向菲承包商资格评审委员会(PCAB,隶属菲贸工部)申请特别执照。具体步骤根据企业是否在菲注册略有不同。以在证券委员会注册的中资企业为例,需向 PCAB 递交外国承包商特殊许可申请表、综合信息表、菲证券委员会出具的公司注册证明、公司章程、公司对授权代表的董事会决议、中国政府部门出具的并由所在地的菲律宾使领馆认可的公司资质证明原件及复印件、菲招标企业出具的工程项目是由外国融资的证明、投标邀请函、母公司出具的背对背保证书、自述书、近 6 个月财务审计报告、资产负债表、银行账户、用于运输及建设的机动车注册证及发票、国内收入局出具的证明、工程技术人员有关证明、历史记录(有关完工的大型工程合同、证明文件以及菲律宾使领馆认证文件)等 PCAB 要求一个项目一个执照,承包商需每年更新特别执照。

不同行业的项目业主对承包商的资质要求有所不同,有关程序和手续也有差异,但核心是审查承包商(或设备供应商)在财务、技术等各方面的履约能力(或交付能力)。另一方面,公共项目业主和私营项目业主的资质要求也不相同。公共项目业主要求承包商履行的资格认证手续往往比较复杂,私营项目业主则相对简单。以菲律宾公造部主管的路桥项目为例,承包商须先通过公造部资格审查并注册,审核过程中需提供营业执照、税务登记证、SEC 登记证、公司章程、财务审计报告、公司业绩等材料。项目招标时,公造部将在投标邀请函中就具体项目提出资质要求。

八、知识产权保护法律法规

菲律宾全面保护外国投资者的知识产权。在亚太地区的其他国家,对于知识产权的保护,有的国家缺少相应法律,有的国家刚刚起步,而菲律宾在未独立的 1946 年前就有知识产权保护方面的法律措施,这些措施与美国的法律法规相一致。1997 年,菲律宾颁布了《知识产权法典》(RA8293),并成立了知识产权办公室。菲律宾是下列国家知识产权条约的签字国:《伯尔尼保护文学和艺术作品公约》(1948 年布鲁塞尔版本)、《保护工业产权巴黎公约(里斯本修正案)》《保护表演者、录音制品制作者和广播组织罗马公约》。

菲律宾知识产权的核心法规是《菲律宾知识产权法典》(RA8293),其主要内容包括:第一章知识产权办公室,第二章专利法,第三章商标、商品名、服务商标法,第四章版权法,第五章总则。知识产权的执法单位有菲律宾贸工部、知识产权办公室和音像法规委员会。

在菲律宾侵权处罚规定分两种情况:情节较轻时,可由上述执法单位责令停止侵权行为、罚款(6000 ~ 10 万比索)、吊销执照等。情节较重时(指损失超过 20 万比索,约合 4166 美元),可由当事人提起司法诉讼,由上诉法院或高级法院裁决,给予刑事处罚。菲律宾贸工部负责受理侵权投诉,知识产权办公室负责纠纷调解。

九、投资合作相关法律及菲律宾对中国企业投资合作的保护政策

(一)菲律宾与投资合作相关的主要法律

菲律宾有数个涉及投资的重要法律,目前有关方面正在推动将所有促进投资的法律合并成一部法律,进一步规范各部门出台财政或非财政激励政策。

1.《1987 年综合投资法典》共和国第 226 号法令,共和国第 7918 号法令进行修正。该法典为国内外企业提供一系列国家优先发展领域的综合激励措施。企业需参与“投资优先计划”所列的领域以享受这些优惠措施。如果企业未参与列入“投资优先计划”的领域,在满足以下任一条件后也能享受这些优惠措施:(1)50% 以上的产品出口(菲律宾公民所有的企业);(2)70% 以上的产品出口(外商持股 40% 以上的企业)。

2.《1991 年外国投资法》共和国第 7042 号法令,共和国第 8179 号法令进行了修正。外国公司被允许在菲律宾从事未列入《外国投资限制清单》的行业。在《外国投资限制清单》中列举了禁止和限制外国投资的领域,主要包括两部分:(1)清单 A 为宪法或其他法律规定禁止和限制外国投资的领域;(2)清单 B 为外商所有权受法律限制的领域,包括与国防、执法、公众卫生、道德、保护中小企业等相关的领域。

3.《1995 年经济特区法案》共和国第 7916 号法令,共和国第 8748 号法令进行了修正。该法案于 1995 年通过,旨在通过发展经济特区促进经济增长菲律宾经济特区署(PEZA)负责该法的实施和给予经济特区内的合格企业优惠政策。经济特区分为工业园区,出口加工区、自由贸易区、旅游经济区、IT 园区、农业经济区等各类经济园区。

每个经济特区都朝着政府干预最小化、独立自由区域的目标发展。经济特区不需政府提供特别帮助,自我管理经济、金融、工业及旅游发展,同时与周边区域建立起相应的联系。

4.《1992 年基地转型及发展法案》共和国第 7227 号法令。根据该法案成立了基地转型发展委员会、苏比克湾管理署(SBMA)以及苏比克经济特区和自由港区(SSEFZ)。在苏比克经济特区和自由港区注册的企业将享受各种投资优惠,包括一流的商业、居住和旅游设施。

5.《地区总部、地区生产总部和地区仓储中心相关法案》共和国第8756号法令。该法案明确了关于在菲律宾设立跨国公司地区总部(RHQS)、地区生产总部(ROHQS)和地区仓储中心(RWS)的规定和指南。地区总部是指跨国公司在菲律宾设立、但并不从菲律宾获取收入的分支机构。地区生产总部指跨国公司在菲律宾设立、可以通过提供服务而获取收入的分支机构。

6.《投资者租赁法案》共和国第7652号法令。该法案允许外国投资者在菲律宾租用商业用地最长不超过75年(过去规定为50年)。根据该法,任何到菲律宾投资的外国投资者在遵守菲律宾法律和下列条件的情况下,可租赁私人土地:(1)土地租赁合同期限为50年,仅可一次性延长25年;(2)租赁的土地仅做投资用途;(3)租赁合同应符合《综合土地改革法》和《地方政府法案》。

7.《1994年出口发展法案》共和第7844号法令。该法案向出口商提供优惠政策,鼓励增加在出口方面的投入,包括:(1)设立出口发展委员会;(2)鼓励私营部门参与出口推介活动,包括建立世界水准的菲律宾贸易中心;(3)设立私营部门为主导的融资中心,直接为促进出口服务;(4)为出口商提供财政激励政策。

8.《BOT法》共和国第7718号法令。明确私营企业参与一般由政府负责的基础设施建设和有关服务的政策和规定。

(二)中国与菲律宾签署双边投资保护协定

1992年7月,中菲两国签署《中华人民共和国政府和菲律宾共和国政府关于鼓励和相互保护投资协定》。

1999年11月,中菲两国签署《中华人民共和国政府和菲律宾共和国政府关于对所得避免双重征税和防止偷漏税的协定》,该协议自2002年1月1日生效。

2007年1月,中菲两国签署《中华人民共和国政府和菲律宾共和国政府关于扩大和深化双边经济贸易合作的框架协定》。

2011年8月,中菲两国签署《中菲经贸合作五年发展规划》。

新加坡投资贸易指南

一、对外贸易法规和政策规定

(一)贸易主管部门

新加坡贸易工业部是制定该国整体贸易政策的部门。新加坡国际企业发展局(International Enterprise Singapore,简称企发局或IE Singapore),是隶属于新加坡贸易工业部的法定机构,是新加坡对外贸易主管部门,其前身是成立于1983年的新加坡贸易发展局(贸发局)。企发局下设贸易促进部,并分设商务合作伙伴策划署和出口促进署,主要职责是宣传新加坡作为国际企业都会的形象以及提升以新加坡为基地公司的出口能力。

(二)贸易法规体系

新加坡与贸易相关的主要法律有《商品对外贸易法》《进出口管理办法》《商品服务税法》《竞争法》《海关法》《商务争端法》《自由贸易区法》《商船运输法》《禁止化学武器法》《战略物资管制法》等。

(三)贸易管理的相关规定

1. 开展进出口和转运业务的基本条件。(1)必须在新加坡组建一家公司并向会计与企业管理局注册。(2)注册公司后,需向新加坡关税局免费申请中央注册号码。中央注册号码将允许您通过贸易网系统提交进出口和转运准证申请。

贸易交换网系统是新加坡全国范围内的贸易电子信息交换系统,能让公共和私营部门在此平台上交换电子贸易数据和信息。一般情况下,在新加坡开展进出口或转运业务必须在贸易交换网上获得相关业务准证。

2. 货物进口。货物进口到新加坡前,进口商需通过贸易交换网向新加坡关税局提交准证申请。如符合有关规定,新加坡关税局将签发新加坡进口证书和交货确认书给进口商,以保证货物真正进口到新加坡,没有被转移或出口到被禁止的目的地。一般情况下,所有进口货物都要缴纳消费税。如果进口货物是受管制的货物,必须向相关主管部门提交准证申请并获得批准。

3. 货物出口。非受管制货物通过海运或空运出口,必须在出口之后3天内,通过贸易交换网提交准证申请。受管制货物,或非受管制货物通过公路和铁路出口的,需要在出口之前通过贸易交换网提交准证申请。出口受管制货物还必须事先取得相关主管机构的批准或许可。

4. 货物转运。所有从一个自由贸易区转运至另一个自由贸易区的货物,或在同一个自由贸易区内转运受主管部门管制的货物,必须事先通过贸易交换网取得有效的转运准证才能将货物装载到运输工具上。

(四)进出口商品检验检疫

新加坡对进口商品检验检疫的标准和程序十分严格。负责进口食品、动植物检验检疫的部门是农粮兽医局(简称农粮局或AVA),负责进口药品、化妆品等商品检验的部门是卫生科学局(简称HSA)。

1. 农产品和食品检验。农产品和食品的进口商须向AVA申请执照,只有获得AVA进口执照的贸易商才能在新加坡从事农产品和食品进口业务。AVA有完整的一套食品安全计划,对肉、鱼、新鲜水果和蔬菜、蛋、加工食品等商品的进口来源、包装运输、检验程序、检验标准有不同的要求和详尽的规定。

2. 动物检疫。只有获得AVA执照的进口商才可以在新加坡从事商业用途的动物进口。每次进口动物须向AVA申请许可,并提前获得海关清关许可。所有进口动物需符合AVA的兽医标准。

3. 植物检疫。进口植物及植物产品需出示原产国有关机构签发的植物检疫证书并获得AVA的进口许可。所有进口植物及植物产品必须符合AVA规定的健康标准,除另有规定外,植物及植物产品进口后必须接受AVA检查。受华盛顿公约保护的濒临绝种植物,必须备有CITES许可证方可进口。

4. 药品、化妆品检验。根据《药品法》《有毒物质法》《滥用药物法令》,新加坡所有从事药品进口、批发、零售以及出口的经营者需向HSA取得相关许可方可开展业务。进口药品和化妆品前,需向HSA如实申报其成分、疗效等相关信息,获得批准后方可进口。HSA对进口相关产品进行抽检,一旦与申报不符,即取消其经营相关产品的资格。

(五)海关管理规章制度

新加坡海关管理的主要法律法规有:《海关法》《货物和

服务税的条例》《进出口管理条例》《自由贸易区条例》《战略物品管制法》《禁止化学物品》等。

新加坡《海关法》规定，进口商品分为应税货物和非应税货物，应税货物包括石油、酒类、烟类和机动车辆等4大类商品，非应税货物为上述4大类商品之外的所有商品。应税货物和非应税货物进口到新加坡都要征收7%消费税，应税货物除征收消费税外，还需征收国内货物税和关税。

2008年10月中新签署自由贸易协议。根据协议，2009年1月1日起新加坡取消全部自中国进口商品的关税；中国于2010年1月1日对97.1%的自新加坡进口产品实施零关税。

新加坡应纳税商品及关税和国内货物税

商品名称	国内货物税
酒类商品	S$48~70/公升
烟草类商品	S$181~352/千克
石油类商品	S$3.7~7.1/十升
机动车	20%
带引擎的摩托车、自行车	12%

资料来源：新加坡海关

二、外国投资市场准入规定

（一）投资主管部门

新加坡负责投资的主管部门是经济发展局（EDB 简称经发局），成立于1961年，是隶属新加坡贸工部的法定机构，也是专门负责吸引外资的机构，具体制订和实施各种吸引外资的优惠政策并提供高效的行政服务。其远景目标是将新加坡打造成为具有强烈吸引力的全球商业与投资枢纽。

（二）投资行业的规定

新加坡对外资准入政策宽松，除了国防相关行业及个别特殊行业，对外资的运作基本没有限制。此外，新加坡政府还制定了特许国际贸易计划、区域总部奖励、跨国营业总部奖励、金融与资金管理中心奖励等多项计划以鼓励外资进入。同时，经发局还推出了一些优惠政策和发展计划来推动企业拓展业务，如创新发展计划、企业研究奖励计划、新技能资助计划等。

根据新加坡政府公布的2010年长期战略发展计划，电子、石油化工、生命科学、工程、物流等9个行业被列为奖励投资领域。

（三）投资方式的规定

外资进入新加坡的方式总体上无特殊限制。除了银行、金融、保险、证券等特殊领域需向主管部门报备，绝大多数产业领域对外资的股权比例等无限制性措施。

（四）特殊经济区域的规定

1. 商业园和特殊工业园。新加坡境内的商业园和特殊工业园有：(1)商业园。国际商业园、樟宜商业园、资讯园。(2)特殊工业园。①石油化学工业园：裕廊岛；②晶圆厂房：淡滨尼、巴西立、兀兰；③先进显示器工业园：淡滨尼；④生物医学园区：大士生物医药园、生物科技园；⑤物流园区：樟宜机场物流园、裕廊岛化工物流园；⑥食品工业园：麦波申大士。(3)科技企业家园。裕廊东的企业家园、新加坡科学园的iAxil、红山—新达城科技企业家中心、菜市科技园。新加坡是城市国家，实行全国统一的税收制度，对外资也实行国民待遇，上述园区内无特殊税收优惠政策，各个园区主要根据区内产业发展的特点而建，区内相关产业的配套基础设施比较完备，可发挥产业集群效应。

2. 海外工业区。新加坡临近的主要海外工业区有：(1)巴淡岛工业区。该园区距新加坡20千米，仅1小时船程。土地面积1570平方千米，总人口99.1万。现有外资企业894家。(2)民丹岛工业区。该园区距新加坡50千米，70分钟船程。土地面积1866平方千米，总人口约50万。现有外资企业23家。巴淡岛和民丹岛工业园区都具有完备的基础设施和较低的制造成本，工人最低月工资约118美元。主要适合电子加工业、服装鞋帽、玩具等轻工业以及钢铁、钻油等重工业，还可发展贸易、旅游和转运。属于自由贸易区，无进口税，无销售税与奢侈品税，免增值税；可享有东盟特惠关税，享有与52个国家签署的避免双重征税协议优惠，与33个国家达成普惠制协议，允许100%海外控股，无外汇管制。(3)马来西亚伊斯干达开发区。马来西亚政府于2006年11月推出伊斯干达开发区（Iskandar Development Region，简称IDR），它是马来西亚目前着力打造的境内最庞大的发展计划。马来西亚政府计划将IDR打造成马来西亚半岛南部最发达的地区以及居住、娱乐、环境和商业完美融合的国际化大都市。IDR位于马来半岛南部的柔佛州，包括南柔佛的新山、哥打丁宜和笨珍等数个地区，占地2217平方千米。陆海空交通方便，与新加坡隔柔佛海峡相望，距离亚洲的主要大城市（如班加罗尔、迪拜、香港、首尔、上海、台北、东京）仅6~8小时飞行航程。从IDR通过公路到吉隆坡仅3个小时车程，距新加坡樟宜国际机场仅55分钟车程，IDR人口约135万，人均GDP约1.48万美元。目前新加坡是该地区最大的外资来源地，一些经济学家将IDR与新加坡的关系喻为深圳之于香港。依斯干达开发区的经济支柱为制造业和服务业。根据马来西亚国库有限公司拟订的全面发展计划，除继续加强电子电器、石油化工与油脂化工、食品与农业加工、物流及相关服务业和旅游业5大领域外，依斯干达开发区还将把医疗保健、教育、金融以及信息产业定为新的增长领域。依斯干达开发区的重点规划项目包括物流枢纽、国际教育中心、医疗中心、金融中心等。

由于新加坡土地资源有限，生产成本较高，新加坡政府鼓励企业赴巴淡岛工业区、民丹岛工业区、马来西亚伊斯干达开发区等海外工业区投资。企业如在上述园区投资设厂，可将区域总部、管理中心、研发中心、营销中心等设立在新加坡，既可降低生产成本，也可充分利用新加坡在物流、金融、税收、知识产权保护等各方面的优势条件。

三、外国投资的优惠政策

（一）优惠政策框架

新加坡优惠政策主要依据是《公司所得税法案》和《经济扩展法案》以及每年政府财政预算案中涉及的一些优惠政策。

新加坡采取的优惠政策主要是为了鼓励投资、出口、增加就业机会、鼓励研发和高新技术产品的生产以及使整个经济更具有活力的生产经营活动。如对涉及特殊产业和服务（如高技术、高附加值企业）、大型跨国公司、研发机构、区域总部、国际船运以及出口企业等给予一定期限的减、免税优惠或资金扶持等。政府推出的各项优惠政策，外资企业基本上可以和本土企业一样享受。

新加坡经济发展局为鼓励、引导企业投资先进制造业和高端服务业、提升企业劳动生产力,推出先锋计划、投资加计扣除计划、业务扩展奖励计划、金融与资金管理中心税收优惠、特许权使用费奖励计划、批准的外国贷款计划、收购知识产权的资产减值税计划、研发费用分摊的资产减值税计划等税收优惠措施,以及企业研究奖励计划和新技能资助计划等财政补贴措施。

新加坡国际企业发展局为支持企业开展国际贸易活动、打造环球都市,推出环球贸易商计划。

新加坡标新局为扶持中小企业发展、鼓励创新、提升企业劳动生产力,推出天使投资者税收减免计划、天使基金、孵化器开发计划、标新局起步公司发展计划、技术企业商业化计划、企业家创业行动计划、企业实习计划、管理人才奖学金、高级管理计划、业务咨询计划、人力资源套餐、知识产权管理计划、创意代金券计划、技术创新计划、品牌套餐、企业标准化计划、生产力综合管理计划、本地企业融资计划、微型贷款计划等财税优惠措施。

为了实施新加坡经济战略委员会2010年提出的未来10年——七大经济发展战略,围绕提高劳动生产率、提升企业能力和打造环球都市这三大战略目标,新加坡政府出台一系列优惠措施,比如,推出生产力及创新优惠计划、培训资助计划和特别红利计划,设立了国家生产力基金,通过税收减免鼓励企业并购重组和土地集约化经营,并组建项目融资机构支持企业国际化经营。

特别值得一提的是生产力及创新优惠计划一年共计5.2亿新元。该计划于2010年推出,有效期为2011～2018年。根据该计划,企业在规定的6项经营活动中,符合规定可以享受400%的税额抵扣或每年最高40万新元的补贴。这6项费用包括:研究与开发费用、认可的设计费用、收购知识产权费用、知识产权注册费用、购买/租赁自动化设备、员工培训费用。

(二)行业鼓励政策

1. 先锋企业奖励。享有先锋企业(包括制造业和服务业)称号的公司,自生产之日起,其从事先锋活动取得的所得可享受免征不超过15年所得税的优惠待遇。先锋企业由新加坡政府部门界定。通常情况下,从事新加坡目前还未大规模开展而且经济发展需要的生产或服务的企业,或从事良好发展前景的生产或服务的企业可以申请"先锋企业"资格。

2. 发展和扩展奖励。从政府规定之日起,一定基数以上的公司所得可享受5%～15%的公司所得税率,为期10年,最长可延长到20年。此项政策主要是为鼓励企业不断增加在高新技术和高附加值领域的投资并提升设备和营运水平。曾享受过先锋企业奖励的企业以及其他符合条件的企业均可申请享受此项优惠。

3. 服务出口企业奖励。从政府规定之日起,向非新加坡居民或在新加坡没有常设机构的公司或个人提供与海外项目有关的符合条件的服务的公司,其符合条件的服务收入的90%可享受10年的免征所得税待遇,最长可延长到20年。

4. 区域/国际总部计划。将区域总部(RHO)或国际总部(IHO)设在新加坡的跨国公司,可适用较低的企业所得税税率。区域总部为15%,期限为3～5年;国际总部为10%或更低,期限为5～20年。此项政策主要是为鼓励跨国公司将区域或国际总部设立在新加坡。具体优惠企业可与新加坡企业发展局(EBD)进行商谈,企业发展局可根据公司规模和对新加坡贡献为企业量身定做优惠配套。

5. 国际船运企业优惠。拥有或运营新加坡船只或外国船只的国际航运公司,可以申请10年免征企业所得税的优惠,最长期限可延长到30年。申请企业应具备以下条件:是新加坡居民公司;拥有并运营一定规模的船队;在新加坡的运营成本每年超过400万新元;至少10%的船队(或最少一只船)在新加坡注册。此类优惠项目由新加坡海运管理局(MPA)负责评估。

6. 金融和财务中心奖励。此项政策是为鼓励跨国企业在新加坡设立金融和财务中心(FTC),从事财务、融资和其他金融服务业务。金融和财务中心从事符合条件的活动取得的收入可申请享受10%的企业所得税优惠税率,为期5～10年。

7. 研发业务优惠。为鼓励企业加大研发力度,新加坡政府规定,自2009估税年度起,企业在新加坡发生的研发费用可享受150%的扣除,并对从事研发业务的企业每年给予一定金额的研发资金补助。

8. 国际贸易商优惠。为鼓励全球贸易商在新加坡开展国际贸易业务,对政府批准的"全球贸易商"给予3～5年的企业所得税优惠,税率减低为5%～10%。此项优惠项目由新加坡国际企业发展局(IES)负责评估。

此外,新加坡还对部分金融业务、海外保险业务、风险投资、海事企业等行业给予一定的所得税优惠或资金扶持。

四、外国企业在新加坡获得土地的政策

(一)新加坡土地法的主要内容

新加坡土地主要有国有和私有两种形式,其中国有土地又分为国有土地和公有土地两种。目前国有土地约占53%,公有土地约占27%,私有土地约占20%。

根据《土地征用法》规定,凡为公共目的所需的土地,政府都可强制性征用。为防止该权力被滥用,政府规定了详细的征地程序、操作流程和土地补偿标准。

土地的交易采用拍卖、招标、有价划拨和临时出租等方式,将一定年限的土地使用权出售给使用者。出让后的土地可以自由转让、买卖和租赁,但年限不变。使用期结束后,政府无偿收回土地及其地上附着物;若要继续使用,须经政府批准,再获得一个规定年限的使用期,但须按当时的市价重估地价,第二次买地。

(二)外资企业获得土地的规定

在经新加坡土地管理局批准后,外资企业可以在新加坡参与土地交易,具体程序参考新加坡土地管理局网站(www.sla.gov.sg)。

五、环境保护法律规定

(一)环保管理部门

新加坡环保管理部门是环境与水资源部,主要职责是构建和保障清洁、健康的环境以及水源供应。环境和水资源部下设国家环境局和公共事业局(PUB)两个法定机构,分别负责落实环保政策和水务管理。

(二)主要环保法律法规名称

新加坡环保法律法规包括:《环境保护和管理法》《能源节约法案2012》《跨境烟霾污染法案2014》《公共环境卫生法》《水源污化管理及排水法令》《制造业排放污染水条例》《公共事业条例》《污染物控制条例》《媒介和农药防治法》

《危险废物(控制出口、进口和传播)法》《辐射防护法》《禁烟法案》等。

(三)环保法律法规基本要点

根据新加坡《环境保护和管理法》,所有企业和个人都有责任和义务维护大气、水体、土地以及动植物的洁净和安全。任何企业和个人违反《环境保护和管理法》等法规和规定,都视为犯罪。环保部门有权根据违法的严重程度对责任人处以2万至10万新元的罚款,逮捕责任人并处以1年以内监禁,或逮捕责任人并提起诉讼。2012年8月24日起,新加坡每天3次公布PM2.5浓度,成为东南亚首个每天公布PM2.5的国家。

(四)环保评估的相关规定

根据新加坡政府的要求,企业在新开展投资项目,业主需委托有资质的第三方咨询公司进行污染控制研究分析(Polution Control Studies,PCS),相当于国内的环评。PCS主要是对工厂产生的三废、噪声、危险化学品等情况,识别可能存在的风险以及采取的控制措施。

开展PCS前期,业主需向咨询公司提供相关资料;咨询公司完成分析报告后,由业主提交新加坡国家环境局(NEA)审批,审批周期约为2~3个月,审批过程中,NEA可能提出问题要求进行解释和澄清;评估费用通常为两万新币。

六、保护知识产权规定

(一)新加坡当地有关知识产权保护的法律法规

新加坡政府一直致力于把新加坡建成重要的区域知识产权中枢,因此十分重视知识产权的保护和鼓励,制定了一系列保护知识产权的法律法规,同时通过资金支持等手段积极营造鼓励创新、方便智力成果产业化的科研、政策和商业环境。

新加坡还是众多与知识产权有关的公约和国际组织的成员,包括《巴黎公约》《伯尔尼公约》《马德里协议》《专利合作条约》《布达佩斯条约》《与贸易有关的知识产权协议》和世界知识产权组织等。

在新加坡国内受到保护的知识产权有专利、商标、注册外观设计、版权(著作权)、集成电路设计、地理标识、商业秘密和机密信息以及植物品种。新加坡分别制定了单项法规对这些知识产权进行保护。

1. 专利。在新加坡规范专利权保护的法律是《专利法》(Patents Act)。要获得专利法保护必须向专利登记处(Registry of Patents)提交专利申请,申请中要包含专利的相关信息,包括发明以及操作说明和相关披露。专利法没有明确列出哪些发明是受法律保护的,但规定了不能取得专利的发明,如具有攻击性、不道德以及反社会的行为。而可以获得专利的发明要具有新颖性、创造性和工业应用性。专利有效期是自申请之日起20年。

2. 商标。新加坡保护商标的主要法律是《商标法》(Trademarks Act)。商标注册可以通过新加坡知识产权局的网站或到该局注册。知识产权局会对商标特性进行审查,整个注册过程通常需要1~2年。商标注册后保护期一般为10年,在支付更新费用后可以不断延续。

3. 版权。新加坡规范版权的主要法律是《版权法》(Copyright Act),它的保护范围包括小说、软件程序、剧本、活页乐谱、绘画作品等。在新加坡取得版权需要满足的条件是作品的作者或创作人是新加坡公民或居民,该作品首次在新加坡出版。在新加坡以外的地方取得版权的作品也可以在新加坡得到保护,条件是作品的作者或创作人是加入WTO或《伯尔尼公约》的成员国的国民或居民,该作品首次在WTO或《伯尔尼公约》的成员国出版。版权期限根据受保护对象不同而有所区别,如文学、戏剧、音乐或非摄影艺术作品的版权期限为作者的终生以及之后的70年,录音作品和电影作品的版权期限为作品首次发表后的70年,电视广播、电台广播或有线电视节目的版权期限为节目发表后的50年。有关新加坡知识产权保护的法律法规以及各项优惠政策可查询新加坡知识产权局网站。

(二)知识产权侵权的相关处罚规定

新加坡法律将知识产权侵权行为区分不同情形,可提起民事诉讼,构成犯罪的须承担刑事责任。刑事责任包括罚款和监禁,也可两者并罚。罚款从1000~10万新元不等,监禁根据情形从12个月到5年不等。

七、投资合作相关法律及对中国企业投资合作保护政策

(一)新加坡与投资合作相关的主要法律

与在新加坡投资合作相关的法律主要有:企业注册法、公司法、合伙企业法、合同法、国内货物买卖法、进出口管理法、竞争法等。

(二)新加坡对中国企业投资合作的保护政策

1. 中国与新加坡签署双边投资保护协定。1985年11月,中国与新加坡签署了《关于促进和保护投资协定》。

2. 中国与新加坡签署避免双重征税协定。1986年4月,中国与新加坡签署了《避免双重征税和防止漏税协定》。

3. 中国与新加坡签署的其他协定。1992年,两国签署《科技合作协定》。1999年10月,中国与新加坡签署《经济合作和促进贸易与投资的谅解备忘录》,建立两国经贸磋商机制。双方还签署《海运协定》《邮电和电信合作协议》《成立中新双方投资促进委员会协议》等多项经济合作协议。2006年,两国签署《文化合作协定》。

2008年10月23日,中国与新加坡签署了《中华人民共和国政府和新加坡共和国政府自由贸易协定》。同时,双方还签署了《中华人民共和国政府和新加坡共和国政府关于双边劳务合作的谅解备忘录》。

2015年5月18日,中国与新加坡签订促进两国商标注册合作的备忘录。根据备忘录,两国将交换商标注册信息以及探讨人员培训事宜。

泰国投资贸易指南

一、对外贸易法规和政策

(一)贸易主管部门

泰国主管贸易的政府部门是商业部,其主要职责分为两部分,对内负责促进企业发展、推动国内商品贸易和服务贸易发展、监管商品价格、维护消费者权益和保护知识产权等;对外负责参与WTO和各类多双边贸易谈判、推动国际贸易良性发展等。泰国商业部主管对外业务的部门有贸易谈判厅、国际贸易促进厅和对外贸易厅等,主管国内业务的部门有商业发展厅、国内贸易厅、知识产权厅等。

(二)贸易法规体系

主要法律有1960年《出口商品促进法》、1979年《出口和进口商品法》、1973年《部分商品出口管理条例》、1979年

《出口商品标准法》、1999 年《反倾销和反补贴法》、2000 年《海关法》和 2007 年《进口激增保障措施法》等。

（三）贸易管理的相关规定

1. 进口管理。泰国对多数商品实行自由进口政策，任何开具信用证的进口商均可从事进口业务。泰国仅对部分产品实施禁止进口、关税配额和进口许可证等管理措施。禁止进口产品主要是涉及公共安全和健康、国家安全等的产品，如摩托车旧发动机、博彩设备等；关税配额产品包括桂圆等 24 种农产品，如大米、糖、椰肉、大蒜、饲料用玉米、棕榈油、椰子油、龙眼、茶叶、大豆和豆饼等，但关税配额措施不适用于从东盟成员国的进口；进口许可分为自动进口许可和非自动进口许可，非自动进口许可产品包括关税配额产品和加工品，如鱼肉、生丝、旧柴油发动机等。自动进口许可产品包括部分服装、凹版打印机和彩色复印机。泰国商业部负责制定受进口许可管理的产品清单。

2. 出口管理。泰国除通过出口登记、许可证、配额、出口税、出口禁令或其他限制措施加以控制的产品外，大部分产品可以自由出口，受出口管制的产品目前有 45 种，其中征收出口税的有大米、皮毛皮革、柚木与其他木材、橡胶、钢渣或铁渣、动物皮革等。

3. 贸易壁垒。泰国对 WTO 成员方的平均实施关税是 11.2%。

关税高峰　泰国现对大量的进口产品征收超过 30% 的关税，包括农产品、汽车和汽车零部件、酒精饮料、纤维和一些电子产品。如丝织品、羊毛织物、棉纺织品及其他一些纤维织物的进口关税多为 60%，摩托车及一些特殊用途车的进口关税达到或超过 80%、大米 52%、奶制品 216%。

关税升级　泰国对绝大多数工业原材料和必需品，如医疗设备征收零关税；对有选择的一些原材料、电子零配件以及用于国际运输的交通工具征收 1% 的关税；一些化工原料，如氯化钙、氯化镁等氯化物的关税也仅为 1%；对初级产品和资本货物大部分征收 5% 的关税；对中间产品一般征收 10% 的关税；对成品一般征收 20% 的关税；对需要保护的特殊产品征收 30% 的关税。

关税配额　根据 WTO《农业协定》，泰国对 24 种农产品实行关税配额管理，分别是桂圆、椰肉、牛奶、土豆、洋葱、大蒜、椰子、咖啡、茶、干辣椒、玉米、大米、大豆、洋葱籽、豆油、椰子油、速溶咖啡、土烟丝、生丝等。这些产品在配额内实行低关税，在配额外实行高关税，如大蒜进口配额仅 64.6 吨，配额内关税为 27%，配额外关税高达 57%。

进口限制　泰国规定 42 种产品需要进口许可，包括原材料、石油、工业原料、纺织品、医药品及农产品。泰国禁止进口二手摩托车及其零件和游戏机。产品进口必须满足规定的要求，如缴纳特别费用、需要原产地证明等。进口食品、医药产品、矿产品、武器弹药、艺术品，需要相关部长的特别许可。泰国要求在食品进口登记中提供关于食品生产工艺及组成成分的详细产品经营信息。泰国卫生部食品药品管理局规定所有食品、药品及部分医疗设备的进口均须符合进口许可证的管理。食品进口许可证每三年换一次，每次均需要重新认证，文件送达食品药品管理局后还需重新收费、药品进口许可证每年更换一次，同样需要缴纳有关费用。

技术性贸易壁垒　泰国对 10 个领域的 60 种产品实行强制性认证，包括农产品、建筑原料、消费品、电子设备及附件、PVC 管、医疗设备、LPG 气体容器、表层涂料及交通工具等。泰国卫生部食品药品管理局规定，所有进口食品、药品及部分医疗设备要符合标准、检测、标签和认证要求。进口上述产品必须附有泰文说明产品名称、重量或容量、生产和失效日期的标签，并经泰国卫生部食品药品管理局批准。

政府采购　泰国不是 WTO《政府采购协定》的签署国。在政府采购招标中，泰国对外国投标企业设置一系列限制，使外国企业无法投标或难以中标。如泰国常在招标文件中规定非泰国产品不得参与投标；政府采购部门对投标资格的规定不确定，有权在任何时候接受或拒绝部分或所有投标，甚至可以在招标过程中修改技术要求；投标者对招标结论没有申诉权利等。根据 2000 年 5 月泰国颁布的《对销贸易法》，对金额超过 3 亿泰铢的政府采购合同，外国中标企业须易货回购价值不低于合同金额 50% 的泰国产品，该规定大大提高了外国中标企业的经营成本。

（四）进出口商品检验检疫

泰国负责商品质量监督、检验和标准认证的管理部门主要是卫生部下属的食品与药品监督管理局（简称 FDA）及农业合作部下属的国家农业食品和食品标准局（简称 ACFS）。

FDA 行使职责依据的国内法规和国际协议主要有：泰国 1967 年《药品法》、1975 年《精神类物质法》、1979 年《食品法》、1979 年《麻醉品法》、1988 年《医疗器械法》、1990 年《防止滥用挥发性物质法》、1992 年《化妆品法》、1992 年《危险物质法》和 1971 年《关于精神类物质的国际公约》、1988 年联合国《关于反对非法买卖麻醉品和精神类物质的协定》等。FDA 根据相关法律法规对商品的市场准入进行控制，审核发放各类商品相应的卫生证明、GMP 证明、HACCP 证明和自由销售证明等。进口商必须申请进口许可证后才能进口食品，指定的食品储藏室必须经 FDA 检验后才能使用，进口许可证要每三年更新一次；对于特别控制的食品，进口商必须到 FDA 注册，获得批准才能进口。

泰国主要进口商品的关税税率统计

商品名称	HS 编码	一般关税税率
原油	2709	25%
集成电路	8542	35%
打字机等办公机器的零部件	8473	40%
摩托车零部件	8708	60%
光盘、磁带、记忆卡等未录制内容的固定媒体存储介质（交卷除外）	8523	60%
成品油	2710	税号 27101211－20 税率为 2.91 铢/升，其余部分以 30% 的税率按价计税
天然气和其他气体燃料	2711	采用特定单位税率 0.001 铢/千克
未加工的精铜和铜合金	7403	6%
自动数据处理设备	8471	40%
未加工的金、金粉	7108	35%

ACFS 的主要职责是制定初级农产品、食品和加工农产品的标准，发放许可证明，对有关产品的认证机构及企业进行认证等，此外，还协助和参与技术问题、非关税措施及国际标准等方面的对外谈判，其主要工作目标是发展泰国农产品和食品标准体系使其适应国际标准，以扩大泰国农产品和食品的出口额。ACFS 自成立以来，共制定公布了 22 项植物食品标准、10 项动物产品标准、3 项鱼类食品标准和 20 项其他标准。

（五）海关管理规章制度

《海关法》是泰国实施海关管理的根本法律制度。目前，泰国海关进出口商品代码和关税管理体系是根据 1987 年修订的海关关税法令制定的。泰国政府根据管理需要会对商品代码分类和海关关税进行不定期调整，有关法令和公告可在泰国海关厅网站上查询。

在泰国，大部分进口商品都需要缴纳两部分税，一是海关关税，二是增值税（VAT）。关税计税方法一般为按价计税，也有部分商品按照特定单位税率的方式征税。一般情况下，进口商品关税额计算公式为商品到岸价（CIF）乘以该项商品的进口税率，绝大部分商品的进口关税在 0～80% 之间；增值税的计算公式为进口商品缴纳关税和消费税（部分商品需缴纳）后的总价值乘以 7%。

泰国给予东盟成员国和与其签订多双边贸易协定的国家地区不同程度的关税减让，具体商品的关税税率和减让情况均可以通过 HS 税号或商名称在海关网站上查询，网址为：www. lgtf. customs. go. th.

二、外国投资市场准入的规定

（一）投资主管部门

泰国主管投资促进的部门是泰国投资促进委员会（简称 BOI），负责根据 1977 年颁布的《投资促进法》及 1991 年第二次修正和 2001 年第三次修正的版本制定投资政策。投资促进委员会办公室负责审核和批准享受泰国投资优惠政策的项目、提供投资咨询和服务等。

（二）投资行业的规定

根据《外籍人经商法》，（Alien Business Act，1999 年）有关规定，泰国限制外国人投资的行业有以下三类：

1. 因特殊理由禁止外国人投资的业务。包括（1）报业、广播电台、电视台；（2）水稻种植、旱地种植、果园种植、牧业、林业、原木加工；（3）在泰国领海、经济特区的捕鱼；（4）泰药材炮制；（5）涉及泰国古董或具有历史价值之文物的经营和拍卖；（6）佛像、钵盂制作或铸造；（7）土地交易等。

2. 涉及国家安全稳定或对艺术文化、风俗习惯、民间手工业、自然资源、生态环境造成不良影响的投资业务，须经商业部长根据内阁的决定批准后外国投资者方可从事的行业：（1）涉及国家安全稳定的投资业务，包括生产、销售、修理枪械、子弹、火药、爆炸物及其有关配件，武器、军用船、飞机、车辆，一切占用设备的机件设备或有关配件；国内陆上、水上、空中等运输业，包括国内航空业。（2）对艺术文化、风俗习惯、民间手工业、自然资料、生态环境造成不良影响的投资业务，包括泰国传统工艺品的古董、艺术品买卖，木雕制造，养蚕、泰丝生产、泰绸织造、泰绸花纹印制，泰国民族乐器制造，金器、银器、乌银镶嵌器、镶石金器、漆器制造，涉及泰国传统工艺的盘器、碗器、陶器制造。（3）对自然资源、生态环境造成不良影响的投资业务，包括蔗糖生产，海盐、矿盐生产，石盐生产，采矿业、石头爆破或碎石加工，家具、木材加工等。

3. 本国人对外国人未具竞争能力的投资业务，须经商业部商业注册厅厅长根据外籍人经商营业委员会决定批准后可以从事的行业。包括（1）碾米业、米粉和其他植物粉加工。（2）水产养殖业。（3）营造林木的开发与经营。（4）胶合板、饰面板、刨木板、硬木板制造。（5）石灰生产。（6）会计、法律、建筑、工程服务业。（7）工程建设，但不包含：①外国人投入的最低资本在 5 亿铢以上的公共基本设施建设、运用新型机械设备、特种技术和专业管理的公共设施、交通设施建设；②部级法规规定的其他工程建设。（8）中介或代理业务，但不包含：①证券交易中介或代理、农产品期货交易、有价证券买卖业务；②为联营企业的生产、服务需要提供买卖、采购、寻求服务的中介或代理业务；③为外国人投入最低资本 1 亿铢以上的、行销国内产品或进口产品的国际贸易企业提供买卖、采购、推销、寻求国内外市场的中介或代理业务。（9）拍卖业，但不包含：①国际性拍卖业，其拍卖标的物不涉及具有泰国传统工艺、考古或历史价值的古董、古物、艺术品之拍卖；②部级法规规定的其他拍卖。（10）法律未有明文禁止涉及地方特产或农产品的国际贸易。（11）最低资本总额低于 1 亿铢的百货零售业、最低资本少于 2500 万铢的商店。（12）最低资本少于 100 万的商品批发业。（13）宣传广告业。（14）旅店业，不含旅店管理、旅游业、餐饮业。（15）植物新品种开发和品种改良。（16）除部级法规规定的服务业以外的其他服务业等。

外国人除需经商业部长根据内阁决议批准外，还需满足以下两个条件方可从事上述第二类规定的行业：一是泰籍人或按照本法规定的非外国法人所持的股份不少于外国法人公司资本的 40%（除非有适当原因，商业部长根据内阁的批准可以放宽上述持股比例，但最低不得低于 25%）。二是泰国人所占的董事职位不少于 2/5。

对上述属于外商经营企业法所规定的需得到允许方可进行投资的二、三类行业，外国人在泰国开始商业经营的最低投资额不得少于 300 万泰铢，其他行业最低不少于 200 万泰铢。最低投资额对在泰国注册的法人来说是指注册资本，对未在泰国注册的外国投资者或法人来说是指来泰经商所汇入的外汇。如果外国人属于《投资促进法》《工业园管理条例》或其他有关法律规定可享受投资优惠或得到经营许可的投资者，则可以从事第二、三类中规定的某些行业。

根据泰国投资促进法的有关规定，在泰国获得投资优惠的企业，投资额在 1000 泰铢以上（不包括土地费和流动资金），须获得 ISO9000 国际质量标准或其他相等的国际标准的认证。具体审批标准如下：（1）投资额不超过 5 亿铢（不包括土地费和流动资金）的项目，产品增加值必须不低于销售收入的 20%，但电子产品及其配件、农产品加工和投资促进委员会特别批准的项目除外；新投资项目的负债与注册资本之比不得超过 3:1；投资项目必须使用先进生产技术和新机械设备，若需使用旧机器，其效率必须获得权威机构的验证，并获得投资促进委员会的准许；必须有足够的环境保护措施，对环境有不良影响的项目，投资促进委员会将着重审核其工厂设立地点及其污染处理方法。（2）投资额在 5 亿铢以上（不包括土地费和流动资金）的项目，除按上述规定执行，尚需按投资促进委员会的规定提交项目可行性报告。

以下行业的泰国籍投资者的持股比例不得低于 21%：农

业、畜牧业、渔业、勘探与采矿业和1999年颁布的《外籍人经商法》附录第一类行业中的服务行业。

（三）投资方式规定

1. 股权投资。外籍人对泰开展投资经营活动的方式可分为以下两类：一是按照泰国法律在泰国注册为某种法人实体，具体形式有合伙企业、有限公司和大众有限公司等；二是成立合资公司，通常指一些自然人或法人根据协议为从事某项商业活动而组建的实体。根据泰国《民商法典》，合资公司不是法人实体，但是根据《税法典》，合资公司在缴纳企业所得税时被视为单一实体。

2. 上市。泰国法律规定，只有大众有限公司才有资格申请登记加入证券交易市场。根据1992年颁布的《大众有限公司法》的有关规定，有限公司可以转为大众有限公司。泰国没有关于外资公司在泰上市的特殊限制，在泰国注册成立的大众有限公司，符合泰国证券交易委员会（简称SEC）和股票交易所（简称SET）的有关规定，即可申请上市。

3. 收购。泰国没有关于跨国并购的专门法律法规，规范收购行为的法律法规是《大众有限公司法》和1992年颁布的《证券交易法》。收购行为通常有股票收购、兼并和资产收购——收购上市公司，必须符合《证券交易法》和泰国证券交易委员会的有关规定，当收购量达到上市公司股份的25%，收购者必须正式提出股权收购。

（四）特殊经济区域的规定

泰国工业部下设有工业园管理局（简称IEA），负责发展工业园区和科技园区等工业地产。2007年，IEA第四次修改《工业园机构条例》，以提高工业园内投资者的竞争能力。

根据《工业园机构条例》，泰国的工业园分为两类：一般工业区和自由经营区（原出口加工区）。在一般工业区投资的外国投资者，不必向BOI提交申请，就可以获得工业园内的土地所有权和引进外国技术人员、专家来泰国工作的权利。此外，IEA还向工业园内的投资者提供便利设施和一条龙服务，如运输服务、仓库、培训中心和医疗服务等。在自由经营区的投资者，还可以享有更多的优惠政策，如无条件向国外出口产品，享受更大的进口物件和原材料便利，除BOI鼓励投资政策提供的优惠条件外，还可以享受更多的税务优惠。

根据IEA统计，目前泰国共在146个府建立各类工业园41个，其中IEA下独立开发的工业园11个，IEAT与合作者联合开发的工业园35个。泰国各工业园的优惠政策与BOI的地区鼓励政策基本保持一致，根据所处的府别分别享受当地最高的投资优惠（包括税收、土地、人员引进及进口机械设备或原材料免税等诸多方面优惠），各入园企业无须特别申请即可享受BOI的投资优惠政策。

泰国目前实施的是1992年修订后的《工厂法》，该法明确规定工厂建设、运行、扩建和安全的有关要求。由工业部工业建设厅根据该法负责管理，对于工厂建设项目的管理控制程度通常取决于环境保护的需要，例如对排放造成污染的产业控制就更加严格。根据该法，工厂被分为三类：第一类，不需要政府许可就可以建设运行；第二类，开始建设运行前需要事先告知政府有关部门，业主在收到工业部确认的回执后即可开始建设；第三类，工厂建设前需要向工业部工业建设厅申请许可证。在工厂试运行前和正式开工生产之前，业主要至少提前15天告知有关政府部门。许可证的有效期为自项目运营起至第5年年底结束，如果工厂转让、出租或者停产，则在新业主取得许可证之日原许可证作废，或者在停产之日原许可证作废。业主在许可证到期前可以申请延期。2015年9月，泰国内阁通过了产业集群经济特区政策。

三、外国投资优惠政策

（一）优惠政策框架

根据BOI最新7年投资促进战略（2015～2021），泰国按照行业的重要性给予不同程度的优惠政策，也按项目所在地区及价值不同给予额外优惠。BOI向投资者提供两种形式的优惠政策：一是税务上的优惠权益，主要包括免缴或减免法人所得税及红利税、免缴或减免机器进口税、减免必需的原材料进口税、免缴出口产品所需要的原材料进口税等；二是非税务上的优惠权益，主要包括允许引进专家技术人员、允许获得土地所有权、允许汇出外汇以及其他保障和保护措施等。

非税务优惠适用于所有获BOI批准的项目，税务优惠则根据项目所在地和所属行业等不同情况享受相应的优惠。一般来说，位于受到特别鼓励投资区域的项目、生产出口型的项目或者属于泰国政府鼓励支持产业范畴内的项目均可以获得更大程度的优惠。

此外，为鼓励外商投资，BOI还放宽了对外商持股比例的限制，对于工业企业投资，无论工厂设在何处，允许外商持大部分或全部股份，如果有适当理由，BOI可规定外商在某些受鼓励的行业持股比例的限额。

（二）行业鼓励政策

BOI将鼓励投资的行业分为七大类：农业及农产品加工业，矿业、陶瓷及基础金属工业，轻工业，金属产品，机械设备和运输设备制造业，电子与电器工业，化工产品，造纸及塑胶，服务业及公用事业。

每个大类下还细分为许多小类，BOI对一些重点鼓励投资的行业都规定了特别的优惠条件，其中，农产品加工业、人才及科技发展业、公共事业、基础设施、环境保护等属于特别重视的项目。

2015年11月，泰国通过工业部提交的未来十大重点产业建议，并要求投资促进委员会制定配套优惠政策。十大重点产业为：新一代汽车制造、智能电子、高端旅游与医疗旅游、农业和生物技术、食品深加工、工业机器人、航空和物流、生物能源与生物化工、数字经济、医疗中心。

（三）地区鼓励政策

BOI对鼓励投资的地区在行业优惠政策基础上给予不同程度的额外优惠政策。泰国重点促进南部边境地区和经济特区的投资。南部边境地区包括南部边境3个府以及宋卡府的4个县。泰国政府经济特区发展委员会首期已确定5个经济特区，分别位于达府、莫拉限府、萨缴府、宋卡府和哒叻府境内。此外，在人均收入较低的20个府投资也可享受到一些额外优惠。这20个府是：胶拉信、猜也奔、那空帕农、南、汝干、武里喃、帕、马哈沙拉堪、莫拉限、夜丰颂、缴、素可泰、素辇、廊磨南蒲、益梭通、黎逸、四色菊、沙功那空、乌汶以及庵纳乍能。

BOI对各级投资区域分别给予不同的投资优惠政策。

（四）外国公司承包当地工程的规定

1. 许可制度。根据《外商经营企业法》的有关规定，建筑业和工程服务业为限制外籍人从事的行业，外籍人只有与泰籍人组成合资公司或联合体才能承揽泰国的工程项目,且合资公司或联合体必须由泰籍人控股,外籍人投资所占比例不得超过49%。

2. 禁止领域。从法律方面看,除关于合资公司或联合体外籍人不得持大股的要求外,泰国未针对外国承包商在工程承包领域做出任何限制规定。但在实际操作层面,泰国几家大的本土工程承包商在一些项目招标中(尤其是政府公共项目)占有天然优势地位。

3. 招标方式。泰国的承包工程项目可分为两类:一是国家投资的公共项目,通常采取国际招标的方式,仅有少数采取邀标的形式;二是私人投资的工程项目,目前通行的国际招标、邀标和议标等招标形式均有采用。

四、外国企业在泰国获得土地的规定

(一)土地法的主要内容

泰国关于土地和房产法律主要基于大陆法系的法律体系而制订,主要内容都参照大陆法系国家的相关法律。《泰国土地法》由泰国内务部颁布,自1954年12月10日起实施。土地法包括土地分配、土地所有权的授予和界定、相关文件的发布等内容,明确对于宗教用地、外国人用地、部分行业法人用地的限制条件、并对土地调查、土地交易和费用及处罚条例都作出明确规定。

内务部又于1999年和2008年颁布对《土地法》的3条的修订案,分别对外国人用地、土地相关费用及处罚条款进行调整。除1954年《土地法》之外,《泰国工商不动产租赁法》《泰国工业区法》等法律都有涉及外国人在泰用地的规定。

(二)外资企业获得土地的规定

1954年《土地法》对外国人拥有土地做出规定:“外国人可根据双边条约关于允许拥有房地产权的规定,并在本土地法管辖下拥有土地。”根据该法,外国人及外籍法人根据内务部法规,经内务部部长批准可拥有土地,以作为居住和从事商业、工业、农业、坟场、慈善、宗教等活动需要之用。并针对不同用途对外国人最多可持有的土地面积做了规定。

为了适应经济与社会发展的需要,内务部于1999年5月19日又颁布《土地法》修订案《Land Code Amendment Act No. 8》,对《土地法》中有关外国人及外籍法人产业问题做了修改,允许外国人及外籍法人在符合某种规定条件下可以拥有土地产业。其规定主要内容包括:“凡需在泰持有土地的外国人,必须按内务部规定从国外携人不少于4000万铢,并经内务部长批准,可以拥有不超过1莱(泰面积单位,1莱=1600平方米)的土地,作为其居住用地。”“上述外国人还必须满足以下条件:(1)其在泰投资必须是有益于泰本国经济社会发展或满足泰投资促进委员会(BOI)规定可予以投资促进的项目;(2)投资持续时间不少于3年;(3)持有的土地应在曼谷市区、芭提雅或其他《城市规划法》规定的居住用地范围内。”

对于在泰投资可观并使泰经济受益的外国企业,其在泰经营期间若适用《泰国投资促进法》第27条、《泰国工业园管理局法》第44条或《泰国石油法》第65条规定,在持有泰国土地方面可享受一定特权和豁免。(1)《泰国投资促进法》第27条:在获得董事会批准的情况下,投资人可拥有超出其他法律规定范围的土地用于进行投资活动;在投资人是外籍人的情况,若其在泰投资活动停止或将土地转让给他人,土地局有权收回土地。(2)《泰国工业园管理局法》第44条:在获得董事会批准的情况,工业经营者可在工业园区内拥有超出其他法律规定范围的土地用于工业活动。在投资人是外籍人的情况,若其在泰商业活动停止或转让给他人,须将所有用土地退还给泰工业园管理局或转让给其企业受让者。(3)《泰国石油法》第65条:委员会有权批准特许权获得者拥有超出其他法律规定范围的土地用于石油经营。

按照泰国法律规定,只允许外国人在符合上述条件情况下拥有用于居住的土地,或满足条件的外国企业有限制的拥有用于企业经营之用的土地。外国企业不得自由开展对泰土地的投资业务。此外,即便泰国人占多数(按股权人和股权计算)的合资企业,泰国政府也出台有关条例防范以此为名义从事土地经营的行为。

五、环境保护法律规定

(一)环保管理部门

泰国负责环境保护的政府部门是自然资源和环境部(简称MNRE),其主要职责是制定政策和规划,提出自然资源和环境管理的措施并协调实施,下设有自然资源和环境政策规划办公室、污染控制厅、环境质量促进厅等部门。

(二)主要环保法律法规名称

泰国关于环保的基本法律是1992年颁布的《国家环境质量促进和保护法》,此外泰国自然资源和环境部还发布了一系列关于大气和噪音、水、土壤等方面的一系列公告。

(三)环保法律法规基本要点

泰国有关环保法律法规对于空气和噪音污染、水污染、土壤污染、废弃物和危险物质排放等标准都有明确的规定,对于违法违规行为有相应的处罚。此外,泰国1975年第一次提出关于环境影响评估(简称EIA)的强制要求,目前,相关规定详见1992年国家环境质量促进和保护法第46条。在泰国自然环境委员会的批准下,泰国自然资源和环境部有权规定必须进行EIA的项目规模和类型。可能对自然环境造成影响的大型项目,必须向自然资源和环境政策规划办公室提交EIAS报告,接受审核和修改。EIAS报告必须由在自然资源和环境政策规划办公室注册认可的咨询公司出具。

(四)环保评估的相关规定

根据泰国《国家环境质量促进和保护法》(1992年)有关规定,为保护和提高环境质量,经自然环境委员会批准,自然资源和环境保护部应对自然环境可能产生影响并需提交环评报告的由政府部门、国有企业和个人进行的投资或工程项目的类型和规模进行分类,并由部长签发后在政府报刊上进行公布。公布的内容还应包括所需提交的其他相关材料。针对特定投资或工程项目的环评报告如具有普遍性,经自然环境委员会批准,自然资源和环境保护部部长可将之作为范本在政府报刊上予以公示,其他类似的投资或工程项目在同意此范本内容基础上,可免除提交环评报告。

根据上述法律规定,需提交环评报告的投资或工程项目,如由政府部门、国有企业实施或者前两者与民营企业联合实施并需报内阁最终批准的,政府部门或国有企业需在项目可研阶段准备环评报告,并征得国家环境委员会同意后报内阁审批。如有必要,内阁可请有关专家或专业机构参与项目评审。

如投资或工程项目根据有关法律规定需于建设或实施前准备环评报告的,负责人需将该报告同时提交给相关的项目审批机构和环境政策和计划办公室。提交的报告可以采用标准范本的形式，项目审批机构需待环境政策和计划办公室审批同意后方可发放投资或项目实施许可。如环境政策和计划办公室发现提交的环评报告不符合相关要求或材料有缺失，需于收到报告15日内反馈提交人。如各方面材料齐备并符合有关要求，应于收到报告30日内出具初步意见并转专家委员会进行进一步审核。专家委员会应自收到报告起45日内出具审核结果，如规定时间内未能出具审核意见，则视为审核通过。

经国家环境委员会批准，自然资源和环境保护部部长可就环评报告编制人的资格条件提出具体要求，根据此项要求，编制人应为该项领域的专家并获得相关的资质认证。资质证书的申请及发放、成为专家的资格条件和证书换发、暂停、吊销以及有关费用标准等，均需按自然资源和环境保护部制定的有关规章执行。

目前，泰国设有很多从事环评咨询和服务工作的专业事务所，可为企业提供有关服务。

六、保护知识产权的规定

（一）泰国有关知识产权保护的法律法规

泰国有关知识产权保护的法律主要涉及三部：《专利法》（1979年）、《商标法》（1991年）和《著作权法》（1994年），三部法律分别针对专利、商标和著作权的定义、类型、申请、使用和保护等有关内容做出了明确规定。

（二）知识产权侵权的相关处罚规定

根据泰国《专利法》（1979年）有关规定，未具备本法规定的权利者，不得在产品容器、产品包装上或在发明、外观设计的宣传上使用“泰国专利权”“泰国实用新型专利权”，或其他意思、相同的外国文字，或其他意思相同的词语，任何人不得在产品容器、产品包装或发明、外观设计的宣传上使用“正在办理专利”或“正在办理实用新型专利”或其他意思相同的词语（但正在审批中的专利申请或实用新型专利申请不在此限），如有违犯可处1年以下监禁或罚以20万泰铢以下罚金，或两罪并罚；未经专利权人许可擅自使用属于专利权人所有的产品、技术或外观设计（但为教学和研究需要使用该外观设计专利的不在此限）专利的，可处两年以下监禁，或罚以40万泰铢以下罚金，或两者并罚；任何人未经实用新型专利权人许可，侵犯使用实用新型专利权人各项权利的，可处1年以下监禁，或罚以20万泰铢罚金，或两罪并罚；任何人在申请发明专利、外观设计专利或实用新型专利时向执行工作人员提供虚假材料，以期获得专利证书或实用新型证书的，可处6个月以下监禁，或罚以5000泰铢以下罚金，或两者并罚；因触犯本法受罚者为法人的，其法人执行人或法人代表须受到法律相应规定的处罚，除非该法人行为能被证实与本人无关，或并未得到本人认可。

泰国《商标法》（1991年）和《著作权法》（1994年）未规定有关违法处罚的内容。

七、投资合作相关法律及对中国企业投资合作保护政策

（一）泰国与投资合作相关的主要法律

《民商法典（Civil and Commercial Code）》，明确了自然人、团体和法人之间的民事关系，对法人的设立、组织、经营、变更等行为做出了规定。

《外籍人经商法（Alien Business Act）》，规定外籍人在泰经商行为的根本法律。

《税法典（Revenue Code）》，规定泰国税种、税率和计算方式等税务相关问题的根本法律。

《投资促进法门（nvestment Promotion Act）》（以及历次修改公告），明确了外商在泰投资可以享受的各项优惠权益。

《劳动保护法（Labour Protection Act）》，明确了雇主和雇员的权利及义务。

《外籍人工作法（Alien Employment Act）》，规定外籍人在泰工作的根本法律。

《海关法（Customs Acts）》，规定了商品进出泰国关境的原则和方式，明确了进出口经营者和海关管理机构的权益义务等。

（二）泰国对中国企业投资合作的保护政策

1. 中国与泰国签署双边投资保护协定。1985年3月12日，中泰两国政府在曼谷签署了《中华人民共和国政府和泰王国关于促进和保护投资的协定》。

2. 中国与泰国签署避免双重征税协定。1986年10月27日，中泰两国政府签署了《关于避免双重征税和防止偷漏税的协定》。

3. 中国与泰国签署的其他协定。1994年3月16日，中泰两国政府签署了《关于民商事司法协助和仲裁合作的协定》。2000年3月10日，中泰两国政府在北京签署了《中华人民共和国政府和泰王国关于中国加入世界贸易组织的双边协议》，协议附件中列出了中国给予泰国的货物贸易和服务贸易减让表。

2012年4月，中泰两国政府在北京签署《中华人民共和国和泰国经贸合作五年发展规划》。

2013年10月，中泰两国政府签署《中泰关系发展远景规划》，涉及政治、经贸和投资、防务和安全、交通和互联互通等多个领域的合作。其中涉及经贸和投资合作的内容包括：双方同意加强交流与合作，通过中泰贸易、投资与经济合作联委会等机制，推动双边贸易便利化，促进双边贸易与投资的增长；双方同意继续以中泰贸易合作五年发展规划指导两国经贸关系发展，加强经贸联系，实现两国经济可持续发展；双方同意通过加强投资信息交流，创造便利条件，改善双边投资环境；双方同意密切在橡胶产业、生物塑料业和绿色产业的投资合作；双方同意通过在相关机制框架内加强合作社发展、农产品加工与贸易、农业企业投资和粮农政策协调方面的合作，提升两国农业合作水平；双方同意深化金融和银行业合作，推动更多使用两国本币作为两国贸易和投资结算货币，完善相关合作机制，为双方贸易、投资和经济合作提供便利。双方将共同探讨提供更便利的人民币清算服务。

越南投资贸易指南

一、对外贸易法规和政策

（一）贸易主管部门

越南主管贸易的部门是工贸部，设有36个司局和研究院，负责全国工业生产（包括机械、冶金、电力、能源、油气、矿产及食品、日用消费品等行业生产）、国内贸易、对外贸易、WTO事务、自由贸易区谈判等。

（二）贸易法规体系

越南主要贸易法律法规包括：《投资法》（2014）、《海关法》（2014）、《民法》（2005年）、《贸易法》《电子交易法》

(2005年)、《进出口税法》《知识产权法》(2005年)、《信息技术法》《反倾销法》(2004年)、《反补贴法》(2005年)、《企业法》(2005年)、《会计法》《统计法》等。外商在越南投资建立独资、合资和合作经营企业,建立贸易公司和分销机构等都有明确法律规定。

(三)贸易管理的相关规定

1. 进口管理。根据加入WTO的承诺,越南逐步取消进口配额限制,基本按照市场原则管理。禁止进口的商品主要包括:武器、弹药、毒品、除工业用以外的易燃易爆物、有毒化学品、军事技术设备、麻醉剂、部分儿童玩具、颓废和反动的文化品、爆竹(交通运输部批准用于安全航海用途的除外)、烟草制品、二手消费品、右舵驾驶机动车、二手物资、低于30马力的二手内燃机、含有石棉的产品和材料、各类专用密码及各种密码软件等。越南工贸部在讨论《贸易法实施细则决议草案》,拟禁止进口二手纺织品和电子商品等。2015年,越南科技部公布第23/2015号通知,自2016年7月1日起,越南允许进口使用年限不超过10的二手设备。

2. 出口管理。关于出口,越南主要采取出口禁令、出口关税、数量限制等措施进行管理。禁止出口的商品主要包括:武器、弹药、爆炸物和军事装备器材、毒品、有毒化学品、古玩、伐自国内天然林的圆木、锯材、来源为国内天然林的木材、木炭、野生动物和珍稀动物、用于保护国家秘密的专用密码和密码软件等。2012年9月15日起,越南海关总局只允许经由科学技术部确认不属于暂停进口范围的中国生产的二手设备通关。

(四)进出口商品检验检疫

越南进出口商品检验检疫工作根据不同商品种类由不同部门负责,食品和药品检验由卫生部负责,动植物和其他农产品检验由农业与农村发展部负责,具体规定可在网上查询。

(五)海关管理规章制度

1. 管理制度。越南现行关税制度包括4种税率:普通税率、最惠国税率、东盟自由贸易区税率及中国—东盟自由贸易区优惠税率。普通税率比最惠国税率高50%,适用于未与越南建立正常贸易关系国家的进口产品。原产于中国的商品享受中国—东盟自由贸易区优惠税率。根据中国—东盟自由贸易区货物贸易协议,从2011年始,越南将对从中国进口的商品每两年削减一次进口关税。到2015年,除了少量敏感产品,将对95%以上的商品征收零关税。到2018年,越南与东盟成员国所有商品均实现零关税。

2. 关税税率。2016年,越南部分商品进口税率(非中国—东盟自由贸易区优惠税率)见下表:

2016年越南部分商品进口税率

商品名称	关税税率	商品名称	关税税率
香烟原料	30%	棉花	0
棉质织布	12%	成衣	5% ~20%
皮革制品	0 ~28%	鞋	5% ~32%
木材原料	0 ~5%	玻璃	0 ~40%
面粉	15%	钢材	0 ~32%
纸张	5% ~25%	内燃机	3% ~25%
煤炭	0 ~3%	汽车(5座)	70%

资料来源:越南财政部

二、外国投资市场准入规定

(一)投资主管部门

越南主管投资的政府部门是计划投资部,设31个司局和研究院,主要负责全国"计划和投资"管理,为制定全国经济社会发展规划和经济管理政策提供综合参考,负责管理国内外投资,负责管理工业区和出口加工区建设,牵头管理对官方发展援助(ODA)的使用,负责管理部分项目的招投标等。

(二)投资行业规定

1. 禁止投资项目。(1)危害国防、国家安全和公共利益的项目;(2)危害越南文化历史遗迹、道德和风俗的项目;(3)危害人民身体健康、破坏资源和环境的项目;(4)处理从国外输入越南的有毒废弃物、生产有毒化学品或使用国际条约禁用毒素的项目。

2. 限制投资项目。(1)对国防、国家安全、社会秩序有影响的项目;(2)财政、金融项目;(3)影响大众健康的项目;(4)文化、通信、报纸、出版等项目;(5)娱乐项目;(6)房地产项目;(7)自然资源的考察、寻找、勘探、开采及生态环境项目;(8)教育和培训项目;(9)法律规定的其他项目。

3. 特别鼓励投资项目。(1)新材料、新能源的生产,高科技产品的生产,生物技术,信息技术,机械制造,配套工业;(2)种植、养殖,农林水产品加工,制盐,培育新的植物和畜禽种子;(3)应用高科技、现代技术,保护生态环境,研究、发展、创造高技术;(4)使用5000人以上的劳动密集型产业;(5)工业区、出口加工区、高新技术区、经济区及由政府总理批准重要项目的基础设施建设;(6)发展教育、培训、医疗、体育和民族文化事业的项目;(7)其他需鼓励的生产和服务项目;25%以上的纯利润用于研究与发展。

(三)投资方式的规定

根据越南《投资法》,外国投资者可选择投资领域、投资形式、融资渠道、投资地点和规模、投资伙伴及投资项目活动期限。外国投资者可登记注册经营一个或多个行业,根据法律规定成立企业,自主决定已登记注册的投资经营活动。

1. 直接投资。包括外商独资企业,成立与当地投资商合资的企业,按BOO、BOT、BTO和BT合同方式进行投资,通过购买股份或融资方式参与投资活动管理,通过合并、并购当地企业的方式投资,其他直接投资方式。

2. 间接投资。包括购买股份、股票、债券和其他有价证券,通过证券投资基金进行投资,通过其他中介金融机构进行投资,通过对当地企业和个人的股份、股票、债券和其他有价证券进行买卖的方式投资。间接投资的手续根据证券法和其他相关法律的规定办理。2015年9月开始,外资可在越南持股100%,但银行业除外。

3. 外资并购。越南正在对隶属于70多家集团和总公司的1600多家国企进行改革,包括银行、航空、通信、造船、汽车、电力、水泥、交通等重要行业,鼓励外商参与,允许外商购买股份和参与管理,仅保留554家与国防、安全等有关的国有全资企业。外商可通过购买上市企业的股票,或购买股份制企业的股权等方式进行并购。

(四)特殊经济区域的规定

越南的工业区、出口加工区对外资企业实行优惠税收政策。2009年,越南新的所得税政策实施以来,园区内企业所得税与园区外一致,优惠政策均以2006年颁布的鼓励与特别鼓励项目以及艰苦和特别艰苦地区为优惠依据,对工业区吸收外资产生很大影响。

1. 工业区。工业区内的外资企业按以下规定缴税：(1)进出口税。①生产性企业和服务性企业均免征出口税。②鼓励投资的生产性企业进口构成企业固定资产的各种机械设备、专用运输车免征进口税；对用于生产出口商品的物资、原料、零配件和其他原料可暂不缴进口税，企业出口成品时，再按进出口税法补缴进口税。③服务性企业按进口税法缴税。(2)企业所得税。①产品出口80%以上的生产性企业从盈利之年起免税4年，接着4年按纯利润的5%缴税，以后每年按纯利润的10%缴税。②出口50%～80%的生产性企业从盈利之年起免税两年，接着3年按纯利润的7.5%缴税，以后每年按纯利润的15%缴税。③50%以下的生产性企业从盈利之年起免税1年，随后两年按纯利润的10%缴税，以后每年按纯利润的20%缴税。④服务性企业从盈利之年起免税1年，随后两年按纯利润的10%缴税，以后每年按纯利润的20%缴税。(3)土地优惠。工业区基础设施项目免15年土地租金，公共设施土地面积全免土地租金。

2. 出口加工区。出口加工区内的外资企业按以下规定缴税：(1)进出口税。①生产性企业和服务性企业均免征出口税。②生产性企业和服务性企业进口构成企业固定资产的各种机械设备、专用运输车辆和各类物资，原料免征进口税。(2)企业所得税。与工业区享受同等优惠政策。

中资企业在越南共投资建设4个工业园区，即铃中出口加工区(约600公顷)、龙江工业园(600公顷)、深圳—海防经贸合作区(800公顷)、仁会工业区B区(450公顷)，都取得不同进展。其中，铃中出口加工区已实施三期项目，效果较好，成为越南工业区建设典范。龙江工业园和深圳—海防经贸合作区成为中国国家级境外经贸合作区，有利于推动中国企业“集群式”走出去，扩大对越投资合作规模。

3. 口岸经济区。越南鼓励在边境地区建设口岸经济区，目的是促进地方经济社会发展，维护边疆稳定和安全。中央和地方政府在口岸经济区建设过程中提供土地、税收和资金方面的支持。1996年，越南试点在广宁省芒街市建立口岸经济区，随后分别在谅山省同登市和老街省老街市建立口岸经济区。迄今为止，越南25个边境省份(分别与中国、老挝和柬埔寨接壤)中已有21个省份建立口岸经济区。

口岸经济区享受以下优惠政策：政府优先考虑利用外国政府和国际组织提供的官方发展援助促进口岸经济区基础设施建设，同时鼓励外商以BOT、BT和BTO等方式参与基础设施建设；在口岸经济区投资的项目，可享受所得税4免9减半、之后连续10年减10%的优惠；在口岸经济区工作的外国人，可免50%的个人所得税；接壤国家公民持因私护照(按规定应办理签证)可免签进入口岸经济区并停留15天；接壤国家的货车可进入口岸经济区，在区内交接货物。

三、外国投资优惠政策

(一)优惠政策框架

2006年7月1日，越南出台新的《投资法》，对国内和外商投资实行统一管理，取消之前《外国投资法》的诸多限制，进一步开放市场。取消的限制包括：要求优先购买、使用国内商品和服务，或必须购买国内某一生产厂家的产品和服务；要求商品或服务出口必须达到一定比例；限制出口商品和服务的种类、数量和价值；要求商品进口数量和价值与商品出口数量和价值相当或必须通过自身出口来平衡进口所需外汇；要求商品生产要达到一定的国产化比例；要求研发工作要达到一定水平或价值；要求在国内外某一具体地点提供商品及服务；要求总部设在某一具体地点等。

(二)行业鼓励政策

越南鼓励外商直接投资发展高新技术产业，尤其是鼓励到高新技术开发区投资建厂。根据规定，入驻高新技术园区的企业应符合以下条件：高科技产品的销售额占营业收入的70%以上；生产技术需达到先进程度；产品可以出口或替代同类进口产品；产品质量达到ISO9000标准；人均产值达4万美元以上等。为加快人才培养，越南还规定：至少40%的企业员工拥有高等学历，并在国外研究机构或现代化生产一线受过业务培训；100%的中层干部和工人应得到业务和技术培训，其中至少5%的员工需经过国外现代生产线操作培训；科研经费的支出不得低于年营业收入的2%；对于法定资超过1000万美元的项目，科研和培训经费至少每年20万美元，人均营业收入需达到7万美元(法定资金超过3000万美元，员工超过1000人的企业除外)等。

越南对此类投资项目提供以下政策优惠：(1)外商投资高新技术产业，可长期适用10%的企业所得税税率(园区外高科技项目为15%，一般性生产项目为20%～25%)，并从盈利之时起，享受4年免税和随后9年减半征税优惠政策。(2)在高新技术企业工作的越南籍员工与外籍员工在缴纳个人所得税方面适用同等纳税标准。(3)外国投资者和越国内投资者适用统一租地价格；投资者可以土地使用权价值及与该土地使用面积相关联的财产作抵押，依法向在越南经营的金融机构贷款；对高新技术研发和高科技人才培训项目，可根据政府规定免缴土地使用租金。(4)外籍员工及其家属可申请签发与其工作期限相等的多次入境签证；越政府依据有关法律规定为外籍员工在居留、租房购房等方面提供便利条件。(5)高新技术项目：投资者根据其他投资优惠政策法规文件的规定享受最高的优惠政策待遇。

四、外国企业在越南获得土地的政策规定

(一)土地法的主要内容

越南1987年出台首部《土地法》，1993年出台第二部《土地法》，1998年对第二部《土地法》进行修改和补充，2001年继续进行修改和补充，2003年颁布第三部《土地法》。

越南现行土地法规定，土地所有权属于国家，不承认私人拥有土地所有权，但集体和个人可对国有的土地享有使用权。国家统一管理土地，制定土地使用规章制度，规定土地使用者的权利和义务。土地使用期限分为长期稳定使用和有期限使用两种情况。对于有期限使用的土地，其使用期限分为5年、20年、50年、70年、90年不等。

土地使用者的基本权利：获得土地使用权证明；享有土地上的劳动成果、投资结果；享有国家对农用地采取保护、改造措施带来的利益；国家指导帮助改造农用地，增加地力；当合法的土地使用权受侵犯时，国家予以保护；对侵犯合法使用权的行为可进行起诉、控告；在土地出让、转让、出租、再出租、继承、赠送、抵押、担保、投资以及国家收回土地时，享有获得补偿的权利；享有土地分配、租用形式上的选择权。

公民、家庭户的土地使用权是一项重要财产权利，可以和其他财产权利一样进行交换、转让、抵押、租赁和继承等转移。土地使用权的转移必须在国家主管部门办理相关手续。土地使用权的转让主要通过交换、买卖、租赁或抵押等方式进行,按规定须交纳土地使用权转让税。

(二)外资企业获得土地的规定

按照越南现行法律规定,外国投资者不能在越南购买土地,可租赁土地并获得土地使用权,使用期限一般为50年,特殊情况可申请延期,但最长不超过70年。

外国投资者需要租赁土地进行投资时,可与项目所在地的土地管理部门联系,办理土地交接和租用手续。土地交接和租用手续根据土地法的相关规定办理。投资者租用土地,当地政府部门可协助进行征地拆迁,但补偿费用由投资者负责。投资者获得土地使用权后,如在规定期限内未实施项目,或土地使用情况与批准内容不符,国家有权收回土地,并撤销其投资许可证。

五、环境保护法律规定

(一)环保管理部门

越南政府主管环境保护的部门是资源环境部,其主要职责是管理全国土地、环境保护、地质矿产、地图测绘、水资源、水文气象等工作。

(二)主要环保法律法规名称

越南基础环保法规为《环境保护法》(1999年4月颁布,2005年12月修订)、《土地法》等。2015年1月1日,越南国会批准出台的《环境保护法》正式生效。

(三)环保法律法规基本要点

越南现行《环境保护法》规定,禁止开发和毁坏水源林;禁止采用毁灭性的工具和方式开发生物资源;禁止将有毒物质、放射性物质和废弃物品掩埋在不符合规定的地方;禁止排放未经处理并达标的废弃物品、有毒物质和放射性物质;禁止进口不符合环保标准的机械设备;禁止进口或过境运输废弃物品;禁止进口未经检疫的动植物。

越南政府对环境保护日益重视,其国内工程开工前,都必须经过严格的环保核查,环保部门定期对企业的环保情况进行检查,不达标的企业须马上进行停工整顿并接受处罚。所有生产企业须安装污染控制和处理设备,以确保符合相关的环境标准。此外,越南对部分行业征收环保税,如原油开采需缴纳环保费10万越南盾(约合40元人民币)/吨;天然气开采需缴纳20万越南盾(约合80元人民币)/吨,环保费上缴中央财政,用于环保工作支出。2016年2月,越南政府颁布关于矿产资源开发环境保护费的第12号决定(12/2016/ND-CP)。

(四)环保评估的相关规定

越南国家环境标准体系主要包括周边环境质量和废弃物质排放环保标准。周边环境质量标准包括:各种用途的土地环保标准;各种用途的地表水和地下水环保标准;服务于水产养殖和娱乐项目的沿海水域环保标准;城市和农村居民区空气标准;居民区噪音环保标准。废弃物质排放环保标准包括:工农业生产废水排放、工业气体和固定排放及有毒物质排放环保标准。

负责环境评估的机构:对于国家级或跨省的投资和工程项目,环境评估委员会成员由项目审批部门、政府相关部委、有关省份人民委员会的代表以及相关行业的专家组成;对于省级投资和工程项目,环境评估委员会成员由所有省或直辖市人民委员会和环保部门代表及相关行业专家组成。环境评估结果将作为项目审批的依据之一。

越南资源环境部负责组织对国会、政府和政府总理审批的项目进行环境评估;政府相关部委负责组织对本部门审批的项目进行环境评估;省人民委员会负责对本省审批的项目进行环境评估。

需要提供环境报告的投资或工程项目:国家级重点建设项目;使用自然保护区、国家公园、历史文化遗迹和旅游胜地部分土地的项目;有可能对内河流域、沿海地区和生态保护区造成不良影响的项目;工业区、经济区、高新技术区和出口加工区建设项目;新都市和居民聚集区建设项目;地下水和自然资源大规模开发和利用项目;对环境有较大潜在不良影响的项目。

环境报告主要内容包括:列明项目具体建设细节、对项目所在地环境状况总体评价、项目建成后可能对环境造成的影响及具体应对方案,承诺在项目建设和运营过程中采取环保措施,当地乡一级人民委员会和居民代表的意见等。主管部门对环境报告的审批时间为15个工作日。

六、知识产权保护规定

(一)越南当地有关知识产权保护的法律法规

越南主管知识产权的行政部门为隶属于越南科学技术部的知识产权局。目前,越南知识产权立法主要是2005年11月颁布的《知识产权法》和同年颁布的《民法》中关于知识产权的条款。越南是多项知识产权条约和公约的成员国,目前正在完善其国内知识产权保护体系。关于专利保护,越南共有3种专利保护类型,即发明专利、实用专利、外观设计专利。

(二)知识产权侵权的相关处罚规定

在专利侵权诉讼中,专利权人可申请执行初步禁令立即制止专利侵权行为。一旦侵权行为被认定成立,专利权人可获得下列任一救济措施:永久性禁令、损害赔偿、侵权所得利益。目前,越南尚未设立不侵权宣告诉讼和针对无理威胁诉讼的救济措施。

七、投资合作相关法律及对中国企业投资合作保护政策

(一)越南与投资合作相关的主要法律

《民法》规定越南的自然人之间、法人之间以及自然人与法人之间的财产关系,为私有财产提供保护。《投资法》规定外商在越南投资的项目审批、权利、义务、税收、政策优惠等。《海关法》规定商品进出越南的原则和方式,以及海关机构和进行商品外贸活动的人的权利和义务等。

(二)越南对中国企业投资合作的保护政策

1. 中国与越南签署双边投资保护协定。1992年12月,中国与越南签署了《关于鼓励和相互保护投资协定》。

2. 中越签署避免双重征税协定。1995年5月,中国与越南签署《关于对所得避免双重征税和防止偷漏税的协定》。

3. 中国与越南签署的其他协定。1991年中越关系正常化以来,两国政府签署的其他经贸合作协定包括:《贸易协定》(1991年11月)、《经济合作协定》(1992年2月)、《中国人民银行与越南国家银行关于结算与合作协定》(1993年5月)、《关于货物过境的协定》(1994年4月)、《关于保证进出口商品质量和相互认证的合作协定》(1994年11月)、《关于成立经济贸易合作委员会的协定》(1995年11月)、《边贸协定》(1998年10月)、《北部湾渔业合作协定》(2000年12月)、《关于扩大和深化双边经贸合作的协定》(2006年11月)、《中越经贸合作五年发展规划》(2011年12月)、《中越经贸合作五年发展规划重点合作项目清单》(2013年5月)。

(资料来源:中国商务部、外交部、中国驻东盟各国大使馆经济商务参赞处等网站) (张磊 搜集整理)

统 计 资 料

中国国民经济主要指标

指　　标	单　位	2017 年	2018 年	2018 年比 2017 年增减(%)
一、年末总人口	万人	139008	139538	
二、国内生产总值	亿元	827122	900309	6.6
第一产业增加值	亿元	65468	64734	3.5
第二产业增加值	亿元	334623	366001	5.8
工业增加值	亿元	279997	305160	6.1
第三产业增加值	亿元	427032	469575	7.6
三、人民币对美元汇价	元人民币/1 美元	6.7518	6.6174	2.0
四、城镇登记失业率	%	3.90	3.8	-0.1
五、工业				
原煤产量	亿吨	35.2	36.8	4.5
原油产量	亿吨	19150.6	18910.6	-1.3
发电量	亿千瓦时	64951.4	71117.7	7.7
钢产量	万吨	104958.8	110551.7	5.6
十种有色金属产量	万吨	5501.0	5702.7	3.7
六、农业				
粮食产量	万吨	65418	65789	-0.6
油料产量	万吨	3732	3439	-1.0
糖料产量	万吨	12556	11976	5.3
茶叶产量	万吨	225	261	5.9
棉花产量	万吨	549	610	7.8
七、交通运输业				
货物周转量	亿吨千米	196130	205402	4.1
旅客周转量	亿人千米	32813	34213	4.3
港口完成货物吞吐量	亿吨	126	133	2.7
八、旅游业				
国内旅游总收入	亿元	45661	51278	12.3
国际旅游外汇收入	亿美元	1234	1271	3.0
入境人数	万人次	13948	14120	1.2
入境过夜人数	万人次	6074	6290	3.6
出境人数	万人次	14273	16199	13.5
因私出境人数	万人次	13582	15502	14.1
十、财政、金融				
财政收入	亿元	172567	183352	6.2
年末各项存款余额	亿元	1692727	1825158	7.8
年末各项贷款余额	亿元	1256074	1417516	12.9
十一、对外贸易				
年末国家外汇储备	亿美元	31399	30727	
进出口总额	亿元	277923	305050	9.7
出口额	亿元	153321	164177	7.1
进口额	亿元	124602	140874	12.9
十二、外资直接投资				
实际利用金额	亿美元	8776	8856	0.9
十三、全社会固定资产投资	亿元	631684	645675	5.9

资料来源：中国国家统计局《中国 2016 年国民经济和社会发展统计公报》

文莱国民经济主要指标

指　　标	单　位	2017 年	2018 年	2018 年比 2017 年增减(%)
一、年末总人口	万人	42.13	44.24	3.0
二、国内生产总值	亿美元	121.3	134.5	9.3
人均国内生产总值	美元	28290.6	31627.7	-1.0
三、文莱元对美元汇价	文莱元/1 美元	1.4	1.36	-2.9
四、通货膨胀率	%	-0.42		
五、失业率	%	7.08	7.11	0.03
六、工业				
工业总产值	亿美元			
石油日产量	万桶			
天然气日产量	亿立方米			
油气收入	亿文莱元			
油气出口总量	亿美元			
原油出口	亿文莱元	3.172		52.4
天然气出口	亿文莱元	3.67		41.2
七、农业				
农业总产值	百万美元	296.13	323.36	9.2
木材产量	万立方米	3.06	3.08	0.67
肉类产量	万吨	1720.80	1567.01	-8.9
谷物产量	万吨	0.2	0.2	持平
八、旅游业				
旅游入境人数	万人次	25.90	27.81	7.4
旅游收入	亿美元	1.8		
九、财政、金融				
财政收入	亿文莱元	36.8		
财政支出	亿文莱元	56.62		
外汇储备	亿美元	330	32.21	-2.4
十、对外贸易				
进出口总额	亿美元	87	107	22.99
出口总额	亿美元	56	54	-3.6
进口总额	亿美元	31	52	67.74
十一、外商直接投资总额	亿美元	4.6	5.0	8.70

资料来源:文莱首相署经济计划发展局网站,文莱统计公报,中国驻文莱经济商务参赞处网站,中国商务部网站,《中国—东盟国家统计年鉴2018》,世界贸易组织数据库

柬埔寨国民经济主要指标

指　　标	单　位	2017 年	2018 年	2018 年比 2017 年增减(%)
一、年末总人口	万人	1571.77	1959.8	16.5
二、国内生产总值	亿美元	221.6	245.8	7.3
人均国内生产总值	美元	1384.4	1561	12.79
三、柬埔寨瑞尔对美元汇价	瑞尔/1 美元	4050.6	4051	0.02
四、通货膨胀率	%	2.9	2.5	-16.0
五、失业率	%	0.3	0.3	持平
六、工业				
工业总产值	亿美元	107.07	131.74	23
服装业出口额	亿美元	80.2	100	24
批准建筑项目量	个	3052	3025	-19
七、农业				
农业总产值	百万美元	5072.74	5404	6.55
胡椒产量	万吨	2.54		
肉类产量	万吨		23.1	
谷物产量	万吨	1027	1089	3.51
天然橡胶产量	万吨	13.67	22	60.94
渔业产量	万吨		91	
家禽类饲养	万只		4430	21.3
木材产量	万立方米			
八、旅游业				
旅游入境人数	万人	560	620	11.5
旅游收入	亿美元	40.2	43.56	19.8
九、财政、金融				
财政收入	亿美元	18.24		
财政支出	亿美元	21.16		
外汇储备	亿美元	111.1	132.2	18.9
外债	亿美元			
十、对外贸易				
进出口总额	亿美元	255	302	18.43
出口总额	亿美元	119	127	6.72
进口总额	亿美元	136	175	28.68
十一、外商直接投资总额	亿美元	27.8	31.0	11.3

资料来源：柬埔寨发展理事会，中国驻柬埔寨王国大使馆经济商务参赞处网站，柬埔寨商业部网站，柬华时报，《中国—东盟国家统计年鉴·2018》，世界贸易组织数据库

印度尼西亚国民经济主要指标

指　　标	单　位	2017 年	2018 年	2018 年比 2017 年增减(%)
一、年末总人口	万人	26197	26414	0.11
二、国内生产总值	亿美元	1310.07	10421.7	5.2
人均国内生产总值	美元	3846.9	3893.6	4.0
三、印尼盾对美元汇价	盾/1 美元	10154.2	14236.9	6.40
四、通货膨胀率	%	3.61	3.2	-11.36
五、公开失业率	%	5.6	5.5	-0.1
六、工业				
工业总产值	万亿印尼盾			
七、农业				
农林牧渔业总产值	十亿卢比	1257875.5	1307025.7	3.91
稻谷产量	万吨	8138.2	5637	-30.73
玉米产量	万吨	2795.2	3005	7.51
大豆产量	万吨	54.2		
橡胶产量	万吨	363.0		
棕榈油产量	万吨		4.50	10.82
咖啡产量	万吨			
卷烟产量	亿支			
肉类产量	万吨			
八、旅游业				
旅游入境人数	万人次	1403.9	1581	12.61
旅游收入	亿美元			
九、财政、金融				
财政收入	万亿盾			
财政支出	万亿盾			
外汇储备	亿美元	1241.4	1147.8	-7.54
十、对外贸易				
进出口总额	亿美元	3257.3	3534.5	8.51
出口总额	亿美元	1688.4	1801.1	6.67
进口总额	亿美元	1569.2	1734.4	10.53
十一、引进外资				
外商直接投资额	亿美元	205.8	219.8	6.8

资料来源：印尼中央统计局、印尼中央银行、印尼财政部、中国驻棉兰总领馆经商室等网站，印尼《雅加达日报》，《中国—东盟国家统计年鉴·2018》

老挝国民经济主要指标

指　　标	单　位	2017 年	2018 年	2018 年比 2017 年增减(%)
一、年末总人口	万人	690.10	701.30	1.6
二、国内生产总值	亿美元	168.5	181.3	6.5
人均国内生产总值	美元	2542.45	2585	4.86
三、老挝基普对美元汇价	基普/1 美元	8351.5	8489.2	1.65
四、通货膨胀率	%	3.82		
五、工业				
工业总产值	亿美元			
纺织成衣出口额	亿美元			
六、农业				
农林业总产值	百万美元	2578	2707	5
耕地面积	万公顷	74.7	80	7.1
茶叶产量	万吨			
水稻产量	万吨	404.0		
甜玉米产量	万吨	119.3		
薯类产量	万吨	238.9		
蔬菜产量	万吨			
水果产量	万吨	129.3		
七、服务业产值	亿美元			
八、旅游业				
旅游入境人数	万人次	325.7		
旅游收入	亿美元	7.7	9.1	18.18
九、财政、金融				
财政收入	万亿基普	26.65	70.75	
财政支出	万亿基普	35.86	92.86	
外汇储备	亿美元	11.6	8.7	-25
外债	亿美元	102.1		5.7
十、对外贸易				
进出口贸易总额	亿美元	105	116	10.48
出口总额	亿美元	48	53	10.42
进口总额	亿美元	56	63	12.5
十一、外商直接投资总额	亿美元	16.0	13.2	-17.5

资料来源:《东南亚纵横》,新加坡东南亚研究所《东南亚 2017～2018》,中国商务部网站,世界贸易组织数据库,《中国—东盟国家统计年鉴·2018》

马来西亚国民经济主要指标

指　　标	单　位	2017 年	2018 年	2018 年比 2017 年增减(%)
一、年末总人口	万人	3205	3238	1.1
二、国内生产总值	亿美元	3145.00	3543	4.72
人均国内生产总值	美元	9944.9	11239	3.32
三、马来西亚林吉特对美元汇价	林吉特/1 美元	4.3	4.0	-6.9
四、通货膨胀率	%	3.82	1.0	-73.82
五、失业率	%	3.4	3.4	持平
六、工业				
工业总产值	亿林吉特			
建筑业产值	亿林吉特		558.4	4.2
制造业产值	亿林吉特	2699.7	2833.4	5.0
采矿业产值	亿林吉特		969.7	6.8
七、农业				
农业总产值	亿林吉特			
水稻产量	万吨	290.2	955.8	-0.4
橡胶产量	万吨	74		
棕榈油产量	万吨		67.6	-8.65
渔业产量	万吨		1992	15
八、服务业产值	亿林吉特		6830.8	6.8
九、旅游业				
旅游入境人数	万人次	2594.8	2583	0.4
旅游收入	亿美元	183.5	203.3	2.4
十、财政、金融				
财政收入	亿林吉特	2204		
财政支出	亿美元	2607		
外汇储备	亿美元	989.4	977.9	-1.16
外债	亿林吉特	403		
十一、对外贸易				
进出口总额	亿美元	4138	4648	12.32
进口总额	亿美元	1955.1	2474	26.55
出口总额	亿美元	2182.89	2175	-0.36
十二、外商直接投资总额	亿美元	95.4	80.9	-13.9

资料来源：马来西亚财政部、马来西亚统计局、国际货币基金组织网站，世界贸易组织数据库

缅甸国民经济主要指标

指　　标	单　位	2017 年	2018 年	2018 年比 2017 年增减(%)
一、年末总人口	万人	53388	53625	0.88
二、国内生产总值	亿美元	670.7	712.1	6.2
人均国内生产总值	美元	1256.7	1326.0	4.8
三、缅甸元对美元汇价				
市场汇价	缅元/1 美元	1360.4	1429.8	5.10
四、通货膨胀率	%	6.5		
五、工业				
工业总产值	亿美元			11.2
从业人数	万人			
六、农业				
农林牧渔业总产值	百万缅元	21106493	6649742	-68.49
从业人数	万人			
茶叶产量	万吨	10.47	9.55	-8.79
稻谷产量	万吨	2562.5		
木材产量	千平方英尺	13234	8901	-32.74
肉类产量	万吨	311.74	163.42	-47.58
七、交通运输业				
公路总长	千米			
铁路总长	千米	27800		
内河航道	千米	5800		
空运货物周转量	万吨千米	549		
八、旅游业				
旅游入境人数	万人次	344.3		
旅游收入	亿美元	22.8		
九、财政金融				
财政收入	万亿缅元	1595.2		
财政支出	万亿缅元	203.33		
外汇储备	亿美元	49.1	53.5	8.96
十、对外贸易				
进出口总额	亿美元	335.1	363	8.33
出口总额	亿美元	148.36	168	13.24
进口总额	亿美元	186.74	195	4.42
十一、外商直接投资总额	亿美元	43.4	35.5	-18.1

资料来源：缅甸农业与灌溉部网站，缅甸政府统计网站，《经济学家国别报告——缅甸》，中国驻缅甸经济参赞处网站，缅甸《新闻周刊》，《中国—东盟国家统计年鉴·2018》

菲律宾国民经济主要指标

指　　标	单　位	2017 年	2018 年	2018 年比 2017 年增减(%)
一、年末总人口	千人	10492	106599	1.5
二、国内生产总值	亿美元	3136.05	3309.1	6.2
人均国内生产总值	美元	2989.05	3102.7	4.8
三、菲律宾比索对美元汇价	比索/1 美元	50.4	52.7	4.56
四、通货膨胀率	%	3.2	5.2	2.9
五、失业率	%	2.6	2.5	-0.1
六、工业				
工业总产值	亿美元	954.97		
采矿业产值	亿美元	26.69		
制造业产值	亿美元	610	630	3.28
建筑业产值	亿美元	221.48		
七、农业				
农林渔业总产值	百万比索	1526654.31	1617910.00	5.98
稻谷产量	万吨	1927.6	1906.6	-1.1
玉米产量	万吨	791.5		
橡胶产量	万吨	406.98	423.37	4.03
渔业产值	亿比索			
牛肉产量	万吨	266.30	263.31	-1.12
家禽肉类产值	亿比索			
八、服务业				
服务业总产值	亿美元			
九、旅游业				
旅游入境人数	万人次	662.1	712	7.54
旅游总收入	亿美元	83.5		
十、财政、金融				
财政收入	亿美元			
财政支出	亿美元	532		
外债总额	亿美元	1273.14		
外汇储备	亿美元	716.0	693.8	-3.10
十一、对外贸易				
进出口贸易总额	亿美元	1706	1822	6.80
进口总额	亿美元	687	675	
出口总额	亿美元	1019	1147	-1.75
十二、外商直接投资总额	亿美元	95.2	65	25.8

资料来源:菲律宾国家统计局网站,《2018 年菲律宾统计数字》,中国驻菲律宾大使馆经济商务参赞处网站,《中国—东盟国家统计年鉴·2018》

新加坡国民经济主要指标

指　　标	单　位	2017 年	2018 年	2018 年比 2017 年增减(%)
一、年末总人口	万人	561.23	563.87	3.7
非居民	万人	164.65	164.44	-0.13
永久居民	万人	396.58	399.43	0.72
二、国内生产总值	亿美元	3239.1	3641.6	3.1
人均国内生产总值	美元	57714.30	64581.9	2.7
三、新加坡元对美元汇价	新元/1 美元	1.4	1.3	-7.14
四、通货膨胀率	%	1.5	1.7	13.33
五、失业率	%	4.3	4.2	-0.1
六、工业总产值	亿新元			
制造业产值	亿新元			7.2
建筑业产值	亿新元			-3.4
七、农业总产值	亿新元			
八、服务业总产值	亿新元			2.8
九、旅游业				
旅客入境人数(不含从陆地入境的马来公民)	万人次	1390.3		6.2
旅游收入	亿美元	197.1	199.4	1
十、交通运输业				
港口集装箱吞吐量	万标准集装箱	3360.0		
空运客运量	万人次	3768		
空运货物量	万吨千米	700690		
十一、财政金融				
财政收入	亿新元		885.3	
财政支出	亿美元		891.3	
外汇储备	亿美元	2778.1	2853.5	2.71
十二、对外贸易				
进出口总额	亿美元	7009	7833	11.76
出口总额	亿美元	3732	4126	10.56
进口总额	亿美元	3277	3706	13.09
十三、外商直接投资额	亿美元	757.2	776.5	2.5

资料来源:新加坡统计局网站,《新加坡 2018 年统计年鉴》《星报》、中新经贸合作网,《中国—东盟国家统计年鉴·2018》,世界银行 WDI 数据库

泰国国民经济主要指标

指　　标	单　位	2017 年	2018 年	2018 年比 2017 年增减(%)
一、年末总人口	万人	6618.85	6641	0.34
二、国内生产总值	亿美元	4553.0	5049	4.1
人均国内生产总值	美元	6595.0	7273	3.8
三、泰铢对美元汇价	铢/1 美元	33.9	32.3	-4.72
四、通货膨胀率	%	0.58	0.36	-37.93
五、失业率	%	1.2	1.1	-8.33
六、工业总产值	亿美元			
七、农业				
农业总产值	亿美元			
木薯产量	万吨	3097.3		22.8
棕榈油产量	万吨			
橡胶产量	万吨	460.0		32.3
木材产量	万立方米			
荔枝产量	万吨			
茶叶产量	万吨			
榴莲产量	万吨			
红毛丹产量	万吨			0.54
蔗糖产量	万吨	10294.6		3.48
八、交通运输业				
公路总长	万千米			
铁路总长	千米			
九、旅游业				
旅游入境人数	万人次	3559	3800	6.77
旅游收入	万美元	621.6	572	-7.89
十、财政、金融				
财政收入	亿铢			
财政支出	亿铢			
外汇储备	亿美元	1940.5	1970.3	1.54
十一、对外贸易				
对外贸易总额	亿美元	4582	5018	9.52
出口总额	亿美元	2366	2521	6.55
进口总额	亿美元	2215	2497	12.73
十二、外商直接投资额	亿美元	64.8	104.9	61.88

资料来源:泰国央行、泰国投资局、亚洲开发银行等网站,《中国—东盟国家统计年鉴·2018》,世界银行 WDI 数据库

越南国民经济主要指标

指　　标	单　位	2017 年	2018 年	2018 年比 2017 年增减(%)
一、年末总人口	万人	9367	9467	10.6
二、国内生产总值	亿美元	2237.8	2449.5	7.1
人均国内生产总值	美元	2342.2	2563.8	6.0
三、越南盾对美元汇价	越盾/1 美元	22370.1	22602.1	1.04
四、通货膨胀率	%	4.37		
五、失业率	%	1.9	1.8	-0.1
六、工业				
工业总产值	万亿越盾			
原油产量	万吨	1328	1203	-11.3
发电量	亿千瓦时		1921	
七、农业				
农业渔业总产值	万亿越盾			
木材产量	千立方米	14181.8	15241.2	7.47
渔业产量	万吨	7313400	7168516	6.22
稻谷产量	万吨	4276.3		
玉米产量	万吨	513		
家禽产量	亿只	3.855		
咖啡产量	万吨	152.97		
橡胶产量	万吨	109.5		
生肉产量	万吨			
甘蔗产量	万吨	1835.6	1783.7	-2.83
水产产量	万吨			
八、商业和服务业总收入	万亿越盾			
九、交通运输业				
公路客运量	亿人次			
铁路总里程	千米			
航空客运量	万人次	4259		
十、旅游业				
旅游入境人数	万人次	1292.2	1550	19.9
旅游收入	亿美元	88.9		
十一、财政、金融				
财政收入	亿美元	476	550	15.55
财政支出	亿美元		552.73	
外汇储备	亿美元	486.9	505.7	3.91
十二、对外贸易				
进出口总额	亿美元	4258	4898	15.03
出口总额	亿美元	2143	2456	14.61
进口总额	亿美元	2115	2442	15.46
十二、外商直接投资额	亿美元	141.0	155.0	9.93

资料来源:越南国家统计总局、越南海关总局、越南外国投资局、越南之声等网站,《中国—东盟国家统计年鉴·2018》,世界贸易组织数据库

文莱部分经济指标（2013～2018年）

指　标	单　位	2013年	2014年	2015年	2016年	2017年	2018年
GDP（不变价格）	亿美元	180.9	171.0	129.3	1140	121.3	135.1
GDP（增长率）	%	-2.1	-2.3	-0.6	-2.5	1.3	0.1
对美元汇率	1美元/文莱元	1.3	1.3	1.4	1.4	1.4	1.36
人均GDP（不变价格）	文莱元	24026.25	—	30967.9美元	26939.4美元	28290.6美元	31627.7
农业总产值	百万美元	104.93	125.08	98.39	101.62		
通货膨胀率（平均消费价格）	%	1.419	1.229	0.52	0.1	0.0	
失业率	%	3.7	—	2.7	6.9	7.68	7.11
人口	百万	0.42	0.41	0.42	0.426	0.436	0.44
财政收入	亿文莱元	144.45	65.91	41.17		36.8	
财政支出	10亿文莱元	75.54	59.8	57.0		56.62	
外商直接投资	亿美元	7.8	5.7	1.7	-1.1	4.6	5.0
外汇储备	亿美元	30.4	31.4	28.9	29.8	33.0	32.21

资料来源：新加坡东南亚研究所《东南亚2017～2018》，《经济学家国别报告——文莱》，东盟秘书处网站
注：E表示估计数据，F表示预测数据（下同）

柬埔寨部分经济指标（2013～2018年）

指　标	单　位	2013年	2014年	2015年	2016年	2017年	2018年
GDP增长率（IMF）	%	7.6	7.1	6.9	7	7.0	7.5
农业部门增长率	%	4.2	2.58	1	0.5	1.6	6.55
工业部门增长率	%	—	9.56	8.7	11.4		
服务部门增长率	%	—	7.48	9			
出口额	百万美元	6900	7690	8990	10000	11950	12700
进口额	百万美元	8980	10430	11544	12300	13980	17500
贸易差额	百万美元	-2080	-2740	-2554	-2300	-2030	-4800
财政收支差额占GDP比重	%	—	—	5.19			
通货膨胀率（IMF）	%	2.94	3.86	3	2	2.7	2.5
债务总额	百万美元	—	—	1063.3	8310		
外汇储备	亿美元	44.1	55.3	67.6	82.50	111	132.2
汇率	瑞尔/美元	4027	4037.5	4067.8	4058.7	4050	

资料来源：新加坡东南亚研究所《东南亚2017～2018》，《经济学家国别报告——柬埔寨》，东盟秘书处网站

印度尼西亚部分经济指标（2013～2018年）

指　标	单　位	2013年	2014年	2015年	2016年	2017年	2018年
GDP(现价)	10亿卢比	9546134.0	10569705.0	11531717.0	12406810.0	13587212.6	14837357.5
出口额	10亿美元	182.6	176.29	150.25	144.43	168.73	180.2
进口额	10亿美元	186.6	178.18	142.74	135.65	156.90	188.7
总人口	万人	24542.5	24881.8	25546.2	25870.5	26197	26414
家庭消费年增长率	%	3.63	6.48	4.1	5.7	4.95	
通货膨胀率	%	8.38	8.36	3.1	3.53	3.61	3.2
财政收支差额占GDP比重	%	—	—	2.8			
人均GDP增长率	%	4.51	3.71	3.53	3.83	3.8	4.0
外汇储备	亿美元	934.3	1060.7	1006.3	1109.3	1241.4	1147.8
汇率	印尼盾/1美元	10461.2	11865.2	13389.4	13308.3	13380.9	14236.9
国内总储蓄	亿美元	2747.97	3012.00	3000.24	3269.2	3135.2	

资料来源：新加坡东南亚研究所《东南亚2017～2018》，《经济学家国别报告——印度尼西亚》，东盟秘书处网站

老挝部分经济指标（2013～2018年）

指　标	单　位	2013年	2014年	2015年	2016年	2017年	2018年
国土总面积	万平方千米	23.68	23.68	23.68	23.68	23.68	23.68
年末总人口	万人	664.4	680.9	649.2	649.2	690.1	701.30
GDP增长率	%	8	7.6	7.5	7.02	6.9	6.5
人均国内生产总值	美元	1806	1949	2226	2408	2542.45	2585
对美元汇价	基普/1美元	7860.1	8049	8147.9	8129.1	8351.4	8489.2
通货膨胀率	%	5.64	5.16	1.28	1.6	3.82	
工业总产值	万亿基普	—	31.01	33.77	37.82		
农业总产值	万亿基普	—	26.42	27.21	27.945		
旅游入境人数	万人次	378	400	430	423	325.7	
旅游收入	亿美元	5.96	—	6.72	7.2	7.7	
外汇储备	亿美元	6.4	8.0	9.7	7.8	11.6	8.7
进出口总额	亿美元	47.12	81.3	68	78	87	116
出口总额	亿美元	18.98	35.8	38	31	36	53
进口总额	亿美元	28.14	45.5	30	47	51	63
引进外资总额	亿美元	17	33.83	12.6	10.0	16.0	13.2

资料来源：新加坡东南亚研究所《东南亚2017～2018》，《经济学家国别报告——老挝》，东盟秘书处网站

马来西亚部分经济指标（2013～2018年）

指　标	单　位	2013年	2014年	2015年	2016年	2017年	2018年
国土总面积	万平方千米	33.0252	33.080	33.080	33.080	33.080	33.080
年末总人口	万人	2992	3026	3049	3118.73	3205.0	323.8
国内生产总值	亿美元	3222.25	3374.97	2943.9	2965.4	3145	3543
人均国内生产总值	美元	10432	10802.9	11581	9850	9944.9	11239
对美元汇价	林吉特	3.15	3.3	3.9	4.1	4.3	4.0
通货膨胀率	%	2.4	3.2	2.1	2.13	3.82	1.0
失业率	%	3.2	2.9	3.2	3.5	3.4	3.4
工业总产值	亿林吉特	364.25	382.82	—			
农业总产值	亿林吉特	2820.38	2893.71	—			955.8
旅游入境人数	万人次	2572	2743.73	2570	2675.7	2594.8	2583
旅游收入	亿林吉特	654.4	720	695	180.9亿美元	183.5亿美元	203.3亿美元
财政收入	亿林吉特	245.86亿美元	2151	1654	2124	2204	
外汇储备	亿美元	1304.9	1117.1	914.3	911.9	989.4	977.9
进出口总额	亿美元	4345.2	14491.5亿林吉特	3416	3578	4138	4648
出口总额	亿林吉特	2284.0亿美元	7661.3	1818.0亿美元	1894.0亿美元	1955.1亿美元	2175
进口总额	亿林吉特	4345.2亿美元	6830.2	1598.0亿美元	1684.0亿美元	2182.89亿美元	2474
引进外资总额	亿林吉特	387.7	353	361	113.4	95.4	80.9

资料来源：新加坡东南亚研究所《东南亚2017～2018》，《经济学家国别报告——马来西亚》，东盟秘书处网站

缅甸部分经济指标（2012～2018年）

指　标	单　位	2012/2013财年	2013/2014财年	2014/2015财年	2015/2016财年	2016/2017财年	2017/2018财年
国土总面积	万平方千米	67.65	67.659	67.659	67.659	67.659	67.659
年末总人口	万人	60976	61568	51991	52450	53388	53625
GDP增长率	%	7.5	7.8	8.3	6.5	6.4	6.2
人均国内生产总值	美元	1113	1269	1194.6	1196.1	1256.7	1326.0
对美元汇价	缅元	—	—	1162.6	1234.9	1360.4	1429.8
通货膨胀率	%	6.3	6.6	7.5	6.92	6.5	
失业率	%	3.5	—	4.0			
农牧林渔业总产值	百万缅元	15680310	17132994	18162255	19466837	20313708	21106493
旅游入境人数	万人次	204	350	468	290	344.3	
财政赤字占GDP比重	%	—	—	2.9			
外汇储备	亿美元	—	66	38	46.2	49.1	53.5
进出口总额	亿美元	229	224.55	291	276	335.1	363
出口总额	亿美元	110.5	92.42	122	110	148.36	168
进口总额	亿美元	118.5	132.12	169	166	156.73	195
引进外资总额	亿美元	5.0	5.8	9.5	28.7	29.9	43.3

资料来源：新加坡东南亚研究所《东南亚2017～2018》，《经济学家国别报告——缅甸》，东盟秘书处网站

菲律宾部分经济指标（2013～2018年）

指　标	单　位	2013年	2014年	2015年	2016年	2017年	2018年
国土总面积	万平方千米	29.97	30.00	30.00	29.82	29.97	29.97
年末总人口	万人	9820	9988	10156	10332	10492	106599
GDP增长率	%	7.3	6.1	5.8	6.8	6.68	6.2
人均GDP	美元	2794	2849	2919.7	2951.1	2989.05	3102.7
汇率	比索/1美元	42.41	44.4	45.5	47.5	50.4	52.7
通货膨胀率	%	2.8	4.1	1.4	1.77	3.2	5.2
失业率	%	7.3	6	6.3	5.5	2.6	2.5
工业总产值	亿比索	34976	37599.2	909.1亿美元		954.97亿美元	
农业总产值	亿美元	14446.4	16000	299.7	295.47		
旅游入境人数	万人次	470	483	536	596.7	662.1	712
旅游收入	亿比索	1861.5	5330	50亿美元	2301.3	83.5亿美元	
财政收支差额占GDP比重	%	—	0.6	1.6			
外汇储备	亿美元	737.9	702.6	723.5	718.5	716.0	693.8
进出口总额	亿美元	1157	1257	1253.34	1373.91	1551.33	1822
出口总额	亿美元	540	618	586.48	562.32	928	675
进口总额	亿美元	617	639	666.86	811.59	632.33	1174
引进外资总额	亿美元	38.6	62.01	56.6	79.33	95.2	65

资料来源：新加坡东南亚研究所《东南亚2017～2018》，《经济学家国别报告——菲律宾》，东盟秘书处网站

新加坡部分经济指标（2013～2018年）

指　标	单　位	2013年	2014年	2015年	2016年	2017年	2018年
国土总面积	万平方千米	0.0716	0.07183	0.072	0.072	0.072	0.072
年末总人口	万人	539.92	547	553.5	560.73	561.23	563.87
GDP增长率	%	4.1	2.9	2.1	2	3.62	3.1
人均国内生产总值	美元	56029	56337	53630	52962	57714.3	64581.9
汇率	新元/美元	1.3	1.3	1.42	1.4	1.4	1.3
通货膨胀率	%	—	1	0.5	0.9	1.5	1.7
失业率	%	3.1	1.9	2.8	3	4.3	4.2
工业总产值	亿新元	—	900	—			
服务业增长率	%	—	3.1	3.4	1		2.8
旅游入境人数	万人次	1556.78	1508.6	1523.1	1604.4		
旅游收入	亿美元	192.3	191.6	166.2	189.5	197.1	199.4
财政收入	亿新元	570.5	606	—		885.3	
外汇储备	亿美元	2704.8	2545.6	2457.2	2443.7	2778.1	2853.5
进出口总额	亿新元	7834.9亿美元	9827	6631亿美元	6300亿美元	7009	7833
出口总额	亿新元	4103.7亿美元	5189	3663亿美元	3381亿美元	3732	4126
进口总额	亿新元	3731.2亿美元	4638	2968亿美元	2919亿美元	3277	3706
外资净流入	亿美元	637.7	675.2	7149.9亿新元	774.5	620.1	776.5

资料来源：新加坡东南亚研究所《东南亚2017～2018》，《经济学家国别报告——新加坡》，新加坡统计局网站、东盟秘书处网站

泰国部分经济指标（2013～2018年）

指　标	单　位	2013年	2014年	2015年	2016年	2017年	2018年
国土总面积	万平方千米	51.31	51.312	51.312	51.09	51.31	51.31
年末总人口	万人	6478.59	6512.47	6572.91	6593.16	6618.85	6641
GDP增长率	%	2.9	0.8	2.8	3.23	3.9	4.1
人均国内生产总值	美元	5676	5379	5814.9	5907.9	6336	7273
对美元汇价	铢	30.73	32.48	34.2	35.3	32.66	32.3
通货膨胀率	%	2.18	1.9	0.9	0.2	1.2	0.36
失业率	%	0.8	0.7	0.65	1.0	1.2	1.1
旅游入境人数	万人次	2673.56	2477	2990	3257	3500	3800
旅游收入	亿美元	457.4	420.5	485.3	524.7	621.6	572
财政收入	亿铢	25151.7	23060	—			
外汇储备	亿美元	1590.2	1490.6	1492.9	1641.5	1940.5	1970.3
进出口总额	亿美元	4734.2	4555.26	4170.29	4094.4	4605.1	5018
出口总额	亿美元	2251.8	2275.74	2143.75	2136.6	2359.3	2521
进口总额	亿美元	2481.40	2279.74	2026.54	1957.8	2248.8	2497

资料来源：新加坡东南亚研究所《东南亚2017～2018》，《经济学家国别报告——泰国》，东盟秘书处网站

越南部分经济指标（2013～2018年）

指　标	单　位	2013年	2014年	2015年	2016年	2017年	2018年
国土总面积	万平方千米	33.12	33.095	33.095	33.095	33.095	33.095
年末总人口	万人	8976	9073	9171	9270.11	9367	9467
国内生产总值	亿美元	1711.97	1840	1988.05	2052.88	2238.6	2449.5
GDP增长率	%	5.42	5.98	6.68	6.21	6.8	7.1
人均国内生产总值	美元	1902	2063	2109	2215	2385	2563.8
对美元汇价	越盾	20933.4	21148	21697.6	21935	22370.1	22602.1
通货膨胀率	%	—	—	0.63	0.63	4.37	
失业率	%	1.9	—	2.45	2.3	1.9	1.8
工业总产值	万亿越盾	653.78	703.47	772.41	826.94		
农业总产值	万亿越盾	313.8	324.75	—	870.7		
旅游入境人数	万人次	757.24	787.4	794.37	1001	1292.2	1550
旅游收入	亿美元	72.5	74.1	73.5	85.0	88.9	
财政收入	万亿越盾	790	814.1	884.8	943.3		
外汇储备	亿美元	254.8	338	278.8	361.7	486.9	505.7
进出口总额	亿美元	2642.26	2982.4	3280	3491	4248	4898
出口总额	亿美元	1321.35	1501.9	1624	1759	2137.7	3456
进口总额	亿美元	1321.25	1480.5	1656	1732	2111	2442
引进外资总额	亿美元	89.0	92.0	118.0	126.0	141.0	155

资料来源：新加坡东南亚研究所《东南亚2017～2018》，《经济学家国别报告——越南》，东盟秘书处网站

印度尼西亚与主要贸易伙伴进出口情况(2018 年)

出口				进口			
国家和地区	金额(百万美元)	比上年增减(%)	占比重(%)	国家和地区	金额(百万美元)	比上年增减(%)	占比重(%)
总值	180215	7.5	100.0	总值	187917	19.8	100.0
中国	27127	18.9	15.1	中国	45349	26.8	24.1
日本	19480	11.4	10.8	新加坡	21385	26.6	11.4
美国	18427	3.6	10.2	日本	17878	17.3	9.5
印度	13726	-1.0	7.6	泰国	10878	17.2	5.8
新加坡	12992	1.8	7.2	美国	10148	24.9	5.4
韩国	9533	17.9	5.3	韩国	9042	11.3	4.8
马来西亚	9437	11.6	5.2	马来西亚	8563	-2.7	4.6
菲律宾	6825	7.0	3.8	澳大利亚	5819	-3.2	3.1
泰国	6819	5.5	3.8	印度	5003	23.6	2.7
台湾省	4701	11.5	2.6	沙特阿拉伯	4909	55.0	2.6
越南	4584	27.8	2.5	德国	3960	11.9	2.1
荷兰	3898	-3.5	2.2	越南	3787	17.3	2.0
澳大利亚	2800	12.3	1.6	台湾省	3544	8.9	1.9
德国	2710	1.5	1.5	香港	2620	42.6	1.4
香港	2559	6.7	1.4	尼日利亚	2527	96.0	1.4

马来西亚与主要贸易伙伴进出口情况(2018 年)

出口				进口			
国家和地区	金额(百万美元)	比上年增减(%)	占比重(%)	国家和地区	金额(百万美元)	比上年增减(%)	占比重(%)
总值	247519	13.6	100.0	总值	217606	11.7	100.0
新加坡	34463	9.1	13.9	中国	43365	13.2	19.9
中国	34410	17.2	13.9	新加坡	25498	17.9	11.7
美国	22498	8.9	9.1	美国	16094	6.0	7.4
香港	18491	65.7	7.5	日本	15755	6.3	7.2
日本	17138	-2.6	6.9	台湾省	15742	23.3	7.2
泰国	14082	19.7	5.7	泰国	12051	7.5	5.5
印度	9011	12.2	3.6	印度尼西亚	9979	13.3	4.6
越南	8484	31.8	3.4	韩国	9649	6.2	4.4
韩国	8340	24.8	3.4	印度	6558	4.8	3.0
澳大利亚	8297	10.1	3.4	德国	6543	6.8	3.0
台湾省	8047	44.0	3.3	澳大利亚	5348	14.4	2.5
印度尼西亚	7881	0.7	3.2	越南	4777	-9.2	2.2
德国	7009	12.8	2.8	沙特阿拉伯	4425	77.1	2.0
荷兰	6407	2.3	2.6	法国	4132	37.4	1.9
菲律宾	4192	9.0	1.7	香港	3728	14.2	1.7

新加坡与主要贸易伙伴进出口情况（2018年）

出口				进口			
国家和地区	金额（百万美元）	比上年增减（%）	占比重（%）	国家和地区	金额（百万美元）	比上年增减（%）	占比重（%）
总值	411760	10.3	100.0	总值	370505	13.0	100.0
中国	50413	-6.8	12.2	中国	49662	9.5	13.4
香港	48632	5.6	11.8	马来西亚	42796	10.1	11.6
马来西亚	44873	13.2	10.9	美国	41881	21.5	11.3
印度尼西亚	32966	17.9	8.0	台湾省	31400	15.6	8.5
美国	30642	30.6	7.4	日本	22167	8.2	6.0
日本	19994	17.2	4.9	印度尼西亚	15224	0.6	4.1
台湾省	16953	2.2	4.1	韩国	14194	-12.2	3.8
韩国	15674	-6.4	3.8	沙特阿拉伯	12625	37.8	3.4
泰国	15556	5.9	3.8	法国	11401	27.3	3.1
澳大利亚	12677	26.7	3.1	德国	10124	6.6	2.7
印度	12334	12.0	3.0	瑞士	10110	10.8	2.7
越南	12026	-2.2	2.9	阿联酋	9694	9.8	2.6
荷兰	8916	14.1	2.2	泰国	8297	15.6	2.2
菲律宾	7954	9.4	1.9	菲律宾	7814	35.8	2.1
德国	6414	3.6	1.6	英国	7701	38.8	2.1

泰国与主要贸易伙伴进出口情况（2018年）

出口				进口			
国家和地区	金额（百万美元）	比上年增减（%）	占比重（%）	国家和地区	金额（百万美元）	比上年增减（%）	占比重（%）
总值	249889	5.9	100.0	总值	251005	11.8	100.0
中国	29700	1.0	11.9	中国	50225	12.3	20.0
美国	27769	4.7	11.1	日本	35441	9.4	14.1
日本	24717	12.0	9.9	美国	15204	1.2	6.1
越南	12837	10.6	5.1	马来西亚	13477	14.4	5.4
香港	12430	1.3	5.0	阿联酋	10936	42.5	4.4
马来西亚	11516	11.6	4.6	韩国	8914	10.3	3.6
澳大利亚	10682	1.8	4.3	台湾省	8661	5.2	3.5
印度尼西亚	9900	12.4	4.0	印度尼西亚	8149	10.0	3.3
新加坡	9303	13.9	3.7	新加坡	7739	-3.2	3.1
菲律宾	7826	12.9	3.1	沙特阿拉伯	7405	19.9	3.0
柬埔寨	7589	43.8	3.0	瑞士	6836	-6.0	2.7
印度	7531	16.5	3.0	德国	6797	10.7	2.7
荷兰	5161	8.5	2.1	澳大利亚	5969	33.3	2.4
德国	5108	4.0	2.0	越南	5751	14.6	2.3
韩国	4838	4.1	1.9	印度	4858	23.2	1.9

印度尼西亚对中国出口主要商品构成(2017～2018年)

商品类别	2018年(百万美元)	2017年(百万美元)	2018年比上年增减(%)	2018年占比重(%)
总值	27127	22808	18.9	100.0
矿物燃料、矿物油及其产品;沥青等	8793	6999	25.6	32.4
动、植物油、脂、蜡;精制食用油脂	3254	3259	-0.1	12.0
钢铁	2609	2035	28.2	9.6
矿砂、矿渣及矿灰	1969	529	272.3	7.3
木浆等纤维状纤维素浆;废纸及纸板	1888	1710	10.4	7.0
杂项化学产品	1219	812	50.1	4.5
有机化学品	805	587	37.1	3.0
木及木制品;木炭	672	754	-10.9	2.5
纸及纸板;纸浆、纸或纸板制品	607	405	49.9	2.2
橡胶及其制品	582	1244	-53.2	2.1
铜及其制品	539	422	27.9	2.0
鞋靴、护腿和类似品及其零件	534	481	11.2	2.0
鱼及其他水生无脊椎动物	468	297	57.7	1.7
棉花	359	392	-8.4	1.3
电机、电气、音像设备及其零附件	295	323	-8.7	1.1
塑料及其制品	265	257	3.4	1.0
核反应堆、锅炉、机械器具及零件	219	177	24.2	0.8
谷物粉、淀粉等或乳的制品;糕饼	195	234	-16.7	0.7
油籽;子仁;工业或药用植物;饲料	171	137	24.6	0.6
非针织或非钩编的服装及衣着附件	153	123	24.6	0.6
乳;蛋;蜂蜜;其他食用动物产品	141	103	36.5	0.5
无机化学品;贵金属等的化合物	138	335	-58.7	0.5
针织或钩编的服装及衣着附件	138	123	12.0	0.5
乐器及其零件、附件	101	78	29.4	0.4
洗涤剂、润滑剂、人造蜡、塑型膏等	99	115	-14.0	0.4
化学纤维短纤	99	95	3.4	0.4
车辆及其零附件,但铁道车辆除外	90	96	-6.2	0.3
可可及可可制品	81	71	13.7	0.3
食品工业的残渣及废料;配制的饲料	75	47	60.6	0.3
食用水果及坚果;甜瓜等水果的果皮	57	80	-29.1	0.2
以上合计	26614	22317	19.3	98.1

印度尼西亚自中国进口主要商品构成(2017～2018年)

商品类别	2018年(百万美元)	2017年(百万美元)	2018年比上年增减(%)	2018年占比重(%)
总值	45349	35767	26.8	100.0
电机、电气、音像设备及其零附件	9992	7869	27.0	22.0
核反应堆、锅炉、机械器具及零件	9817	7569	29.7	21.7
钢铁	2162	1970	9.8	4.8
塑料及其制品	1747	1354	29.0	3.9
有机化学品	1533	1251	22.5	3.4
钢铁制品	1496	703	112.9	3.3
车辆及其零附件,但铁道车辆除外	1010	674	49.8	2.2
化学纤维长丝	963	807	19.3	2.1

续表

商品类别	2018年（百万美元）	2017年（百万美元）	2018年比上年增减（%）	2018年占比重（%）
铝及其制品	878	598	46.8	1.9
无机化学品；贵金属等的化合物	833	628	32.7	1.8
食用水果及坚果；甜瓜等水果的果皮	740	564	31.1	1.6
家具；寝具等；灯具；活动房	706	561	25.8	1.6
化学纤维短纤	667	564	18.2	1.5
杂项化学产品	630	573	9.9	1.4
光学、照相、医疗等设备及零附件	594	517	14.7	1.3
针织物及钩编织物	591	499	18.4	1.3
棉花	544	472	15.3	1.2
食用蔬菜、根及块茎	527	606	-13.1	1.2
肥料	525	521	0.8	1.2
矿物燃料、矿物油及其产品；沥青等	521	413	26.2	1.2
鞣料；着色料；涂料；油灰；墨水等	504	437	15.4	1.1
贱金属杂项制品	480	343	39.7	1.1
陶瓷产品	464	331	40.1	1.0
鞋靴、护腿和类似品及其零件	407	312	30.7	0.9
铜及其制品	377	338	11.4	0.8
橡胶及其制品	374	271	37.9	0.8
纸及纸板；纸浆、纸或纸板制品	361	287	26.1	0.8
船舶及浮动结构体	346	243	42.6	0.8
杂项制品	333	265	25.8	0.7
浸、包或层压织物；工业用纺织制品	321	255	26.1	0.7
以上合计	40442	31796	27.2	89.2

马来西亚对中国出口主要商品构成（2017～2018年）

商品类别	2018年（百万美元）	2017年（百万美元）	2018年比上年增减（%）	2018年占比重（%）
总值	34410	29371	17.2	100.0
电机、电气、音像设备及其零附件	12478	10629	17.4	36.3
矿物燃料、矿物油及其产品；沥青等	5166	4635	11.5	15.0
塑料及其制品	2480	1363	81.9	7.2
核反应堆、锅炉、机械器具及零件	2440	2385	2.3	7.1
有机化学品	1518	1018	49.2	4.4
橡胶及其制品	1463	1870	-21.7	4.3
动、植物油、脂、蜡；精制食用油脂	1238	1403	-11.8	3.6
光学、照相、医疗等设备及零附件	1177	879	34.0	3.4
铜及其制品	1155	541	113.3	3.4
矿砂、矿渣及矿灰	1065	1217	-12.5	3.1
杂项化学产品	675	598	12.9	2.0
镍及其制品	324	266	22.1	0.9
无机化学品；贵金属等的化合物	257	309	-17.0	0.8
棉花	216	117	84.4	0.6
木及木制品；木炭	210	213	-1.3	0.6
航空器、航天器及其零件	199	113	76.3	0.6
车辆及其零附件，但铁道车辆除外	195	156	25.1	0.6
铝及其制品	184	108	71.2	0.5
洗涤剂、润滑剂、人造蜡、塑型膏等	146	109	33.2	0.4

续表

商品类别	2018年（百万美元）	2017年（百万美元）	2018年比上年增减（%）	2018年占比重（%）
杂项食品	132	112	18.3	0.4
鱼及其他水生无脊椎动物	109	46	138.2	0.3
谷物粉、淀粉等或乳的制品；糕饼	108	117	-7.6	0.3
玻璃及其制品	108	95	13.8	0.3
可可及可可制品	106	88	19.6	0.3
钢铁	100	41	144.6	0.3
家具；寝具等；灯具；活动房	92	69	32.1	0.3
乳；蛋；蜂蜜；其他食用动物产品	71	45	59.7	0.2
鞣料；着色料；涂料；油灰；墨水等	62	61	2.1	0.2
饮料、酒及醋	54	35	53.8	0.2
食用水果及坚果；甜瓜等水果的果皮	46	21	119.3	0.1
以上合计	33574	28657	17.2	97.6

马来西亚自中国进口主要商品构成（2017～2018年）

商品类别	2018年（百万美元）	2017年（百万美元）	2018年比上年增减（%）	2018年占比重（%）
总值	43365	38321	13.2	100.0
电机、电气、音像设备及其零附件	14149	12471	13.5	32.6
核反应堆、锅炉、机械器具及零件	7371	6454	14.2	17.0
矿物燃料、矿物油及其产品；沥青等	2248	2065	8.8	5.2
塑料及其制品	1620	1589	2.0	3.7
钢铁	1557	1186	31.3	3.6
钢铁制品	1223	1185	3.2	2.8
杂项化学产品	1078	892	20.8	2.5
铝及其制品	1043	776	34.5	2.4
光学、照相、医疗等设备及零附件	976	1033	-5.5	2.3
车辆及其零附件，但铁道车辆除外	819	684	19.8	1.9
有机化学品	794	628	26.4	1.8
家具；寝具等；灯具；活动房	687	671	2.3	1.6
无机化学品；贵金属等的化合物	682	419	62.6	1.6
铜及其制品	561	435	29.1	1.3
纸及纸板；纸浆、纸或纸板制品	517	492	5.2	1.2
食用蔬菜、根及块茎	470	514	-8.7	1.1
针织或钩编的服装及衣着附件	426	431	-1.2	1.0
玻璃及其制品	332	309	7.5	0.8
鞋靴、护腿和类似品及其零件	329	310	6.0	0.8
非针织或非钩编的服装及衣着附件	323	309	4.5	0.7
陶瓷产品	312	208	49.7	0.7
玩具、游戏或运动用品及其零附件	299	279	7.1	0.7
橡胶及其制品	287	205	40.5	0.7
皮革制品；旅行箱包；动物肠线制品	280	273	2.5	0.7
化学纤维长丝	244	252	-3.0	0.6
贱金属杂项制品	221	231	-4.1	0.5
航空器、航天器及其零件	216	142	52.3	0.5
其他纺织制品；成套物品；旧纺织品	210	206	2.3	0.5
鞣料；着色料；涂料；油灰；墨水等	197	174	12.9	0.5
木及木制品；木炭	192	174	10.3	0.4
以上合计	39664	34996	13.3	91.5

新加坡对中国出口主要商品构成(2017～2018年)

商品类别	2018年 (百万美元)	2017年 (百万美元)	2018年比上年 增减(%)	2018年占比重 (%)
总值	50413	54067	-6.8	100.0
电机、电气、音像设备及其零附件	15680	19448	-19.4	31.1
核反应堆、锅炉、机械器具及零件	6082	5560	9.4	12.1
塑料及其制品	5675	4812	17.9	11.3
矿物燃料、矿物油及其产品;沥青等	4676	6076	-23.0	9.3
有机化学品	3639	2817	29.2	7.2
珠宝、贵金属及制品;仿首饰;硬币	2895	4573	-36.7	5.7
光学、照相、医疗等设备及零附件	2810	2885	-2.6	5.6
精油及香膏;香料制品及化妆盥洗品	1383	865	59.9	2.7
杂项化学产品	1191	1083	10.0	2.4
航空器、航天器及其零件	770	831	-7.3	1.5
铜及其制品	598	765	-21.9	1.2
木浆等纤维状纤维素浆;废纸及纸板	579	205	182.6	1.2
橡胶及其制品	544	673	-19.1	1.1
药品	485	414	17.0	1.0
饮料、酒及醋	408	250	62.7	0.8
车辆及其零附件,但铁道车辆除外	374	317	18.1	0.7
洗涤剂、润滑剂、人造蜡、塑型膏等	374	222	68.2	0.7
钢铁	175	172	1.4	0.4
鞣料;着色料;涂料;油灰;墨水等	123	105	16.8	0.2
镍及其制品	116	123	-5.6	0.2
谷物粉、淀粉等或乳的制品;糕饼	113	139	-18.6	0.2
印刷品;手稿、打字稿及设计图纸	113	189	-40.2	0.2
铝及其制品	84	28	195.4	0.2
钟表及其零件	81	56	44.1	0.2
钢铁制品	77	67	15.6	0.2
纸及纸板;纸浆、纸或纸板制品	70	190	-63.0	0.1
可可及可可制品	70	65	8.2	0.1
贱金属器具、利口器、餐具及零件	70	87	-19.9	0.1
化学纤维长丝	56	34	65.7	0.1
杂项食品	49	67	-27.1	0.1
以上合计	49357	53118	-7.1	97.9

新加坡自中国进口主要商品构成(2017～2018年)

商品类别	2018年 (百万美元)	2017年 (百万美元)	2018年比上年 增减(%)	2018年占比重 (%)
总值	49662	45366	9.5	100.0
电机、电气、音像设备及其零附件	20828	19137	8.8	41.9
核反应堆、锅炉、机械器具及零件	10404	9744	6.8	21.0
矿物燃料、矿物油及其产品;沥青等	6356	4906	29.6	12.8
光学、照相、医疗等设备及零附件	1104	1143	-3.4	2.2
有机化学品	857	736	16.4	1.7
钢铁制品	845	735	15.1	1.7
钢铁	825	732	12.7	1.7
塑料及其制品	747	727	2.7	1.5

续表

商品类别	2018年（百万美元）	2017年（百万美元）	2018年比上年增减（%）	2018年占比重（%）
家具；寝具等；灯具；活动房	445	444	0.1	0.9
杂项化学产品	410	443	-7.3	0.8
航空器、航天器及其零件	410	423	-3.2	0.8
铝及其制品	371	340	9.2	0.8
非针织或非钩编的服装及衣着附件	341	361	-5.6	0.7
针织或钩编的服装及衣着附件	318	309	2.9	0.6
皮革制品；旅行箱包；动物肠线制品	312	298	4.8	0.6
珠宝、贵金属及制品；仿首饰；硬币	309	296	4.5	0.6
玩具、游戏或运动用品及其零附件	297	284	4.5	0.6
纸及纸板；纸浆、纸或纸板制品	272	234	16.2	0.6
鞋靴、护腿和类似品及其零件	258	248	3.9	0.5
烟草、烟草及烟草代用品的制品	221	242	-8.6	0.5
精油及香膏；香料制品及化妆盥洗品	220	197	11.7	0.4
车辆及其零附件，但铁道车辆除外	178	204	-12.7	0.4
无机化学品；贵金属等的化合物	163	136	20.0	0.3
铁道车辆；轨道装置；信号设备	157	93	68.3	0.3
贱金属器具、利口器、餐具及零件	151	139	8.5	0.3
食用蔬菜、根及块茎	147	146	0.4	0.3
橡胶及其制品	135	132	1.9	0.3
玻璃及其制品	134	130	3.1	0.3
贱金属杂项制品	128	127	1.0	0.3
铜及其制品	128	115	10.7	0.3
以上合计	47470	43202	9.9	95.6

泰国对中国出口主要商品构成（2017～2018年）

商品类别	2018年（百万美元）	2017年（百万美元）	2018年比上年增减（%）	2018年占比重（%）
总值	29700	29405	1.0	100.0
橡胶及其制品	4758	5798	-17.9	16.0
核反应堆、锅炉、机械器具及零件	3479	3471	0.2	11.7
塑料及其制品	3374	2865	17.8	11.4
电机、电气、音像设备及其零附件	3199	3169	0.9	10.8
有机化学品	2473	1606	54.0	8.3
木及木制品；木炭	1351	1653	-18.3	4.6
矿物燃料、矿物油及其产品；沥青等	1302	1204	8.1	4.4
光学、照相、医疗等设备及零附件	1209	1707	-29.2	4.1
食用水果及坚果；甜瓜等水果的果皮	1008	660	52.7	3.4
车辆及其零附件，但铁道车辆除外	989	1192	-17.0	3.3
食用蔬菜、根及块茎	904	1077	-16.1	3.0
制粉工业产品；麦芽；淀粉等；面筋	740	545	35.8	2.5
谷物	548	571	-4.0	1.9
珠宝、贵金属及制品；仿首饰；硬币	341	274	24.4	1.2
鱼及其他水生无脊椎动物	261	160	63.0	0.9
钢铁制品	231	332	-30.4	0.8
杂项食品	229	226	1.0	0.8
铜及其制品	209	154	35.6	0.7
蛋白类物质；改性淀粉；胶；酶	161	128	26.0	0.5

续表

商品类别	2018年（百万美元）	2017年（百万美元）	2018年比上年增减（%）	2018年占比重（%）
木浆等纤维状纤维素浆；废纸及纸板	157	118	33.5	0.5
化学纤维短纤	154	151	2.1	0.5
纸及纸板；纸浆、纸或纸板制品	148	113	31.1	0.5
糖及糖食	148	201	-26.5	0.5
精油及香膏；香料制品及化妆盥洗品	132	50	166.7	0.5
杂项化学产品	130	135	-3.3	0.4
食品工业的残渣及废料；配制的饲料	129	82	56.8	0.4
家具；寝具等；灯具；活动房	127	103	24.3	0.4
蔬菜、水果等或植物其他部分的制品	112	78	43.6	0.4
生皮（毛皮除外）及皮革	105	92	13.1	0.4
化学纤维长丝	87	79	10.7	0.3
以上合计	28195	27992	0.7	94.9

泰国自中国进口主要商品构成（2017～2018年）

商品类别	2018年（百万美元）	2017年（百万美元）	2018年比上年增减（%）	2018年占比重（%）
总值	50225	44734	12.3	100.0
电机、电气、音像设备及其零附件	15107	13404	12.7	30.1
核反应堆、锅炉、机械器具及零件	8464	7468	13.3	16.9
钢铁制品	2636	2815	-6.4	5.3
钢铁	2556	2198	16.3	5.1
塑料及其制品	2522	2157	16.9	5.0
车辆及其零附件，但铁道车辆除外	1465	1292	13.4	2.9
杂项化学产品	1327	1282	3.5	2.6
有机化学品	1247	1029	21.2	2.5
光学、照相、医疗等设备及零附件	1175	1045	12.5	2.3
铝及其制品	1070	862	24.1	2.1
无机化学品；贵金属等的化合物	954	812	17.6	1.9
铜及其制品	735	500	46.9	1.5
家具；寝具等；灯具；活动房	734	629	16.6	1.5
食用蔬菜、根及块茎	484	350	38.2	1.0
珠宝、贵金属及制品；仿首饰；硬币	482	575	-16.2	1.0
食用水果及坚果；甜瓜等水果的果皮	406	428	-5.0	0.8
非针织或非钩编的服装及衣着附件	405	318	27.6	0.8
纸及纸板；纸浆、纸或纸板制品	399	399	0.0	0.8
橡胶及其制品	388	311	24.5	0.8
贱金属杂项制品	349	285	22.5	0.7
玻璃及其制品	348	339	2.8	0.7
皮革制品；旅行箱包；动物肠线制品	342	297	15.0	0.7
陶瓷产品	320	301	6.2	0.6
鞣料；着色料；涂料；油灰；墨水等	317	290	9.4	0.6
鱼及其他水生无脊椎动物	308	320	-3.7	0.6
针织或钩编的服装及衣着附件	302	219	38.1	0.6
浸、包或层压织物；工业用纺织制品	294	259	13.7	0.6
玩具、游戏或运动用品及其零附件	292	238	22.8	0.6
化学纤维长丝	284	241	17.6	0.6
贱金属器具、利口器、餐具及零件	280	227	23.2	0.6
以上合计	45994	40892	12.5	91.6

东盟国家货物进出口情况(2018 年)

国家和地区	货物贸易总额(亿美元)	占世界(东盟)比重(%)	出口额(亿美元)	比上年增长(%)	进口额(亿美元)	比上年增长(%)
东盟	28828	7.2②	14473	9.99	14356	14.14
文莱	107	0.3①	54	-3.57	52	47.74
柬埔寨	334	1.0①	144	19	191	23.22
印度尼西亚	3689	12.7①	1802	6.75	1887	20.19
老挝	116	0.4①	53	10.42	63	12.5
马来西亚	4648	16.1①	2474	13.64	2175	11.65
缅甸	363	1.2①	168	20.86	195	1.04
菲律宾	1822	6.3①	675	-1.75	1147	12.56
新加坡	7833	27.4①	4126	10.56	3706	13.09
泰国	5018	18.0①	2521	6.55	2497	12.73
越南	4898	16.6①	2456	14.61	2442	15.46

注:①占东盟比重。②占世界比重

资料来源:世界贸易组织数据库

中国对东盟国家货物进出口情况(2018 年)

国家和地区	进出口总额(亿美元)	比上年增长(%)	出口(亿美元)	比上年增长(%)	进口(亿美元)	比上年增长(%)
东盟	5878.7	14.19	3192.4	14.37	2686.3	13.97
文莱	18.4	84	15.9	144.61	2.5	-28.57
柬埔寨	73.9	27.63	60.1	25.73	13.8	36.63
印度尼西亚	773.7	22.19	432.1	24.3	341.6	19.65
老挝	34.7	14.9	14.5	1.40	20.2	27
马来西亚	1086.3	13.12	454.0	8.82	632.2	16.43
缅甸	152.4	12.56	105.5	17.09	46.9	3.53
菲律宾	556.7	8.56	350.6	9.43	206.1	7.18
新加坡	828.8	4.60	491.7	9.22	337.2	-1.46
泰国	875.2	9	428.9	10.80	446.3	7.34
越南	1478.6	21.9	839.0	18.19	639.6	27

资料来源:中国海关总署

中国对东盟国家货物进出口情况(2018 年 1 ~6 月)

国家和地区	进出口总额(亿美元)	比上年增长(%)	出口(亿美元)	比上年增长(%)	进口(亿美元)	比上年增长(%)
东盟	2803.3	19.2	1526.8	18.1	1276.5	20.5
文莱	8.2	79.6	7.6	199.3	0.5	-73.7
柬埔寨	34.2	24.1	28.7	25.1	5.5	19.1
印度尼西亚	374.2	27.6	199.9	23.2	174.2	33.2
老挝	17.0	16.2	7.0	3.8	10.0	26.7
马来西亚	518.8	14.9	216.4	10.3	302.4	18.5
缅甸	82.0	26.5	55.4	28.3	26.6	23.0
菲律宾	264.5	11.9	166.3	10.8	98.1	13.9
新加坡	414.4	12.2	243.1	15.8	171.4	7.4
泰国	430.0	14.0	211.3	16.3	218.7	12.0
越南	660.1	28.7	391.1	23.4	269.0	37.4

资料来源:中国海关总署

中国广西与东盟国家贸易统计(2016~2017年)

国家	双边进出口总额		广西出口额		广西进口额	
	2016年(万元)	2017年(万元)	2016年(万元)	2017年(万元)	2016年(万元)	2017年(万元)
文莱						
缅甸						
柬埔寨						
印度尼西亚	302534	673120	108376	258962	194158	414158
马来西亚	312767	485996	115249	178652	197518	307347
老挝						
菲律宾	210579	434507	96379	203482	114199	231025
新加坡	322112	510569	245047	403736	77065	106833
泰国	1212949	465258	145854	214784	1067096	250474
越南	15892364	16262586	9161600	9300861	6730764	6961725
合计	18354355	18938485	9919316	106245513	8435039	8313932

数据来源:《广西统计年鉴》2017卷、2018卷 （乔蕊）

东盟国家投资情况(2018年)

国家(地区)	东盟国家吸引外商直接投资情况		东盟国家对外直接投资情况	
	吸引外商直接投资(亿美元)	比上年增长(%)	对外直接投资(亿美元)	比上年增长(%)
东盟	1486.5	3.1	696	-1.63
文莱	5.0	8.7		
柬埔寨	31.0	11.11	1.2	0
印尼	219.8	6.80	81.4	273.4
老挝	13.2	-17.5	0.0	-100
马来西亚	80.9	-13.94	52.8	-6.40
缅甸	35.5	-18.66		
菲律宾	64.6	-25.75	6.0	-65.71
新加坡	776.5	2.55	371.4	-15
泰国	104.9	61.88	177.2	3.87
越南	155.0	9.9	6.0	25

资料来源:联合国贸发会议外商直接投资数据库 （何战）

附　　录

中国驻东盟各国大使馆

（名称/大使/地址/电话/电子邮箱）

驻文莱达鲁萨兰国大使馆/于红（女）（Yu Hong）/NO. 1,3,5 Simpang 462, Kampung Sungai Hanching Baru, Jalan Muara, BC2115, Bandar Seri Begawan, Brunei Darussalam/（00673）2334163, 2339609, 传真：2335710, 2338277/EMBPROC@BRUNET. BN

驻柬埔寨王国大使馆/王文天（Wang Wentian）/金边毛泽东大道156号（No. 156, Blvd Mao Tsetung, Phnom Penh, Cambodia）/（00855）12901923（领事保护手机），12810928，00855－23－720922（传真）/chinaemb_kh@mfa. gov. cn

驻印度尼西亚共和国大使馆/肖千（Xiao qian）/JL. Mega Kuningan No. 2 Jakarta Selatan 12950 Indonesia/8179838410（领事保护手机），（0062－21）5761037，5761038（传真）/chinaemb_id@mfa. gov. cn

驻老挝人民民主共和国大使馆/姜再冬（Jiang Zaidong）/Wat Nak Road, Sisattanak, Vientiane, Lao P. D. R./（00856－21）315100，315104（传真）/chinaemb_la@mfa. gov. cn

驻马来西亚大使馆/白天（Bai Tian）/229, Jalan Ampang, 50450 Kuala Lumpur, Malaysia/00603－21636853（领事保护电话），传真：21484495，21429368，42513233/chinaemb_my@mfa. gov. cn

驻缅甸联邦共和国大使馆/陈海（Chen Hai）/No. 1 Pyidaungsu Yeiktha Road, Yangon, Union of Myanmar/（0095）943209657（领事保护手机），（0095－1）221280，221281，227019（传真）/chinaemb_mm@mfa. gov. cn

驻菲律宾共和国大使馆/赵鉴华（Zhao Jianhua）/4896 Pasay Road, Dasmarinas Village, Makati, Metro Manila, the Philippines/0063－9178972695（领事保护手机），（0063－2）8443148，8452465（传真）/chinaemb_ph@mfa. gov. cn

驻新加坡共和国大使馆/洪小勇（Hong Xiaoyong）/东陵路150号新加坡247969邮区（Embassy of the P. R. China in Singapore 150 Tanglin Road Singapore 247969）/（0065）92971517（领事保护电话），64180252，67344737，64793250（传真）/chinaemb_sg@mfa. gov. cn

驻泰王国大使馆/吕健（Lyu Jian）/57 Rachadapisake Road Huay Kwang, Bangkok 10310, Thailand/（0066－2）2457044，2468247（传真）/chinaemb_th@mfa. gov. cn

驻越南社会主义共和国大使馆/熊波（Xiong Bo）/46 Hoang Dieu Road, Hanoi, Vietnam/（0084－4）38453736，38232826（传真）/chinaemb_vn@mfa. gov. cn

东盟各国驻中国外交机构

（名称/大使/地址/电话/电子邮箱）

文莱达鲁萨兰国大使馆/张慈祥（H. E Mr. Magdalene Teo）/北京市朝阳区亮马桥北街1号/（010）65329773，65329776，65324093，65324097（传真）

柬埔寨王国大使馆/凯·西索达（Khek Sysoda）/北京市朝阳区东直门外大街9号/（010）65321889，65323507（传真）/cambassy@public2. bta. net. cn

印度尼西亚共和国大使馆/易慕龙（Imron Cotan）/北京市朝阳区东直门外大街4号/（010）65325485－88，65325368（传真）/set. indonesia. kbri@deplu. go. id

老挝人民民主共和国大使馆/宋迪·本库（Somdy Bounkhoum）/北京市朝阳区三里屯东四街11号/（010）65321224，65326748（传真）

马来西亚大使馆/伊斯甘达·萨鲁丁（Iskandar Sarndin）/北京市朝阳区亮马桥北街2号/（010）65322531，65325032（传真）/mwbjing@95777. com

缅甸联邦大使馆/吴丁乌(Tin Oo)/北京市朝阳区东直门外大街 6 号/(010)65320359,65320408(传真)/info@ myanmarembassy. com

菲律宾共和国大使馆/艾尔琳达·巴西里奥(Erlinda F.Basilio)/北京市朝阳区建国门外秀水北街 23 号/(010)65321872,65323761(传真)/Philemb_beijing@ yahoo. com

新加坡共和国大使馆/罗家良(Loh Ka Lanng)/北京市朝阳区建国门外秀水北街 1 号/(010)65321115,65329405(传真)

泰王国大使馆/伟文 · 丘氏君(Wiboon Khusakul)/北京市朝阳区光华路 40 号/(010)65321749,65321748(传真)/thaibej@ eastnet. com. cn

越南社会主义共和国大使馆/邓明魁(Deng Mingkui)/北京市朝阳区建国门外光华路 32 号/(010)65321125,65321155,65326521(传真)/Banbientap@ mofa. gov. vn

中国驻东盟各国总领事馆

(名称/总领事/地址/电话/电子邮箱)

驻棉兰总领事馆(印度尼西亚)/孙昂(Sun Ang)/Jalan Walikota No.9, Medan 20152/0062 - 82165631079(值班电话),(0062 - 61)4571232,4571261(传真)/chinaconsul_mdn_id@ mfa. gov. cn

驻泗水总领事馆(印度尼西亚)/顾景奇(Gu Jingqi)/Jalan Mayjend. Sungkono Kav. B1/105, Surabaya,Jalan Paris Argosari V D - 3, Surabaya(签证厅)/(0062 - 31)5687225,5674667(传真)/chinaconsul_sur@ mfa. gov. cn

驻登巴萨总领事馆(印度尼西亚)/苟皓东(Gou Haodong)/Jalan. Tukad Badung 8X, Renon, Denpasar Selatan, Kota Denpasar, Bali 80226 Indonesia/6281239169767(领事保护),(0062 - 361)239001(传真)/chinaconsul_dps_id@ mfa. gov. cn

驻琅勃拉邦总领事馆(老挝)/黎宝光(Li Baoguang)/琅勃拉邦省琅勃拉邦县邦康村(PhongKham Village, Luang Prabang District, Luang Prabang Provice, Lao PDR)/(00856 - 71)252437,213330(传真)/consulate_lp@ mfa. gov. cn

驻古晋总领事馆(马来西亚)/程广中(Cheng Guangzhong)/马来西亚沙捞越州古晋市王长水路 10 段 276 号/(0060 - 82)240344,232344(传真)/consulate_kuching@ mfa. gov. cn

驻哥拉基纳巴卢总领事馆(马来西亚)/梁才德(Liang Caide)/马来西亚沙巴州哥打基纳巴卢/Palm Court, Lot 7, No 3, VIP Lot, Lorong Pokok Palma Rajah, Jalan Lintas, 88000 Kota Kinabalu, Sabah, Malaysia/(0060)88385481,88385491(传真)/chinaconsul_kk_my@ mfa. gov. cn, chinese_consulate_kk@ yahoo. com

驻槟城总领事馆(马来西亚)/鲁世巍(Lu Shiwei)/马来西亚玻璃池滑区的东姑阿都拉曼路 28 号 B&C(28 B&C, Jalan Tunku Abdul Rahman, 10350 George Town, Penang, Malaysia)/(0060)42189795,(0060)42189798(传真)/consulate_penang@ mfa. gov. cn

驻曼德勒总领事馆(缅甸)/王宗颖(Wang Zongying)/Yadanar Lnae, Yangyi Aung Road/(00952)34457,34458,35937,35944(传真)/ chinaconsul_man_mm@ mfa. gov. cn

驻达沃总领事馆(菲律宾)/黎林(Li Lin)/Acacia Street,Juna Subdivision,Matina,Davao City,china_davao@ mfa. gov. cn

驻宿务总领事馆(菲律宾)/贾力(Jia Li)/7th Floor, Mandarin Plaza Hotel, Archbishop Reyes Avenue Corner Escario Street, Cebu City, Philippines(0063 - 32)5051035、5051038(传真)/consulate_cebu@ mfa. gov. cn

驻拉瓦格总领事馆(菲律宾)/周游斌(Zhou Youbin)/菲律宾北伊罗戈省圣尼古拉斯县三藩镇一区国道 216 号(No. 216 National Highway, Brgy. 1, San Francisco San Nicolas, Ilocos Norte 2901, Republic of the Philippines)/(0063 - 77)6706600,6706338(传真)/Chinaconsul_lg_ph@ mfa. gov. cn

驻清迈总领事馆(泰国)/任义生(Ren Yisheng)/泰国清迈昌罗路111号(111 Changloh Road, Haiya District, Chiang Mai, Thailand 50100)/(6653) 280380,276125,274614(传真)/http://chiangmai. chineseconsulate. org/chn

驻宋卡总领事馆(泰国)/马凤春(Ma Fengchun)/No.9, Sadao Road, Ampur Muang, Songkhla/(0066 - 74)322034,323772(传真)/chinaconsul_skh_th@ mfa. gov. cn

驻孔敬总领事馆(泰国)/廖俊云(Liao Junyun)/孔敬府直辖县环湖路 2 组 142/44 号(142/44 Moo 2, Rob - Bueng Rd., Nai - Muang, Muang, Khon Kaen, Thailand 40000) /(043)226873,227037(传真)/http://khonkaen. china - consulate. org

驻胡志明市总领事馆(越南)/吴骏(Wu Jun)/胡志明市第三郡二征夫人路 175 号(175 Hai Ba Trung Road, District 3, Ho Chi Minh City)/(00848)38292457,38295009(传真)/chinaconsul_hcm_vn@ mfa. gov. cn

驻岘港总领事馆(越南)/郗慧(女)(Xi Hui)/岘港市/0084 - 905580010(领事保护与协助服务)

(据中华人民共和国外交部网站)

东盟各国驻中国总领事馆

（名称/总领事/地址/电话/领区）

柬埔寨王国驻重庆总领事馆/凯达拉(Khel Dara)/重庆市渝中区筷子街2号中国人寿大厦第10层/(023)63113666(传真)/重庆、湖北、湖南

柬埔寨王国驻昆明总领事馆/淮立恒(KruyLimheng)/云南省昆明市白云路258号官房大厦14楼/(0871)63317320,63316220(传真)/云南、四川、贵州

柬埔寨王国驻广州总领事馆/兴波(HENGPoeu)/广东省广州市环市东路368号花园酒店东楼804－808室/(020)83338999－808,83879006(传真)/广东、福建、海南

柬埔寨王国驻南宁总领事馆/努西瓦塔(Nguon Syvatha)/广西壮族自治区南宁市中国—东盟商务区桂花路16－6号/(0771)5672358,5672352,5672358(传真)/广西

柬埔寨王国驻上海总领事馆/丁萨南(Tean Samnang)/上海市闸北区天目中路267号蓝宝石大厦12楼A座/(021)51015850,51015866(传真)/上海、浙江、江苏、安徽

柬埔寨王国驻西安总领事馆/辉比威/陕西省西安市曲江新区雁南路292号曲江文化大厦6层/(029)89667287,89667289(传真)/陕西、甘肃、宁夏

印度尼西亚共和国驻广州总领事馆/琇翡(女)(Ratu Silvy Gayatri)/广东省广州市越秀区流花路120号东方宾馆西座2楼1201－1223室/510016(邮编)/(020)86018772,86018773(传真)/广东、广西、福建、海南

印度尼西亚共和国驻上海总领事馆/古纳万(Arif Gunawan)/上海市长宁区延安西路2299号上海世贸商城1607－1608室/(021)52402321,32565627(传真)/上海、浙江、江苏、安徽、江西

老挝人民民主共和国驻上海总领事馆/西莎美·銮珍达翁(女)(Sisamay Luangchandavong)/上海市静安区江宁路356弄,静安紫苑行政9楼/(021)58987855,62188225(传真)/上海、浙江、江苏、安徽

老挝人民民主共和国驻南宁总领事馆/万希·维丽雅彭(女)(Vansy Vilignaphone)/广西壮族自治区南宁市中国—东盟商务区桂花路16－1号/(0771)5672544,5672502,5672503(传真)/广西、广东

老挝人民民主共和国驻昆明总领事馆/康潘·翁桑迪(Khamphone Vongsanty)/云南省昆明市彩云北路6800/(0871)67334522,67334511,67335489,67334533(传真)/云南

老挝人民民主共和国驻昆明总领事馆驻景洪办公室/鸿萨·因提腊(Hongsa INTHILATH)/云南省西双版纳州景洪市沧江新区宣慰大道江北段,告庄西双景公建区综合楼210号/(0691)2219355,2219955(传真)/西双版纳州、普洱市

老挝人民民主共和国驻广州总领事馆/本班·巩银赛亚星(Bounpan Kongnhinsayaseng)广东省广州市越秀区环市东路339号广东国际大厦主楼9楼905－906室/(020)83340710/广东、海南、江西、福建

马来西亚驻昆明总领事馆/拿督萧进平(Dato Siow Chen Pin)/云南省昆明市西山区滇池路南亚风情第一城B座写字楼4楼403/(0871)63165088,63113503(传真)/云南、广西、贵州、四川、重庆

马来西亚驻广州总领事馆/木山利(Muzambli Bin Markam)/广东省广州市天河区天河北路233号中信广场商业大楼19楼15－18室/(020)87395660,87395661,38772320(传真)/广东、江西、福建、海南、湖南

马来西亚驻上海总领事馆/陈扬泰(Tan Yang Thai)/上海市红宝石路500号东银大厦B栋9层01、04室/(021)60900360,60900371(传真)/上海、浙江、江苏、安徽

马来西亚驻南宁总领事馆/黄奕瑞(Bong Yik Jui)/广西壮族自治区南宁市青秀区民族大道131号南宁鑫伟万豪酒店2008室/(0771)5593289,5593916(传真)/广西、贵州

缅甸联邦共和国驻南宁总领事馆/杜丁埃凯(Tin Aye Khine)/广西壮族自治区南宁市中国—东盟商务区桂花路16－7号/(0771)5672845,5672391,5672192(传真)/广西、广东、湖南

缅甸联邦共和国驻昆明总领事馆/梭柏(SoePaing)/云南省昆明市官渡区迎宾路99号/(0871)68162804,68162808(传真)/云南、四川、贵州、重庆

菲律宾共和国驻重庆总领事馆/莲丽(女)(Olivia V. Palala)/重庆市渝中区邹容路68号大都会商厦29楼2903－2905单位/(023)63810832,63729809(传真)/重庆、云南、贵州

菲律宾共和国驻广州总领事馆/唐芷林(女)(Marie Charlotte G. Tang)/广东省广州市越秀区环市东路339号广东国际大厦主楼706－712室/(020)83311461,83310996,83330573(传真)/广东、广西、海南、湖南

菲律宾共和国驻厦门总领事馆/付昕伟(Julius Caesar Aragon Flores)/福建省厦门市思明区莲花新村凌香里2号/(0592)5130355,5130366,5530803(传真)/福建、江西

菲律宾共和国驻上海总领事馆/库玉甘(Wilfredo Ramon Cuyugan)/上海市长宁区延安西路1168号首信银都广场301室/(021)62818020,62818023(传真)/上海、浙江、江苏、安徽、湖北

新加坡共和国驻成都总领事馆/颜呈吉(Gan Teng Kiat)/四川省成都市锦江区人民南路二段1号仁恒置地广场写字楼3001号/(028)86527222,86528005(传真)/四川,陕西,重庆

新加坡共和国驻广州总领事馆/蔡簦合(Chua Teng Hoe)/广东省广州市天河区天河北路233号中信广场办公楼2418室/(020)38912345,38912933(传真)/广东、海南、广西、湖南、贵州、云南

新加坡共和国驻上海总领事馆/罗德伟(Loh Tuck Wai)/上海市万山路89号/(021)62785566,62086544(传真)/上海、浙江、江苏、安徽

新加坡共和国驻厦门总领事馆/池兆森(Chi Chiew Sum)/福建省厦门市厦禾路189号银行中心5楼07、08单元/(0592)2684691,2684694(传真)/福建、江西

泰王国驻成都总领事馆/潘媞葩(女)(Phantipha Iamsudha Ekarohit)/四川省成都市武侯区航空路6号丰德国际广场C座12楼/(028)66897861,66897863(传真)/四川、重庆

泰王国驻昆明总领事馆/鹏普·汪披塔亚(Pornpop Uampidhaya)/云南省五华区昆明市东风西路11号顺城东塔18楼/(0871)63168916,63166891(传真)/云南、贵州、湖南

泰王国驻广州总领事馆/瓦信·兰巴替盛(Vasin Ruangprateepsaeng)/广东省广州市海珠区友和路36号/(020)83858988,83889567(传真)/广东、海南

泰王国驻上海总领事馆/巴丽彩(女)(Parichat Luepaiboolphan)/上海市长宁区万山路18号/(021)52609899,52609898(传真)/上海、浙江、江苏、安徽

泰王国驻厦门总领事馆/邱塔泰(Tajtai Tmangraksat)/福建省厦门市思明区虎园路16号厦门宾馆3号楼/(0592)2027980,2027982,2058816(传真)/福建、江西

泰王国驻南宁总领事馆/蔡乐·蓬蒂窝拉卫(Chairat Porntipwarawet)/广西壮族自治区南宁市青秀区金湖北路52-1号东方曼哈顿大厦一层/(0771)5526945-46,5526949(传真)/广西

泰王国驻西安总领事馆/苏提瓦(Methee Suthiwartnarueput)/陕西省西安市曲江新区雁南三路钻石半岛11号楼1-2层/(029)89312831,89312863,89312935(传真)/陕西,甘肃,宁夏

泰王国驻青岛总领事馆/副总领事万贺怡(女)(Waraphannee Damrongmanee)/山东省青岛市市南区香港中路9号香格里拉中心1504-1505单元/(0532)68877038,68877039,68877036(传真)/山东

越南社会主义共和国驻昆明总领事馆/阮士洪(Nguyen Si Hong)/云南省昆明市北京路155号附1号红塔大厦507室/(0871)63522669,63516667(传真)/云南

越南社会主义共和国驻广州总领事馆/阮进洪(Nguyen Tien Hong)/广东省广州市海珠区侨光路华厦大酒店A座6楼/510115(邮编)/(020)83305911,83305915(传真)/广东

越南社会主义共和国驻上海总领事馆/阮青梅(女)(Nguyen Thanh Mai)/上海市浦东新区浦东大道900号华辰金融大厦304室/(021)68555871,68555872,68555873(传真)/上海

越南社会主义共和国驻南宁总领事馆/范清平(Pham Sao Mai)/广西壮族自治区南宁市青秀区金湖路55号亚航财富中心27楼/(0771)5510560,5510562,5534738(传真)/广西

中国和东盟各国简况

国　家	国名全称	首　都	主要语言	主要宗教	货币	省级行政区(个)	人口(万人)(2017年)	民族(个)
中国	中华人民共和国	北京	汉语	佛教	人民币	34	139008	56
文莱	文莱达鲁萨兰国	斯里巴加湾	马来语	伊斯兰教	文莱元	4	42.13	20
柬埔寨	柬埔寨王国	金边	高棉语	佛教	瑞尔	24	1600.5	20多
印度尼西亚	印度尼西亚共和国	雅加达	印尼语	伊斯兰教	卢比(印尼盾)	30	26399.1	100多
老挝	老挝人民民主共和国	万象	老挝语	佛教	基普	18	680	49
马来西亚	马来西亚联邦	吉隆坡	马来语	伊斯兰教	林吉特	16	3240	30多
缅甸	缅甸联邦共和国	内比都	缅甸语	佛教	缅元	15	5337.1	135
菲律宾	菲律宾共和国	大马尼拉	菲律宾语	天主教	比索	17	10491.8	约90
新加坡	新加坡共和国	新加坡	马来语		新加坡元	6	564(2018年6月)	
泰国	泰王国	曼谷	泰语	佛教	铢	76	6903.8	30多
越南	越南社会主义共和国	河内	越南语		越南盾	64	9554.1	54

注:世界银行WDI数据库、外交部网站

中国和东盟各国自然状况简表

国家	陆地国土总面积（万平方千米）	气候	年平均气温（℃）	海岸线长度（千米）	主要资源
中国	960	热带、亚热带、温带季风		32000	石油、天然气、煤炭、铁矿、锰矿、铬矿、铜矿、铅锌矿、铝矿、镍矿、钨矿、锡矿、金矿、银矿、森林、水力、动植物等
文莱	0.5765	热带雨林	28	约 161	石油、天然气、金矿、煤炭、锑矿、铝矿、矾土等
柬埔寨	18.1035	热带季风	27	460	金矿、磷酸盐、宝石、石油、铁矿、煤炭、森林、渔业等
印度尼西亚	191.36	热带雨林	25～27	54716	石油、天然气、煤炭、锡矿、铝矾土、镍矿、金矿、银矿、森林等
老挝	23.6800	热带、亚热带季风	20～30		锡矿、铅矿、钾矿、铜矿、铁矿、金矿、石膏、煤炭、盐、森林等
马来西亚	33.0257	热带海洋	25～30	4192	石油、天然气、锡矿、铁矿、金矿、钨矿、铝土、锰矿、森林等
缅甸	67.6578	热带季风	27	3200	石油、天然气、锡矿、钨矿、锌矿、铝矿、锑矿、锰矿、金矿、银矿、宝石、玉石、森林、水力等
菲律宾	29.9700	热带海洋	26.6	18533	铜矿、金矿、银矿、铁矿、铬矿、镍矿、地热、石油、渔业等
新加坡	0.07199	热带海洋	24～27	193	植物
泰国	51.3115	热带季风	27	2616.4	钾盐、锡矿、褐煤、油页岩、天然气、锌矿、铅矿、钨矿、铁矿、铬矿、重晶石、宝石、石油、森林等
越南	32.9556	热带季风	23～25	3260	煤炭、铁矿、锰矿、铬矿、铝矿、锡矿、磷矿、水产、森林等

注：根据《中国—东盟自由贸易区与广西》（广西社会科学院编），外交部网站等有关资料编制

中国与东盟各国货币名称

国家、地区	货币名称		货币符号		辅币进位制
	中文	英文	原有旧符号	标准符号	
中国	人民币	Renminbi	RMB ¥	CNY	1CNY = 10 jiao（角） 1jiao = 10 fen（分）
文莱	文莱元	Brunei Dollar	B $	BND	1BND = 100cents（分）
柬埔寨	瑞尔	Cambodian Riel	CR.；J Ri.	KHR	1KHR = 100 sen（仙）
印度尼西亚	印尼盾	Indonesian Rupiah	Rps.	IDR	1IDR = 100 cents（分）
老挝	基普	Laotian Kip	K.	LAK	1LAK = 100 ats（阿特）
马来西亚	林吉特	Malaysian Dollar	M. $；Mal. $	MYR	1MYR = 100 cents（分）
缅甸	缅元	Burmese Kyat	K.	BUK	1BUK = 100 pyas
菲律宾	比索	Philippine Peso	Ph. Pes.；Phil. P.	PHP	1PHP = 100 centavos（分）
新加坡	新加坡元	Singapore Dollar	S. $	SGD	1SGD = 100 cents（分）
泰国	铢	Thai Baht (Thai Tical)	BT.；Tc.	THP	1THP = 100 satang（萨当）
越南	越南盾	Vietnamese Dong	D.	VND	1VND = 10 角 = 100 分

中国—东盟领导人特别会议

会议名称	时间	地点	出席会议的中国领导人
中国—东盟领导人非典问题特别会议	2003 年 4 月 29 日	泰国曼谷	温家宝
东盟地震和海啸灾后问题领导人特别会议	2005 年 1 月 6 日	印尼雅加达	温家宝

注：资料来自中华人民共和国外交部

中国和东盟各国首都简况

国 家	首 都	面 积（平方千米）	人口（万）	年平均气温（°C）	行政区划	主 要 景 点
中国	北京	16412	2172.9（2017 年）	13	辖 16 个区	天安门广场、故宫、天坛、北海公园、颐和园、长城、圆明园、恭王府、什刹海、景山公园、香山公园、明十三陵、雍和宫、南锣鼓巷
文莱	斯里巴加湾	15.8	约 14（2017 年）	28		努鲁尔·阿里·赛义夫汀清真寺、水上村落——艾尔村、丘吉尔纪念馆、腾云殿、文莱博物馆等
柬埔寨	金边	290	约 150（2017 年）	27	辖 7 个区和 76 个社区	皇宫、银寺、国家博物馆、塔山、杀人场等
印度尼西亚	雅加达	650.4	1027.7（2017 年）	27		独立广场公园、印度尼西亚缩影公园、安佐尔梦幻公园、千岛群岛、伊斯蒂赫拉尔清真寺、中央博物馆等
老挝	万象	3920	85（2015 年）	22.6 ~ 31.7		塔銮、瓦帕娇寺、瓦细剎吉寺、瓦翁第寺、凯旋门、塔当塔、尤鲁纪念碑等
马来西亚	吉隆坡	243.65	180（2017 年）	27.5	辖 13 个州	王宫、国会大厦、国立博物馆、国家回教堂、黑风洞、云顶高原等
缅甸	内比都	725	92.36（2017 年）	26.9	3 个镇区	彬马那、累韦、德光
菲律宾	大马尼拉	626.58	1288（2015 年）	28	辖 4 个市和 13 个自治市	千岛缩影、黎剎公园、国立博物馆、西班牙古城、唐人街、马拉坎阑宫、柯里基多岛、美军纪念公墓等
新加坡	新加坡	714.3（2013 年）	564（2018 年 6 月）	24 ~ 27	辖 6 个地区	圣淘沙、鱼尾狮公园、知新馆、苏丹回教堂、裕廊飞禽公园等
泰国	曼谷	1568	800（2017 年）	24 ~ 30	24 个县、150 个区	大皇宫、金佛寺、云石寺、四面佛、玉佛寺、郑皇庙、水上市场等
越南	河内	3340	756（2015 年）	23.4	7 个郡 5 个县	巴亭广场、胡志明陵墓、独柱寺、文庙、还剑湖、西湖等

中国与东盟国家或地区通信代码与区号

Countries and Regions	国家或地区	国际域名缩写	电话代码	与中国北京时间时差
China	中 国	CN	86	0
Brunei	文 莱	BN	673	0
Burma	缅 甸	MM	95	-1.3
Philippines	菲律宾	PH	63	0
Malaysia	马来西亚	MY	60	-0.5
Singapore	新加坡	SG	65	+0.3
Thailand	泰 国	TH	66	-1
Laos	老 挝	LA	856	-1
Vietnam	越 南	VN	84	-1
Kampuchea (Cambodia)	柬埔寨	KH	855	-1
Indonesia	印度尼西亚	ID	62	-0.3
Hongkong	中国香港	HK	852	0
Taiwan	中国台湾	TW	886	0

东盟国家独立时间及与中国建立外交关系时间

国　家	独立前的宗主国	独立时间	与中国建交时间
文莱	英国	1984 年 1 月 1 日	1991 年 9 月 30 日
柬埔寨	法国	1953 年 11 月 9 日	1958 年 7 月 19 日
印度尼西亚	荷兰	1945 年 8 月 17 日	1950 年 4 月 13 日
老挝	法国	1945 年10月 12 日	1961 年 4 月 25 日
马来西亚	英国	1957 年 8 月 31 日	1974 年 5 月 31 日
缅甸	英国	1948 年 1 月 4 日	1950 年 6 月 8 日
菲律宾	美国	1946 年 7 月 4 日	1975 年 6 月 9 日
新加坡	英国	1965 年 8 月 9 日	1990 年 10 月 3 日
泰国			1975 年 7 月 1 日
越南	法国	1945 年 9 月 2 日	1950 年 1 月 18 日

注:根据《中国—东盟自由贸易区与广西》(广西社会科学院编)有关资料编制

历次中国—东盟领导人会议简况

会议名称	时　　间	地　　点	出席会议的中国领导人
第 1 次领导人非正式会晤	1997 年 12 月 16 日	马来西亚吉隆坡	江泽民主席
第 2 次领导人非正式会晤	1998 年 12 月 16 日	越南河内	胡锦涛副主席
第 3 次领导人非正式会晤	1999 年 11 月 28 日	菲律宾马尼拉	朱镕基总理
第 4 次领导人会议	2000 年 11 月 25 日	新加坡	朱镕基总理
第 5 次领导人会议	2001 年 11 月 5 日	文莱斯里巴加湾	朱镕基总理
第 6 次领导人会议	2002 年 11 月 4 日	柬埔寨金边	朱镕基总理
第 7 次领导人会议	2003 年 10 月 8 日	印尼巴厘岛	温家宝总理
第 8 次领导人会议	2004 年 11 月 29 日	老挝万象	温家宝总理
第 9 次领导人会议	2005 年 12 月 12 日	马来西亚吉隆坡	温家宝总理
第 10 次领导人会议	2007 年 1 月 14 日	菲律宾宿务	温家宝总理
第 11 次领导人会议	2007 年 11 月 20 日	新加坡	温家宝总理
第 12 次领导人会议	2009 年 10 月 24 日	泰国华欣	温家宝总理
第 13 次领导人会议	2010 年 10 月 29 日	越南河内	温家宝总理
第 14 次领导人会议	2011 年 11 月 18 日	印尼巴厘岛	温家宝总理
第 15 次领导人会议	2012 年 11 月 19 日	柬埔寨金边	温家宝总理
第 16 次领导人会议	2013 年 10 月 9 日	文莱斯里巴加湾	李克强总理
第 17 次领导人会议	2014 年 11 月 13 日	缅甸内比都	李克强总理
第 18 次领导人会议	2015 年 11 月 21 日	马来西亚吉隆坡	李克强总理
第 19 次领导人会议	2016 年 9 月 7 日	老挝万象	李克强总理
第 20 次领导人会议	2017 年 11 月 13 日	菲律宾马尼拉	李克强总理
第 21 次领导人会议	2018 年 11 月 14 日	新加坡	李克强总理

中国—东盟自由贸易区部分关税削减时间表

起始时间	关　税　税　率	覆盖关税条目	参与的国家
2000 年	对所有东盟成员国 0～5%	85%的 CEPT 条目	原东盟 6 国
2002 年 1 月 1 日	对所有东盟成员国 0～5%	全部 CEPT 条目	原东盟 6 国
2003 年 7 月 1 日	WTO 最惠国关税税率	全部	中国与东盟 10 国
2003 年 10 月 1 日	中国与泰国果蔬关税降至 0	中泰水果蔬菜	中国、泰国
2004 年 1 月 1 日	农产品关税开始下调	农产品	中国与东盟 10 国
2005 年 1 月	对所有成员开始削减关税	全部	中国与东盟 10 国
2006 年	农产品关税降至 0	农产品	中国与东盟 10 国
2010 年	对所有东盟成员国 0	全部减税产品	原东盟 6 国
2010 年	关税降至 0	全部产品(部分敏感产品除外)	中国与原东盟 6 国
2015 年	对所有东盟成员国 0	全部产品(部分敏感产品除外)	东盟新成员国
2015 年	对中国—东盟自由贸易区成员国关税降至 0	全部产品(部分敏感产品除外)	东盟新成员国
2018 年	对东盟自由贸易区和中国—东盟自由贸易区所有成员国 0	剩余的部分敏感产品	东盟新成员国

注:资料来自 2002 年 11 月签署的《中国与东盟全面经济合作框架协议》

东盟、欧盟、非盟、阿盟、北美自由贸易区简况

名称	成立时间	成立文件	成员国	人口和面积	生产总值和贸易额	宗旨和特点	组织机构
东盟(东南亚国家联盟)	1967年8月8日	《东南亚国家联盟成立宣言》(也称《曼谷宣言》)	印度尼西亚、马来西亚、菲律宾、泰国、新加坡、文莱、越南、老挝、缅甸、柬埔寨	人口6.18亿,面积450万平方千米	经济总量2.6万亿	宗旨是以平等协作精神,共同努力促进本地区的经济增长、社会进步和文化发展;遵循正义、国家关系准则和《联合国宪章》,促进本地区的和平与稳定;同国际和地区组织进行紧密和互利的合作。特点是以经济合作为基础的政治、经济、安全一体化合作组织	首脑会议、东盟协调理事会、东盟共同体理事会、东盟领域部长机制、东盟秘书长和东盟秘书处常驻东盟代表委员会、东盟国家秘书处、东盟人权机构、东盟基金会、与东盟相关的实体。现任东盟秘书长黎良明
欧盟(欧洲联盟)	1993年11月1日	《欧洲联盟条约》(又称《马斯特里赫特条约》)	德国、法国、意大利、荷兰、比利时、卢森堡、英国、丹麦、爱尔兰、希腊、西班牙、葡萄牙、奥地利、芬兰、瑞典、波兰、匈牙利、捷克、斯洛伐克、斯洛文尼亚、马耳他、塞浦路斯、爱沙尼亚、拉脱维亚、立陶宛、罗马尼亚、保加利亚、克罗地亚	人口5.125亿(2017年),面积437多万平方千米	国民生产总值17.28万亿美元(2017年)	促进和平,追求公民富裕生活,实现社会经济可持续发展,确保基本价值观,加强国际合作	理事会、委员会、欧洲议会、欧洲法院、外围组织、欧洲统计局、欧洲审计院、欧洲中央银行、欧洲投资银行等。现任欧盟委员会主席容克
非盟(非洲联盟)	1963年5月22日	《苏尔特宣言》	阿尔及利亚民主人民共和国、利比亚国、苏丹共和国、突尼斯共和国、西撒哈拉民主共和国(西撒哈拉)、贝宁共和国、布基纳法索、乍得共和国、科特迪瓦共和国、冈比亚共和国、加纳共和国、几内亚共和国、利比里亚共和国、马里共和国、尼日尔共和国、毛里塔尼亚伊斯兰共和国、尼日利亚联邦共和国、塞内加尔共和国、塞拉利昂共和国、多哥共和国、佛得角共和国、喀麦隆共和国、中非共和国、赤道几内亚共和国、加蓬共和国、刚果共和国、刚果民主共和国(前扎伊尔)、圣多美及普林西比民主共和国、安哥拉共和国、博茨瓦纳共和国、科摩罗联盟、莱索托王国、马拉维共和国、毛里求斯共和国、莫桑比克共和国、纳米比亚共和国、斯威士兰王国、南非共和国、坦桑尼亚联合共和国、赞比亚共和国、津巴布韦共和国、布隆迪共和国、吉布提共和国、厄立特里亚国、埃塞俄比亚联邦民主共和国、肯尼亚共和国、卢旺达共和国、塞舌尔共和国、索马里共和国、乌干达共和国、南苏丹共和国、埃及[①]中非共和国[②]几内亚比绍共和国[③]马达加斯加民主共和国[④]摩洛哥[⑤]	人口11亿,面积3000万平方千米	国民生产总值2.4万亿美元(2013年)	主要任务是维护和促进非洲大陆的和平与稳定,推行改革和减贫战略,实现非洲的发展与复兴。非盟致力于建设一个团结合作的非洲,力争各成员国在重大国际事务中能够用一个声音说话。该组织还积极落实2001年发起的非洲发展新伙伴计划,推动各成员国加强基础设施建设、吸引和争取外资及援助,以促进非洲大陆经济一体化。 非盟在维护地区安全、调解地区战乱和冲突方面采取积极行动。非盟参与调解布隆迪、刚果(金)、利比里亚、索马里、科特迪瓦和苏丹等国的冲突,有效地避免这些国家安全局势进一步恶化	首脑会议是非盟最高权力机构,每年举行国家元首和政府首脑级会议。在成员国提出要求并经2/3成员国同意,可召开特别首脑会议。非盟的官方机构有9个:首脑会议,行政当局,执行理事会,泛非议会,非洲法院,和平与安全理事会,常驻代表委员会,特别技术委员会,经济、社会和文化理事会(经社文理事会)。现任非盟委员会主席为穆萨·法基·穆罕默德
阿盟(阿拉伯国家联盟)	1945年3月22日	《阿拉伯联盟宪章》	(2008年)阿尔及利亚、阿联酋、阿曼、埃及、巴勒斯坦、巴林、吉布提、卡塔尔、科威特、黎巴嫩、利比亚、毛里塔尼亚、摩洛哥、沙特、苏丹、索马里、突尼斯、叙利亚、也门、伊拉克、约旦、科摩罗	人口约4.06亿(2016年),面积1300多万平方千米	国民生产总值2.501万亿美元(2016年)	密切成员国间的合作关系,协调彼此间的政治活动,捍卫阿拉伯国家的独立和主权,全面考虑阿拉伯国家的事务和利益,各成员国在经济、财政、交通、文化、卫生、社会福利、国籍、护照、签证、判决的执行以及引渡等方面进行密切合作。成员国相互尊重国家的政治制度,彼此之间的争端不得诉诸武力解决,成员国与其他国家缔结的条约和协定对其他国无约束力	首脑级理事会、部长级(外长)理事会、联合防御理事会、经社理事会、秘书处。秘书长为艾哈迈德·阿布·盖特
北美自由贸易区	1994年1月1日	《北美自由贸易协定》	美国、墨西哥、加拿大	人口4.2亿,面积2130多万平方千米	国民生产总值11.4万亿美元(2006年),年贸易总额1.37亿美元	宗旨是取消贸易壁垒,创造公平竞争的条件,增加投资机会,对知识产权提供适当的保护,建立执行协定和解决争端的有效程序,促进三边的、地区的以及多边的合作。特点是大国主导型、经济互补型、战略过渡型	贸易委员会(秘书处、辅助组织等)、环境合作委员会(理事会、秘书处、联合咨询委员会)、劳工委员会(理事会、秘书处、国别行政办公室)

暂停资格/退出成员国:①、②2013年被暂停成员国资格;③2012年被暂停成员国资格;④2009年被暂停成员国资格;⑤1986年退出,2017年重新加入

中国和东盟各国主要港口及国际航空港名录

国　家	主　要　港　口	国际航空港(机场)
中国	海港:大连、营口、秦皇岛、天津、烟台、青岛、日照、连云港、上海、宁波、厦门、汕头、广州、湛江、北海、钦州、防城港、海口、香港、澳门、基隆、高雄 河港:重庆、万州、武汉、芜湖、南京、扬州、常州、张家港、南通、广州、梧州、贵港	北京首都、广州白云、上海浦东、上海虹桥、深圳宝安、昆明巫家坝、成都双流、西安咸阳、厦门高崎、重庆江北、天津滨海、大连周水子、杭州萧山、福州长乐、南京禄口、沈阳桃仙、桂林两江、南宁吴圩、哈尔滨阎家岗、台北桃园、高雄、香港、澳门
文莱	海港:穆阿拉、斯里巴加湾、马来亦、卢穆	斯里巴加湾
柬埔寨	海港:西哈努克	金边、暹粒
印度尼西亚	海港:丹戎不碌、泗水(丹戎佩拉)、三宝垄、勿拉湾	巴厘岛登帕萨、雅加达苏加诺—哈达、诗都阿佐、朱安达
老挝	河港:沙湾拿吉	琅勃拉邦、万象瓦岱、巴色
马来西亚	海港:巴生港、槟城、关丹、新山、纳闽(拉布安)、哥打基纳巴卢。河港:古晋	吉隆坡、槟城、兰卡威、哥打基纳巴卢、古晋
缅甸	海港:仰光。河港:勃生	仰光敏加拉洞、曼德勒、内比都
菲律宾	海港:宿务、马尼拉、怡朗、三宝颜	马尼拉阿基诺、宿务马克丹、达沃、苏比克、克拉克、拉瓦格
新加坡	海港:新加坡	新加坡樟宜
泰国	海港:宋卡、普吉。河港:曼谷	曼谷素旺那普、清迈、普吉、合艾
越南	海港:海防、岘港、金兰湾、广宁、炉门、归仁、义安、芽庄、西贡	河内内排、岘港、胡志明市新山一

注:根据《中国—东盟自由贸易区与广西》(广西社会科学院编)、新华网、凤凰网有关资料编制

中国和东盟各国重点风景名胜区名录

国　家	景　区　名　称
中国	八达岭—十三陵、承德避暑山庄、外八庙、秦皇岛北戴河、五台山、恒山、鞍山千山、镜泊湖、五大连池、太湖、南京钟山、杭州西湖、富春江—新安江、雁荡山、普陀山、黄山、九华山、天柱山、武夷山、庐山、井冈山、泰山、青岛崂山、鸡公山、洛阳龙门、嵩山、武汉东湖、武当山、衡山、肇庆星湖、桂林漓江、灵渠、北海银滩、德天瀑布、峨眉山、长江三峡、黄龙寺、九寨沟、重庆缙云山、青城山—都江堰、剑门蜀道、黄果树瀑布、云南石林、大理、西双版纳、华山、临潼骊山、麦积山、天山天池、野三坡、苍岩山、黄河壶口瀑布、鸭绿江、金石滩、兴城海滨、大连海滨—旅顺口、松花湖、八大部—净月潭、云台山、蜀岗瘦西湖、楠溪江、琅邪山、清源山、鼓浪屿—万石山、太姥山、三清山、龙虎山、胶东半岛海滨、大洪山、武陵源、岳阳楼—洞庭湖、西樵山、丹霞山、桂平西山、花山、贡嘎山、金佛山、蜀南竹海、织金洞、红枫湖、龙宫、三江并流、昆明滇池、丽江玉龙雪山、雅隆江、西夏王陵等
文莱	水村、王室陈列馆、赛福鼎清真寺、杰鲁东公园等
柬埔寨	吴哥古迹、金边、西哈努克港、马德望、荔枝山等
印度尼西亚	巴厘岛、婆罗浮屠佛塔、普兰班南寺庙群、“美丽的印度尼西亚”缩影公园、日惹苏丹王宫、多巴湖等
老挝	琅勃拉邦古城、巴色瓦普寺、万象塔銮、玉佛寺、占巴色孔埠瀑布、琅勃拉邦光西瀑布、万荣、石缸平原、沙湾拿吉的伊准塔等
马来西亚	吉隆坡、云顶、槟城、马六甲、兰卡威岛、刁曼岛、乐浪岛、邦咯岛、国家清真寺、大汉山国家公园等
缅甸	仰光大金塔、文化古都曼德勒、万塔之城蒲甘、额不里海滩等
菲律宾	百胜滩、蓝色港湾、碧瑶市、马荣火山、伊富高省巴纳韦高山梯田等
新加坡	圣淘沙岛、植物园、夜间动物园、天福宫、虎豹别墅等
泰国	曼谷、普吉、清迈、巴堤雅、清莱、华欣、苏梅岛等
越南	还剑湖、胡志明陵墓、文庙、巴亭广场、统一宫、古芝地道、下龙湾、芽庄等

注:中国的重点风景名胜区为1982年11月8日和1988年8月1日公布的第一、第二批名单

中国和东盟国家世界文化遗产、世界自然遗产、世界文化和自然双重遗产名录

国 家	世 界 文 化 遗 产	世界自然遗产、世界文化和自然双重遗产
中国	北京故宫(1987),长城(1987),周口店北京猿人遗址(1987),陕西秦始皇陵及兵马俑(1987),甘肃敦煌莫高窟(1987),西藏布达拉宫(1994),河北承德避暑山庄及周围寺庙(1994),山东曲阜孔庙、孔府、孔林(1994),湖北武当山古建筑群(1994),江西庐山风景名胜区(1996),山西平遥古城(1997),江苏苏州古典园林(1997),云南丽江古城(1997),北京天坛(1998),北京颐和园(1998),重庆大足石刻(1999),皖南古村落—西递、宏村(2000),明清皇室陵寝(2000),河南龙门石窟(2000),四川青城山—都江堰(2000),山西云冈石窟(2000),中国高句丽王城、王陵及贵族墓葬(2004),沈阳故宫、盛京二陵(2004),澳门历史城区(2005),安阳殷墟(2006),广东开平碉楼与村落(2007),福建土楼(2008),登封"天地之中"历史建筑群(2010),元上都遗址(2012),云南红河哈尼梯田(2013),中国大运河(2014),丝绸之路:起始段和天山廊道的路网(2014)、中国土司遗址[湖南永顺老司城遗址、湖北唐崖土司城遗址、贵州播州海龙屯遗址](2015),厦门鼓浪屿(2017)	世界自然遗产:四川九寨沟风景名胜区(1992),四川黄龙风景名胜区(1992),湖南武陵源风景名胜区(1992),云南三江并流保护区(2003),四川大熊猫栖息地(2006),中国南方喀斯特(2007),江西三清山(2008),中国丹霞[贵州赤水、福建泰宁、湖南崀山、广东丹霞山、江西龙虎山(包含龟峰)、浙江江郎山](2010),云南澄江化石地(2012),新疆天山(2013),湖北神农架(2016),青海可可西里(2017),梵净山(2018) 世界文化和自然双重遗产:山东泰山风景名胜区(1987),安徽黄山风景名胜区(1990),四川峨眉山—乐山风景名胜区(1996),福建武夷山风景名胜区(1999) 文化景观遗产:江西庐山(1996),山西五台山(2009),杭州西湖文化景观(2011),广西左江花山岩画(2016)
柬埔寨	吴哥窟区(1992),柏威夏古庙(2007),古伊奢那补罗考古遗址的三波坡雷古寺庙区(2017)	
印度尼西亚	婆罗浮屠寺庙群(1991),普兰班南寺庙群(1991),桑义兰早期人类遗址(1996),巴厘文化景观:体现"幸福三要素"哲学的苏巴克灌溉系统	世界自然遗产:乌绒库伦国家公园(1991),科莫多国家公园(1991),洛伦茨国家公园(1999),苏门答腊热带雨林(2004 年,2011 年列为《世界濒危遗产名录》)
老挝	琅勃拉邦古城(1995),占巴塞文化风景区(2001)	
马来西亚	马六甲海峡历史城市:马六甲,槟城乔治市(2008),玲珑谷地考古遗址(2012)	世界自然遗产:基纳巴卢山公园(2000),穆鲁山国家公园(2000)
缅甸	骠国古城(2014)	
菲律宾	菲律宾巴洛克教堂(1993),菲律宾巴纳韦高山梯田(1995),维甘历史古城(1999)	世界自然遗产:图巴塔哈礁群公园(1993),普林塞萨港地下河国家公园(1999),延伸扩充 Tubbataha Reef National Park(2009),汉密吉伊坦山野生动物保护区(2014)
新加坡	新加坡植物园(2015)	
泰国	素可泰历史城镇及相关历史城镇(1991),阿育他亚(大城)历史城镇及相关城镇(1991),班清阿考古遗址(1992)	世界自然遗产:童·艾·纳雷松野生生物保护区(1991),东巴耶延—考艾森林保护区(2005)
越南	顺化历史建筑群(1993),美山遗址(1999),会安古镇(1999),升龙皇城中心区(2010),胡朝时期的城堡(2011)	世界自然遗产:下龙湾(1994),丰芽格邦国家公园(2003), 世界文化和自然双重遗产:长安名胜群(2014)

注:括号中数字为列入《世界遗产名录》的年份

东盟10国全球竞争力指数排行榜

国家	2016~2017年全球竞争力指数排行	2013~2014年全球竞争力指数排行	2014~2015年十二项竞争力因素排行											
			制度	基础设施	宏观经济环境	健康与初等教育	高等教育与培训	商品市场效率	劳动市场效率	金融市场成熟性	技术设备	市场规模	商务成熟性	创新
文莱	—	—	—	—	—	—	—	—	—	—	—	—	—	—
印度尼西亚	41	38	53	56	34	74	61	48	110	42	77	15	34	31
柬埔寨	89	88	119	107	80	91	123	90	29	84	102	87	111	116
老挝	93	81	63	94	124	90	110	59	34	101	115	121	79	84
缅甸	134	139	136	137	116	117	135	130	172	139	144	70	140	138
马来西亚	25	24	20	25	44	33	46	7	19	4	60	26	15	21
菲律宾	57	59	67	91	26	92	64	70	91	49	69	35	46	52
新加坡	2	2	3	2	15	3	2	1	2	2	7	31	19	9
泰国	34	37	84	48	19	66	59	30	66	34	65	22	41	67
越南	60	70	92	81	75	61	96	78	49	90	99	34	106	87

注:来源于《2016~2017年全球竞争力报告》

东盟各国主要报纸

国家	本国文报纸	华文报纸	英文(其他语文)报纸
文莱	《婆罗洲公报》《文莱灯塔》	《文莱美里日报》《文莱诗华日报》	《婆罗洲公报》
柬埔寨	《柬埔寨之光报》《人民报》《和平岛报》《柬埔寨日报》《柬埔寨时报》	《华商日报》《柬华日报》《星洲日报》《大众日报》《新时代日报》	《柬埔寨日报》《金边邮报》《柬埔寨时报》
印度尼西亚	《罗盘报》《专业之声报》《印度尼西亚媒体报》《共和国日报》《革新之声报》《印度尼西亚商报》《华文邮报》	《印度尼西亚日报》《华文邮报》《国际日报》《世界日报》《商报》《新生日报》《和平日报》《龙阳日报》《广告日报》《千岛日报》	《雅加达邮报》《印度尼西亚观察家报》
老挝	《人民报》《新万象报》《人民军报》《青年报》		《VINTIANETIMES》(英文报)、《LE RENOVATEUR》(法文报)
马来西亚	《马来西亚使者报》《每日新闻》《祖国报》	《南洋商报》《星洲日报》《中国报》等	《新海峡时报》《星报》《马来邮报》
缅甸	《缅甸之光》《镜报》《首都报》《曼德勒报》《雅德那崩报》	《缅甸华报》	《缅甸新光》
菲律宾	《消息报》《菲律宾快报》	《世界日报》《商报》《菲华时报》《联合日报》《环球日报》	《马尼拉公报》《菲律宾星报》《菲律宾每日询问日报》《自由报》《马尼拉时报》《马尼拉纪事报》
新加坡	《每日新闻》《泰米尔日报》	《联合早报》《联合晚报》《新明日报》	《海峡时报》《商业时报》《新报》
泰国	《泰叻报》《民意报》《每日新闻》《国家报》《沙炎叻报》《经理报》等	《新中原报》《中华日报》《星暹日报》《亚洲日报》《京华中原日报》《世界日报》等	《曼谷邮报》《民族报》等
越南	《人民报》《人民军队报》《大团结报》《西贡解放日报》	《西贡解放日报》	《西贡时报》

中国和东盟各国主要通讯社、电台、电视台

国　家	通　讯　社	电　　台	电　视　台
中国	新华通讯社、中国新闻社	中央人民广播电台、中国国际广播电台	中央广播电视总台(2018年3月)
文莱	文莱新闻社	文莱广播电视台(创建于1957年5月)	文莱广播电视台(从1975年起开设彩色电视频道)
柬埔寨	柬新社(成立于1980年)	FM96(国家台)	国家电视台(以柬语广播为主)、仙女11台(人民党资产)、第9台(私人台)、第5台(军队台)、首都第3台(官方台)、巴戎台(私人台)
印度尼西亚	安塔拉通讯社(官方)、印度尼西亚民族通讯社(私营)、武装部队新闻社(国防安全部)	印度尼西亚共和国广播电台(成立于1945年9月)	印度尼西亚共和国电视台、印度尼西亚鹰记电视台、太阳电视台、教育电视台、美都电视台等11家电视台
老挝	巴特寮通讯社(1968年1月成立,国营)	老挝国家广播电台、老挝人民军广播电台	老挝国家电视台(建于1983年12月)
马来西亚	马来西亚国家新闻社(简称马新社,半官方)	马来西亚广播电台(建于1946年)、马来西亚之声电台(建于1963年)	马来西亚电视台(建于1963年)、第三电视台(TV3)、城市电视台(Metro Vision)、国民电视台(NTV)、Astro卫星有线电视频道
缅甸	缅甸通讯社	缅甸之声(建于1937年)	缅甸电视台(建于1980年)、妙瓦底电视台(创办于1995年3月27日)
菲律宾	菲律宾通讯社(成立于1973年)	菲律宾广播台	人民电视台
新加坡		新加坡广播电台(于1936年开播)	新加坡电视台
泰国	泰国通讯社	泰国国家广播电台	泰国国家电视台
越南	越南通讯社(1945年成立,1976年越南南方解放通讯社与之合并)	越南之声广播电台(成立于1954年)	越南中央电视台(成立于1971年)

注:根据中国网、新华网有关资料编制

东盟国家孔子学院一览表(2016年)

国别	孔子学院名称	中国合作院校	成立/运营时间
泰国(14所)	勿洞市孔子学院	重庆大学	2006年2月28日
	孔敬大学孔子学院	西南大学	2006年8月3日
	农业大学孔子学院	华侨大学	2006年10月1日
	皇太后大学孔子学院	厦门大学	2006年11月7日
	清迈大学孔子学院	云南师范大学	2006年12月18日
	曼松德昭帕亚皇家师范大学孔子学院	天津师范大学	2006年12月19日
	玛哈沙拉坎大学孔子学院	广西民族大学	2006年12月20日
	宋卡王子大学普吉孔子学院	上海大学	2006年12月24日
	川登喜大学素攀孔子学院	广西大学	2006年12月27日
	宋卡王子大学孔子学院	广西师范大学	2006年12月29日
	朱拉隆功大学孔子学院	北京大学	2007年3月26日
	东方大学孔子学院	温州大学、温州医学院	2009年9月15日
	海上丝路孔子学院	天津师范大学	2015年6月24日
	易三仓大学孔子学院	天津科技大学	2015年9月12日
新加坡(1所)	南洋理工大学孔子学院	山东大学	2007年7月14日
柬埔寨(1所)	柬埔寨皇家科学院孔子学院	江西九江学院	2006年12月22日
老挝(1所)	老挝国立大学孔子学院	广西民族大学	2010年3月23日
印度尼西亚(6所)	雅加达汉语教学中心孔子学院	海南师范大学	2007年9月28日
	阿拉扎大学孔子学院	福建师范学院	2010年11月9日
	玛拉拿达基督教大学孔子学院※	河北师范大学	2011年1月18日
	哈山努丁大学孔子学院	南昌大学	2011年2月22日
	玛琅国立大学孔子学院	广西师范大学	2011年3月14日
	泗水国立大学孔子学院	华中师范大学	2011年5月19日
	丹戎布拉大学孔子学院	广西民族大学	2011年11月26日
菲律宾(4所)	亚典耀大学孔子学院	中山大学	2006年10月30日
	布拉卡国立大学孔子学院	西北大学	2009年2月28日
	红溪礼示大学孔子学院	福建师范大学	2009年11月10日
	菲律宾国立大学孔子学院	厦门大学	2015年10月12日
马来西亚(2所)	马来亚大学孔子汉语学院	北京外国语大学	2009年7月8日
	世纪大学孔子学院	海南师范大学	2015年11月23日
越南(1所)	河内大学孔子学院	广西师范大学	2015年5月
文莱(0所)	无		
缅甸(0所)	无		

数据来源:孔子学院总部/国家汉办2016年“第11届全球孔子学院大会交流材料”亚洲卷

※雅加达汉语教学中心孔子学院因没有得到印度尼西亚国民教育部的认可于2011年停止运营

东盟各国贸促机构与商协会通讯录

国家	机构名称	地　址	电话、传真
文莱	文莱国际工会	Post Box 2246,1922 Bandar Seri Beganoan	Tel:00673 -2 -2236601
	中华商会	Dowan Pernigaan Tionghua,P. O. 1. Box 281,B. S. Begawan 1902,Negara	
柬埔寨	商业部	20A,borlevard Norodom	Tel:00855-23-210365 Fax:00855-23-217353
	柬埔寨总商会 金边总商会	Building No. 7B, the corner of Road No. 81&109, Sangkat Boeung Raing, Khan Daun Penh, Phnom Penh,Kingdom of Cambodia	Tel:00855 -23 -212265 Fax:00855 -23 -212270
印度尼西亚	工贸部国家出口发展局	8,JI. Gajah Mada,P. O. Box 443/JKT	Tel:0062-21-6341082 Fax:0062-21-6338360
	中华工业委员会	20,M. H. Thamrin,Jakarta	
	印度尼西亚商工会	Chandra Builoling,20 Jalan M. N. Thamrin, Jakarta 10350	
老挝	老挝商工会	Rue Ponexay Post Box 4596 Vieentiane	Tel:00856-21-414383 Fax:00856-21-414383
马来西亚	国际贸易工业部	Blick 10, Gov. Building Complex, Jalan Data 50622	Tel:0060 -3 -6200033 Fax:0060 -3 -62031303
	马来西亚中华商工会	Office Tower, 8th floor, Plaza Berjaya -12, Jalan Imb, 55100 Kuala Lumpur	Tel:0060 -3 -2452503 Fax:0060 -3 -2452562
	马来西亚商会	Plaza Pekeliling, 17th Floor 2, Jalan Tun Razak, 50400 Kuala Lumpar	Tel:0060 -3 -4427664 Fax:0060 -3 -4414502
缅甸	缅甸工商联合会	No. 29, Min Ye Kyawswa Road, Lanmadaw Township, Yangon, Myanmar.	Tel:0095 -1 -214344/214345 Fax:0095 -1 -214484
菲律宾	菲律宾商工会	14th floor, 6805 Ayala Avenue Makati City	Tel:0063-2-8433374 Fax:0063-2-8434102
	菲华商联总会	6th Floor, Federation Center, Muelle De Binondo St. Manila, Philippines.	Tel:0063 -2 -2419201 Fax:0063 -2 -2422361
新加坡	贸易工业部	Znfo Centre 100, High Street No. 04 -01 The Treasary	Tel 0065 -3327258 Fax:0065 -3327634
	中小企业协会	Information and Doc. Centre 141, Market Street, Internat. Factor Buliding 04 -03/04	Tel:0065 -2240868 Fax:0065 -2241507
	太平洋经济合作委员会	4,Nassim Road	Tel:0065 -7379823 Fax:0065 -7379824
	新加坡工业联合会	20,Orchard Rock 23883 Singapore	Tel:0065 -3388787 Fax:0065 -3383358
	新加坡商业工业联合会	47 Hill Street # 03 -1,Chimese Chamber of Commerce Bulidtng 179365 Singapore	Tel:0065 -3389761 Fax:0065 -3395630
	新加坡中华机械进出口商协会	6001 Beach Road, No. 1101, Golden Mile Tower, Songapore 0719	
	新加坡中华总商会	47 Hill Street #09 -00, Singapore 179365	Tel:(65)63378381 Fax:(65)63390605
	新加坡工商联合总会	19 Tanglin Shopping Centre, Singapore 247909	Tel:(65)68276828 Fax:(65)68276807
泰国	泰国贸易局	150, Rajorpit Road, 10200 Bang KoK Thailand	Tel:0066 -22211827 Fax:0066 -22219350
	泰国商会	150 Rajopit Road, BangKoK 10200	Tel:0066 -26221860 Fax:0066 -22253372
	国际贸易经济合作处	1.22 Ac. Pilyuain St. ,2,2 Vnited Natians Buliding, Rajadnmnern Avenue, Bangkok 10i	
	泰国中华总商会	No. 889 Thai C. C. Tower, 9th Floor, Sathorn Road. Bangkok 10120, Thailand	Tel:0066 -26758574 -84 Fax:0066 -22123917
	泰国投资促进委员会	555 Vibhavadi -Rangsit RD,Chatuchak, Bangkok, 10900, Thailand	Tel:0066 -25378111 Fax:0066 -25378177
越南	越南商工会	9 Dao Duy Anh Street 10000 Dong Da Hanoi	Tel:0084-4-5742162 Fax:0084-4-5742020
	越南计划投资部外国投资局	河内市(Hoang Van Thu -Ha Noi)	Tel:0084 -4 -7343759 Fax:0084 -4 -7343769
	越南计划投资部南方外国投资中心	胡志明市(178,Nguyen Dinh Trieu, Tp. Ho Chi Minh)	Tel:0084 -8 -9303287 Fax:0084 -4 -9305413
	胡志明市企业家协会	胡志明市第一郡边章阳路51号(51 Ben Chuong Duong st. ,Dist. 1, Ho Chi Minh City,Vietnam)	Tel:0084 -8 -8293389 Fax:0084 -8 -8215448

（何战）

索 引

说 明

一、本索引是《中国—东盟年鉴(2019)》的内容分析索引。正文(包括条目、文献、资料、图片和表格)中凡具有独立检索意义的完整资料,都可以通过本索引进行检索。

二、索引按汉语拼音字母升序(同音字按声调)排列。类目、分目作索引款目的用仿宋体加粗字排印,其余款目用宋体字排印。表格、图片在其款目后分别注明“表”“图”或“附图”。

三、索引款目后的数字表示内容所在的页码,数字后的拉丁字母(a、b)表示栏别(即版面的1、2栏)。

四、索引中空两字起排的款目为上一主题的“附见”。同一主题的“参见”,只在其后标注页码。内容有交叉的款目,为便于读者检索,在本索引中重复出现。以字母、数字起头的款目,在本索引后空统一排序。

A

B

C

D

G

H

J

K

L

M

N

O

P

Q

R

S

T

W

X

Y

Z

（叶建维）

广西壮族自治区地图(2021年)

比例尺 1：3 300 000

图 例

- 自治区行政中心
- 设区市行政中心
- 县（区、市）行政中心（外国一级行政中心同）
- 乡、镇（外国其他居民地同）
- 兴义市 自治州行政中心
- 外国首都
- 机 场
- 港 口
- 国 界
- 自治区(省)界
- 设区市界
- 高速铁路
- 普速铁路
- 在建铁路
- 高速公路
- 城市快速路
- 河流 水库及坝
- 运 河

1、本图上中国国界线系按照中国地图出版社1989年出版的1：400万《中华人民共和国地形图》绘制。
2、图上境界不作划界依据。

南宁市地图(2021年)

比例尺　1：1 289 000

图　例

◎	自治区行政中心	G75 S90	高速公路及编码
◉	设区市行政中心		在建高速公路
⊙	县(区、市)行政中心		城市快速路
○	乡、镇		高速铁路
○	村委		普速铁路
✈	机场		在建铁路
✱	景点		国道
	国界		省道
	设区市界		河流 水库及坝
	县(区、市)界		

1、本图上中国国界线系按照中国地图出版社1989年出版的1：400万《中华人民共和国地形图》绘制。
2、图上境界不作划界依据。

广西壮族自治区地图院　　审图号：桂S（2021）58号　　2021年